Design

del XX secolo

Design
del XX secolo

Charlotte e Peter Fiell

TASCHEN
KÖLN LONDON MADRID NEW YORK PARIS TOKYO

Copertina: Alvar Aalto, Vaso *Savoy*, 1936 (foto: Paul Chave, Londra)
Dorso: Eero Aarnio, Sedia *Ball o Globe*, 1963–1965

Design: Claudia Frey, Colonia
Design della copertina: Angelika Taschen, Claudia Frey, Colonia
Traduzione in italiano: Giuseppe Chiappetta, Tania Calcinaro
Coordinamento: Claudio Leonardi
Distribuito da Interlogos Via Curtatona 5/J, 41100 Modena

Printed in Italy
ISBN 3–8228–5929–X

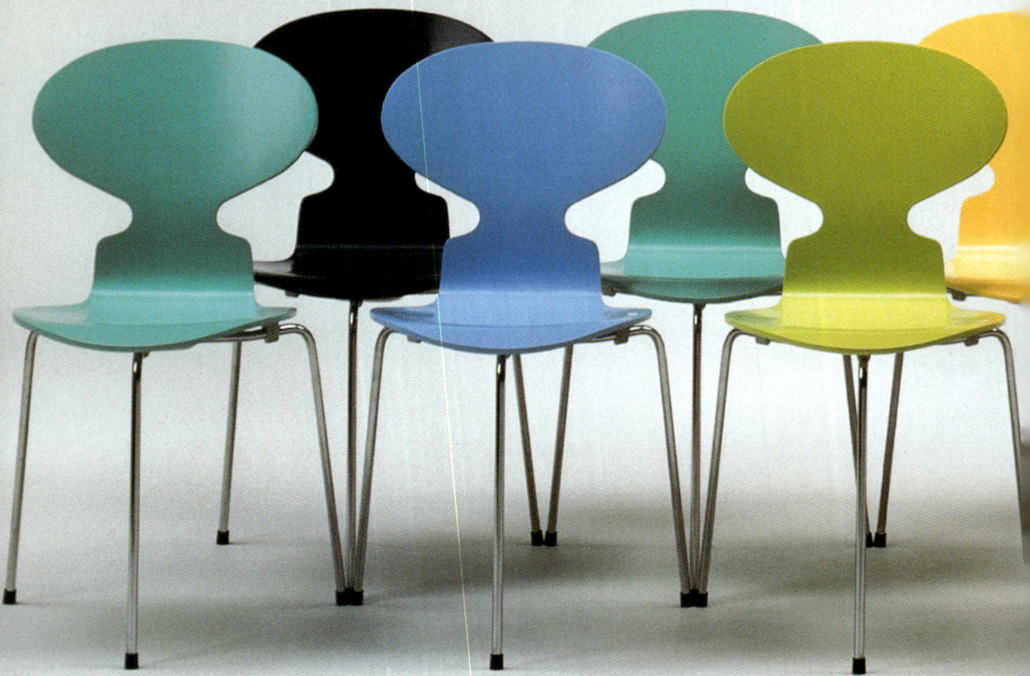

Indice

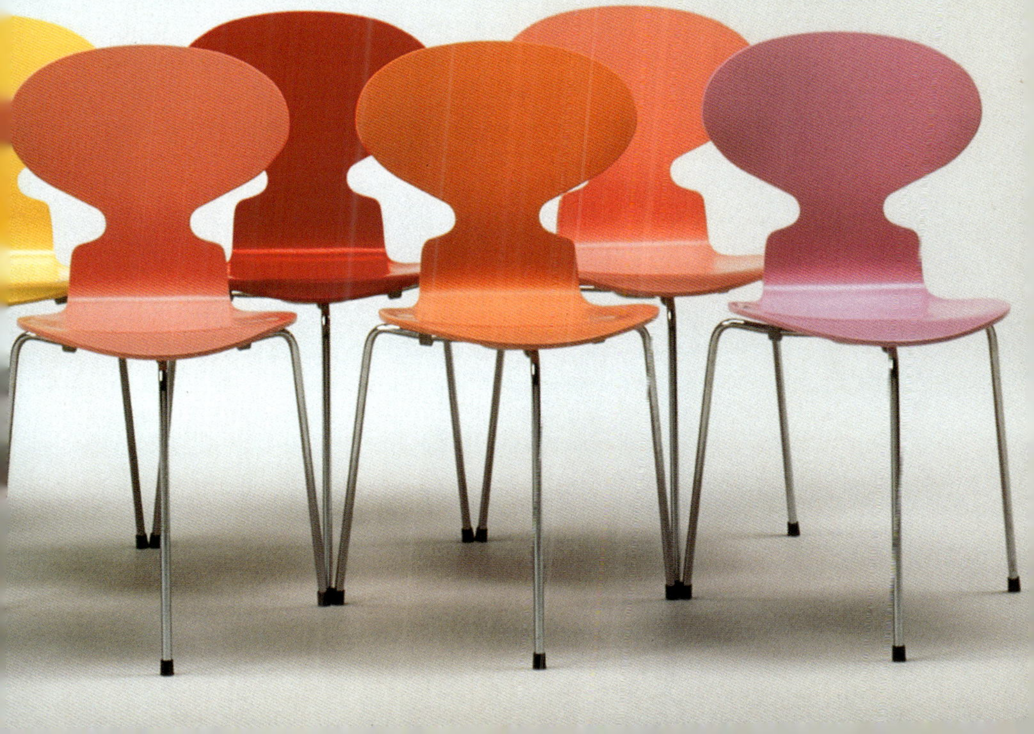

"Qualunque cosa tu studi, scoprirai sempre che le cose buone e utili sono anche graziose e belle".
Baldassarre Castiglione, *Cortegiano, 1528*

Durante il XX secolo il design ha assunto sempre maggiore importanza nella cultura e nella vita quotidiana. Il suo raggio d'azione abbraccia oggetti veri e propri, forme di comunicazione grafica e sistemi integrati che spaziano dalla tecnologia dell'informazione agli ambienti urbani. Definito in generale come la concezione e la progettazione di ogni prodotto fabbricato dall'uomo, il design può essere fondamentalmente considerato uno strumento per migliorare la qualità della vita.

In qualche misura, le origini del design si possono far risalire alla rivoluzione industriale e alla nascita della produzione meccanizzata. In precedenza, gli oggetti venivano prodotti artigianalmente: la concezione e la realizzazione di un oggetto erano per lo più opera della creatività individuale. Con l'avvento dei nuovi processi di produzione industriale e della divisione del lavoro, il design (concezione e progettazione) fu separato dalla produzione e considerato uno fra i tanti aspetti connessi alla produzione meccanizzata. Per questa ragione i principi alla base del design non avevano fondamenti teorici o filosofici e quindi ebbero scarso impatto sulla natura del processo industriale e sulla società. Il design moderno può essere considerato un'evoluzione degli impulsi che già nel XIX secolo alcuni riformatori, in particolare **William Morris**, avevano elaborato nel tentativo di unificare teoria e pratica. Questo tentativo non aveva avuto molto successo perché i mezzi di produzione adoperati da Morris continuavano a basarsi sull'artigianato. Ciononostante, le sue idee riformatrici ebbero un forte impatto sullo sviluppo del **Modern Movement**. Fu solo all'inizio del XX secolo che il design moderno nacque effettivamente, quando personalità come **Walter Gropius** integrarono teoria del design e pratica concreta attraverso nuovi mezzi industriali di produzione. Nel tentativo di colmare il distacco tra idealismo sociale e realtà commerciale, esistito fino alla fine della prima guerra mondiale, e di promuovere una risposta adeguata all'emergente cultura tecnologica, nel 1919 Gropius fondò il **Bauhaus**. L'obiettivo del design moderno, secondo i principi praticati e insegnati al Bauhaus, era di produrre opere che unificassero interessi intellettuali, pratici, commerciali ed estetici attraverso la creatività artistica e l'uso di nuove tecnologie. Se il Bauhaus elaborò nuove e importanti concezioni del design, non altrettanto fece nell'elaborare quelle nuove idee che si rendevano necessarie per integrare felicemente nel processo industriale quelle stesse concezioni, che sarebbero state in seguito sviluppate dal New Bauhaus di Chicago, fondato da **Lázló Moholy-Nagy** nel 1937, e dalla **Hochschule für Gestaltung di Ulm**, fondata nel 1953. Queste due istituzioni educative diedero entrambe un importante contributo all'integrazione della teoria del design nella pratica dei metodi industriali di produzione.

Durante il XX secolo i prodotti, lo stile, le teorie e le filosofie del design si sono sempre più diversificate. Ciò è dovuto in gran parte alla crescente complessità del processo di progettazione. Nel design per la produzione industriale il rapporto tra concezione, progettazione e produzione viene frammentato e complicato da una serie di attività specialistiche interconnesse che coinvolgono molte figure professionali, fra cui quelle preposte alle ricerche di mercato, modellisti, specialisti dei materiali, ingegneri e tecnici di produzione. I prodotti del design derivanti da un processo così parcellizzato non sono il risultato del designer in quanto individuo, ma del lavoro di gruppo di più individui, con idee e atteggiamenti a volte molto diversi su come portare a termine un dato progetto. Il pluralismo del design nel XX secolo, tuttavia, è anche dovuto ai mutevoli modelli di consumo e di gusto, al progresso tecnologico, alle varie tendenze nazionali, nonché a fattori di ordine morale e commerciale che hanno influenzato e influenzano inventori, designer e costruttori.

"Il design ... è una manifestazione della capacità dello spirito umano di trascendere i propri limiti".
George Nelson, *The Problems of Design,* 1957

Nello studio della storia del design è importante ricordare che i prodotti del design non possono essere pienamente compresi se non si tiene nel debito conto il contesto sociale, economico, politico, culturale e tecnologico che ha dato origine alla concezione e realizzazione di quei prodotti. Ad esempio, è accaduto a più riprese nel XX secolo che l'andamento delle economie occidentali abbia avuto un significativo impatto sulla prevalenza di oggetti che danno più importanza al design o allo styling. Anche se lo styling è spesso un elemento complementare al design, styling e design rimangono comunque discipline del tutto distinte. Lo styling concerne il trattamento di superficie e l'aspetto esteriore di un oggetto, le qualità espressive di un prodotto. Il design, invece, si occupa principalmente della soluzione di problemi; esso tende a essere olistico nel suo campo d'azione e generalmente ricerca la semplificazione e l'essenzialità. Nei momenti di crisi economica tende a prevalere il **Funzionalismo** (design), mentre nei periodi di prosperità c'è di solito una rinascita dell'antirazionalismo (styling).

Durante il XX secolo l'interesse delle aziende per la creazione di prodotti competitivi ha influenzato in maniera crescente sia le diverse evoluzioni del design che le carriere dei designer stessi. Mentre alcuni lavorano all'interno di strutture aziendali, altri designer lavorano in studi associati o individualmente. Molti designer indipendenti hanno scelto di operare fuori dalle costrizioni del processo industriale, preferendo la produzione di opere centrate soprattutto sull'espressione della propria creatività. Il design, infatti, non è solo un processo legato alla produzione meccanizzata, ma anche un mezzo per esprimere idee, convinzioni, atteggiamenti e valori su come le cose potrebbero o dovrebbero essere a seconda degli obiettivi individuali, aziendali, istituzionali o nazionali. Come strumento di comunicazione il design permette di penetrare nel carattere e nel pensiero di un particolare designer, nelle sue convinzioni su cosa sia importante nella relazione tra l'oggetto (la soluzione del design), l'utente/consumatore, il processo di progettazione e la società. In questo senso, questo libro non presenta una teoria o ideologia unitaria del design. Il suo scopo è piuttosto quello di mettere in evidenza la natura pluralistica del design e l'idea che, storicamente, il design può essere visto come un dibattito tra contrastanti opinioni su problemi come il ruolo della tecnologia e del processo industriale, il primato dell'utilità, della semplicità e dell'affidabilità rispetto al lusso e all'elitario, il ruolo della funzione, dell'estetica, dell'ornamento e del simbolismo nei normali oggetti di uso più o meno quotidiano.

Questa rassegna del design nel XX secolo mette in mostra concezioni, stili, movimenti, designer, scuole, aziende e istituzioni che hanno plasmato la teoria e la pratica del design o che hanno dato vita a innovazioni nelle forme e nell'uso dei materiali, negli strumenti e procedimenti tecnologici, oppure ancora che hanno influenzato il gusto, la storia dello stile nelle arti applicate e decorative e in generale la cultura e la società. Le aree di attività coperte da questo libro comprendono: mobili, tessuti, vetri, ceramiche, oggetti di metallo e opere grafiche; il design d'interni e l'architettura sono menzionati solo occasionalmente. Anche se il disegno industriale viene trattato estesamente, sarà un altro testo intitolato *Industrial Design* a occuparsi a fondo di questa vasta area di studi. In esso si tratterà fra l'altro del design nel campo dei trasporti, dell'esercito, della medicina, dell'industria pesante, dello sport e degli apparati di sicurezza.

L'area geografica coperta dal presente testo è stata limitata principalmente all'Europa e all'America settentrionale; le nazioni esterne a questi due ambiti principali sono poche. Per quanto selezionate, crediamo comunque che le opere presentate siano ampiamente rappresentative delle tante diverse correnti di pensiero e di approccio che il design ha sviluppato in questo secolo. Le varie voci sono state elencate alfabeticamente e i molti rimandi in grassetto presenti nel testo hanno lo scopo di illuminare il lettore sulle complesse interazioni esistenti tra i diversi designer, scuole, costruttori, movimenti e stili. Alla fine del libro una cronologia indica il sovrapporsi storico di stili e movimenti. Il testo è impostato in modo da fornire il maggior numero possibile di informazioni nei limiti dello spazio a disposizione. Nel caso in cui opinioni o anche pregiudizi personali possano, in modo per lo più inconsapevole, far capolino qua e là, chiediamo al lettore di giudicarli con benevolenza.

Mettendo in luce i vari aspetti del design, un ulteriore obiettivo di questo libro è stato quello di dimostrare che le idee e i valori comunicati da designer e costruttori non sono assoluti ma condizionati e mutevoli. Le soluzioni a cui perviene il design sono effimere e soggette alle mutazioni che i bisogni e gli interessi di una società in evoluzione suggeriscono. Probabilmente la ragione principale della multiformità del design sta nel fatto che, nonostante il successo e l'autorità raggiunti da alcune soluzioni, c'è sempre un modo migliore per fare le stesse cose.

Catalogo

da Aalto a Zsolnay

Alvar Aalto · Eero Aarnio · AEG · Aesthetic Movement · Agitprop · Otl Aicher · Anni Albers · Josef Albers · Franco Albini · Don Albinson · Studio Alchimia · Alessi · Emilio Ambasz · Anti Design · Ron Arad · Junichi Arai · André Arbus · Archizoom Associati · Art Deco · Art Nouveau · Artemide · Arts & Crafts Movement (GB & USA) · Charles Robert Ashbee · Erik Gunnar Asplund · Sergio Asti · Gae Aulenti · Avant-garde · Mackay Hugh Baillie Scott · Giacomo Balla · Ercole Barovier · Saul Bass · Helmut Bätzner · Bauhaus · Hans Theo Baumann · Herbert Bayer · BBPR · Aubrey Beardsley · Henry Beck · Peter Behrens · Mario Bellini · Ward Bennett · S.H. Benson's · Hendrik Petrus Berlage · Lucian Bernhard · Harry Bertoia · Fulvio Bianconi · Max Bill · Siegfried Bing · Biomorphism · Misha Black · Mariani Cini Boeri · Theodor Bogler · Osvaldo Borsani · Mario Botta · Marianne Brandt · Andrea Branzi · Braun · Marcel Breuer · Neville Brody · Carlo Bugatti · California New Wave · George Carwardine · A.M. Cassandre · Anna Castelli Ferrieri · Livio, Pier Giacomo & Achille Castiglioni · Wendell Castle · Don Chadwick · Pierre Chareau · Serge Ivan Chermayeff · Chermayeff & Geisman · Pietro Chiesa · Antonio Citterio · Clarice Cliff · Nigel Coates · Wells Coates · Luigi Colani · Gino Colombini · Joe Colombo · Compasso d'Oro · Terence Conran · Constructivism · Coop Himmelb(l)au · Hans Coper · Hans Coray · Corporate Identity · Craft Revival · Cranbrook Academy of Art · Walter Crane · Riccardo Dalisi · Darmstädter Künstlerkolonie · Daum Frères · Lucienne Day · Robin Day · Georges de Feure · Michele De Lucchi · William de Morgan · De Pas, D'Urbino & Lomazzi · De Stijl · Deconstructivism · Paolo Deganello · Christian Dell · Donald Deskey · Desny · Deutscher Werkbund · Erich Dieckmann · Niels Diffrient · Nanna Ditzel · Tom Dixon · Dresdener Werkstätten für Handwerkskunst · Christopher Dresser · Henry Dreyfuss · Nathalie du Pasquier · Raoul Dufy · Charles & Ray Eames · Charles Eastlake · Tom Eckersley · Otto Eckmann · École de Nancy · Egon Eiermann · Jan Eisenloeffel · Harvey Ellis · August Endell · Ergonomi Design Gruppen · L. M. Ericsson · Hartmut Esslinger · Willy Fleckhaus · Paul Follot · Piero Fornasetti · Norman Foster · Kaj Franck · Jean-Michel Frank · Josef Frank · Paul Theodore Frankl · Marguerite Friedlaender-Wildenhain · Frogdesign · Adrian Frutiger · Richard Buckminster Fuller · Functionalism · Futurism · Eugène Gaillard · Émile Gallé · Abram Games · Garouste & Bonetti · Malcolm Garrett · Antonio Gaudí y Cornet · Norman Bel Geddes · Frank O. Gehry · Gesamtkunstwerk · Eric Gill · Ernest Gimson · Stefano Giovannoni · Alexander Hayden Girard · Giorgetto Giugiaro · Milton Glaser · Glasgow School · Global Tools · Edward William Godwin · William Golden · Good Design · Kenneth Grange · Michael Graves · Eileen Gray · Green Design · Greene & Greene · Vittorio Gregotti · April Greiman · Walter Gropius · William H. Grueby · Gruppo Strum · Hans Gugelot · Guild of Handicraft · Hector Guimard · Werkstätten Hagenauer · Ambrose Heal · John Heartfield · Jean Heiberg · Poul Henningsen · Frederick Henri Kay Henrion · René Herbst · Herman Miller · High-Tech · Matthew Hilton · Hochschule für Gestaltung, Ulm · Josef Hoffmann · Hans Hollein · Victor Horta · Vilmos Huszár · Independant Group · Institute of Design, Chicago · International Style · Massimo Iosa Ghini · Paul Iribe · Maija Isola · Arata Isozaki · Johannes Itten · Arne Jacobsen · Jacob Jacobsen · Pierre Jeanneret · Charles A. Jencks · Georg Jensen · Jakob Jensen · Philip Johnson · Jugendstil · Finn Juhl · Wilhelm Kåge · Kartell · Edward McKnight Kauffer · Frederick Kiesler · King-Miranda · Rodney Kinsman · Toshiyuki Kita · Kitsch · Poul Kjaerholm · Kaare Klint · Knoll International ·

Archibald Knox · Mogens Koch · Jakob & Josef Kohn · Jurriaan Jurriaan Kok · Henning Koppel · Yrjö Kukkapuro · Shiro Kuramata · René Lalique · Nils Landberg · Gerd Lange · Jack Lenor Larsen · Carl Larsson · Le Corbusier · Yonel Lébovici · Pierre-Émile Legrain · Jules-Émile Leleu · Liberty & Co. · Stig Lindberg · Otto Lindig · Vicke Lindstrand · El Lissitzky · Josep Lluscà · Loetz · Raymond Loewy · Adolf Loos · Ross Lovegrove · Wassili & Hans Luckhardt · Charles Rennie Mackintosh · Arthur Heygate Mackmurdo · Vico Magistretti · Louis Majorelle · John Makepeace · Kasimir Malevich · Robert Mallet-Stevens · Angelo Mangiarotti · Gerhard Marcks · Enzo Mari · Maurice Marinot · Javier Mariscal · Sven Markelius · Dino Martens · Bruno Mathsson · Herbert Matter · Ingo Maurer · Alberto Meda · Richard Meier · David Mellor · Memphis · Alessandro Mendini · MetaDesign · Ludwig Mies van der Rohe · Modern Movement · Moderne · Børge Mogensen · László Moholy-Nagy · Carlo Mollino · Monotype Corporation · William Morris · Jasper Morrison · Koloman Moser · Serge Mouille · Olivier Mourgue · Gabriele Mucchi · Alphonse Mucha · Bruno Munari · Peter Murdoch · Keith Murray · Museum of Modern Art · George Nakashima · George Nelson · Richard Neutra · Marc Newson · Marcello Nizzoli · Isamu Noguchi · Jean Nouvel · Novecento · Eliot Fette Noyes · Antti Nurmesniemi · Hermann Obrist · George Edgar Ohr · Josef Maria Olbrich · Olivetti · Omega Workshops · Organic Design · Jacobus Johannes Pieter Oud · Giuseppe Pagano · Sven Palmqvist · Bernhard Pankok · Verner Panton · Bruno Paul · Pierre Paulin · Dagobert Peche · PEL · Jorge Pensi · Pentagram · Charlotte Perriand · Gaetano Pesce · Giancarlo Piretti · Flavio Poli · Gio Ponti · Pop Design · Ferdinand Alexander Porsche · Post-Industrialism · Post-Modernism · Robert Propst · Jean Prouvé · Otto Prutscher · A.W.N. Pugin · Jean-Émile Puiforcat · (Nguyen Manhkhan'n) Quasar · Jens Quistgaard · Ernest Race · Radical Design · Dieter Rams · Omar Ramsden · Paul Rand · Heinz & Bodo Rasch · Rationalism · Eric Ravilious · Lily Reich · Lucie Rie · Richard Riemerschmid · Gerrit Thomas Rietveld · Jens Risom · Alexander Rodchenko · Gilbert Rohde · Charles Rohlfs · Aldo Rossi · François-Eugène Rousseau · Royal College of Art · Roycrofters Workshop · Jacques-Émile Ruhlmann · Gordon Russell · Eero Saarinen · Eliel Saarinen · Lino Sabattini · Richard Sapper · Timo Sarpaneva · Raymond Savignac · Carlo Scarpa · Tobia & Afra Scarpa · Xanti Schawinsky · Secession (Vienna) · Semiotics · Gustave Serrurier-Bovy · Shaker · Peter Shire · Gustav Siegel · Jutta Sika · Silver Studio · Bořek Šípek · Peter & Alison Smithson · Ettore Sottsass · George Sowden · Mart Stam · Standardization · Philippe Starck · Varvara Stepanova · Gustav Stickley · Gunta Stölzl · Marianne Straub · Streamlining · Bill Stumpf · Nikolai Suetin · Gerald Summers · Superstudio · Surrealism · Swiss School · Martin Székély · Kazuhide Takahama · Roger Tallon · Vladimir Tatlin · Walter Dorwin Teague · Giuseppe Terragni · Michael Thonet · Matteo Thun · Louis Comfort Tiffany · Total Design · Jan Tschichold · Wolfgang Tümpel · Oscar Tusquets Blanca · Masanori Umeda · Josef Urban · Utility furniture · Henry van de Velde · Theo van Doesburg · Harold van Doren · Dirk Van Erp · Paolo Venini · Robert Venturi · Vereinigte Werkstätten für Kunst im Handwerk, Munich · Victoria & Albert Museum · Massimo Vignelli · Vitra · Vkhutemas · Charles F. A. Voysey · Wilhelm Wagenfeld · Otto Wagner · George Walton · Kem Weber · Hans Wegner · Bruno Weil · Daniel Weil · Wiener Werkstätte (Vienna Workshops) · Tapio Wirkkala · Frank Lloyd Wright · Russel Wright · Sori Yanagi · Marco Zanini · Marco Zanuso · Hermann Zapf · Eva Zeisel · Zsolnay

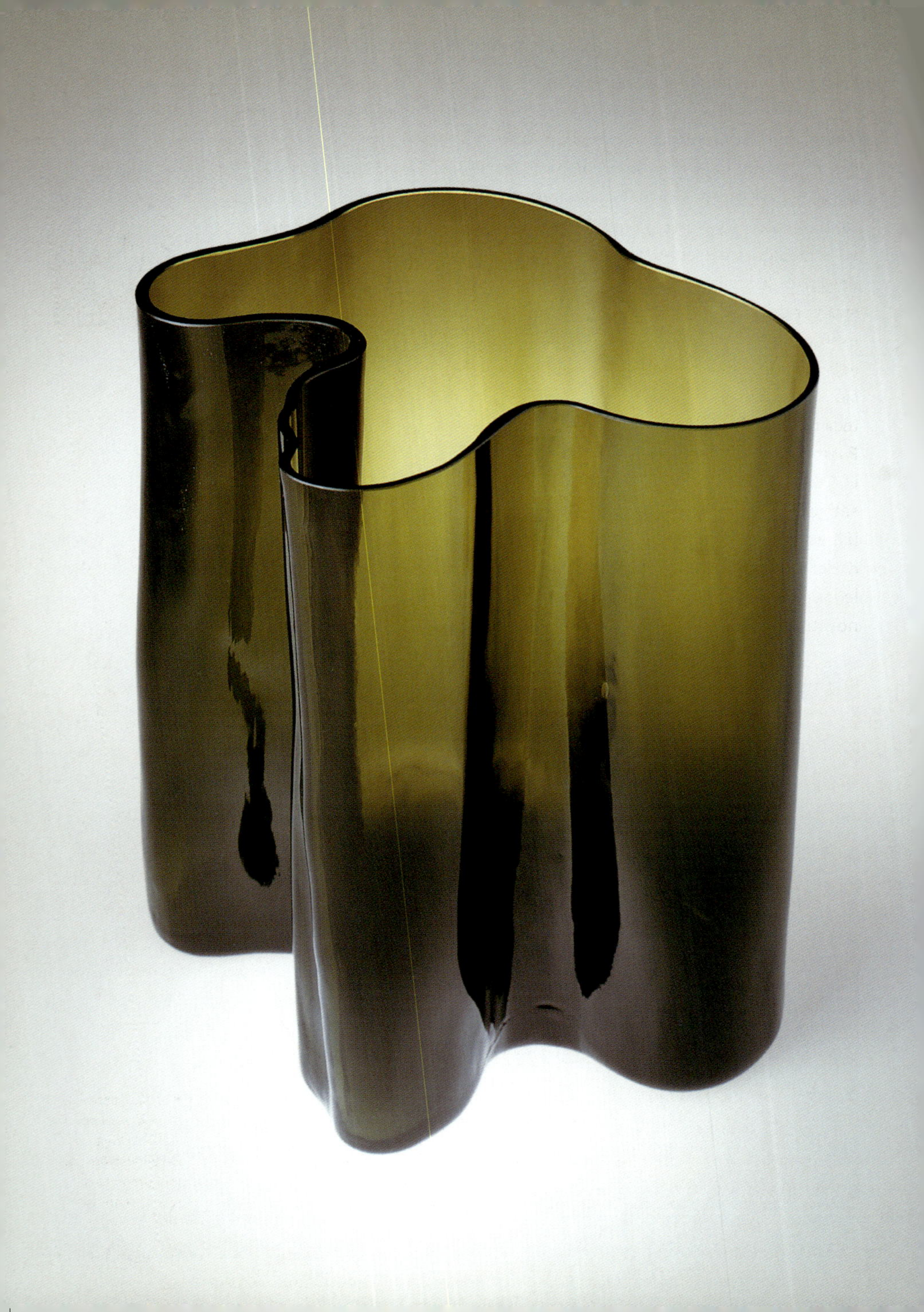

Alvar Aalto

1898 Kuortane, Finlandia
1976 Helsinki

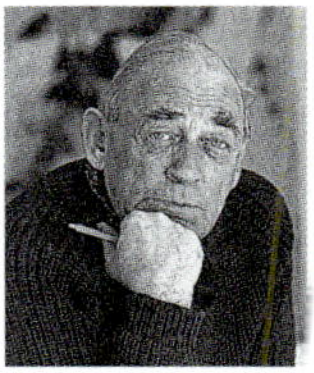

Hugo Alvar Hendrik Aalto studiò architettura al Teknilien Korkeakoulu di Helsinki dal 1916 al 1921. I due anni successivi li passò allestendo mostre e viaggiando in Europa centrale, Italia e Scandinavia. Nel 1923 si stabilì a Jyväskyla aprendo un proprio studio di architettura, che in seguito trasferì a Turku (1927–1933) e poi a Helsinki (1933–1976). Nel 1924 sposò la designer Aino Marsio (1894–1949) e per cinque anni i due condussero esperimenti sulla piegatura del legno. Questa ricerca portò negli anni '30 ai rivoluzionari design delle sedie di Aalto. Nel 1929 collaborò alla progettazione della mostra per celebrare il settecentesimo anniversario di Turku; fu questa il primo esempio di modernismo in una pubblica esposizione scandinava. I suoi progetti architettonici più famosi furono la sua stessa casa a Turku (1927), considerata una delle prime espressioni del Modernismo scandinavo, la Biblioteca di Viipuri (1927–1935), il Sanatorio di Paimio (1929–1933) e il Padiglione della Finlandia alla Fiera mondiale di New York (1939).
Dal 1929 Aalto si dedicò a materiali come il laminato di legno e il compensato e cominciò, insieme a Otto Korhonen (direttore di una fabbrica di mobili nei pressi di Turku), a svolgere ricerche sull'impiallacciatura e sui limiti di deformazione del compensato. Questi esperimenti ebbero come risultato le famose sedie di Aalto, la *n. 41* (1931–1932) e la *n. 31* (1932), altamente innovative e inserite entrambe come parti integranti del Sanatorio di Paimio.

◄◄ Vaso *Savoy modello n. 3031* per Karhula (poi prodotto da Iittala), 1936

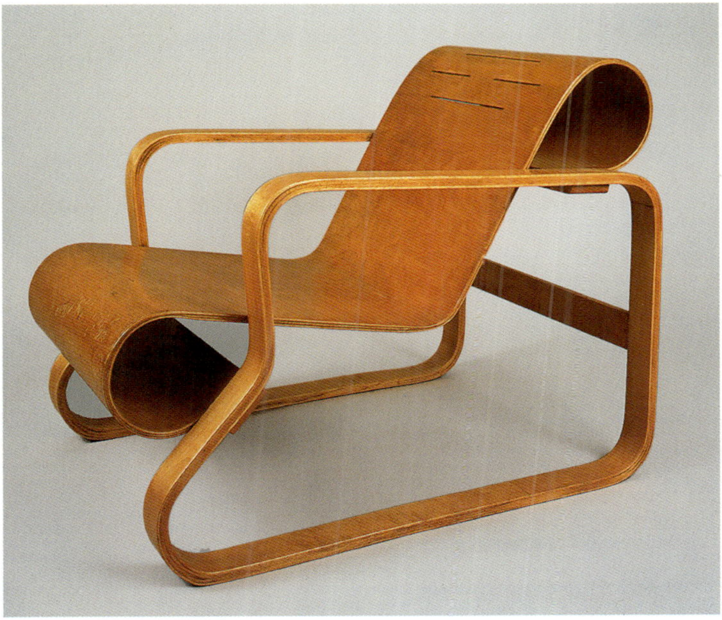

◄ Sedia *Paimio modello n. 41* per Huonekalu-ja Rakennustyötehdas (poi prodotto da Artek), 1930–1931

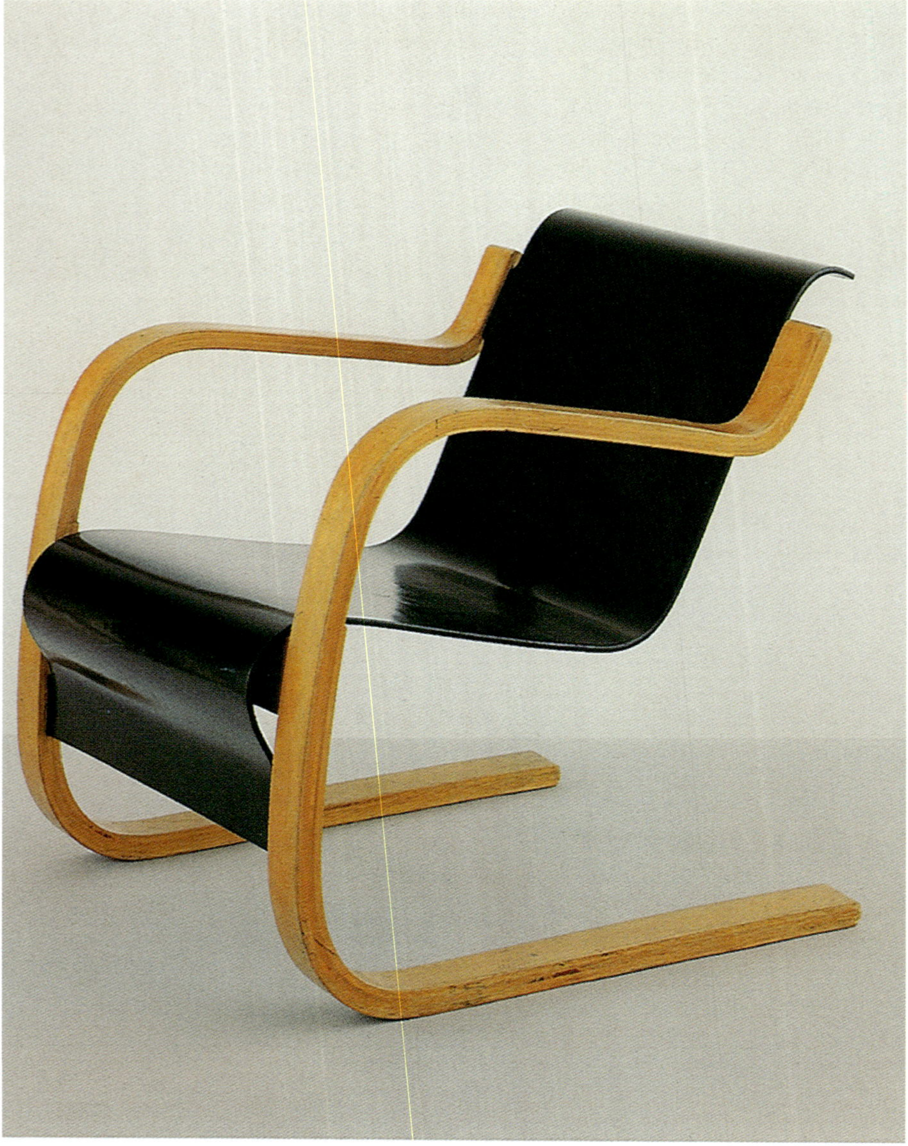

▲ Sedia *modello n. 31*
per Huonekalu-ja
Rakennustyöyehdas (poi prodotta
da Artek), 1930–1931

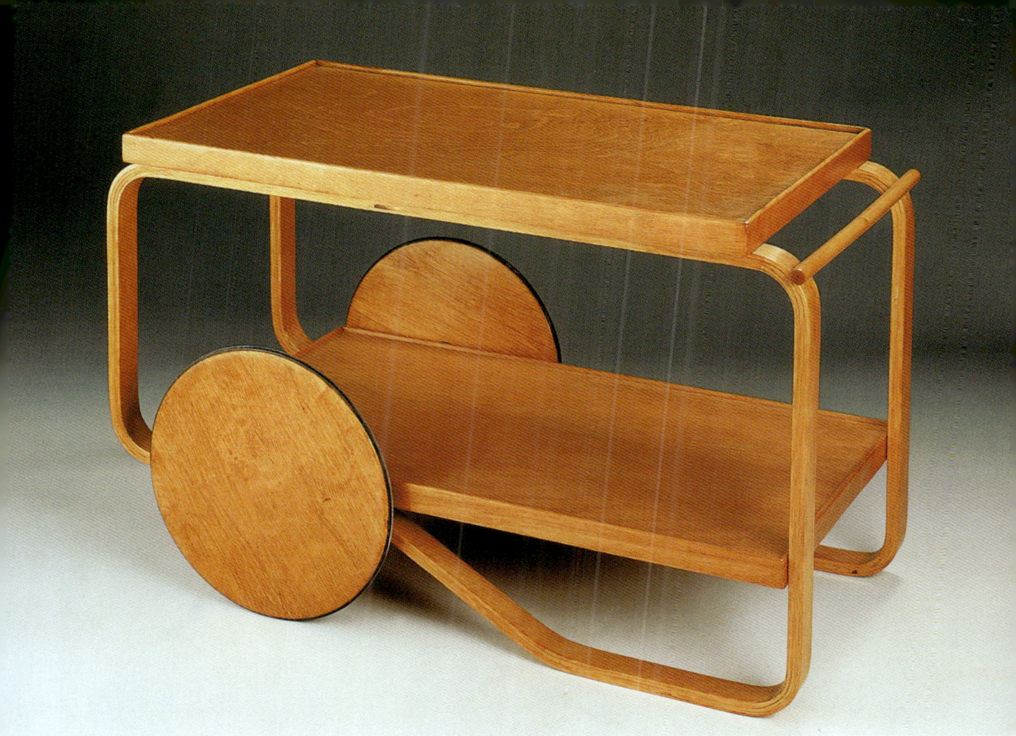

▲ Carrello *modello n. 98* per Artek, 1935–1936

Questi design segnarono per l'avanguardia internazionale una nuova tendenza nell'uso di materiali come il compensato e fecero di Aalto uno dei più eminenti designer del secolo. Il successo commerciale dei mobili da lui progettati, come gli *sgabelli con gambe a L* sovrapponibili (1933), portarono Aalto e la moglie a fondare nel 1935 la fabbrica Artek.
Aalto era convinto che il suo maggior contributo al design di mobili consistesse nelle soluzioni da lui apportate al perenne problema dell'incontro tra piani verticali e orizzontali. Sviluppato insieme a Korhonen, il suo sistema per deformare il legno, da Aalto definito "la sorella minore della colonna in architettura", permetteva di attaccare le gambe direttamente sotto la seduta, senza bisogno di altre strutture o supporti. Nacquero così le serie di mobili con *gambe a L* (1932–1933), *a Y* (1946–1947) e *a ventaglio* (1954). I design di Aalto sono caratteristici per l'uso di forme organiche, come ad esempio nel famoso *vaso Savoy* del 1936. Originariamente chiamato "Eskimoerindens skinnbuxa" (i pantaloni di pelle della donna esquimese) e prodotto da Iittala, il vaso *Savoy* sembra sia stato ispirato dalle coste a fiordi della nativa Finlandia. Aalto credeva fortemente in un design "umanistico"; per questo rifiutò materiali artificiali come il tubolare metal-

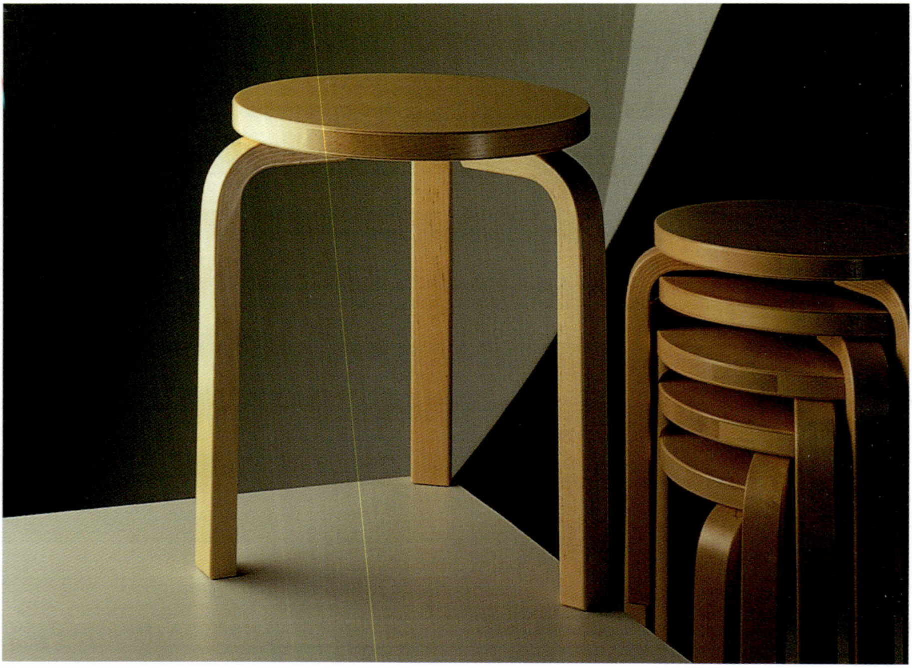

▲ Sgabelli *modello n. 60* per Huonekalu-ja Rakennustyötehdas (poi prodotto da Artek), 1933

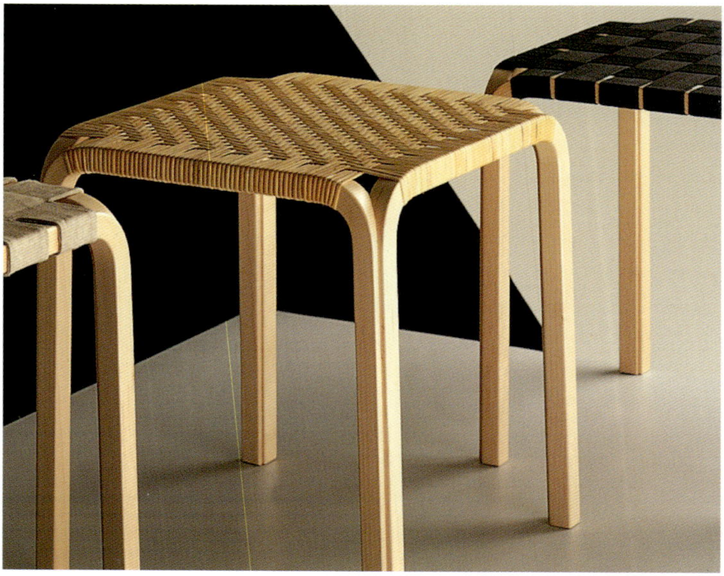

► Sgabelli con gambe a Y per Artek, 1946–1947

lico nei mobili, che secondo lui non si accordavano con la condizione umana.

Durante gli anni '30 e '40 l'opera di Aalto fu molto apprezzata in Gran Bretagna e in America e, quale fondatore dell'**Organic Design**, le sue concezioni ebbero una grande influenza sui designer del dopoguerra come **Charles e Ray Eames**. Aalto fu anche uno dei primi oppositori dell'alienante estetica macchinistica del **Modern Movement** e del suo approccio rigidamente razionalista al design; a tal proposito affermò: "Il miglior comitato di standardizzazione esistente al mondo è la natura stessa, ma in natura la standardizzazione avviene principalmente in unità e cellule il più possibile piccole. Il risultato è milioni di combinazioni flessibili in cui gli stereotipi non sono ammessi" (citato in Andrei Gozak, *Alvar Aalto vs. the Modern Movement*, Helsinki 1981, p. 78).

Aalto credeva che il design non dovesse solo avere requisiti di funzionalità, ma dovesse anche rivolgersi ai bisogni psicologici dell'utente e che ciò si potesse ottenere al meglio tramite l'uso di materiali naturali, in particolar modo il legno, che egli descrisse come "la forma ispiratrice, il materiale profondamente umano" (Göran Schildt, *Alvar Aalto Sketches*, Cambridge, Mass. 1987, p. 77). I pionieristici design organici di Aalto non fornirono solo un nuovo repertorio di forme; essi rappresentarono eloquentemente agli occhi del pubblico la versione accettabile del Modernismo.

Nel 1952 egli sposò l'architetto Elissa Mäkiniemi, con la quale collaborò fino alla morte. La vita e l'opera di Aalto furono celebrate dal **Museum of Modern Art di New York** con tre esposizioni tenute nel 1938, nel 1984 e nel 1997.

▼ Sgabelli con gambe a ventaglio *modelli n. X601-X600* per Artek, 1954

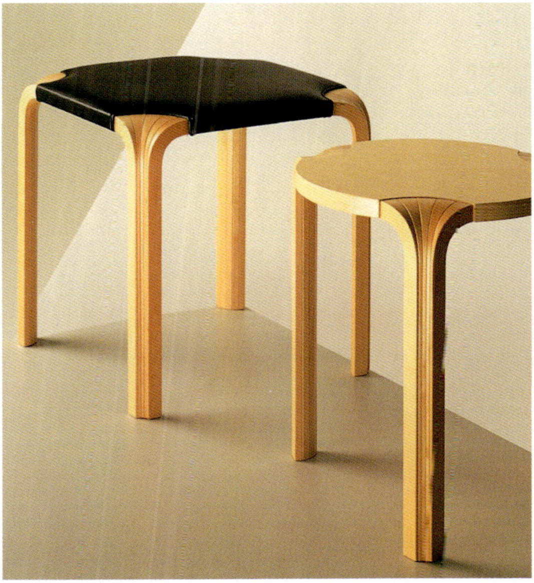

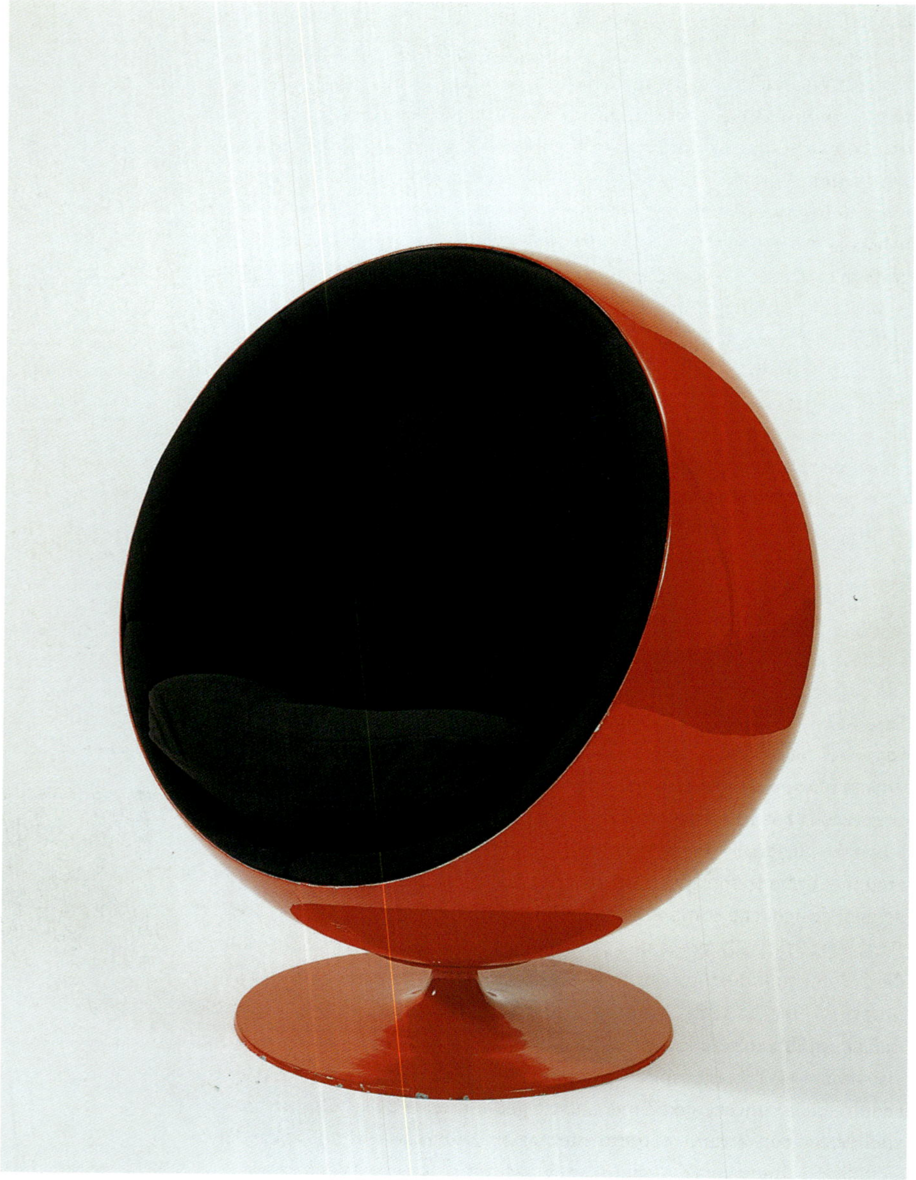

▲ Sedia *Ball* o *Globe*
per Asko, 1963–1965

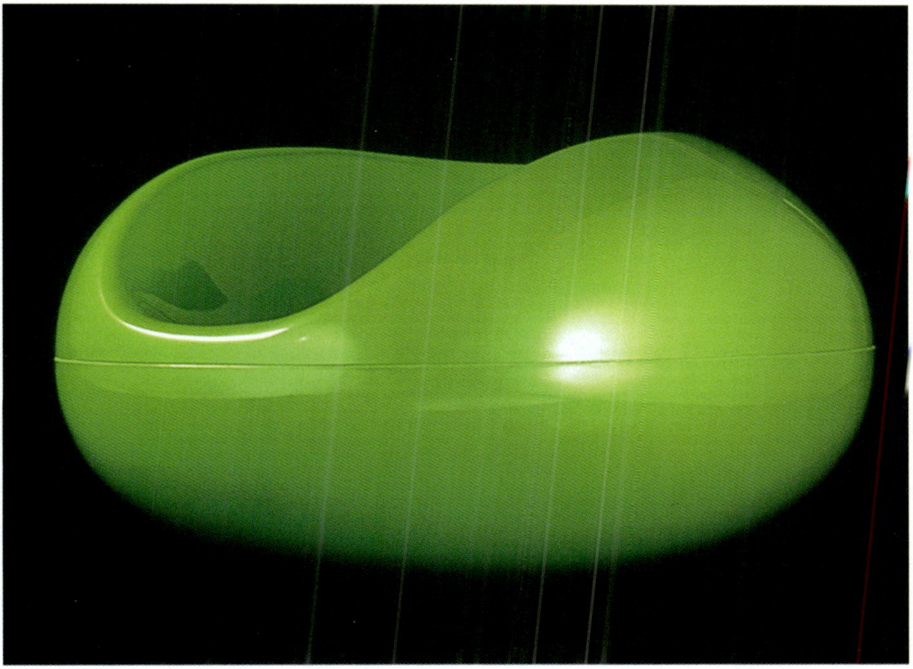

Eero Aarnio studiò all'Istituto di Arti Industriali di Helsinki, laureandosi nel 1957. Nel 1962 aprì uno studio di design lavorando come fotografo e designer grafico ma soprattutto come designer d'interni e designer industriale. Aarnio cominciò la sua attività progettando mobili in materiali naturali e utilizzando tecniche artigianali, come nel suo sgabello in vimini *Jattujakkare*. Durante gli anni '60 le sue sperimentazioni col fibreglass produssero la sua più famosa serie di design, che comprende la sedia *Ball* o *Globe* (1963–1965) e la sedia *Pastille* (1967–1968), per la quale nel 1968 vinse il premio dell'Associazione per il Disegno Industriale (ADI). Le soluzioni audacemente iconoclastiche proprie di queste "sedie", fra cui bisogna includere anche la sedia in perspex *Bubble* (1968), colsero lo spirito tipico degli anni '60, caratterizzato da forme visualmente stimolanti ispirate all'era spaziale. Tuttavia, Aarnio non si fece sedurre dalla concezione effimera, usa e getta, propria della cultura Pop. I suoi design conservano un tratto internazionale mentre esaltano anche l'individualità e il tradizionale assillo scandinavo per la qualità e la durata. Lo sguardo di Aarnio è ottimisticamente proteso verso un tempo in cui "l'approccio individualistico del passato e la fabbrica di robot del futuro si stringono la mano" (A. Lee Morgan, *Contemporary Designers*, London, 1985, p. 10).

Eero Aarnio

1932 *Helsinki*

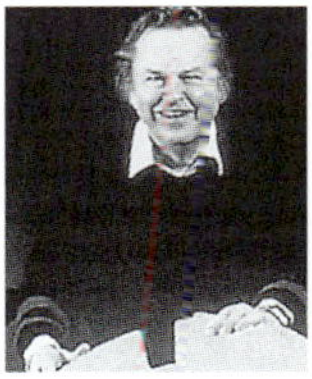

▲ Sedia *Pastille* per Asko, 1967–1968

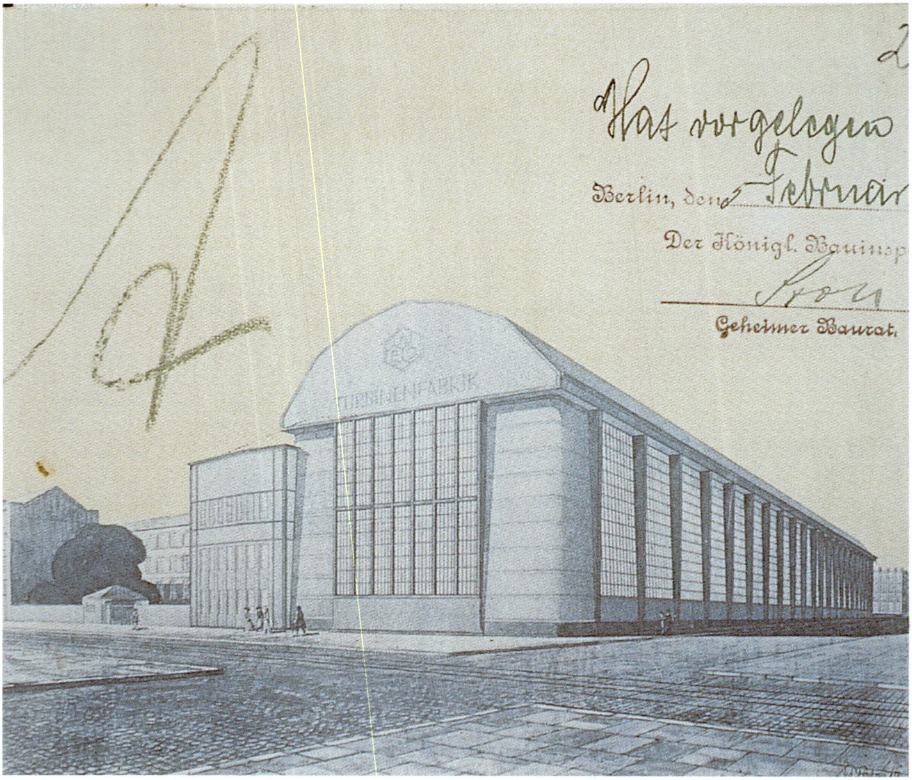

AEG

Fondata nel 1883 a *Berlino*

▲ **Peter Behrens**, Progetto della sala delle turbine dell'AEG, Berlino 1908

► **Peter Behrens**, Lampade industriali AEG, 1908 ca.

Dopo aver visto all'"Exposition Internationale d'Électricité" di Parigi del 1881 la lampadina di Thomas Edison, Emil Rathenau (1838–1915) ne acquistò i diritti e nel 1883 fondò la Deutsche Edison Gesellschaft (Società Edison Tedesca per l'Elettricità Applicata), conosciuta come DEG. La stessa assunse poi il nome Allgemeine Elektricitäts Gesellschaft o AEG e il designer Jugendstil **Otto Eckmann** fu chiamato a disegnare il suo catalogo per l'Esposizione Universale di Parigi del 1900.

Nel 1907 l'AEG nominò l'architetto e designer **Peter Behrens** direttore artistico, col compito di creare per la società una vera e propria **corporate identity**, la prima immagine aziendale veramente unitaria. Nel far questo Behrens non si limitò a cambiare il logo della società, ma andò oltre, progettando una quantità di utensili elettrici, bollitori, orologi, ventole, e gli stessi stabilimenti destinati a ospitare le fabbriche di questi prodotti.

L'ingegnere dell'AEG addetto alla produzione Michael von Dolivo-Dobrowolsky comprese che la chiave per arrivare alla produzione in serie di oggetti di

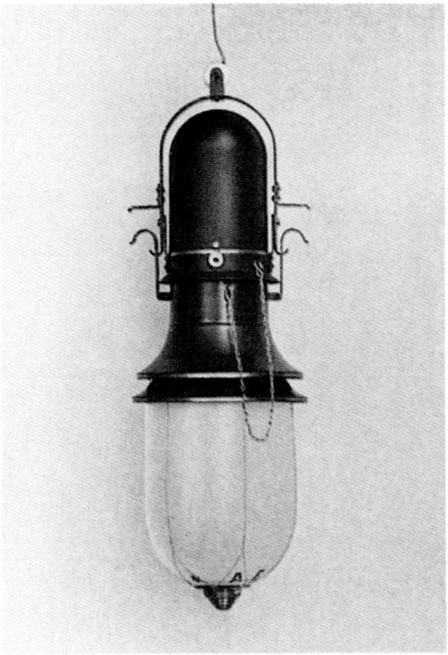
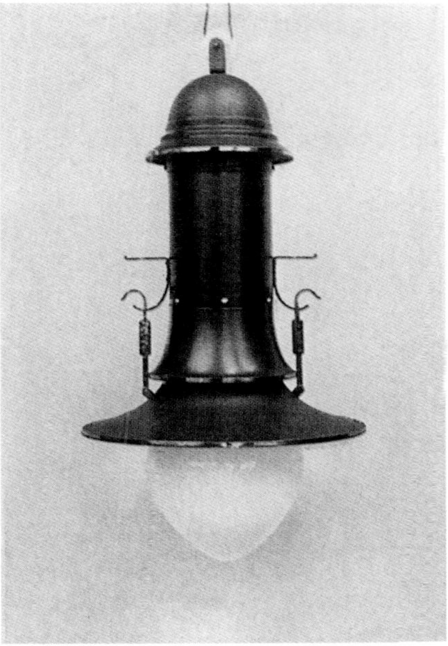
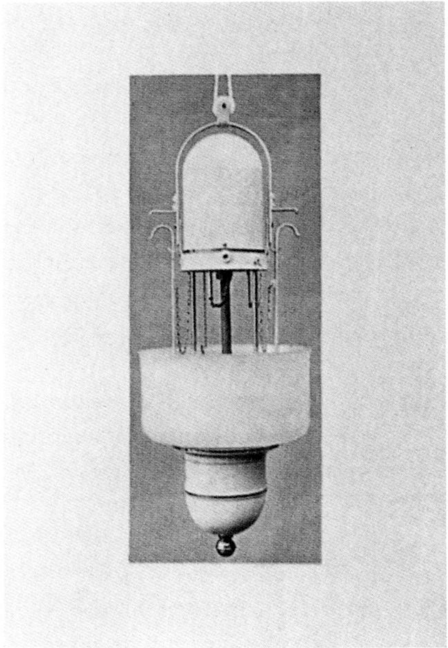
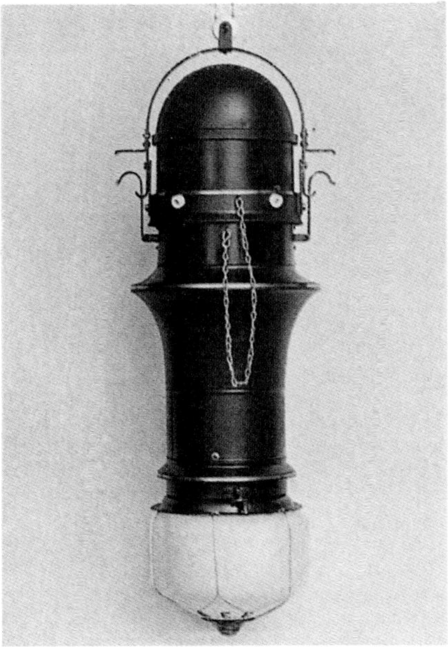

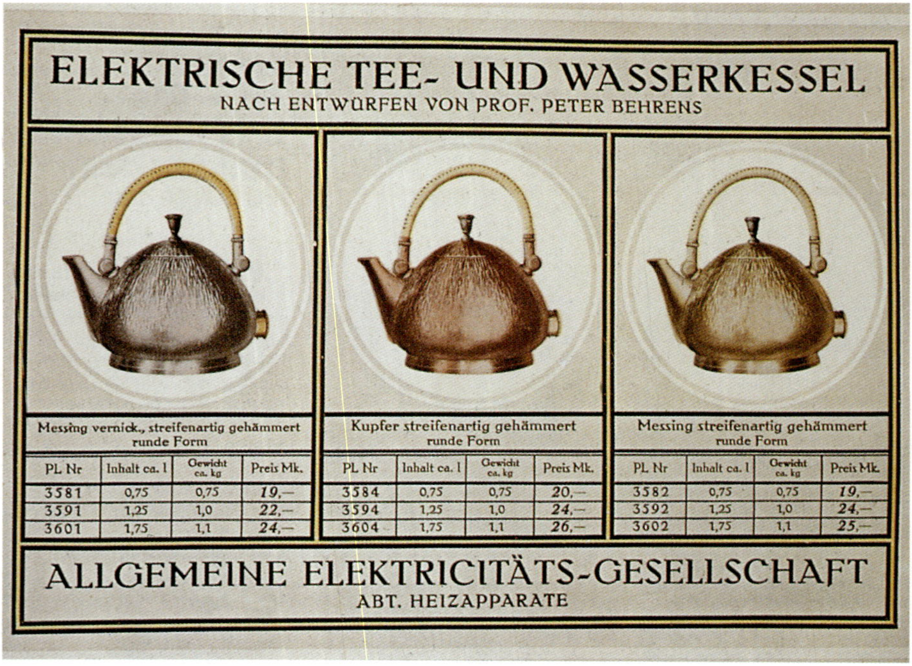

▲ **Peter Behrens,** Opuscolo che pubblicizza bollitori AEG, 1910 ca.

alta qualità stava nella **standardizzazione** di componenti intercambiabili, che si potessero usare per diversi prodotti e non per uno solo. Questo schema di standardizzazione, insieme ai moderni metodi di fabbricazione impiegati dall'AEG, riflettevano gli ideali del **Deutscher Werkbund**, che Behrens aveva contribuito a fondare nel 1907.

Oggi l'AEG, che ha fatto del design un'arma vincente, è una grande azienda nota soprattutto per i suoi elettrodomestici di alta qualità.

► **Peter Behrens,** Bollitore elettrico AEG, 1909

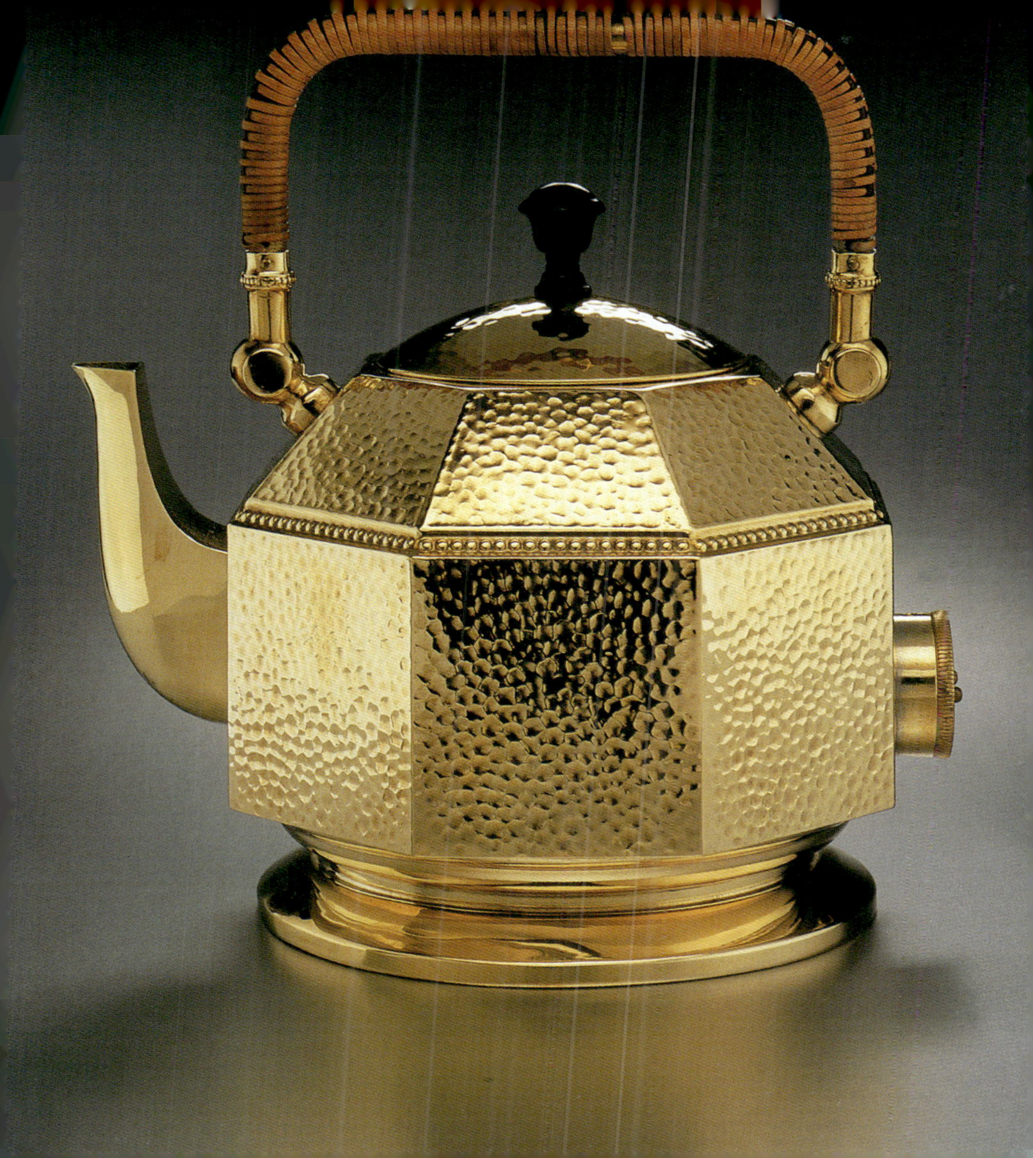

Aesthetic Movement

Gran Bretagna

▼ **Thomas Jeckyll**, *Girasole* in ferro per Barnard, Bishop & Barnard, 1880 ca.

Il Movimento Estetico trasse origine da un precedente movimento artistico che in Gran Bretagna aveva visto il connubio di Revival Gotico e Revival dello stile Regina Anna. Questi due stili furono intessuti di influenze orientali da Bruce Talbert (1838–1881), Thomas Jeckyll (1827–1881) e altri creando uno stile ibrido anglo-orientale. Ispirati alle xilografie giapponesi e agli oggetti importati dal Medio ed Estremo Oriente da società come **Liberty & Co.**, i designer che si richiamarono al Movimento Estetico, come **E. W. Godwin** e **Christopher Dresser**, cercarono di riformare il design adottando linee pure e semplici. L'Estetismo divenne uno stile di vita delle classi medie progressiste residenti nella zona di Bedford Park, a ovest di Londra. La Liberty & Co. diffuse quello stile non solo attraverso mobili di uso quotidiano ma anche mettendo sul mercato indumenti femminili dalla linea fluida e avvolgente. La *Peacock Room,* progettata da James Abbot McNeill Whistler (1804–1903) e da Thomas Jeckyll per la residenza londinese di F. R. Leyland (1876–1877) – ora alla Freer Gallery di Washington –, per il suo esotismo rappresenta l'apice del Movimento Estetico. I più grandi sostenitori dell'Estetismo furono senza dubbio Oscar Wilde (1854–1900) e **Aubrey Beardsley**, i quali a fine secolo propugnarono l'esaltante dottrina dell'arte per l'arte. Il Movimento Estetico, che adottò come simbolo il girasole, si diffuse anche negli Stati Uniti, soprattutto con le opere dei fratelli Herter e di **Louis Comfort Tiffany**, e in Francia con l'opera di **Françoise-Eugène Rousseau**. Ebbe anche una certa influenza sull'**Art Nouveau**, per il suo uso di motivi tratti dalla natura, e sul **Modern Movement** per la sua adozione di forme giapponesi astratte.

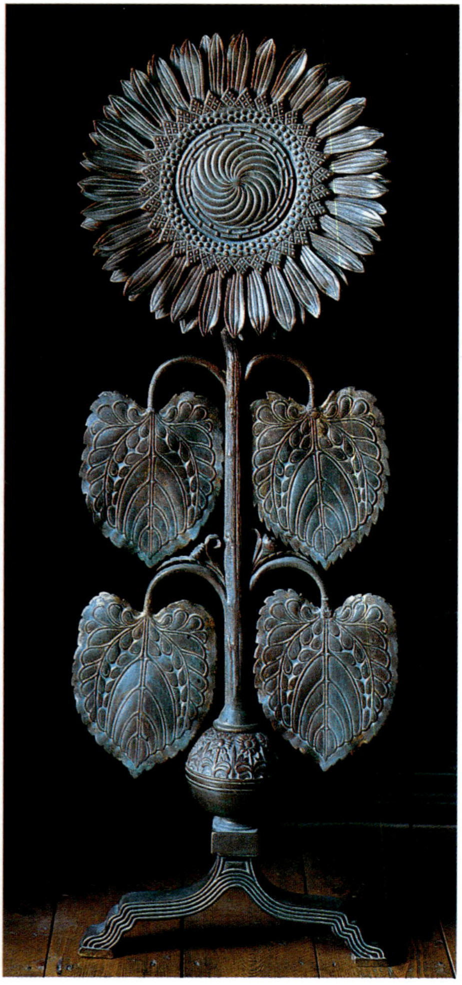

▼ Mobile in ebano, decennio 1870

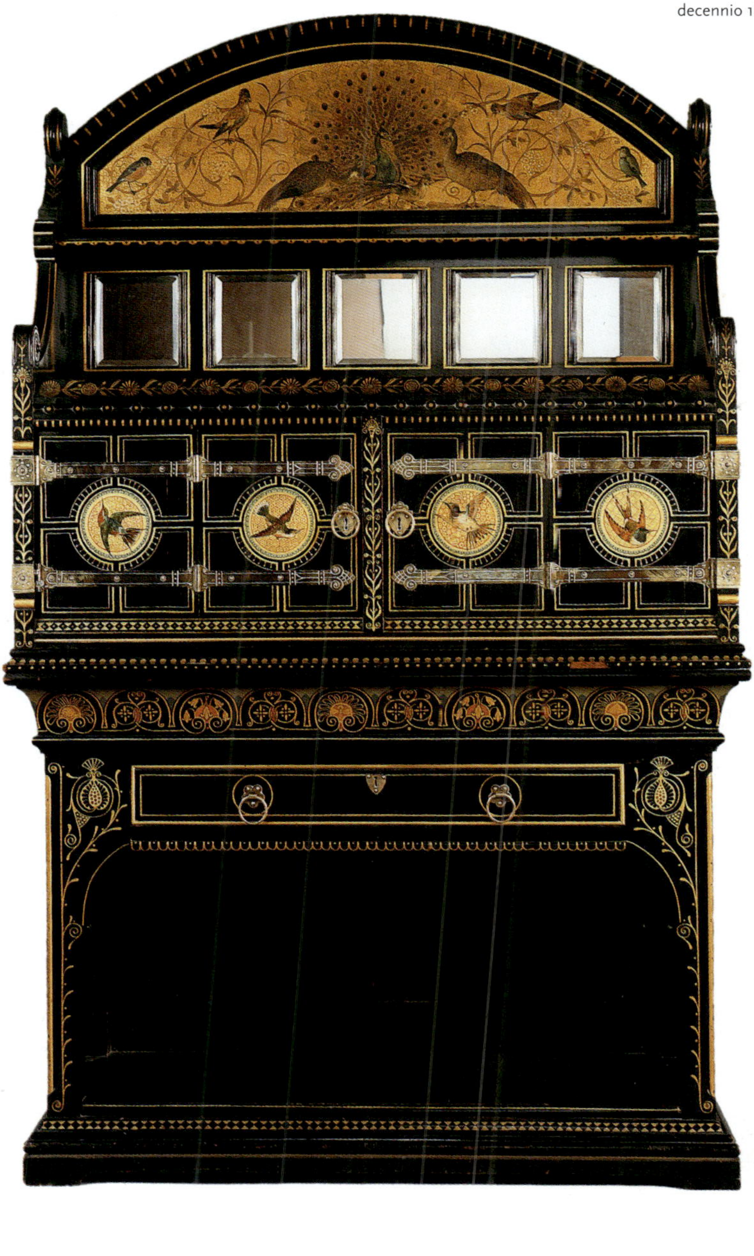

▸ **Sergei Vasilievich Chekhonin**, Piatto propagandistico per la Fabbrica Statale di Porcellana di Pietrogrado, 1919

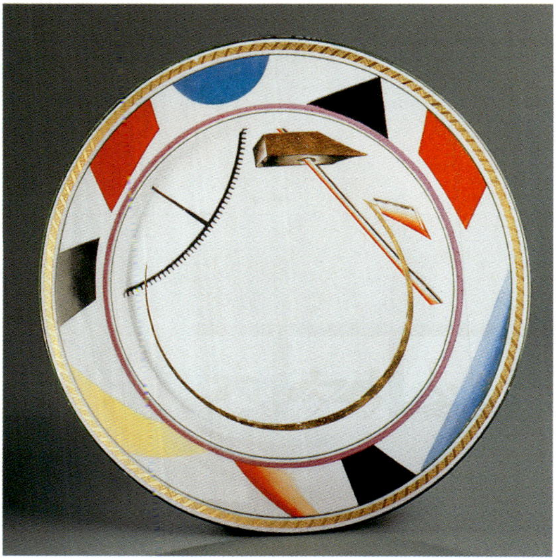

Agitprop

Russia

Il termine Agitprop deriva dalla locuzione russa *agitatsiya propaganda* (*agitazione propagandistica*) coniata da Vladimir I. Lenin per indicare quell'aspetto della dottrina comunista in cui strategie agitatorie e propagandistiche venivano coniugate per arrivare alla vittoria finale. L'agitazione veniva definita come l'uso di slogan politici e di mezze verità per spingere le masse a sostenere le proprie rivendicazioni; la propaganda veniva definita come promozione di discussioni storiche e scientifiche per influenzare l'intellighenzia. Dopo la rivoluzione russa del 1917, il partito comunista fondò l'*Agitprobyuro* (Ufficio di Agitazione e Propaganda) per lo sviluppo dell'arte e del design sovietici sponsorizzati dallo stato, noto in seguito come Agitprop. Designer come Sergei Vasilievich Chekhonin (1878–1936), **Kasimir Malevich**, Maria Vasilievna Lebedeva (1895–1942) e Nikolai Suetin, usando materiali grezzi prerivoluzione, decorarono porcellane con slogan e motivi presi dai manifesti politici e dagli striscioni delle manifestazioni. Per il primo anniversario della rivoluzione, Natan Altman (1889–1970) progettò edifici e monumenti ispirati all'Agitprop futurista per la piazza Uritskii di San Pietroburgo. Nel 1919 Vasilii Ermilov (1884–1968) collaborò a molti progetti Agitprop per manifesti, decorazioni di treni e di interni di circoli sociali. L'Agitprop doveva servire a chiamare a raccolta il popolo per la rivoluzione; progetti grandiosi come la famosa struttura costruttivista *Pamiatnik III emu Internatsionalu* (*Monumento alla Terza Internazionale*) del 1919–1920 a Pietrogrado, opera di **Vladimir Tatlin**, riflettevano il desiderio di un nuovo ordine mondiale.

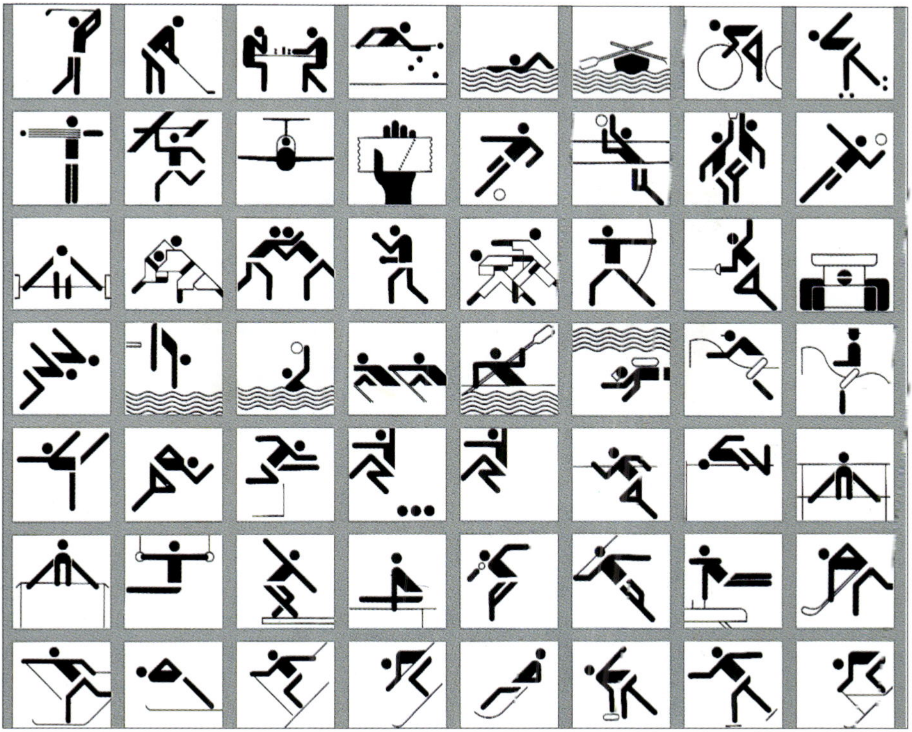

Otl Aicher

1922 *Ulm, Germania*
1991 *Rotis, Germania*

Otl Aicher studiò scultura alla Akademie der Bildenden Künste di Monaco dal 1946 al 1947 e poi aprì uno studio di grafica a Ulm nel 1948, trasferito poi a Monaco nel 1967 e infine a Rotis, nell'Algäu, nel 1972. Negli anni '50, lavorando insieme a **Hans Gugelot** e **Dieter Rams**, Aicher formulò un design estetico coerente e razionale per la Braun. Dal 1949 al 1954 partecipò alla fondazione e allo sviluppo della **Hochschule für Gestaltung di Ulm**, la più influente scuola di design tedesco del dopoguerra. Nel 1952 sposò una co-fondatrice della scuola, Inge Scholl, e dal 1954 al 1965 tenne conferenze alla facoltà di comunicazioni visive di Ulm e all'Università di Yale. Fu poi direttore della Hochschule für Gestaltung dal 1962 al 1964; i suoi scritti sulla teoria del design influenzarono lo sviluppo degli ideali utopistici che sfoceranno nel **Radical Design**. Aicher ha lavorato principalmente come designer di **corporate identity**, ma la sua fama è dovuta soprattutto alla grafica dei Giochi Olimpici di Monaco del 1972, per i quali realizzò un sistema di pittogrammi universalmente riconoscibili.

▲ Pittogrammi per le Olimpiaci di Monaco del 1972

Anni Albers

1899 Berlino
1994 Orange, Connecticut

Anni Fleischmann studiò design presso Martin Brandenburg a Berlino dal 1916 al 1919 e poi alla Kunstgewerbeschule di Amburgo dal 1919 al 1920. Si iscrisse al **Bauhaus** e dal 1922 fu apprendista designer tessile presso Georg Muche (1895–1987), **Gunta Stölzl** e Paul Klee (1879–1940). Dal 1929/30 cominciò a insegnare nei laboratori di tessitura del Bauhaus a Weimar e poi a Dessau. Fu il primo designer tessile a usare il cellophan come materiale. Nel 1925 sposò l'artista tedesco e designer **Josef Albers**, che nello stesso anno divenne maestro del corso di base del Bauhaus. Nel 1933 la coppia emigrò negli USA e dal 1933 al 1949 Anni Albers fu professoressa di Arte al Black Mountain College nel North Carolina. Lavorò anche come designer tessile indipendente realizzando sia tessuti a mano che fatti a macchina. La Albers credeva che una manifattura di alta qualità e una rigorosa organizzazione della forma avrebbero permesso all'artigianato moderno di essere piacevole esteticamente e al contempo di acquisire un perenne fascino. Per la **Knoll International** dal 1959 e per la Sunar dal 1978 disegnò una vasta gamma di tessuti geometrici astratti che mettevano l'accento sulle qualità strutturali dei tessuti. Nel 1961 le venne assegnata una medaglia d'oro per l'artigianato dall'American Institute of Architects.

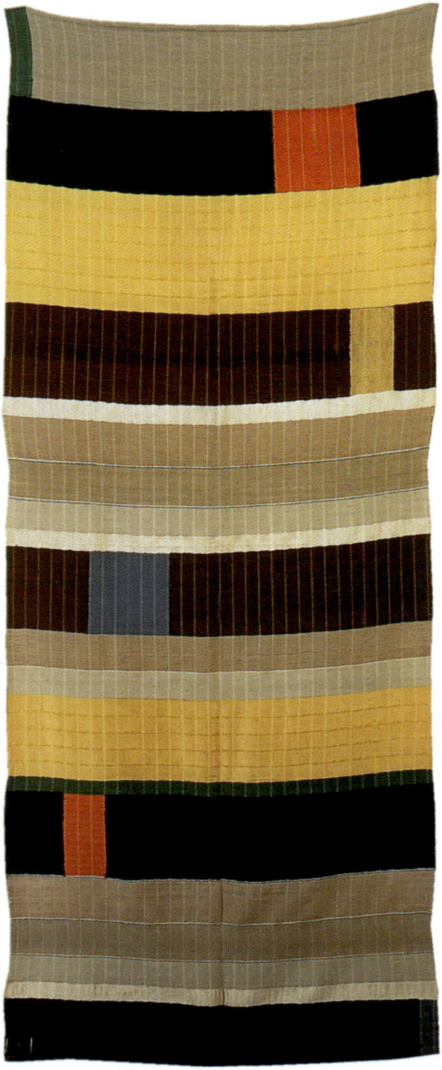

◂ Drappo n. 175, 1925

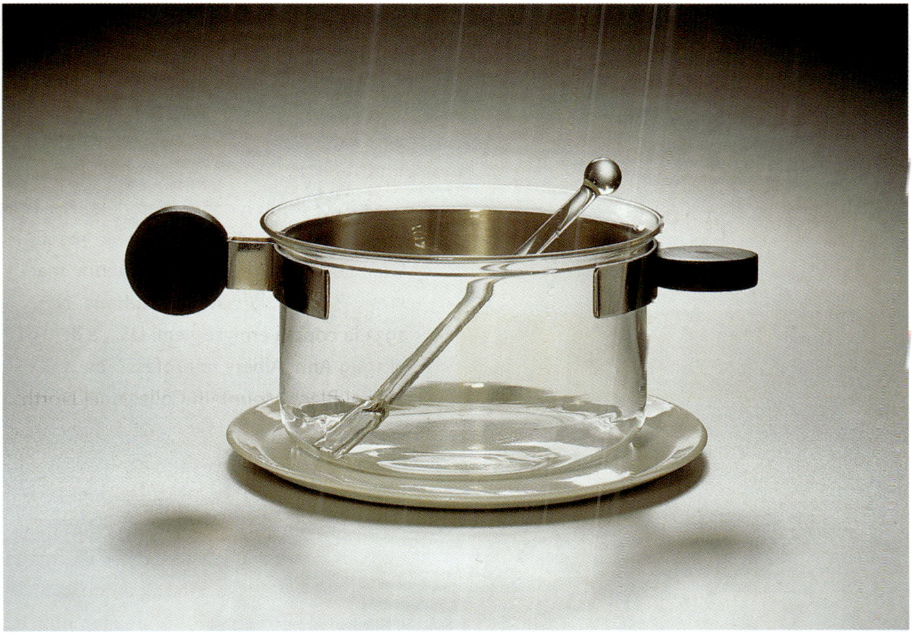

Josef Albers compì all'inizio studi da maestro elementare, insegnando in Westfalia dal 1905 al 1913. Studiò poi alla Königliche Kunstschule di Berlino dal 1913 al 1915 e presso Jan Thorn-Prikker alla Kunstgewerbeschule di Essen, dove rimase a insegnare per tre anni. Frequentò poi l'Akademie der Bildenden Künste di Monaco dal 1919 al 1920 e dal 1920 al 1933 studiò e insegnò al **Bauhaus** di Weimar e Dessau. Completato il corso preliminare nel 1921, cooperò nella stessa scuola alla creazione di un laboratorio per dipingere il vetro, che diresse dal 1923 in poi. Albers insegnò anche nei corsi di base del Bauhaus e nel 1925 fu il primo studente a diventare insegnante. Nello stesso anno sposò la designer tessile Anni Fleischmann e nel 1928 divenne direttore del laboratorio di falegnameria del Bauhaus. Quando nel 1933 il Bauhaus venne chiusa dai nazionalsocialisti, egli emigrò negli USA e insegnò al Black Mountain College nel North Carolina per i successivi sedici anni. Dal 1950 al 1960 Albers fu direttore della facoltà di design dell'Università di Yale (New Haven) e dal 1953 al 1954 fu anche visiting professor alla **Hochschule für Gestaltung di Ulm**. La sua opera, a volte eclettica, fu fondamentalmente caratterizzata dall'uso di forme geometriche astratte semplificate e da un uso dei materiali ridotto al minimo indispensabile.

Josef Albers

1888 *Bottrop, Germania*
1976 *New Haven, Connecticut*

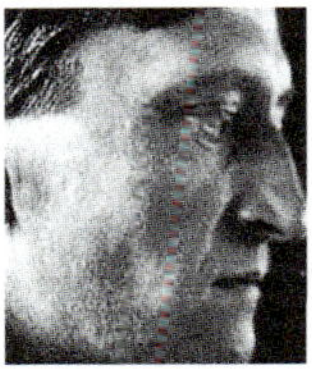

▲ Teiera in vetro prodotta da Jenaer Glaswerke Schott & Gen. e piatto di porcellana della fabbrica di Meissen per il Bauhaus di Dessau, 1926

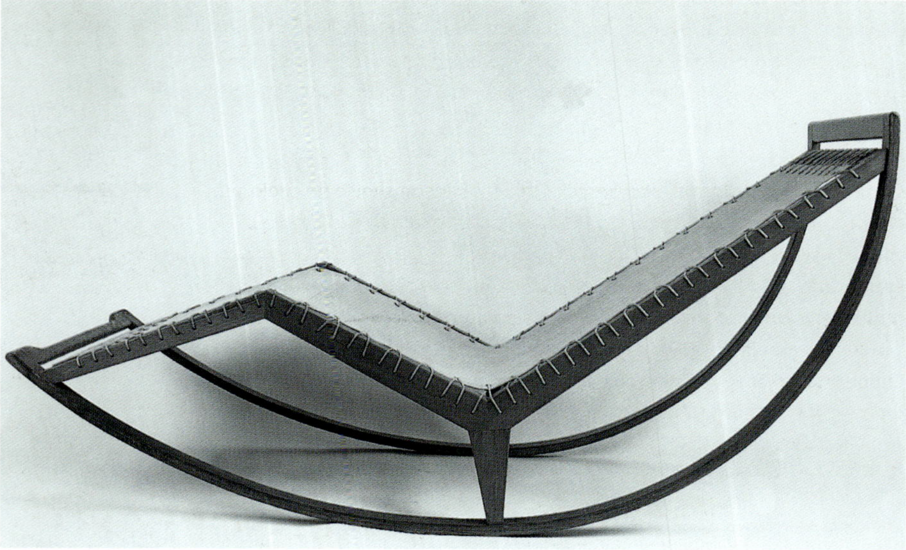

Franco Albini

1905 *Robbiate*
1977 *Milano*

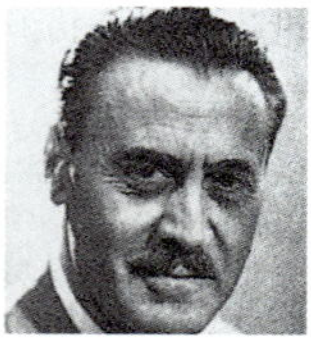

Franco Albini studiò architettura al Politecnico di Milano laureandosi nel 1929. Lavorò nello studio di **Gio Ponti** fino al 1930, quando conobbe il razionalista Edoardo Persico (1900–1936). Nello stesso anno aprì uno studio di architettura e design al quale successivamente collaborarono Franca Helg (1920), Antonio Piva (1936) e il figlio Marco (1940), rispettivamente dal 1952, 1962 e 1965. I suoi scaffali sospesi del 1940, vero compendio del Razionalismo italiano, fecero epoca perché oltre a essere innovativi potevano anche funzionare da parete divisoria. Albini non fu solo stimato per i suoi arredamenti d'interni; acquisì molto prestigio anche come urbanista e divenne uno dei più importanti razionalisti italiani. Fu direttore di *Casabella* dal 1945 al 1946 e dal 1963 al 1977 insegnò composizione architettonica al Politecnico di Milano. Vinse il premio **Compasso d'Oro** nel 1955, nel 1958 e nel 1964. I design di Albini sono dotati di una logica intrinseca, sia in termini di struttura che di metodi di fabbricazione. Le sue sedie in vimini e canne, progettate insieme alla Helg negli anni '50, mostrano anche una notevole sensibilità per l'uso dei materiali. Nel 1962, in collaborazione con la Helg e Bob Noorda (1927), Albini progettò gli allestimenti delle stazioni della Linea 1 della metropolitana milanese.

▲ Sedia a dondolo *modello n. PS16* per Carlo Poggi, 1956

Don Albinson studiò in Svezia e poi frequentò la **Cranbrook Academy of Art** (Michigan) e la Yale University di New Haven. A Cranbrook seguì le lezioni su industrial e product design tenute da **Charles Eames**. Nel 1946 entrò a far parte dello studio degli Eames e collaborò alla progettazione delle sedie di compensato stampato di Charles e Ray Eames. Con gli Eames, trattato come un figlio, visse per sei mesi nel loro appartamento di Los Angeles. Quale membro dello staff dell'Eames Office, Albinson svolse un ruolo chiave nello sviluppo di molti dei mobili creati per **Herman Miller**, in particolare le sedie *Aluminium Group* del 1958. Le qualità di Albinson risaltano soprattutto nella comprensione dei processi di progettazione e produzione; molte delle innovazioni tecniche e di design apportate dagli Eames nel campo dei mobili possono essere accreditate a lui. Albinson lasciò l'Eames Office intorno al 1959 e nel 1964 venne nominato direttore del design development della **Knoll International**. Il suo primo progetto di grande successo per Knoll fu la sedia *Albinson* in alluminio pressofuso e polipropilene (1965).

Don Albinson

1915 *Sparta, Michigan*

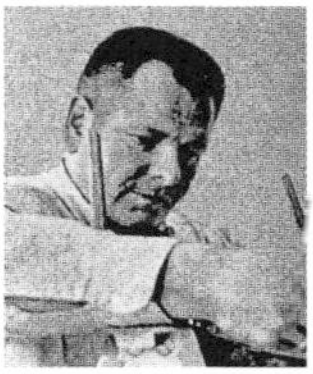

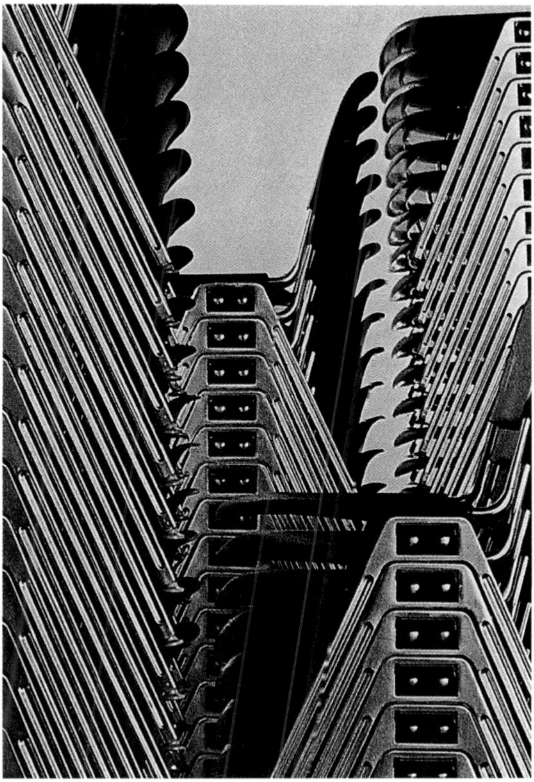

◄ Sedie sovrapponibili *Albinson modello n. 1601* per Knoll International, 1965

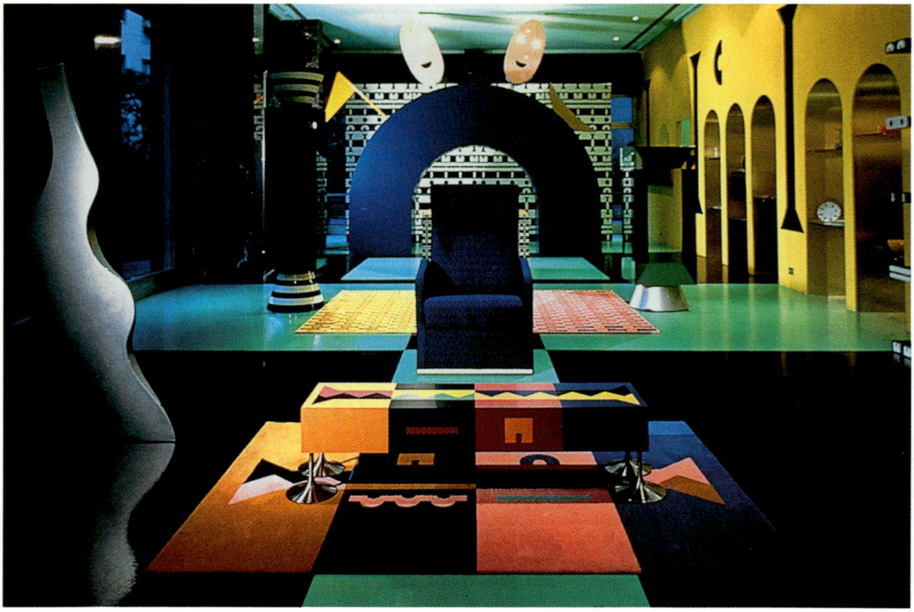

Studio Alchimia

Fondato nel 1976
a *Milano*

Lo Studio Alchimia fu fondato nel 1976 dall'architetto Alessandro Guerriero (1943) inizialmente come galleria per esporre opere sperimentali e creativamente libere dagli schemi forzati della produzione industriale. L'allusione all'alchimia voleva essere un'aperta sfida alla concezione razionalista alla base del Modernismo. In seguito Alchimia divenne uno studio molto influente cui collaborarono **Ettore Sottsass**, **Alessandro Mendini**, **Andrea Branzi**, Paola Navone (1950), **Michele De Lucchi** e altri. Le collezioni, ironicamente intitolate *Bau.Haus 1* e *Bau.Haus 2*, rispettivamente del 1978 e del 1979, trassero ispirazione e riferimenti dalla cultura popolare e dal **Kitsch**. Negli anni '80 Mendini divenne l'esponente di punta dello studio e i suoi redesign di mobili classici, come la sedia *Superleggera* di **Gio Ponti** e la sedia *Wassily* di **Marcel Breuer**, misero in ridicolo le pretese del **Good Design** e di conseguenza del cosiddetto buon gusto. La serie *Mobile Infinito* di Mendini del 1981 permetteva all'utente di alterare la posizione degli elementi decorativi facilitando un' interazione creativa. Impegnato politicamente, elitario e dichiaratamente intellettuale, lo Studio Alchimia fu fondamentale nell'aprire la strada alla seconda ondata di **Radical Design** italiano, culminato negli anni '80 nell'**Anti-Design**.

▲ Collezioni *Olli* e *Soli*, 1988

► Credenza, dalla serie *Mobile Infinito* (maniglie di Ugo La Pietra, piedi di Denis Santachiara, figure di Andrea Branzi, bandiere di Kazuko Sato e decorazioni magnetiche di Francesco Clemente, Sandro Chia, Enzo Cucchi e altri), 1981

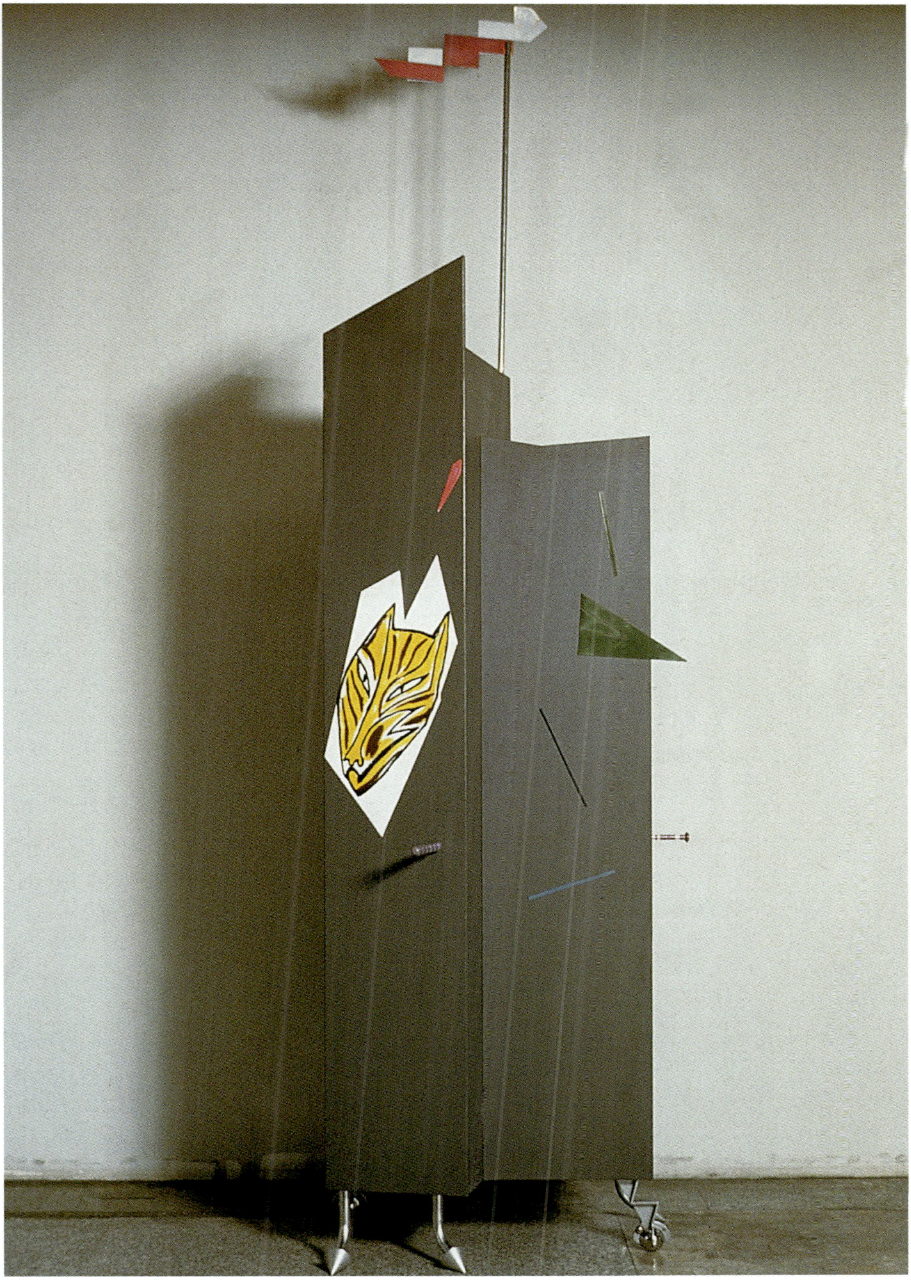

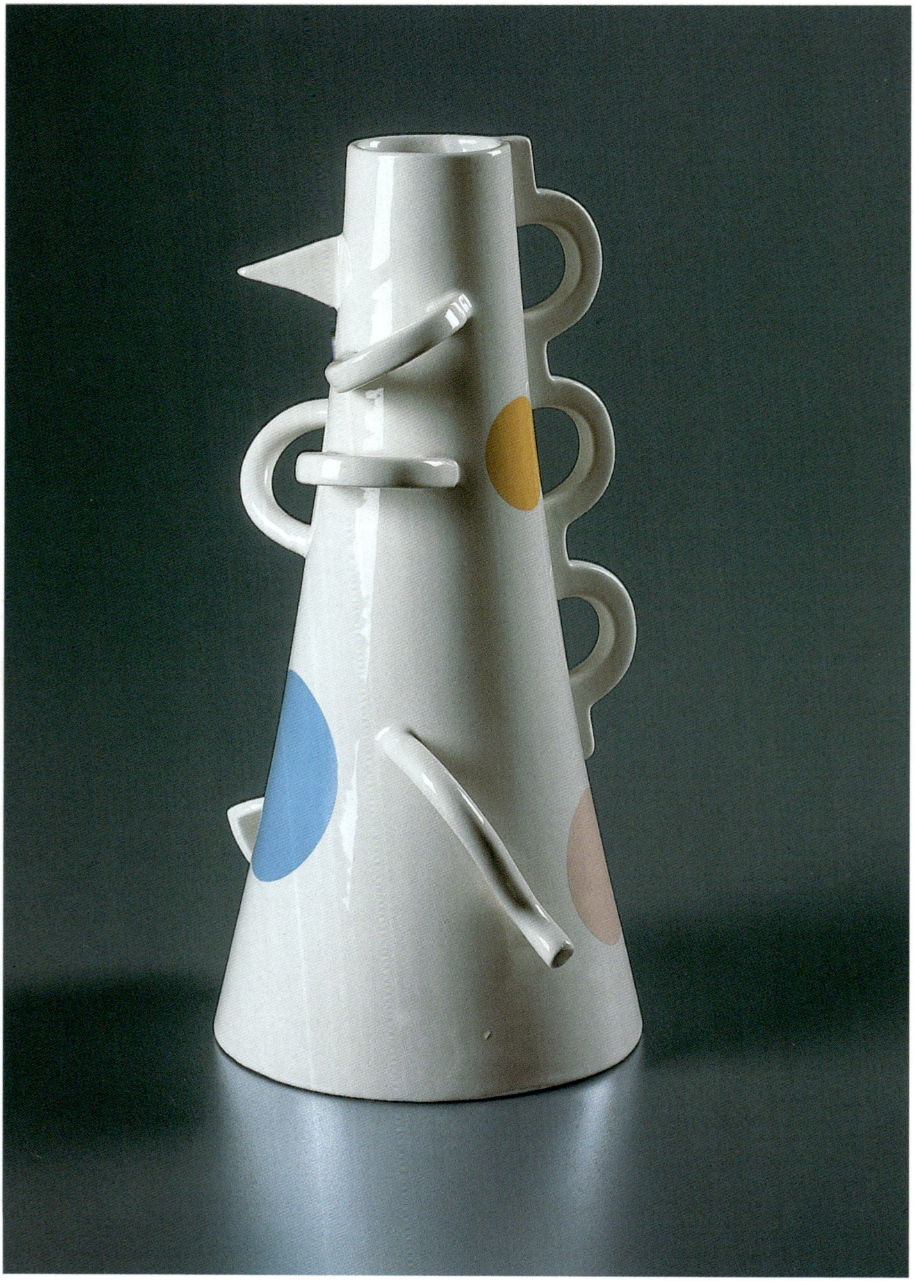

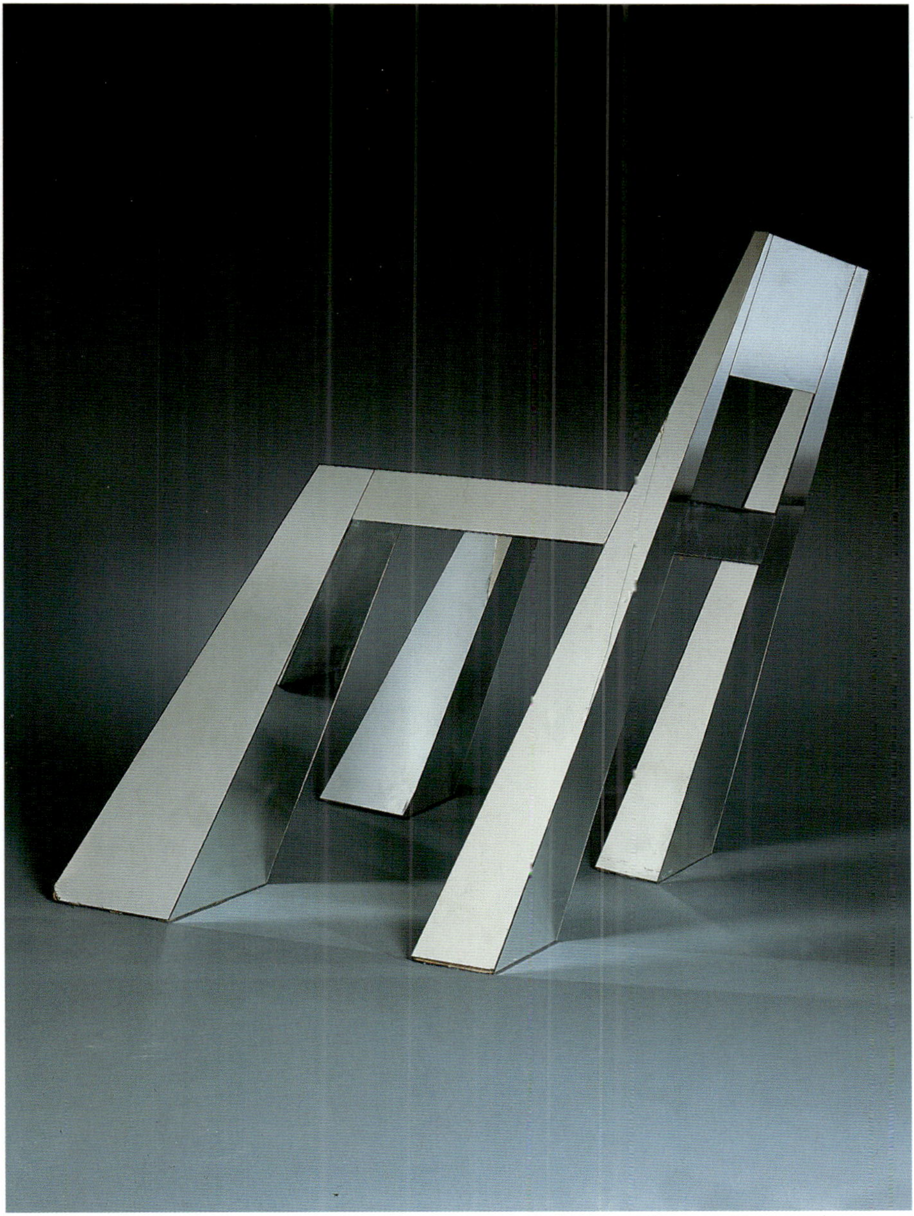

◂ **Alessandro Mendini & Giorgio Gregori**, Vaso *Manici* prodotto da Zabro per Alchimia, 1984

▴ **Alessandro Mendini**, Sedia *Scivolando* prodotta da Gavina per Alchimia, 1983

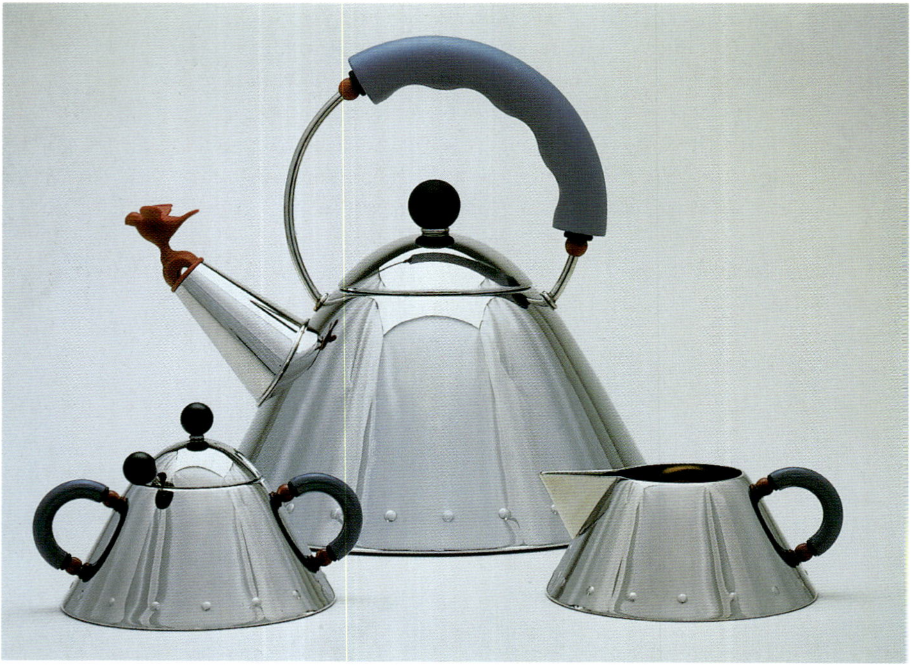

Alessi

Fondata nel 1921 a *Omegna*

La Fao (Fratelli Alessi Omegna) fu fondata da Giovanni Alessi a Omegna nel 1921. Intorno al 1935 il figlio di Alessi, Carlo (1916), divenne designer della ditta; da allora essa si allontanò dalla sua impostazione artigianale adottando uno schema di produzione più vicino all'industria. Nel 1945, l'anno in cui progettò il suo servizio da caffè *Bombé*, Carlo Alessi venne nominato direttore generale. Nel dopoguerra, in seguito alla penuria di alpacca e ottone, Alessi cominciò a usare acciaio inossidabile pressato e per rimanere competitivo cominciò a commissionare progetti a famosi designer. Nei tardi anni '70, con Carlo ora presidente della società, la ditta cominciò a produrre oggetti in produzione limitata e firmata da designer e architetti di fama internazionale come **Ettore Sottsass** e **Richard Sapper**. Nel 1983 venne istituito un nuovo marchio di fabbrica, Alessi Officina, per prodotti dal design sperimentale. Nel 1983 il figlio di Carlo, Alberto, diede inizio al progetto *Tea and Coffee Piazza*, in cui undici architetti, fra cui **Michael Graves**, **Robert Venturi**, **Aldo Rossi**, **Hans Hollein** e **Richard Meier**, disegnarono servizi a produzione limitata. Questo progetto denominato pubblicitariamente "architettura in miniatura" fruttò alla Alessi il riconoscimento internazionale e assicurò all'azienda un ruolo di rilievo nel **Post-Modernismo** degli anni '80.

▲ **Michael Graves**, Bricco, zuccheriera e contenitore per panna per Alessi, 1985

Emilio Ambasz studiò architettura alla Princeton University ottenendo l'MFA (Master of Fine Arts) nel 1966. Nel 1967 cominciò a insegnare in quella stessa università; un anno dopo tenne conferenze alla **Hochschule für Gestaltung di Ulm** e poi tornò a Princeton dove occupò per breve tempo l'incarico di cattedratico. Nel 1967 fu co-fondatore dell'avanguardistico Institute of Architecture and Urban Studies di New York. Dal 1970 al 1976 fu curatore del design del **Museum of Modern Art di New York** e nel 1972 organizzò la prestigiosa esposizione "Italy: The New Domestic Landscape". Nel 1977 aprì uno studio di design, l'Emilio Ambasz & Associates, e nel 1981 l'Emilio Ambasz Design Group, sempre a New York. Ambasz non si è imposto all'attenzione solo per i suoi scritti e insegnamenti, ma anche per molti design di sedie e luci. Fra quelli che hanno avuto maggior successo figurano le sedie *Vertebra* (1977) e *Dorsal* (1981) e la serie di luci *Logotec* (1981). Tra i suoi progetti architettonici sono da ricordare il Center for Applied Computer Research and Programming di Las Promesas in Messico (1975), il Grand Rapids Art Museum nel Michigan (1975), il Museum of American Folk Art di New York (1980) e il San Antonio Botanical Garden Conservatory in Texas (1982).

Ambasz ritiene che il design non debba solo obbedire a requisiti di funzionalità ma debba anche assumere una forma poetica in modo da soddisfare i nostri bisogni spirituali, una filosofia influenzata soprattutto da **Charles Rennie Mackintosh**. Secondo Ambasz le differenze tra design americano ed europeo sono il risultato di aspetti storici contrastanti: "In Europa si è alla perenne ricerca dell'utopia, prevale il mito della fine. Il mito ricorrente in America è invece l'Arcadia, l'eterno inizio" (Ann Lee Morgan, *Contemporary Designers*, Londra 1985, p. 25). Egli sostiene, inoltre, che i designers debbano apprendere a conciliare nella loro opera passato e futuro e debbano dare "forma poetica all'aspetto pragmatico" (ibidem).

Emilio Ambasz

1943 *Resistencia, Argentina*

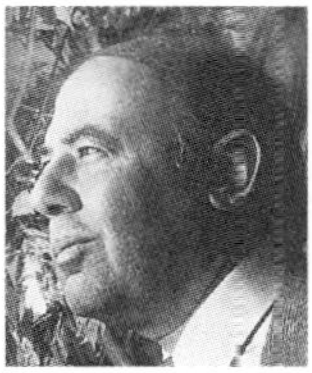

▼ **Emilio Ambasz & Giancarlo Piretti**, , Sedia da ufficio *Vertebra* per Castelli e Krueg, 1977

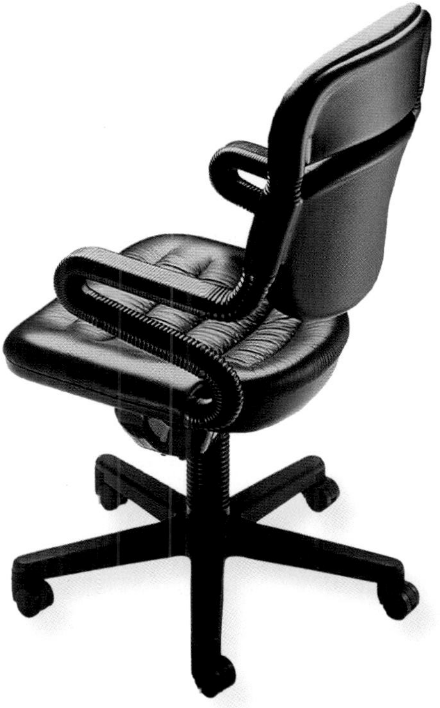

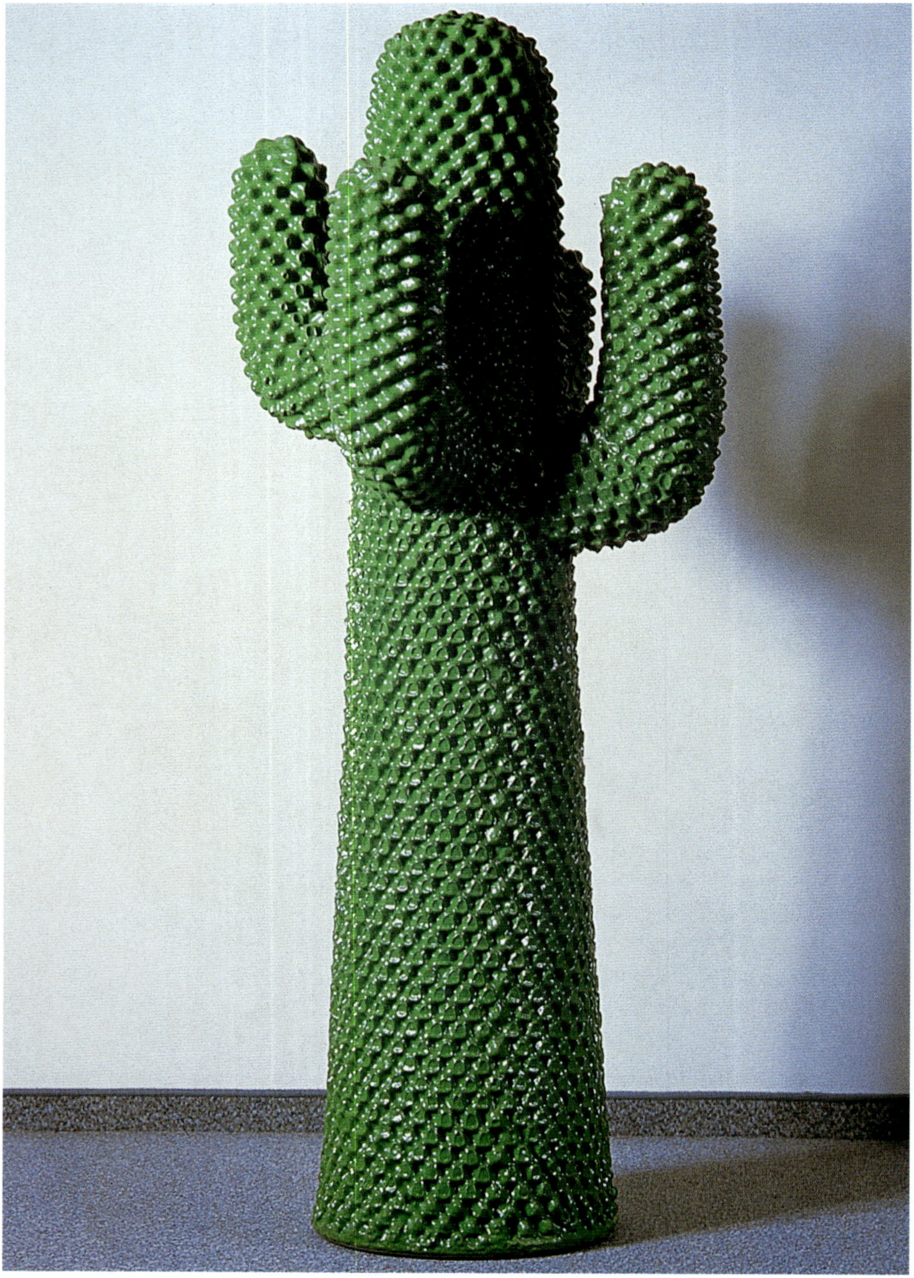

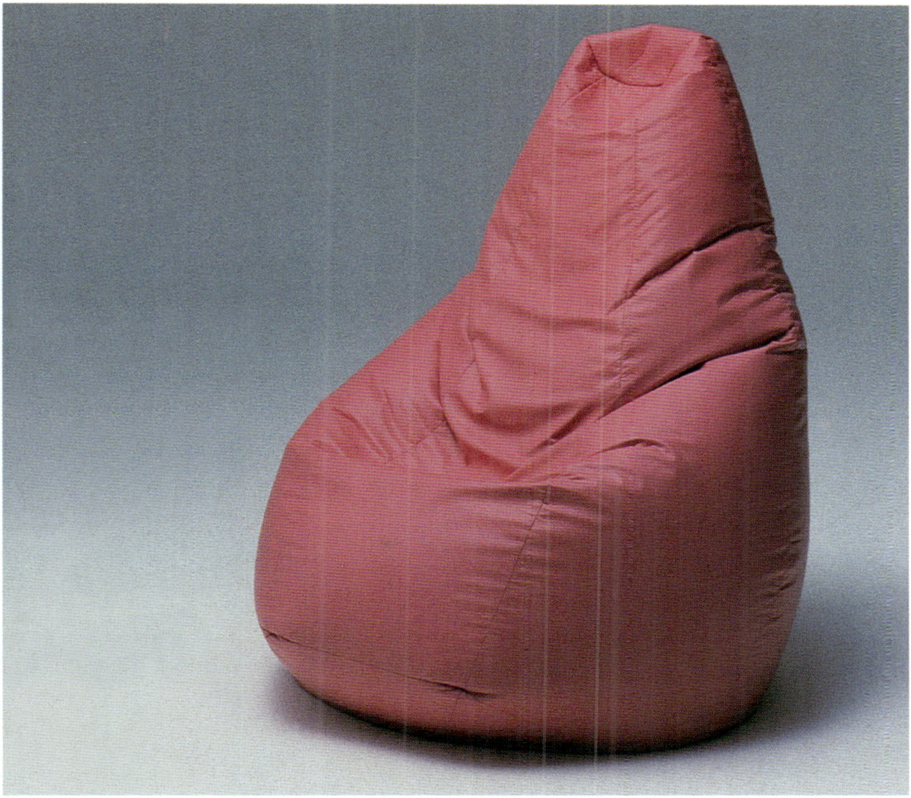

Anti-Design

Rifiutando i precetti razionalistici del **Modern Movement**, l'Anti-Design cerca di valorizzare la creatività indivuale. Il Surrealismo fu uno dei primi esempi consapevoli di Anti-Design, influenzando negli anni '40 lo stile barocco torinese di designer anti-razionalisti come **Carlo Mollino**. Tuttavia, l'Anti-Design non acquisì status d'**avant-garde** fino ai tardi anni '60, quando in Italia si formarono diversi gruppi di **Radical Design**. **Archizoom**, **Superstudio**, UFO, **Gruppo Sturm** e 9999 ritenevano che il Modernismo non fosse più in sintonia con l'avanguardia e quindi non più forza trainante dal punto di vista culturale, dato che era stato trasformato dagli interessi dell'industria in una mera strategia di marketing consumista.
Severamente critico verso la tecnologia avanzata e il consumismo, il movimento Anti-Design propose il "design dell'evasione" e cercò di dimostrare attraverso progetti provocatori, fra cui le superstrutture del Superstudio e la *No-Stop City* dell'Archizoom, che applicando il razionalismo fino alle sue

▲ **Piero Gatti, Cesare Paolini & Franco Teodoro**, *Sacco*, 1968

◄ **Guido Drocco & Franco Mello**, Attaccapanni *Cactus* per Gufram, 1972

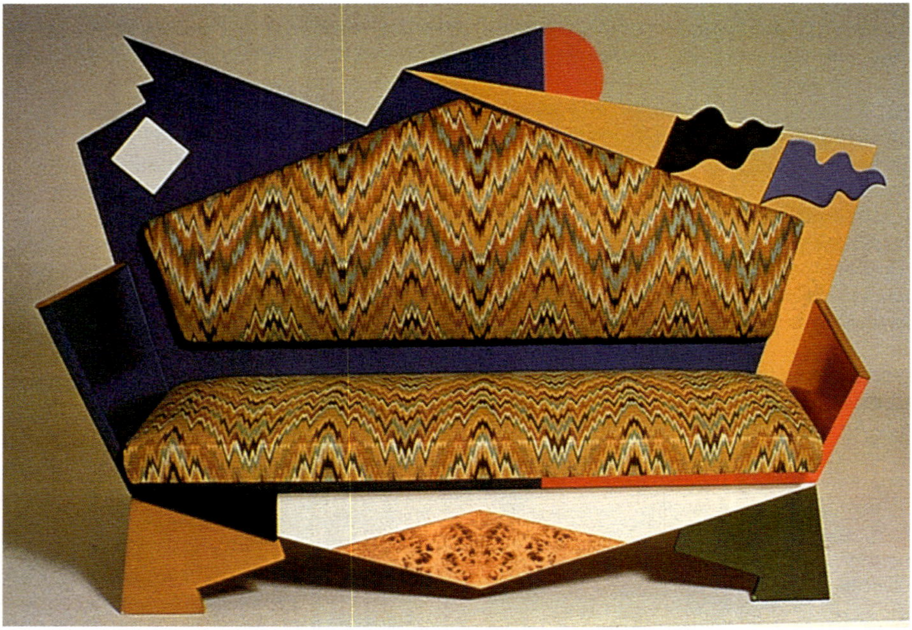

▲ **Alessandro Mendini**, Divano *Kandissi* per Studio Alchimia, 1978

estreme conseguenze, esso diventava un'assurdità. Nel 1974 venne ufficialmente fondata **Global Tools**, una scuola di contro-architettura e design, che si proponeva di esplorare semplici tecniche non-industriali allo scopo di promuovere la creatività individuale. Un anno dopo Global Tools si sciolse, segnando la fine della prima fase dell'Anti-Design degli anni '70. Molti designer che facevano parte del movimento, fra cui **Alessandro Mendini** e Ugo La Pietra (1938), ritennero allora che non ci fosse futuro per un anti-design radicale. Dopo tre anni, tuttavia, la crociata dell'Anti-Design riprese, questa volta per merito dei collaboratori dello **Studio Alchimia**, i quali, rifiutando il conservatorismo prevalente a metà degli anni '70, cercarono di riportare spontaneità, creatività e significato all'interno del design.
Le preoccupazioni di tipo funzionale furono trascurate dallo Studio Alchimia a favore di un contenuto politico, di citazioni ironiche tratte dalla cultura di massa e di coscienti riferimenti agli stili del passato. Lo Studio Alchimia sosteneva che "c'è oggi bisogno di situare oggetti lontani, molto lontani, tra gli uomini e nel mondo quali segnali della nostra vocazione alla magia del pensiero, veri salvagente nel tempestoso mare della modernità. Oggetti paradossali, unici, isolati, completi e auto-definiti".
Nei primi anni '80, con l'emergere di **Memphis** in Italia e di critici americani

del Modernismo come **Charles Jencks**, che esigeva "elementi ibridi più che puri... caotica vitalità piuttosto che ovvia unità" (M. Collins & A. Papadakis, *Post-Modern Design*, Londra 1989, p. 49), l'Anti-Design, che postulava un decorativismo fine a se stesso, trovò il modo di evolvere verso uno stile internazionale riconoscibile: il **Post-Modernismo**. Con gli anni '80 l'Anti-Design conobbe il suo momento migliore inserendosi in modo prepotente e significativo nel design convenzionale. In molti consumatori, infatti, prevalsero su ogni altra considerazione lo status e il carisma dei designer.

► **Alessandro Mendini**, Sedia/tavolo *Zabro* per Zanotta, 1984

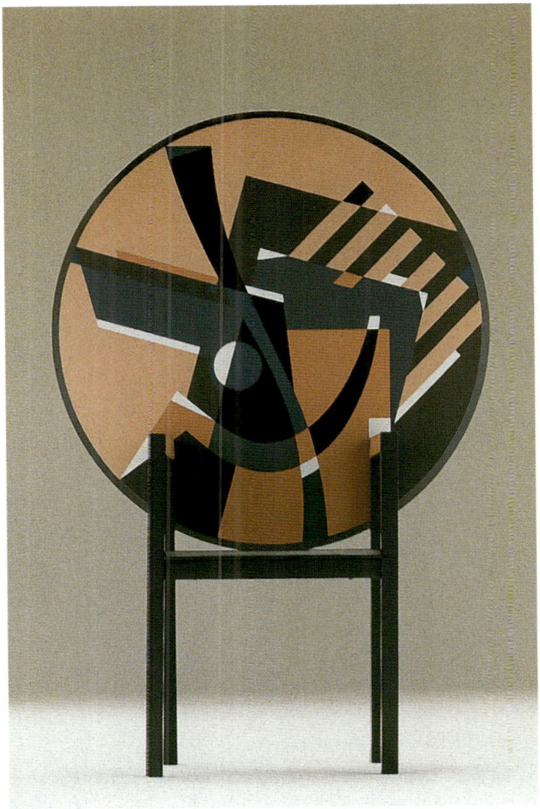

Ron Arad

1951 *Tel Aviv*

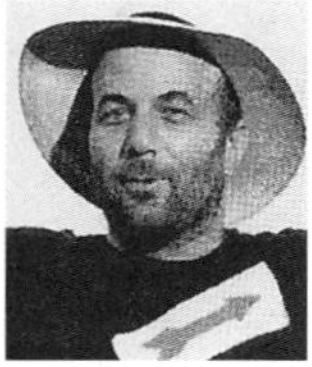

Ron Arad frequentò la Jerusalem Academy of Art dal 1971 al 1973 e poi si trasferì a Londra per studiare alla Architectural Association, dove ebbe come docente l'architetto Peter Cook. Dopo la laurea, nel 1979, lavorò per breve tempo in uno studio di architettura e poi aprì uno studio di design e architettura, il One Off, dotato di una propria sala esposizioni. Prima a Covent Garden e poi a Chalk Farm (Londra) il One Off divenne il forum ideale per esporre i propri design di mobili e quelli di altri designer d'avanguardia britannici, fra cui **Tom Dixon** e Danny Lane (1955).

Con i suoi primi mobili, fra cui la sedia *Rover* (1981), Arad riuscì a confezionare poetici "readymade" postindustriali combinando materiali associati allo stile **High-Tech**, come ad esempio pali di impalcature, e *objets trouvés*. I successivi design in acciaio dolce dei tardi anni '80, come la serie *Big Easy* (1988–1989), furono meno elementari nella costruzione, impiegarono tecniche che richiedevano molta manodopera e di conseguenza furono costosi da produrre. Dichiaratamente lontani dagli articoli prodotti in serie, questi design producevano una sorta di "mobilia d'arte" che fece acquisire ad Arad riconoscimento internazionale attirando l'attenzione di produttori rinomati. Noto soprattutto per i suoi mobili, Arad ha anche portato a termine diversi lavori nel campo degli arredi d'interni, fra cui il foyer della Tel Aviv Opera House (1990). Negli anni '90 Arad realizzò alcuni dei suoi design di maggior successo commerciale, fra cui gli scaffali *Bookworm* (1997), ben 1000 chilometri dei quali sono stati messi in commercio da **Kartell**. Altri recenti design innovativi includono la sedia *Tom Vac* in alluminio (1998) e la sedia *Fantastic Plastic Elastic* (1998) per Kartell.

▾ Sedia sovrapponibile *Tom Vac* (prototipo), 1997

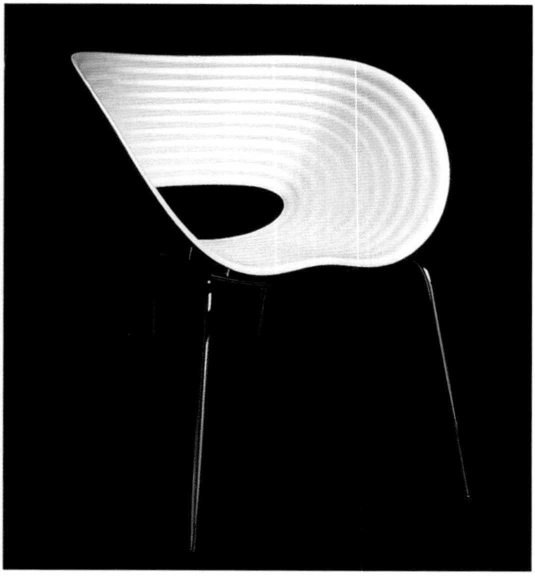

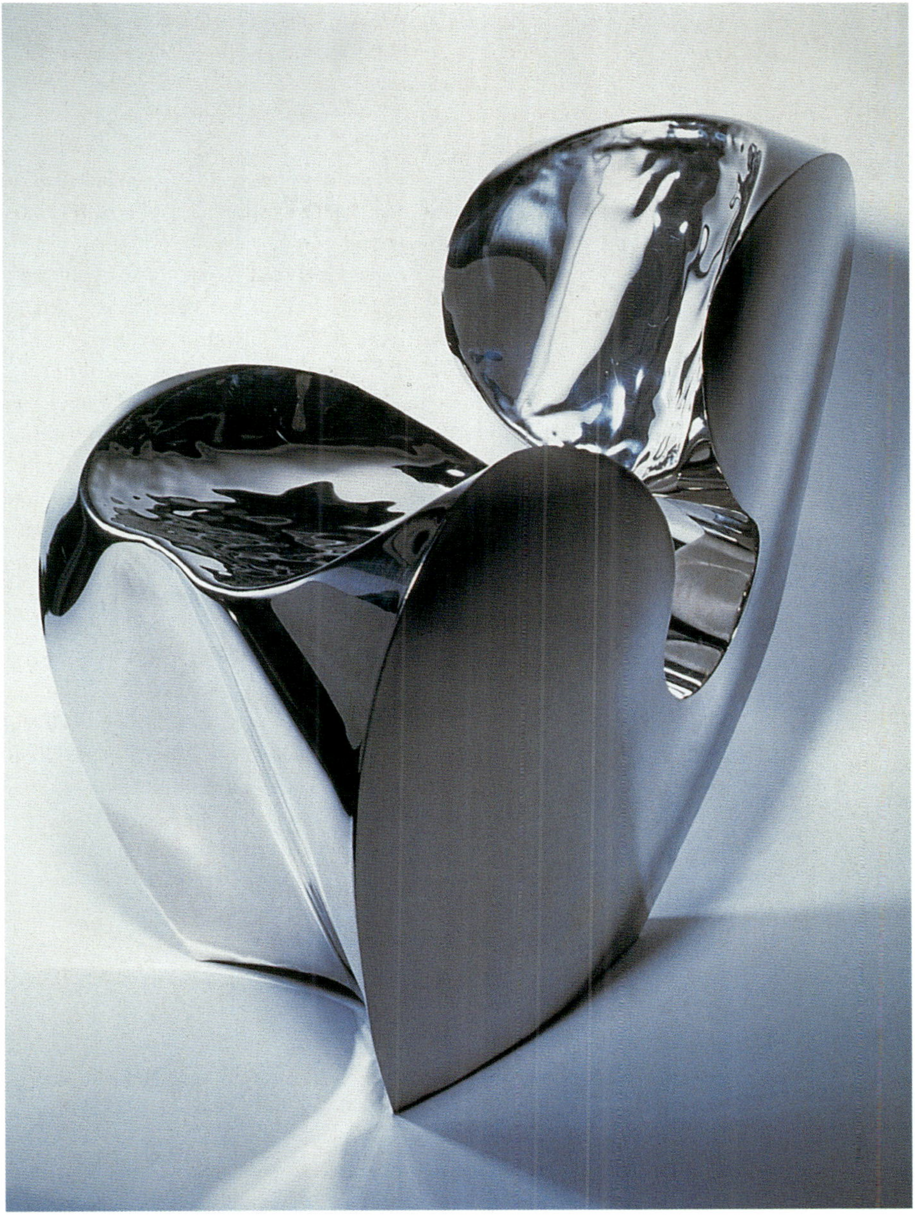

▲ Sedia *Little Heavy*
per One Off, 1989

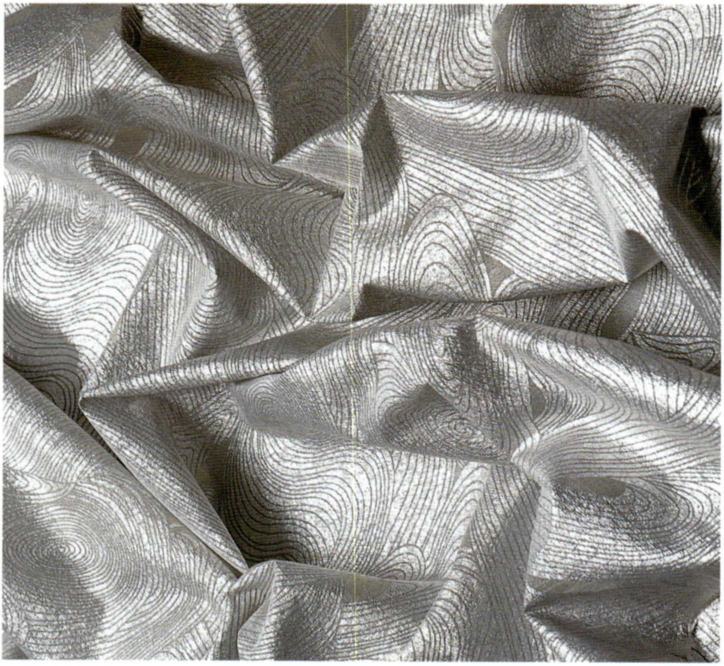

◂ Tessuto *Melted Off Contour*, 1958 (prodotto da Nuno Corporation dal 1988)

Junichi Arai

1932 *Kiryu/Gunma, Giappone*

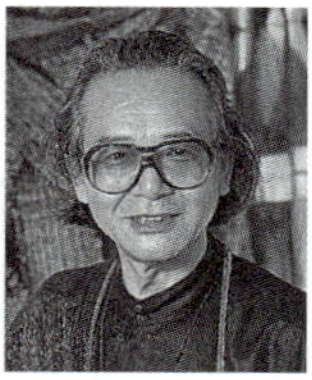

Junichi Arai ha realizzato alcuni dei tessuti più tecnicamente interessanti e sperimentali degli anni '80 e Novanta. Inizialmente si è concentrato su stoffe dalla trama molto fitta usando materiali insoliti come celluloide, nastri di alluminio e filamenti di metallo. In seguito ha rivolto la sua attenzione a design più tecnologici, impiegando materiali e processi moderni e all'avanguardia, come nel tessuto del 1983 *Nuno me Gara* (*Disegno tessuto*). Per produrre questo tessuto jacquard, Arai ha selezionato e fotocopiato strisce di tessuto ritorto di diversi modelli e poi ha selezionato gli schemi testurali risultanti. Altri tessuti ugualmente innovativi includono il *Melted Off Contour*, ideato nel 1958 ma realizzato solo trent'anni più tardi. In questo caso venne usato un procedimento brevettato di rivestimento sottovuoto dell'alluminio con una pellicola di poliestere. La pellicola di alluminio viene poi disciolta in una soluzione debolmente alcalina che lascia un disegno dalle linee molto sottili. Nel 1987, dopo aver chiuso la sua azienda Anthologie, Arai ha lavorato come designer indipendente, commercializzando le sue opere attraverso il suo negozio di Tokyo, Nuno. Arai ha fornito design di stoffe a Issey Miyake, Comme des Garçons e altri.

André Arbus iniziò i suoi studi all'École des Beaux-Arts di Tolosa e poi fece l'apprendista nel laboratorio di ebanisteria del padre e del nonno. Dal 1925 si associò alla Société des Artistes Décorateurs ed espose nel loro Salone e al Salon d'Automne. Nel 1925 espose anche all'"Exposition Internationale des Arts Décoratifs et Industriels Modernes" di Parigi. Nel 1930 aprì a Parigi *Époque*, la sua sala d'esposizioni, e due anni dopo si trasferì definitivamente nella capitale. I suoi design di mobili e d'interni, come quelli dei contemporanei **Jacques-Émile Ruhlmann** e **Jules-Émile Leleu**, seguivano lo stile **Art Déco** e usavano materiali costosi e legnami esotici. Alcuni suoi design vennero realizzati con motivi dipinti da Marc Saint-Saëns, ma in generale l'opera di Arbus contò poco sull'uso dell'ornamento privilegiando la purezza delle linee. Nel 1926 progettò il salone del transatlantico *Île-de-France* e intorno al 1935 aprì un reparto di design d'interni, noto come Les Beaux Métiers, al Palais de la Nouveauté. Nel 1937 espose un interno in stile **Moderne** all'"Exposition Internationale des Arts et Techniques dans la Vie Moderne". Dai tardi anni '30 Arbus si dedicò all'architettura; la commissione più notevole fu l'edificio del Ministero dell'Agricoltura a Parigi (1937). Suoi anche i design degli interni di altri tre transatlantici, il *Bretagne*, il *Provence* e il *France*, e un ponte a Martigues (1961).

André Arbus

1903 *Tolosa*
1969 *Parigi*

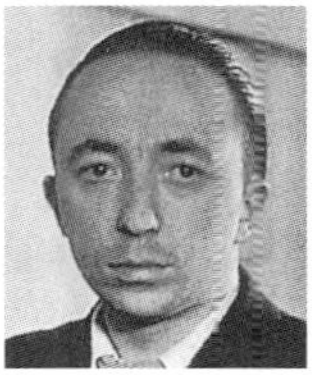

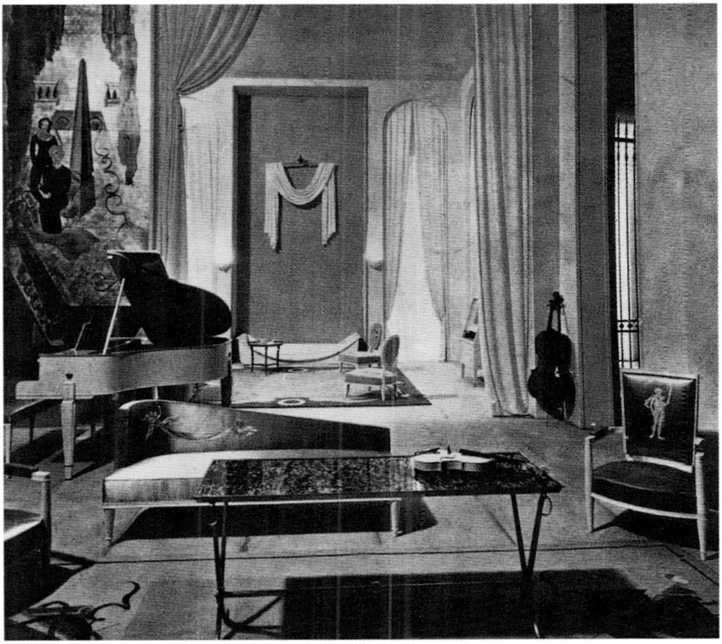

► Music *Room* progettata per l'"Exposition des Arts et Techniques dans la Vie Moderne" di Parigi, 1937

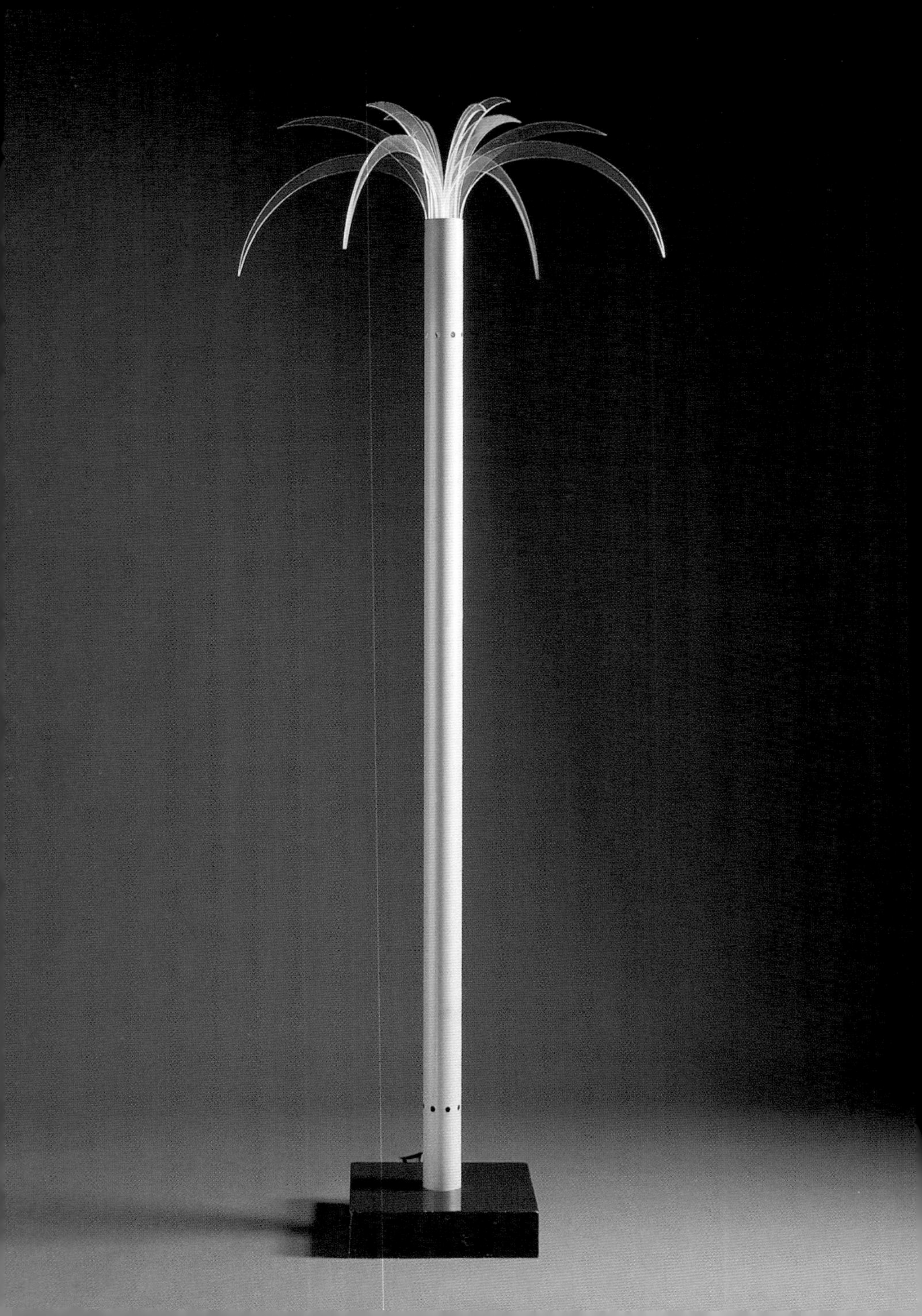

Archizoom Associati

1966–1974
Firenze

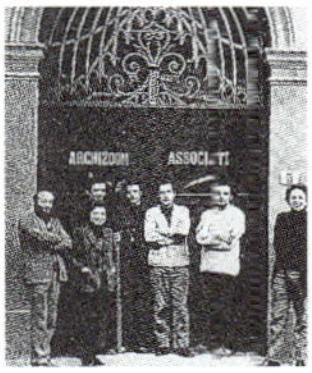

La Archizoom Associati fu fondata a Firenze nel 1966 da **Andrea Branzi**, **Paolo Deganello**, Gilberto Corretti (1941) e Massimo Morozzi (1941) e prese il nome dal gruppo di architetti britannici Archigram e da un numero della loro rivista *Zoom*. La Archizoom creò progetti architettonici radicali come *Wind City* (1969) e *No-Stop City* (1970) nel tentativo di dimostrare, tra l'altro, che se il **Razionalismo** veniva portato agli estremi diveniva illogico e di conseguenza anti-razionale. La Archizoom affermò: "Lo scopo ultimo dell'architettura moderna è l'eliminazione dell'architettura stessa" (A. Branzi, *The Hot House; Italian New Wave Design*, Londra 1984, pp. 73–74). Nel 1966 e nel 1967 la Archizoom organizzò due esposizioni di "Superarchitettura" insieme a **Superstudio** a Pistoia e a Modena. Nel 1968 Dario (1943) e Lucia Bartolini (1944) si unirono al gruppo che, dal 1971 al 1973, si dedicò al design di moda. Produssero anche molti notevoli design di mobili, come la serie *Dream Beds* (1967), il seating unit modulare *Safari* (1968), il divano *Superonda* (1966) e la sedia *Mies* (1969); tutti traevano ispirazione dalla cultura popolare e dal **Kitsch** e mettevano in ridicolo le pretese del **Good Design**. Nel 1972 la Archizoom venne inclusa nella sezione "Counterdesign as Postulation" della pionieristica esposizione "Italy: The New Domestic Landscape", svoltasi al **Museum of Modern Art di New York**.

◄ **Dario Bartolini**, Lampada *Sanremo* prodotta da Poltronova per Archizoom Associati, 1968

▼ **Archizoom Associati**, Spazio modulare *Safari* per Poltronova, 1968

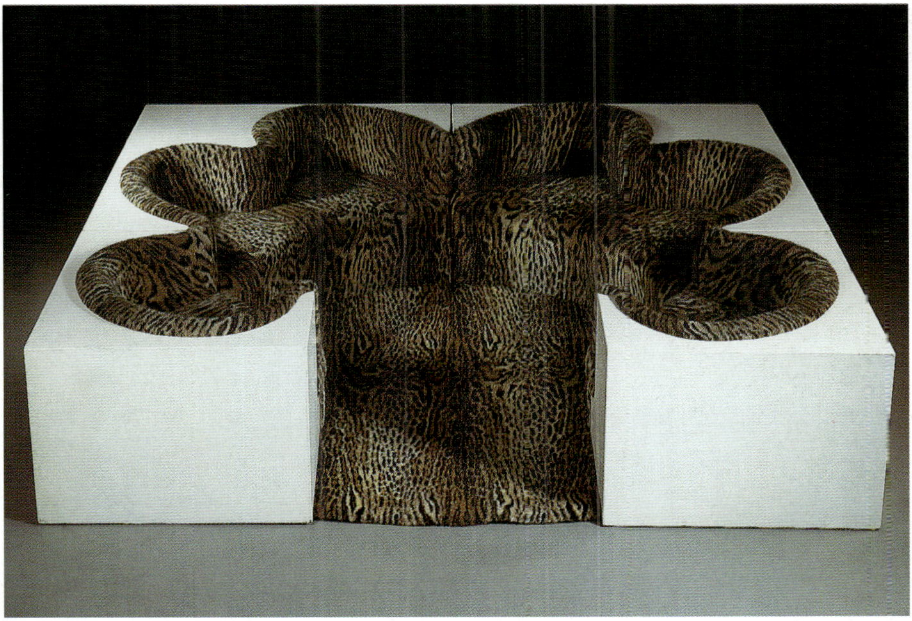

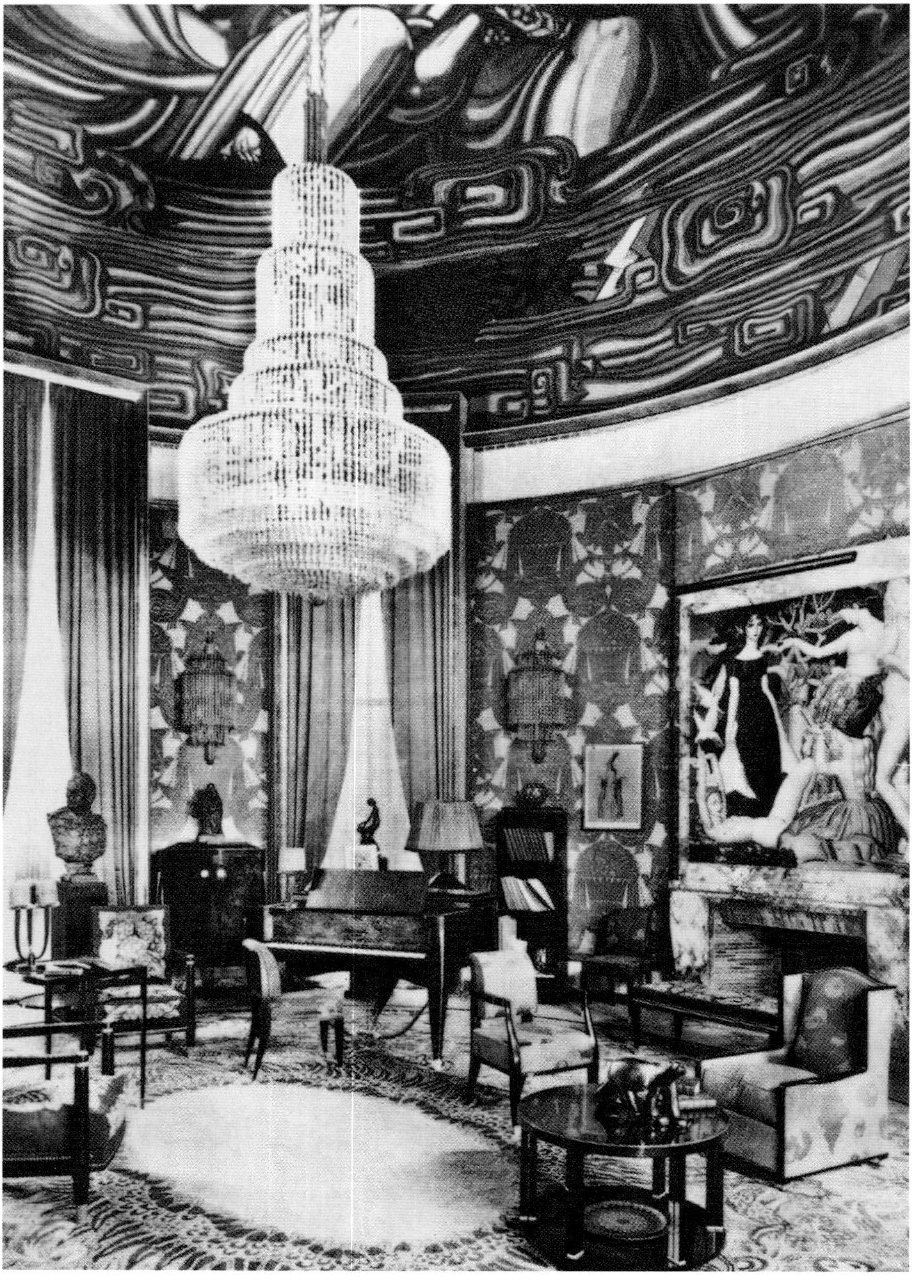

Più che un movimento di design, l'Art Déco è uno stile decorativo internazionale nato a Parigi durante gli anni '20. Elementi dello stesso stile erano apparsi precedentemente nell'opera del **Wiener Werkstätte**, nei mobili del designer italiano **Carlo Bugatti** e nell'opera del **Costruttivismo** russo Prendendo le mosse dall'**Art Nouveau** di fine secolo, che staccatosi dalla tradizione guardava soprattutto alle forme naturali, l'Art Déco trovò i suoi riferimenti stilistici in una vasta, eclettica gamma di fonti che comprendono l'antica civiltà egizia, l'arte tribale, il Surrealismo, il Futurismo, il Costruttivismo, il Neoclassicismo, l'astrazione geometrica, la cultura popolare e il **Modern Movement**. Gli esponenti di punta del nuovo stile, come **Jacques-Émile Ruhlmann**, sposarono per lo più l'ideale di un artigianato di eccellenza che usava legnami esotici e materiali costosi come zigrino e madreperla. Il suo affidarsi al mecenatismo privato, soprattutto di sarti dell'alta moda francese come Paul Poiret e Jacques Doucet, e la sua incompatibilità con la produzione industriale fecero sì che l'Art Déco avesse vita piuttosto breve, inevitabilmente sorpassato da approcci al design più avanzati e adeguati ai tempi. L'"Exposition Internationale des Arts Décoratifs et Industriels Modernes", svoltasi a Parigi nel 1925, ospitò il Pavillon de l'Esprit Nouveau di **Le Corbusier**, l'Hôtel du Collectionneur di Ruhlmann e altre opere di noti designer Art Déco come Pierre-Émile Legrain. Fu proprio dal titolo di questa esposizione che trasse origine il nome Art Déco. Fin dall'inizio lo stile Art Déco spaziò dall'opera di designer come **René Lalique**, Jean Dunand (1877–1942) e Edgar-William Brandt (1880–1960), alle creazioni di modernisti come **Eileen Gray**, **Pierre Chareau** e **Robert Mallet-Stevens**. In effetti, anche designer strettamente associati al Movimento Moderno, come Le Corbusier e **Jean Prouvé**, si ispirarono spesso alla sontuosità dell'Art Déco.

Art Deco

1925 *Parigi* ca.

◄ **Jacques-Émile Ruhlmann**, Il Grand Salon, Hôtel du Collectionneur, 1925

▼ **Edgar-William Brandt**, Lampada a stelo *La Tentation*, 1925 ca. (base di E. W. Brandt, paralume di Daum Frères)

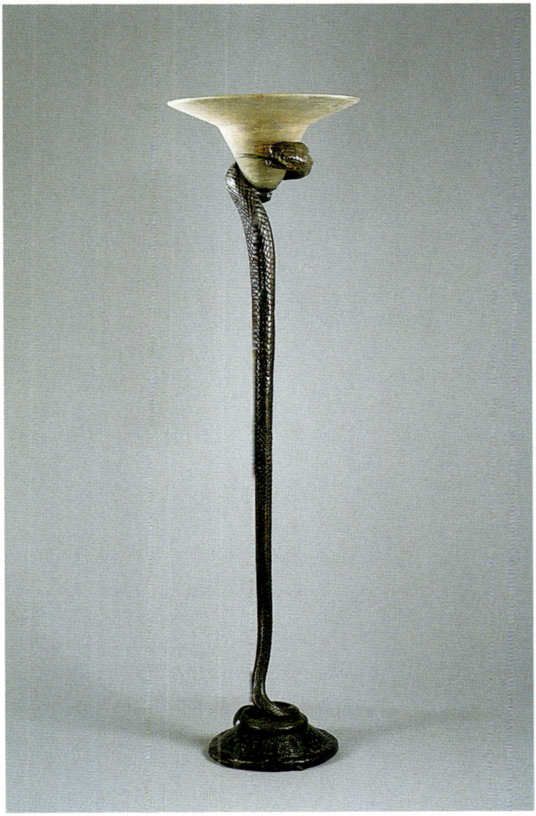

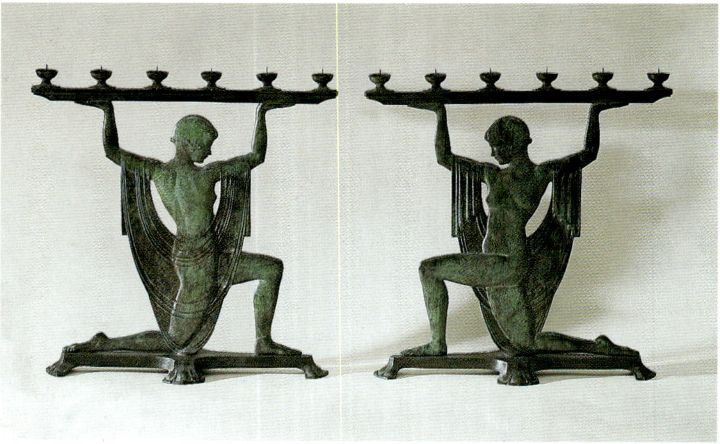

◂ **Emory Seidel**, Candeliere per Roman Bronze Works di New York, 1930 ca.

▸ **Ernest Boiceau**, Coppia di torciere, 1930 ca.

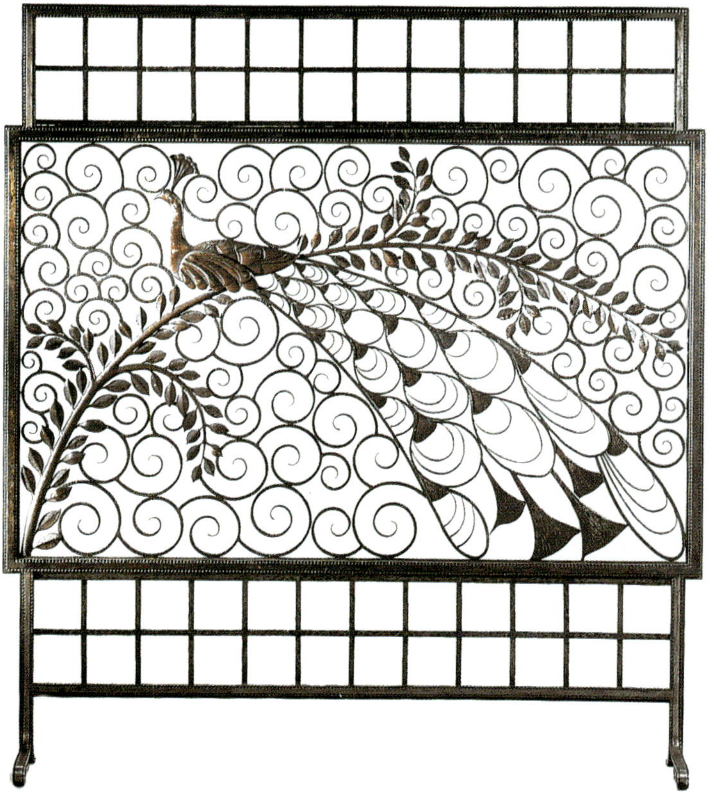

▸ **Edgar-William Brandt**, Parafuoco in ferro battuto *Le Paon*, 1926

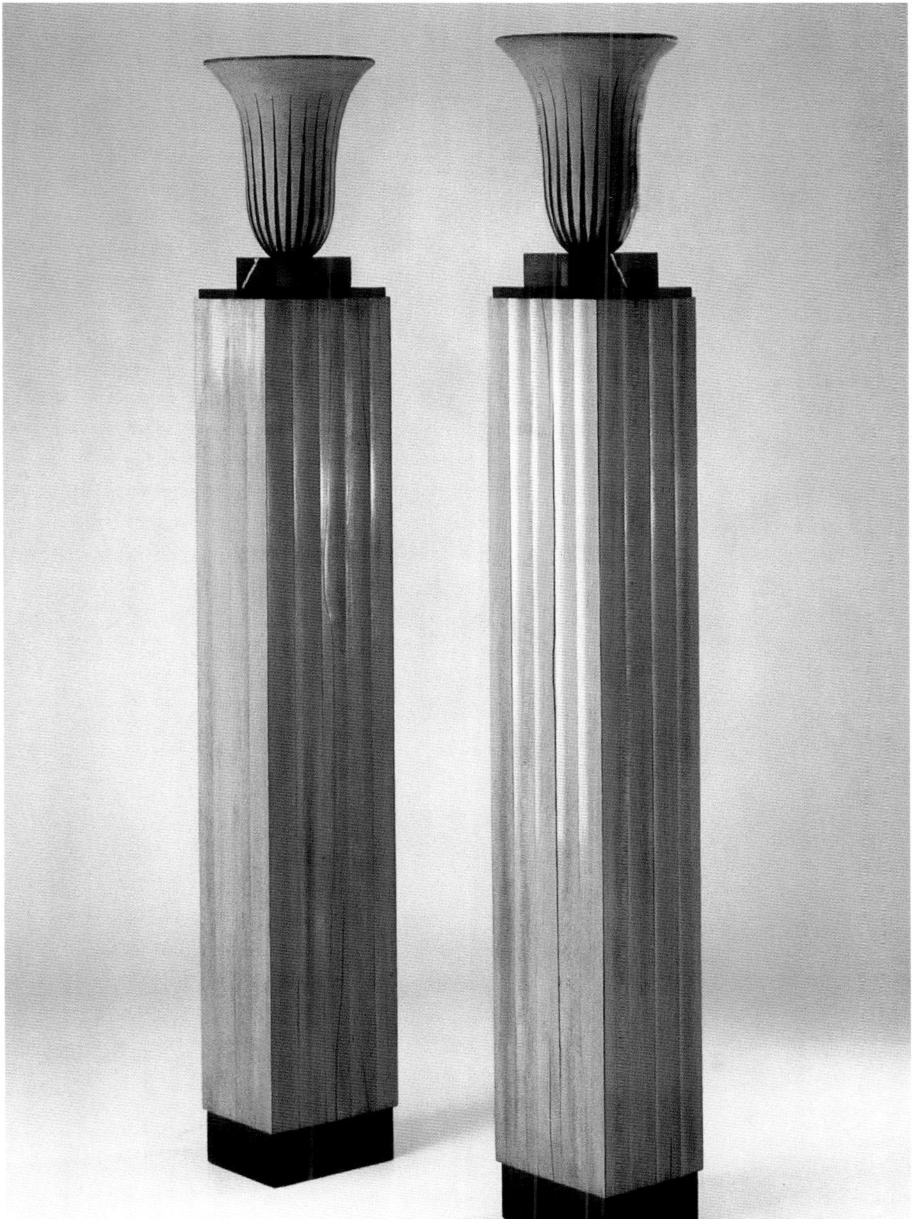

Dopo il 1925 lo stile si diffuse a livello internazionale non solo in Francia e nel resto dell'Europa continentale, ma in misura crescente anche in Gran Bretagna e Stati Uniti. In particolare, fu molto ben accolto negli USA dove i design dei mobili *Skyscraper* di **Paul Frankl** e il *Chrysler Building* di William van Alen (1928–1930) a New York, forse la migliore espressione dell'Art Déco in architettura, vennero considerati simboli delle aspirazioni nazionali. In Gran Bretagna lo stile Art Déco ebbe un tono più pacato che altrove e si espresse in modo sottile nell'architettura e nel design di **Well Coates**; venne usato frequentemente per i cinema, in particolare quelli di proprietà della Odeon, che proiettavano nella dorata cornice dell'Art Déco lo scintillio dei salottini e degli ambienti tipici di Hollywood. Proprio grazie all'associazione col sognante mondo di Hollywood, nel corso degli anni '30 l'Art Déco divenne sempre più popolare e venne alla fine adottato dai principali produttori. La bachelite, inventata in America già nel 1907, divenne dalla fine degli anni '20 il materiale principe per la produzione in serie su scala industriale. Lo stile plastico dell'Art Déco ben si adattava ai requisiti di questa termoplastica e durante gli anni '30 vennero prodotti innumerevoli articoli che traevano vantaggio dalla facilità di modellazione della bachelite, fra cui soprattutto telai di radio. La produzione in serie segnò, tuttavia, anche lo scadimento dello stile Art Déco: molti oggetti kitsch avevano ben poco in comune con la superiorità dell'arte artigianale dei precedenti oggetti dell'Art Déco francese. L'avvento della seconda guerra mondiale con le sue inevitabili restrizioni segnò poi lo spegnersi progressivo dello stile. Il suo decorativismo e l'enfasi posta sull'aspetto estetico non avevano più giustificazioni.

Fu poi negli anni '60 che l'Art Déco conobbe una seconda fase di fioritura sia tra i collezionisti che tra i giovani designer disillusi dal Modernismo. Negli anni '80 designer postmoderni come **Robert Venturi**, **Hans Hollein** e **Charles Jencks** resero omaggio all'Art Déco con le loro eccentriche opere che, come quelle dei loro predecessori, si distinsero per eccessi ed esuberanza.

▼ **Jean Dunand**,
Vaso con serpenti,
1913 ca.

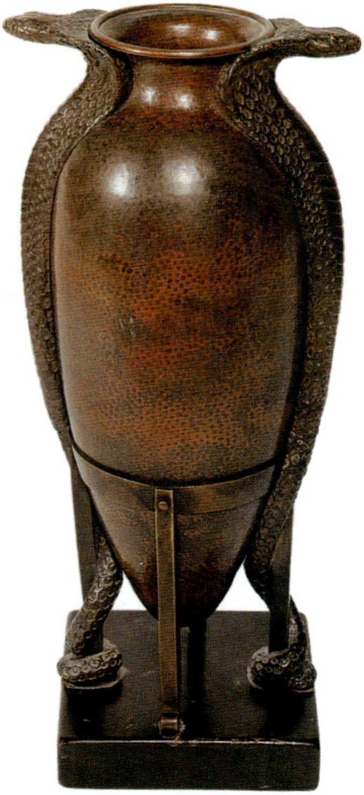

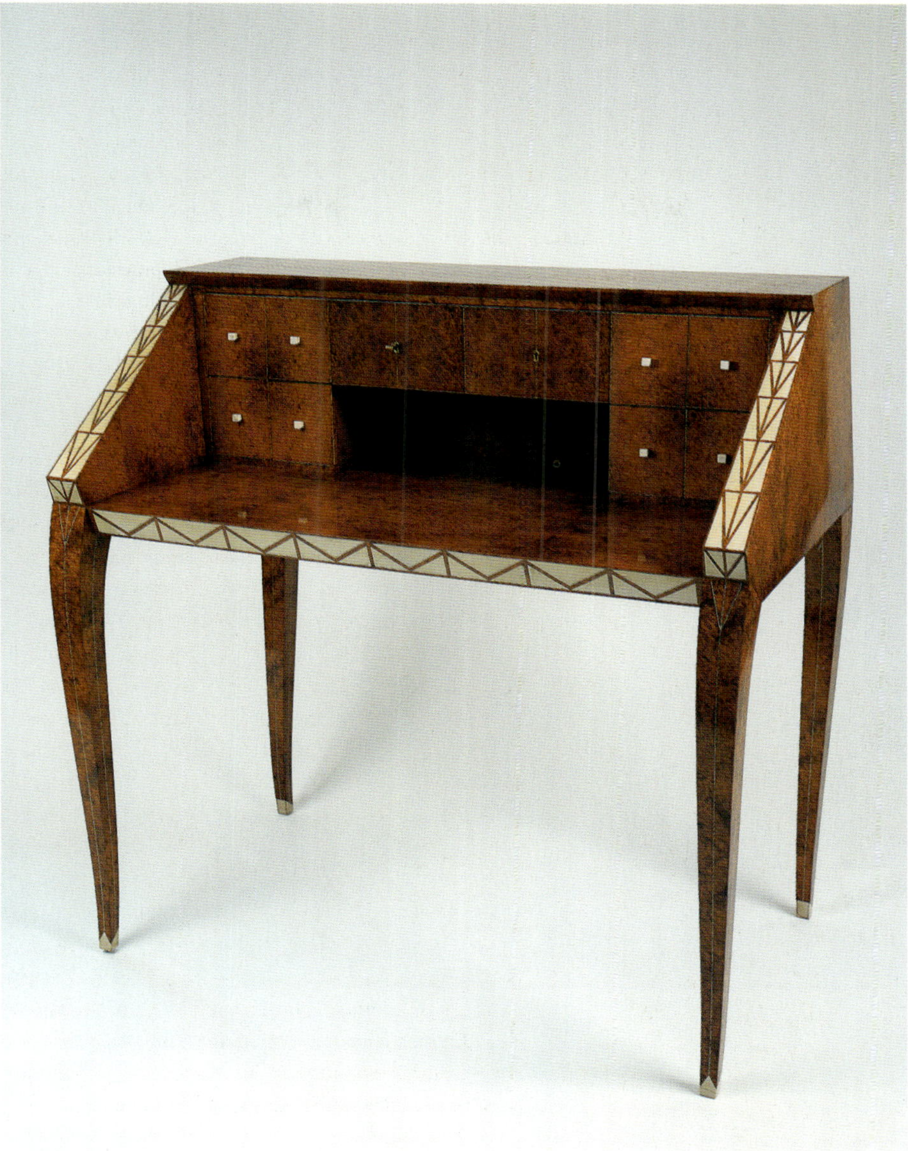

▲ **René Prou**,
Scrivania, 1929 ca

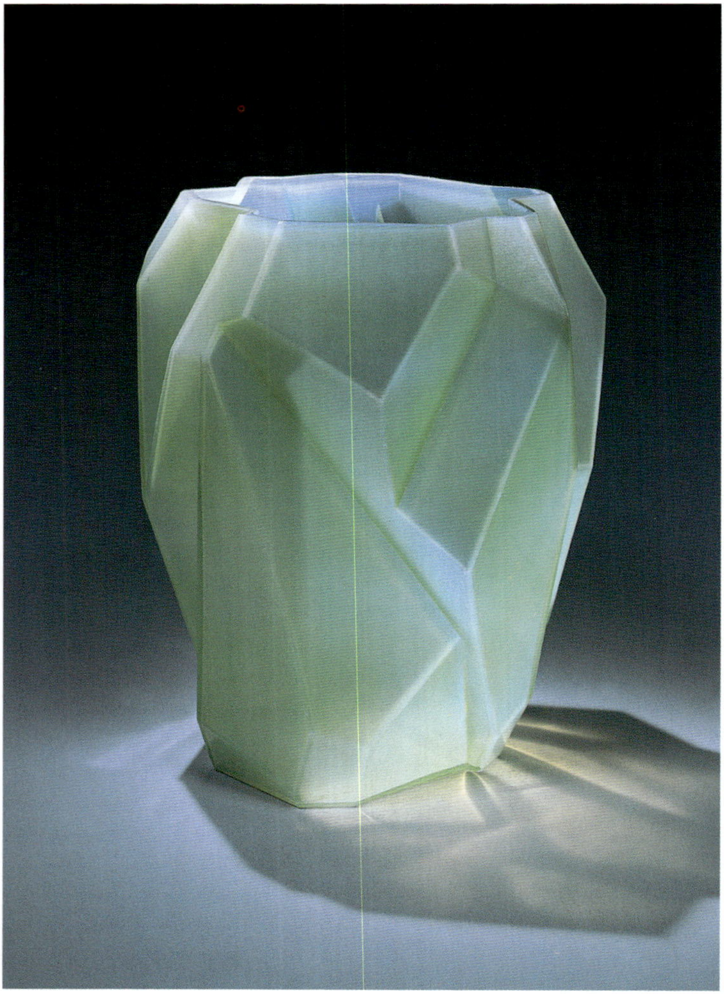

▲ **Reuben Haley**,
Vaso *Ruba Rombic* per Consolidated Lamp & Glass, 1928 ca.

Art Nouveau

1895 *Parigi*

Il termine Art Nouveau deriva dal nome del negozio aperto a Parigi nel 1895 da **Siegfried Bing**. L'Art Nouveau è uno stile formatosi nell'ultimo ventennio dell'800 che trasse ispirazione dall'**Arts & Crafts Movement** britannico, noto anche come "The New Art". Nel decennio 1890 **Charles Rennie Mackintosh** e designer associati alla **Secessione** viennese come **Josef Maria Olbrich** introdussero nel design astratte forme naturalistiche caratterizzate soprattutto da linee curve. Altri designer, come **Hermann Obrist** e **August Endell**, furono pionieri del cosiddetto motivo "a colpo di frusta".
Uno dei maggiori esponenti dell'Art Nouveau fu l'architetto belga **Victor Horta**, il cui Hotel Tassel (1892–1893) fu una delle prime espressioni di quello stile in architettura. Questo progetto residenziale combinava in modo molto innovativo l'uso del ferro, sia come elemento strutturale che decorativo, con quello di colonne a stelo che poi si diramavano in viticci contorti; ciò dette origine alla coniazione del termine "Linea Horta". In Francia, in modo simile, lo stile divenne noto come "Stile Guimard" in omaggio alle forme contorte e intrecciate impiegate da **Hector Guimard**, soprattutto negli

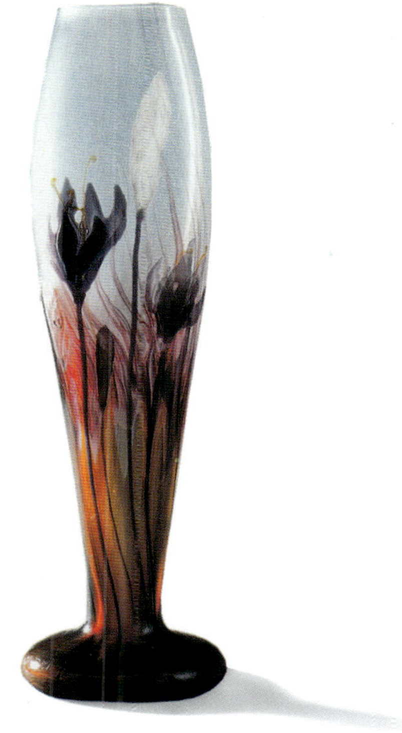

► **Émile Gallé**, Vaso Cameo decorato con crochi, 1899

accessi in ghisa alla Metropolitana parigina (1900 ca.). Un altro termine per identificare l'Art Nouveau usato in Francia è "Le Style Moderne", mentre in Germania si adottò il termine **Jugendstil**. In Spagna, soprattutto in Catalogna, l'Art Nouveau fiorì nello stile e nell'opera di **Antonio Gaudí y Cornet** e dei suoi seguaci. L'Art Nouveau qui venne denominata "Modernismo", mentre in Italia si diffuse il termine "Stile Liberty", in riferimento al ruolo svolto nello promozione dello stile dai grandi magazzini londinesi **Liberty & Co.**

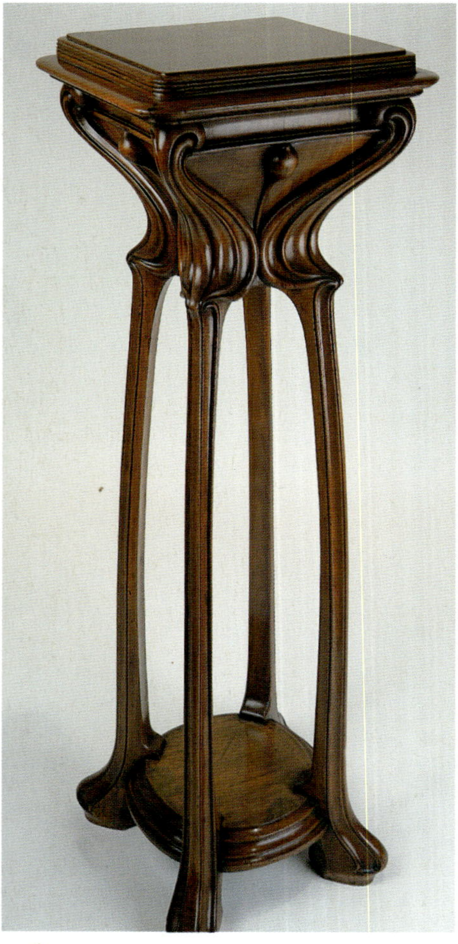

◂ **Eugène Gaillard**, Piedistallo per J.P. Christophe, 1901–1902 ca.

▸ **Victor Horta**, Interno della Maison Tassel, Bruxelles 1893

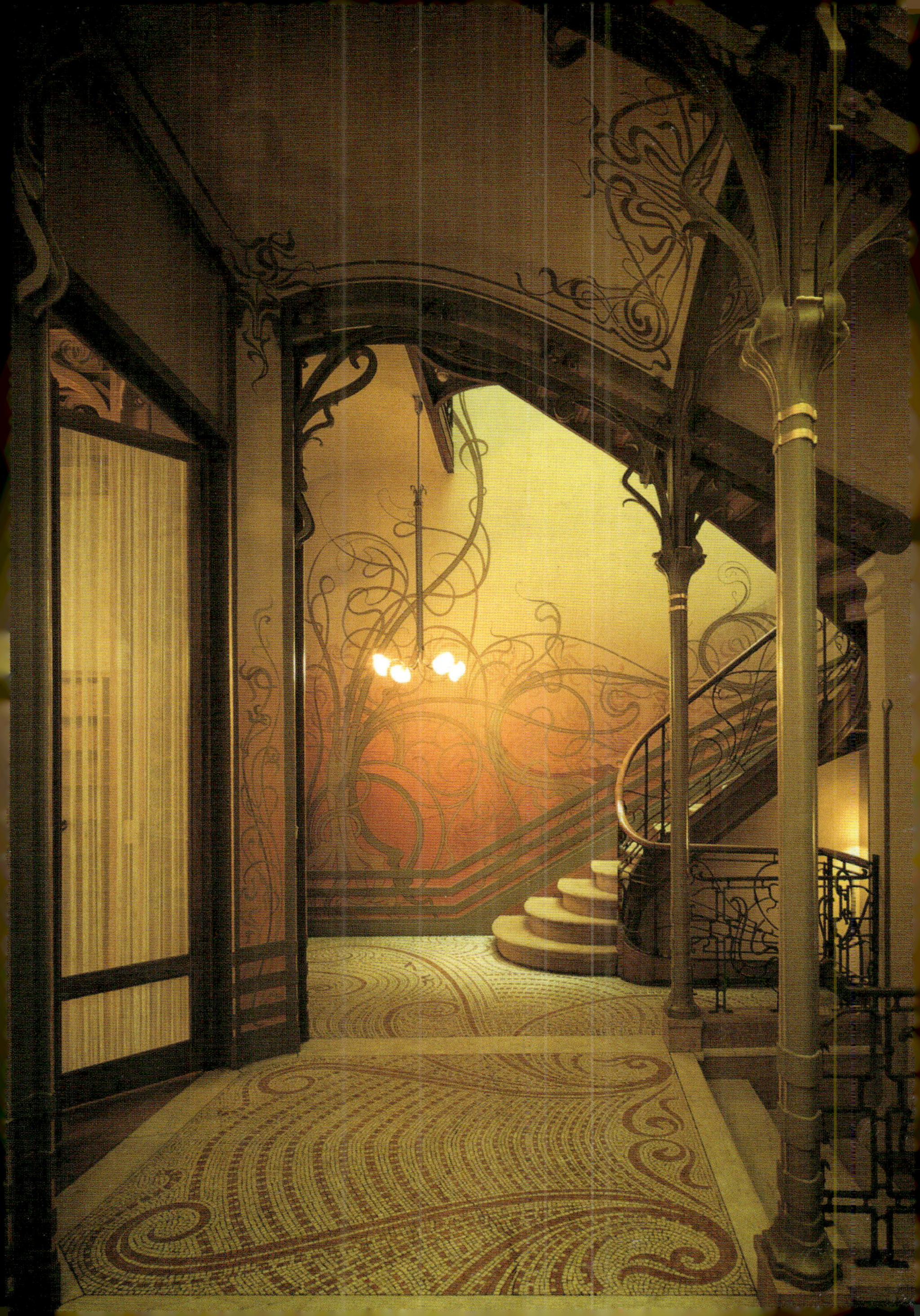

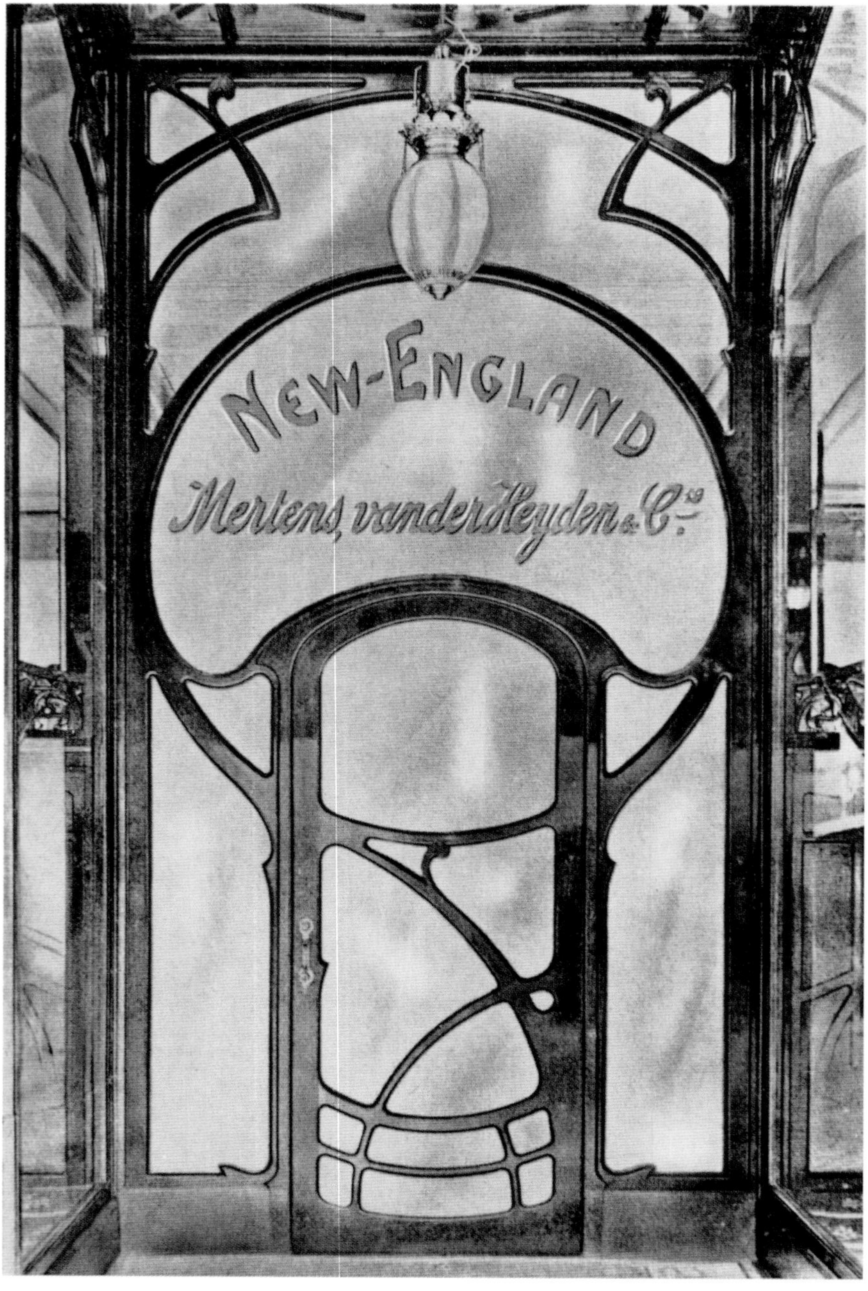
NEW-ENGLAND
Mertens, vander Heyden & Cie

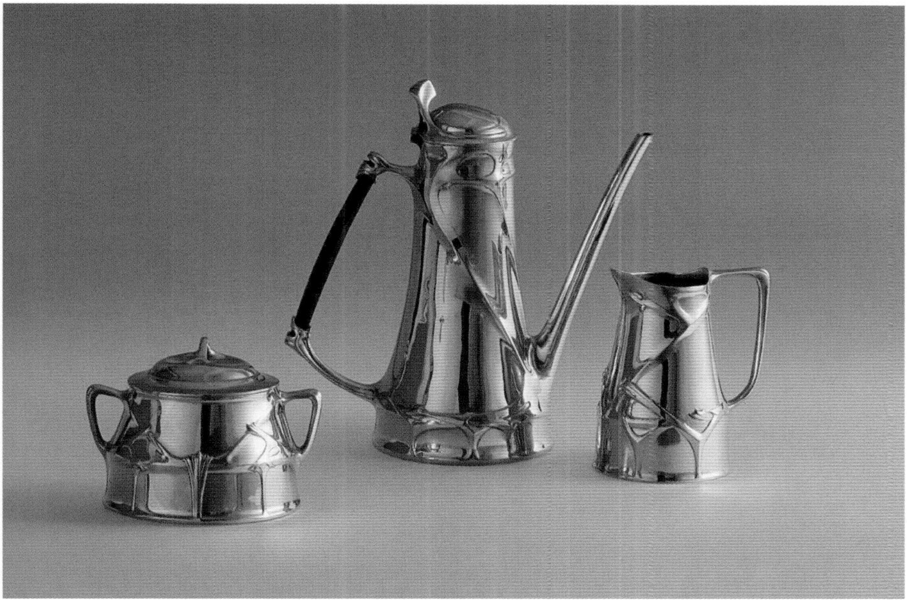

Èmile Gallé e altri designer associati all'**École de Nancy** produssero notevoli mobili e oggetti in vetro nello stile Art Nouveau. Le linee sinuose e l'esteso uso di forme floreali, tratti distintivi dell'Art Nouveau, si ispirarono direttamente al mondo della natura piuttosto che a stili del passato. In effetti, le forme astratte e a bulbo dei vasi *Favrile* di **Louis Comfort Tiffany** catturano la vera essenza della natura. La ragione per cui i designer dell'ultima decade dell'800 guardarono alla natura come fonte d'ispirazione aveva molto a che fare con la ricerca scientifica svolta anni prima sul funzionamento dei processi naturali, come illustrati nel trattato di Darwin *On the Origin of Species*, pubblicato nel 1859, nelle illustrazioni botaniche di Ernst Haeckel (1834–1919) e negli eccezionali studi fotografici floreali condotti da Karl Blossfeldt (1865–1932) sul finire del secolo.

Col suo schietto rifiuto dello storicismo, l'Art Nouveau può essere considerato il primo vero stile internazionale moderno. Tuttavia, con la sua soggezione al motivo ornamentale, rimase inestricabilmente legato alla decadenza *fin-de-siècle*. Nei primi decenni del XX secolo fu per questa ragione stilisticamente superato dall'estetica della macchina e dalla preferenza delle avanguardie per le forme geometriche semplici, più adeguate alla produzione industriale.

▲ **Friedrich Adler**, Servizio da caffè per Metallwarenfabrik Orion, 1904

◄ **Paul Hankar**, Vetrina del negozio "New England", Bruxelles 1900 ca.

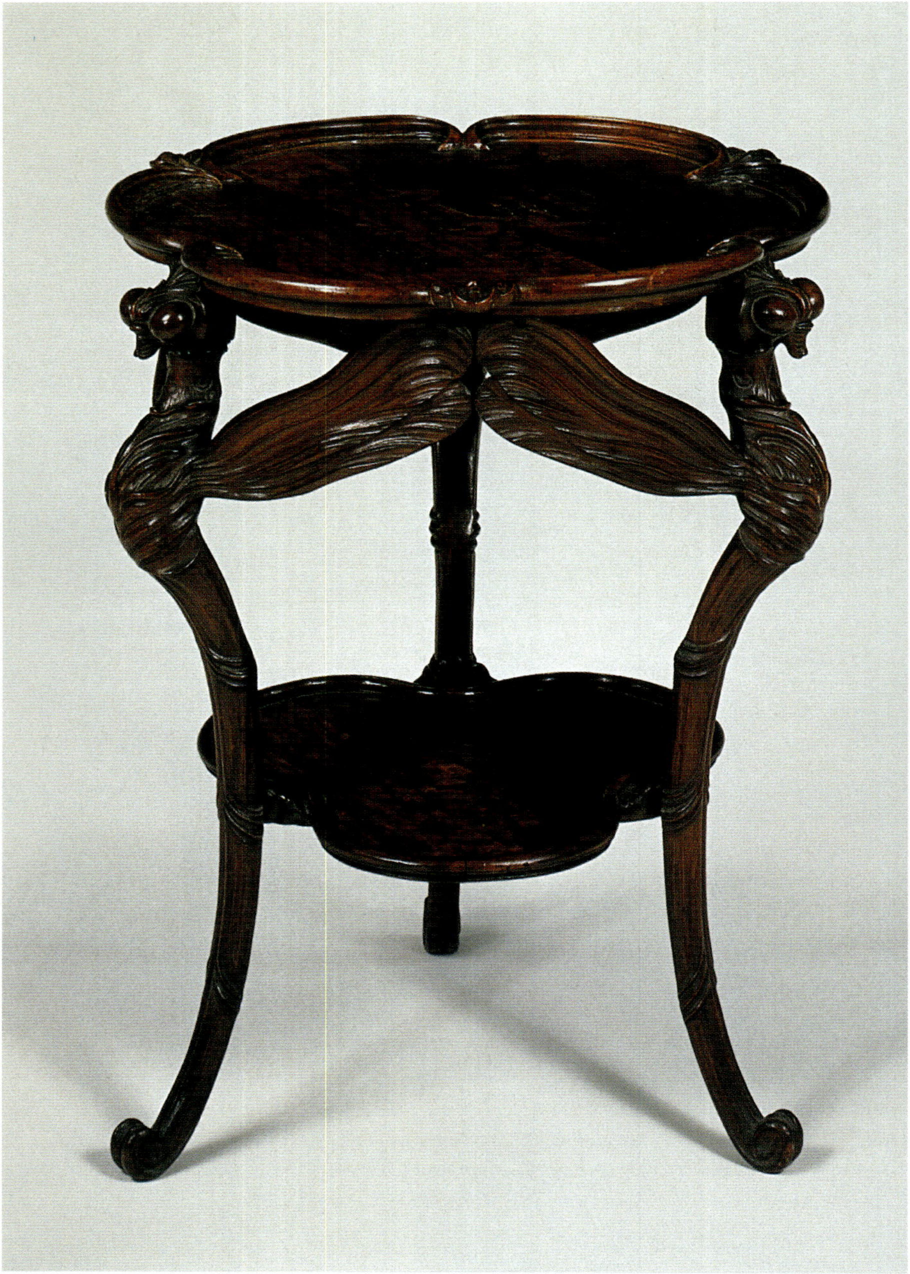

◂ **Émile Gallé**,
Tavolino *Dragonfly*,
1900 ca.

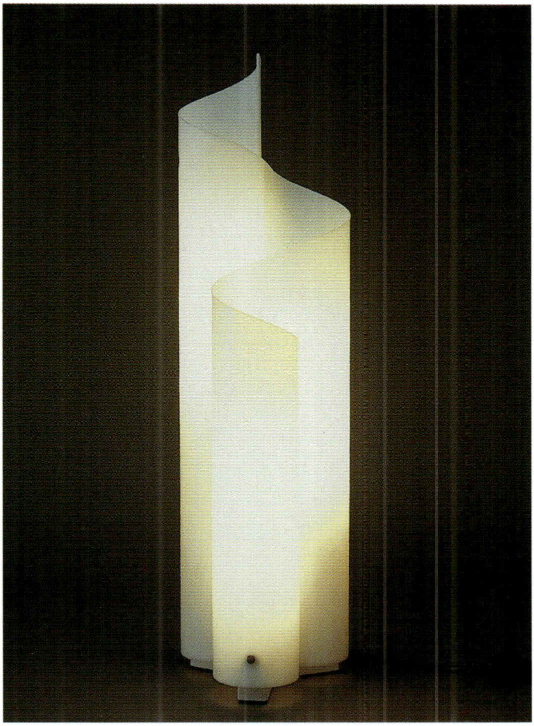

◂ **Vico Magistretti**,
Lampada *Chimera*
per Artemide, 1966

Ernesto Gismondi (1931) fondò Artemide nel 1959 per la produzione di luci e mobili. Tra i primi successi di Artemide vanno annoverati il tavolo *Demetrio 45* (1963), il tavolo *Stadio* (1966) e le sedie *Selene* e *Gaudí* (1969 e 1970) di **Vico Magistretti**, inizialmente fabbricati in plastica rinforzata e poi in ABS stampato a iniezione. Design di alta qualità come questi incoraggiarono la generale accettazione delle plastiche come materiali nobili e stimolarono maggiore attenzione internazionale verso il design italiano. Artemide produsse anche molti pionieristici design di luci, fra cui la lampada *Boalum* a forma di serpente di Giancarlo Frattini (1926) e **Livio Castiglioni** (1969), la lampada *Chimera* di Vico Magistretti (1966) e la lampada *Tizio* di **Richard Sapper** (1972). Sempre all'avanguardia nel design progressivo, nel 1981 Gismondi fornì lo spazio espositivo di Artemide per il lancio della **Memphis** Collection. Artemide produsse anche i design luminosi di **Michele De Lucchi**, **Enzo Mari** e Santiago Calatrava (1951). I suoi prodotti sono presenti in più di cento musei di tutto il mondo.

Artemide

Fondata nel 1959 a
Milano

Arts & Crafts Movement

Gran Bretagna

Con Arts & Crafts Movement (Movimento arti e mestieri) s'intende la libera collaborazione di architetti e designer progressisti allo scopo di riformare il design e la società in generale attraverso il ritorno all'artigianato. Turbati dalle conseguenze sociali e ambientali dell'industrializzazione e dalla massa di prodotti eccessivamente decorati e di qualità scadente della produzione meccanica, verso la metà dell'800 designer come **William Morris** lanciarono una crociata contro l'epoca in cui vivevano, postulando un approccio più semplice e più etico al design e alla produzione di manufatti. La loro sfiducia verso la produzione industriale, che aveva trasformato abili artigiani in "schiavi salariati", li portò a valorizzare i mestieri tradizionali attraverso il design e l'esecuzione di oggetti di alta qualità, che non fossero solo utili ma anche belli.

La prima fase del Movimento fu influenzata dalla Pre-Raphaelite Brotherhood (Confraternita Preraffaellita) e dall'evasione nel medioevo che essa rese popolare: artisti come Dante Gabriel Rossetti (1828–1882), Edward Burne-Jones (1833–1898) e Ford Madox Brown (1821–1893) collaborarono tutti con Morris & Co. Altre fonti d'ispirazione furono il Gothic Revivalism, come praticato dall'architetto George Edmund Street (1824–1881), e soprattutto le idee riformatrici di **Augustus Pugin** e John Ruskin (1819–1900). Ma fu William Morris, nel 1861, a sforzarsi di mettere in pratica molte di queste teorie fondando la Morris, Marshall & Faulkner & Co. (poi divenuta Morris & Co. nel 1874). La Morris & Co. non usava i metodi della produzione meccanizzata ma applicava fino in fondo la semplicità della tradizione e la correttezza della produzione artigianale. Piuttosto che cercare di riformare la produzione industriale, inestricabilmente connessa al commercio, i primi sostenitori dell'Arts & Crafts Movement cercarono di promuovere attraverso l'artigianato la democrazia e la cooperazione sociale. Pur lavorando all'interno di una rampante società capitalista, Morris fu un convinto

▼ **Walter Crane**, Tessuto *The Orange Tree* per Jeffrey & Co., 1902 (poi prodotto da Arthur Sanderson & Sons)

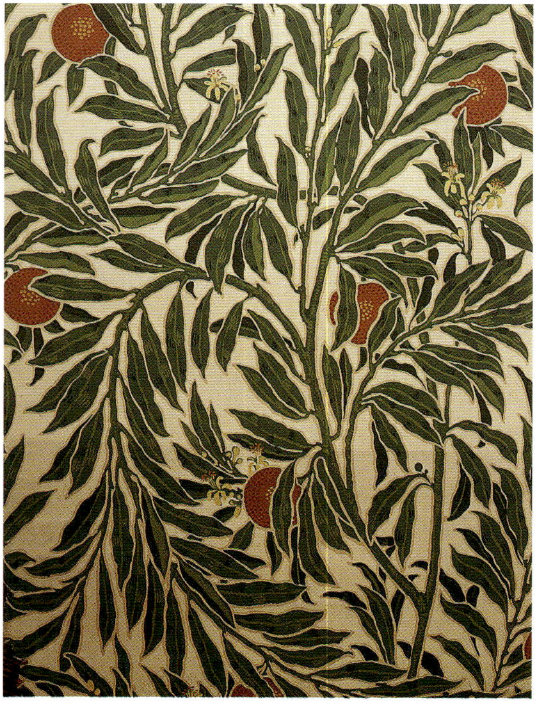

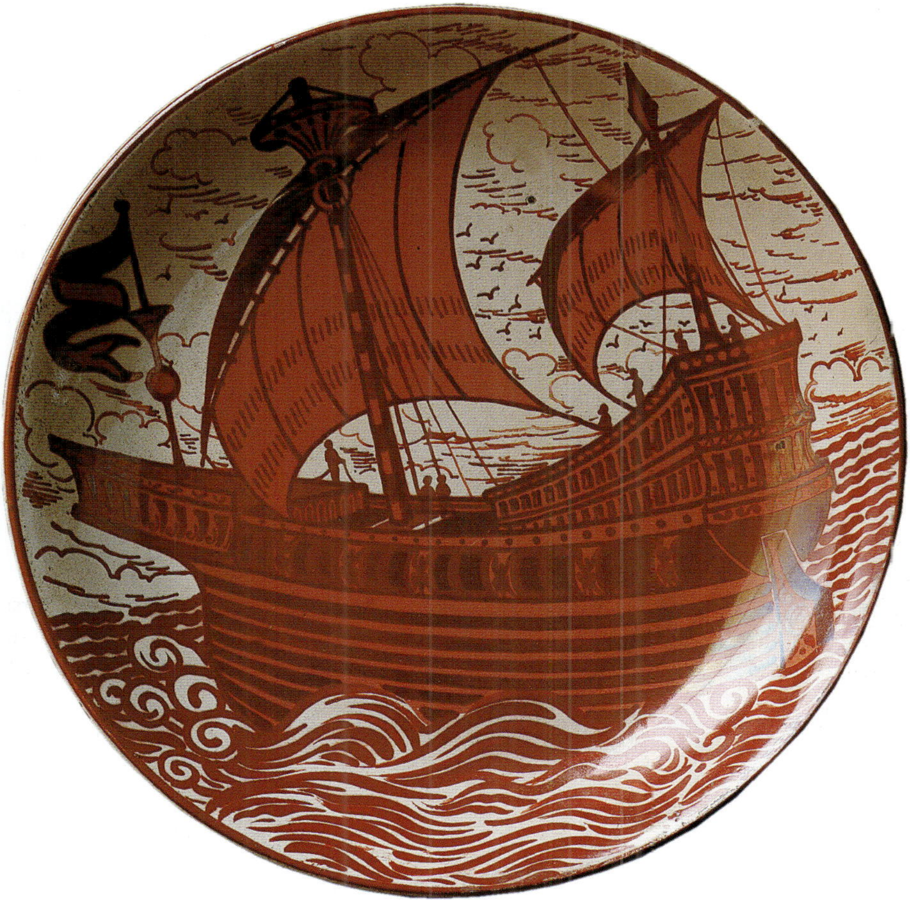

▲ **William De Morgan**, Piatto lucido con galeone, 1880 ca.

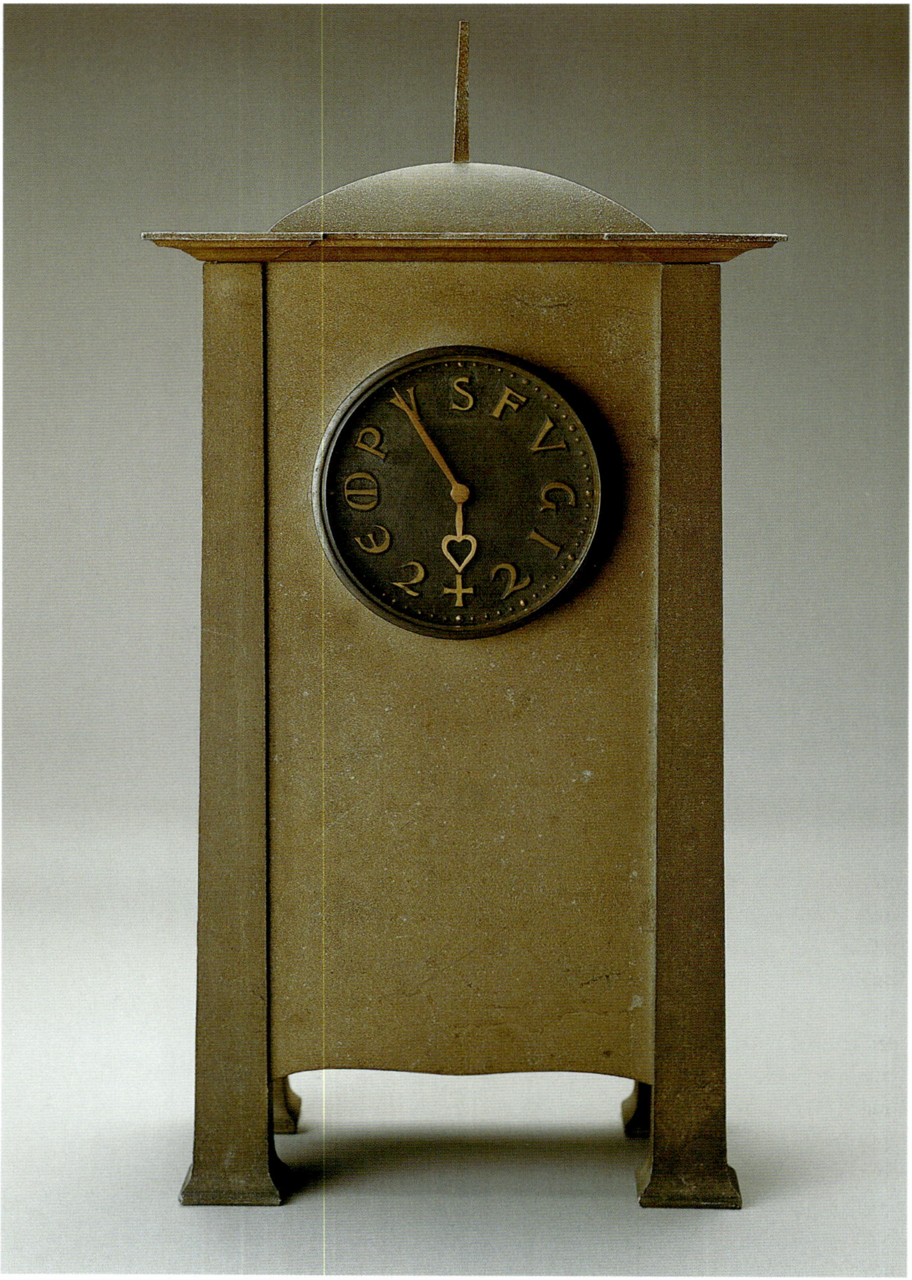

▸ **Charles Voysey**, Tessuto, 1900 ca.

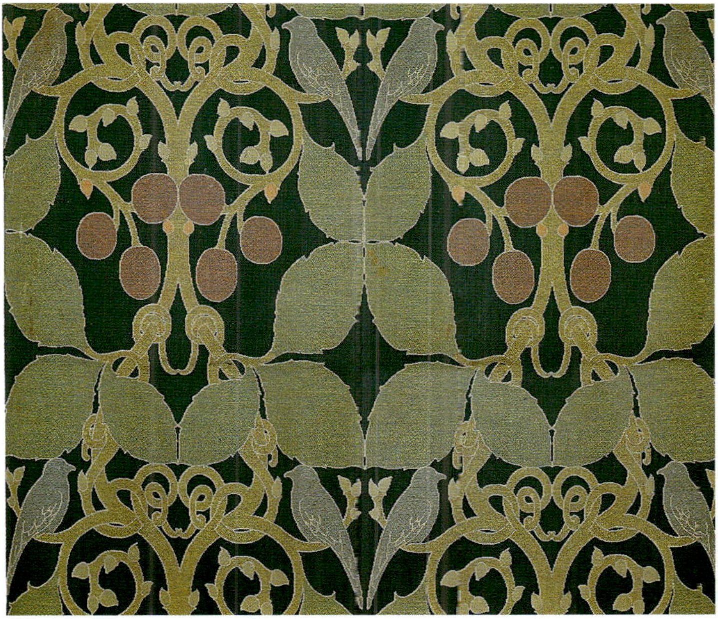

◂ **Charles Voysey**, Orologio *Tempus Fugit* in alluminio e rame, 1895 ca.

socialista con in testa l'utopica visione di una società in cui l'artigianato offrisse un'àncora morale a lavoratori e consumatori insieme. Una delle sue grandi preoccupazioni era la specializzazione crescente del processo industriale con la quale, attraverso la divisione del lavoro, venivano compromesse sia le arti in generale che le condizioni di vita dei lavoratori. La meccanizzazione era accettata da Morris solo se produceva oggetti di qualità e un minore carico di lavoro per i lavoratori; era rifiutata se il suo unico scopo era incrementare la produttività. Il paradosso era che i prodotti artigianali di Morris & Co. erano così costosi che solo i più benestanti potevano permetterseli.
Ispirati dall'invito di Morris e Ruskin a ricercare la moralità nel design e dalla loro fede nell'importanza sociale dell'artigianato, i designer Arts & Crafts della seconda fase, William R. Lethaby (1857–1931), **Arthur Heygate Mackmurdo** e **Charles R. Ashbee**, fondarono organizzazioni come The Century Guild (1882), St George's Art Society (1883) e Art Workers' Guild (1884) per applicare il nuovo concetto di design. Il termine "Arts & Crafts" fu coniato solo nel 1888, quando membri della Art Workers Guild formarono l'Arts & Crafts Exhibition Society.
Per quanto questi designer abbracciassero in pieno i valori della tradizione, alcuni di loro, come **Charles Voysey** e Ashbee, giunsero alla conclusione che

la visione di Morris di ottenere prodotti di buona qualità e al contempo disponibili in grandi quantità era irrealizzabile senza meccanizzazione. Ashbee, fondatore nel 1888 della **Guild of Handicraft**, giunse perfino ad accusare Morris, per la sua difesa del passato e il quasi totale rifiuto delle macchine, di "luddismo intellettuale". Fu proprio Ashbee, tuttavia, a realizzare l'"ideale rurale" del movimento, quando trasferì la sua Guild of Handicraft a Chipping Camden nel 1902. Il Movimento Arts & Crafts si era in quel periodo strettamente legato ai Cotswolds (regione agricola a sud-ovest dell'Inghilterra) attraverso **Ernest Gimson** e Sidney (1865–1926), mentre Ernest Barnsley (1863–1926) era attivo a Pinbury già dagli anni '90. Dal 1910 circa **Gordon Russell** progettò mobili a Broadway alla maniera Arts & Crafts; la sua produzione venne però largamente meccanizzata intorno al 1926, nel tentativo di conciliare alta qualità e accessibilità dei prezzi. In seguito Russell fu supervisore della produzione dei mobili **Utility**: certamente lo sviluppo di questo programma sostenuto dallo stato non era lontano dagli ideali dell'Arts & Crafts. Importanti nella promozione dello stile Arts & Crafts furono anche **Liberty & Co.** e Heal & Sons; entrambi ebbero propri studi di design e commercializzarono mobili e oggetti in metallo Arts & Crafts. Definita talvolta come "New Art", la seconda fase dell'Arts & Crafts in qualche misura può essere considerata l'equivalente britannica dell'**Art Nouveau** continentale e come tale rimase popolare fino allo scoppio della guerra nel 1914. Le virtù della semplicità, dell'utilità e della funzionalità promosse dall'Arts & Crafts, la proposizione fondamentale che il design poteva e doveva diventare mezzo democratico per il cambiamento della società influenzarono con forza i primi fautori del **Modern Movement**. Grazie all'opera dei designer associati nel **Craft Revival**, i principi dell'Arts & Crafts sopravvissero in tutto il XX secolo.

▼ **Sidney Barnsley**, Armadio, 1911 ca.

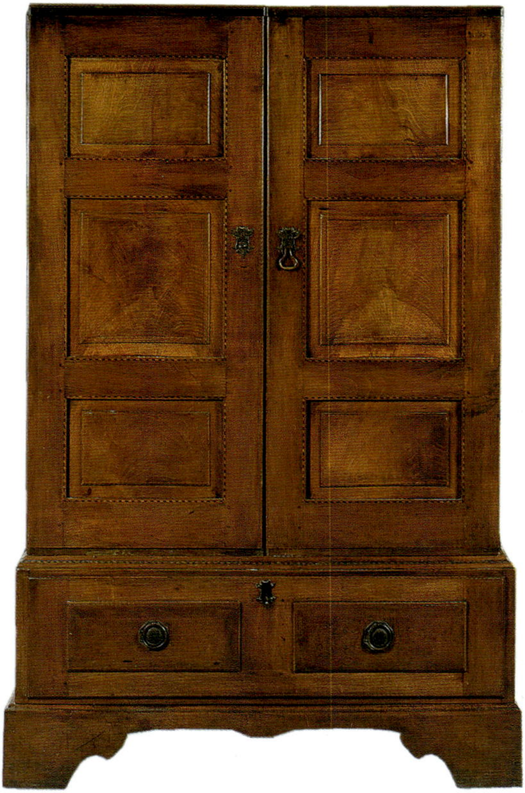

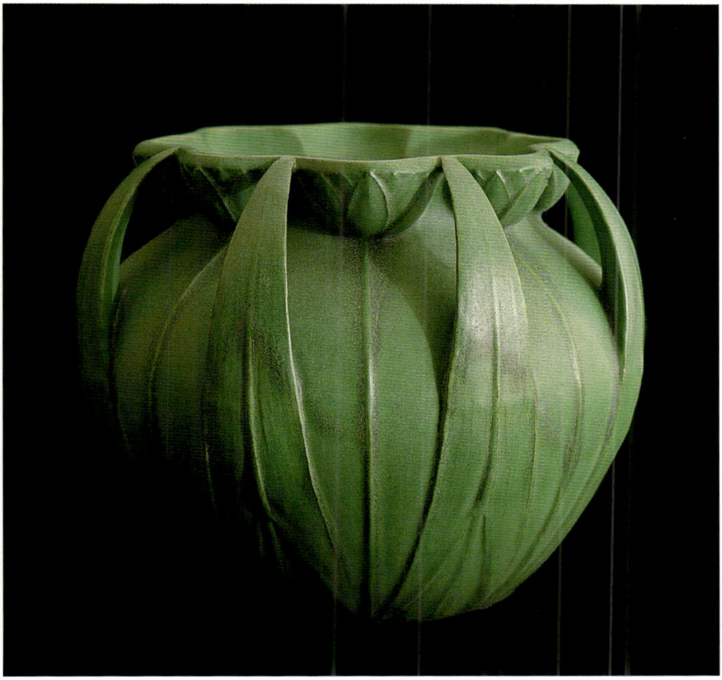

◂ **Hugh Garden**, Vaso *Teco* per Gates Pottery, 1900 ca.

Arts & Crafts Movement

USA

Molti designer americani si ispirarono agli ideali dell'Arts & Crafts britannico, dopo che questi ebbe dimostrato nella pratica che era possibile uno stile nazionale sposando le forme vernacolari della tradizione. La teorizzazione di comunità artistiche rurali, sostenuta da William Morris e da **Charles R. Ashbee,** attrasse designer americani come **Gustav Stickley**, Charles P. Limbert (1854–1923) e Elbert G. Hubbard (1856–1915), che in essa trovarono rifugio contro la crescente industrializzazione della loro nazione.

Nel 1898 Gustav Stickley visitò l'Europa e conobbe, tra gli altri, Ashbee e **Charles Voysey**. Al suo ritorno aprì dei laboratori a Syracuse (New York) e dal 1901 cominciò a pubblicare la rivista *The Craftsman*, che si rivelò molto influente. Ritenendo che "la decadenza è la naturale conseguenza dell'eccessiva raffinatezza", Stickley teorizzò un design semplice e lineare, come appare dai suoi design di mobili rustici che adottarono le forme tradizionali usate ai tempi dei pionieri.

I design americani dell'Arts & Crafts furono in generale meno complicati nella costruzione e meno decorativi di quelli britannici; negli USA, infatti, più che l'enfasi sull'artigianato d'eccellenza prevalsero gli aspetti democratici e sociali del movimento. L'architetto William L. Price (1861–1916), ad esempio, fu talmente ispirato dal romanzo utopista di Morris *News from*

▸ **William Gates (attribuito)**, Vaso di terracotta Teco per Gates Pottery, 1910 ca.

Nowhere (1889–1890) da fondare, nel 1901, la Rose Valley Community di Moylan, Philadelphia. L'iniziativa cercava di realizzare l'ideale di una comunità rurale socialmente coesa, i cui membri cercassero "la gioia attraverso il lavoro" e lavorassero insieme per abolire l'ingiustizia sociale. Le libertà sociali promesse dal Movimento attrassero anche molte donne: esso, infatti, incoraggiava l'emancipazione femminile attraverso la promozione dell'uguaglianza tra i sessi e dell'istruzione femminile. Molte di queste comunità, tuttavia, ebbero vita breve proprio per le difficoltà insite nel conciliare l'artigianato di alta qualità con l'accessibilità dei prezzi dei prodotti. Solo la comunità **Roycrofters**, fondata da Elbert G. Hubbard nel 1893, ottenne un notevole successo commerciale. Nel 1906 la Roycrofters impiegava più di 400 artigiani e la comunità vantava addirittura una locanda aperta a turisti e potenziali clienti.
In California architetti e designer che si richiamavano ai principi dell'Arts & Crafts si ispirarono anche all'eredità culturale ispano-messicana, all'arte giapponese e allo Stile delle Missioni. Charles e Henry **Greene** fusero compiutamente questi stili nei loro design per case di clienti benestanti, ma la loro opera si differenziò notevolmente da quella di Stickley e di Limbert proprio per la presenza di un'attenzione al dettaglio estranea all'Arts & Crafts americano. Anche **Frank Lloyd Wright**, il più grande architetto e designer a praticare il linguaggio dell'Arts & Crafts negli USA, operò una sintesi di influenze occidentali e orientali. Basso e allungato, il suo stile architettonico, denominato Prairie School, fece un uso eccellente dei materiali naturali, permettendo ai suoi edifici di entrare in piena armonia col paesaggio circostante. L'avanguardistico **Organic Design** di Wright fece da ponte tra Arts & Crafts Movement e **Modern Movement**. Così facendo esercitò una grande influenza sui designer successivi, sia in America che in Europa.

▾ Copertina della rivista The *Craftsman*, 1904

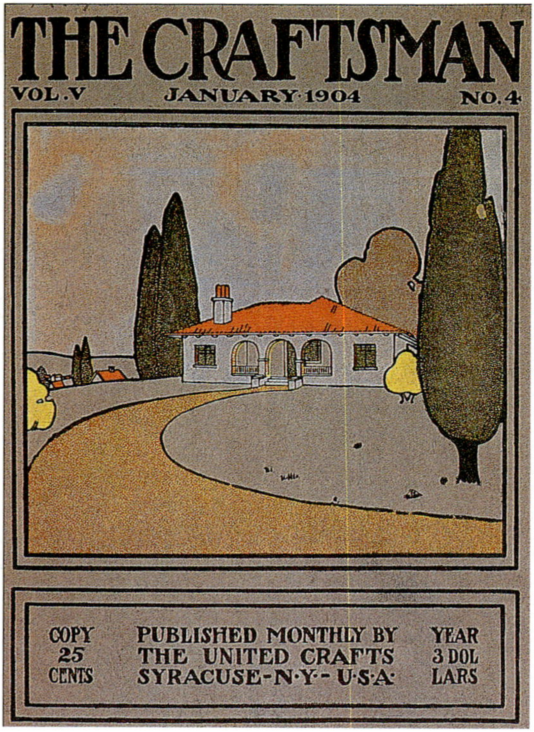

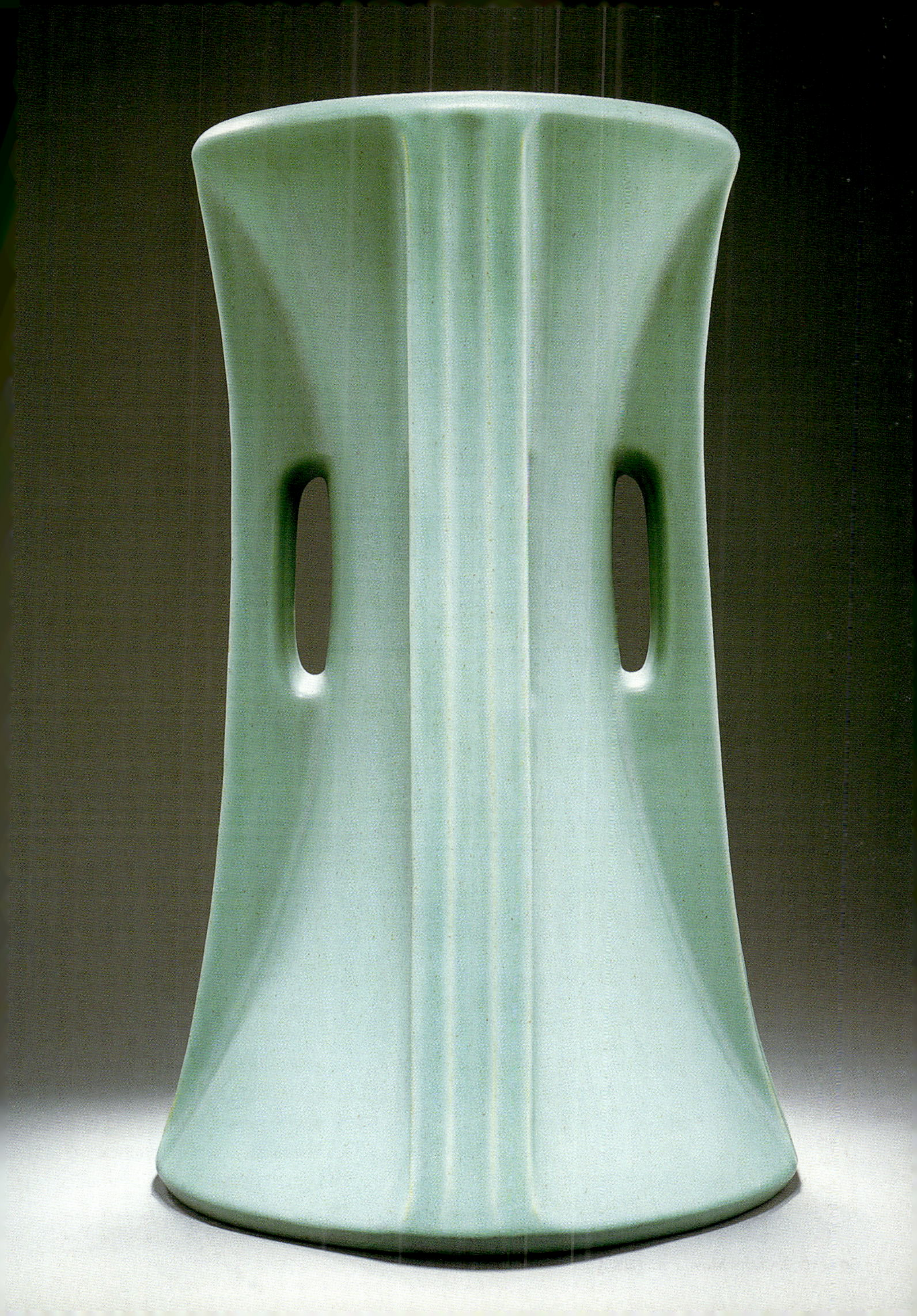

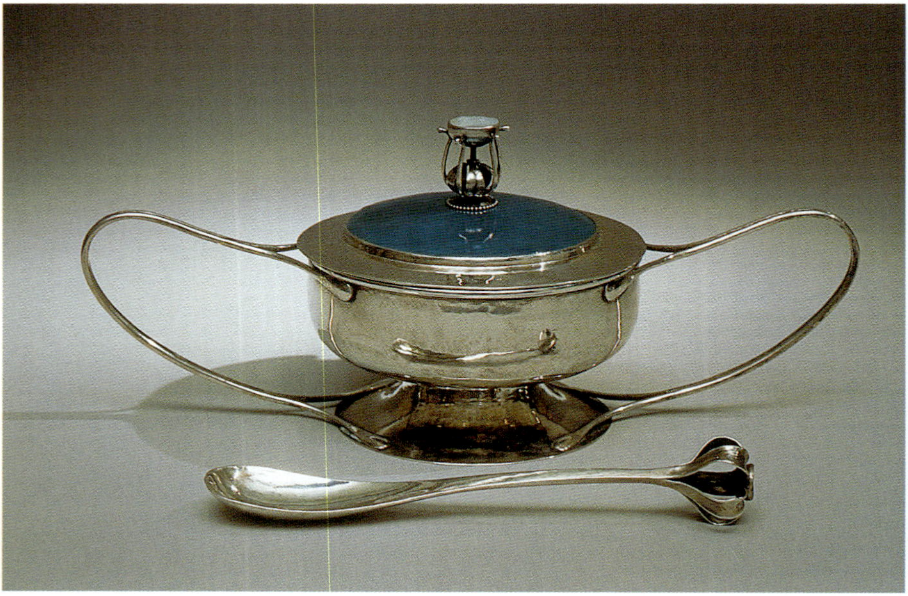

Charles R. Ashbee

1863 *Isleworth, Londra*
1942 *Godden Green/Kent*

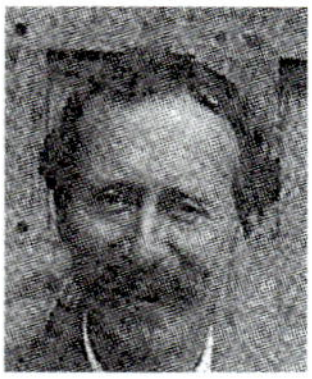

▲ Coppa in argento con manici ad anello per Guild of Handicraft, 1901

► Calice in argento con coperchio per Guild of Handicraft, 1900 ca.

Dopo aver studiato storia alla Cambridge University, Charles R. Ashbee fece l'apprendista presso l'architetto G. F. Bodley (1827–1907). Influenzato da John Ruskin (1819–1900) e **William Morris**, Ashbee divenne una figura centrale dell'**Arts & Crafts Movement** britannico; nel 1888 fondò alla Toynbee Hall, nell'East End londinese, la Guild and School of Handicraft, che due anni dopo trasferì a Essex House, Mile End. Nel 1902 tentò di realizzare l'ideale di comunità rurale teorizzato dall'Arts & Crafts trasferendo le due istituzioni a Chipping Camden, nei Cotswolds. La lontananza da Londra, tuttavia, influenzò negativamente il successo commerciale dell'iniziativa, che finì in amministrazione controllata nel 1908. Nel 1898 Ashbee aveva fondato anche una casa editrice, la Essex House Press, per la stampa a mano di bei libri. Nel 1906 pubblicò *A Book of Cottages and Little Houses* e nel 1909 *Modern English Silverwork*. Ashbee rimane tuttavia famoso soprattutto per le sue vertiginose argenterie decorate con motivi naturali, che ebbero una forte influenza su **Liberty & Co.**, la **Secessione** viennese e in generale sull'**Art Nouveau**. A Budapest, in Sicilia e a Londra furono costruiti molti edifici progettati da Ashbee; egli tenne inoltre conferenze in Gran Bretagna e negli Stati Uniti. Dal 1915 al 1919 Ashbee fu professore di Inglese all'Università del Cairo e dopo questa esperienza lavorò per quattro anni a Gerusalemme occupandosi di progetti di restauro.

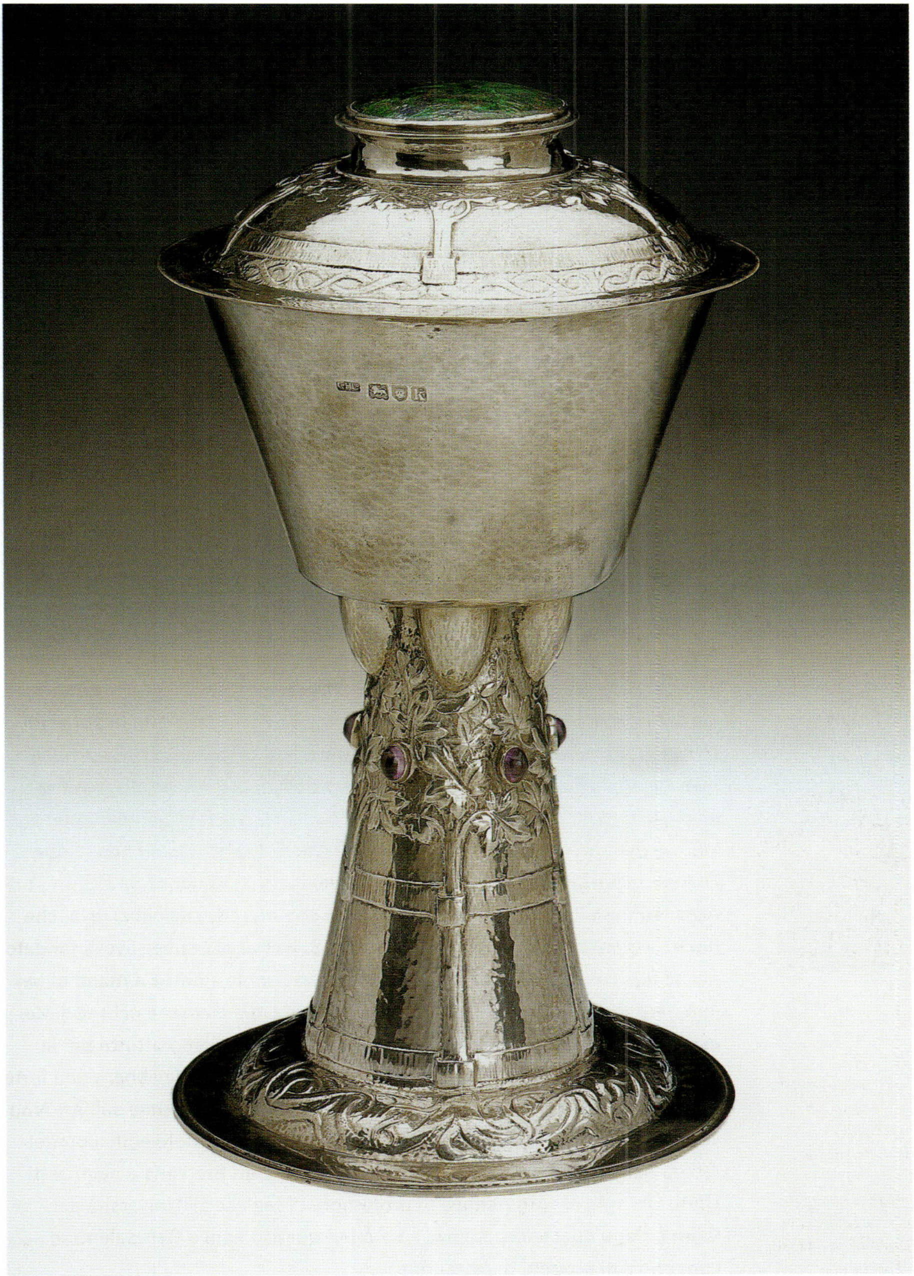

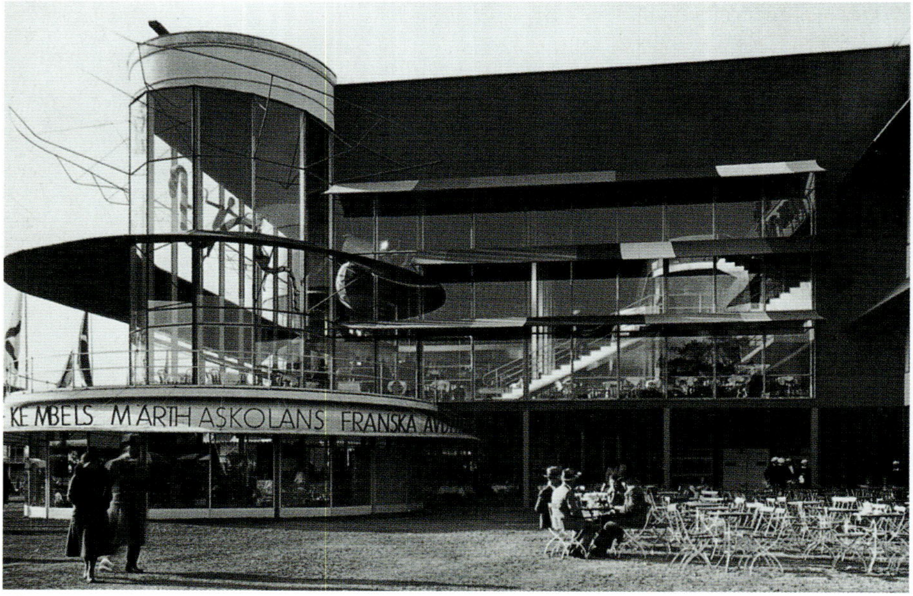

Erik Gunnar Asplund

1885 *Stoccolma*
1940 *Stoccolma*

Erik Gunnar Asplund studiò alla Kungliga Konsthögskolan di Stoccolma dal 1905 al 1909 dedicandosi inizialmente alla pittura. Dal 1909 si concentrò sull'architettura e aprì un proprio studio a Stoccolma. Nel 1917 divenne direttore della rivista *Teknisk Tidskrift Arkitektur*; nello stesso anno espose i suoi interni alla Liljevalchs Art Gallery di Stoccolma, riscuotendo un notevole successo.

Dal 1911 al 1930 progettò opere di architettura e mobili ispirati al neoclassicismo, fra cui la sedia *Senna* del 1925 ideata per una biblioteca pubblica. Nel 1930 fu nominato architetto capo per l'esposizione "Stockholmsutställiningen" dello Svenska Sljödföreningen, un evento che ebbe rilievo internazionale. Nello spazio dell'esposizione si distinse il ristorante "Paradiset" di Asplund, prima presentazione dell'**International Style** in terra di Svezia. Nei suoi design Asplund seppe combinare Modernismo e Neoclassicismo scandinavo. Dal 1931 al 1940 fu professore di architettura alla Kungliga Konsthögskolan di Stoccolma.

▲ Ristorante "Paradiset" all'esposizione "Stockholmsutställiningen", 1930

Sergio Asti studiò arte e architettura al Politecnico di Milano dal 1947 al 1953. Nel 1953 aprì uno studio a Milano lavorando come designer indipendente di arredamento, esposizioni, mobili, illuminazioni, vetro, ceramica ed elettrodomestici per Brionvega, Poltronova, **Knoll International**, **Venini**, **Kartell** e altri ancora. Nel 1953 Asti cominciò a sperimentare con le plastiche e nel 1954 ideò alcune maniglie di porte altamente scultoree e organiche, che vennero celebrate per i loro "valori plastici". Nel 1956, l'anno in cui progettò il suo famoso sifone da soda per Saccab, fu tra i membri fondatori della ADI (Associazione per il Disegno Industriale). Dal 1957 al 1958 fu il primo designer in assoluto a progettare (per Kartell) lampade in resina acrilica. Asti vinse il **Compasso d'Oro** nel 1955, 1956, 1959, 1962 e 1970 per i suoi innovativi mobili e oggetti di uso quotidiano, che per le loro linee eleganti diventarono simboli del design italiano del dopoguerra.

Sergio Asti

1926 *Milano*

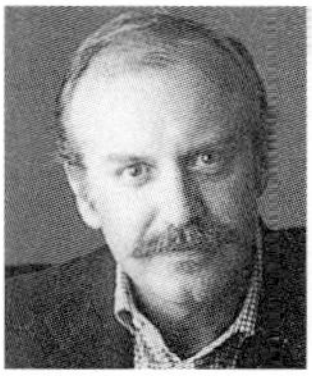

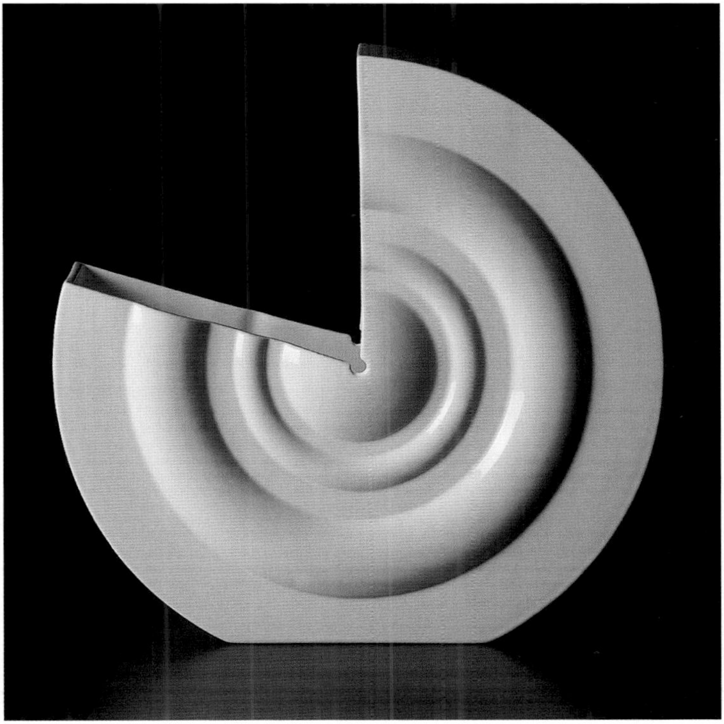

► Vaso in vetroceramica *Ruota* per Knoll International, 1972

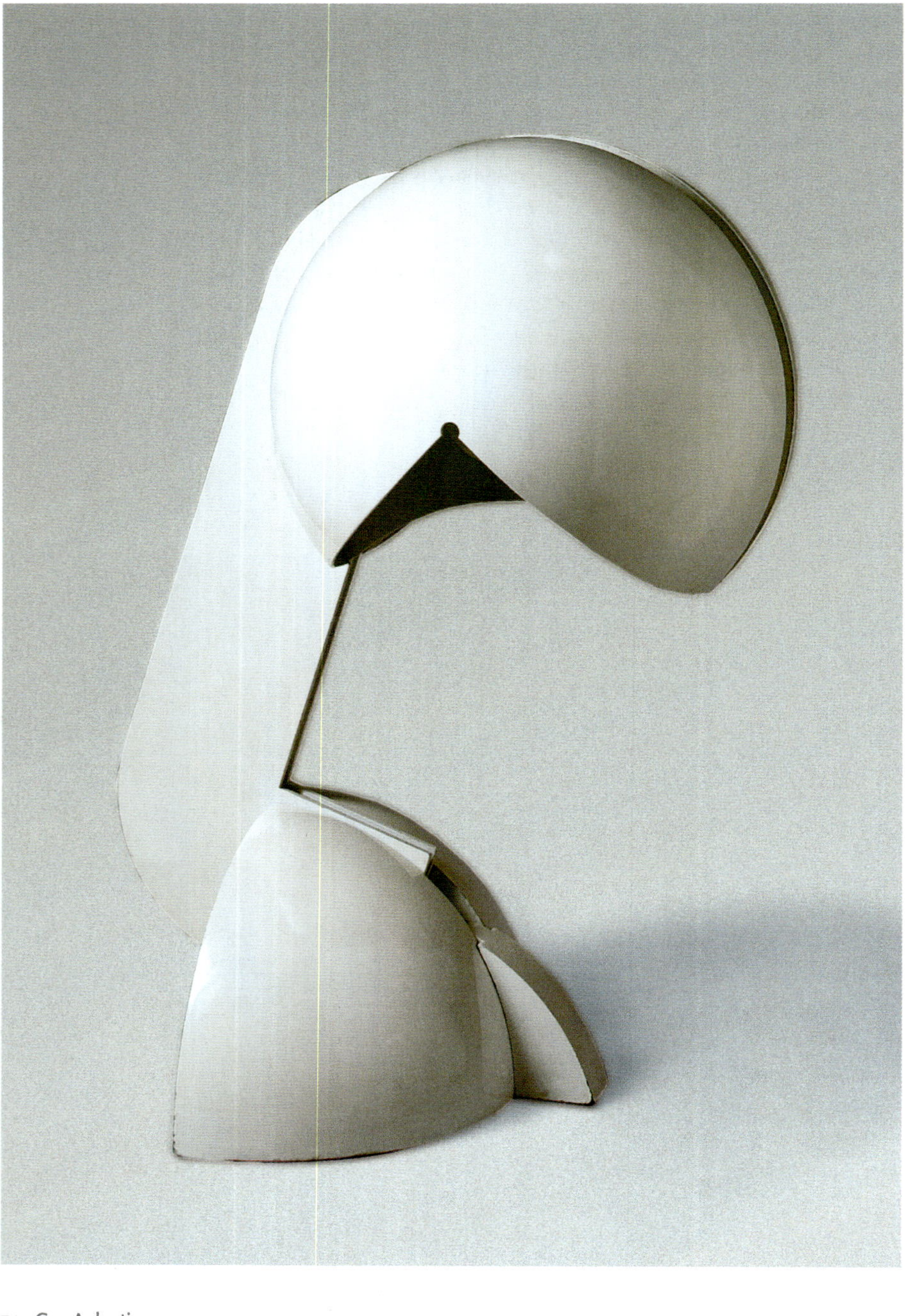

Gae Aulenti studiò architettura al Politecnico di Milano laureandosi nel 1954. Da allora ha sempre lavorato nel suo studio di Milano, progettando mobili e interni per **Knoll International**, **Olivetti** e altre aziende. Ha anche progettato luci per Stilnovo e **Artemide**. Nel 1980 Aulenti ha creato gli interni del Musée d'Orsay e ha lavorato a un progetto per il Musée d'Art Moderne del Centre Georges Pompidou. Ritenendo che lo spazio debba essere definito dalla disposizione degli arredi più che dagli oggetti, i design di Aulenti possiedono originalità e al contempo un tocco di quieta eleganza. Il linguaggio dei suoi design di oggetti e d'interni è essenzialmente moderno; Aulenti rifiuta invece lo sterile formalismo geometrico a favore di una forma umanizzata di Modernismo. Aulenti è fra le poche designer donne della sua generazione ad aver raggiunto fama internazionale.

Gae Aulenti

1927 *Palazzolo della Stella (Udine)*

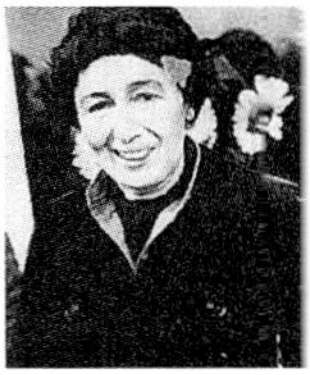

◄ Lampada *La Ruspa* per Martinelli Luce, 1969

▼ Tavolino da caffè per Fontana Arte, 1980

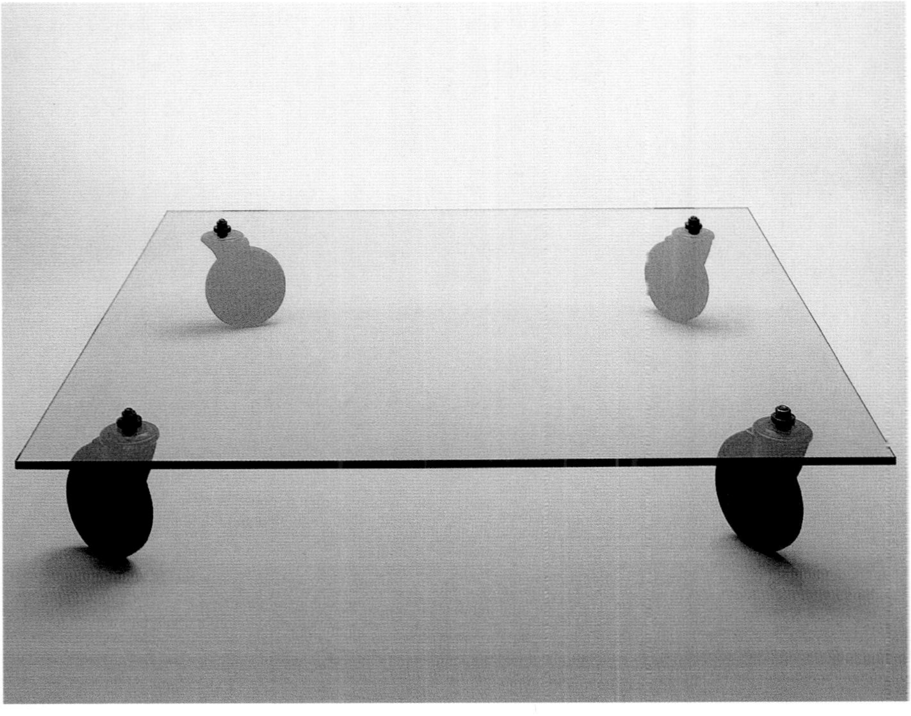

Avant-garde

Il termine francese "avant-garde" si riferisce ad architetti, designer, artisti, scrittori e musicisti le cui tecniche e idee sono più avanzate di quelle generalmente conosciute o accettate. Il design d'avanguardia normalmente rappresenta una piccola percentuale degli oggetti prodotti, ma la sua influenza sulla storia del design è stata enorme. Generalmente tale lavoro ha avuto un impatto di gran lunga più vasto dei circoli minoritari ai quali era rivolto inizialmente e ciò è avvenuto soprattutto per l'interesse dei mass media. Per gran parte del XX secolo i designer d'avanguardia sono rimasti fuori dal circuito principale del design legato all'industria, anche perché la loro opera trovava in quell'ambito scarso apprezzamento; anzi, ci sono voluti a volte molti anni perché atteggiamenti e gusti si adeguassero agli stilemi dell'avanguardia. Ad esempio, i mobili pionieristici in metallo tubolare di **Marcel Breuer**, progettati nei tardi anni '20 e nei primi anni '30, furono degnamente apprezzati e riconosciuti solo durante gli anni '60 e '70 e poco o nulla ai tempi in cui furono prodotti. L'avanguardia guida necessariamente la moda e i vari stili nascono in funzione di essa. L'**Organic Design** del dopoguerra, ad esempio, ha stilisticamente influenzato il **Biomorfismo** degli anni '50. L'opera dell'avanguardia riceve spesso l'appellativo di "nuovo" (New Art, **Art Nouveau**, New Wave) per descrivere il suo sguardo proteso in avanti. Non è infondato affermare che la maggior parte delle più importanti innovazioni pratiche e teoriche nel design del XX secolo sono state il risultato diretto del talento visionario delle avanguardie.

▼ **Marcel Breuer**, Tavolo *modello n. B27* e sedia *modello n. B46* per Thonet, 1928 e 1928–1929

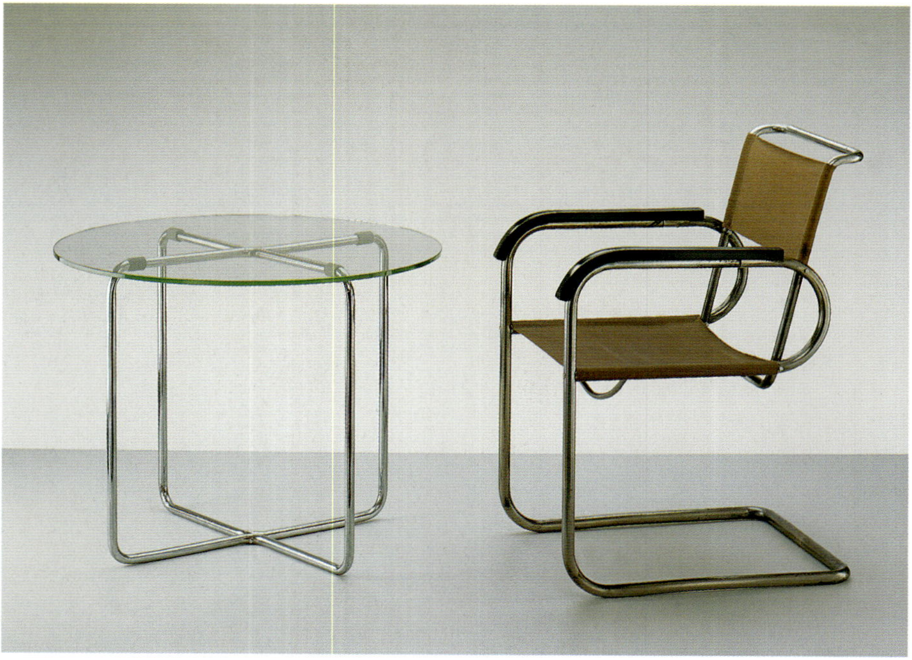

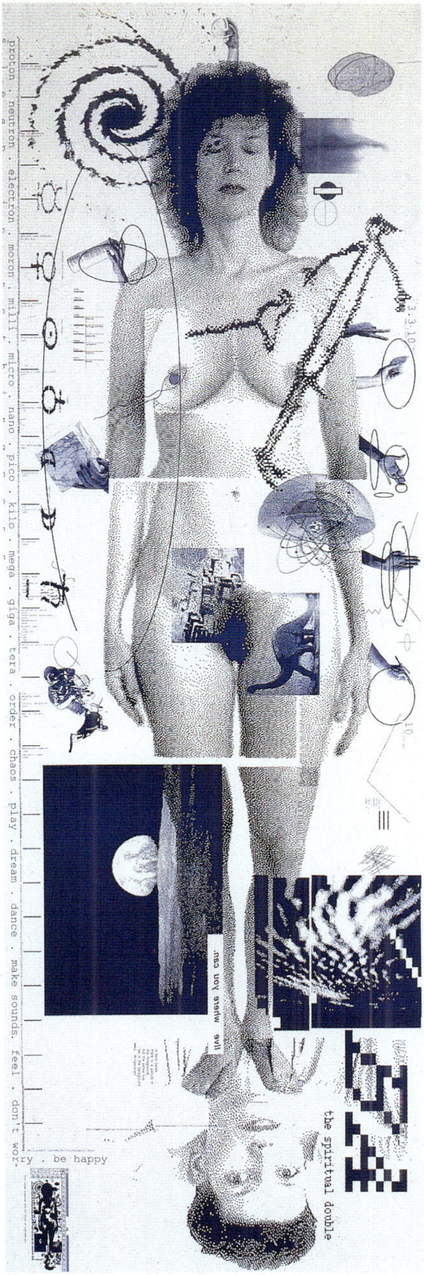

◂ **April Greiman**, Poster pieghevole per *Design Quarterly*, 1986

Mackay Hugh Baillie Scott

1865 *Ramsgate/Kent*
1945 *Londra*

Mackay Hugh Baillie Scott, discendente da una ricca e aristocratica famiglia scozzese, inizialmente studiò presso il Cirencester Agricultural College e nel 1886 divenne apprendista presso lo studio dell'architetto Major Charles E. Davis a Bath. Nel 1889 si trasferì sull'isola di Man e studiò alla School of Art di Douglas, dove insegnava **Archibald Knox**. Con Knox collaborò al design di oggetti in ferro e in vetro influenzati dall'arte celtica. I suoi primi design di edifici in legno e muratura, secondo l'antico stile architettonico inglese, rispecchiavano i dettami dell'**Arts & Crafts Movement** applicati dall'architetto Norman Shaw (1831–1912). Le opere successive furono invece influenzate dallo stile più tradizionale di **Charles Voysey**. La *Red House* di Baillie Scott a Douglas (1892–1893) presentava degli innovativi paraventi mobili posti tra una stanza e l'altra. Nel 1894 scrisse un articolo per *The Studio* descrivendo la sua casa ideale in "semplici mattoni e calce". Alla Arts & Crafts Society Exhibition del 1896 espose design di mobili, oggetti in metallo e carta da parati; nello stesso anno progettò il pianoforte Manxman. Baillie Scott divenne uno dei massimi esponenti dell'Arts & Crafts Movement in Europa continentale quando il granduca Ernst-Ludwig di Hesse-Darmstadt gli commissionò il design di interni e mobili del suo palazzo di Darmstadt. I pannelli bianchi degli interni sorpresero per la loro semplicità, mentre i mobili progettati allo scopo non erano solo funzionali, ma costituivano un grande arricchimento visivo per l'intero complesso. In Germania Baillie Scott ricevette altre commissioni occupandosi anche del design degli interni della "casa sugli alberi" della principessa ereditaria di Romania. Negli anni '20 e '30, entrato in crisi l'Arts & Crafts, Baillie Scott adottò uno stile neogiorgiano, continuando tuttavia a sostenere il primato dell'artigianato sulla produzione industriale.

▾ Sedia, probabilmente per John P. White, Pyghtle Works, 1905 ca.

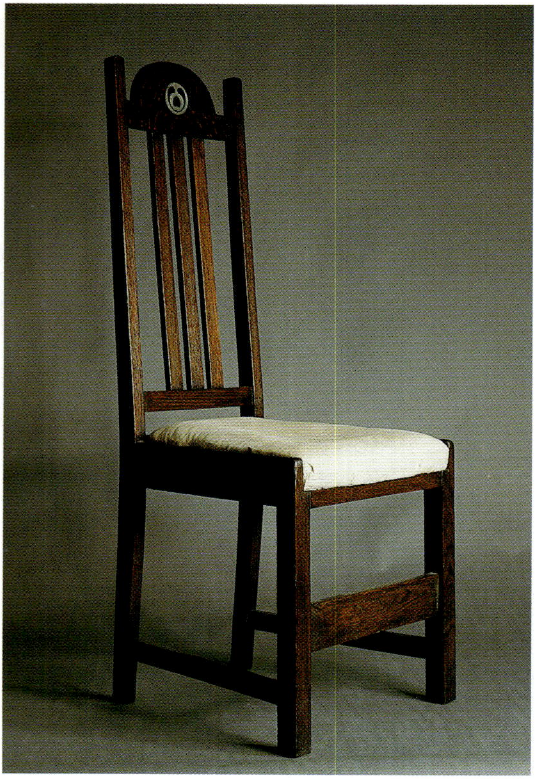

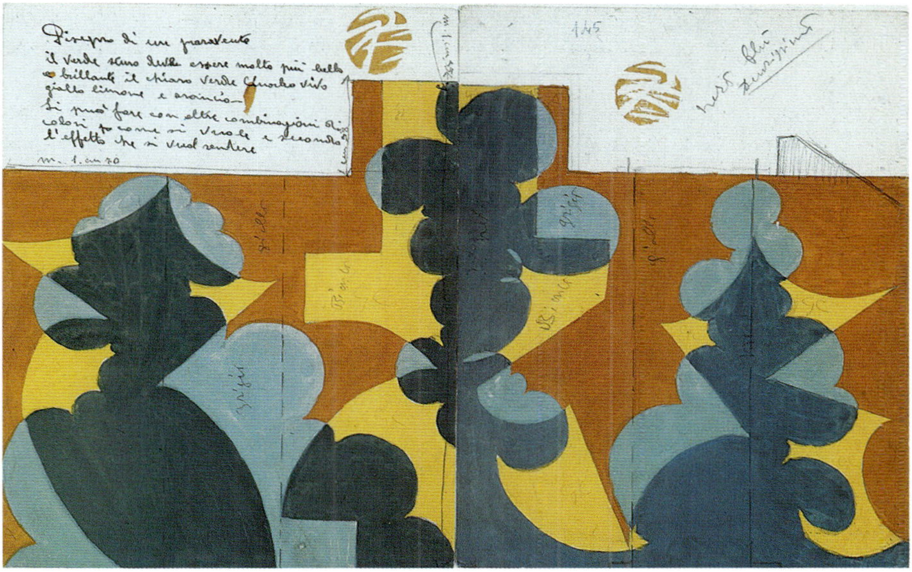

Giacomo Balla

1871 Torino
1958 Roma

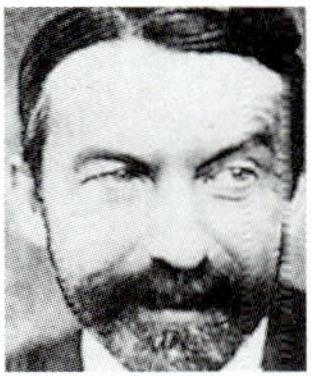

Giacomo Balla studiò architettura all'Accademia Albertina di Torino e poi cominciò a insegnare pittura ad allievi del calibro di Gino Severini (1883–1966). Durante la sua permanenza a Parigi dal 1900 al 1901 fu fortemente influenzato dal Divisionismo. Nel 1910 aderì al Futurismo firmando sia il *Manifesto dei pittori futuristi* che il *Manifesto tecnico della pittura futurista*. Dal 1912 espose insieme ad altri pittori futuristi. In seguito si recò a Düsseldorf e progettò gli interni, oggi andati distrutti, della Casa Löwenstein e tra il 1913 e il 1914 realizzò mobili dipinti per i suoi interni. Nel 1913 dichiarò: "Balla è morto" e mise all'asta tutti i suoi dipinti, volgendo la sua attenzione al design. Nel 1914 cominciò a occuparsi di abbigliamento e scrisse il *Manifesto futurista dell'abbigliamento maschile*, in cui si schierava a favore di indumenti pratici e "dinamici". Intorno al 1918 progettò la sua Casa Futurista di Roma, che includeva mobili dai colori molto brillanti ed era volutamente lontana da ogni riferimento al passato. Nel 1921 progettò anche un interno futurista per la sala da ballo Bal Tik-Tak. Con gli amici futuristi Fortunato Depero (1892–1960) ed Enrico Prampolini (1894–1956) Balla espose coloratissime carte da parati alla "Exposition Internationale des Arts Décoratifs et Industriels Modernes" di Parigi del 1925. Nei tardi anni '30 Balla abbandonò lo stile futurista a favore di un approccio al design più astratto.

▲ Disegno di un *Paravento*, 1916–1920

▸ Vaso in *Vetro parabolico* con bolle d'aria per Barovier & Toso, 1961 ca.

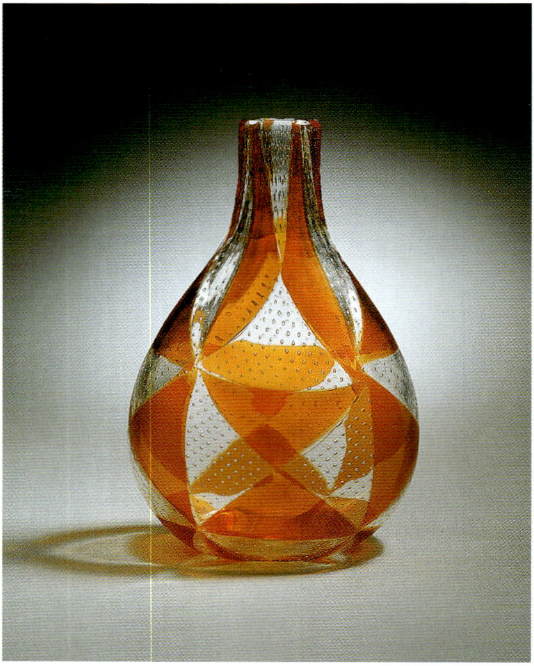

Ercole Barovier

1889 *Murano*
1974 *Venezia*

La famiglia Barovier ha fabbricato vetri fin dal XIV secolo. Nel 1878 Benvenuto Barovier (1855–1932) e i due fratelli Benedetto (1857–1930) e Giuseppe (1863–1942) fondarono sull'isola di Murano la fabbrica Fratelli Barovier producendo vetri ispirati a forme tipiche del XVI secolo. Nel 1919 Ercole Barovier, figlio di Benvenuto, aprì un laboratorio chiamato Artisti Barovier (poi ridenominato Barovier e C.), rivitalizzando l'arte del vetro di Murano e producendo oltre 25.000 design di articoli in vetro per i più svariati usi, non ultimo quello decorativo. Ercole sperimentò diversi colori e tecniche che gli permisero di sviluppare nuovi tipi di superfici, fra cui i cosiddetti "vetro gemmato", "vetro barbarico", dalla tessitura grezza, e "vetro parabolico", a forma di patchwork, che fu quello che lo rese famoso. Negli anni '30 Ercole inventò un tipo di vetro che chiamò "vetro rugiada", con piccole bolle d'aria intrappolate all'interno. In seguito, insieme al figlio Angelo (1927), entrato in azienda nel 1947, produsse un tipo di vetro noto come "vetro a fili", ricavato da barre di vetro. Nel 1936 Ercole diventò direttore della Fratelli Barovier, ridenominata poi Barovier & Toso quando gli successe Piero Toso.

Saul Bass studiò all'Art Students League di New York dal 1936 al 1939. Lavorò poi come designer grafico per la sezione artistica della Warner Bros, la quale continuò la tradizione di basare la pubblicità dei film su immagini di tipo fotografico-illustrativo. L'approccio tradizionale era di tipo figurativo e consisteva nel mettere in evidenza alcuni elementi caratterizzanti il film. Deluso da questa pratica, Bass lasciò la Warner Bros nel 1946 e si trasferì a Los Angeles. Lì lavorò per diverse agenzie pubblicitarie e nel 1949 creò un inserto pubblicitario per il film "Champion" che ruppe ogni convenzione prestabilita riguardo alla grafica cinematografica: l'inserto era completamente nero con solo un logo a mezzatinta e, per avere il massimo impatto, il titolo del film in posizione centrale.

Durante gli anni '50 Bass lavorò come designer freelance sviluppando un proprio linguaggio simbolico e semplificato nel tentativo di esprimere le qualità essenziali del film più valide a livello promozionale. Usando ritagli di carta ideò dei poster, altamente emblematici ed efficaci dal punto di vista dell'impatto visivo, per due film di Otto Preminger, "The Man with the Golden Arm" (1955) e "Anatomy of a Murder" (1959). Impressionato dalla forza di tali immagini, Preminger chiese a Bass di creare dei titoli di testa in sequenza che, oltre a usare i suoi potenti effetti grafici, fossero accompagnati da una colonna sonora. Fu così che venne creato il nuovo medium della grafica animata.

L'impatto visivo del design di Bass ebbe enorme influenza e colse in modo superbo lo spirito dell'epoca. L'astrazione propria dei suoi poster divenne il tratto distintivo anche dei marchi aziendali creati da Bass a partire dagli anni '70.

Saul Bass

1920 *New York*
1996 *Los Angeles*

▼ Locandina per il film "The Man with the Golden Arm", 1955

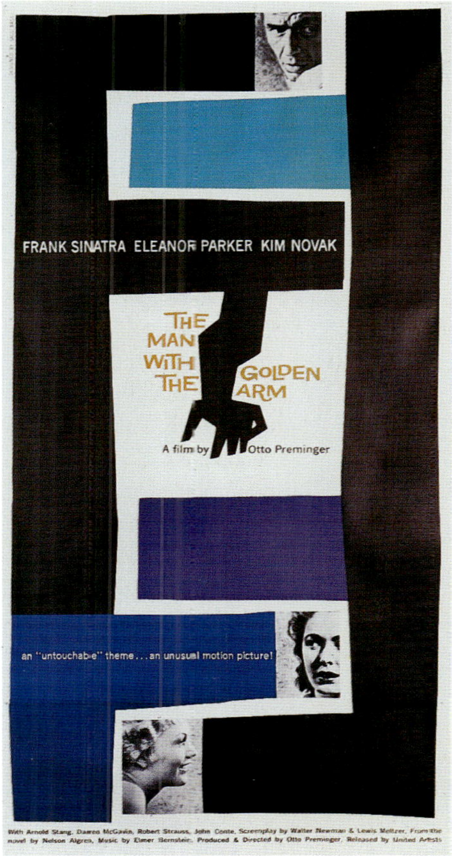

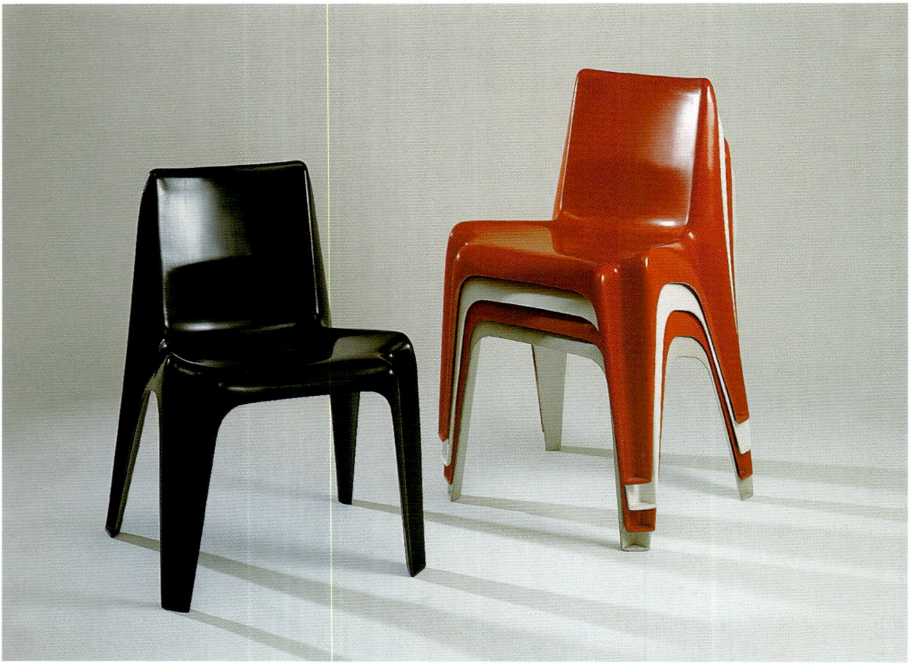

Helmut Bätzner

1928 *Stoccarda*

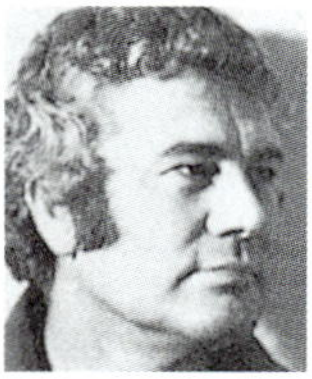

Helmut Bätzner fu prima apprendista falegname e poi si iscrisse alla Technische Hochschule di Stoccarda per studiare architettura. Dal 1962 al 1963 studiò a Roma e al suo ritorno divenne conferenziere alla Werkkunstschule di Krefeld in Germania, incarico che mantenne fino al 1966.

Dal 1964 al 1965 Bätzner realizzò la prima sedia in plastica rinforzata prodotta in serie, il cui design andò di pari passo col suo lavoro di progettazione del Badisches Staattheater di Karlsruhe. Dalla loro introduzione nel 1966, sono state prodotte più di 120000 sedie Bofinger, grazie anche al loro ciclo produttivo brevissimo (cinque minuti) e al minimo di finitura richiesto. La sedia sovrapponibile *Bofinger*, prodotta tramite stampaggio per compressione "prepreg-process" e una pressa riscaldata di dieci tonnellate a doppio stampo, ha influenzato in modo determinante la posteriore produzione di mobili di plastica per esterni.

Dal 1964 Bätzner ha lavorato come architetto e designer freelance. I suoi progetti includono la Psychatrische Klinik di Karlsruhe e il palazzo dell'amministrazione della Technische Hochschule di Aachen.

▲ Sedia *modello n. BA 1171* per Bofinger, 1964–1966

Nel 1915 **Walter Gropius** fu proposto come direttore della Kunstgewerbeschule di Weimar, fondata da **Henry van de Velde** nel 1908, ma essa chiuse i battenti prima che egli potesse assumere l'incarico. Gropius mantenne comunque i contatti con l'altra scuola d'arte di Weimar, la Hochschule für Bildende Kunst. Facendo il soldato durante la prima guerra mondiale, Gropius divenne anticapitalista rivolgendo le sue simpatie più agli ideali artigiani dei laboratori Helgar che ai principi della produzione industriale sostenuti dal **Deutscher Werkbund**. Mentre era al fronte formulò le sue "Proposte per la fondazione di un'istituzione educativa per fornire servizi di consulenza artistica all'industria, al commercio e all'artigianato". Nel gennaio 1916 le sue raccomandazioni per una unificazione della Kunstgewerbeschule e della Hochschule für Bildende Kunst in un'unica scuola interdisciplinare di artigianato e design furono inoltrate al Großherzogliches Sächsisches Staatministerium.

Nell'aprile 1919 Gropius fu giustamente nominato direttore del nuovo Staatliches Bauhaus di Weimar; nello stesso anno fu pubblicato il Manifesto del Bauhaus. Il Bauhaus, che significa "casa del costruire", cercò di riformare le teorie dell'istruzione e di unificare le varie arti. Per Gropius costruire o "fare" era un'importante attività sociale, simbolica e intellettuale; questo modo di sentire pervase tutti gli insegnamenti del Bauhaus. Il curricolo prevedeva un anno di corso di base in cui agli allievi venivano insegnati i principi basilari del design e della teoria dei colori. Dopo questo anno preliminare, gli studenti entravano nei vari laboratori situati in due edifici e venivano istruiti in almeno un mestiere. I laboratori dovevano essere economicamente autosufficienti, finanziandosi con le commissioni dei privati. Gli insegnanti erano chiamati "maestri" e alcuni di loro erano membri delle corporazioni locali. Gli studenti venivano chiamati "apprendisti".

Bauhaus

1919–1933 *Weimar Dessau e Berlino*

▼ **Fritz Schleifer**, Poster per l'esposizione del Bauhaus di Weimar, 1923

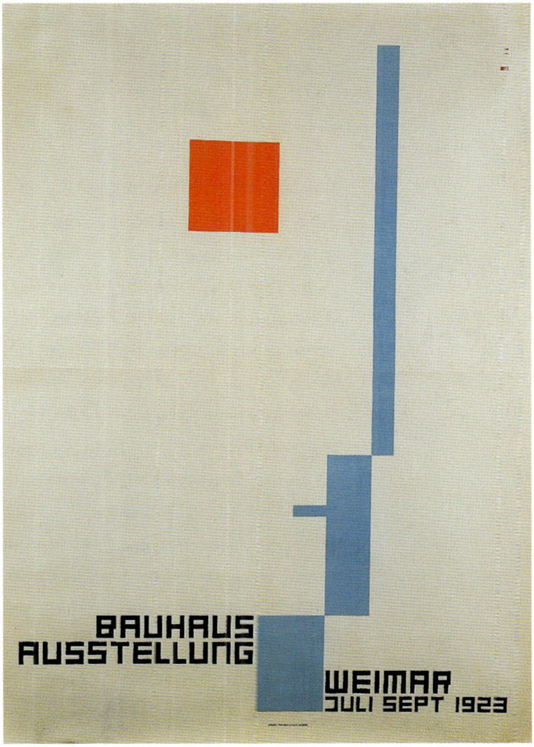

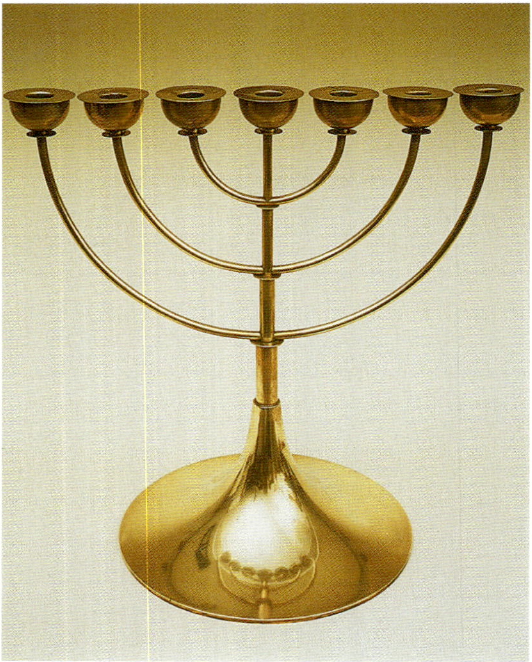

► **Gyula Pap**, Candelabro prodotto nel laboratorio dei metalli di Weimar, 1922–1923

Nel primo anno di attività Gropius nominò tre responsabili: **Johannes Itten**, per il corso di base, Lyonel Feininger (1871–1956) e **Gerhard Marcks**. A questi artisti si aggiunsero altri maestri espressionisti: George Muche (1895–1987) alla fine del 1919, Paul Klee (1879–1940) e Oskar Schlemmer (1888–1943) nel 1921 e Wassily Kandinsky (1866–1944) nel 1922. Nel primo periodo del Bauhaus fu il carismatico Itten a svolgere il ruolo più importante. Le sue lezioni, che spesso iniziavano con esercizi di respirazione e ginnastica, erano basate su "intuizione e metodo" oppure su "esperienza soggettiva e riconoscimento oggettivo". Itten riteneva che i materiali dovessero essere studiati in modo da svelare le loro qualità intrinseche e incoraggiava gli studenti a inventarsi composizioni creative basate su *objets trouvés*. Oltre che ad apprezzare la storia dell'arte, Itten insegnava anche teoria della forma, del colore e del contrasto. In accordo con Gropius, pensava che esistessero leggi naturali per la composizione spaziale proprio come esistevano analoghe leggi per la composizione musicale; agli studenti veniva insegnata l'importanza di forme geometriche elementari come il cerchio, il quadrato e il cono. Come Kandinsky, Itten cercò di reintrodurre lo spirituale nell'arte.

Sia Itten che Muche erano ferventi seguaci dello Zoroastrismo, i cui insegnamenti essi cercarono di introdurre nel Bauhaus: le teste furono rasate, si indossarono abiti sciolti come le tonache dei frati, si aderì a una dieta vegetariana con notevoli quantitativi di purificante aglio e regolari digiuni, si praticarono agopuntura e bagni molto caldi. Tuttavia, questo passaggio alla meditazione e ai vari rituali ebbe l'effetto negativo di minare l'autorità di Gropius mettendogli contro gli studenti. Alla fine lo scontro tra Itten e Gropius fu inevitabile. Itten lasciò il Bauhaus nell'aprile 1923; col suo abbandono terminava il periodo espressionista del Bauhaus. **Josef Albers** e **Lázló Moholy-Nagy** furono nominati successori di Itten; il loro metodo seguì nelle linee essenziali il lavoro di Itten ma rigettò la sua ideologia dello sviluppo creativo individuale, perseguendo un approccio più legato al filone industriale: gli studenti svolgevano regolarmente visite alle fabbriche.

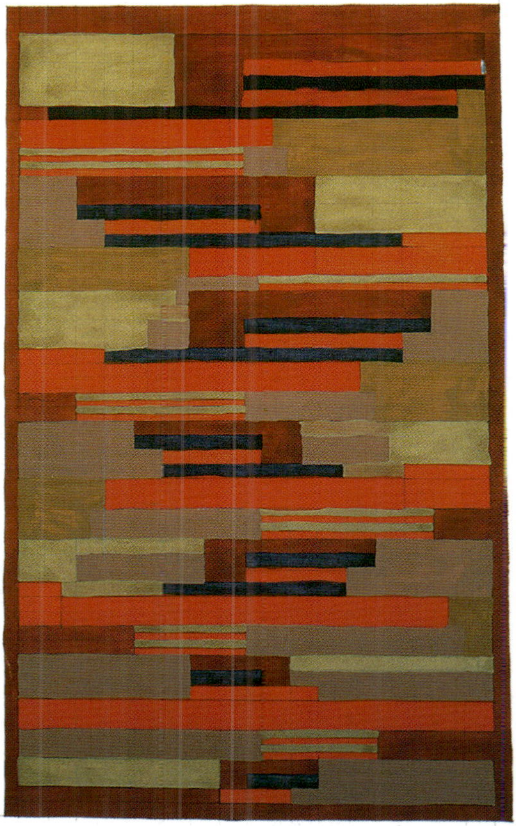

► **Lena Bergner**, Design per un tappeto, 1928

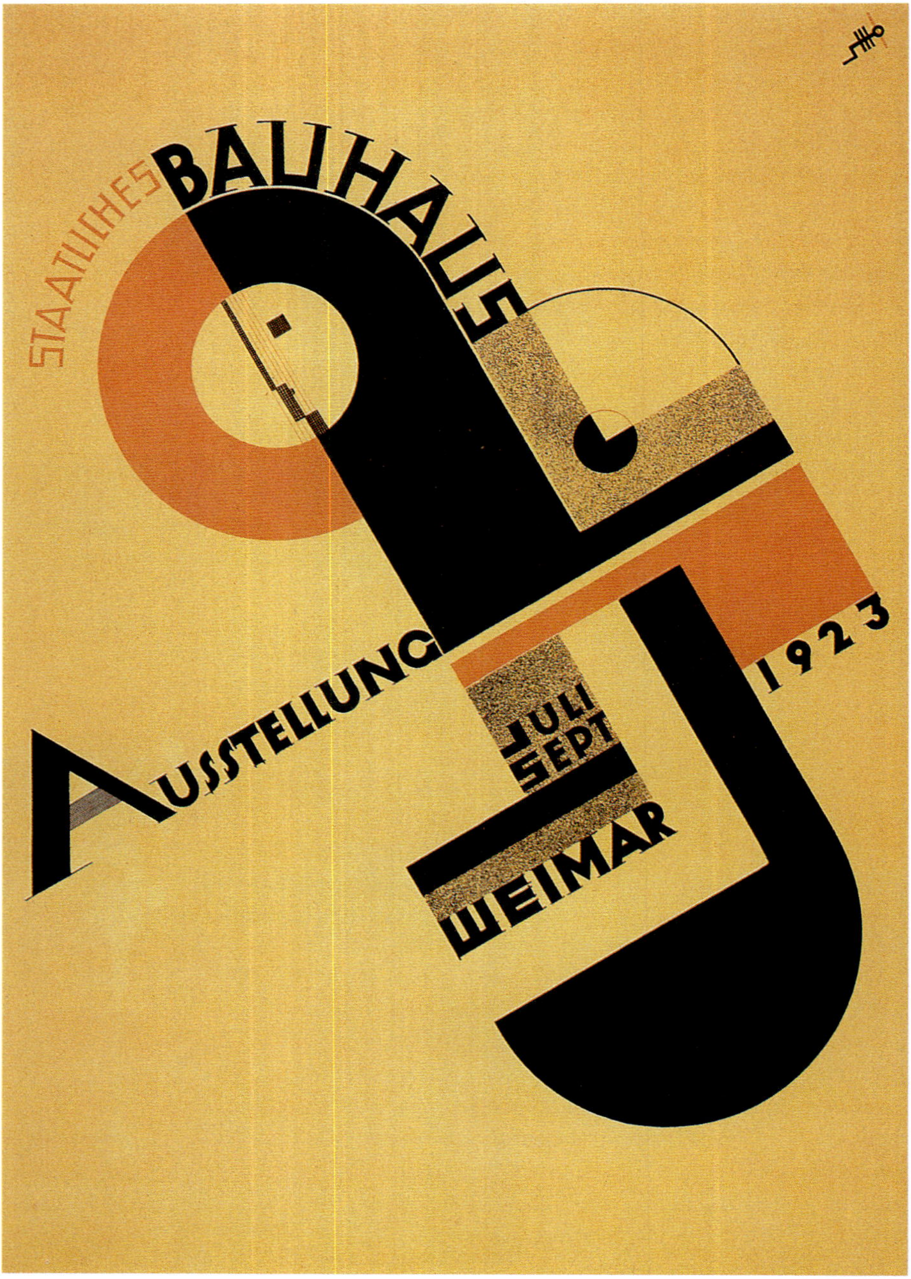
STAATLICHES BAUHAUS
AUSSTELLUNG
JULI SEPT
1923
WEIMAR

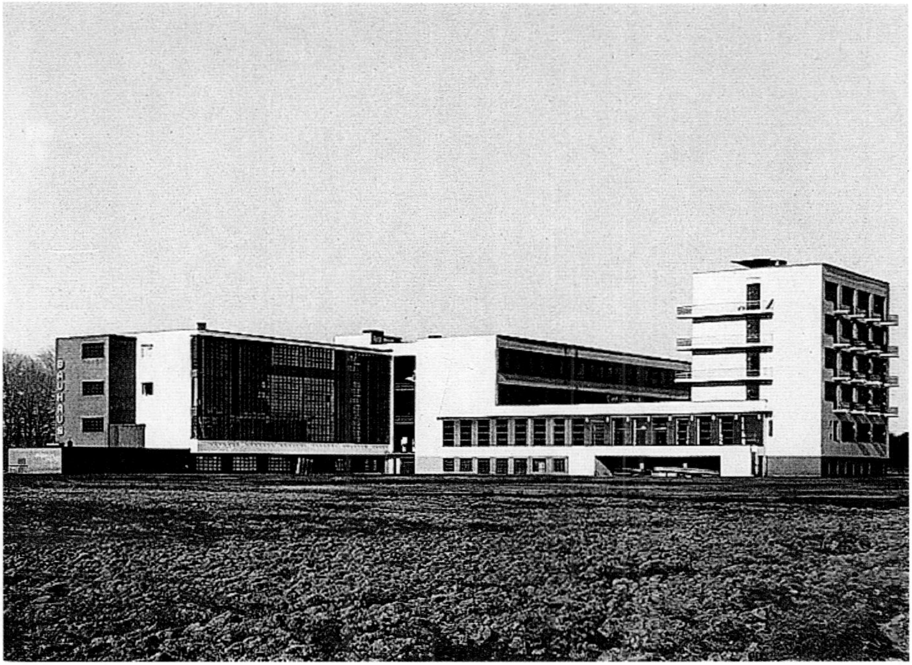

▲ **Walter Gropius**, Complesso scolastico per il Bauhaus di Dessau, 1925–1926

Dati i bizzarri metodi didattici di Itten e l'impostazione implicitamente socialista della scuola, non è sorprendente che, per quanto fosse un'istituzione statale, il Bauhaus diventasse centro di aggregazione per l'opposizione politica. Le autorità locali, pressate dalle corporazioni locali preoccupate di perdere commesse e lavoro, che sarebbero passati dai loro membri agli studenti del Bauhaus, chiesero che si approntasse un'esposizione con la quale si giustificasse la continuità del sostegno statale al Bauhaus. L'esposizione, tenutasi nel 1923, non espose solo opere del Bauhaus ma ne incluse altre di **De Stijl**, come la famosa sedia *Rosso/Blu* di **Gerrit Rietveld** (1918–1923). L'influenza di De Stijl sul Bauhaus non va esagerata, anche se **Theo van Doesburg** tenne più di una conferenza a Weimar. Un altro sviluppo visto all'esposizione del 1923 fu la nuova immagine che il Bauhaus aveva forgiato di sé: la grafica del periodo era dichiaratamente moderna con una "Nuova Tipografia" indubbiamente ispirata a De Stijl e al **Costruttivismo** russo. Pur essendo il consenso unanime, soprattutto a livello internazionale e in particolare negli USA, l'esposizione non mise a tacere le paure locali. Quando Weimar divenne la prima città in Germania a eleggere il partito tedesco nazionalsocialista dei lavoratori, le risorse finanziarie asse-

◄ **Joost Schmidt**, Poster per l'esposizione del Bauhaus di Weimar, 1923

gnate alla scuola furono dimezzate. Nel 1925 Gropius fu obbligato a chiudere il Bauhaus, considerata da allora in poi un covo di comunisti e di sovversivi.

La scuola fu trasferita a Dessau, dove l'amministrazione socialdemocratica e il sindaco liberale furono molto più disponibili ad accordare il loro sostegno perché continuasse con successo le sue attività. La città industriale, che beneficiava dei prestiti accordati dagli USA tramite il Piano Dawes, offrì al Bauhaus quel sostegno finanziario di cui aveva disperatamente bisogno. L'aiuto fu concesso con l'accordo che la scuola si sarebbe in parte finanziata attraverso la produzione e vendita dei suoi design. La quantità di denaro offerta diede il via alla costruzione di un nuovo edificio; nel 1926 lo Staatliches Bauhaus poteva trasferirsi nel suo nuovo quartier generale di Dessau, progettato da Walter Gropius. Nei terreni boschivi circostanti furono costruiti una serie di edifici dal profilo strettamente geometrico che servirono come progetti programmatici di future abitazioni. Lo stesso edificio del Bauhaus, con la sua struttura prefabbricata altamente razionalista, segnò un'importante svolta dall'artigianato verso il **Funzionalismo** industriale. I maestri furono ora chiamati professori ed erano estranei alle corporazioni locali; la scuola stessa cominciò a rilasciare degli autentici diplomi. Gropius si era allontanato dalle idee socialiste e credeva ora che il capitalismo indu-

▾ **Marcel Breuer**, *Lattenstuhl* prodotto nel laboratorio di mobili di Weimar, 1922–1924

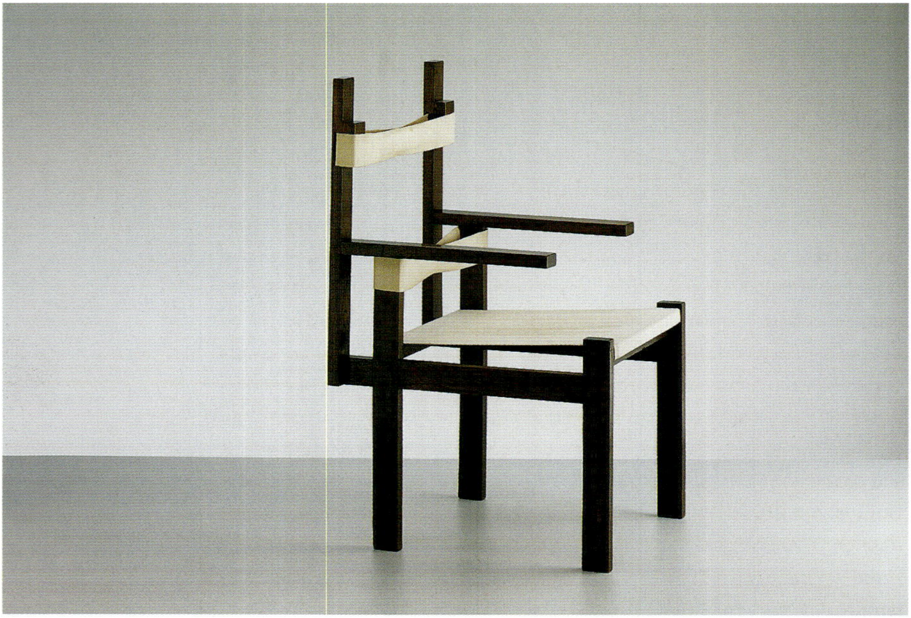

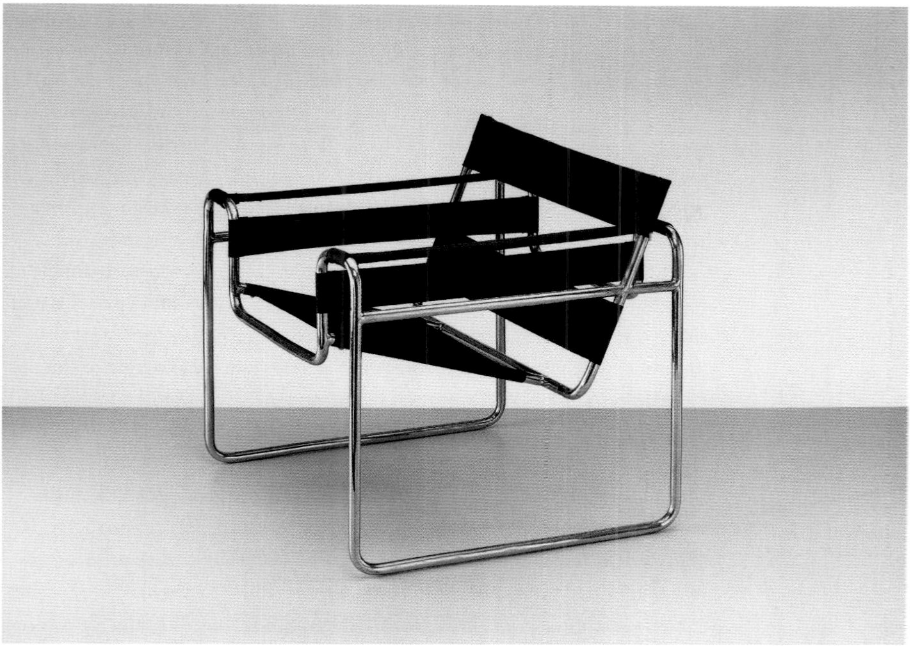

striale stile Henry Ford potesse essere di beneficio ai lavoratori e che per riuscire a sopravvivere il Bauhaus dovesse adottare un approccio industriale al design.

Con la convinzione che una società migliore si potesse costruire applicando il funzionalismo, i design del Bauhaus vennero ora concepiti per la produzione industriale e si adottò una concezione estetica dichiaratamente ispirata alla macchina. Nel novembre 1925, col sostegno finanziario di Adolf Sommerfeld, Gropius realizzò la sua vecchia ambizione di istituire una società per promuovere e vendere i design della scuola. Il Bauhaus GmbH realizzò un catalogo, ideato da **Herbert Bayer**, che illustrava i prodotti del Bauhaus. Tuttavia, le vendite di questi articoli non ebbero un grande successo. Per lo più ciò era dovuto senza dubbio alla severa estetica dei prodotti, ma c'era anche un altro problema: pur essendo progettati per la produzione a macchina, la maggioranza dei prodotti non erano infatti adatti alla produzione industriale. Vennero stipulati alcuni accordi per la concessione di brevetti tra Bauhaus e produttori esterni ma ciò non portò alle entrate che Gropius aveva sperato. Nel 1928 Gropius tentò di passare la direzione del Bauhaus a **Ludwig Mies van der Rohe** per poter dedicare maggior tempo al design, ma Mies rifiutò. Fu poi l'architetto svizzero Hannes Meyer

▲ **Marcel Breuer**, Sedia *Wassily modello n. B3*, Bauhaus Dessau, 1926

(1889–1954), che era stato nominato professore al dipartimento di architettura, quando questo fu aperto nell'aprile 1927, ad accettare l'incarico. La scuola adesso recava il sottotitolo "Hochschule für Gestaltung" (Istituto di Design).

Meyer, che era comunista, rimase direttore fino al luglio 1930. Egli credeva che la forma dovesse essere governata dalla funzione e dal costo, in modo da garantire che i prodotti fossero pratici ma anche accessibili ai consumatori delle classi lavoratrici. Egli cercò di introdurre nel curriculum della scuola lezioni di economia, psicologia, sociologia, biologia e marxismo, chiuse il laboratorio teatrale della scuola e riorganizzò gli altri laboratori nel tentativo di liberarsi dalle costose pretese artistiche degli anni precedenti. Durante la gestione di Meyer l'approccio al design del Bauhaus divenne più scientifico e la precoce influenza del Costruttivismo si rafforzò. Il Bauhaus divenne ancora più politicizzato; i locali della scuola venivano usati come centro di attività politiche da un gruppo di studenti marxisti. Intorno al 1930 si era creata al suo interno una cellula comunista di trentasei studenti che cominciò a suscitare commenti sfavorevoli da parte della stampa. Su suggerimento di Gropius e di Kandisky, quando si scoprì che Meyer aveva finanziato dei minatori in sciopero, le autorità cittadine di Dessau lo licenziarono.

▾ **Karl Hermann Haupt**, Design di box coperto, 1923

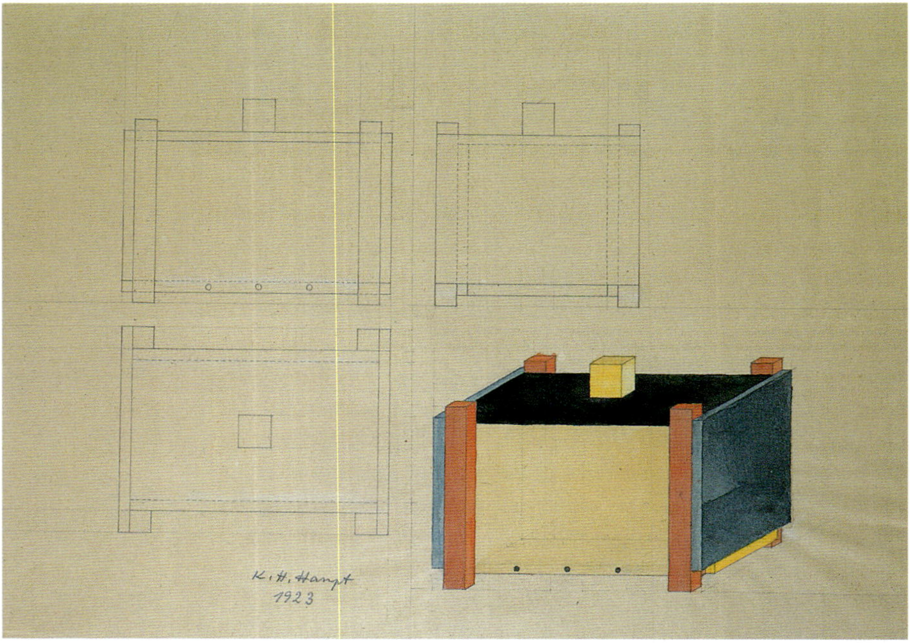

► Campionario di carta da parati Bauhaus, 1930

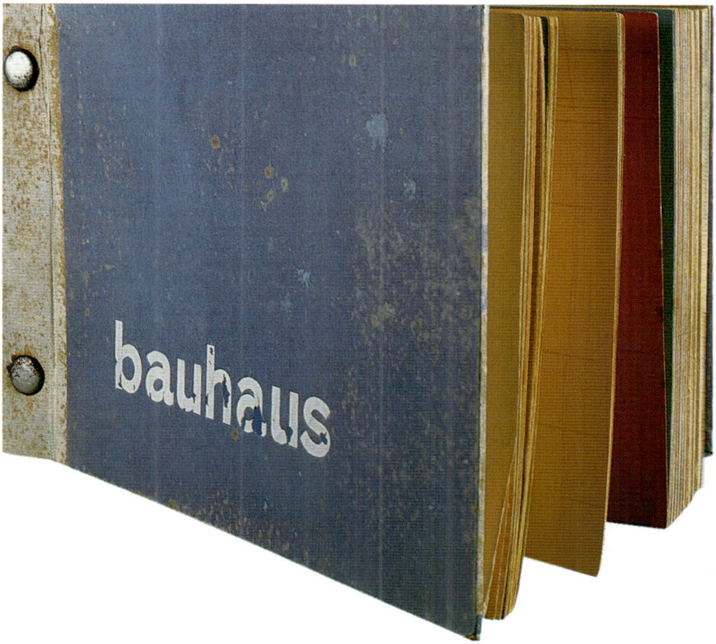

Per la sua stessa sopravvivenza il Bauhaus doveva essere "de-politicizzato" e fu per questo motivo che allora Mies van der Rohe accettò l'incarico di direttore. Per prima cosa chiuse la scuola, ne rifece gli statuti, la riaprì e costrinse i suoi 170 studenti a rifare domanda di ammissione. Cinque studenti che erano stati vicini a Meyer furono espulsi. Fu istituito un nuovo curriculum e il corso di base non fu più obbligatorio. Fu data maggiore importanza allo studio dell'architettura, il che in pratica trasformò il Bauhaus in una scuola di architettura. Anche se i laboratori di arte applicata continuarono, la loro consegna fu di fornire solo prodotti che potessero essere fabbricati su scala industriale. Per un certo periodo con Mies l'architettura trionfò sulla politica: egli introdusse, infatti, insieme alla partner **Lily Reich**, il nuovo programma apolitico di "Bau und Ausbau" (costruzione e sviluppo). Nell'ottobre 1931 i nazionalsocialisti, che avevano già spinto per la chiusura del Bauhaus, andarono al potere a Dessau ottenendo 19 seggi su 36. Il 22 agosto 1932 passò una mozione per la chiusura della scuola.
Il Bauhaus fu quindi da Mies rifondato a Berlino come scuola privata ma il suo passato politico la condannò a morte quando i nazisti conquistarono definitivamente il potere in città. La Gestapo fece irruzione negli edifici della scuola alla ricerca di propaganda comunista e sigillò l'edificio determinando

l'effettiva chiusura della scuola. Il 19 luglio 1933 i docenti si riunirono e decisero per votazione di sciogliere il Bauhaus, decretando formalmente la chiusura definitiva di questa esperienza formidabile.
Molti docenti, inclusi Mies, **Marcel Breuer**, Walter Gropius e Josef Albers per sfuggire alle persecuzioni emigrarono negli Stati Uniti dove, nel 1937, Lázló Moholy-Nagy divenne direttore del New-Bauhaus di Chicago, che ebbe vita breve. L'anno successivo al **Museum of Modern Art di New York** si tenne una mostra retrospettiva sul design del Bauhaus, la quale estese e consolidò la reputazione della scuola quale istituzione più importante del XX secolo. L'approccio funzionalista al design patrocinato dal Bauhaus ebbe importanti influenze su tutto il design industriale successivo fornendo anche le fondamenta filosofiche da cui trasse origine il **Modern Movement**. Il Bauhaus ebbe anche un profondo e duraturo impatto sul modo in cui il design dev'essere insegnato e questo soprattutto per merito della **Hochschule für Gestaltung di Ulm**.

▼ **Wilhelm Wagenfeld**, Servizio da tè per Jenaer Glaswerke Schott & Gen., 1930 ca.

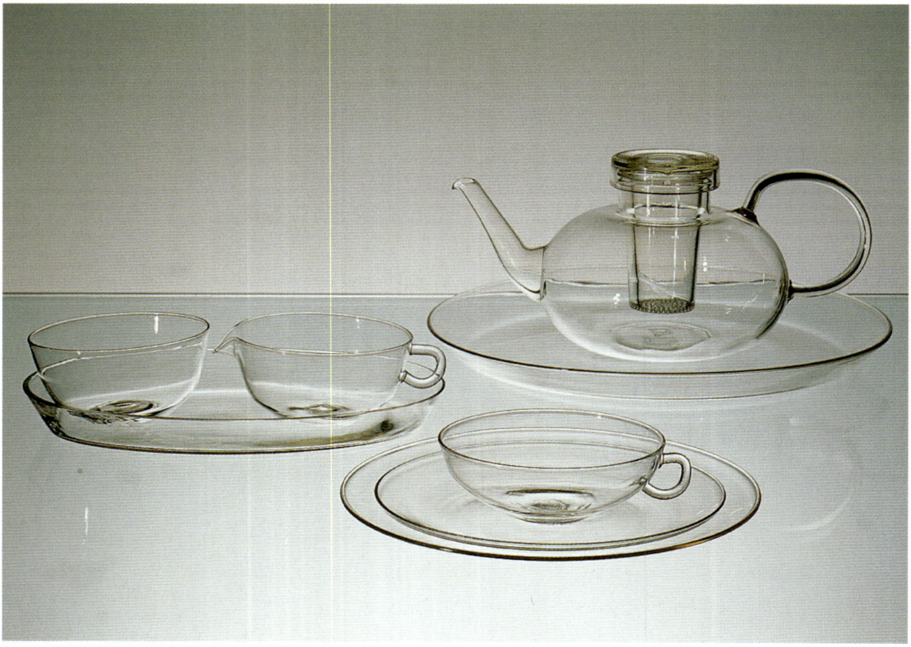

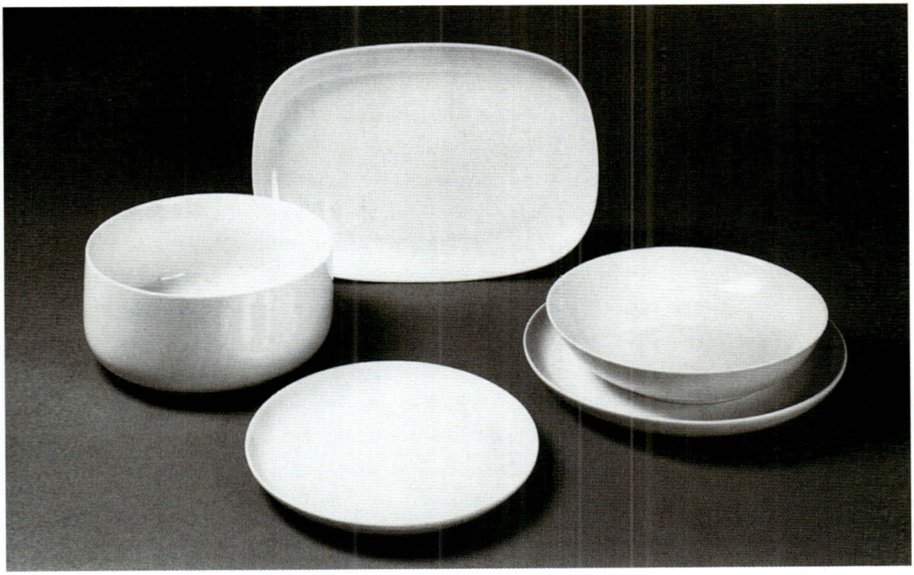

Hans Theo Baumann studiò arte e design a Dresda e a Basilea. Aprì poi uno studio nel 1955, specializzandosi nel design di ceramiche e vetri, usando forme geometriche semplici e poco decorative rese ancora più morbide dagli angoli arrotondati. I design di Baumann combinano le qualità visive della raffinatezza e della solidità. Suoi clienti sono stati Rosenthal, Thomas, **Daum**, Süssmuth, Arzberg e Schönwald. I suoi design di ceramiche e vetri, come il servizio da tavola *Brasilia* del 1971 per Arzberg, hanno conquistato un significativo riconoscimento internazionale. Baumann è anche designer di tessuti, mobili e luci, che si richiamano tutti a una stessa estetica. La sua opera è stata presentata in una mostra personale al Kunstgewerbemuseum di Colonia nel 1979–1980 ed è stata inclusa anche nell'esposizione "Design Since 1945" del Philadelphia Museum of Art.

Hans Theo Baumann

1924 *Basilea*

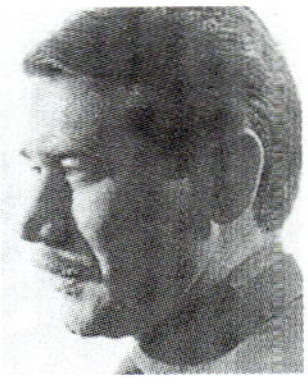

▲ Servizio da tavola *Brasilia* per Arzberg, 1971

Herbert Bayer

1900 Haag am Hausruch, Austria
1985 Montecito, California

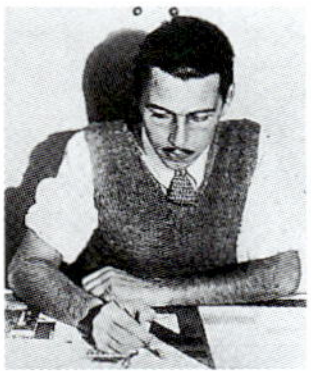

Herbert Bayer cominciò la sua attività fra il 1919 e il 1920, come apprendista nello studio di Georg Schmidthammer a Linz, e lì produsse i suoi primi lavori tipografici. Nel 1920 lavorò nello studio di Emanuel Margold (1889–1962) a Darmstadt e poi studiò al Bauhaus di Weimar dal 1921 al 1923, dove apprese la pittura murale da Oskar Schlemmer (1888–1943) e Wassily Kandisky (1866–1944). Tra il 1923 e il 1924 si occupò di pittura e compì un viaggio a Berchtesgaden e in Italia. Nell'aprile 1925, al suo ritorno in Germania, divenne insegnante e "giovane maestro" al Bauhaus di Dessau. Fino al 1928 fu direttore del nuovo laboratorio di stampa e pubblicità della scuola, divenuto in seguito laboratorio di tipografia e design pubblicitario. In quella posizione Bayer è stato responsabile di tutto il materiale pubblicitario del Bauhaus e delle altre pubblicazioni in forma di libro. È stato Bayer, fra le altre cose, a introdurre i caratteri tipografici sans-serif minuscoli nella grafica del Bauhaus e a incoraggiare l'uso di immagini fotografiche nel design pubblicitario. Dal 1928 Bayer divenne capo dello studio berlinese dell'agenzia pubblicitaria Dorland e in seguito responsabile del design della sezione tedesca dell'"Exposition de la Société des Artistes Décorateurs" tenutasi a Parigi nel 1930. Nel 1938 Bayer emigrò negli USA e nello stesso anno ideò il catalogo dell'esposizione "Bauhaus 1919–1928" tenutasi al **Museum of Modern Art di New York**. Fu direttore della Dorland International fino al 1945 e dal 1946 al 1956 consulente per la Container Corporation of America. Dal 1946 fu impegnato nella progettazione dell'Aspen Cultural Center (Colorado). Bayer lavorò anche come consulente per molte aziende americane, fra cui l'Atlantic Richfield Company e la General Electric Company. Nel 1975 si trasferì a Montecito in California.

▼ Copertina del catalogo per l'esposizione "Staatliches Bauhaus in Weimar 1919–1923", 1923

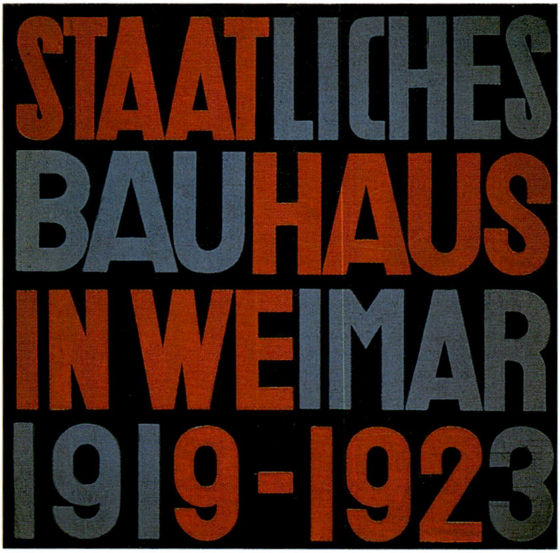

► Poster per l'esposizione "50 Jahre Bauhaus" tenuta a Stoccarda nel 1968

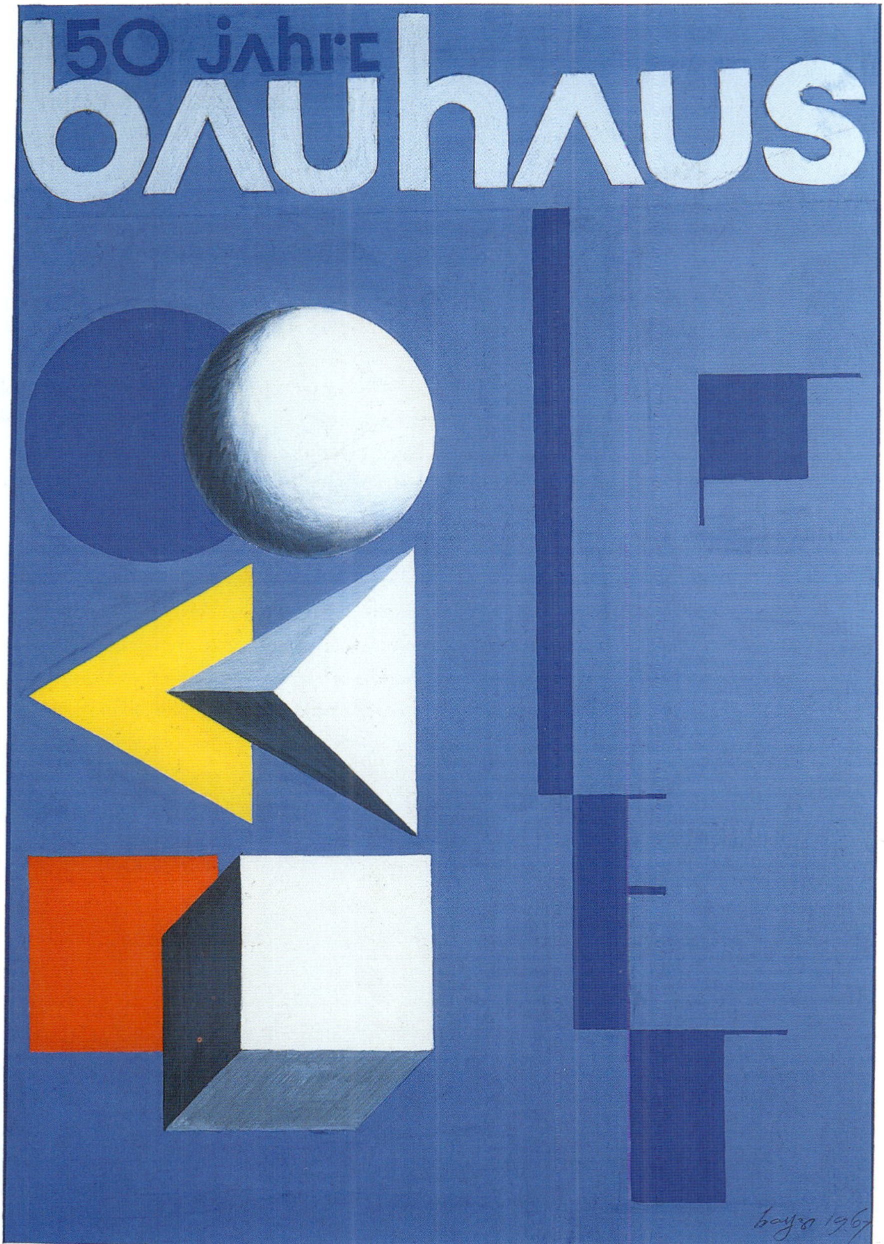
50 jahre
bauhaus
bayer 1967

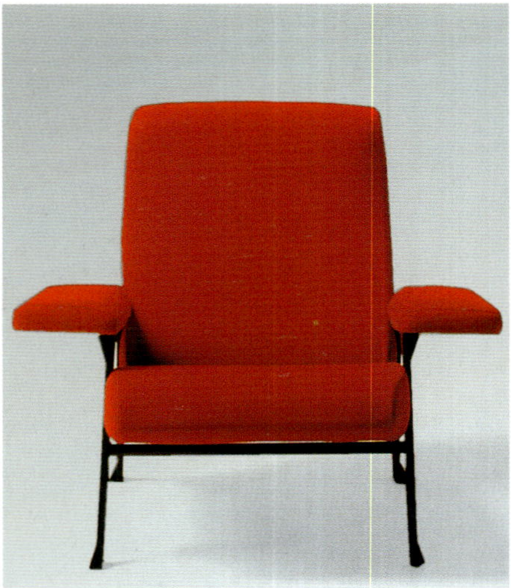

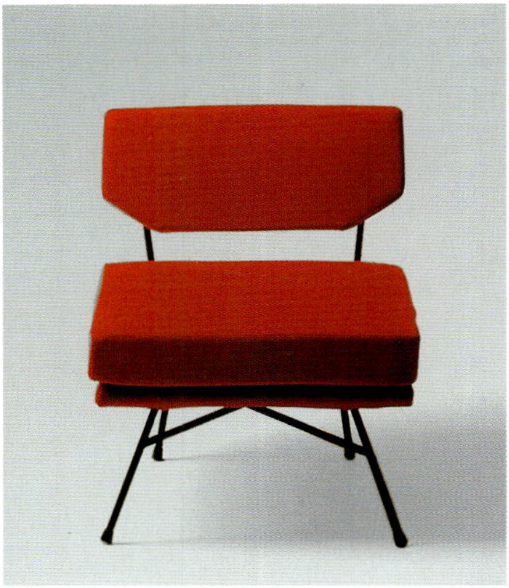

BBPR

Fondato a *Milano* nel 1932

Il BBPR, fondato nel 1932 da Gianluigi Banfi (1910–1945), Lodovico Barbiano di Belgioioso (1909), Enrico Peressutti (1908–1976) ed Ernesto Rogers (1909–1969), è stato uno dei principali gruppi italiani di architettura razionalista. Nel 1935 il BBPR divenne membro del CIAM (Congrès International d'Architecture Moderne) e nel 1939 i suoi partner aprirono uno studio a Milano nel Chiostro delle Benedettine di San Simpliciano (XVI secolo). Durante la seconda guerra mondiale Banfi morì in un campo di concentramento e Rogers fu internato in Svizzera. Finita la guerra, i sopravvissuti riformarono il BBPR e svolsero un ruolo importante nella promozione del **Razionalismo**. Il gruppo lavorò nel campo dell'architettura (da ricordare soprattutto la Torre Velasca di Milano del 1950–1951, completata nel 1958), dell'urbanistica, del restauro edilizio, del design espositivo e del design di prodotto. Dal 1954 al 1964 il BBPR progettò mobili per la Arflex, usando un avanzatissimo procedimento di imbottitura a base di schiuma di lattice, e le serie di mobili metallici da ufficio *Spazio* (1956) e *Arco* (1960) per la **Olivetti**. Il BBPR esercitò anche un'importante azione di stimolo intellettuale poiché i suoi membri occuparono tutti importanti posizioni nell'insegnamento, sia in Italia che all'estero. Dal 1950 al 1962 Peressutti insegnò all'Architectural Association di Londra, al Massachusetts Institute of Technology, alla Princeton University e alla Yale University, mentre Rogers fu cattedratico al Politecnico di Milano.

▲ Poltrona *Urania* per Arflex, 1954

▲► Poltrona *Elettra* per Arflex, 1954

Pur avendo, a quanto sembra, ricevuto solo due mesi di istruzione artistica formale, durante la sua breve carriera di poco più di sei anni, Audrey Beardsley creò centinaia di illustrazioni in bianco e nero nello stile **Art Nouveau**. La sua opera, spesso piuttosto scabrosa, esprime in pieno la decadenza del periodo *fin-de-siècle* e lo rese famoso già in età giovanile. Nel 1894 fu nominato direttore artistico di *The Yellow Book*; il sinuoso stile grafico da lui adoperato per questa pubblicazione era esotico ed erotico insieme. Se le sue prime illustrazioni per *Morte d'Arthur* furono influenzate dalle xilografie di Edward Burne-Jones (1833–1898), il suo stile divenne poi sempre più grottesco e sensuale nei disegni per *Salomé* di Oscar Wilde. Le immagini disegnate per *The Rape of the Lock* e *Lisistrata*, dense di un erotismo non più velato, sfidarono gli standard di accettabilità dell'epoca e assicurarono a Beardsley una fama duratura. Le sue illustrazioni erotiche e la grafica pubblicitaria per produzioni teatrali erano sì deliberatamente scandalose ma servirono efficacemente a catturare l'attenzione dell'osservatore. Le forme di Beardsley, esagerate e contorte, non diventarono solo emblematiche dello stile Art Nouveau ma, con i loro profili marcati, ebbero anche molta influenza sui designer grafici successivi.

Aubrey Beardsley

1872 Brighton
1898 Mentone, Francia

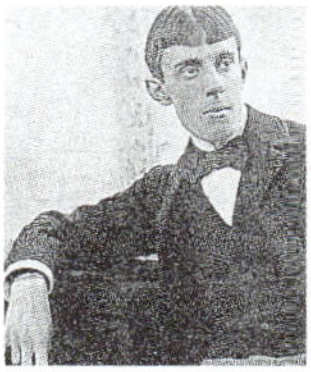

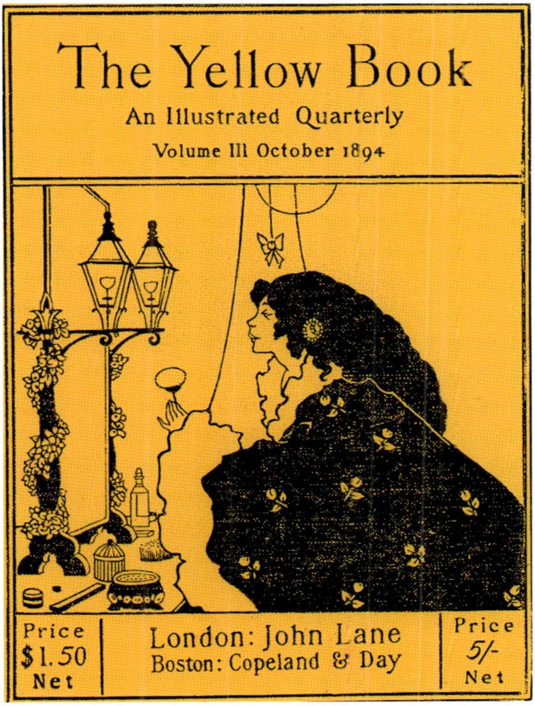

◄ Copertina per *The Yellow Book*, 1894

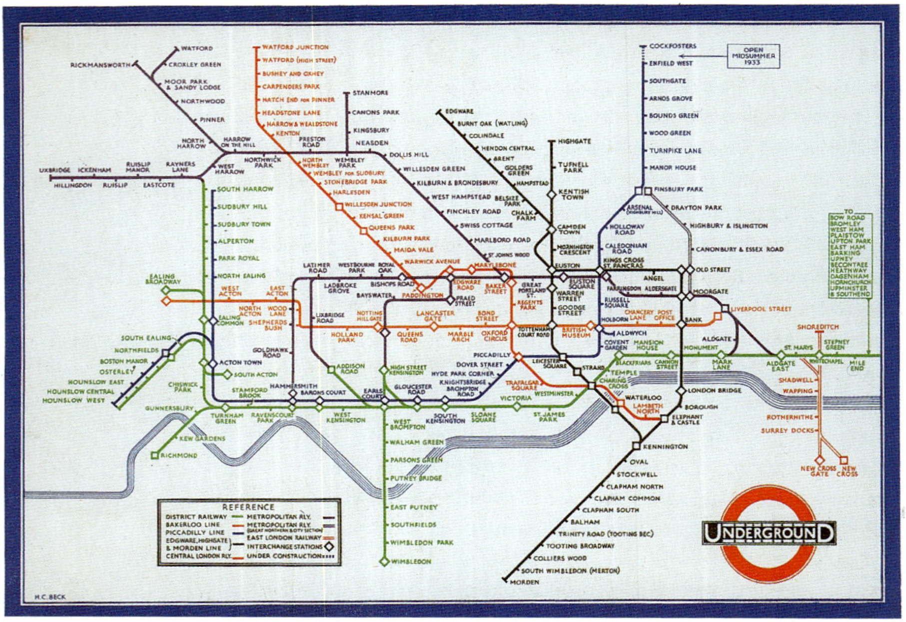

Henry Beck

1903–1974

Dal 1909 Frank Pick, manager commerciale della metropolitana londinese, era stato responsabile del design grafico. Aveva commissionato la mappa della metropolitana a designer come Edward Johnson (1872–1944) ed **Edward McKnight Kauffer**, ma l'opera più importante in questione fu realizzata da Henry Beck, un disegnatore tecnico. Creare una mappa della metropolitana di Londra stava diventando sempre più complicato: le mappe prodotte dagli anni '20 in poi erano difficili da interpretare perché cercavano di rappresentare la posizione geografica reale delle varie stazioni e linee. Nel 1933 Beck ridisegnò la mappa usando un approccio diagrammatico che mostrava le relazioni spaziali reciproche delle stazioni piuttosto che le distanze geografiche fra le stesse. Questa schematica ma ingegnosa mappa usò i colori come simboli e tramite una griglia ottagonale ottenne che linee e stazioni fossero disposte ad angolo retto o ad angoli di 45 gradi, il che dava un risultato di grande chiarezza. L'inclusione del Tamigi diede alla mappa anche una forte e inequivocabile identità londinese.

▲ Mappa della metropolitana londinese per London Transport, 1933

Peter Behrens

1868 *Amburgo*
1940 *Berlino*

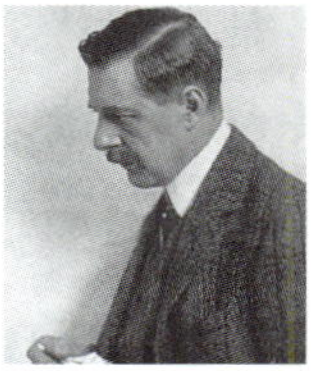

Tra il 1886 e il 1889 Peter Behrens studiò alla Kunstgewerbeschule di Amburgo, alla Kunstschule di Karlsruhe e all'Akademie di Düsseldorf. Dal 1890 lavorò come pittore e designer grafico a Monaco, dove entrò in contatto col movimento **Jugendstil**. In questo periodo produsse xilografie a colori, illustrazioni e rilegature di libri in stile Jugendstil. Nel 1893 fu membro fondatore della Münchener Sezession (Secessione di Monaco), un gruppo progressista di artigiani. Nel 1896 Behrens si recò in Italia e un anno dopo, a Monaco, insieme a **Hermann Obrist**, **August Endell**, **Bruno Paul**, **Richard Riemerschmid** e **Bernhard Pankok** fondò il **Vereinigte Werkstätten für Kunst im Handwerk** (Laboratori Uniti) per la produzione di oggetti artigianali di uso quotidiano. Nel 1898 lavorò alla rivista *Pan* e ideò i suoi primi mobili, esposti l'anno dopo al Glaspalast di Monaco. Dal 1899 al 1903 fu membro attivo della **Darmstädter Künstlerkolonie** (colonia di artisti di Darmstadt), fondata dal granduca Ernst-Ludwig di Hesse-Darmstadt. A Darmstadt Behrens progettò la sua prima casa, la *Behrens Haus*. Questo progetto fu concepito come **Gesamtkunstwerk** con mobili e vetri progettati per quell'edificio particolare. La casa segnò un importante punto di partenza per Behrens che si allontanò dallo Jugendstil seguendo un approccio più razionalista al design. Tra il 1902 e il 1903 Behrens insegnò al Bayerisches Gewerbemuseum di Norimberga ed espose all'"Esposizione Internazionale d'Arte Decorativa Moderna" di Torino. Dal 1903 al 1907 fu direttore della Kunstwerbeschule di Düsseldorf. Nel 1907 il fiuto commerciale per "l'Arte Industriale" portò il fondatore dell'**AEG**, Emil Rathenau, (su suggerimento di Paul Jordan, direttore delle fabbriche AEG) a nominare Peter Behrens direttore artistico dell'azienda. Fu questa la prima volta che un'azienda nominò un designer a presiedere su ogni aspetto relativo al design. In questa posizione Behrens progettò case di operai e fabbriche, fra cui la fabbrica di turbine AEG in cemento, acciaio e vetro (1908–1909), una delle prime vere espressioni della moderna architettura industriale e in quanto tale di enorme influenza. Oltre ad occu-

▼ Vaso di ceramica per Reinhold Hanke, 1903 ca.

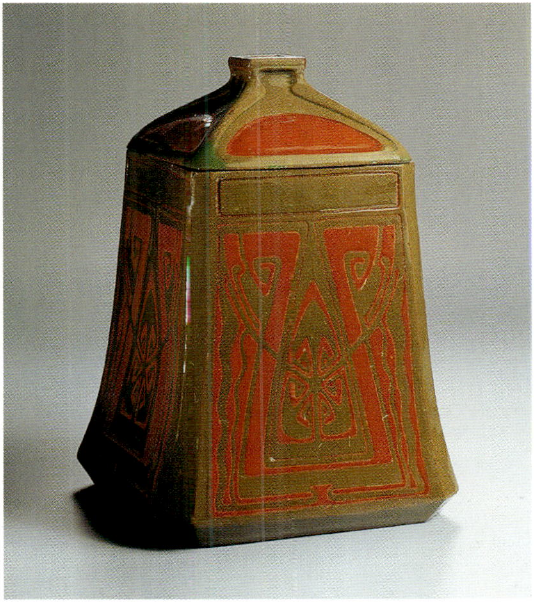

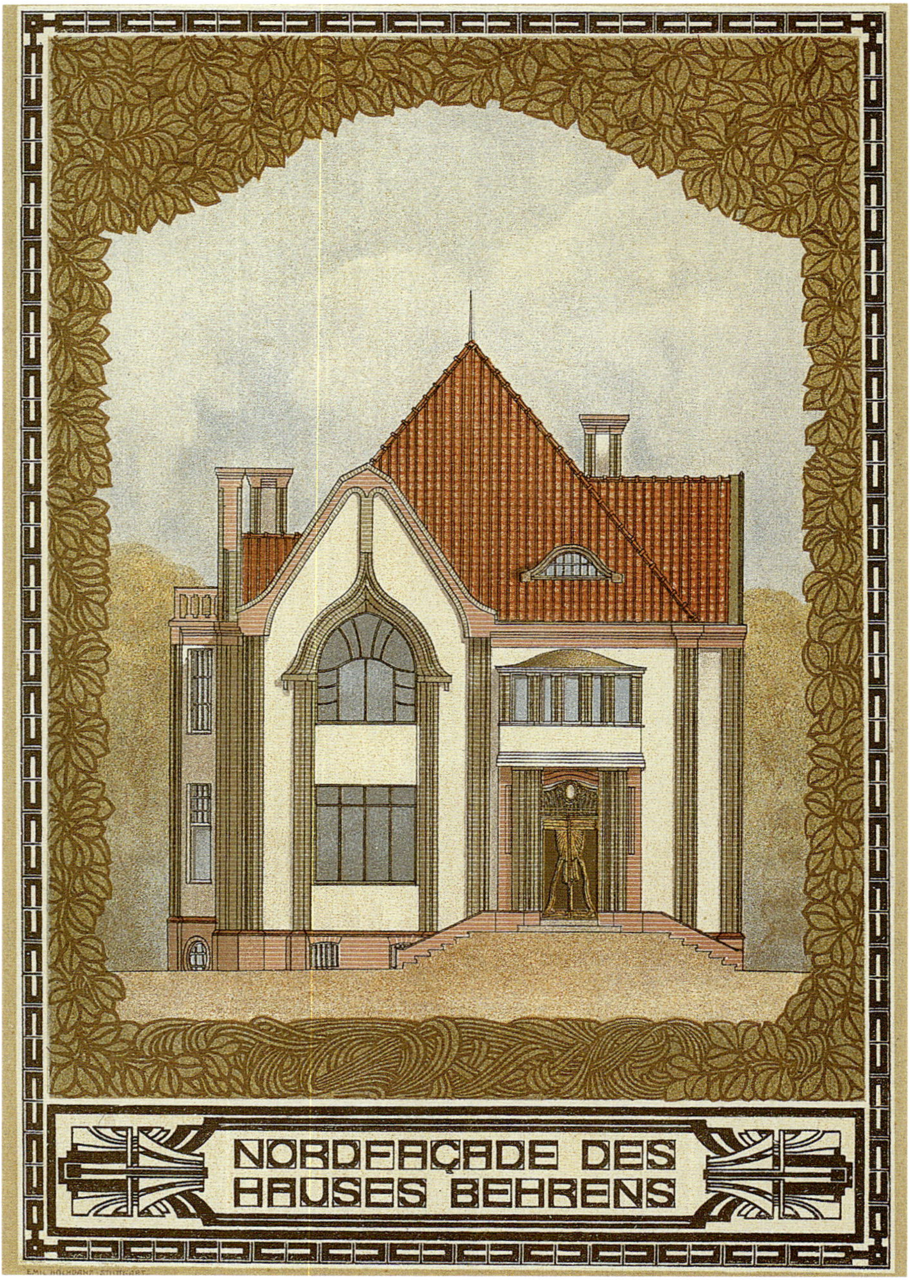
NORDFAÇADE DES
HAUSES BEHRENS

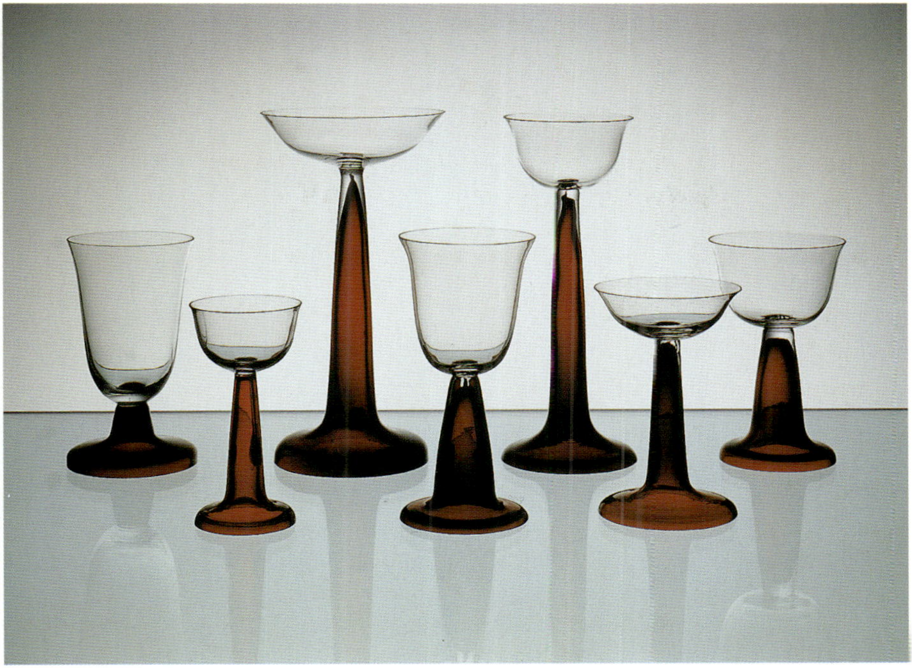

parsi di architettura, Behrens elaborò anche design di apparecchi elettrici come bollitori, ventilatori e orologi, che venivano costruiti con componenti standard intercambiabili in modo da razionalizzare i metodi di produzione. Behrens fu anche responsabile della grafica usata dall'azienda creando una forte e unitaria **corporate identity**. Nell'ottobre 1907, poco dopo la nomina all'AEG, insieme a Peter Bruckman (1865–1937), **Josef Maria Olbrich**, Fritz Schumacher (1869–1947), Richard Riemerschmid e Hermann Muthesius (1861–1927), Behrens fondò il **Deutscher Werkbund**, che, ispiratosi a l'**Arts & Crafts Movement** britannico, aveva come obiettivo quello di rivitalizzare lo status dell'artigianato applicandolo alla produzione industriale. Come pionieri del **Modern Movement**, i membri del Deutscher Werkbund si resero conto che, se i prodotti industriali dovevano raggiungere gli alti livelli di qualità della produzione artigianale, erano indispensabili la standardizzazione e un approccio razionalista al design. Nel 1907 Behrens aprì anche un importante studio di architettura e design a Berlino, dove lavorò al fianco di **Walter Gropius** dal 1907 al 1910, di **Ludwig Mies van der Rohe** dal 1908 al 1911 e di **Le Corbusier** dal 1910 al 1911. Lo studio, altamente prolifico, ricevette numerose commissioni, fra cui l'Ambasciata tedesca a San Pietroburgo

▲ Calici per Rheinische Glashütte AG (originariamente destinati alla Behrens Haus), 1900–1901

◄ Facciata nord della *Behrens Haus* sulla Mathildenhöhe di Darmstadt, 1901

▸ Orologio elettrico *Synchron* per AEG, 1930 ca.

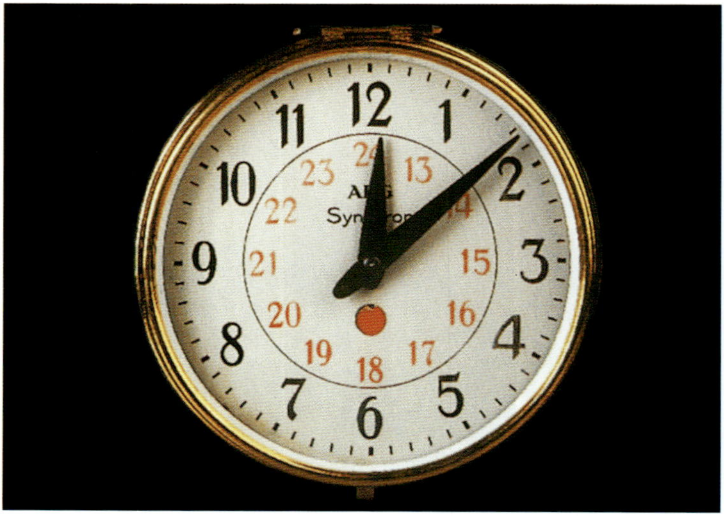

(1911–1912) e molti progetti di tipo industriale. Dopo la prima guerra mondiale lo stile architettonico di Behrens si allontanò dallo "scrostato classicismo" subendo l'influenza dell'Espressionismo, come risulta evidente dal design degli uffici della I. G. Farben Höchst a Francoforte (1920–1925). Nel 1926 Behrens progettò *New Ways*, una casa a Northampton per l'industriale britannico Wynne Bassett-Lowke, primo esempio completo di architettura moderna in Gran Bretagna. Negli anni '30 Behrens seguì l'**International Style**, come è evidente dal suo progetto per il magazzino dell'Amministrazione Statale dei Tabacchi di Linz (1930). Nel contempo si dedicò al design di porcellane per Franz Anton Mehlem (Bonn) e Gebrüder Bauscher (Weiden), di vetri per Rheinische Glashütten (Colonia-Ehrenfeld) e di linoleum dal disegno geometrico per la Delmenhorster Linoleum Fabrik. Dal 1922 al 1936 fu direttore di architettura all'Akademie der Bildenden Künste a Vienna, dove fu anche professore universitario. Nel 1936 divenne direttore del dipartimento di architettura alla Preußischen Akademie der Künste di Berlino, un incarico che mantenne fino alla morte. Behrens fu uno dei primi designer industriali e in generale il più importante e influente in Germania in tutto il XX secolo. Le sue soluzioni semplici, pratiche e razionali ebbero una grandissima influenza sulla formazione e diffusione del Modernismo.

Mario Bellini

1935 *Milano*

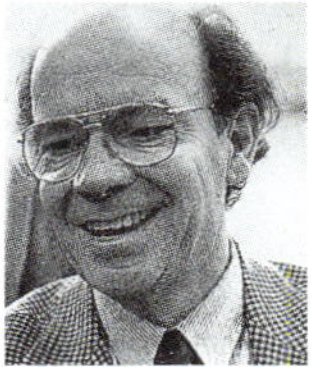

Mario Bellini studiò architettura al Politecnico di Milano laureandosi nel 1959. Dal 1961 al 1963 fu direttore del design alla Rinascente, la prestigiosa catena di grandi magazzini. Nel 1963 aprì uno studio di architettura a Milano insieme a Marco Romano e successivamente, nel 1973, fondò lo Studio Bellini. Dal 1963 ha occupato la posizione di capo consulente design per l'**Olivetti**. I suoi design per questa azienda comprendono le calcolatric *Divisumma 18/28* (1973) e le macchine da scrivere *Praxis 35* e *Praxis 45* (1981). Dal 1969 al 1971 fu presidente dell'ADI (Associazione per il Disegno Industriale) e nel 1972 espose un microambiente mobile intitolato *Kar-a-Sutra* all'esposizione "Italy: The New Domestic Landscape", tenuta al **Museum of Modern Art di New York**. Nel 1978 fu nominato consulente per la ricerca e il design della casa automobilistica Renault. Durante gli anni '70 Bellini organizzò dei workshop per esplorare le complesse relazioni tra uomo e ambiente antropizzato, un tema che attraversa tutta la sua opera. Dal 1986 al 1991 Bellini fu direttore di *Domus* e dal 1979 è diventato membro del Consiglio Scientifico della sezione design della Triennale di Milano. Dal 1962 al 1965 ha insegnato design all'Istituto Superiore del Disegno Industriale di Venezia, dal 1982 al 1983 design industriale alla Hochschule für angewandte Kunst di Vienna e dal 1986 al 1991 design industriale all'Accademia Domus di Milano. Bellini ha tenuto anche conferenze in molti altri istituti di design, fra

▾ Calcolatrice *Programma 1a* per Olivetti, 1965

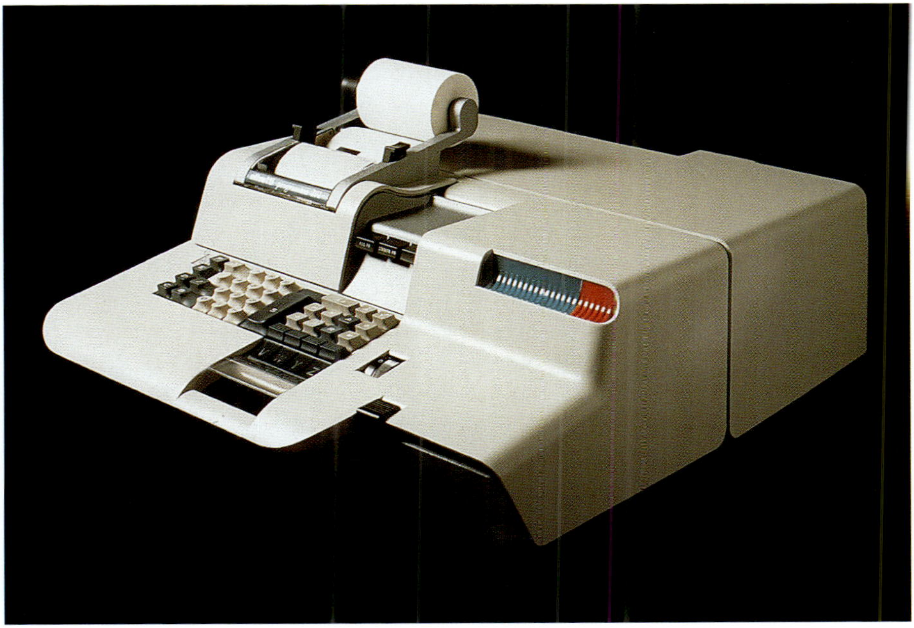

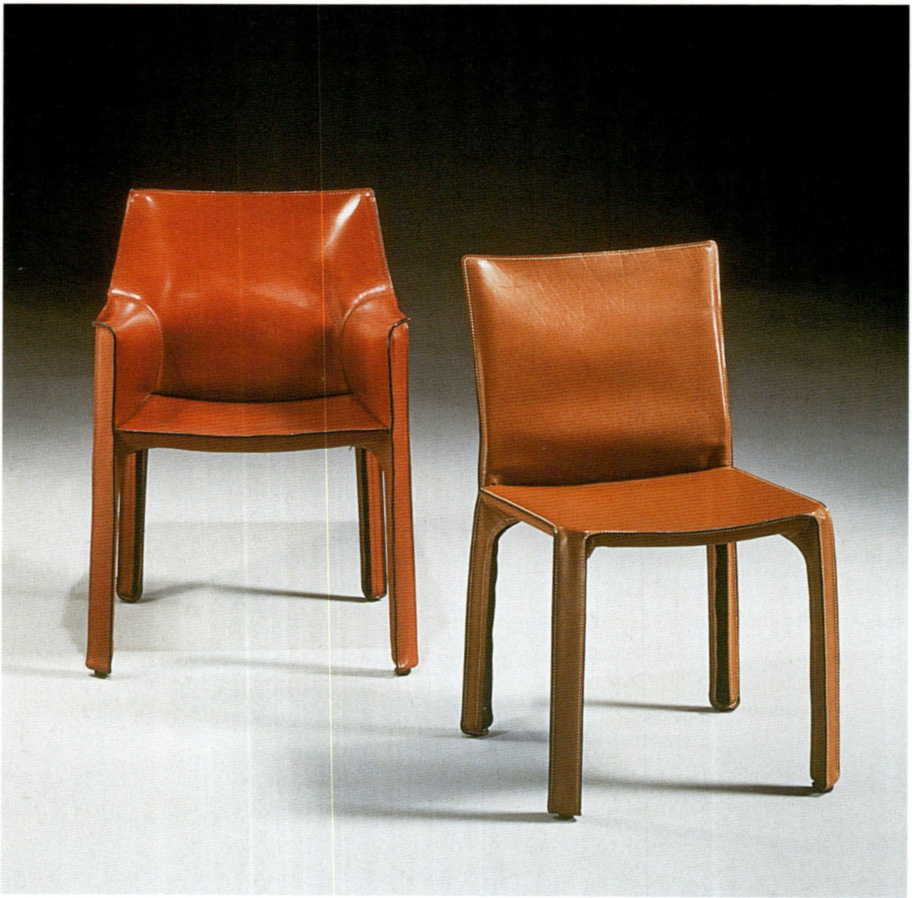

▲ Poltrona *Cab* e sedia *Cab* per Cassina, 1982 & 1976

cui il **Royal College of Art di Londra**. I suoi design di mobili più famosi comprendono le sedie *Le Bambole* per B&B Italia (1972), le sedie *Cab* per Cassina (1977) e la serie di sedie per ufficio *Figura* in collaborazione con Dieter Thiel per **Vitra** (1985). Suoi anche alcuni design di luci per Flos, **Artemide** ed Erco e impianti audio per Yahama e Brionvega. Numerosi sono i premi a lui assegnati, fra cui sette **Compasso d'Oro**.

▸ Appartamentino da scapolo, con soggiorno, sala pranzo e studio, 1952 ca.

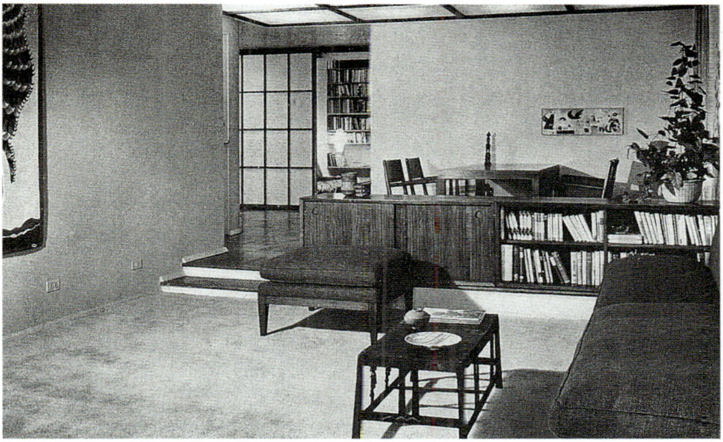

Ward Bennett

1917 New York

Fin dall'età di quattordici anni Ward Bennett lavorò come disegnatore di moda per Saks Fifth Avenue e poi per Joe Junior. Nel 1937 si iscrisse alla Scuola d'Arte Porto Romano di Firenze. Dal 1937 al 1938 seguì i corsi dell'Académie de la Grande Chaumière di Parigi, lavorando al contempo come apprendista presso lo scultore Constantin Brancusi (1876–1957). Al suo ritorno negli Stati Uniti si trasferì a Los Angeles e poi a San Francisco dove lavorò come vetrinista. Tra il 1940 e il 1943 servì l'esercito degli Stati Uniti e poi studiò pittura presso Hans Hoffmann (1880–1966) a New York. Nel 1947 realizzò gli interni di un attico per Harry Jason a New York, progetto che gli diede una certa notorietà. Dal 1948 al 1950 lavorò nello studio di design parigino di **Le Corbusier** e, al suo ritorno a New York nel 1950, aprì uno studio di design d'interni. Seguì poi vari progetti di interni in America, Italia e Gran Bretagna ed ebbe fra i suoi committenti istituzioni come la Chase Manhattan Bank e privati come la famiglia Rockefeller e la famiglia Agnelli. Viene ritenuto l'inventore della cosiddetta "buca da conversazione" (incassata) e del divano a U. I design d'interni di Bennett furono notevoli anche per il suo uso di divisori e schermi giapponesi per dividere gli spazi. Nella sua carriera Bennett ha realizzato oltre cento design di mobili e tessuti per la Brickel Associates di New York, occupandosi anche di porcellane, vetri e posate per Tiffany & Co. a New York. Dal 1962 al 1963 è stato visiting professor alla Yale University e dal 1969 al 1971 ha insegnato al Pratt Institute di New York, come professore associato. Nei suoi design Bennett ha usato frequentemente materiali industriali di recupero, fra cui anche pali del telegrafo. Viene generalmente considerato uno dei fondatori dello stile **High-Tech**.

S. H. Benson's

Fondata a *Londra* nel 1893

L'agenzia pubblicitaria S. H. Benson's fu fondata da Samuel Herbert Benson nel 1893 su suggerimento di John Johnson, proprietario di Bovril Ltd. A parte Bovril, che fu il primo cliente dell'agenzia, la S. H. Benson's produsse grafica per Colman's, Rowntree e soprattutto per la Guinness. Usando il talento di noti artisti e vignettisti come **Abram Games**, **Tom Eckersley**, Tom Purvis (1888–1959), H. M. Bateman (1887–1970) e John Gilroy (1898–1985), la S. H. Benson's fu una delle prime agenzie a sfruttare il potere dello humour nella pubblicità. Dal 1928 al 1969 John Gilroy disegnò i famosi poster della Guinness con i noti slogan "My Goodness, My Guinness", "Guinness for Strength" e "Guinness is Good for You", presentando figure divertenti come il Guinness Toucan che divenne subito famoso fra la popolazione britannica degli anni '20 e '30. Durante la seconda guerra mondiale i poster della S. H. Benson's ritrassero temi di guerra con toni leggeri. Le immagini usate dall'agenzia furono sempre tipicamente britanniche e contribuirono spesso a formare una precisa identità del prodotto pubblicizzato. I design grafici dell'agenzia dimostrarono per la prima volta che un annuncio poteva fare di più del mostrare semplicemente un prodotto: usando l'umorismo l'attenzione dell'osservatore poteva essere catturata più a lungo, e più a lungo persisteva anche la memoria dello stesso prodotto. Il lavoro della S. H. Benson's ebbe enorme influenza sul design pubblicitario e sulla costruzione dell'identità di marca.

▾ **John Gilroy**, Poster *My Goodness, My Guinness* per Guinness, 1936

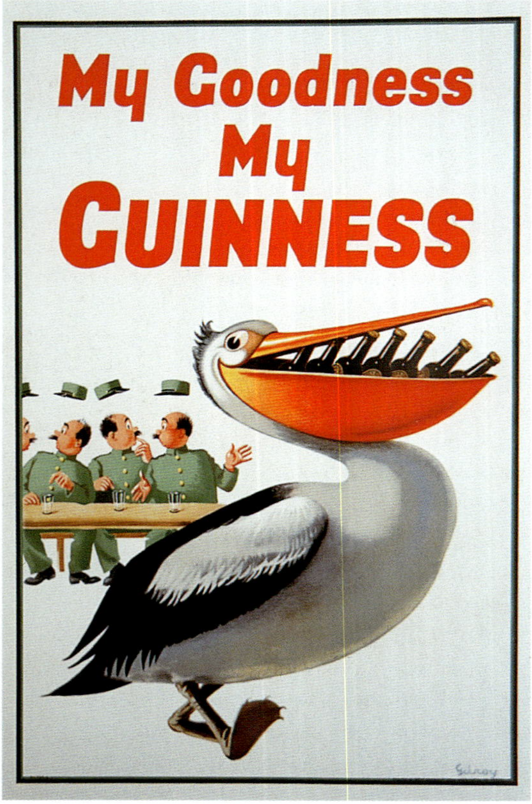

► Servizio da caffè in vetro pressato per le vetrerie Leerdam, 1926

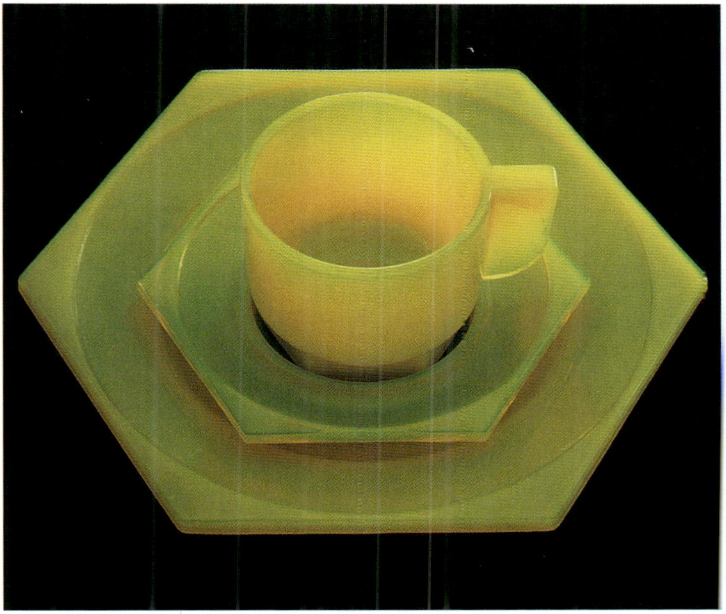

Hendrik Petrus Berlage si formò all'Accademia di Belle Arti di Amsterdam e studiò alla Bauschule del Politecnico di Zurigo dal 1875 al 1878, avendo come docente Gottfried Semper (1803–1879). Successivamente lavorò per Petrus Cuypers (1827–1927), architetto del Gothic Revival olandese. Nel 1889 Berlage aprì un proprio studio di architettura ad Amsterdam staccandosi dalla tradizione e abbracciando la semplicità e la funzionalità. Anche se l'indugiare sui dettagli della sua opera più famosa, la Borsa di Amsterdam (1897–1903), fu influenzato dallo stile romanico, i risultati furono altamente originali anticipando l'Espressionismo olandese. Nel 1911, durante un suo viaggio in America, rimase influenzato da **Frank Lloyd Wright** e Louis Sullivan (1856–1924). Al ritorno sottopose la loro opera all'attenzione di architetti svizzeri e olandesi. I suoi design di mobili, piuttosto pesanti, furono eseguiti dal laboratorio Het Binnenhuis di Amsterdam. Nel 1911 si trasferì a L'Aia. Dal 1914 al 1919 guidò il dipartimento edilizio della W. H. Müller & Co. e in seguito lavorò come architetto freelance. Dal 1924 insegnò al Politecnico di Delft e nel 1928 partecipò al primo congresso del CIAM (Congrès International d'Architecture Moderne). Anche se i design di Berlage influirono su **De Stijl**, essi dovrebbero essere considerati manifestazioni dell'Espressionismo piuttosto che del Modernismo.

Hendrik Petrus Berlage

1856 *Amsterdam*
1934 *L'Aia*

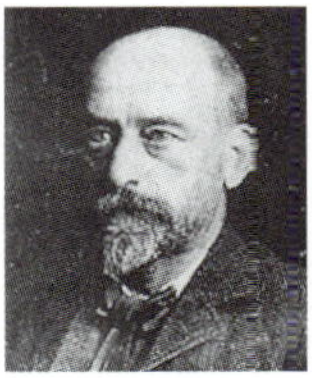

Lucian Bernhard

1883 *Stoccarda*
1972 *New York*

Lucian Bernhard studiò all'Akademie der Kunst di Monaco e si trasferì poi nel 1901 a Berlino, dove cominciò a realizzare manifesti commerciali usando caratteri tipografici serif arrotondati, immagini dai contorni molto marcati e una ridotta gamma di colori. Questi manifesti furono influenzati dall'opera di due artisti britannici, William Nicholson (1872–1949) e James Pryde (1869–1941) che operarono in Inghilterra sotto il nome "Beggarstaffs". Uno dei primi design di Bernhard venne realizzato per un concorso: la realizzazione di un cartellone pubblicitario per i fiammiferi Priester. Bernhard vinse il premio (1905) con un annuncio imponente dal punto di vista visivo, usando caratteri molto marcati ed eliminando ogni dettaglio superfluo. Ciò lo aiutò a farsi una certa reputazione. Bernhard fu fra gli esponenti di punta del Plakatstil tedesco, uno stile in cui immagini semplificate venivano poste su uno sfondo a tinta unita accompagnate solo da brevi frasi o dal nome del prodotto. Bernhard fu anche uno dei protagonisti nel design del Sachplakat (oggetto poster), che presentava il prodotto reclamizzato col nome della marca ma senza frasi che illustrassero i vantaggi del prodotto. Nel 1909 contribuì a fondare la rivista per collezionisti *Das Plakat* (poi nota come *Gebrauchsgraphik*), che riprodusse i suoi poster e usò il carattere tipo-

▾ Manifesto litografico pubblicitario per calzature Stiller, 1908 ca.

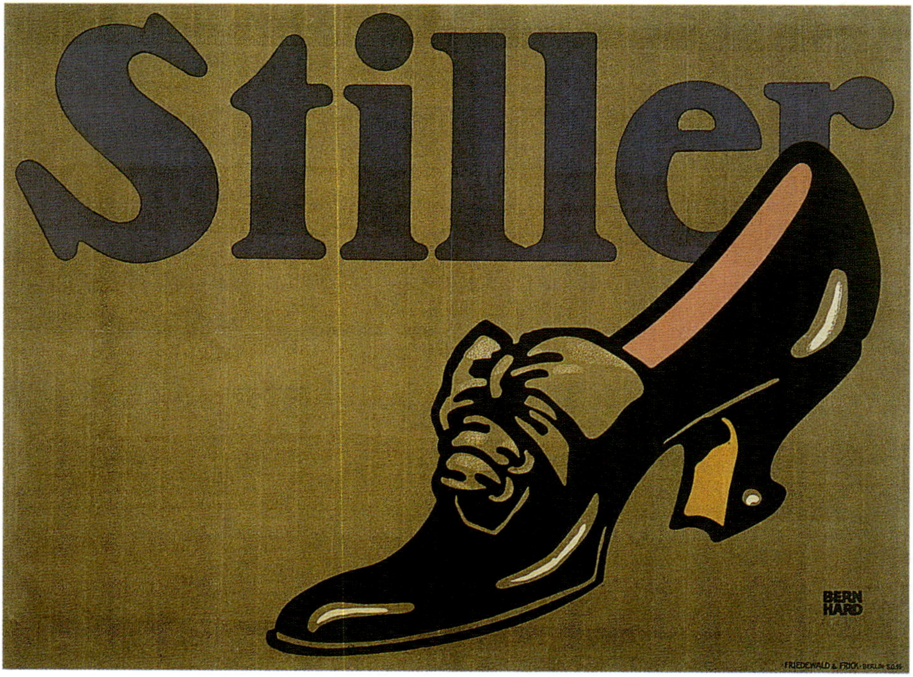

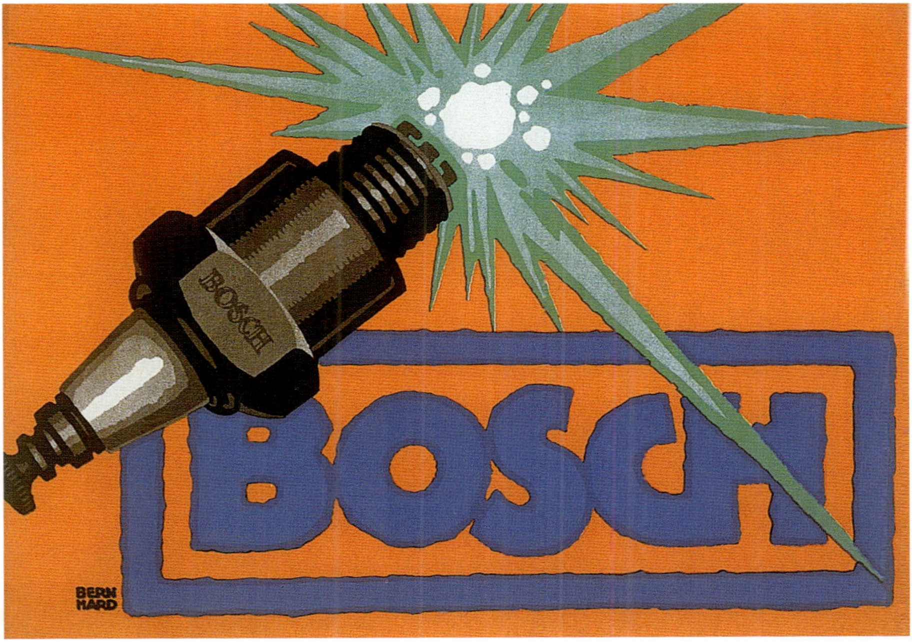

grafico *Bernhard Antigua* che egli aveva in precedenza realizzato per Bauer (Francoforte). Nel 1914 Bernhard realizzò poster e confezioni per le candele Bosch, sempre molto marcati e colorati. A Berlino entrò a far parte di un gruppo di designer grafici, fra cui Hans Rudi Erdt (1883–1918) e Julius Gipkens (1883–anni '60), che con regolarità sottoponevano i loro design ai tipografi Hollerbaum & Schmidt, ben noti per le loro tecniche pubblicitarie stile Sachplakat. Nel 1920 Bernhard fu il primo docente di poster design all'Akademie der Kunst di Berlino. Tre anni dopo si trasferì a New York e aprì uno studio di design continuando a gestire l'altro suo ufficio di Berlino. Negli Stati Uniti, oltre a diverse serie di caratteri per l'American Type Founders (nella sua carriera inventò qualcosa come trentasei nuove serie di caratteri), realizzò molti marchi e manifesti pubblicitari, soprattutto per la Amoco. In America Bernhard fu anche scenografo e arredatore. Nel 1928, insieme agli amici designer Paul Poiret (1879–1944) e **Bruno Paul**, *émigré* come lui, e all'artista americano Rockwell Kent (1882–1971) fondò Contempora, uno studio di consulenza per design d'interni.

▲ Manifesto litografico pubblicitario per candele Bosch, 1914

Harry Bertoia

1915 *San Lorenzo (Reggio Calabria)*
1978 *Bally, Pennsylvania*

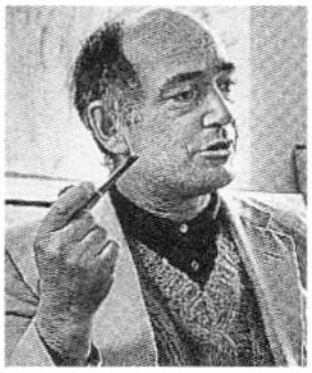

Harry Bertoia emigrò con la famiglia negli Stati Uniti nel 1930. Nel 1936 si diplomò alla Cass Technical High School di Detroit e proseguì gli studi fino al 1937 all'Art School della Detroit Society of Arts and Crafts. Dal 1937 al 1939 ebbe una borsa di studio presso la **Cranbrook Academy of Art** nel Michigan. Lì rimise in funzione lo studio di metallurgia, che era stato chiuso nel 1933, e alla testa di quel dipartimento insegnò dal 1939 al 1943, quando il laboratorio venne chiuso a causa delle restrizioni belliche sull'uso dei materiali. Per un breve periodo lavorò anche nel dipartimento di grafica. Il suocero, William Valentiner, direttore del Detroit Institute of Arts, era un grande sostenitore del movimento per l'arte astratta e indubbiamente influenzò Bertoia, che si spostò sempre più verso il puro astrattismo, lontano dal suo precedente stile aerodinamico. Trasferitosi a Venice (California) nel 1943, Bertoia lavorò con **Charles** e **Ray Eames** alla Evans Products Company, sviluppando tecniche per modellare il legno compensato. Dopo la seconda guerra mondiale lavorò per un breve periodo per la Eameses' Plyformed Products Company. Tuttavia, dopo varie liti a proposito del suo contratto, Ber-

▸ Sedia *Diamond modello n. 421LU* per Knoll International, 1950–1952

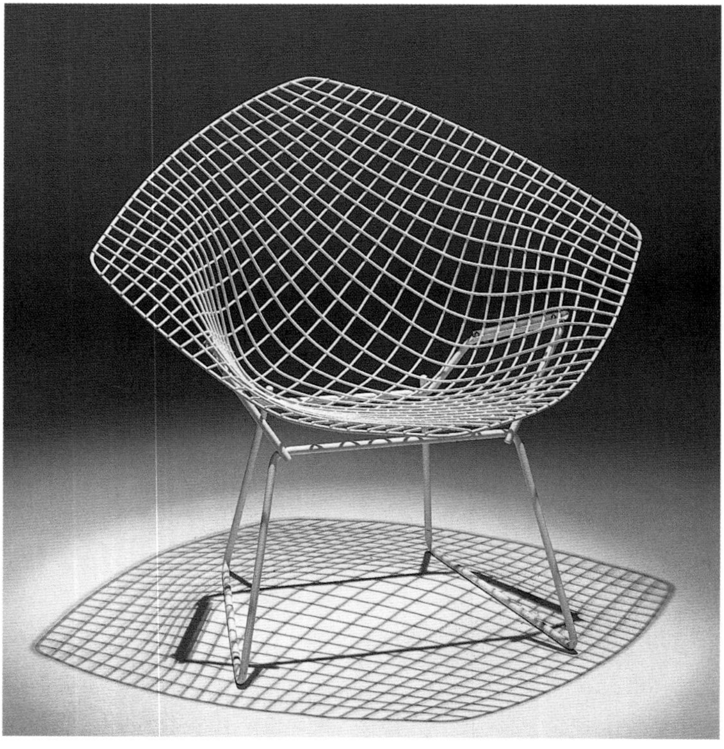

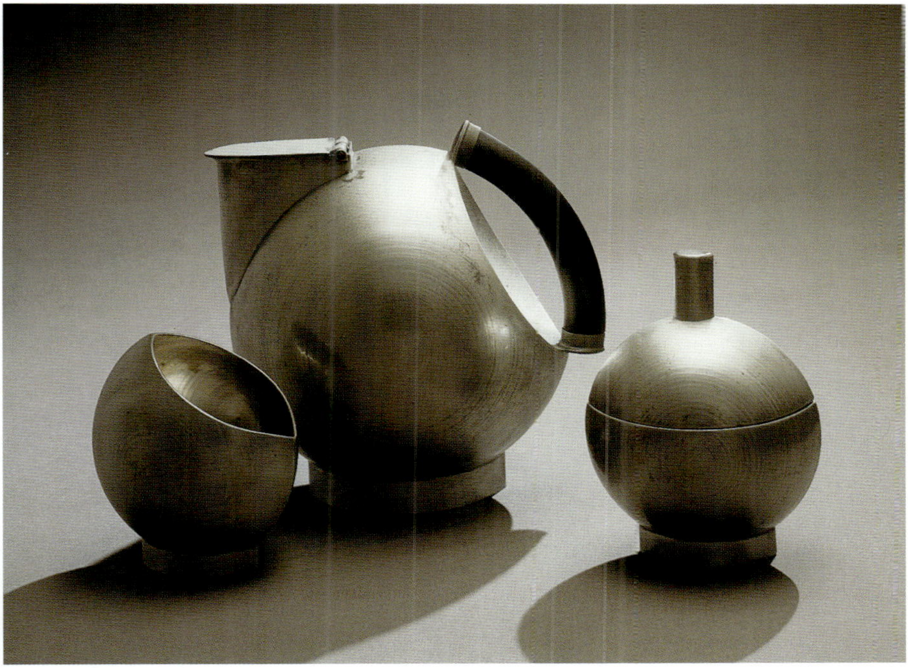

toia lasciò l'azienda e cominciò a lavorare per **Knoll**. Nel 1946 divenne cittadino americano e si trasferì a Bally in Pennsylvania, vicino alla fabbrica della Knoll. Nei quattro anni che seguirono aprì uno studio di design e scultura continuando a lavorare per Knoll. Le sue sedie in tondino metallico, ideate per Knoll nel 1951, ebbero un tale successo commerciale nonostante fossero quasi interamente fabbricate a mano, che i diritti da esse derivanti gli permisero di concentrarsi sulla sua carriera di scultore. Bertoia è principalmente ricordato per le sue sculture metalliche: alcune risuonano quando sono toccate o hanno elementi mobili che tintinnano al vento. Nel 1954 ricevette una medaglia d'oro dall'Architectural League di New York per uno schermo commissionato dalle Manufacturers Hanover Trust Co.; altri premi gli furono assegnati dall'American Institute of Architects (1973) e dall'American Academy of Letters (1975). I design di Bertoia non solo soddisfano requisiti funzionali ma, come le sue sculture, sono anche studi sulla forma e lo spazio.

▲ Servizio da caffè (Prototipo eseguito alla Cranbrook Academy), 1937–1943 ca.

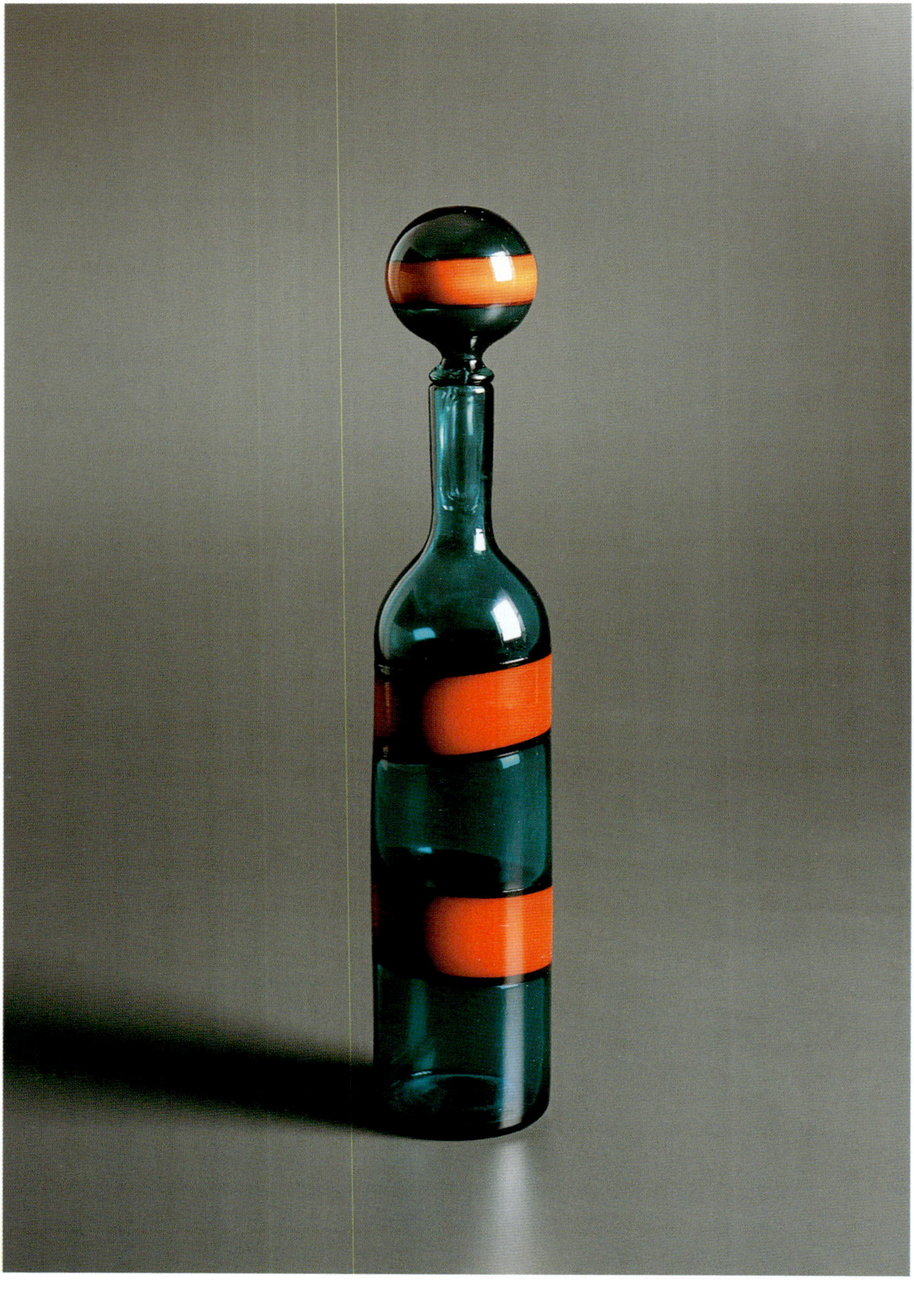

Fulvio Bianconi

1915 *Padova*
1996 *Milano*

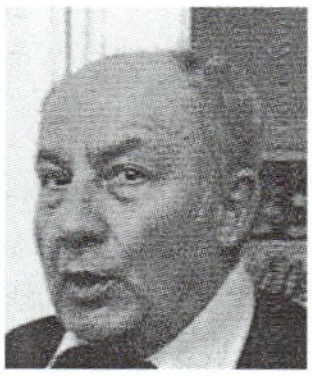

Fulvio Bianconi si trasferì con la famiglia a Venezia quando era ancora bambino. Durante l'adolescenza lavorò in una vetreria a Madonna dell'Orto e in seguito studiò al Liceo Scientifico e all'Accademia di Belle Arti di Venezia. Dapprima lavorò come pittore su vetro e dipingendo ritratti di ospiti negli hotel veneziani. Nel 1935 si trasferì a Milano dove disegnò bottiglie per profumi per Visconti di Modrone. Poi, nel 1939, lavorò per Motta e, dopo la seconda guerra mondiale, trovò lavoro alla Gi Vi Emme, che produceva profumi. Oltre al design delle bottigliette di profumo, si occupò di grafica e dipinse un murale per la mensa dell'azienda. Nel 1948 Bianconi incontrò **Paolo Venini** e cominciò a lavorare per il suo studio. In quello stesso anno Venini espose alla Biennale di Venezia le giocose statuette della Commedia dell'Arte realizzate in vetro da Bianconi. Dal 1948 al 1951 Bianconi realizzò per Venini altre statuette e anche il suo famoso e spesso copiato vaso a fazzoletto, detto appunto *Fazzoletto*. Altri design per Venini comprendono i vasi colorati a patchwork o a strisce noti come *Pezzato* e *A Spicchi*, esposti alla IX Triennale di Milano nel 1951. Dallo stesso anno Bianconi cominciò a lavorare come designer indipendente, e i suoi vetri furono prodotti da fabbricanti come Cenedese e Danese. Per il successivo decennio continuò a realizzare design per Venini, come i vasi *Scozzese* e altri design biomorfi con motivi ispirati all'Espressionismo astratto. Negli anni '60 Bianconi realizzò per Vistosi il design di un vaso con un motivo interno a spirale che vinse un premio alla XIII Triennale di Milano nel 1964 e una serie di vasi noti come *Informali*. Poi, gradualmente, durante gli anni '70, la sua opera divenne sempre più scultorea. In anni più recenti ha realizzato design per il produttore di vetri svizzero Hergiswil. Nella sua lunga carriera Bianconi si è anche occupato di design grafico per HMV, Pathé, Fiat e Pirelli e per le case editrici Mondadori e Garzanti.

◄ Bottiglia a strisce con tappo per Venini, 1950 ca.

▼ Vaso *Pezzato* per Venini, 1951

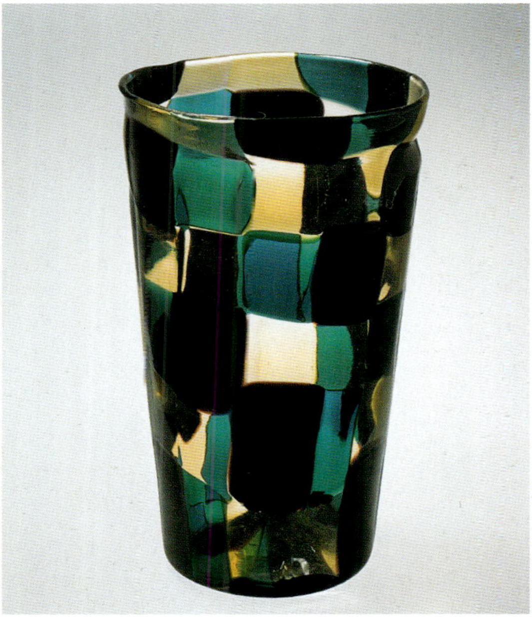

Max Bill

1908 Winterthur, Svizzera
1994 Berlino

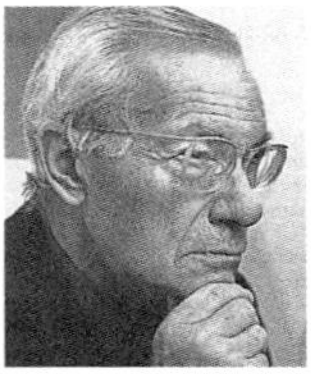

Max Bill studiò la lavorazione dell'argento alla Kunstgewerbeschule di Zurigo dal 1924 al 1927. In questo periodo i suoi design furono influenzati dal Cubismo e dal Dadaismo. Studiò poi arte per due anni al **Bauhaus** di Dessau e abbracciò totalmente l'approccio funzionalista al design proprio di quella scuola. Completati gli studi, Bill ritornò a Zurigo e lavorò come pittore, architetto e designer grafico. Divenne uno dei principali esponenti del **Costruttivismo** all'interno della Scuola Svizzera di grafica e durante gli anni '30 fu designer grafico del negozio Wohnbedarf a Zurigo. Nel 1930 aveva già aperto uno studio di architettura ed era diventato membro del SWB (Schweizerischer Werkbund) quando progettò la tenuta Neubühl vicino a Zurigo (1930–1932), seguendo lo stile moderno. Nel 1931 fece sua la concezione di "arte concreta" di **Theo van Doesburg** che affermava che l'universalità si poteva solo raggiungere attraverso la chiarezza. Dal 1932 in poi lavorò anche come scultore e divenne membro di varie associazioni artistiche come il gruppo Abstraction-Création di Parigi, la Allianz (Associazione di Artisti Svizzeri Moderni), il CIAM (Congrés International d'Architecture Moderne) e l'UAM (Union des Artistes Modernes). Nel 1944 rivolse l'attenzione al disegno industriale: il suo orologio a muro in alluminio (1957), fabbricato da Junghans, e lo sgabello minimalista *Ulmer Hocker* (1954) sono

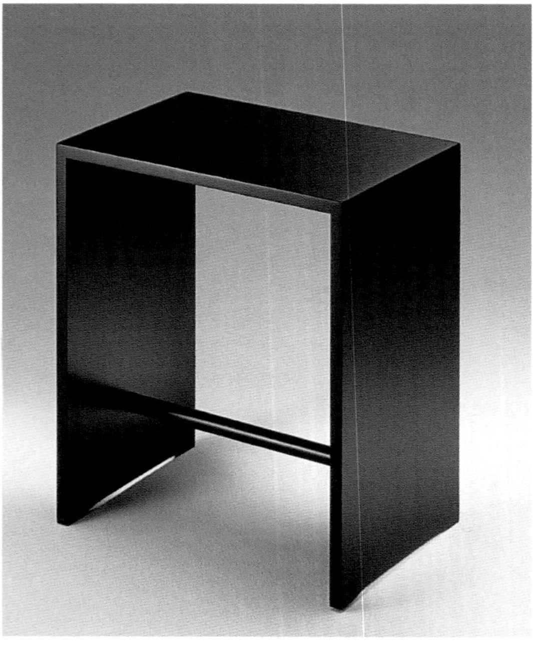

◂ *Ulmer Hocker*, 1954 (poi prodotto da Zanotta)

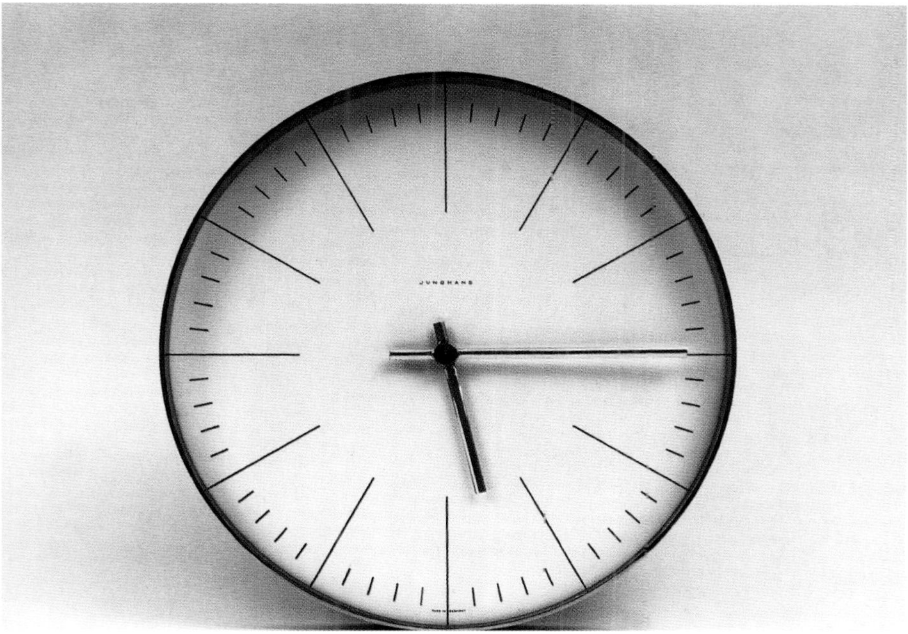

tra i suoi design più noti. Bill fu anche responsabile dell'istituzione delle esposizioni e dei premi tedeschi "Die Gute Industrieform" e nel 1951 fu tra i fondatori dell'influente **Hochschule für Gestaltung di Ulm**, diventando per i primi cinque anni rettore della scuola e direttore dei dipartimenti di architettura e di product design. A Ulm Bill si fece sostenitore del formalismo geometrico di marca Bauhaus, ritenendo che i prodotti basati su leggi matematiche avessero purezza estetica e quindi una maggiore universalità. Questo approccio al design fu continuato da **Hans Gugelot**, quando a Ulm subentrò nel dipartimento di product design, ed ebbe particolare influenza su **Dieter Rams**. Nel 1957 Bill lasciò Ulm e, tornato a Zurigo, aprì uno studio concentrandosi su scultura e pittura. Fu capo architetto del padiglione "Educare e Creare" all'Esposizione Nazionale Svizzera del 1964. Nello stesso anno fu nominato membro onorario dell'AIA (American Institute of Architects). Anche se il formalismo geometrico che Bill e molti altri esponenti del **Modern Movement** avevano sostenuto era stato inteso come mezzo per ottenere una maggiore universalità, la sua severità e mancanza di qualità umanizzanti ostacolarono la sua diffusione su larga scala.

▲ Orologio a muro *modello n. 32/0389* per Junghans, 1957

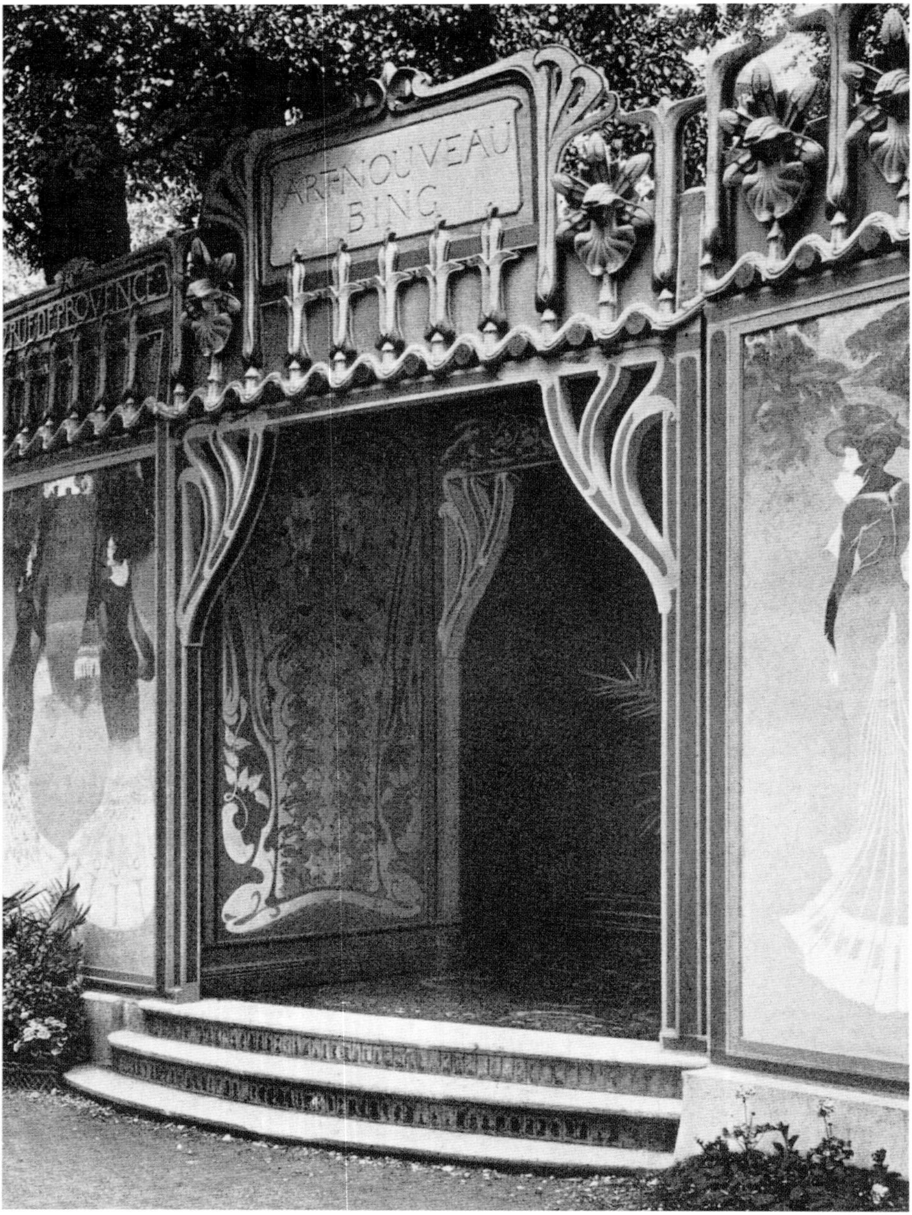

▲ Entrata principale al padiglione dell'Art Nouveau di Siegfried Bing per l'Esposizione Universale di Parigi del 1900 (dipinti di G. de Feure)

Siegfried Bing lavorò in una fabbrica di ceramica ad Amburgo fino allo scoppio della guerra franco-prussiana. Nel 1877 aprì a Parigi un "magazzino orientale" (come aveva fatto a Londra due anni prima Arthur Liberty) per rispondere alla grande richiesta di merci provenienti dall'Estremo Oriente e soprattutto di quell'arte giapponese resa di moda dall'**Aesthetic Movement**. Bing divenne amico del designer **Louis Comfort Tiffany** e cominciò a commercializzare le sue vetrerie. Nel 1895 Bing aprì il suo prestigioso negozio "L'Art Nouveau", al 22 Rue de Provence, vendendo, oltre ad arte importanta dall'oriente, design di **Émile Gallé**, **René Lalique** e altri. Il termine **Art Nouveau** fu coniato proprio a partire dal negozio di Bing, campionario di questo stile internazionale che rifiutando la tradizione si ispirava più di ogni altra cosa alla crescita organica (in Italia lo stile fu noto come "Stile Liberty", dal già menzionato negozio londinese Liberty & Co.). Nel suo negozio Bing vendeva anche articoli della **Liberty & Co.**, tessuti della Morris & Co. e opere in metallo progettate da W. A. S. Benson (1854–1924). Bing fu molto acclamato quando all'"Exposition Universelle et Internationale de Paris" del 1900 espose il suo Pavillon de l'Art Nouveau. Il padiglione presentava sei stanze realizzate da **Georges de Feure**, **Eugène Gaillard** e Edward Colonna (1862–1948). I due interni curati da de Feure furono molto elogiati in *The Studio*, tanto che nel 1903 Bing dedicò una mostra esclusivamente alla sua opera. Bing vendette anche opere di Henri Toulouse-Lautrec (1864–1901) e di Édouard Vuillard (1868–1940), design di Alexandre Charpentier (1856–1909) e di Auguste Delaherche (1857–1940) e pannelli in vetro istoriato di Pierre Bonnard (1867–1947) prodotti da Tiffany. Una succursale americana della "Maison de l'Art Nouveau" venne aperta nel 1897 a New York da John Getz; già nel 1900 Bing vendeva in Europa design americani come le ceramiche **Grueby**. Nel 1905 il figlio di Bing, Marcel, subentrò nella gestione del negozio. Siegfried potè allora dedicarsi all'anti-

Siegfried Bing
1838 *Amburgo*
1905 *Vaucresson/Parigi*

▼ Inserto pubblicitario per *Maison de l'Art Nouveau*, 1900 ca.

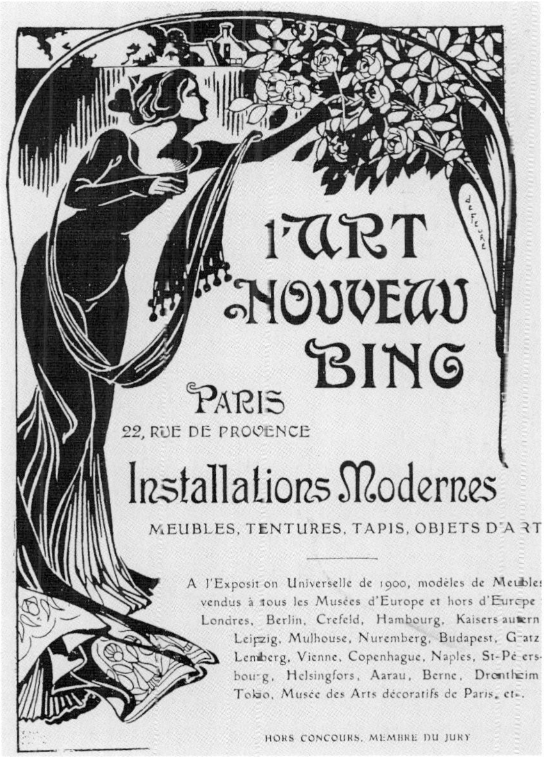

Biomorphism

A differenza dell'**Organic Design**, che si ispira alla natura e cerca di coglierne l'astratta essenza, il Biomorfismo copia e spesso distorce le forme del mondo naturale per scopi puramente decorativi. Il Biomorfismo non è solo caratteristico di certi stili del XX secolo, ma può essere rintracciato anche in stili molto più antichi, come il Barocco e il Rococò. Nell'ultimo quarto del XIX secolo si ebbero significative evoluzioni nella comprensione delle scienze naturali; il mondo naturale venne considerato da designer come **William Morris** e **Christopher Dresser** una sorta di dizionario delle forme del design. Agli inizi del '900 il generale interesse per la botanica si espresse attraverso le forme biomorfiche adottate dai designer legati all'**Art Nouveau**. Fra queste forme caratteristiche vi sono viticci, volute, forme vegetali allungate e una curiosa "mescolanza" di elementi naturalistici variamente intrecciati. Quando l'Art Nouveau fu soppiantata dall'**Art Déco** e dal Modernismo, il Biomorfismo non riemerse che nel design degli anni '40, quando i mobili altamente biomorfi del designer italiano **Carlo Mollino** e dei suoi seguaci, talvolta indicati collettivamente come Barocco Torinese, spinsero al limite il potenziale espressivo del legno. D'altra parte, i designer dell'**avant-garde** contemporanea, fra cui **Charles e Ray Eames**, svilupparono un linguaggio intrinsecamente organico. Le forme dei loro prodotti, come la sedia *LCW* del 1945, si basavano su una profonda comprensione di fattori umanizzanti come l'ergonomia. Questi design furono estremamente influenti e portarono molti designer "mainstream" ad adottare forme biomorfiche, soprattutto forme a rene asimmetriche. In effetti, furono proprio queste forme biomorfe frequentemente **Kitsch** che vennero per lo più genericamente associate allo stile degli anni '50. Negli anni '90 il design organico è riemerso, insieme alla sua costola biomorfa, soprattutto nel design automobilistico, dove la tendenza è stata sia verso forme organiche evolute che verso forme biomorfe che ricordano quelle degli anni '50.

► Vaso *Profondità marine* prodotto da Amphora, 1900 ca.

▼ **Carlo Graffi & Franco Campo**, Poltrona, 1955 ca.

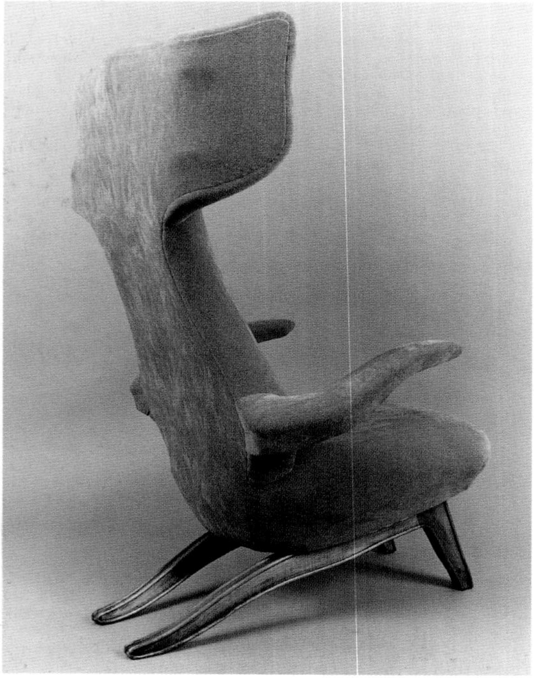

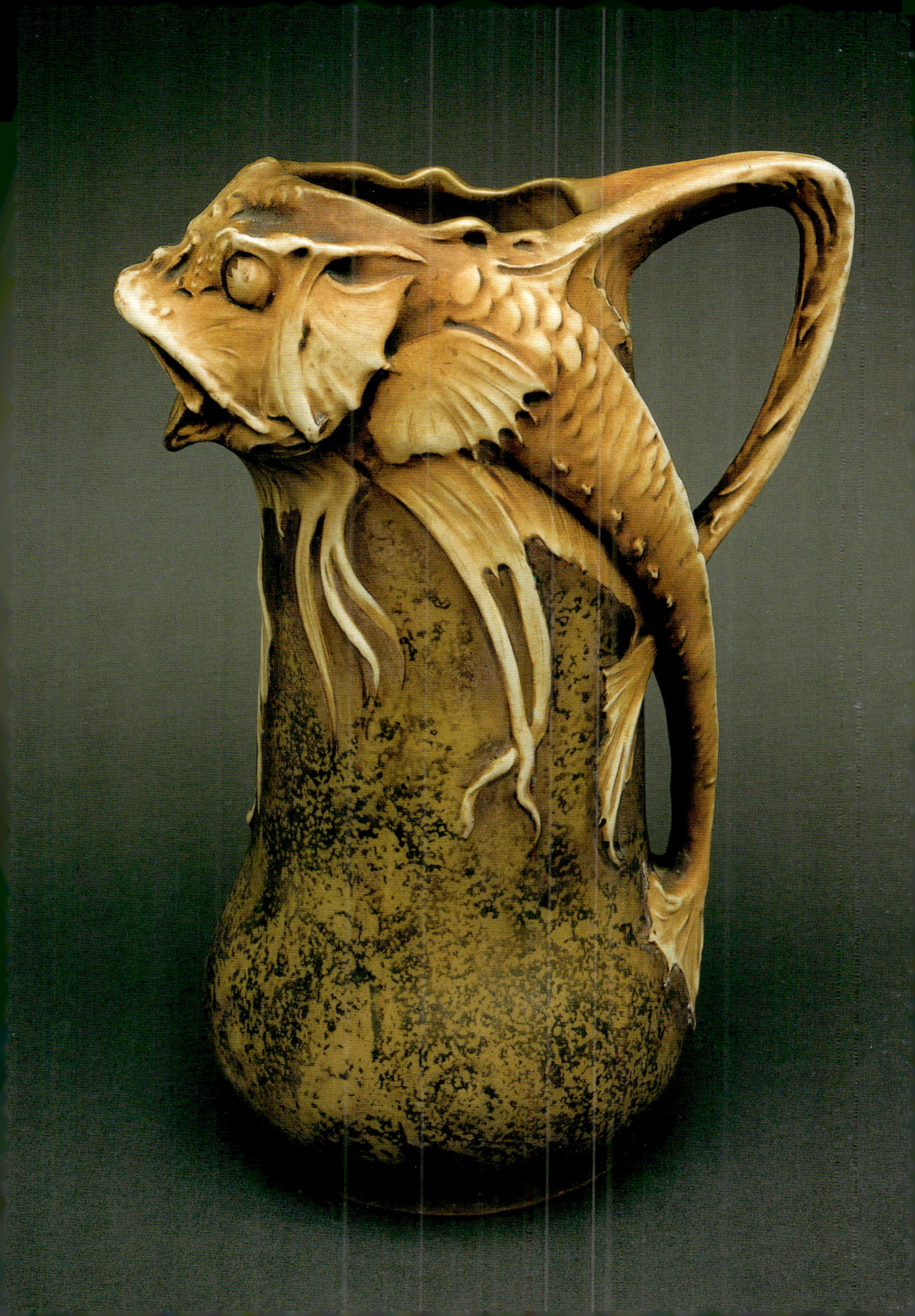

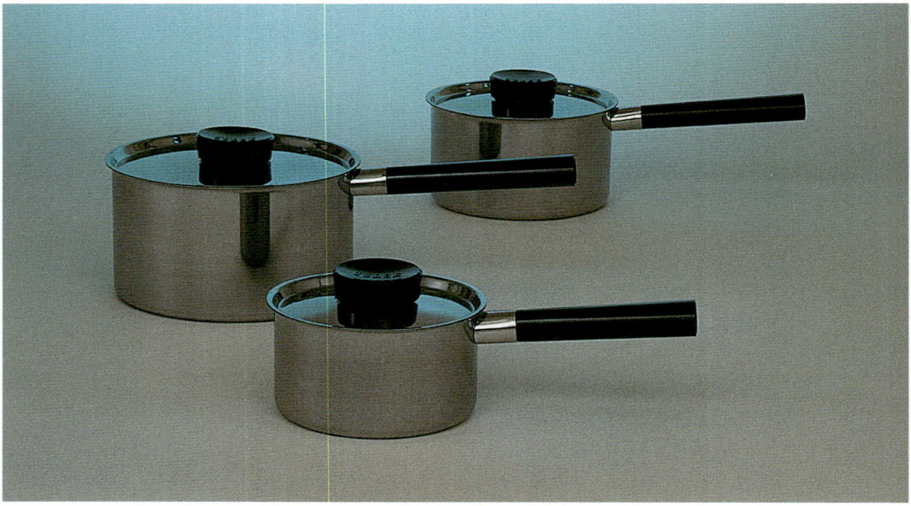

Misha Black

1910 *Baku, Azerbaigian*
1977 *Londra*

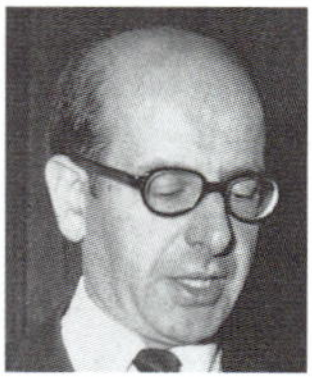

Misha Black emigrò con i genitori in Gran Bretagna nel 1912. Studiò per breve tempo alla Central School of Arts & Crafts di Londra, ma fu soprattutto un designer e architetto autodidatta. Iniziò la carriera nel 1928 progettando stand per mostre e poi nel 1929 una serie di coffee shop a Londra e Manchester per Kardomah. Nel 1930 aveva già aperto un suo studio, lo Studio Z, e tre anni dopo cominciò a lavorare insieme a Milner Gray (1899) al Bassett-Gray Group of Artists and Writers, che nel 1935 divenne Industrial Design Partnership. Questo fu il primo gruppo di consulenza interdisciplinare in Gran Bretagna: per lo più produsse design di radio per Ekco. Black divenne membro dell'Artists' International Association e sostenne attivamente la posizione antibellica del gruppo. Nel 1938 fu nominato segretario del MARS e, dal 1940 al 1945, lavorò come designer di mostre per il Ministero dell'Informazione. Nel 1943, insieme a Milner Gray, Black fondò il Design Research Unit e due anni dopo il Design Research Group. Black contribuì molto all'esposizione del 1946 "Britain Can Make It" esponendo "What Industrial Design Means" in cui illustrava il processo di progettazione ripercorrendo il design di un portauovo. Collaborò anche alla progettazione del "Festival of Britain" (1951). In tutta la sua carriera Black promosse instancabilmente il design moderno e come professore di industrial design al **Royal College of Art di Londra**, dal 1959 al 1975, tentò di unificare insegnamento del design e dell'ingegneria; in questo modo contribuì allo sviluppo del design engineering quale importante disciplina specialistica.

▲ **Misha Black & Ronald Armstrong**, Servizio di pentole in acciaio inossidabile per Ernest Stevens, 1958

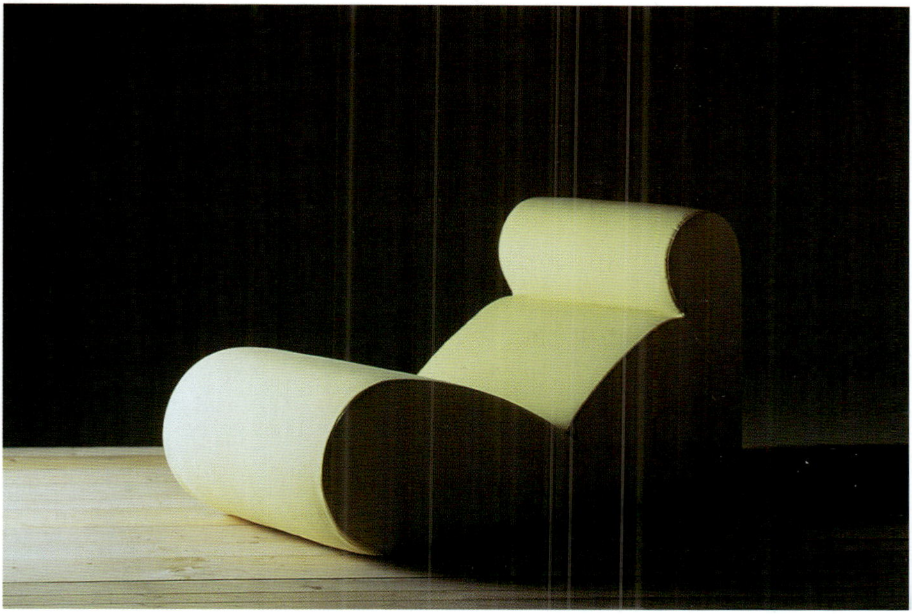

Cini Mariani Boeri

1924 *Milano*

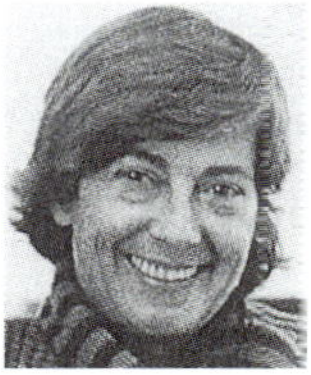

Mariani Cini Boeri studiò architettura al Politecnico di Milano laureandosi nel 1951. Dal 1952 al 1963 lavorò nello studio del designer **Marco Zanuso**, prima di aprirne uno suo. Dalla metà degli anni '60 progettò mobili per la fabbrica italiana Arflex, fra cui la poltrona *Bobo* in schiuma di poliuretano (1967) e il divano a sezioni *Serpentone* (1971), in schiume poliuretaniche, che si poteva estendere indefinitamente con l'aggiunta di altre sezioni. Nel 1966 cominciò a sperimentare con la plastica e realizzò valigie in ABS stampato a iniezione per Franzi. I tavoli *Lunario*, progettati per Gavina nel 1970, furono poi prodotti da **Knoll**. Dal 1972 al 1983 progettò anche sale da esposizione per Knoll e nel 1976 l'azienda mise sul mercato le sue sedie *Brigadier*. Nel 1979 ricevette il premio **Compasso d'Oro** per le sedie e i letti *Strips* (1972) dalla copertura trapuntata che furono progettati insieme a Laura Griziotti (1942). Dal 1980 al 1983 Boeri insegnò al Politecnico di Milano e all'Università della California di Berkeley. Nel 1983 le fu commissionato il design di case prefabbricate dalla Misawa Company di Tokyo. Nel 1987 con Tomu Katayanagi progettò la sedia in vetro *Ghost* per Fiam. Realizzò anche design di luci per **Artemide**, Arteluce, Stilnovo e Venini.

▲ Sedia *Bobo* per Arflex, 1967

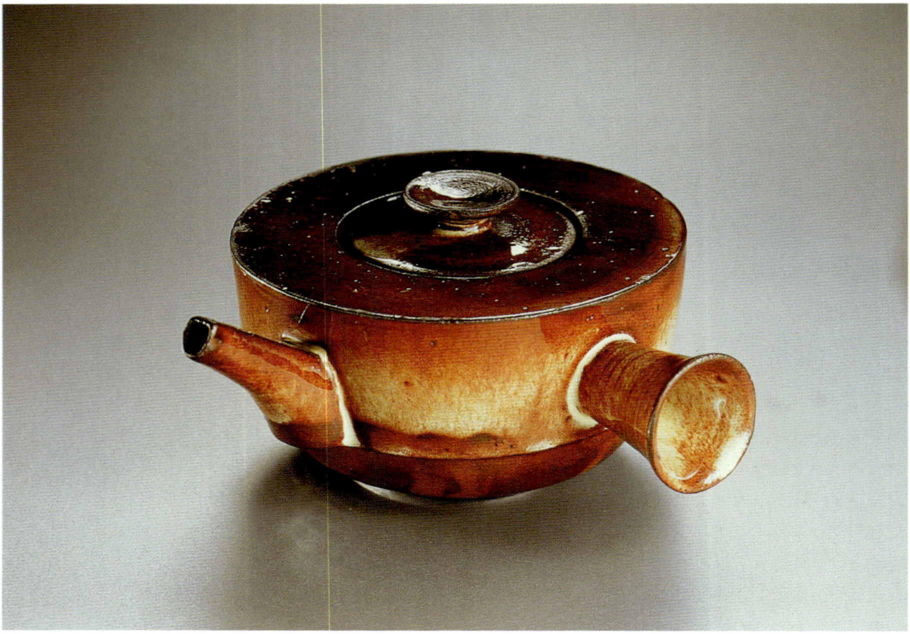

Theodor Bogler

1897 *Hofgeismar, Germania*
1968 *Maria Laach, Germania*

Theodor Bogler appartiene alla prima ondata di studenti del **Bauhaus** (1919). Dal 1920 lavorò nel laboratorio di ceramica di Dornburg an der Saale, vicino a Weimar, annesso alla scuola. Le sue teiere in terracotta vetrinata del 1923, i cui prototipi vennero prodotti nel laboratorio, furono concepite per la produzione in serie: componenti con forme elementari come manici, beccuccio e coperchi potevano essere diversamente posizionati in modo da creare quattro variazioni. Dal 1923 al 1924 Bogler fu a capo del laboratorio insieme a **Otto Lindig** e sostenne la pratica del design industriale. Nel 1923 progettò una caffettiera moka di ceramica per la produzione in serie (fu prodotta dalla Aelteste Volkstedter Porzellanfabrik) che poteva essere facilmente disassemblata. Bogler ideò anche contenitori da cucina in terracotta che vennero prodotti dalla Steingutfabrik Velten-Vordam, di cui divenne direttore artistico nel 1925, producendovi numerosi altri design. Le ceramiche di Bogler, incluse nell'Esposizione del Bauhaus del 1923, furono illustrate nelle pubblicazioni *Staatliches Bauhaus, Weimar, 1919–1923* (1923) e *Neue Arbeiten der Bauhaus Werkstätten* (1925). Nel 1932 Bogler diventò monaco benedettino, ma continuò a produrre design per HB-Werkstätten di Hedwig Bollhagen (Marwitz), dal 1934 al 1938, e per la Staatliche Majolika-Manufaktur (Karlsruhe) dal 1936 al 1948.

▲ Teiera in terracotta per il laboratorio di ceramica del Bauhaus di Dornburg, 1923

Osvaldo Borsani

1911 *Milano*
1985 *Milano*

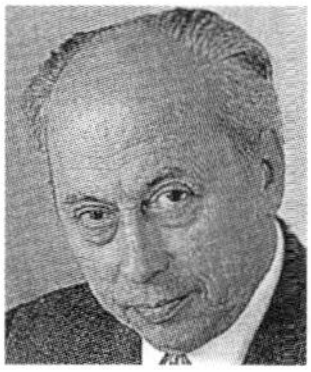

Figlio dell'artigiano Gaetano Borsani, che aveva vinto una medaglia d'argento alla prima Triennale di Monza del 1927, Osvaldo Borsani studiò al Politecnico di Milano laureandosi nel 1937. Dopo gli studi lavorò nel laboratorio del padre, l'Arredamento Borsani di Varedo, precedentemente noto come Atelier Varedo. Nel 1953 Osvaldo e il fratello gemello Fulgenzio fondarono il mobilificio Tecno. Dapprima la Tecno produsse solo i design di Osvaldo; poi furono messe in produzione opere di altri designer, ma Osvaldo rimase sempre il designer principale. Il marchio della Tecno, una grande T, venne ideato in collaborazione con Robert Mango (1920) e venne usato per la prima volta alla Triennale milanese del 1954. In questa Triennale Osvaldo costruì una casetta nel parco e la ammobiliò con la poltrona *P40*, che può assumere 468 posizioni diverse, e il divano letto *D70*, entrambi del 1954. Design così flessibili andavano incontro al crescente bisogno di nuovi mobili che risparmiassero spazio nelle case del dopoguerra. Ugualmente innovativa fu la sedia pieghevole portatile in compensato *S80* del 1954. Per vendere la sua linea di prodotti integrati, nel 1956 la Tecno aprì il suo primo negozio in via Montenapoleone a Milano. Come spiegò Osvaldo Borsani, "i nostri prodotti non sono il risultato dell'ispirazione del momento, ma hanno un legame reciproco; le nostre collezioni progressivamente si sono allargate e integrate tralasciando le fantasie improvvisate". Nel 1966, insieme ad altri sette designer, Borsani fondò la rivista di design *Ottagono* allo scopo di portare il design italiano all'attenzione del pubblico internazionale. Poi, nel 1968, insieme a Eugenio Carli (1923) Borsani realizzò il design del sistema ufficio tutto bianco *Graphis*, che ridefinì lo stile dell'ambiente ufficio. Due anni dopo Borsani fondò il Centro Progetti Tecno per il design e lo sviluppo di mobili su commissione.

▼ Divano *modello n. D70* per Tecno, 1954

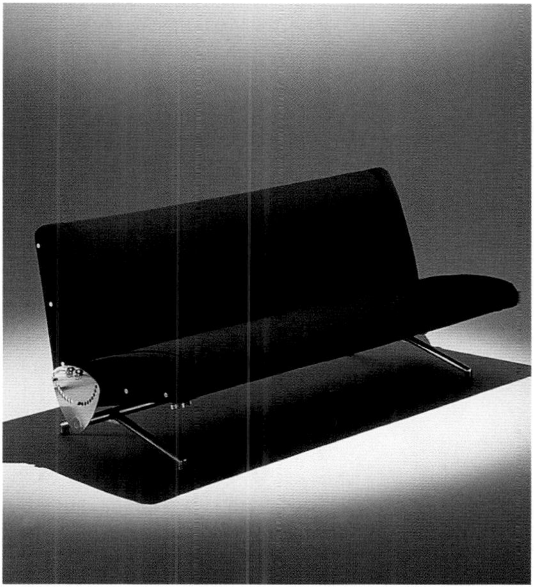

Mario Botta

1943 *Mendrisio, Svizzera*

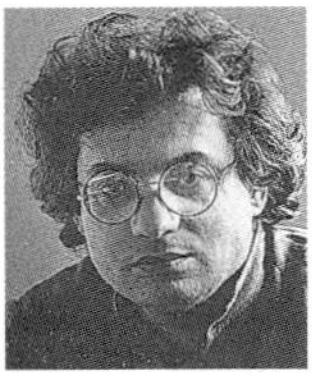

Dal 1958 al 1961 Mario Botta fece l'apprendista come disegnatore tecnico nello studio degli architetti Tita Carloni e Luigi Camenischi. Dal 1961 al 1964 frequentò il Liceo Artistico a Milano e a Genestretta progettò una casa per il clero dalle forme fortemente geometriche. Dal 1964 al 1969 studiò architettura all'Istituto Universitario di Architettura di Venezia. Nel 1965 lavorò per breve tempo nell'ufficio parigino di **Le Corbusier** e nello studio veneziano di Jullian de la Fuente e José Oubrerie. Nel 1969, a Lugano, aprì uno studio di design e di architettura e conobbe Louis Kahn (1901–1974). Collaborò poi alla progettazione del nuovo Palazzo dei Congressi Laurea all'UIA di Venezia. Negli anni '70 Botta lavorò soprattutto a progetti di architettura, fra cui il palazzo degli uffici della Staatsbank di Friburgo e numerose case, fra cui quella significativa di Ligornetto. Negli anni '80 Botta rivolse l'attenzione al design di mobili. La sua sedia *Seconda* del 1982 e la poltrona *Quinta* del 1986, entrambe prodotte da Alias, sono esempi emblematici del cosiddetto stile "Matt Black", di breve vita. I design singolari e dalla struttura geometrica ben marcata rivelano il background da disegnatore tecnico di Botta. La sua lampada *Shogun Terra*, progettata nel 1985 per **Artemide**, con linee geometriche molto marcate potenziate dalle righe bianche e nere che la rendono simile a un totem, è un'elegante conferma del suo motto "la geometria è equilibrio". L'opera di Botta, che può essere descritta come "Neo-High-Tech", rappresenta un aspetto più sofisticato e razionale del **Post-Modernismo**.

▾ Sedia *Seconda* per Alias, 1982

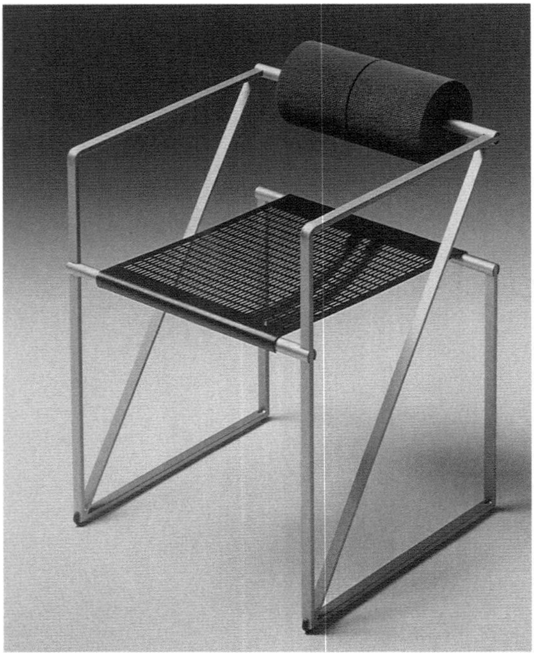

▸ Lampada *Shogun Terra* per Artemide, 1985

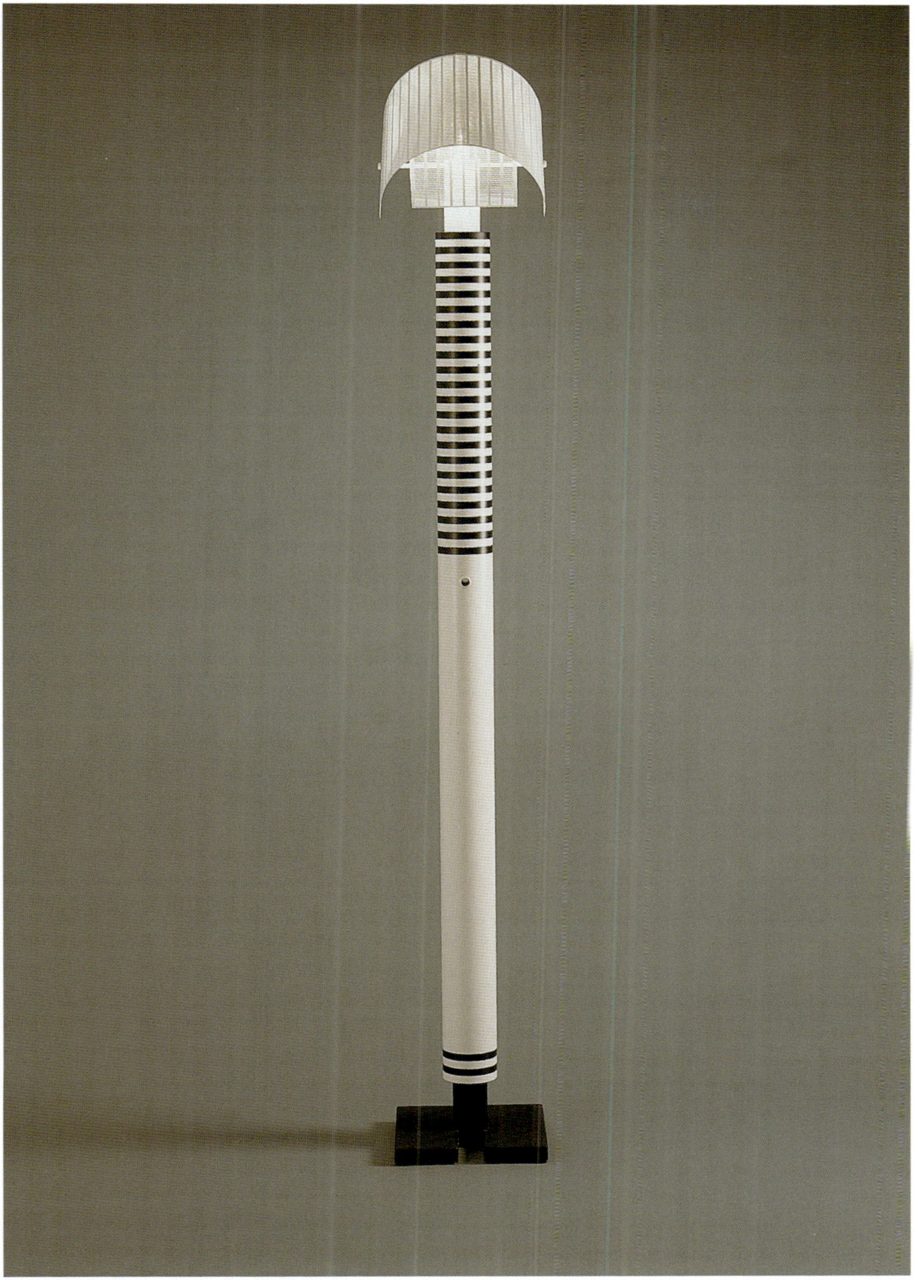

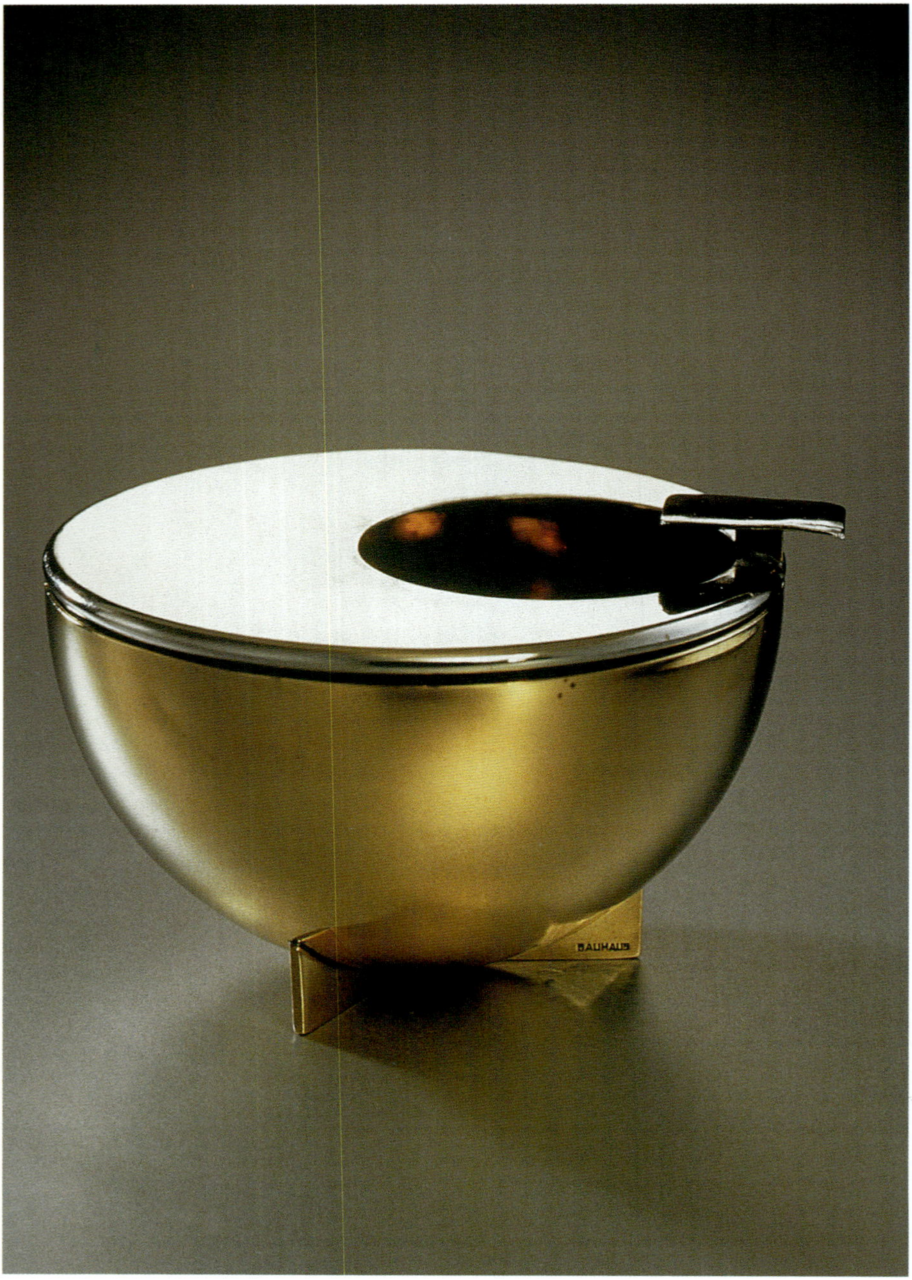
BAUHAUS

◄ Posacenere in ottone placcato nickel per il laboratorio dei metalli del Bauhaus di Weimar, 1924

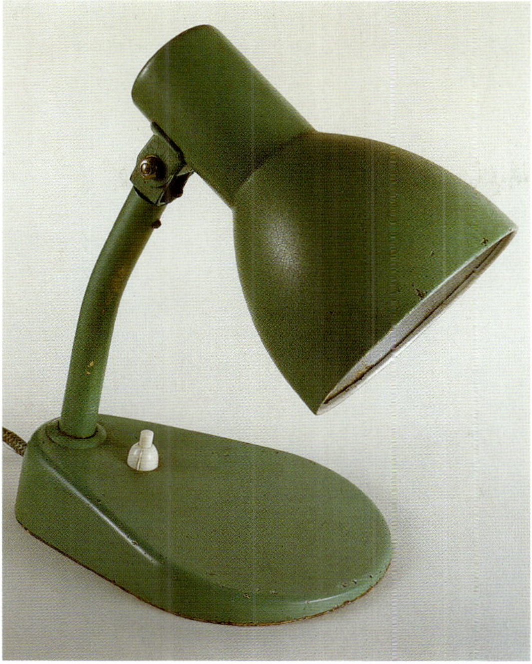

◄ Lampada da tavolo *Kandem* per Körting & Mathiesen, 1928

Marianne Brandt si iscrisse allo Staatliches **Bauhaus** di Weimar nel 1924. Fu apprendista nel laboratorio dei metalli, diretto all'epoca da **Lázló Moholy-Nagy**. Superato l'esame da operaio qualificato, la Brandt divenne vicedirettore del laboratorio e organizzò progetti in collaborazione con i produttori di impianti d'illuminazione Körting & Mathiesen AG (Kandem) di Lipsia e Schwintzer & Gräff di Berlino. Al Bauhaus lavorò insieme ai compagni fabbri **Christian Dell** e Hans Przyrembel (1900–1945). Nel 1928, in collaborazione con Hin Bredendieck (1904), come parte di un progetto di gruppo, realizzò il design della lampada *Kandem*. Dal 1928 al 1929 Brandt fu assistente maestro nel laboratorio dei metalli del Bauhaus di Dessau. Nel 1929 lavorò nello studio di architettura di **Walter Gropius** a Berlino e nei successivi tre anni elaborò designi innovativi per la Metallwarenfabrik Ruppelwerk di Gotha. Ritornò poi a Chemnitz dedicandosi alla pittura. In quel periodo tentò di vendere i brevetti di alcuni suoi modelli ai grandi magazzini Wohnbedarf. Dal 1949 al 1951 insegnò alla Hochschule für Bildende Künste di Dresda e dal 1951 al 1954 all'Institut für angewandte Kunst di Berlino Est. In quest'ultimo periodo visitò la Cina organizzandovi una mostra di design industriale patrocinata dal governo tedesco.

Marianne Brandt

1893 *Chemnitz, Germania*
1983 *Halle/Saale*

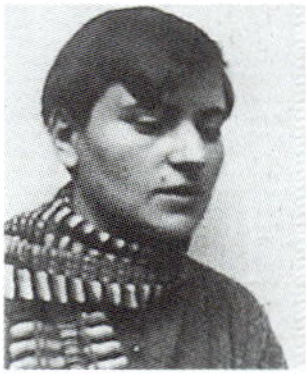

Andrea Branzi
1938 *Firenze*

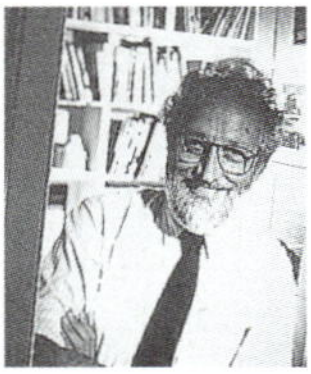

Andrea Branzi studiò architettura nella città natale. Nel 1966, insieme a **Paolo Deganello**, Gilberto Corretti (1941) e Massimo Morozzi (1941), fondò **Archizoom**, un gruppo di **Radical Design**. Il gruppo produsse molti mobili Anti-Design di grande influenza, fra cui il "seating unit" **Kitsch** *Safari* (1968) e l'ironica sedia *Mies* (1969). Branzi partecipò anche a progetti architettonici dell'Archizoom come *No-Stop City*, e dal 1972 al 1975 collaborò con numerosi scritti teorici alla rivista *Casabella*. Nel 1973 aprì a Milano uno studio di design e nel 1976, 1978 e 1980 espose alla Biennale di Venezia. Nel 1977 organizzò a Milano, insieme a **Michele De Lucchi** e Paola Navone (1950), la prestigiosa esposizione "Il Disegno Italiano degli anni 50" al Centrokappa sul Naviglio. La mostra metteva in rilievo il contributo del design italiano del dopoguerra ed ebbe un grande impatto sul design italiano degli anni '80. Sempre a Milano, nel 1979, Branzi espose con lo **Studio Alchimia**. I suoi design degli anni '80 includono il divano *Century* (1982) e la libreria *Magnolia* (1985) e ceramiche per **Memphis**. Negli anni '90 si dedicò al design di mobili più razionali per Zanotta, fra cui la sedia *Niccola* (1992). Dal 1982 al 1983 fu professore di disegno industriale all'Università di Palermo e nel 1983 fu nominato direttore didattico della scuola di design post-laurea Domus Academy a Milano. Nei quattro anni che seguirono Branzi diresse la rivista *Modo* e, per un breve periodo, fu direttore della rivista di design *Domus*. Nel 1985 realizzò la serie di mobili *Animali Domestici* e due anni dopo pubblicò un libro dallo stesso titolo, in cui sostenne che bisognava stabilire nuove relazioni tra uomo e ambiente e che bisognava pensare ai mobili negli stessi termini con cui si pensa agli animali domestici. Branzi ricevette il premio **Compasso d'Oro** nel 1987, come riconoscimento per il suo contributo al design. Dal 1991 ha diretto la Domus Design Agency di Tokyo e dal 1991 al 1993 ha preso parte al progetto "Citizen Office" del Vitra Design Museum.

▼ Sedia *Animali Domestici* per Zabro-Zanotta, 1985

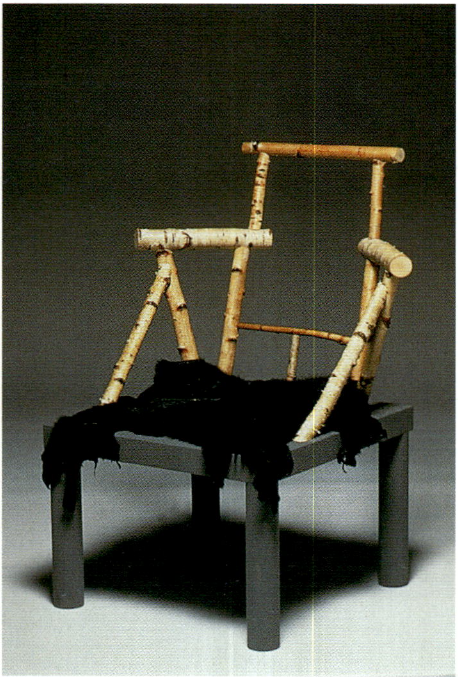

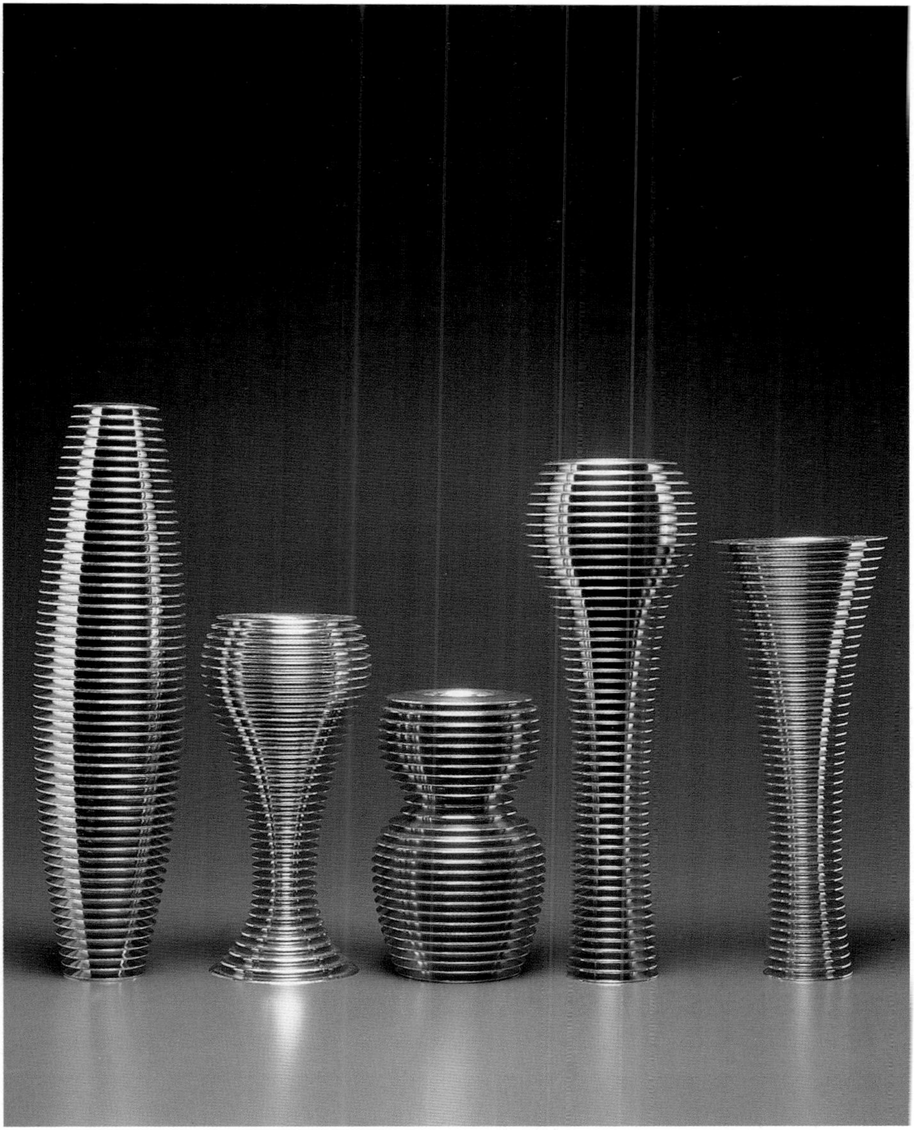

▲ Vasi in alluminio della serie *Amnesie* per la Galleria del Design di Milano, 1991

Braun

Fondata nel 1921 a *Francoforte sul Meno*

Nel 1921 Max Braun (1890–1951), ingegnere nato nella Prussia orientale, fondò a Francoforte una fabbrica per la produzione di connettori per cinghie di trasmissione e apparecchiature scientifiche. Nel 1923 cominciò a produrre componenti per l'emergente industria radiofonica e, con l'avvento della plastica nel 1925, fu tra i primi a produrre dischi combinatori e manopole in quel nuovo materiale usando presse artigianali. Nel 1928 la fabbrica si trasferì in un edificio moderno e funzionale nella Idsteiner Straße di Francoforte. L'anno dopo l'azienda cominciò a produrre le proprie radio e fu tra le prime a incorporare ricevitori e altoparlanti nella stessa unità. Nel 1932 l'azienda allargò la sua fascia di prodotti e fu tra le prime a introdurre apparecchi con radio e giradischi insieme. La Braun produsse le sue prime radio a batterie nel 1936 e nel 1937 vinse un premio all'"Exposition Internationale des Arts et Techniques dans la Vie Moderne" per "eccezionali risultati nel campo dei grammofoni". Nel 1947 la compagnia aveva già avviato la produzione in serie di radio e torce portatili *Manulux*; nel 1950 fu la volta del primo rasoio elettrico, l'*S50*. Il rasoio funzionava con un cutter oscillante schermato da una sottile lamina di acciaio, un sistema tuttora in uso. Nel 1950 la Braun lanciò sul mercato il suo primo elettrodomestico, il *Multimix*. Dopo la morte del fondatore nel 1951, alla direzione dell'azienda subentrarono i due figli, Artur (1925) ed Erwin (1921), i quali decisero di pianificare un sistematico e razionale programma di design. Nel 1952 il marchio di fabbrica Braun assunse la sua forma odierna. Nel 1953 Erwin elaborò una nuova strategia di marketing per le proprie radio che dovevano distinguersi per una linea "sobria, disinvolta e pratica" e un'estetica moderna. Allo scopo, nel 1954, fu commissionato il redesign di radio e giradischi al professore **Wilhelm Wagenfeld** e a designer che, come Fritz Eichler (1911–1991), erano legati alla **Hoch-**

▼ **Hans Gugelot & Gerd Alfred Müller**, *Sixtant SM 31*, Rasoio elettrico per Braun, 1962

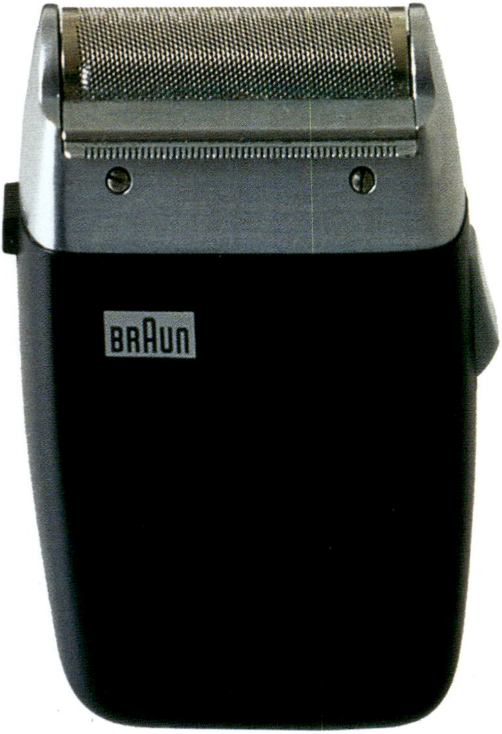

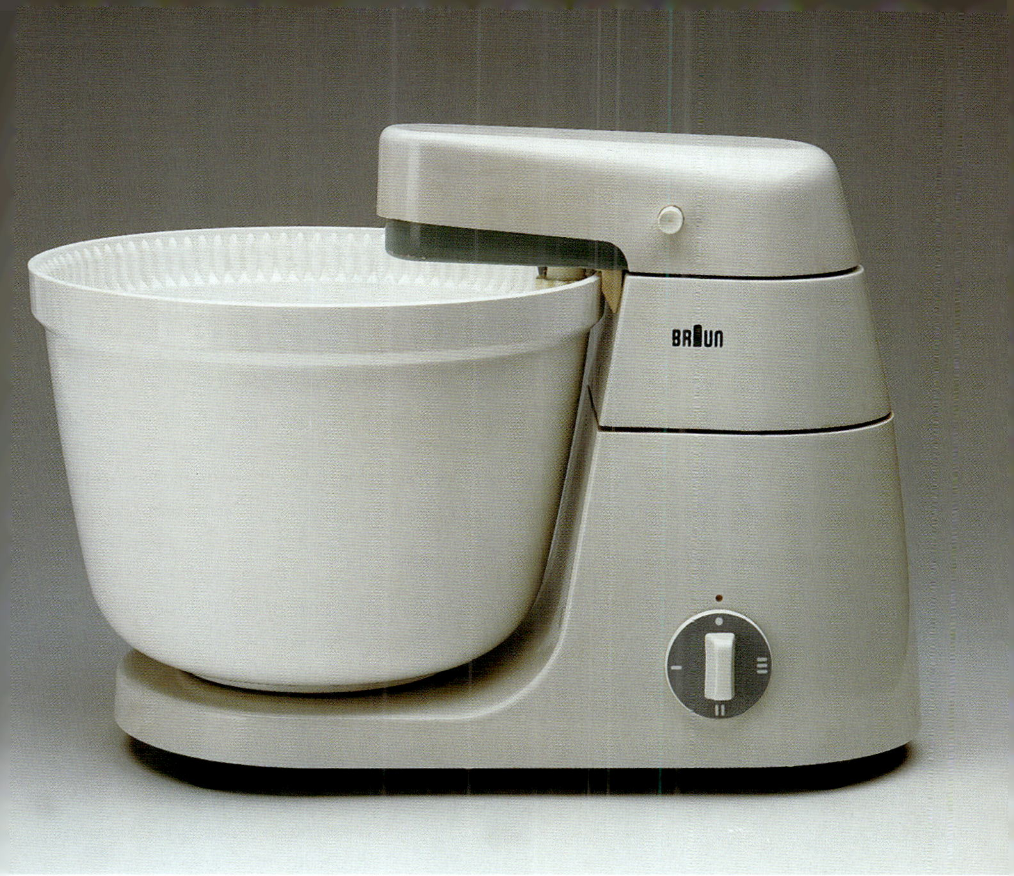

schule für Gestaltung di Ulm. La nuova linea Braun venne presentata nel 1955 alla Düsseldorf Radio Fair e suscitò grande plauso internazionale. Nel 1956 fu aperto all'interno dell'azienda un nuovo settore dedicato al design con a capo Eichler, il quale sviluppò uno stile aziendale coerente basato sulla semplicità geometrica e un approccio funzionale all'intero processo di progettazione. Lo stile Braun non fu solo usato nel design di prodotti ma applicato anche alle varie aree del **corporate design**, compresi il packaging, i logo e la pubblicità. Eichler, inoltre, commissionò ad altri designer associati alla Hochschule für Gestaltung, come **Otl Aicher**, **Hans Gugelot** e **Dieter Rams**, il design di prodotti dalla linea pulita e senza troppi ornamenti. Fra i design di questo periodo, tutti di grande prestigio internazionale, figurano la linea di radio e giradischi di Eichler ed Artur Braun e il *Phonosuper SK4* (1955) di Dieter Rams e Hans Gugelot, soprannominato "la bara di Biancaneve". Rams ideò anche la radio portatile *Transistor 1* (1956), la radio tasca-

▲ **Gerd Alfred Müller**, Mixer *KM3* per Braun, 1957

bile *T3-T4* (1958) e il primo hi-fi system a componenti *Studio 2* (1959). Nel 1955 si unì al team di designer attivi all'interno dell'azienda Gerd Alfred Müller (1932), autore nei tardi anni '50 di alcuni fra i più noti design dell'azienda, fra cui il mixer multiuso per cucina *KM3* (1957), che presentava la severa estetica razionalista tipica del design tedesco del dopoguerra. Nel 1961 Dieter Rams divenne capo del dipartimento di design dell'azienda e sette anni dopo ne fu nominato direttore. Nel 1964 il **Museum of Modern Art di New York** aprì una nuova galleria dedicata al design con una mostra dedicata all'intera linea di prodotti della Braun. Un anno dopo, sull'onda di un notevole successo commerciale, l'azienda cominciò a costruire una nuova sede a Kronberg/Taunus, vicino a Francoforte. Negli anni seguenti la Braun introdusse una serie di prestigiosi design, fra cui l'accendino *Permanent* (1966) fornito di un congegno elettromagnetico invece del tradizionale cilindro a frizione, la calcolatrice tascabile *ET22* (1976) e la prima radiosveglia (1977). Nel 1967 l'americana Gillette Company acquisì una quota di controllo della Braun AG e un anno dopo furono istituiti i Premi Internazionali Braun per il design engineering. Nel 1983 all'azienda venne assegnato il primo Corporate Design Award alla fiera commerciale di Hannover per "esemplare concezione di product design, informazione e presentazione". Nel 1990 la Braun sospese la produzione di impianti hi-fi per concentrarsi sulla produzione di articoli per l'igiene personale, fra cui il depilatore *Silk-épil EE1* (1989), la linea di rasoi di grande successo *Flex Control* (1990), lo spazzolino elettrico *Plak Control D5* (1991) e vari asciugacapelli. Negli anni '90 la Braun introdusse anche innovative macchine da caffè, tritatutto, frullatori, ferri da stiro e sveglie. Nel 1996 fu la volta del termometro a infrarossi *Thermoscan*, che segnò l'ingresso dell'azienda nel mercato

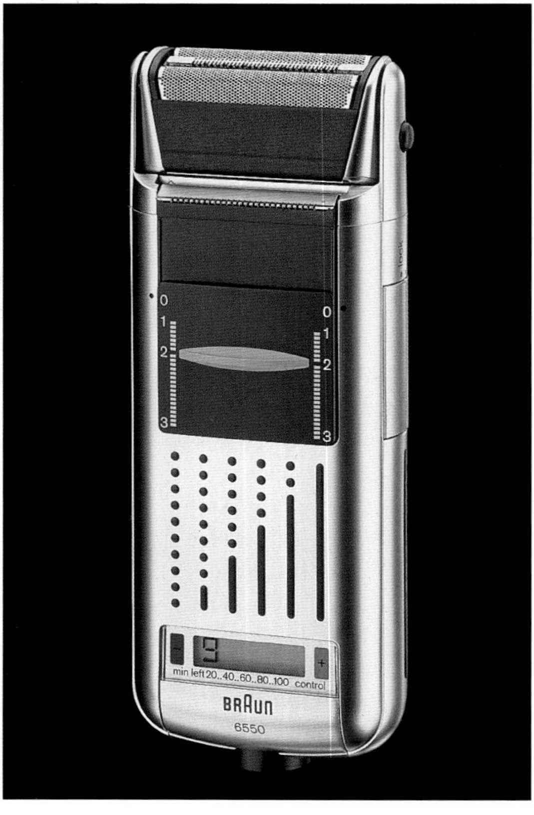

▼ **Roland Ullmann**, Rasoio *Flex Integral 6550 Ultra Speed* per Braun, 1998

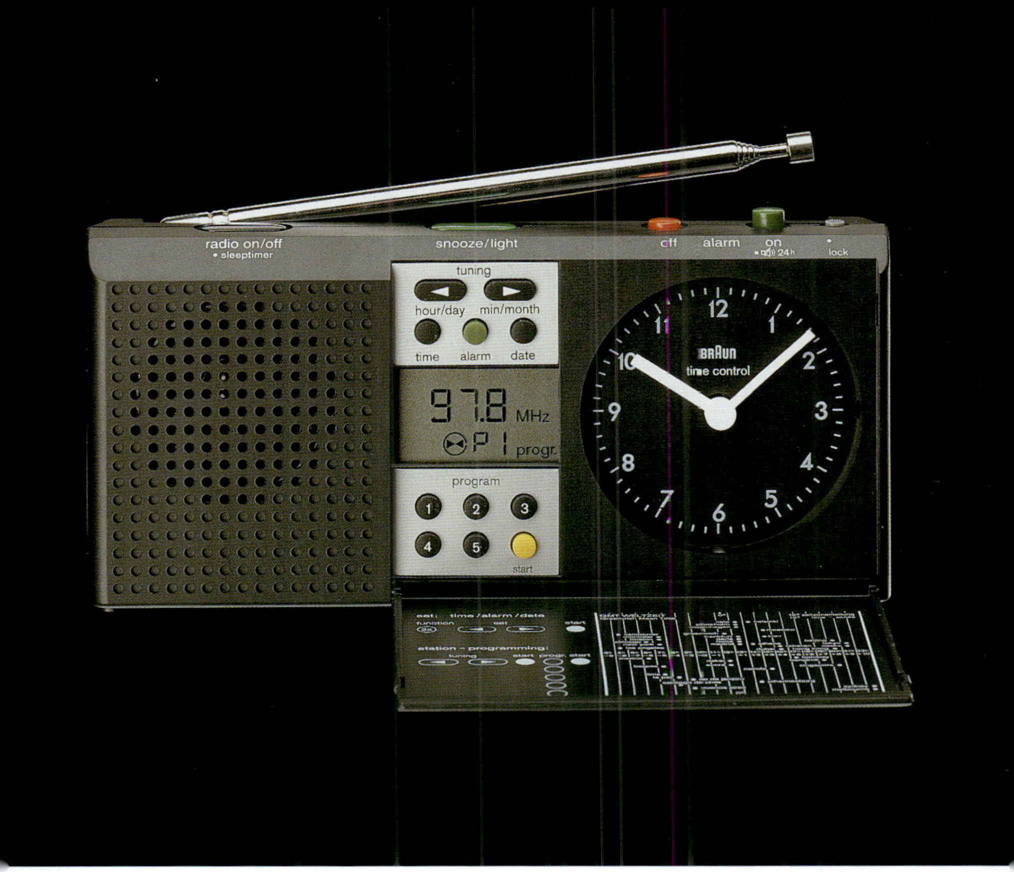

delle apparecchiature diagnostiche personali. Il successo della Braun risiede certamente nel fatto che i suoi prodotti sono il risultato dell'azione congiunta di designer, ingegneri ed esperti di marketing. L'innovazione del design va di pari passo con gli avanzamenti tecnici e funzionali e su questo principio l'azienda ha basato una vera tradizione che ha coinvolto l'intero team di designer. L'estetica tersa ed essenziale dei prodotti Braun è il risultato di una disposizione logica dei vari elementi e al contempo della continua ricerca di un'armoniosa ed equilibrata totalità.

▲ **Dietrich Lubs**, Radiosveglia digitale *ABR 314 df time control* per Braun, 1997

Marcel Breuer

1902 *Pécs, Ungheria*
1981 *New York*

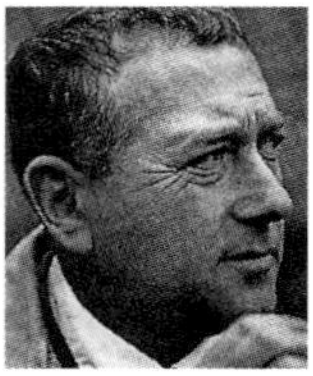

Nel 1920 Marcel Lajos Breuer vinse una borsa di studio che gli permise di studiare all'Akademie für Bildende Künste di Vienna. Insoddisfatto di quell'istituzione, vi rimase solo per un breve periodo e trovò lavoro in uno studio di architettura. Dal 1920 al 1923 studiò allo Staatliches **Bauhaus** di Weimar, completando il corso di base, l'apprendistato di falegnameria e l'esame da operaio qualificato. Nel suo apprendistato al Bauhaus, Breuer realizzò la sua *African chair* (1921) e la *Slatted Chair* (1922–1924). Completati gli studi, Breuer andò a Parigi, dove lavorò in uno studio di architettura. L'anno dopo, tornato al Bauhaus (nel frattempo trasferito a Dessau), divenne "giovane maestro" e fu nominato capo del laboratorio di falegnameria. Lì realizzò la sua prima sedia in tubolare metallico, la *B3* (1925). La scelta del materiale gli fu, a quanto sembra, suggerita dalla bicicletta marca Adler comprata di recente. Seguirono vari mobili, sempre in tubolare metallico, fra cui sedie, tavoli, sgabelli e credenze, prodotti e distribuiti dalla Standard-Möbel di Berlino. Il tubolare metallico offriva vari vantaggi: accessibilità dei prezzi, igiene e un'elasticità intrinseca senza bisogno di molle. Breuer considerava i suoi design un equipaggiamento essenziale per il vivere moderno. Al Bauhaus Breuer progettò anche interni e mobili per il nuovo complesso della scuola e per le case degli insegnanti. La sua sedia *B3* o *Wassily* fu progettata originariamente per l'abitazione di **Wassily Kandisky**. Ma Breuer non

▼ Sedia *modello n. ti 2* e sgabello *modello n. ti 13* per Bauhaus Dessau, 1924

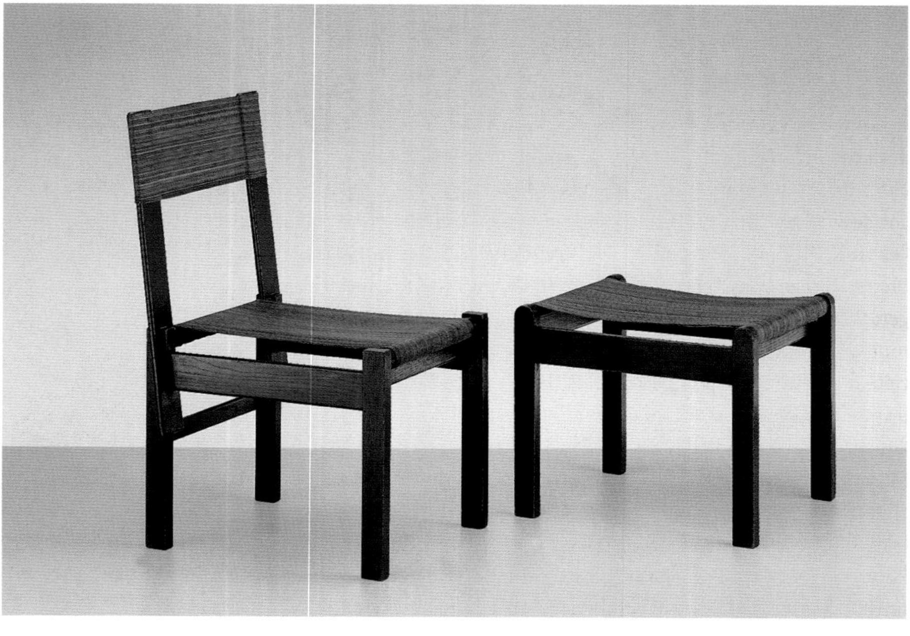

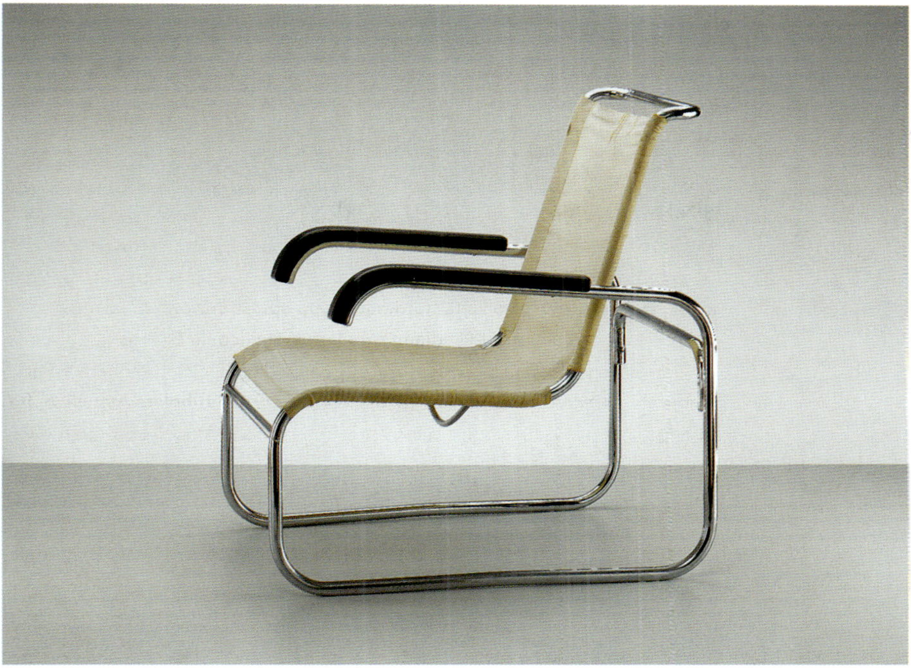

ideò solo mobili standardizzati; nello stesso stile, nel 1926, realizzò una casetta metallica e un anno dopo una casa di bambù. Contemporaneamente realizzò un grafico sull'evoluzione di sedie e mobili consimili che si concludeva con l'ideale smaterializzato di una sedia fatta di "colonne d'aria elastiche". Breuer continuò a insegnare al Bauhaus fino all'aprile 1928; nei tre anni che seguirono diresse il suo studio di architettura a Berlino, in cui lavorava l'ex studente del Bauhaus Gustav Hassenpflug (1907–1977). In quel periodo Breuer continuò a progettare mobili, interni e grandi magazzini. I suoi progetti di edifici rimasero invece sulla carta. Dal **Deutscher Werkbund** gli furono commissionati gli interni della sezione tedesca dell'esposizione "Société des Artistes Décoratifs Français" del 1930. Nel 1931, per il poco lavoro disponibile in seguito alla crisi economica, Breuer chiuse il suo studio di Berlino e compì una serie di viaggi nel Sud della Francia, in Spagna, Grecia e Marocco. L'anno dopo completò la sua prima commissione in qualità di architetto, la casa Harnischmacher di Wiesbaden, e progettò il negozio di mobili Wohnbedarf a Zurigo. Due anni dopo collaborò con Alfred (1903) ed Emil Roth (1893–1980) alla progettazione delle case Doldertal, due caseggiati sperimentali di appartamenti a Zurigo per Sigfried Giedion (1888–1968), fonda-

▲ Sedia *modello n. B35* per Gebrüder Thonet, 1928–1929

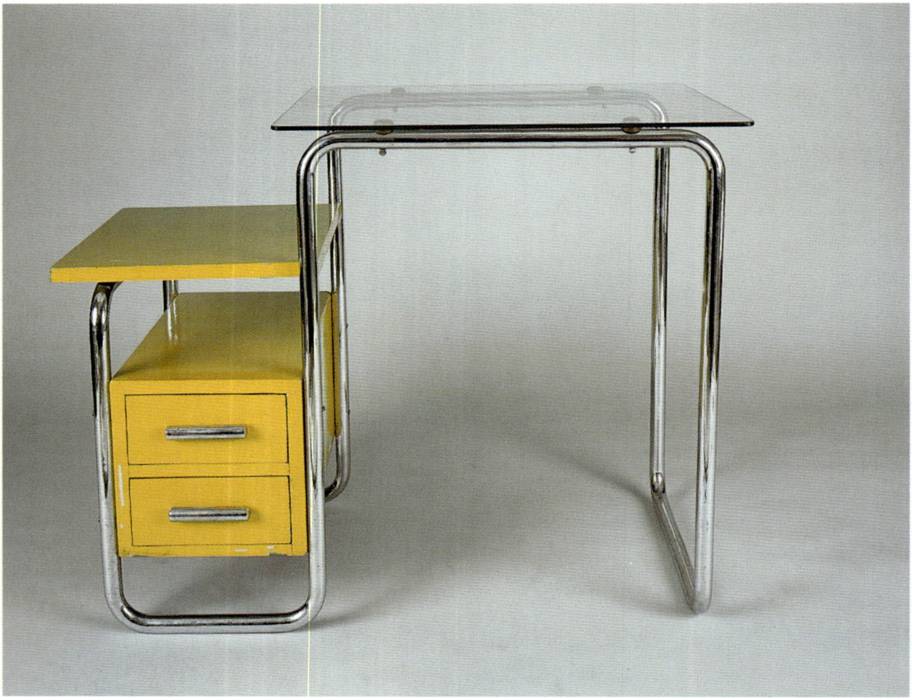

▲ Scrivania per dattilografo (variante di *B21*) per Thonet, 1928 ca.

► Sedia *Wassily modello n. B3* per Standard-Möbel e Thonet, 1925–1927

tore dell'azienda Wohnbedarf. Dal 1932 al 1934 Breuer progettò una serie di mobili flessibili usando un metodo brevettato di costruzione che impiegava lamine piatte di acciaio e alluminio. I mobili furono prodotti da Embru e commercializzati da Wohnbedarf. Nel 1933 e 1934 si recò in Svizzera e lavorò a Budapest con Farkas Molnár e Josef Fischer a un progetto architettonico non realizzato. Nel 1935, per sfuggire alla persecuzione nazista a causa delle sue origini ebreo-ungheresi, Breuer emigrò a Londra, lavorando dapprima in società con l'architetto F. R. S. Yorke (1906–1962). Insieme realizzarono molte commissioni, fra cui case in Sussex, Hampshire, Berkshire e a Bristol, nonché il Gane Pavilion a Bristol (1936), per il quale si usò legno e pietra locale (una bella differenza rispetto all'estetica di acciaio e vetro del Bauhaus). Breuer e Yorke progettarono anche un "Civic Centre for the Future", poi non realizzato. Tra il 1935 e il 1937, quale controllore del design per l'azienda Isokon di Jack Pritchard, Breuer produsse cinque design di mobili in compensato, più che altro rielaborazioni di precedenti suoi design in metallo. In questi design per la Isokon si rifletteva la popolarità dei primi mobili in compensato di **Alvar Aalto**, esposti in Gran Bretagna nel 1933. Tre anni dopo, a

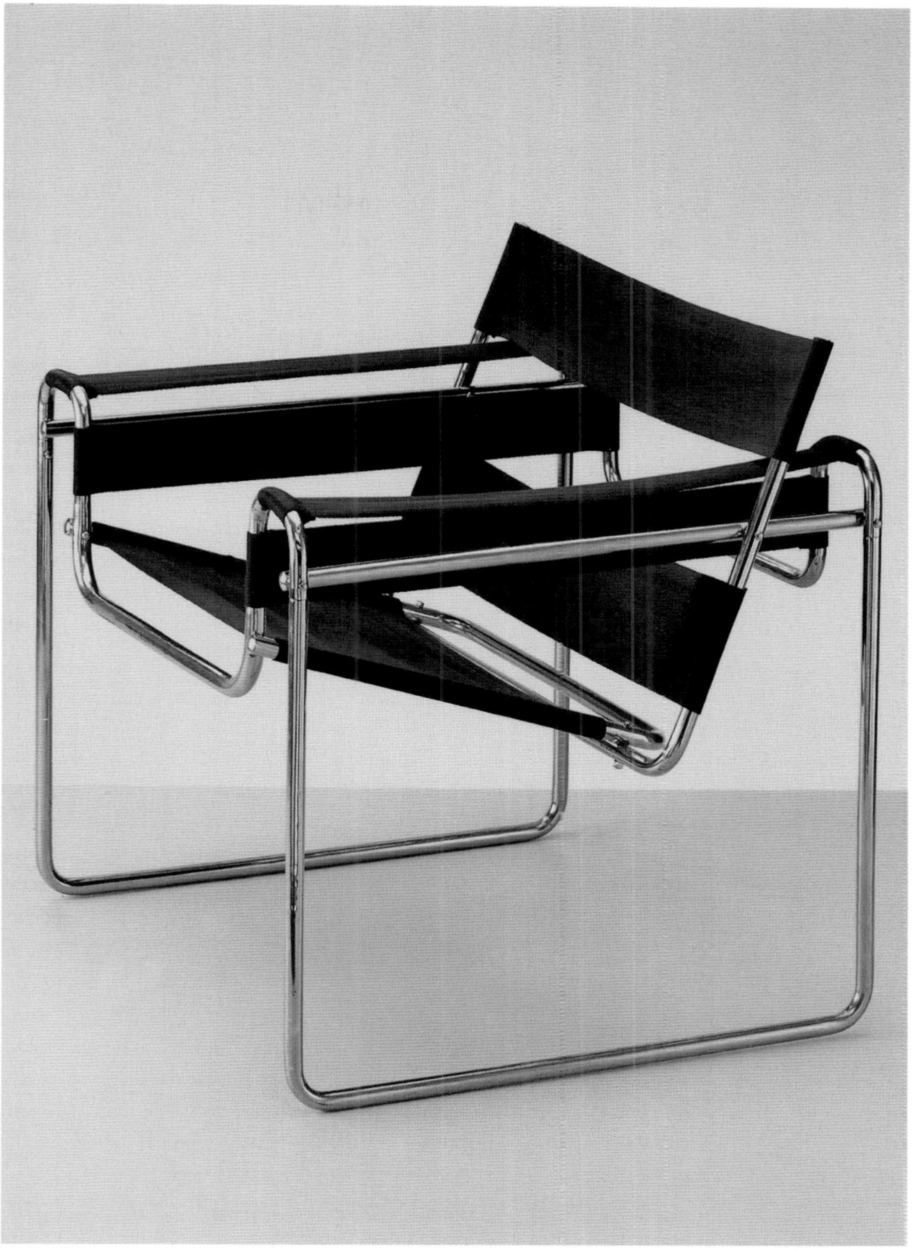

Londra, Breuer progettò una serie di mobili in compensato per Heal & Sons. Nel 1937 Breuer si trasferì negli USA: **Walter Gropius** gli aveva offerto una cattedra d'insegnamento alla School of Design della Harvard University, a Cambridge (Massachusetts). Nel Massachusetts i due avviarono anche uno studio di architettura progettando il Pennsylvania Pavilion alla Fiera Mondiale di New York del 1939 e diverse case private, compresa la stessa casa di Gropius. Nel 1941 Gropius e Breuer sciolsero la società e Breuer aprì un proprio studio di architetto trasferendosi nel 1946 a New York. Nei tardi anni '40 e '50 Breuer progettò qualcosa come settanta case private, soprattutto nel New England. Nel 1947 fu la volta della propria casa a New Canaan (Connecticut). Nello stesso anno il **Museum of Modern Art di New York** organizzò una mostra itinerante delle sue opere; l'anno dopo lo invitò a costruire una casa economica su terreni del museo, adatta alle necessità di una famiglia media americana. Per questo progetto realizzò dei mobili economici in compensato. Nel 1953 Breuer fece parte del team che progettò il nuovo edificio dell'UNESCO a Parigi e progettò i grandi magazzini Bijenkorff a Rotterdam. Nel 1956 fondò a New York la Marcel Breuer and Associates, e intorno a quella data, come **Le Corbusier,** fece del calcestruzzo il suo materiale d'elezione. Lo usò in modo innovativo e altamente scultoreo nel suo progetto del monumentale Whitney Museum of American Art di New York (1966).

▾ Sedia per Isokon Furniture Company, 1936

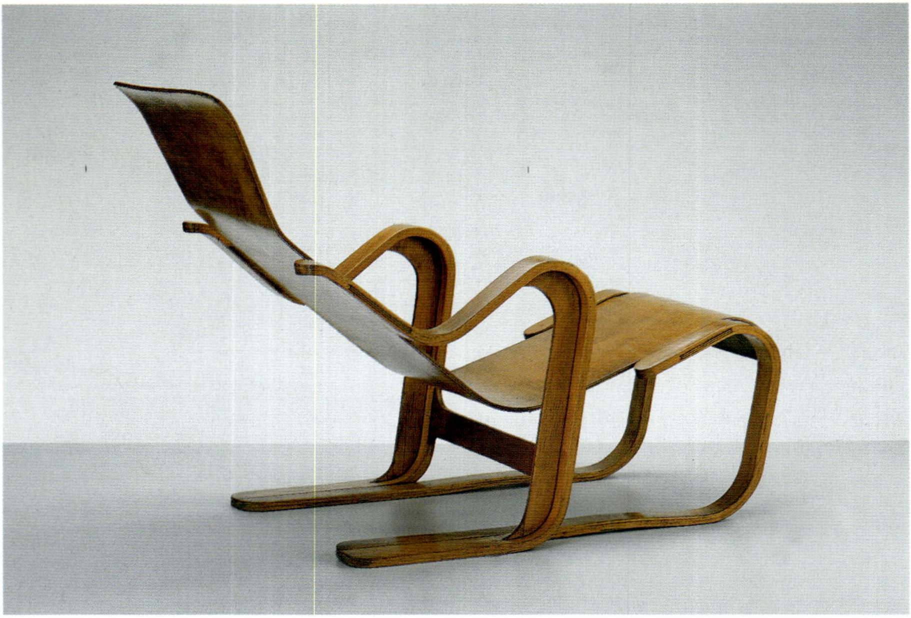

▸ Sedia *modello n. 301* prodotta da Ebru per Wohnbedarf, 1932–1934

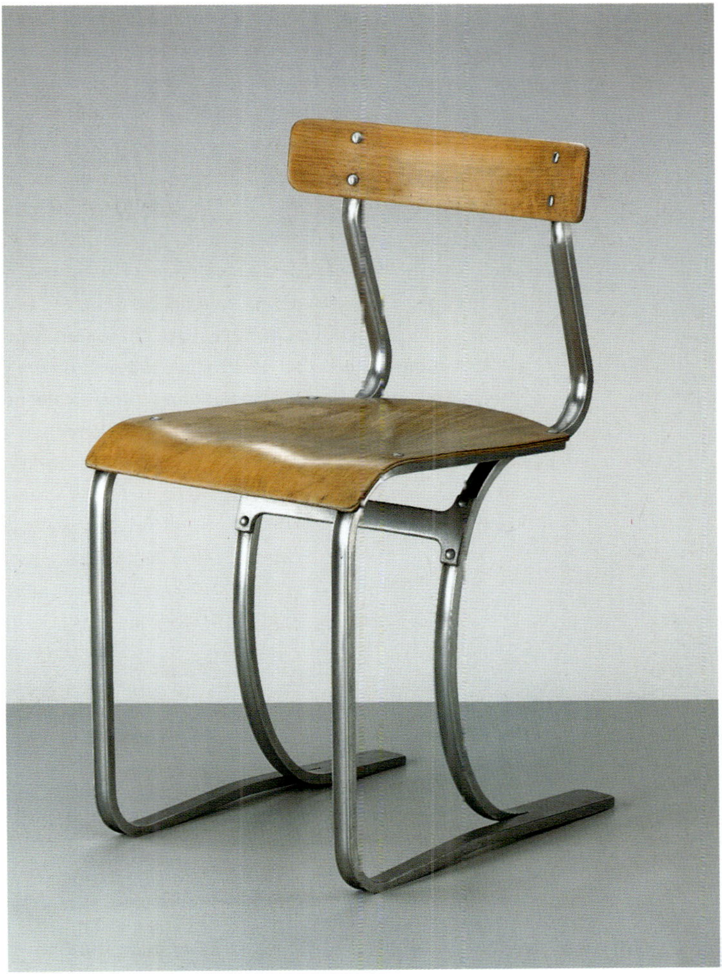

Breuer è stato uno dei più importanti esponenti del **Modern Movement**; il fascino duraturo dei suoi mobili semplici e lineari, fra cui le sedie di enorme successo *B3* e *B32* o *Cesca* (1928), testimoniano la sua grande padronanza dell'estetica e dei metodi di produzione.

Neville Brody

1957 *Londra*

Neville Brody frequentò un corso di belle arti e poi studiò design grafico al London College of Printing dal 1976 al 1979. In seguito realizzò copertine di dischi per diverse etichette indipendenti, fra cui la Stiff Records. Nel 1981 fu nominato art director della rivista musicale *The Face*, rivolta al pubblico giovanile. Attraverso l'uso di caratteri tipografici sperimentali postmoderni Brody sviluppò una forte identità della rivista, creando un nuovo linguaggio grafico anticonvenzionale di forte impatto visivo e denso di esuberanza giovanile. I suoi caratteri destrutturavano la forma delle lettere acquisendo così un significato simbolico.

Dal 1983 al 1987 Brody lavorò per la rivista londinese *City Limits*, specializzata in recensioni di spettacoli, e per le riviste *New Socialist* e *Touch*. Nel 1986 lasciò *The Face* e cominciò a lavorare per la rivista *Arena*. Nel 1988 tenne una retrospettiva della sua opera al **Victoria & Albert Museum** di Londra. Intorno al 1986 Brody si allontanò dallo stile grafico piuttosto empirico che lo aveva contraddistinto, uno stile denominato "New Romantic" e sempre più imitato. Sotto l'influenza dei nuovi media elettronici, cominciò a produrre grafica con i computer Apple Macintosh. Esempi del suo nuovo stile anni '90 sono i lavori grafici per la rivista *Fuse*.

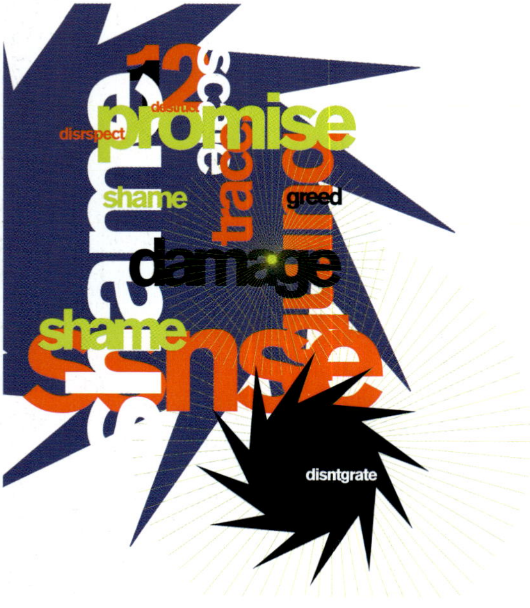

► Poster per "Fuse 94 Fuse Lab Conference and Exhibition" al Royal College of Art, Londra, 1994

◄ Copertina per la rivista *Fuse*, 1994

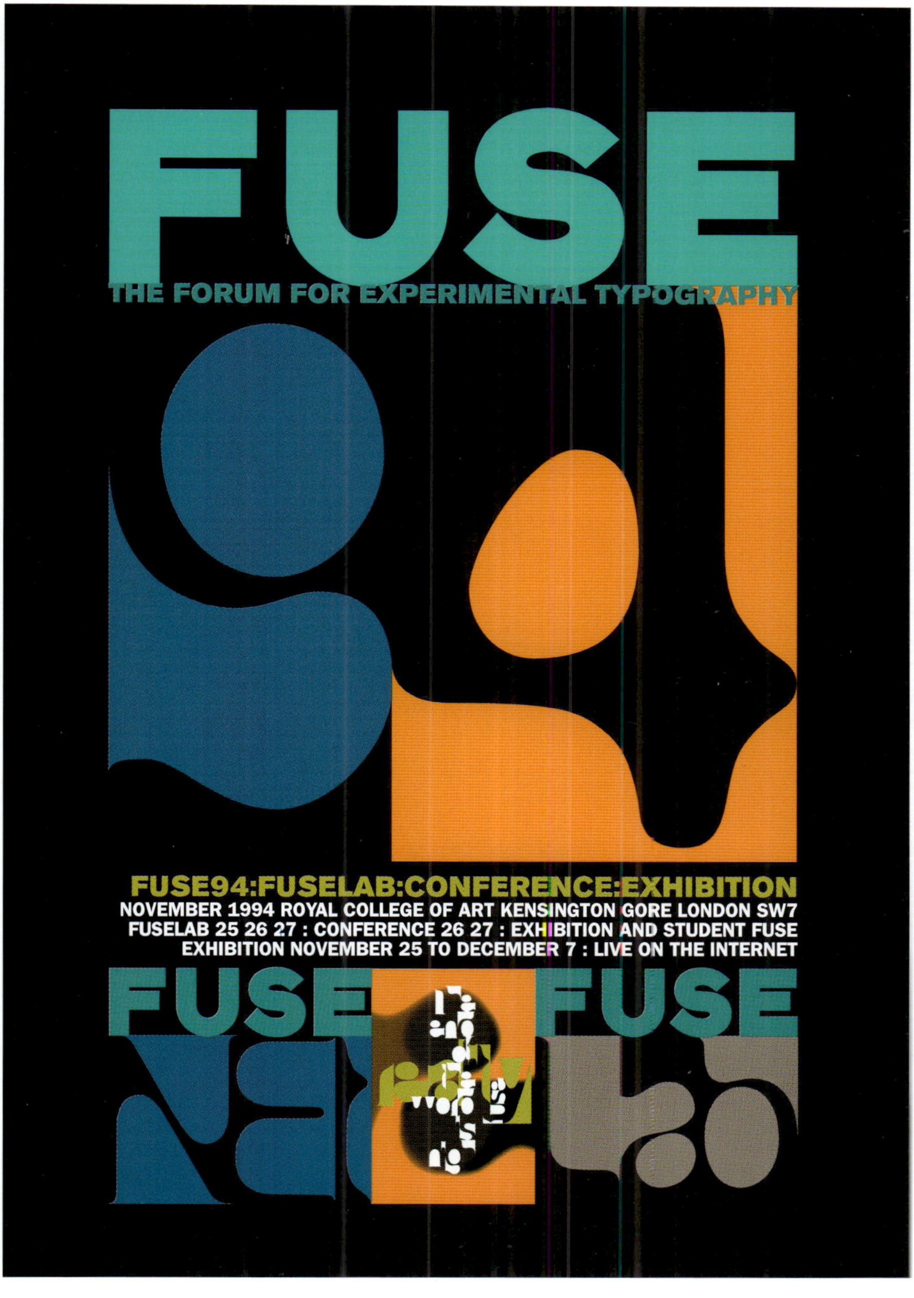
FUSE
THE FORUM FOR EXPERIMENTAL TYPOGRAPHY
FUSE94:FUSELAB:CONFERENCE:EXHIBITION
NOVEMBER 1994 ROYAL COLLEGE OF ART KENSINGTON GORE LONDON SW7
FUSELAB 25 26 27 : CONFERENCE 26 27 : EXHIBITION AND STUDENT FUSE
EXHIBITION NOVEMBER 25 TO DECEMBER 7 : LIVE ON THE INTERNET
FUSE
FUSE

Carlo Bugatti

1855 *Milano*
1940 *Molsheim, Francia*

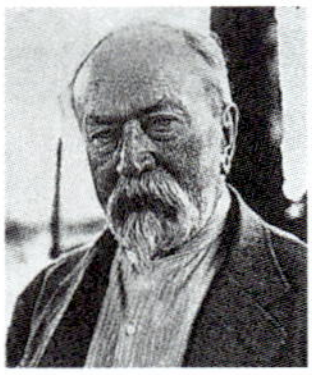

▼ Sedia *Cobra* per la Sala *Chiocciola* dell'Esposizione di Torino, 1902

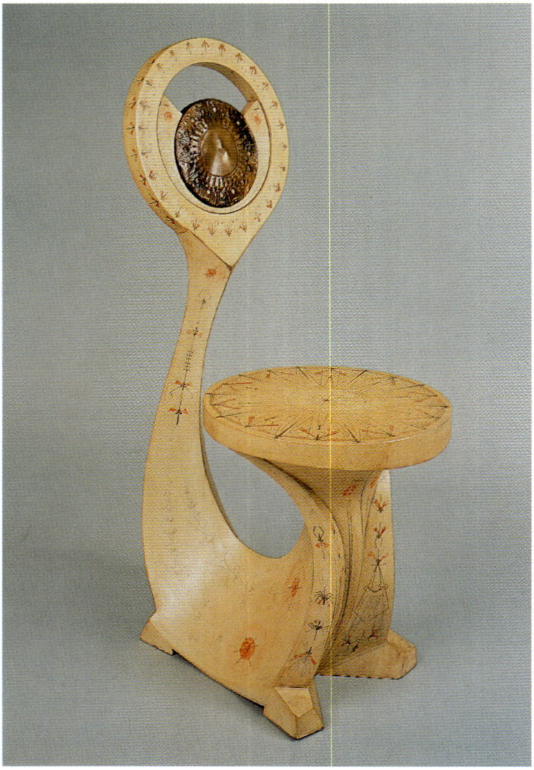

Carlo Bugatti studiò all'Accademia di Belle Arti di Brera a Milano, e all'École des Beaux-Arts di Parigi. I primi mobili che si conoscono furono progettati nel 1880 per la sorella Luigia, in occasione del suo matrimonio col pittore Giovanni Segantini (1858–1899). Gli altri design del periodo erano spesso di forma asimmetrica, ricoperti di pergamene decorate e mostravano frequentemente influenze giapponesi. Nel 1888 Bugatti aprì a Milano un laboratorio di ebanisteria e decorazione. Intorno al 1900 adottò uno stile moresco: i suoi mobili si arricchirono di ornamenti e intarsi metallici. Egli espose le sue opere all'"Exposition Universelle" di Parigi del 1900 vincendo una medaglia d'argento. Nello stesso anno creò mobili per il palazzo del Kedive di Istanbul; a Londra, per Cyril Flowers, primo Lord Battersea, progettò uno schema d'interni completamente unitario, uno dei primi esempi di **Gesamtkunstwerk**. Nel 1902 ricevette il diploma d'onore all'"Esposizione Internazionale d'Arte Decorativa Moderna" di Torino per il suo design di quattro interni, fra cui la notevole Sala *Chiocciola*. Questo interno, che comprendeva le sedie biomorfe *Cobra* (1902) ed era più organico dei suoi precedenti progetti, assicurò a Bugatti una fama internazionale di designer eccentrico e altamente originale. Nel 1904 vendette la sua ditta di decorazioni milanese a De Vecchi e si trasferì a Parigi, dove aprì un laboratorio di ebanisteria. I suoi mobili vennero venduti dai grandi magazzini Bon Marché. Realizzò anche design di argenteria, prodotta ed esposta per la prima volta da A. A. Hébrard nel 1907 e poi messa in mostra alle esposizioni del "Salon des Artistes Décorateurs". A Parigi Bugatti dedicò gran parte del suo tempo libero alla pittura. Anche i figli ebbero molto successo nei loro rispettivi campi di attività: Ettore (1881–1947) fu designer di automobili e Rembrandt (1885–1916) fu scultore di bronzi animali.

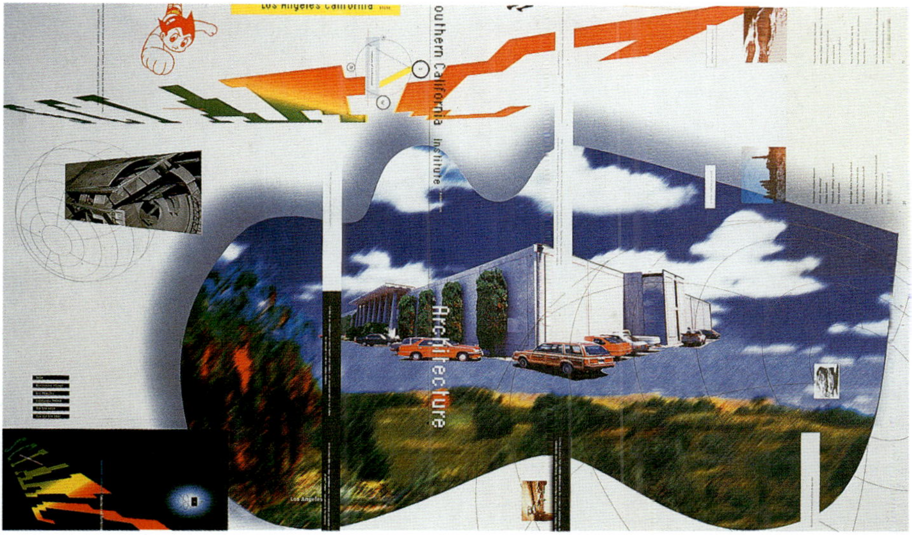

California New Wave

Il termine California New Wave si riferisce al prestigioso stile grafico post-moderno sviluppato da designer attivi sulla costa occidentale americana durante gli anni '80. Designer come **April Greiman** e Lucille Tenazas crearono uno stile a strati combinando caratteri tipografici moderni come il Garamond e il Baskerville e immagini assemblate a mo' di collage. Ispirata dai nuovi media elettronici, la grafica della California New Wave produce il significato dei messaggi filtrandoli attraverso strati che producono forti qualità tridimensionali e profondità visiva. Attraverso l'uso del software della Apple Macintosh, i designer della California New Wave crearono un linguaggio fatto di immagini ibride, quasi dei messaggi in codice; la disposizione delle immagini, apparentemente casuale, riesce a trasmettere una rinfrescante vitalità. Dello stile California New Wave si fecero portavoci anche designer grafici come Rudy VanderLans (1955) e la moglie Zuzana Licko (1961), che insieme lanciarono la grafica di grande formato della rivista *Émigré* nel 1982.

▲ **April Greiman**, Poster per Southern California Institute – Arc Admissions, 1993

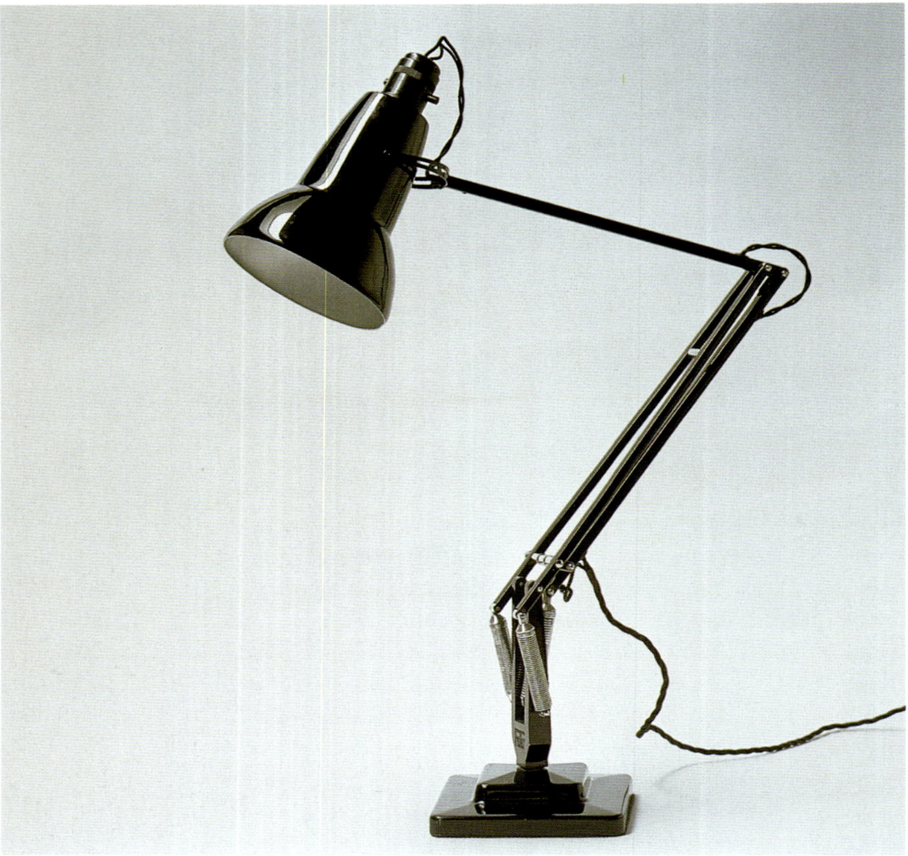

George Carwardine
1887–1948

▲ Lampada da lavoro *Anglepoise* per Herbert Terry & Sons, 1932

George Carwardine, direttore della Carwardine Associates di Bath, era un ingegnere automobilistico specializzato in sistemi di sospensione. Nel 1932 brevettò il design di una lampada da tavolo articolata, la *Anglepoise*. L'innovativo design, che permetteva una grande flessibilità di posizioni, si basava sul principio di costante tensione degli arti umani; la molla della lampada, infatti, agisce in modo molto simile ai muscoli. Prodotta in notevoli quantità per oltre cinquant'anni dal fabbricante inglese Herbert Terry di Redditch, il brevetto venne acquistato nel 1937 dal designer norvegese Jacob Jacobsen (1901), che già si occupava di luci ed era stato molto influenzato dalla *Anglepoise* quando aveva progettato una lampada analoga, la *Luxo 1001*, a sua volta di grande successo. La lampada di Cawardine, prodotta poi in Norvegia e commercializzata con altro nome, ebbe una grande influenza sulle generazioni successive di lampade da lavoro.

Cassandre, il cui vero nome era Adolphe Jean Édouard-Marie Mouron, studiò pittura dal 1918 al 1921 all'Académie Julian di Parigi, dove ebbe come docenti Lucien Simon (1861–1945) e René Menard (1862–1930). Il suo primo manifesto di grande formato, per il negozio di mobili parigino Au Bûcheron, apparve nel 1923. L'immagine, molto dinamica, mostrava un muscoloso boscaiolo al lavoro, con sullo sfondo superfici marcate e geometriche simili a raggi e si distingueva per un enfatico stile **Art Déco**. Cassandre prese parte

A.M. Cassandre

1901 *Kharkov, Ucraina*
1968 *Parigi*

▼ Poster per Chemin de Fer du Nord, 1927

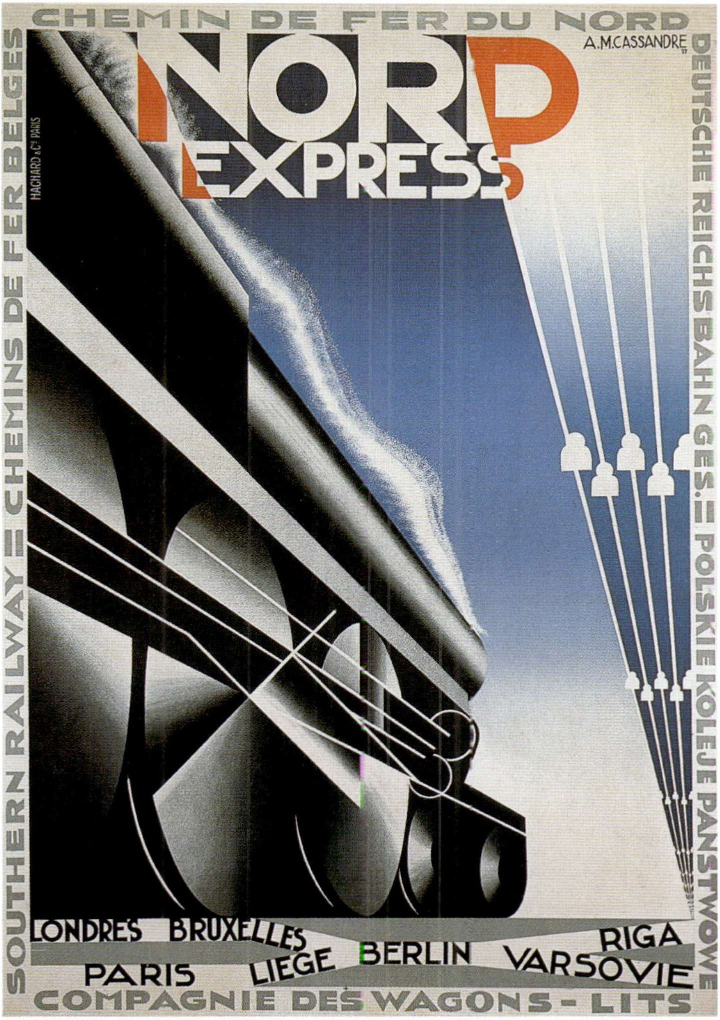

attivamente all'**avant-garde** parigina degli anni '20, fu amico degli artisti Robert Delaunay (1885–1941) e Fernand Léger (1881–1955), del poeta Guillaume Apollinaire (1880–1918) e del compositore Erik Satie (1866–1925). La sua opera fu influenzata dal Cubismo e dal moderno design industriale. Dal 1923 lavorò sotto lo pseudonimo A. M. Cassandre. I suoi design di manifesti ferroviari per la Compagnie des Chemins de Fer du Nord, come quello per l'*Étoile du Nord* del 1927, gli assicurarono una certa fama. Fondò poi, insieme a Charles Loupot (1898–1962) e Maurice Moyrand, l'agenzia di design e consulenza pubblicitaria Alliance Graphique Internationale; nel 1930 entrò a far parte dell'UAM (Union des Artistes Modernes). Nella sua carriera Cassandre realizzò diverse centinaia di poster, fra cui pubblicità dell'aperitivo *Pivolo* (1924), del quotidiano *L'Intransigeant* (1925), di Pernod (1934), Dubonnet (1934) e del transatlantico *Normandie* (1935). Usando forme fortemente geometriche, il metodo di lavoro di Cassandre cominciava sempre col testo e con la scelta del carattere tipografico, per poi passare agli elementi figurativi del poster; più che stendere messaggi, Cassandre riteneva che fosse più importante trasmetterli. Recatosi negli Stati Uniti in diverse occasioni per lavori di grafica, Cassandre progettò anche palcoscenici teatrali dotati, come i suoi poster, di una forte monumentalità. Ideò anche il carattere tipografico *Bifur*, altamente stilizzato e quintessenza dell'Art Déco. Il carattere fu diffuso dalla fonderia Deberny & Peignot nel 1929. Altri caratteri tipografici ideati da Cassandre furono *Acier Nord* (1930), *Peignot* (1936), indicati soprattutto per testi, e infine *Cassandre* (1968). Oltre a insegnare all'École des Arts Décoratifs dal 1934–1935, Cassandre gestì una sua piccola scuola di design, contando fra i suoi allievi figure come **Raymond Savignac**, Bernard Villemot (1911–1989) e André François (1915). Nel 1963 creò il famoso monogramma YSL per Yves Saint Laurent. Cinque anni dopo si tolse tragicamente la vita.

▾ Poster per French Line, 1930 ca.

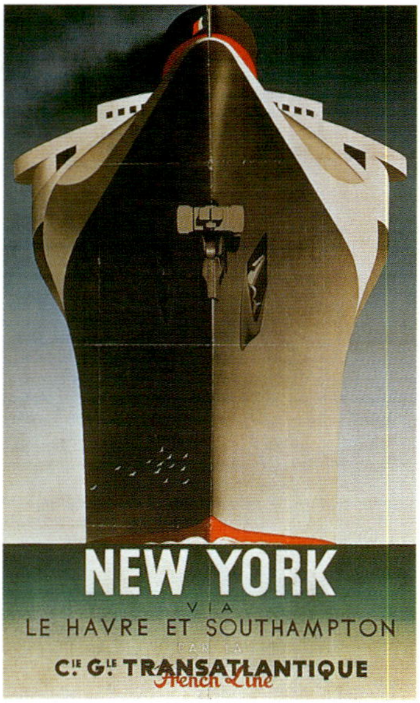

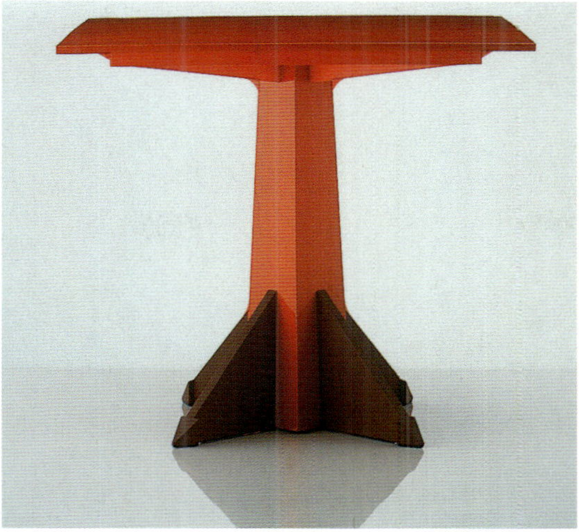

◄ Tavolo in plastica stampata a iniezione *modello n. 4300* per Kartell, 1982

Anna Castelli Ferrieri

1920 *Milano*

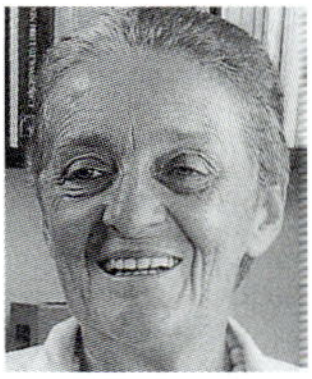

Anna Ferrieri studiò architettura al Politecnico di Milano dal 1938 al 1943 ed ebbe come docente **Franco Albini**, nel cui studio lavorò in seguito per un breve periodo. Nel 1943 sposò l'ingegnere chimico Giulio Castelli, fondatore nel 1949 della **Kartell**, fabbrica di materie plastiche. La Ferrieri fu membro fondatore del Movimento Studi per l'Architettura di Milano e nel 1946 aprì nella stessa città uno studio di architettura. L'anno dopo divenne direttrice della rivista *Casabella-Costruzioni* e per cinque anni fu corrispondente dall'Italia della rivista londinese *Architectural Design*. Nel 1952 entrò a far parte dell'Istituto Nazionale di Urbanistica e quattro anni dopo divenne membro fondatore dell'Associazione per il Disegno Industriale (ADI). Tra il 1959 e il 1973 si mise in società con Ignazio Gardella (1905), insieme al quale aveva progettato un condominio a Milano nel 1951. Nel 1965 rivolse l'attenzione al disegno industriale e l'anno dopo cominciò a lavorare come consulente al design per Kartell, progettando oggetti nelle plastiche di più recente introduzione. I suoi contenitori cilindrici in ABS stampato a iniezione *4953–54–55–56* (1969) ebbero grande successo perché potevano essere sovrapposti in vari modi per risparmiare spazio. Per lo sgabello *4830* (1979) Castelli Ferrieri utilizzò una struttura che combinava tubolare metallico e ABS, mentre la seduta era fatta di poliuretano espanso rigido. Altri suoi famosi design comprendono il tavolo richiudibile *4300* (1982) e il tavolo *4310* (1983), prodotti in un tecnopolimero avanzato. Per la sua abilità di designer e l'esperienza nelle tecnologie plastiche, Anna Castelli Ferrieri venne nominata direttrice del design del Centrokappa, lo studio di design interno alla Kartell.

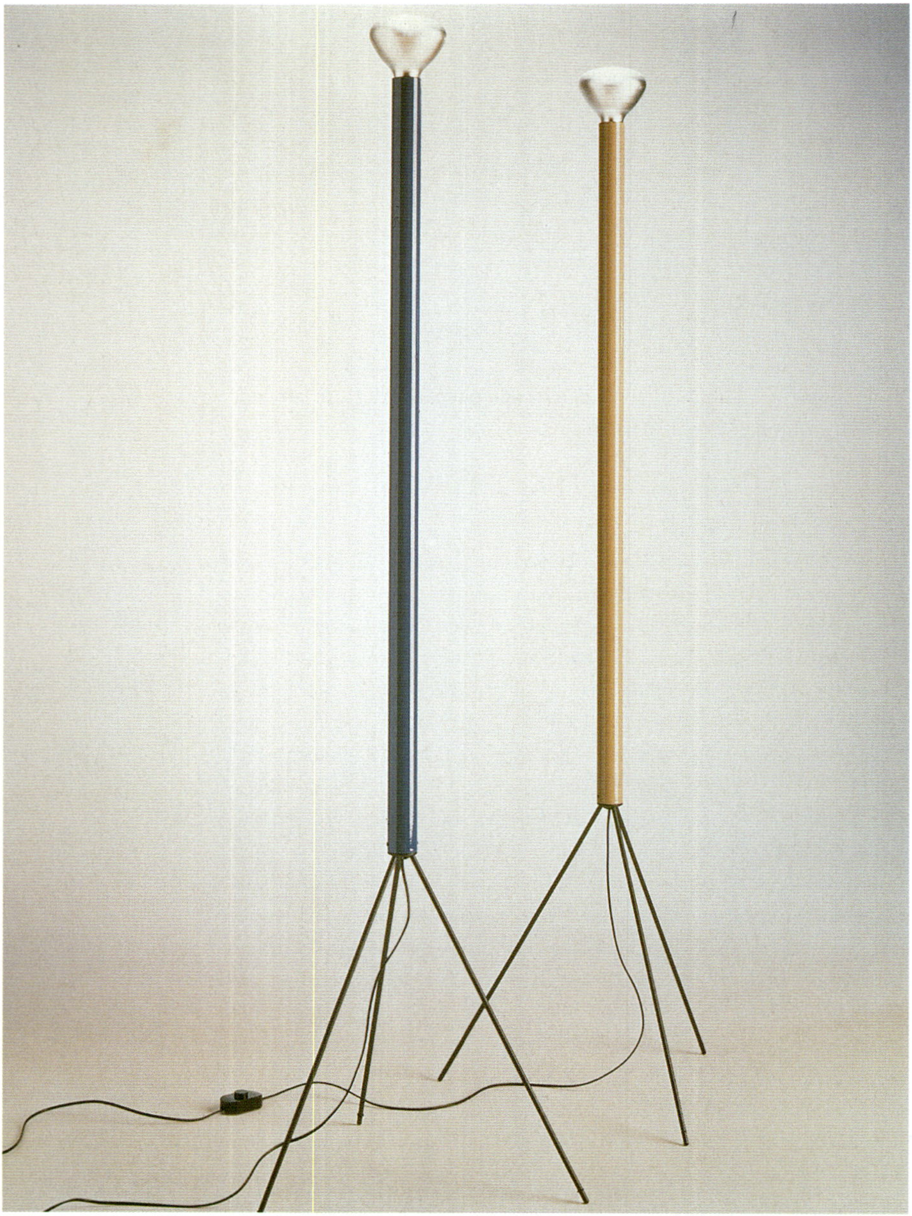

▲ **Achille & Pier Giacomo Castiglioni**, Lampada da terra *Luminator* per Gilardi e Arform, 1955

► **Achille Castiglioni**, Lampada da tavolo direzionale *Gibigiana* per Flos, 1980

Livio, Pier Giacomo & Achille Castiglioni

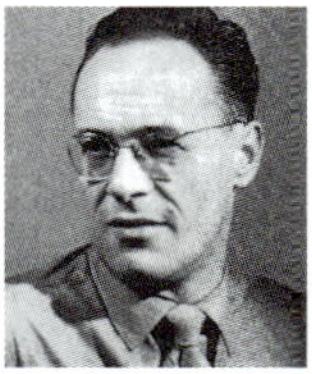

Livio Castiglioni

1911 *Milano*
1979 *Milano*

Il più anziano dei fratelli Castiglioni, Livio, studiò architettura al Politecnico di Milano laureandosi nel 1936. Nel 1938 Livio e Pier Giacomo aprirono uno studio insieme a Luigi Caccia Dominioni (1913), realizzando design di posate in argento e in alluminio. *Phonola* (1939), il loro design più importante, fu la prima radio italiana in bachelite e come tale cambiò il futuro design delle radio, fino ad allora per lo più col telaio in legno. Al design fu assegnato una medaglia d'oro alla VII Triennale di Milano del 1940, per la quale i Castiglioni allestirono anche un'intera mostra dedicata alla radio. Dal 1940 al 1960 Livio lavorò come consulente di design prima per l'azienda Phonola, dal 1939 al 1960, e poi per Brionvega, dal 1960 al 1964. Dal 1959 al 1960 Livio fu presidente dell'ADI (Associazione per il Disegno Industriale); ideò anche molte presentazioni audiovisive e collaborò con i fratelli più giovani a molti progetti di illuminazione. Il suo design più conosciuto, la lampada *Boalum* a forma di serpente (1970), venne eseguito in collaborazione con Gianfranco Frattini (1926). Pier Giacomo e Achille Castiglioni si laurearono al Politecnico di Milano rispettivamente nel 1937 e nel 1944. Achille lavorò nello studio dei fratelli maggiori in Piazza Castello e negli anni del dopoguerra si dedicò a progetti di urbanistica, commissioni di architettura, mostre e product design. I fratelli furono estremamente attivi collaborando all'istituzione delle esposizioni della Triennale di Milano, dei premi **Compasso d'Oro** e dell'ADI. Quando Livio lasciò la società nel 1952, i due fratelli minori continuarono a collaborare fino alla morte di Pier Giacomo nel 1968. Progettarono l'esposizione "Colori e forme nella casa d'oggi" alla Villa Olmo di Como, dove, per la prima volta, esposero i loro design readymade del 1957, lo sgabello *Mezzadro* che incorporava un sedile di trattore e lo *Sgabello per telefono* con un sedile di bicicletta. I fratelli crearono anche design meno

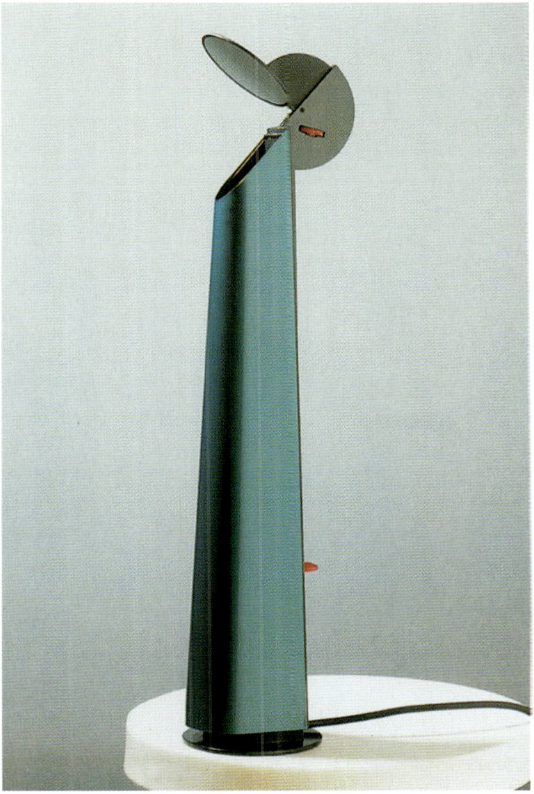

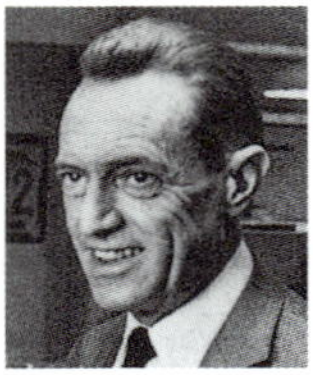

Pier Giacomo Castiglioni

1913 *Milano*
1968 *Milano*

▼► **A. & P. G. Castiglioni**, Sgabello readymade *Mezzadro*, 1957 (poi prodotto da Zanotta)

▼ **A. & P. G. Castiglioni**, Sgabello readymade *Sella*, 1957 (poi prodotto da Zanotta)

radicali, come la poltrona *Sanluca* (1959) in stile Neo-Liberty per il mobiliere Dino Gavina, del quale arredarono gli uffici aziendali nel 1963. Altre importanti creazioni di Pier Giacomo e Achille Castiglioni comprendono la lampada da scrivania *Tubino* (1951), la lampada da terra *Luminator* (1955), la lampada da terra *Arco* (1962) e la lampada da tavolo *Taccia* (1962). Nel 1966 progettarono il sedile *Allunaggio*, ispirato alla prima discesa sulla luna. La lunga e prestigiosa lista dei loro clienti include **Kartell**, Zanotta, Brionvega, Bernini, Siemens, **Knoll**, Poggi, Lancia, Ideal Standard e Bonacina.
Dopo la morte di Pier Giacomo, Achille continuò a lavorare nel design industriale, creando pezzi famosi come la lampada da tavolo *Lampadina* (1972) per Flos, lucide ampolle per olio e aceto (1980–1984) per Alessi e la lampada da tavolo direzionale *Gibigiana* (1980) per Flos. I fratelli ebbero notevole influenza sulla successiva generazione di designer italiani; Pier Giacomo insegnò, infatti, al Politecnico di Milano dal 1946 al 1968 mentre Achille fu professore di design artistico industriale dal 1970 al 1977 e professore di architettura d'interni e design dal 1977 al 1980 al Politecnico di To-

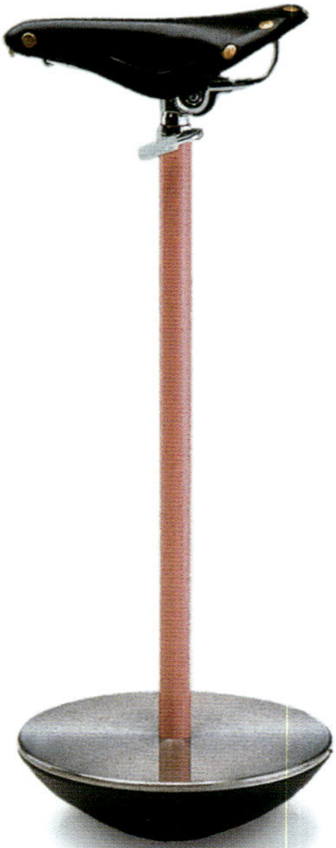

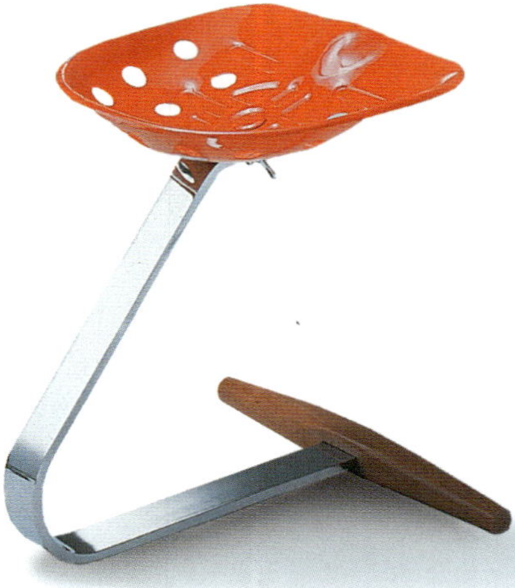

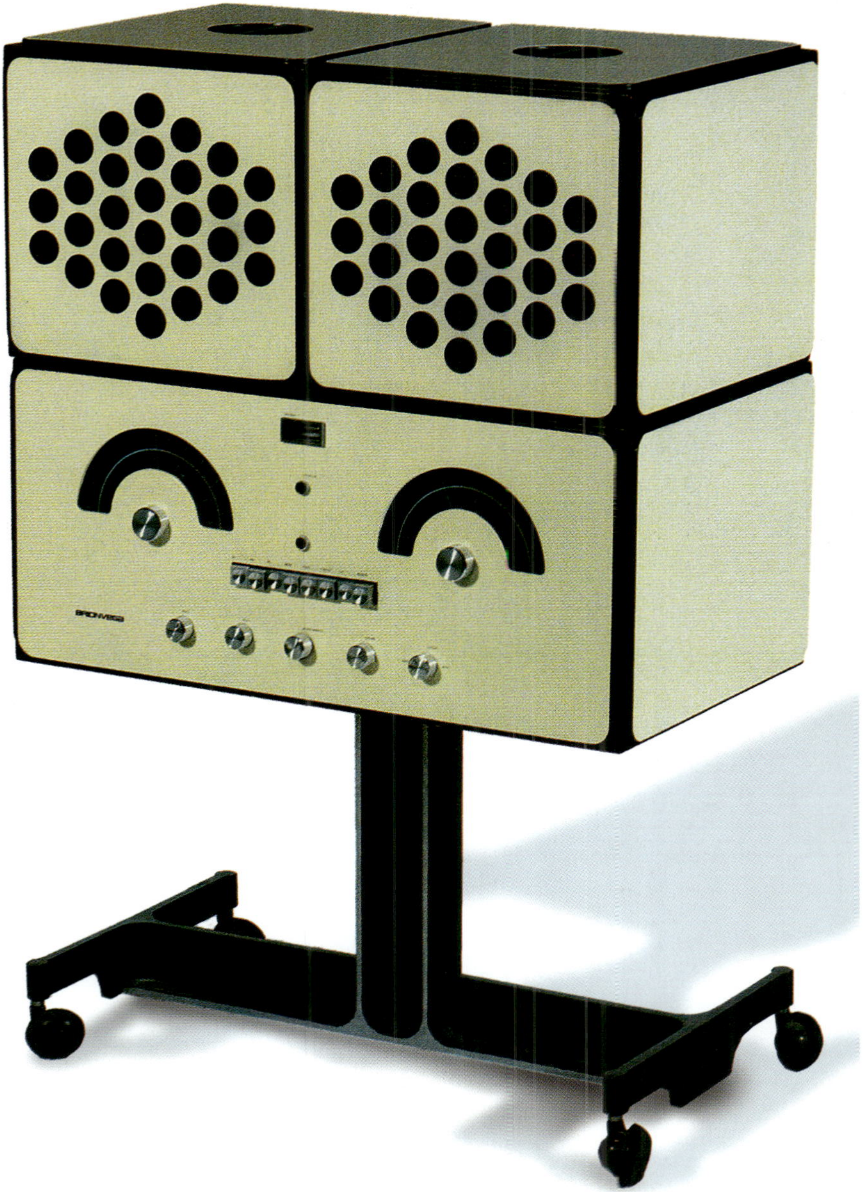

▲ **Achille & Pier Giacomo Castiglioni**, Giradischi con altoparlanti per Brionvega, 1966

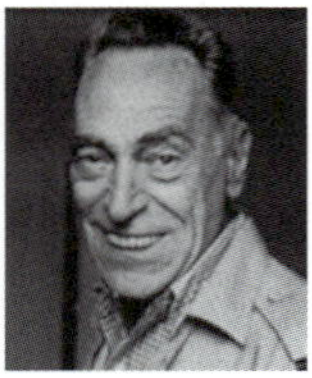

Achille Castiglioni
1918 *Milano*

rino. Inoltre, dal 1981 al 1986 Achille Castiglioni fu prima professore di design d'interni al Politecnico di Milano e poi professore di disegno industriale. Nella sua lunga carriera, durata più di mezzo secolo, Achille Castiglioni ha ricevuto otto volte il premio Compasso d'Oro e numerosi altri premi dedicati al design. Il linguaggio che lui e i fratelli hanno saputo costruire aveva solide radici nel **Razionalismo** ma era al contempo mitigato da una sorta di ironia e dalla tendenza a forme scultoree, un approccio piuttosto insolito al design che è stato descritto come "espressionismo razionale". Tutto ciò, insieme alla grande qualità dei design, strutturalmente innovativi quanto esteticamente piacevoli, fanno di Achille Castiglioni una delle più importanti figure del design italiano del XX secolo.

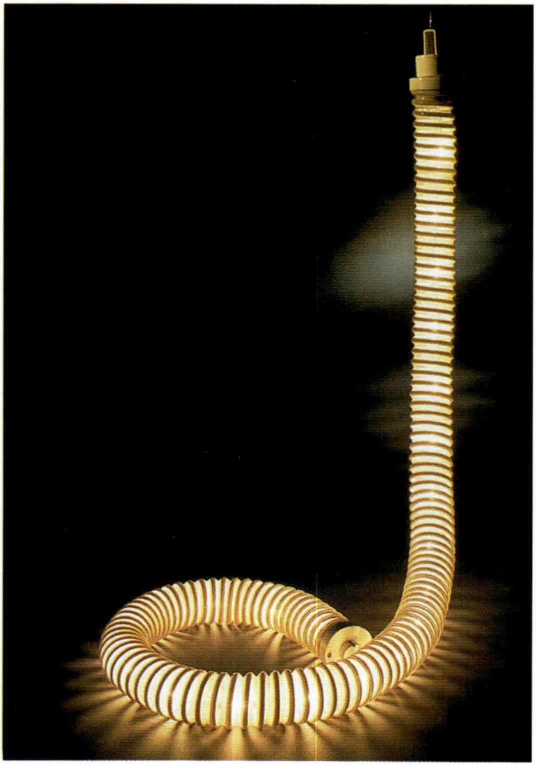

◂ **Livio Castiglioni & Gianfranco Frattini**, Lampada *Boalum* per Artemide, 1969

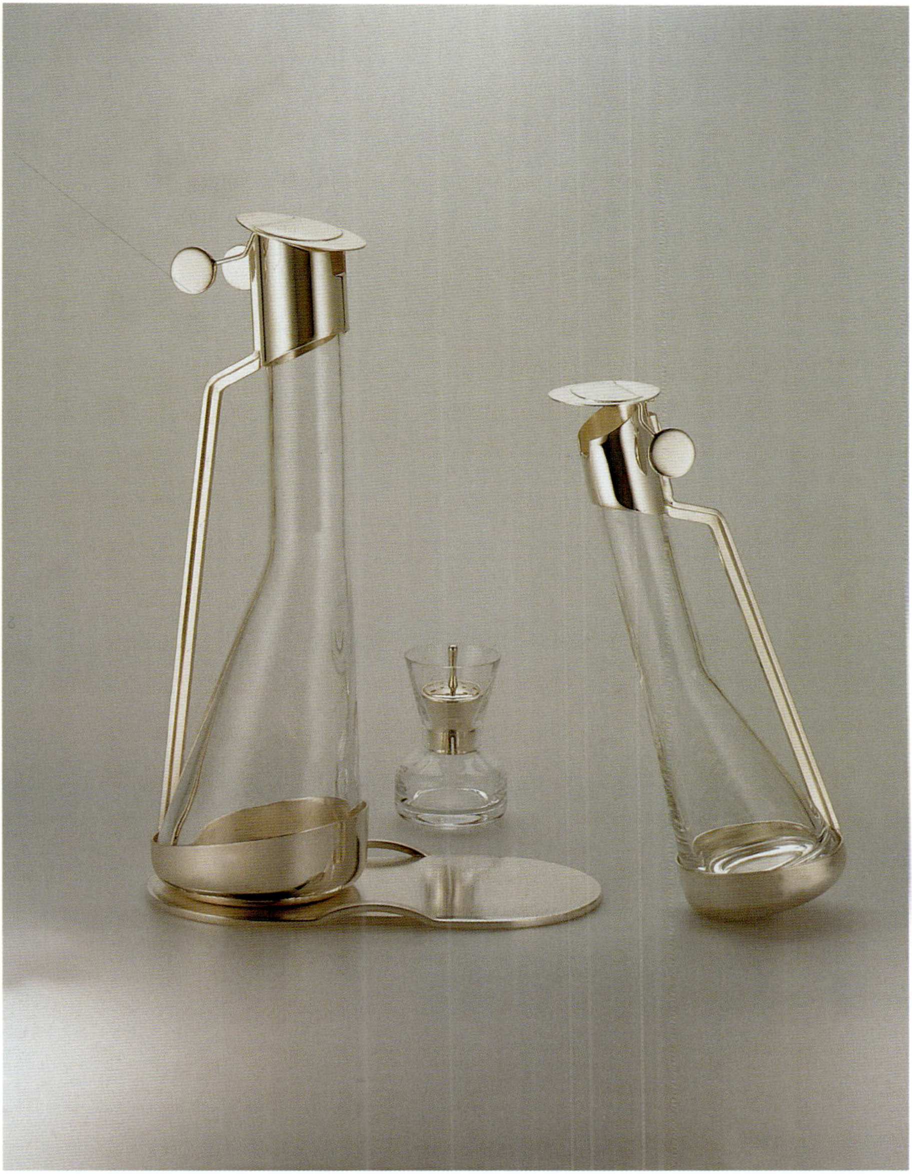

▲ **Achille Castiglioni**,
Oliera e acetiera
AC01 per Alessi, 1980

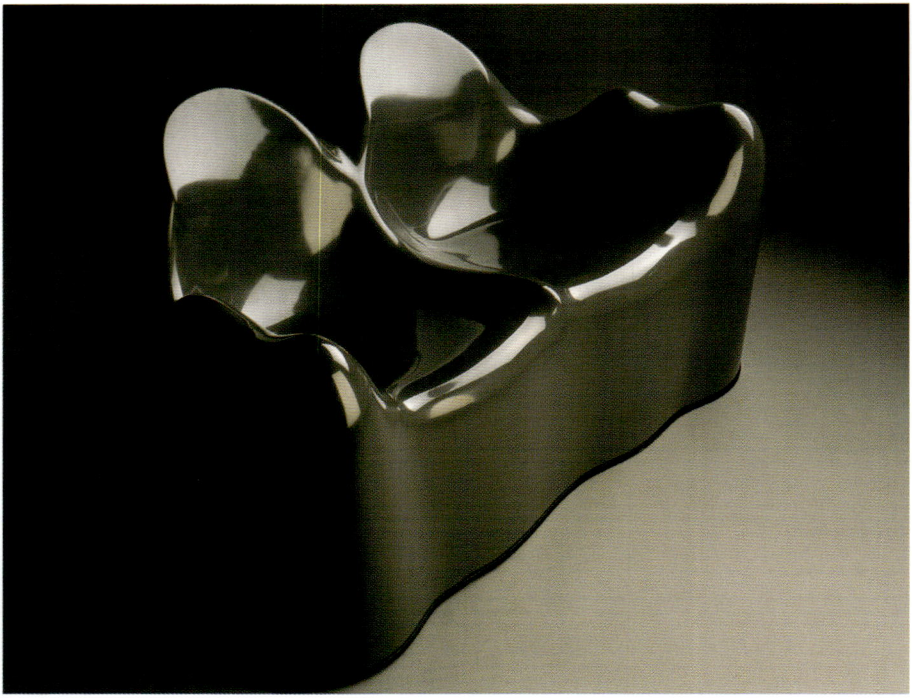

Wendell Castle

1932 *Emporia, Kansas*

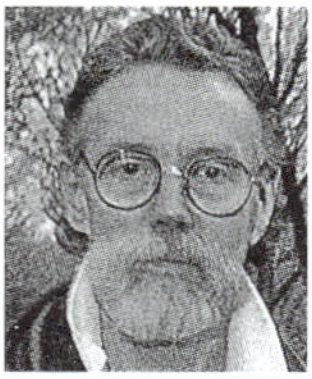

▲ Divano *Molar* per Beylerian, 1969

Wendell Castle studiò scultura all'Università del Kansas. La sua breve sperimentazione col fibreglass durante gli anni '60 diede origine a una serie di mobili organici e altamente scultorei, fra cui le serie *Castle* e *Molar* (entrambi del 1969); la forma del divano *Molar*, ad esempio, trae ispirazione da quella dei denti posteriori. Intorno al 1970 Castle si dedicò a progettare e confezionare mobili con legno laminato come il *Two-Seater love-seat* (1979). Dal 1976 ha creato mobili scultorei e straordinariamente illusionistici ricavandoli da legno massiccio e usando tecniche d'intaglio virtuosistiche alla *trompe-l'oeil*, fra cui *Coatrack with Trench Coat* e *Chair with Sports Coat* (entrambi del 1978). Nel 1980 Castle fondò una scuola per la lavorazione artigianale del legno, The Wendell Castle Workshop, e negli anni successivi si concentrò su design ispirati allo stile **Art Déco**. Usando materiali esotici finemente lavorati, l'intenzione di Castle era di "continuare ciò che con **Jacques-Émile Ruhlmann**, l'ultimo dei grandi ebanisti, si era interrotto". Verso la metà degli anni '80 Castle adottò un approccio al design più espressionistico. Le superfici delle opere di questo periodo, fra cui la scrivania e la sedia *Dr. Caligari* (1986), sono dipinte o trattate mentre le forme sono meno funzionali e più cariche di valori simbolici.

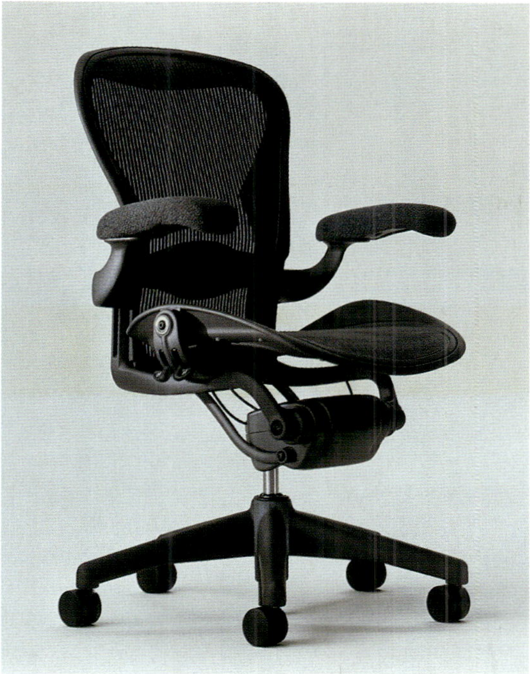

◂ **Don Chadwick & Bill Stumpf**, Sedia da ufficio *Aeron* per Herman Miller, 1992

Don Chadwick

1936 *Los Angeles*

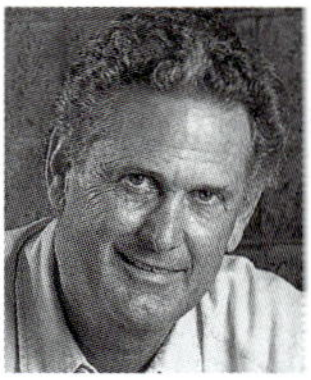

Don Chadwick studiò disegno industriale all'University of California di Los Angeles laureandosi nel 1959. Lavorò poi nello studio di architettura Victor Gruen & Associates. Nel 1964 Chadwick aprì uno studio di design a Los Angeles; i suoi primi lavori comprendono design per apparecchiature aerofotografiche e per l'industria aerospaziale. Nel 1974 progettò il sistema *Modular Seating* per **Herman Miller**, usando un trattamento a freddo del poliuretano. Nel 1977 Chadwick formò una società con **Bill Stumpf**, ex vicepresidente della sezione ricerca e design della Herman Miller, dando vita allo studio di consulenza Chadwick, Stumpf & Associates di Winona, Minnesota. I design più importanti di questo studio furono mobili da ufficio moderni per Herman Miller, fra cui il desk system *C-Forms* (1979), i mobili ergonomici *Ergon* (1970–1976) ed *Equa* (1984) e l'altamente innovativa sedia da ufficio *Aeron* (1992), che usa un reticolo di poliestere gonfiabile per la seduta e lo schienale.

Pierre Chareau

1883 *Bordeaux, Francia*
1950 *Easthampton, Massachusetts*

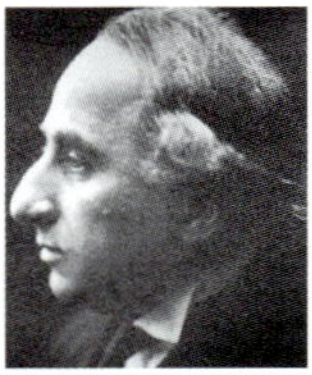

Dal 1899 circa al 1914 Pierre Chareau lavorò a Parigi come disegnatore per il mobilificio britannico Waring & Gillow. Nel 1919 aprì uno studio di architettura e design realizzando design di mobili, luci e interni, fra cui lo studio e la camera da letto dell'appartamento parigino di Annie Dalsace. Questi interni, con i mobili a loro associati, vennero esposti al Salon d'Automne del 1919. Altri interni e mobili furono esposti al Salon d'Automne del 1920 suscitando l'apprezzamento della critica. Nel 1922 per la prima volta espose la sua opera al Salon des Artistes Décorateurs. Nel frattempo si era inserito a pieno titolo nel mondo dell'**avant-garde** parigina e cominciò a collezionare opere di Modigliani, Braque, Klee, **Raoul Dufy**, Ernst, Mondrian e altri. Un anno dopo Chareau lavorò insieme a Fernand Léger (1881–1955) e **Robert Mallet-Stevens** alle scene del film *L'Inhumaine* di Marcel L'Herbier. Nel 1924 aprì il negozio *La Boutique* e cominciò a lavorare insieme al fabbro Louis Dalbert. Le loro opere vennero esposte quello stesso anno alla mostra "Groupe des Cinq". Nel 1925 Chareau espose mobili e interni all'"Exposition Internationale des Arts Décoratifs et Industriels Modernes" di Parigi, dove conobbe l'architetto olandese Bernard Bijvoët (1889–1979). I due collaborarono eseguendo diverse commissioni, fra cui il Clubhouse di Beauvallon (1926) per Émile Bernheim, e la rivoluzionaria Maison de Verre di Parigi in acciaio e vetro (1928–1933), progettata per Jean e Annie Dalsace. Nel 1925 Chaureau progettò i mobili per la casa-studio realizzata da **Le Corbusier** per

▾ Tessuto di seta *Les Cigares*, 1929–1930

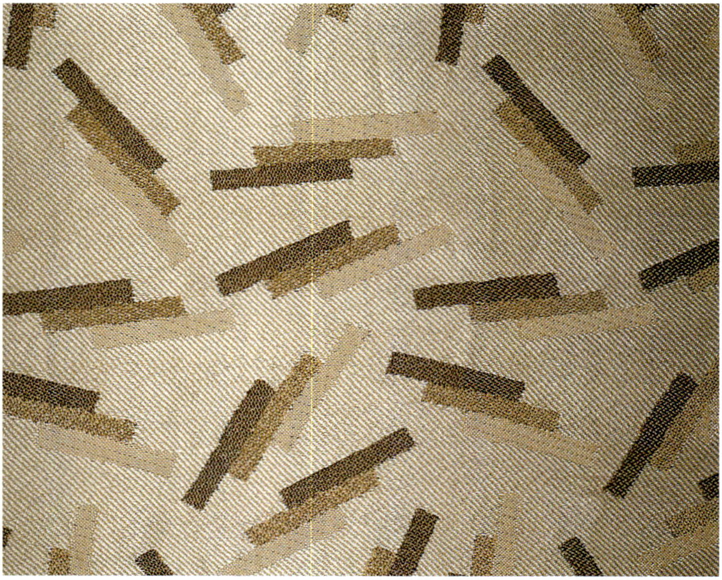

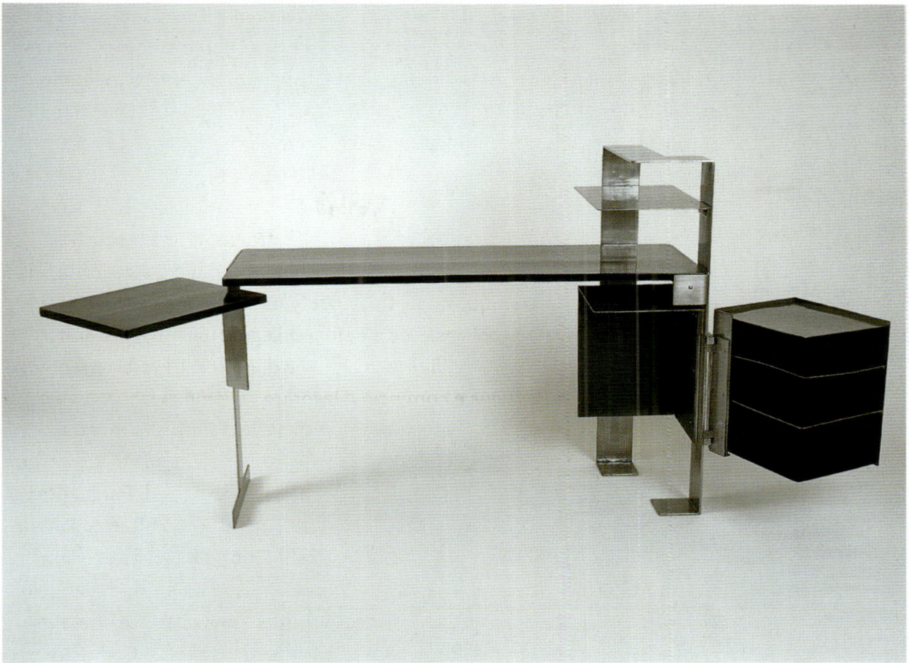

Jacques Lipchitz. Nei tardi anni '20 i suoi design non seguivano più la tradizione decorativa francese ma erano ormai manifestamente moderni. Senza dubbio influenzati da Le Corbusier, gli interni e l'architettura di Chareau erano ora concepiti come "macchine per abitare" e i suoi mobili realizzati per funzionare come "equipaggiamento". Nel 1929 Chareau lasciò la Société des Artistes Décorateurs e divenne membro fondatore dell'UAM (Union des Artistes Modernes). Durante la depressione degli anni '30 Chareau ricevette poche commissioni. Nel 1936, tuttavia, espose al Salon d'Automne mobili scolastici ripieghevoli; nel 1939 ricevette la sua ultima commissione in terra di Francia: il design di mobili che si potessero costruire utilizzando casse da spedizione, per i soldati destinati alle colonie. Nell'autunno del 1940 Chareau emigrò in America, raggiunto l'anno dopo dalla moglie Louise. A New York lavorò per l'attaché culturale francese organizzando mostre su Balzac e Daumier. Uno degli ultimi progetti di cui si occupò fu la trasformazione di una Quonset hut (sorta di baracca in lamiera) in una casetta da weekend per l'artista Robert Motherwell (1915–1991) a East Hampton (Long Island).

▲ Tavolo da ufficio *modello n. MB 744*, 1927

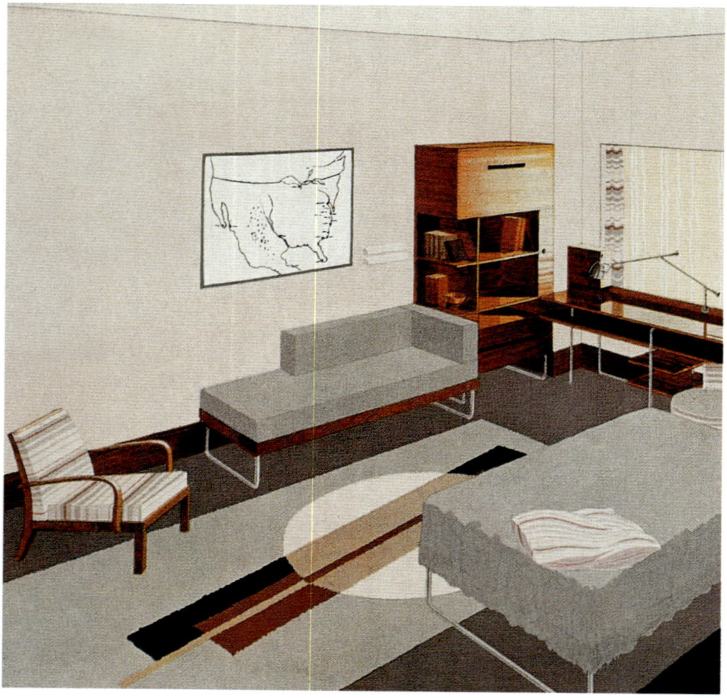

Serge Ivan Chermayeff

1900 Grozni, Azerbaigian
1996 Wellfleets, Massachusetts

Serge Ivan Chermayeff emigrò in Gran Bretagna nel 1910 stabilendosi a Londra. Dal 1928 al 1931 fu condirettore, insieme a **Paul Follot**, del Modern Art Studio del mobilificio Waring & Gillows. Un anno dopo si abilitò come architetto e dal 1931 al 1933 gestì uno studio di design e architettura. Una successiva collaborazione con l'architetto Erich Mendelsohn (1887–1953) durata tre anni ebbe come risultato il De La Warr Pavilion, Bexhill-on-Sea (1933–1936), la Nimmo House, Chalfont-St-Giles (1934–1935) e la Levy House di Londra (1935–1936). Nel 1937 Chermayeff ritornò alla pratica indipendente e divenne membro del Modern Architectural Research Group. Negli anni '30 Chermayeff divenne uno dei principali sostenitori dell'**International Style** in Gran Bretagna, progettando telai di radio in bachelite per Ekco e mobili in tubolare metallico per **PEL**. Nel 1939 emigrò negli Stati Uniti, dove lavorò inizialmente come urbanista e architetto, per poi diventare nel 1940 direttore del dipartimento di design dell'**Institute of Design di Chicago**. Dal 1942 al 1946 Chermayeff fu a capo del dipartimento d'arte del Brooklyn College di New York e nel 1946, alla morte di **Lázló Moholy-Nagy**, ritornò all'Institute of Design di Chicago per diventarne il presidente.

▲ Design per uno studio, 1928–1929

Chermayeff & Geismar

Fondato a *New York* nel 1960

Ivan Chermayeff (1932), figlio dell'architetto e designer **Serge Ivan Chermayeff**, studiò alla Harvard University di (1950–1952), all'**Institute of Design di Chicago** (1952–1954) e alla School of Art and Architecture dell'Università di Yale (1954–1955), dove conobbe Thomas Geismar (1932). Nel 1956, insieme a Robert Brownjohn (1925–1970), i due fondarono lo studio di design grafico Brownjohn, Chermayeff & Geismar. Due anni dopo progettarono una mostra per il padiglione americano della Fiera Mondiale di Bruxelles. In essa figuravano immagini dell'ambiente culturale americano come segnali stradali e un logo gigante della Pepsi-Cola. Nel 1960 Ivan Chermayeff e Thomas Geismar aprirono lo studio di design Chermayeff & Geismar, che progettò molti lavori di grafica, fra cui più di cento programmi di **corporate design** per clienti come Chase Manhattan Bank, Xerox, Mobil Oil e il **Museum of Modern Art di New York**. Il logo astratto per la Chase Manhattan Bank (1960) servì da prototipo per altre commissioni simili e aprì la strada a un più vasto uso dell'astrazione nei logo aziendali. Lo studio progettò anche mostre all'Expo '67 e all'Expo '70, e nel 1987 il logo della NBC, il famoso pavone-arcobaleno. La filosofia su cui si basa il lavoro dello studio è il problem-solving: comprendere il punto in questione e quindi approntare una soluzione su misura, adatta unicamente a quella necessità. Anche se lo studio sostiene di non avere uno stile aziendale, le sue realizzazioni hanno mostrato legami con l'astrazione geometrica, il minimalismo, il Dadaismo e la Pop art. I design sono particolarmente chiari, diretti, a più strati, evocativi, spesso sorprendenti e completamente in sintonia con i tempi. Tutto ciò, insieme alla consistente qualità dei prodotti altamente innovativi, ha fatto di Chermayeff & Geismar forse la più influente ditta di design grafico in America, se non nel mondo.

▼ **Tom Geismar**, Logo per Graphics Arts USA, 1963

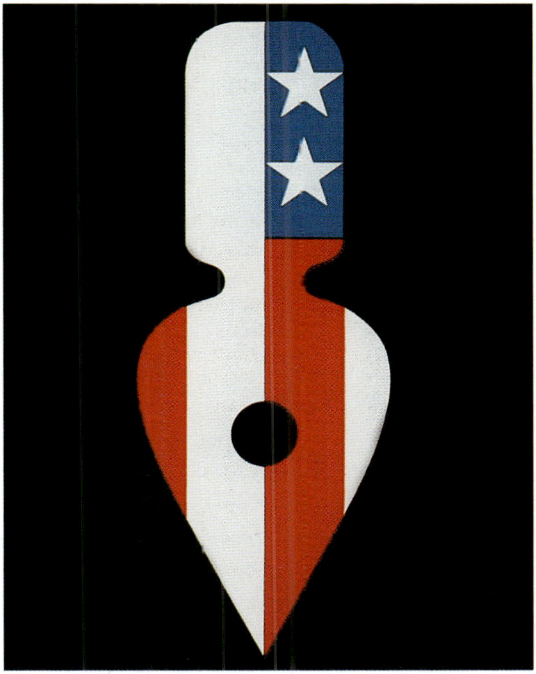

Pietro Chiesa

1892 *Milano*
1948 *Parigi*

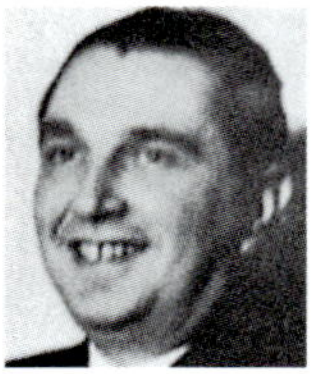

Pietro Chiesa studiò a Grenoble e a Torino per poi fare l'apprendista nello studio di Giovanbattista Gianotti, designer di mobili e d'interni. Nel 1921 Chiesa aprì a Milano uno studio, la Bottega di Pietro Chiesa, dove produsse soprattutto design in vetro, il suo materiale preferito. Quattro anni dopo espose la sua opera all'"Exposition Internationale des Arts Décoratifs et Industriels Modernes" di Parigi. Collaborò poi con Gustavo Pulitzer al design di vetrate per i vascelli italiani *Saturnia*, *Vulcania*, *Conte Grande* e *Conte di Savoia*. Nel 1927, insieme a **Gio Ponti**, Michele Marelli, Tommaso Buzzi, Emilio Lancia e **Paolo Venini**, Chiesa fondò l'associazione "Il Labirinto" per la produzione di mobili di alta qualità nello stile **Novecento**. L'associazione che aveva lo scopo di allargare l'impatto delle arti decorative sugli ambienti domestici, presentò diverse opere alla III Biennale di Monza, fra cui alcuni design di Chiesa caratterizzati da schemi geometrici monocromatici e vetri opalescenti. Nel 1933 La Bottega di Pietro Chiesa fu assorbita da una nuova azienda, Fontana Arte, fondata da Gio Ponti e Luigi Fontana. Inizialmente Fontana Arte si concentrò su design e produzione di mobili, utensili di uso quotidiano e vetri, ma in anni successivi si fece soprattutto conoscere per i suoi design di luci. In qualità di direttore artistico dell'azienda, Chiesa realizzò qualcosa come 1500 prototipi. Usando il vetro come fosse un materiale prezioso, impiegò speciali tecniche di molatura, stampaggio e taglio per design raffinatissimi come il tavolo di vetro *2633* del 1933. Chiesa fu uno dei più grandi esponenti dell'**Art Déco** in Italia e, in quanto tale, le sue opere furono presentate in molte esposizioni: alle Biennali di Monza (1923, 1925, 1927, e 1930), alle Biennali di Venezia (1924 e 1925), all'Esposizione Internazionale di Barcellona (1929 e 1930) e alle esposizioni di arti decorative di Parigi (1935, 1937), Berlino (1937) e Buenos Aires (1938). Pur essendo di semplice concezione, le forme da lui inventate possedevano una certa monumentalità, come dimostra particolarmente bene la sua lampada *Luminator* del 1936.

▾ Lampada da terra *Luminator* per Fontana Arte, 1936

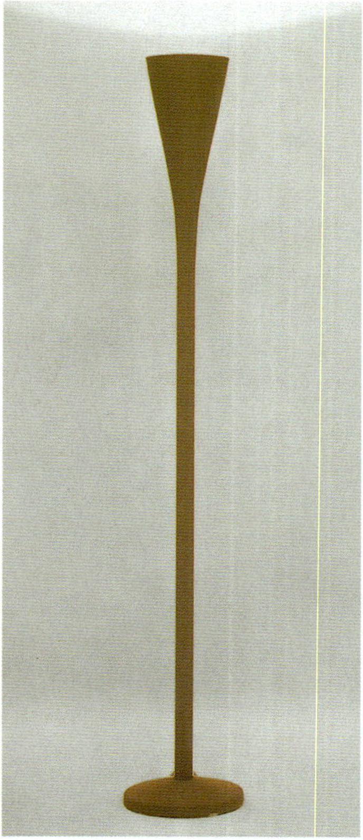

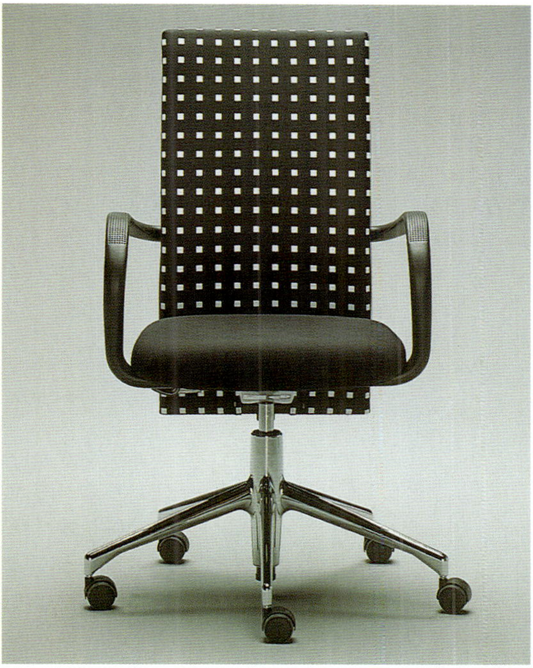

◂ **Antonio Citterio & Glen Oliver Löw,** *Modello n. AC1* della *Citterio Collection* per Vitra, 1990

Antonio Citterio

1950 *Meda (Milano)*

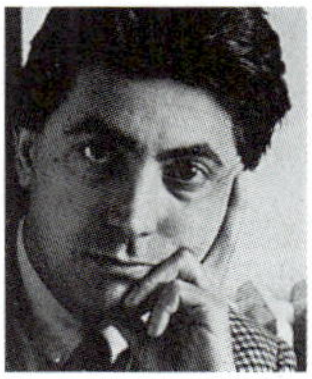

Antonio Citterio studiò architettura al Politecnico di Milano laureandosi nel 1972. Nello stesso anno aprì uno studio a Lissone e nel 1973 si mise in società con Paolo Nava, una collaborazione durata fino al 1981. Citterio lavorò anche con Gregotti Associati al restauro della Galleria d'Arte di Brera a Milano. Nel 1981 aprì un suo studio indipendente e dal 1987 cominciò a lavorare con la moglie, l'architetto americano Terry Dwan (1957). Il loro studio di design, Citterio-Dwan, ha lavorato al restauro parziale della Pinacoteca di Brera, al design di sale di esposizione per B&B Italia e **Vitra** e ha progettato negozi per Esprit. All'attivo di Citterio-Dwan c'è anche un sistema di mobili da ufficio per **Olivetti**. Nella sua carriera Citterio ha realizzato design di luci e mobili per **Artemide**, **Kartell**, B&B Italia, Flexform, Moroso e altri. Il suo design più importante è il seating system per ufficio Citterio Collection (1990), sviluppato insieme a Glen Oliver Löw per Vitra, che fornisce supporto anatomico senza ridurre la libertà di movimento. Citterio è membro dell'ADI (Associazione per il Disegno Industriale) e ha insegnato all'Accademia Domus. Ha ricevuto il premio **Compasso d'Oro** nel 1979 e 1987.

Clarice Cliff

1899 *Tunstall/Staffordshire*
1972 *Newcastle-under-Lyme*

Clarice Cliff cominciò a lavorare all'età di tredici anni nello studio del vasaio Lingard Webster, in cui apprese a decorare ceramica e terracotta a mano libera. Prima del 1916 seguì anche le lezioni di pittura della School of Art di Tunstall e per un breve periodo lavorò per Hollinshead & Kirkham, sempre a Tunstall, apprendendo le tecniche litografiche per la decorazione di ceramiche. Lavorò per quattro anni per la fabbrica di A. J. Wilkinson (Royal Staffordshire Pottery) di Stoke-on-Trent, rinomato centro dell'industria ceramica. Lì conobbe il futuro marito, Colley Shorter, direttore dell'azienda. Per un anno seguì un corso serale di pittura alla School of Art di Burslem e intorno al 1926 aprì uno studio di decorazione presso A. J. Wilkinson, decorando vecchi pezzi grezzi della Newport Pottery, una succursale della A. J. Wilkinson, con disegni a mano e dai colori vistosi **Art Déco**. Dal 1929 al 1935 Cliff lavorò alla Newport Pottery, producendo una varietà di ceramiche colorate che chiamò *Bizarre*. Quegli articoli ebbero tanto successo che altri decoratori furono assunti per eseguire disegni in quello stile così particolare, anche per le sue successive linee *Fantasque* e *Biarritz*. Nel 1934 tornò alla Wilkinson in qualità di direttore artistico dell'azienda e supervisionò la produzione e decorazione di ceramiche *Bizarre* ideate da artisti come Paul Nash (1889–1946), Dame Laura Knight (1877–1970), Duncan Grant (1885–1978) e Vanessa Bell (1879–1961). A metà degli anni '30, nel momento di maggiore notorietà dello stile *Bizarre*, il laboratorio impiegava circa 150 persone. Cliff combinò le tradizioni decorative col contemporaneo stile Art Déco, elaborando uno stile ibrido dai colori vivaci e dalle forme fortemente geometriche. La sua opera colse lo spirito della Gran Bretagna anni '30 e riscosse grande interesse popolare.

▾ Vaso *Bizarre* per Newport Pottery, 1930 ca.

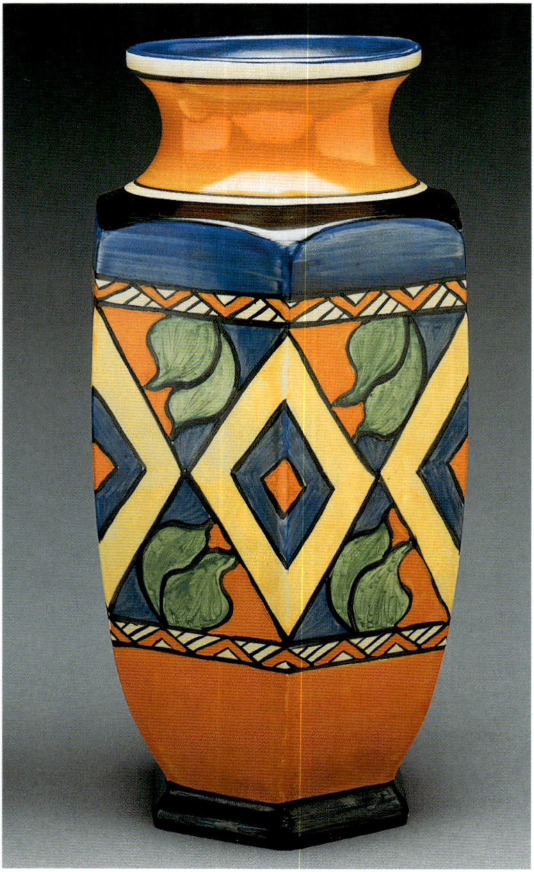

► Sedia *Tongue* per SCP, 1989

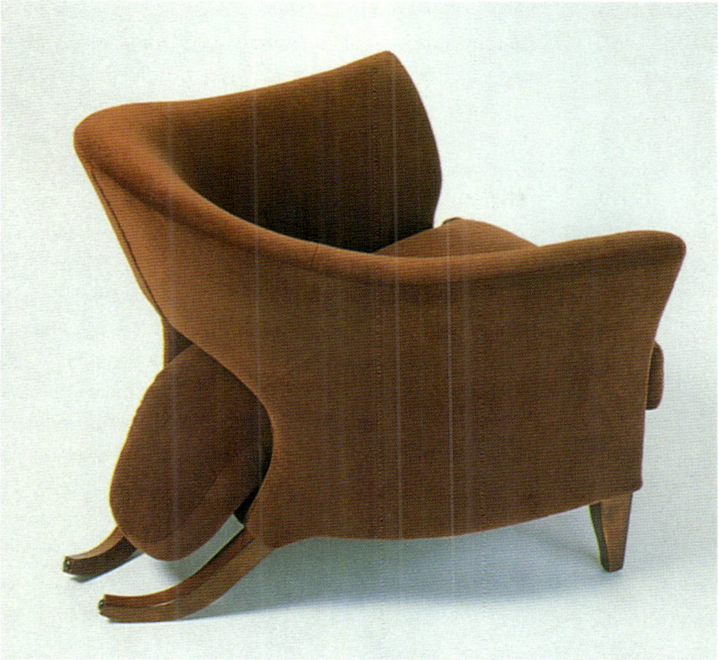

Nigel Coates studiò architettura alla Architectural Association di Londra dal 1972 al 1974, dove rimase poi a insegnare dal 1979 al 1989. Nel 1983 fu cofondatore della Narrative Architecture Today (NATO) e direttore della prima rivista del gruppo. Nel 1985, insieme a Doug Branson (1951), fondò la Branson Coates Architects; da allora ha lavorato a numerosi progetti, fra cui negozi per Jasper Conran (1986), Katherine Hamnett (1988) e Jigsaw (dal 1993), allestimenti dell'Erotic Design Exhibition al Design Museum di Londra (1997), dell'esposizione londinese Powerhouse UK (1998) e di una nuova galleria al Geffrye Museum di Londra (1998). Coates ha anche realizzato molti progetti di architettura in Giappone. Oltre alla sua attività nel design architettonico e d'interni, ha prodotto diversi e notevoli design di mobili, fra cui lo sgabello *Genie* (1988), la collezione *Noah* (1988), la sedia *Tongue* (1989) e la collezione *Gallo* (1989) per SCP e Poltronova, vasi per Alessi (1990) e una collezione di manichini lanciati da Stockman nel 1994. I suoi design sono spesso dotati di notevole carica erotica e riflettono la celebrazione della vitalità e del caos propri degli ambienti urbani delle grandi città. Nel 1995 Coates è stato nominato professore di architectural design al **Royal College of Art di Londra**.

Nigel Coates

1949 *Malvern/ Worcestershire*

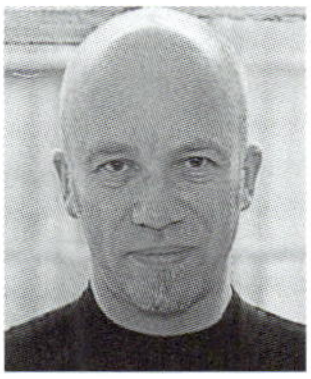

Wells Coates

1895 *Tokyo*
1958 *Vancouver, Canada*

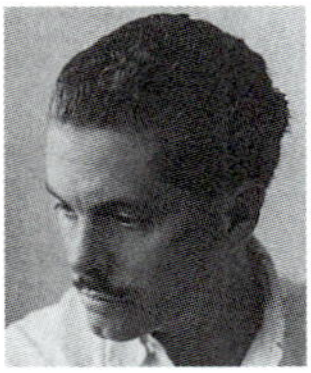

Wells Coates nacque a Tokyo, dove il padre canadese era missionario. La madre era stata allieva degli architetti Louis Sullivan (1856–1924) e **Frank Lloyd Wright** a Chicago. Dal 1913 al 1915 Wells Coates studiò ingegneria alla University of British Columbia di Vancouver. I suoi studi furono interrotti dallo scoppio della prima guerra mondiale, quando venne arruolato come fante e successivamente come pilota. Dopo la guerra tornò a studiare nella stessa università e si laureò nel 1921. Si trasferì poi in Gran Bretagna e dal 1922 al 1924 prese il dottorato in ingegneria all'Università di Londra. Dal 1923 al 1926 lavorò come giornalista per il *Daily Express* e per un breve periodo fu corrispondente da Parigi. In questo periodo scrisse articoli di taglio umanistico, considerando il design catalizzatore dei cambiamenti sociali. Nel 1928, a Londra, realizzò design di tessuti per la Crysede Textile Company e interni per la fabbrica della ditta a Welwyn Garden City, che vedevano l'uso di legno compensato. Dal 1931 Coates fu consulente per la Isokon, ditta di prodotti in compensato, il cui proprietario, Jack Pritchard, fu pioniere del Modernismo in Gran Bretagna. Nel 1931 Pritchard commissionò a Coates anche i Lawn Road Flats di Hampstead, esempi emblematici di **Modern Movement** applicato all'architettura britannica. Nel 1933 Coates fu membro fondatore del Modern Architecture Research Group e lavorò in società con Patrick Gwynne nel 1932, e David Pleydell-Bouverie nel 1933. Dal

▾ Scrivania per PEL, 1933

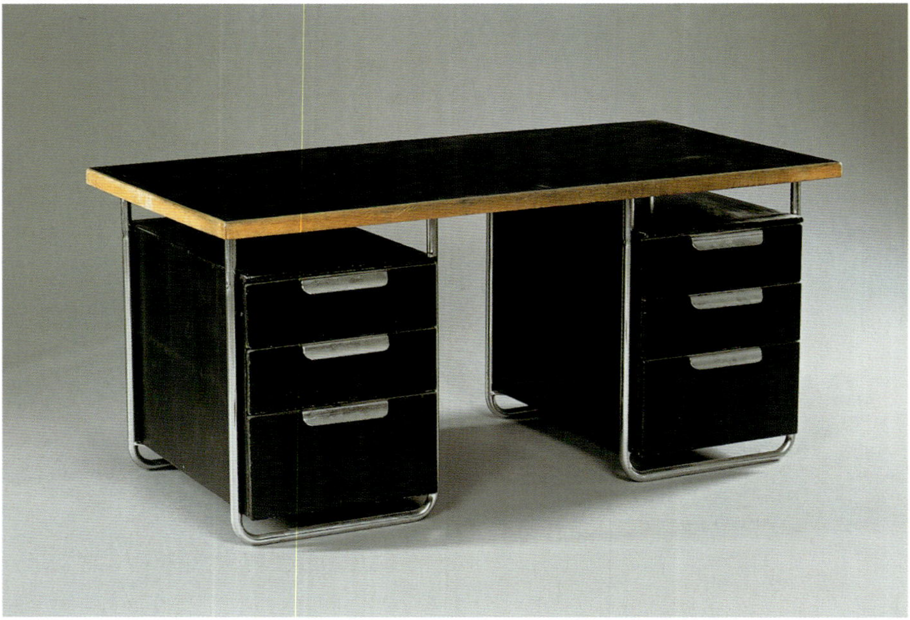

1932 ha realizzato diversi design di radio in bachelite per Ekco, fra cui la famosa radio circolare *Ekco AD65* (1934). Quelle radio, concepite per la produzione industriale, furono tra i primi prodotti moderni a disposizione dei consumatori britannici. Dopo la seconda guerra mondiale Coates lavorò a Vancouver, dove progettò interni di aerei per De Havilland e BOAC; negli anni '50 produsse anche telai per televisori.

▼ Radio *Ekco AD65*
per E. K. Cole, 1934

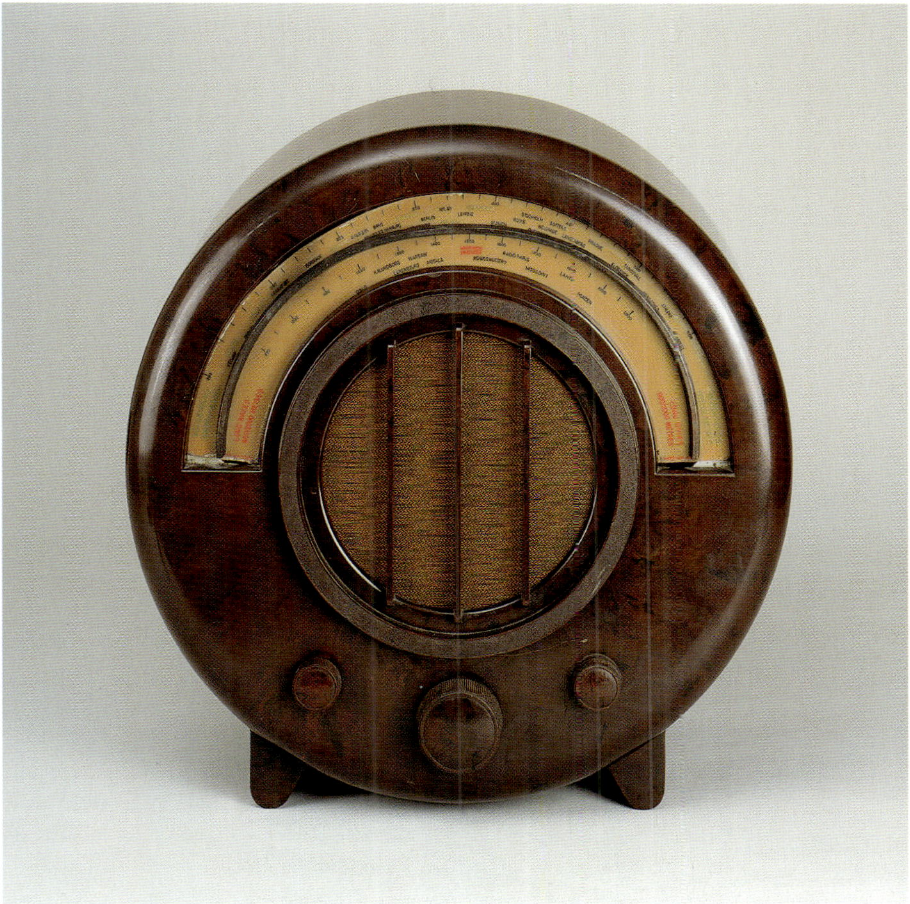

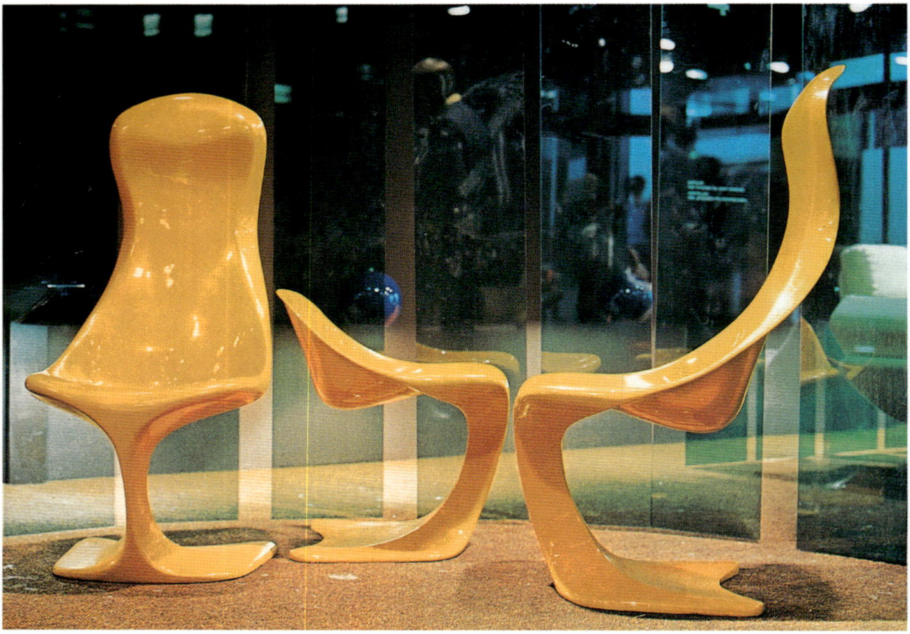

Luigi Colani

1928 *Berlino*

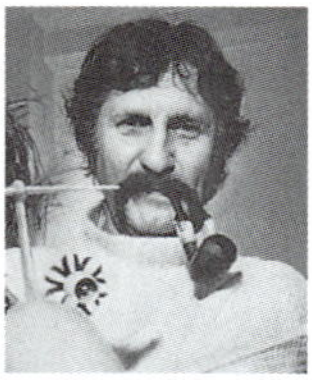

Nel 1946 Luigi Colani studiò architettura e pittura alla Hochschule der Bildende Künste di Berlino. Nel 1948 andò a Parigi a studiare aerodinamica e lavorò a studi di veicoli per riviste automobilistiche e motociclistiche. Dal 1952 al 1953 svolse ricerche sui materiali adatti alle condizioni di alta velocità per l'industria aeronautica californiana Douglas. Al suo ritorno in Europa, nel 1954, lavorò per numerosi clienti, fra cui Alfa Romeo, Lancia, Volkswagen, BMW, Thyssen, Boeing, Rosenthal, Villeroy & Boch e Rockwell (NASA). La forma organica del suo servizio da tè in porcellana *Drop* (1970) per Rosenthal nasce da considerazioni ergonomiche e funzionali, mentre i suoi sedili in plastica multiuso dai colori vivaci, *Sitzgerät* (1971–1972) per adulti e *Zocker* (1972) per bambini, esprimono il suo interesse per materiali e funzioni. Nel 1973 fu aperto in Giappone il Colani Design Centre e dieci anni dopo Colani vi si trasferì. Nel 1993 realizzò design per i computer VOBIS e due anni dopo fondò il Colani Design Centre a Lünen, in Germania. Le forme dei design altamente innovativi di Colani nascono da una profonda comprensione dell'ergonomia e dell'aerodinamica, mentre le forme giocose e vivaci del suo linguaggio sono invece una caratteristica poco comune nel panorama del design tedesco.

▲ Sedie in fibreglass *Körperform* per Fritz Hansen, 1971–1973

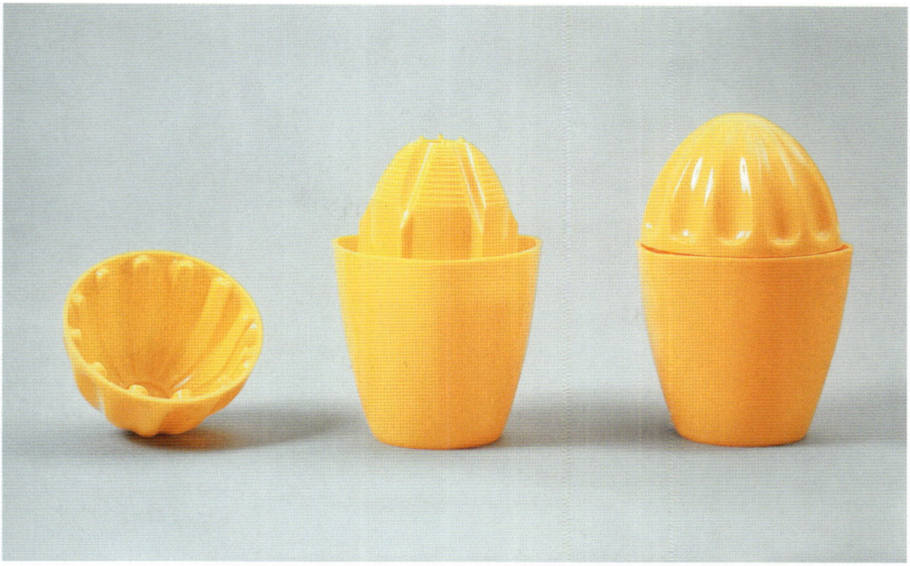

Gino Colombini

1915 *Milano*

Gino Colombini lavorò nello studio di architettura di **Franco Albini** dal 1933 al 1952, realizzando design di edifici commerciali e domestici e di mobili. Nel 1949 fu nominato direttore tecnico della **Kartell**, un'azienda di materie plastiche di recente fondazione. Colombini realizzò i design di molti dei primi prodotti della ditta, indirizzati soprattutto all'uso domestico quoti-diano, fra cui un battitappeto (1957), un secchio da mungitura (1958), uno spremiagrumi (1958), un cestino da merenda per bambini (1958), una ti-nozza per il bucato (1957) e vari secchi e palette per la spazzatura (1956–1957). Questi design, innovativi e altamente funzionali, furono tra i primi a sfruttare il potenziale della plastica come materiale adatto alle grandi produzioni industriali. I design di Colombini per Kartell furono estremamente influenti e gli fruttarono il premio **Compasso d'Oro** nel 1955, 1957, 1958, 1959 e 1960.

▲ Spremiagrumi in plastica per Kartell, 1958

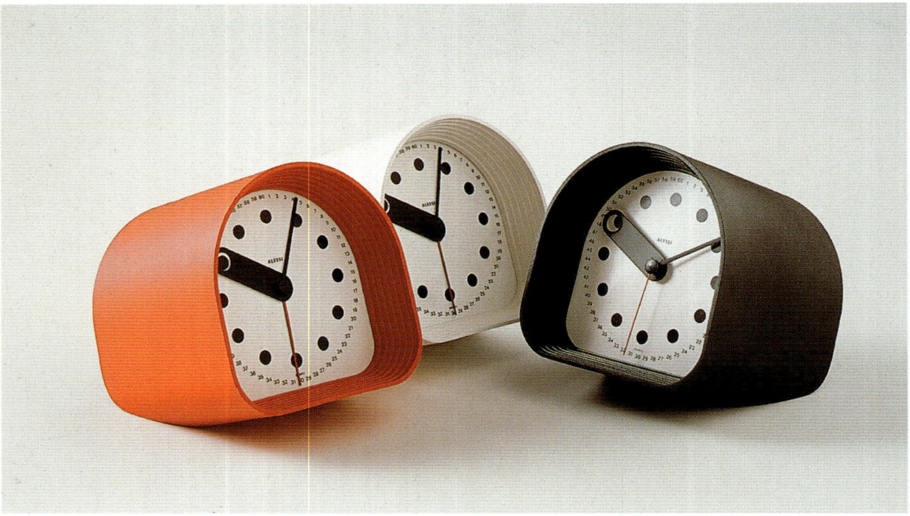

Joe Colombo

1930 *Milano*
1971 *Milano*

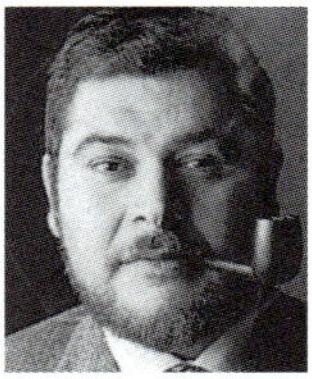

Cesare "Joe" Colombo si formò come pittore all'Accademia di Belle Arti di Brera a Milano, dove studiò fino al 1949. Studiò poi architettura al Politecnico di Milano fino al 1954. Nel 1951 entrò a far parte del Movimento Nucleare, appena fondato da Sergio D'Angelo (1931) ed Enrico Baj (1924). Per i successivi quattro anni Colombo fu attivo come pittore e scultore espressionista astratto, esponendo la sua opera, insieme a quella di altri membri del gruppo, a Milano, Como, Brescia, Torino, Palermo, Verviers, Venezia e Bruxelles. Nel 1955 divenne membro del Gruppo Arte Concreta. Intorno al 1958 smise di dipingere per dedicarsi al design. Precedentemente aveva lavorato all'esposizione della X Triennale di Milano del 1954, documentando i design ceramici derivanti dagli International Meetings di Albisola. Per questa Triennale Colombò creò anche tre seating area esterne connesse a una serie di televisori assemblati a mo' di santuario. Dopo la morte del padre, nel 1959, Colombò ereditò l'azienda di famiglia che produceva materiale elettrico. In questo periodo cominciò a sperimentare nuovi materiali come la plastica rinforzata, e nuovi metodi di produzione e tecniche di costruzione. Nel 1962 aprì uno studio di design a Milano, concentrandosi su progetti di architettura e d'interni, soprattutto per ostelli di montagna e alberghi di stazioni sciistiche. Questi primi design rivelano il suo interesse per una funzionalità espressa da strutture con grandi qualità scultoree. Nel 1964 Colombo ricevette il premio IN-Arch per gli interni realizzati per un albergo in Sardegna (1962–1964), fra cui risaltavano gli infissi del soffitto fatti di prismi in perspex che rifrangevano la luce. Insieme al fratello Gianni, Colombo

▲ Sveglie *Optic* per Alessi, 1970

► Lampada da tavolo *Acrilica* per O-Luce, 1962

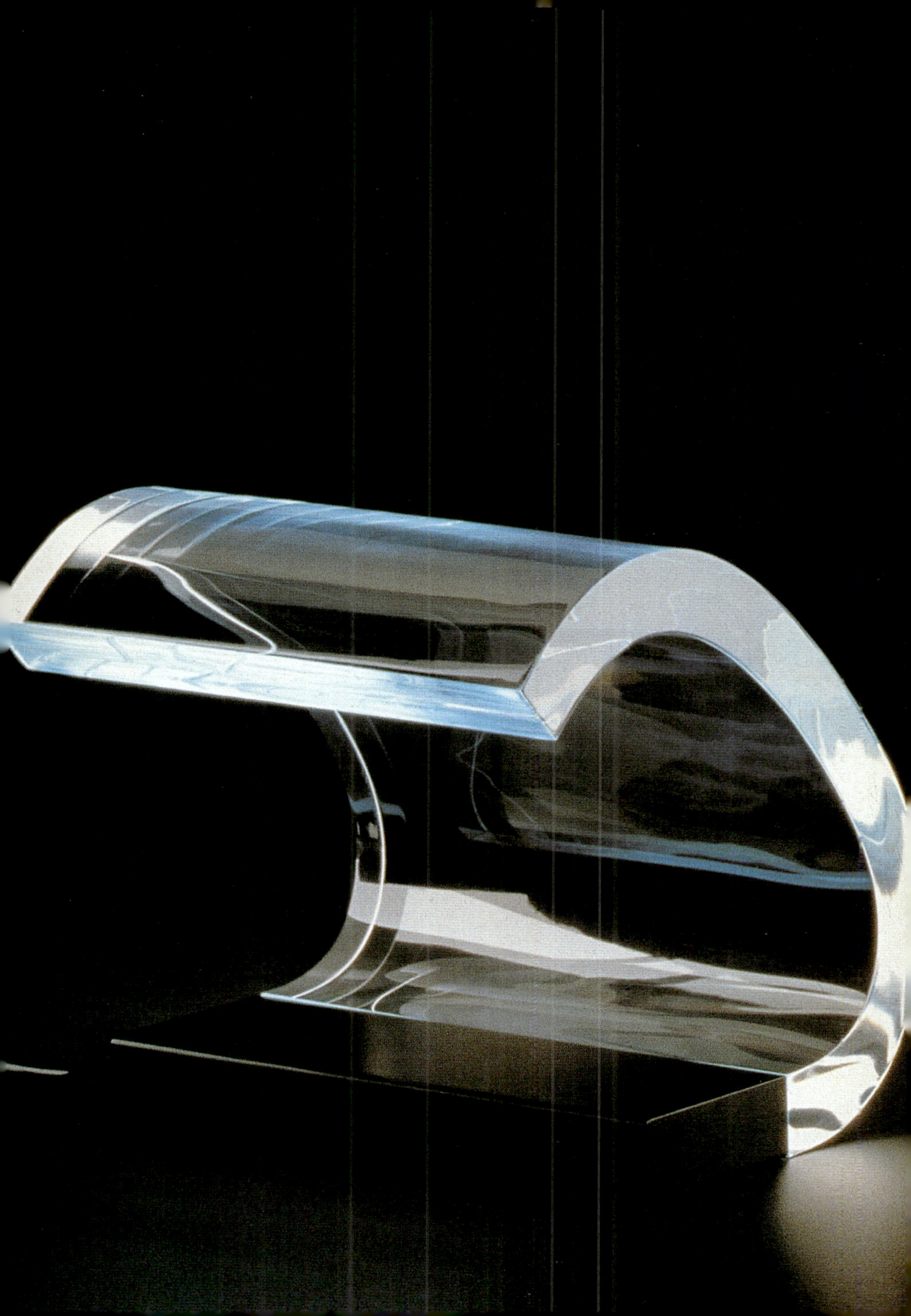

sviluppò questa idea nel suo design della lampada *Acrilica* (1962). Il suo primo design per **Kartell** fu la sedia *n. 4801* (1963–1964), costruita con tre elementi di compensato interconnessi. La fluidità di forma di questa sedia anticipò i suoi successivi design in plastica, come la sedia *Universale n. 4860* (1965–1967), la prima sedia per adulti a essere fabbricata in plastica stampata a iniezione (ABS). Colombo produsse altri design di mobili, luci, vetri, maniglie per porte, pipe, sveglie e orologi da polso. Creò anche una macchina fotografica professionale, la *Trisystem* (1969), un condizionatore d'aria per Candy (1970), vassoi per il servizio in volo per l'Alitalia (1970) e un tavolo da disegno ergonomico motorizzato (1969). Fin dall'inizio della carriera, Colombo si interessò ai prodotti di uso quotidiano domestico, come testimoniano i suoi primi contenitori Combi-Centre (1963). Questo interesse per i mobili componibili diede origine ai suoi *Additional Living System* (1967–1968), sedia *Tube* (1969–1970) e sedia *Multi* (1970), tutti assemblabili in molti modi diversi, fornendo così varie possibilità di posizioni e riflettendo quello che era il primo obiettivo di Colombo: l'adattabilità del design. I suoi design più avanzati, tuttavia, furono i microambienti integrati. Fra questi è da ricordare in particolare il suo "habitat del futuro Visiona" esposto alla mostra Visiona della Bayer nel

▸ Blocco *Central Living* del *Wohnmodell 1969* esposto all'esposizione Visiona I per Bayer, 1969

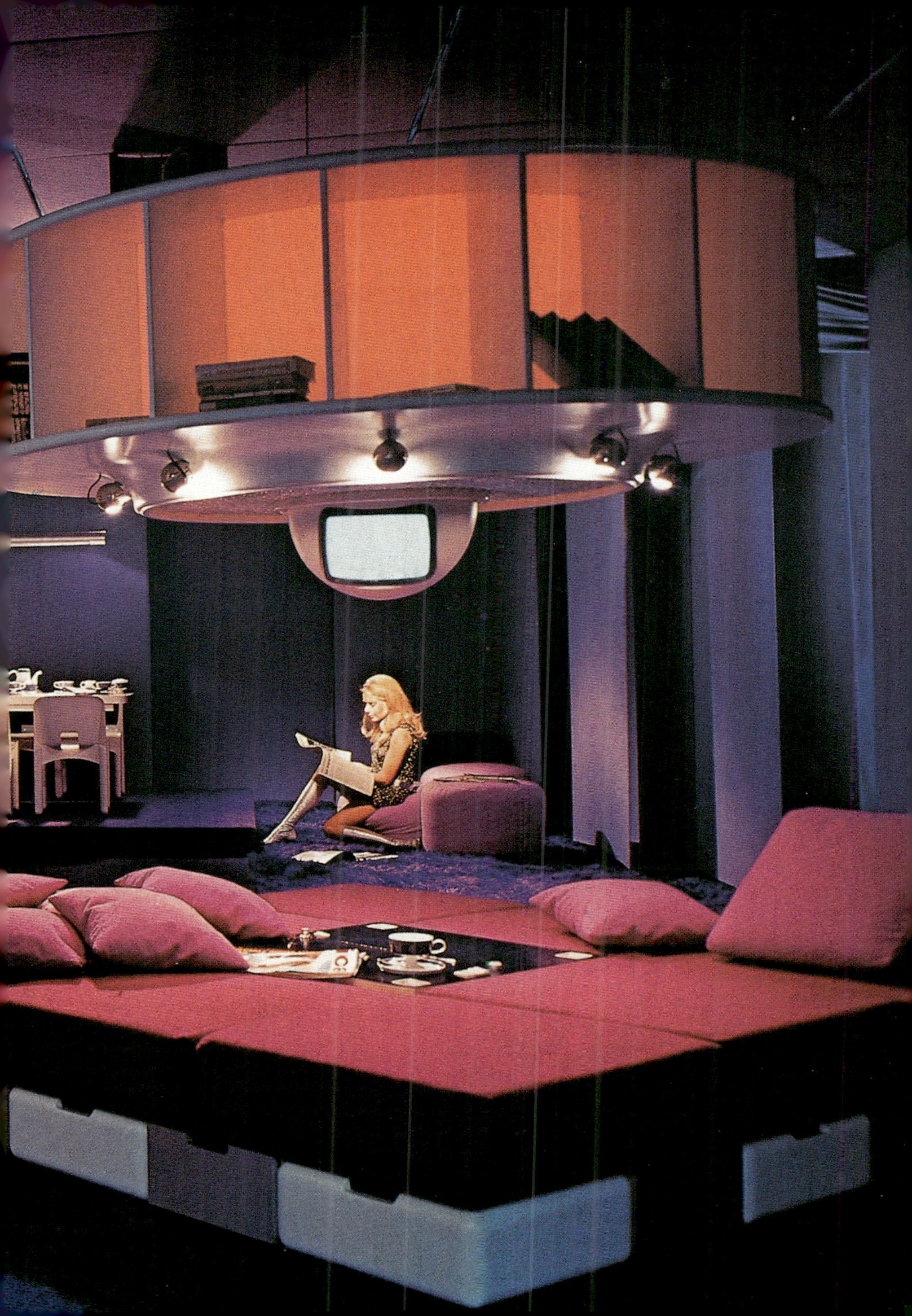

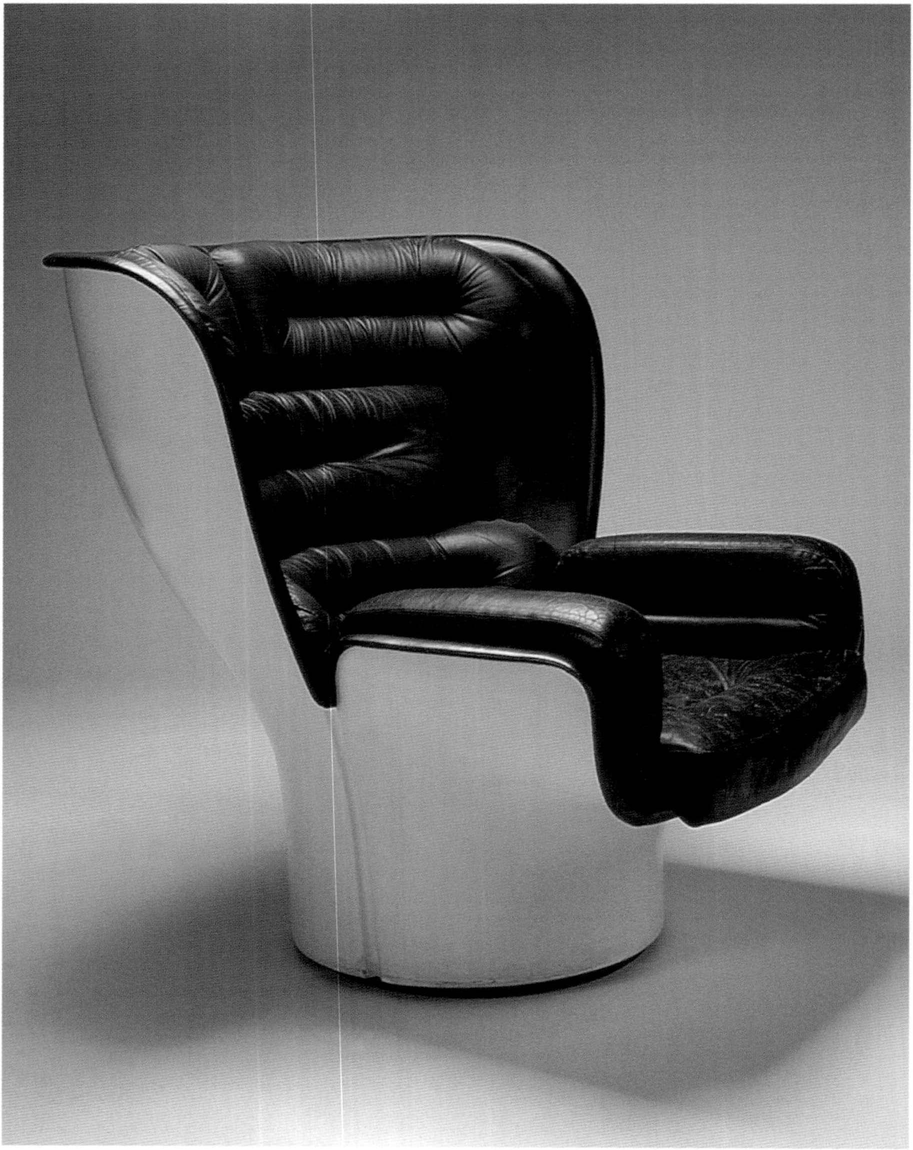

▲ Poltrona *Elda* per
Comfort, 1963

1969, che presentava un interno da era spaziale in cui i mobili si trasmutavano in elementi strutturali e viceversa. Ai mobili tradizionali si sostituivano elementi funzionali come una *Night-Cell* , blocchi *Central-Living* e una *Kitchen-box*, creando così un ambiente multifunzionale e dinamico. Per il proprio appartamento Colombo realizzò le unità *Roto-living* e *Cabriolet-bed* (entrambi del 1969); a questi seguì il suo *Total Furnishing Unit* (1971), un esempio di "Uniblock" che ebbe molto successo. Esposto nel 1972 al **Museum of Modern Art di New York** nell'Esposizione "Italy: The New Domestic Landscape", il *Total Furnishing Unit* , proposto come macchina completa per abitare, comprendeva quattro diverse unità: cucina, dispensa, bagno e letto/intimità, il tutto nello spazio di ventotto metri quadri. Colombo realizzò design per O-Luce, **Kartell**, Bieffe, **Alessi**, Flexform e Boffi e gli vennero assegnati premi dell'Associazione per il Disegno Industriale (ADI), nel 1967 e 1968, e un Premio **Compasso D'Oro** nel 1970. La sua prolifica e illustre carriera s'interruppe tragicamente nel 1971, quando all'età di 41 anni morì d'infarto.

▼ Lampada *Spider*
per O-Luce, 1965

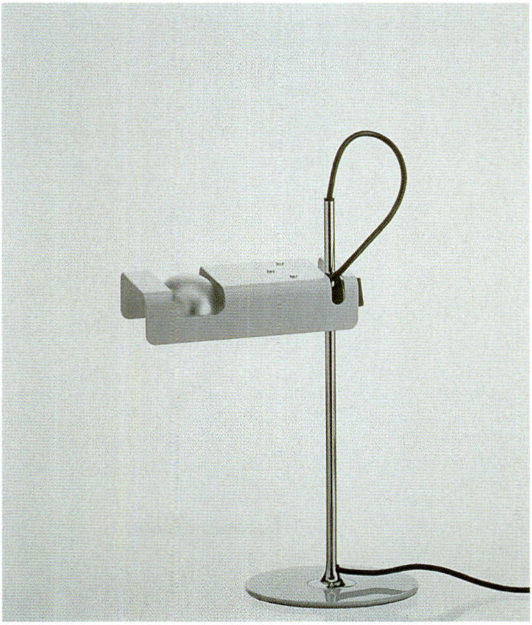

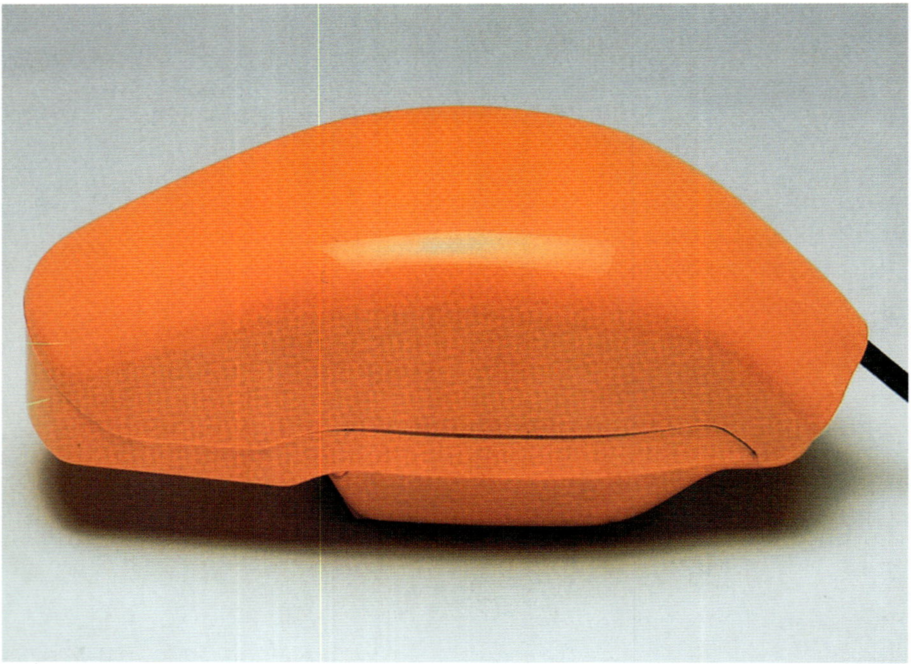

Compasso d'Oro

Istituito a *Milano* nel 1954

I premi Compasso d'Oro furono istituiti dal proprietario dei grandi magazzini La Rinascente, Aldo Borletti, nel 1954. Secondo Borletti i premi dovevano servire "a incoraggiare industriali e artigiani a innalzare gli standard di produzione dal punto di vista tecnologico ed estetico". Inizialmente i premi furono assegnati esclusivamente ai design di oggetti commercializzati e distribuiti dalla Rinascente. Dal 1959 l'ADI (Associazione per il Disegno Industriale) contribuì all'assegnazione dei premi e nel 1967 assunse il controllo completo della loro attribuzione. L'ADI allargò la varietà e i tipi di prodotti che potevano essere premiati contribuendo anche al riconoscimento internazionale dello status del Compasso d'Oro. Fra i vincitori sono da ricordare **Marcello Nizzoli** per la macchina da scrivere Olivetti *Lettera 22* (vinto nel 1954) e la macchina da cucire *Mirella* per Necchi (1957), **Marco Zanuso** e **Richard Sapper** per il televisore *Doney 14* per Brionvega (1962) e il telefono *Grillo* per Siemens (1966), **Achille e Pier Giacomo Castiglioni** per l'aspirapolvere R. E. M. (1957) e **Mario Bellini** per la radio-giradischi *Totem* per Brionvega (1979).

▲ **Marco Zanuso & Richard Sapper**, Telefono *Grillo* per Siemens, 1965

▸ Negozio Habitat, primi anni '70

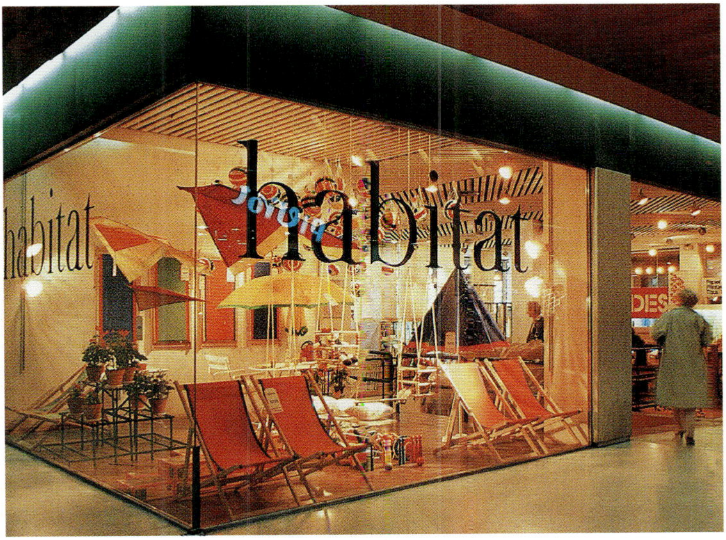

Terence Conran

1931 *Londra*

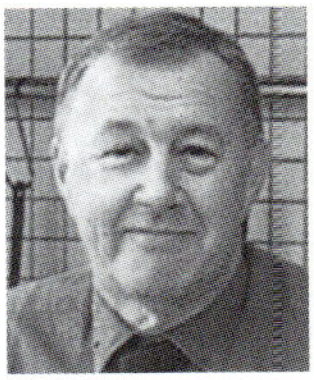

Dal 1949 al 1950 Terence Conran studiò design tessile alla Central School of Arts & Crafts di Londra, dove ebbe come docente Eduardo Paolozzi (1924). In seguito per un anno realizzò design di tessuti al Rayon Industry Design Centre di Londra e dal 1951 creò interni per lo studio di architettura e design di Dennis Lennon & Associates di Londra. Nel 1952 aprì uno studio indipendente di design di mobili e tessuti sotto il nome di Conran & Co., lavorando per Edinburgh Weavers, John Lewis Partnership e Simpsons di Piccadilly. Un anno dopo, insieme a Ian Storey, Conran aprì una catena di ristoranti che chiamò "Soup Kitchen", rivelatasi un vero successo. Nel 1956 insieme a John Stephenson fondò il Conran Design Group (poi trasformato in Conran Associates). Dopo otto anni aprì a Londra il primo negozio Habitat in Fulham Road, dove cominciò a vendere prodotti di design. Nel tentativo di fornire al pubblico oggetti d'uso quotidiano moderni e a prezzi accessibili, Conran sviluppò il concetto di vendita di "stili di vita". Dal 1982 al 1986 la Conran Foundation finanziò il Boilerhouse Project al **Victoria & Albert Museum** e nel 1989 contribuì a istituire il Design Museum di Londra. Negli anni '80 Conran acquisì le aziende Mothercare, British Home Stores e Heals, che insieme ad Habitat e a Next vennero a costituire il potente Storehouse Group. Nel 1990 si dimise da questo gruppo e due anni dopo ne riscattò il fiore all'occhiello, il Conran Shop. Negli anni '90 Conran aprì numerosi ristoranti diventando il principale ristoratore londinese.

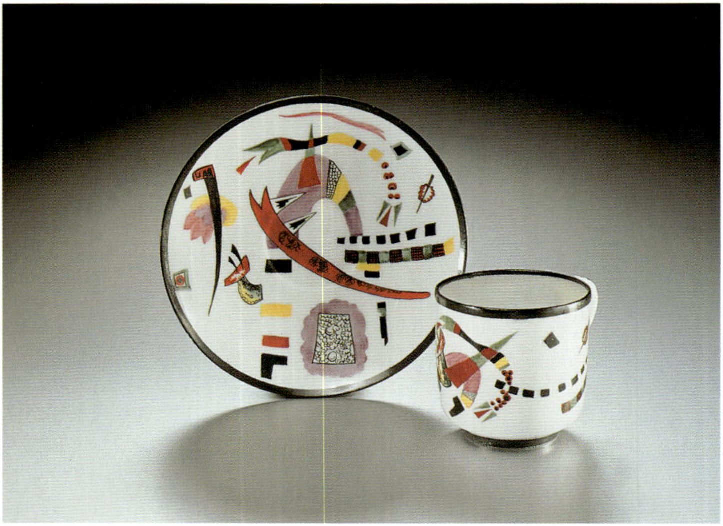

◂ **Wassily Kandisky**, Tazza da caffè e piattino per la Fabbrica Statale di Porcellane di Pietrogrado, 1921

▸ **Nikolai Suetin**, Set da scrittura per la Fabbrica Statale di Porcellane di Pietrogrado, 1923

Constructivism

(Costruttivismo)
Russia

Il termine Costruttivismo si riferisce in primo luogo a un movimento russo che coinvolse arte, design e architettura. Prima della prima guerra mondiale l'**avant–garde** russa, come quella di altri paesi europei, fu ispirata dal Cubismo e dal **Futurismo**. Tuttavia, dopo la rivoluzione del 1917, l'avanguardia russa cercò nuove forme di espressione legate al desiderio della nuova cultura sovietica di superare il sistema capitalistico con schemi più democratici di produzione e distribuzione delle merci. A questo scopo, artisti come **Vladimir Tatlin**, **Kasimir Malevich**, **Alekander Rodchenko**, Wassily Kandisky (1866–1944), Naum Gabo (1890–1977), Antoine Pevsner (1886–1962) e **El Lissitzky** iniziarono a promuovere un'estetica e un approccio al design collegati alla produzione industriale. I due manifesti pubblicati nel 1920, *Il Programma del Gruppo Produttivista*, di Alexei Gan, **Varvara Stepanova** e Rodchenko, e *Il Manifesto del Realismo*, di Pevsner e Gabo, salutarono la nascita del Costruttivismo. I costruttivisti ritenevano che le arti applicate potessero contribuire alla formazione di un nuovo ordine sociale e di conseguenza cominciarono a creare un'architettura e "un'arte della produzione" funzionali a questa visione. L'instabilità politica ed economica che seguirono la rivoluzione fecero sì che pochi dei progetti su larga scala ideati dai costruttivisti fossero portati a termine. I risultati concreti delle teorie costruttiviste rimasero confinati principalmente al design, alle ceramiche e alla grafica. Le ceramiche costruttiviste erano spesso decorate con motivi suprematisti: forme geometriche su sfondi bianchi indifferenziati che producono un forte senso di dinamismo e di modernità.

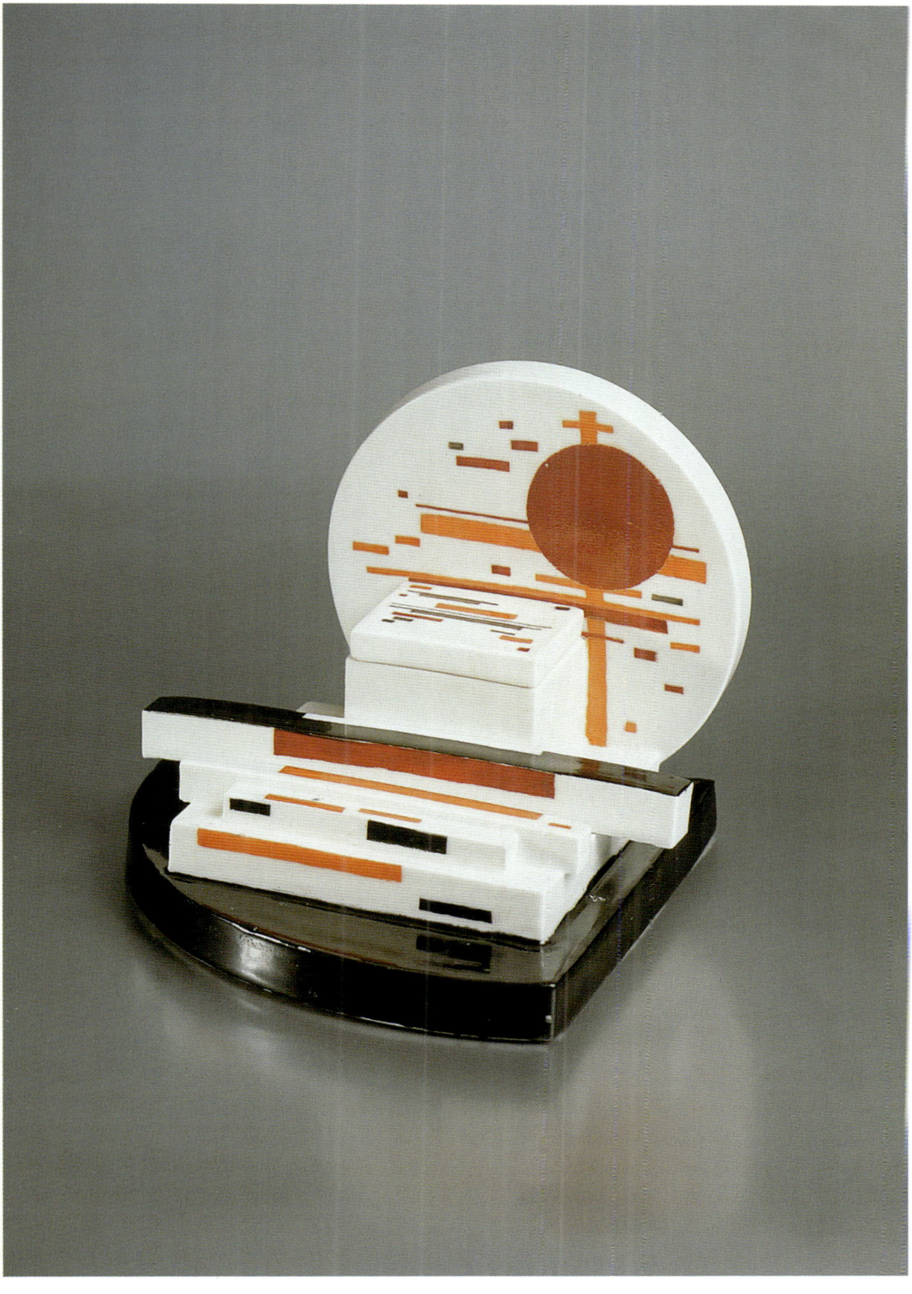

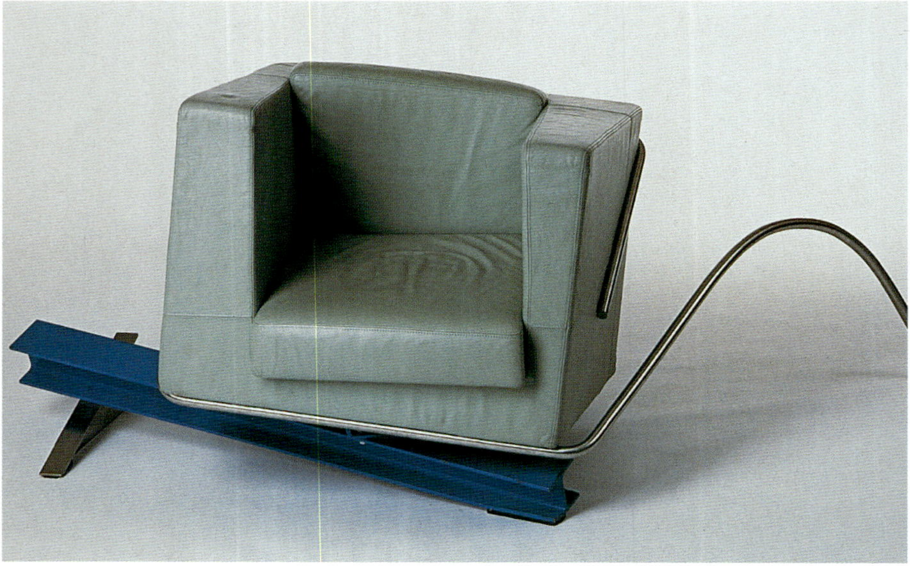

Coop Himmelb(l)au

Fondato in *Austria* nel 1968

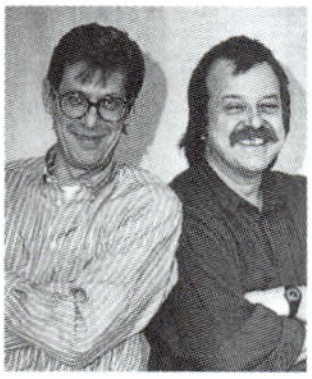

Lo studio Coop Himmelb(l)au fu fondato nel 1968 a Vienna da Wolf D. Prix (1942) e Helmut Swiczinsky (1944). Inizialmente l'opera di questo gruppo di architetti austriaci, influenzata da **Hans Hollein** e Haus-Rucker-Co, esplorò l'idea di architettura dello spazio pneumatico. Nel 1975 il Coop Himmelb(l)au cominciò a progettare "Open Structures", per lo più edifici adibiti a magazzino in cui era forte il contrasto tra costruzioni tradizionali e sporgenze dagli angoli molto inclinati. Allo studio venne assegnato il Berliner Förderpreis für Baukunst per il bar Roter Engel di Berlino, progettato nel 1981. Negli anni '80 il Coop Himmelb(l)au divenne pioniere del **Decostruttivismo** o "Architettura Aperta", come lo chiamarono Prix e Swiczinsky, un approccio postmoderno all'architettura e al design che frammenta le forme tradizionali in modo molto espressivo e dinamico. Nel 1988 Coop Himmelb(l)au partecipò all'esposizione "Architettura Decostruttivista" al **Museum of Modern Art di New York**. Il primo progetto industriale su grande scala del gruppo fu la fabbrica Funder in Carinzia (1988–1989). L'opera di Coop Himmelb(l)au, che si potrebbe descrivere come architettura di "azione" gestuale, nel 1990 venne inclusa nell'esposizione "Architects Art" alla Gallery of Functional Art di Los Angeles. Nello stesso anno Wolf D. Prix divenne professore di architettura alla Hochschule für angewandte Kunst di Vienna. La tendenza di Coop Himmelb(l)au a sovvertire il Modernismo è chiaramente dimostrata dalla sedia *Vodöl* (1989), una rielaborazione della *Grand Confort* di **Le Corbusier** del 1928.

▲ Sedia *Vodöl* per Vitra, 1989

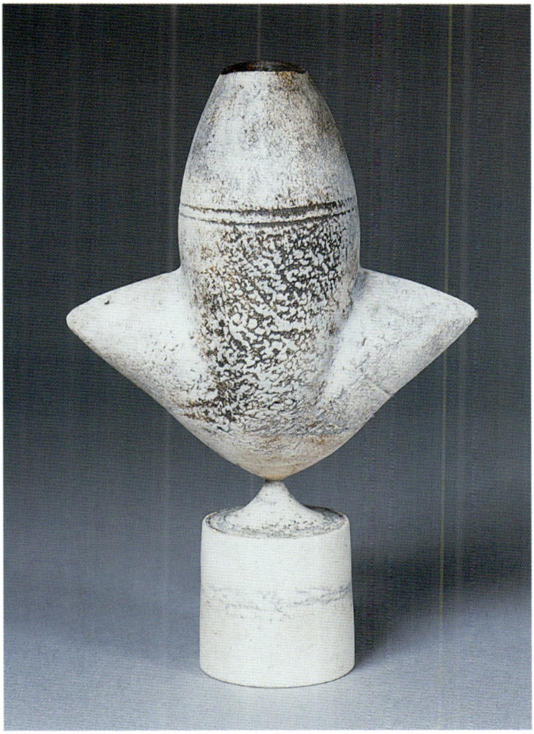

◂ Vaso, 1972 ca.

Hans Coper

1920 *Chemnitz, Germania*
1981 *Somerset, Inghilterra*

Hans Coper inizialmente studiò ingegneria tessile e poi, nel 1939, emigrò dalla Germania in Gran Bretagna. Nel 1946 visitò lo studio ceramico di **Lucie Rie** a Londra, in Albion Mews, e in seguito collaborò con lei. Il suo approccio all'arte della ceramica fu ispirato dalle tecniche e dalle forme della produzione orientale. I suoi vasi vennero esposti alle Berkeley Galleries di Londra dal 1950 e nel 1955 al Röhsska Konstlöjdmuseet di Göteborg. Quattro anni dopo, Coper si trasferì a Digswell (Hertfordshire) e cominciò a produrre ceramiche influenzate dall'arte primitiva e dall'arte cicladica. Fu ammiratore della scultura di Henry Moore (1898–1986) e di Constantin Brancusi (1876–1957), e come quella anche la sua opera trasmette un certo senso di monumentalità. Dal 1961 al 1969 insegnò alla Camberwell School of Arts & Crafts; nel 1966 tornò a Londra dove, tra il 1966 e il 1975, insegnò al **Royal College of Art**. I bei vasi totemici di Coper ridussero le distinzioni tra arte e design e, insieme a quelli di Lucie Rie, ispirarono un revival della ceramica artistica.

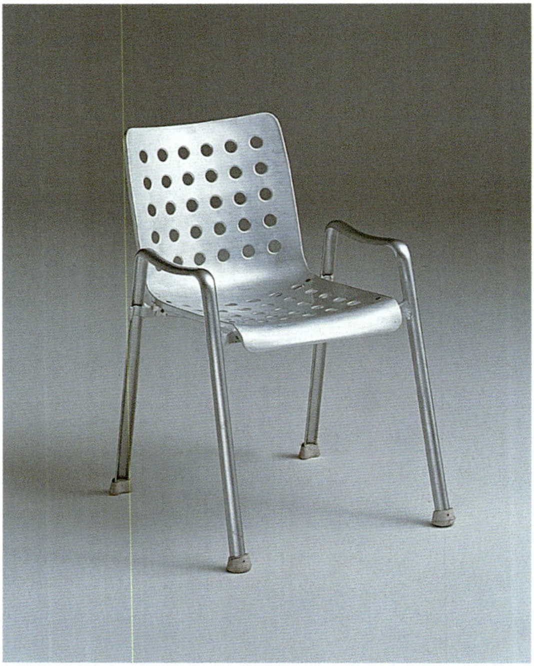

◄ Sedia sovrapponibile *Landi* per P. & W. Blattmann, 1939 (poi prodotta da Zanotta come *Spartana 2070*)

Hans Coray

1906 *Wald, Svizzera*
1991 *Zurigo*

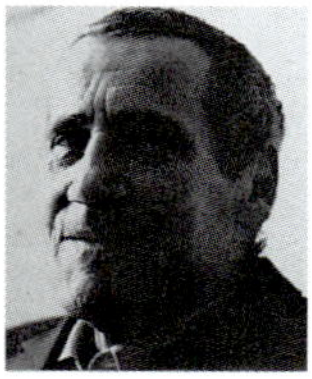

Hans Coray studiò lingue fino al 1929 e nel 1931 divenne insegnante di scuola media superiore ad Aarau e Zuoz. Dal 1932 al 1938 studiò design, astrologia, teologia e grafologia. Nello stesso periodo cominciò a progettare oggetti in metallo e a creare modelli di sedie. Nel 1938 progettò la sedia *Landi* in alluminio leggero stampato per l'Esposizione Nazionale Svizzera tenutasi a Zurigo l'anno seguente. Le perforazioni della sedia non solo ne riducevano il peso ma ne favorivano il drenaggio dell'acqua, rendendola ideale per l'uso esterno. La sedia *Landi* fu dapprima prodotta da P. & W. Blattmann dal 1939 circa e poi da Zanotta nel 1971 come *Spartana 2070*. Nel 1941 Coray seguì un corso di metallurgia a Zurigo e dal 1945 lavorò come designer indipendente, artista e mercante d'arte. Durante la seconda guerra mondiale progettò diverse esposizioni per aziende chimiche svizzere e nei tardi anni '40 creò vari mobili usando alluminio, tubolare metallico e legno commercializzati da Wohnbedarf. Nei primi anni '50 Coray realizzò design di altre sedie, alcune imbottite, prima di dedicarsi interamente alle belle arti. Le sue sculture, principalmente in metallo, vennero esposte a Zurigo dal 1950 al 1985, a Berna nel 1951 e a Colonia nel 1981.

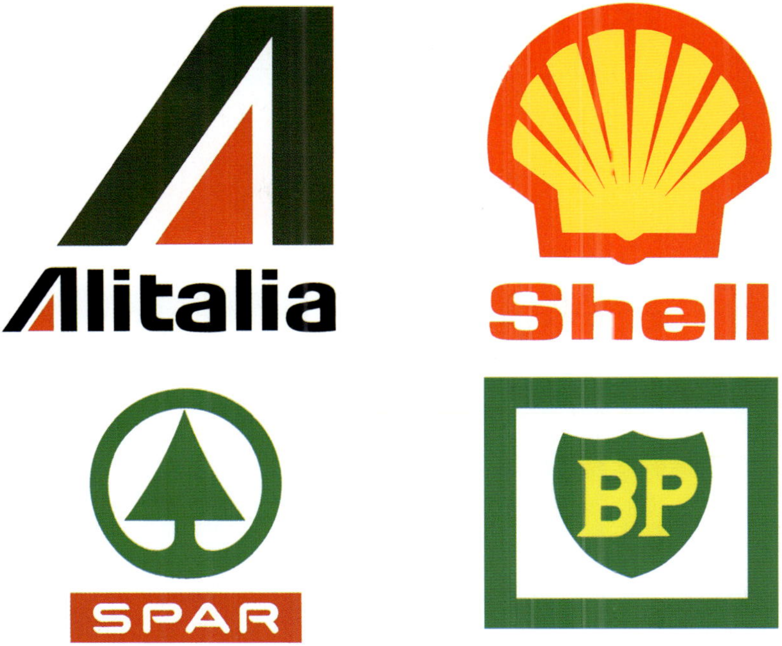

Corporate Identity

La corporate identity (identità aziendale), fortemente correlata al design del packaging, è uno strumento attraverso cui le aziende e/o le marche riescono a dare ai loro prodotti o servizi un carattere visivamente unitario per differenziarli dagli altri sul mercato. L'elemento principale della corporate identity è il marchio aziendale, normalmente usato su tutto ciò che serve a mettere in circolazione l'immagine dell'azienda, dalla cancelleria alla pubblicità. Alcune aziende o marche, come la **Braun**, seguono un approccio a la corporate identity che si potrebbe definire olistico, proiettando un'immagine dell'azienda organica e integrata non solo attraverso i vari prodotti e le loro forme, ma perfino tramite il design di uffici e fabbriche. **Peter Behrens** fu il primo designer a mettere in pratica un tale orientamento, quando, nel 1907, divenne consulente artistico dell'**AEG**. Behrens applicò un linguaggio integrato di design non solo ai prodotti dell'azienda e alla grafica, ma anche alle case degli operai e alle fabbriche, tutti strumenti tesi a promuovere un'immagine dell'AEG facilmente riconoscibile. Per tutto il XX secolo, in special modo con la crescente globalizzazione dei mercati, le organizzazioni commerciali hanno fatto dell'immagine aziendale un efficace strumento di comunicazione per competere e conquistare i mercati.

▲ **Raymond Loewy Associates**, Marchi per Shell, 1967, e BP, 1938; **Landor Associates**, Marchi per Alitalia, 1969, e Spar, 1970

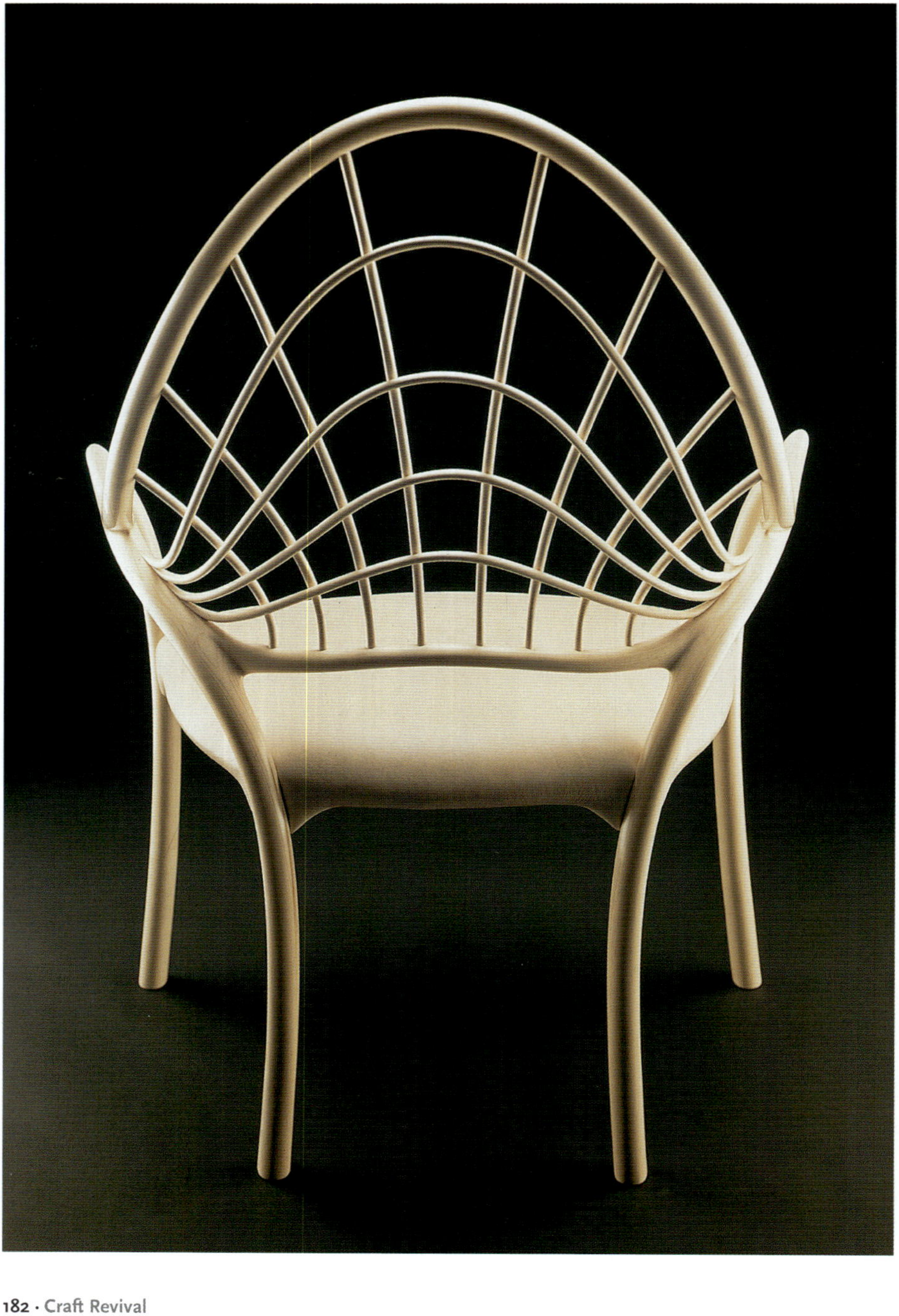

Craft Revival

Le origini di questo movimento sono da far risalire alla metà dell'800 quando riformatori come John Ruskin (1819–1900) e **William Morris** si adoperarono per preservare e rivitalizzare le arti tradizionali in contrasto con l'espandersi della civiltà industriale in Gran Bretagna. Il successo di Morris & Co., che produsse e commercializzò prodotti di stile tradizionale costruiti artigianalmente, ispirò la generazione successiva di designer associati all'**Arts & Crafts Movement**, fra cui **Charles Voysey**, **Charles R. Ashbee** e **A. H. Mackmurdo**. Negli anni '80 del XIX secolo, alcuni membri del movimento fondarono associazioni come Art Worker's Guild, Century Guild e **Guild of Handicraft**. In seguito altri designer, soprattutto quelli stabilitisi nei Cotswolds come **Ernest Gimson**, Sidney (1865–1926) e Edward Barnsley (1863–1926) e **Gordon Russell**, sostennero un forma più austera di tradizione legata al concetto di funzionalità. Anche designer Arts & Crafts americani, fra cui **Gustav Stickley**, Elbert H. Hubbard (1856–1915) e **Frank Lloyd Wright**, ricercarono un ritorno alla tradizione nel design e nella produzione artigianale promuovendo il cosiddetto Stile delle Missioni. Verso la metà del XX secolo, col progredire e l'affermarsi definitivo dei processi di produzione industriali, il design e la produzione si divaricarono sempre di più portando al declino della manifattura artigianale. Per invertire questa tendenza **John Makepeace** e **Wendell Castle**, due fra i maggiori protagonisti del Craft Revival oggi, hanno reintrodotto la lavorazione artigianale nei loro design, fondando anche scuole per la lavorazione artigianale del legno. Negli anni '80 il Craft Revival fu ulteriormente arricchito dal **Post-Modernismo**; designer come Fred Baier (1949) combinarono virtuosismo tecnico e forme bizzarre fino a creare oggetti che erano l'antitesi della concezione sposata da Ruskin e Morris, che vedeva il mobile ispirato dal buon senso della tradizione.

◂ **John Makepeace**, Sedia *Millennium 3*, 1988

▾ **Fred Baier**, Mobile indefinito *Megatron*, 1986

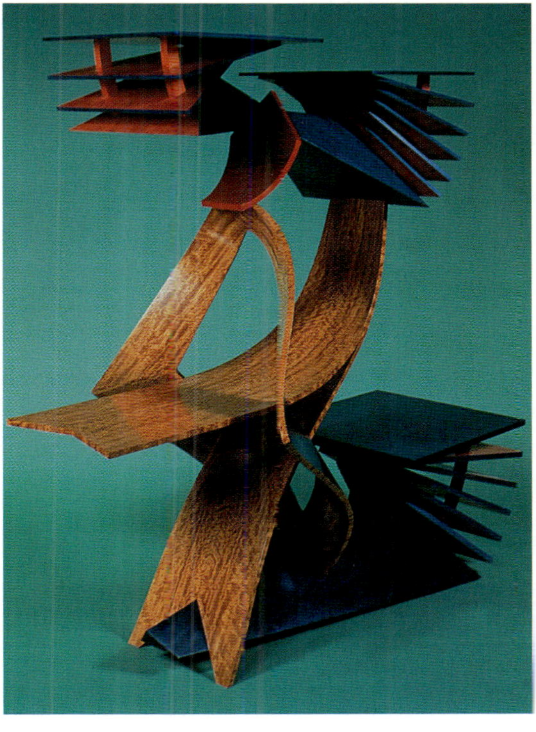

Cranbrook Academy of Art

Fondata nel 1927 a *Bloomfield Hills, Michigan*

Nel 1904 George G. Booth, un magnate dell'editoria, comprò una tenuta, poi nota come Cranbrook, nel comune di Bloomfield, alla periferia di Detroit (Michigan). Ispirato dagli ideali riformatori dei designer del XIX secolo, nel 1906 Booth fondò la Detroit Arts & Crafts Society e in seguito una comunità a Cranbrook. Nel 1922 venne aperta la Bloomfield Hills School per studenti di scuola elementare. Nello stesso anno Booth visitò l'American Academy di Roma che lo ispirò a fondare un'istituzione simile anche in America. Nel 1924 chiese all'architetto finlandese **Eliel Saarinen** di dedicarsi allo sviluppo ulteriore della Cranbrook Educational Community. Vennero così aperte altre due scuole. Tre anni dopo Booth autorizzò gli amministratori della Cranbrook Foundation a istituire una scuola di arti e mestieri con la funzione anche di accademia di belle arti, seguendo principi simili a quelli delle scuole di design europee, in cui le arti decorative venivano insegnate insieme a discipline come architettura, pittura e scultura. L'Accademia venne ufficialmente fondata nel 1932 e Saarinen ne fu il primo presidente. Come al **Bauhaus**, lo staff della Cranbrook promuoveva un attivo scambio di idee tra i diversi studi e laboratori, incoraggiando al contempo pratiche di design razionali. Durante gli anni '30 alla Cranbrook tennero conferenze **Frank Lloyd Wright** e **Le Corbusier**. Tra i membri permanenti dello staff ci furono lo scultore Carl Milles (1875–1955), la ceramista Maija Grotell (1899–1973) e i designer tessili Loja Saarinen (1979–1968) e Marianne Strengell (1909). Tra gli allievi più illustri ci furono **Ray Eames**, Florence Knoll (1917), **Jack Lenor Larsen**, **Charles Eames** e **Harry Bertoia**, che insieme a **Eero Saarinen** furono anche membri di facoltà nei tardi anni '30. Nel periodo tra le due guerre la Cranbrook divenne la principale scuola di design in America. Anche oggi la visione di Booth continua a fiorire e Cranbrook rimane un centro importante, anche se di piccole dimensioni, di eccellenza artistica e accademica.

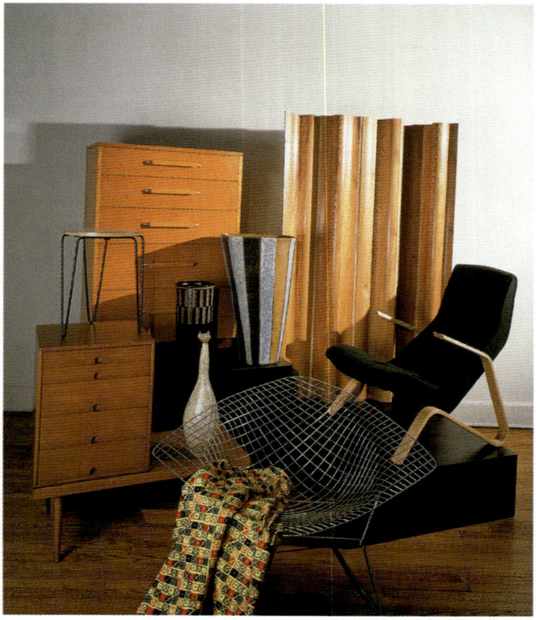

▾ Una selezione di oggetti di designer associati alla Cranbrook Academy of Art, anni '40 e '50 (Harry Bertoia: sedia *Diamond*; Eero Saarinen: sedia *Grasshopper*; Ray Eames: tessuto *Cross Patch*; Charles & Ray Eames: paravento; Charles Eames & Eero Saarinen: credenze, panca e sedile; Maija Grotell e Leza McVey: ceramiche).

▸ Vaso a due manici per Maw & Co., 1892

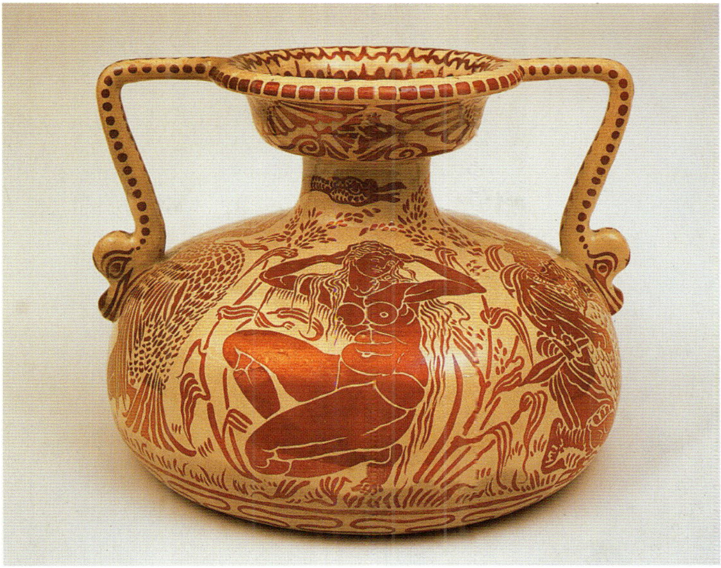

Walter Crane

1845 *Liverpool*
1915 *Horsham/Sussex*

Walter Crane, figlio di un pittore ritrattista, fu dapprima apprendista intagliatore. Intorno al 1863 cominciò a illustrare libri per bambini di grande successo per l'editore Edmund Evans. Negli anni '70 dell'800 lo stile illustrativo di Crane fu influenzato dall'opera di William Blake (1757–1827) e dei Preraffaelliti e dall'arte giapponese. Nel 1867 cominciò a disegnare ceramiche prodotte da Wedgewood, piastrelle per Maw & Co. e Pilkington e carta da parati per Jeffery & Co. Nello stesso periodo creò anche ricami per la Royal School of Needlework e un arazzo per Morris & Co. Come designer d'interni Crane collaborò alle decorazioni della residenza londinese del collezionista greco A. A. Ionides ad Holland Park, 1. Nel 1877 realizzò il fregio in mosaico dell'Arab Hall di Leighton House a Londra. Nel 1884 divenne membro fondatore dell'Art Worker's Guild e ne fu docente dal 1888 al 1889. Nel 1888 Crane contribuì anche a istituire l'Arts & Crafts Exhibition Society e ne fu presidente per diversi anni. Fu direttore di design alla Manchester School of Art dal 1893 al 1896, prima di diventare preside del **Royal College of Art di Londra** dal 1897 al 1898. Negli anni '90 scrisse alcuni importanti libri sull'arte applicata, fra cui *The Decorative Illustration of Books* (1896) e *Line and Form* (1900). Ironicamente, i design Arts & Crafts di Crane ebbero molta influenza sui designer **Art Nouveau**, anche se egli stesso era stato fortemente critico verso quello stile.

▸ Panca *Mariposa* per Zanotta, 1989

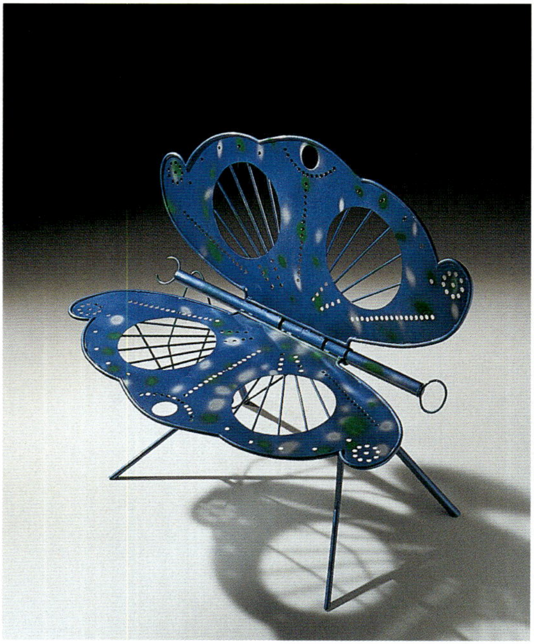

Riccardo Dalisi

1931 *Potenza*

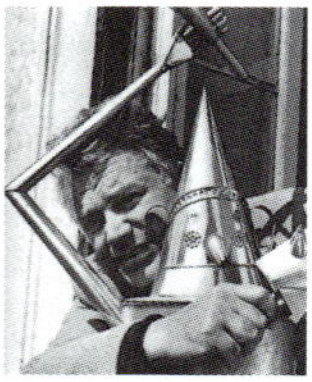

Riccardo Dalisi studiò architettura all'Università di Napoli laureandosi nel 1957, diventando in seguito professore di architettura nella stessa università. Nei primi anni '70 fu protagonista del movimento **Radical Design** a Napoli, sperimentando la cosiddetta tecnica povera e organizzando gruppi di designer che lavorarono nelle zone più povere della città insieme ad associazioni di cittadini. Tali attività informali cercarono di ravvivare la creatività e l'espressione individuale attraverso il design, ma erano al contempo alla base del dibattito interno all'**Anti-Design** e nel 1973 stimolarono il formarsi della scuola detta **Global Tools**. Come membro fondatore di questo gruppo, Dalisi fu uno dei più influenti esponenti dell'Anti-Design durante i tardi anni '60 e '70, scrivendo numerosi libri sull'argomento, fra cui *L'architettura dell'imprevedibilità* (1969) e *Architettura d'animazione* (1974). Insieme a Filippo Alison (1930) organizzò Minimal Arts e nel 1979 pubblicò un libro su **Antonio Gaudì y Cornet**, esaltando le tendenze espressive tipiche dell'architettura e dei design del grande catalano. Negli anni '80 Dalisi realizzò design di mobili a edizione limitata per Zanotta, fra cui la sedia *Pavone* (1986) e una *Caffettiera Napoletana* (1987–1988) per Alessi.

Darmstädter Künstlerkolonie

1899–1914
Darmstadt, Germania

Il granduca Ernst Ludwig di Hesse fu l'ultimo regnante dello stato di Hesse-Darmstadt, prima indipendente e che nel 1871 divenne parte del nuovo stato tedesco. Durante il suo governo, dal 1892 al 1918, probabilmente ispirato dalla fondazione a Monaco nel 1897 del **Vereinigte Werkstätte für Kunst im Handwerk**, istituì nel 1899 una colonia di artisti sulla Mathildenhöhe di Darmstadt allo scopo di stimolare una riforma del design e un rinnovamento della creatività artistica nella regione Darmstadt-Hesse. I primi membri della colonia furono i designer **Josef Maria Olbrich**, **Peter Behrens**, Hans Christiansen (1866–1945), Paul Bürck (1878–1947) e Patriz Huber (1878–1902). La colonia inizialmente constava di un edificio centrale edibito a studio e di sette case di artisti, fra cui la *Behrens Haus*, concepita da Peter Behrens come **Gesamtkunstwerk**, con ogni elemento della decorazione interna, dai mobili ai bicchieri, tutti progettati in funzione di quel progetto particolare. Olbrich progettò altre residenze simili per se stesso e Hans Christiansen. La colonia espose la sua Sala Darmstadt nel 1900 all'Esposizione Universale di Parigi. Nel 1901 presentò "Ein Dokument Deutscher Kunst" (Un documento dell'arte tedesca) in un'esposizione sulla Mathildenhöhe. In occasione di quest'ultimo evento furono costruiti diversi altri edifici, compresa una sala d'esposizioni progettata da Olbrich. Ma, per quanto successo ebbe l'esposizione, non fu mai all'altezza delle aspettative del granduca Ernst Ludwig. Tra il 1899 e il 1914 ben ventitré artisti lavorarono nella colonia progettando mobili, gioielli, vetri, ceramiche e argenteria, fra cui alcuni dei design più famosi di Ernst Riegel (1871–1939) e Theodor Wende (1883–1968). Molti design della colonia vennero presentati

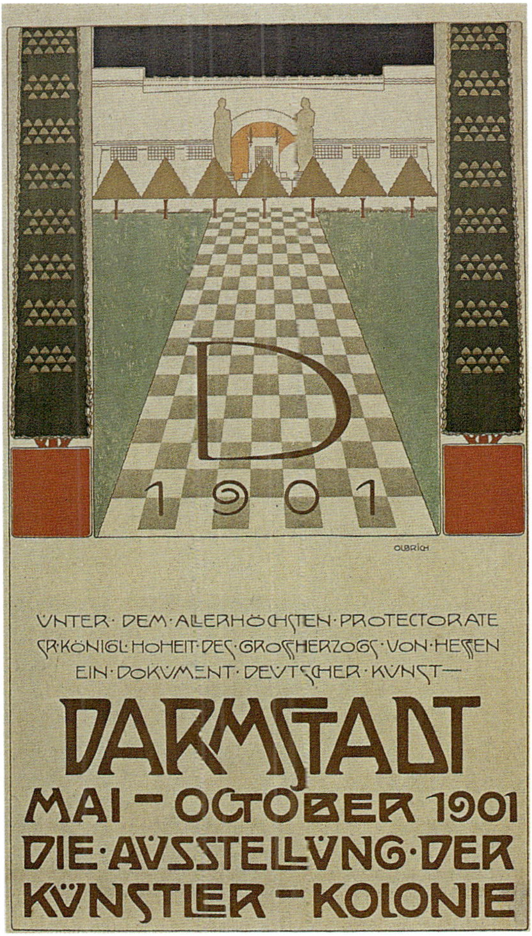

▼ **Josef Maria Olbrich**, Manifesto per l'esposizione "Ein Dokument Deutscher Kunst" della colonia artistica di Darmstadt, 1901

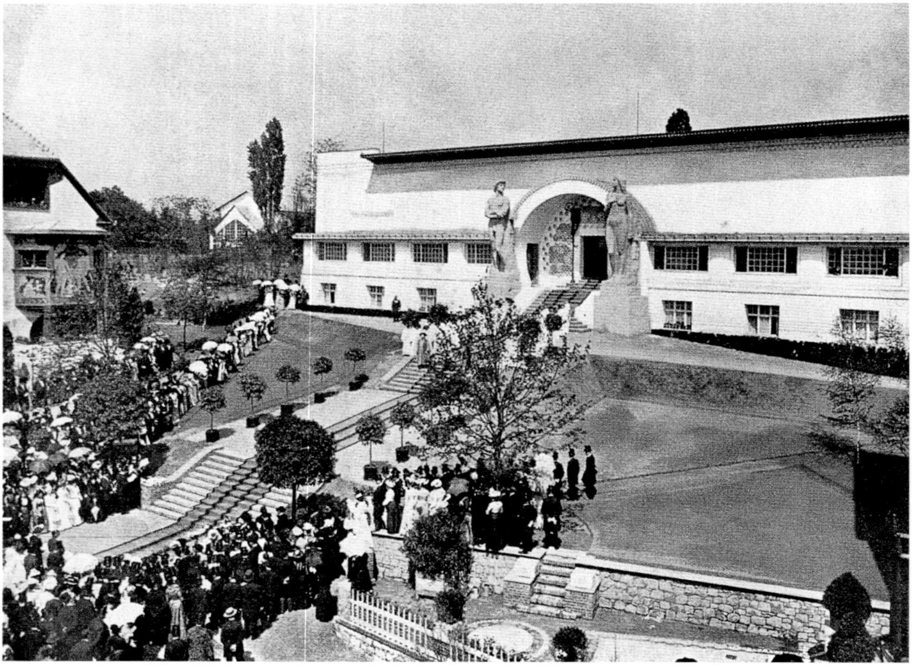

▲ Apertura dell'esposizione alla colonia artistica, 15 maggio 1901

nelle pubblicazioni di Alexander Koch, *Innen-Dekoration* e *Deutsche Kunst und Dekoration*, raggiungendo così un vasto pubblico. Behrens tenne il suo corso annuale di arte applicata al Bayerische Gewerbemuseum a Norimberga fino alla sua partenza nel 1903. I corsi vennero poi tenuti da **Richard Riemerschmid**, Paul Haustein (1880–1944) e Friedrich Adler (1878–1942 ca.). Nel 1906 la colonia aprì una fabbrica di ceramica e nel 1908 una di vetro, che stimolarono la sperimentazione con tecniche di produzione industriale. La Darmstädter Künstlerkolonie ebbe un influsso diretto sulla formazione del **Wiener Werkstätte** nel 1903 e fu il più importante centro di innovazione nel campo del design tedesco antecedente la prima guerra mondiale.

Jean Daum (1825–1885) nacque a Bischwiller nel Basso Reno e si trasferì poi a Nancy. Lì cominciò a lavorare per la Verrerie Sainte-Catherine fin dalla sua apertura nel 1875. L'azienda andò presto incontro a serie difficoltà finanziarie, anche a causa dello stesso Daum, il quale, nel tentativo di recuperare le proprie perdite, comprò la fabbrica cambiandole il nome in Verrerie de Nancy. I suoi figli, Auguste e Antonin, lo raggiunsero rispettivamente nel 1879 e nel 1887, occupandosi dell'aspetto amministrativo e delle attività produttive. Le produzioni della Verrerie de Nancy furono inizialmente limitate a vetri per orologi, stoviglie da tavola e lastre di vetro, poco differenti da quelle di altri produttori. I Daum, tuttavia, misero insieme un gruppo di designer, artisti e artigiani che cominciò a creare nuovi e innovativi design. Negli anni '90 si cominciò a produrre vetri in stile **Art Nouveau**, che per quanto simili alle opere di **Émile Gallé**, erano comunque meno espressivi e meno tecnicamente raffinati. Nel 1891 fu istituito uno studio di decorazione diretto da Eugène Damman, che giunse poi a occupare cinquanta operai, fra cui Émile Wirtz, Alméric Walter, Jacques Gruber, Henri Bergé e Eugène Gall. La fabbrica occupava nel suo insieme trecento persone e i due settori di attività di

Daum Frères

Fondata nel 1878 a *Nancy, Francia*

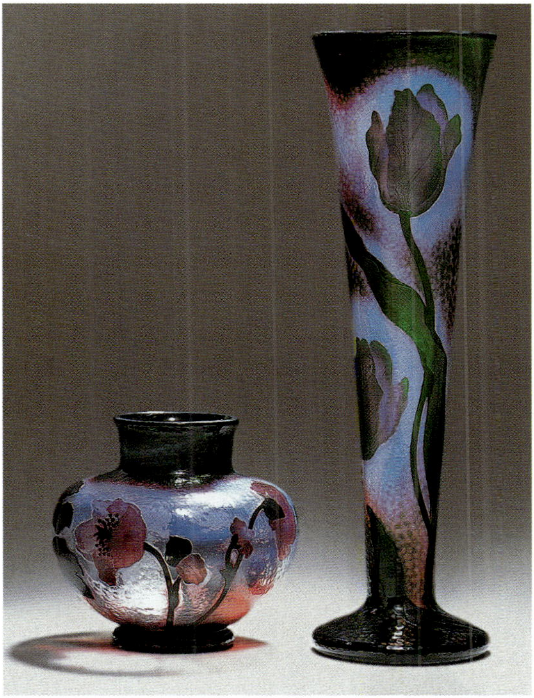

◂ Vasi in vetro cammeo, 1900 ca.

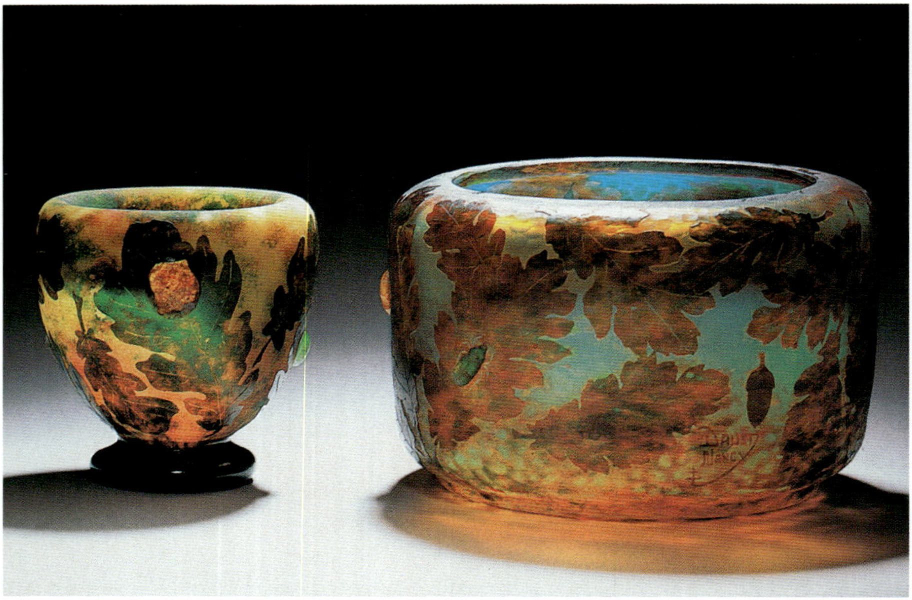

▲ Vasi in vetro cammeo, 1900 ca.

maggior successo erano la produzione di vasi incisi o lavorati a cammeo e paralumi di vetro, destinati questi ultimi ai propri prodotti da illuminazione, alle opere di **Louis Majorelle** e poi a quelle di Edgar-William Brandt (1880–1960). Nel 1893 la ditta espose i suoi primi design incisi ad acido alla Fiera Mondiale di Chicago; ma il successo decisivo lo ottenne all'Esposizione Universale di Parigi del 1900 dove vinse un Grand Prix e ad Antonin Daum venne assegnata la Legion d'Onore. Nel 1906 Alméric Walter aprì un laboratorio di "Pâté-de-Verre", una tecnica in cui il vetro, ridotto in minuti frammenti, viene legato e, spesso con l'uso dell'acqua, scaldato fino a formare un impasto malleabile che viene modellato prima del raffreddamento. La forma che ne risulta viene quindi posta in uno stampo e ririscaldata fino a vetrificarla. Gran parte dei vetri prodotti con questa tecnica fu progettata da Henri Bergé. I fratelli Daum, insieme a Émile Gallé, contribuirono anche all'apertura dell'**École de Nancy**, della quale in seguito Antonin divenne vicepresidente. Nel 1909 Paul Daum (il terzo figlio di Auguste) subentrò nella direzione della fabbrica. La sua breve gestione, prima che lo scoppio della guerra costringesse la fabbrica alla chiusura, fu contrassegnata da un cambiamento di stile verso una riduzione degli ornamenti. Ripresa la produzione nel 1919, i design della Verrerie de Nancy furono più in sintonia col contemporaneo stile **Art Déco**.

Lucienne Day

1917 *Coulsdon/Surrey*

Lucienne Conradi studiò alla Croydon School of Art dal 1934 al 1937 e poi al **Royal College of Art di Londra** laureandosi nel 1940. Nel 1942 sposò il designer di mobili **Robin Day** e cominciò a insegnare alla Beckenham School of Art, dove rimase fino al 1947. Nel 1948, insieme al marito, aprì uno studio di design, dando il via a una fruttuosa collaborazione. Una delle prime commissioni di Lucienne fu il tessuto *Calyx*, realizzato per il Festival of Britain del 1951. Con questo suo design innovativo, al quale venne assegnata una medaglia d'oro alla IX Triennale di Milano del 1951, la Day, influenzata dalle correnti dell'arte contemporanea, introdusse elementi astratti nel design tessile britannico. *Calyx* e altri suoi design, fra cui tessuti, tappeti, biancheria da tavola e carta da parati, ebbero grandissima influenza generando una pletora di imitazioni durante gli anni '50. Nel 1952 Lucienne Day ricevette il primo premio dell'American Institute of Decorators, che giudicò i suoi tessuti i migliori disponibili in America. I suoi disegni astratti e ritmici vennero prodotti da diversi fabbricanti, fra cui Wilton Royal Carpets, John Lewis, l'Edinburgh Weavers di Alistair Morton, Cavendish e soprattutto Heal's, che commercializzò i suoi design per circa venticinque anni. Tra il 1957 e il 1959 Day disegnò anche porcellane per Rosenthal. Nei tardi anni '70 si dedicò all'artigianato e cominciò a produrre "mosaici di seta", arazzi pezzi unici sempre con motivi astratti. In questo periodo collaborò col marito confezionando vetrate per uso domestico. Durante gli anni '50 e '60 ricevette tre premi dal Council of Industrial Design e scrisse diversi libri sulla pratica del design. Lucienne Day non è solo uno dei più notevoli designer tessili del XX secolo, ma anche una delle poche donne ad aver raggiunto fama internazionale nel campo del design.

▼ Tessuto *Calyx* per Heal Fabrics, 1951

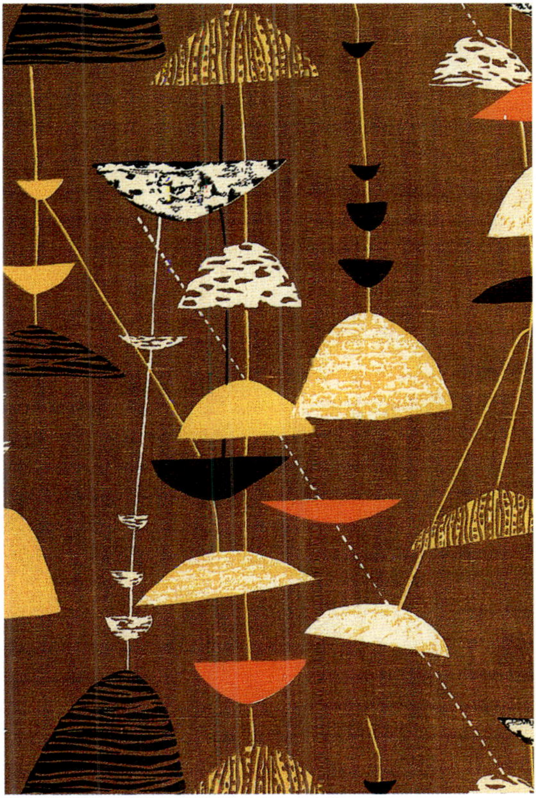

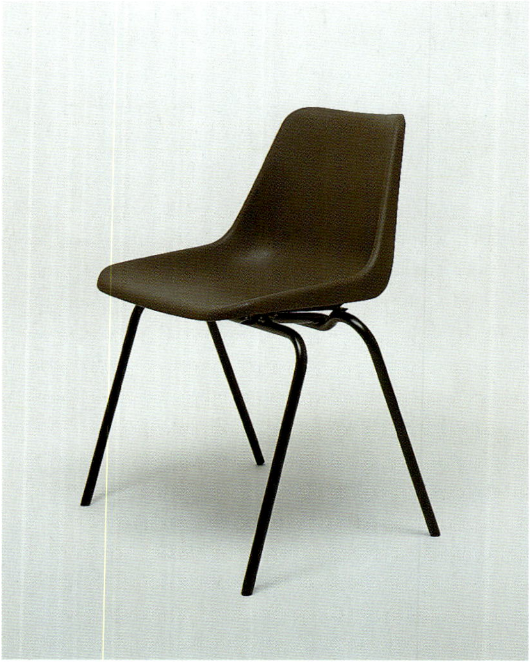

◄ Sedia sovrapponibile *Polyprop* per Hille International, 1962–1963

Robin Day

1915 High Wycombe/ Buckinghamshire

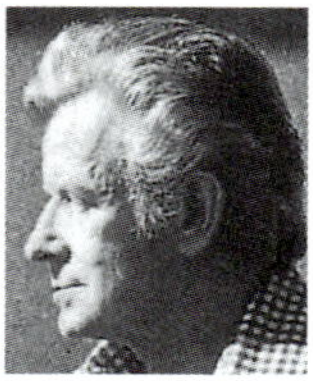

Robin Day ricevette una borsa di studio nel 1935 e studiò al **Royal College of Art di Londra** laureandosi nel 1938. Nel 1942 sposò la designer tessile Lucienne Conradi e dopo l'apertura di uno studio in collaborazione con lei nel 1948, cominciò a lavorare come designer industriale, di mostre e grafica freelance. L'anno dopo Robin Day vinse il primo premio insieme a Clive Latimer (1915) per il design di contenitori in legno e tubolare metallico per l'"International Competition for Low-Cost-Furniture Design" tenuta al **Museum of Modern Art di New York**. Subito dopo gli fu commissionato da Hille International il design di mobili moderni per la British Industry Fair del 1949. Nel 1950 Day partecipò al design" del marchio aziendale della Hille e diventò il capo designer dell'azienda. Nel 1951 progettò il padiglione "Homes and Gardens" del Festival of Britain e vinse una medaglia d'oro alla Triennale di Milano. Dal 1962 al 1963 Day realizzò la sedia sovrapponibile *Polyprop* stampata a iniezione, uno tra i primi mobili a sfruttare in pieno il potenziale delle termoplastiche nel campo della produzione in serie. Da quando fu messa in produzione nel 1963, ne sono state vendute 14 milioni in ventitré paesi del mondo, uno dei design moderni di maggiore successo e diffusione del XX secolo.

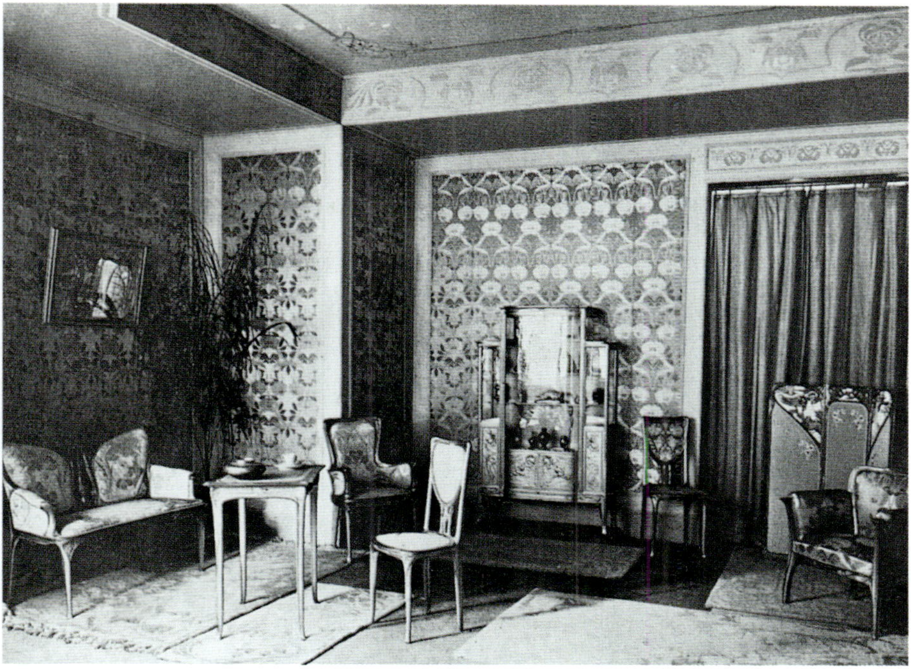

Georges de Feure

1868 Parigi
1928 Parigi

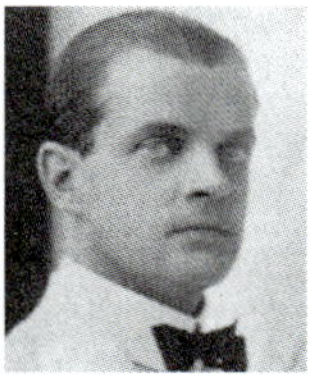

Di origine belga e olandese e figlio di un architetto, Georges Joseph van Sluijters inizialmente fece l'artigiano in Olanda lavorando per qualche tempo in una legatoria dell'Aia. Nel 1891 si trasferì a Parigi e divenne illustratore per i quotidiani *Le Courrier Français* e *Le Boulevard*. In quel periodo cambiò il cognome in Van Feuren e poi in de Feure. Nel 1894 espose i suoi disegni simbolisti in una mostra personale a Parigi. Nello stesso anno progettò mobili secondo lo stile **Art Nouveau** per Maison Fleury. Dal 1900 de Feure fu a capo del dipartimento di design della Maison de l'Art Nouveau di **Siegfried Bing**. In quella posizione, oltre a mobili, ceramiche e vetrerie, realizzò i design di apparecchiature e impianti del negozio. Curò anche l'allestimento di due prestigiose stanze del Pavillon de l'Art Nouveau di Bing all'Esposizione Universale di Parigi del 1900. Insieme a Theodor Cossmann, de Feure aprì l'Atelier De Feure per la produzione dei mobili da lui progettati e nel 1903 la sua opera fu esposta in una mostra personale organizzata da Bing. Dopo la guerra fu professore di arti decorative all'École Nationale des Beaux Arts di Parigi e per qualche tempo visse a Londra dove lavorò come scenografo. Nel 1924 disegnò fastosi interni per la couturier Madeleine Vionnet a Parigi.

▲ Salotto per signore esposto al Pavillon de l'Art Nouveau di Siegfried Bing, 1900

Michele De Lucchi

1951 *Ferrara*

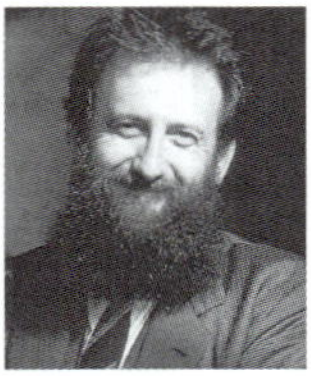

Michele De Lucchi studiò a Padova e poi all'Università di Firenze, avendo come docente Adolfo Natalini (1941) e laureandosi nel 1975. Nel 1973, insieme a Piero Brombin, Pier Paola Bortolami, Boris Pastrovecchio e Valerio Tridenti, fondò il gruppo di architetti e designer Cavart. Il gruppo si fece promotore del **Radical Design** attraverso iniziative come happening, pubblicazioni e seminari. Fra questi ultimi è memorabile quello intitolato "Architettura Culturalmente Impossibile" tenuto in una cava di marmo del Padovano. Dal 1975 al 1977 De Lucchi insegnò architettura all'Università di Firenze; nel 1978 si trasferì a Milano per lavorare nel reparto di design interno alla **Kartell**, il Centrokappa. Conobbe poi **Ettore Sottsass** e collaborò con lui all'organizzazione della prima mostra del gruppo **Memphis**. Nel 1979 progettò diversi prototipi postmoderni di utensili d'uso domestico per lo **Studio Alchimia** e divenne consulente dell'**Olivetti**. Nel 1981 partecipò alla fondazione del gruppo Memphis e fu responsabile dell'introduzione di motivi geometrici sui laminati plastici utilizzati dal gruppo. Nel 1986 fondò Solid, un gruppo di design con base a Milano, e cominciò a insegnare alla Domus Academy di Milano. Nei primi anni '90 fondò il Gruppo De Lucchi e lavorò molto in Giappone e Germania. I suoi design divennero meno sperimentali e più consoni alla produzione industriale.

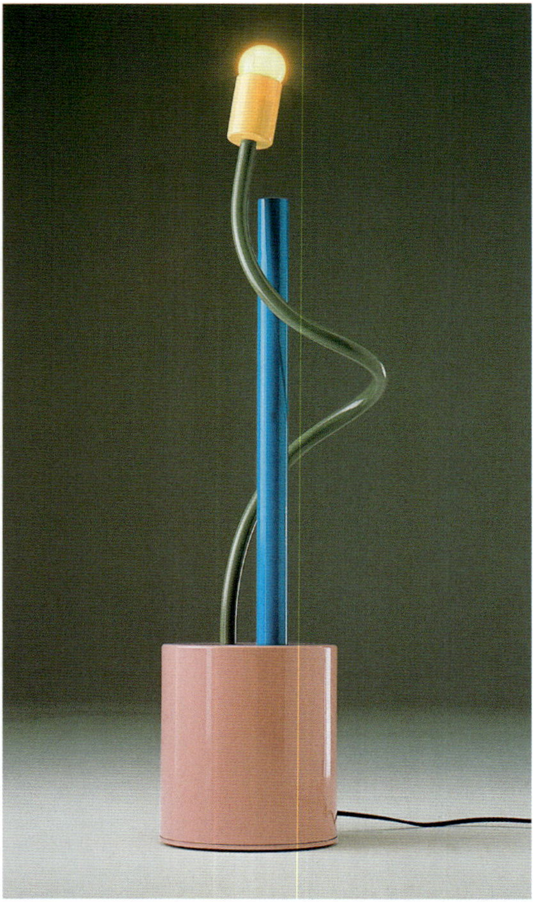

◂ Lampada *Siner Pica* prodotta da Belux per Studio Alchimia, 1979

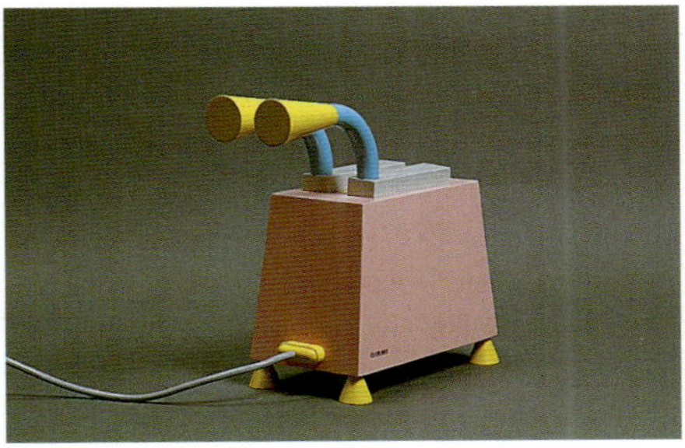
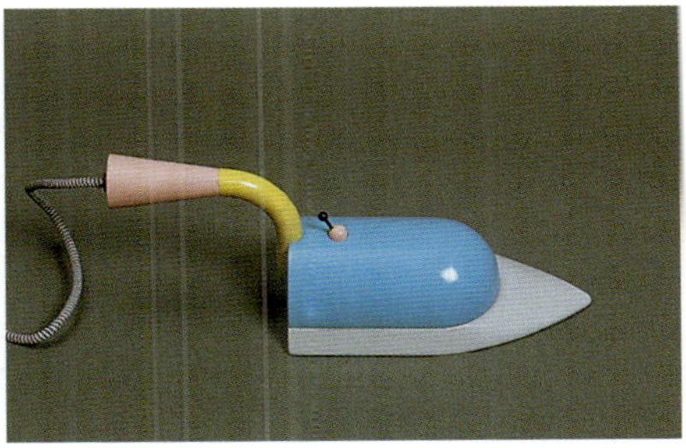
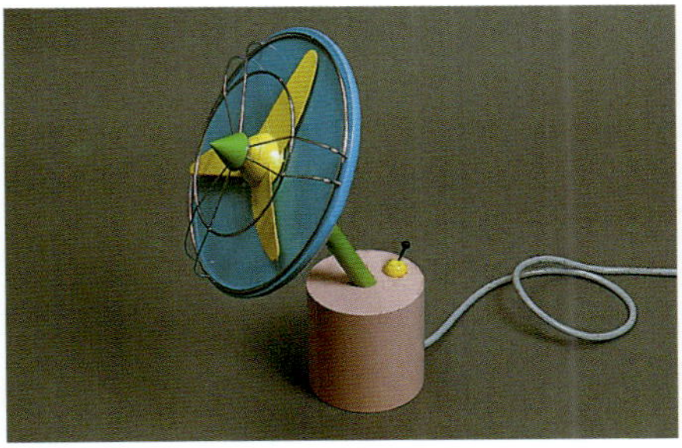
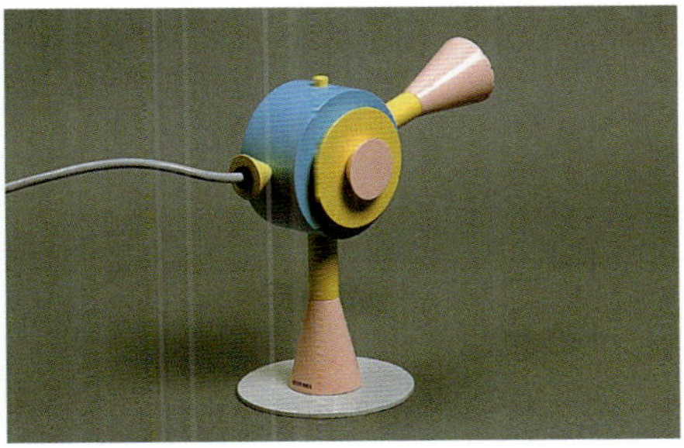
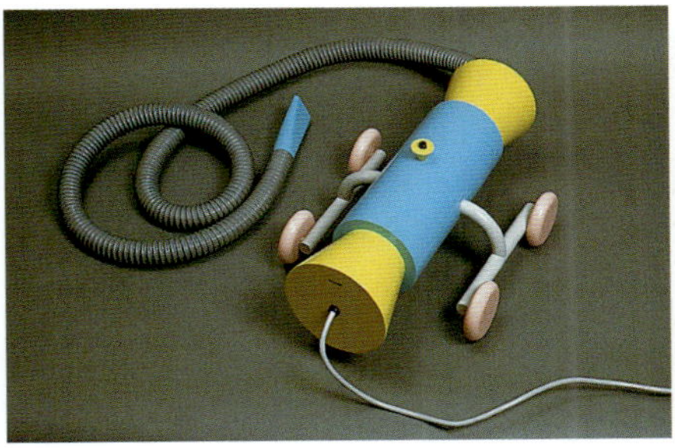
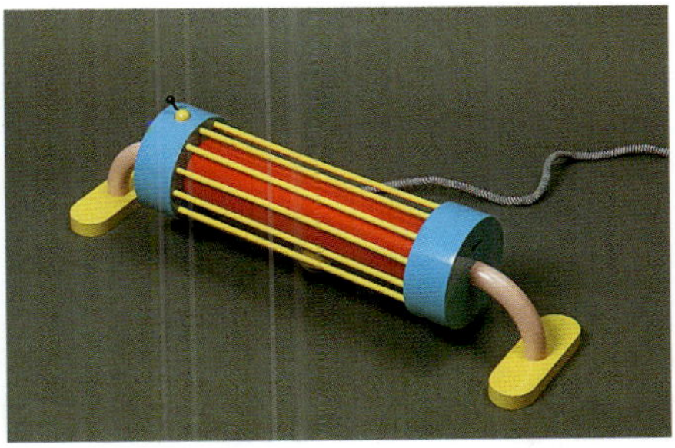

▲ Prototipi (in legno verniciato) di utensili domestici per Girmi, esposti per la prima volta alla Triennale di Milano del 1979 (mai messi in produzione)

William De Morgan

1839 *Londra*
1917 *Londra*

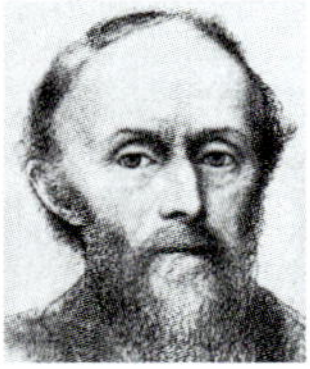

Figlio di un professore di matematica e di una suffragetta, William De Morgan cominciò a studiare arte nel 1855 alla Cary's School di Bloomsbury a Londra. Nel 1859 continuò gli studi alle Royal Academy Schools e nel 1863 venne presentato da un compagno studente, Henry Holiday (1839–1927), a **William Morris** e a Edward Burne-Jones (1833–1898). In quell'anno entrò in stretto contatto con i Preraffaelliti e decise di abbandonare le belle arti per dedicarsi alle arti decorative. Tra il 1863 e il 1872 progettò vetrate, piastrelle e mobili dipinti per Morris, Marshall, Faulkner & Co. Nel 1869 De Morgan scoprì che se per dipingere il vetro veniva usata pittura contenente argento si creava una speciale iridescenza. Ciò lo portò a sperimentare tecniche di cottura e verniciatura che potessero potenziare la lucentezza delle piastrelle di ceramica. Nel 1873 aprì a Chelsea la Orange House Pottery, con annessa sala esposizioni per la vendita delle ceramiche, per lo più piastrelle. Nel 1879 creò piastrelle per la Arab Hall di Leighton House e fornì pannelli in ceramica per lo yacht dello zar di Russia. Le piastrelle di De Morgan venivano rivendute anche dalla Morris & Co., mentre allo stesso tempo la sua fabbrica produceva ceramiche disegnate dalla Morris & Co. Questa stretta collaborazione si intensificò quando De Morgan trasferì la sua fabbrica vicino ai laboratori della Morris & Co., a Merton Abbey. Le caratteristiche ceramiche di De Morgan, decorate con strani animali, motivi floreali e galeoni su mari in tempesta, furono stilisticamente influenzate dall'arte medievale e persiana. Nel 1888 trasferì la sua fabbrica alle Sands End Pottery di Fulham ed entrò in società con l'architetto Halsey Ricardo (1854–1928), la cui *Peacock House* in Addison Road (1904) venne estesamente decorata, sia all'interno che all'esterno, con piastrelle di De Morgan. Nel 1906 De Morgan pubblicò il suo primo romanzo, *Joseph Vance*, che ebbe subito grande successo sia in Gran Bretagna che in America; un anno dopo abbandonò l'arte della ceramica per dedicarsi alla sua carriera di scrittore, pubblicando altri sei romanzi. La sua fabbrica, tuttavia, continuò a operare fino al 1911 sotto la guida di Charles e Fred Passenger e di Frank Iles.

▾ Piastrella *Snake* del periodo Chelsea, 1880 ca.

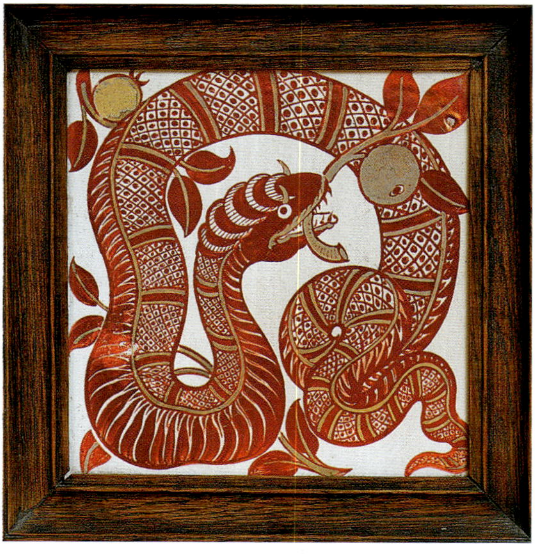

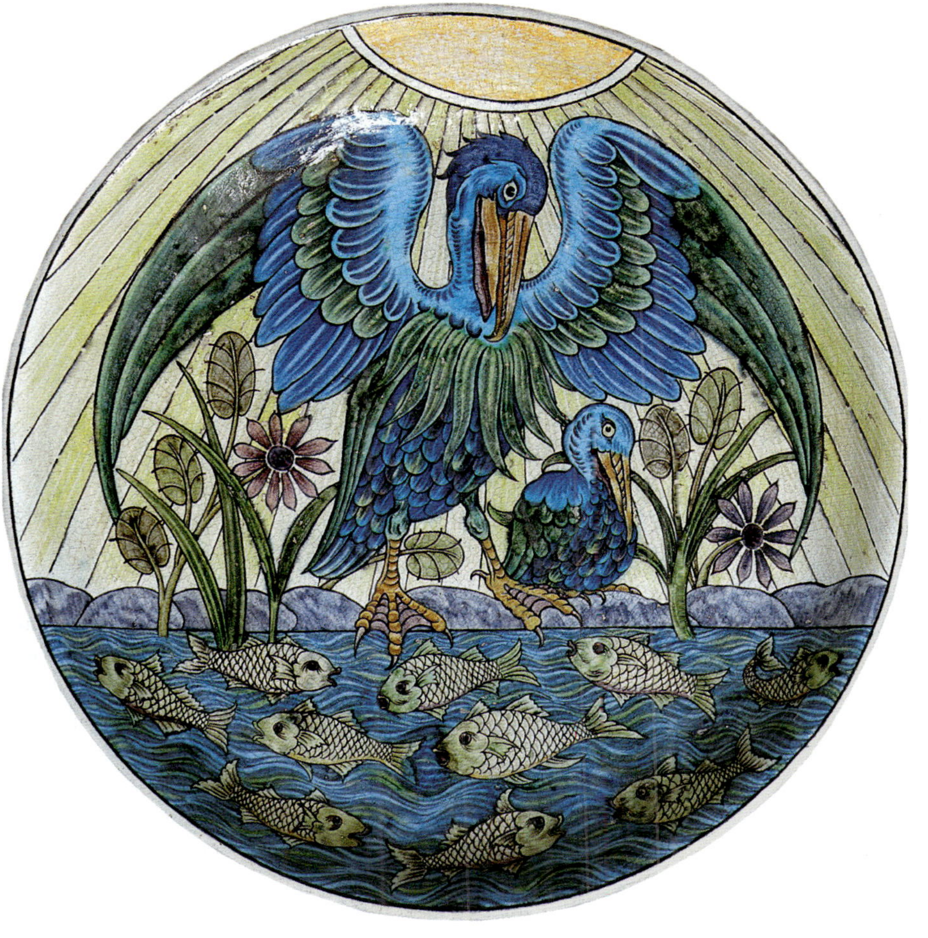

▲ Piatto *Pelican* in colori persiani del periodo Fulham, 1888 ca.

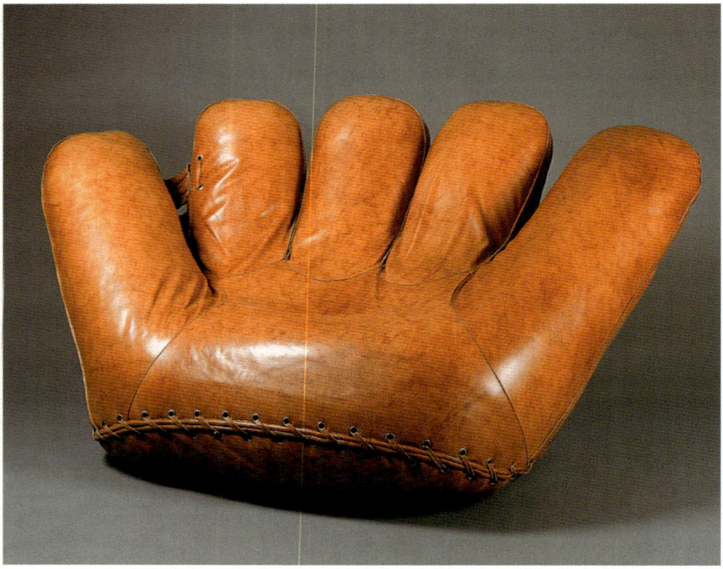

De Pas, D'Urbino & Lomazzi

De Pas
1932 *Milano*
1991 *Milano*

D'Urbino
1935 *Milano*

Lomazzi
1936 *Milano*

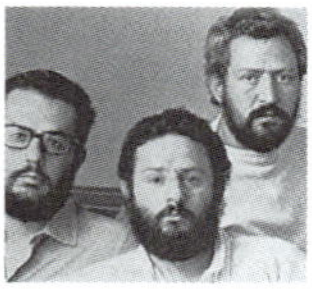

▲ Poltrona *Joe* per Poltronova, 1970

Gionatan De Pas, Donato D'Urbino e Paolo Lomazzi studiarono al Politecnico di Milano e nel 1966 aprirono insieme uno studio di architettura e design. Inizialmente sperimentarono design di mobili in PVC modulare gonfiabile. Le sedie *Blow* che ne derivarono furono i primi mobili gonfiabili prodotti in serie e divennero un'icona della cultura Pop degli anni '60.

Nel 1970 il gruppo partecipò al design del padiglione italiano alla Fiera Mondiale di Osaka e nel 1972 alla mostra "Italy: The New Domestic Landscape" del **Museum of Modern Art di New York**. La poltrona *Joe* (1970), chiamata così in ricordo di Joe Di Maggio (leggenda del baseball americano), fu ispirata alle sculture sovradimensionate e fuori contesto di Claes Oldenburg (1929).

Nel 1979 a De Pas, D'Urbino e Lomazzi venne assegnato un **Compasso d'Oro** alla Triennale di Milano per l'attaccapanni *Sciangai* (1974). Un anno dopo lo studio progettò l'esposizione di Colonia "Italian Furniture Design 1950–1980". Nel 1987 si tenne una mostra dei design del gruppo a Kyoto. Negli anni '80 fecero anche un programma televisivo intitolato "Dal cucchiaio alla città: il design italiano dal 1950 al 1980". Per oltre trent'anni De Pas, D'Urbino e Lomazzi hanno elaborato design di mobili e luci dalla linea flessibile e versatile, spaziando dalle soluzioni più radicali ad altre più convenzionali. I loro design sono stati messi in produzione da Acerbis, **Arte-**

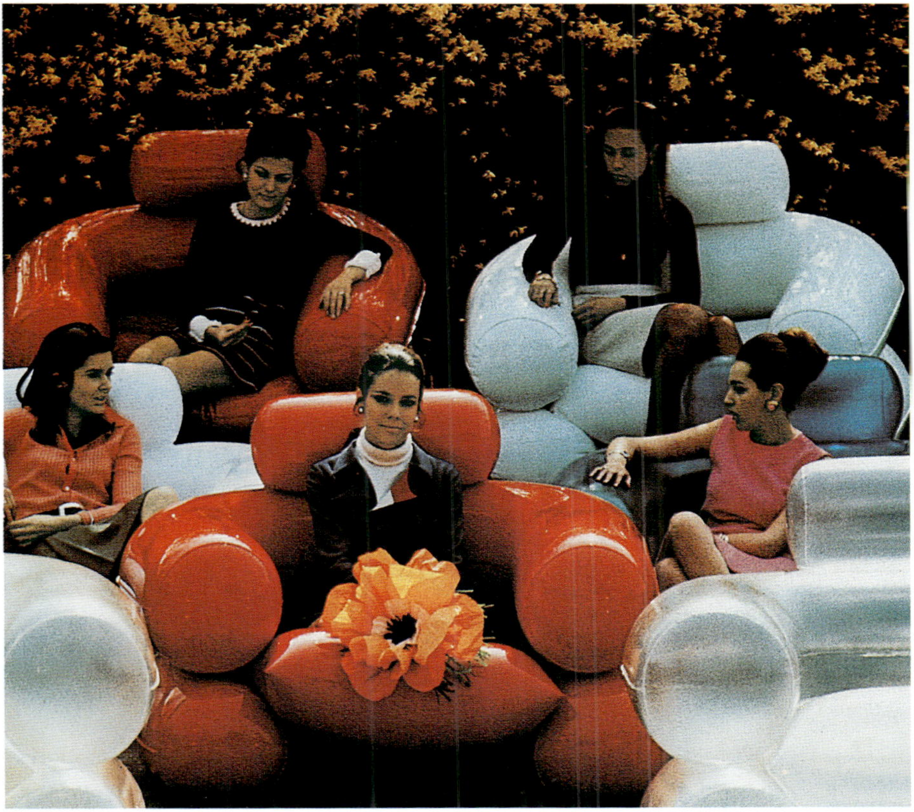

mide, BBB, Bonacina, Cassina, Driade, Palina, Poltronova, Stilnovo, Zanotta e altri ancora.

▲ Inserto pubblicitario di Zanotta per le sedie *Blow*, 1968 ca.

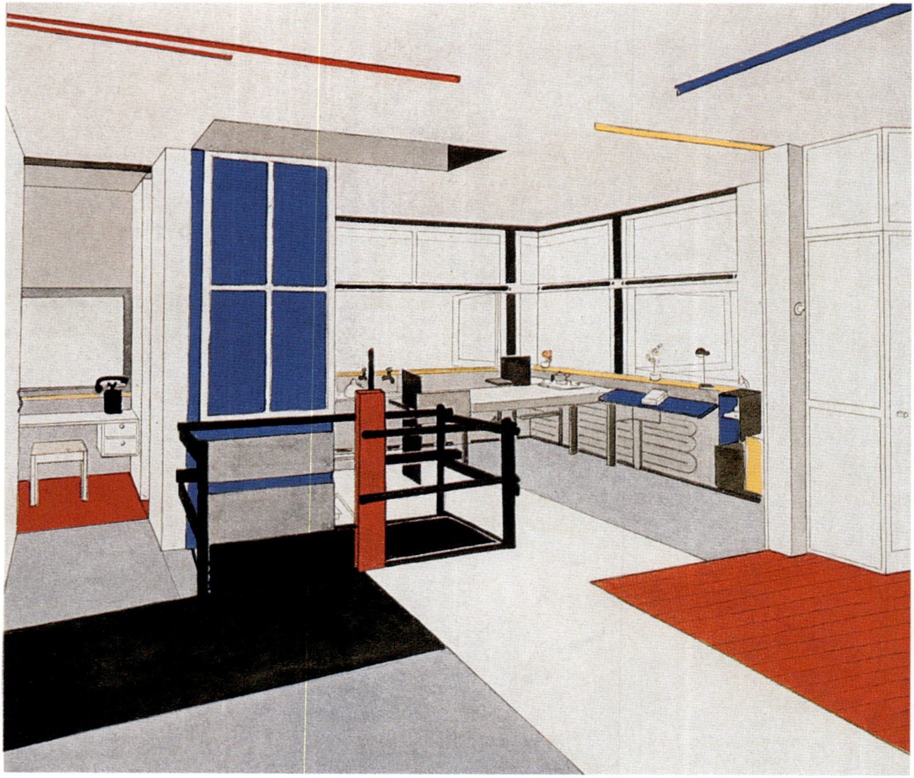

De Stijl

Fondato nel 1917 in *Olanda*

▲ **Gerrit Rietveld**, Disegno isometrico dell'interno della casa Rietveld-Schroeder di Utrecht, 1927

Nell'ottobre 1917 un piccolo gruppo di architetti, designer e artisti olandesi fondò la rivista d'arte *De Stijl*. Guidato da **Theo van Doesburg**, il gruppo inizialmente includeva Piet Mondrian (1872–1944), Bart Anthony van der Leck (1876–1958), **Vilmos Huszar**, **Jacobus Johannes Pieter Oud**, Robert van't Hoff (1887–1979), Jan Wils (1891–1972) e Georges Vantongerloo (1886–1965). La rivista divenne un forum per il dibattito su arte e design e poi il centro di aggregazione di un gruppo di intellettuali più largo e di orizzonti più vasti, un vero movimento che, per quanto informale, aveva un obiettivo comune: l'astrazione assoluta. La rivista non solo presentò gli ultimi sviluppi dell'**avant-garde** artistica olandese ma anche l'opera dei costruttivisti russi, dei dadaisti e dei futuristi italiani. La pubblicazione rivendicava la purificazione di arte e design attraverso l'adozione di un linguaggio universale basato sul Cubismo astratto o, come lo chiamava Piet Mondrian, sul Neoplasticismo. I membri del movimento credevano che la ricerca della coerenza e della bellezza avrebbe infine portato l'umanità all'armonia e alla crescita intellettuale. Theo van Doesburg, caporedattore della rivista, promosse instancabilmente il messaggio di De Stijl nei suoi numerosi viaggi in Belgio, Francia, Italia e Germania. Nel 1921 stabilì contatti col personale del Bauhaus di Weimar e un anno dopo tenne una serie di conferenze a Weimar. Theo van Doesburg allacciò anche legami con i costruttivisti, in particolare **El Lissitzky** e **László Moholy-Nagy**. Ma De Stijl non influenzò solo le belle arti; i suoi membri, infatti, realizzarono design molto importanti di mobili, interni, tessuti, grafica e architettura. La rivoluzionaria *sedia rosso/blu* di **Gerrit Rietveld** (1918–1923), che nel suo design incorporava la filosofia stessa del movimento, fu esposta allo Staatliche Bauhaus nel 1923 e ispirò la famosa sedia *Wassily B3* in tubolare metallico di **Marcel Breuer** (1925–1927). Come la sedia *Rosso/Blu* di Rietveld, l'architettura e gli interni De Stijl erano caratterizzati dall'uso di forme fortemente geometriche e di blocchi di colore, quasi a voler delimitare lo spazio. Le partizioni venivano usate per dividere le aree interne, mentre l'elemento funzionale era ridotto al minimo indispensabile. Le linee decise di questi interni producevano un

▾ **Gerrit Rietveld,**
Credenza, 1919
(eseguita da G. van de Groenekan)

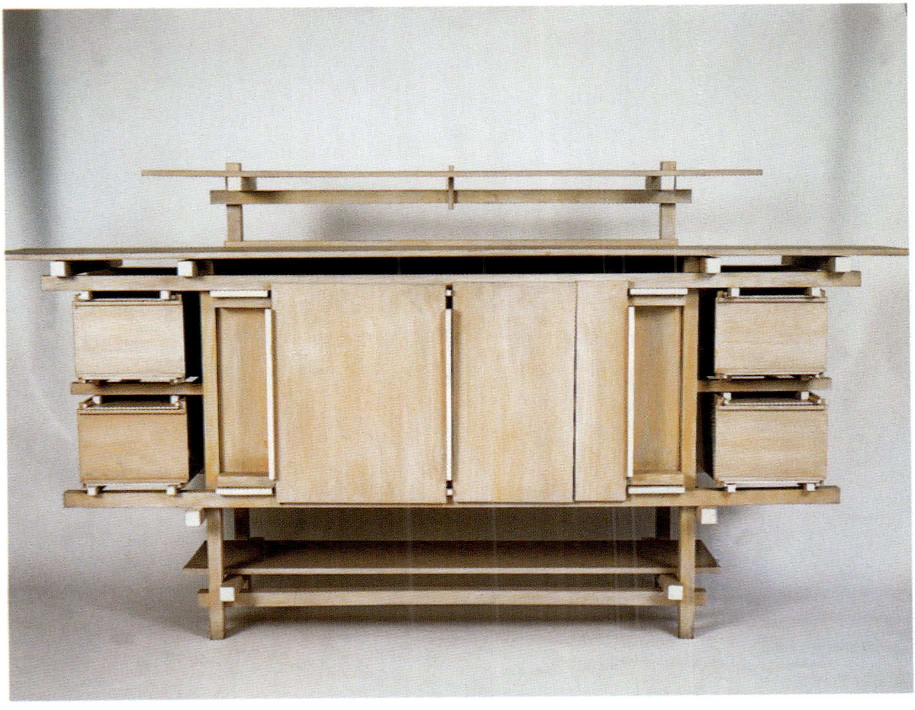

forte dinamismo mentre la mancanza di ornamenti apportava grande luminosità. Questo approccio dematerializzato al design insieme all'uso di forme geometriche ebbe grande influsso sullo sviluppo del **Modern Movement**. Pur mancando un'istituzione formale che rappresentasse il gruppo De Stijl, la produzione presenta caratteristiche talmente particolari da identificare un linguaggio comune proprio nell'astrazione geometrica. L'applicazione di questo nuovo linguaggio di forme e colori cancellò le tradizionali distinzioni tra belle arti e arti decorative, anche se l'ideale del gruppo di contribuire a una più generale diffusione di esse non venne mai pienamente realizzato. La visione utopistica del movimento trovò ispirazione nella vitalità della città moderna; l'approccio funzionale al product design subì invece l'influsso del Calvinismo olandese. Pur condividendo molte delle idee proposte dal **Costruttivismo** russo, ad esempio il dinamismo degli spazi, per il suo postulare una nuova purezza estetica De Stijl viene generalmente riconosciuto come il primo movimento di design moderno. La rivista *De Stijl* venne pubblicata fino alla morte di Theo van Doesburg nel 1931; in seguito il movimento perse gradualmente prestigio e fu incapace di mantenersi vitale.

▾ **Bart van der Leck**, Tappeto per Metz & Co., 1918–1919

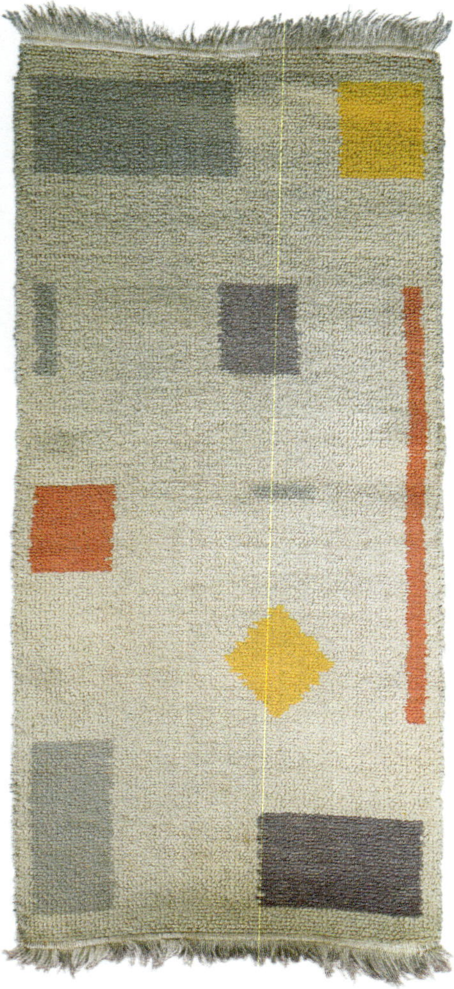

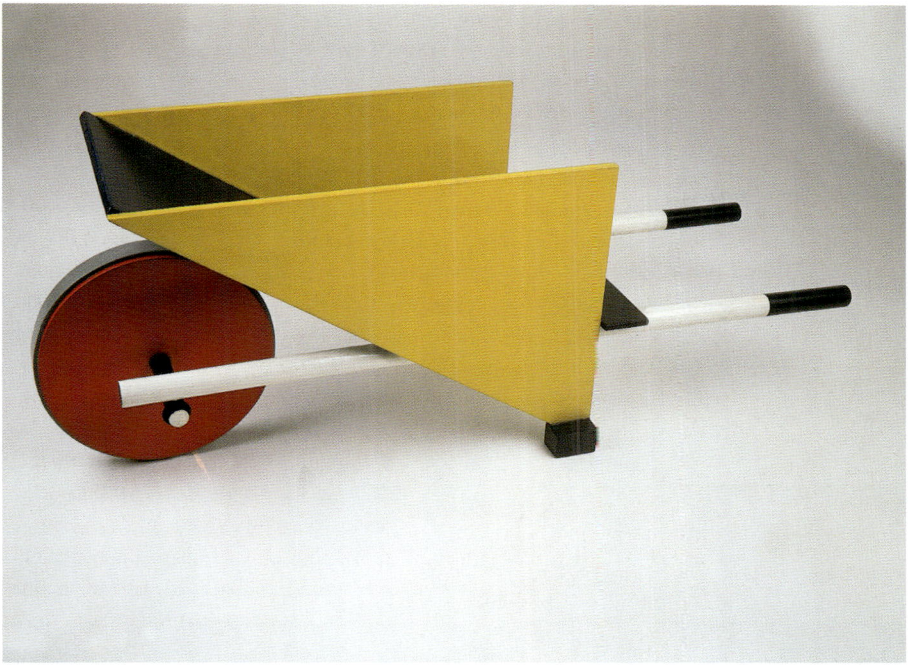

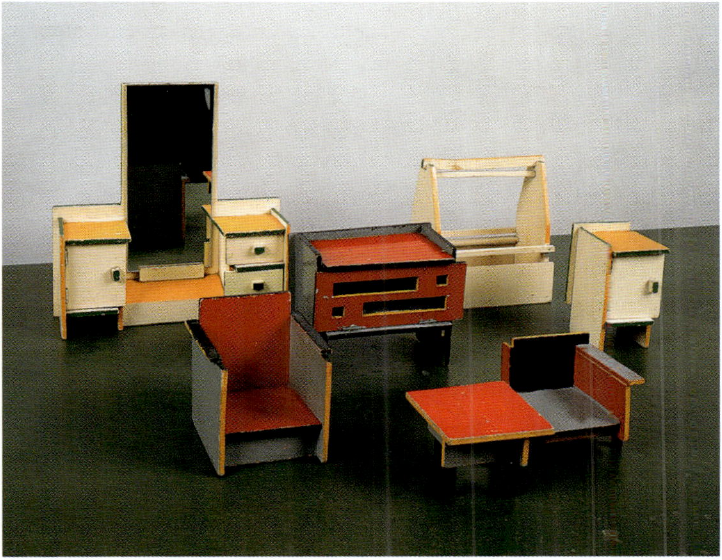

▲ **Gerrit Rietveld**, Carriola giocattolo, 1923 (eseguita da G. van de Groenekan)

◄ **Jan Pieter Dirk van Gelder**, Mobili giocattolo per Metz & Co., anni '20

Deconstructivism

La decostruzione è un metodo di analisi associato in primo luogo a certa critica letteraria teorizzata negli anni '60 dal filosofo francese Jacques Derrida (1930). Nei suoi scritti egli sostenne che analizzando o "decostruendo" la logica della metafisica occidentale se ne potevano far venire a galla i presupposti. La decostruzione fu usata anche per dimostrare che, poiché un lavoro creativo è soggetto a differenti interpretazioni, il suo contenuto è in ultima analisi ambiguo e perciò stesso la logica interna ne risulta indebolita. Decostruendo il linguaggio formale del **Modern Movement**, se ne rivelarono la molteplicità di significati e i preconcetti, il che ebbe come risultato la messa in dubbio dei suoi fondamenti filosofici. Negli anni '70 le idee di Derrida vennero tradotte e trasformate in uno stile di architettura e design: il Decostruttivismo. Questo stile, come d'altronde il **Post-Modernismo**, si oppose alle premesse tradizionali del Modernismo. Tuttavia, a differenza del Post-Modernismo, esso rigetta lo storicismo e l'ornamento. Il Decostruttivismo allude spesso alla decostruzione del senso, mentre il Post-Modernismo va oltre, sovvertendolo e rendendolo ambiguo e incodificabile. Stilisticamente, se non filosoficamente, simile al **Costruttivismo** russo degli anni '20, il Decostruttivismo adottò anche forme espressive frammentate. Gli esponenti più notevoli del movimento in architettura e nel design sono **Frank O. Gehry**, **Coop Himmelb(l)au**, Zaha Hadid (1950), Peter Eisenman (1932) e Bernard Tschumi (1944). Essendo uno stile essenzialmente antirazionale, il Decostruttivismo è legato all'**Anti-Design** ed ha avuto scarso impatto sul product design, a parte alcuni esempi come *Radio in a Bag* (1981–1983) di **Daniel Weil**, un design che rivelando le sue parti costitutive contrastava le forme tradizionali e decostruiva la logica convenzionale del design.

▼ **Zaha Hadid**, Interno del ristorante Moonsoon di Sapporo, Giappone 1990

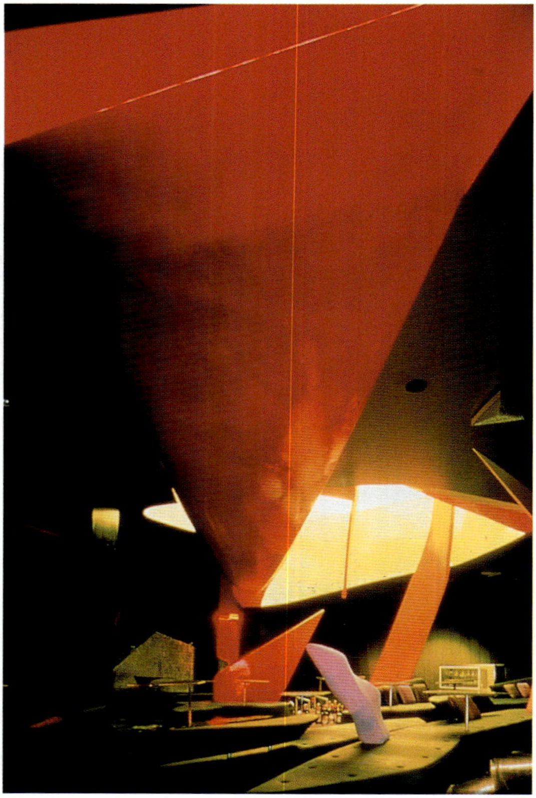

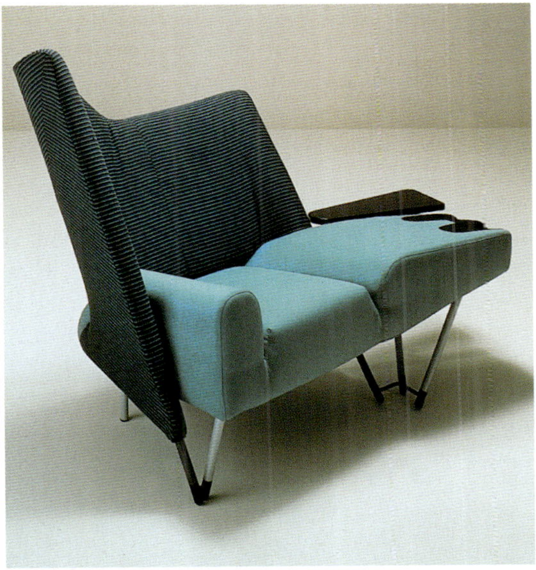

◂ Poltrona *Torso modello n. 654* per Cassina, 1982

Paolo Deganello

1940 *Este (Padova)*

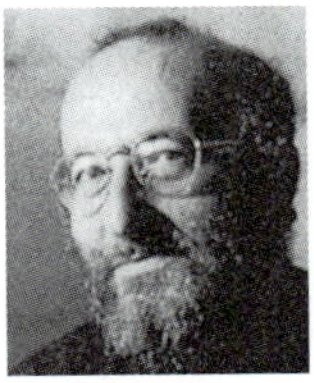

Paolo Deganello studiò architettura all'Università di Firenze dal 1961 al 1966. Dopo la laurea, insieme ad **Andrea Branzi**, Gilberto Corretti (1941) e Massimo Morozzi (1941), fondò a Firenze **Archizoom Associati**, un gruppo di **Radical Design**. Tra il 1963 e il 1974 partecipò alla pianificazione urbana di Calenzano (Firenze). Dal 1966 insegnò all'Università di Firenze, dal 1971 al 1974 all'Architectural Association di Londra, nel 1976 all'Università di Milano e infine quale docente di design all'Istituto Superiore per le Industrie Artistiche – Industrial Design di Roma (ISIA). Nel 1974 Archizoom si sciolse e l'anno successivo Deganello, insieme a Corretti, Franco Gatti e Roberto Querci, fondò un altro gruppo di design, il Collettivo Tecnici Progettisti, per promuovere design di mobili di stile radicale. A partire dal 1972 Deganello scrisse articoli per riviste come *Domus*, *Rassegna*, *Lotus*, *Casabella*, *IN* e *Modo*. Nel 1975, con Ennio Chiggio, pubblicò una serie di saggi in *Quaderni del Progetto*. Nel 1981 aprì uno studio di design progettando mobili per Marcatré, Cassina, Driade, **Vitra** e altri, e luci per Venini e Ycami Collection. La sedia pieghevole *AEO* (1973) e la sedia multifunzionale *Torso* (1982) si isparono a mobili degli anni '50 e sono caratteristiche del suo approccio al design. Nel 1981 l'opera di Deganello venne esposta al Clocktower di New York. Nel 1983 progettò interni per la Schöner Wohnen Company di Zurigo.

Christian Dell

1893 Offenbach, Germania
1974 Wiesbaden, Germania

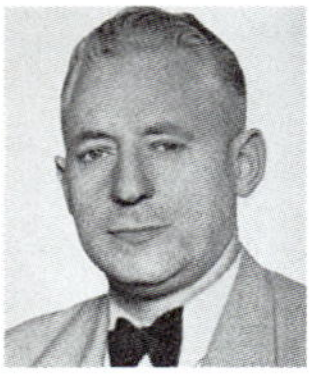

Christian Dell fu apprendista nella fabbrica di argenteria di Schleissner & Söhne di Hanau dal 1907 al 1912 e al contempo studiò alla Königliche Preussische Zeichenakademie. Dal 1912 al 1913 lavorò come argentiere a Dresda prima di passare come apprendista alla Kunstweberschule di Weimar, dove ebbe come docente **Henry van de Velde**. Dopo il servizio militare prestato durante la prima guerra mondiale, Dell lavorò come operaio specializzato dal 1918 al 1920 e poi come maestro argentiere per Hestermann & Ernst a Monaco. Nel 1920 lavorò nel laboratorio di argenteria di Emil Lettré (1876–1954) a Berlino. Ritornò poi a Hanau e rifrequentò la Königliche Preussische Zeichenakademie. Un anno dopo aprì uno studio a Hanau e dal 1922 al 1925 divenne "Werkmeister" del laboratorio dei metalli dello Staatliches **Bauhaus** di Weimar, dove lavorò a stretto contatto con **László Moholy-Nagy**. A differenza di molti colleghi del Bauhaus, Dell credeva che i designer non dovessero rigettare del tutto la tradizione. Dal 1926 al 1933 insegnò nell'appena istituito dipartimento di metallurgia della Frankfurter Kunstschule, progettando argenteria che veniva poi prodotta nel laboratorio della scuola. In questo periodo Dell progettò anche luci innovative per la produzione in serie, come la lampada da tavolo *Rondella-Polo* (1926–1927). I suoi design di luci vennero prodotti da Rondella e da Kaiser, che produsse anche la serie *Idell*, poi copiata da Helo. Nel 1933 fu rimosso dal corpo insegnante della Frankfurter Kunstschule dal regime nazista. Nel 1939 aprì un'oreficeria a Wiesbaden.

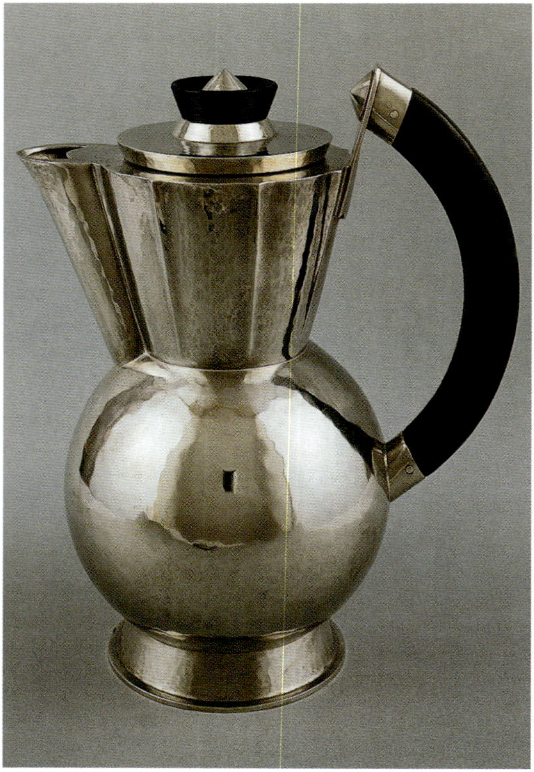

◂ Brocca per vino placcata argento e con manico d'ebano per il laboratorio dei metalli del Bauhaus di Weimar, 1922

▸ L'appartamento di S. L. Rothafel sul piano superiore di Radio City Music Hall (New York), 1933

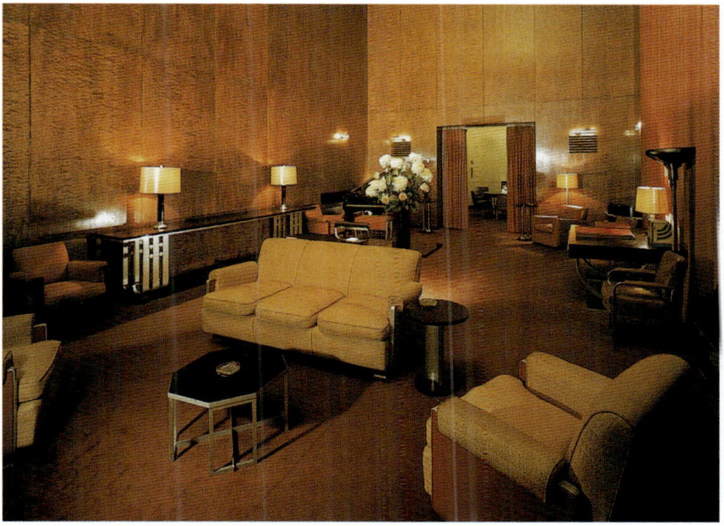

Donald Deskey

1894 Blue Earth, Minnesota
1989 Vero Beach, Florida

Dopo una visita all'"Exposition Internationale des Arts Décoratifs et Industriels" del 1925 a Parigi, Donald Deskey decise di occuparsi di design tridimensionale e d'interni. Nel 1926 creò dei paraventi per Saks Fifth Avenue, grandi magazzini di New York, e un anno dopo curò l'allestimento delle vetrine per lo stesso negozio e per Franklin Simon. Le vetrine moderniste per Saks sfoggiavano un'insolita combinazione di metallo e sughero. Deskey realizzò anche paraventi dipinti per la galleria di **Paul Frankl** e ricevette commissioni per il design d'interni da Adam Gimbel, dalla famiglia Rockefeller e altri. Nel 1927 si mise in società con Phillip Vollmer producendo esclusivi pezzi unici di luci e mobili in metallo; ma la società si sciolse nei primi anni '30. Nei tardi anni '20 aveva anche sviluppato un laminato in legno chiamato Weldtex. Nel 1931 Deskey realizzò interni e mobili **Moderne** per Radio City Music Hall, una commissione senza dubbio oltremodo prestigiosa che produsse uno dei migliori esempi di stile **Art Déco** in America. Negli anni '30 realizzò vari design per la produzione in serie, fra cui lavatrici, distributori automatici, stampatrici e perfino una rastrelliera per il bowling, che vennero esposti nel 1934 al Metropolitan Museum of Art di New York. Dai tardi anni '30 al 1975 fu direttore della Donald Deskey Associates e si occupò di grafica, packaging, interni, luci, mobili da ufficio e mostre. Deskey fu uno dei principali esponenti dell'Art Déco in America. Fu anche un illustre pioniere della consulenza in disegno industriale.

Desny

1927–1933
Parigi

Situata al 122 della Avenue des Champs-Elysées a Parigi, La Maison Desny fu una ditta che operò tra il 1927 e il 1933 facendo del design una sorta di bandiera. Anche se si sa poco sui suoi fondatori, i designer Desnet e René Nauny, le sue innovative lampade cromate e argenterie ispirate al Cubismo ebbero grande influsso. Per la ditta lavorò anche il designer Louis Poulain. Pur essendo una ditta che si occupava soprattutto di decorazioni, la Desny produsse una grande varietà di oggetti in stile **Moderne**, da tappeti con motivi geometrici astratti a mobili in alluminio. La ditta produsse anche murali dipinti e accessori da bagno. Pur stilisticamente ispirati dal Modernismo, i design Desny non seguivano i principi di funzionalità del **Modern Movement**; usavano invece spesso legni esotici e altri materiali costosi. La ditta realizzò eleganti e fastosi interni per le residenze di Pierre David-Weill, Georges-Henri Rivière, Mlle. Thurnauer e altri ancora. Nei suoi interni la Desny usò anche design degli scultori Alberto (1901–1966) e Diego Giacometti (1902–1985), dell'artista André Masson (1896–1987) e dei designer d'**avant-garde Jean-Michel Frank** e **Robert Mallet-Stevens**. Nel 1933 la ditta chiuse in seguito alla morte di Desnet; René Nauny aprì in seguito un negozio di bigiotteria chiamato Hippocampe. Anche se la Desny ebbe vita relativamente breve, i suoi oggetti in metallo colsero lo spirito dello stile Art Déco e per questa ragione, anche oggi, sono molto richiesti dai collezionisti.

► Ciotola in metallo silverplated per Desny, 1925 ca.

▼ Calice in metallo silverplated per Desny, 1925 ca.

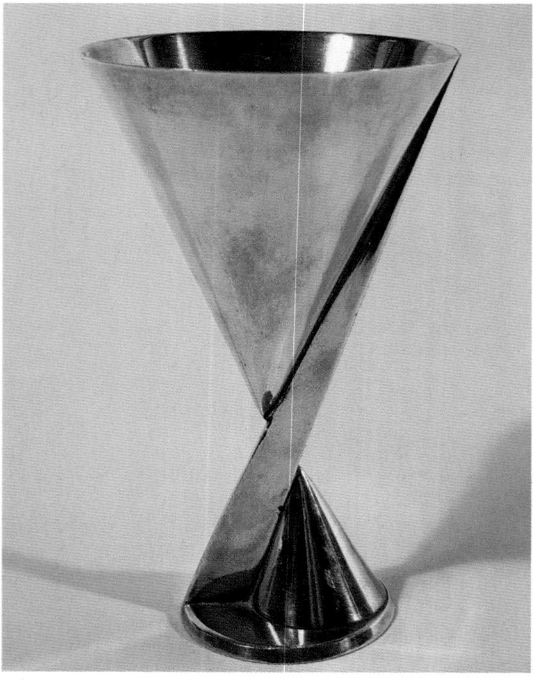

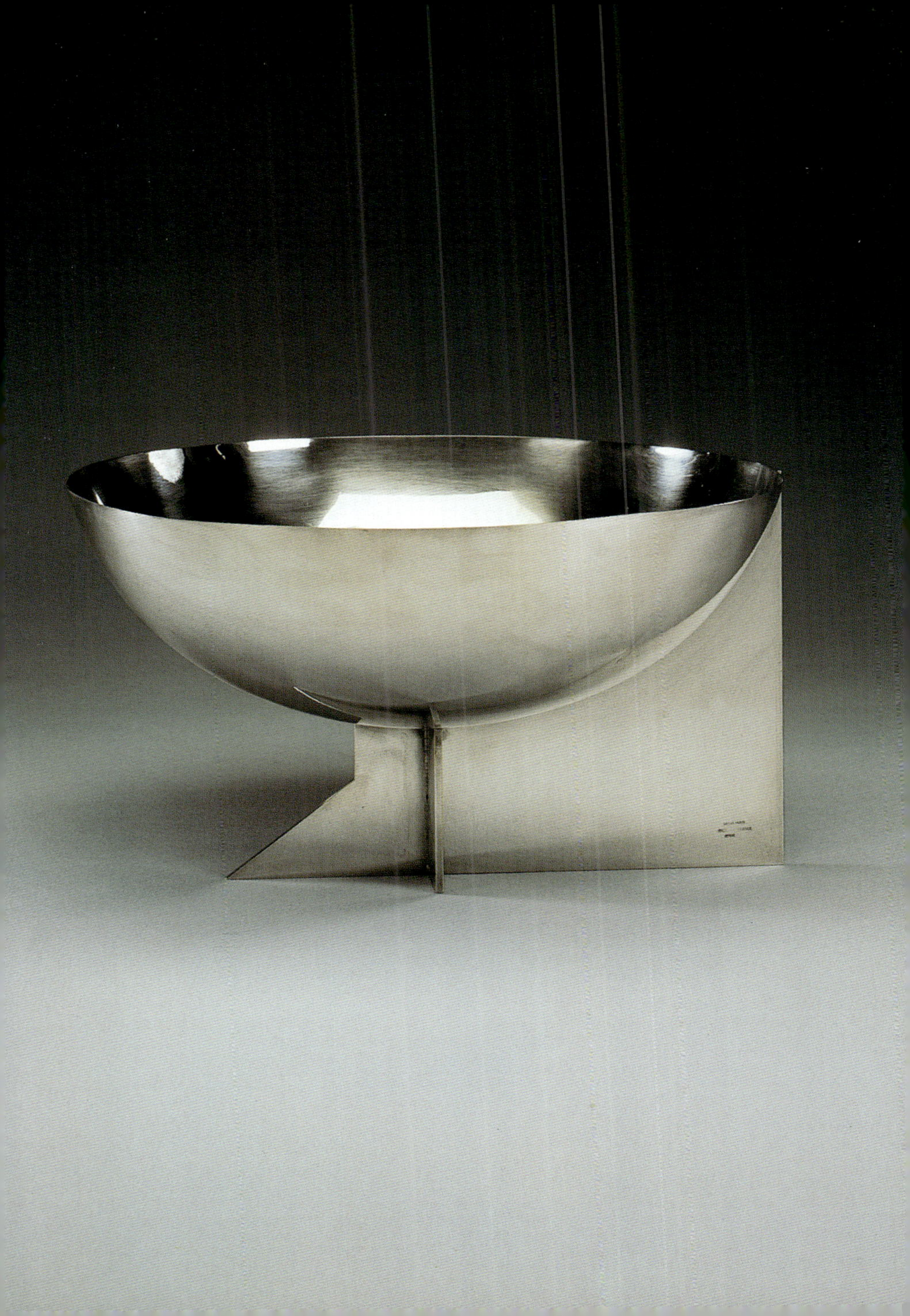

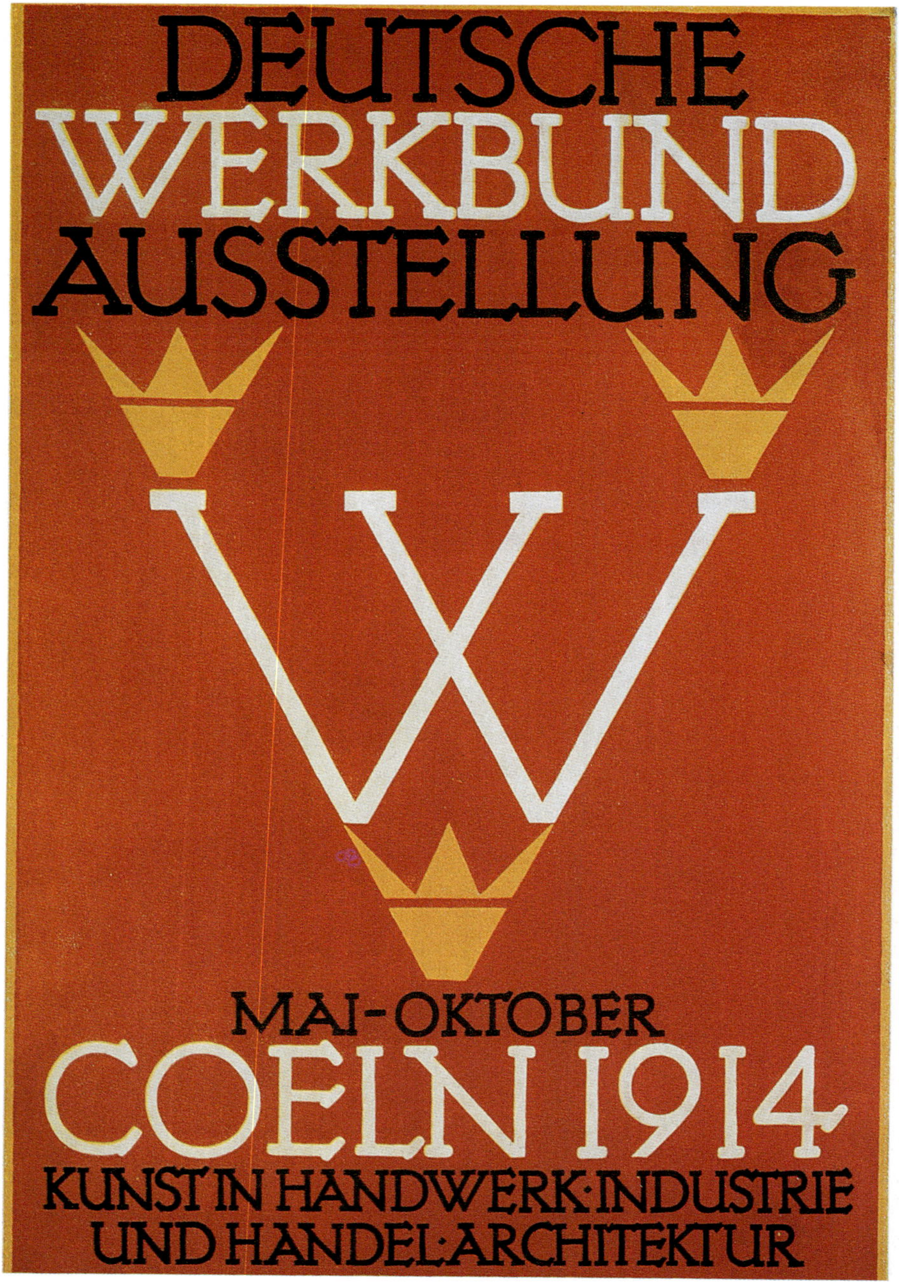
DEUTSCHE
WERKBUND
AUSSTELLUNG
W
MAI-OKTOBER
COELN 1914
KUNST IN HANDWERK·INDUSTRIE
UND HANDEL·ARCHITEKTUR

Deutscher Werkbund

Fondato a *Monaco* nel 1907

Nel 1906 la III Deutsche Kunstgewerbeausstellung (esposizione di arti e mestieri) rivelò che lo stile espressivo del **Jugendstil** era stato sorpassato da un linguaggio più formale e maggiormente orientato all'aspetto funzionale. Erano esposti solo design risultati da una positiva collaborazione tra designer associati a laboratori affermati, fra cui il **Dresdener Werkstätten für Handwerkskunst**. Gli articoli esposti erano i più funzionali mai esposti a Dresda e riflettevano l'orientamento di designer che, come **Richard Riemerschmid**, pensavano che solo attraverso l'industria si potessero produrre grandi quantità di oggetti di alto design, di pregevole fattura e anche a prezzi accessibili. Nel promuovere questa nuova tendenza, la mostra ne indicava i nuovi dettami estetici e sociali, agendo così da catalizzatore per la formazione del Deutscher Werkbund. Fondato nell'ottobre 1907, il Deutscher Werkbund cercò fin dall'inizio di conciliare creatività artistica e produzione industriale di serie. Il corpo dei fondatori era costituito da una dozzina di designer, fra cui Riemerschmid, **Bruno Paul**, **Peter Behrens** e **Josef Maria Olbrich**, una dozzina di produttori affermati, fra cui Peter Bruckmann & Söhne e Poeschel & Trepte, e laboratori di design come il **Wiener Werkstätte** e il **Vereinigte Werkstätten für Kunst im Handwerk**. Peter Bruckmann (1865–1927) venne nominato primo presidente e dopo un anno gli associati erano già saliti a circa cinquecento. Dal 1912 il Werkbund iniziò a pubblicare i suoi annuari, con articoli e illustrazioni delle opere dei designer associati, fra cui le fabbriche di **Walter Gropius** e Peter Behrens e le automobili di Ernst Naumann. Gli annuari elencavano anche indirizzi e aree di specializzazione, nel tentativo di promuovere la collaborazione tra arte e industria. Nel 1914 il Werkbund organizzò una prestigiosa esposizione a

◄ **Fritz Hellmut Ehmke**, Manifesto per l'esposizione del Deutsche Werkbund a Colonia, 1914

▼ Membri fondatori del Deutscher Werkbund

AUF Grund einer in München stattgefundenen Zusammenkunft von Angehörigen der Kunst und Industrie haben sich zur Gründung eines Deutschen Kunstgewerbebundes bereit erklärt:

PETER BEHRENS	DÜSSELDORF
THEODOR FISCHER	STUTTGART
JOSEF HOFFMANN	WIEN
WILHELM KREIS	DRESDEN
MAX LÄUGER	KARLSRUHE
ADELBERT NIEMEYER	MÜNCHEN
JOSEF OLBRICH	DARMSTADT
BRUNO PAUL	BERLIN
RICHARD RIEMERSCHMID	MÜNCHEN
J. J. SCHARVOGEL	DARMSTADT
PAUL SCHULTZE-NAUMBURG	SAALECK
FRITZ SCHUHMACHER	DRESDEN
P. BRUCKMANN & SÖHNE	HEILBRONN
DEUTSCHE WERKSTÄTTEN FÜR HANDWERKSKUNST G. M. B. H.	DRESDEN
EUGEN DIEDERICHS	JENA
GEBRÜDER KLINGSPOR	OFFENBACH a. M.
KUNSTDRUCKEREI KÜNSTLER-BUND G. M. B. H.	KARLSRUHE
POESCHEL & TREPTE	LEIPZIG
SAALECKER WERKSTÄTTEN G. M. B. H.	SAALECK
VEREINIGTE WERKSTÄTTEN FÜR KUNST IM HANDWERK A.-G.	MÜNCHEN
WERKSTÄTTEN FÜR DEUTSCHEN HAUSRAT, THEOPHIL MÜLLER	DRESDEN
WIENER WERKSTÄTTE	WIEN
WILHELM & CO.	MÜNCHEN
GOTTLOB WUNDERLICH	ZSCHOPENTHAL

Colonia intitolata "Deutsche Werkbund Ausstellung". In essa furono esposti la fabbrica modello in vetro e acciaio di Walter Gropius, il padiglione in vetro di Bruno Taut e il Teatro Werkbund di **Henry van de Velde**. Un anno dopo i membri dell'associazione erano saliti a quasi duemila. Tuttavia, il crescente distacco tra artigianato e produzione industriale continuò ad alimentare il dibattito interno al Werkbund. Alcuni membri, fra cui Hermann Muthesius (1861–1927) e Naumann, si schierarono a favore della standardizzazione; altri come van de Velde, Gropius e Taut erano a favore della creazione individuale. Questo conflitto, noto come "Werkbundstreit", portò quasi allo scioglimento dell'associazione. Il bisogno diffuso di prodotti di massa dopo le devastazioni della prima guerra mondiale portò tuttavia Gropius ad accettare la necessità della standardizzazione e della produzione industriale mentre altri membri, fra cui Hans Poelzig (1869–1939), continuarono a resistere al cambiamento. Dal 1921 al 1926, sotto la presidenza di Riemerschmid, l'approccio funzionalista guadagnò terreno. Nel 1924 il Werkbund pubblicò *Form ohne Ornament* (*Forma senza ornamento*), che presentava una serie di design prodotti industrialmente ed espose i vantaggi di superfici piane senza decorazioni, dando così il via al **Funzionalismo**. Nel 1927 **Ludwig Mies van der Rohe** organizzò per il Werkbund una mostra sensazionale a Stoccarda intitolata "Die Wohnung" (L'abitazione); il centro della mostra era un complesso urbano residenziale, per il quale furono chiamati a realizzare progetti dei designer progressisti di tutta Europa. Gli interni delle abitazioni furono arredati con mobili in moderno tubolare metallico progettati da Mies van der Rohe, **Mart Stam**, **Marcel Breuer**, **Le Corbusier** e altri. La mostra, molto pubblicizzata, portò a una più larga accettazione delle idee del Modernismo. Il Werkbund fu sciolto nel 1934 ma venne rifondato nel 1947. Ormai la sua spinta ideale si era però esaurita. Il Deutscher Werkbund fece da ponte tra Jugendstil e **Modern Movement**; attraverso le sue attività ebbe un enorme impatto sull'evoluzione del disegno industrale tedesco.

▼ Annuario con emblema del Deutscher Werkbund, 1913

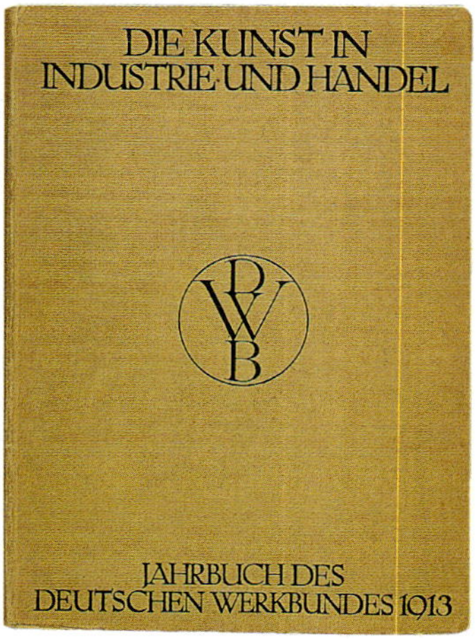

Erich Dieckmann

1896 Kauernick/ Prussia Occidentale
1944 Berlino

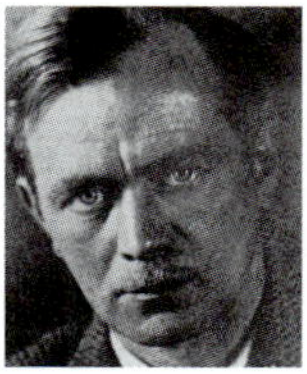

Dal 1918 al 1920 Erich Dieckmann studiò architettura alla Technische Hochschule di Danzica. Si iscrisse poi al Bauhaus di Weimar e fece l'apprendista nel laboratorio di falegnameria, dovo trovò occupazione per breve tempo dopo aver completato l'esame finale nel 1924. Quando la scuola fu costretta a trasferirsi a Dessau, egli rimase a Weimar come maestro del laboratorio di falegnameria della Bauhochschule fino al 1930. Nei tre anni successivi insegnò design del mobile nel laboratorio di falegnameria della prestigiosa Kunstgewerbeschule Burg Giebichenstein di Halle. Nel 1933 i nazisti lo espulsero dalla carica e nei tre anni successivi rimase senza lavoro e produsse pochissimi design. Dal 1936 al 1939 Dieckmann fu membro dell'"Amt der Schönheit der Arbeit" (Ufficio della bellezza del lavoro), fondato dai nazisti a

► Sedia per il laboratorio di mobili della Statliche Bauhochschule di Weimar, 1926 ca.

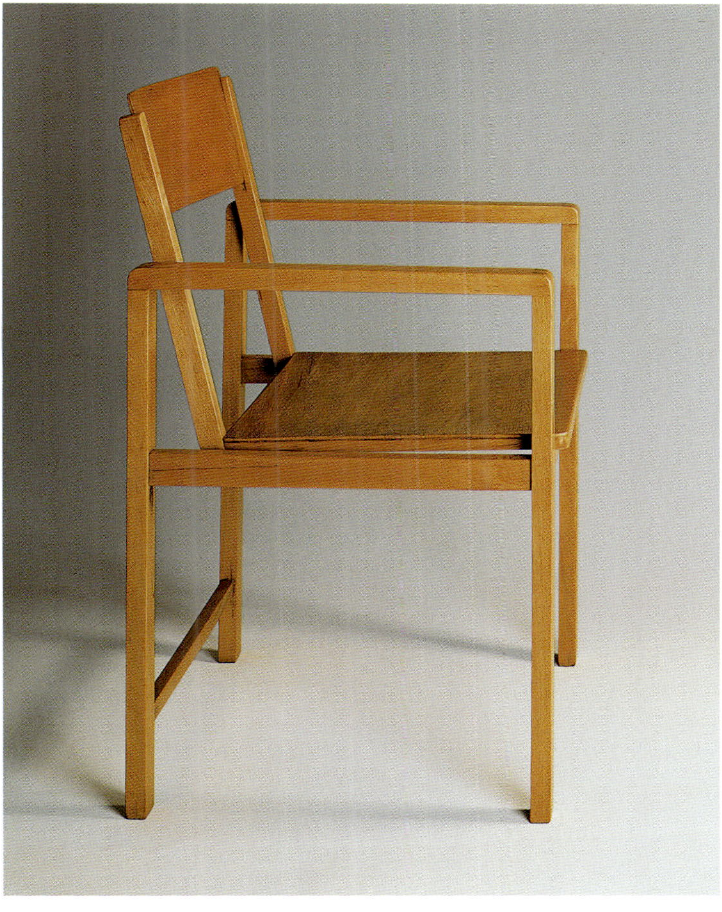

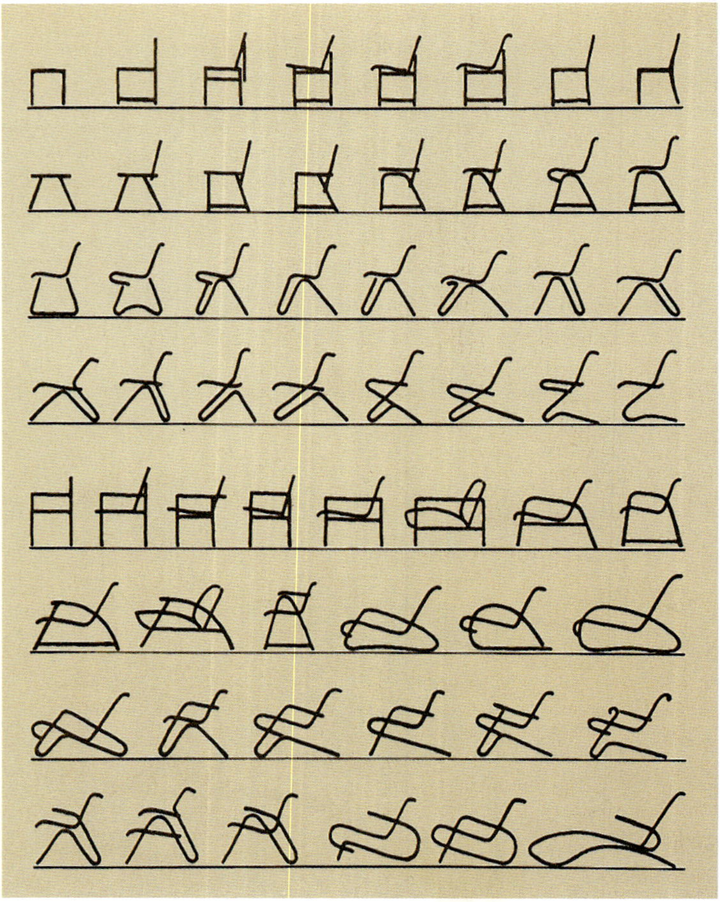

◂ Disegno di profili di sedie di vari prototipi, 1930–1931

Hannover; fu poi direttore della sezione "Deutsche Kunsthandwerk" (Artigianato tedesco) della Camera delle Arti di Berlino fino alla morte nel 1944. Pur avendo sperimentato il potenziale strutturale del metallo tubolare in molte delle sue sedie, Dieckmann è soprattutto ricordato per i suoi mobili di legno standardizzati. In questi semplici design, caratterizzati da forme squadrate e tecniche costruttive elementari, Dieckmann operò un'elegante sintesi di artigianato e funzionalità. Attraverso l'uso di legni come faggio, ciliegio, quercia e frassino, addolcì il formalismo geometrico tipico del **Modern Movement**. Dopo **Marcel Breuer**, Dieckmann viene generalmente considerato il più importante designer di mobili uscito dalla scuola del Bauhaus.

Niels Diffrient

1928 *Star, Mississippi*

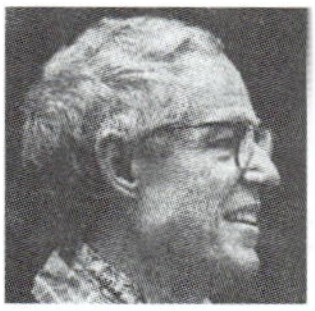

Niels Diffrient studiò ingegneria aeronautica alla Cass Technical High School di Detroit, laureandosi nel 1946. Nei tardi anni '40 e primi anni '50 studiò alla **Cranbrook Academy of Art** di Bloomfield Hills (Michigan) e alla Wayne State University di Detroit. Dal 1954 al 1955 fu in Italia con una Fulbright Fellowship in design e architettura e lavorò nello studio di **Marco Zanuso** a Milano. Prima ancora aveva lavorato per cinque anni come designer e modellista nello studio di **Eero Saarinen** e per due anni alla Walter B. Ford Associates di Detroit. Nel 1952 entrò nella ditta del famoso product designer **Henry Dreyfuss**, diventandone socio nel 1956. Alla Henry Dreyfuss Associates collaborò alla compilazione di dati antropometrici che furono poi pubblicati in tre prestigiosi volumi intitolati *Humanscale 1-2-3* (1974), *Humanscale 4-5-6* (1981) e *Humanscale 7-8-9* (1981). Progettò anche interni di aerei per Hugues, Lockheed e Learjet, computer per Honeywell e apparecchiature a raggi X per Litton Industries. Rimase alla Henry Dreyfuss Associates fino al 1981, quando decise di aprire un suo studio di design, Niels Diffrient Product Design, a Ridgefield (Connecticut). Da allora ha progettato sistemi di mobili per ufficio ergonomici, come la sedia *Diffrient Operational* (1980) per **Knoll** e la serie *Helena* per Sunar-Hausmann (1984). La sua poltrona-ottomana reclinabile multifunzione *Jefferson* (1983), che si adatta a ogni tipo di corpo, introdusse nell'ambiente domestico la tecnologia più avanzata dal punto di vista ergonomico. Con l'annesso spazio-computer e le opzioni di illuminazione, la sedia forniva anche un microambiente integrato per l'uso ufficio-casa. Il principale interesse di Diffrient consiste nella performance funzionale; con la sua padronanza dell'ergonomia promuove la più alta interazione fisica tra oggetto e utente.

▾ Sedia da ufficio *Diffried Advanced Management* per Knoll International, 1979

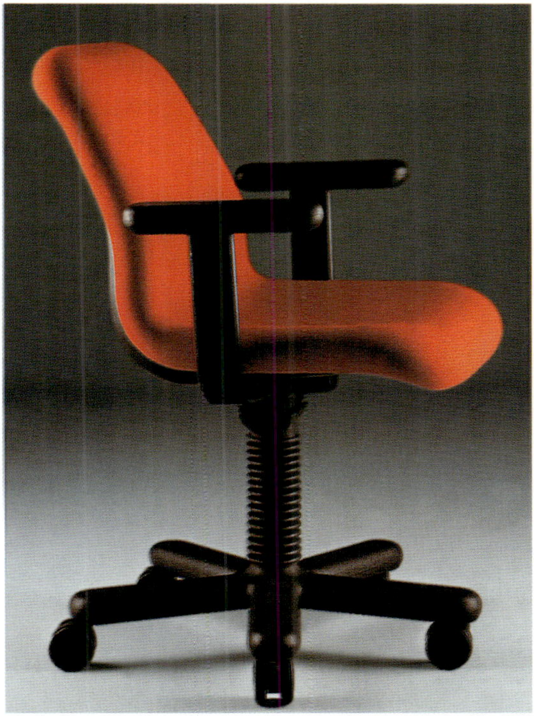

Nanna Ditzel

1921 *Copenaghen*

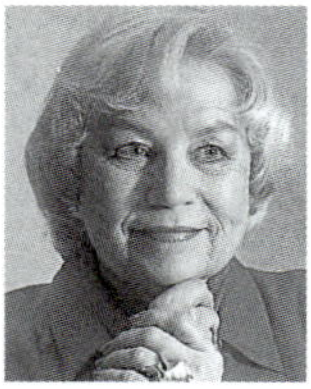

Nanna Hauberg studiò design di mobili alla Kunsthandvaerkstolen di Copenaghen, dove ebbe come docente Orla Mølgård Nielsen (1907–1994) e Peter Hvidt (1916–1986). In quell'ambiente conobbe anche il futuro marito, Jørgen Ditzel (1931–1961), specializzatosi come tappezziere. Nel 1944 i due esposero insieme mobili da salotto alla Esposizione Annuale di Ebanisteria di Copenaghen. Questi design, che comprendevano un tavolo da tè con vassoio rimovibile realizzato per Louis G. Thiersen, stimolarono un notevole interesse. Due anni dopo la coppia si sposò e aprì uno studio di design a Hellerup. Inizialmente concentrarono l'attenzione su soluzioni per piccoli ambienti; Nanna esplorò l'uso dell'unità cucina come spazio divisorio tra diverse stanze. Nei primi anni '50 lavorò come designer di mobili nello studio di architettura di Fritz Schlegel (1896–1965), continuando al contempo a lavorare e ad esporre insieme al marito. Nel 1952 progettarono una serie di mobili per bambini in compensato per Knud Willadsen Møbelsnedkeri e collaborarono con Gunnar Aagaard Andersen (1919–1982) al design di uno stand per l'Esposizione di Ebanisteria. In questo periodo Nanna realizzò anche design di gioielli in argento per **Georg Jensen**. Nel 1954, insieme al marito, pubblicò il libro *Sedie Danesi* e nel 1956 fu loro assegnato il premio Lunning. Dal 1957 realizzarono design di mobili in vimini per R. Wengler. La collaborazione terminò con la morte prematura del marito nel 1961. Stimolata dal suo "appetito per il cambiamento", Nanna Ditzel continuò a eseguire design innovativi basati sulla propria maestria artigianale, fra cui mobili, oggetti in metallo, stoviglie, gioielli e tessuti. La sua opera possiede uno straordinario senso della luce e della struttura, ed è stata oggetto di un film prodotto dal Ministero della Pubblica Istruzione danese nel 1992.

▾ Sedia *Sommerfugle* per Frederica Stolefabrik, 1990

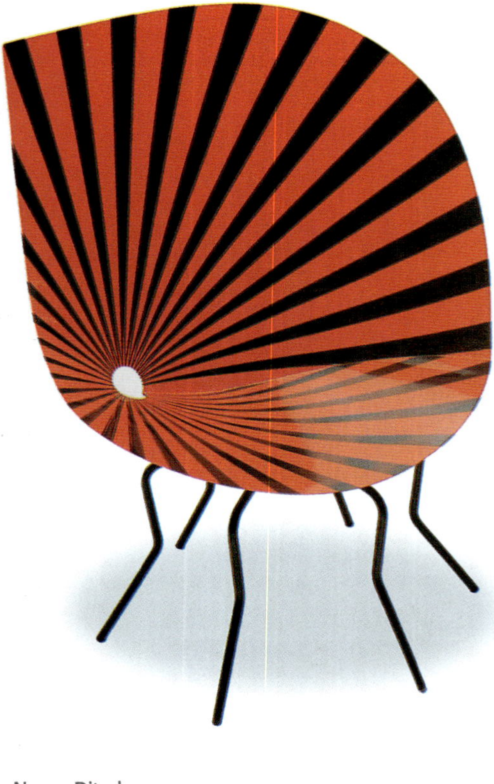

▸ Luci *Jack*, 1966, con cubi Euroblocks, 1998

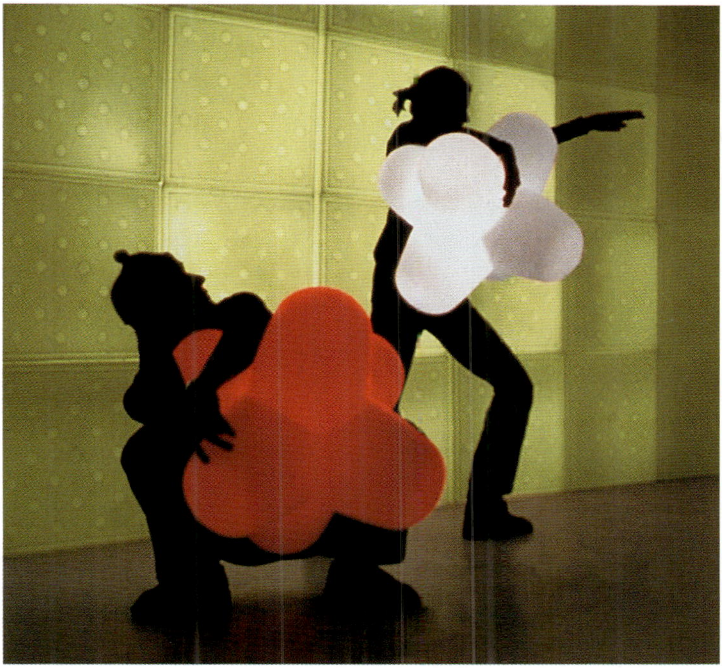

Tom Dixon

1959 Sfax, Tunisia

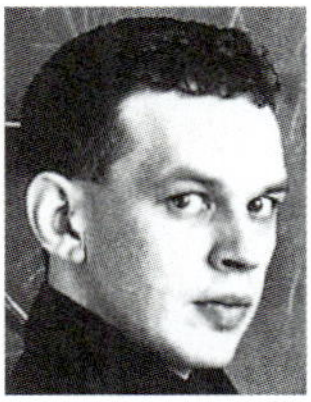

Tom Dixon studiò alla Chelsea School of Art di Londra laureandosi nel 1978. Dal 1983 cominciò a realizzare design di mobili basati su *objets trouvés* e un anno dopo, al nightclub Titanic di Londra, diede vita a esibizioni di "performance art" saldando in scena scarti di metallo. Nel 1987 aprì una ditta, la Dixon PID, poi chiamata Space, producendo pezzi unici e mobili e luci in edizione limitata. Le sue sedie *Kitchen* (1987) e *S* (1988), dichiaratamente lontane dalla perfezione tecnica della produzione industriale, sono tipiche delle sue opere di questo periodo. Nel 1989 i suoi design di mobili e luci vennero esposti in una mostra personale alla Yves Gastou Gallery di Parigi, attirando un notevole interesse da parte della stampa. Negli anni '90 l'opera di Dixon divenne meno artigianale e più scultorea nella forma. Tra i suoi design più notevoli sono da ricordare i mobili per Cappellini e le sue luci di plastica *Jack* (1996), che ebbero un considerevole successo e vennero prodotte da un'altra sua iniziativa imprenditoriale, la Eurolounge. A metà degli anni '90 le sue opere vennero esposte al British Council di Colonia e a Beirut. Nel 1998 Dixon fu nominato direttore del design di *Habitat*.

Dresdener Werkstätten für Handwerkskunst

Fondati a *Dresda* nel 1898

Come i **Vereinigte Werkstätten für Kunst im Handwerk** (Laboratori Uniti) fondati a Monaco un anno prima, i Dresdener Werkstätten für Handwerkskunst (Laboratori per l'Artigianato Artistico) vennero istituiti per il design e la produzione di oggetti di alta qualità per l'uso quotidiano. La fondazione di questi laboratori si ispirò agli sforzi dei designer riformatori britannici che facevano capo a **William Morris**, ma trovò anche stimolo nel desiderio di contendere ai *décorateurs* francesi il mercato dei prodotti di design. Inizialmente i Laboratori privilegiarono i tradizionali metodi artigianali di manifattura, producendo oggetti semplici che riflettevano l'influenza dell'**Arts & Crafts Movement**. Le esemplari stanze progettate da **Richard Riemerschmid** intorno al 1905 non erano solo arredate con mobili, tessuti e ceramiche prodotti dai laboratori ma presentavano anche porcellane, stampe artistiche e uccelliere che aggiungevano un tocco di familiarità. Questi interni senza grandi pretese erano l'antitesi di altri sofisticati stili contemporanei e riflettevano un profondo desiderio di riforma da parte del design tedesco. Anche se inizialmente legati alla produzione artigianale, i Laboratori di Dresda si posero presto il problema di come adeguare la creatività artistica alla produzione industriale. A questo scopo, dal 1906, Richard Riemerschmid progettò una serie di mobili standardizzati, il *Maschinenmöbelprogramm*. Denominati "mobili a macchina", questi mobili erano costruiti con elementi standardizzati visibilmente assemblati tramite viti. Fin dall'inizio, questo rivoluzionario progetto di produzione seguì i processi inerenti alla produzione meccanica

▾ Interno III
Herrenzimmer, 1905

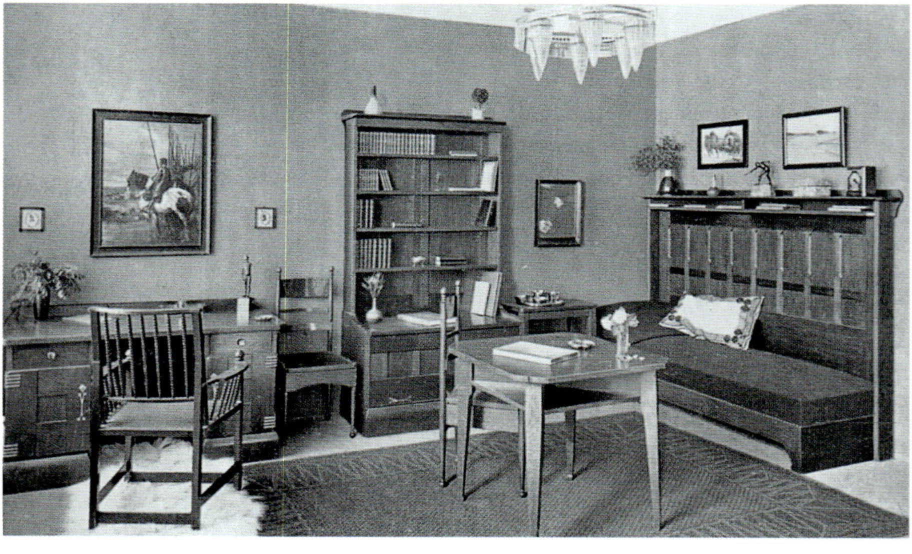

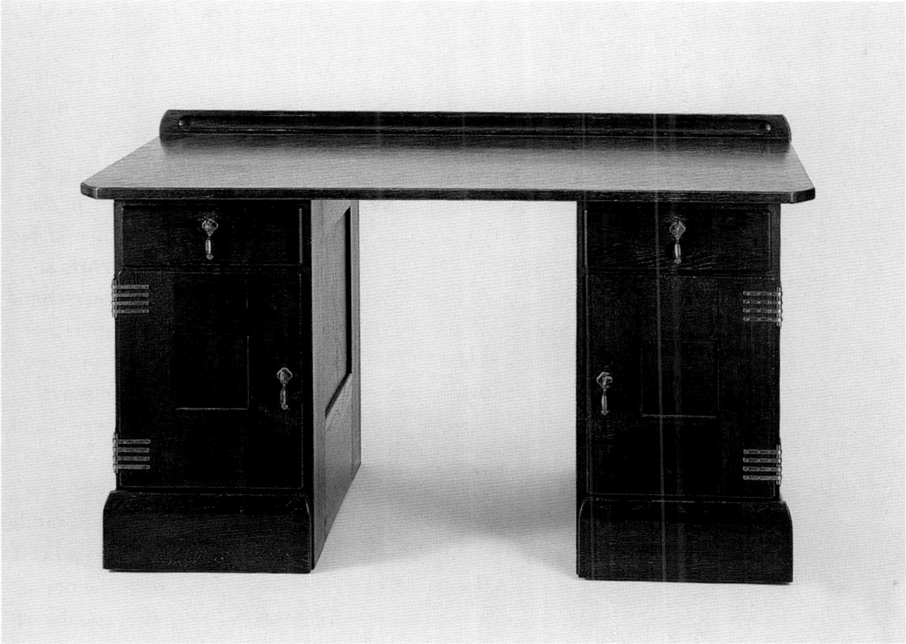

ed ebbe un'enorme influenza sul design successivo di mobili. In seguito Riemerschmid progettò una fabbrica per i laboratori a Hellerau, vicino a Dresda (1908–1910), allo scopo di incrementare la produzione di mobili. I prodotti dei Laboratori, quasi tutti progettati da Riemerschmid, oltre a essere meno cari, presentavano uno stile ancora più tradizionale rispetto a quelli prodotti dai Vereinigte Werkstätten für Kunst im Handwerk di Monaco e da altri laboratori tedeschi. Per quanto l'adozione di pratiche ispirate a principi etici impedissero la produzione di mobili a prezzi veramente popolari, i Dresdener Werkstätten si caratterizzarono per la ricerca di design economici e di qualità. Questa tendenza ebbe molto influsso sulla fondazione del **Deutscher Werkbund**.

▲ **Richard Riemerschmid**, Scrivania *Herrenzimmer*, 1905

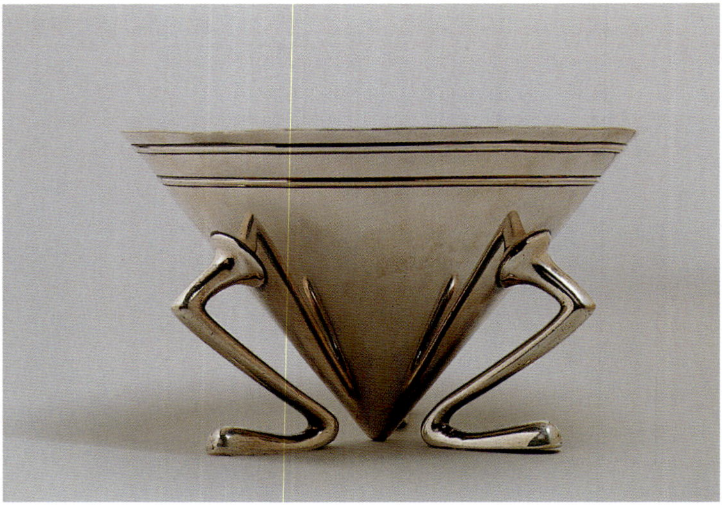

◂ Zuccheriera elettroplaccata *modello n. 247* per Elkington & Co., 1880 ca.

▸ Brocca per vino *modello n. 2045 Crow's Foot* per Hulkin & Heath, 1878

Christopher Dresser

1834 *Glasgow*
1904 *Mulhouse/Alsazia (Francia)*

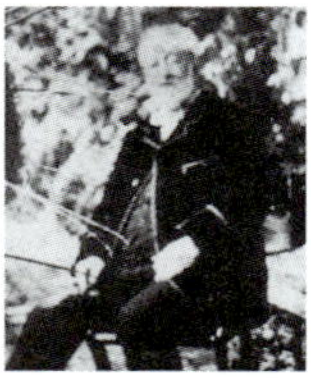

Christopher Dresser studiò dal 1847 al 1854 alla Government School of Design di Londra, dove ebbe come docente il botanico John Lindley e dove insegnò poi per quattordici anni. Fautore della "Art Botany", una raffigurazione della natura stilizzata ma basata su dati scientifici, Dresser contribuì a sostituire al pomposo e falso naturalismo dello stile alto vittoriano uno stile di decorazione più stilizzato. Nel 1856 Dresser realizzò una tavola con "Plants and Elevation of Flowers" per la prestigiosa opera di Owen Jones intitolata *The Grammar of Ornament*. Nel 1857 fu nominato professore di "Botanica applicata alle Belle Arti" alla School of Design di South Kensington. Pubblicò anche vari articoli nell'*Art Journal* e tre libri che lo resero celebre e gli assicurarono un dottorato onorario dell'Università di Jena. Fregiatosi del titolo di "Doctor", nel 1860 Dresser fece richiesta per la Cattedra di Botanica all'Università di Londra. Questa sua richiesta non fu esaudita e decise allora di dedicarsi al design. Aprì allora uno studio che fin dall'inizio incontrò enorme successo. Dresser realizzò design per oggetti in metallo, ceramiche, vetri, piastrelle, tessuti, carte da parati e mobili in ghisa per almeno trenta dei più importanti produttori britannici. Fu anche un influente teorico del design e uno dei primi a sostenere le qualità speciali dell'arte applicata giapponese. I suoi design avanguardistici riflettevano la sua fiducia nella produzione industriale e la sua ricerca di "Verità, Bellezza, Potenza". A parte la sua importanza come riformatore del design, Dresser fu anche uno dei primi professionisti di disegno industriale.

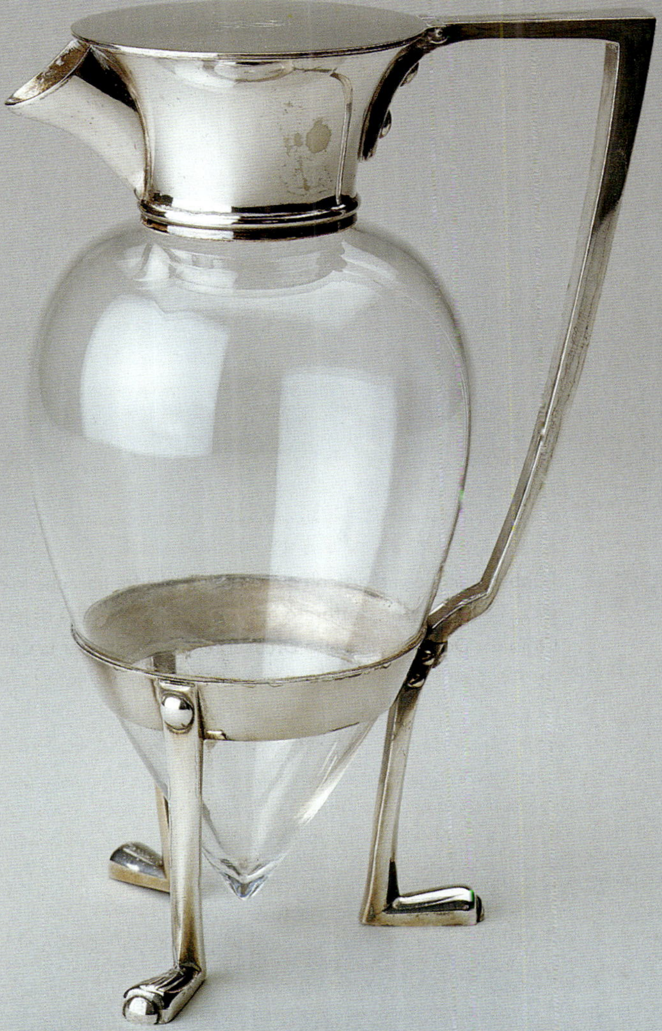

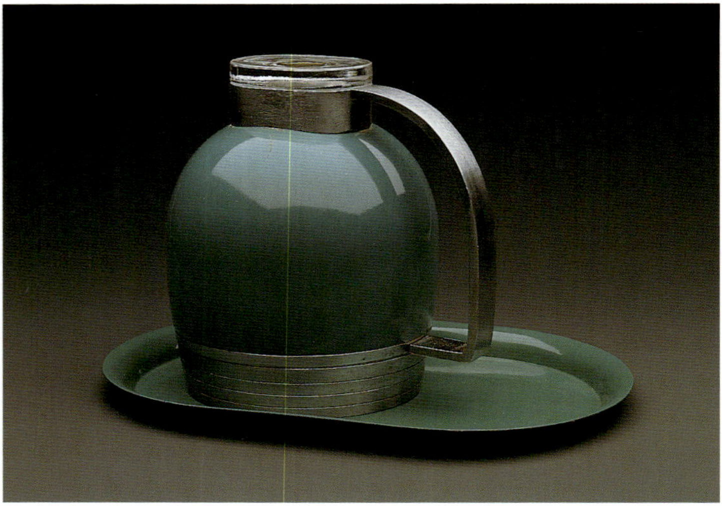

◂ Thermos e vassoio *modello n. 539* per American Thermos Bottle Company, 1935

Henry Dreyfuss

1904 *New York*
1972 *South Pasadena, California*

Henry Dreyfuss studiò all'Ethical Culture School di New York. Nel 1923 divenne apprendista presso il designer industriale **Norman Bel Geddes**. Per quello studio Dreyfuss si dedicò soprattutto al lavoro teatrale disegnando costumi, scene e luci per lo Strand Theater di New York e per la catena Radio-Keith-Orpheum (R. K. O.) di teatri Vaudeville. Per qualche tempo lavorò come consulente per i grandi magazzini Macy e poi, nel 1929, aprì uno studio di design industriale con base a New York. Il suo approccio diretto e pratico contribuì al successo dello studio, attraendo una larga schiera di clienti aziendali, fra cui Bell Telephone, AT&T, American Airlines, Polaroid, Hoover e RCA. I suoi design, in particolare il telefono *Trimline* del 1965, erano caratterizzati da forme decisamente scultoree e come tali divennero modelli di **Streamlining** per il design americano. Come **Raymond Loewy**, Norman Bel Geddes e **Walter Dorwin Teague**, Dreyfuss fu autore di molti restyling per accrescere la domanda dei consumatori non tanto attraverso l'innovazione tecnica quanto per la novità dello stile. Alcuni suoi design recano la copia della sua firma e furono tra i primi esempi di oggetti firmati. Dreyfuss fu membro fondatore della Society of Industrial Design e primo presidente dell'Industrial Designers Society of America. Pubblicò anche due libri importanti sull'antropometria, *Designing for People* (1955) e *The Measure of Man* (1960). Dreyfuss e la moglie si suicidarono nel 1972.

Nathalie du Pasquier

1957 *Bordeaux, Francia*

Dal 1975 al 1978 Nathalie du Pasquier compì molti viaggi in Africa, Australia e India. Al suo ritorno a Bordeaux, studiò per un anno disegno e design e poi si trasferì in Italia, vivendo prima a Roma e poi a Milano. Entrò poi a far parte dello Studio Rainbow come designer tessile e dal 1981 al 1988 produsse tessuti da tappezzeria a colori vivaci e luminosi, laminati, mobili e ceramiche per **Memphis**. Dal 1982 lavorò anche nella sezione design dell'azienda tessile Fiorucci, allora all'avanguardia della moda New Wave Nel 1984 du Pasquier e il marito **George Sowden** (anch'egli designer Memphis) produssero una serie di lampade per Arc 74 intitolata "Oggetti per l'Era Elettronica". Nel 1988 collaborarono ancora alla serie di orologi colorati *Neos* per Lorenz. Quando Memphis si sciolse nel 1988, la coppia aprì un proprio studio di design con base a Milano, dedicandosi a progetti di architettura e a design di tessuti, tappeti, ceramiche e oggetti in metallo. Fra i clienti di du Pasquier sono da ricordare Elio Palmisano, Maison des Couteliers, Lorenz, Pink Dragon, Missoni, Esprit e NAS Oleari. Nel 1989 du Pasquier abbandonò temporaneamente il design per dedicarsi alla pittura e fu nominata curatrice del Musée des Arts Décoratifs di Bordeaux. I design di du Pasquier, tutti intensamente colorati e con motivi molto intricati, si ispirano a varie culture tribali africane, indiane e aborigene. Presentano anche diversi stili ora ispirati al Cubismo, all'**Art Déco** e al **Futurismo**, ora ad aspetti della cultura popolare come i graffiti e i fumetti di fantascienza. Lo stile vibrante ed eclettico dei suoi design ha molto contribuito a caratterizzare in modo rinfrescante e innovativo lo stile del gruppo Memphis e ha dato alle produzioni del gruppo una forte identità di tipo visivo.

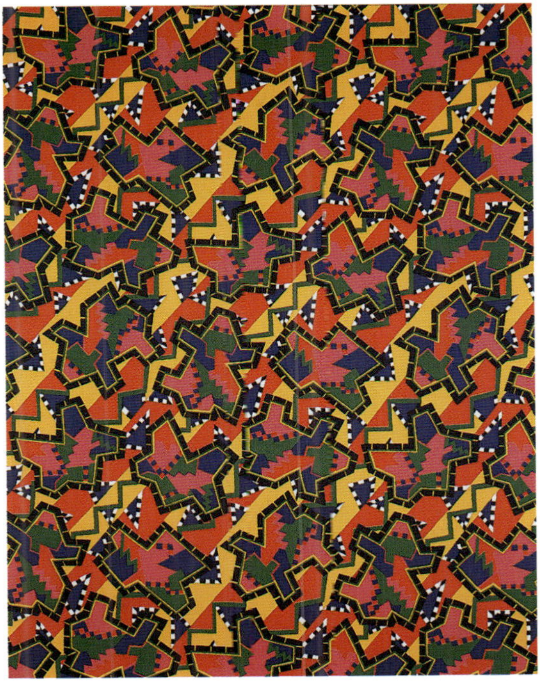

▾ Tessuto *Gabon* per Rainbow, 1982

Raoul Dufy

1877 *Le Havre*
1953 *Forcalquier, Francia*

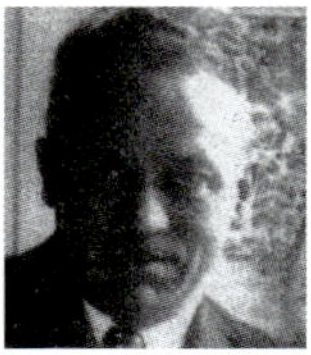

Meglio noto come pittore, Raoul Dufy è anche famoso come designer di tessuti e ceramiche dai colori vivaci. Studiò all'École des Beaux-Arts di Parigi e inizialmente seguì in pittura lo stile impressionista. Dal 1903 circa si avvicinò al gruppo dei Fauves stringendo amicizia con Albert Marquet (1875–1947) e Othon Friesz (1879–1949). Dal 1903 al 1909 espose insieme a Henri Matisse (1869–1954), André Derain (1880–1954) e Maurice de Vlaminck (1876–1958). In questo periodo adottò un nuovo stile pittorico che vedeva l'uso di forme astratte, semplificate e dai colori accesi. Dopo un breve periodo cubista lavorò a design d'ispirazione etnica che aveva avuto modo di osservare a Monaco nel 1909 e al Salon d'Automne di Parigi nel 1910. Realizzò poi per il *Bestiaire* di Guillaume Apollinaire una serie di incisioni su legno in stile primitivo. Nel 1911 realizzò una intestazione per carta da lettere per il couturier Paul Noiret, il quale aiutò Dufy ad aprire un proprio studio-laboratorio. In seguito Poiret commissionò a Dufy la creazione di vari tessuti in stile simile a quelli prodotti dal suo Atelier Martine. Dal 1912 al 1930 Dufy disegnò vestiti, tessuti da tappezzeria, pannelli in tessuto per la fabbrica di Lione Bianchini-Férier. Dal 1923 al 1930 creò anche un paravento ad arazzo e una sedia per Beauvais e ceramiche per Artigas. Nel 1925 per l'"Exposition Internationale des Arts Décoratifs et Industriels Modernes" di Parigi realizzò quattordici famosi tessuti che furono appesi su *Orgues*, la chiatta di Paul Poiret ormeggiata sulla Senna. Dal 1930 al 1933 disegnò tessuti di seta per la Amalgamated Silk and Onandaga di New York. Come i dipinti, i design di Dufy si distinguono per un intenso cromatismo, linee ben delineate e le cosiddette "ombre bianche". Design come *Feuilles* del 1920 circa, con la loro spontaneità quasi infantile e una sorta di primitivismo ritmico, hanno marcato la fase finale dello stile **Art Déco**.

▼ Tessuto *Feuilles* per Bianchini-Férier, 1920 ca.

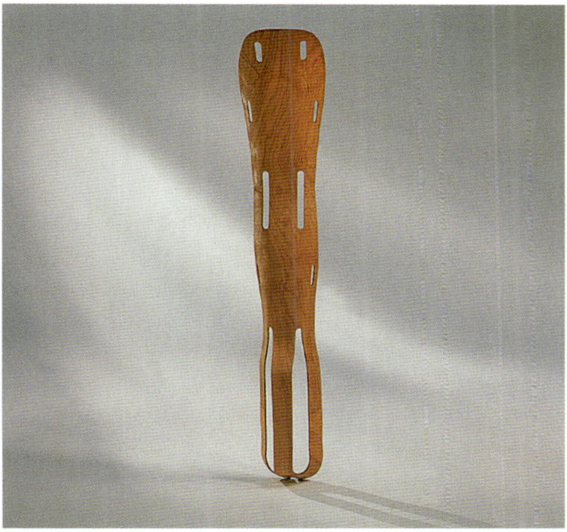

◄ Stecca realizzata per U.S. Navy e prodotta da Evans Products Company, 1943

Charles Eames

1907 *St. Louis, Missouri*
1978 *St. Louis*

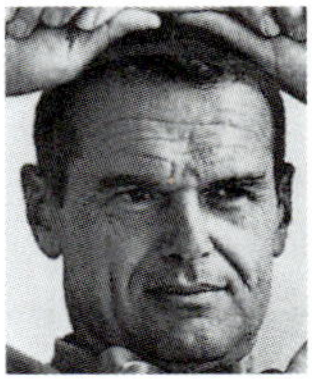

Ray Eames

1912 *Sacramento, California*
1988 *Los Angeles*

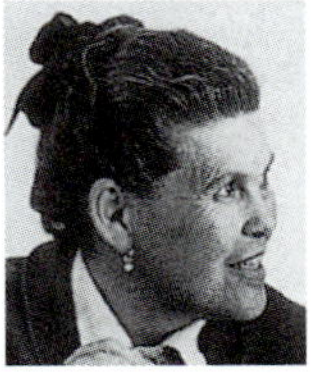

Charles Eames studiò dapprima architettura alla Washington University di St. Louis. Nel periodo dal 1925 al 1928, durante le vacanze, lavorò come disegnatore per lo studio di architettura Trueblood & Graf; nel 1929 fece un viaggio in Europa e per la prima volta ebbe modo di vedere le opere di architetti de **Modern Movement** come **Le Corbusier**, **Ludwig Mies van der Rohe** e **Walter Gropius**. Nel 1930 Charles Eames e Charles Gray aprirono uno studio di architettura a St. Louis; ad essi si unì in seguito Walter Pauley. Il gruppo realizzò progetti di alcune residenze private, ma intorno al 1934, in seguito alla Depressione, le commissioni si fecero rare. Eames lasciò allora St. Louis e visse per qualche tempo in Messico. Tornato a St. Louis nel 1935, aprì un nuovo studio di architettura in società con Robert Walsh. Un anno dopo progettò la Meyer House a Huntleigh Village. Per questo progetto Eames si avvalse dei consigli dell'architetto finlandese **Eliel Saarinen**, del quale nel 1937 conobbe il figlio, **Eero Saarinen**. Nel 1938 gli venne offerta da Eliel Saarinen una borsa di studio alla **Cranbrook Academy of Art**, dove cominciò a studiare design e architettura nell'autunno di quell'anno. Nel 1939 fu nominato istruttore del design e nel 1940 capo del dipartimento di disegno industriale della Cranbrook. In quell'autunno alla Cranbrook arrivò Ray Kaiser, la quale aveva prima studiato pittura a New York alla scuola di Hans Hofmann, un importante centro per lo sviluppo dell'Espressionismo astratto. Ray aveva anche studiato tessitura sotto Marianne Strengel (1909) e fece da assistente a Charles Eames ed Eero Saarinen quando parteciparono al concorso "Organic Design in Home Furnishings", tenutosi al **Museum of Modern Art di New York**

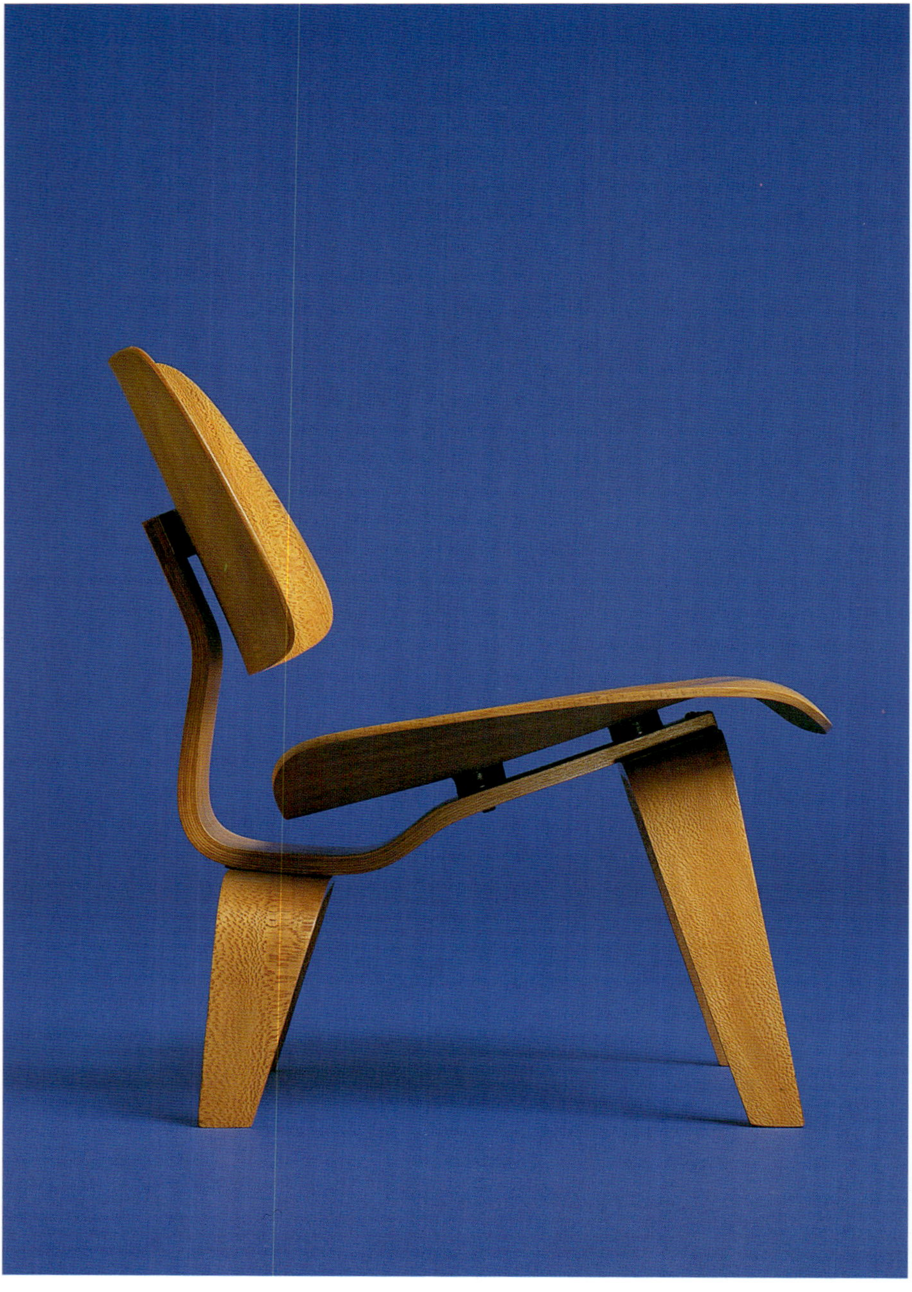

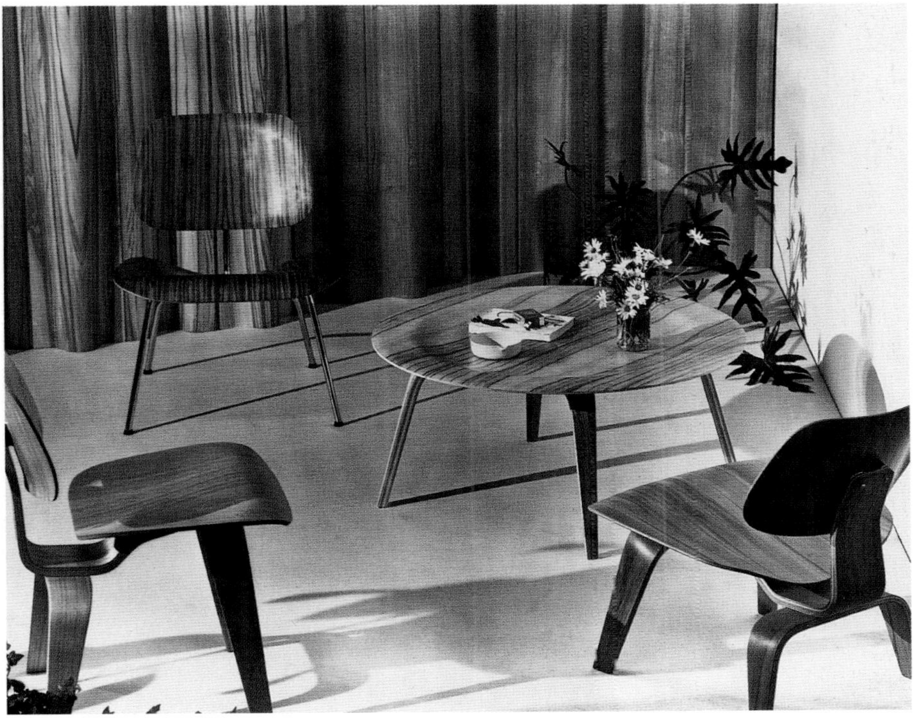

nel 1940. Le loro proposte rivoluzionarie, oltre a risultare vincenti, presentarono due tecniche di produzione avanguardistiche: lo stampaggio del compensato in curve complesse e la saldatura ad arco, un procedimento elettrico elaborato dalla Chrysler Corporation che permetteva di unire insieme legno e metallo. Un anno dopo, ottenuto il divorzio dalla prima moglie, Charles e Ray si sposarono a Chicago. La coppia si trasferì in California e Charles cominciò a lavorare come scenografo per la MGM. In quel periodo i due cominciarono a sperimentare tecniche di stampaggio del compensato nel loro appartamento sviluppando la "Kazam! Machine", una pressa per stampare il compensato su due piani a curve complesse. Nel 1942 ricevettero dalla Marina degli Stati Uniti una importante commessa che li portò ad aprire una vera e propria ditta per la lavorazione di legno compensato: la Plyformed Wood Company. In seguito sorsero difficoltà economiche e gli Eames furono costretti a vendere l'azienda che divenne così la Molded Plywood Products Division della Evans Products Company di Detroit. Per qualche tempo Charles fece da direttore della sezione ricerca e sviluppo della stessa azienda. Nel 1945 la Evans Products Company produsse e distribuì una serie di mobili per

▲ Interno contenente sedie *LCW* (1945), sedia *LCM* (1945–1946), tavolo *CTW* (1946) e paravento *FSW* (1946) per Herman Miller

◄ Prototipo della sedia *LCW*, 1945 ca.

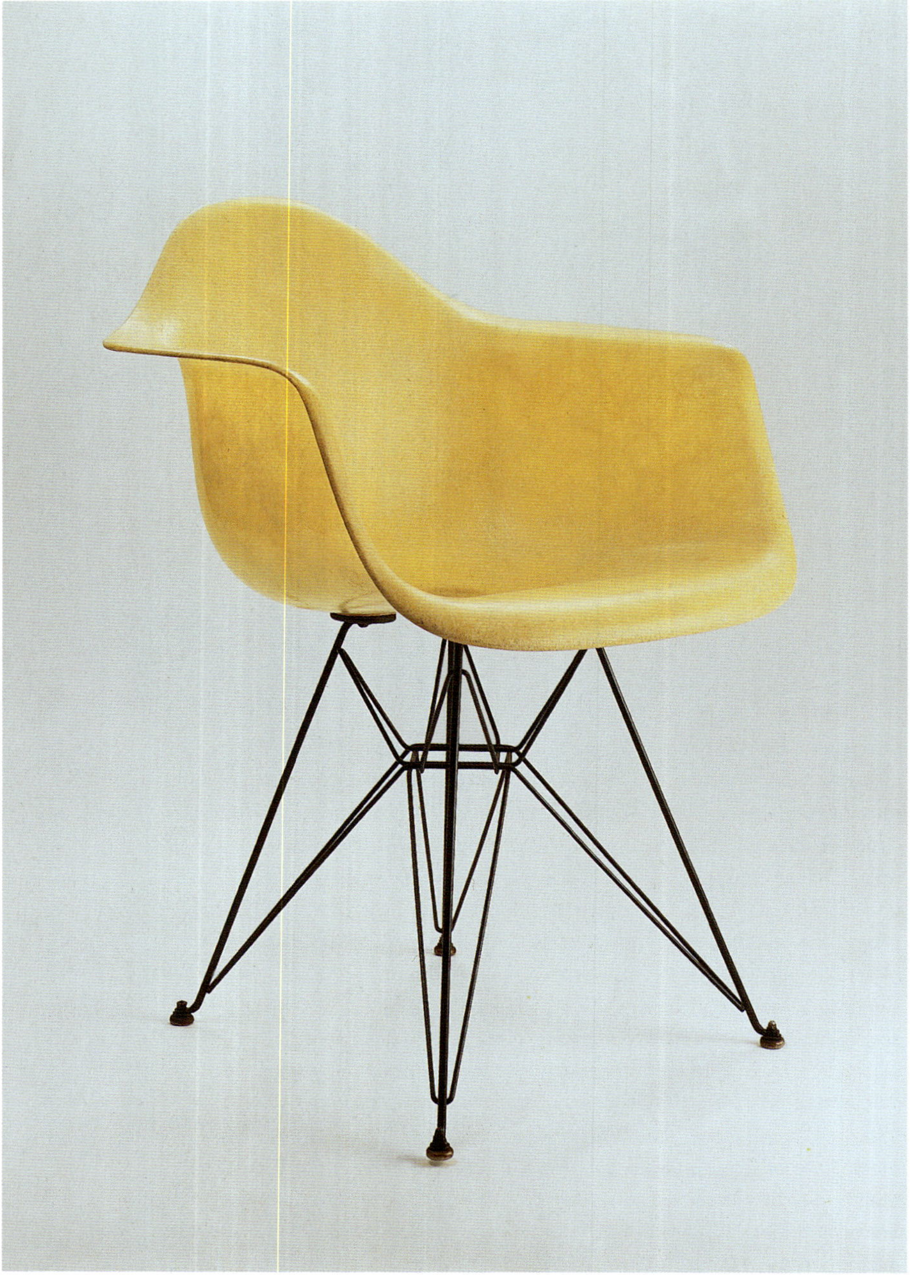

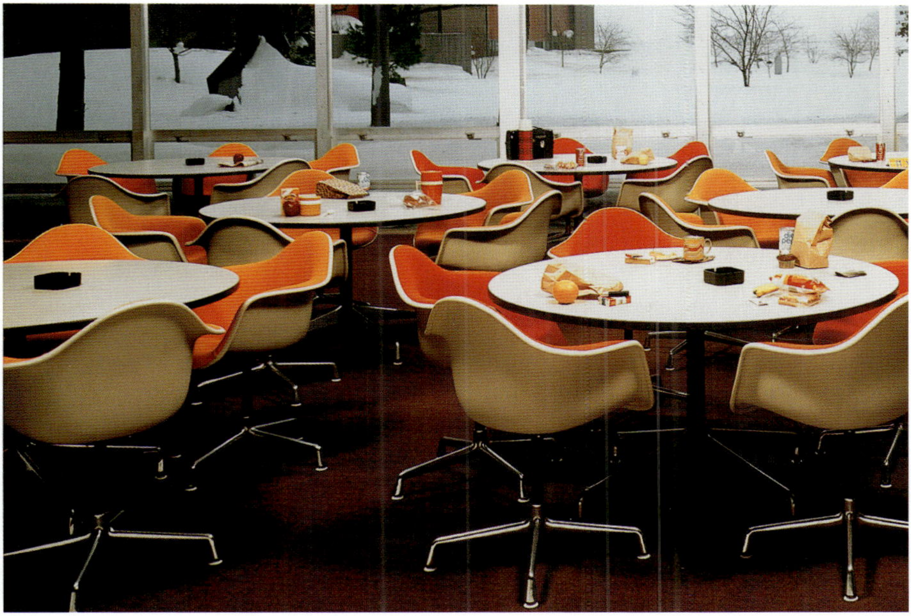

bambini in compensato stampato progettati dagli Eames. Nel 1946 il Museum of Modern Art allestì una mostra dedicata alla coppia intitolata "Nuovi Mobili di Charles Eames", in cui vennero esposti i prototipi delle famose sedie in compensato stampato (1945–1946) progettate dalla coppia. Queste sedie rivoluzionarie rappresentarono il concretizzarsi della missione degli Eames, riassunta nel motto "offrire il massimo e il meglio al maggior numero di persone al prezzo più basso". All'inizio fu la Evans a produrre le sedie, ma dopo un breve periodo esse diventarono esclusiva di **Herman Miller**, che, oltre a produrle dal 1949, le commercializzò e distribuì. Nel 1948 Charles Eames vinse il secondo premio all'"International Competition for Low-Cost Furniture Design" del MOMA proponendo una serie di sedie in fibreglass stampato. Quelle sedie di plastica senza imbottitura furono tra le prime a essere prodotte in serie; un altro elemento che le rese rivoluzionarie fu che la seduta poteva essere annessa a varie basi fornendo così molte variazioni dello stesso prodotto. Negli anni '50 e '60 gli Eames lavorarono a stretto contatto con Herman Miller creando mobili ancora più innovativi, fra cui le sedie *Aluminium Group* (1958). A parte i loro design di mobili, i due acquisirono molto prestigio anche per i loro progetti di architettura, in particolare le *Case Study Houses n. 8* e *9* completate nel 1949 e progettate insieme a Eero Saarinen. Entrambe le case furono costruite a Pacific Palisades: *la n. 8* fu proget-

▲ Sedie *PAC-1*, 1950–1953, con tavoli in laminato per Herman Miller, 1958 ca.

◄ Sedia *DAR* per Zenith Plastics e poi per Herman Miller, 1948–1950

▸ **Ray Eames**, Tessuto *Cross Patch* per Schiffer Prints, 1945

tata a uso degli stessi Eames e divenne poi nota come *Eames House*, mentre la *n.9* venne progettata per John Entenza, direttore ed editore della rivista *Arts & Architecture*, sponsor del progetto. Gli interni della Eames House erano sensazionali per luminosità e senso dello spazio; essa venne arredata con un miscuglio eclettico e multicolore di giocattoli, aquiloni e oggetti orientali, quasi a bilanciare e umanizzare l'estetica inesorabilmente ultramoderna degli interni. Durante le loro carriere, gli Eames diventarono famosi anche per i loro numerosi cortometraggi, fra cui *A Communication Primer* (1953), *Tops* (1969) e *Powers of Ten* (1977), alcuni dei quali fecero da complemento alle loro esposizioni. I due furono anche eccellenti designer di esposizioni, capaci di comunicare al pubblico idee spesso molto complesse in modo deciso ma anche brioso, attraverso una varietà di media e una grafica splendida e interessante. Furono anche pionieri di presentazioni multimediali: le loro avanguardistiche mostre, fra cui *Mathematica* (1961), *Nehru: His Life and His India* (1965), *A Computer Perspective* (1971), *Copernicus* (1972) e *The World of Franklin and Jefferson* (1975–1977), riscossero molto successo. Un altro significativo contributo degli Eames al communication design furono alcuni loro filmati, fra cui *Glimpses of the USA* (1959) che presentò ai russi la vita quotidiana americana in una American National Exhibition tenutasi a Mosca. Con i loro

▾ Poltrona *n. 670* e sgabello imbottito *n. 671* per Herman Miller, 1956

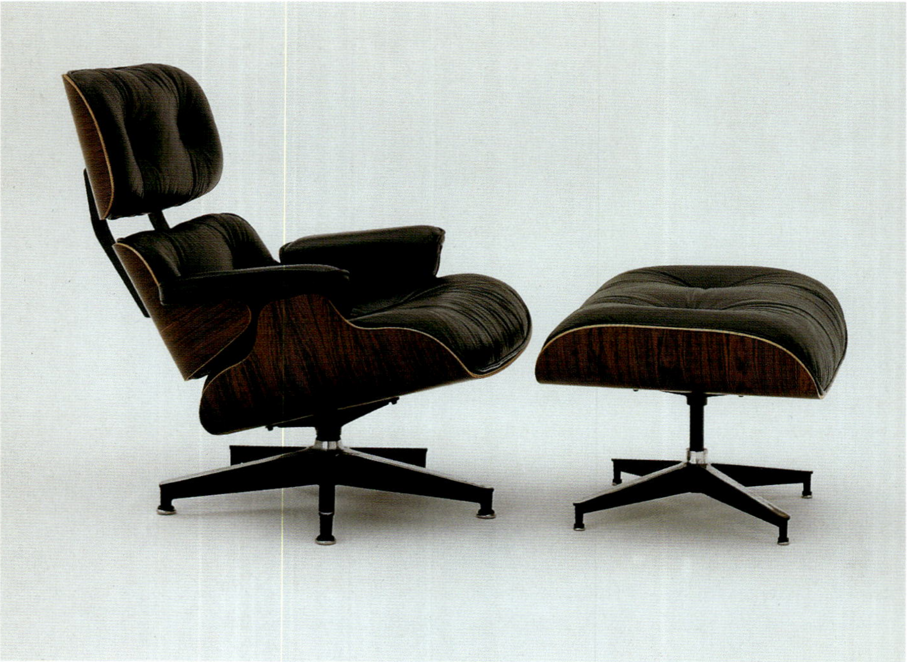

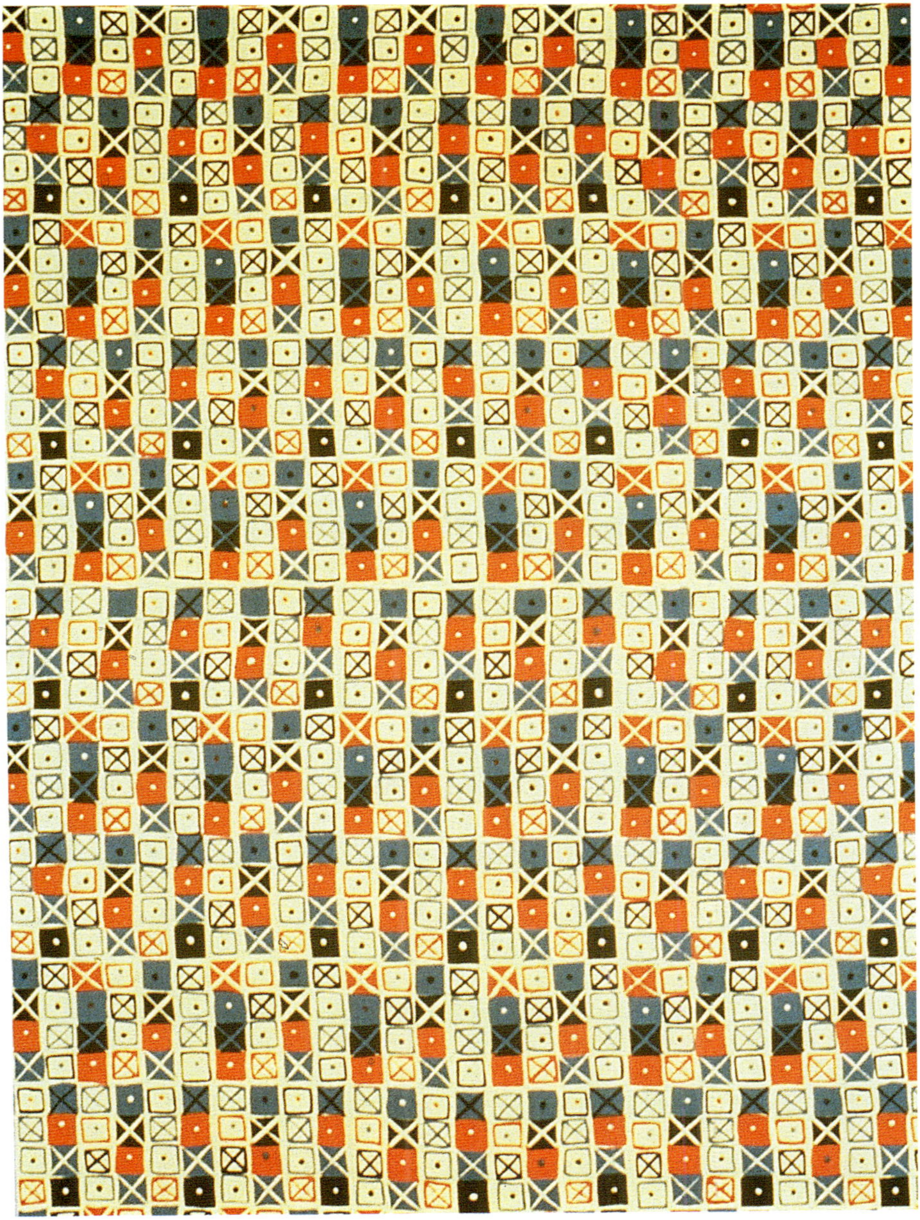

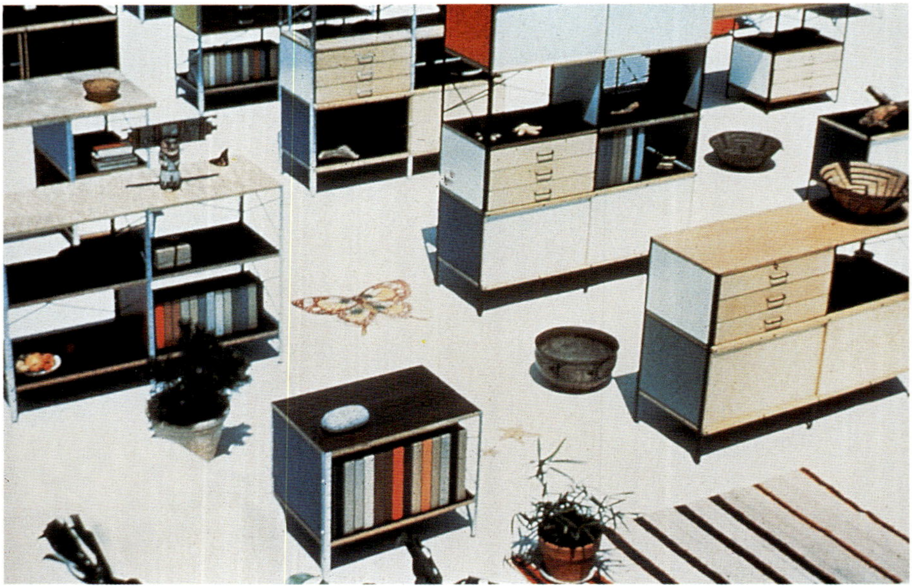

▲ Serie *ESU (Eames Storage Units)* per Herman Miller, 1950

design, film e fotografie gli Eames crearono un nuovo e straordinario linguaggio visivo che ebbe un enorme impatto sia in America che all'estero. Col loro lavoro essi comunicarono i valori della coerenza, della moralità sociale, dell'egualitarismo, dell'ottimismo, dell'informalità e dell'antimaterialismo. Se il loro messaggio è inequivocabilmente americano nel tono, esso incontrò comunque una generale approvazione a livello mondiale offrendo al pubblico un volto accettabile del Modernismo. Ciò che rese la produzione degli Eames così travolgente non fu solo la sua intrinseca umanità ma il modo in cui riuscirono a equilibrare la loro poetica con un approccio pragmatico. Entrambi furono stimolati dagli stessi imperativi morali e condivisero la stessa profonda conoscenza di strutture e materiali. L'approccio di Charles era comunque più centrato sull'aspetto tecnologico, materiale e produttivo, mentre quello di Ray considerava soprattutto l'aspetto formale, spaziale ed estetico. Questo approccio dinamico alla soluzione dei problemi li aiutò a mettere in atto connessioni strutturali, funzionali, psicologiche, intellettuali e culturali che altrimenti, nel complesso della loro produzione, sarebbero rimaste inesplorate. Fra i maggiori esponenti dell'**Organic Design** e al contempo fra i maggiori designer del secolo, Charles e Ray Eames dimostrarono nella pratica che il design moderno può e deve servire a migliorare la qualità della vita, l'umana percezione, la comprensione e la conoscenza.

► *ESU 400 (Eames Storage Units)* con pannelli a "ondulazione" per Herman Miller, 1950

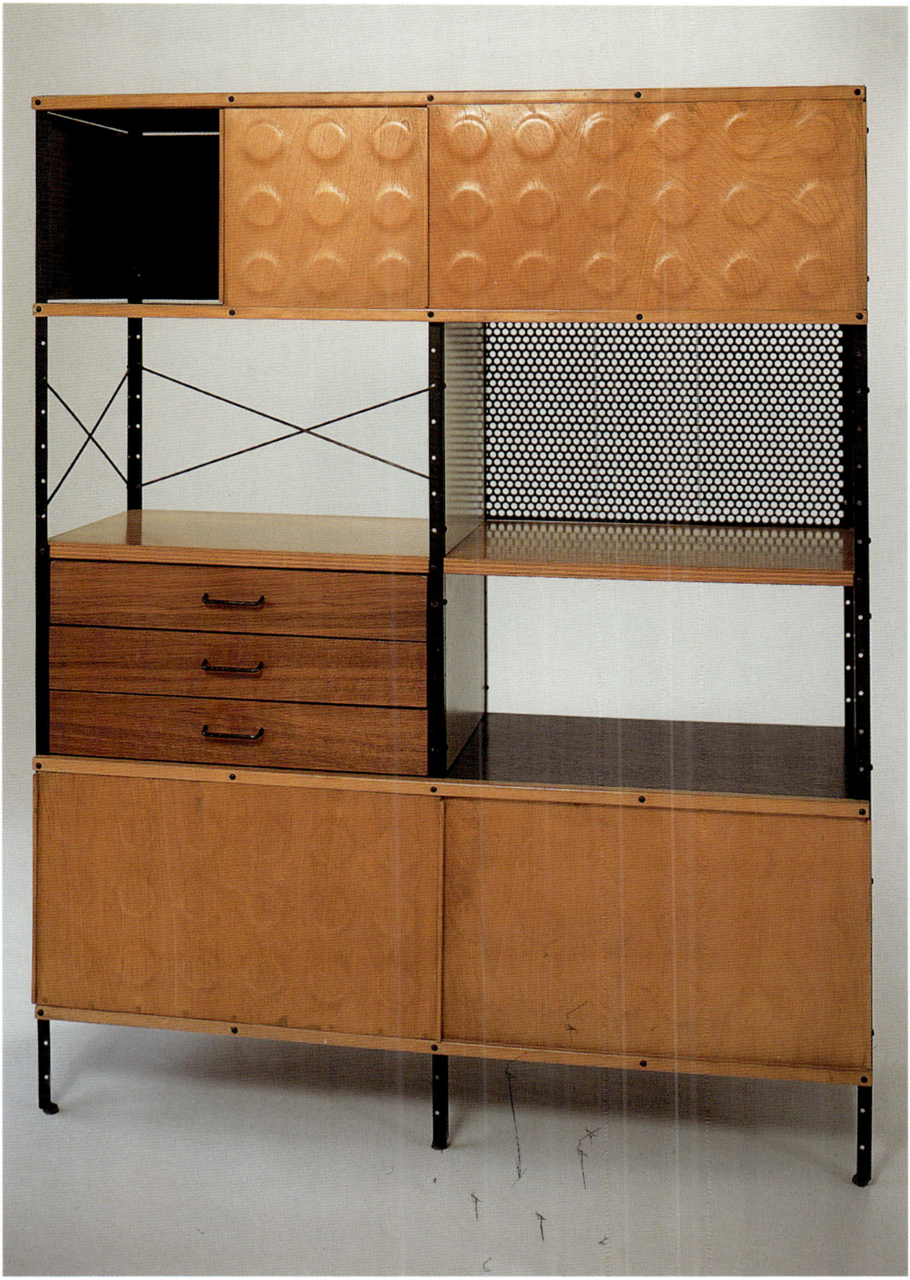

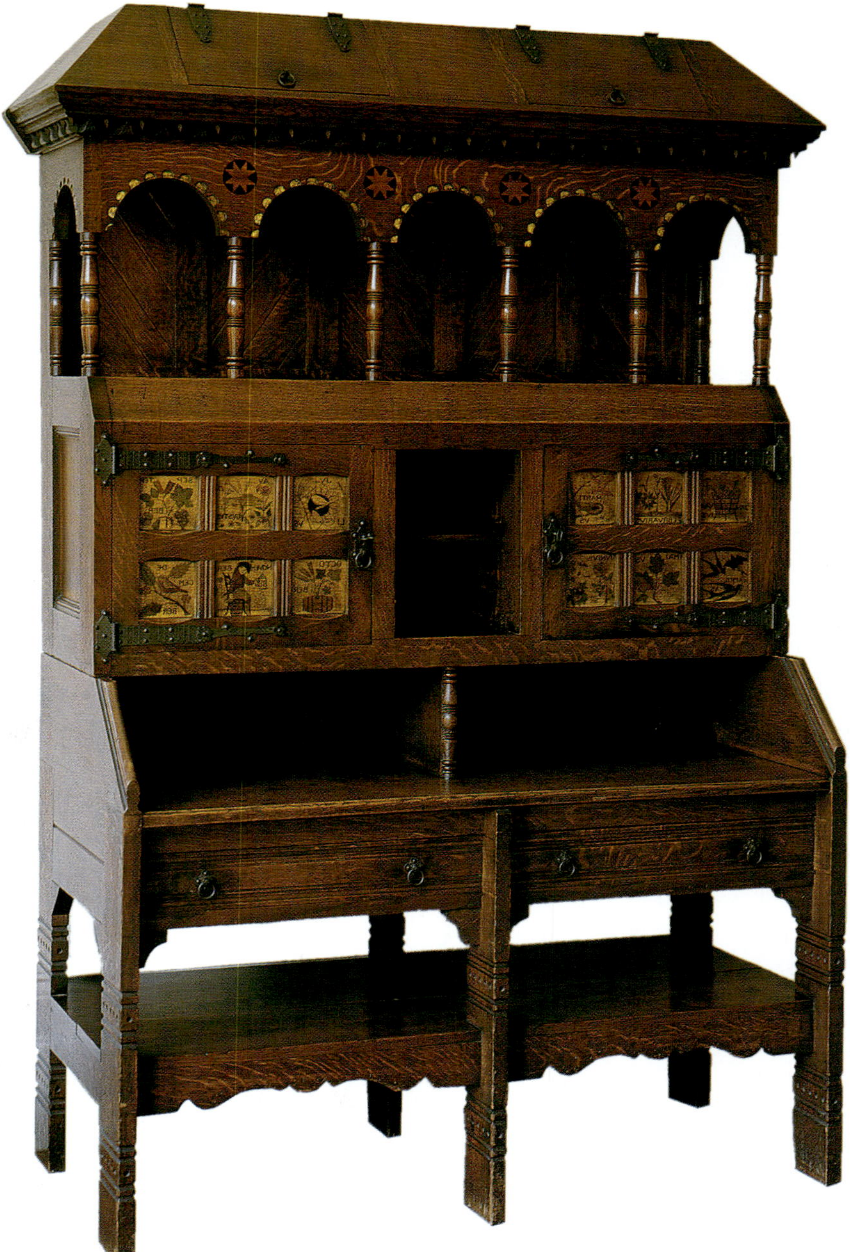

Charles Eastlake

1836 Plymouth/Devon
1906 Londra

Charles Locke Eastlake, nipote del pittore Sir Charles Locke Eastlake (1793–1865), direttore della National Gallery di Londra, studiò inizialmente architettura presso Philip Hardwick (1792–1870) e poi frequentò le Royal Academy Schools di Londra. Prima di dedicarsi alla critica d'arte, espose diversi progetti di architettura alla Royal Academy nel 1855 e 1856. Nel 1864 pubblicò il primo di molti articoli su mobili e design di interni intitolato *The Fashion of Furniture*. Fu nominato vicesegretario del Royal Institute of British Architects (RIBA) nel 1866 e segretario cinque anni dopo. Nel 1868 pubblicò il suo prestigioso manuale *Hints on Household Taste in Furniture, Upholstery and Other Details*, rielaborazione dei molti articoli che in precedenza aveva scritto per *Cornhill Magazine* e *The Queen*. In questo famoso libro Eastlake sostenne la causa dello stile Reformed Gothic messo in pratica da George Edmund Street (1824–1881), Richard Norman Shaw (1831–1912) e John Pollard Seddon (1827–1906). Le caratteristiche di questo stile erano la semplicità delle tecniche di costruzione e dei materiali, le forme rettilinee, gli schemi e gli ornamenti geometrici.
Nel libro vennero inclusi anche i design di mobili e di carte da parati dello stesso Eastlake, i gioielli di Sir Matthew Digby Wyatt (1820–1877), gli oggetti in metallo di Beham & Froud, le vetrerie di Salviati, le piastrelle geometriche di Maw e le ceramiche di Copeland. Fu tale la popolarità del libro che solo in Inghilterra se ne stamparono quattro edizioni. In America ebbe un successo anche maggiore: tra il 1872 e il 1879 ne vennero stampate sei edizioni a Boston. *Hints* stimolò la pubblicazione di altri libri simili, in particolare *The House Beautiful* di C. C. Cook (1877) e *Art Decoration Applied to Furniture* di H. P. Spofford (1878). Eastlake fu più influente come scrittore e arbitro di gusto che come designer. La sua opera scritta maggiore è *A History of the Gothic Revival* (1872).

◂ Mobile in quercia intarsiato per Heaton, Butler & Bayne, 1867 ca.

▾ Illustrazione per *Hints on Household Taste*, pubblicato nel 1868

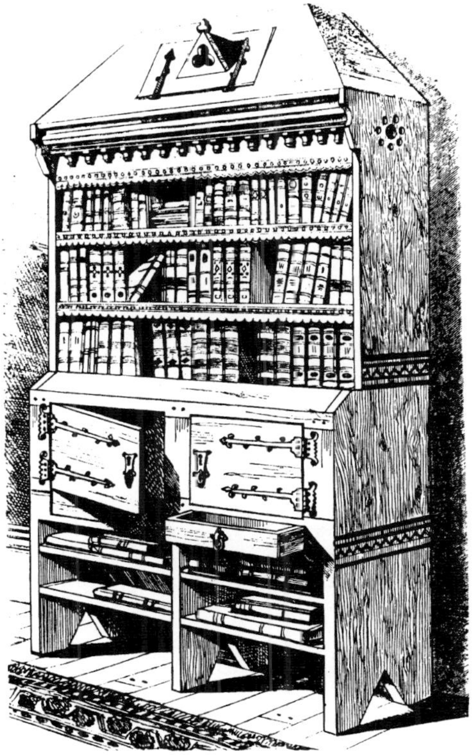

Tom Eckersley

1914 *Newton-le-Willows/Lancashire*

Tom Eckersley studiò alla Salford School of Art dal 1930 al 1934. Lì conobbe Eric Lombers e insieme, nel 1934, si trasferirono a Londra dove fondarono una società che durò fino al 1940. Negli anni '30 produssero grafica per London Transport, Shell-Mex, General Post Office, British Petroleum (BP), British Broadcasting Company (BBC), Austin Reed e altri. Le prime opere di Eckersley si ispirarono ai manifesti di **Edward McKnight Kauffer**, **A. M. Cassandre**, al Cubismo e al **Surrealismo**. Durante la seconda guerra mondiale Eckersley realizzò manifesti di pubblica informazione per il Ministry of Information e la Royal Society for the Prevention of Accidents e manifesti e cartografie per la Royal Air Force (RAF). Dal 1937 al 1939 insegnò alla Westminster School of Art, mentre dopo la guerra lavorò come designer grafico freelance. Nel 1949 venne premiato con un OBE (Order of the British Empire) per il lavoro eseguito come designer in tempo di guerra; un anno dopo venne eletto membro dell'Alliance Grafique Internationale. Dal 1958 al 1978 fu capo del Design Department alla London School of Printing; in quel periodo il suo stile grafico divenne sempre più diretto, con l'uso di caratteri tipografici chiari e forme semplificate, mantenendo al contempo quel tratto umoristico tipico del design grafico britannico fin dagli anni '30. Nel 1976 gli fu commissionata una serie di murali per la nuova stazione dell'aeroporto di Heathrow.

▾ Manifesto pubblicitario per Shell, 1938 ca.

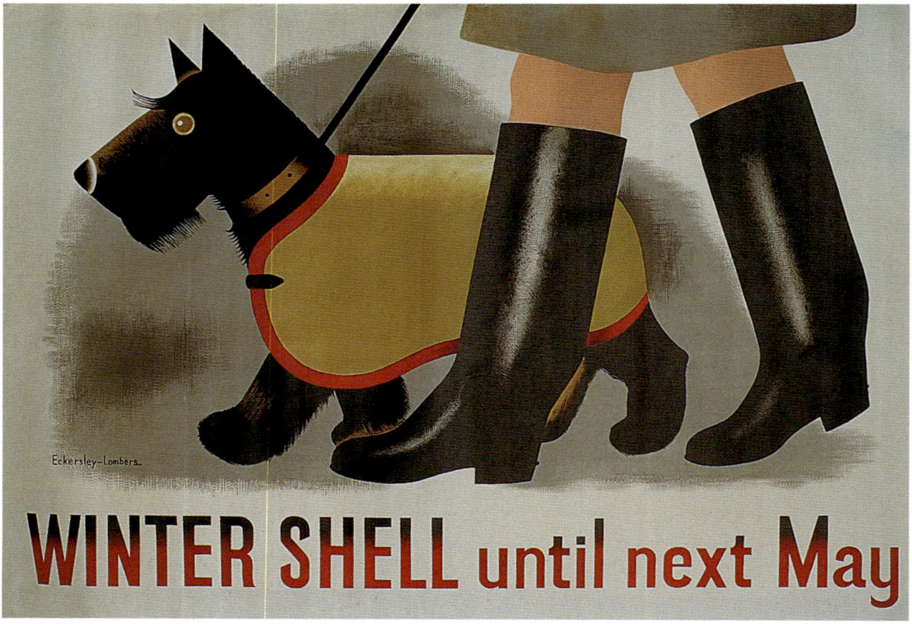

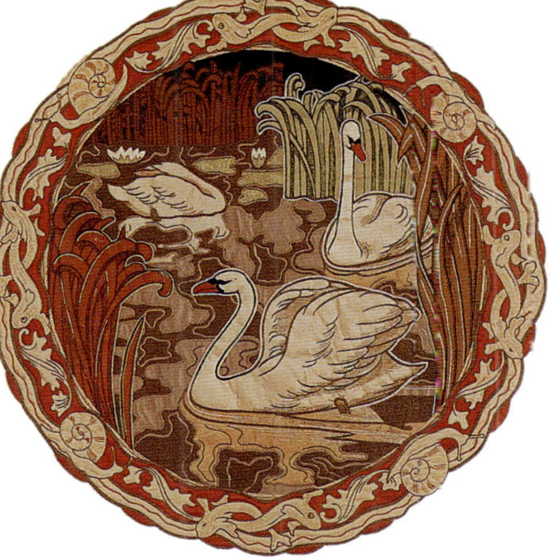

◂ Pannello ricamato (attribuito), 1900 ca.

Otto Eckmann

1865 *Amburgo*
1902 *Badenweiler, Germania*

Otto Eckmann studiò alla Kunstgewerbeschule di Amburgo e di Norimberga e all'Akademie der Künste di Monaco. Dapprima cercò di farsi strada nel campo delle belle arti e dal 1890 espose le sue opere a Monaco. Nel 1894 abbandonò la pittura, mise all'asta tutti i suoi dipinti a Francoforte e concentrò i suoi sforzi sul design grafico e su forme di artigianato come il ricamo. Dal 1895 realizzò illustrazioni influenzate dalle incisioni giapponesi per la rivista berlinese *Pan* e un anno dopo per la rivista *Jugend* di Monaco. Nel 1897 cominciò a insegnare pittura ornamentale alla Kunstgewerbeschule di Berlino, dove divenne professore di arti applicate e nello stesso anno espose i suoi disegni all'Esposizione Internazionale d'Arte di Monaco. Dal 1899 al 1900 disegnò marchi di fabbrica per l'**AEG**; nel 1900 creò un nuovo carattere tipografico, l'*Eckmannschrift*, per la Rudhard'sche Gießerei di Offenbach. Eckmann disegnò anche manifesti ed ex-libris in stile **Jugendstil** per l'editore E. A. Seemann di Lipsia e piastrelle di ceramica per Villeroy & Boch di Mettlach. La commissione più prestigiosa, tuttavia, la ricevette dal granduca Ernst Ludwig IV di Hesse-Darmstadt per il design degli interni dello studio del Neues Palais (1898). Eckmann morì a soli trentasette anni ma nella sua breve carriera ebbe il tempo di creare molti design di tessuti, mobili, tappeti, carta da parati, oggetti in metalli e ceramica, diventando uno dei principali esponenti dello Jugendstil tedesco.

▸ **Louis Majorelle**, Stanza del Café de Paris, Nancy, 1899

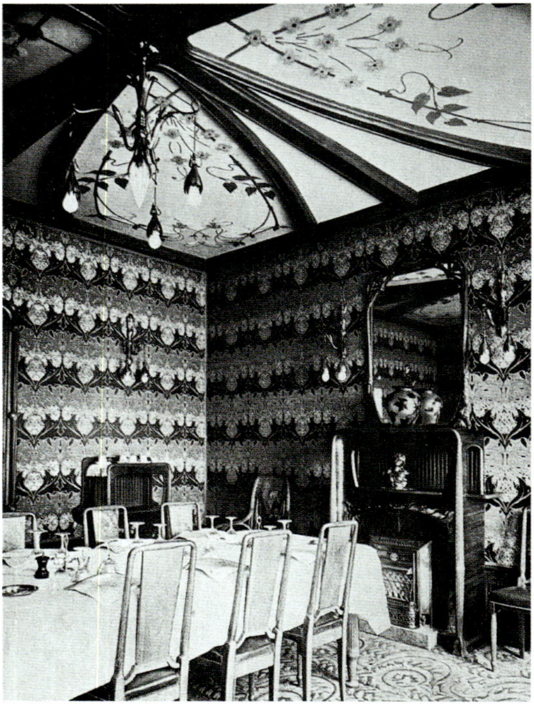

École de Nancy

Fondata nel 1901 a *Nancy, Francia*

Tra il 1871 e il 1900 molti artigiani specializzati fuggiti dalla Prussia si stabilirono a Nancy, a soli venti chilometri dal confine franco-prussiano. L'afflusso degli *émigrés* fece di Nancy la più importante città della Francia orientale, alimentandone lo sviluppo culturale e commerciale. Jean **Daum**, uno degli emigrati, nel 1878 fondò la Verrerie Sainte-Claire e cominciò a produrre vetri in stile **Art Nouveau**. Anche altri designer residenti in Lorena, come **Émile Gallé** e **Louis Majorelle**, produssero mobili e vetri Art Nouveau, riscuotendo l'appoggio della critica e anche un notevole successo economico. Nel 1901, spinti dal generale entusiasmo suscitato da tali opere, diverse ditte e laboratori operanti nell'area di Nancy si unirono per fondare l'Alliance Provinciale des Industries d'Art. L'Alliance, che divenne nota come École de Nancy, fu inizialmente guidata da Émile Gallé e aveva tra i suoi membri Louis Majorelle, Victor Prouvé (1858–1943), Eugène Vallin (1856–1922) e i Fratelli Daum (che guidarono l'organizzazione alla morte di Gallé nel 1904). La prima esposizione di gruppo dell'Alliance si tenne al Salon de l'Union Centrale des Arts Décoratifs di Parigi del 1903.

Egon Eiermann studiò architettura dal 1923 al 1927 alla Technische Hochschule di Berlino-Charlottenburg, dove fu allievo di Hans Poelzig (1869–1936). Dal 1931 lavorò come architetto freelance e sotto il Terzo Reich progettò diversi edifici industriali. Durante la seconda guerra mondiale progettò mobili per il proprio ufficio e dopo il 1945 fondò una società con Robert Hilgers, continuando a progettare interni. Nel 1949 creò una casa modello per l'esposizione "Wie Wohnen", dimostrando che l'affiliazione al nazismo non ne aveva minato la reputazione professionale. Spesso i mobili che Eiermann progettò espressamente per i suoi progetti architettonici vennero prodotti poi in serie; fu il caso, ad esempio, delle sue popolari sedie in rattan con schienale avvolgente (1952) fabbricate da Friedrich Herr e della serie di sedie compensato stampato/pressato? (1952) prodotte da Wilde & Spieth. Dal 1947 Eiermann insegnò alla Technische Hochschule di Karlsruhe e nel 1951 fu membro fondatore del Rat für Formgebung (Consiglio del design). Nel 1962, insieme a Paul Baumgarten e Sep Ruf, fece parte della commissione per la progettazione del nuovo palazzo del Parlamento e del Senato della Germania Federale a Bonn. I più importanti progetti architettonici di Eiermann furono la fabbrica della Ciba AG a Wehr/Baden, il padiglione tedesco alla Fiera Mondiale di Bruxelles (1958), la Kaiser-Wilhelm-Gedächtniskirche di Berlino (1957–1963) e l'edificio per gli uffici dei membri del Bundestag tedesco a Bonn (1965–1969). Oltre che per la sua abilità di architetto, Eiermann si distinse anche come designer di mobili, con soluzioni innovative come la sedia ripiegabile *SE18* (1952) prodotta dalla Wilde & Spieth di Esslingen, fornita di un dispositivo a molle che chiudeva automaticamente la sedia quando non veniva usata. Egon Eiermann, che aveva sposato la nota designer d'interni Charlotte Eiermann (1912), fu uno dei più importanti designer tedeschi del dopoguerra.

Egon Eiermann

1904 *Neuendorf/Berlino*
1970 *Baden-Baden, Germania*

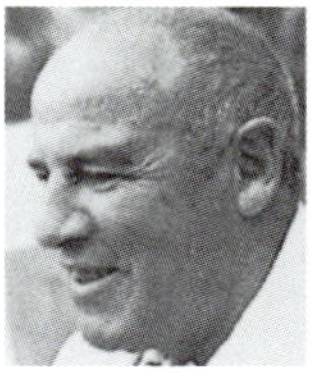

▼ Sedia ripiegabile *modello n. SE18* per Wilde & Spieth, 1952

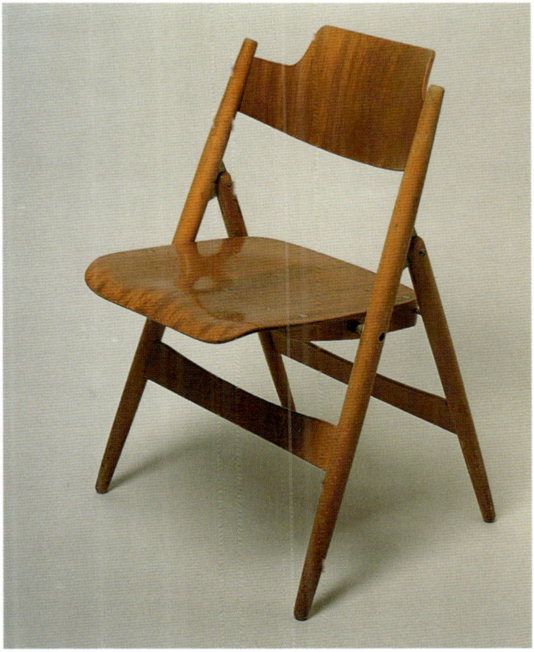

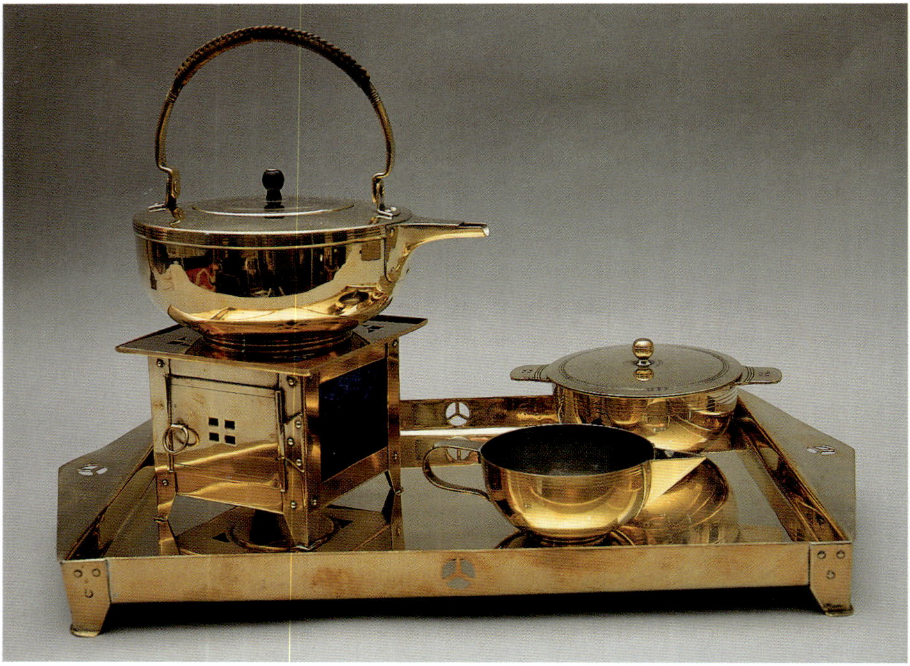

Jan Eisenloeffel

1876 *Amsterdam*
1957 *Laren, Olanda*

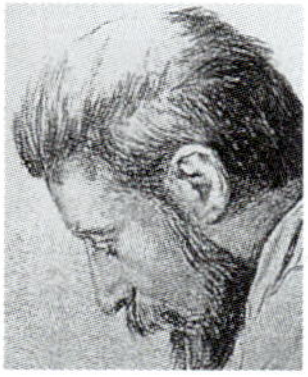

▲ Servizio da tè in ottone per De Woning, 1903 ca.

Johannes (Jan) Eisenloeffel studiò alla Rijks Normaalschool di Amsterdam dal 1892 al 1896, dove si diplomò come insegnante di disegno. Tra il 1893 e il 1896 fu anche apprendista presso la fabbrica metallurgica W. Hoecker & Zoon di Amsterdam. Nel 1898 fece un viaggio in Russia, precisamente a Mosca e a San Pietroburgo, dove studiò le tecniche di incisione e di decorazione a smalto usate da Peter Carl Fabergé (1846–1920). Al suo ritorno in Olanda rientrò alla W. Hoecker & Zoon dalla quale fu nominato capo dello studio di metallurgia della nuova ditta Amstelhoeck, ad Amsterdam. Nel 1902 Eisenloeffel aprì una ditta insieme a J. C. Stoffels; l'anno dopo collaborò all'apertura di De Woning, un negozio di Amsterdam che commercializzò i suoi design. Nel 1903 entrò a far parte dell'organizzazione Kunst aan het Volk (Arte per il popolo) che cercava di migliorare la qualità degli oggetti di uso quotidiano. Dal 1904 al 1907 Eisenloeffel produsse design di oggetti in metallo e posaterie per la C. J. Begeer di Utrecht e poi lavorò a Monaco nei **Vereinigte Werkstätten für Kunst im Handwerk**. Nel 1908 ritornò in Olanda e aprì un laboratorio presso la Colonia di Artisti Laren, vicino ad Amsterdam.

Harvey Ellis frequentò l'Accademia Militare di West Point ma ne fu espulso. Fece poi un viaggio a Venezia. Tornato ad Albany, nello stato di New York, studiò arte presso Edwin White (1817–1877) e lavorò per un certo tempo nello studio di architettura di Arthur Gilman a Rochester. Fece poi l'apprendista disegnatore nello studio di architettura con base ad Albany di Henry Hobson Richardson (1838–1886), subendo il fascino del suo stile Reformed Gothic. Dal 1879 al 1884, insieme al fratello Charles, aprì uno studio di architettura a Rochester. Nei dieci anni che seguirono Ellis lavorò come disegnatore specializzato in tutto il Midwest. Durante questo periodo iniziò anche a dipingere e disegnò manifesti per il *Rochester Herald* (1895) e l'*Harper's Magazine* (1898). In seguito tornò a Rochester e dal 1903 realizzò design di mobili e tessuti ispirati all'**Arts & Crafts Movement** britannico per gli United Crafts Workshops di **Gustav Stickley**, scrivendo per quest'ultimo anche diversi articoli per la sua rivista *The Craftsman*. Attenendosi ai dettami dell'Arts & Crafts Movement britannico e americano, la maggioranza dei design realizzati da Ellis fino ad allora era di stile vernacolare. Tuttavia, le sue graziose sedie di quercia del 1904 mostrano anche l'influsso dello stile **Art Nouveau**, soprattutto nei sinuosi intarsi decorativi e nelle forme meno severe e più leggere.

Harvey Ellis

1852 *Rochester, New York*
1904 *Syracuse, New Jersey*

▼ Sedia di quercia per Craftsman Workshops, 1903–1904

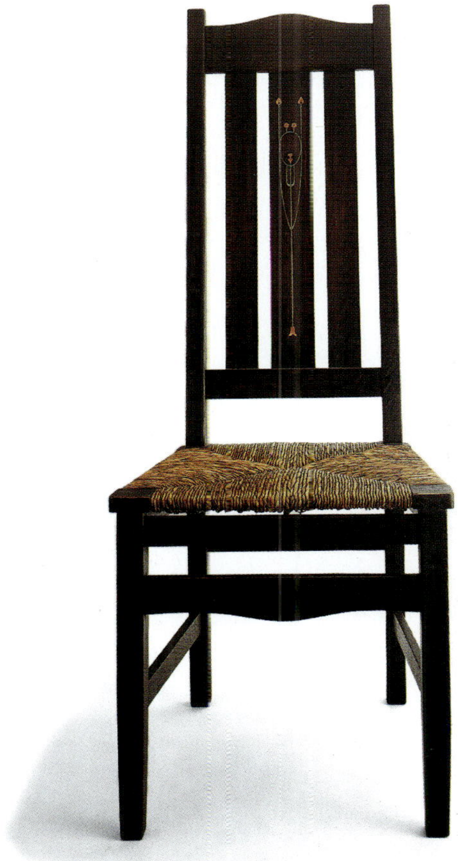

August Endell

1871 *Berlino*
1925 *Berlino*

August Endell, figlio di un architetto, studiò filosofia a Tubinga e poi nel 1892 si trasferì a Monaco per studiare le opere del filosofo Theodor Lipps (1851–1914). Influenzato da **Hermann Obrist**, che conobbe nel 1896, Endell abbandonò la filosofia e si concentrò sull'architettura e le arti applicate. Dal 1896 al 1897 realizzò la facciata e le decorazioni interne del Photoatelier Elvira a Monaco. Per l'atelier realizzò anche una composizione in gesso ispirata allo stile decorativo "a colpo di frusta" di Obrist. Nel 1898 collaborò coi Vereinigte Werkstätten di Monaco e progettò il sanatorio di Föhr. In questo periodo realizzò anche illustrazioni per le riviste d'arte *Jugend* e *Pan* (1897) e nel 1898 pubblicò il suo primo articolo sull'estetica intitolato *Um die Schönheit*. Un anno dopo espose i suoi design di gioielli all'esposizione della Secessione di Monaco. Nel 1901 si trasferì a Berlino e decorò il Bunte Theater in uno stile più colorato ed espressivo rispetto a quanto aveva fatto in precedenza, cominciando a prendere le distanze dalle forme molto ornate dello **Jugendstil**. Nel 1903 progettò mobili con motivi a foglia che vennero prodotti da Theophil Müller ai Werkstätten für Deutschen Hausrat di Dresda. Per i successivi dieci anni Endell gestì una scuola di design a Berlino e pubblicò molti articoli teorici sul design e l'architettura, fra cui *Die Schönheit der Großstadt* (La bellezza della grande città). In questo periodo progettò e realizzò molte case e ville a Postdam e a Berlino. Allo scoppio della prima guerra mondiale fu fatto il suo nome come possibile successore di **Henry van de Velde** a direttore della Kunstgewerbeschule di Weimar, ma il posto venne invece assegnato a **Walter Gropius**. Dal 1918 fino alla morte, nel 1925, fu direttore dell'Akademie für Kunst und Kunstgewerbe di Breslau.

► Cancello d'entrata dell'Atelier Elvira di Monaco, 1896–1897

▼ Orologio a cassa alta, 1904

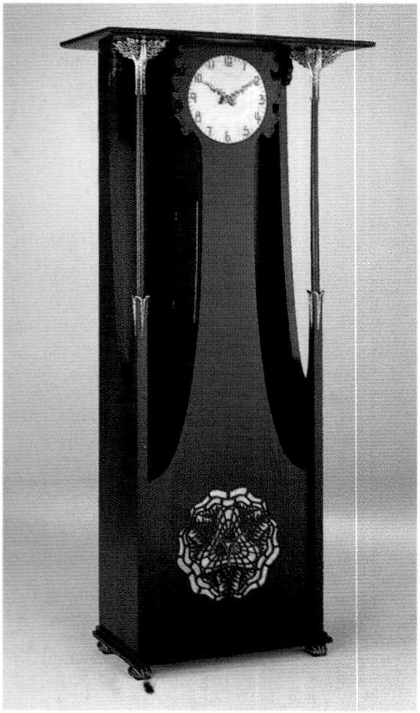

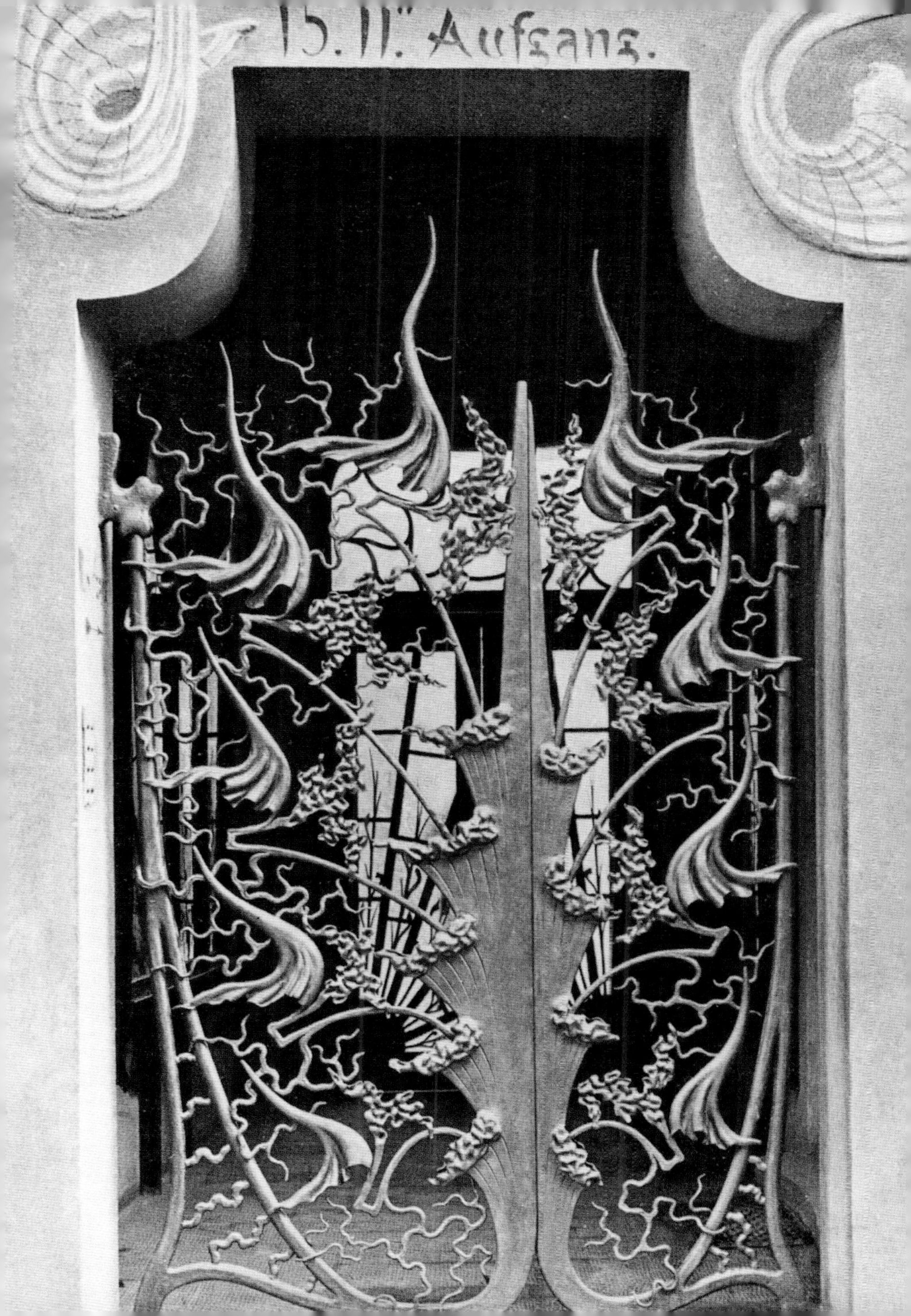
15. II. Aufgang.

Ergonomi Design Gruppen

Fondato nel 1979 a *Stoccolma*

Due gruppi di design svedesi fondati nei tardi anni '60, il Designgruppen e l'Ergonomi Design, nel 1979 si associarono per dar vita all'Ergonomi Design Gruppen, formato da 14 membri e con base a Bromma. Il gruppo si dedicò alla ricerca e allo sviluppo di design sicuri, affidabili ed efficienti basati su principi ergonomici, svolgendo analisi sui problemi utente-sistema, attraverso, ad esempio, la costruzione di modelli di scala per valutare il design in situazioni sperimentali. Molti dei progetti intrapresi dal gruppo sono stati in parte finanziati da istituzioni governative, come il Fondo Svedese sull'Ambiente di Lavoro e l'Ente Nazionale per la Salute e la Sicurezza sul Lavoro, e da aziende private come la Gustavsberg. I design più notevoli realizzati dal gruppo sono la serie di posate, bicchieri e piatti *Eat and Drink* (1980), prodotti da RFSU Rehab per essere usati da disabili, macchinari per lo stampaggio e la saldatura che riducono il rischio di incidenti e di ferite causate dallo sforzo ripetitivo. Tra i fondatori del gruppo sono da ricordare Maria Benktzon (1946) e Sven-Eric Juhlin (1940), entrambi allievi della Konstfackskolan (Scuola di arti e mestieri) di Stoccolma. Prima di fondare il gruppo, Benktzon aveva studiato il design di abbigliamento per disabili e Juhlin aveva lavorato nello studio di design interno della Gustavsberg. Nel 1972 entrambi svolsero ricerche sulla capacità muscolare e le relazioni che essa ha con le azioni dell'afferrare e del trattenere, specializzandosi quindi in design per disabili.

▼ **Maria Benktzon & Sven-Eric Juhlin**, Posate per RFSU Rehab, 1980

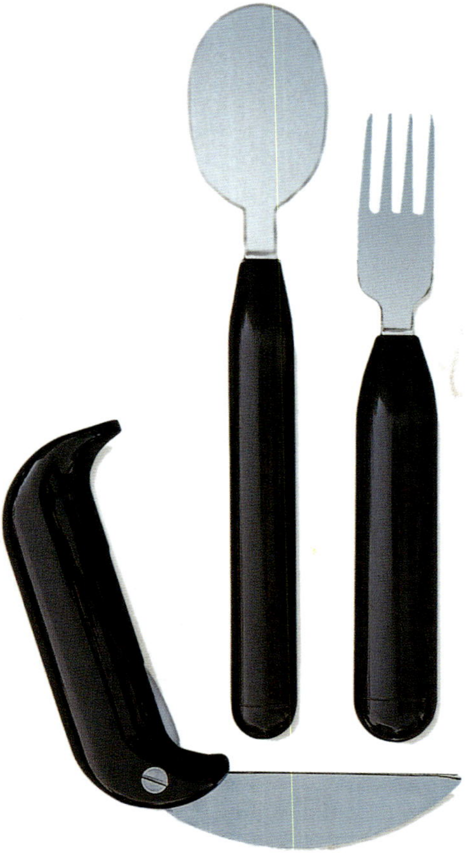

L. M. Ericsson
Fondato nel 1876 a *Stoccolma*

La L. M. Ericsson Company fu fondata a Stoccolma nel 1876 da Lars Magnus Ericsson (1846–1926), inizialmente come laboratorio di riparazioni per telegrafi. Intorno al 1878 l'azienda aveva già iniziato la produzione in proprio di telefoni, basandosi su uno dei primi prototipi realizzati da Alexander Graham Bell (1847–1922). Entro breve tempo L. M. Ericsson cominciò a produrre telefoni di proprio design esportandoli in tutta Europa e, dopo il successo riscontrato, aprì diverse fabbriche, fra cui una in Messico. Nel 1909 L. M. Ericsson produsse il primo telefono a forcella, di enorme diffusione e prestigio in tutta l'Europa. Nel tentativo di renderne più moderno il design, nel 1930 l'azienda commissionò all'artista **Jean Heilberg** (1884–1976) e all'ingegnere norvegese Johan Christian Bjerknes di realizzare un telefono in bachelite. Pur non essendo il primo telefono di plastica prodotto, questo design scultoreo fu certamente il più degno di nota, ispirando il successivo modello *Bell 300* (1930–1933) di **Henry Dreyfuss**. Dal 1940 al 1954 Hugo Blomberg (1897), Ralph Lysell (1907) e Gösta Thames (1917) svilupparono l'*Ericofon*, un telefono che integrava auricolare, microfono e disco combinatore in un unico scultoreo oggetto. Sfruttando l'utilizzo di materiali nuovi e più leggeri come la plastica, la gomma e il nylon, nonché la miniaturizzazione dei componenti, l'avanguardistico *Ericofon* rimase il più popolare telefono monoblocco per oltre tre decenni. Oggi la Ericsson continua il suo impegno nell'innovazione all'interno della industria delle telecomunicazioni, mantenendo un ruolo di primo piano in questo settore.

▾ Telefono *Ericofon*, 1954

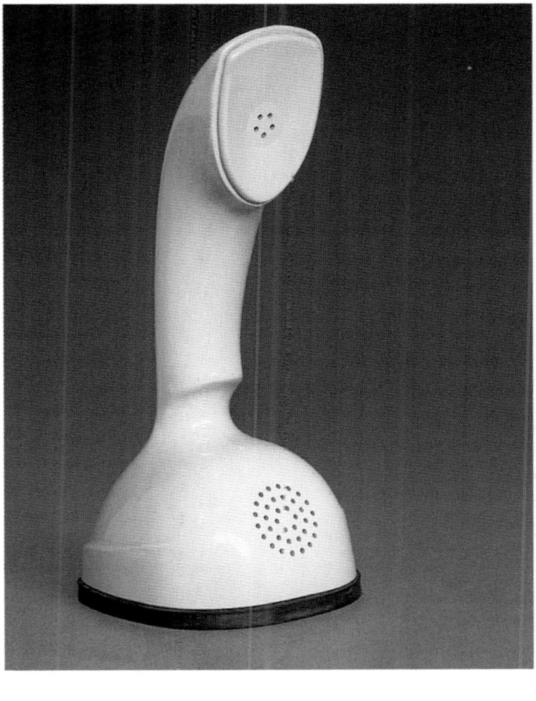

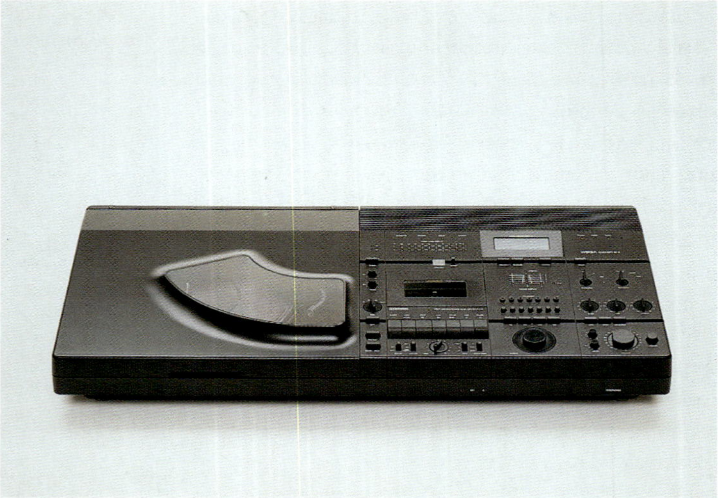

◂ Hi-fi system *Concept 51K* per Wega, 1975

Hartmut Esslinger

1945 *Altensteig, Germania*

Hartmut Esslinger studiò dapprima elettrotecnica all'Università di Stoccarda e poi disegno industriale alla Fachhochschule di Schwäbisch Gmünd. Nel 1969 vinse il premio nazionale tedesco Gute Form e aprì uno studio di design a Altensteig. Il primo cliente fu l'azienza elettrotecnica Wega Radio che, acquistata nel 1975 dalla Sony, lo introdusse sul mercato di consumo dell'elettrotecnica giapponese. I suoi tersi design, come l'hi-fi system *Concept 51K* per Wega del 1975, lo fecero conoscere a livello internazionale e subirono l'influsso dall'approccio funzionalista al design promosso da **Max Bill** e **Hans Gugelot** della **Hochschule für Gestaltung di Ulm**. Nel 1982 Esslinger cambiò il nome della sua ditta in **Frogdesign** (frog = Federal Republic of Germany) e aprì uno studio a Campbell (California), per poter seguire da vicino le necessità della fiorente industria informatica della Silicon Valley. Nel 1986 aprì un ufficio anche a Tokyo. Nel 1984 il suo studio di design licenziò il classico Macintosh biancastro per la Apple Computer, ridefinendo i parametri estetici del personal computer. La Frogdesign si è anche occupata di macchine fotografiche, sintetizzatori, binocoli, communications equipment e mobili da ufficio per RCA, Eastman Kodak, Polaroid, Motorola, Seiko, Sony, Olympus, AT&T, AEG, König und Neurath, Erco, Villeroy & Boch, Rosenthal, Yamaha e altri. Le forme scultoree di Esslinger, talvolta arricchite e rese meno fredde da notazioni figurative, cercano di umanizzare la tecnologia creando prodotti di facile impiego.

Willy Fleckhaus

1925 *Velbert, Germania*
1983 *Castelfranco di Sopra (Arezzo)*

Willy Fleckhaus studiò giornalismo ma fu più attratto da quegli aspetti dell'editoria più legati al design che alla scrittura. Inizialmente si ispirò al design delle riviste americane, fra cui quelle prodotte da Alexei Brodovitch (1898–1971), che erano meno formali nello stile grafico rispetto alle riviste della **Swiss School**. Nel 1952 Fleckhaus cominciò a lavorare al design della rivista sindacale *Aufwärts*, usando immagini a tutta pagina e pagine che combinavano fotografie e testi. La sua impostazione fece sì che la pubblicazione diventasse una fra le prime riviste "lifestyle" tedesche. In seguito al successo di *Aufwärts*, Fleckhaus venne nominato art director (1959–1976) di *Twen*, una nuova rivista che si occupava di interessi popolari, variando dal cinema alla musica contemporanea e ad argomenti di attualità. Influenzato dall'amico **Max Bill** e dall'approccio diretto postulato dalla **Hochschule für Gestaltung di Ulm**, Fleckhaus creò per *Twen* un'impaginazione radicalmente nuova e all'avanguardia. Anche se le sue griglie simmetriche erano influenzate dalla Scuola Svizzera, l'impaginazione, che usava immagini tagliate e caratteri tipografici in grassetto che mettevano in contrasto aree bianche e nere, era totalmente innovativa e trasmetteva una immediatezza sorprendente. Tuttavia, le sue scelte artistiche erano in contrasto con la linea editoriale della rivista: dopo sei consecutivi capiredazione nel giro di dodici anni, anche il contratto di Fleckhaus non venne più rinnovato. Nel 1974 diventò docente alla Folkwangschule di Essen e in seguito, nel 1980, diventò professore alla Gesamthochschule di Wuppertal. Negli anni del dopoguerra Fleckhaus fece da apripista al rinnovamento della grafica popolare in Germania, opponendosi alla tradizione del Bauhaus. Il suo influsso fu enorme su tutta la produzione successiva.

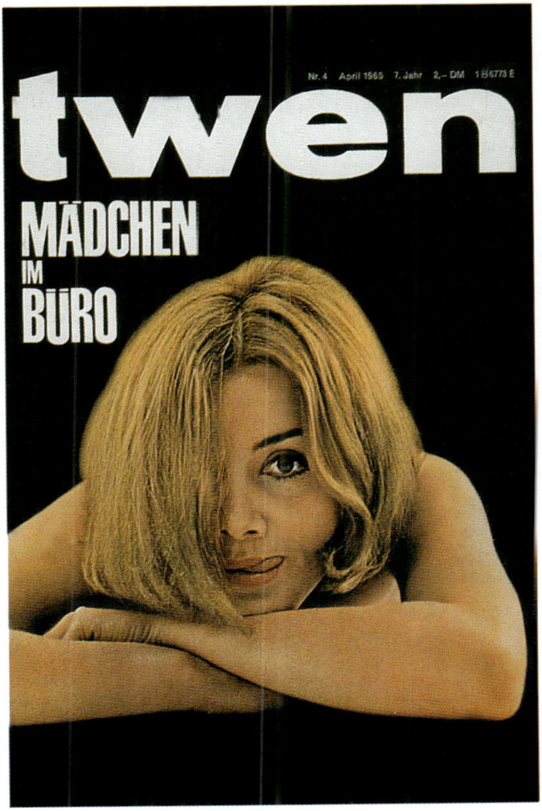

▾ Copertina per *Twen n. 4*, 1965

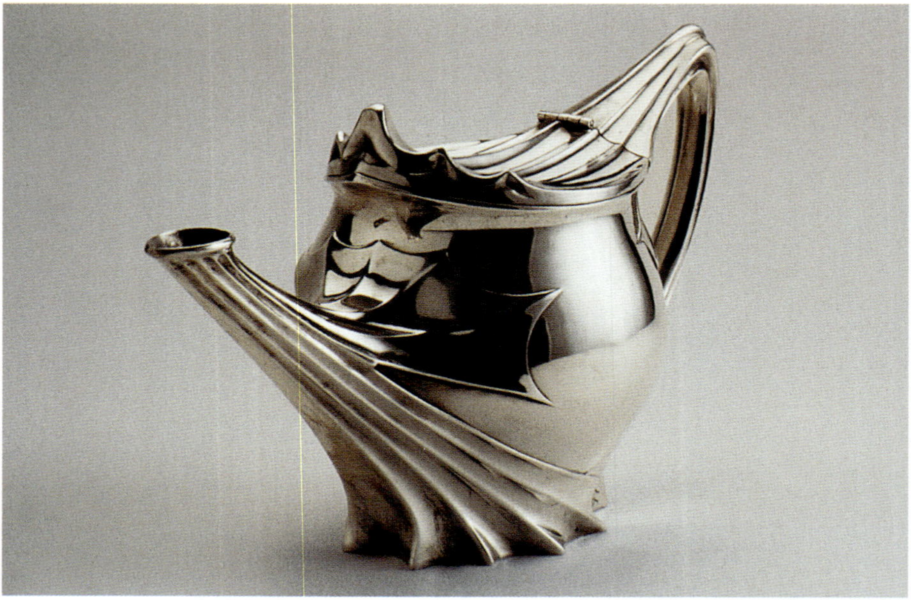

Paul Follot

1877 Parigi
1941 Sainte-Maxime, Francia

I primi design di Paul Follot, alcuni dei quali illustrati in *Art et Décoration*, si ispirarono al Gothic Revival. Nel 1901 cominciò a lavorare per La Maison Moderne, un negozio aperto nel 1899 da Julius Meier-Graefe (1867–1935). Profondamente influenzato dal suo direttore e manager Maurice Dufrêne (1867–1955), esponente di punta dello stile **Art Déco**, Follot cominciò a realizzare argenterie, tessuti, bronzi e gioielli moderni per quel negozio. In quell'anno divenne anche fondatore del gruppo artistico L'Art dans Tout e da allora in poi sostenne con forza la tradizione decorativa francese, il cui prestigio era minacciato dal crescente successo del disegno industriale tedesco. Nel 1904 Follot cominciò a lavorare come designer indipendente ed espose in seguito un interno **Art Nouveau** alla Société des Artistes Décorateurs. Per qualche tempo la sua opera fu caratterizzata dall'uso di motivi a foglia; intorno al 1910, tuttavia, cominciò a ricercare "des architectures calmes", un'architettura più serena e uno stile più sobrio e classico, che si sviluppò di pari passo con l'emergere dello stile Art Déco. Nel 1911 Wedgewood gli commissionò delle ceramiche. Nella sua carriera realizzò inoltre tessuti per Cornille et Cie, tappeti per Savonnerie e argenterie per Orfèvrerie Christofle. Nel 1923 Follot venne nominato art director del negozio Au Bon Marché; cinque anni dopo divenne condirettore della filiale parigina di Waring & Gillow, una fabbrica di mobili inglese.

▲ Teiera in ottone silverplated per Christofle, 1900

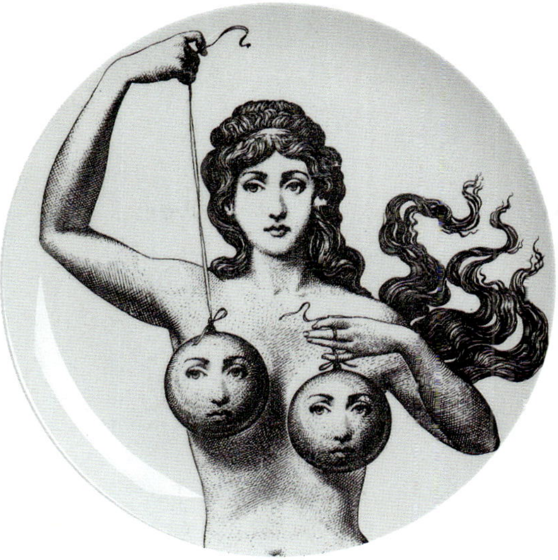

◂ Piatto *Tema e Variazioni n. 182*, 1960 ca.

Piero Fornasetti

1913 *Milano*
1988 *Milano*

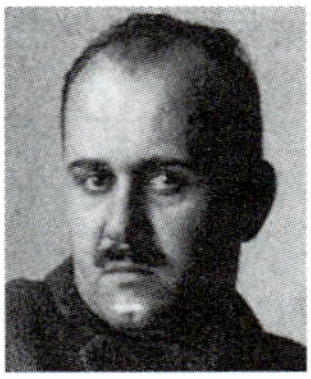

Già in età precoce Piero Fornasetti mostrò notevole talento per il disegno. Vinse una borsa di studio per studiare all'Accademia di Belle Arti di Brera dal 1930 al 1932, ma trovò l'insegnamento troppo formale e per questo, a quanto sembra, venne espulso. Nel 1933 espose i suoi primi dipinti all'Università di Milano. Consapevolmente arcaici e in stile "grottesco", essi erano in netto contrasto col debordante stile "Coppedé" o **Art Déco**, allora imperante nella moda milanese del tempo. Fornasetti non fu solo influenzato dal **Surrealismo** e dall'arte metafisica di Giorgio De Chirico (1888–1978) e Alberto Savinio (1891–1952), ma trovò ispirazione anche nella tradizione dell'illusionismo lombardo, che scopriva in sintonia col proprio ironico umorismo. Negli anni '30 produsse design per Venini ed espose sciarpe di seta stampata alla VII Triennale di Milano del 1940, dove le sue opere furono viste dall'architetto e designer **Gio Ponti**. Condividendo l'amore per l'ornamento e un profondo rispetto per la tradizione italiana, dai tardi anni '40 in poi i due designer collaborarono in molti progetti di interni e di mobili. Negli anni '30 e '40 Fornasetti disegnò anche diversi manifesti e copertine per *Domus* e *Graphis*. Durante la seconda guerra mondiale costretto a servire l'esercito italiano, passò gran parte della guerra a pitturare la caserma di Piazza S. Ambrogio a Milano con *trompe-l'œil* e motivi a frutta. Per evitare gli ultimi colpi di coda della guerra, Fornasetti fuggì in Svizzera e non ritornò a Milano se non a cessate ostilità. Fra i molti progetti in comune in-

▸ Scrivania *Architettura*, 1951 ca.

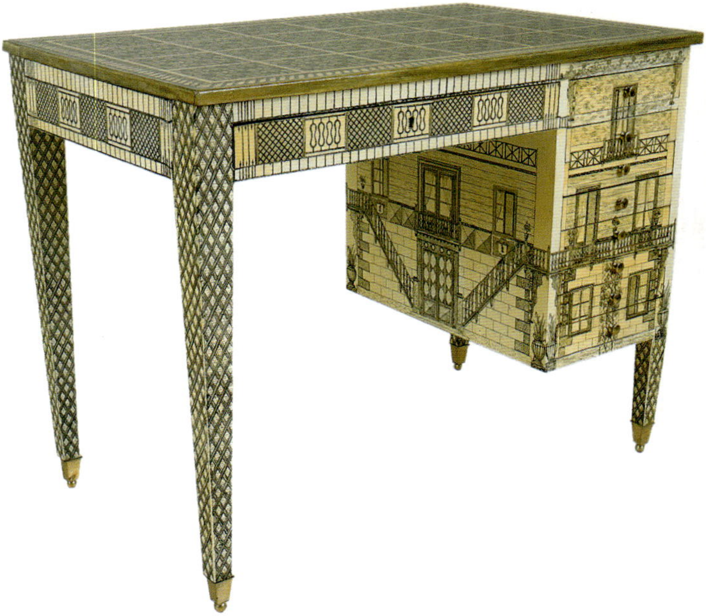

trapresi negli anni '50 da Ponti e Fornasetti sono da ricordare la serie di mobili *Architettura* esposta per la prima volta alla IX Triennale di Milano (1951), gli interni per il transatlantico *Andrea Doria* (1952) e gli originali interni del Casinò di Sanremo (1950). Da allora in poi Fornasetti lavorò anche da solo progettando una molteplicità di prodotti, da ceramiche a gilet, da paraventi a rastrelliere per riviste, tutti contrassegnati dal suo tipico stile illusionistico-ironico: motivi di strumenti musicali stampati in serigrafia, monete romane e soli accecanti. L'ampia serie *Temi e Variazioni* presentava un enigmatico e bel volto femminile che divenne in pratica il suo marchio di riconoscimento. Nel 1970 Fornasetti aprì un negozio a Milano, vicino all'Accademia di Belle Arti di Brera, per rivendere un'enorme varietà di suoi design eccentrici e giocosi. Dopo la sua morte nel 1988, il figlio Barnaba subentrò nella gestione e negli anni '90 il negozio si trasferì in locali più ampi in Via Manzoni. Nei primi anni '80, dopo che per decenni Fornasetti era stato messo da parte dai modernisti, la sua opera fu rivalutata e conobbe una fase di popolarità con l'emergere del **Post-Modernismo**.

▸ Tavolo *Strumenti Musicali*, 1953 ca.

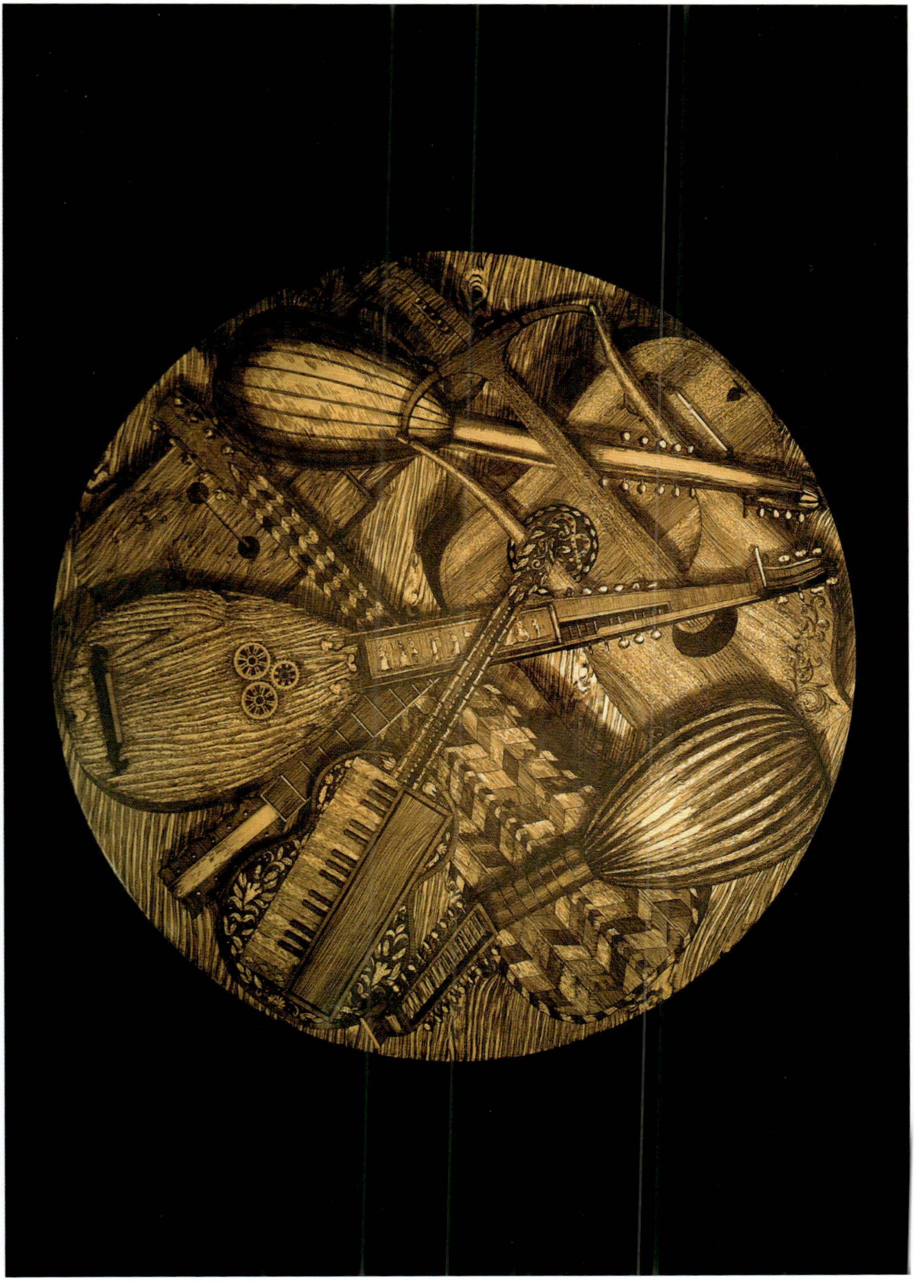

Norman Foster

1935 *Manchester*

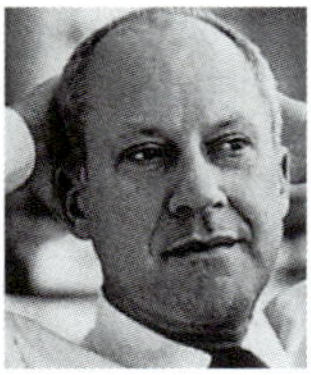

Sir Norman Foster studiò architettura e urbanistica all'Università di Manchester laureandosi nel 1961. Continuò poi gli studi con Henry Fellowship all'Università di Yale di New Haven (Connecticut), dove si laureò nel 1963. Insieme a un altro assegnatario di borsa di studio, Richard Rogers (1933), seguì le lezioni di **Serge Chermayeff** e fu influenzato dall'opera di Louis Kahn (1901–1974), autore del progetto della Yale Art Gallery nella quale era situata la facoltà di architettura. Al suo ritorno in Gran Bretagna nel 1963, Foster, insieme a Rogers, Georgie Wolton e Wendy Cheesman (che Foster sposò nel 1964) fondò a Londra lo studio Team 4, che progettò la fabbrica Reliance Controls Limited a Swindon. Dal 1968 al 1983 lavorò a molti progetti insieme a **Richard Buckminster Fuller** e ricevette diverse commissioni di architettura dalla Fred Olsen Limited. Nel 1977 Foster vinse il premio del Royal Institute of British Architects per l'edificio per uffici in vetro scuro costruito per Willis Faber & Dumas a Ipswich (1973–1975). Da allora è diventato famoso a livello internazionale per numerosi progetti architettonici, fra cui la sede centrale della Hong Kong & Shangai Banking Corporation a Hong Kong (1981–1986), l'aeroporto di Stansted nell'Essex (1991) e il nuovo Parlamento tedesco a Berlino (1995–1999). Come i suoi edifici, i design **High-Tech** di Foster, fra cui i mobili *Nomos* (1986–1988) per Tecno e le luci prodotte per Erco (1986), vedono la prevalenza dell'alta tecnologia e un forte senso dell'ordine geometrico. L'architettura e i design eleganti e al contempo squadrati di Foster celebrano la modernità attraverso l'uso di materiali d'avanguardia e lo sfruttamento delle tecniche di costruzione più avanzate.

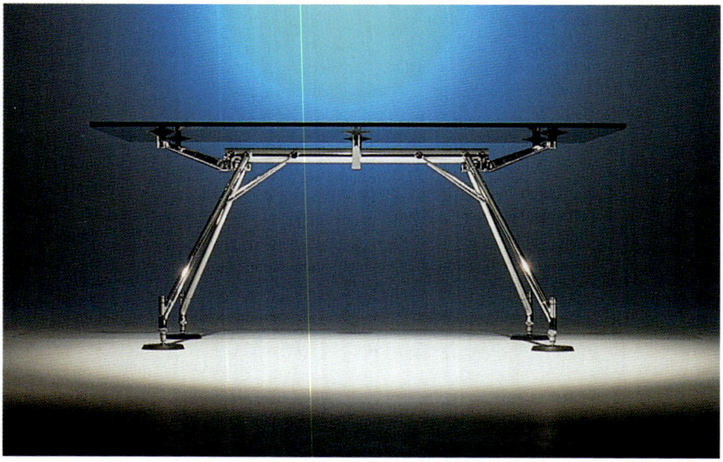

◂ Tavolo *Nomos*, Tecno, 1986–1988

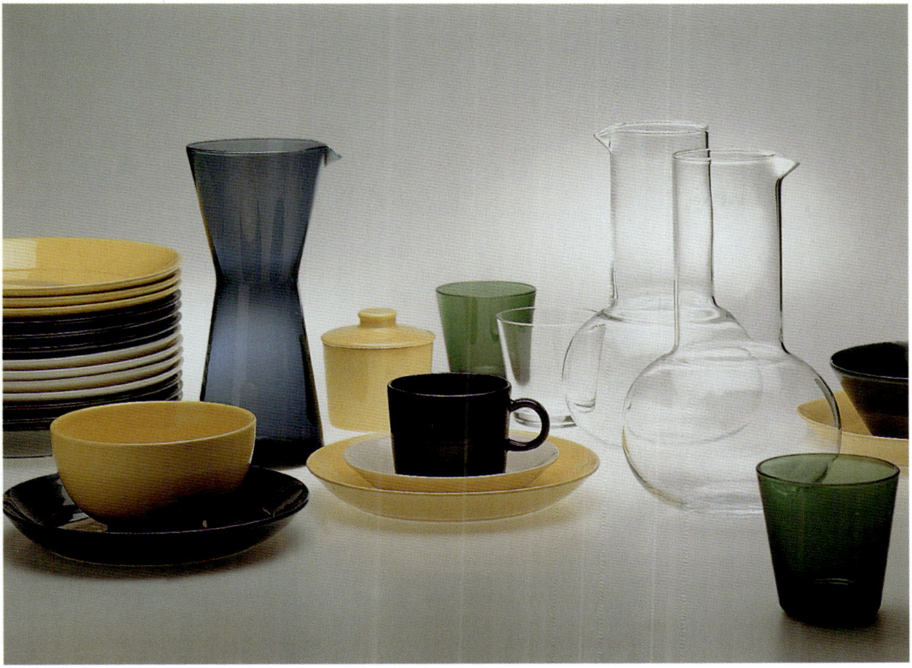

Kaj Franck

1911 *Viipuri, Finlandia*
1989 *Santorini, Grecia*

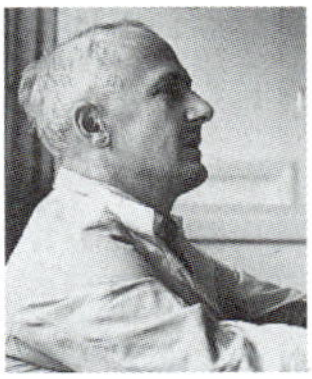

Kaj Franck studiò design di mobili alla Taideteollinen Korkeakoulu di Helsinki, dove ebbe come docente Arttu Brummer e si laureò nel 1932. Nel 1938 divenne designer tessile alla fabbrica Hyvinkää United Wool. L'anno dopo fu arruolato nell'esercito. Durante la guerra conobbe molti compatrioti di condizioni sociali inferiori alla sua e quest'esperienza influenzò molto le sue opinioni sulla società. Nel 1945 cominciò a lavorare per la fabbrica di ceramiche Arabia e un anno dopo produsse una serie di stoviglie e vasellame per la Väestöliition (Associazione per la Prosperità Familiare). Nel 1950 divenne art director di Arabia e durante gli anni '50 creò un'ampia serie di vasellame e oggetti da cucina multiuso. Nel 1955 Franck ricevette una sovvenzione Asla per studiare insegnamento del design in America. Durante la sua permanenza negli USA Franck svolse ricerche sulle abitudini alimentari che influenzarono il suo successivo lavoro di designer. Dal 1954 fino a quando lasciò Arabia nel 1973, Franck progettò anche oggetti a edizione limitata, come la serie *Lumipallo*. I vetri da lui progettati vennero prodotti da Iittala (1946–1950) e Nuutajärvi-Notsjö (1950–1976). I design essenziali di Franck non soddisfano soltanto le necessità funzionali contemporanee ma nelle loro forme elementari possiedono una rara purezza estetica.

▲ Vetri *Kartio*, 1958, e ceramiche *Teema*, 1981

▸ Sedia in rattan tessuto (poi prodotta da Ecart)

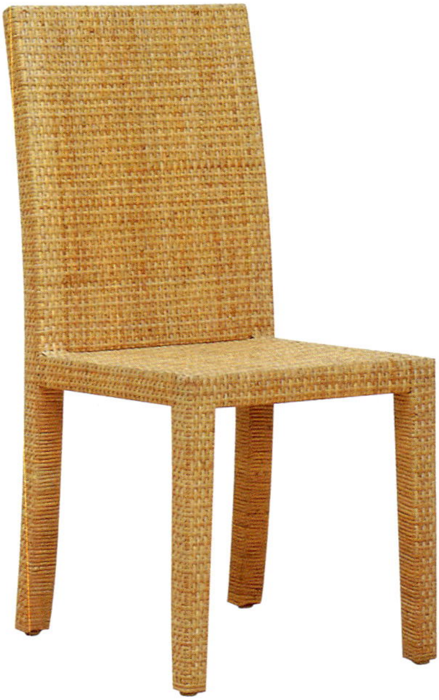

Jean-Michel Frank

1895 *Parigi*
1941 *New York*

Jean-Michel Frank lavorò come ebanista nel laboratorio di **Jacques-Émile Ruhlmann** dopo la prima guerra mondiale. Negli anni '20 conobbe la mecenate cilena Eugenia Errazuriz e rimase favorevolmente impressionato dal suo approccio dematerializzato al design d'interni. In quel periodo creò probabilmente dei design per **Desny** e divenne uno dei primi designer a rifinire le superfici di legno con vernici bianche al piombo. Nel 1931 collaborò col decoratore Adolphe Chanaux all'apertura di un laboratorio a La Ruche; un anno dopo i due aprirono anche un negozio in Rue du Faubourg St. Honoré a Parigi. I mobili e le luci di Frank degli anni '20 furono influenzati dal formalismo geometrico di **Le Corbusier** e **Robert Mallet-Stevens**. Anche se i suoi interni, come quelli dell'Hotel Bischoffstein creati per il visconte Charles de Noailles, erano scarsamente decorati, Frank profuse molta attenzione nei dettagli usando materiali di lusso come zigrino, bronzo e pergamena. Intorno al 1935, tuttavia, i design di Frank divennero più vistosi e teatrali, includendo anche effetti *trompe-l'œil*. Dopo aver prima progettato interni e mobili per l'appartamento di Nelson Rockefeller a New York, Frank si trasferì definitivamente in quella città nel 1940, probabilmente per lavorare per l'azienda di arredamento McMillen. Poco tempo dopo, assalito da una crisi depressiva, Frank si suicidò.

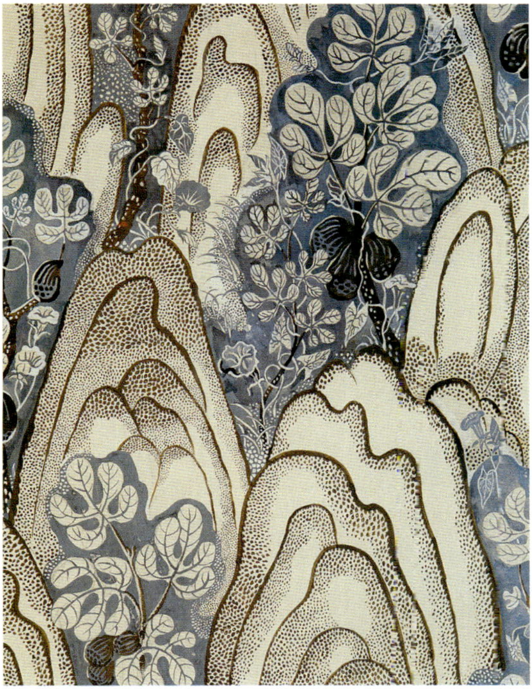

◂ Design per tessuto *Rox & Fix* per Svenskt Tenn, 1943–1944

Josef Frank

1885 *Baden, Austria*
1967 *Stoccolma*

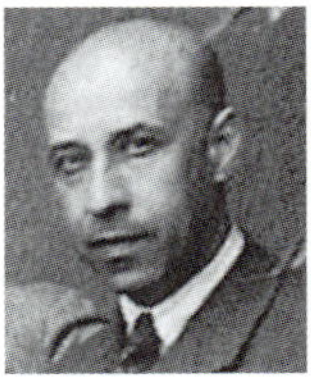

Josef Frank si formò a Vienna diventando architetto. Dal 1925 al 1934 gestì uno studio di design d'interni in società con Oskar Wlach, noto come "Haus und Garten". Nel 1934 si stabilì in Svezia e divenne capo designer della Svenskt Tenn, una ditta di Stoccolma che si occupava di design d'interni. Per l'azienda disegnò tessuti come *Vegetable Tree* (1944) e mobili ispirati all'**Arts & Crafts Movement** britannico del XIX secolo e al design viennese di fine secolo. Pur rigettando i dogmi funzionalisti, l'opera di Frank fu essenzialmente moderna, caratterizzata da purezza di forme. I suoi mobili si imponevano per le proporzioni armoniche e l'alta qualità artigianale, oltre che per la praticità e il comfort. In quest'area di attività Frank divenne una sorta di guru per le generazioni più giovani dei designer scandinavi. Dal 1941 al 1943 insegnò alla New School for Social Research di New York e, quale teorico di design e architettura, pubblicò diversi titoli, fra cui *Architektur als Symbol* (1930) e *Accidentism* (1958). Insieme a Carl Malmsten (1888–1972) e **Bruno Mathson**, Josef Frank viene generalmente considerato uno dei tre "classicisti" del design svedese. Come primo esponente del Modernismo scandinavo il suo contributo è stato immenso.

Paul Theodore Frankl

1886 *Vienna*
1962 *Los Angeles*

Paul T. Frankl studiò architettura a Parigi, Berlino, Monaco e Vienna. Nel 1914 emigrò negli Stati Uniti e realizzò molti design d'interni per la famosa cosmetista Helena Rubinstein (1870–1965). Dal 1915 al 1916 fece lo scenografo per il Theatre Guild di New York e dal 1925 circa cominciò a progettare mobili geometrici che egli battezzò mobili *Skyscraper*. Questi design **Art Déco**, ispirati alle forme a molti piani dell'architettura degli anni '20, oltre a essere venduti nella sua galleria di New York, furono anche esposti alla mostra "Art in Trade" tenutasi ai grandi magazzini Macy's nel 1927. Frankl tenne anche conferenze su "The Skyscraper in Decoration" e pubblicizzò il suo stile **Moderne** applicato al design d'interni tramite libri illustrati come *New Dimensions: The Decorative Arts of Today* (1928), *Form and Re-Form* (1930) e *Space for Living: Creative Interior Decoration and Design* (1938). Mentre la prima parte della sua carriera si svolse a New York, dove produsse lussuosi design comparabili alle opere Art Déco dei suoi contemporanei francesi, per il resto della sua vita egli visse in California. Nel 1928 fu il principale fondatore dell'American Designers' Gallery e nel 1930 contribuì alla fondazione dell'American Union of Decorative Artists and Craftsmen (AUDAC). Frankl fu forse il più importante esponente dell'Art Déco in America; le sue opere moderniste furono ispirate più dai grattacieli della New York anni '20 che dalle contemporanee correnti del design europeo. Egli riteneva che il design dovesse ispirarsi alla cultura dell'ambiente locale; per questo decise di dare alle arti decorative americane un'identità appropriata e riconoscibile.

▾ Mobile libreria *Skyscraper*, 1928 ca.

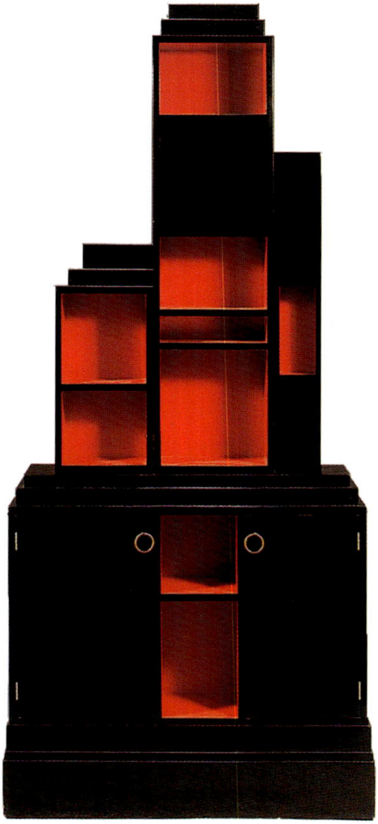

Marguerite Friedlaender-Wildenhain

1896 *Lione, Francia*
1985 *Guerneville, California*

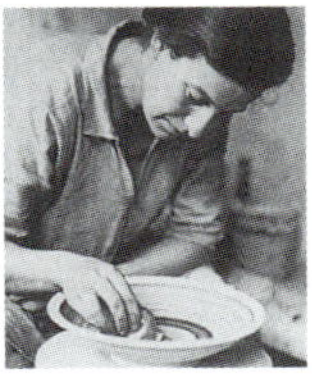

Marguerite Friedlaender studiò alla Hochschule für angewandte Kunst di Berlino dal 1917 al 1918. In seguito produsse design per la Rudolfstadt Porzellanmanufaktur di Turingia. Dal 1919 al 1925 studiò allo Staatliches **Bauhaus** di Weimar e come altri ceramisti, fra cui Trude Petri (1906–1989), concentrò i propri sforzi sulla produzione di oggetti funzionali. Tra il 1925 e il 1933 insegnò nel laboratorio di ceramica della Kunstgewerbeschule di Halle/Burg Giebichenstein, che poi avrebbe diretto. Da lì stabilì stretti legami con la Staatliche Porzellanmanufaktur (KPM) di Berlino, che produsse i suoi design, fra cui il servizio da tè *Hallesche Form* (1930–1931). Nel 1925 diede l'esame di Maestro e poi continuò a studiare a Höhr-Grenzhausen. Nel 1930 sposò il ceramista Fran Rudolf Wildenhain (1905–1981), anche lui allievo del Bauhaus, e nel 1933, quando fu rimossa dall'incarico di docente a Halle, i due emigrarono in Olanda: a Putten aprirono il laboratorio di ceramica Het Kruikje, che funzionò per sette anni, fin quando Marguerite si trasferì in America. Lì per due anni diresse il laboratorio di ceramica al College of Arts and Crafts di Oakland, California. Poi nel 1942 il marito si riunì a lei. Nello stesso anno fondò la comunità artistica Pond Farm di Guerneville, California. Quando quest'associazione si sciolse nel 1949, continuò a gestire lo studio di ceramica di Pond Farm, tenendo anche laboratori estivi per studenti. Le ceramiche di Friedlaender e i suoi design per la produzione in serie si distinguono per le forme semplici ed elementari.

▼ Vaso di terracotta per il laboratorio di ceramiche della Kunstgewerbeschule, Burg Giebichenstein/Halle, 1926–1927

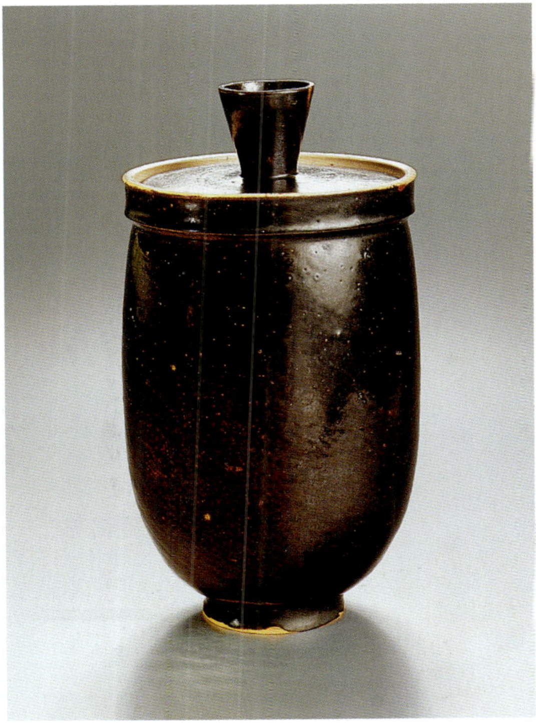

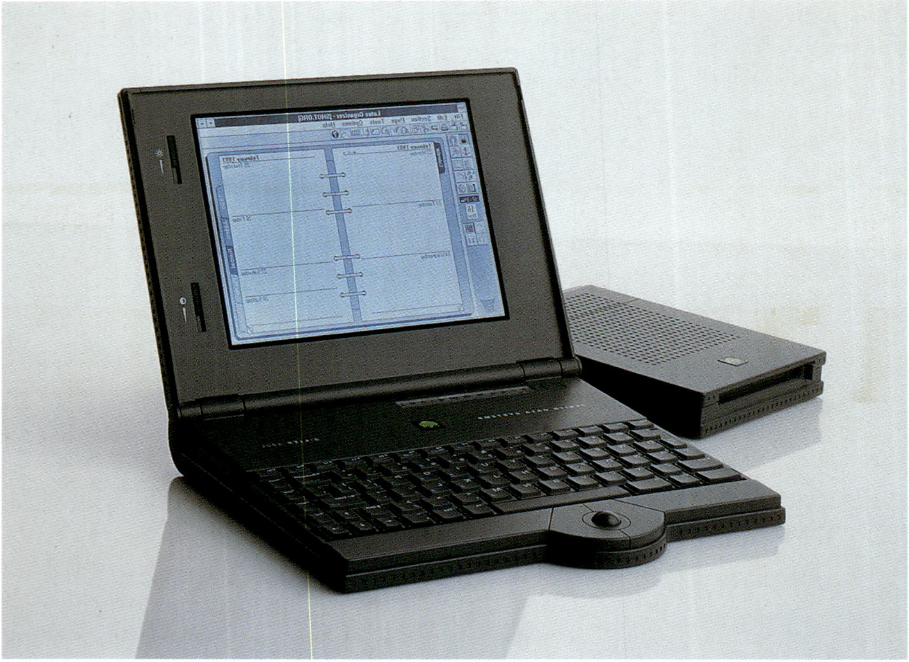

Frogdesign

Fondato nel 1969 a *Altensteig, Germania*

Questo studio di consulenza venne fondato ad Altensteig dall'industrial designer tedesco **Hartmut Esslinger** nel 1969. Fra i clienti dello studio figurano Sony, **AEG**, Zeiss, Olympus e Apple Computer. Il nome Frogdesign (frog = Federal Republic of Germany) venne adottato nel 1982, quando lo studio aprì un ufficio a Campbell (California), per provvedere alle numerose richieste provenienti dalla Silicon Valley. Quattro anni dopo venne aperto un altro ufficio a Tokyo per soddisfare le richieste del fiorente mercato dell'elettronica di consumo giapponese. Avvalendosi di un numeroso staff di designer, che per un certo tempo comprese anche **Ross Lovegrove**, lo studio sviluppò uno stile preciso che combinava il razionalismo del **Modern Movement**, di cui si era fatto portavoce il **Bauhaus** e poi la **Hochschule für Gestaltung di Ulm**, e forme organiche. Le produzioni Frogdesign sono caratterizzate da un approccio altamente funzionale ed ergonomico. Questo razionalismo, tuttavia, viene temperato dall'inserimento di elementi visualmente espressivi e talvolta bizzarri riferimenti alla funzione del prodotto. Ad esempio il *Personal Communicator* (1992) per AT&T presenta degli elementi che assomigliano a delle orecchie.

▲ Computer portatile *Z-lite* per Zenith, 1992

► Binocolo per Zeiss, 1991

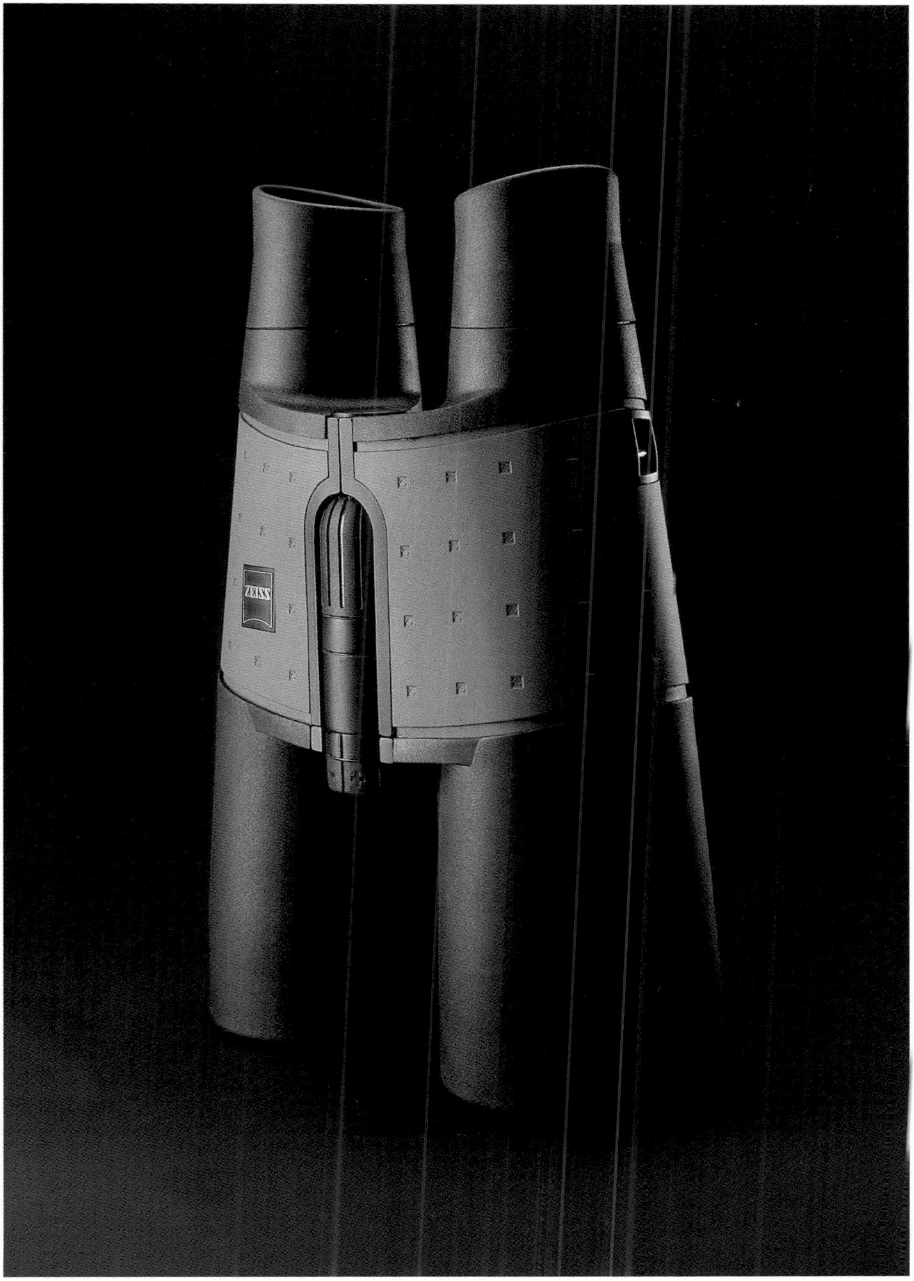
ZEISS

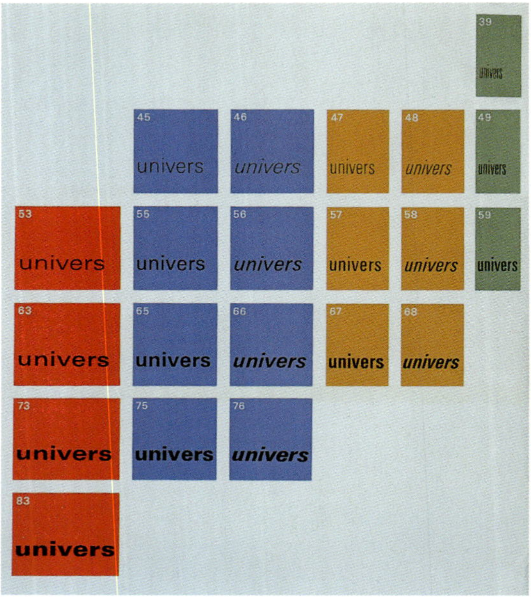

◂ Ventuno varianti del carattere tipografico *Univers* per Deberny & Peignot, 1954–1957

Adrian Frutiger

1928 *Interlaken, Svizzera*

Adrian Frutiger studiò composizione tipografica presso Otto Schaefli AG di Interlaken, dove ebbe come docenti Ernst Jordi e Walter Zerbe. Tra il 1948 e il 1951 studiò scultura, illustrazione e incisione alla Kunstgewerbeschule di Zurigo. All'inizio creò caratteri tipografici per la fonderia Deberny & Peignot di Parigi (1952) e poi lavorò come tipografo freelance creando marchi aziendali per Paris Metro, Orly Airport, Bauer, BP, Air France e altri. Nel 1962 Frutiger aprì uno studio di design a Parigi insieme a André Gürtler e Bruno Pfäffli. Dal 1957 al 1967 fu art director della casa editrice francese Editions Hermann. A partire dal 1963 creò anche caratteri per macchine da scrivere IBM e diverse nuove serie di caratteri tipografici, fra cui *Univers* (1954–1955), creato appositamente per la fotocomposizione, e *Frutiger* (1974–1976) inizialmente concepito per essere usato all'aeroporto Charles De Gaulle. Frutiger fu uno dei fondatori della **Swiss School** di grafica; il suo approccio sofisticato e razionale alla tipografia ebbe molta influenza, in particolare in Francia dove si svolse per lo più la sua carriera. Negli anni '70 migliorò i caratteri per computer, e il suo sviluppo di caratteri *OCR-B* facilmente leggibili portò alla loro standardizzazione internazionale nel 1973. Equilibrando gli aspetti scientifici e artistici della tipografia, Frutiger creò caratteri razionali che si diffusero a livello internazionale per la loro leggibilità.

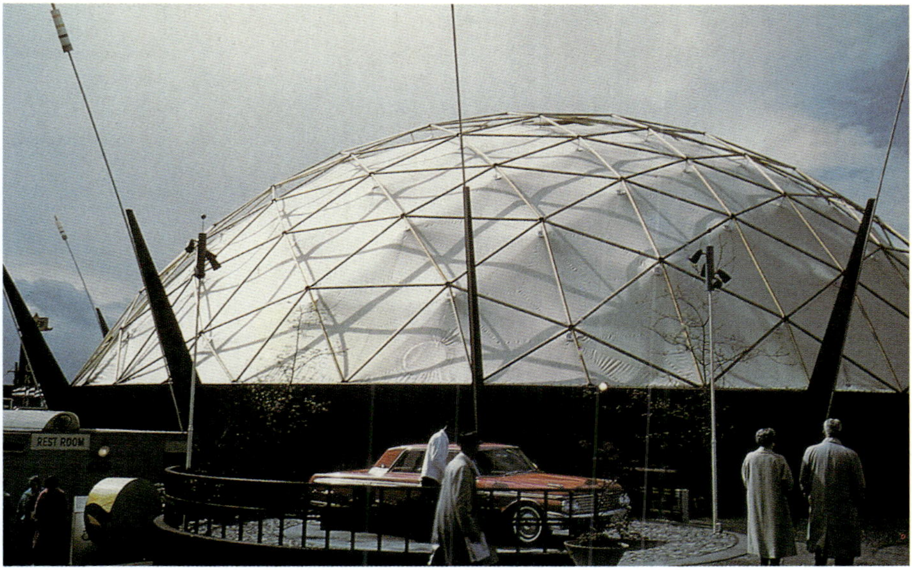

Richard Buckminster Fuller

1895 *Milton, Massachusetts*
1983 *Los Angeles*

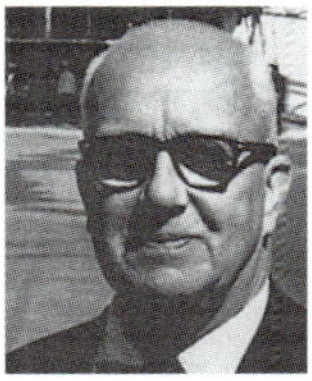

Richard Buckminster Fuller studiò matematica alla Harvard University dal 1913 al 1915 e due anni dopo si iscrisse all'Accademia Navale Americana di Annapolis. Mentre era all'Accademia cominciò il suo "concepimento teoretico", che comprendeva anche una proposta per il trasporto che egli chiamò "flying jet-stilts porpoise" (focena volante su trampoli jet) resa poi pubblica nel 1932. Lasciato l'esercito nel 1922, Fuller fondò lo Stockade Building System, che fu un fallimento finanziario e lo portò alla bancarotta.
Nel 1922, dopo la morte della figlia di quattro anni, che egli credette dovuta a una casa inadeguata, cominciò a ricercare "soluzioni universali ai problemi sociali". Nel 1927 a New York fondò la 4-D Company per realizzare concretamente i suoi progetti, tutti motivati dalla sua ambizione di sviluppare una "scienza del design" che avrebbe prodotto le migliori soluzioni col minimo consumo di energia e di materiali. Egli basò questa concezione sul principio del **Modern Movement** di ottenere il massimo col minimo e la chiamò "Dymaxion", da "dynamic" e "maximum efficiency". Nel 1929 fondò la rivista *Shelter* fungendo da direttore e da editore dal 1930 al 1932. Per i successivi sei anni fu direttore e capo ingegnere della Dymaxion Corporation, che aveva fondato per sviluppare e produrre tre prototipi di macchine aerodinamiche, basate sul principio dymaxion e ispirati al design aeronautico. Fuller affermò che l'automobile Dymaxion del 1934 poteva accelerare da 0 a 60 miglia all'ora in tre secondi con un consumo di 30 miglia

▲ Cupola geodetica a Seattle, 1958

a gallone. Il prototipo, tuttavia, non venne mai messo in produzione a causa di alcuni difetti di progettazione. Dal 1927 Fuller sviluppò anche il concetto di *Dymaxion House* e nel 1945 inventò un'abitazione prefabbricata di metallo nota come *Wichita House*. Pur avendo ricevuto 38.000 ordinazioni dopo la conferenza stampa con cui lanciò l'idea, l'azienda che Fuller aveva fondato allo scopo non fu pronta se non quando la progettazione fu completata nei dettagli. I suoi sostenitori si scoraggiarono per i ritardi e il progetto venne archiviato.

L'invenzione più famosa di Fuller fu la cupola geodetica del 1949, che aveva una vasta gamma di applicazioni: industriali, militari ed espositivi. Col suo approccio del "più a meno", minime quantità di materiali venivano richieste per la costruzione delle cupole; ciò le rendeva di facile trasporto e assemblaggio. Questo design rivoluzionario offriva il mezzo per produrre in modo ecologicamente valido abitazioni efficienti per il mercato di massa; a questo scopo, nel 1949, venne fondata la Geodesic Inc. Come matematico Fuller scoprì la Sinergetica, un sistema vettoriale di geometria. Fu anche la prima persona a coniare l'espressione "Astronave Terra". Prolifico comunicatore, umanista e "polimatematico", Fuller credeva che le capacità creative dell'umanità non avessero limite e che le soluzioni apportate da tecnologia e design potessero eliminare le barriere fisiche e metafisiche all'espansione umana verso un futuro positivo.

▼ Automobile Dymaxion, 1934

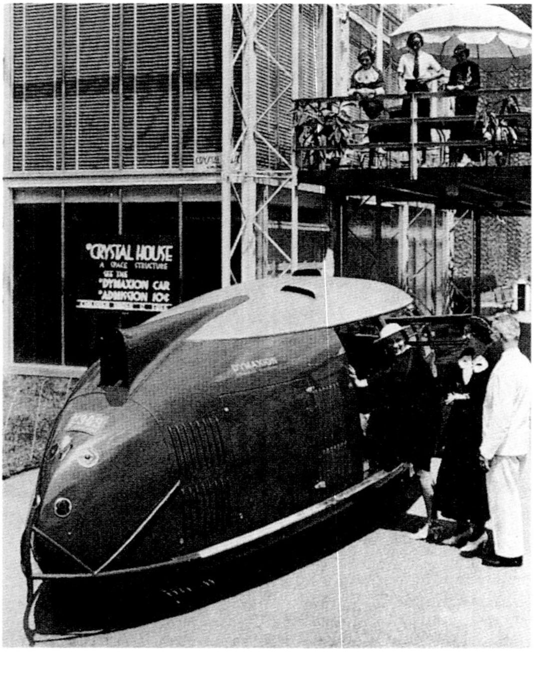

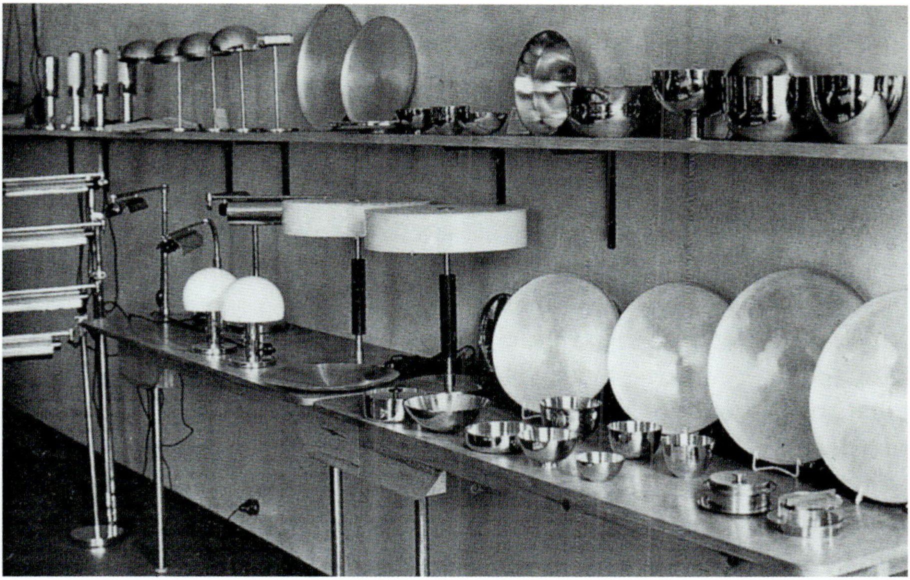

Functionalism

(Funzionalismo)

Più che uno stile, il Funzionalismo è essenzialmente un approccio all'architettura e al design che cerca di risolvere i problemi pratici nel modo più logico ed efficiente possibile. Le origini del Funzionalismo si possono rintracciare nelle teorie di Vitruvio, architetto romano del primo secolo avanti Cristo; a loro volta queste teorie si basavano sulla tradizione ellenistica. L'approccio classico o funzionale all'architettura è stato da allora rivalutato varie volte: durante il Rinascimento nel XV e XVI secolo, nel XVIII secolo nell'architettura neoclassica e nel XIX secolo con luminari come Gottfried Semper (1803–1879) ed Eugène-Emmanuel Viollet-le-Duc (1814–1879). Nella seconda metà del XIX secolo, anche riformatori come **A. W. N. Pugin** e **William Morris** sostennero un approccio funzionalista al design, visibile negli oggetti di uso quotidiano prodotti. Ma fu l'architetto americano Louis Sullivan (1856–1924), che nel 1896 coniò l'espressione "la forma segue la funzione", che viene ritenuto il formulatore delle teorie sul Funzionalismo nel XX secolo. I primi pionieri del Funzionalismo promossero una metodologia che prendeva in considerazione la cultura e l'ambiente specifici della regione in cui quel design o quell'edificio particolare dovevano trovare posto. Nella prima metà del XX secolo i designer del **Modern Movement** associarono Funzionalismo e **Razionalismo**, ricercando soluzioni di validità universale più che legate al contesto nazionale. L'insegnamento allo Staatliches **Bauhaus** di Dessau, ad esempio, si basava proprio su questa ricerca.

▲ Esposizione di prodotti del laboratorio dei metalli della Kunstgewerbeschule di Burg Giebichenstein/Halle, 1927 ca.

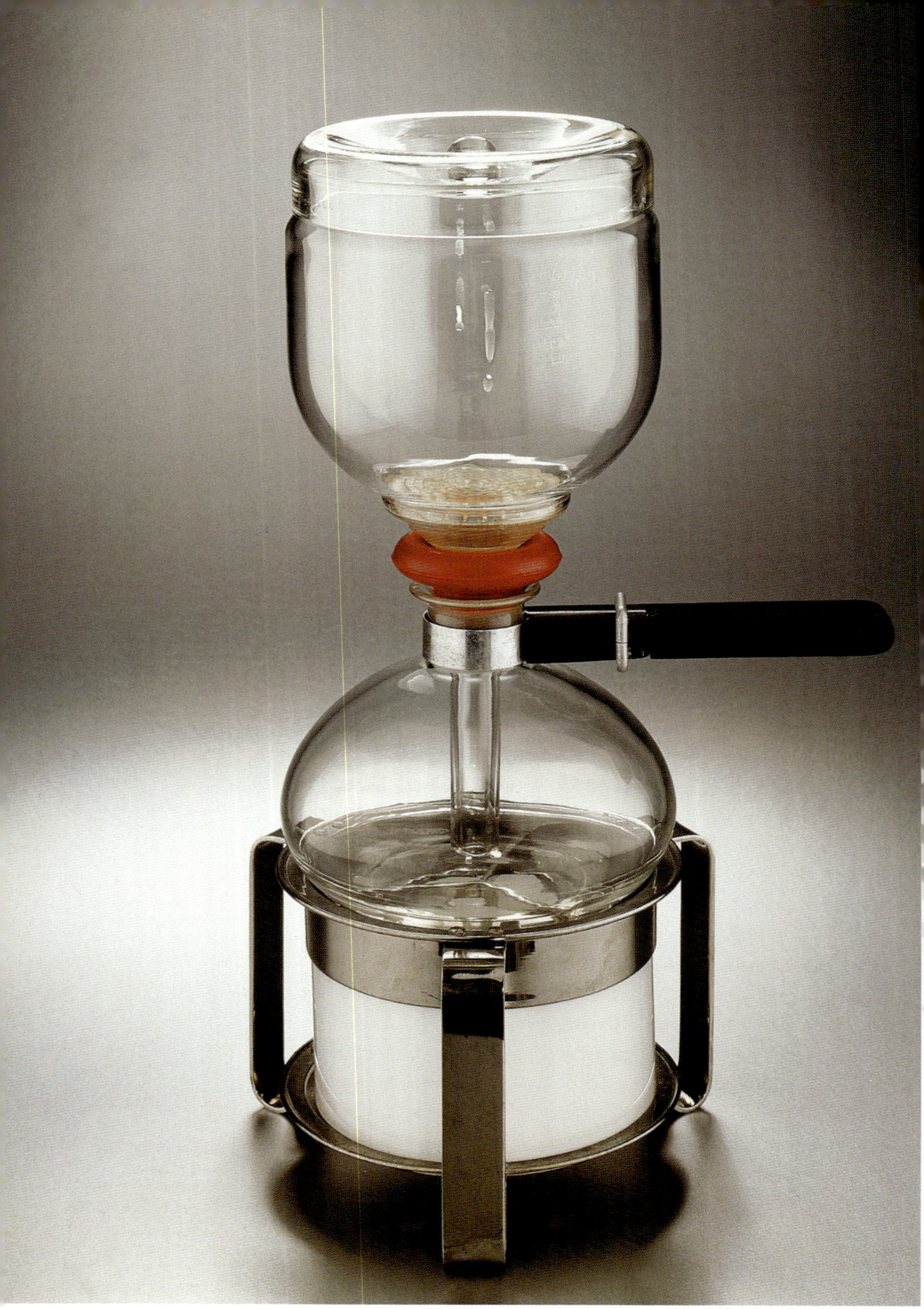

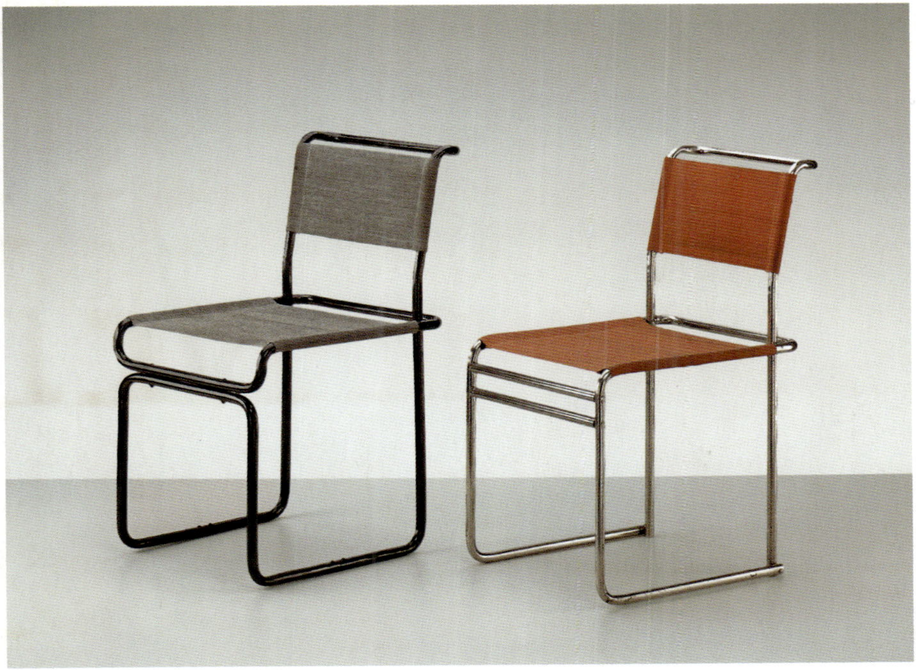

▲ Precursore della sedia *B5*, 1926 ca., e della sedia *B3* per Standard-Möbel, poi prodotte da Thonet, 1926–1927

Designer come **Ludwig Mies van der Rohe**, **Marcel Breuer**, **Le Corbusier** e **J. J. P. Oud** sperimentarono materiali industriali come tubolare metallico, acciaio e vetro creando mobili ed edifici all'insegna del Funzionalismo. Tuttavia, questi nuovi materiali vennero scelti da molti non solo per il loro potenziale funzionale ma anche perché implicitamente esaltavano l'estetica della modernità e della macchina. Negli anni '20 il linguaggio formale del design funzionale si trasformò in un vero e proprio stile, specialmente in Francia e Germania; autori ne furono i designer **avant-garde** che cercarono di promuovere tutto ciò che apparentemente o meno sapeva di modernità. Negli anni '30 l'estetica funzionalista era ormai largamente accettata e portò alla nascita dell'**International Style**. Negli anni '60 la moralità sociale del Funzionalismo, per molti troppo dominata dallo stile, fu messa in discussione dai gruppi **Anti-Design** e ciò a sua volta portò all'emergere del **Post-Modernismo**. Nel XX secolo il Funzionalismo è stato per lo più associato al Modernismo e al Razionalismo: termini praticamente indistinguibili perché propongono una visione del design dominata da tecniche di costruzione che hanno nella tecnologia il principio guida.

◄ **Wilhelm Wagenfeld**, caffettiera *Sintrax* per Jenaer Glaswerke Schott & Gent., 1931

▸ Fortunato Depero, Design per biglietto da visita per le Officine Tipografiche Depero, 1927

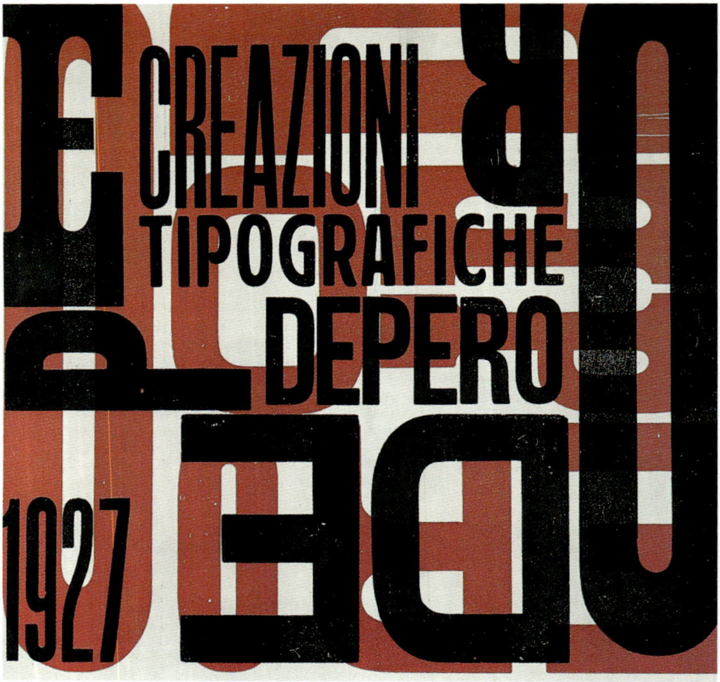

Futurism

(Futurismo)
Italia

Il Futurismo fu fondato nel 1909 dallo scrittore italiano Filippo Tommaso Marinetti (1876–1944). Come suggerisce il nome, il movimento si dissociava dal passato abbracciando il progresso tecnologico. Il *Manifesto Futurista* di Marinetti del 1909 celebrò l'intrinseca potenza e dinamismo della macchina e dei sistemi di comunicazione. Il Futurismo fu il primo movimento culturale a prendere le distanze dalla natura e a glorificare la metropoli; tutti i movimenti successivi nel campo del design ne subirono l'influenza. Il flusso di energia che permeava la vita della città moderna venne espresso nelle opere artistiche di Umberto Boccioni (1882–1916), Gino Severini (1883–1966), Carlo Carrà (1881–1966) e **Giacomo Balla** tramite l'uso di elementi geometrici frammentati alla maniera dei cubisti, che evocavano il sentimento della velocità e dell'accelerazione. Nel design grafico il Futurismo si espresse attraverso l'uso di una scrittura espressiva che travalicava ogni convenzione. Questa concezione della struttura espressiva venne usata anche nella composizione poetica. Nel 1910 Carrà, Balla, Boccioni, Severini e Luigi Russolo (1885–1947) firmarono il *Manifesto della Pittura Futurista*; Balla fu il primo a sperimentare l'applicazione pratica delle teorie futuriste alle arti decorative. Queste incursioni nel mondo del design furono proseguite dall'artista e designer Fortunato Depero (1892–1960) che aprì un laboratorio artigianale per l'arte futurista a Rovereto, molto attivo durante gli anni '20. Nel 1914 Depero scrisse *Complessità plastica – gioco libero futurista – L'essere vivente artificiale* e nella sua Casa dell'Arte di Rovereto creò un nuovo linguaggio plastico del design che fu poi seguito dai razionalisti italiani. Nel 1914 si unì al movimento l'architetto Antonio Sant'Elia (1888–1916) esponendo a Milano le sue proposte per "La Città Nuova". Le audaci forme dinamiche della sua architettura, senza ornamenti e con superfici non rifinite sfociarono nel Brutalismo. Anche se Sant'Elia morì nel 1916, il suo *Manifesto dell'Architettura Futurista* ebbe molta influenza, soprattutto sui seguaci di **De Stijl** che lo conobbero nel 1917. Il Futurismo tentò di sovvertire la cultura borghese e fu per molti versi una forza distruttiva, esprimendo l'estetica aggressiva della vita urbana nell'età delle macchine. Schierandosi a favore del Fascismo, il Futurismo cercò l'ordine attraverso il radicalismo; in questo può essere considerato il primo vero movimento di design radicale.

▼ Laboratorio di Fortunato Depero per l'arte Futurista a Rovereto, 1920

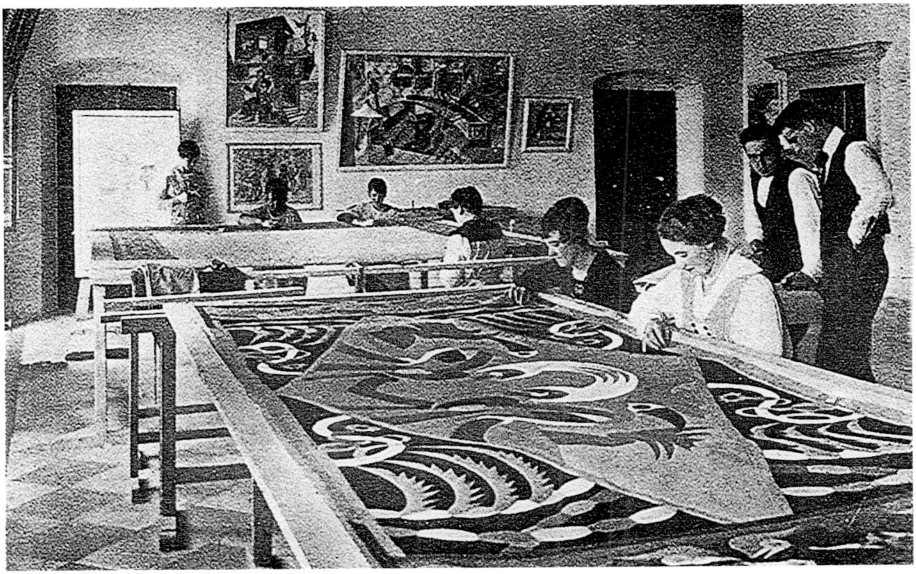

Eugène Gaillard

1862 Parigi
1933 Parigi

Eugène Gaillard, fratello del gioielliere Lucien Gaillard, abbandonò la sua carriera di avvocato e passò dieci anni a lavorare come scultore diventando uno dei principali designer d'interni, mobili e tessuti **Art Nouveau**. I suoi interni vennero esposti insieme a quelli di **Georges de Feure** e di Édouard Colonna (1862–1948) nel padiglione di **Siegfried Bing** all'"Exposition Universelle et Internationale de Paris" del 1900. Dal 1900 al 1914 progettò mobili eleganti, decorati con forme ispirate a forme naturali, senza tuttavia copiare o imitare la natura. Egli spiegò questo suo approccio nel saggio *À Propos du Mobilier* del 1906, in cui chiariva il suo obiettivo di attribuire "un innegabile carattere anche all'oggetto più umile, al mobile più ordinario". Gaillard fu membro fondatore della Société des Artistes Décorateurs ed espose le proprie opere nel salone dell'organizzazione. I design di Gaillard presentano un grande senso della plasticità e strutture molto rifinite. A differenza delle opere di molti altri designer Art Nouveau, i design di Gaillard evitano l'artificio pur rimanendo ritmicamente organici.

► Sedia, 1905 ca.

▼ Camera da letto progettata per il Pavillon de l'Art Nouveau di Siegfried Bing, 1900

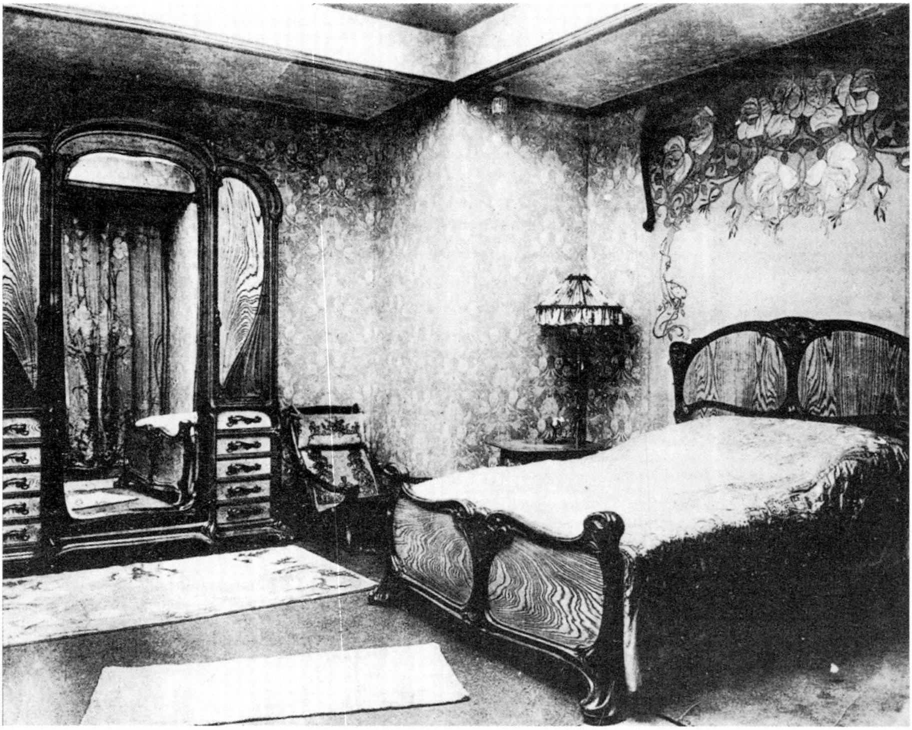

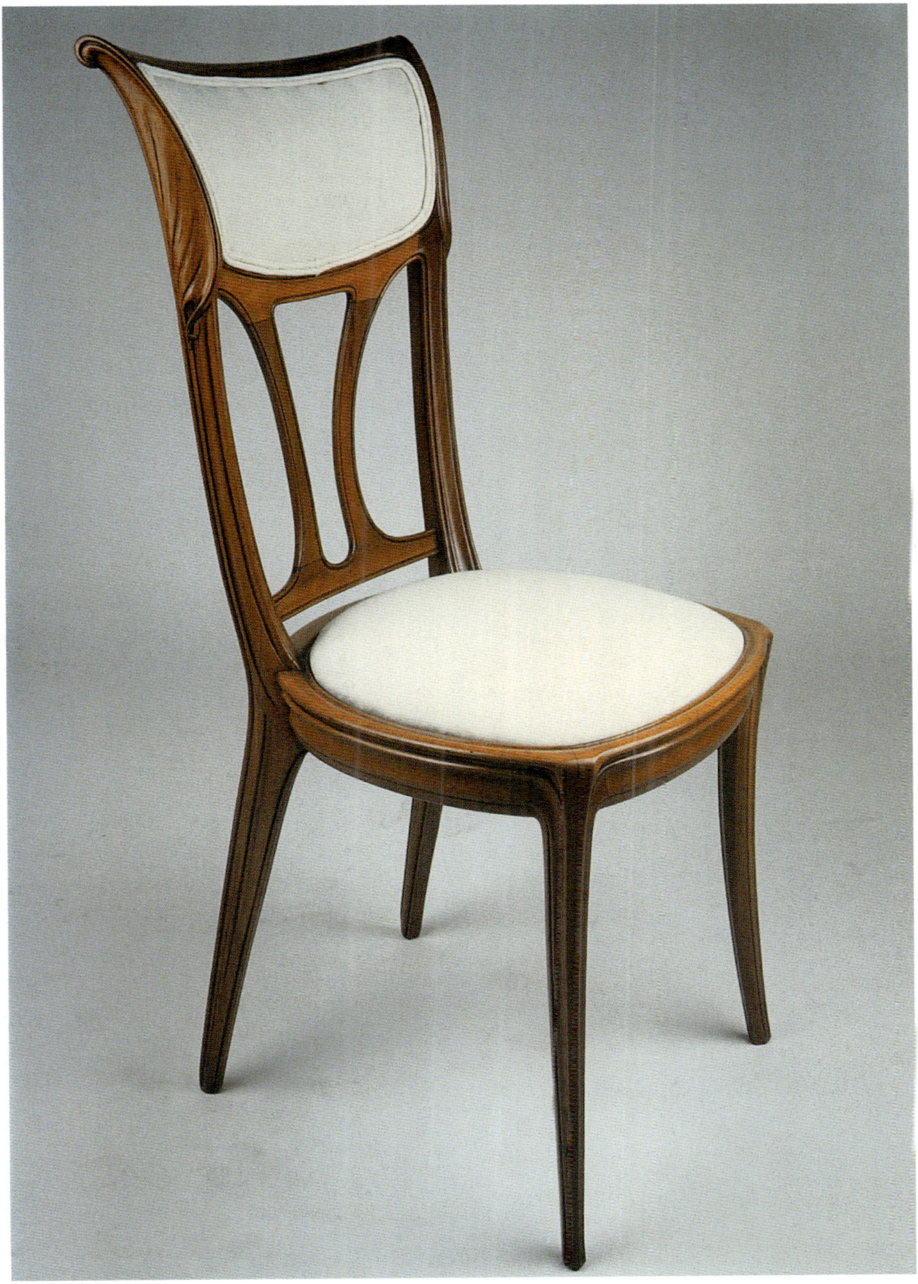

Émile Gallé

1846 *Nancy, Francia*
1904 *Nancy*

Émile Gallé studiò al Lycée Impérial di Nancy. A sedici anni era già diventato specialista nel decorare ceramiche e vetri nei laboratori di St Clément che rifornivano il negozio del padre. Costui, Charles Gallé-Reinemer, divenne in seguito comproprietario dei laboratori ed Émile lavorò sia nel reparto di ceramica che in quello dei vetri. In questo periodo Gallé studiò anche botanica col professore Vautrin, disegno col professor Casse e pittura del paesaggio con Paul Pierre. Dal 1864 al 1866 Gallé fu a Weimar dove studiò botanica, mineralogia e storia dell'arte. Completata la sua istruzione formale, Gallé tornò in Lorena e lavorò un anno per il padre; fu poi apprendista per tre anni presso la Burgun, Schverer & Co., una vetreria e studio di decorazione di Meisenthal che riforniva i laboratori di famiglia di Nancy con oggetti non rifiniti. Nel 1870 tornò in Francia e poco dopo si arruolò nell'esercito partecipando alla guerra franco-prussiana. Un anno dopo Gallé rappresentò l'azienda di famiglia alla sezione "Art de France" della "First Annual International Exhibition" di Londra. Al suo ritorno in Francia persuase il padre a trasferire l'azienda di famiglia a Nancy, visto che ora St Clément si trovava sotto l'occupazione tedesca. Nel 1873 venne così fondata una nuova vetreria a Nancy e quattro anni dopo Gallé divenne direttore della nuova fabbrica. Egli sviluppò molte nuove tecniche e le sue decorazioni si ispirarono sempre più al mondo naturale. Nel 1878 Gallé divenne famoso a livello internazionale vincendo quattro medaglie d'oro all'"Exposition Universelle" di Parigi. Stimolato dal successo critico ottenuto, ingrandì la fabbrica in modo da aumentare la capacità produttiva. Nel 1884, dopo una infruttuosa ricerca di legno adatto per i suoi mobili **Art Nouveau**, acquistò altra terra

▼ Mobile di mogano intarsiato, 1900 ca.

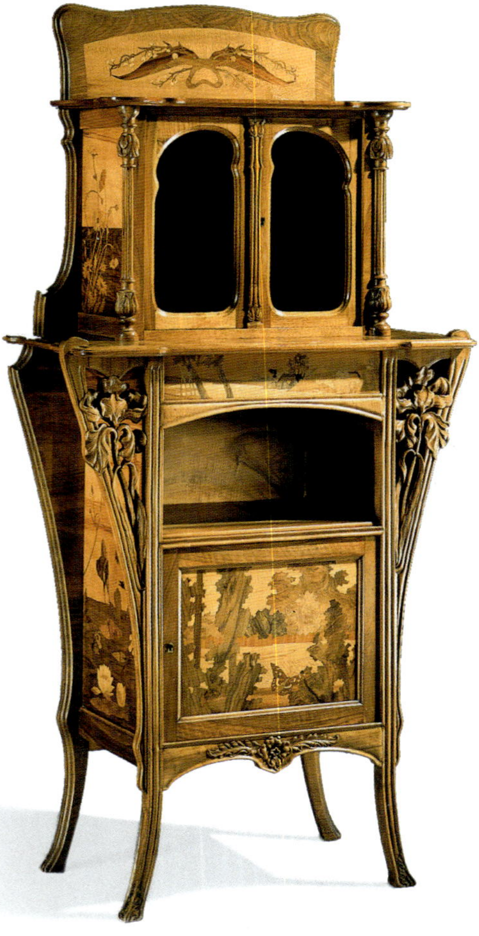

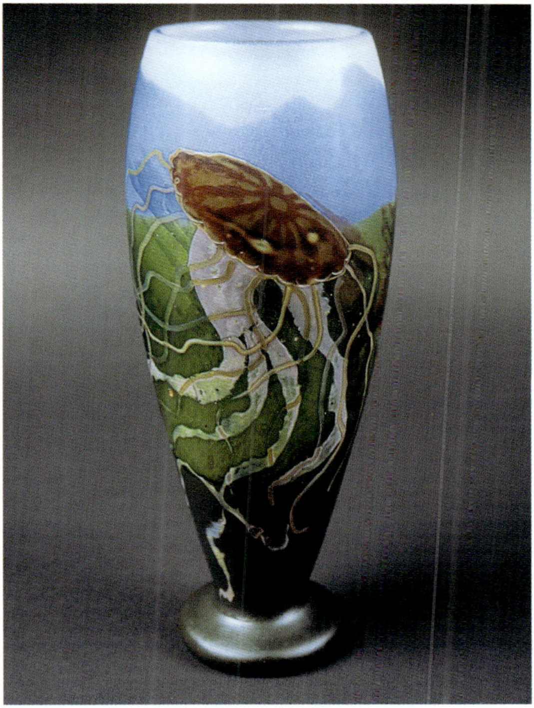

◂ Vaso intarsiato, 1898

e costruì un laboratorio di ebanisteria. I design di mobili che seguirono, le cui strutture e forme decorative si rifacevano a forme vegetali, vennero esposti per la prima volta all'"Exposition Universelle" del 1889, dove fu acclamato anche per i suoi nuovi design di vetri incisi, indorati, decorati a strati o con inserzione di materiali diversi. In questa esposizione gli venne assegnato un Grand Prix e la più alta onorificienza francese, la "Légion d'Honneur". Nel 1894 aprì una fabbrica di vetri ancora più grande con un'enorme capacità produttiva. Nel 1901 divenne primo presidente dell'"Alliance Provinciale des Industries d'Art", poi nota come **École de Nancy**.

► Emblema per il "Festival of Britain", 1951

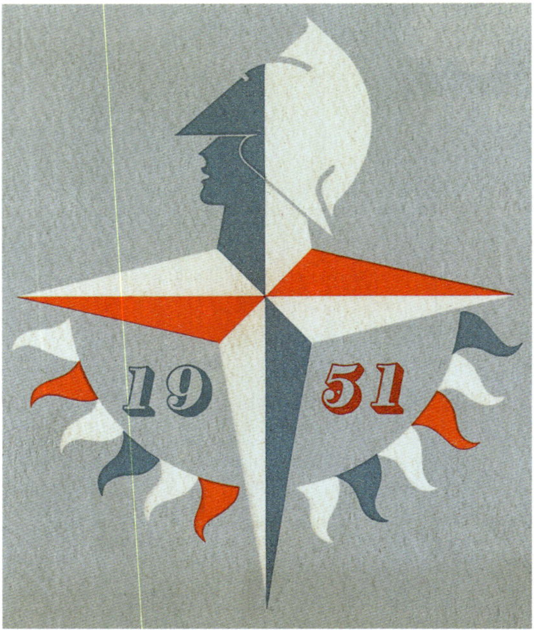

Abram Games

1914 *Londra*
1996 *Londra*

Abram Games frequentò per breve tempo il corso di "commercial arts" alla St. Martin's School of Art di Londra e poi, mentre di giorno lavorava in uno studio grafico commerciale, prese lezioni serali imparando a ritrarre dal vero. Non era d'accordo con la pratica diffusa, seguita da molti designer, di lavorare su uno stesso manifesto "master" usato dai vari studi e su cui poi ognuno aggiungeva il lettering che voleva. Preferiva i poster degli anni '20 e '30 creati per clienti specifici da designer come **A. M. Cassandre**, **Edward McKnigt Kauffer** e Tom Purvis (1888–1959). Nel 1935 Games cominciò a lavorare da indipendente, usando spesso nella sua grafica processi cromolitografici. Durante la seconda guerra mondiale realizzò quasi cento poster per il War Office, che lo nominò "poster artist" ufficiale. Per lo sforzo bellico egli sviluppò uno stile grafico molto diretto, in accordo con la sua opinione che le immagini dovessero comunicare il massimo significato col minimo dei mezzi. Negli anni '40 e '50 fra i suoi clienti si potevano contare London Transport, Post Office, Orient Line, The Financial Times, British Petroleum e Shell. La sua commissione più degna di nota, tuttavia, fu l'emblema grafico del "Festival of Britain" del 1951. Games fu uno degli ultimi designer di poster litografici, che nei tardi anni '50 furono sorpassati da quelli prodotti con tecniche fotomeccaniche.

Garouste & Bonetti

Fondato nel 1981 a *Parigi*

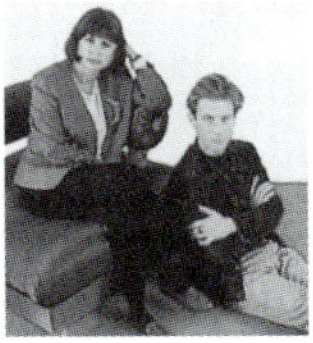

Elizabeth Garouste (1949) studiò all'École Camondo di Parigi, facendo anche l'apprendista designer teatrale e costumista. All'inizio lavorò come designer teatrale per Fernando Arrabel e come stilista per Marie Berani. Elizabeth collaborò anche col pittore Gérard Garouste (suo marito) e col designer d'interni Andrée Putman (1925). Commissionò a Mattia Bonetti (1953), che aveva studiato al Centro Scolastico per l'Industria Artistica e lavorava come fotografo, il design delle vetrine e la grafica del negozio dei suoi genitori. In seguito, nel 1981, Garouste e Bonetti collaborarono per la prima volta agli interni del Restaurant le Privilège del nightclub Le Palace. Nello stesso anno esposero la loro prima collezione di "objets primitifs" e "objets barbares" da Jansen. Il loro lavoro era volutamente molto lontano dai metodi industriali di produzione e rivitalizzò la tradizione dei decoratori francesi. I due svolsero in seguito ricerche sulle tecniche di lavorazione del vetro per il Centre de recherche sur le verre (CIVRA) di Marsiglia e lavorarono in stretto contatto con la Manufacture Nationale de Sèvres, realizzando nel 1988 il loro Cabinet des Sèvres. Dal 1985 esposero i loro design alla Galerie Néotù di Parigi, con un notevole successo internazionale. Nel 1987 realizzarono interni e mobili in stile barocco per la casa di moda parigina di Christian Lacroix. Poi fu la volta degli interni degli uffici delle case editrici Hachette e J. C. Lattes. Negli anni '90 realizzarono packaging per Nina Ricci, vetri e ceramiche per Daum, mobili per Anthologie Quartett e interni per il castello bavarese della principessa Gloria von Thurn und Taxis. I primi design di Garouste e Bonetti si ispirarono al tribalismo e al primitivismo, guadagnandosi così l'appellativo di stile "Gotico della Nuova Caledonia" mentre i due designer vennero soprannominati i "Nuovi Barbari".

▾ Lampada *Dawson* per Néotù, 1990

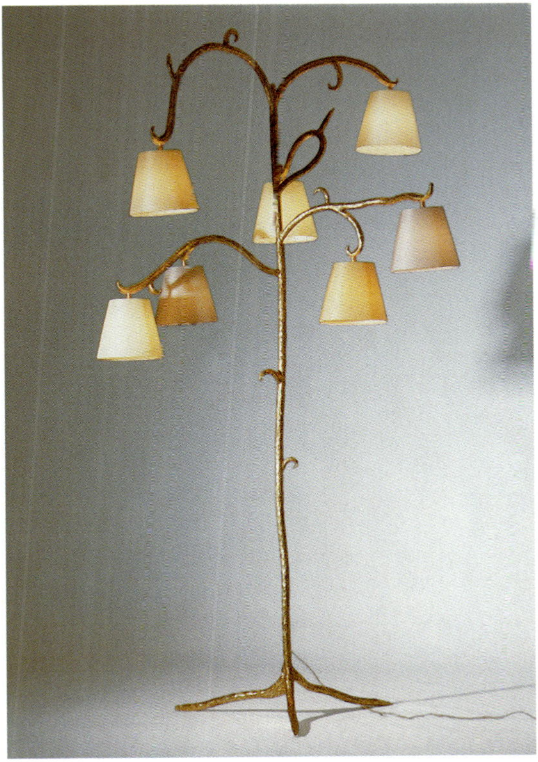

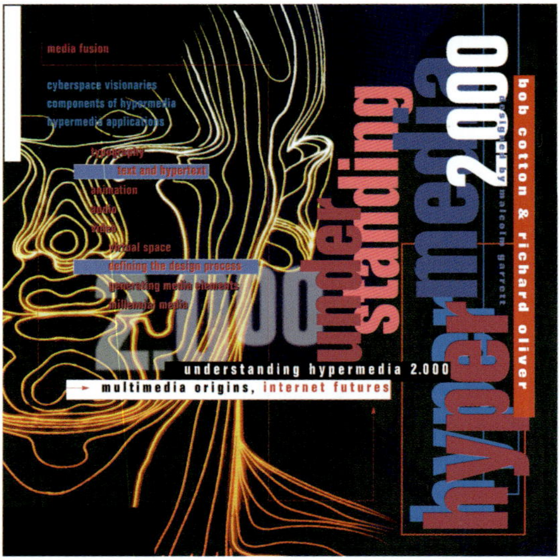

▸ Copertina per *Understanding Hypermedia 2000* di Bob Cotton e Richard Olliver per Phaidon, 1997

Malcolm Garrett

1956 *Northwich/ Cheshire*

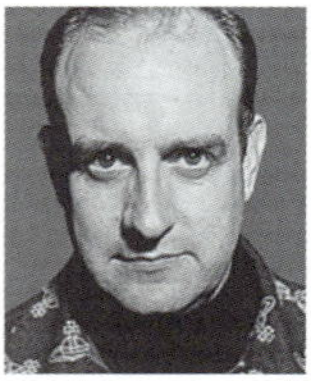

Malcom Garrett studiò tipografia e comunicazione grafica per un anno all'Università di Reading e poi design grafico al Politecnico di Manchester. Durante gli studi rimase coinvolto nel movimento punk, che aveva allora una certa influenza a Manchester dopo la nascita in quella città dei Sex Pistols (1976). Il suo primo design a essere pubblicato fu la copertina in stile punk di un disco del gruppo Buzzcocks, *Orgasm Addict* (1977). Un anno dopo aprì uno studio grafico, Assorted Images, e creò copertine di dischi per l'industria musicale indipendente emersa dopo il successo delle prime band punk. Le sue copertine per Duran Duran, Simple Minds, Phil Collins e Culture Club cercarono di sviluppare l'immagine delle band a scopi di marketing. Negli anni '80 Garrett realizzò anche grafica per le emergenti riviste giovanili e continuò a sviluppare nuovi materiali di merchandising per l'industria musicale. Nel 1986 scoprì il potenziale del design grafico dei computer Apple Macintosh, che praticamente eliminarono la necessità delle copie a stampa tradizionali, permettendo inoltre di usare filmati e animazione insieme a immagini fisse. Intorno al 1989 si dedicò totalmente alla tecnologia digitale e il suo studio fu uno dei primi a eliminare il tavolo da disegno a favore dei terminali informatici. Nel 1994 Garrett lasciò Assorted Images e insieme a Alasdair Scott fondò AMX, un nuovo studio di design teso a sviluppare l'interazione multimediale con gli strumenti più avanzati.

Antonio Gaudí y Cornet studiò scienze naturali all'Università di Barcellona dal 1869 al 1874 e poi architettura nell'appena istituita Escola Provincial d'Arquitectura di Barcellona. Nel 1878 gli venne commissionata l'illuminazione stradale della città di Barcellona e lavorò al design dello stabilimento di una cooperativa di operai a Mataró. Dal 1882 circa lavorò insieme all'architetto Joan Matorell che gli fece conoscere l'architettura del Revival Gotico Catalano, considerato espressione dell'autonomia catalana. Molto orgoglioso delle sue radici catalane, Gaudí partì in pellegrinaggio insieme al "Centro Excursionista" visitando i luoghi storici della Catalogna, dalle cattedrali gotiche agli edifici moreschi, che influenzarono stilisticamente la sua opera. Per la sua Casa Vicens (1883–1888), ad esempio, combinò lo stile gotico tradizionale e caratteristiche dello stile mudéjar, producendo un bizzarro ibrido di forme ornamentali. Gaudí pensava che l'ornamento fosse un fattore chiave nel rendere caratteristico un edificio o un design e per molti dei suoi progetti altamente integrati, fra cui Palau Güell (1886–1889), Casa Calvet (1889–1900) e Casa Battló (1904–1906), sperimentò la fusione, la trasudazione e motivi organici distorti. Nel 1883 cominciò a progettare il suo capolavoro, la *Sagrada Familia* di Barcellona, una cattedrale rimasta incompiuta alla quale dedicò gran parte della sua vita lavorativa e che espresse sia il suo intenso nazionalismo catalano che il fervore della sua fede cristiana. Col suo stile altamente scultoreo ed eccentrico, Gaudì fu il pioniere, in pratica isolato, della versione spagnola dell'**Art Nouveau**.

Antonio Gaudí y Cornet

1852 *Reus, Spagna*
1926 *Barcellona*

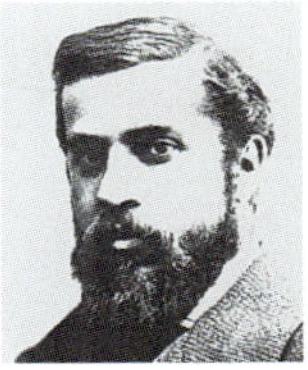

▼ Sedia a intaglio per Casa Calvet, 1902 ca.

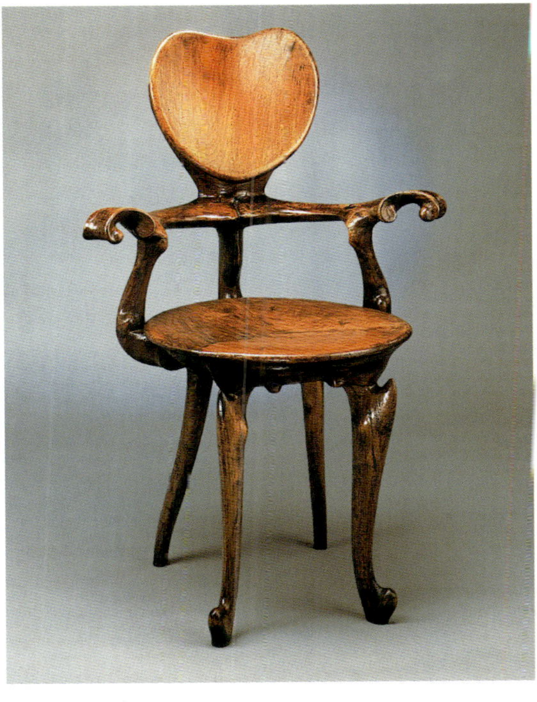

▸ Cucina smaltata *Oriole* per Standard Gas Equipment Corporation, 1931

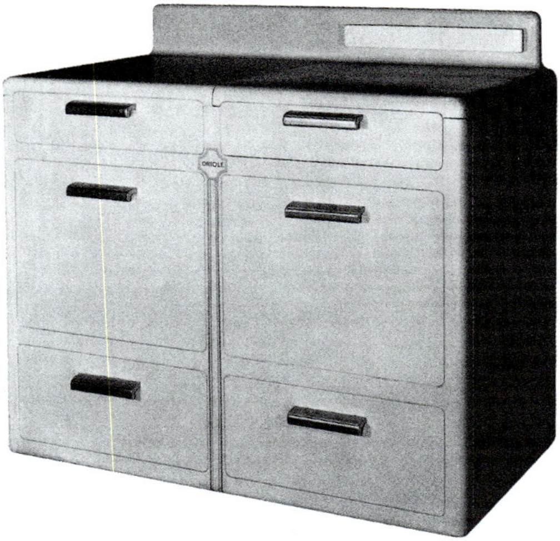

Norman Bel Geddes

1893 *Adrian, Michigan*
1958 *New York*

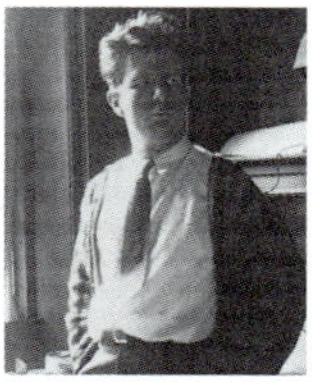

Norman Bel Geddes studiò arte al Cleveland Institute of Art e poi all'Art Institute di Chicago. Nel 1913 lavorò come disegnatore nell'industria pubblicitaria a Detroit diventando poco dopo art director. Nel 1916 scrisse un dramma e in seguito lavorò come designer teatrale per sei produzioni messe in scena a Los Angeles. Due anni dopo divenne scenografo per la Metropolitan Opera Company di New York e nel 1925 si trasferì a Hollywood realizzando fastosi scenari per le produzioni di Cecil B. De Mille e D. W. Griffith. Stimolato dalla conoscenza di **Frank Lloyd Wright**, con cui aveva lavorato in un allestimento teatrale per Aline Barnsdall nel 1916, e dalla collaborazione con l'architetto espressionista tedesco Erich Mendelsohn (1887–1953), Geddes decise di occuparsi di architettura e product styling. Nel 1932 pubblicò il libro *Horizons*, in cui spiegò il suo approccio aerodinamico all'industrial design e la sua opinione sul primato delle forme affusolate. Geddes divenne uno dei maggiori esponenti dello **Streamlining**: progettò automobili futuristiche per la fabbrica di autovetture Graham Paige (1928), radio per Philco (1931), telai per radio per RCA e mobili in metallo per camere da letto per Simmons. Una delle sue imprese più degne di nota fu la standardizzazione di apparecchiature per cucinare come la cucina modulare *Oriole* (1931–1936). Nel 1939 progettò la mostra "Futurama" della General Motors per la Fiera Mondiale di New York, presentando la sua visione del mondo quale sarebbe diventato negli anni '60 e prevedendo le grandi freeway degli anni a venire.

Frank O. Gehry

1930 *Toronto, Canada*

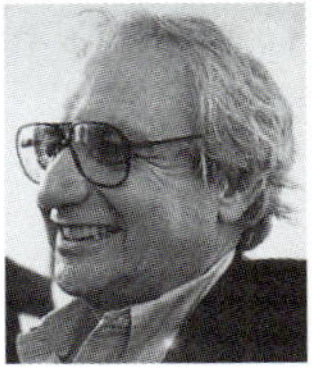

Frank O. Gehry studiò architettura alla University of Southern California di Los Angeles fino al 1954 e poi studiò un anno alla Harvard Graduate School of Design di Cambridge (Massachusetts). Completati gli studi, Gehry lavorò come architetto e urbanista per diversi studi di architettura a Los Angeles, Atlanta, Boston e Parigi. Nel 1962 aprì a Los Angeles uno studio di architettura, Frank O. Gehry & Associates Inc. Dieci anni dopo progettò la straordinaria serie *Easy Edges* costituita da quattordici mobili in cartone. Questi design, inizialmente concepiti come mobili a basso costo, ebbero un immediato successo. Tuttavia, Gehry li tolse dalla produzione dopo appena tre mesi, timoroso che il suo successo come designer di mobili togliesse prestigio alla sua reputazione di architetto. Nei tardi anni '70 Gehry progettò diverse case, fra cui la sua personale a Santa Monica e la Spiller Residence di Venice (California), usando materiali industriali e forme ispirate al decostruttivismo. Il suo prestigio internazionale si accrebbe con progetti architettonici decostruttivisti come la Loyola Law School (1981–1984), il California Aerospace Museum (1983–1984), il Fishdance Restaurant di Kobe in Giappone (1987) e il **Vitra** Design Museum and Factory di Weil am Rhein (1989). Negli anni '80 tornò a dedicarsi al design di mobili creando i mobili in cartone *Experimental Edges* (1982), realizzati più come mobili d'arte che per l'uso pratico. Dal 1990 al 1992 Gehry realizzò una serie di sedie per **Knoll International**, costruite con strisce di legno compensato senza ulteriori strutture di supporto. Gehry progettò anche la serie di *Fish Lamps* per Formica Company, un'azienda alla ricerca di applicazioni innovative per un materiale di recente introduzione denominato ColorCore. Come esponente di punta del **Decostruttivismo**, Gehry ha ricevuto numerosi premi, fra cui il premio Pritzker nel 1989. La sua più grande impresa architettonica, fino alla data attuale, è lo spettacolare Guggenheim Museum di Bilbao, completato nel 1997 e rivestito di titanio.

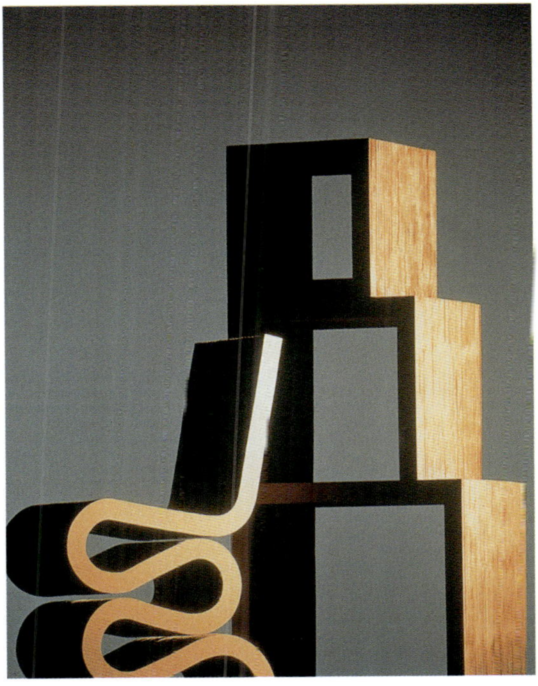

▼ Sedia *Wiggle* e set di tavolini bassi della serie *Easy Edges* per Jack Brogan, 1972 (poi prodotti da Vitra)

Gesamt-kunstwerk

Gesamtkunstwerk è una parola tedesca che significa letteralmente "opera d'arte completa". Il suo uso risale al XIX secolo e si riferisce a un amalgama di tutte le arti. Originariamente il concetto di Gesamtkunstwerk fu associato alle opere di Richard Wagner (1813–1883), che mettevano insieme musica e teatro. In seguito il termine indicò il design pienamente integrato di architettura e interni, per cui ogni elemento coinvolto nel progetto artistico veniva meticolosamente ideato per lo più dallo stesso creatore. Questa idea di unificazione progettuale fu ripresa e applicata in modo approfondito da architetti legati all'**Arts & Crafts Movement** come **Charles Rennie Mackintosh** e **Frank Lloyd Wright**. Essi portarono ancora più in là il concetto di "opera d'arte totale", facendo sì che i loro edifici fossero in completa armonia con l'ambiente circostante e fossero al contempo funzionalmente adeguate. Essi progettarono anche il più piccolo dettaglio dei loro edifici e interni, fino alle posate e agli infissi delle porte. In Austria e Germania eminenti esponenti di questa tendenza furono **Josef Hoffmann** e **Peter Behrens**. L'idea di design unitario espresso dalla Gesamtkunstwerk influenzò in seguito la pratica del "total design", un approccio olistico a design, produzione e commercializzazione dei prodotti.

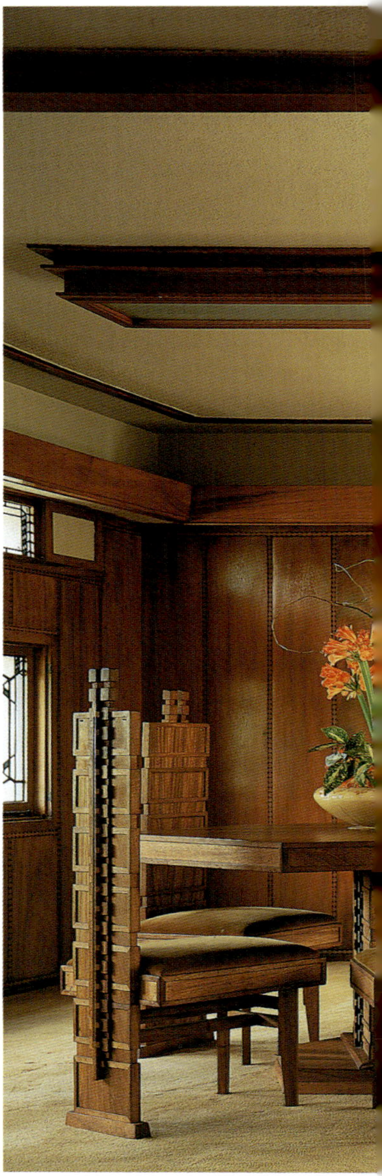

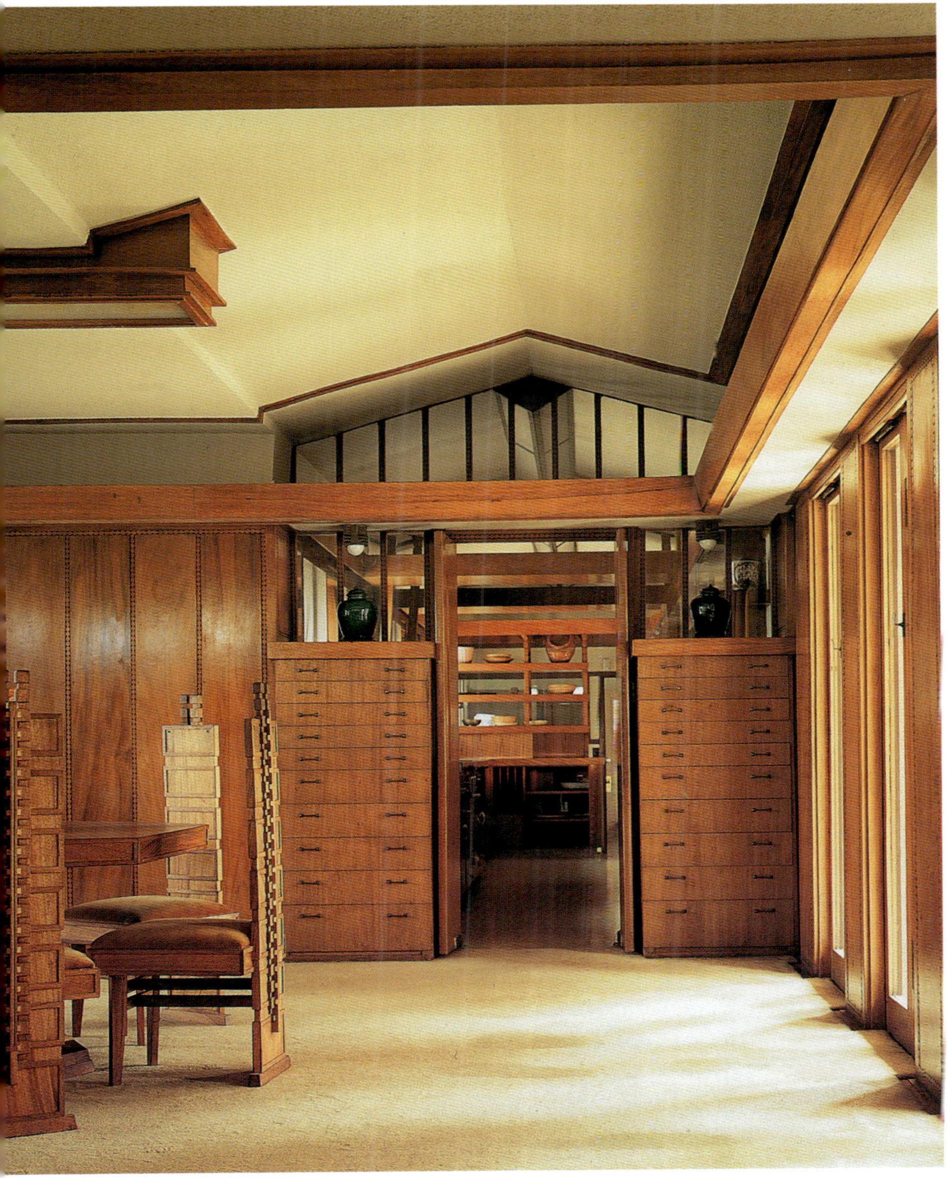

▲ **Frank Lloyd Wright**, Sala da pranzo di Hollyhock House, Los Angeles, progettata per Aline Barnsdall, 1917–1920

▸ Disegno per il typeface *Gill Sans* per Monotype Corporation, 1928

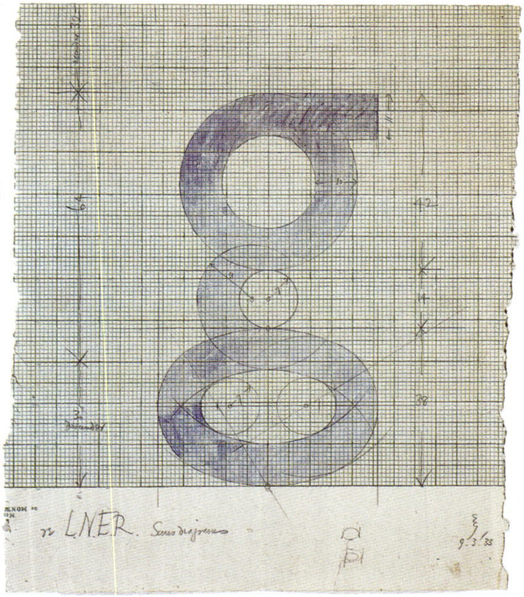

Eric Gill

1882 *Brighton*
1940 *Harefield/Londra*

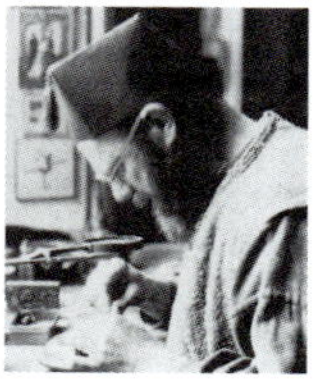

Eric Gill studiò alla Chichester Art School e poi, a Londra, divenne apprendista presso l'architetto W. D. Caröe dal 1899 al 1903. In questo periodo studiò anche alla Central School of Arts and Crafts di Londra, avendo come docente Edward Johnston (1872–1944). In seguito lavorò come designer di frontespizi per la casa editrice tedesca Insel Verlag. Poi, trasferitosi nel Sussex nel 1907, cominciò a guadagnarsi apprezzamento critico per le sue sculture in pietra. Nel 1913 Gill si convertì al Cattolicesimo e per i successivi cinque anni scolpì le Stations of the Cross della Cattedrale di Westminster. Intorno al 1918 Gill partecipò alla fondazione della Guild of St. Joseph and St. Dominic, una comunità artigianale semireligiosa. Nel 1920 fu fondatore della Society of Wood Engravers e dal 1924 realizzò design di impaginazione per libri pubblicati dalla Golden Cockerel Press, Berkshire. Le sue impaginazioni erano di stile Arts & Crafts e integravano testo e illustrazioni. Un anno dopo cominciò a realizzare typeface per la **Monotype Corporation**, fra cui bisogna ricordare *Perpetua* (1927) e *Gill Sans* (1928). Nel 1928 Gill aprì una tipografia a Speen, nel Buckinghamshire, ed eseguì commissioni per varie case editrici, fra cui Cranach Press, Faber & Faber, J. M. Dent & Sons e Limited Editions Club.

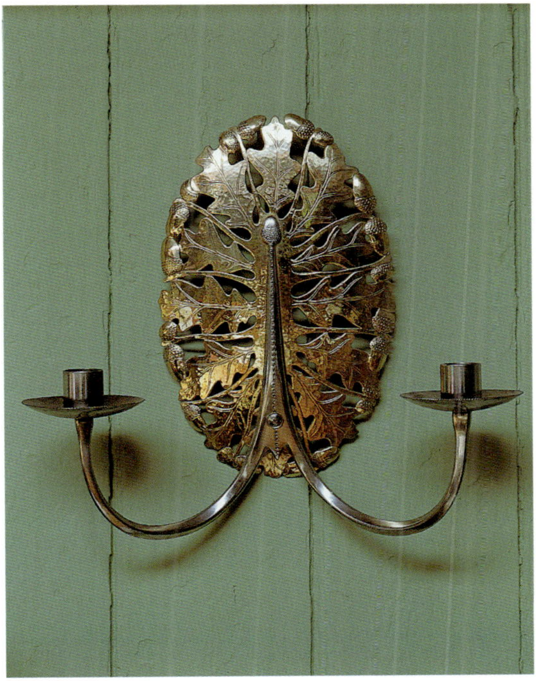

◂ Applique di ottone per Alfred Bucknell, 1907 ca.

Ernest Gimson

1864 *Leicester*
1919 *Sapperton/ Gloucestershire*

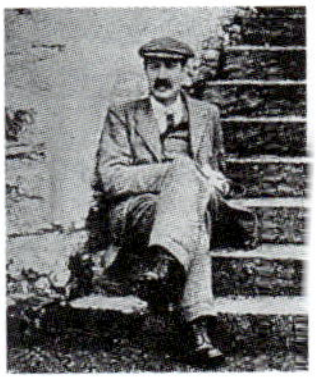

Figlio di Joseph Gimson, ingegnere e membro della Secularist Society, Ernest Gimson a diciassette anni cominciò a fare l'apprendista nello studio di un architetto locale, Isaac Barradale, e contemporaneamente studiò part-time alla Leicester School of Art. Nel 1884 conobbe **William Morris** e, su suo consiglio, si trasferì a Londra e fece l'apprendista presso l'architetto John Dando Sedding (1838–1891), seguace del Gothic Revival. Seguendo l'esempio di Morris, Gimson dedicò tutto il suo tempo libero ad apprendere arti tradizionali come la costruzione di sedie o la decorazione tramite gesso. Lavorando nello studio di Sedding, Gimson divenne amico di Ernest Barnsley (1863–1926) e del fratello Sidney Barnsley (1865–1926), al tempo apprendista presso Richard Norman Shaw (1831–1912). Nel 1891, insieme ad altri membri dello staff di Shaw, come Reginald Blomfield e William Lethaby (1857–1931), gli amici fondarono a Bloomsbury una ditta di decorazioni dalla breve vita, la Kenton & Co., offrendo "buon design e buona manodopera". Nel 1892 Gimson e i Barnsley si trasferirono nei Cotswolds e due anni dopo aprirono un laboratorio a Pinbury. Conquistata l'indipendenza economica, poterono finalmente mettere in pratica gli ideali rurali dell'**Arts & Crafts Movement**, producendo mobili di squisita fattura e di alta qualità.

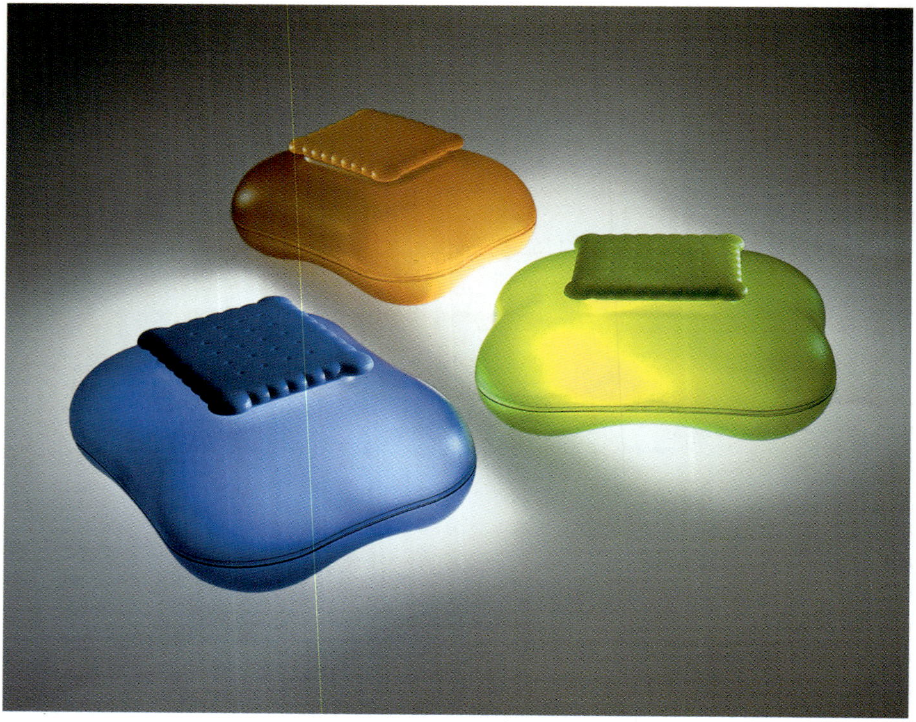

Stefano Giovannoni

1954 *La Spezia*

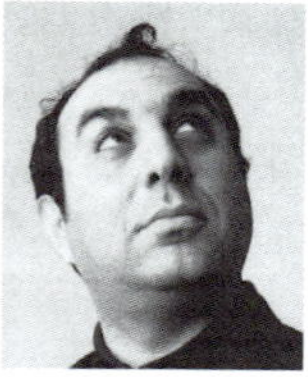

▲ Contenitori *Mary Biscuit* per Alessi, 1995

Stefano Giovannoni studiò architettura all'Università di Firenze, dove, dopo la laurea, tenne conferenze e si occupò di design research fino al 1990, insegnando al contempo alla Domus Academy di Milano e all'Istituto di Design di Reggio Emilia. Fu membro fondatore del movimento bolidista, che sosteneva l'uso dello **Streamlining** nel product design. Aprì quindi uno studio, noto come King-Kong Production, e insieme a Guido Venturini si occupò di ricerca nei campi dell'architettura e del design di prodotti domestici, interni e moda. Dal 1989 collaborò al design della serie *Girotondo* per **Alessi**, di grande successo, che sfoggiava il suo originale motivo "stick-man". Negli anni '90 Giovannoni realizzò anche diversi design di prodotti postmoderni per Alessi, dalla linea umoristica e giocosa, come la ciotola *Fruit Mama* (1993), la spazzola per WC *Merdolina* (1993) e il contenitore *Mary Biscuit* (1995). Nel 1991 progettò il padiglione italiano dell'esposizione "Les Capitales Européennes de Nouveau Design" tenutasi al Centre Georges Pompidou di Parigi. Giovannoni ha lavorato anche per Cappellini, Arradaesse e Tisca France. I suoi design originalissimi sono stati ampiamente esposti in Italia e all'estero.

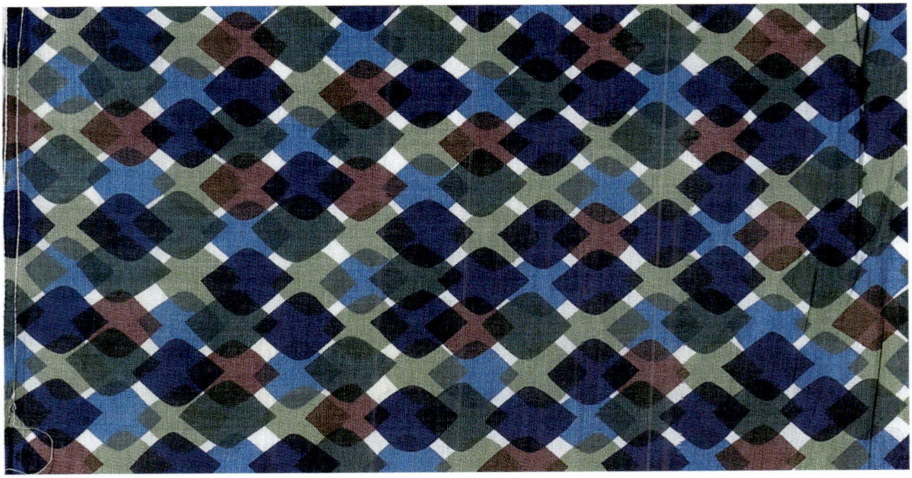

Alexander Hayden Girard

1907 *New York*
1993 *Santa Fe, New Mexico*

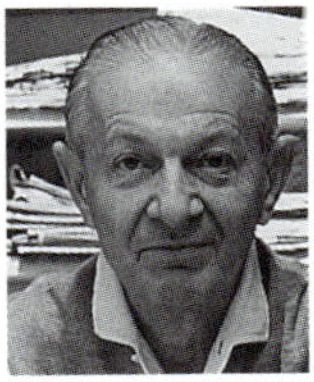

Alexander Hayden Girard trascorse parte dell'infanzia a Firenze e poi studiò alla Architectural Association di Londra. Laureatosi nel 1929, aprì uno studio di architettura a Firenze e cominciò a progettare mobili e interni. In questo periodo studiò anche alla Scuola Reale di Architettura di Roma laureandosi nel 1931. Completati gli studi all'Università di New York nel 1935, Girard si trasferì a Detroit e tre anni dopo aprì uno studio di design. Nel 1946 progettò interni di uffici per la Ford Motor Company e nel 1952 fu nominato direttore della divisione tessuti della **Herman Miller**, per la quale produsse tessuti da tappezzeria dai colori audaci e con motivi molto elaborati. Un anno dopo trasferì il suo studio a Santa Fe e realizzò diversi design d'intern , fra cui la casa di Irwin Miller a Columbus (progettata insieme a **Eero Saarinen** nel 1955), la casa di Los Angeles di Billy Wilder, i ristoranti L'Etoile e La Fonda del Sol a New York (1960). Nel 1957 Girard e **Charles Eames** girarono insieme un documentario in Messico, intitolato "Day of the Dead". Girard rimase molto affascinato dalla cultura messicana e ciò lo portò a un profondo apprezzamento dell'arte popolare di quel paese. Nella sua vita collezionò 106.000 giocattoli e articoli di arte popolare, base della successiva Girard Foundation Collection, oggi al Museum of International Folk Art di Santa Fe. Anche se progettò mobili, carta da parati e grafica, fra cui un marchio aziendale per Braniff Airlines (1965), Girard viene soprattutto ricordato per i suoi tessuti ritmicamente strutturati e densi di colore.

▲ Tessuto *Feathers* per Herman Miller, 1957

Giorgio Giugiaro

1938 *Garessio (Cuneo)*

Giorgio Giugiaro cominciò a lavorare a diciassette anni nel reparto design della Fiat, dopo aver studiato disegno tecnico e design grafico all'Accademia di Belle Arti di Torino. Nel 1959 divenne capo dello styling department della Carrozzeria Bertone di Torino. Giugiaro lasciò Bertone nel 1965 per diventare direttore dello studio Ghia, operante anch'esso nello styling automobilistico e per il quale progettò la Fiat *Dino Coupé* (1967). Nel 1968 fondò la società ItalDesign insieme ad Aldo Mantovani e Luciano Bosio, offrendo alle aziende un servizio non incentrato esclusivamente sul design, ma, in modo del tutto innovativo, offrendo anche come assistenza pre-produzione studi di fattibilità e costruzione di prototipi. Lo stile di Giugiaro era particolarmente indirizzato a macchine sportive come l'*Alfasud* del 1971, ma la crisi petrolifera dei primi anni '70 stimolò il design di automobili più funzionali e caratterizzate per lo più da forme rettilinee, come si può vedere dalla Volkswagen *Golf* (1974), dalla Fiat *Panda* (1980) e dalla Fiat *Uno* (1983). Nel 1981 fu aperto Giugiaro Design che progettò la macchina da cucire *Logica* per Necchi (1982), la macchina fotografica Nikon *F4* (1988), un orologio cronografo per Seiko, caschi di protezione per Shoei e mobili per Tecno. Negli anni '80 Giugiaro Design contava quattrocento impiegati. Nel 1987 venne fondata la Giugiaro SpA per il design di abbigliamento maschile con relativi accessori.

▾ Macchina da cucire *Logica* per Necchi, 1982

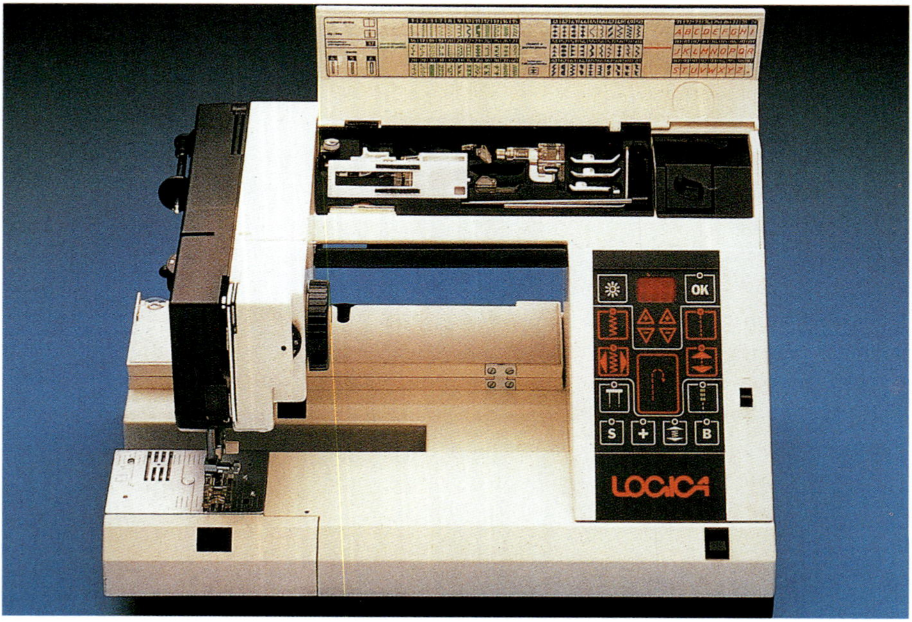

Milton Glaser

1929 *New York*

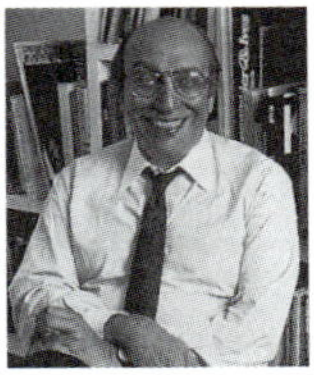

p. 286: Manifesto per le Olimpiadi Invernali di Sarajevo, 1984

▼ Manifesto per la macchina da scrivere *Valentine* della Olivetti, 1970 ca.

Milton Glaser studiò alla High School of Music & Art di New York e poi arte alla Cooper Union dove si laureò nel 1951. Una Fulbright Scholarship gli permise di studiare all'Accademia delle Belle Arti e Liceo Artistico di Bologna, dove ebbe come docente Giorgio Morandi (1890–1964). Tornato a New York nel 1954, insieme a Seymour Chwast (1931), Reynold Ruffins ed Edward Sorel, Glaser fondò il Push Pin Studio. I manifesti che realizzò in seguito, fra cui il suo famoso *Dylan* (1967), *Rainbow Palette* (1966) e *From Poppy with Love* (1969), si ispirarono all'arte psichedelica e lo resero famoso: nel 1969 finì addirittura sulla copertina di *Time magazine*. Nel 1954 uscì il primo numero del *Push Pin Graphic Magazine*; la rivista doveva servire a pubblicizzare l'immagine grafica piuttosto libertaria dello studio, caratterizzata dall'uso di strane prospettive, piani schiacciati, colorazioni psichedeliche, stili tipografici del passato e citazioni tratte dalla storia dell'arte. L'estrosità di questo stile grafico fece sì che a Glaser fossero commissionate diverse illustrazioni di libri per bambini e nel 1970 anche il progetto del negozio di giocattoli Child Craft e nel 1979 il Sesame Place Play Park a New York. Negli anni '70 Glaser riprogettò il formato di molte riviste, fra cui *Paris Match* (1973), *Village Voice* e *Esquire* (1977). Il Push Pin Studio si occupò sempre più anche di marchi aziendali. Glaser ne fu presidente fino al 1970. Alla sua chiusura nel 1974, Glaser aprì a New York il suo studio personale di grafica, il Milton Glaser Inc. Glaser bandì l'austero formalismo della **Swiss School** dal design grafico e lo sostituì con un linguaggio vibrante e pieno di humour che si ispirava sia alla cultura contemporanea che agli stili del passato.

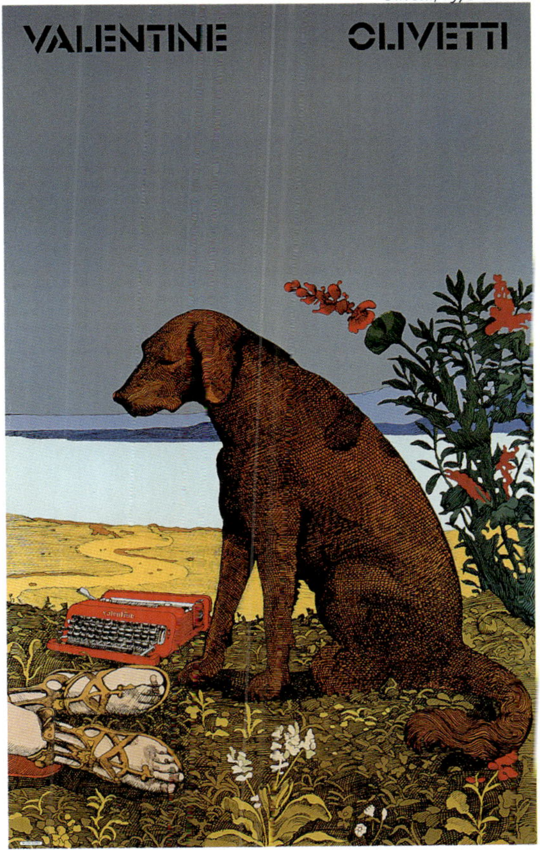

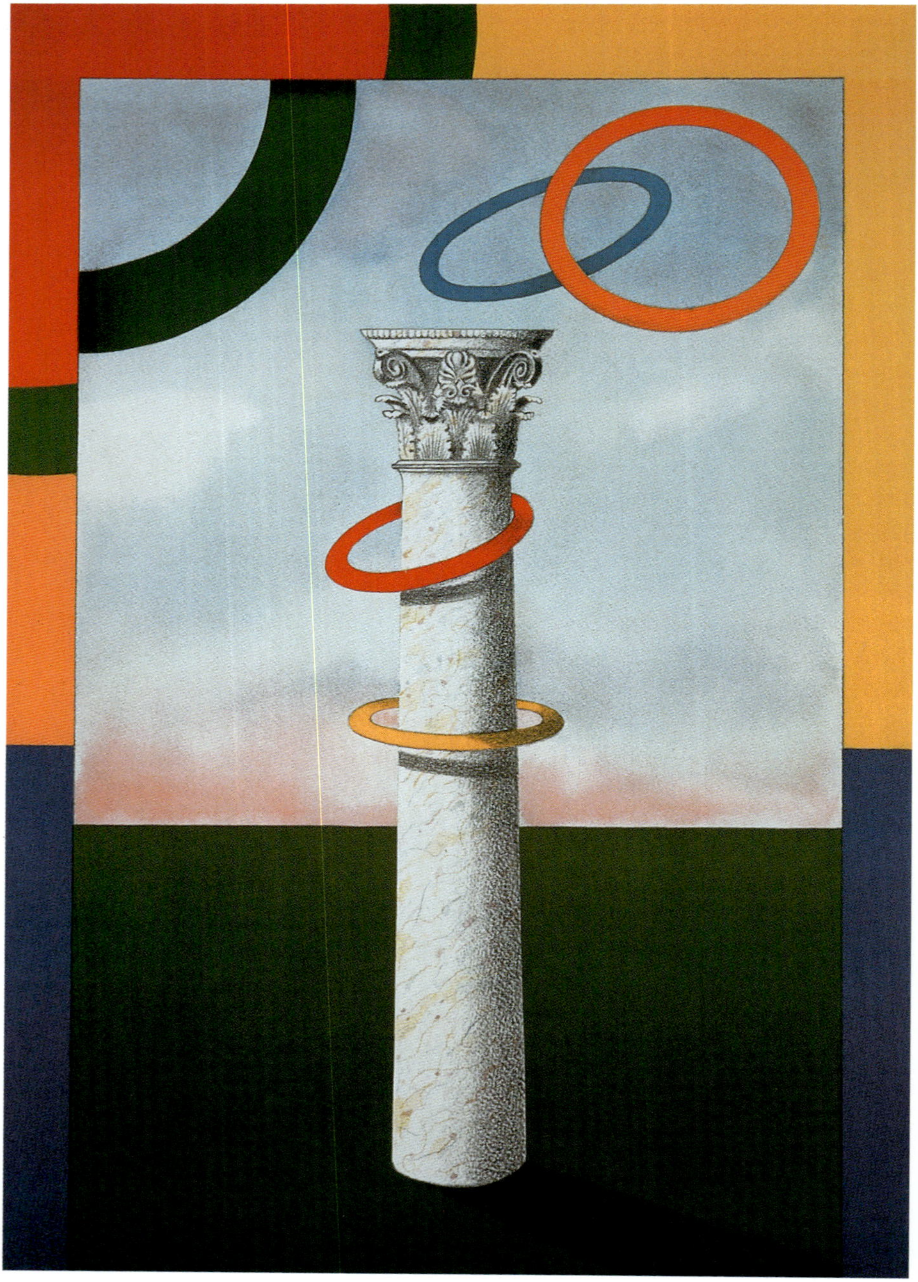

▸ **Ernest Archibald Taylor**, Secrétaire per Wylie & Lockhead, 1906 ca.

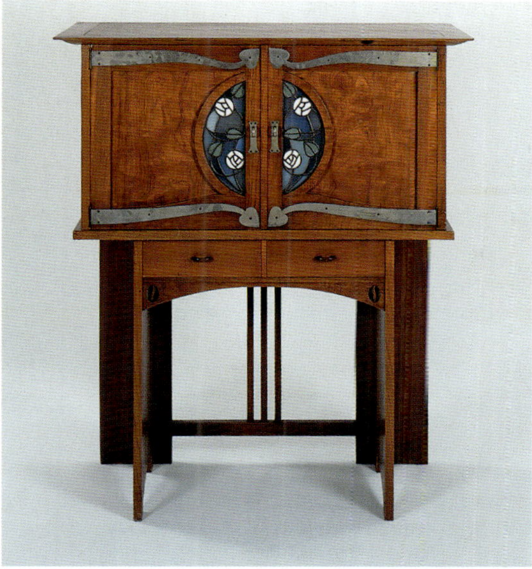

Glasgow School

Fine secolo XIX-inizi secolo XX
Glasgow

Il termine Glasgow School si riferisce a un gruppo di designer che verso la fine del secolo XIX vennero associati alla Glasgow School of Art quando questa era sotto la direzione progressista di Francis H. Newbery (1853–1946). Gli esponenti più importanti furono **Charles Rennie Mackintosh**, Margaret Macdonald Mackintosh (1864–1933), Frances Macdonald MacNair (1873–1921) e Herbert MacNair (1868–1955); dal 1894 essi esposero collettivamente opere ispirate alla cultura celtica e vennero soprannominati "I Quattro". I loro eterei interni bianchi con pochi mobili erano in sintonia col contenuto delle loro opere grafiche, tutte intessute di elementi simbolici. Le loro opere furono molto ben accolte dai designer che si richiamavano alla **Secessione** viennese. La crescente importanza della Glasgow School andò di pari passo con quella dei Glasgow Boys, un gruppo di pittori postimpressionisti, fra cui George Henry (1858–1943) e E. A. Hornel (1864–1933), influenzati anch'essi da temi celtici e giapponesi. Le opere dense di poesia di altri designer della Glasgow School come **George Walton**, Talwyn Morris (1865–1911), Jessie King (1875–1949), George Logan (1866–1939), Ann Macbeth (1875–1948) e E. A. Taylor (1874–1951) contribuirono alla nascita dell'**Art Nouveau**. Anche se la Glasgow School era affiliata all'**Arts & Crafts Movement** britannico, la sua produzione fu in qualche modo diversa da quella di quest'ultimo: era infatti meno ispirata al vernacolarismo e possedeva un maggior senso di organicità.

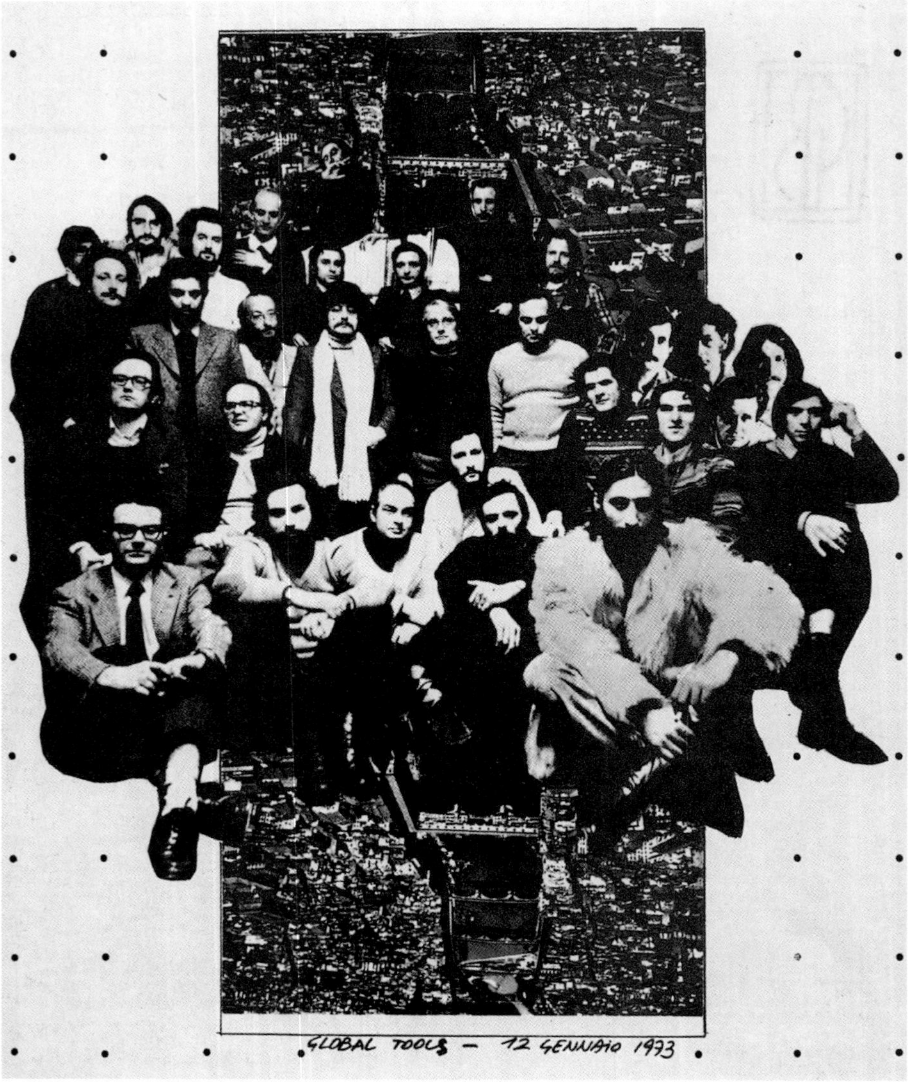

▲ Membri della Global Tools sulla copertina di *Casabella*, 1973

Global Tools

Fondato nel 1973 a *Firenze*

Nei tardi anni '60 nacquero in Italia diversi gruppi di **Radical Design**, fra cui **Archizoom**, **Superstudio**, **Gruppo Strum**, UFO, 9999 e Zziggurat. L'obiettivo di questi gruppi era di investigare il concetto di design e di architettura come strumento universale di comunicazione. Come parte del dibattito sul design alternativo, **Riccardo Dalisi** organizzò anche laboratori per bambini poveri nel quartiere Traiano di Napoli, dove si intrapresero esperimenti di tecnologia povera nel tentativo di riportare nel campo del design la creatività e la spontaneità individuale. Queste ricerche nel 1973 spinsero i membri dei molti gruppi di Radical Design a riunirsi negli uffici di *Casabella* per discutere la fondazione di una "scuola" di controarchitettura e controdesign, che divenne poi nota come Global Tools. Un anno dopo con questo nome venne fondata a Firenze una cooperativa per "promuovere la creatività individuale e collettiva". Essa aprì diversi laboratori per sviluppare un approccio "fai da te" al design e per esplorare le potenziali applicazioni e le caratteristiche dei materiali tecnici. Con un programma di sinistra articolato in dieci tesi scientifiche e politiche, Global Tools cercò di coinvolgere creativamente gente comune e designer nel processo di progettazione. Nel periodo in cui fu attiva, la cooperativa fu il forum principale del dibattito all'interno del Radical Design. Il suo scioglimento nel 1975 segnò la fine della prima fase del movimento in Italia. Nei tardi anni '70 e '80 alcuni membri della Global Tools, come Dalisi e **Ettore Sottsass**, furono fra gli esponenti maggiori del **Post-Modernismo**.

▾ **Riccardo Dalisi**, Esperimento con "tecnologia povera", Napoli, 1973

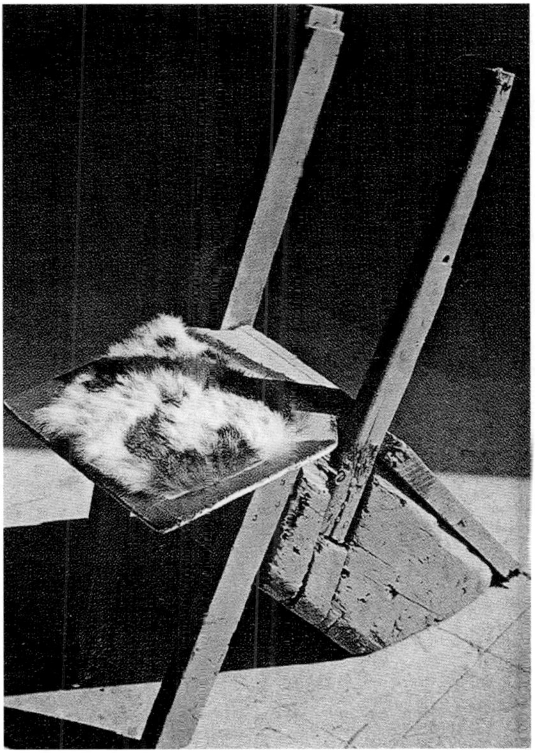

Edward William Godwin

1833 *Bristol*
1886 *Londra*

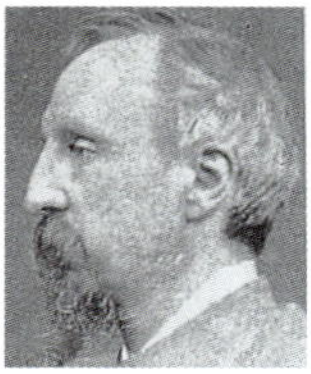

Edward William Godwin fece prima l'apprendista presso William Armstrong, un ingegnere civile, geometra e architetto che operava a Bristol e che conosceva di persona il grande ingegnere britannico Isambard Kingdom Brunel (1806–1859). Nel 1854 Godwin aprì uno studio a Bristol ma, poiché riceveva poche commissioni, nel 1857 si trasferì in Irlanda dove lavorò col fratello, anch'egli ingegnere. Lì lavorò al progetto di un ponte ferroviario e ricevette la sua prima importante commissione: il progetto della chiesa di St Johnston nella contea di Donegal. Nel 1858 conobbe William Burgess (1827–1881), architetto e seguace del Gothic Revival, e l'anno dopo tornò in Inghilterra. Negli anni '60 Godwin realizzò diversi progetti di architettura, fra cui la Town Hall di Northampton (1861). Nel 1862 visitò l'esposizione di arte giapponese alla "International Exhibition" di Londra e cominciò a collezionare oggetti orientali che influenzarono lo sviluppo del suo stile anglo-giapponese. Nel 1865 aprì uno studio a Londra progettando carte da parati per Jeffrey & Co., piastrelle per Milton e mobili per Art Furniture Company (1867–1868). Progettò anche mobili anglo-giapponesi per la Artistic Furniture Warehouse di William Watt, per Gillow's e per Collinson & Lock. Fra le sue commissioni architettoniche sono da ricordare il Dromore Castle di Limerick (1866–1873), la White House di J. McNeill Whistler a Chelsea (1877–1878) e la casa in stile vernacolare a Bedford Park, nella zona occidentale di Londra (1876). Il suo legame con l'attrice Ellen Terry (1847–1928) lo avvicinò al disegno di costumi. Nel 1884 fu nominato direttore del reparto moda appena aperto di **Liberty & Co.**, che promosse la riforma del "vestito artistico". Godwin fu uno degli esponenti principali dell'**Aesthetic Movement**; attraverso il suo stile anglo-giapponese introdusse un influente linguaggio di nuove forme geometriche nel campo del design.

▾ Credenza per William Watt, 1867–1869

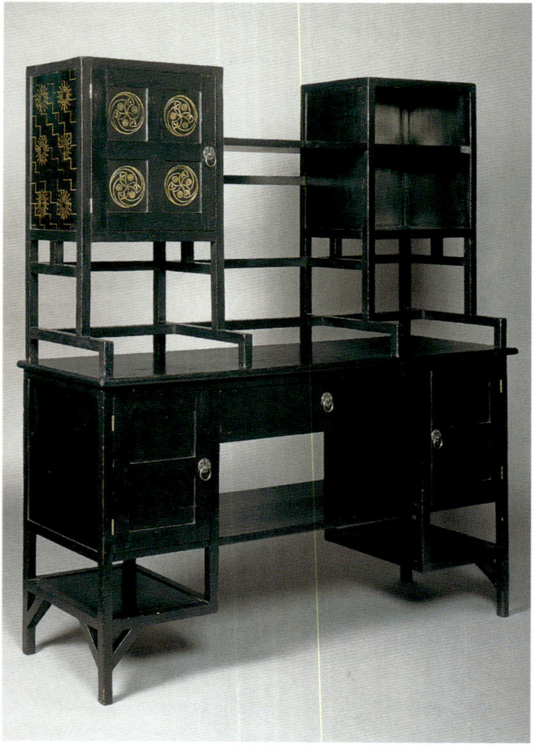

◄ Marchio *Eye* per CBS, 1950

William Golden

1911 *New York*
1959 *Stony Point, New York*

William Golden studiò fotoincisione e design grafico alla Vocational School for Boys di New York. Cominciò a lavorare a Los Angeles, prima in uno stabilimento tipografico e poi come designer al *Los Angeles Examiner*. Ritornò poi a New York per entrare a far parte dello staff delle riviste *Journal American* e *House and Garden*; fu per qualche tempo anche a la Condé Nast alle dipendenze di Mehemed Fehmy Agha (1896–1978), sostenitore dell'uso dello "spazio bianco". Nel 1937 passò alla CBS (Columbia Broadcasting System), della quale fu art director per sei anni. Tra il 1941 e il 1943 lavorò a Washington per l'Office of War Information e per i successivi tre anni fu capitano nelle forze armate. Mentre si trovava in Europa si occupò dell'impaginazione e design di vari manuali di addestramento per l'esercito. Nel 1950 disegnò il famoso marchio a occhio per la CBS e l'anno dopo fu nominato direttore creativo della pubblicità e della promozione delle vendite per il network. La principale ambizione di Golden fu di elevare gli standard del design e all'Aspen Design Conference del 1959 si battè per l'integrità nel design. Consigliò di non confondere l'arte col design, dichiarando: "L'ovvia funzione di un designer è il design. Il suo talento deve consistere nel creare un ordine a partire da molteplici elementi". Quale direttore responsabile del programma di design della CBS, di forte impatto e integrato anche da punto di vista visivo, Golden fu uno dei pionieri del concetto di **corporate identity**.

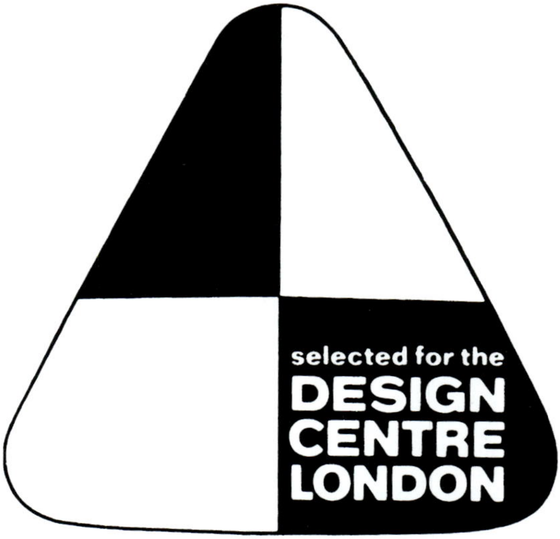

◂ **Design Council**, Marchio dell'aquilone, 1959

Good Design

Il Good Design è un concetto basato sull'approccio razionale al processo di progettazione, per cui i prodotti vengono creati in accordo con i principi formali, tecnici ed estetici generalmente associati al **Modern Movement**. La prima mostra di Good Design, allestita da **Charles e Ray Eames**, si tenne al **Museum of Modern Art di New York** nel 1950. I design vincitori furono scelti da una giuria composta da tre persone e messi in commercio accompagnati dal marchio Good Design. L'idea venne accolta favorevolmente anche in Europa, soprattutto in Germania. Nel 1952 **Max Bill** contribuì a fondare la **Hochschule für Gestaltung di Ulm**, promuovendo le virtù del buon design, già celebrate ai tempi del **Bauhaus**. In Germania Bill fu anche il responsabile dell'istituzione delle mostre "Die Gute Industrieform". Il concetto di Good Design venne abbracciato anche da aziende come la **Braun**, dove **Dieter Rams** riuscì a elaborare un vero e proprio stile unitario per gli elettromodestici della casa. In Gran Bretagna il Good Design fu attivamente sostenuto dal Design Council (fondato nel 1960) attraverso mostre e la rivista *Design*. Il Council diffuse l'uso del suo famoso "marchio dell'aquilone" come segno di distinzione per i prodotti che lo ricevevano. Negli anni '60 vi fu una reazione contro il conformismo conservatore del Good Design e ciò che veniva considerato come "dittatura del buon gusto" da parte dell'establishment. Quella reazione sfociò poi nel **Post-Modernismo**, il quale riportò all'interno del design convenzionale le spinte radicali, emotive e spontanee e soprattutto l'originalità.

Kenneth Grange studiò dal 1944 al 1947 alla Willesden School of Arts & Crafts di Londra. Fece l'apprendista come illustratore tecnico per la Royal Engineers come parte del suo servizio di leva e poi lavorò come assistente per vari studi di architettura e design nell'area londinese, fra cui Arcon Chartered Architects, Bronek Katz & Vaughan George Bower e Jack Howe & Partners. Nel 1958 aprì uno studio a Londra, specializzandosi in product design. Quattordici anni dopo fondò una società insieme a Theo Crosby, Alan Fletcher, Mervyn Kurlansky e Colin Forbes, nota come **Pentagram**. Grange combinò il **Funzionalismo** tedesco, come veniva praticato alla **Braun**, e la sensibilità pragmatica britannica, creando design che si distinsero per purezza di forme e un'inusuale robustezza. Fra i suoi design più notevoli per la produzione industriale vanno ricordati il frullatore Kenwood *Chef* (1960) la macchina fotografica Kodak *Pocket Instamatic* (1975), la serie di penne *Parker 25* (1979) e il rasoio *Protector* per Wilkinson Sword (1992). Progettò anche la parte esterna del treno ad alta velocità Intercity 125 per British Rails (1971–1973) e il deposito di Adshel per gli autobus della London Transport (1990). Fra i numerosi premi ricevuti da Grange sono da ricordare i dieci Design Council Awards e il premio Duke of Edinburgh for Elegant Design nel 1963. Dal 1985 al 1987 fu preside di Facoltà del Royal Designers for Industry e fu poi nominato presidente della Chartered Society of Designers. Fin dagli anni '70 Grange ricevette molte commesse da parte di aziende giapponesi: macchine da cucire per Maruzen, arredi da bagno per Inax, packaging di prodotti cosmetici per Shiseido. La sua opera ha avuto perciò molta influenza sui product designer operanti in Giappone. Ai vertici del design britannico, la sua opera è stata oggetto di una mostra personale nel 1983 alla Boilerhouse del **Victoria**

Kenneth Grange

1929 *Londra*

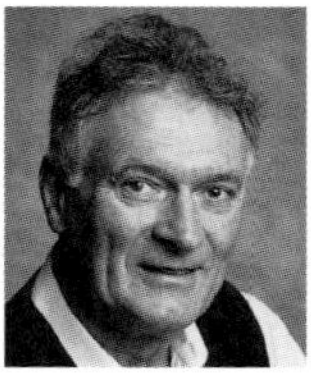

▾ Macchine fotografiche *Pocket Instamatic* per Kodak, 1975

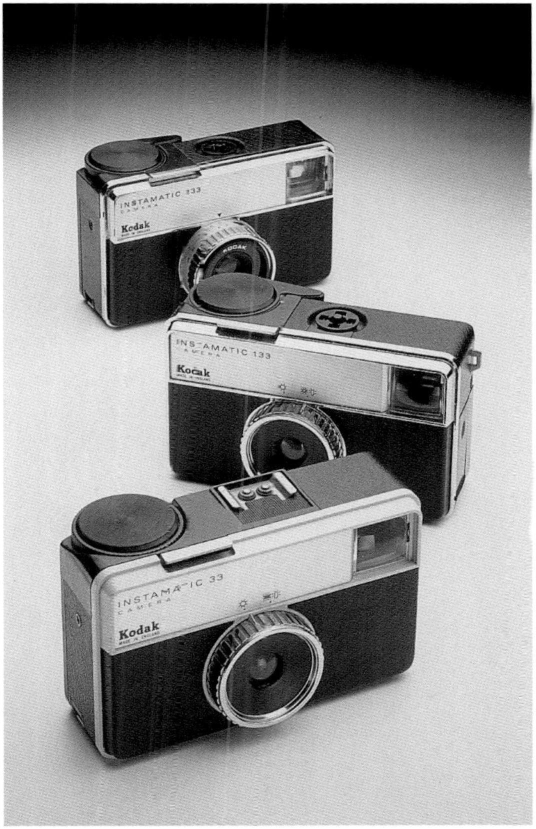

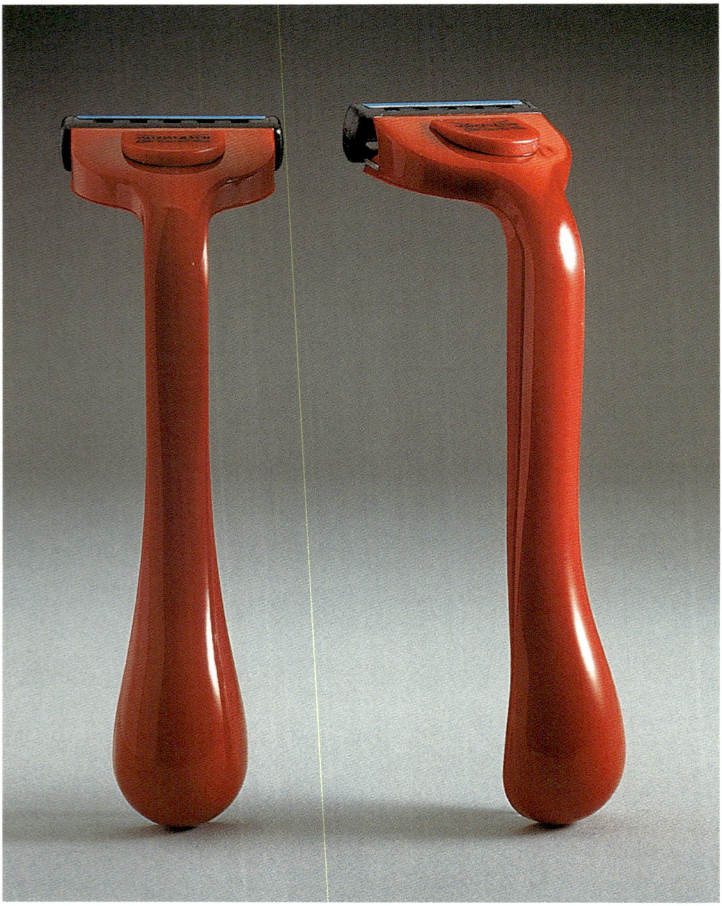

◂ Rasoi *Protector* per Wilkinson Sword, 1992

and Albert Museum. Grange considera il design non come soluzione di problemi di ordine estetico ma come opportunità d'innovazione e ritiene che dovrebbe essere parte integrante del processo di produzione. Attraverso i suoi design eleganti, di alta qualità e rifiniti nei minimi particolari Grange ha tramandato i tradizionali attributi del design britannico: la precisione e l'organicità.

Michael Graves

1934 *Indianapolis, Indiana*

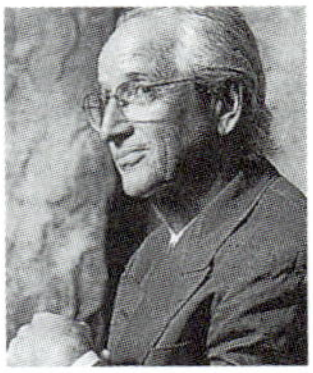

Michael Graves frequentò un corso di architettura all'Università di Cincinnati che includeva un periodo di apprendistato presso lo studio Carl A. Strauss & Associates. Frequentò poi la Graduate School of Design all'Università di Harvard e, dopo la laurea nel 1959, lavorò per **George Nelson** Associates. In quel periodo lavorò anche a New York come artista dividendo uno studio con **Richard Meier**. Una borsa di studio gli permise di studiare a Roma dal 1960 al 1962 all'American Academy. Al ritorno negli USA cominciò a insegnare all'Università di Princeton (New Jersey), dove divenne Schirmer Professor of Architecture nel 1972. Nel 1964 aprì uno studio di architettura a Princeton e progettò la Hanselmann House a Fort Wayne nell'Indiana (1969). Nel 1969 la partecipazione a un'esposizione di gruppo al **Museum of Modern Art di New York**, insieme a Peter Eisenman (1932), Charles Gwathmey, John Hejduk e Richard Meier, lo fece conoscere come membro dei "New York Five", come li classificò il volume *Five Architects*. Poco tempo dopo Graves cominciò ad allontanarsi dai precetti del **Modern Movement** seguiti fino ad allora, cominciando a progettare edifici e interni molto colorati come la Kalko House di New York e la sala di rappresentanza della Sunar Company, nella quale confluirono elementi stilistici del passato come frontoni e colonne. Nei tardi anni '70 Graves divenne famoso per i suoi design di mobili postmoderni per Susan Hauserman (1979–1981), ispirati allo stile Biedermeier e **Art Déco**. Negli anni '80 suscitò molta attenzione per i suoi giocosi design per **Memphis**, come il mobile da toeletta *Plaza* in stile Hollywood (1981). Fu solo nel 1982, tuttavia, che Graves si impose come architetto; in quell'anno completò la sua prima grande commessa pubblica: l'edificio dei Public Services a Portland (Oregon). Seguirono altre commesse come la Biblioteca di San Juan Capistrano nella California del Sud (1983), gli Humana Corporation Headquarters di Louisville nel Kentucky (1982–1986), un'ala del Museo di Newark (1990), il Dolphin Hotel di

▼ Macinapepe per Alessi, 1988

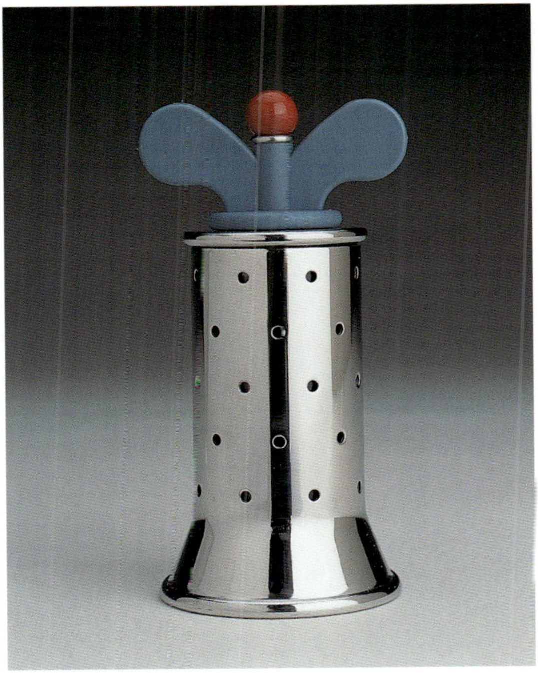

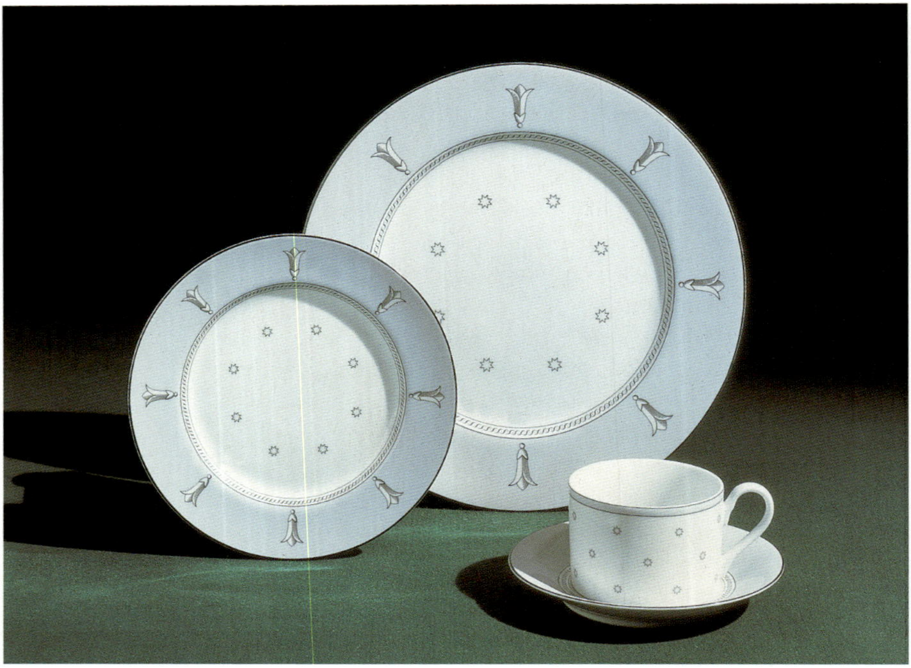

▲ Vasellame *Corinth* per Swid Powell, 1984

Disney World in Florida (1989), un'estensione del Whitney Museum of Art di New York (1989–1990), l'azienda vinicola Domaine Clos Pegase (California) e il New York Hotel di Euro-Disney vicino a Parigi. Negli anni '80 Graves divenne famoso anche per le sue opere decorative realizzando gioielli per Cleo Munari (1985–1987), ceramiche per Swid Powell e una varietà di oggetti per **Alessi**, fra cui il servizio *Piazza* da tè e da caffè. Nel 1993 Graves aprì un negozio a Princeton per vendere i suoi design. I suoi product design degli anni '80, ibridi eclettici e dai molteplici riferimenti storici, sono diventati vere icone del **Post-Modernismo.**

Eileen Gray studiò alla Slade School of Fine Art di Londra dal 1898 al 1902. Nel contempo apprese l'arte della laccatura nel mobilificio di D. Charles in Dean Street. Visitò Parigi per la prima volta nel 1900 e dal 1902 al 1905 frequentò le lezioni dell'École Colarossi e dell'Académie Julian. Nel 1907 si stabilì a Parigi in un appartamento in Rue Bonaparte, 21 dove abitò fino alla morte nel 1976. In Francia apprese le tecniche orientali della laccatura dall'artigiano giapponese Seizo Sougawara. Dal 1910 circa Gray cominciò a realizzare paraventi laccati e pannelli con motivi figurativi. Nel 1913 espose le sue opere al Salon des Artistes Décorateurs, attraendo l'attenzione del couturier e collezionista d'arte Jacques Doucet (1853–1929), che divenne il suo cliente principale. Fra le numerose commissioni realizzate per lui bisogna citare il paravento in quattro pannelli *Le Destin* (1914) e il tavolo *Lotus* (1915). Ci fu poi la sosta forzata imposta dalla guerra; per qualche tempo Gray fece l'autista di ambulanze a Parigi sotto la protezione della duchessa di Clermont-Tonnerre, finché nel 1915 lasciò Parigi per Londra insieme a Sougawara, rimanendoci per due anni. Nel 1917 tornò a Parigi e nel 1919 ricevette la sua prima commissione completa per gli interni dell'appartamento di Mme Mathieu Lévy in Rue de Lota, per i quali realizzò i suoi famosi paraventi "a blocchi" laccati. Nel 1922, quando aveva già realizzato molti pezzi unici in stile **Art Déco** per clienti benestanti, Gray aprì il negozio Galerie Jean Désert. In quello stesso anno espose le sue opere ad Amsterdam, riscuotendo l'interesse dell'architetto **De Stijl** Jan Wils (1891–1972). L'**avant-garde** olandese ammirò molto il suo design di una "camera da letto-boudoir per Monte Carlo", esposto al Salon des Artistes Décorateurs nel 1923. Gray contraccambiò l'apprezzamento quello stesso anno visitando una analoga mostra di design olandesi a Parigi. La sua opera fu quindi sempre più influenzata dalle forme geometriche pulite di De Stijl. Nel 1924, nel corso di un viaggio di istruzione attraverso i luoghi dell'architettura modernista, l'architetto Jean Badovici (1893–1956) la con-

Eileen Gray

1878 Brownswood/ Wexford, Irlanda
1976 Parigi

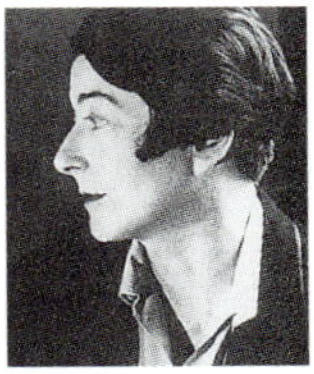

▼ Poltrona *Transat* per Galerie Jean Désert, 1925–1926

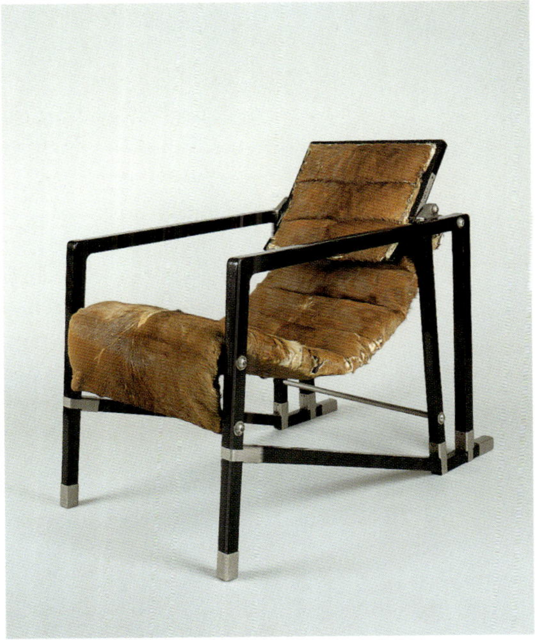

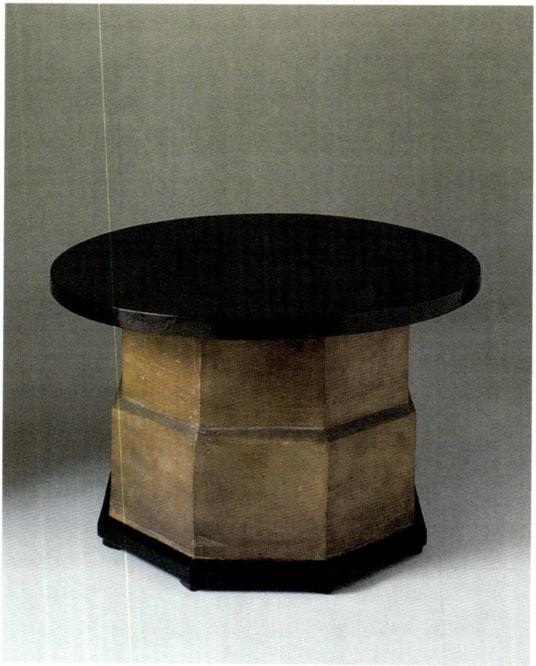

◄ Tavolo *Swivel*, 1923 ca.

► Schermo, 1922–1925 ca.

vinse a diventare architetto. Fu così che Gray progettò la sua casa *E-1027* in stile modernista a Roquebrune (1926–1929), per la quale creò mobili in stile razionale come la sedia *Transat* (1925–1930) e il tavolo *E-1027* in tubolare metallico e vetro. Dal 1930 al 1931 progettò gli interni dell'appartamento di Badovici in Rue Chateaubriand e poi un'altra casa di proprietà, la Tempe a Pailla a Castellar, completata nel 1934. Dopo aver esposto le sue opere al Pavillon des Temps Nouveaux di **Le Corbusier** nel 1937 e aver presentato una proposta non realizzata per un Centre de Vacances, la Gray cadde praticamente nell'oblio. Fu solo nel 1970 che un collezionista americano, Robert Walker, cominciò a comprare le sue creazioni, dando il via a una significativa rinascita di interesse per la sua vita e la sua opera.

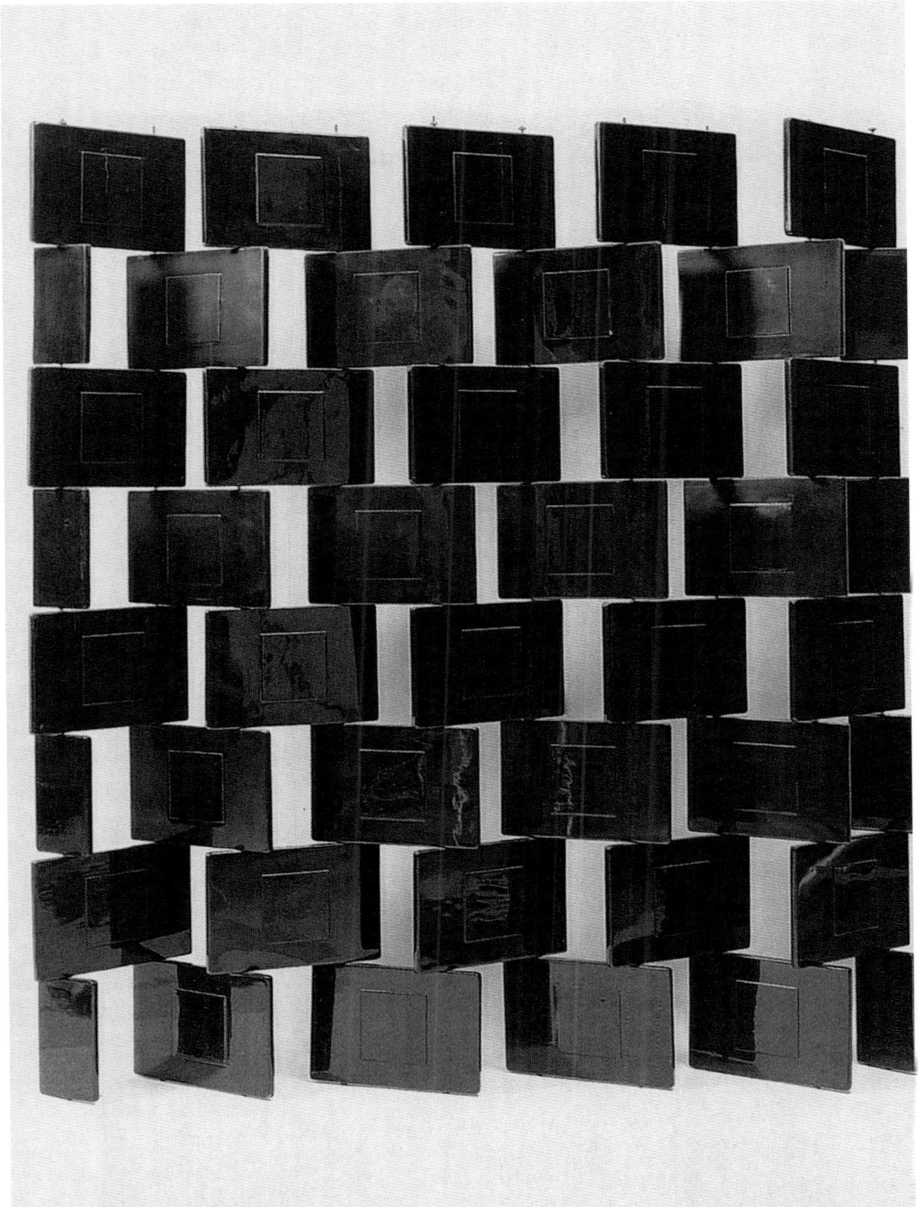

Green Design

Negli anni '50 **Richard Buckminster Fuller** sostenne la riduzione al minimo di materiali ed energia nel design dei prodotti e coniò il termine "Astronave Terra", che spinse la gente a pensare al pianeta in modo più olistico. Anche Vance Packard criticò la cultura consumistica nel suo importante libro *The Waste Makers* (1961), condannando in particolare la pratica della cosiddetta "obsolescenza intrinseca". Questo libro fu seguito da *Silent Spring* di Rachel Carson (1962), il primo bestseller a rendere popolare il dibattito ecologico e a diffondere una conoscenza generale della "cultura verde". In seguito Victor Papanek, in *Design for a Real World* (1967) mise in relazione coscienza ecologica e processo di progettazione, sostenendo soluzioni di radical design che tenessero conto dell'ambiente. Queste opinioni si diffusero ulteriormente nel corso degli anni '70, quando la crisi petrolifera generò preoccupazioni sul carattere limitato delle risorse naturali. Dopo gli innumerevoli disastri ecologici provocati dall'uomo e la crescente consapevolezza che l'industrializzazione porta al cosiddetto riscaldamento globale, negli anni '80 il termine "Green Design" nacque per descrivere un approccio al design olistico e più responsabile dal punto di vista ambientale. Il Green Design si preoccupa di minimizzare i rifiuti e il consumo di energia e materiali; prende in considerazione il ciclo di vita completo di un prodotto, dall'estrazione delle materie prime all'impatto della loro lavorazione; l'energia richiesta nel processo di produzione insieme a tutti i suoi possibili effetti negativi; l'energia richiesta dal sistema di distribuzione e i suoi effetti; la durata della vita utile del prodotto; la possibilità di recupero e riciclaggio delle sue componenti e, infine, gli effetti del suo smaltimento sull'ambiente tramite, ad esempio, discarica o inceneritore. Il riciclaggio, anche se può ridurre il consumo di energia, non ne abbassa i livelli più di tanto; anzi, tende spesso a perpetuare la cultura dell'usa e getta. Una maggiore durata del prodotto, invece, riduce i rifiuti e il consumo di energia: raddoppiando la durata di un prodotto si può dimezzare l'impatto ambientale.

▾ **Jane Atfield**, Sedia *RCP2* in polietilene riciclato ad alta densità per Made of Waste, 1992

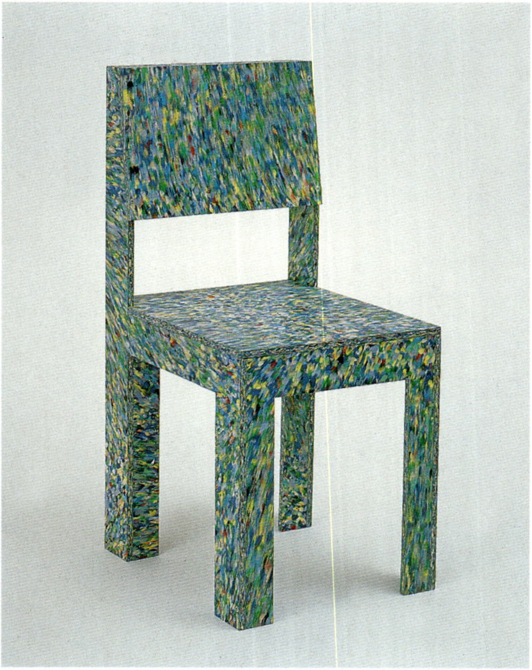

Charles Sumner Greene e Henry Mather Greene studiarono alla Manual Training School dell'Università di Washington a St Louis, al tempo diretta da Calvin Milton Woodward, sostenitore della produzione artigianale. I due fratelli studiarono poi architettura al Massachusetts Institute of Technology, ma lavorarono separatamente per vari studi di architettura finché non ne aprirono uno proprio nel 1893 a Pasadena, California. A Chicago visitarono la "World's Columbian Exposition" e rimasero colpiti dalla sezione giapponese che includeva una struttura in stile orientale chiamata Ho-o-den Temple, progettata dal giovane architetto **Frank Lloyd Wright**. Tra il 1893 e il 1903 si dedicarono soprattutto a progettare residenze private, mentre i loro primi mobili furono influenzati dai design che Will Bradley pubblicava nei suoi articoli sul *Ladies Home Journal*. In questo periodo fecero amicizia col commerciante in articoli orientali John Bentz, studiarono la sua collezione personale e decisero di adottare forme meno tradizionali. Nel 1903 ebbero modo di vedere illustrazioni di case e giardini giapponesi. Stimolati dall'interazione armoniosa di tali edifici con l'ambiente circostante, cominciarono anch'essi a sviluppare un approccio più olistico al design. Per le loro case usarono travi sporgenti e legnami grezzi verniciati, mentre per gli interni rustici e senza pretese usarono materiali naturali. Seguendo lo stile Arts & Crafts, dal 1907 al 1909 i fratelli Greene progettarono in modo integrato (**Gesamtkunstwerk**) sette bungalow. Queste case (la Blacker e la Gamble sono gli esempi migliori) accrebbero la loro reputazione professionale, ma dal 1910 in poi il gusto popolare cominciò ad allontanarsi dall'**Arts & Crafts Movement**. Fu solo negli anni '50 che l'approccio al design di Greene & Greene, "identificare ciò che è necessario e dargli una bella forma", venne riscoperto, riscuotendo un rinnovato interesse.

Greene & Greene

Fondato nel 1893 a *Pasadena, California*

▼ Interno della Gamble House, 1908

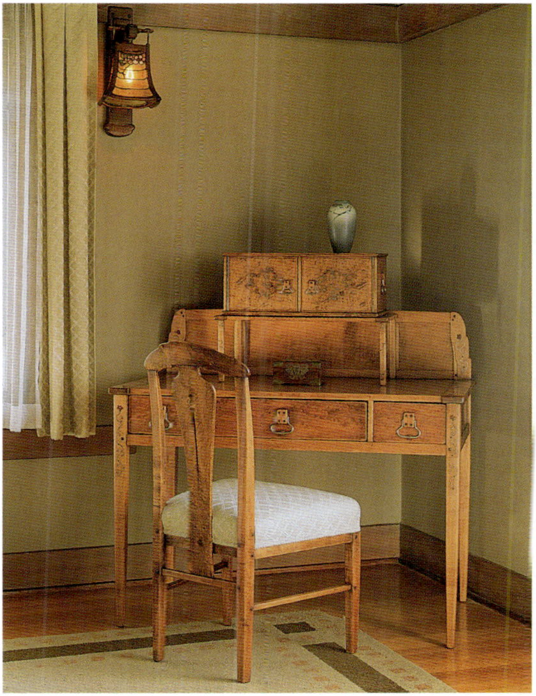

Vittorio Gregotti

1927 *Novara*

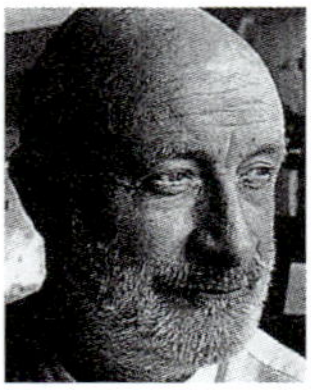

Vittorio Gregotti studiò al Politecnico di Milano laureandosi nel 1951. Con Ernesto Rogers (1909–1969) e Giotto Stoppino (1926) realizzò una mostra intitolata "Architettura a misura d'uomo" per la IX Triennale di Milano (1951). Un anno dopo, a Novara, insieme a Giotto Stoppino e Lodovico Meneghetti fondò la Architetti Associati. Insieme il trio progettò diverse sedie interessanti, una scaffalatura a muro e un tavolo, tutti basati su elementi in compensato. Nello stesso periodo progettarono "Stanza per una ragazza", con un innovativo sistema di scaffali. Nei tardi anni '50 produssero interni e mobili in stile Neo-Liberty, di cui notevole è la sedia *Cavour* del 1959; nei primi anni '60 realizzarono sedie in vimini. Quando lo studio fu trasferito a Milano, nel 1964, Gregotti divenne docente al Politecnico di Milano e lo rimase fino al 1978. Lasciò la società nel 1967 e aprì uno studio proprio, sempre a Milano. Sette anni dopo, insieme a Pierluigi Cerri (1939) e Hiromuchi Matsui, fondò lo studio di consulenza Gregotti Associati e, sebbene specializzato in design di mostre e interni, lavorò anche come product designer. Gregotti ha sempre collaborato a molte riviste di design: *Casabella-Continuità* dal 1952 al 1960, *Edilizia Moderna* dal 1962 al 1964, *Il Verri* dal 1963 al 1965 e negli anni '80 *La Rassegna Italiana* e *Lotus*. Ha anche pubblicato diversi libri, fra cui *Il territorio dell'architettura* (1966) e *New Directions in Italian Architecture* (1969). Dal 1978 Gregotti è stato professore di composizione architettonica all'Istituto Universitario di Architettura di Venezia e conferenziere per molte istituzioni educative a Buenos Aires, Losanna, San Paolo, Tokyo e all'università californiana di Berkeley. Il successo dello studio di consulenza da lui diretto a Milano e i suoi lunghi anni di docente e pubblicista lo hanno reso, oltre che un eminente professionista, uno dei principali portavoce del design italiano.

▼ Maniglie per Fusital, 1981

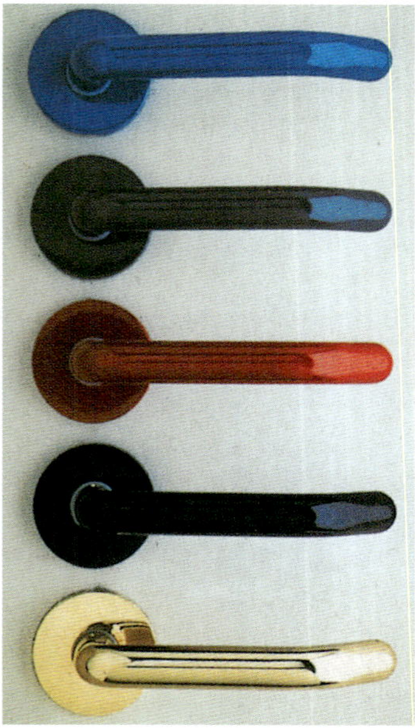

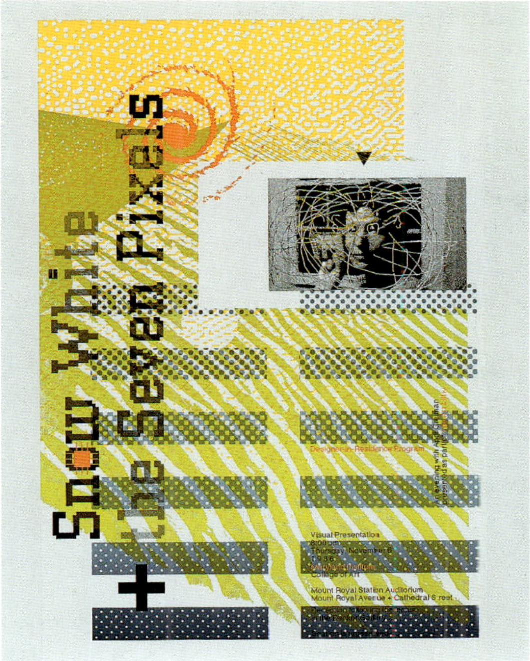

◂ Poster per la presentazione "Snow White + Seven Pixels", 1986

April Greiman

1948 Rockville Center, New York

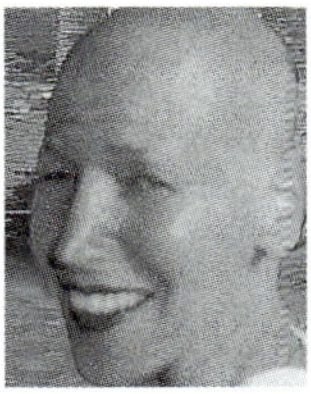

April Greiman studiò Belle Arti al Kansas City Art Institute laureandosi nel 1970. Fu poi apprendista per un anno alla Kunstgewerbeschule di Basilea sotto Wolfgang Weingart (1941) e Armin Hofmann (1920). Tornata negli Stati Uniti, Greiman lavorò come graphic designer a New York e in Connecticut e insegnò al Philadelphia College of Art. Nel 1976 si stabilì in California, sviluppando un proprio stile grafico che combinava il **Post-Modernismo** emergente della West Coast e la sua formazione **Swiss School**. La sua grafica è caratterizzata dalla disposizione a strati di caratteri e immagini che crea un senso di tridimensionalità in cui gli elementi sembrano fluttuare. Molte delle immagini fotografiche da lei usate nelle sue composizioni in forma di collage sono di Jayme Odgers. Negli anni '80 la Greiman fu uno dei primi grafici a sfruttare in pieno il potenziale dei computer Apple Macintosh. Nel 1982 divenne capo del design department del California Institute of Arts e negli anni '80 uno dei principali esponenti del movimento grafico detto **California New Wave**. Nel 1990 pubblicò *Hybrid Imagery: The Fusion of Technology and Graphic Design* in cui spiegava il suo approccio alla comunicazione visuale. L'opera di Greiman ha avuto molto influsso soprattutto sul design grafico per media elettronici.

Walter Gropius

1883 *Berlino*
1969 *Boston*

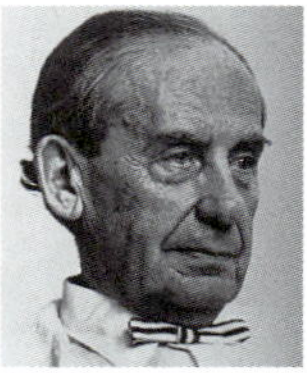

Walter Gropius studiò architettura alla Technische Hochschule di Monaco dal 1903 al 1905 e alla Technische Hochschule di Berlino dal 1905 al 1907. Il suo primo progetto abitativo, del 1906, fu un edificio a basso costo per braccianti agricoli. Dal 1908 al 1910 lavorò nello studio berlinese di **Peter Behrens**, realizzando uffici e mobili per i grandi magazzini Lehmann di Colonia. Nel 1910 fondò una società con Adolf Meyer (1881–1929) a Neuebabelsberg e divenne membro del **Deutscher Werkbund**, fondato nel 1907. Membro attivo del Werkbund, Gropius inizialmente si oppose alla linea di Muthesius (1861–1927) che metteva al primo posto la standardizzazione, schierandosi con **Henry van de Velde**, sostenitore della personalità creativa individuale nel design. La fabbrica Fagus, da lui progettata nel 1911, colpì per un innovativo muro sospeso sostenuto dagli elementi verticali dell'edificio; esso venne riportato anche negli *Annuari* del Werkbund, la cui pubblicazione Gropius curò dal 1912 al 1914. La fabbrica modello per la "Deutsche Werkbund-Ausstellung" tenutasi a Colonia nel 1914, una costruzione in acciaio e vetro, fu una potente espressione del **Modern Movement**. Dopo le devastazioni della prima guerra mondiale, Gropius accettò la necessità della **standardizzazione** nel design e divenne direttore della Hochschule für angewandte Kunst, che poi nel 1919 si sarebbe fusa con la Kunstakademie formando lo Staatliches **Bauhaus** di Weimar. Dal 1919 al 1928, periodo in cui ne fu direttore, Gropius sostenne l'unità delle arti e stimolò la nascita di laboratori guidati da "maestri". In quel periodo Gropius ricevette anche diverse commissioni private, fra cui la Casa Sommerfeld (1921–1922), realizzò molti mobili dipinti di bianco e una casa prefabbricata per l'esposizione "Weissenhof-Siedlung", tenutasi a Stoccarda nel 1927. Quando il Bauhaus si trasferì a Dessau, la scuola abbracciò di necessità un razionalismo ancora più spinto; questa tendenza verso la modernità industriale fu messa bene in evidenza nei nuovi edifici progettati da Gropius per la scuola. Nel 1934 emigrò in Gran Bretagna dove lavorò in

▼ Mobile in mogano con intarsi in bronzo progettato per il salone del Dr. Karl Herzfeld, Hannover 1913

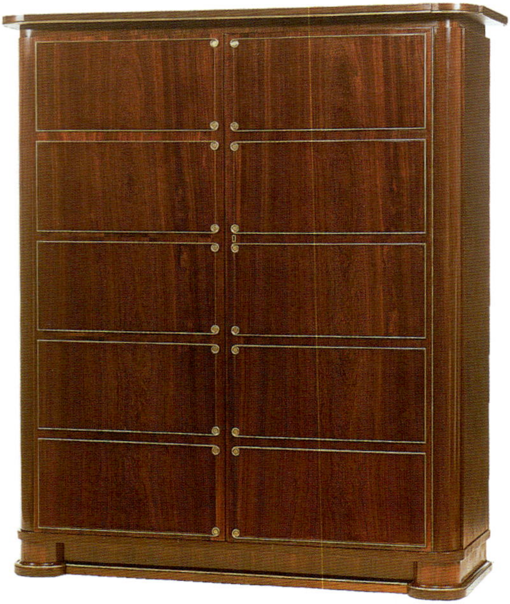

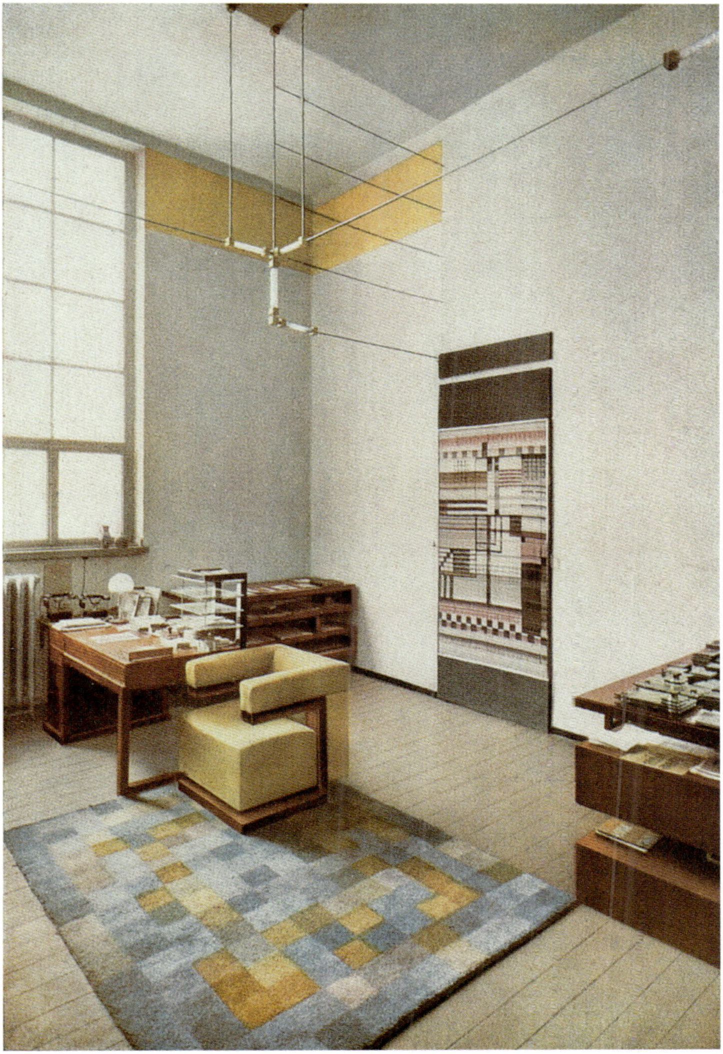

◄ L'ufficio di Walter Gropius allo Staatliches Bauhaus di Weimar, 1923

società con l'architetto E. Maxwell Fry (1899–1987) fino al 1937. A Londra lavorò anche per la Isokon, l'azienda di Jack Pritchard, della quale fu nominato controllore del design nel 1936. Un anno dopo emigrò negli Stati Uniti e divenne professore di architettura alla Harvard University.

▸ **George Prentiss Kendrick**, Vaso di terracotta per la Grueby Faïence Company, 1900 ca.

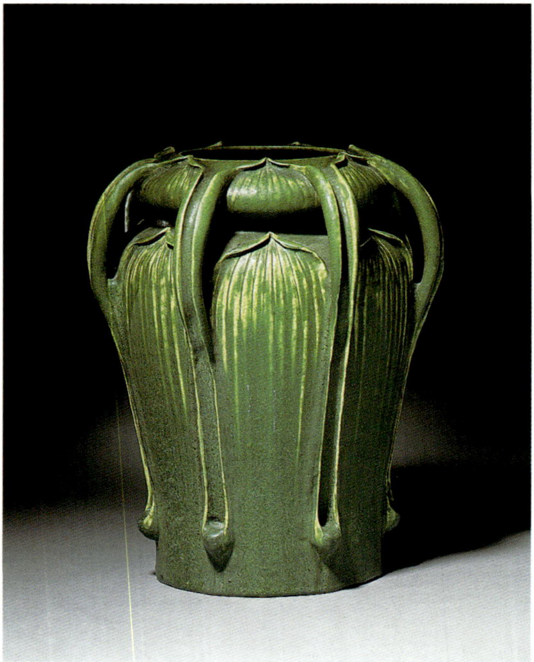

William H. Grueby

1867 *Chelsea, Massachussetts*
1925 *New York*

Nel 1893 William H. Grueby aprì a Boston la ditta Grueby Faïence per produrre decori architettonici e piastrelle ispirati alle ceramiche rinascimentali di Luca Della Robbia (1400–1482) e a ceramiche cinesi e arabe. Dal 1898 circa Grueby perfezionò l'uso di smalti vitrei opachi con una caratteristica tonalità verde scura e cominciò a produrre vasellame artistico secondo quella tecnica. Il vasellame prodotto portò il marchio Grueby Pottery dal 1899, ebbe notevole influenza sull'opera di altri vasai americani e fu perciò molto copiato. Grueby si concentrò sugli aspetti connessi a smaltatura e cottura, mentre il design degli oggetti venne affidato dapprima a George Prentiss Kendrick, dal 1897 al 1902, e poi a Addison Le Boutiller. Dettagli decorativi come fiori e altro vennero affidati a diplomate in arte. Nel 1908 la Grueby Pottery fece bancarotta e venne riaperta come Grueby Faïence & Tile Company, la quale produsse vasellame artistico fino al 1911 circa. Grueby fu uno dei principali ceramisti Arts & Crafts d'America e sviluppò uno stile veramente nazionale, notevole anche per il misurato e innovativo uso di elementi decorativi.

▸ Sedile *Pratone* per Gufram, 1966–1970

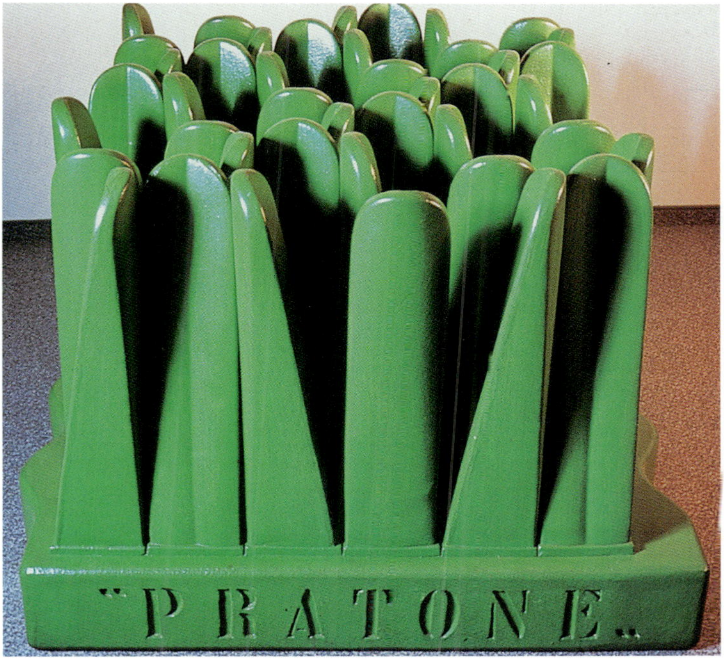

Gruppo Strum

Fondato nel 1963 a *Torino*

Il Gruppo Strum di **Radical Design** fu fondato a Torino nel 1963 da Giorgio Geretti, Pietro Derossi, Carla Giammarco, Riccardo Rosso e Maurizio Vogliazzo. Il nome del gruppo contiene in breve il programma del gruppo di creare un'"architettura strumentale". È rimasta famosa la partecipazione del Gruppo all'esposizione "Italy: The New Domestic Landscape" svoltasi al **Museum of Modern Art di New York** nel 1972, in cui venne esposto il *Pratone* in schiuma di poliuretano (1970). Ispirato alle sculture sovradimensionate e prive di contesto di Claes Oldenburg (1929), fu messo in produzione da Gufram e fu uno dei pochi **Anti-Design** a non rimanere soltanto un prototipo. Fra i tardi anni '60 e i primi anni '70 i membri del gruppo furono molto attivi nel promuovere il Radical Design in Italia organizzando seminari e scrivendo articoli sui temi politici e sulle varie teorie del design che stavano dietro al movimento. Il gruppo sviluppò anche una tecnica originale per spiegare i contesti sociali e politici dell'architettura contemporanea: il fotoromanzo. I gruppi di radical design italiani come lo Strum gettarono le basi filosofiche dell'Anti-Design aprendo la strada alla nascita del **Post-Modernismo** nei primi anni '80.

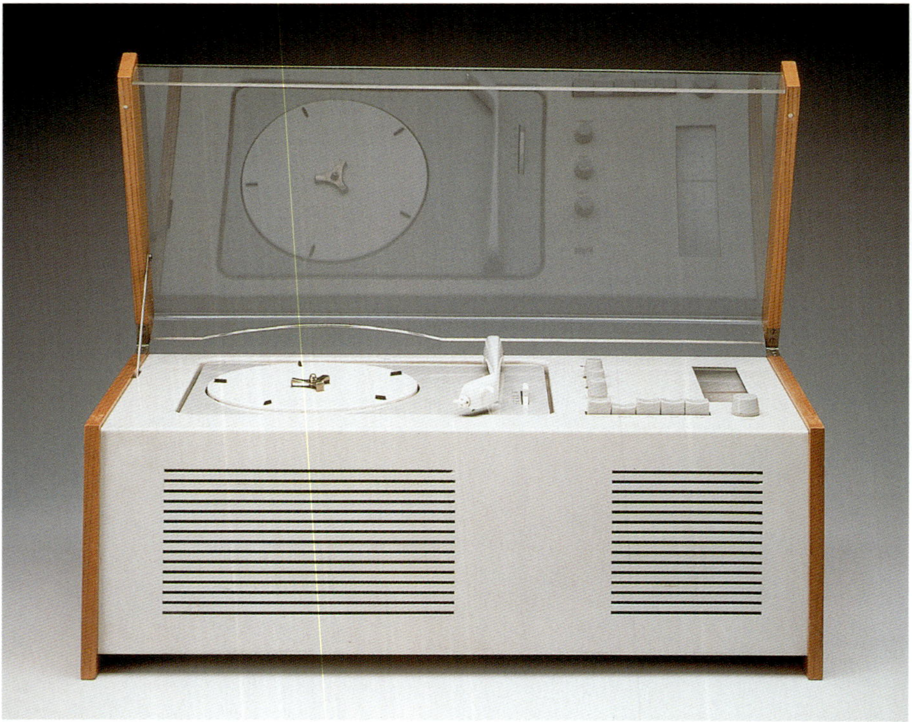

Hans Gugelot

1920 *Massakar, Indonesia*
1965 *Ulm, Germania*

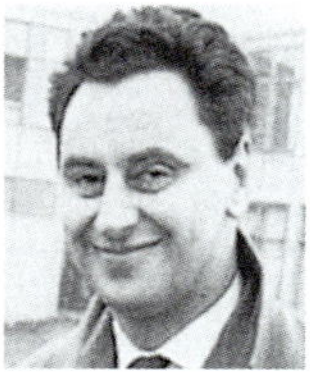

▲ **Hans Gugelot and Dieter Rams**, Radiogiradischi *Phonosuper* per Braun, 1956

Di famiglia olandese e svizzera, dal 1940 al 1942 Hans Gugelot studiò architettura a Losanna e poi all'Eidgenössische Technische Hochschule di Zurigo. Completati gli studi nel 1946, Gugelot lavorò come architetto freelance con **Max Bill** per otto anni, progettando mobili per Horgen-Glarus. Nel 1954, dopo aver conosciuto Erwin Braun (1921), Gugelot cominciò a progettare prodotti dalla linea elegante per l'azienda elettronica **Braun**. Continuò a lavorare nella sezione design della Braun fino al 1965, contribuendo allo sviluppo di uno stile aziendale caratterizzato da una forte identità di immagine, dall'uso di forme geometriche essenziali e colori discreti, privi di ogni inutile ornamento. Nello stesso periodo Gugelot lavorò anche per il suo studio, il Gugelot Institute di Ulm, e diresse il dipartimento di product design della **Hochschule für Gestaltung di Ulm**, dove promosse con rigore il motto del **Modern Movement** "la forma segue la funzione". La sua difesa del **Funzionalismo** ebbe molta influenza sui prodotti progettati in seguito dal collega della Braun **Dieter Rams**. Uno dei suoi design più notevoli, il *Phonosuper* (1956), venne progettato insieme a Rams e soprannominato "La bara di Biancaneve" per via del suo coperchio acrilico trasparente e della sua estetica squadrata e funzionalista. Gugelot continuò il suo lavoro di architetto specializzandosi nel design di case prefabbricate e al contempo lavorò su progetti di tipo industriale, come una macchina da cucire per Pfaff, il proiettore di diapositive Kodak *Carousel* (1964) e la prima serie di mobili incassati tedeschi, fra cui i contenitori *M125* (1954) per Boffinger. Inoltre, dal 1959 al 1962, lavorò anche come consulente allo sviluppo della metropolitana di Amburgo, progettando vagoni per il trasporto in superficie. La carriera di Gugelot s'interruppe bruscamente per la sua morte prematura nel 1965, ma, nonostante questo, la sua influenza, specialmente sullo sviluppo del product design tedesco, fu immensa. L'Istituto del Product Development e del Design Incorporated di Neu-Ulm, un'organizzazione indipendente emersa dal Development Group 2 della Hochschule für Gestaltung, venne ridenominato Gugelot Design dopo la sua morte e promosse il suo approccio razionale al design fino alla chiusura nel 1974.

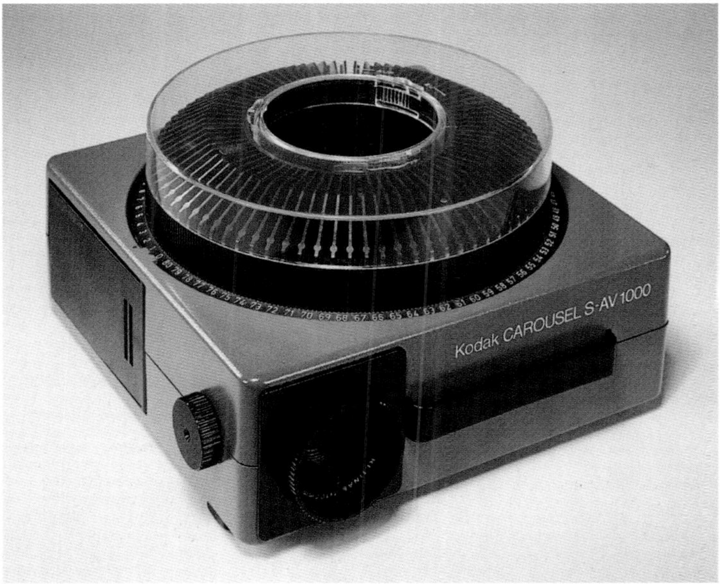

▸ **Hans Gugelot and Reinhold Hocker**, Proiettore per diapositive *Carousel S-AV 1000* per Kodak, 1964

Guild of Handicraft

1888–1907
Londra e Chipping Campden

Completati gli studi a Cambridge, **Charles R. Ashbee** andò a lavorare a Toynbee Hall, una missione filantropica dagli intenti educativi fondata dal canonico Samuel Augustus Barnett nel 1884 nell'East-End londinese. Ashbee organizzò letture pubbliche delle opere di John Ruskin (1819–1900) e insieme agli studenti realizzò la decorazione della mensa della missione. Nel 1887 a Toynbee Hall fondò la School of Handicraft e un anno dopo la Guild of Handicraft. La Guild aveva un capitale di esercizio di 50 sterline e tre membri fondatori, compreso Ashbee che divenne il capo designer. I membri della Guild realizzarono argenteria, oggetti in metallo, gioielli e mobili che, dal 1889, vennero esposti ogni anno alla Arts & Crafts Exhibition Society. Le opere della Guild ebbero molta influenza anche sul Continente, in special modo per i mobili progettati da **Hugo Mackay Baillie Scott** per il palazzo del granduca Ernst Ludwig di Hesse-Darmstadt e per la partecipazione alla VII Esposizione della Secessione viennese nel 1900. La Guild era gestita come una cooperativa e divenne famosa soprattutto per la sua argenteria e i suoi gioielli smaltati e intarsiati con cabochon e madreperla, in particolare quelli di Ashbee, David Cameron, William Hardiman, J. K. Baily e W. A. White. Questi oggetti trovarono ispirazione negli scritti di Benvenuto Cellini (1500–1571), soprattutto nel *Trattato dell'Oreficeria* e nel *Trattato della Scultura*, tradotti in inglese da Ashbee e pubblicati nel 1898 in volume unico con la dedica "ai lavoratori del metallo della Guild of Handicraft". Il libro venne pubblicato dalla stessa casa editrice della Guild, la Essex House Press, sorta sull'onda del successo dell'omologa Kelmscott Press di **William Morris**. Nel 1890 la Guild prese in affitto una grande tenuta in stile georgiano, la Essex House in Mile End Road (Londra), aprendo anche un negozio per la vendita dei suoi prodotti in 16a Brook Street, nel West-End londinese. Nel 1901 Ashbee trasferì la Guild of Handicraft, insieme a qualcosa come 150 persone (artigiani e famiglie), a Chipping Campden nei Cotswolds (Gloucestershire), sperando di realizzare l'utopico sogno di Morris di una comunità rurale autosufficiente. La Guild aprì scuole estive per gli abitanti della zona e per studenti. Suscitò, tuttavia, crescenti critiche per il suo occuparsi di problematiche sociali piuttosto che di tematiche artistiche. Entrò infine in crisi economica per gli eccessivi costi di trasporto e la mancanza di opportuni sbocchi cittadini ai suoi prodotti. Nel 1906 la Essex House Press venne chiusa e due anni dopo la Guild of Handicraft fu costretta alla liquidazione volontaria. Non era riuscita a competere con i prodotti più a buon mercato che imitavano proprio i design della Guild.

▸ **Charles R. Ashbee**, Caraffa con montatura in argento per Guild of Handicraft, 1901

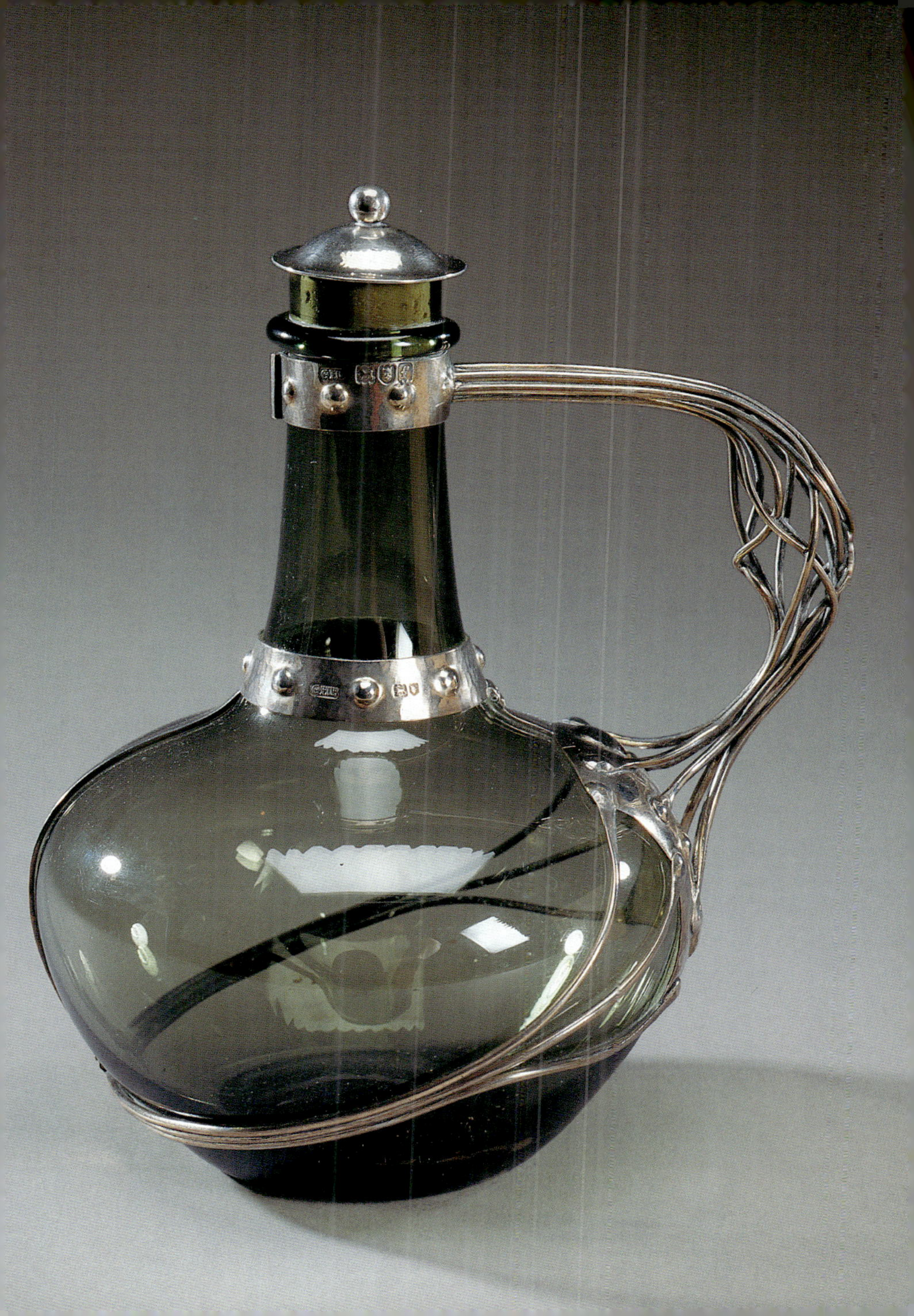

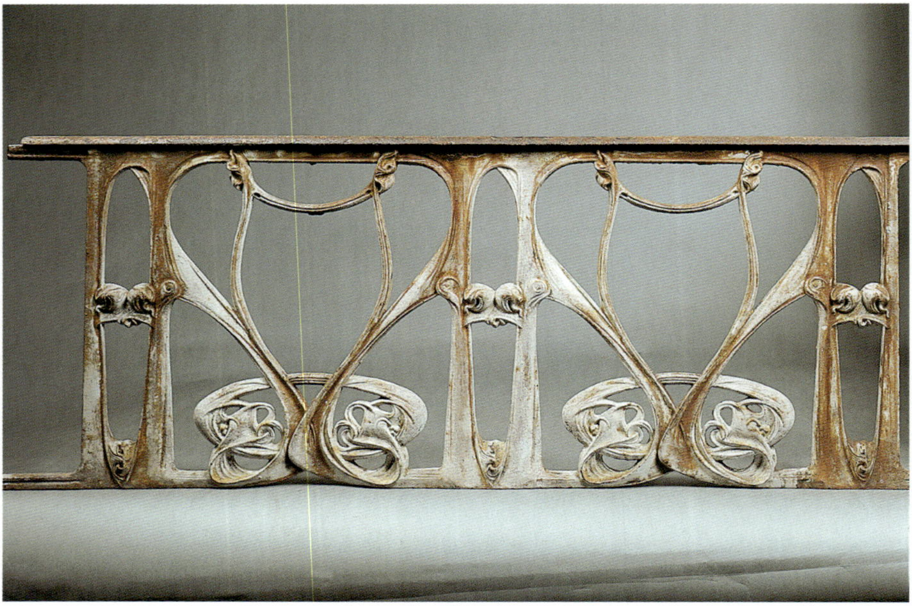

Hector Guimard
1867 *Lione*
1942 *New York*

Hector Guimard studiò a Parigi, dal 1882 al 1885 alla École Nationale des Arts Décoratifs, dove ebbe come docenti Eugéne Train e Charles Génuys, e dal 1889 alla École des Beaux Arts, dove ebbe come docente Gustave Gaulin. Il suo primo progetto fu il design degli interni del ristorante Au Grand Neptune di Parigi. Ricevette poi diverse commissioni di residenze private in città e nei dintorni, fra cui la villa di Charles Jassede (1893), che per i suoi interni ed esterni integrati venne concepita come **Gesamtkunstwerk**.
Influenzato dall'architettura del Domestic Revival inglese e dai design **Art Nouveau** di **Victor Horta**, tra il 1894 e il 1897 Guimard progettò a Parigi Castel Béranger, un condominio fortemente influenzato dal Gothic Revival e dallo stile Henry II. Guimard fu il principale esponente dell'Art Nouveau francese; il suo Castel Béranger viene considerato il manifesto stesso di quello stile, in Francia chiamato spesso "Style Guimard".
Dal 1899 al 1901 Guimard lavorò a molti progetti di architettura, fra cui la Maison Coilliot a Lille (1898–1900), il Castel Henriette a Sèvres (1899–1900) e l'auditorium Humbert de Romans (1898–1900), per il quale progettò mobili e arredi specifici che racchiudevano uno straordinario senso di organicità.
Il suo design più famoso, tuttavia, furono le entrate in ghisa del métro parigino (1903), un vero trionfo della decorazione Art Nouveau. Nel 1920

▲ Ringhiera di balcone per le Fonderie di Saint-Dizier, 1909 ca.

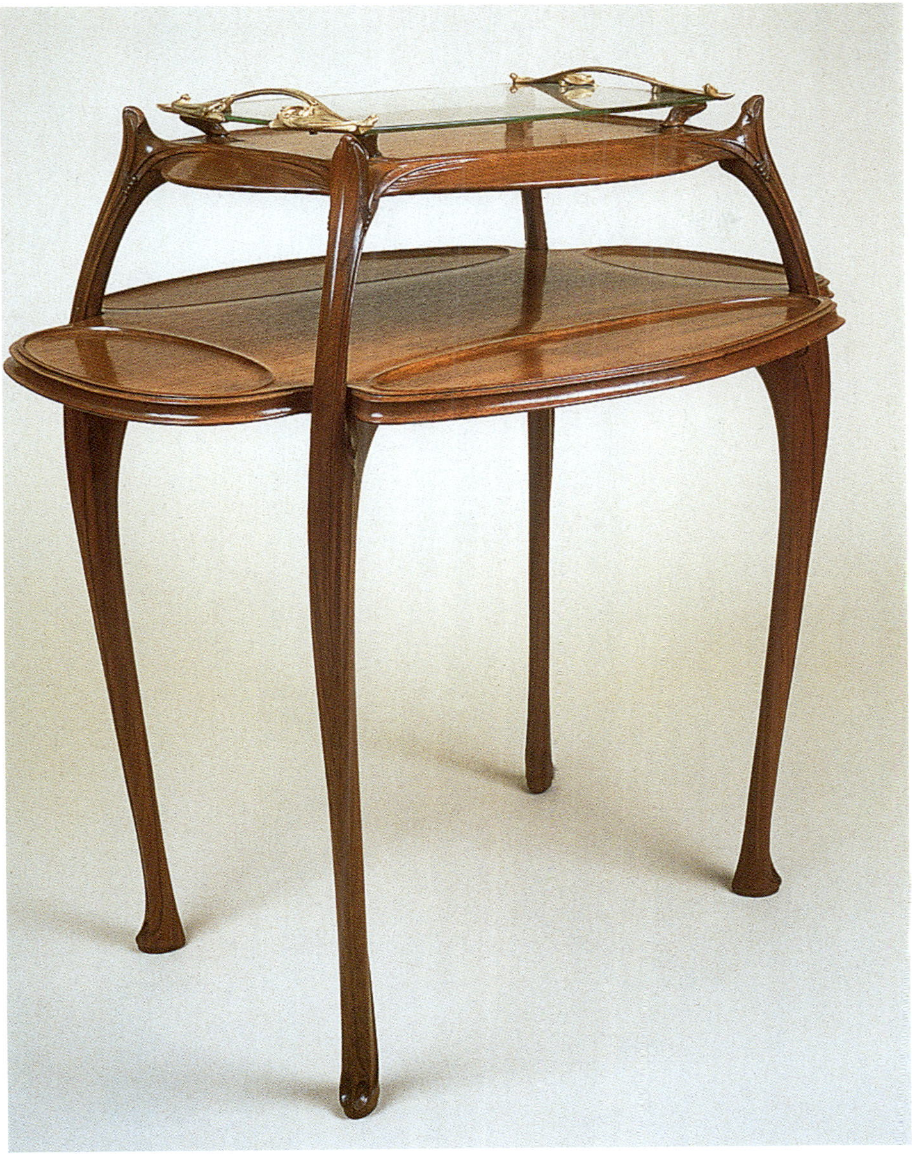

▲ Tavolo da tè,
1903 ca.

▸ Sedia per la sala da pranzo della Maison Coillet, 1898–1900 ca.

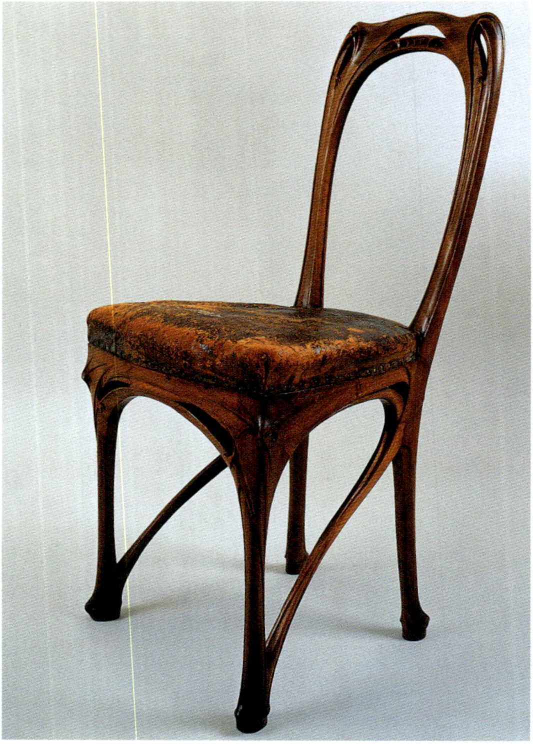

Guimard progettò i suoi primi mobili standard per la produzione in serie. Un anno dopo realizzò case per operai e un condominio con elementi standardizzati.

Con l'affermazione dell'**Art Déco** negli anni '20, Guimard, come molti altri designer legati all'Art Nouveau, cadde nell'oblio. Nel 1938 emigrò negli Stati Uniti e si stabilì a New York.

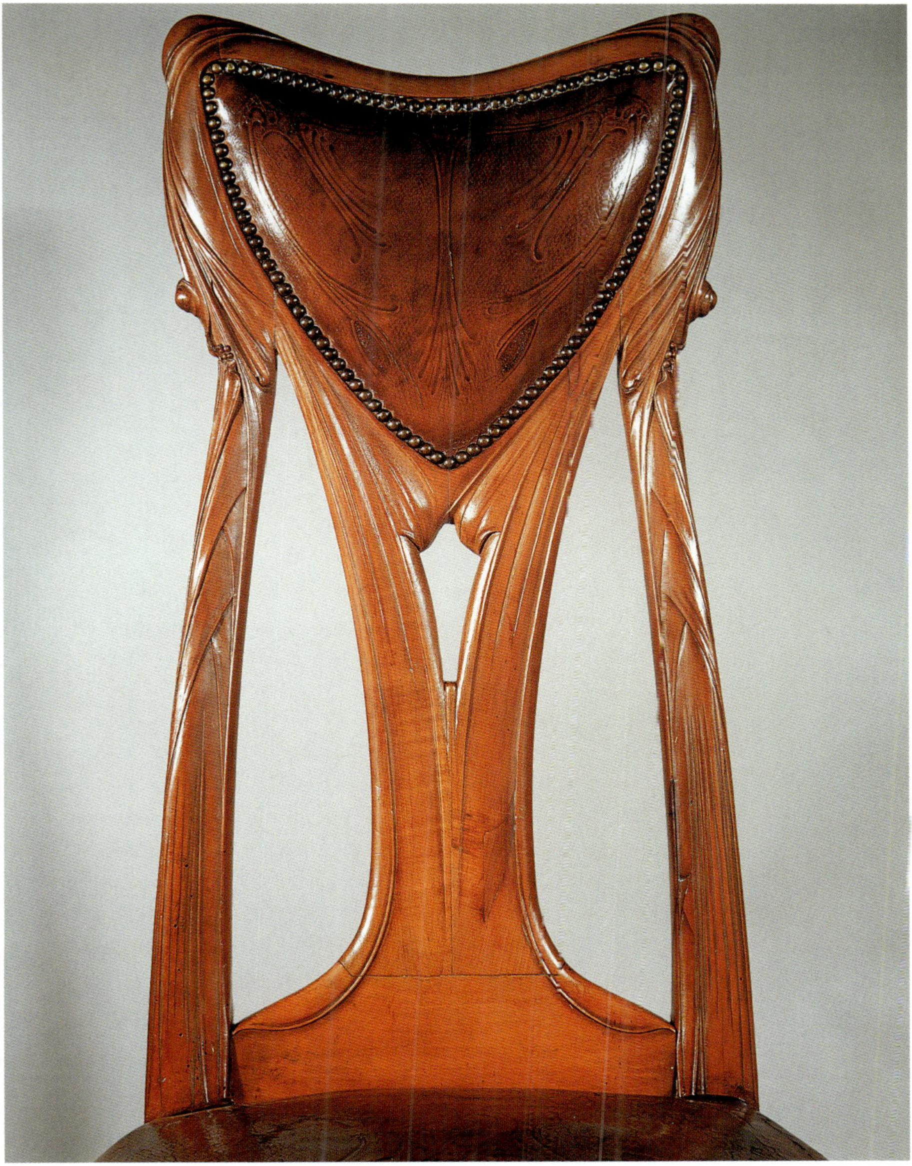

▲ Dettaglio di una
sedia, 1902 ca.

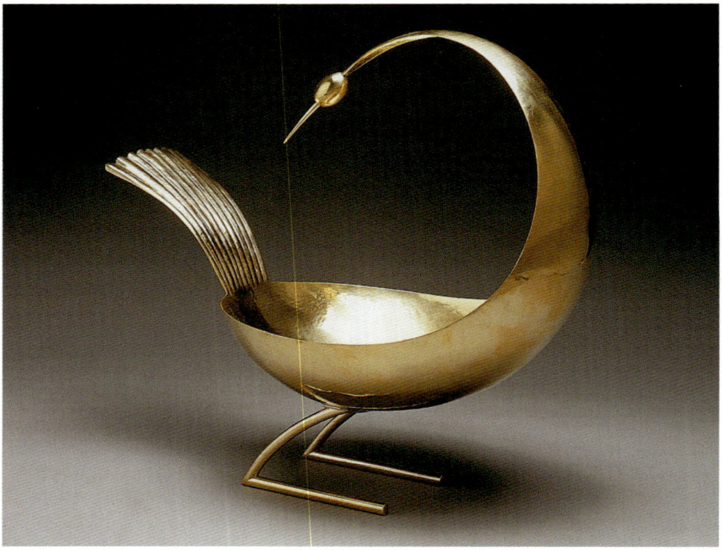

◂ Recipiente in ottone, anni '30

Werkstätten Hagenauer

1898–1956
Vienna

Carl Hagenauer fu prima apprendista orefice presso la Würbel & Czokally di Vienna e poi orefice specializzato per Bernauer Samu a Pressberg (ora Bratislava, in Slovacchia). Sul finire del secolo la richiesta di oggetti in metallo decorativi fece un salto in avanti: nel 1898 c'erano a Vienna 230 laboratori e fabbriche che producevano oggetti in metallo. In questo contesto di prosperità, Carl Hagenauer fondò il suo laboratorio viennese, il Werstätten Hagenauer, producendo oggetti in metallo esportati in tutto il mondo. Nel 1919 il figlio Karl, che aveva studiato sotto la guida di **Josef Hoffmann** alla Kunstgewerbeschule di Vienna, cominciò a progettare oggetti per l'uso domestico in materiali come argento, rame, avorio, legno e smalti. I design di Karl furono influenzati dall'opera del **Wiener Werkstätte** ed erano volutamente lontani dallo stile **Jugendstil**. Durante gli anni '20 i design del Werkstätten Hagenauer furono sempre più influenzati dall'**Art Déco**, in ascesa in Francia in quel periodo. Il laboratorio produsse anche oggetti progettati da Joseph Hoffmann, **Otto Prutscher** e E. J. Meckel. Alla morte di Carl Hagenauer nel 1928, i figli Karl, Franz e Grete subentrarono nella gestione dell'azienda, aprendo in seguito anche un laboratorio di falegnameria e alcuni negozi a Salisburgo e Vienna. Quattro anni dopo i designer francesi Jacques Adnet (1900–1984) e René Coulon (1907) progettarono mobili in vetro temprato che vennero prodotti dai Werkstätten Hagenauer. I laboratori cessarono l'attività nel 1956.

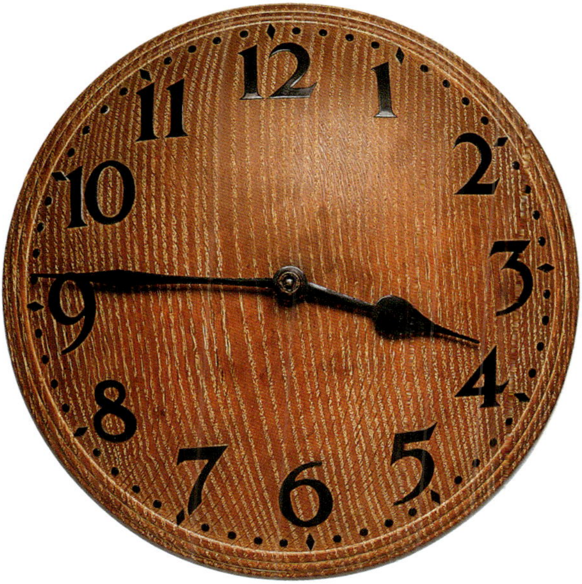

▲ **Heal & Sons**,
Orologio a muro in quercia, 1905 ca.

Ambrose Heal

1872 *Londra*
1959 *Penn/Dorset*

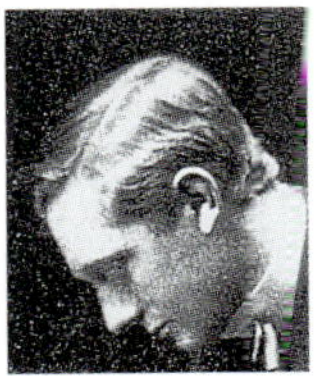

La Heal & Sons fu fondata a Londra, in Tottenham Court Road, nel 1810. Diventò in seguito famosa per gli arredamenti da camera da letto e la riproduzione di mobili in stile Regina Anna. Ambrose Heal entrò nell'azienda di famiglia nel 1893, dopo aver studiato alla Slade School of Fine Art e aver fatto l'apprendista nel mobilificio Messers Plucknet di Warwick. Dal 1886 cominciò a progettare mobili per la Heal & Sons, la quale, per quanto seguisse i principi dell'Arts & Crafts, realizzava mobili più funzionali di quelli prodotti da **Liberty & Co**. I suoi primi design, illustrati dal 1898 nel catalogo *Flain Oak Furniture* della Heal & Co., erano semplici e senza pretese, molto elogiati da Gleeson White, direttore della rivista *The Studio*. Come i loro principali concorrenti, Liberty & Sans, l'azienda cominciò a vendere anche "tessuti artistici", espose dal 1899 all'Arts & Crafts Exhibition Society e all'"Exposition Universelle et Internationale" di Parigi del 1900. Ambrose Heal divenne membro attivo della Art Workers' Guild e nel 1913 divenne presidente della Heal & Sons. Due anni dopo partecipò alla fondazione del DIA (Design & Industries Association), un'organizzazione che promuoveva la collaborazione tra designer e industriali. Anche i suoi design divennero sempre più razionali e verso la fine degli anni '30 divennero tipici esempi del Modernismo britannico. Nel 1939, allo scoppio della guerra, Heal smise di progettare mobili e fu nominato membro della Faculty of Royal Designers for Industry.

▸ Copertina per *Deutschland über alles* di Kurt Tucholsky, 1929

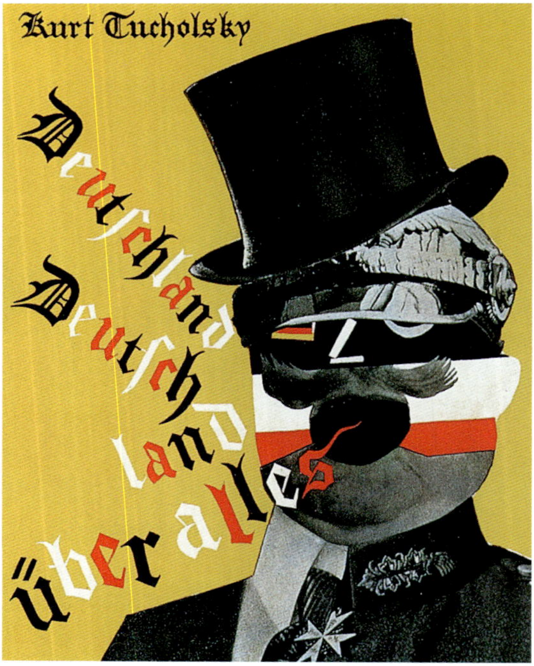

John Heartfield

1891
Schmargendorf/Berlino
1968 *Berlino*

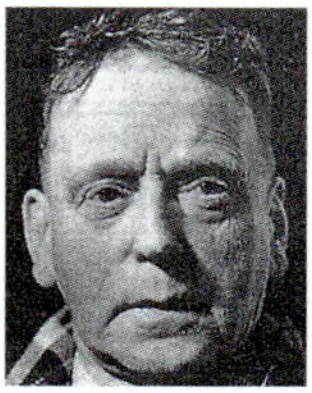

Heartfield, il cui vero nome era Helmut Herzfeld, studiò alla Kunstgewerbeschule di Monaco dal 1908 al 1911 e alla Kunst- und Handwerkerschule di Berlino dal 1913 al 1914. Due anni dopo Heartfield anglicizzò il proprio nome in segno di protesta per la campagna antibritannica allora in corso in Germania. Nel 1917, insieme al fratello, aprì la casa editrice Malik-Verlag, realizzando grafica per le sue pubblicazioni. Nel 1918 fu membro fondatore del gruppo Dada di Berlino e nello stesso anno entrò nel partito comunista tedesco, producendo illustrazioni e scrivendo articoli per la rivista del partito *AIZ* (*Arbeiter-Illustrierte-Zeitung*) dal 1924 al 1933. Per il lavoro alla Malik-Verlag e alla AIZ, Heartfield adottò un approccio sperimentale sia nell'uso dei caratteri che nella grafica, usando frequentemente fotomontaggi che avevano un forte impatto visivo e che durante gli anni '30 esercitarono una forte critica verso il partito nazista. Heartfield fu per questo costretto all'esilio, prima a Praga nel 1933 e poi in Inghilterra nel 1939. In Inghilterra realizzò copertine per la Penguin Books e collaborò al *Picture Post* e alla rivista di formato tascabile *Lilliput*. Nel 1950 tornò in Germania e si stabilì a Lipsia. Lavorò poi a Berlino Est come scenografo per molti autori, fra cui Bertold Brecht.

Jean Heiberg studiò pittura a Monaco e poi, dal 1908 al 1910, fu allievo di Henri Matisse (1869–1954) a Parigi. Rimase a Parigi fino al 1929 diventando seguace dei Fauves e ricevendo notevoli apprezzamenti per i suoi quadri e le sue sculture. Tornato a Oslo, cominciò a insegnare alla Statens Handverks-og Kunst-industiskole e poco dopo gli venne commissionato il telaio per un nuovo telefono in bachelite che doveva rimpiazzare i precedenti modelli in metallo. La struttura interna era stata progettata dall'ingegnere norvegese Johan Christian Bjerknes; il telefono sarebbe stato prodotto da una joint-venture tra la Norsk Elektrisk Bureau e l'azienda svedese **L. M. Ericsson**. Il risultato fu l'altamente scultoreo *DHB 1001* in bachelite (1930), che rimase all'avanguardia nel design di telefoni fino agli anni '50. Il *DHB 1001* venne prodotto dal 1932 e fu venduto, oltre che in Scandinavia, in Gran Bretagna, Italia, Grecia e Turchia. Il telefono fu prodotto su licenza anche dalla Siemens in Inghilterra, Francia e America. L'avveniristico design ispirò il modello in plastica fenolica di **Henry Dreyfuss**, sviluppato nel 1937 dai Bell Laboratories.

Jean Heiberg

1884 *Oslo*
1976 *Oslo*

▼ Telefono *DHB 1001* in bachelite per Siemens, 1932

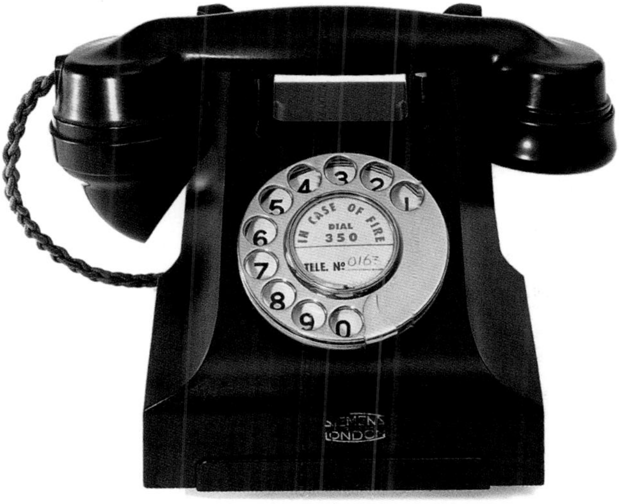

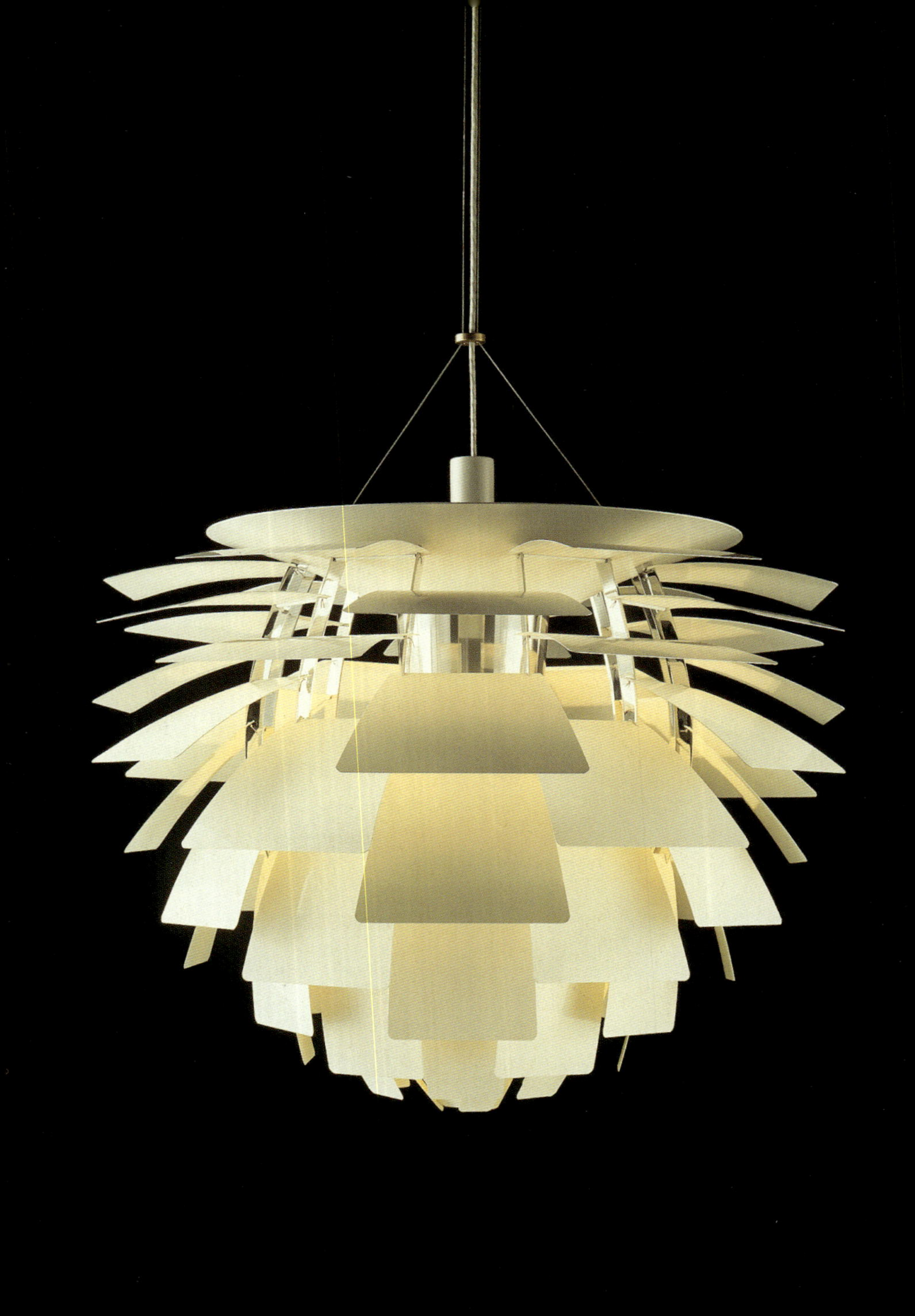

Poul Henningsen

1894 *Ordrup, Danimarca*
1967 *Copenhagen*

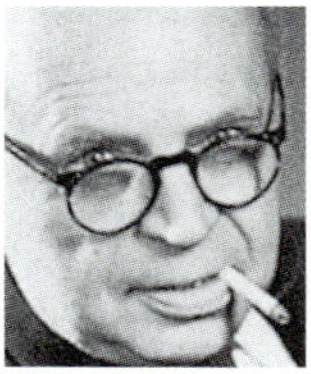

Poul Henningsen studiò architettura alla Tekniske Skole di Copenaghen dal 1911 al 1914 e al Polyteknisk Laeranstalt dal 1914 al 1917. Completati gli studi, si dedicò al giornalismo per otto anni, prima lavorando come critico d'arte per la rivista *Klingen* e poi scrivendo per i giornali *Politiken* e *Extra Bladet*. Dal 1924 cominciò a progettare luci per Louis Poulsen; la prima lampada della serie *PH* venne esposta con grande successo all'"Exposition Internationale des Arts Décoratifs et Industriels Modernes" di Parigi del 1925. Le lampade *PH* furono il risultato di dieci anni di studi scientifici e vennero progettate per eliminare i riflessi e produrre una luce soffice. Dalla metà degli anni '20 fino allo scoppio della guerra, le lampade *PH* furono esportate in Europa Centrale, Nord e Sud America, Africa e Asia. Furono molto popolari in Germania e vennero illustrate nella rivista *Das Neue Frankfurt*, che ne celebrò l'eccellenza tecnica per il suo paralume a tre stadi. In questo periodo Henningsen progettò anche mobili per le ditte Zeiss e Goertz di Copenaghen. Dal 1926 al 1928 fu direttore della rivista *Kritisk Revy*, dopo di che fondò e diresse *PH-Revy*, una rivista di breve durata. Nel 1929 scrisse soggetti per spettacoli di varietà e in seguito sceneggiature. Dal 1935 al 1939 collaborò alla rivista antinazista *Kulturkampen* e nel 1941 realizzò progetti di architettura a Tivoli. Dal 1943 al 1945 Henningsen visse da esule politico in Svezia e, tornato a Copenaghen dopo la seconda guerra mondiale, lavorò come corrispondente e redattore per diverse riviste, fra cui *Social-Demokraten*. Henningsen denunciò le pretese artistiche del design scandinavo e si schierò a favore di un design più funzionale che avrebbe portato il **Good Design** alle masse. A differenza della maggior parte dei designer del **Modern Movement**, tuttavia, Henningsen considerava le forme e i materiali tradizionali più che adeguati alla realizzazione di prodotti accessibili a tutti. Alla sua morte nel 1967, lasciò oltre cento design di luci, alcuni dei quali sono stati realizzati postumi.

◄ Lampadario *PH Artichoke* per Louis Poulsen, 1957

▼ Lampada *PH4-3* per Louis Poulsen, 1966

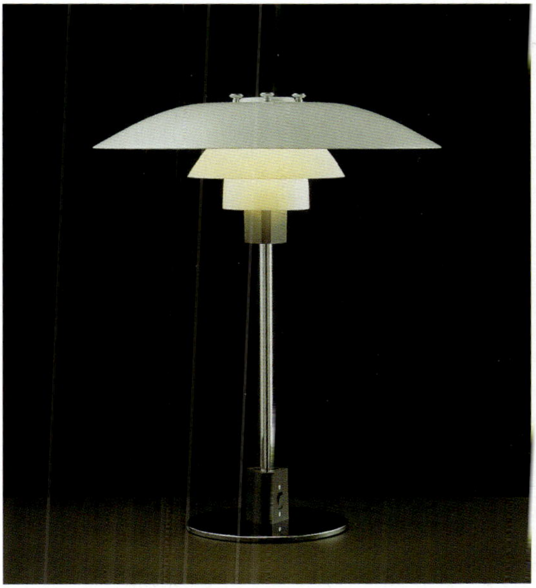

Frederick Henri Kay Henrion

1914 *Norimberga*
1990 *Londra*

Frederick Henri Kay Henrion fece prima l'apprendista designer tessile a Parigi e poi studiò graphic design all'École Paul Colin dal 1934 al 1936. Per i successivi tre anni lavorò a Londra e Parigi, collaborando alla realizzazione della "British Empire Exhibition" di Glasgow (1938) e della Fiera mondiale di New York (1939–1940). Dal 1943 al 1945 divenne consulente al design per la Divisione Mostre del British Ministry of Information e fu responsabile di tutte le mostre del Ministero dell'Agricoltura. In tempo di guerra realizzò anche manifesti di taglio propagandistico influenzati dal **Surrealismo**. Alla fine della guerra venne nominato consulente al design dell'ambasciata americana in Gran Bretagna e dell'Office of War Information americano. Nel 1951 aprì uno studio di design, Henrion Design Associates, realizzando grafica, poster e marchi aziendali per molte aziende, fra cui General Post Office, BOAC, Council of Industrial Design, Blue Circle Cement, London Transport, KLM e BEA. Henrion progettò anche i padiglioni di agricoltura e storia naturale per il "Festival of Britain" del 1951. La sua opera fu oggetto di una mostra personale intitolata "Designing Things and Symbols", tenutasi all'ICA (Institute of Contemporary Art) di Londra nel 1961. Divenne poi presidente della SIA (Society of Industrial Arts) per due anni e partecipò all'Expo '67 di Montreal. Henrion fu un pioniere della **corporate identity**; su questo argomento scrisse un libro con Alan Parkin, intitolato *Design Coordination and Corporate Image* (1969).

▼ Manifesto *Stub it Out* per The British Ministry of Information, 1943

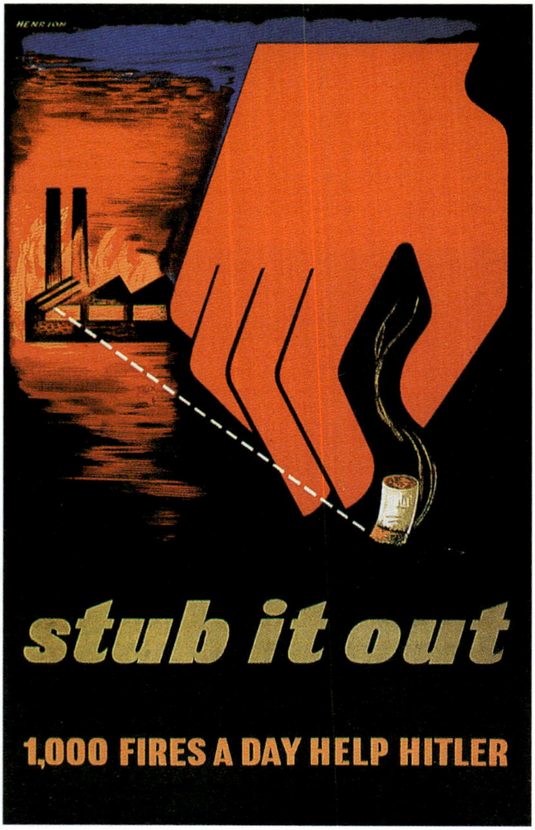

René Herbst

1891 *Parigi*
1982 *Parigi*

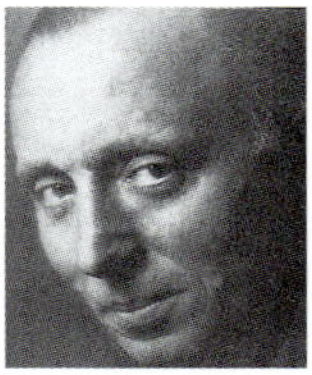

René Herbst seguì studi di architettura dal 1908 prima a Londra e poi a Francoforte. Si stabilì infine a Parigi e nel 1919 aprì uno studio di architettura. Il suo approccio funzionalista al design ne fece, tra le due guerre, uno dei più noti architetti francesi. Progettò stand espositivi per l'"Exposition Internationale des Arts Décoratifs et Industriels Modernes" di Parigi del 1925 e, sempre in quel periodo, progettò interni e mobili modernisti. Dal 1927 cominciò a realizzare sedie in tubolare metallico, alcune delle quali presentavano cinghie elastiche prodotte dalla sua stessa ditta, l'Établissements René Herbst. Nel 1933 fu pubblicato un catalogo di queste sedie che comprendeva la sua famosa *Chaise Sandows* (1928–1929). Questa sedia "elasticizzata" venne usata per la prima volta nello schema d'interni realizzato da Herbst per l'appartamento di M. Peissi (1929) e venne poi esposta in varie mostre, fra cui l'"Éxposition des Arts Décoratifs" di Bruxelles del 1934. Dal 1929 al 1932 Herbst scrisse quattro articoli sull'illuminazione per la rivista *Lux*, in cui suggeriva ai lettori di affidarsi alla consulenza di esperti in illuminazione. Fu in quel periodo che progettò diverse luci, commercializzate da Cottin, fra cui un lampadario che venne esposto al Salon d'Automne del 1928. Nel 1930 fu membro fondatore dell'UAM (Union des Artistes Modernes) che si oppose agli eccessi decorativi dell'allora popolare stile **Art Déco**. Herbst si occupò del design delle esposizioni dell'UAM, tenute a partire dal 1930. Nominato presidente dell'associazione nel 1945, si occupò dell'organizzazione della mostra "Les Formes Utiles" tenuta a Parigi dal 1949 al 1950. Herbst fu uno dei principali esponenti del Modernismo francese. Descrisse se stesso e i membri dell'UAM come "i puritani dell'arte" e rigettando l'ornamento si schierò sempre a favore dell'estetica industriale.

▼ *Chaise Sandows* per Établissements René Herbst, 1928–1929

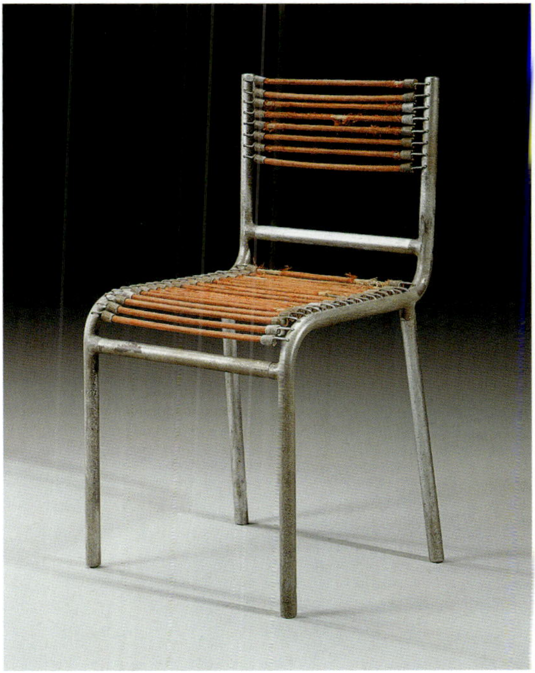

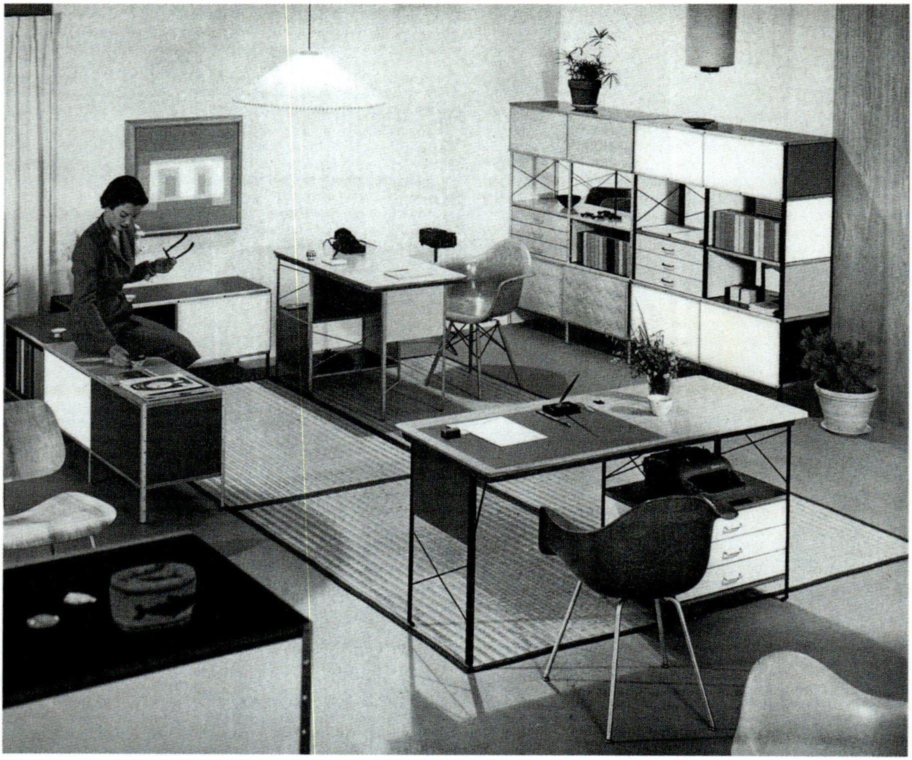

Herman Miller

Fondata nel 1923 a
Zeeland, Michigan

▲ **George Nelson**, *Action Office I* per Herman Miller, 1964–1965

► Pagina dal catalogo della Herman Miller Collection (1952), raffigurante la serie *ESU* di Charles & Ray Eames predisposta all'uso d'ufficio

Le origini dell'azienda Herman Miller si possono far risalire al 1847, quando un gruppo di immigrati olandesi si stabilì a Zeeland, nel Michigan. La prima azienda da essi fondata fu una fabbrica di conserve in scatola. Nel 1905, dopo lo scarso successo di questa iniziativa, venne deciso di usare gli edifici per costruire mobili per la comunità. Venne assunto D. J. De Pree, un giovane diplomato, perché si occupasse dei lavori d'ufficio. Nel 1923 De Pree e il suocero Herman Miller acquisirono la quota di maggioranza del mobilificio, che venne chiamato prima Michigan Star Furniture Company e poi ribattezzato Herman Miller Furniture Company. In quel periodo l'industria americana del mobile era per lo più costituita da piccole aziende familiari concentrate nell'area di Grand Rapids (Michigan), Rockford (Illinois), Jamestown (New York), Chicago e New York City. I mobili riprodotti da queste aziende, compresa la Herman Miller, dipendevano in gran parte dalle ordinazioni di grandi negozi che cercavano costantemente di prevedere le tendenze di volta in volta prevalenti. Più che il modo concreto in cui la gente viveva, ciò che interessava sia ai produttori che ai

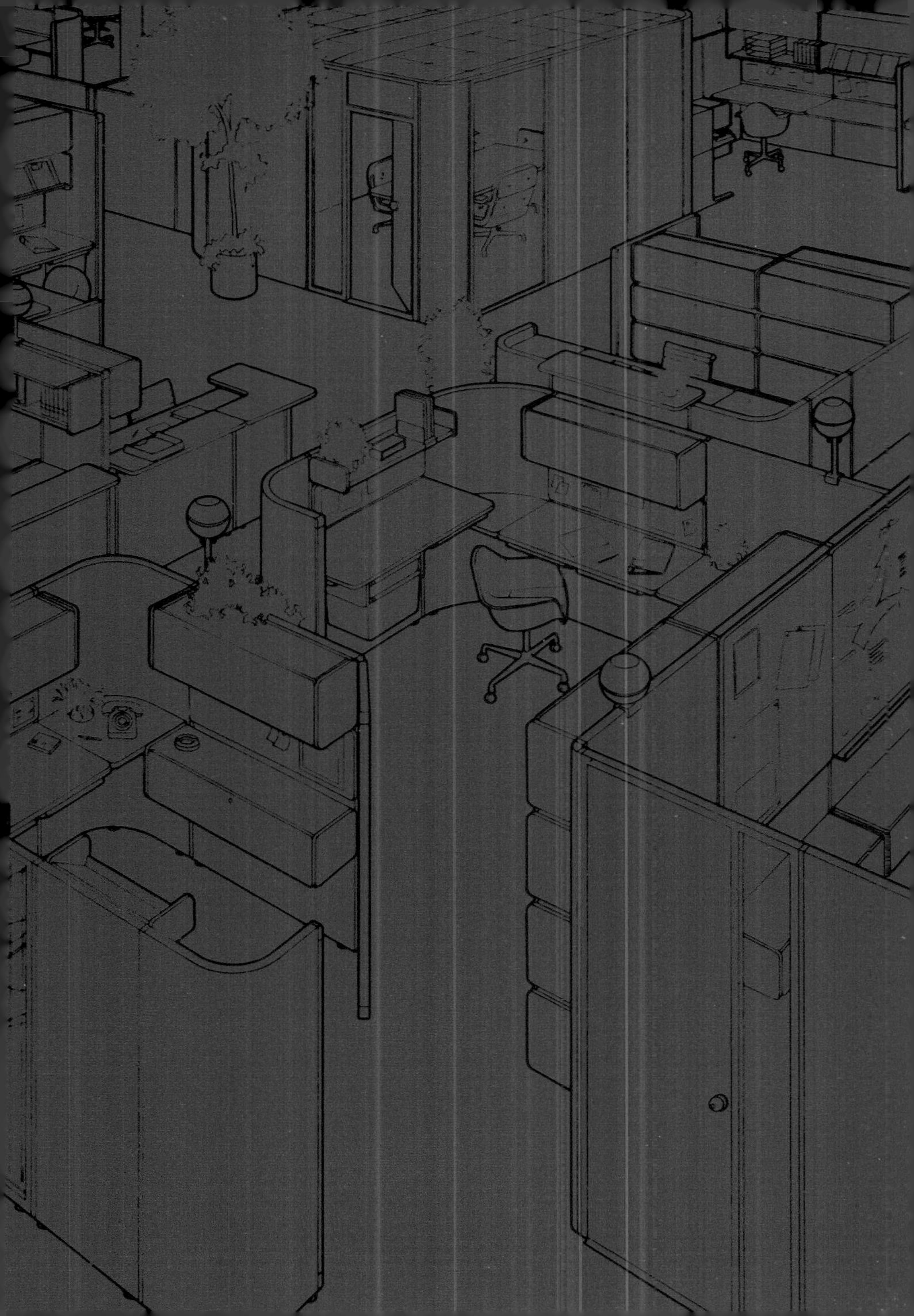

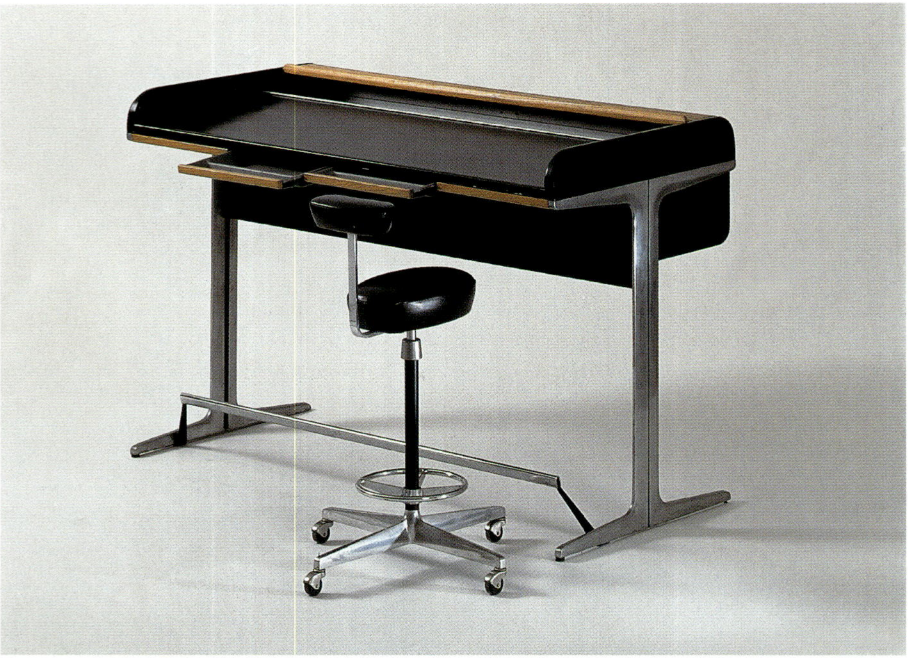

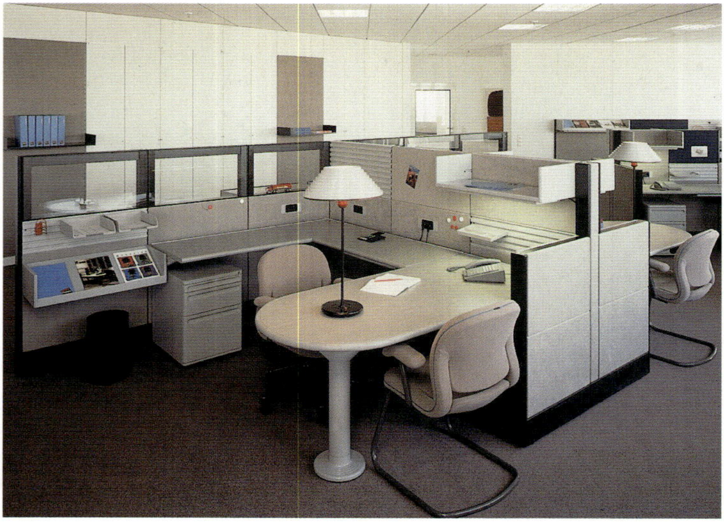

▲ **George Nelson**, Scrivania e sedia *Action Office I n. 6491* e *n. 64940* per Herman Miller, 1964–1965

◄ **Bill Stumpf**, *Ethospace* per Herman Miller, 1984

rivenditori era ciò che poteva avere un mercato. Fu in questo contesto di feroce competizione e di cambiamenti a ripetizione suggeriti da mode effimere che avvenne il crollo della Borsa del 1929. La Herman Miller fu coinvolta in pieno in quella crisi. Un anno dopo De Pree conobbe il designer **Gilbert Rhode**, il quale suggerì di produrre una serie di mobili molto semplici ma di buona qualità, il cui valore fosse nei materiali e nella solidità della fabbricazione più che nei trattamenti decorativi di superficie. Ciò fu una rivelazione per De Pree, che riconobbe non solo il potenziale commerciale dell'operazione, ma anche l'intrinseca superiorità morale di quell'idea tipica del design moderno. In seguito De Pree avrebbe sottolineato tre elementi fondamentali dei suggerimenti di Rhode che influenzarono il nuovo corso della fabbrica: il diritto del designer a mantenere il controllo sulla produzione dei suoi design, il dovere del fabbricante di produrre mobili adeguati alle esigenze delle persone, che ne risolvessero i problemi reali con l'uso dei materiali migliori e più adeguati ai tempi e, ultimo ma non meno importante, rispettare la natura dei materiali. Nel 1936 il successo della nuova linea di mobili moderni progettati da Rhode spinse la Herman Miller ad abbandonare la procedura di prima che consisteva nella semplice riproduzione di un mo-

▼ **Robert Propst**, *Action Office II* per Herman Miller, 1968

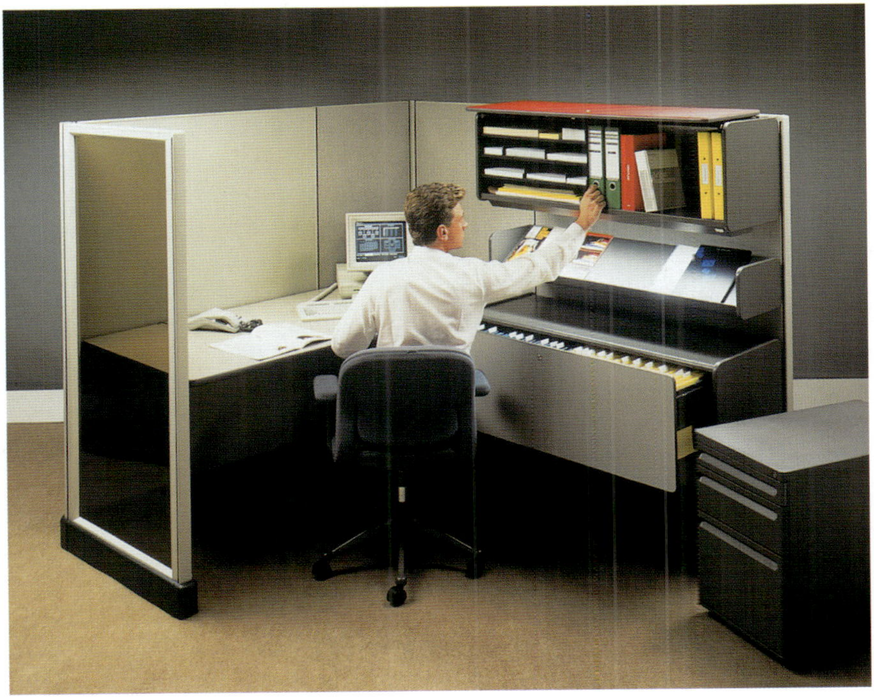

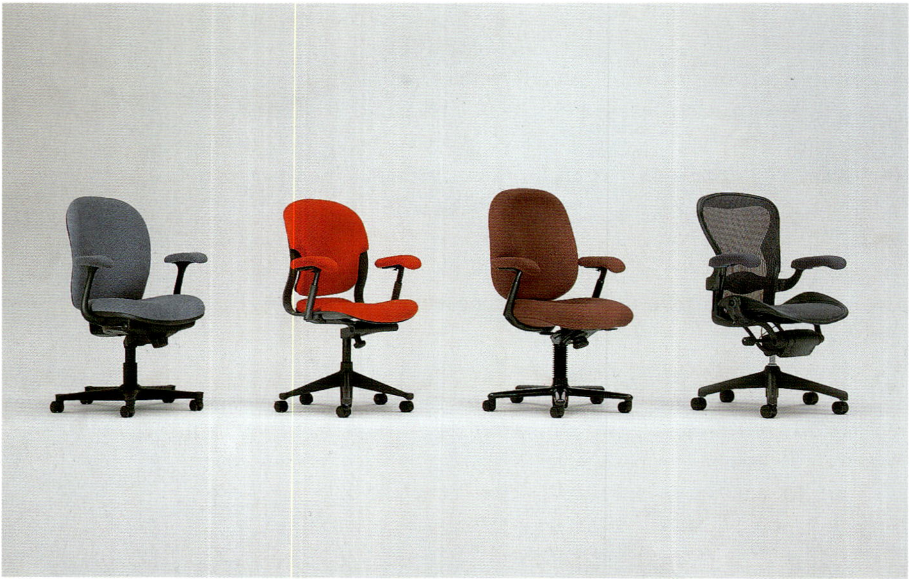

▲ **Bill Stumpf & Don Chadwick**, Serie di sedie da ufficio per Herman Miller

dello; nel 1941 la ditta aveva già aperto a New York uno showroom in cui vennero esposti i nuovi design. Nel 1946, alla morte di Rhode, continuando la nuova linea intrapresa dalla Herman Miller Furniture Company, De Pree nominò direttore del design **George Nelson**, architetto, critico e inventore dello "storage wall" (muro dispensa). Nelson portò con sé altri designer di talento come **Charles Eames**, **Isamu Noguchi** e **Alexander Girard**. Negli anni che seguirono la Herman Miller divenne leader dell'industria del mobile; i suoi design erano tutti improntati ai criteri che De Pree aveva stabilito come basi del **Good Design**: durata, unità, integrità, inalterabilità, criteri che rivoluzionarono la vita e l'attività lavorativa della gente. Fra i design più innovativi di quegli anni sono da ricordare le sedie in compensato (1945–1946) e le sedie in plastica (1948–1950) di Charles & Ray Eames, il *Comprehensive Storage System* (1959) e l'*Action Office* (1964–1965) di George Nelson. Nel 1968 fu messo sul mercato l'*Action Office II* di **Robert Propst**, il quale non solo trasformò l'ambiente ufficio, ma, col suo successo, fece della Herman Miller la seconda casa costruttrice di mobili al mondo. L'azienda ha continuato ad operare all'avanguardia del mercato producendo una serie di sedie da ufficio molto innovative: l'*Ergon* (1976), l'*Equa* (1984) e l'*Aeron* (1992) di **Bill Stumpf** e **Don Chadwick**. Anche oggi la Herman Miller continua a guidare il mercato per la sua manodopera altamente motivata e per la continua ricerca dell'eccellenza, sia nel design che nelle tecniche di produzione.

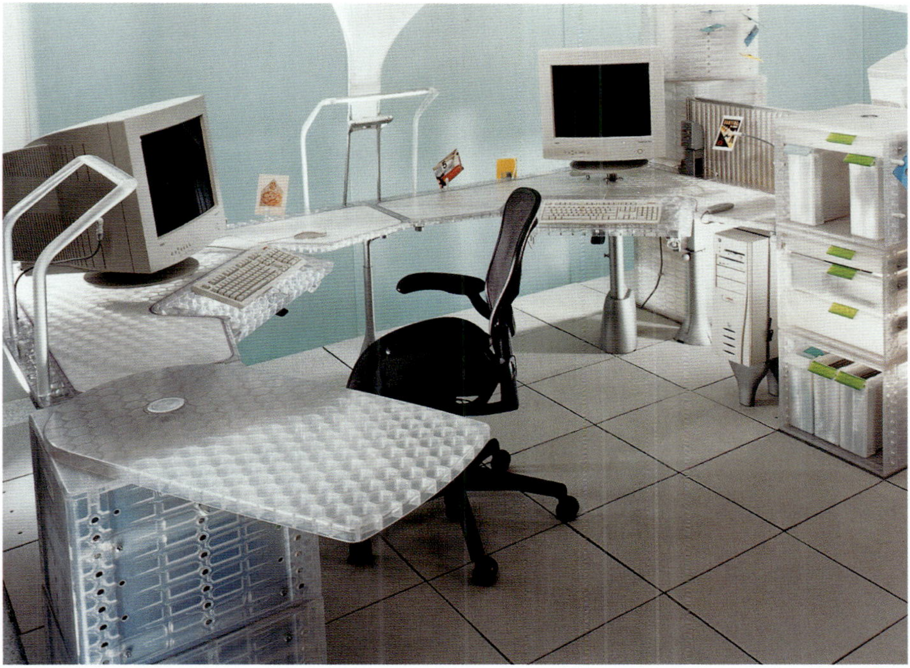

▲ **Ross Lovegrove & Stephen Peart**, Office system per Herman Miller, 1995–1999

► Dettaglio dell'office system

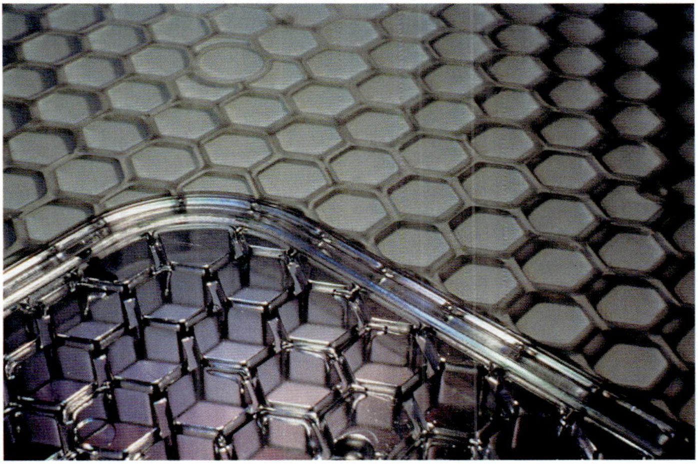

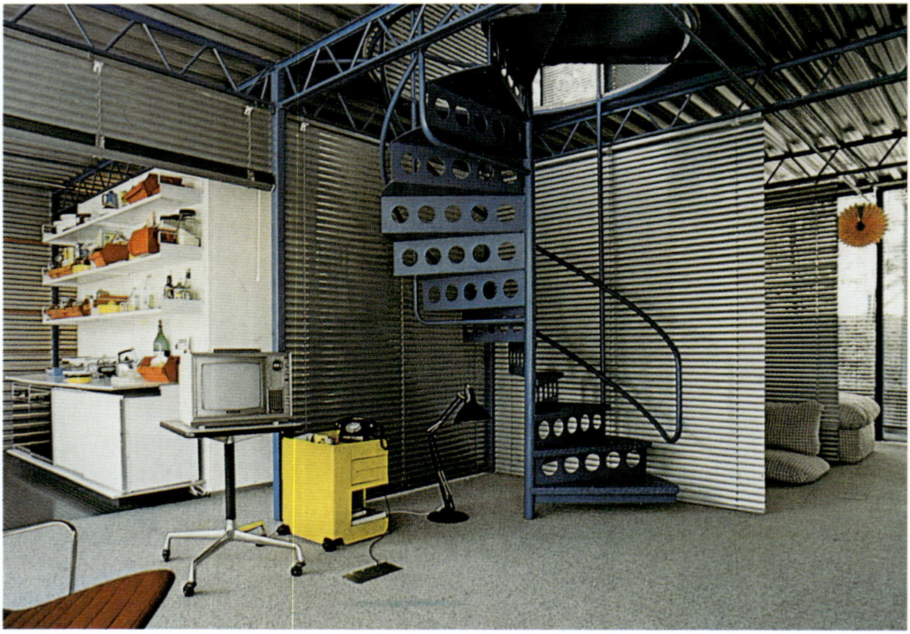

High-Tech

Lo stile High-Tech, che fece la sua comparsa in architettura a metà degli anni '60, s'ispirava al formalismo geometrico del Modernismo classico e alle proposte del **Radical Design** di **Buckminster Fuller**. Gli aspetti funzionali che permeano lo stile High-Tech si contrappongono agli eccessi del **Pop Design**. Pionieri di questo nuovo stile furono i designer britannici **Norman Foster**, Richard Rogers (1933) e Michael Hopkins (1935), che inserirono elementi industriali non decorativi nei loro edifici. Lo stile s'integrò infine al design d'interni convenzionale durante gli anni '70, con elementi distintivi propri di fabbriche e ambienti simili come carrelli, pavimenti in gomma, luci a clip, scaffali zincati e ponteggi metallici; gli interni usano, in omaggio a **De Stijl**, colori primari senza tonalità intermedie. In America esponenti dell'High-Tech sono stati Joseph Paul D'Urso e **Ward Bennet**, che lavorò con materiali industriali di recupero. Nel 1978 Joan Kron e Susan Slesin pubblicarono un libro intitolato *High-Tech — the industrial style and source book for the home*, ma a quel tempo lo stile era già in declino, superato nei primi anni '80 dal **Post-Modernismo**. Tuttavia, verso la metà degli anni '80 la promozione dei materiali industriali tipica dell'High-Tech ispirò designer britannici come **Ron Arad** e **Tom Dixon**, i quali crearono poetici design "One-Off", pezzi unici composti a partire da materiali di recupero come ponteggi metallici, sedili di automobili e coperchi di tombini.

▲ **Michael Hopkins**, Lo studio della Hopkins House, 1979

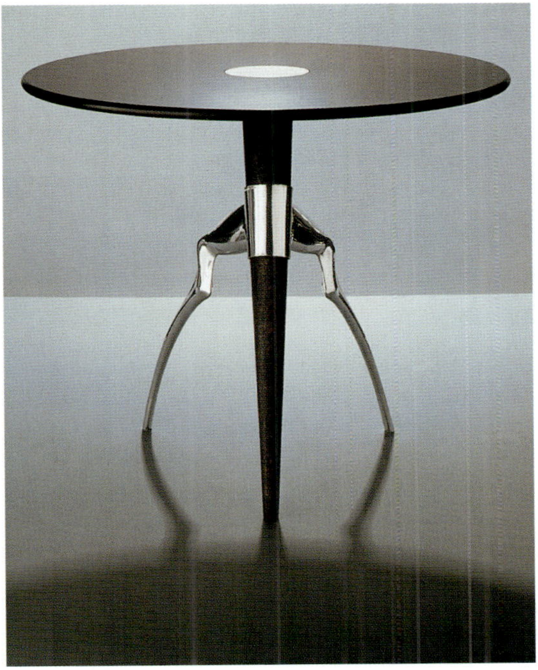

◄ Tavolo *Antelope* per SCP, 1987

Matthew Hilton

1957 Hastings/ East Sussex

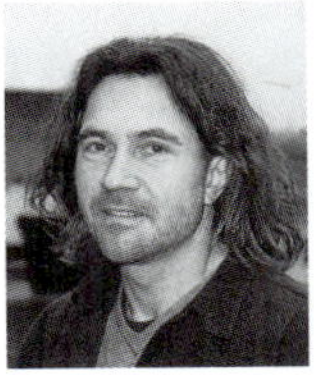

Matthew Hilton studiò design del mobile al Kingston Polytechnic di Londra, lavorando poi per cinque anni come industrial designer per lo studio di consulenza CAPA. Nel 1984 aprì uno studio specializzandosi in mobili e luci. Dal 1986 progettò mobili per la SCP di Londra, fra cui il tavolo *Antelope* (1987) con lucide gambe zoomorfe e il tavolo *Flipper* (1988) con base costituita da tre "pinne" metalliche. Nel 1990 Hilton progettò e produsse una serie limitata di tre tipi di posate in alluminio, con forme a chela di aragosta di uno stupendo dinamismo, le ciotole *Di-ordna* e *To-bor* e il candeliere *Arclumis*. Negli anni '90 progettò mobili imbottiti per SCP, fra cui le sedie geometriche *Club* (1991) e *Reading* (1995), la sedia *Balzac* (1991) dalle morbide curve e ondulazioni e il divano *Orwell* (1996). I mobili e i tappeti di Hilton sono stati prodotti da molte fabbriche europee, fra cui Alterego, Nani Marquina, Mobles 114 e Santa & Cole. Il suo più importante design è attualmente la sedia *Wait* (1998) per Authentics, una sedia a basso costo con sedile in polipropilene traslucido stampato a iniezione e completamente riciclabile.

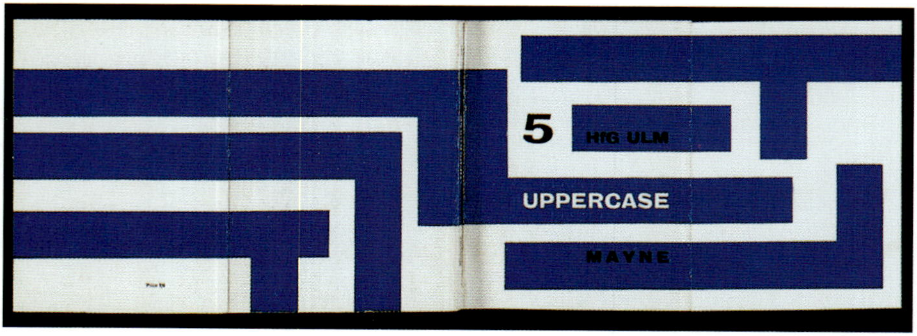

Hochschule für Gestaltung, Ulm

1953–1968
Ulm, Germania

La Hochschule für Gestaltung venne fondata a Ulm (Germania) nel 1953 da **Otl Aicher** e Inge Scholl (1917) con l'intento di rivitalizzare gli insegnamenti socialmente ispirati del **Bauhaus**, messi a tacere negli anni '30 dall'avvento al potere dei nazisti. L'idea di fondare una nuova scuola di design nacque nel 1947 da un incontro con **Max Bill**, il quale realizzò i progetti per gli edifici del nuovo istituto e ne divenne il primo direttore. Aicher e Scholl si sposarono nel 1952 e un anno dopo iniziarono i corsi di design, tenuti anche, in qualità di visiting professor, dagli ex membri del Bauhaus **Ludwig Mies van der Rohe**, **Josef Albers** e **Johannes Itten**. Nel 1954 **Hans Gugelot** divenne direttore della sezione product design e la scuola cominciò ad aderire sempre più al **Funzionalismo**. I nuovi edifici della scuola furono aperti nel 1955; l'anno dopo il teorico argentino Tomás Maldonado (1922) subentrò a Bill nella direzione. La scuola tentò di umanizzare la metodologia della progettazione istituendo corsi di semiotica, antropologia, studi contestuali, teoria del gioco e psicologia, ma s'impose all'attenzione soprattutto per l'approccio sistematico e decisamente funzionalista al design, principalmente basato sulla tecnologia. L'estetica industriale che ne derivò ebbe molto influsso sul product design tedesco e si espresse al meglio nei design realizzati da Hans Gugelot e **Dieter Rams** per la **Braun**. Nel 1967 Maldonado, sostenitore della "produzione di massa, comunicazione di massa, partecipazione di massa", lasciò l'HfG; un anno dopo le autorità locali ritirarono i fondi stanziati per l'istituto dichiarando che la sua linea era diventata troppo radicale. Il corpo insegnante decise poco dopo di chiudere la scuola, da molti denominata ormai "il nuovo Bauhaus". Se molti membri dello staff dell'HfG, infatti, si erano sforzati di promuovere un approccio sistematico e scientifico al design, altri avevano invece tentato di liberare il design dai dogmi del Funzionalismo. Questa fondamentale contraddizione aveva vanificato non solo il successo dell'Hochschule für Gestaltung ma anche quello del suo illustre progenitore, il Bauhaus.

▲ *Uppercase* 5, a cura di Theo Crosby, 1961: una selezione di saggi di Tomás Maldonado in cui viene delineato l'approccio razionale al design della Hochschule für Gestaltung

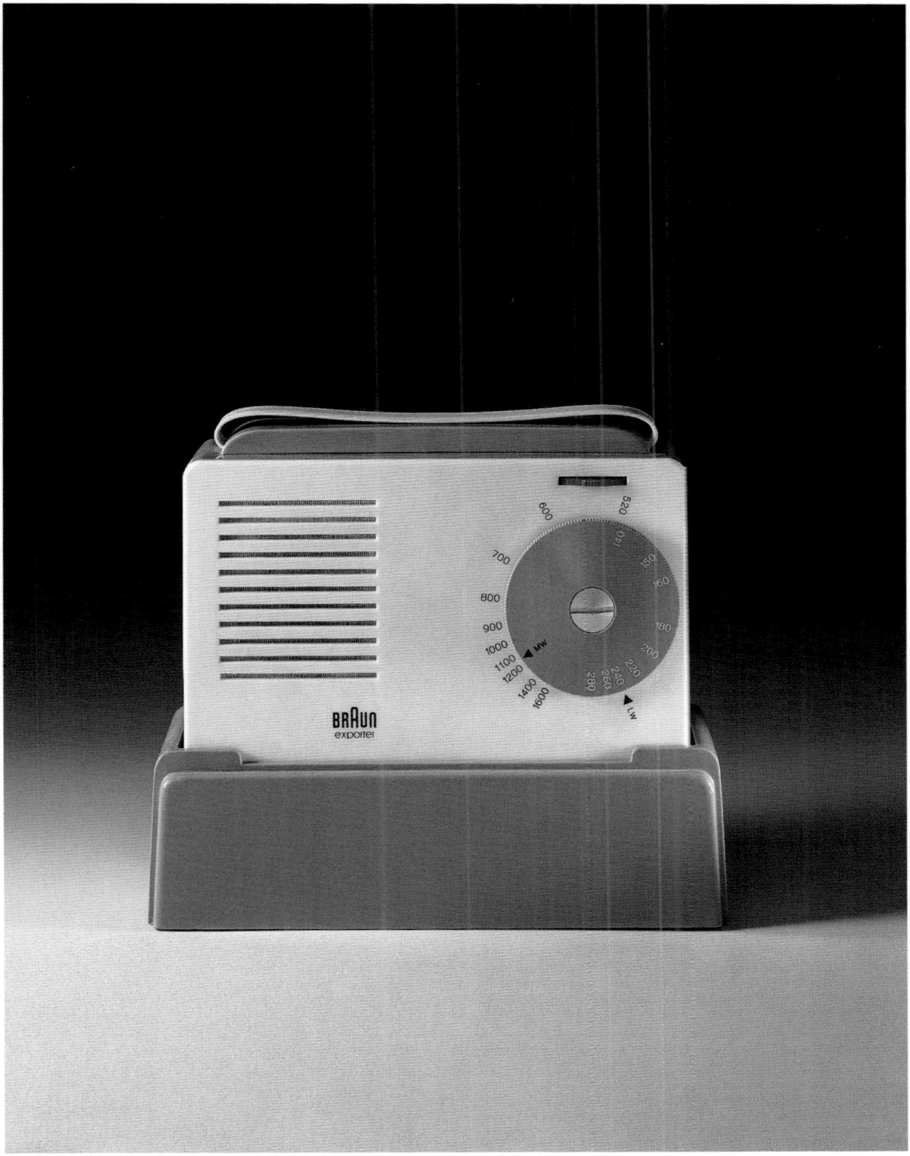

▲ Radio portatile *Exporter 2* per Braun, 1956

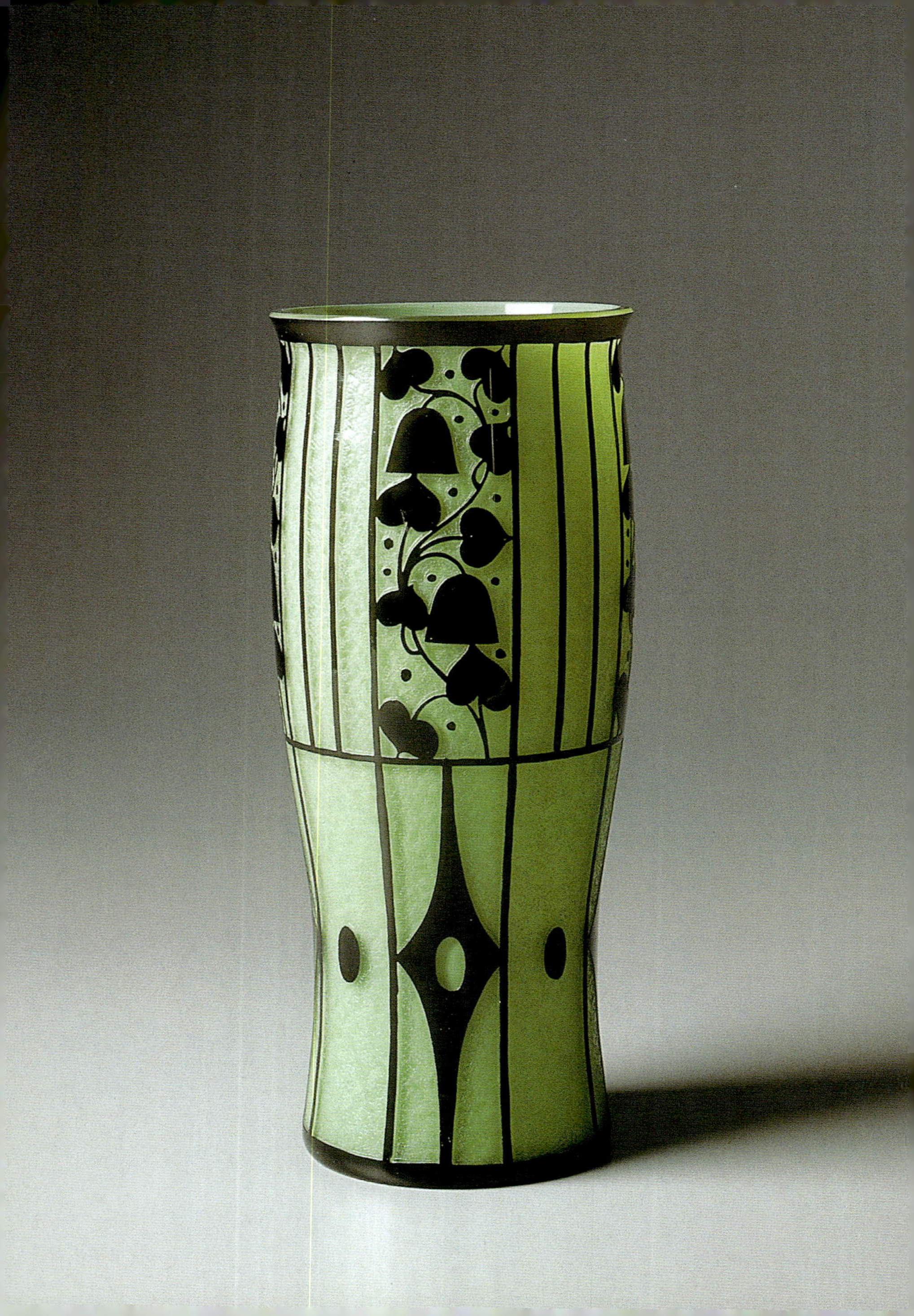

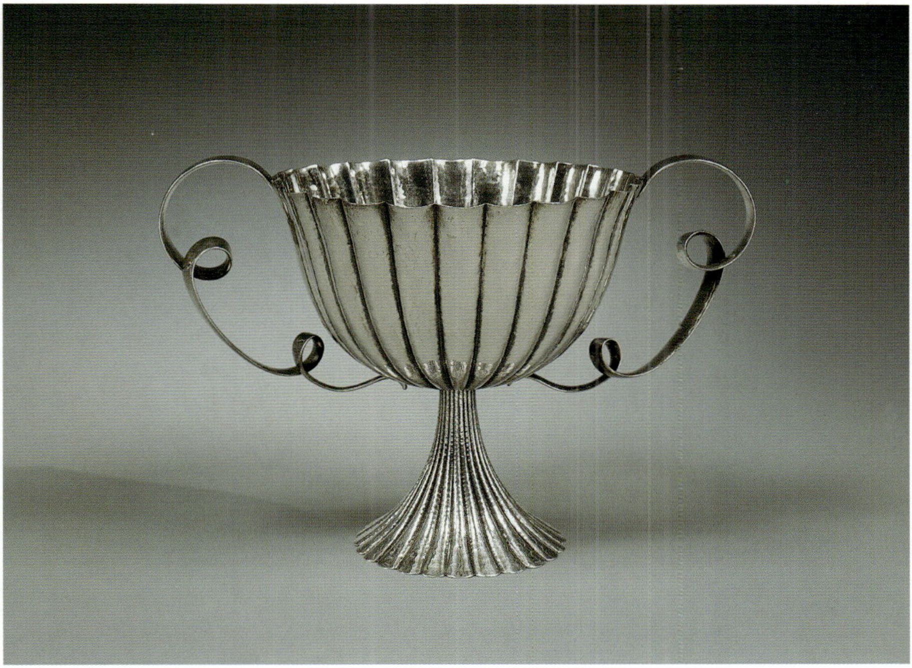

Josef Hoffmann iniziò i suoi studi di architettura nel 1887 alla Höhere Staattsewerbeschule di Brünn e li continuò poi all'Akademie der Bildenden Künste di Vienna dove ebbe come docenti **Otto Wagner** e Carl von Hasenauer. Laureatosi nel 1895, divenne membro fondatore del gruppo artistico Siebener-Club (il Club dei Sette) e accompagnò **Josef Maria Olbrich** in un viaggio in Italia per ritirare il Premio Roma a lui conferito. Nel 1897 lavorò nello studio di Otto Wagner e contribuì a fondare la **Secessione** viennese, un gruppo riformista di artisti e architetti che si contrapponeva all'allora prevalente stile **Art Nouveau**. Dal 1899 al 1936 Hoffmann insegnò architettura e design alla Kunstgewerbeschule di Vienna. Nel 1900 si recò in Gran Bretagna dove conobbe esponenti dell'**Arts & Crafts Movement** come **Charles Robert Ashbee** e **Charles Rennie Mackintosh** e invitò quest'ultimo a progettare le installazioni per l'VIII Mostra Secessionista svoltasi a Vienna in quello stesso anno. L'opera di Hoffmann, come quella di altri designer secessionisti, fu molto influenzata dalla **Glasgow School**, in particolare da Mackintosh. Nel 1903 Hoffmann e **Koloman Moser** fondarono il **Wiener Werkstätte**, col sostegno del ricco banchiere Fritz Wärndorfer (1869–1939), principale mecenate della Secessione viennese. Hoffmann fu il direttore arti-

Josef Hoffmann

1870 *Pirnitz, Moravia*
1956 *Vienna*

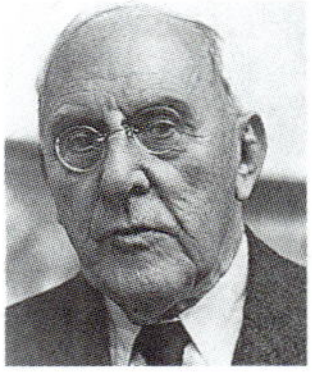

▲ Coppa da frutta per Wiener Werkstätte, 1925

◄ Vaso di vetro per Loetz Witwe, 1911–1912

stico e uno dei più prolifici designer di questo laboratorio cooperativo ispirato alla **Guild of Handicraft** di Ashbee. Molti dei progetti in metallo realizzati da Hoffmann per i Wiener Werkstätte furono di natura architettonica; altri progetti in metallo più commerciali e meno cari presentavano un motivo a griglia che divenne noto come Hoffmann-Quadratl. Questo schema a griglia venne usato anche in molte delle sue sedie, come nella famosa *Sitzmaschine* (1908 ca.), prodotta da **Jacob & Josef Kohn**. Hoffmann realizzò anche oggetti in vetro per le vetrerie J. L. Lobmeyr e **Loetz** Witwe, in cui gli strati colorati vengono come ritagliati mettendo in rilievo gli strati sottostanti. Oltre al suo lavoro di product designer, Hoffmann aprì a Vienna anche uno studio di architettura di grande successo, realizzando opere integrate (**Gesamtkunstwerk**) di grande effetto come il Purkersdorf Sanatorium (1904), il Palais Stoclet di Bruxelles (1905–1911) e il Cabaret Fledermaus (1907). Nel 1905 lasciò la Secessione viennese e, insieme al pittore Gustave Klimt (1862–1918), fondò la Kunstschau. Due anni dopo contribuì alla fondazione del **Deutscher Werkbund** e dal 1912 al 1920 fu presidente dell'Österreichischer Werkbund. Hoffmann partecipò a molte esposizioni internazionali: la "Deutsche Werkbund-Ausstellung" del 1914 a Colonia, l'"Exposition Internationale des Arts Décoratifs et Industriels Modernes" del 1925 a Parigi e la "Stockholmsutställiningen" del 1930 a Stoccolma. Anche se il suo approccio all'architettura e al design fu molto influenzato dall'Arts & Crafts Movement britannico, l'opera di Hoffmann fu però fortemente slegata dalla tradizione. Le forme terse e lineari da lui elaborate ebbero una forte influenza sul linguaggio geometrico adottato dal **Modern Movement**.

▼ Sala bar del Cabaret Fledermaus di Vienna, 1907

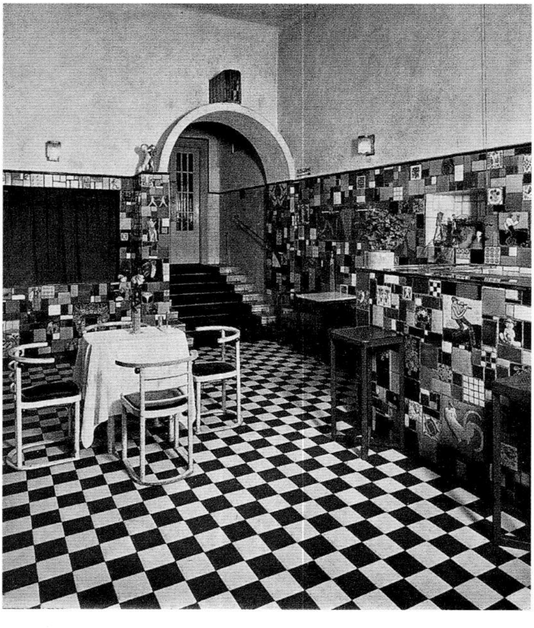

► *Sitzmaschine modello n. 670* per J.&J. Kohn, 1908 ca.

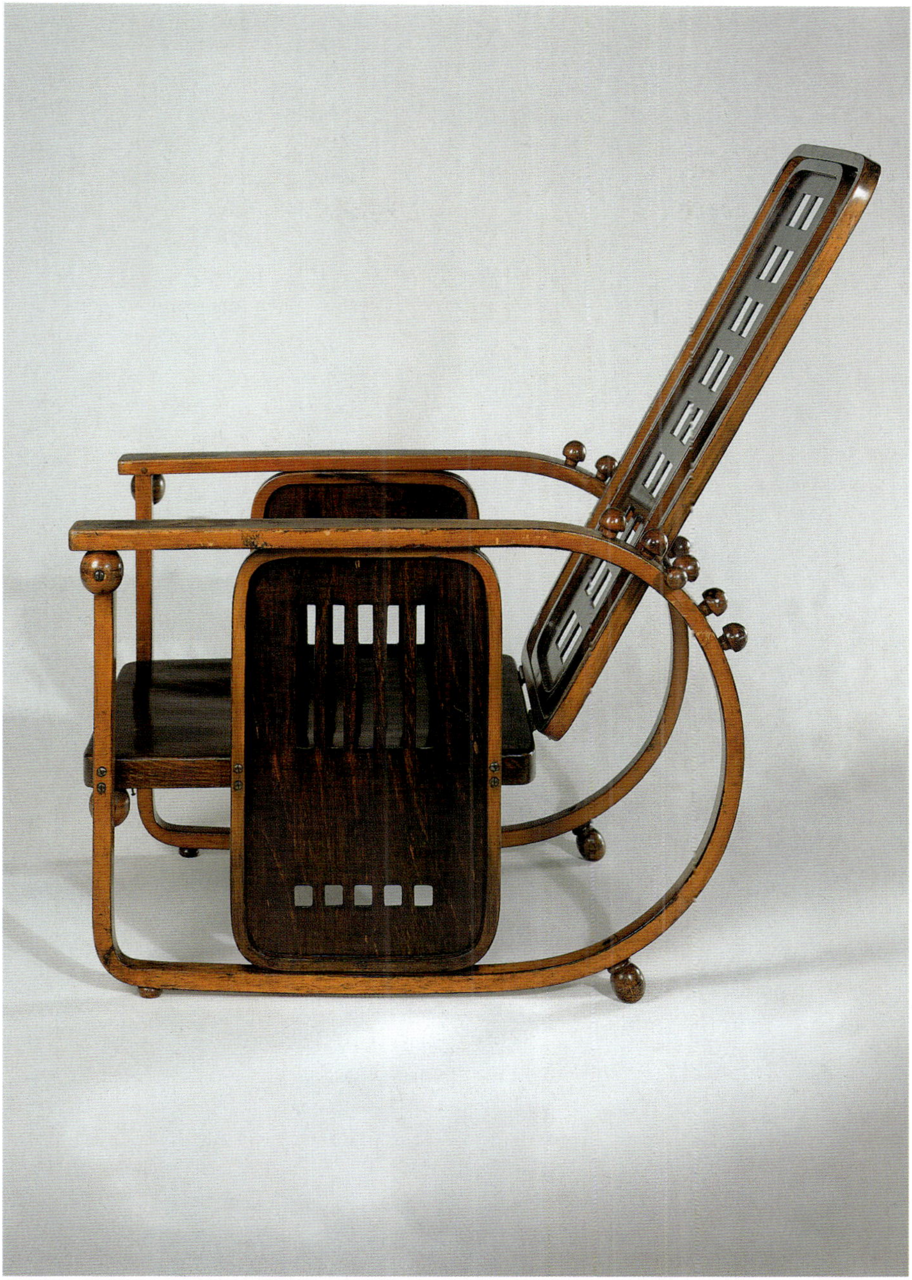

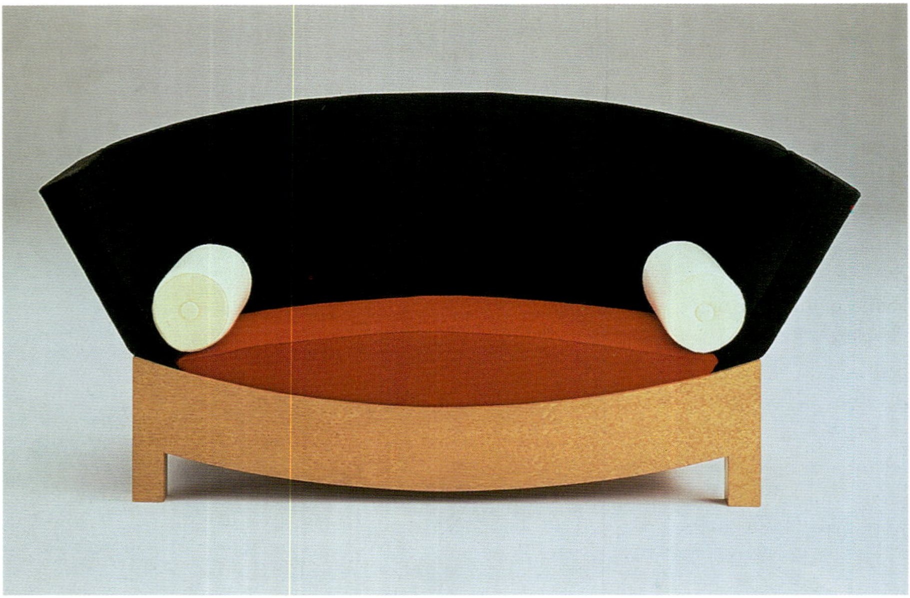

Hans Hollein

1934 *Vienna*

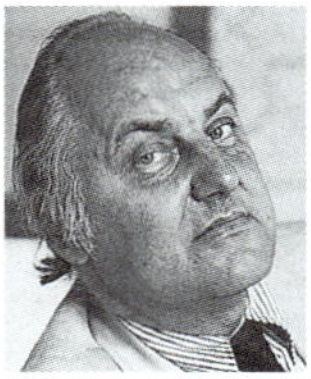

Hans Hollein studiò alla Kunstgewerbeschule e all'Akademie der Bildenden Künste di Vienna, laureandosi nel 1956. Frequentò poi l'Illinois Institute of Technology di Chicago e la University of California di Berkeley, laureandosi in architettura nel 1960. Hollein aprì poi uno studio di architettura a Vienna nel 1964. Inizialmente si fece conoscere per i suoi design di mostre e le ristrutturazioni di edifici adibiti a negozi, fra cui il negozio di candele Retti (1964–1965) e la gioielleria Schullin (1973–1974) a Vienna, la cui entrata aveva tutta l'aria di una crepa nel muro. La pratica di Hollein di mettere in contrasto facciate vistose con ciò che le circondava, come nella galleria Richard Feigen di New York (1967–1969), lo fece paragonare ad altri architetti viennesi come **Josef Hoffmann**, **Otto Wagner**, Oswald Haerdtl (1899–1959) e **Adolf Loos**. Tra il 1967 e il 1976 Hollein insegnò alla Staatliche Kunstakademie di Düsseldorf e dal 1976 è stato professore all'Akademie der Bildenden Künste di Vienna. Realizzò anche gli interni degli uffici amministrativi della Siemens a Monaco (1972–1973) e per la sede centrale del Tourist Office viennese (1976–1978), che arricchì con elementi postmoderni come palme dorate e colonne classicheggianti in stile **Kitsch**. Negli anni '80 Hollein realizzò diversi mobili postmoderni, fra cui il divano *Marilyn* (1981), oggetti in metallo e ceramiche per **Alessi**, Swid Powell e altri.

▲ Divano *Mitzi modello n. D90* per Poltronova, 1981

Victor Horta

1861 *Gand*
1947 *Ixelles/Bruxelles*

Victor Horta studiò all'Académie des Beaux-Arts di Gand e di Bruxelles e nel 1881 entrò a lavorare nello studio dell'architetto neoclassico Alphonse Balat. Subì l'influsso dell'architetto e studioso francese Eugène-Emmanuel Viollet-le-Duc (1814–1879), sostenitore del Rinascimento Gotico e di una progettazione totalmente integrata di edifici ed interni. Horta abbracciò questa tendenza e per molti degli edifici da lui progettati realizzò ogni particolare, dalle porte ai mobili e alle luci. Intorno al 1892 Horta si staccò decisamente dalla tradizione: il suo contributo all'Hotel Tassel (1892–1893), con le sue balaustre metalliche organiche, i pavimenti in mosaici riccamente ornati e le decorazioni murali a "colpo di frusta", è un'eccellente testimonianza di questo distacco stilistico. L'edificio di Bruxelles fu uno dei primi in stile **Art Nouveau** e fu anche la prima residenza privata a incorporare il ferro sia a livello strutturale che per scopi decorativi. La straordinaria luminosità e le interessanti qualità spaziali furono ottenute attraverso una progettazione innovativa e l'uso di sottili supporti in ferro battuto. Questi elementi simili a tronchi da cui si dipartono rami che terminano in viticci portarono a coniare il termine "linea Horta". Seguirono altri progetti dello stesso stile: la Maison Autrique (1893), la Maison Winssinger (1895–1896) e l'Hôtel Eetvelde (1895–1900), un'opera integrata (**Gesamtkunstwerk**) progettata per il barone van Eetvelde. Oltre a residenze private, Horta progettò la sede centrale del partito socialista belga, la Maison du Peuple (1896–1899), che presentava la prima facciata in vetro e acciaio realizzata a Bruxelles, e i grandi magazzini À l'Innovation (1901). Le opere successive di Horta vedono la sperimentazione di materiali moderni e l'adozione di uno stile più austero; esemplare in questo senso è il Palais des Beaux-Arts in cemento armato (1922–1928). Horta fu uno dei maggiori esponenti dell'Art Nouveau. Anche se gli oggetti da lui progettati fanno parte integrante di opere architettoniche, il suo influsso sul design è stato comunque immenso.

▼ Sala da pranzo dell'Hôtel Eetvelde, 1895–1900

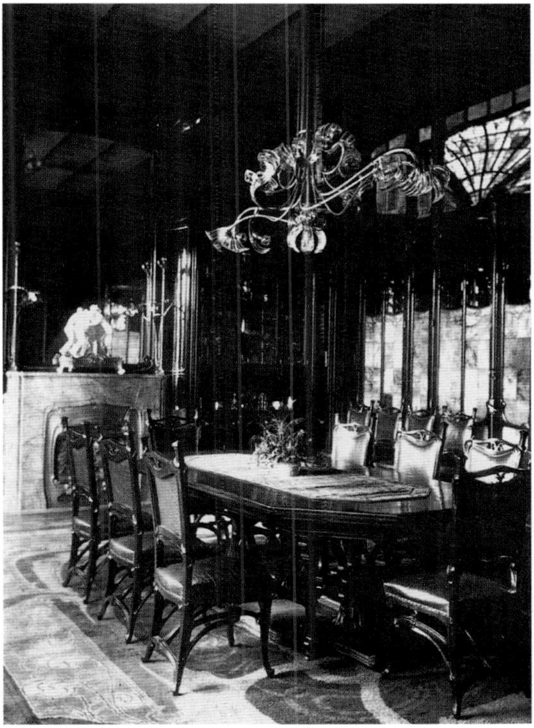

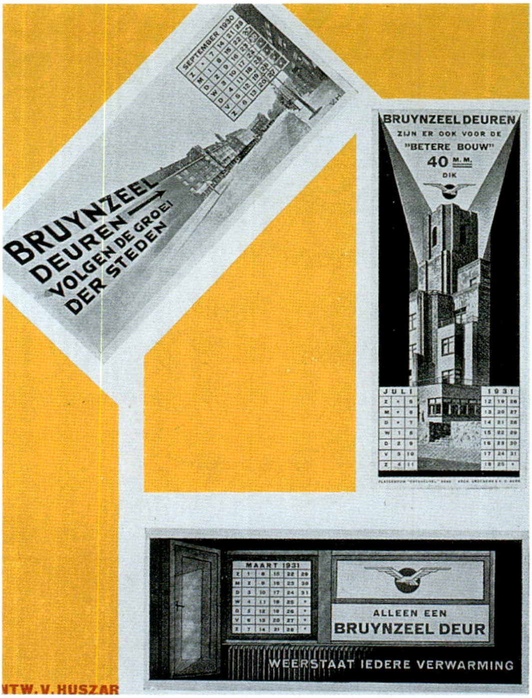

◂ Copertina del *Fabrieken Gedenkboek di Bruynzeel* per Zaanden, 1931

Vilmos Huszár

1884 *Budapest*
1960 *Hierden, Olanda*

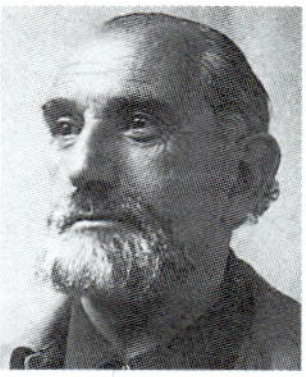

Nel 1917 Vilmos Huszár contribuì a fondare **De Stijl**. Nello stesso anno le sue vetrate vennero incluse in un saggio sulla nuova pittura di **Theo van Doesburg**. Tra il 1917 e il 1921 Huszár realizzò copertine per la rivista *De Stijl* e scrisse per essa una serie di articoli intitolati "Considerazioni estetiche". Nel 1918 Huszár e Pieter Jan Christophel Klaarhamer (1874–1954) progettarono la "Camera da letto dei ragazzi" della casa di Cornelius Bruynzeel a Voorburg. Lo schema cromatico di questo e altri progetti hanno portato molti a pensare che sia stato Huszár a consigliare a **Gerrit Rietveld** la colorazione della sua famosa sedia *Rossa/Blu* (1918–1923). Dal 1918 circa Huszár dedicò le sue energie quasi completamente al design di mobili, tessuti, vetrate e arredi d'interni. Progettò molti mobili insieme a Piet Zwart (1885–1977) e nel 1923, abbandonato De Stijl, partecipò con Rietveld a un'esposizione d'avanguardia collegata all'"Esposizione Artistica della Grande Berlino". Huszár usò colori forti e composizioni d'interni molto dinamiche, in cui i contrasti tra elementi diversi avevano l'effetto di creare una sensazione di spazio "totale" unitario. Queste caratteristiche ebbero grande influsso sul movimento De Stijl.

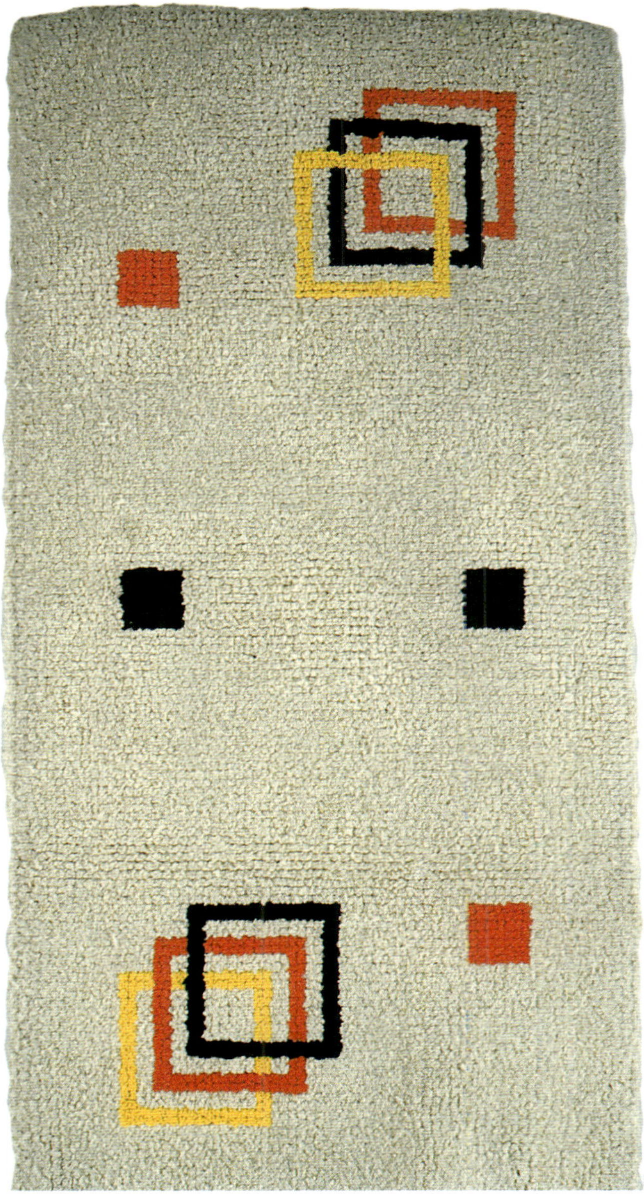

▲ Tappeto di lana, 1925 ca.

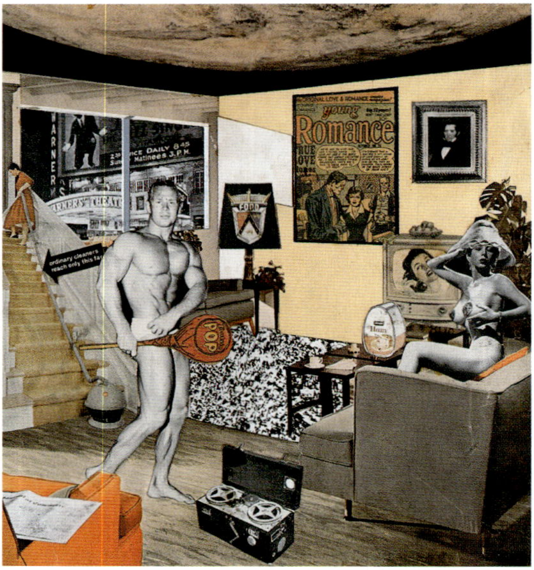

◂ **Richard Hamilton**, Collage *Just what is it that makes today's homes so different, so appealing?*, 1956

Independent Group

Fondato nel 1952 a *Londra*

Fondato nel 1952, l'Independent Group tenne regolari riunioni all'ICA (Institute of Contemporary Art) di Londra, analizzando i risultati tecnici della produzione industriale americana e l'imporsi della cultura consumistica a livello di massa. Il gruppo, che comprendeva Richard Hamilton (1922), Eduardo Paolozzi (1924), Reyner Banham (1922–1988) e **Peter e Alison Smithson**, rifiutò la filosofia modernista traendo ispirazione dalle arti "basse" più che da quelle "alte". Quali protagonisti della cultura popolare, alcuni membri del gruppo teorizzarono l'idea dell'obsolescenza pianificata, ingenuamente considerata benefica per lo sviluppo economico e la crescita della produzione industriale. Significativamente, nel suo collage del 1956 intitolato *Just what is it that makes today's homes so different, so appealing?*, Hamilton inserì l'immagine di un lecca lecca con la scritta "POP". Fu quella probabilmente la prima volta che una parola usata in un'opera d'arte venne a designare un nuovo movimento artistico. Quell'opera segnò certamente l'inizio di una nuova tendenza, non solo nell'arte ma anche nel design. Hamilton identificò nel Pop le seguenti caratteristiche: "popolare (rivolto a un pubblico di massa), transitorio (soluzioni a breve termine), effimero (facilmente dimenticato), a basso costo, prodotto in serie, giovane (rivolto al pubblico giovanile), spiritoso, sexy, imprevedibile, affascinante e da farci tanti soldi". Dando una definizione al Pop e innalzandone lo status a tema di serio interesse accademico, l'Independent Group forgiò le basi teoriche sulle quali sarebbe negli anni '60 fiorito il **Pop Design**.

► Fotografia dell'edificio del New Bauhaus di Chicago, 1937

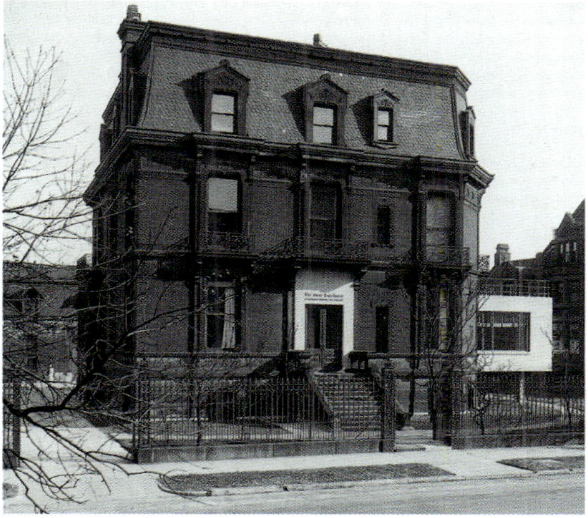

Institute of Design, Chicago

Fondato nel 1944 a *Chicago*

Nel 1933 lo Staatliches **Bauhaus** di Dessau venne chiuso dal regime nazista che lo dichiarò istituzione sovversiva, obbligando gran parte del suo corpo docente a emigrare per sfuggire alla persecuzione. Stabilitosi in un primo tempo a Londra, **Lázló Moholy-Nagy** si trasferì a Chicago nel 1937, su invito dell'Association of Arts and Industries, per organizzare una nuova scuola di design che rinvigorisse la vita culturale ed economica di quella città. Basata sugli stessi principi del suo progenitore tedesco, il New Bauhaus (come venne chiamato da Moholy-Nagy) cercò di promuovere una cultura dell'"istruzione totale". La nuova scuola, tuttavia, ebbe breve vita: negli ultimi mesi del 1938 l'Associazione ritirò i suoi fondi perché riteneva troppo sperimentale il suo programma. Moholy-Nagy la riaprì l'anno dopo col sostegno finanziario di Walter Papecke, presidente della Container Corporation of America, ribattezzandola Chicago School of Design. Nel 1944 la scuola acquisì il nome definitivo di Institute of Design e dopo la morte di Moholy-Nagy nel 1946 divenne un dipartimento dell'Armour Institute, anch'esso ridenominato Illinois Institute of Technology. In quello stesso anno il designer russo, anch'egli *émigré*, **Serge Chermayeff** prese il posto di Moholy-Nagy come direttore della scuola. Fin dall'inizio l'Institute of Design ebbe un'impostazione didattica sperimentale, tanto che il primo curriculum includeva perfino corsi di psicologia e di letteratura. Oggi l'Institute of Design continua ad "allargare gli orizzonti del design" e si è specializzato nell'applicazione delle nuove tecnologie al processo di progettazione.

International Style

Il termine International Style venne coniato nel 1931 da Alfred H. Barr Jr., direttore del **Museum of Modern Art di New York**, come titolo del catalogo (*International Style: Architecture Since 1922*) che accompagnava l'omonima e prestigiosa esposizione di Henry-Russell Hitchcock e **Philip Johnson** (1932). Nelle opere di modernisti come **Le Corbusier**, **Jacobus Johannes Pieter Oud**, **Walter Gropius** e **Ludwig Mies van der Rohe**, Barr identificò uno stile universale che trascendeva i confini nazionali, uno stile che nell'arte e nell'architettura occidentali non si era mai più visto fin dai tempi del Medioevo, quando il cosiddetto Stile Gotico Internazionale era fiorito in tutta Europa. Il nuovo movimento del XX secolo venne così chiamato come tributo a questo illustre precedente.

Il termine International Style si riferiva in particolare all'opera degli architetti e designer del **Modern Movement**, che avevano sposato funzionalità e tecnologia attraverso un linguaggio di forme geometriche dall'estetica tersa e moderna. Pur essendo talvolta usato per descrivere il primo Modernismo (dal 1900 circa al 1933) e l'opera di designer come **Adolf Loos** e J. J. P. Oud, viene ora generalmente associato alla forma meno funzionalista di Modernismo che venne alla ribalta dopo la chiusura del **Bauhaus** nel 1933. Il termine si riferisce anche all'opera di Le Corbusier e dei suoi seguaci, che durante i tardi anni '20 e '30 promossero una versione di Modernismo meno austera e più raffinata. Probabilmente i maggiori esponenti dell'International Style furono Ludwig Mies van der Rohe e Walter Gropius, che, emigrati negli Stati Uniti, cercarono instancabilmente di "internazionalizzare" il Modern Movement,

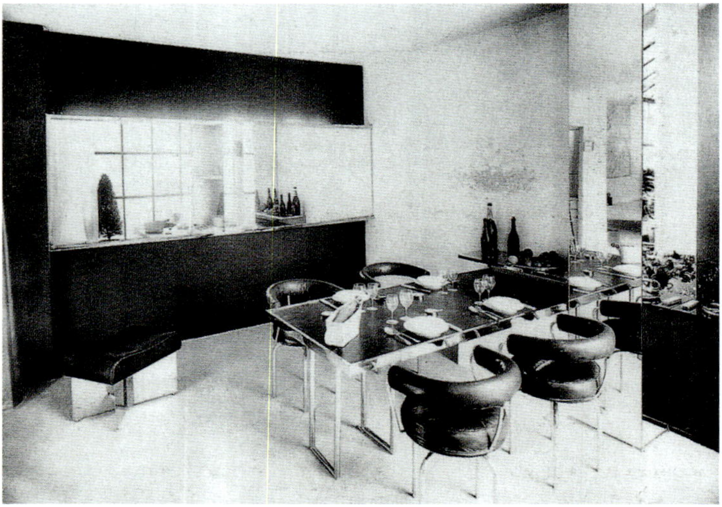

◄ **Le Corbusier, Pierre Jeanneret & Charlotte Perriand**, Sala da pranzo esposta al Salon des Artistes Décorateurs di Parigi, 1928

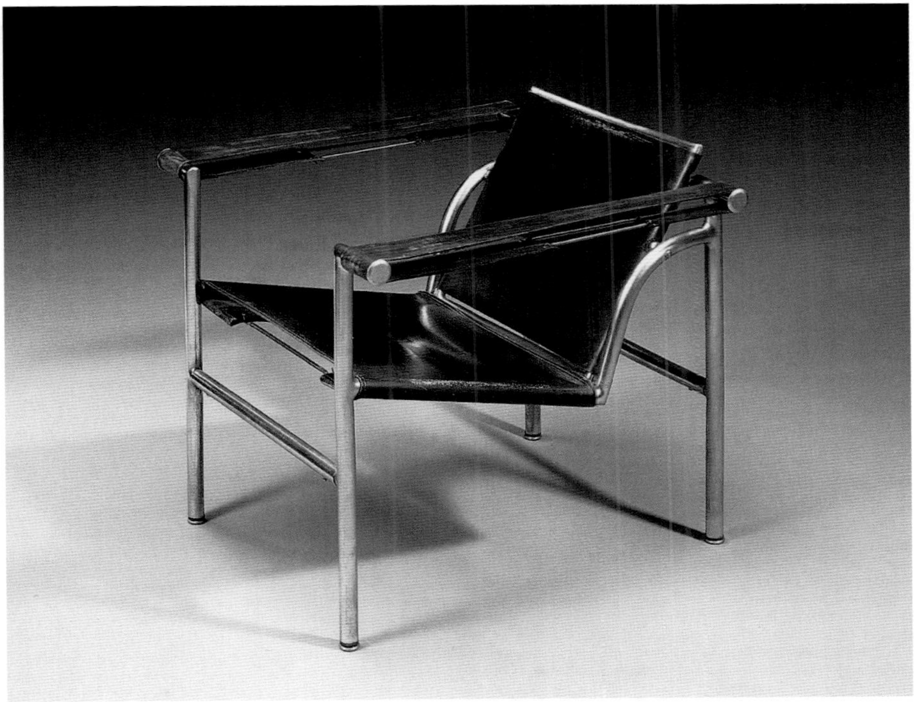

▲ **Le Corbusier, Pierre Jeanneret & Charlotte Perriand**, Sedia *Basculant modello n. B301* per Thonet, 1928 ca.

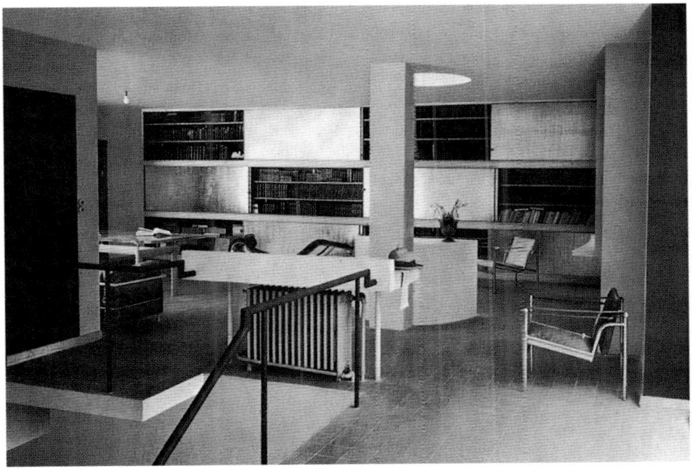

► **Le Corbusier**, Biblioteca della Casa Church a Ville d'Avray, 1928–1929

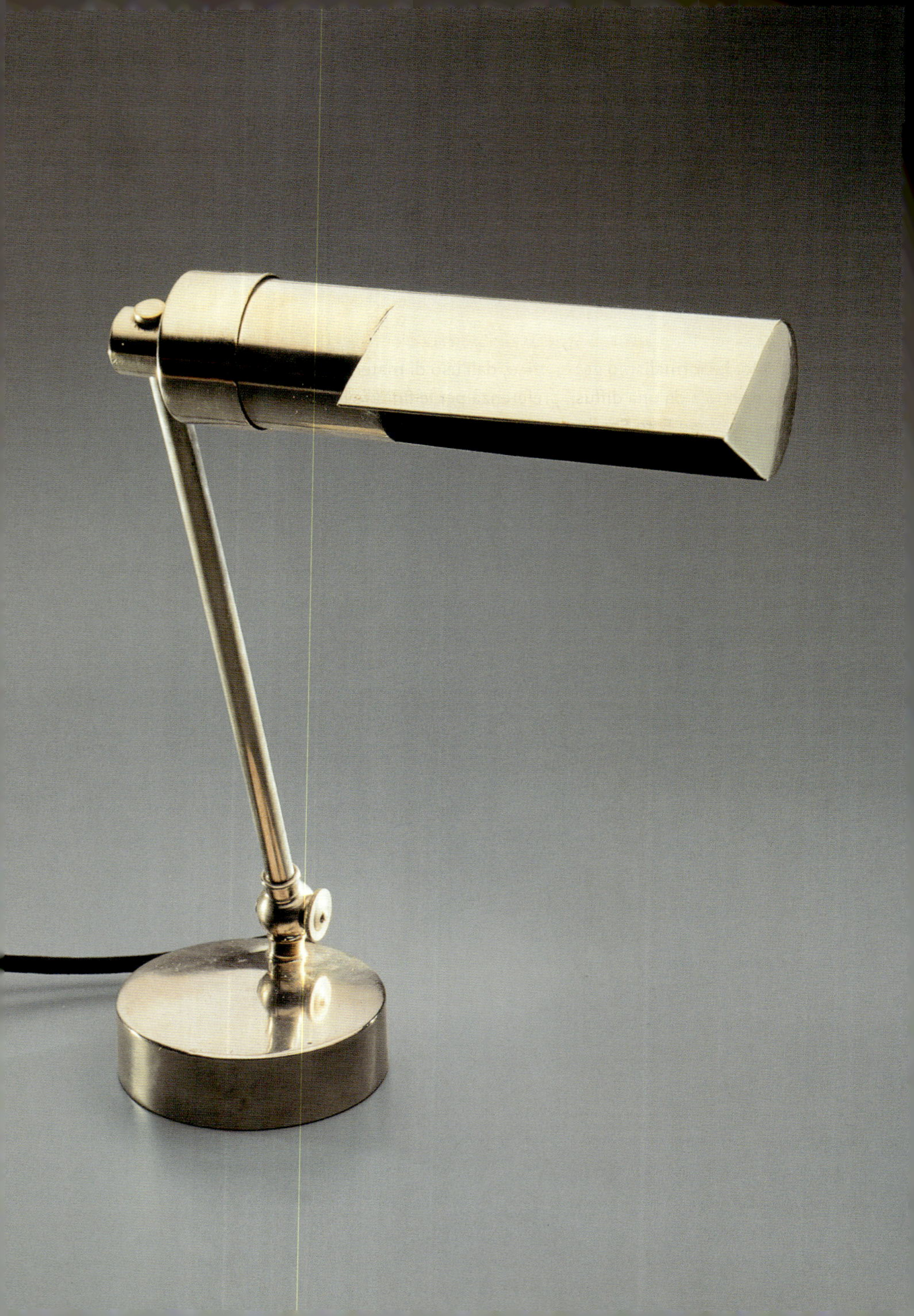

non solo attraverso le loro opere architettoniche e le loro mostre, ma anche attraverso il loro prestigioso lavoro di docenti in America nel dopoguerra. Molti sostenitori dell'International Style adottarono l'estetica funzionalista del Modern Movement per ragioni puramente stilistiche. Altri svilupparono una purezza estetica che produsse una maggiore universalità sia in architettura che nel design. Designer del dopoguerra come Florence **Knoll**, **Charles Eames** e **George Nelson** sposarono quest'approccio moderno e democratico al design con i metodi della produzione in serie, in modo da creare prodott in sintonia col criterio di **Good Design**.

Negli anni '20 e '30 l'International Style in architettura e nel design d'interni fu caratterizzato dal formalismo geometrico, dall'uso di materiali industriali come acciaio e vetro e da una diffusa preferenza per le finiture in bianco. In seguito, architetti come **Eero Saarinen** e Charles Eames cercarono di umanizzare l'International Style attraverso l'adozione di forme scultoree e il contrasto tra forme geometriche e organiche, mentre Kenzo Tange (1913) e altr lo portarono fino all'estremo creando il Brutalismo, uno stile architettonico che impiega materiali inorganici e trattamenti di superficie come il cemento armato lasciato a vista e una rigida geometria.

Nei tardi anni '70 e '80 fu chiaro che il Post-Modernismo aveva segnato la fine dell'International Style, ma nei tardi anni '80 e '90 architetti come

◄ **Jacobus Johannes Pieter Oud**, Lampada da tavolo *Giso 405* per Gispen, 1928

▼ **Le Corbusier, Pierre Jeanneret & Charlotte Perriand**, *Chaise longue modello n. B306* per Thonet, 1928 (poi prodotta da Cassina)

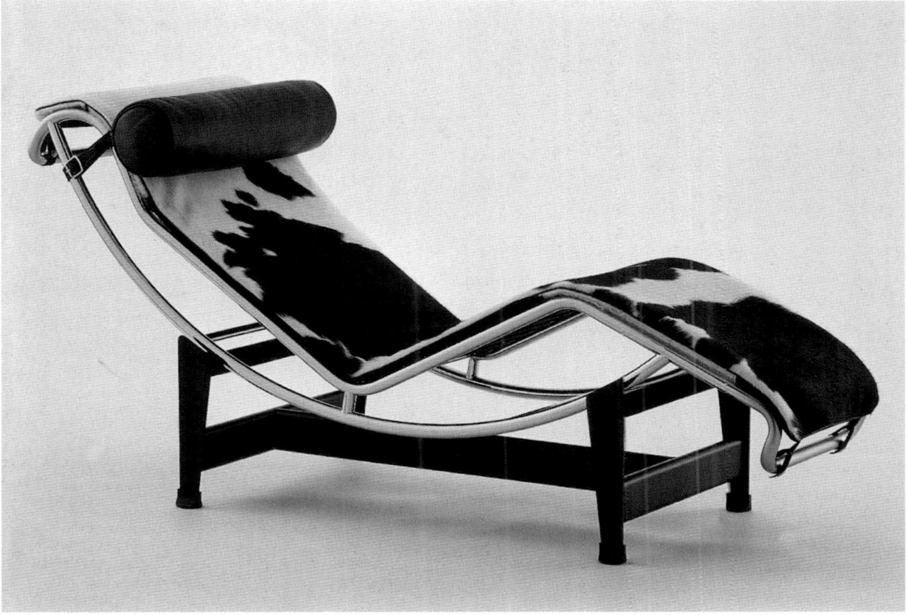

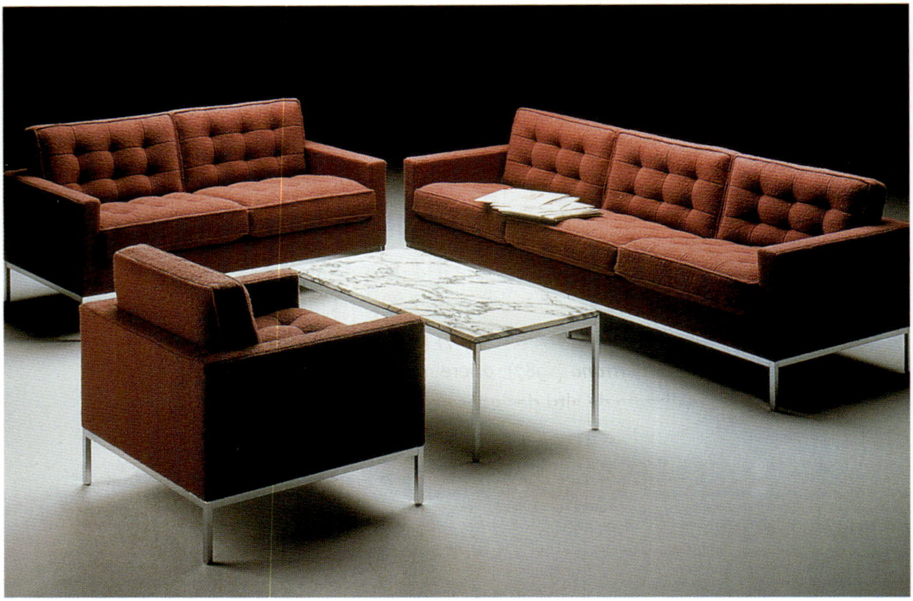

▲ **Florence Knoll**, Collezione *Florence Knoll*: poltrona *1205S1*, divano a due posti *1205S2*, divano a tre posti *1205S3* e tavolo *2511T* per Knoll International, 1954

Norman Foster e Richard Rogers (1933) guadagnarono il favore della critica proprio per i loro edifici altamente tecnologici, che recavano ben tangibile il marchio inconfondibile dell'International Style: la potenza, l'eleganza e la chiarezza.
In anni recenti, all'interno del product e del furniture design, c'è stato anche un ritorno all'estetica razionale; i produttori cercano soluzioni globali che, come l'International Style, sono transculturali. Il termine International Style può dunque riferirsi a un periodo e a un tipo molto specifico di Modernismo, ma può anche alludere all'estetica risultante dall'approccio funzionalista al design, i cui primi segnali si possono far risalire agli inizi del Modern Movement.

Massimo Iosa Ghini studiò prima a Firenze e poi architettura al Politecnico di Milano. Nel 1981 divenne membro del gruppo di designer Zak-Art e cominciò a creare illustrazioni di stile fumettistico per la rivista *Per Lui* e per la stampa musicale americana. Ha poi lavorato per Swatch, Solvay e Centro Moda Firenze, ma si è imposto all'attenzione soprattutto per le sue illustrazioni per fumetti per l'infanzia. Dal 1982 ha cominciato a realizzare interni per nightclub e vari progetti per video e riviste. Due anni dopo cominciò a collaborare con la ditta AGO e poco dopo divenne consulente della RAI, realizzando grafica e sceneggiature per produzioni televisive e film. Nel 1986 i suoi design di mobili furono inclusi nella collezione *12 New* di **Memphis**. Progettò poi la collezione di mobili *Dinamic* (1987) per Moroso, la sedia *Juliette* (1987) e la credenza *Bertrand* (1987), opere meno colorate ed esuberanti rispetto a quelle realizzate da altri designer associati al gruppo Memphis. I design di Iosa Ghini si ispiravano allo styling americano degli anni '50. Nel 1983, insieme ad altri designer come lui interessati allo **Streamlining**, fra cui **Stefano Giovannoni** e Pierangelo Caramia (1957), fondò il Bolidismo. Nei suoi design per la discoteca Bolidio (1988) di New York inserì anche forme rétro risalenti agli anni '50. Nel 1988 creò un'installazione temporanea per la piazza del Centro Georges Pompidou. Ha anche realizzato design per Fiam, BRF, Stilnovo, Bieffeplast e altri.

Massimo Iosa Ghini

1959 *Bologna*

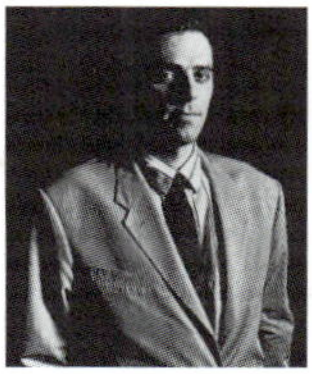

▾ Tavolini *Jo-Jo* della collezione *Tran Tran* per BRF, 1993

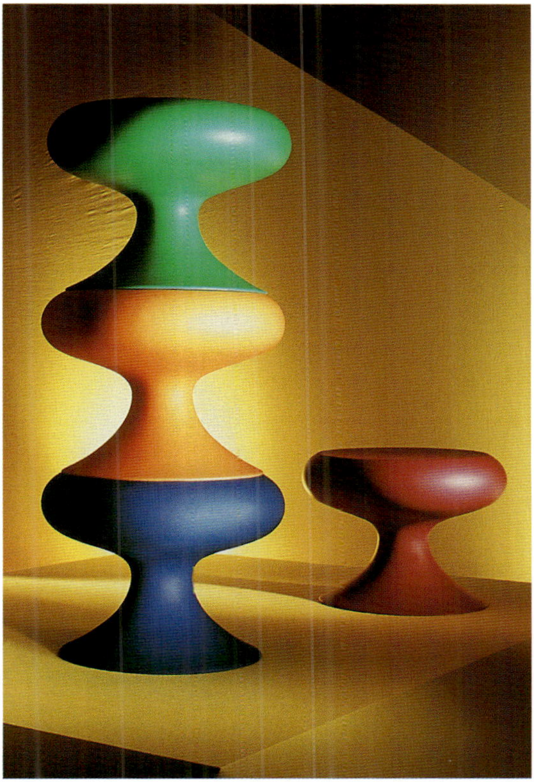

Paul Iribe

1883 *Angouléme, Francia*
1935 *Roquebrune/Cap Martin, Francia*

Paul Iribarne Garay, poi semplicemente Iribe, cominciò la sua carriera come caricaturista per riviste come *Le Rire*, *Le Cri de Paris* e *L'Assiette au beurre*. Nel 1908 fondò la rivista *Le Témoin* (*Il Testimone*) e illustrò un portfolio a edizione limitata, *Les Robes de Paul Poiret*, per il couturier Paul Poiret, un personaggio molto influente nei circoli culturali parigini che rivoluzionò le illustrazioni per la moda. Iribe aprì poi uno studio e tra il 1908 e il 1914 collaborò col designer **Pierre Legrain**. A Parigi Iribe realizzò stupendi tessuti, carte da parati e gioielli, di solito fregiati del suo marchio, un motivo floreale che divenne noto come "rosa Iribe" e fu molto copiato. Realizzò anche mobili **Art Déco** e *objets d'art* in materiali molto costosi come zigrino, palissandro ed ebano. Gli interni suoi più celebri furono quelli dell'appartamento del couturier Jacques Doucet a Parigi, in 46 Avenue du Bois, realizzati con la collaborazione di Legrain in uno stile sontuoso e pieno di sfarzo. Per questo progetto, realizzato intorno al 1912, Iribe progettò una serie di poltrone a gondola e un cassettone in mogano, zigrino ed ebano con intarsi in stile neoclassico di ghirlande e motivi floreali. Seguendo la tradizione decorativa dei mobilieri francesi, gli interni di Iribe avevano sempre qualcosa di teatrale e quindi non c'è da meravigliarsi se, quando nel 1914 si trasferì negli USA, si stabilì a Hollywood. Qui creò scene fastose per registi come Cecil B. De Mille e nel 1926, in posizione fortemente critica verso l'industrialismo, e scrisse anche un manifesto antimodernista. Tornò in Francia nel 1930 e lavorò come illustratore di libri e periodici. Realizzò anche un emblema per la casa di moda Lanvin e bigiotteria per Coco Chanel. Nel 1935, anno della morte, fondò la rivista *Le Mot*.

▾ Mobile in ebano e zigrino, 1913–1914 ca.

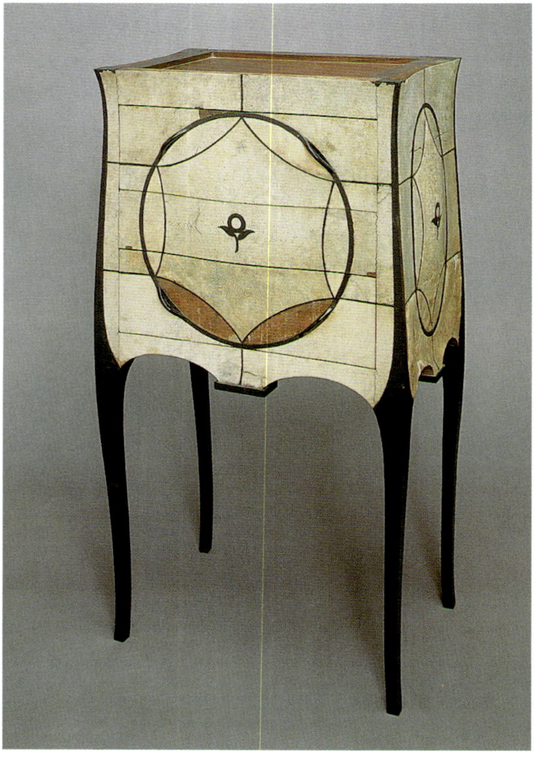

Maija Isola

1927 Riihimäki, Finlandia

Maija Isola studiò pittura alla Taideteollinen Korkeakoulu (Scuola Centrale di Arti Industriali) di Helsinki dal 1946 al 1949. Poi, per undici anni, fu il designer principale dell'azienda tessile finlandese Printex, fondata da Vilho Ratio e diretta artisticamente da Armi Ratia (1912–1979). Per Printex, Isola creò numerosi tessuti stampati per interni. Dal 1951 realizzò design tessili anche per l'azienda sorella Marimekko, appena fondata con l'intento di diffondere l'uso dei tessuti Printex nella moda e nel design d'interni. I design tessili della Isola, per vestiti e per interni, vennero esposti alla Fiera Mondiale di Bruxelles del 1958. I suoi primi design s'ispirarono all'arte africana; a metà degli anni '50 subentrarono tessuti decorati con motivi botanici e poi nei tardi anni '50 tessuti influenzati dall'arte popolare slovacca. Nei tardi anni '60 e primi anni '70 Isola si ispirò a motivi tradizionali della cultura contadina della Carelia. Molti suoi tessuti serigrafati non sono che traduzioni della sua opera di pittrice. Verso la metà degli anni '60 produsse la sua più famosa serie di tessuti in cotone stampato, con motivi geometric di grande formato e colori forti senza sfumature intermedie. Questi audaci design, fra cui *Kaivo* (1964 ca.), *Melooni* (1963) e *Cock and Hen* (1965) riflettevano tendenze artistiche contemporanee come la corrente pittorica americana del Colour Field. I tessuti di questo periodo avevano grandi qualità grafiche e caratterizzarono tutta la produzione della Marimekko, ma anche una nuova tendenza del design finlandese. Nel 1965 e 1968 ricevette il premio ID e rimase, fino a tempi recenti, l'unico designer della Marimekko insieme a Fujiwo Ishimoto (1941). I tessuti di Isola, saturi di colore e dagli schemi elementari, sono stati esposti in Europa, America e Australia e hanno avuto una forte influenza sul design tessile contemporaneo.

▼ Tessuto Kaivo per Marimekko, 1964 ca.

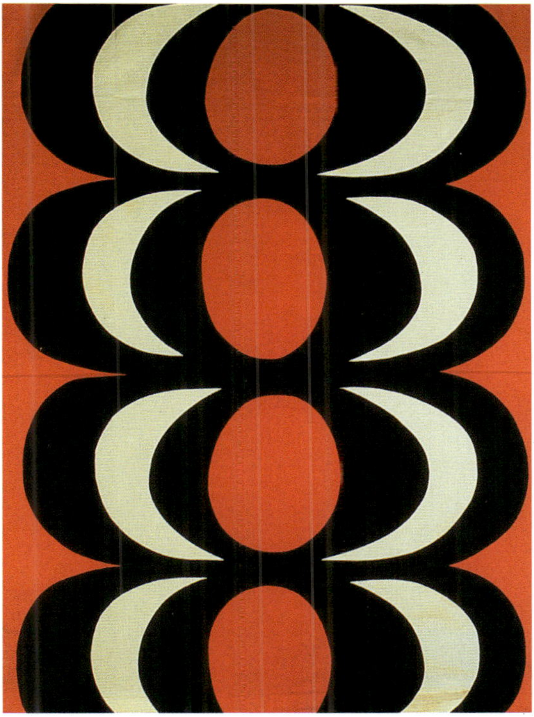

Arata Isozaki

1931 *Kyushu, Giappone*

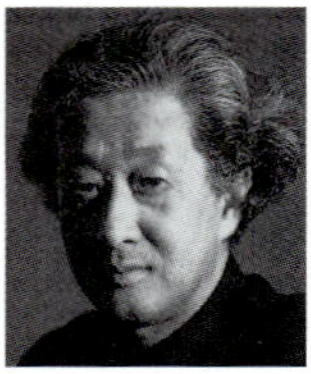

Arata Isozaki studiò all'Università di Tokyo, dove ebbe come maestro l'architetto brutalista Kenzo Tange (1913), laureandosi nel 1954. Per i successivi nove anni lavorò nello studio di Tange prima di aprirne uno suo nel 1963. Collaborò, sempre con Tange, alla progettazione dell'Expo '70 di Osaka. Altre notevoli opere architettoniche di Isozaki sono: il Museo di Arte Moderna della Prefettura di Gunma, Takasaki (1971–1972), Il Museo d'Arte della Città di Kitakyshu (1972–1974), lo Shukosha Building di Fukoka (1975), il Municipio di Tokyo (1986), il Museo di Arte Contemporanea di Los Angeles (1986) e il Guggenheim Museum di Soho, New York (1992). Come in architettura, anche il product design di Isozaki è un ponte che unisce abilmente culture occidentali e orientali. Ispirati non solo all'arte giapponese, ma anche al Classicismo postmoderno, i suoi design spesso alludono ironicamente al **Modern Movement** e alla cultura popolare. Questi temi affiorano con frequenza nei suoi design di mobili, fra cui la sedia *Marilyn* per Sunar (1972) e i mobili *Fuji* per **Memphis** (1981). Per il suo orologio da polso (1987) e i gioielli (1985–1986) realizzati per Cleto Munari, Isozaki usò forme geometriche audaci, citando anche stili del passato, mentre nella decorazione del piatto *Streams* (1984) per Swid Powell inserì motivi orientali tradizionali. Nel 1982 progettò mobili per il concorso "Surface and Ornament Design" lanciato dall'azienda Formica allo scopo di esplorare il potenziale d'uso di un nuovo materiale da essa sviluppato, il Colorcore. Per quel progetto Isozaki selezionò a caso i colori dei suoi materiali usando il classico dado e dichiarando: "Chi avrà qualcosa da dire sulla combinazione dei colori dovrà prendersela con Dio che presiede alle possibilità offerte dal dado". Isozaki è stato visiting professor presso la Rhode Island School of Design e l'Università di Yale ed è autore del libro *The Dismantling of Architecture* (Lo smantellamento dell'architettura).

▾ Mobile *Fuji* per Memphis, 1981

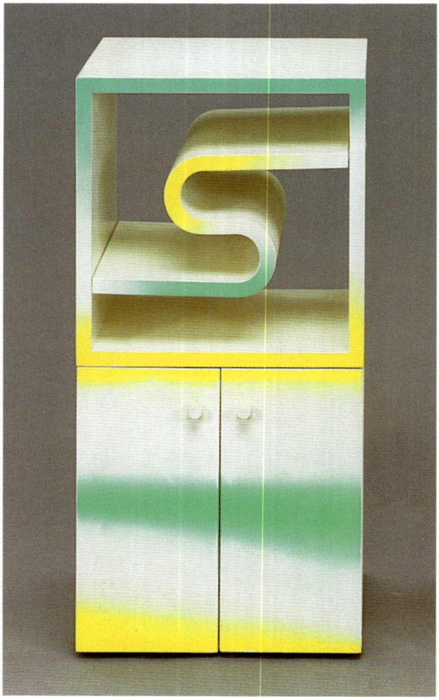

Johannes Itten studiò a Berna dal 1904 al 1908, e fece per qualche tempo l'insegnante in una scuola elementare. Dal 1910 al 1912 studiò matematica e scienze naturali a Berna e dal 1913 studiò pittura all'Akademie di Stoccarda, dove ebbe come docente Adolf Hoelzel (1853–1934). Nel 1916 tenne una mostra personale alla galleria "Der Sturm" di Berlino e nello stesso anno aprì una scuola d'arte a Vienna. In questo periodo si interessò sempre di più alle filosofie orientali, un'attrazione che influenzò molto il suo insegnamento successivo. Molti dei suoi allievi viennesi lo seguirono quando si trasferì allo Staatliches **Bauhaus** di Weimar, dove continuò a insegnare. Nell'ottobre 1919 fu nominato "maestro" alla scuola di Weimar e dall'ottobre 1920 tenne i "Vorkurs" (i corsi di base) e numerose lezioni teoriche. Il suo insegnamento fu fortemente influenzato dalla sua adesione allo Zoroastrismo. Con la testa rasata e le sue lunghe tuniche, Itten fu in parte insegnante e in parte leader mistico, convertendo molti studenti al credo di quella setta estremistica, causando scompiglio fra gli altri docenti e allarmando anche le autorità locali. Dopo il 1921 il suo ruolo al Bauhaus si ridusse a responsabile dei laboratori del metallo, del vetro e della pittura murale. La sua influenza rimase comunque dominante e così anche il suo approccio all'insegnamento dell'arte e del design negli anni finali del periodo di Weimar. Le sue preoccupazioni mistiche lo misero infine in contrasto con **Walter Gropius**, direttore della scuola, finché nel 1923 fu licenziato. Si rifugiò allora in un centro zoroastriano in Svizzera. Nel 1926 fondò una scuola d'arte privata a Berlino, che divenne nota come "Scuola Itten". Tra il 1932 e il 1938 diresse una scuola tessile a Krefeld e poi divenne direttore del Museo e della Scuola di arti e mestieri di Zurigo. Dal 1950 contribuì alla fondazione del Museo Rietberg di arte non europea, che diresse dal 1952 al 1956. Le rivoluzionarie teorie sull'insegnamento di arte e design introdotte dal Bauhaus ebbero grande influenza, portando all'adozione su larga scala dei corsi di base.

Johannes Itten

1888 *Südern-Linden, Svizzera*
1967 *Zurigo*

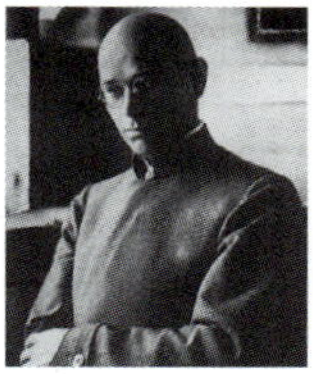

▼ **Johannes Itten & Friedl Dicker**, Pagina di testo da "Utopia, Dokument der Wirklichkeit", 1921

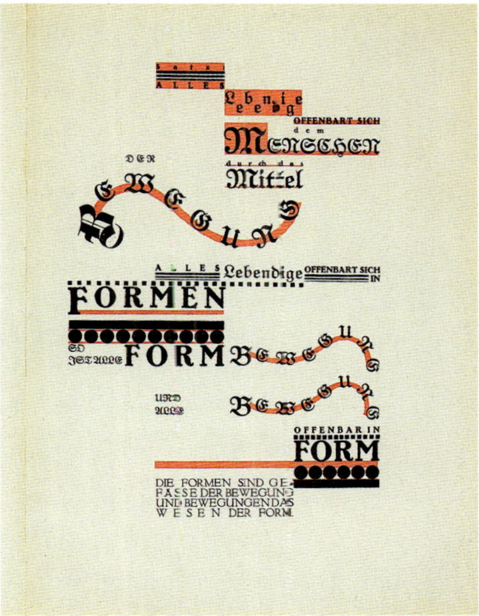

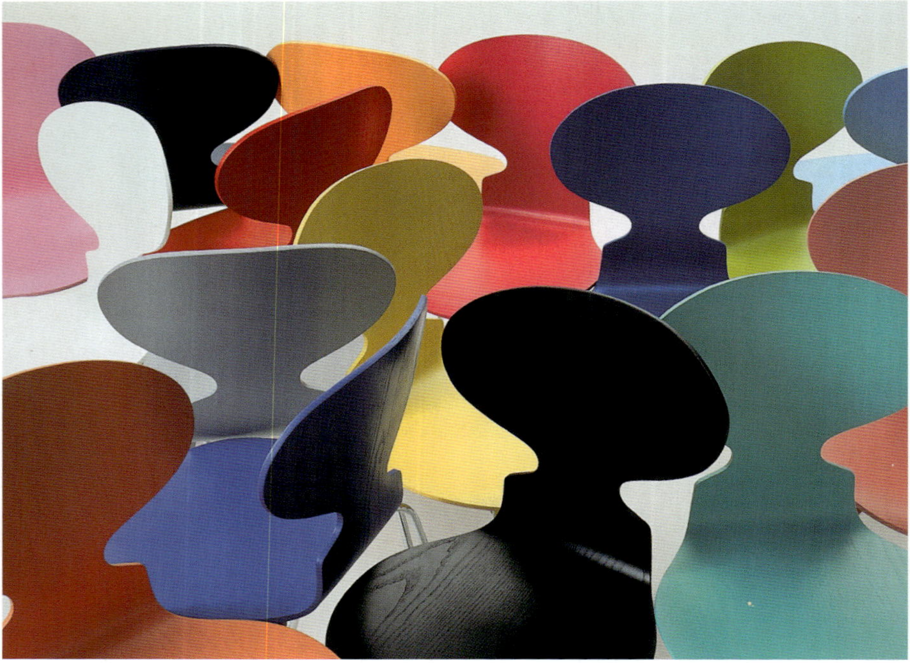

Arne Jacobsen

1902 *Copenaghen*
1971 *Copenaghen*

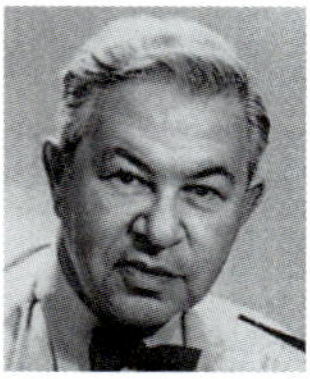

▲ Sedie *Ant modello n. 3100* per Fritz Hansen, 1951–1952

Arne Jacobsen fece l'apprendista muratore e poi studiò alla Kongelige Danske Kunstakademi di Copenaghen, dove si laureò nel 1927. Già da studente Jacobsen fu una brillante promessa vincendo una medaglia d'argento per una sedia esposta all'"Exposition Internationale des Arts Décoratifs" di Parigi del 1925. Tra il 1927 e il 1929 Jacobsen lavorò negli studi di architettura di Paul Holsøe. Aprì poi uno studio di design a Hellerup facendo l'architetto e il designer d'interni indipendente. Le sue prime opere furono influenzate da **Le Corbusier** (del quale egli aveva visto a Parigi il "Pavillon de l'Esprit Nouveau"), **Gunnar Asplund** e altri designer del **Modern Movement** come **Ludwig Mies van der Rohe**. Jacobsen fu uno dei primi a introdurre il Modernismo nel design danese attraverso progetti come "Casa del futuro", realizzata in collaborazione con Flemming Lassen nel 1929. Il suo primo progetto importante di architettura fu il complesso Bella Vista di Copenaghen (1934) e la casa funzionalista Rothenborg di Ordrup (1930), concepita come **Gesamtkunstwerk**. Per l'Air Terminal SAS e il Royal Hotel di Copenaghen (1956–1960), la sua opera più rinomata e al contempo più integrata, Jacobsen progettò ogni particolare: tessuti, arredamento (da ricordare le sedie *Swan* e *Egg* del 1957–1958), luci, posaceneri e posate. Già dieci anni

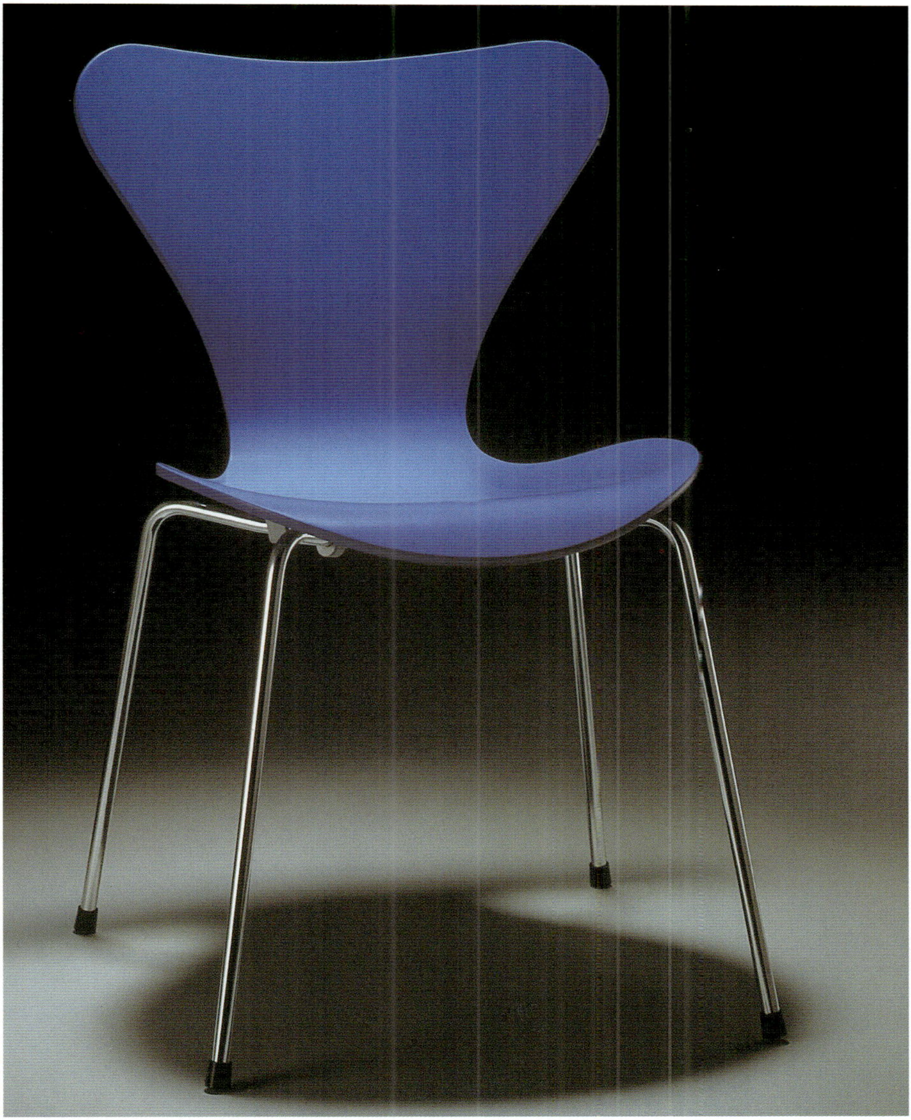

▲ Sedia *Series 7 modello n. 3107*
per Fritz Hansen, 1955

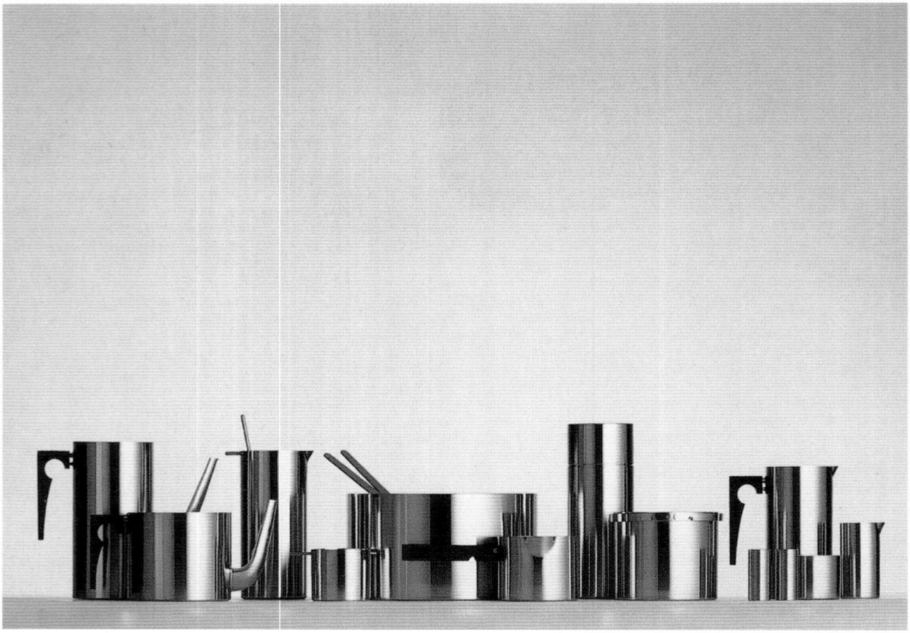

▲ Serie *Cylinda-Line* in acciaio inossidabile per Stelton, 1967

prima Jacobsen si era messo alla prova come industrial designer con considerevole successo creando design di sedie, diventate famose, per l'industriale Fritz Hansen. Le sue sedie *Ant* (1951–1952) e *Series 7* (1955) sono tuttora fra quelle di maggior successo commerciale. Altri design memorabili sono le luci create per Louis Poulsen, gli articoli in metallo per Stelton e Michelsen, i tessuti per August Millech, Grautex e C. Olesen e gli arredi da bagno per I. P. Lunds. Dal 1956 al 1965 fu professore straordinario alla Skolen per Brugskunst di Copenaghen. Negli anni '60 il più importante progetto realizzato da Jacobsen fu il St Catherine's College di Oxford, concepito, come altre sue opere precedenti, come un insieme totalmente integrato. Jacobsen combinò forme scultoree e organiche con le tradizionali caratteristiche del design scandinavo, integrità dei materiali e delle strutture, producendo design semplici, eleganti e funzionali dotati di un fascino straordinario che dura nel tempo.

► Posate *AJ modello n. 600* in acciaio inossidabile per Georg Jensen, 1957

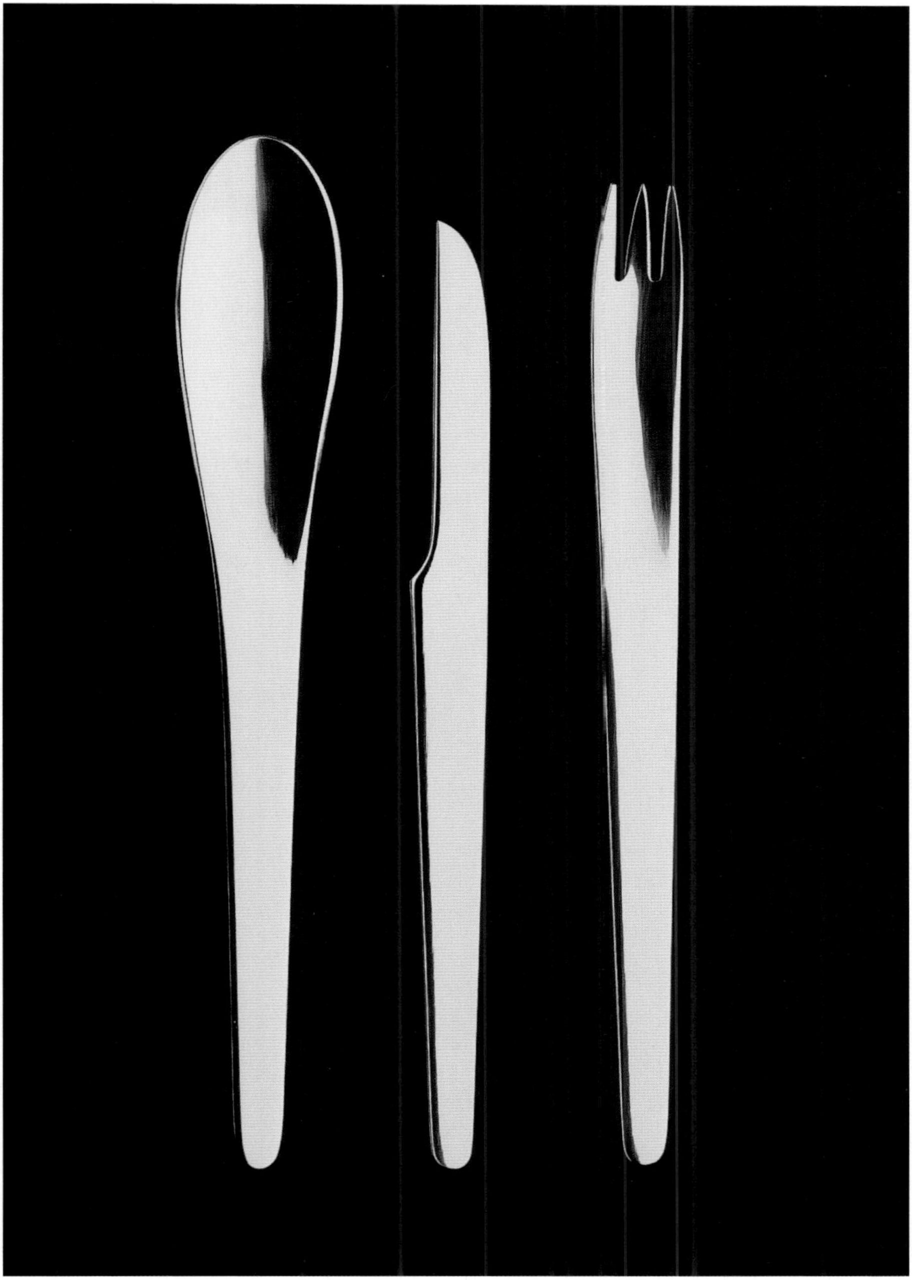

Jacob Jacobsen
1901 *Oslo*

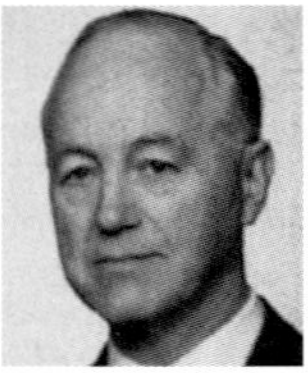

Jacob Jacobsen si formò come ingegnere lavorando in aziende tessili svizzere e inglesi. Nel 1937 acquisì i diritti di produzione per la Scandinavia della lampada *Anglepoise* (1934) di **George Carwardine**, prodotta in Gran Bretagna da Terry & Son. Nello stesso anno Jacobsen progettò una variazione di quella stessa lampada, la *Luxo-1*, con un sistema di molle autobilancianti dello stesso tipo. Imprenditore di talento, riuscì a commercializzare con successo la nuova lampada, che presentava comunque una più raffinata connessione tra paralume e base e un'estetica più fine rispetto a quella di Carwardine. Qualche anno dopo Jacobsen acquisì anche i diritti di produzione per gli USA del principio di tensione costante tipico della *Anglepoise* e negli anni '40 esercitò un quasi monopolio nella vendita di lampade da lavoro in Europa e America. La sua casa di produzione Luxo continua a produrre la classica *L-1*, dotata di un'estrema facilità di regolazione di braccio e paralume. Esistono molte varianti del design, fra cui una chiamata *Panoramic* che presenta un paralume molto più grande. La *Luxo-1* ha vinto numerosi premi e si trova nella collezione permanente del **Museum of Modern Art di New York**. Pur imitata in una varietà di modi diversi, la *Luxo-1* continua ad avere performance tecniche ineguagliate.

▼ Lampada *Luxo L-1* per Luxo, 1937

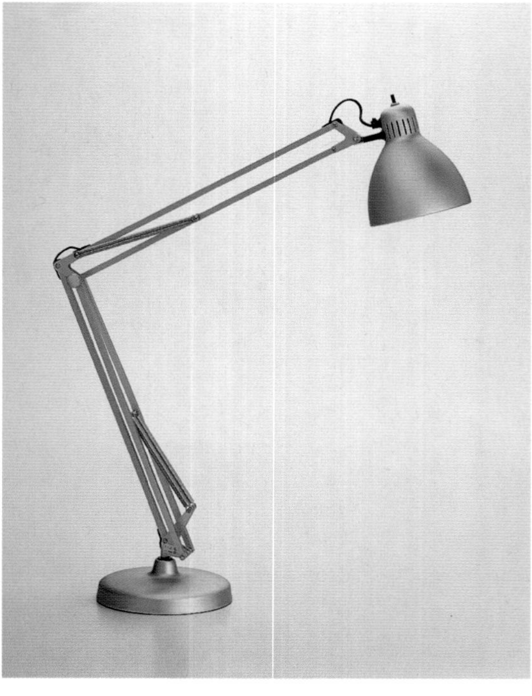

▸ **Pierre Jeanneret & Le Corbusier**, Salotto del Pavillon de l'Esprit Nouveau all'"Exposition Internationale des Arts Décoratifs" di Parigi del 1925

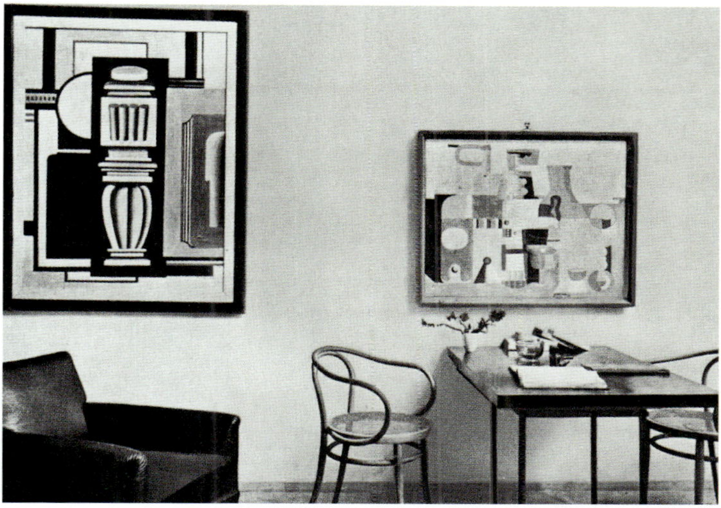

Pierre Jeanneret

1896 *Ginevra*
1967 *Ginevra*

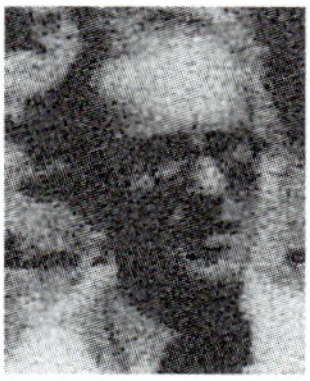

Pierre Jeanneret, cugino di Charles-Édouard Jeanneret, meglio noto come **Le Corbusier**, studiò architettura a Ginevra, trasferendosi poi a Parigi nel 1920. Lavorò nello studio dell'architetto Perret Frères, molto noto per il suo uso di forme concrete e funzionaliste. Nel 1922 cominciò a lavorare insieme al cugino Le Corbusier e **Charlotte Perriand** progettando una serie di mobili, fra cui la sedia *Basculant n.301* (1928 ca.), la chaise longue *B306* (1928) e la sedia *Grand Confort LC2* (1928). Il trio progettò anche gli interni di un appartamento per il Salon d'Automne di Parigi del 1929 che comprendeva mobili progettati sempre da loro. Nei primi anni '20 Jeanneret conobbe l'artista purista Amédée Ozenfant (1886–1966) e realizzò molti dipinti influenzati dall'opera di Ozenfant. Nel 1930 divenne membro dell'UAM (Union des Artistes Modernes), esponendo i mobili progettati insieme a Le Corbusier e Charlotte Perriand alla prima mostra dell'UAM. I suoi progetti successivi, la Ville Savoy di Poissy (1931), il Palazzo dei Soviet a Mosca (1932) e un comprensorio urbano di Algeri, vennero esposti in altre mostre dell'UAM. Brevettò il design della sua sedia di betulla *Scissor* (1947 ca.), che incorporava un innovativo giunto a bullone di acciaio, e da solo realizzò altri design di mobili. Negli anni del dopoguerra lavorò insieme a **Jean Prouvé** al design di case prefabbricate e collaborò con Georges Blanchon a un progetto di urbanizzazione per Puteax. Dal 1952 Jeanneret collaborò col famoso cugino a diversi progetti di architettura, fra cui gli edifici governativi di Chandigarh in India.

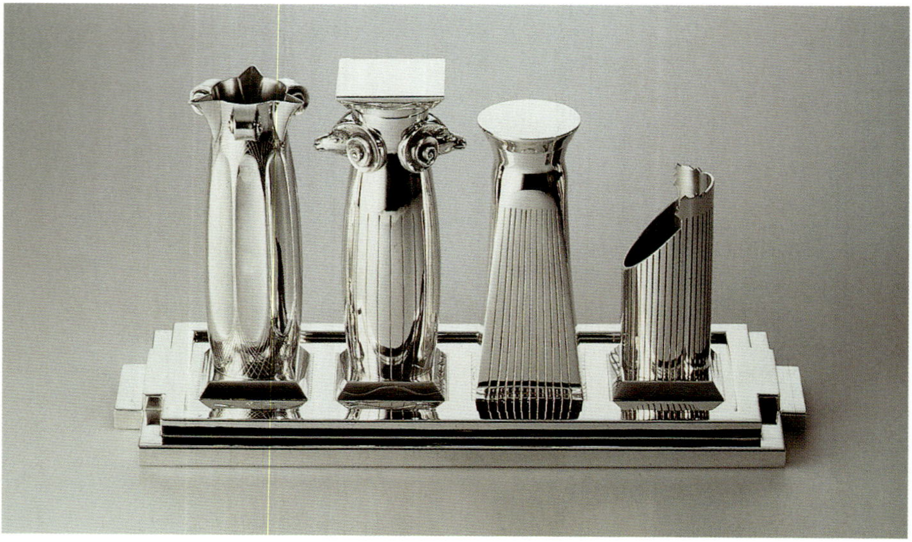

Charles A. Jencks

1939 *Baltimora, Maryland*

Charles A. Jencks studiò architettura e letteratura inglese all'Università di Harvard e poi continuò gli studi all'Università di Londra, ricevendo un dottorato in storia dell'architettura nel 1970. Dal 1968 insegnò all'Architectural Association di Londra e dal 1974 all'Università della California di Los Angeles. Jencks scrisse anche diversi libri di grande influenza fra cui *Adhocism* (1972), *Modern Movements in Architecture* (1973), *The Language of Post-Modern Architecture* (1977) e *Post-Modern Classicism* (1980). Molto critico verso il **Modern Movement**, Jencks definì gli altissimi edifici degli anni '60 ispirati all'architettura di **Le Corbusier** e di **Ludwig Mies van der Rohe**, "scatole vuote", postulando un nuovo linguaggio architettonico in contrapposizione alla banalità conservatrice del Modernismo. Jencks credeva che ogni edificio dovesse obbedire a una sorta di doppio codice in cui fossero rilevanti anche i riferimenti simbolici; ogni edificio dovrebbe piacere non solo "all'interessata minoranza che si occupa in modo specifico di architettura", ma anche al più vasto pubblico che ha problemi più impellenti come "la comodità, i metodi di costruzione tradizionali e il proprio stile di vita". Nei tardi anni '70 e primi anni '80 Jencks applicò questa prospettiva post-moderna al design di oggetti come il *Tea & Coffee Piazza* per Alessi (1983), denso di riferimenti all'architettura classica. Nel 1983 progettò mobili come la sedia *Sun* per la Thematic House di Londra (1983), creata in collaborazione con Terry Farrell Partnership.

▲ *Tea & Coffee Piazza*, Alessi, 1983

Georg Jensen lavorò come apprendista orefice e argentiere a Copenaghen. Dal 1884 lavorò come artigiano specializzato. Dal 1887 al 1892 studiò scultura alla Kongelige Danske Kunstakademi. Nel 1898 cominciò a produrre ceramiche scultoree per il laboratorio di Mogens Ballin, vicino a Copenaghen, e poi lavorò nella fabbrica di ceramica Aluminia e in quella di porcellana Bing & Grøndahl a Copenaghen. Nel 1904 aprì un laboratorio di argenteria. Jensen detestava il gusto, comune allora, dell'argenteria riprodotta in serie e cominciò a realizzare gioielli e argenterie seguendo lo stile Arts & Crafts, ispirandosi a forme naturali come bacche, foglie e viticci. I suoi design più famosi restano le serie *Blossom* (1904–1905 ca.) e *Grape* (1918), che comprendevano una varietà di oggetti, da posate a gioielli. Nel 1907 persuase l'artista Johan Rhode (1856–1935) a realizzare design per il suo laboratorio. Quando l'azienda espose la sua produzione alla "Panama-Pacific International Exposition" di San Francisco, il magnate dell'editoria William Randolph Hearst rimase così impressionato dalla qualità delle opere esposte che comprò tutta la produzione. La ditta ebbe in seguito un crescente successo commerciale, tanto da aprire nel 1924 uno showroom a New York

Georg Jensen

1866 *Raavad/Copenaghen*
1935 *Hellerup/Copenaghen*

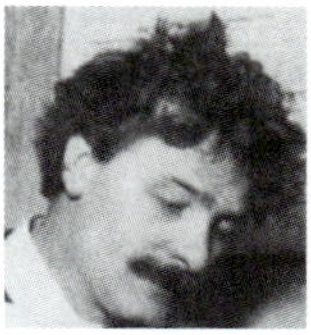

▼ Coppe in argento della serie *Grape*, 1918

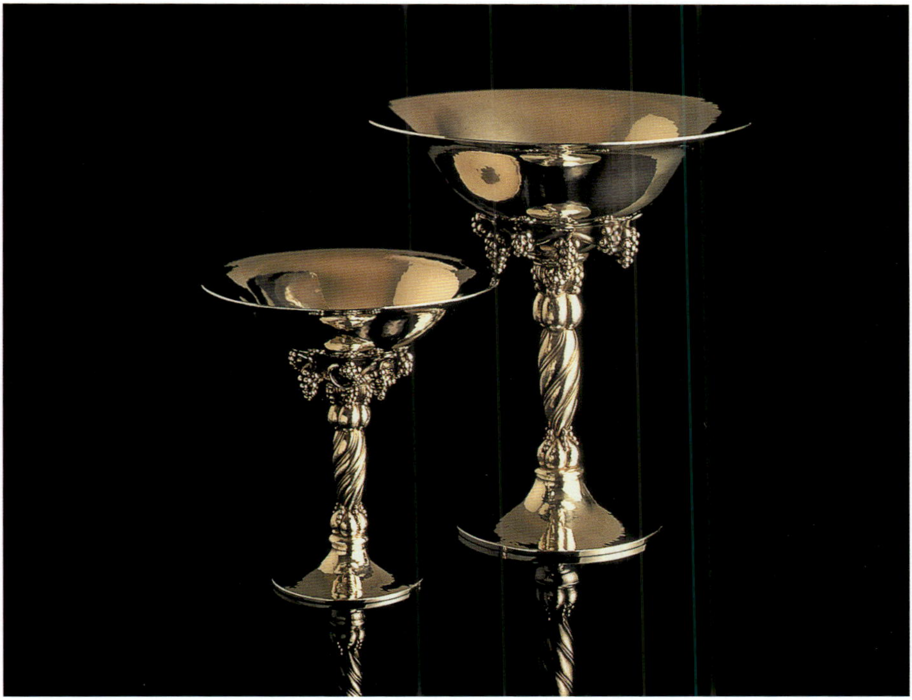

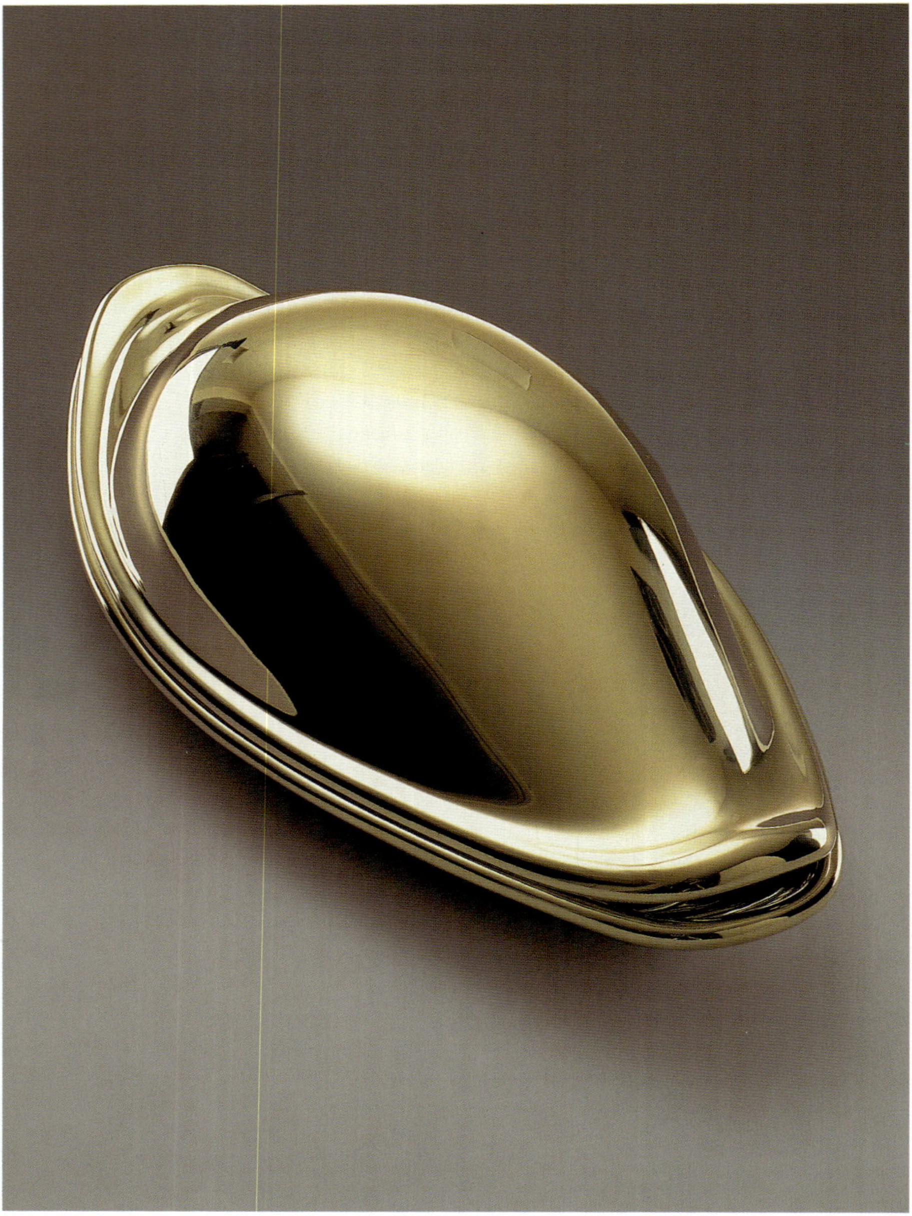

▲ **Henning Koppel**, Piatto in argento per pesce con coperchio per Georg Jensen, 1954

nella Fifth Avenue. Negli anni '20 Jensen reclutò i designer d'**avant-garde** Harald Nielsen (1892–1977), Gundorph Albertus (1887–1970) e Sigvard Bernadotte (1907), che produssero eccezionali design per la ditta. Nello stesso tempo Rohde introdusse forme moderne e senza ornamenti nella linea di argenteria della ditta. Alla morte di George Jensen nel 1935, la gestione passò al figlio Jørgen (1895–1966), che continuò lo stile del padre. Dopo la seconda guerra mondiale fu iniziata la produzione di argenterie artigianali dalla linea moderna ed estremamente elegante, progettate dai designer **Henning Koppel** e Tias Eckhoff (1926), espressione esemplare della purezza estetica e funzionale del Modernismo scandinavo. Negli anni del dopoguerra l'azienda cominciò a produrre anche oggetti in acciaio inossidabile, come le posate di **Arne Jacobsen** (1957) e vetri progettati da **Finn Juhl**. Fin dagli anni '20 il nome di Georg Jensen è diventato sinonimo di Modernismo scandinavo. Ancora oggi l'azienda continua a produrre oggetti in metallo, gioielli e orologi da polso di squisita fattura artigianale con forme innovative create da designer come **Nanna Ditzel**, Vivianna Torun Bülow-Hübe (1927) e Jørgen Møller (1920).

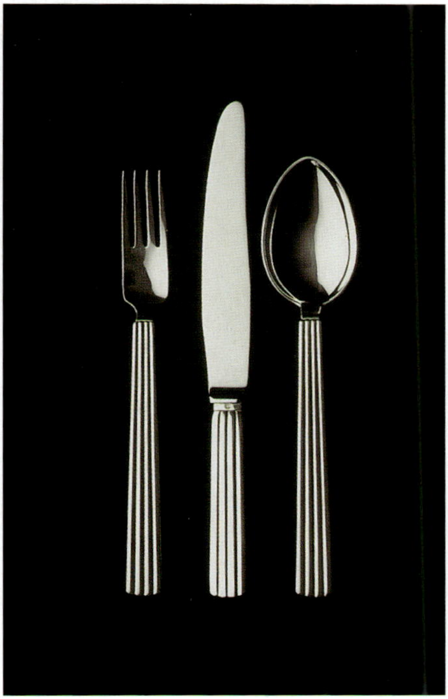

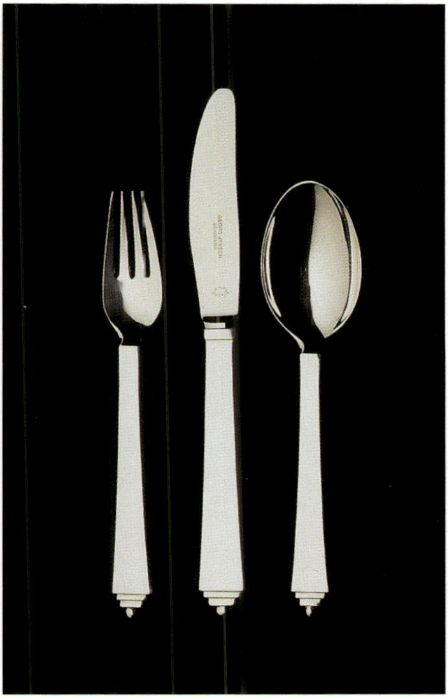

◄▼ **Sigvard Bernadotte**, Posate *Bernadotte* in argento, 1939

▼ **Harald Nielsen**, Posate *Pyramid* in argento, 1926

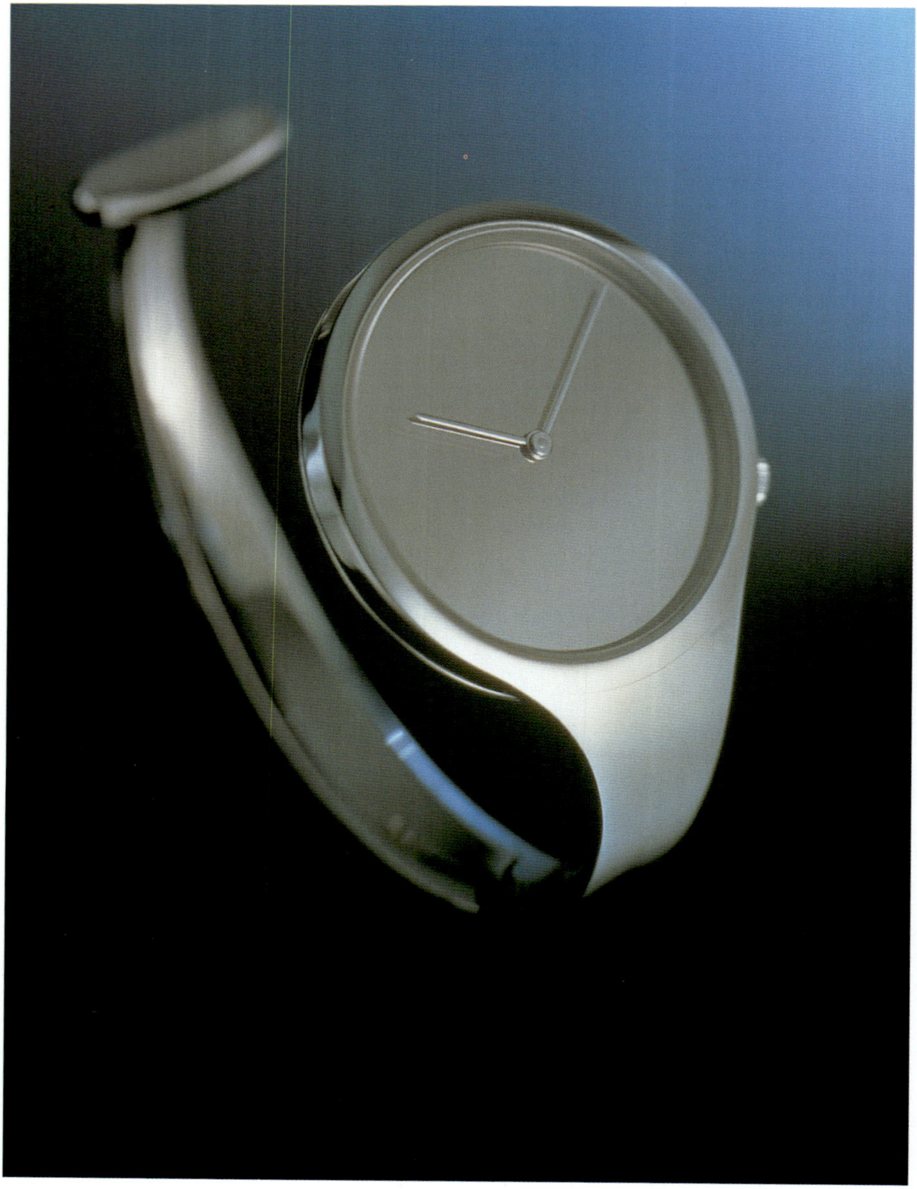

▲ **Vivianna Torun Bülow-Hübe**, Orologio da polso con bracciale in acciaio inossidabile *modello n. 326* per Georg Jensen, 1967

► Giradischi *Beogram 4000* per Bang & Olufsen, 1972

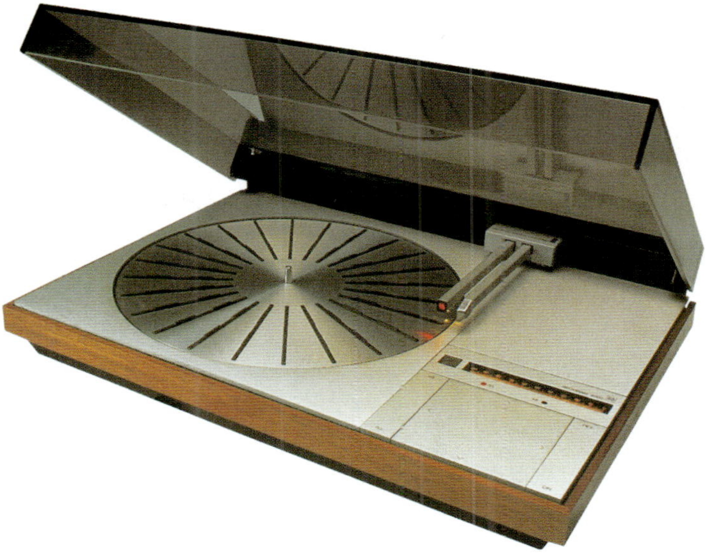

Jakob Jensen

1926 *Copenaghen*

Completati gli studi di industrial design alla Kunsthandvaerkerskolen (Scuola di arti e mestieri) di Copenaghen nel 1952, Jakob Jensen divenne capo designer del primo studio di industrial design danese, il Bernadotte & Biørn, fondato nel 1949. Nel 1959 si trasferì negli USA, dove aprì uno studio, insieme a Richard Latham (1920) e altri, e insegnò all'Università dell'Illinois di Chicago. Tornato a Copenaghen nel 1961 Jensen aprì uno studio di industrial design e dal 1964 cominciò a progettare apparecchiature audio per Bang & Olufsen. I suoi design tersi e altamente efficienti, fra cui l'hi-fi *Beogram 1200* (1969), cui venne assegnato il premio danese ID per il suo armonioso equilibrio tra "apparato" e "mobile", e il giradischi *Beogram 4000* (1972) col suo innovativo pick-up, divennero standard estetici e tecnologici dei sistemi audio del tempo. Meglio conosciuto per i suoi avanguardistici design per Bang & Olufsen, Jensen ha anche realizzato prodotti per altri fabbricanti danesi: il telefono a pulsanti *E76* (1972) per Alcatel-Kirk, una sedia da ufficio (1979) per Labofa, apparecchiature di scansione a ultrasuoni (1982) per Bruel & Kjaer e un orologio da polso (1983) per Max René. Per i suoi product design Jensen ha ricevuto numerosi premi, fra cui il "Die Gute Industrieform" tedesco e il premio IDSA.

Philip Johnson

1906 *Cleveland, Ohio*

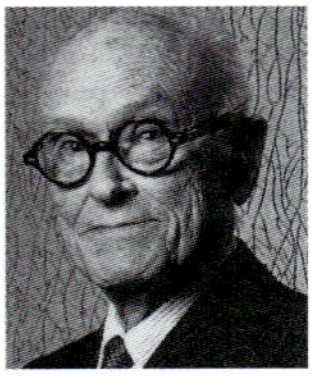

Philip Johnson studiò letterature classiche e filosofia all'Università di Harvard, laureandosi nel 1930. Per due anni diresse il nuovo dipartimento di architettura al **Museum of Modern Art di New York**, durante i quali curò insieme a Henry-Russell Hitchcock la prestigiosa esposizione "The **International Style**: Architecture since 1922" (1932), scrivendone il catalogo di presentazione. Nel 1940 Johnson tornò all'Università di Harvard e studiò architettura sotto la guida di **Marcel Breuer** e **Walter Gropius**, laureandosi nel 1943. Lavorò poi per quattro anni come architetto indipendente e quindi nel 1946 riassunse la carica che era stata sua al Museum of Modern Art. Nel 1954 lasciò il museo per dedicarsi alla sua carriera di architetto, collaborando al progetto del Seagram Building di **Mies van der Rohe** (New York 1954–1958). Progettò varie case a New Canaan (Connecticut), fra cui sono da ricordare la Glass House (1949), influenzata dalla Farnsworth House di Mies van der Rohe, la Hodgson House (1950) e la Wiley House (1953). Il successo del suo Sculpture Garden al Museum of Modern Art (1953) gli fruttò altre commesse pubbliche, fra cui la Sheldon Memorial Art Gallery dell'Università del Nebraska (1963). Pur essendo uno dei maggiori sostenitori dell'International Style, i progetti di Johnson rivelano una forte influenza neoclassica. Nei tardi anni '60 i suoi edifici divennero sempre più monumentali, come dimostra la Kunsthalle di Bielefeld (1968); negli anni '70 progettò una serie di grattacieli, fra cui l'IDS Center di Minneapolis (1973), il Pennzoil Place di Houston (1970–1976) e l'AT&T Building di New York (1978–1983) che col suo frontone postmoderno ebbe un'enorme influenza. Nella sua lunga e controversa carriera, dall'arcimodernismo al postmodernismo, gli edifici e i design di Johnson sono stati caratterizzati da un forte senso dell'identità architettonica e della monumentalità classica.

▾ **Philip Johnson & Richard Kelly**, Lampada per Edison Price, 1953 ca.

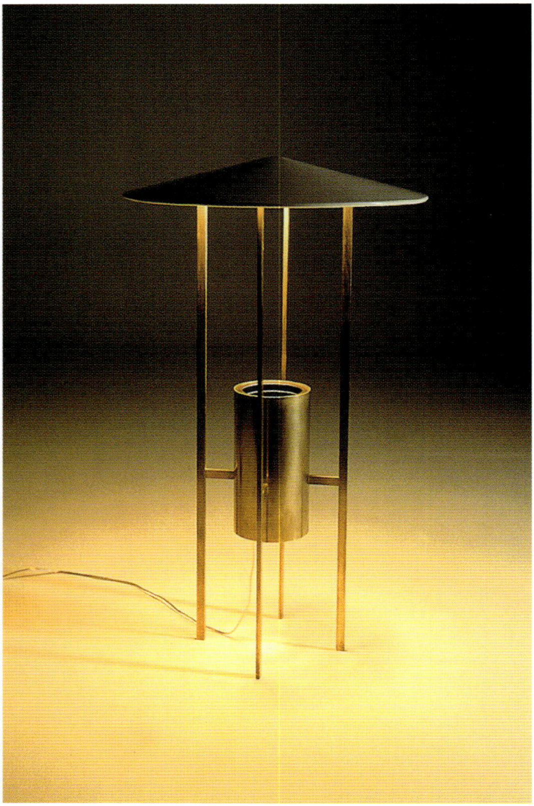

Jugendstil

Germania

Il termine Jugendstil significa letteralmente "Stile Gioventù" e indica quella corrente dell'**Art Nouveau** che si sviluppò in Germania durante gli anni '80 del XIX secolo. Il termine derivò dal titolo della rivista *Jugend*, fondata a Monaco da Georg Hirth nel 1896 e che fu il centro di propulsione del nuovo stile. Ispirandosi alle idee riformatrici di John Ruskin (1819–1900) e di **William Morris**, i designer Jugendstil **Hermann Obrist**, **Richard Riemerschmid** e **August Endell** professarono ideali più alti rispetto ad altri esponenti dello stile Art Nouveau europeo. Essi non cercarono solo di riformare l'arte ma si proposero il ritorno a uno stile di vita più semplice e meno dominato dal commercio. Possedevano una sorta di ottimismo giovanile e un rispetto per la natura che si espresse vigorosamente nelle loro opere. Come i loro contemporanei di Bruxelles e Parigi, i designer Jugendstil si ispirarono ai processi del mondo naturale svelati dai nuovi sviluppi della ricerca scientifica e tecnologica. Ad esempio, i motivi vegetali a viticcio e le forme dette "a colpo di frusta" impiegate da August Endell e Hermann Obrist non erano che un riflesso degli studi fotografici sulla struttura delle piante condotti da Karl Blossfeldt (1865–1932), che avevano messo in luce un sensazionale processo di crescita a spirale, e dei disegni botanici di Ernst Haeckel (1834–1919). La nuova comprensione della natura fornita da tali analisi dettagliate trovò espressione nel senso di dinamismo e nelle forme organiche piene di energia presenti nelle opere dei designer Jugendstil. In Germania il nuovo stile si sviluppò al di fuori della tradizione, rifiutando la tendenza all'arte imperiale ufficiale che promanava da Berlino. Regioni desiderose di affermare la loro autonomia culturale come quelle di Dresda, Monaco, Darmstadt, Weimar e Hagen abbracciarono con entusiasmo lo Jugendstil. Anche se questo desiderio di autonomia artistica fu tema unificante di tutte le diverse scuole dell'Art Nouveau, da Bruxelles a Nancy per finire a Glasgow, probabilmente esso era maggiormente avvertito in

▼ **Otto Eckmann**, Vaso di porcellana con montatura in bronzo, 1900 ca.

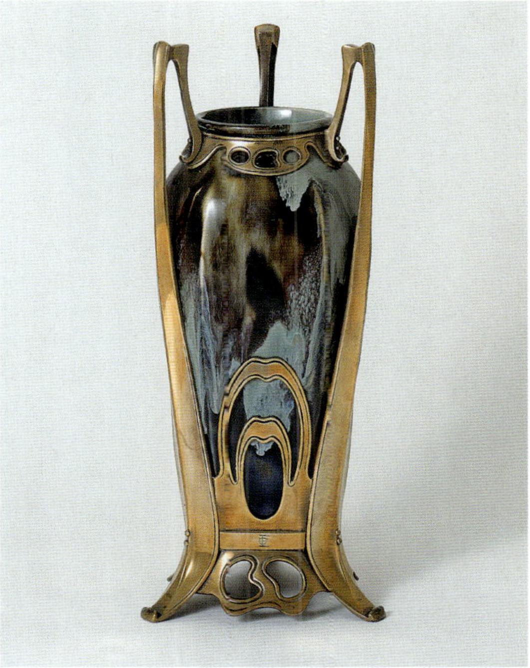

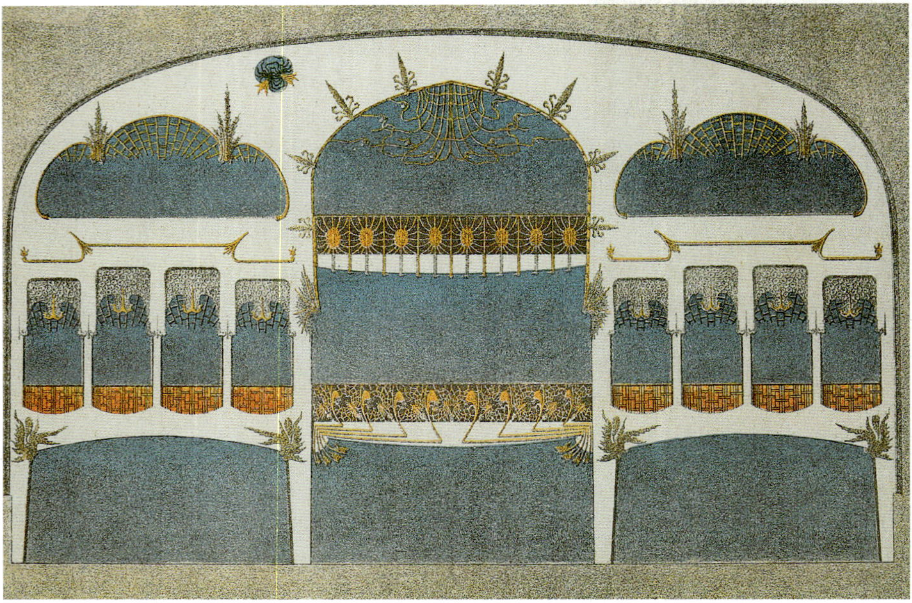

▲ **August Endell**, Design del palco del Buntes Theater di Berlino, 1901

▸ **Ludwig von Zumbusch**, Copertina della rivista *Jugend* pubblicata a Monaco, marzo 1896

Germania. I designer Jugendstil, più dei contemporanei europei associati all'Art Nouveau, furono quelli che maggiormente si avvicinarono a colmare il fossato esistente tra "manifattura artistica" e produzione industriale. Per produrre i loro design rivoluzionari essi fondarono molti laboratori, fra cui bisogna ricordare i **Vereinigte Werkstätten für Kunst im Handwerk** (Laboratori uniti per l'artigianato artistico) nel 1897 e i **Dresdener Werkstätten für Handwerkskunst** (Laboratori di Dresda per l'artigianato artistico) nel 1898. Queste iniziative avevano l'obiettivo di applicare alla produzione di oggetti d'uso quotidiano pratiche di costruzione governate da alti ideali. Gli oggetti prodotti a Dresda furono meno elaborati e quindi meno costosi di quelli prodotti a Monaco, ma erano sempre troppo cari per il cittadino medio. Richard Riemerschmid, capo designer dei laboratori di Dresda, adottò uno stile vernacolare semplice, simile a quello di designer Arts & Crafts britannici come **Charles Voysey**. Riemerschmid cercò di riformare il design attraverso la standardizzazione; la sua adozione di pratiche di produzione razionali ebbe grande influenza e contribuì alla fondazione del **Deutscher Werkbund**. I Vereinigte Werkstätten für Kunst im Handwerk, fondati a Monaco da **Bruno Paul** e altri, svolsero anch'essi un notevole ruolo nella promozione dello Jugendstil. Paul realizzò grafica e vignette umoristiche per la rivista *Simplicissimus*, che, come la consorella *Jugend*, contribuì a

1896 · 21. März · JUGEND · I. Jahrgang · Nr. 12

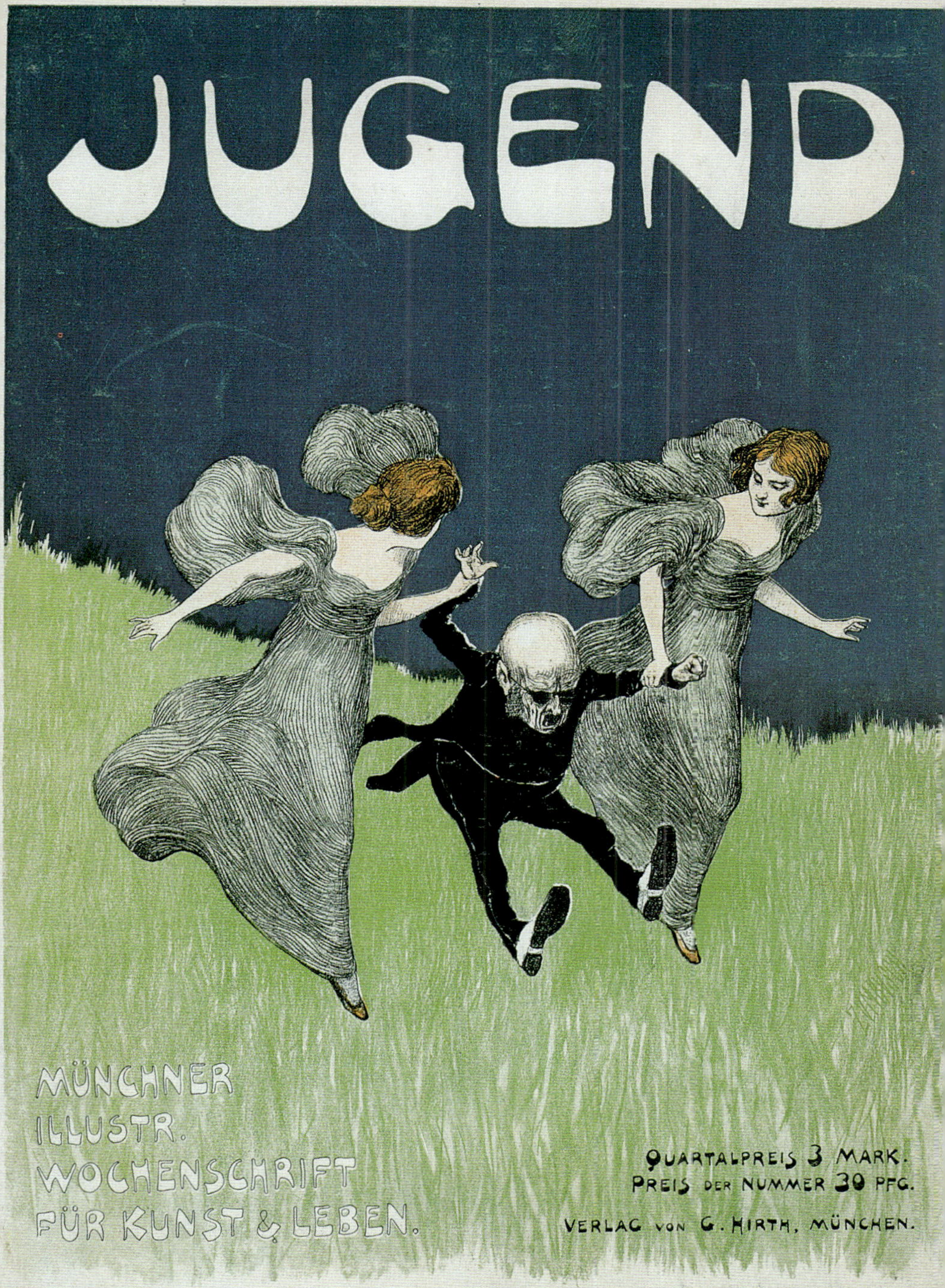

Herausgeber: Georg Hirth. — Redakteur: Fritz v. Ostini. —

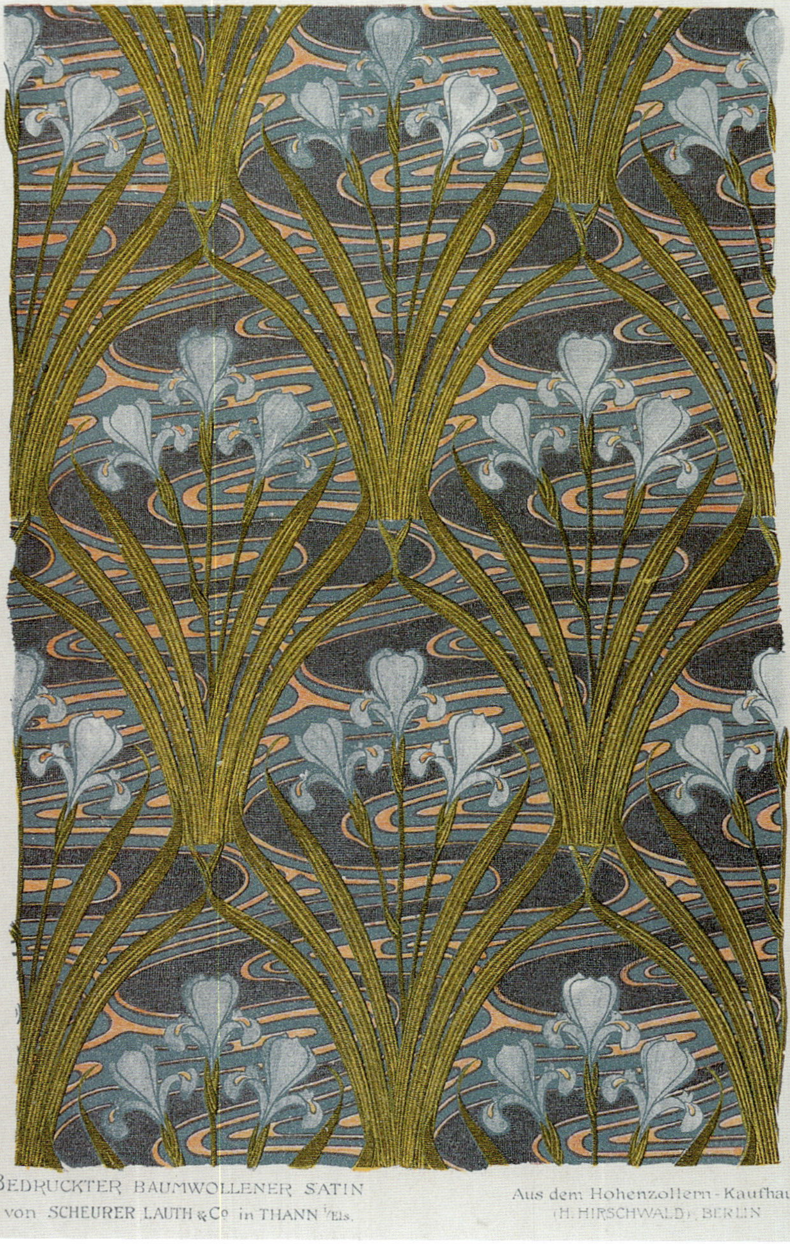

Bedruckter baumwollener Satin
von SCHEURER LAUTH & Co in THANN i/Els.

Aus dem Hohenzollern-Kaufhaus
(H. HIRSCHWALD), BERLIN

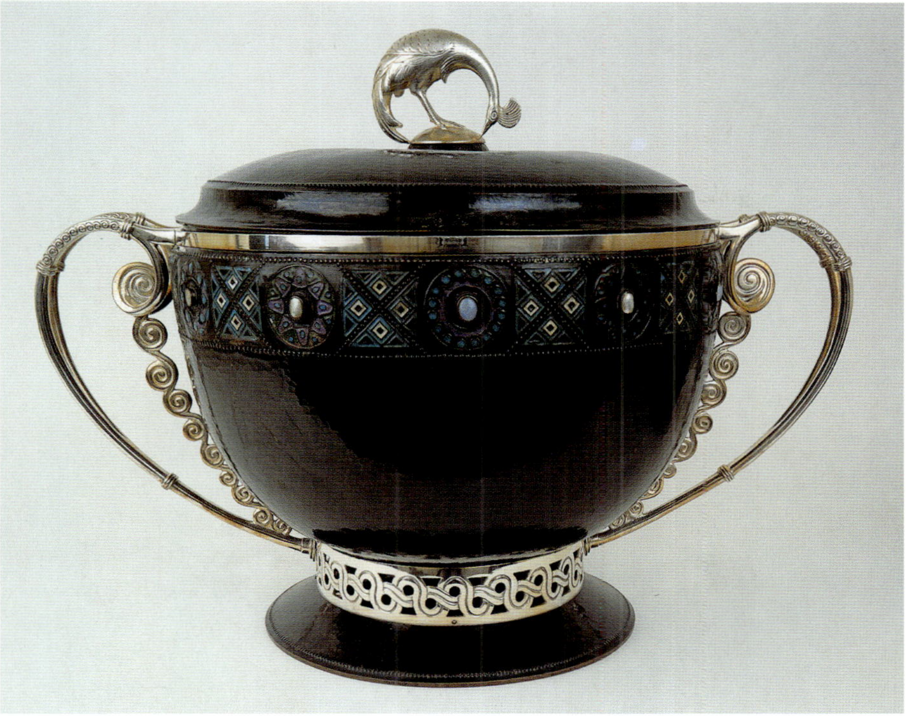

rendere popolare la nuova estetica. Il suo stile lineare venne condiviso dall'amico designer **Bernard Pankok**, anch'egli operante a Monaco e autore della casa Lange di Tubinga (1902), concepita come **Gesamtkunstwerk**. L'edificio, influenzato dal vernacolarismo, presentava interni Jugendstil sorprendentemente moderni nella loro semplicità. A Darmstadt la causa dello Jugendstil trovò il suo mecenate nel granduca Ludwig di Darmstadt-Hesse che nel 1901 fece preparare un'esposizione intitolata "Ein Dokument Deutscher Kunst" (Un documento dell'arte tedesca). L'esposizione celebrò i risultati artistici della **Darmstädter Künstlerkolonie** (Colonia degli artisti di Darmstadt), fondata nel 1899 col sostegno finanziario del granduca. La Colonia comprendeva all'inizio otto edifici fra cui la "Casa dell'arte decorativa", che fungeva da studio di **Josef Maria Olbrich**, e sette residenze costruite per altri membri della colonia. Oltre che per il nuovo stile architettonico promosso da queste costruzioni permeate di Jugendstil, l'attività della Colonia fu importante anche come stimolo alla produzione di opere artistiche in senso lato. Anche a Weimar orgoglio civico, necessità economiche e

▲ Coppa con coperchio, 1900 ca.

◄ Raso stampato, Scheurer Lauth & Co., Thann

mecenatismo dei nobili ebbero un certo ruolo nella promozione dello Jugendstil. Nel 1860, infatti, il granduca Karl Alexander von Sachsen-Weimar finanziò personalmente l'istituzione di una scuola d'arte a Weimar. Nel 1901 il nipote ne continuò l'opera, su consiglio del conte Harry Kessler, nominando l'architetto belga **Henry van de Velde** consigliere artistico della corte. Nel 1904, nella speranza che l'educazione alle arti avrebbe costituito un potente propellente per l'economia locale, a van de Velde fu affidato l'incarico di progettare la Weimar Kunstgewerbeschule (Scuola di arti applicate). Egli diresse l'istituto fino al 1914 e durante il suo incarico progettò molti design di argenterie e ceramiche in stile Jugendstil, di gran pregio proprio per la semplicità delle forme. L'architettura e il design Jugendstil spesso unirono innovazione strutturale e forme naturalistiche astratte fino a formare una straordinaria combinazione di monumentalità e luminosità. Lo stile raggiunse il suo vertice intorno al 1900; pochi anni dopo fu rimpiazzato dal razionalismo industriale del Deutscher Werkbund, fondato nel 1907 da un gruppo di designer e architetti che si erano formati alla scuola dello Jugendstil. Pur avendo molto in comune col britannico **Arts & Crafts Movement**, soprattutto per quanto concerne l'adozione di forme naturali e popolari intese come strumenti atti a riformare il design e in ultima analisi la società, lo Jugendstil, con i suoi metodi di produzione più industriali, preparò la strada ai successivi sviluppi del design tedesco. Il termine Jugendstil viene spesso usato anche per indicare l'Art Noveau scandinava.

▾ **Ferdinand Morawe**, Orologio per i Vereiningte Werkstätten für Kunst im Handwerk, 1903

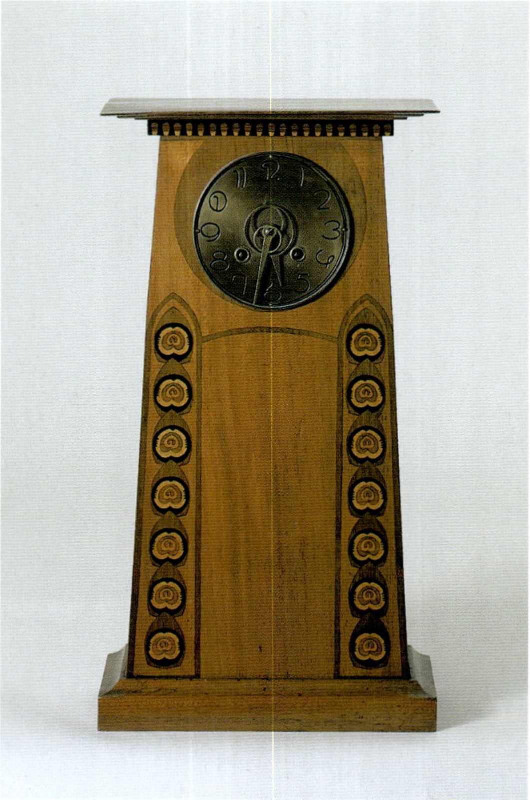

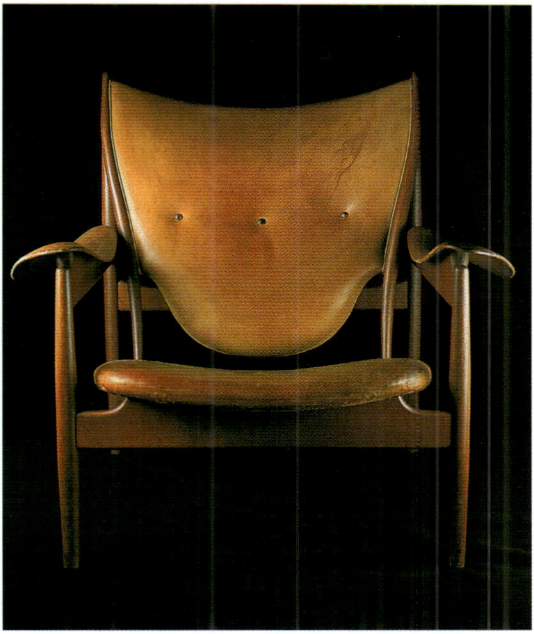

◂ Sedia *Chieftain* per Niels Vodder, 1949

Finn Juhl

1912 *Copenaghen*
1989 *Copenaghen*

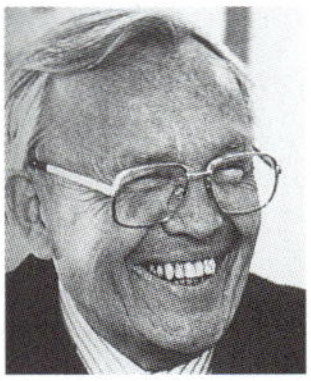

Finn Juhl studiò architettura alla Kongelige Danske Kunstakademi (Accademia danese di belle arti) di Copenaghen, dove ebbe come docente Kay Fisker (1893–1965) e dove si laureò nel 1934. Lavorò poi per dieci anni come architetto nello studio di Vilhelm Lauritzen, progettando molti mobili in collaborazione con l'artigiano mobiliere Niels Vodder. Mobili come le sue sedie *Pelican* (1940) e *n. 45* (1945) differivano notevolmente dalla pratica delle rielaborazioni moderne di mobili tradizionali seguita da **Kaare Klint** e seguaci; furono invece i primi esempi di una nuova tendenza del design danese, proteso verso forme organiche. Nel 1945 Juhl aprì uno studio dedicandosi alla realizzazione di sedie, tavoli e divani in legno massiccio che gli fruttarono un grande apprezzamento da parte della critica: vinse sei medaglie d'oro alle esposizioni della Triennale di Milano e quattordici premi dell'Associazione Artigiani Mobilieri di Copenaghen. I suoi design, fra cui la sedia *n. 48* (1948) e la sedia *Chieftain* (1949), si distinguevano per l'armonioso equilibrio di un artigianato superlativo e di forme espressive quasi eteree. Juhl sviluppò molte tecniche di costruzione per l'uso del tek, il che portò a un largo uso di quel tipo di legno nei mobili danesi. Dal 1945 fu capo istruttore di interior design alla Scuola Tecnica di Fredericksberg. Da quella posizione influì in modo notevole su tutto lo sviluppo del design danese.

Wilhelm Kåge

1889 *Stoccolma*
1960 *Stoccolma*

Wilhelm Kåge studiò pittura alle Scuola d'arte Valand di Göteborg, poi a Stoccolma presso Carl Wilhelmson (1866–1928) e dal 1912 alla Scuola d'arte di Copenaghen, dove ebbe come docente Johan Rohde. Completò infine i suoi studi alla Plakatschule di Monaco, dove studiò design grafico e divenne ben presto famoso per i suoi poster. Dal 1917 lavorò alle dipendenze della Gustavsberg, una ditta svedese di ceramiche, modernizzandone la linea di prodotti. In quel periodo, infatti, era in corso una campagna della Svenska Slöjdföreningen (Società svedese del disegno industriale), rivolta alle industrie manufatturiere come la Gustavsberg, perché assumessero artisti al fine di migliorare la qualità degli oggetti d'uso quotidiano. Il servizio da tavola *Liljebala* (giglio blu) di Kåge del 1917 raggiunse lo scopo ispirandosi all'arte popolare e, visto che aveva un prezzo accessibile anche alle famiglie dei lavoratori, divenne noto come "servizio degli operai". Per le sue ceramiche nel 1925 a Kåge venne assegnato un Grand Prix alla "Exposition Internationale des Arts Décoratifs et Industriels Modernes" di Parigi. Durante gli anni '30 il servizio *Pyro* "dal forno alla tavola" (1930) e il vasellame *Praktika* (1933) inaugurarono una serie di design economici e funzionali, con linee semplici che permettevano ai vari articoli di essere impilati e conservati in poco spazio. La serie *Praktika* fu anche il primo servizio della Gustavsberg i cui pezzi potevano essere venduti separatamente e non solo come servizio completo. Oltre ai suoi design di ceramiche per la produzione industriale, Kåge realizzò anche pezzi d'arte come il vaso *Terra Spirea* (1955 ca.). Invece per le ceramiche *Farsta* si ispirò a ceramiche cinesi e messicane e a forme naturali; la serie da studio *Surrea*, con le sue forme frammentate, fu influenzata dal Cubismo e dal Surrealismo. Le ceramiche funzionali di Kåge, progettate per la produzione in serie, diventarono uno standard di riferimento per il vasellame moderno. Le altre sue ceramiche da studio dimostrarono la sua indubbia abilità di artigiano vasaio.

▾ Vaso di porcellana *Terra Spirea* per Gustavsberg, 1955 ca.

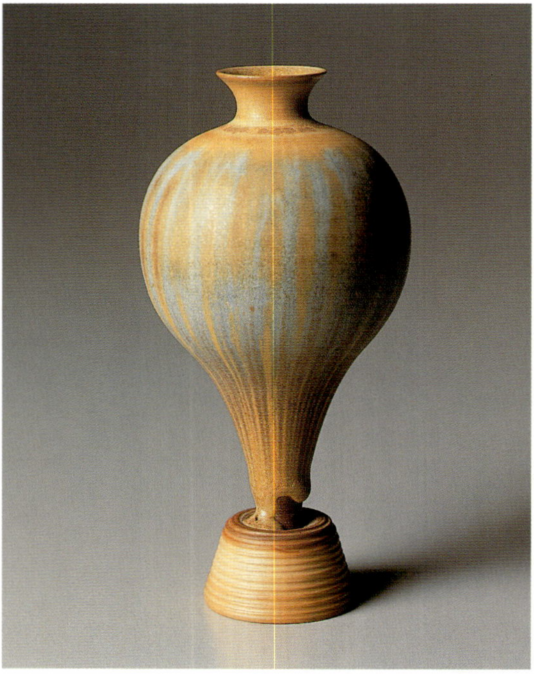

▸ **Anna Castelli Ferrieri**, Sistema di contenitori cilindrici *modello n. 4966* per Kartell, 1969

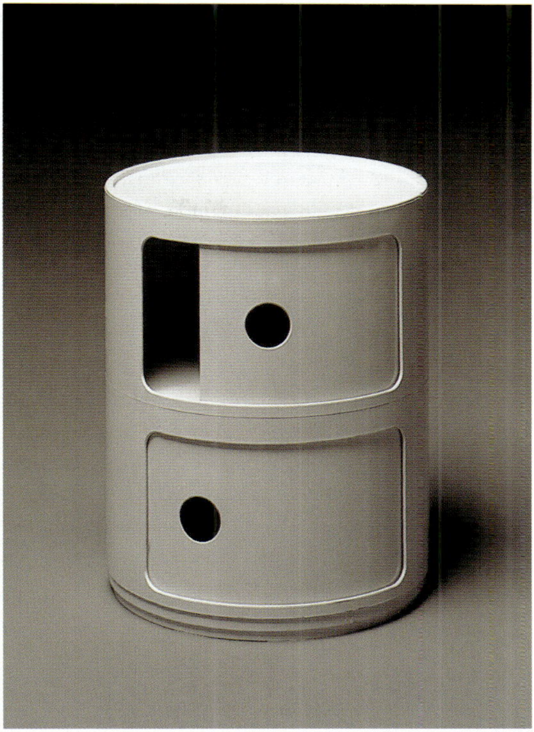

La Kartell, azienda per la lavorazione delle plastiche, venne fondata nel 1949 da Giulio Castelli (1920), ingegnere chimico e figlio di un pioniere delle applicazioni plastiche. Nel 1954 Castelli aveva avuto come docente Giulio Natta (1903–1979), inventore del polipropilene, e durante gli studi aveva avuto modo di conoscere molti architetti e artisti dell'**avant-garde** che nell'immediato dopoguerra si adoperarono perché il design diventasse parte integrante del processo di produzione, in modo da cooperare al programma di ricostruzione italiano. Il primo prodotto lanciato da Kartell fu un comune portasci, progettato dall'architetto e industrial designer Roberto Menghi (1920). Seguirono una vasta gamma di articoli per la casa, molti dei quali progettati da **Gino Colombini**. Dagli spremiagrumi alle palette per l'immondizia, dalle vasche per il bucato ai secchi, la Kartell trasformò gli oggetti di uso quotidiano in prodotti di polietilene dalla linea moderna ed elegante, il cui design era sorprendentemente avanzato. Le innovazioni nei materiali e nel design furono ampiamente apprezzate: la Kartell ricevette il premio **Compasso d'Oro** nel 1955, 1957, 1959, 1960 e 1964 e varie medaglie d'oro e

Kartell

Fondata nel 1949 a *Milano*

d'argento alle esposizioni della Triennale di Milano. Dalla metà degli anni '50 l'azienda produsse anche mobili, fra cui una credenza modulare in metallo e plastica (1956) progettata da Gino Colombini e Leonardo Fiori; ma fu solo negli anni '60 che riuscì a imporsi anche in questo settore con i modelli di **Marco Zanuso** e **Richard Sapper** (sedia sovrapponibile per bambini *modello n. 4999/5*, 1961–1964) e la rivoluzionaria sedia *Modello n. 4860 Universale* (1965–1967) di **Joe Colombo**, prodotta in ABS e prima sedia per adulti in plastica stampata a iniezione. L'azienda produsse anche mobili di **Anna Castelli Ferrieri**, Alberto Rosselli (1921–1976), Giotto Stoppino (1926), **Ettore Sottsass** e **Gae Aulenti**. Molti di questi mobili, come i contenitori cilindrici *4953–54–55–56* stampati a iniezione (1970) di Castelli Ferrieri, erano modulari. La Kartell produsse anche lampade di **Sergio Asti**, di **Marco Zanuso** e di **Achille e Pier Giacomo Castiglioni**. Negli anni '80 la Kartell rimase un'azienda di alto profilo grazie anche ai mobili progettati da **Philippe Starck**, del quale è rimasta famosa la sedia *Dr. Glob* (1988). Negli anni '90 all'azienda venne assegnato un altro Compasso d'Oro per le cassettiere *Mobil* (1995) prodotte in PMMA stampato a iniezione e progettate da **Antonio Citterio** e Glenn Oliver Loew. Fu poi la volta degli scaffali *Bookworm* di **Ron Arad**, prodotti anch'essi con un tecnopolimero stampato a iniezione e di grande successo. Lo studio di design interno alla Kartell, Centrokappa, diretto da Anna Castelli Ferrieri (moglie di Castelli), ha anch'esso prodotto design di primaria importanza come i giocosi mobili per bambini in colori primari *5300*, *5312*, *5320*. Anche oggi la Kartell continua a praticare "un'idea del design in cui la qualità delle relazioni tra materiali, forme e obiettivo viene definita in rapporto al processo di produzione industriale". L'identità dell'azienda viene assicurata attraverso una tecnologia di lavorazione delle materie plastiche sempre innovativa e all'avanguardia.

▾ **Marco Zanuso & Richard Sapper**, Sedia per bambini sovrapponibile *modello n. 4999/5* per Kartell, 1961–1964

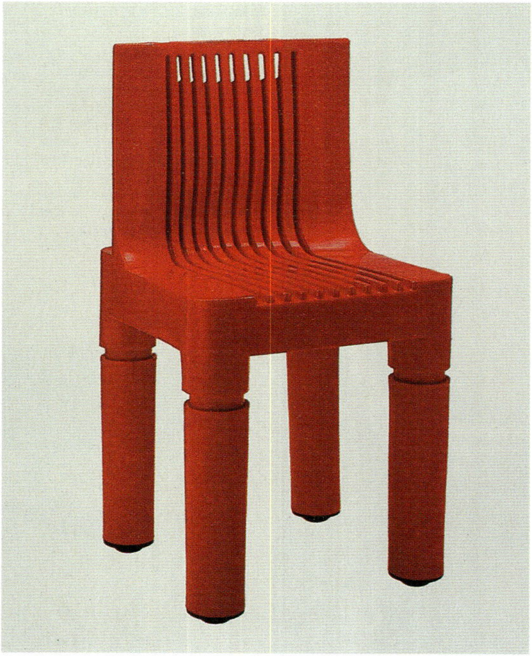

Edward McKnight Kauffer

1890 *Great Falls, Montana*
1954 *New York*

Edward Kauffer si formò come pittore negli Stati Uniti. Nel 1913 Joseph E. McKnight gli finanziò un viaggio di studio a Parigi. Nel 1914 assunse il nome del suo benefattore e si stabilì in Inghilterra. Un anno dopo ricevette il suo primo incarico: un manifesto commissionato da Frank Pick (1878–1941), manager pubblicitario di London Underground e responsabile del design grafico. Nel 1920 Kauffer divenne membro fondatore del Group X, un gruppo artistico guidato dal pittore vorticista Percy Windham Lewis (1882–1957). L'anno dopo, però, Kauffer abbandonò la pittura concentrandosi completamente sul design grafico e l'arte commerciale, lavorando per numerose aziende fra cui London Transport, Great Western Railway, Shell-Mex, British Petroleum, Orient Line e General Post Office. Per esse produsse vistosi manifesti ispirati inizialmente al Vorticismo e poi al Surrealismo. Nel 1929 Kauffer e la moglie, la designer tessile Marion Dorn (1899–1964), esposero tappeti tessuti a mano e con disegni cubisti e biomorfi prodotti dalla Wilton Royal Factory. Durante gli anni '30 lavorò anche come illustratore di libri per opere come il *Don Chisciotte* di Cervantes (1930), la *Marcia Trionfale* di T. S. Eliot (1931) e *Venere che sorge dal mare* di Arnold Bennett (1931). Kauffer realizzò anche molte copertine, fra cui una dello *Studio Yearbook*. I suoi manifesti vennero esposti in una mostra personale al **Museum of Modern Art di New York** nel 1937. L'anno dopo fu il primo *émigré* a essere nominato Honorary Designer for Industry dalla Royal Society of Arts di Londra. Nel 1940 tornò in America insieme alla moglie e ci rimase per la durata della guerra, ma, a parte i poster realizzati per American Airlines fino al 1953, ricevette poche commissioni.

▾ Tappeto di lana tessuto a mano per The Wilton Royal Carpet Factory, 1935 ca.

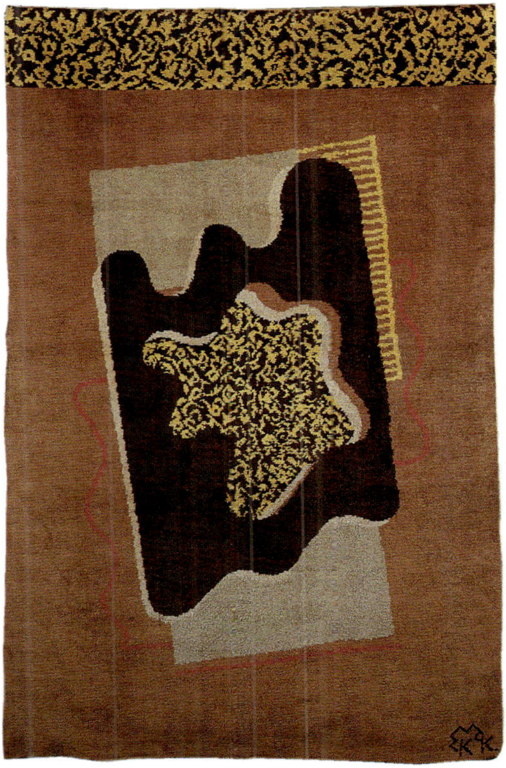

▸ Sedie *Multi-Use* (1942) di Frederick Kiesler all'interno della galleria "Art of This Century" di Peggy Guggenheim (New York)

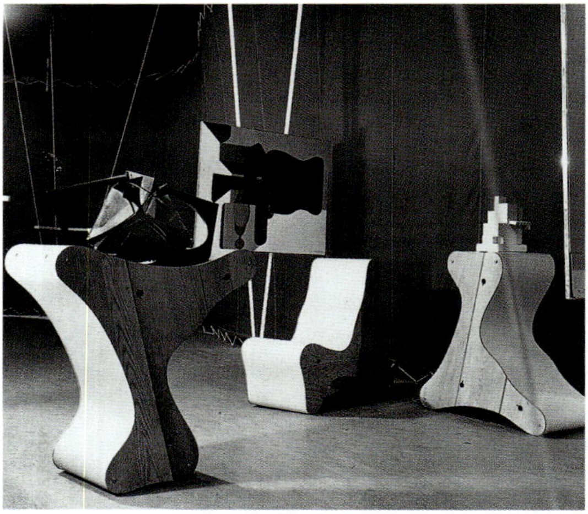

Frederick Kiesler

1890 *Vienna*
1965 *New York*

Frederick Kiesler studiò all'Akademie der Bildenden Künste e alla Technische Hochschule di Vienna dal 1910 al 1914. Dal 1920 circa lavorò per qualche tempo con **Adolf Loos** e cominciò a progettare interni e scenografie teatrali. Nel 1923 divenne membro di **De Stijl** e progettò *Casa e teatro senza fine*, un sistema di costruzione modulare dalla configurazione altamente flessibile basato sulla forma ovale. Il progetto era efficiente anche dal punto di vista energetico, riducendo il numero di elementi richiesti da un edificio. In questo periodo Kiesler entrò a far parte del Gruppo G, formato da **Ludwig Mies van der Rohe**, Hans Richter (1888–1976) e Werner Graeff (1901–1978). Nel 1924 progettò l'"Esposizione internazionale della nuova tecnica teatrale" al Konzerthaus di Vienna e un anno dopo il padiglione austriaco alla "Exposition Internationale des Arts Décoratifs et Industriels Modernes" di Parigi. Nel 1926 Kiesler emigrò in America e per due anni lavorò a New York in società con l'architetto Harvey Wiley Corbett. Divenne membro dell'AUDAC (American Union of Decorative Artists and Craftsmen) e dal 1934 al 1937 fu direttore di scenic design della Julliard School of Music di New York. Dal 1936 al 1942 diresse anche il laboratorio di design correlation alla School of Architecture della Columbia University e lavorò in società con Armand Bartos per sei anni a New York. I suoi design di mobili, fra cui le sedie *Multi-Use* (1942) e i tavoli *Two-Part Nesting* (1935–1938), ebbero un'enorme influenza, portando negli anni '50 alla nascita del **Biomorfismo**. I suoi artistici interni si distinsero per le loro straordinarie qualità spaziali.

La collaborazione tra il designer britannico Perry A. King (1938) e il designer spagnolo Santiago Miranda (1947) ebbe inizio a metà degli anni '70. Fin dal 1956 King aveva lavorato per **Olivetti**, progettando apparecchiature da ufficio come la macchina da scrivere *Valentine*, frutto di una collaborazione con **Ettore Sottsass**; dal 1972 si era occupato della **corporate identity** dell'azienda e aveva realizzato un nuovo tipo di carattere per stampanti a matrice di punto. Negli anni '70 King realizzò anche un programma di corporate identity per C. Castelli, dittafoni per Süd-Atlas Werke e apparecchiature elettriche per Praxis. In quel periodo Miranda (di nove anni più giovane di King) studiava ancora alla Escuela de Artes Aplicadas y Oficios Artisticos di Siviglia. King e Miranda cominciarono a lavorare insieme nel 1975 a Milano progettando grafica, mobili e luci per Marcatré, Disform, Flos, Arteluce e altri, mentre contemporaneamente realizzavano computer e tastiere per la

King – Miranda

Fondato nel 1975 a *Milano*

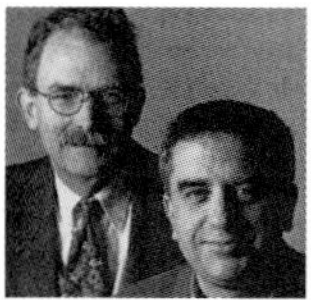

▼ Lampada da tavolo *Donald* per Flos, 1978

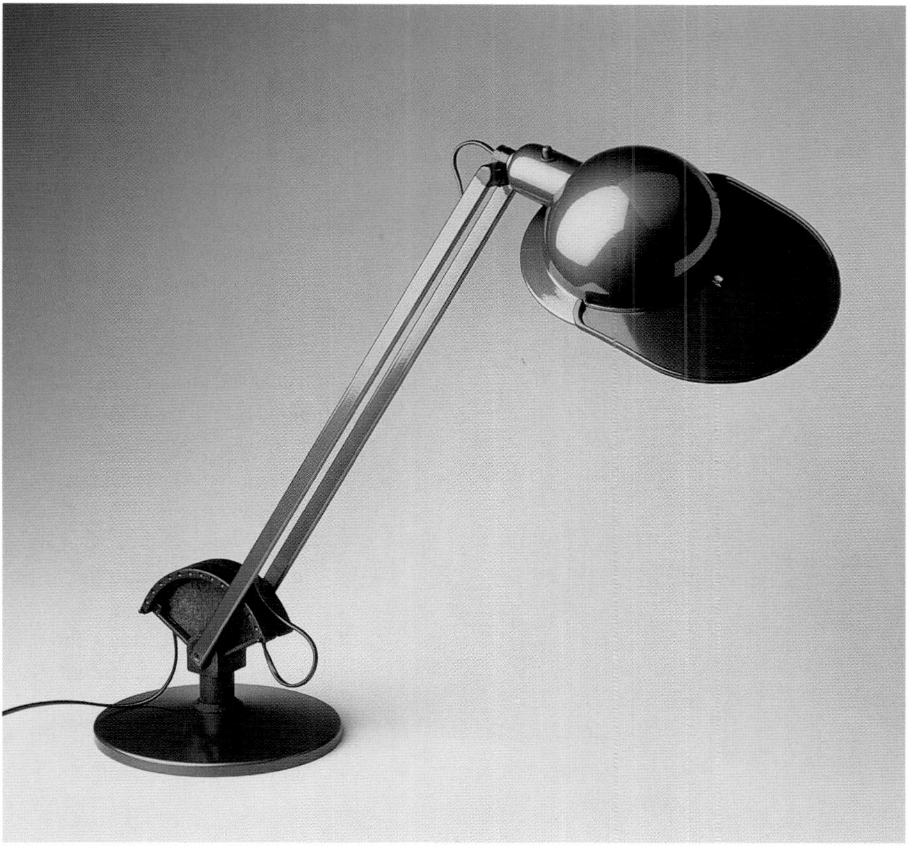

Olivetti. Fra gli altri loro design meritevoli di menzione ci sono utensili elettrici per Black & Decker, vetri di Murano e il sistema d'illuminazione *Lucerno* (1991), usato all'Expo '92 di Siviglia per le aree pubbliche. Nei prodotti di King e Miranda prevalgono gli aspetti legati alla tecnologia e ai metodi industriali di produzione, ma vi si possono talvolta rintracciare anche qualità poetiche e a volte umoristiche, come dimostra la lampada *Donald* (1978). Secondo loro "il design deve chiaramente comprendere non solo tecnologia ed economia, ma anche sociologia. Ciò porta alla conclusione che i designer devono avere un modello filosofico o politico su cui basare la loro opera" (King–Miranda 1983, *Design Since 1945*, p. 217).

◂ Lampada da terra
Jill per Flos, 1978

▸ Sedie *Omkstack* per Bieffeplast, 1971

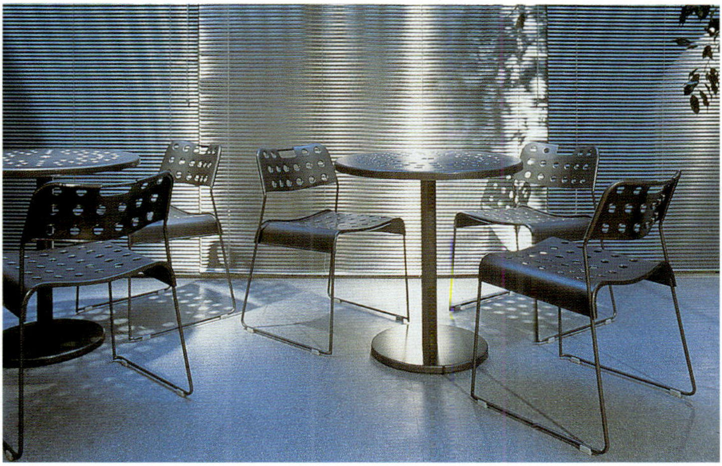

Rodney Kinsman

1943 *Londra*

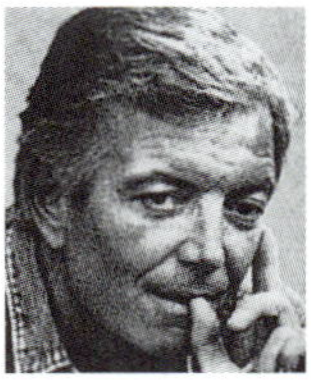

Rodney Kinsman studiò design del mobile alla Central School of Art di Londra. Nel 1966 fondò il gruppo OMK Design insieme a Jurek Olejnik e a Bryan Morrison. Nel 1976 il gruppo aveva già al suo attivo mobili come la *F Range* (1966) in schiuma a blocchi rivestita di vinile e produceva design per i negozi Habitat di **Terence Conran**. Fin dalla fondazione Kinsman ha guidato l'OMK e ha eseguito molti design di pregio, fra cui la sedia di grande successo *Omkstack* (1971), un tipico esempio di stile **High-Tech** anni '70. Questo design altamente razionale, concepito per la produzione in serie, fu dato in licenza alla consociata italiana Bieffeplast, con la quale l'OMK ha avviato una società che dura tuttora. Altri suoi design di mobili comprendono il display system *Graffiti* (1971) e le serie *Vienna* (1984) e *Tokyo* (1985), tutti improntati a un'estetica razionale. Il primo "public seating system" di Kinsman, la serie *Transit*, progettata in collaborazione con Peter Glynn-Smith, fu immesso sul mercato nel 1981. Costruito interamente in metallo antincendio fu all'inizio destinato all'aeroporto di Gatwick e presentava una forma ritmica a onde. Nel 1983 a Kinsman venne assegnata una fellowship dalla Society of Industrial Artists. Nel 1988 fu nominato socio onorario del **Royal College of Art**. Nel 1989 fu messo in commercio il suo seating system per Trax destinato ad aeroporti e stazioni. Il suo seating system più originale è probabilmente la panchina *Seville* in alluminio estruso (1991), realizzata per l'Expo '92. Kinsman ritiene che il design non debba essere influenzato dalle mode e si sforza di creare mobili il cui fascino duraturo sia frutto soprattutto di un valido approccio tecnologico.

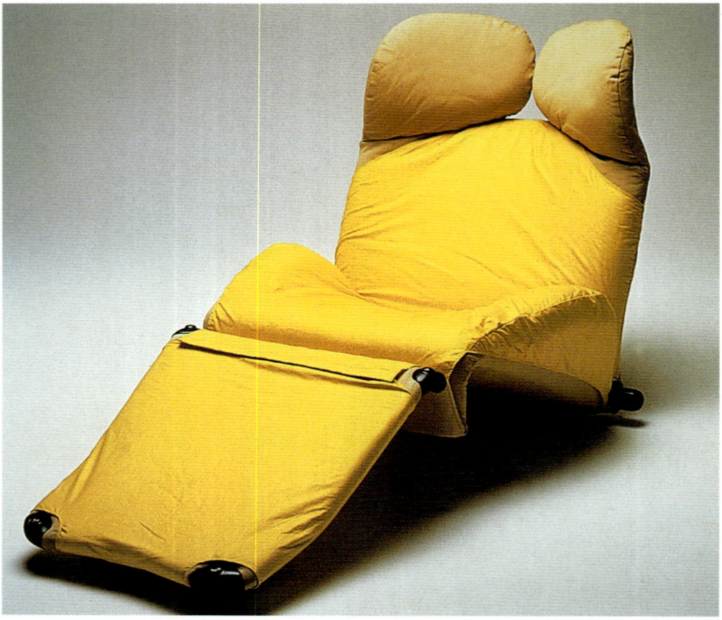

◂ Poltrona *Wink* per Cassina, 1980

Toshiyuki Kita

1942 *Osaka*

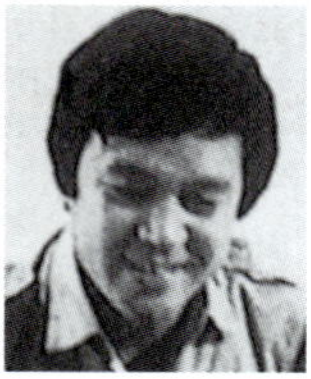

Toshiyuki Kita studiò industrial design al Namiwa College di Osaka laureandosi nel 1964. Sempre a Osaka nello stesso anno aprì uno studio di industrial e furniture design. Nel 1969 si trasferì in Italia lavorando inizialmente negli studi di **Mario Bellini** e Silvio Coppola (1920–1986) e al contempo progettando i primi mobili per Bernini e poi per Cassina. Il suo design più noto, la sedia *Wink* (1980) articolata e multifunzionale con un poggiatesta che ricorda Mickey-Mouse, anticipò la tendenza alle forme stravaganti dei primi anni '80. Per prolungarne la durata il design, sviluppato in quattro anni, fu dotato di un rivestimento rimovibile. Nel 1981 Kita ricevette il premio Kitaro Kunii per l'Industrial Design e nel 1987 prese parte all'esposizione "Les avant-gardes de la fin du XXème siècle" tenuta al Centre Georges Pompidou di Parigi. Insieme all'artista Keith Haring (1958–1990) nel 1989 progettò i tavoli *On Taro* e *On Giro* per Kreon. Nel 1989 la Sony gli commissionò il progetto di una hall multifunzione per la sua sede centrale di Tokyo. Con la sua clientela europea, Interflex, Sharp e Tribu, e la sua clientela giapponese, Koshudo, Johudo Mokko e Yamagiwa, Toshiyuki Kita può veramente affermare di aver unificato due culture e per questa ragione viene ritenuto il "più europeo" dei designer giapponesi.

Kitsch

Il termine Kitsch deriva dal verbo tedesco "verkitschen" (ridurre il prezzo, screditare) e viene usato per descrivere design volgarizzati dotati di una qualche attrattiva popolare. Il Kitsch è perciò considerato l'antitesi del **Good Design**. Il termine venne all'inizio usato per indicare oggetti di poco prezzo come souvenir, soprammobili e chincaglieria varia. Uno dei primi studi sull'argomento fu una pubblicazione del 1925 del filosofo tedesco Fritz Karpfen intitolata *Der Kitsch*. Fu solo nel 1939, però, che il critico d'arte americano Clement Greenberg scrisse *Kitsch and the Avantgarde*; il termine Kitsch venne allora esteso a designare elementi della cultura popolare contemporanea come la pubblicità commerciale e la letteratura "spazzatura". Negli anni '50 il Kitsch design raggiunse il suo vertice quando molti produttori misero in commercio riproduzioni che avevano soltanto una vaga somiglianza con gli oggetti di "alto design" che tentavano di imitare. In quel periodo venne prodotta un'enorme quantità di articoli a basso prezzo e di dubbio gusto, per lo più di plastica, che venivano resi attraenti con qualche elemento umoristico o qualche trucco commerciale. Il fenomeno si allargò oltre misura per effetto del consumismo di massa e può essere considerato una reazione contro la promozione istituzionale o statale del Good Design. Negli anni '60 il termine Kitsch continuò a essere usato in senso negativo, ma negli anni '70 gli oggetti Kitsch vennero usati come contrappunto ironico negli interni e consapevolmente apprezzati per il loro voluto cattivo gusto. Negli anni '80, con la nascita del **Post-Modernismo**, il Kitsch venne incensato per la sua onestà culturale e le sue tendenze sovversive. Come caricatura del "buon gusto", il Kitsch ha infine trovato fertile terreno nell'**avant-garde**.

▾ Selezione di portaombrelli, tardi anni '50

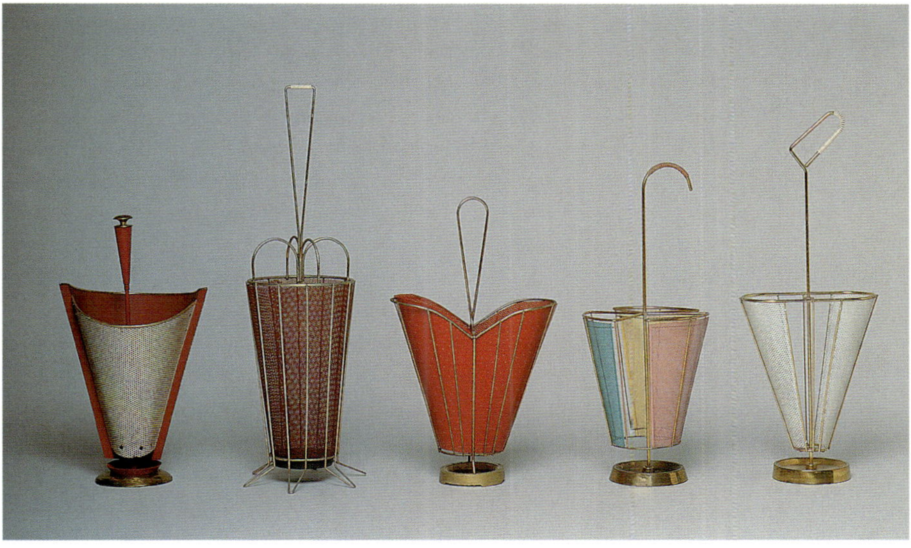

► Sedia *modello n. PK22* per E. Kold Christensen, 1955

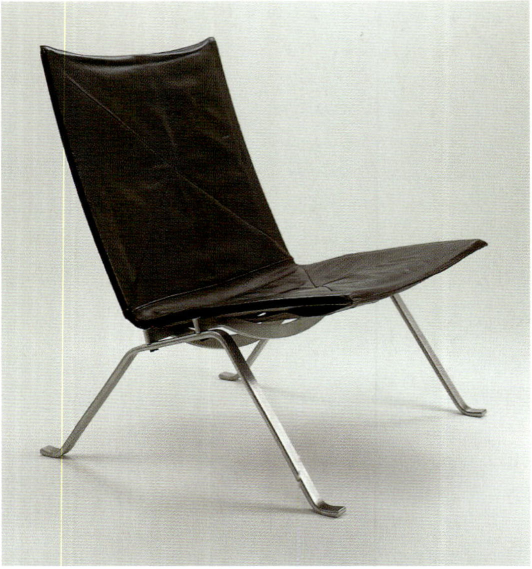

Poul Kjaerholm

1929 *Oster Vra, Danimarca*
1980 *Hillerod, Danimarca*

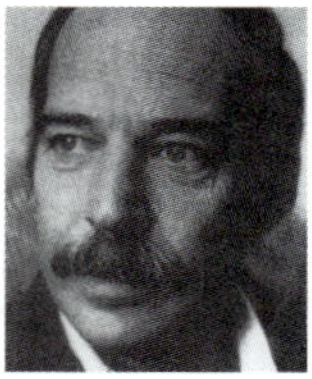

Poul Kjaerholm fece l'apprendista falegname e poi studiò design del mobile ed ebanisteria alla Kunsthandvaerkerskolen (Scuola di arti e mestieri) di Copenaghen. Insegnò nella stessa scuola per quattro anni e poi, per venti anni, alla Kongelige Danske Kunstakademi (Reale Accademia delle arti) di Copenaghen, diventandone direttore nel 1976. La carriera di Kjaerholm si è concentrata sul design di mobili per la produzione in serie. Dal 1955 lavorò in collaborazione col fabbricante di mobili E. Kold Christensen di Hellerup. I suoi design eleganti e razionali, come la sedia *PK22* (1955) e la chaise *Hammock PK24* (1965), devono molto ai designer del **Modern Movement**, in particolare a **Le Corbusier**. Nel 1970 circa la produzione dei suoi mobili passò da E. Kold Christensen a Fritz Hansen. A Kjaerholm venne assegnato un Grand Prix alle Triennali di Milano del 1957 e del 1960 e il premio Lunning nel 1958. Di tutti i designer scandinavi Kjaerholm fu probabilmente il più influenzato dall'**International Style**. I suoi design sofisticati, che fondevano logica funzionalista e sensibilità scandinava, possiedono un'estetica di grande purezza, risultato della padronanza dei materiali e delle tecniche di costruzione. Kjaerholm fu molto apprezzato anche per la progettazione di mostre, rese memorabili dal supremo senso dell'organizzazione spaziale che egli possedeva.

Kaare Klint studiò pittura dal 1903 al Politecnico di Frederiksberg. Fu apprendista nello studio del padre architetto P. V. Jensen Klint e poi lavorò a Copenaghen insieme agli architetti Kai Nielsen e Carl Petersen. Dal 1917 cominciò a progettare mobili da designer indipendente e in capo a tre anni aprì uno studio proprio, lavorando per Fritz Hansen, Rudolf Rasmussen e altri. I mobili di Klint, fra cui la sedia a sdraio *modello n. 4699* (1933), erano principalmente rielaborazioni di modelli precedenti ed erano influenzati dal vernacolarismo, dallo **Shaker** design, dai mobili Regency e dall'ebanisteria orientale. Nel 1924 istituì la sezione mobili della Kongelige Danske Kunstakademi (Reale Accademia delle Arti) di Copenaghen e insieme ai suoi studenti intraprese un'importante e pionieristica ricerca sull'antropometria. Quale influente teorico del design, Klint stimolò i suoi allievi a combinare le principali qualità dell'artigianato tradizionale, come l'attenzione al dettaglio e la profonda conoscenza dei materiali, con i principi del design razionale. Nel 1944 divenne professore di architettura alla Reale Accademia di Copenaghen e quello stesso anno progettò la lampada *Fruit*, costruita con carta pieghettata. Queste lampade economiche furono prodotte da Le Klint, un'azienda basata sul lavoro a domicilio fondata dal padre, il quale progettava e costruiva anche lampade di carta. Klint riteneva che il design avesse una funzione sociale e che il miglior modo per realizzare questa missione fosse l'adozione di principi di design razionali e lo studio dell'ergonomia. Gli insegnamenti di Klint furono alla base del rinnovamento del design danese dopo la seconda guerra mondiale.

Kaare Klint

1888 *Frederiksber, Danimarca*
1954 *Copenaghen*

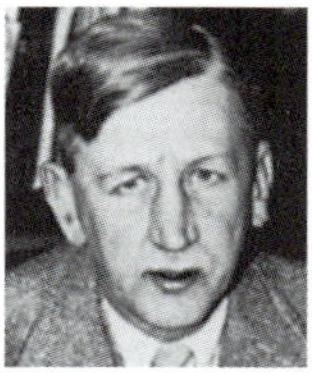

▼ Sedia a sdraio *modello n. 4699* per Rud. Rasmussen, 1933

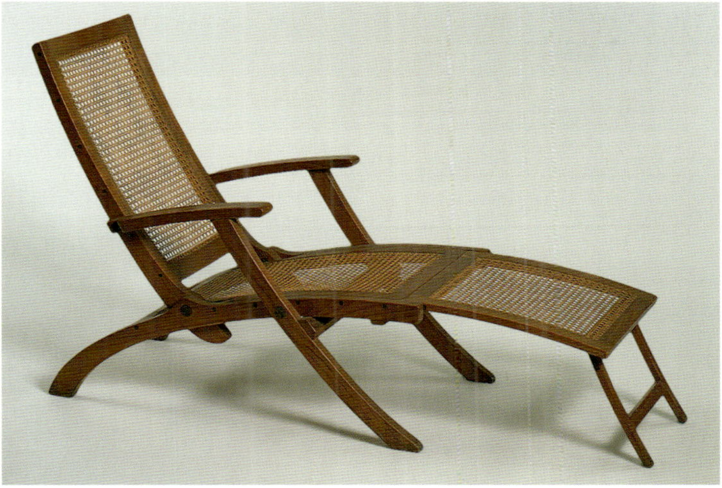

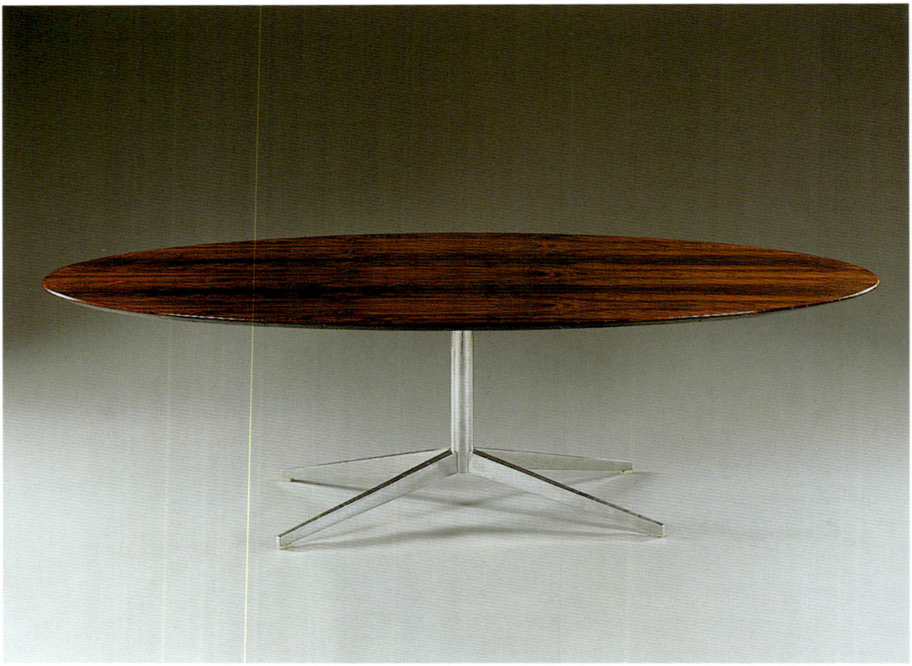

Knoll International

Fondato nel 1938 a *New York*

▲ **Florence Knoll**, Tavolo per riunioni *modello n. 2080* per Knoll International, 1961

▶ **Herbert Matter**, Inserto pubblicitario raffigurante le sedie *Diamond* di Harry Bertoia per Knoll International, 1952 ca.

Figlio del mobiliere tedesco Walter Knoll, Hans Knoll (1914–1955) nel 1937 si trasferì a New York e fondò la Hans G. Knoll Furniture Company. Intorno al 1941 cominciò a produrre una vasta gamma di mobili moderni progettati da **Jens Risom**, utilizzando residuati dell'esercito. Fu allora che Hans Knoll conobbe Florence Schust, un architetto che aveva studiato alla **Cranbrook Academy of Art**, alla Architectural Association di Londra e all'Armoury Institute di Chicago, dove aveva avuto come docente **Mies van der Rohe**. Nel 1943 la Schust, che aveva anche lavorato per gli architetti **Marcel Breuer** e **Walter Gropius**, venne assunta come interior designer da Hans Knoll e negli anni a venire trasformò la linea di prodotti dell'azienda passando dallo stile scandinavo all'**International Style**. Nel 1946 Hans e Florence si sposarono e nello stesso anno fondarono la Knoll Associates, cominciando a produrre i mobili moderni ed eleganti di **Eero Saarinen**, **Isamu Noguchi**, **Harry Bertoia** e altri. Come conseguenza il profilo dell'azienda guadagnò in prestigio; nel 1948 furono anche acquisiti i diritti di riproduzione dei mobili di Mies van der Rohe. Negli anni '50 l'immagine dell'azienda fu ancora più caratterizzata dalla supervisione esercitata da Florence Knoll su tutti gli aspetti dell'attività aziendale, dal design delle sale espositive e degli interni, im-

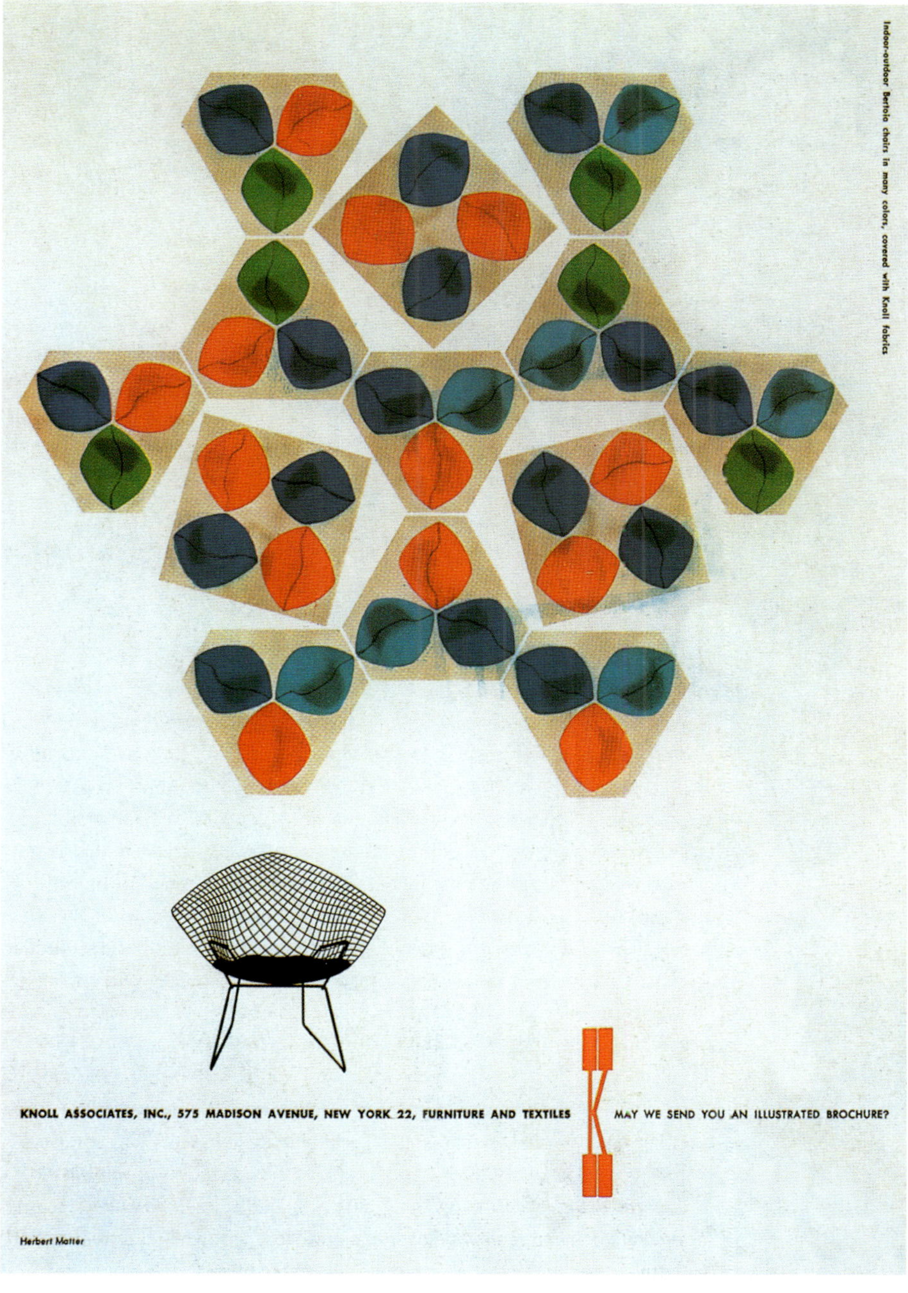

Herbert Matter

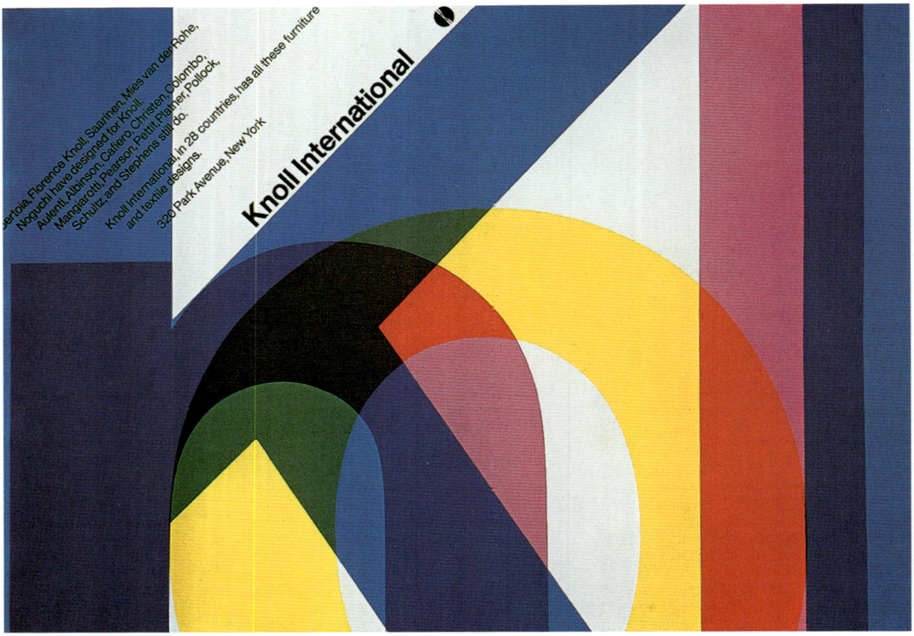

▲ **Massimo Vignelli**, Poster per Knoll International, 1967 (primo poster realizzato da Vignelli per Knoll)

prontati da chiarezza nelle disposizioni e meticolosa attenzione al dettaglio, fino al design della grafica. Allo scopo venne assunto il designer svizzero **Herbert Matter**, che durante gli anni '50 creò un'efficace serie di poster pubblicitari e il marchio con la grande K. La grafica di Matter presentava la stessa chiarezza dei mobili e degli interni di Florence Knoll e contribuì molto all'affermazione della famosa **corporate identity** dell'azienda. Nel 1955 Hans Knoll morì tragicamente in un incidente stradale, ma sotto la direzione della moglie l'azienda continuò a prosperare. A differenza di altri designer d'interni, lei aveva una tale conoscenza delle forme architettoniche che i suoi interni non presentavano mai spazi vuoti, rendendo più prestigiosi gli edifici in cui venivano collocati. Col suo occhio straordinario riusciva a unificare in un tutto armonioso forme, colori e materiali. Dal 1967 l'immagine della Knoll si rafforzò ulteriormente con l'arrivo di **Massimo Vignelli**, che progettò un programma di grafica di forte uniformità geometrica. La Knoll si specializzò sempre più nella produzione di mobili su ordinazione ed è oggi la terza più grande fabbrica di mobili da ufficio. L'azienda continua a produrre design altamente innovativi, come ad esempio la serie di workstation mobili *Homer* (1997) di Luke Pearson e Tom Lloyd.

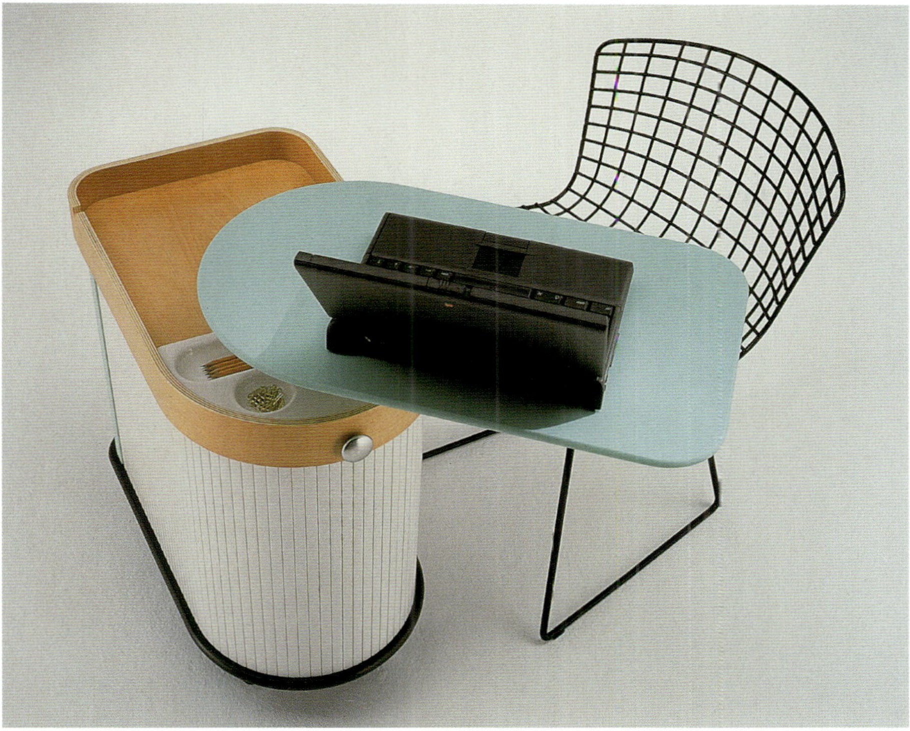

▲ **Luke Pearson & Tom Lloyd**, Ufficio mobile *Homer* per Knoll International, 1997 (con la sedia metallica *modello n. 420 C* di Harry Bertoia)

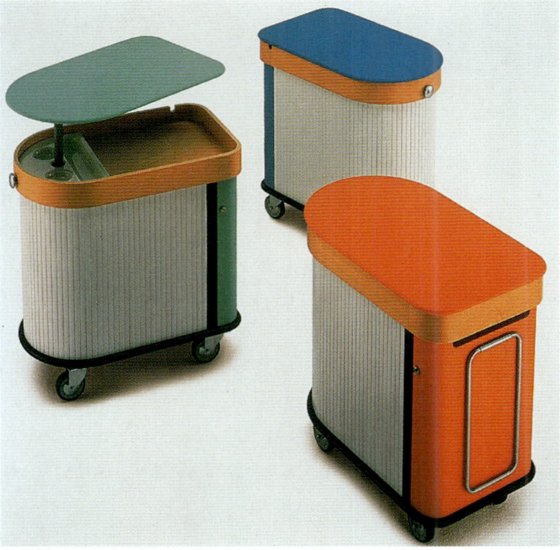

◄ **Luke Pearson & Tom Lloyd**, Ufficio mobile *Homer* per Knoll International, 1997

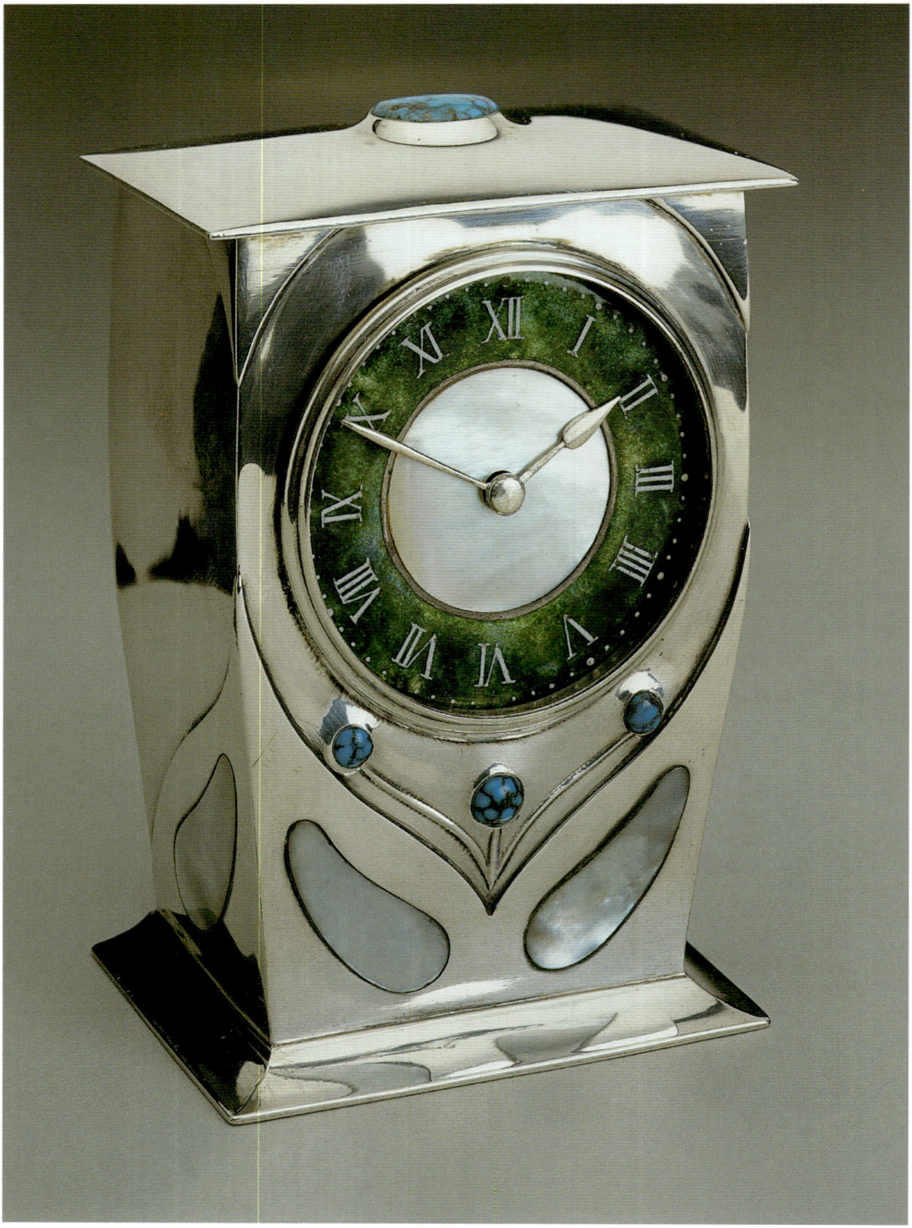

▲ Orologio *Cymric* per Liberty & Co.,
1903

Archibald Knox

1864 *Isola di Man*
1933 *Isola di Man*

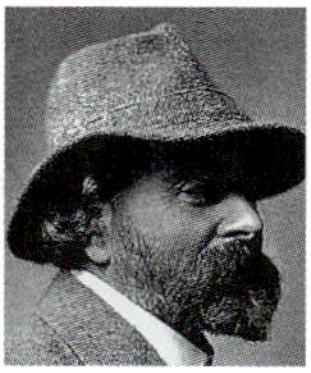

Dal 1878 al 1884 Archibald Knox studiò alla Douglas School of Art dell'Isola di Man, nella quale in seguito avrebbe insegnato. Lavorò poi insieme al designer **Hugh Mackay Baillie Scott** e nel 1897 si trasferì a Londra, da dove fece il pendolare per insegnare alla Redhill School of Art. Cominciò anche a realizzare design tessili per il **Silver Studio** e oggetti in metallo in collaborazione con **Christopher Dresser**. Tra il 1898 e il 1912 produsse oggetti in metallo, tessuti e tappeti per **Liberty & Co**. Knox fu il principale creatore delle due serie di grande prestigio realizzate per Liberty: la serie *Cymric* (dal 1899), comprendente argenterie e gioielli, e la serie *Tudric* (dal 1900 ca.), che includeva utensili di peltro più economici. Le forme organiche di Knox e le sue elaborate decorazioni s'ispiravano alla cultura celtica; i suoi design, pieni di motivi a intreccio e intarsi in turchese, diventarono sinonimo di stile Liberty ed ebbero grande risonanza soprattutto nell'Europa continentale. Dal 1900 al 1904 Knox visse sull'isola di Man, tornando poi a insegnare in varie istituzioni educative, fra cui la Kingston School of Art, dove i suoi metodi di insegnamento furono criticati dagli ispettori ufficiali. Nel 1911 si dimise dal suo incarico di insegnamento a Kingston e con un gruppo di ex studenti fondò la Knox Guild of Craft and Design, rimasta attiva fino al 1939. Smise anche di realizzare design per Liberty & Co., che intorno al 1909 aveva dato in licenza alcuni suoi design di oggetti in metallo a James Connell & Co. Nel 1912 si recò negli Stati Uniti per realizzare tappeti per il fabbricante di Philadelphia Bromley & Co. L'anno dopo tornò nell'isola natia e dopo la prima guerra mondiale cominciò a dipingere e riprese a insegnare. Realizzò anche diverse pietre tombali ispirate al Celtic Revival, compresa quella di Arthur Lasenby Liberty nel 1917. L'argenteria altamente raffinata di Knox e i suoi utensili in peltro dalla linea più funzionale presentano forme organiche esagerate e astratti motivi floreali. Essi caratterizzarono e chiusero la seconda fase dell'**Arts & Crafts Movement** britannico.

▾ Cucchiaio *Cymric* in argento e smalto per Liberty & Co., 1901

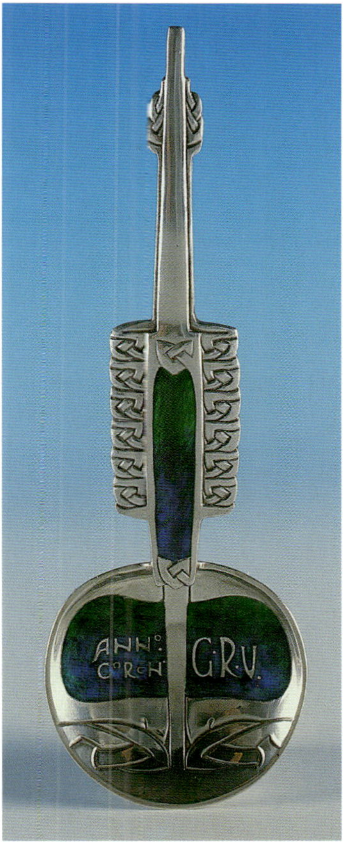

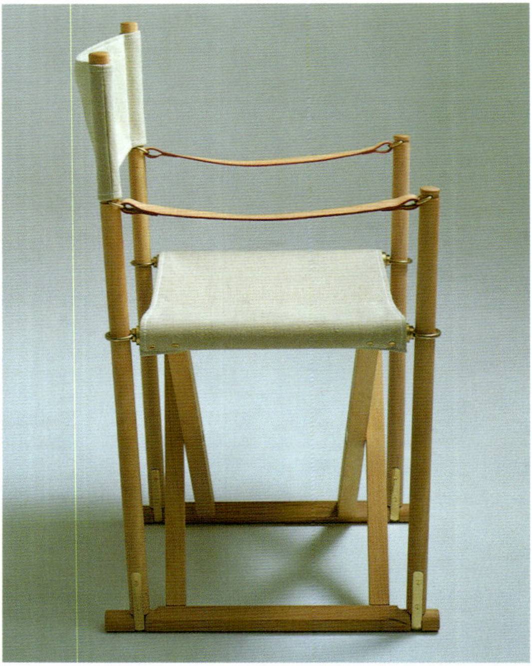

▸ Sedia pieghevole *MK* per Rud. Rasmussen, 1932

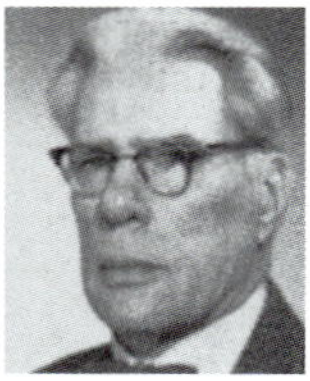

Mogens Koch

1898 *Copenaghen*
1993 *Copenaghen*

Completati gli studi di architettura alla Kongelige Danske Kunstakademi (Reale Accademia delle arti) di Copenaghen nel 1925, Mogens Koch lavorò come assistente di Carl Petersen e **Kaare Klint**. Koch progettò la sedia *MK Safari*, prodotta da Interna e Rudolf Rasmussen nel 1932 e poi progettò altri mobili anche per Danish CWS e N. C. Jensen Kyaer. Influenzati dall'approccio evoluzionista al design di Kaare Klint, i mobili di Koch sono rielaborazioni moderne di modelli tradizionali. Koch realizzò anche argenteria, tessuti e tappeti in connessione al restauro di alcune chiese danesi. La sua opera venne esposta con regolarità alle esposizioni della Triennale di Milano e fu inclusa nella mostra itinerante "Arts of Denmark" che girò l'America nel 1960. Fu professore alla Kongelige Danske Kunstakademi dal 1950 al 1968 e visiting lecturer al Massachusetts Institute of Technology dal 1956 e all'Istituto d'Arte Industriale di Tokyo dal 1962. I design da lui prodotti sono estremamente pratici, basati su soluzioni preesistenti affinate nel corso di molti decenni. Il suo approccio ingegnoso e fondamentalmente moderno alla soluzione dei problemi ha caratterizzato il design danese negli anni tra le due guerre.

La fabbrica J. & J. Kohn fu fondata nel 1850 da Jakob Kohn e dal figlio, come filiazione della segheria di famiglia di Holleschau (Moravia), ora Holesov (Repubblica Ceca). Dieci anni dopo, scaduti i brevetti di Michael Thonet per la produzione di mobili in legno piegato, J. & J. Kohn aprì due fabbriche a Wsetin e Litsch, cominciando a produrre quel tipo di mobili. L'azienda crebbe rapidamente e fu necessario costruire altre otto fabbriche in territorio oggi polacco e ceco. Intorno al 1873 l'azienda impiegava 2800 operai. In quello stesso periodo c'erano circa cinquanta altre fabbriche che producevano mobili con quel procedimento, ma fu la J. & J. Kohn a diventare la più seria rivale di Gebrüder Thonet. Per il 1882 l'azienda aveva aperto succursali ad Amburgo, Parigi e Londra e nel 1904 era in grado di fornire 407 diversi modelli, producendo qualcosa come 7500 mobili al giorno. L'azienda fu premiata all'"Exposition Universelle et Internationale" di Parigi del 1900; il suo stand comprendeva diverse partizioni di interni che mostravano mobili e accessori in legno piegato molto moderni attribuiti a **Gustav Siegel**, che l'anno prima era stato nominato capo della sezione design dell'azienda alla giovane età di diciannove anni. Per J. & J. Kohn produssero design anche **Otto Wagner** e l'architetto viennese **Adolf Loos**; di quest'ultimo è da ricordare la sedia *Café Museum* (1898 ca.). Come Thonet, anche la J. & J. Kohn promosse l'applicazione della "Nuova Arte" alla produzione industriale attraverso la produzione in serie di "design artistici". Allo stesso modo sviluppò anche nuove tecniche di costruzione, fra cui una macchina che produceva strutture circolari di sedie e un metodo per piegare il legno fino a un angolo di quasi novanta gradi. La facciata dell'edificio della J. & J. Kohn a Vienna venne

Jakob & Josef Kohn

Fondata nel 1850 in *Moravia*

▼ Inserto pubblicitario della J. & J. Kohn tratto dal catalogo della XV esposizione della Secessione viennese, 1902

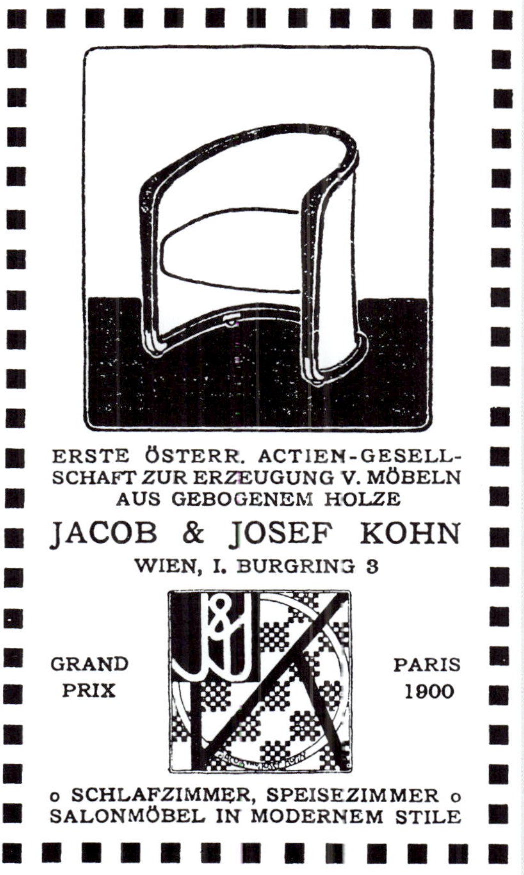

progettata da **Josef Hoffmann** e **Koloman Moser**, che per l'azienda realizzarono anche diversi design di mobili. La *Sitzmachine modello n. 670* (1908 ca.) di Hoffmann venne prodotta dalla J. & J. Kohn; con i suoi motivi geometrici traforati e le sue superfici piane divenne emblematica dello stile secessionista caratteristico della produzione dell'azienda. L'ultimo catalogo della J. & J. Kohn, pubblicato nel 1916, due anni dopo la fusione con la fabbrica di mobili Mundus, mostra oltre mille modelli venduti dalle filiali della ditta in Germania, Belgio, Polonia, Svizzera e America. Nel 1922 la società tra Kohn e Mundus venne assorbita dalla ditta Thonet e si formò la Thonet-Mundus-J. & J. Kohn, ma intorno al 1932 il nome Kohn sparì dal nome della ditta.

▸ **Koloman Moser**, Mobile in vetro e legno piegato per J. & J. Kohn, 1905 ca.

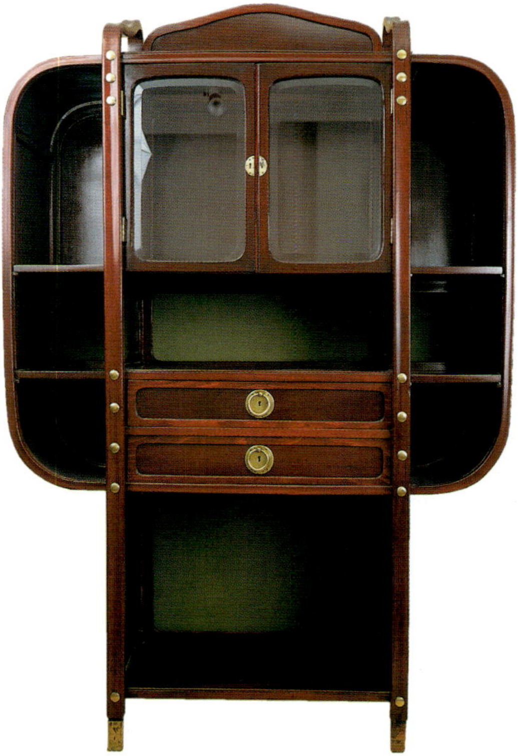

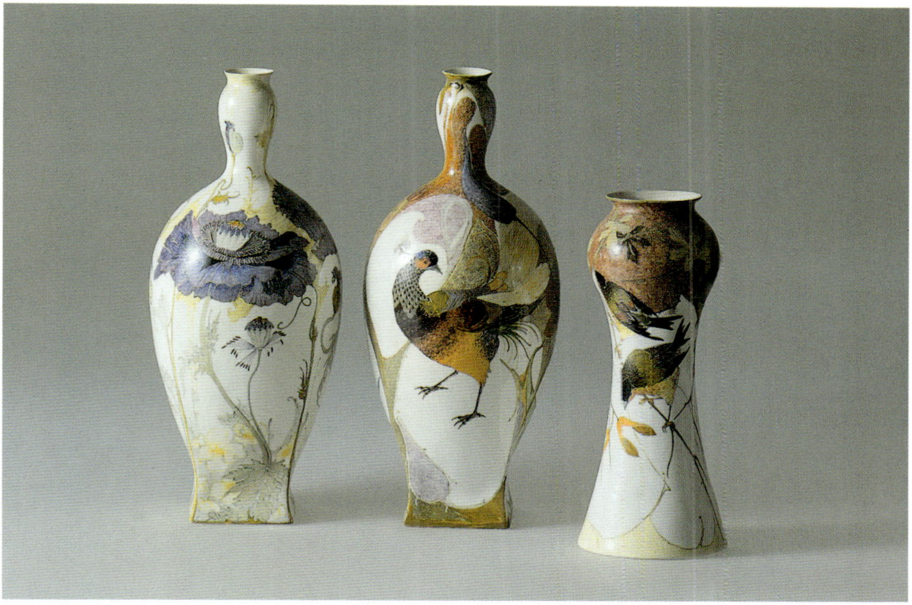

Jurriaan Jurriaan Kok studiò architettura al Politecnico di Delft e lavorò poi nello studio dell'architetto D. P. van Ameijden van Duym, con base all'Aia, che periodicamente progettava ceramiche per la fabbrica Rozenburg. Intorno al 1893, tramite questo legame con van Ameijden van Duym, Kok venne nominato consulente artistico di quella fabbrica; un anno dopo ne divenne direttore. Prima di lui era stato direttore del design della fabbrica Theodorus A. C. Colenbrander (1841–1930), il quale aveva introdotto in azienda schemi ornamentali astratti ispirati al batik giavanese. Kok introdusse nella decorazione delle ceramiche forme più naturalistiche, mantenendo in qualche modo l'influenza indonesiana. Nel 1899 creò le prime ceramiche traslucide a guscio d'uovo, per le quali l'azienda divenne famosa. Articoli di questo tipo, con forme attenuate **Art Nouveau** e motivi di flora e fauna stilizzati, vennero esposti nel 1900 all'"Exposition Universelle et Internationale" di Parigi, riscuotendo un grande successo di critica. Nel 1900 la N. V. Haagsche Plateelbakkerrj Rozenburg, nome ufficiale della fabbrica, ottenne l'autorizzazione reale a chiamarsi Koninkliijke Porselein-en-Aardewerkfabriek Rozenburg. Kok continuò a essere direttore dell'azienda fino al 1913, quando divenne sovrintendente alle opere pubbliche dell Aia.

Jurriaan Jurriaan Kok

1861 *Rotterdam*
1919 *L'Aia*

▲ Vasi di porcellana a guscio d'uovo con decorazioni policrome per Rozenburg, 1901–1903

Henning Koppel

1918 *Copenaghen*
1981 *Copenaghen*

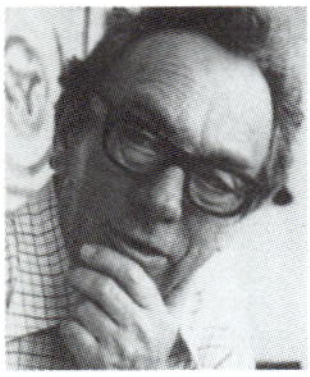

Dal 1935 al 1936 Henning Koppel studiò disegno a Copenaghen presso Bizzie Høyer e dal 1936 al 1937 scultura alla Kongelige Danske Kunstakademi (Reale Accademia danese di belle arti), dove ebbe come docente Anker Hoffmann. Studiò poi a Parigi alla Académie Ranson per un anno e lì entrò in contatto con le nuove correnti della scultura d'**avant-garde**. Durante la seconda guerra mondiale fu a Stoccolma e produsse design per Orrefors e Svenskt Tenn e gioielli in oro e argento. Ritornò poi in Danimarca e cominciò la sua lunga associazione col laboratorio di **Georg Jensen**, durata fino alla morte nel 1981. Dal 1961 Koppel realizzò ceramiche scultoree, come il servizio *Form 24* (1962), per Bing & Grøndhal Porcelanensfabrik, orologi e luci per Louis Poulsen, vetri per Orrefors e perfino francobolli per le poste danesi. Furono, tuttavia, i begli oggetti in argento realizzati per Georg Jensen a procurargli un vasto prestigio internazionale. Influenzato dalle sculture astratte di Han Arp (1887–1966) e Constantin Brancusi (1876–1957), Koppel creò gioielli biomorfi in argento, come il braccialetto *modello n. 89* (1946) dotato di una meravigliosa forma plastica incredibilmente avanzata. Pur seguendo la rinomata tradizione artigianale danese, gli oggetti design di Koppel come la caraffa *modello n. 978* (1948) e il piatto per pesce (1954) esprimono un linguaggio universale fatto di forme organiche fondamentalmente moderne. I suoi modelli venivano inizialmente schizzati in inchiostro e poi modellati nell'argilla, il che gli permetteva di perfezionarli fino all'ultimo dettaglio prima di diventare oggetti d'argento. Le sue posate *Caravel* del 1957 introdussero forme figurative nella collezione di posate di Georg Jensen. A Koppel vennero assegnati un premio Lunning nel 1953 e tre medaglie d'oro alle esposizioni della Triennale di Milano del 1951, 1954 e 1957.

► Caraffa in argento *modello n. 978* per Georg Jensen, 1948

▼ Caraffa in argento *modello n. 992* per Georg Jensen, 1952

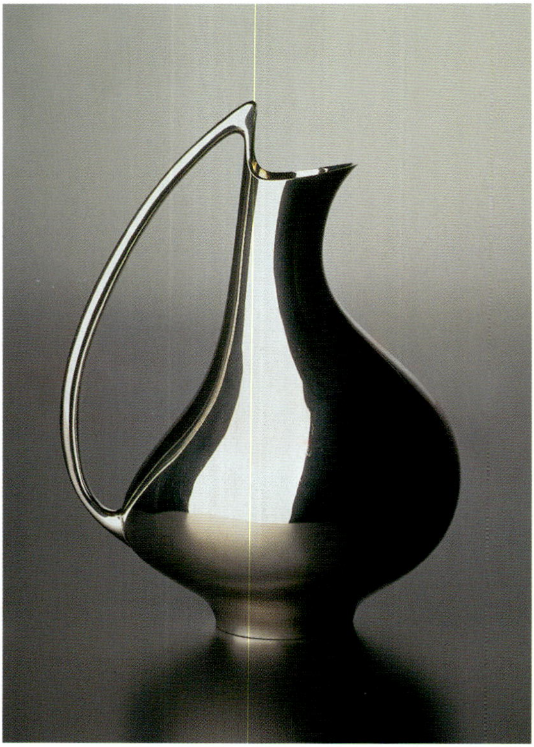

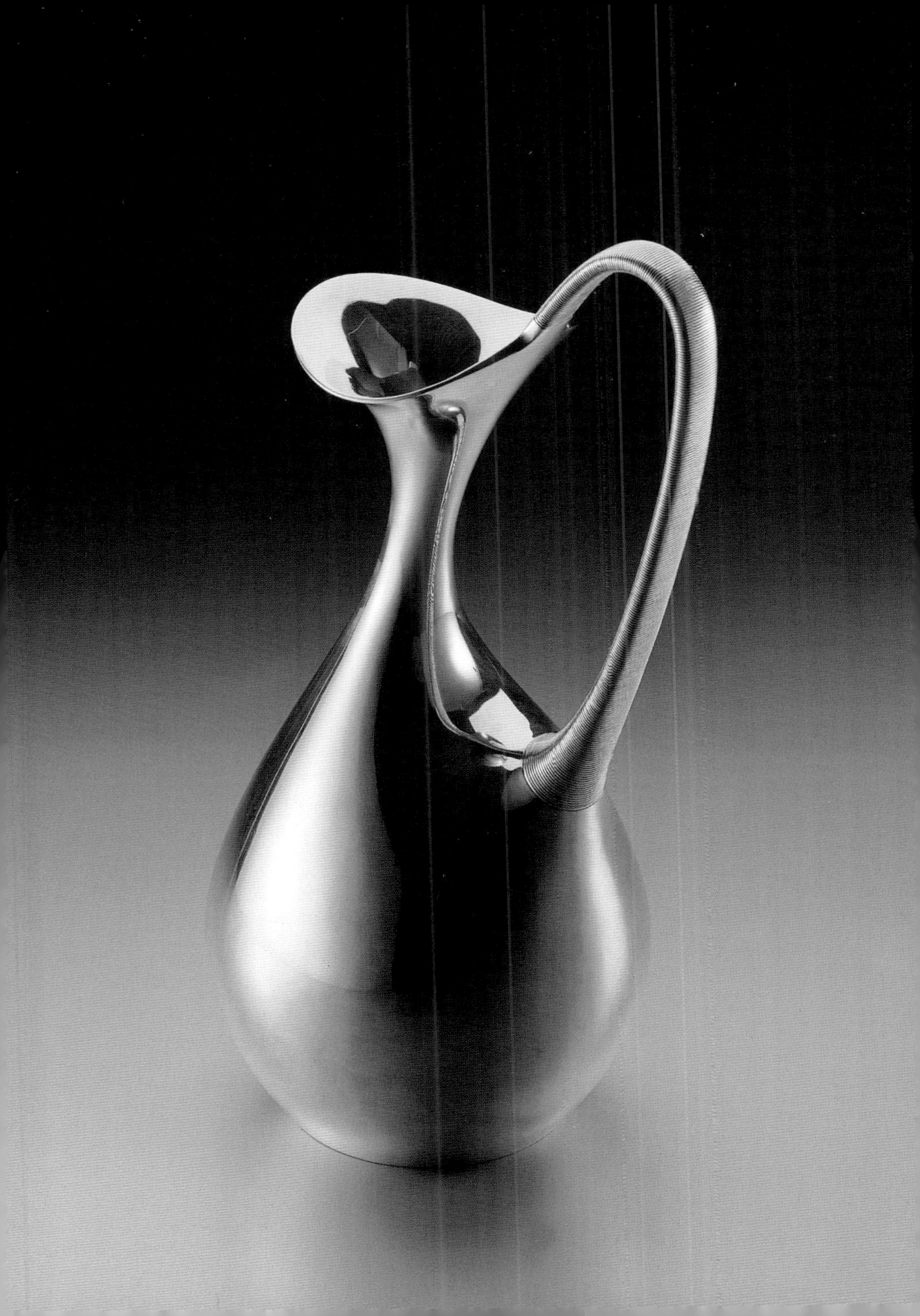

▸ Sedia *Karuselli* per Haimi, 1965

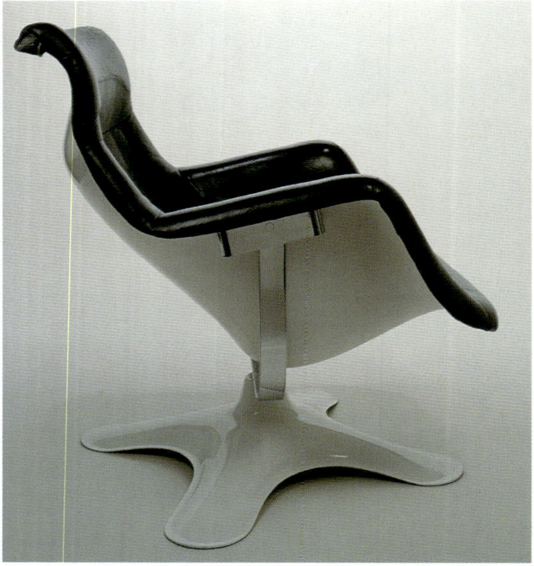

Yrjö Kukkapuro

1933 Yiipuri, Finlandia

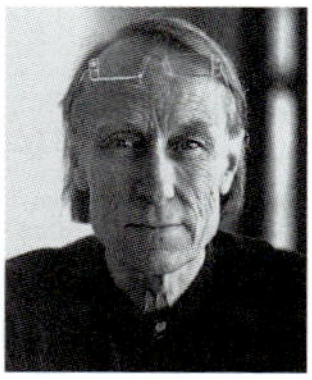

Yrjö Kukkapuro studiò all'Istituto di Arti Industriali di Helsinki laureandosi in design d'interni nel 1958. Un anno dopo aprì uno studio a Kauniainen e cominciò a progettare mobili funzionalisti. La sua opera fu molto influenzata da Ilmari Tapiovaara (1914), suo insegnante all'Istituto di Arti Industriali e pioniere dei mobili smontabili. La forma ergonomica dell'inventiva sedia *Karuselli* (1965) sembra sia stata suggerita a Kukkapuro dall'impronta lasciata dal suo corpo nella neve profonda. Nel 1978 progettò la più sobria sedia da ufficio *Fysio*, la cui forma fu dettata dall'antropometria. Kukkapuro fu professore al Taideteollinin Korkeakoulu (Istituto di tecnologia) di Helsinki dal 1974 al 1980 e rettore dello stesso istituto dal 1978 al 1980. Con l'affermarsi del **Post-Modernismo** negli anni '80 Kukkapuro cominciò a produrre design più espressivi come le sedie *Experiment* (1982–1983), dichiarando che ' il Post-Modernismo ci ha ancora una volta messi in contatto con quell'elemento vitale che i francesi chiamano *joie de vivre*". I design di Kukkapuro furono inizialmente prodotti da Haimi, ma nel 1980, per produrre i suoi mobili, venne fondata una nuova azienda: la Avarte.

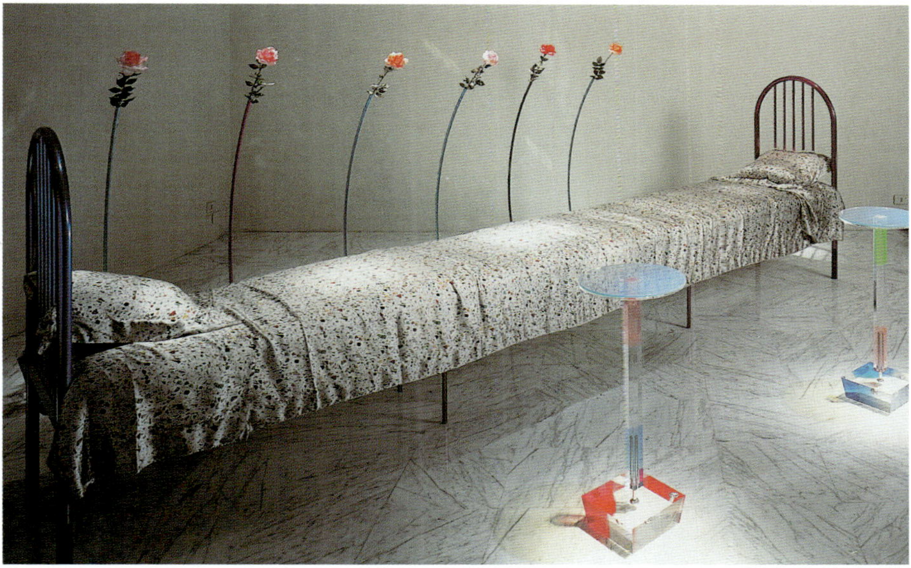

Shiro Kuramata studiò architettura al Liceo politecnico municipale di Tokyo fino al 1953 e poi, per un anno, lavorò per il fabbricante di mobili Teikokukizai. Studiò poi nel dipartimento di living design dell'Istituto Kuwazawa per il Design di Tokyo, laureandosi nel 1956. Per i successivi sette anni Kuramata lavorò nello studio San-Ai dei grandi magazzini Maysuya, dedicandosi al design commerciale. Nel 1965 aprì a Tokyo un proprio studio, il Kuramata Design Studio, progettando interni per oltre trecento bar e ristoranti, fra cui il Judd Club (1969), e mobili che temperavano il minimalismo giapponese con un senso di ironia occidentale. Nel 1972 ricevette il premio Mainichi e nel 1975 divenne consulente per il consiglio d'amministrazione della stessa Mainichi. Gli straordinari *Drawers in an Irregular Form* (1977) furono fra i primi suoi design a farlo conoscere su scala internazionale. Negli anni '80 creò mobili con straordinarie qualità spaziali, altamente originali e poetici usando materiali insoliti come resine acriliche, leghe metalliche e acciaio; ne sono esempi la poltrona *How High The Moon* (1986) e la sedia *Miss Blanche* (1988). I nomi dati a questi strani design sono riferimenti al a cultura occidentale: il titolo di un brano del jazzista Duke Ellington e un personaggio del dramma di Tennessee William *Un tram chiamato desiderio*. Nel 1981 Kuramata ricevette il Premio Culturale Giapponese per il Design. Nei sei anni successivi realizzò vari design per **Memphis**, fra cui il tavolo in cemento e vetro *Kyoto* (1983) e il tavolo *Sally* in metallo e vetro infranto (1987),

Shiro Kuramata

1934 *Tokyo*
1991 *Tokyo*

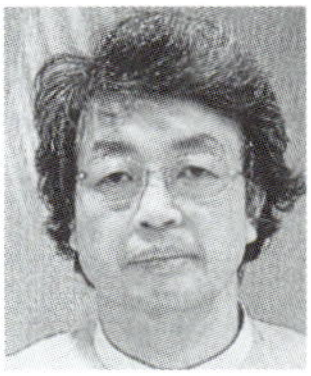

▲ Interno all'esposizione "Il Dolce Stil Nuovo della casa" tenuta al Palazzo Strozzi di Firenze (1991), comprendente il letto *Laputa*, tavolini *Placebo* e vasi *Ephemera* per Cappellini, 1991

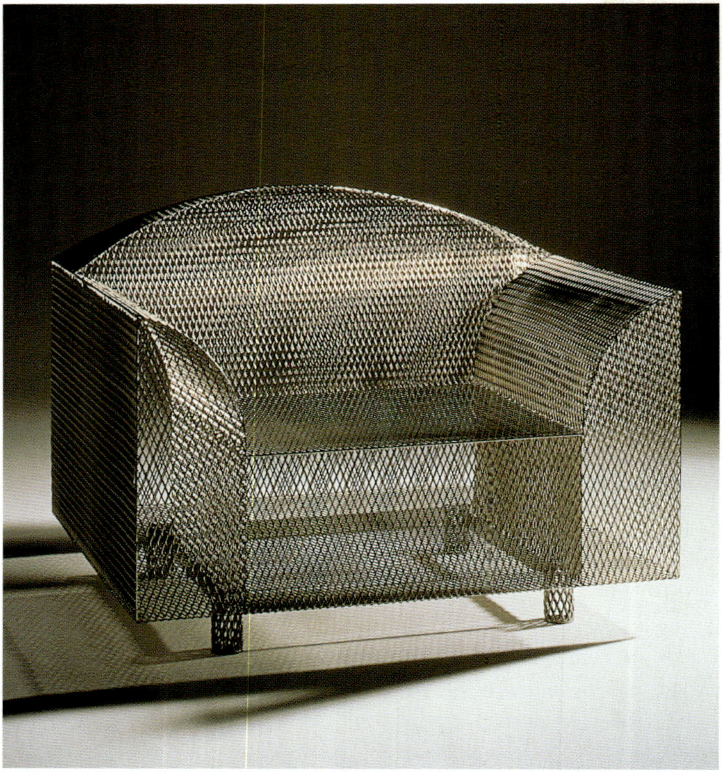

◂ Poltrona *How High the Moon* per Kurosaki, 1986 (poi prodotta da Vitra)

▸ Cassettiera *Furniture in Irregular Forms* per Fujiko, 1970 (poi prodotta da Cappellini)

entrambi più raffinati ed esteticamente sobri di altri design associati al gruppo italiano. Negli anni '80 Kuramata progettò mobili e arredi minimalisti per i negozi Issey Miyake di Tokyo (1986), Parigi (1984), New York (1987) e creò interni per il negozio Seibu di Tokyo (1987). Nel 1988 comprò a Parigi una casa che era stata a suo tempo progettata da **Robert Mallet-Stevens** (per Jöel e Jan Martell) e aprì uno studio in Rue Royale. I design di Kuramata sono stati prodotti da aziende come **Vitra**, Cappellini, XO, Fjiko, Ishimaru, Mhoya Glass Shop, Aoshima Shoten e Kurosaki.

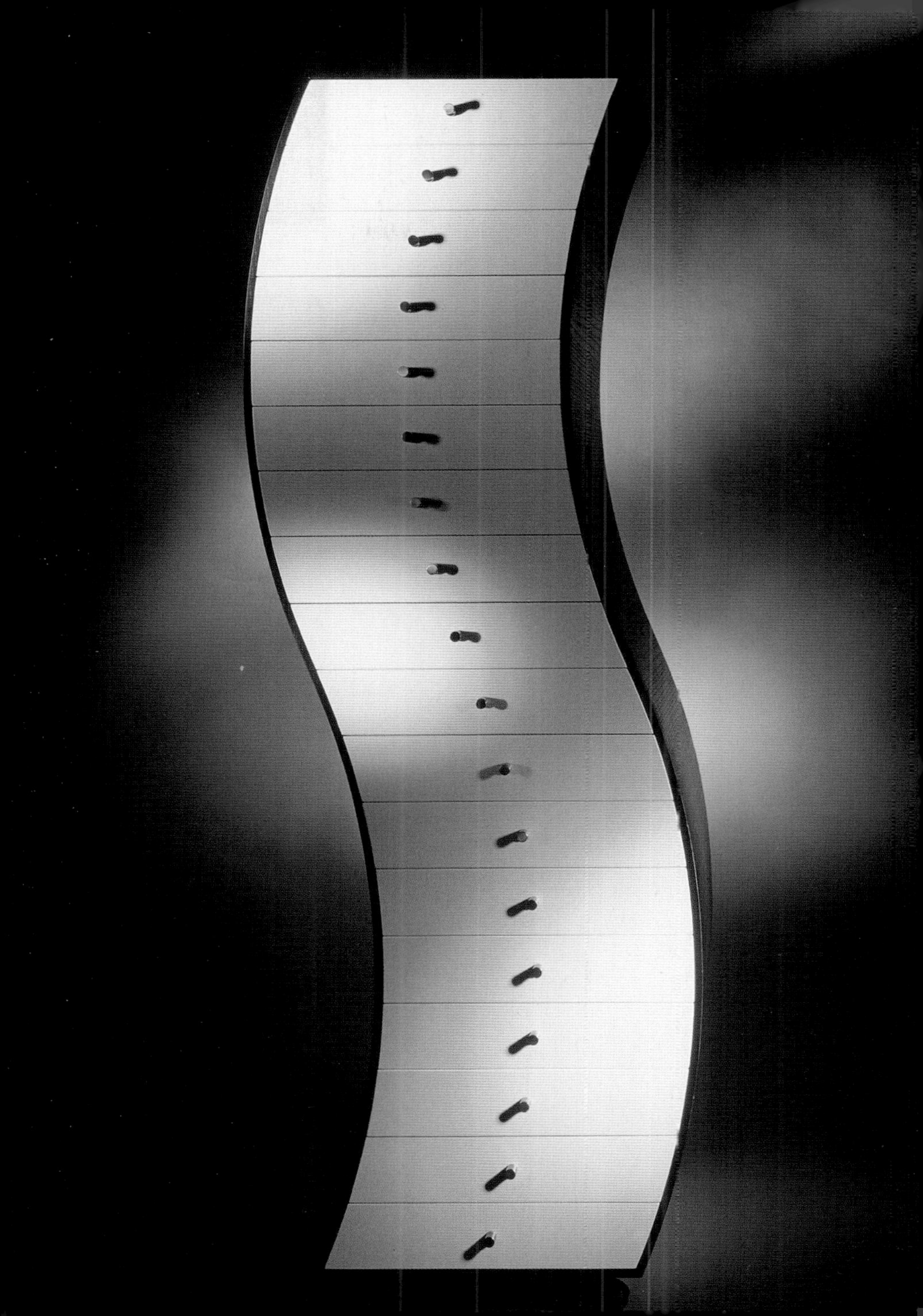

René Lalique

1860 *Ay, Francia*
1945 *Parigi*

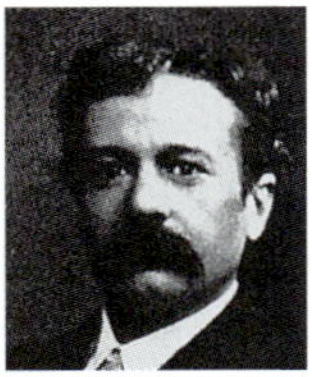

Dopo aver lasciato la scuola Turgot nel 1876 all'età di sedici anni, René Lalique iniziò un periodo di apprendistato presso un rinomato orafo parigino, Louis Aucoc, e frequentò l'École des Arts Décoratifs a Parigi. Trascorse due anni in Inghilterra, completando gli studi al Sydenham College di Londra, quindi nel 1880 tornò a Parigi, dove lavorò brevemente per i gioiellieri Petit Fils prima di aprire uno studio con l'amico di famiglia M. Varenne. Creò gioielli per Cartier, Boucheron, Destape e Aucoc, e disegnò anche carte da parati e tessuti; inoltre, seguì i corsi di scultura di Lequien. Nel 1896, un anno dopo essere stato nominato direttore dell'oreficeria di Jules Destape, Lalique rilevò la piccola azienda. Il laboratorio, che lavorava per altri gioiellieri affermati, si trasferì due volte in locali più spaziosi, e nel 1894 Lalique esponeva già regolarmente le sue creazioni ai saloni parigini. In netto contrasto con il gusto contemporaneo per le gemme vistose incastonate in montature poco appariscenti, i gioielli di Lalique erano realizzati con avorio inciso, corno, pietre semipreziose e smalti, ed erano concepiti come *objets d'art*. Nell'ultimo decennio dell'Ottocento Lalique realizzò diversi gioielli per l'attrice Sarah Bernhardt (1844–1923), esponendo le sue creazioni nel negozio di **Siegfried Bing**, la Maison de l'Art Nouveau. Successivamente iniziò a sperimentare l'impiego in oreficeria del vetro inciso, colorato e non; i pezzi così realizzati, presentati all'"Exposition Universelle et Internationale" di Parigi del 1900, riscossero grande approvazione da parte della critica. Forte di questo successo, nel 1902 Lalique aprì un piccolo laboratorio di vetri a Clairefontaine, e cinque anni dopo François Coty gli commissionò flaconi da profumo che furono prodotti dalla vetreria Legras & Cie. Nel 1909 Lalique acquistò una vetreria, la Verrerie de Combs-la-Ville, a Seine-et-Marne, dove

▼ Vaso *Pierrefonds* per René Lalique et Cie, 1926

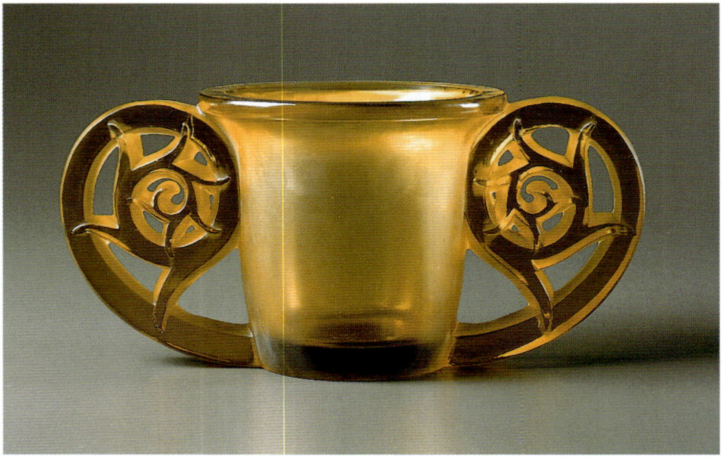

▸ Piatto opalescente *Sirène* per René Lalique et Cie, 1920

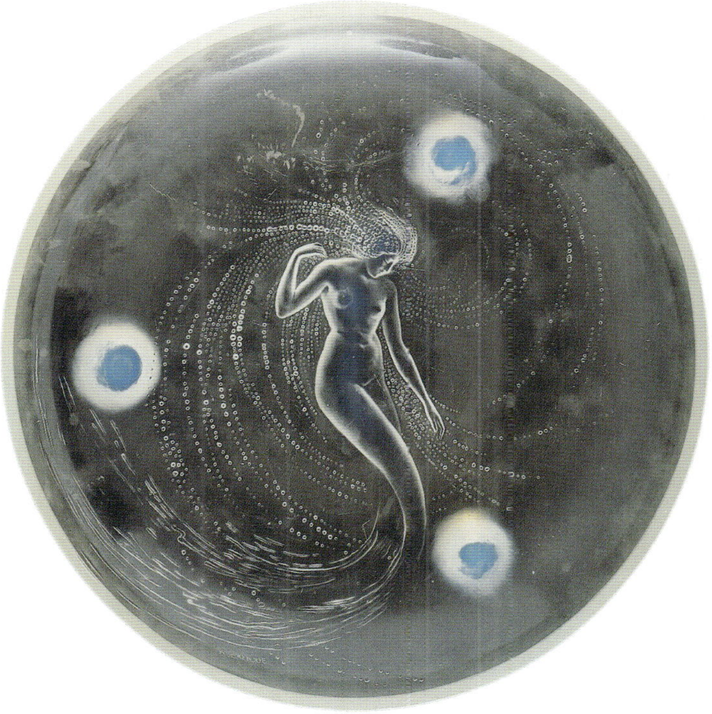

si dedicò alla produzione di flaconi da profumo per clienti come Worth e Roger & Gallet. In seguito comprò una seconda vetreria, molto più grande, a Wingen-sur-Moder, in Alsazia, dove iniziò ad applicare alle sue creazioni moderne tecniche di produzione industriale: la pressa per lo stampaggio, che consentiva di eseguire formature ad altorilievo, andò ad affiancarsi a tecniche più tradizionali quali la fusione a cera persa e la formatura soffiata. Lalique produsse numerosi oggetti in vetro, dai delicati e naturalistici pezzi **Art Nouveau** a robuste e altamente stilizzate creazioni **Art Déco**. Lalique impiegò vetri di colori diversi nel creare vasi, amuleti, bottoni, lampade, ecc., ma a renderlo famoso furono i vetri opalescenti, abbondantemente copiati ma mai eguagliati sul piano qualitativo. Nel 1937 la vetreria cessò l'attività; fu riaperta nel 1945 dal figlio Marc.

▸ Calici *Tulpan (Tulipano)* per Orrefors, 1956

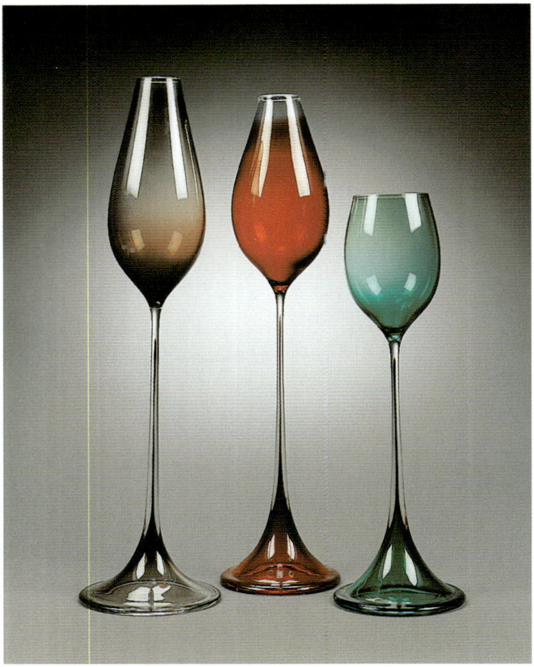

Nils Landberg

1907 *Västra Vingaker, Svezia*

Nils Landberg studiò alla Konstindustrieskolen di Götenborg dal 1923 al 1925 frequentando poi per due anni la nuova scuola di incisione presso la Orrefors Glasbruk insieme al compatriota **Sven Palmqvist**. Viaggiò in Italia e Francia per approfondire le sue conoscenze e, una volta tornato in Svezia, iniziò a lavorare da Orrefors come assistente e incisore insieme a Edward Hald (1883–1980). Intorno al 1935 intraprese l'attività di designer per l'azienda entrando nell'équipe di design interna. I pezzi in vetro inciso creati in questo periodo vennero esposti all'"Exposition Internationale des Arts et Techniques dans la Vie Moderne" a Parigi nel 1937 e alla Fiera Mondiale di New York del 1939. Negli anni '50 Landberg sperimentò forme astratte e assottigliate, in vetro trasparente o delicatamente colorato, spingendo all'estremo la resistenza alla rottura del mezzo per conferire agli oggetti una potente tensione interna. Il suo famoso *Tulpanglas* (1956), caratterizzato dall'esile stelo e realizzato come pezzo unico, vinse una medaglia d'oro all'XI edizione della Triennale di Milano nel 1957. Landberg realizzò anche servizi di piatti, lampade, porte e finestre decorative. Nel 1972 lasciò la Orrefors; quattordici anni dopo il museo Orrefors gli dedicò una mostra retrospettiva.

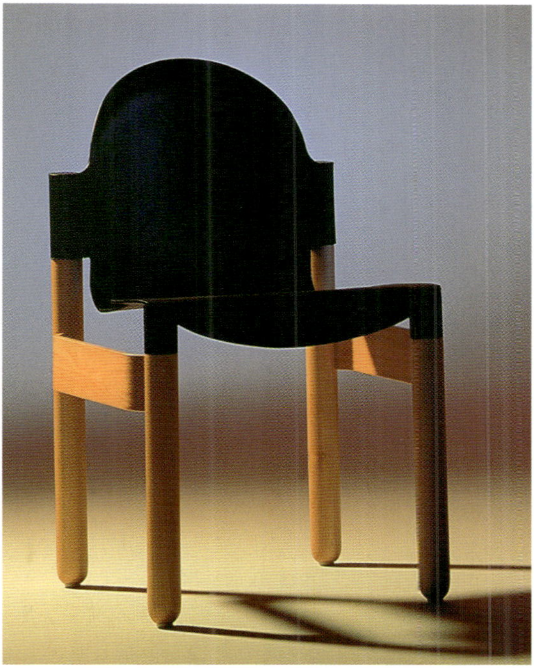

◂ Sedia *Flex 2000* per Thonet, 1973–1974

Gerd Lange

1931 *Wuppertal, Germania*

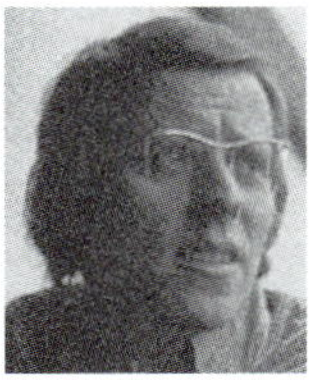

Gerd Lange studiò alla Werkkunstschule di Offenbach/Main dal 1952 al 1956; nei cinque anni che seguirono progettò mostre e interni dedicandosi contemporaneamente al disegno industriale. Nel 1964 aprì un laboratorio-studio a Kapsweyer, specializzandosi nella progettazione di lampade e mobili su commissione. Creò mobili per Thonet, tra cui la sedia multiuso *Flex 2000* (1973–1974) e la sedia sovrapponibile *Thonet-Cut* (1985). Dal 1964 espose annualmente le proprie opere alla mostra "Die Gute Industrieform" di Hannover aggiudicandosi due primi premi Gute Form nel 1969 con le sue sedie. Oltre a creazioni sensazionali come la linea *Farmer* (1966), composta da sedia, tavolo, letto e guardaroba, per Wilhelm Bofinger (Stoccarda), Lange disegnò mobili per Drabert e Schlapp e sistemi di illuminazione per Staff e **Kartell**. Nel 1970 il Rat für Formgebung di Darmstadt gli dedicò una mostra. Il successo dell'opera di Lange è dovuto in gran parte alla sua abilità nel combinare inventiva tecnica e semplicità della forma.

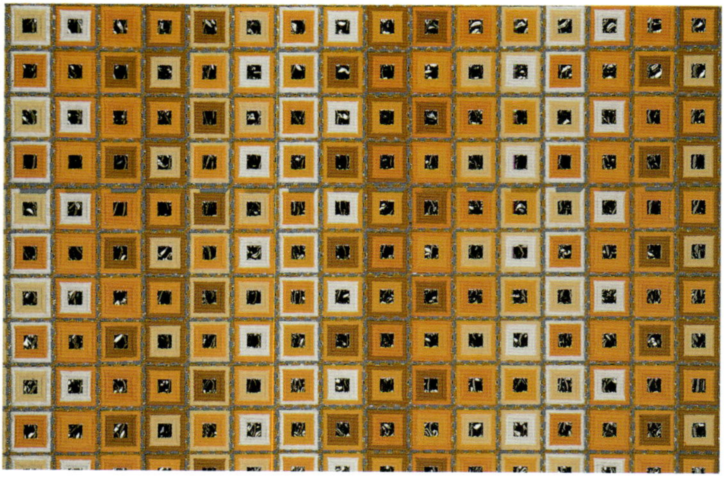

◂ Tessuto *Magnum* per Jack Lenor Larsen Inc., 1970

Jack Lenor Larsen

1927 *Seattle, Washington*

Jack Lenor Larsen studiò architettura e furniture design alla University of Washington di Seattle e alla University of Southern California di Los Angeles, laureandosi nel 1950. Seguì anche corsi di tessitura e nel 1949 aprì uno studio tessile a Seattle. Dopo aver studiato per un anno alla **Cranbrook Academy of Art** nel Michigan, dove conseguì la laurea in belle arti, si stabilì a New York e nel 1951 aprì un laboratorio. La sua prima commissione fu una serie di arazzi per il Lever House di Skidmore, Owings and Merrill a New York (1952). In questo periodo Larsen iniziò a realizzare tessuti a macchina che sembravano fatti a mano; si trattava di creazioni ingegnose destinate a esercitare grande influenza e ad essere ampiamente imitate. Nel 1953 fondò la Jack Lenor Larsen Inc.; intorno al 1956 cominciò a usare il telaio meccanico. Due anni dopo fondò il Larsen Design Studio, diretto da Win Anderson. Prestò la propria consulenza presso il ministero degli esteri degli Stati Uniti sulla tessitura delle fibre vegetali in Vietnam e Taiwan. Alla fine degli anni '60 aprì filiali della Jack Lenor Larsen Inc. a Parigi, Zurigo e Stoccarda; nel 1972 acquistò la Thaibok Fabrics di Bangkok, aprendo una sezione dedicata ai tappeti nel 1973 e una all'arredamento nel 1976. Negli ultimi cinquant'anni Larsen ha lanciato numerose innovazioni, tra cui tessuti da tappezzeria in velluto stampato ed elastici e tessuti per tende in monofibra di saran. Ha anche disegnato e prodotto in serie molte collezioni di tessuti che "perpetuano la grande tradizione della qualità di lusso". La creatività sul piano tecnico e il successo come produttore hanno fatto di Larsen uno dei più influenti designer di tessuti al mondo.

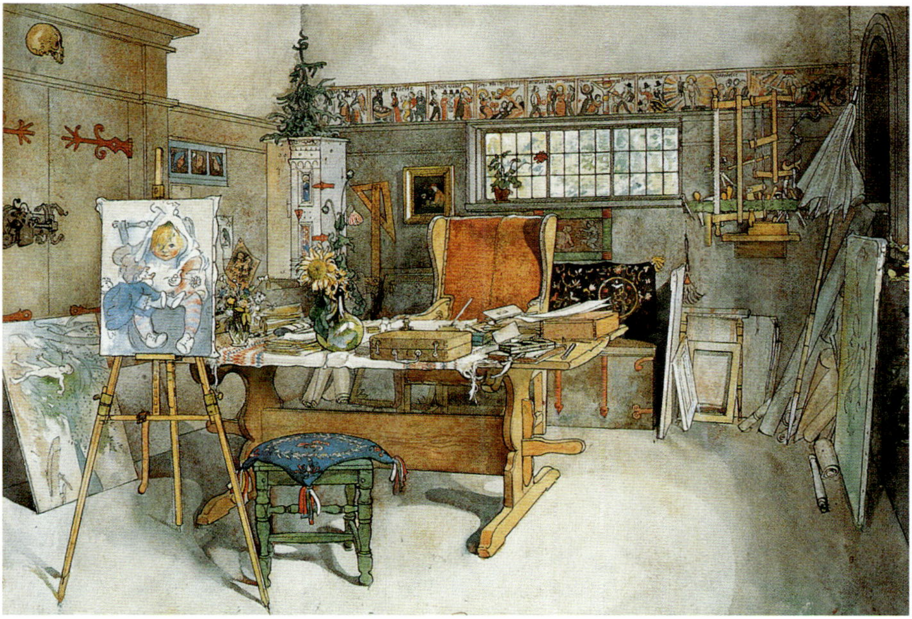

Carl Larsson studiò all'Accademia d'Arte di Stoccolma, dove successivamente seguì corsi di arte classica e disegno dal vero. Mentre era ancora studente, Larsson disegnò caricature per la rivista *Kasper* e il giornale *Ny Illustread Tidning*. Nel 1877 si stabilì a Parigi e nel 1882 si trasferì a Grez con numerosi altri pittori svedesi; qui produsse acquerelli figurativi intrisi di poetico realismo. Nel 1879 conobbe l'artista svedese Karin Bergöö, che sposò nel 1883. Negli anni '80 Larsson fu membro del gruppo artistico svedese gli "Oppositori" e lavorò come illustratore. Nel 1888 il padre di Karin regalò alla prolifica coppia una casetta a Sundborn, Lilla Hyttnäs, usata come residenza estiva fino al 1901, quando i Larsson vi si trasferirono permanentemente. Da allora in poi la casa diventò il centro della loro vita: Karin ne decorò gli interni in un semplice stile "folk" – mobili incassati pitturati di bianco, pavimenti in legno, tessuti ricamati – mentre Carl ritraeva nei suoi acquerelli la loro vita quotidiana e i sette figli. Nel 1899 Larsson inserì gli studi stilizzati e vivacemente colorati nei quali aveva immortalato lo stile di vita spensierato, autarchico, rurale e idilliaco della sua famiglia nell'album *Ett Hem* (La nostra casa) con l'intento di "riformare il gusto e la vita familiare". La sua promozione di uno stile di vita semplice e integrato attecchì profondamente in Scandinavia e in Germania.

Carl Larsson

1853 *Stoccolma*
1919 *Sundborn, Svezia*

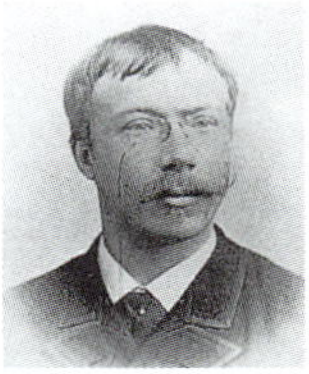

▲ Acquerello dello studio di Carl Larsson, contenuto nel libro *Ett Hem (La nostra casa)*, pubblicato nel 1899

Le Corbusier
1887 La-Chaux-de-Fonds, Svizzera
1965 Cap Martin, Francia

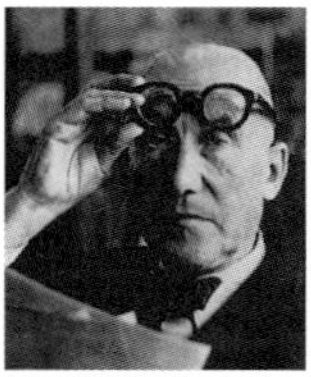

Charles-Édouard Jeanneret studiò incisione su metallo alla Scuola di arti applicate di La Chaux-de-Fonds in Svizzera, dove fu spinto dal suo insegnante, Charles L'Eplattenier, a studiare architettura. Nel 1905 costruì la prima casa, Villa Fallett, per un docente della scuola. Viaggiò in Italia, visitò Budapest e Vienna, quindi si trasferì a Parigi nel 1908, dove lavorò nello studio di architettura di Auguste Perret (1874–1954), noto per l'innovativo impiego del cemento armato. A Parigi conobbe Wolf Dohrn, direttore dei **Dresdener Werkstätten für Handwerkskunst**, il teorico del design tedesco Hermann Muthesius (1861–1927) e l'architetto e designer industriale tedesco **Peter Behrens**. Lavorò nello studio di Behrens a Berlino per un anno, accumulando una preziosa esperienza, poi, nel 1911 tornò in Svizzera per due anni a insegnare nella sua vecchia scuola. Mise a punto un progetto per la produzione in serie di unità abitative in cemento armato, le *case Domino* (1914–1915), e progettò e costruì Villa Schwab a La Chaux-de-Fonds (1916). Jeanneret si trasferì a Parigi nel 1917 e intorno al 1920 adottò lo pseudonimo "Le Corbusier". A Parigi sviluppò un nuovo approccio alla pittura che denominò purismo, insieme all'artista Amédée Ozenfant (1886–1966), e nel 1918 pubblicò un manifesto intitolato *Après le cubisme, le purisme*. Nei due anni successivi Le Corbusier diresse la rivista *L'Esprit Nouveau*, per la quale scrisse numerosi articoli in cui dichiarava la sua ammirazione per l'architettura greca classica e il fascino su di lui esercitato dal concetto di macchina; questi articoli, che ebbero una vasta risonanza, furono ripubblicati con il titolo *Vers une Architecture* nel 1923. Desiderando trasformare l'umile casa in un prodotto industriale, Le Corbusier sviluppò un sistema di unità abitative denominato case Citrohan (1920–1922). Quello stesso anno Le Corbusier e il cugino, l'architetto **Pierre Jeanneret** fondarono uno studio associato di architettura a Rue de Sèvres, Parigi, e costruirono numerose case private e complessi residenziali. Per l'"Exposition Internationale des Arts Décoratifs et Industriels Modernes" del 1925 Le Corbusier progettò il Pavillon de l'Esprit Nouveau, un'unità abitativa che in seguito sarebbe servita da modello per un condominio. Il padiglione suscitò approvazione e critiche; queste ultime spinsero Le Corbusier e altri a lasciare la Société des Artistes Décorateurs, di tendenze conservatrici, e a fondare la UAM (Union des Artistes Modernes) nel 1929. La casa, intesa da Le Corbusier come "macchina per vivere", doveva essere arredata con mobili funzionali detti "équipment de l'habitation", che furono progettati in acciaio tubolare in collaborazione con Pierre Jeanneret e **Charlotte Perriand**, associatasi allo studio di architettura e design nel 1927. Apparsi per la prima volta nel 1928, questi oggetti di design moderni, tra cui la sedia *Basculant n. B301* (1928 ca.), la chaise-longue *n. B306* (1928) e la poltroncina a spalliera bassa *Grand*

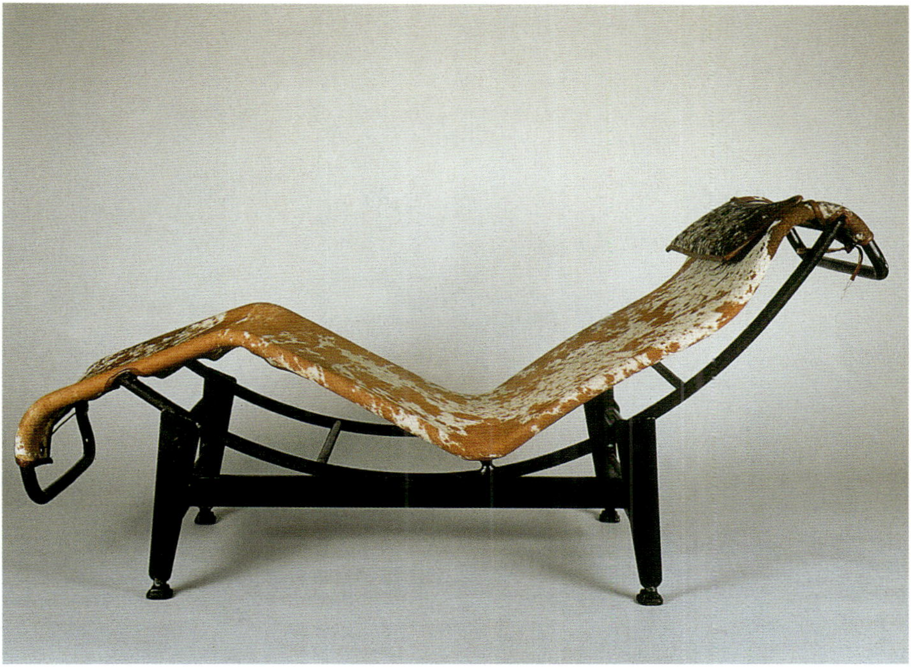

▲ **Le Corbusier, Pierre Jeanneret & Charlotte Perriand**, Chaise-longue *modello n. B306* per Thonet e Embru, 1928

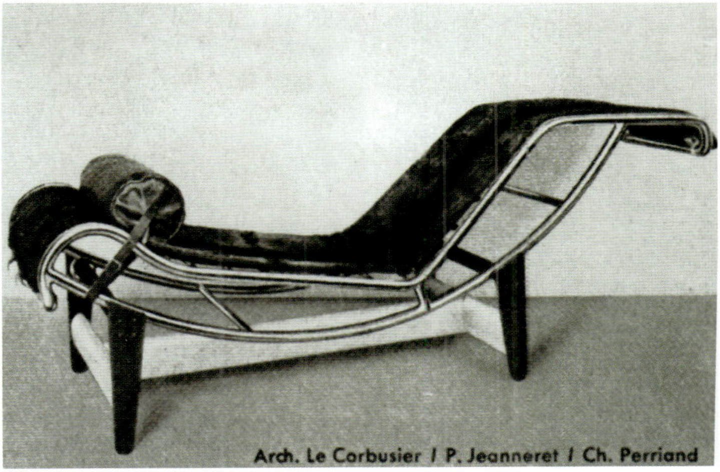

► Illustrazione dal catalogo Thonet della chaise-longue *modello n. B306* in posizione inclinata

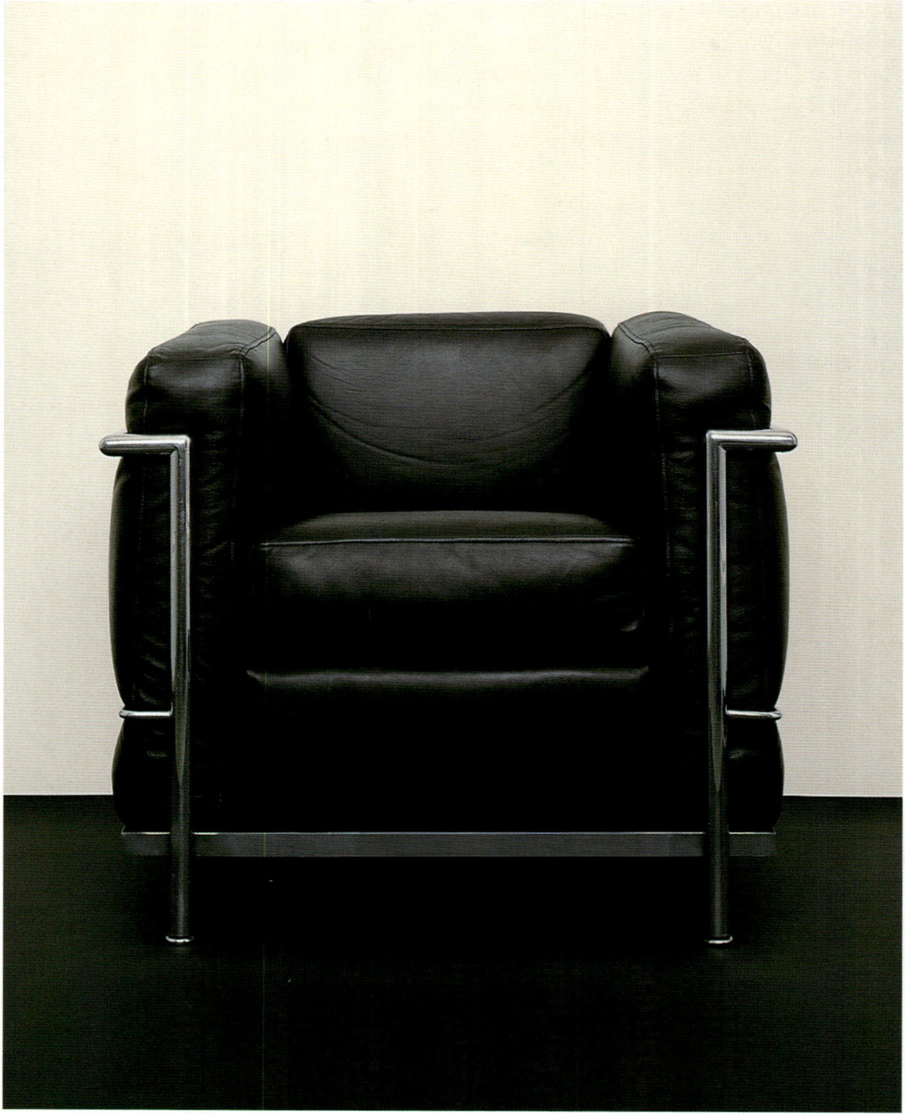

▲ **Le Corbusier, Pierre Jeanneret & Charlotte Perriand,**
Poltroncina a spalliera bassa *modello n. LC2 Grand Confort* per Thonet, 1928

Confort n. LC2 (1928), proiettavano una nuova purezza estetica ed esemplificavano in pieno lo spirito dell'**International Style**. Alla fine degli anni '20 e '30, Le Corbusier si concentrò sulle commissioni di architettura, tra cui la famosa Villa Savoye a Poissy (1928–1929), la Cité du Refuge a Parigi (1930–1933), il Pavillon Suisse alla Cité Universitaire di Parigi (1930–1931), e progetti urbanistici utopistici come La Ville Radieuse (1935). Tali progetti decisamente moderni esercitarono grande influsso sull'evoluzione dell'architettura, specialmente nelle zone ad elevata densità di edifici adibiti ad abitazioni e uffici. Negli anni '50 Le Corbusier si discostò dal formalismo dello stile internazionale per abbracciare uno stile più libero ed espressivo. Il suo crescente interesse per il potenziale scultoreo del calcestruzzo trovò espressione nella copertura del complesso residenziale Unité d'Habitation a Marsiglia (1946–1952) e nell'interessante chiesa di Notre Dame du Haut a Ronchamp (1950–1955). Le Corbusier è stato uno degli architetti, designer e

▼ **Le Corbusier, Pierre Jeanneret & Charlotte Perriand,** Divano *modello n. LC2*, 1928 (riproposto da Cassina)

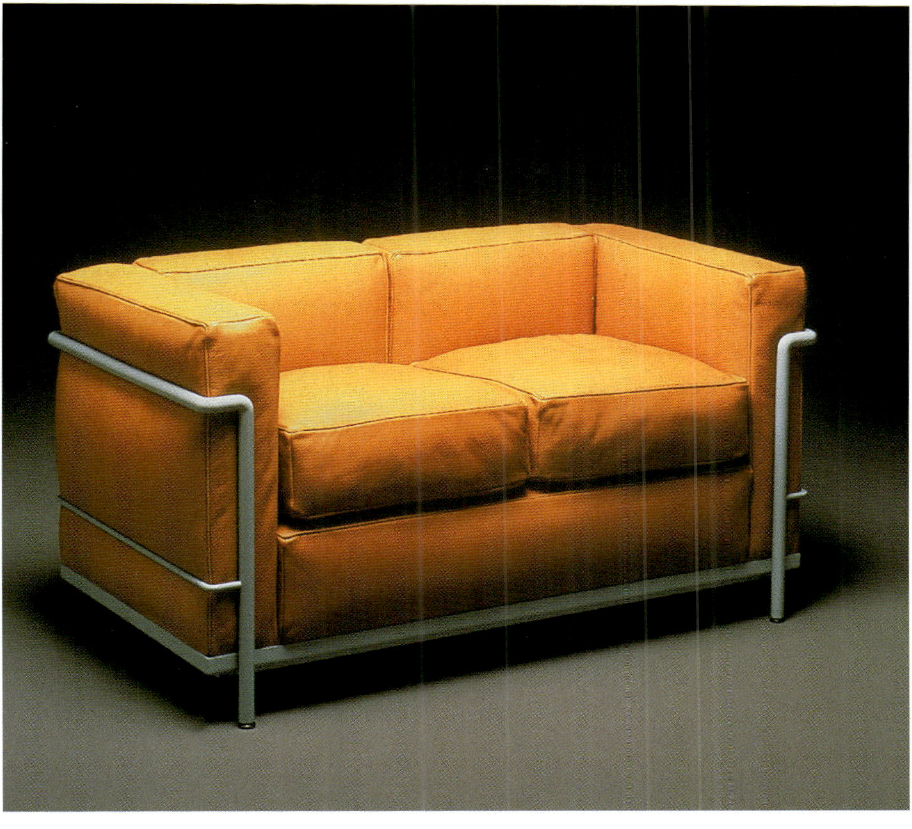

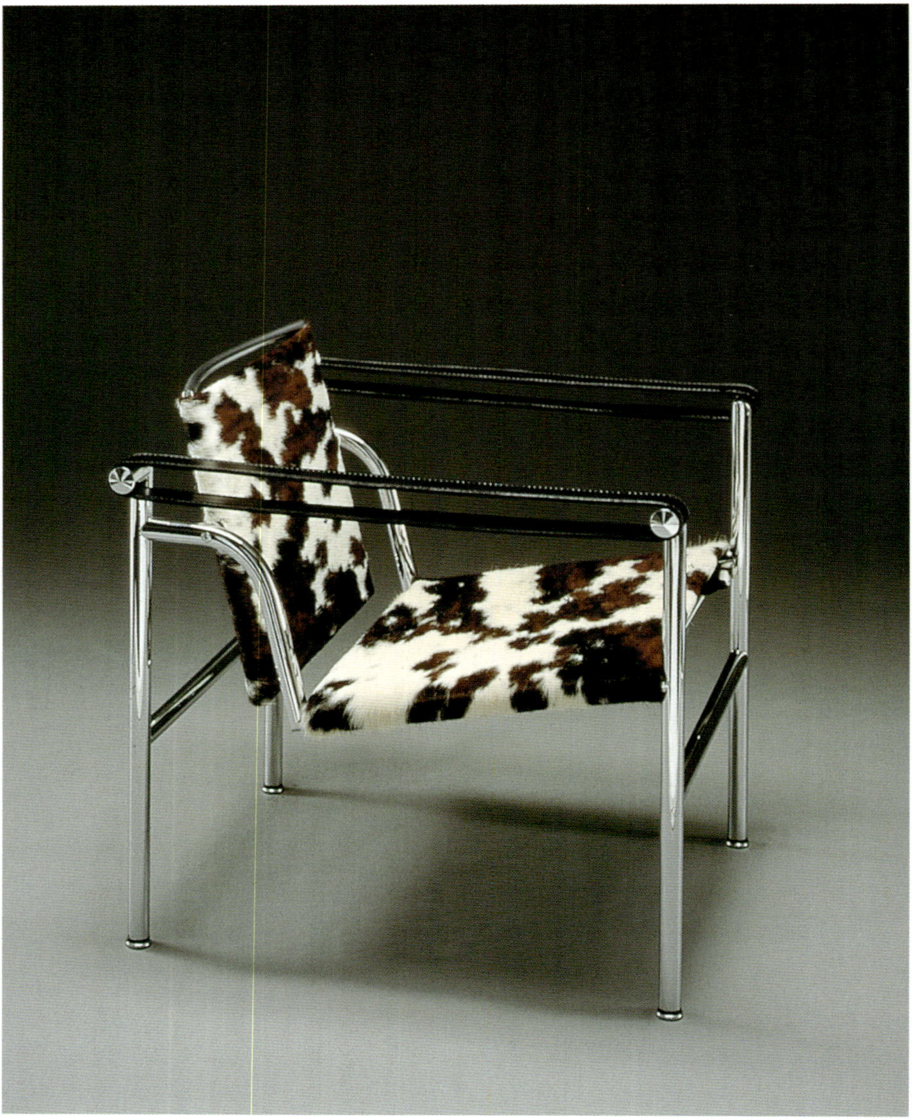

▲ **Le Corbusier, Pierre Jeanneret & Charlotte Perriand**, Sedia *modello n. B301 Basculant* per Thonet, 1928 (riproposta da Cassina)

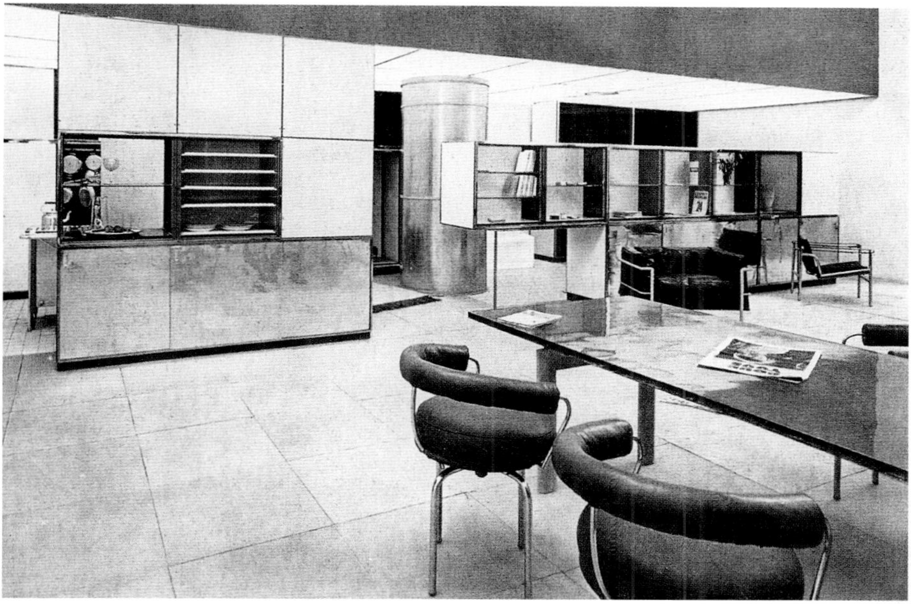

teorici del design più influenti del XX secolo e la sua promozione del formalismo geometrico ha avuto grande seguito. Paradossalmente, fu proprio l'edilizia popolare degli anni '60 che, adottando lo stile di Le Corbusier ma mettendolo in pratica in modo non adeguato, gettò discredito sul **Modern Movement**, tradendo le attese delle persone di cui intendeva migliorare l'esistenza.

▲ **Le Corbusier, Pierre Jeanneret & Charlotte Perriand**, Appartamento studio al Salon d'Automne di Parigi, 1929

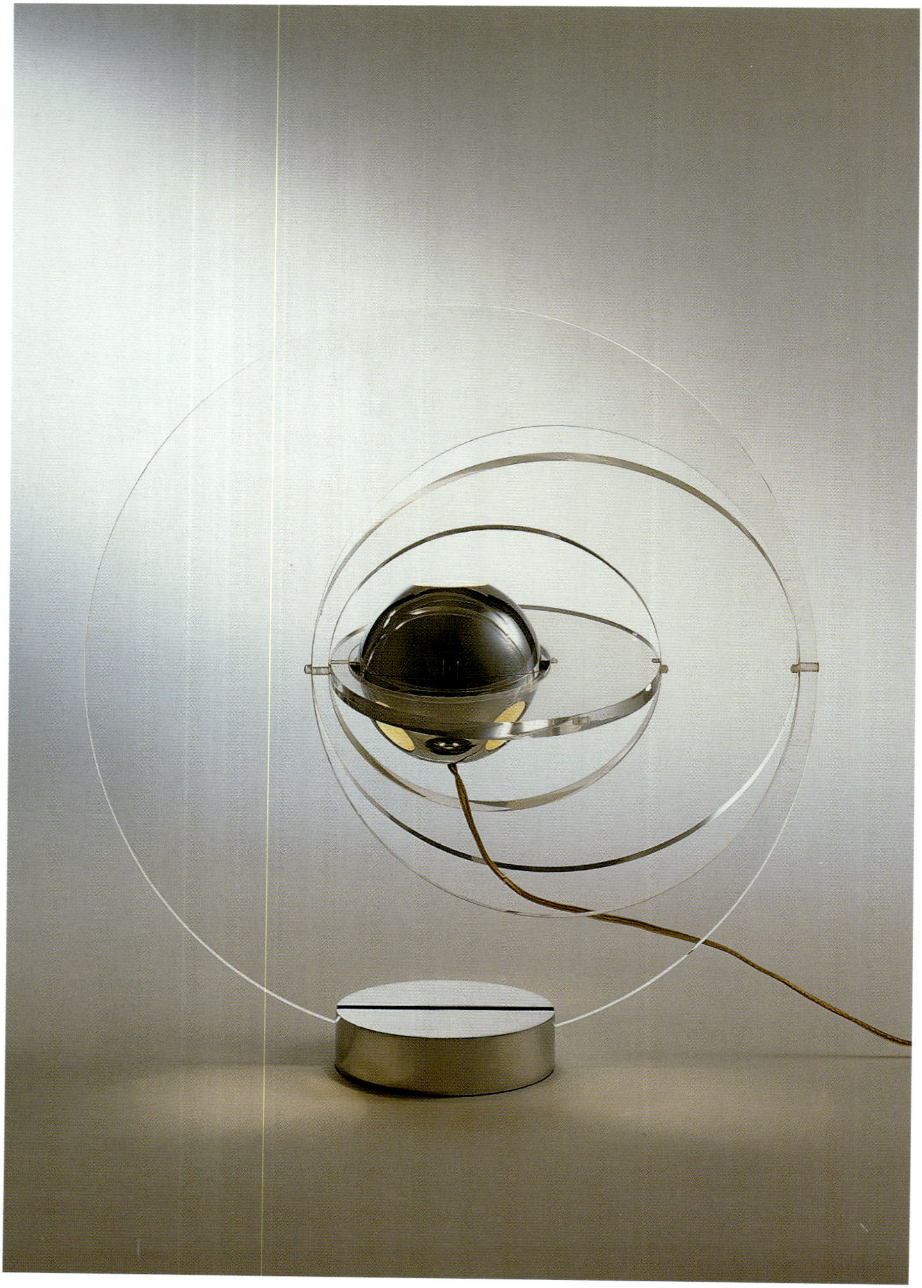

Yonel Lébovici conquistò la celebrità grazie alle particolarissime lampade da lui progettate e prodotte. La sua prima lampada da tavolo *Satellite* (1965), realizzata in una serie limitata di venti pezzi, rispecchiava l'infatuazione degli anni '60 per l'era spaziale; decisamente futuristica nella forma, la lampada rimandava tuttavia a sculture anteriori in nylon e resina acrilica di Naum Gabo (1890–1977). I dischi di resina acrilica orientabili diffondevano la luce emanata dalla lampadina centrale, creando una calda luminescenza, mentre il loro spessore faceva rilucere i bordi. Sebbene oggi la resina acrilica sia comunemente impiegata nella fabbricazione delle insegne dei negozi, Lébovici è stato tra i primi a studiarne il potenziale impiego nelle soluzioni d'illuminazione. Le successive lampade da soffitto e a stelo *Soucoupe* (1970) si ispiravano, come suggerisce il nome, ai dischi volanti ed erano sculture di luce più che soluzioni di illuminazione con un'utilità pratica. Lébovici creò anche diversi design influenzati dalla Pop Art, avulsi da ogni contesto e di dimensioni esagerate, come la scultura di luce *Spilla di sicurezza* (1975). Negli anni '80 continuò a sperimentare con forme e materiali insoliti, ad esempio abbinando uno stelo piramidale in legno esotico a dischi di metallo perforato placcato nichel nella lampada *Phototaxie* (1984). Molte delle sue lampade furono incluse nella mostra "Lumières" tenuta al Centre Georges Pompidou di Parigi nel 1985. Lébovici disegnò anche lampade, vetri e mobili per Cardin, Club Med, Jansen e Lancel. Tipicamente francesi nel loro carattere sofisticato e irresistibilmente sovversive, le insolite creazioni a edizione limitata di Lébovici costituiscono ricercati oggetti da collezione.

Yonel Lébovici

1937 Parigi
1998 Parigi

◄ Lampada da tavolo *Satellite*, 1965

▼ Lampada a stelo *Soucoupe*, 1970

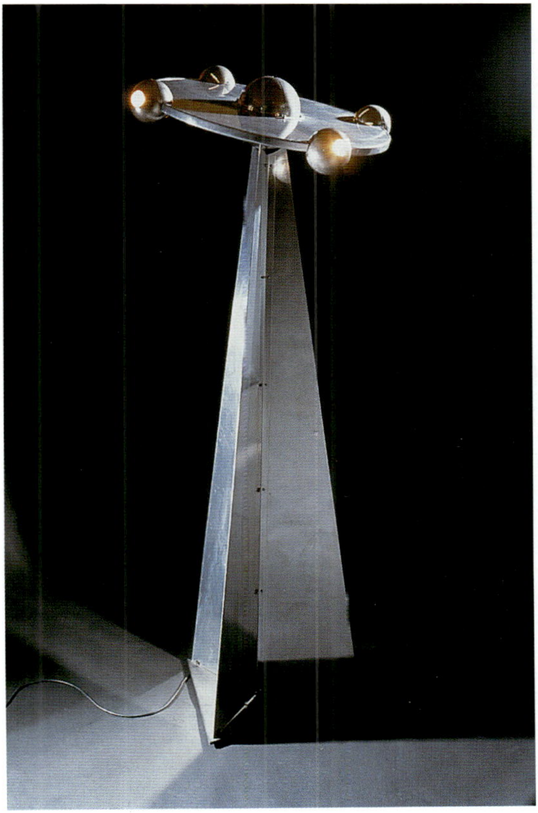

Pierre-Émile Legrain

1889 *Levallois-Peret, Francia*
1929 *Parigi*

Pierre-Émile Legrain studiò al Collège Sainte-Croix de Neuilly prima di iscriversi ai corsi di pittura, scultura e design teatrale dell'École des Arts Appliqués Germain-Croix a Parigi. Nel 1908 produsse alcune vignette per i periodici satirici di **Paul Iribe** *Le Mot*, *Le Témoin*, *La Baïonnette* e *L'Assiette au Beurre*, quindi si associò allo studio di Iribe, dove restò fino al 1914, collaborando a numerosi progetti, tra cui la decorazione dell'appartamento dello stilista Jacques Doucet nell'Avenue du Bois e del suo laboratorio in Rue Saint-Jacques a Neuilly. Legrain e Iribe crearono insieme anche gioielli per Robert Linzeler e vestiti per Paquin. Legrain eccelleva in particolare nel design di copertine e rilegature per libri, e nel 1917 Doucet gli commissionò rilegature e copertine volanti per la sua nuova collezione di autori contemporanei quali André Gide, Francis Jammes, André Suarès e Paul Claudel. Doucet assistette Legrain nella realizzazione del progetto; i libri furono esposti al Salon de la Société des Artistes nel 1919. Quello stesso anno Legrain iniziò a lavorare per la legatoria di René Kieffer, producendo squisite rilegature in materiali esotici come zigrino e madreperla, decorate con motivi geometrici. In questo periodo Legrain lavorò anche come designer d'interni e creò sedie in stile **Art Déco** ispirate all'arte africana. Nel 1925 progettò gli interni della villa di Doucet a Neuilly, una sorta di vetrina del design contemporaneo contenente mobili di **Eileen Gray**, Paul Iribe, Marcel Coard (1889–1975) e André Groult (1884–1967), oltre che opere di Henri Matisse (1869–1954), Pablo Picasso (1881–1973) e Amedeo Modigliani (1884–1920). Membro del Groupe des Cinq, nel 1929 Legrain entrò nella UAM (Union des Artistes Modernes). Nella sua vita realizzò circa 1.300 rilegature, riportando in auge praticamente da solo questa antica forma di artigianato.

▼ Sgabello *Tabouret Ashanti*, 1922 ca.

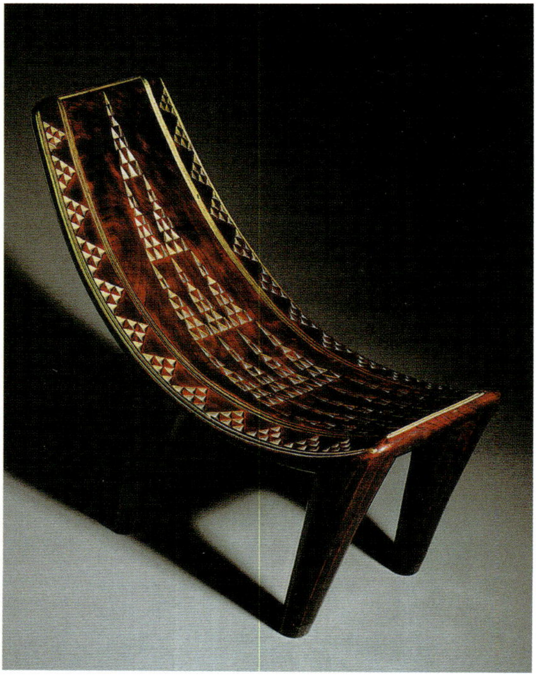

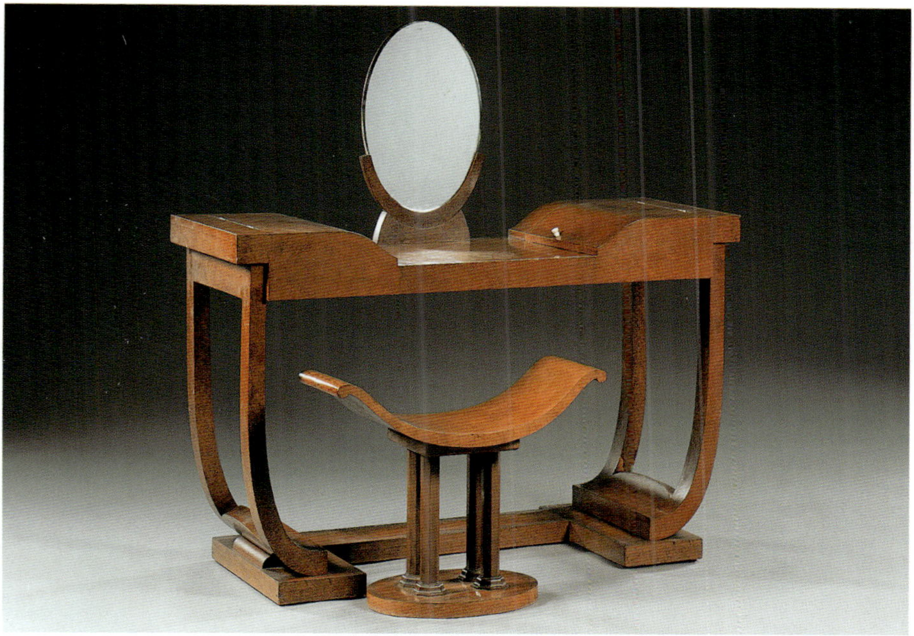

Nel 1901 Jules-Émile Leleu, insieme al fratello Marcel, rilevò l'azienda di famiglia dedicandosi alla pittura e al design d'interni. Intorno al 1918 aprì uno studio di design e un laboratorio di mobili a Parigi, sviluppando uno stile **Art Déco** simile a quello degli Établissements Ruhlmann e della Compagnie des Arts Français di Louis Süe e André Mare. Le sue prime creazioni si ispirarono al neoclassicismo, con forme eleganti e al tempo stesso monumentali; intorno alla metà degli anni '20, tuttavia, i suoi mobili presentavano dimensioni più contenute e spesso erano impreziositi con legni esotici, zigrino e avorio. Ricevette numerose commissioni per ambasciate, edifici pubblici e residenze reali, soprattutto grazie al suo stile decorativo formale, considerato decisamente appropriato per interni di carattere ufficiale. Negli anni '30 i mobili di Leleu si semplificarono sia dal punto di vista della linea che della costruzione. Il suo Hotel Nord-Sud a Calvi, Corsica (1931), fu incluso nella mostra "The **International Style**: Architecture since 1922" tenuta nel 1932 al **Museum of Modern Art di New York**, e nel 1937 Leleu decorò la sala da pranzo del Palazzo dell'Eliseo con i suoi primi design veramente moderni. Per molti dei suoi progetti decorativi Leleu si avvalse della collaborazione di Edgar Brandt (1880–1960), Jean Dunand (1877–1942) e André Lurçat (1894–1970). Disegnò anche interni e mobili per oltre venti transatlantici.

Jules-Émile Leleu

1883 *Boulogne-sur-Mer, Francia*
1961 *Parigi*

▲ Toletta e sgabello per i laboratori Jules-Émile Leleu, 1929–1930

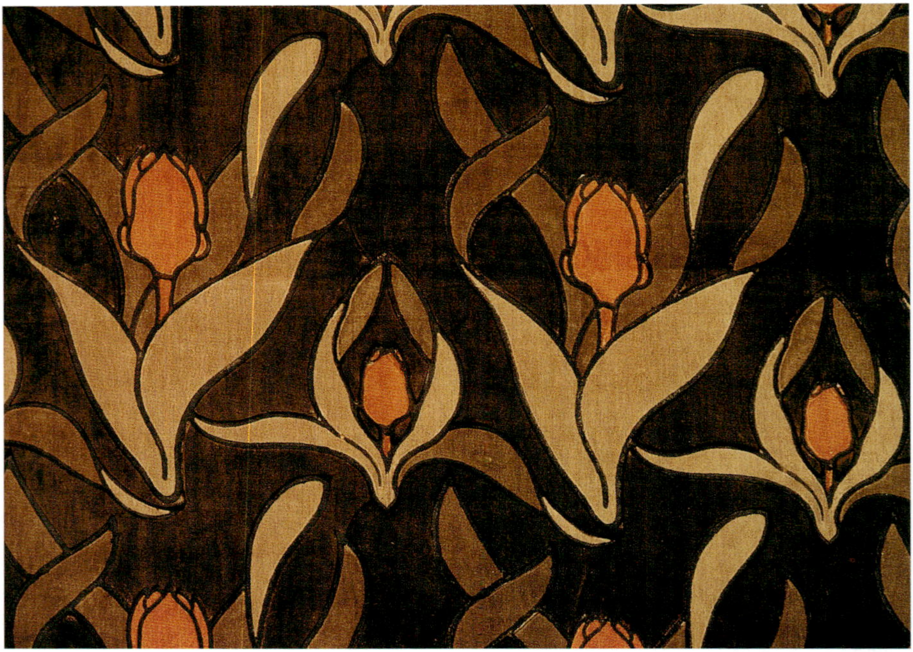

Liberty & Co.

Fondato nel 1875 a *Londra*

Arthur Lasenby Liberty (1843–1917) fu apprendista presso John Weekes, un negozio di tessuti in Baker Street (Londra), prima di iniziare a lavorare nel 1862 per il Great Shawl and Cloak Emporium di Farmer & Rogers in Regent Street. Nel 1864 Liberty fu nominato manager della Oriental Warehouse di Farmer & Rogers, che vendeva oggetti orientali importati e rappresentava un autentico paradiso per i seguaci dell'**Aesthetic Movement**. Dopo aver gestito per una decina d'anni la fiorente attività del magazzino, Liberty si vide opporre un rifiuto alla sua proposta di entrare in società con l'azienda, così decise di aprire un negozio suo. Acquistò i locali al 218 di Regent Street e diede all'edificio in stile neo Tudor il roboante nome di East India House. Il negozio aprì nel maggio del 1875 con appena tre dipendenti, e inizialmente vendeva solo sete colorate provenienti dall'Oriente. Frequentato da artisti e designer quali **William Morris**, Lawrence Alma-Tadema (1836–1912), Dante Gabriel Rossetti (1828–1882) e Edward Burne-Jones (1833–1898), il negozio presto cominciò a vendere budda, oggetti laccati, cloisonné, ceramiche Satsuma e ventagli giapponesi; qualche anno dopo vi erano esposti anche articoli provenienti da Cina, India, Persia e Indonesia. In quel periodo la East India House iniziò a vendere anche tessuti di produzione propria, tinti in

▲ Tessuto *Tulip* per Liberty & Co., 1905 ca.

"colori artistici", e stoffe stampate, ispirate ad antiche fantasie indiane o create da designer contemporanei come **Charles Voysey**, xilografate a mano nella stamperia Liberty a Merton Abbey. Nel 1883 Arthur Lasenby Liberty aprì un negozio di abbigliamento nei locali di Chesham House in Regent Street, affidandone la gestione a **E. W. Godwin**. Fondò anche un nuovo "Furnishing and Decoration Studio" diretto da Leonard F. Wyburd, che nell'ultimo ventennio dell'Ottocento produsse mobili in stile moresco e nell'idioma vernacolare Arts & Crafts, tra cui la linea *Althelstan*. La Liberty & Co. diventò celebre anche per le linee in metallo *Cymric* e *Tudric* realizzate da **Archibald Knox**, e per i tappeti creati prevalentemente da **Silver Studio** e Voysey. Altri designer che collaborarono con Liberty & Co. sono **Christopher Dresser**, **Charles Rennie Mackintosh** e **Hugh Mackay Baillie Scott**. La linea Liberty & Co. fu distribuita dalla "Maison de l'Art Nouveau" di **Siegfried Bing** a Parigi e dalla Metz & Co. all'Aia ed ebbe un tale influsso nella promozione dell'**Art Nouveau** in Europa che "Liberty" fu assunto come termine generico per indicare lo stile. A differenza di molti altri esponenti dell'**Arts & Crafts Movement**, Arthur Lasenby Liberty riteneva che fosse essenziale impiegare metodi di produzione meccanizzati se si voleva proporre oggetti di buon design a prezzi ragionevoli; traducendo in pratica questa teoria, la Liberty & Co. ottenne grande successo sul piano commerciale.

▾ **George Walton** (attribuita a), sedia per Liberty & Co., 1905 ca.

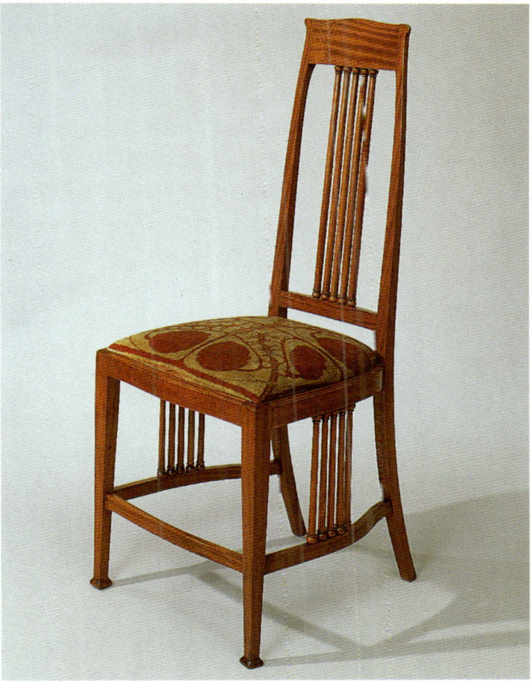

▸ Vaso *Pongo* per Gustavsberg, 1953 ca.

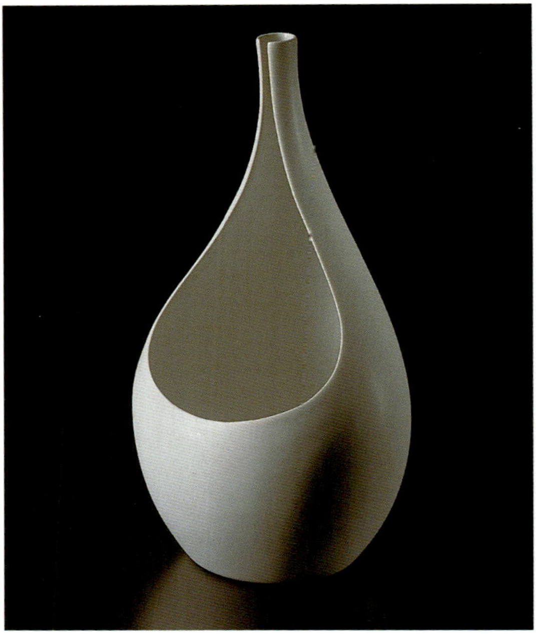

Stig Lindberg

1916 *Umeå, Svezia*
1982 *San Felice al Circeo*

Frederick Stigurd (Stig) Lindberg studiò a Jönköping e successivamente alla Konstfackskolan di Stoccolma. Dal 1937 al 1940 lavorò sotto la direzione di **Wilhelm Kåge** nella fabbrica di ceramiche Gustavsberg, creando una serie di design geometrici in stile **Art Déco** e almeno un design asimmetrico che anticipava il suo successivo approccio organico al design. In questo periodo studiò anche brevemente in Danimarca e all'Académie Colarossi di Parigi, un'esperienza che in seguito definì fondamentale per la sua formazione artistica. Le ceramiche di Lindberg furono esposte per la prima volta a Stoccolma nel 1941 e nel dopoguerra vennero a simboleggiare il modernismo scandinavo. Dal 1945 al 1947 Lindberg disegnò vetri per Maleras e tessuti per Nordiska (dal 1947) lavorando contemporaneamente come illustratore di libri. Nel 1949 successe a Wilhelm Kåge come direttore artistico della Gustavsberg, introducendo alcune nuove linee tra cui quella denominata *Pongo* (1953). Lindberg creò anche pezzi in ceramica dipinti con scene ispirate alle opere di Marc Chagall (1887–1985) e prodotti dalla Gustavsberg. Nel 1957 Lindberg si dimise dall'incarico di direttore per insegnare alla Konstfackskolan (1957–1970), ma continuò a disegnare vetri sia per Holmegaard (1959–1960) che per Kosta (1965). Dal 1971 al 1980 tornò a occupare il suo posto alla Gustavsberg.

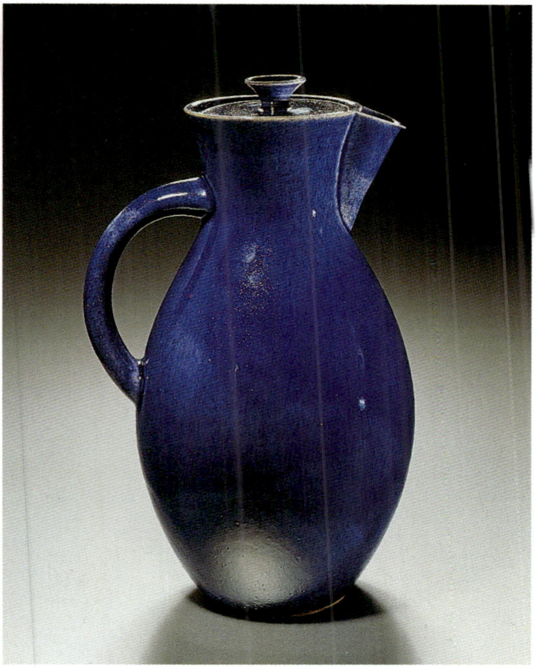

◂ *Modello n. L16* caffettiera per il laboratorio di ceramica del Bauhaus Weimar a Dornburg, 1923

Otto Lindig

1895 *Pößneck, Germania*
1966 *Wiesbaden, Germania*

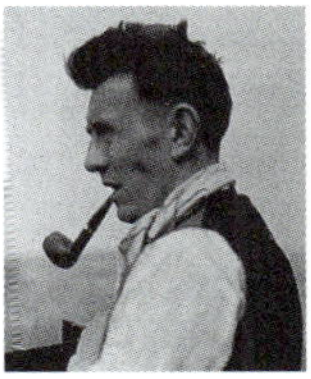

Otto Lindig frequentò corsi di scultura e disegno a Lichte, in Turingia, e studiò alla Großherzoglich Sächsische Kunstgewerbeschule di Weimar dal 1913 al 1915, lavorando contemporaneamente come assistente scultore al Bechstein Atelier di Ilmenau. Dal 1915 al 1918 seguì le lezioni di Richard Engelmann alla Großherzoglich Sächische Hochschule für Bildende Kunst di Weimar, quindi aprì uno studio e nel 1919 si iscrisse al **Bauhaus** di Weimar. Frequentò il corso propedeutico e fu apprendista nel laboratorio di ceramiche di Dornburg. Sotto la sua direzione, la divisione commerciale del laboratorio di ceramica del Bauhaus iniziò a creare oggetti che conciliavano artigianato e tecniche di produzione in serie per la Aelteste Volkstedter Porzellanfabrik e la Staatliche Porzellanmanufaktur Berlin. Nel 1926 diventò maestro del laboratorio di ceramica alla Staatliche Bauhochschule Weimar a Dornburg, dove produsse ceramiche smaltate semi-opache dalle forme elementari e prive di decorazione. Dopo il 1930 Linding continuò a operare indipendentemente dal laboratorio di Dornburg e insegnò alla Hochschule für Bildende Künste di Amburgo dal 1947 al 1960.

▸ Vaso per Kosta Boda, 1954 ca.

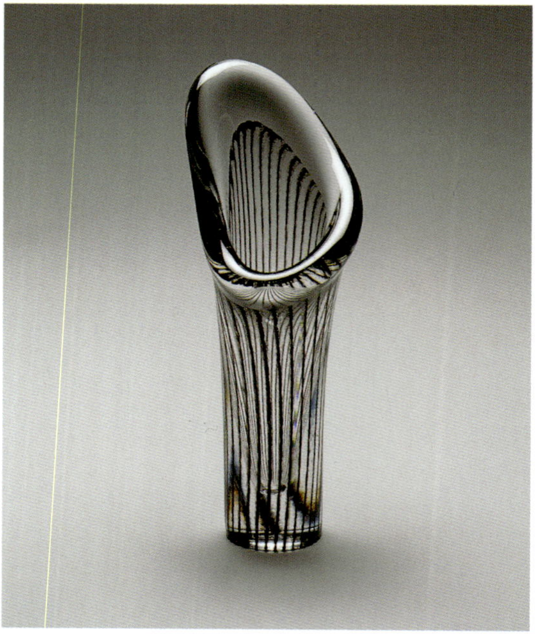

Vicke Lindstrand

1904 *Göteborg, Svezia*
1983 *Småland, Svezia*

Viktor Emanuel (Vicke) Lindstrand studiò grafica alla Svenska Slöjdförenings Skola di Göteborg e produsse vignette e illustrazioni per due giornali locali. Nel 1928 iniziò a lavorare per Orrefors; i suoi primi vetri presentavano forme classicamente moderne ed erano incisi con motivi figurativi. Questi design furono esposti con grande successo alla "Stockholmsutstäliningen" nel 1930. In seguito Lindstrand progettò una finestra per il padiglione svedese all'"Exposition Internationale des Arts et Techniques dans la Vie Moderne" di Parigi del 1937, e una fontana di vetro per la Fiera mondiale di New York del 1939. In quel periodo iniziò a sviluppare uno stile più morbido e fluido mentre le sue decorazioni incise si fecero più ritmiche. Lindstrand continuò a creare design per Orrefors fino al 1941, lavorando contemporaneamente anche per Kariskrona Porslinsfabrik e Upsala-Ekeby; presso quest'ultima fu direttore artistico dal 1943. Successivamente gestì uno studio proprio ad Ahrus per venti anni e fu direttore del design presso la vetreria Kosta Boda. Qui produsse vasi altamente scultorei ispirandosi all'opera di designer veneziani contemporanei come **Fulvio Bianconi**; tuttavia le creazioni di Lindstrand si distinguono per le forme organiche meno espressive e un impiego limitato del colore.

El Lissitzky

1890 *Smolensk, Russia*
1941 *Mosca*

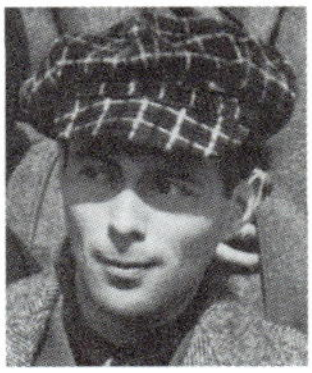

Lazar Markovich (El) Lissitzky studiò architettura alla Technische Hochschule di Darmstadt dal 1909 al 1914 e poi frequentò il Politecnico di Riga. Nel 1919 fu invitato da Marc Chagall a insegnare grafica e architettura alla scuola d'arte di Vitebsk di recente riorganizzata, dove diventò membro del gruppo UNOVIS di **Kasimir Malevich** e sviluppò il progetto PROUN (Progetto per l'affermazione del nuovo), che proponeva l'"interscambio" di architettura e pittura in modo da creare un mezzo espressivo più potente. Il suo prototipo di una *Tribuna per oratore* (1920) sviluppato a Vitebsk era costruito con travi di ferro e vetro inglobando nella sua struttura dinamica un ascensore. Nel 1921 Lissitzky iniziò a insegnare all'istituto ufficiale sovietico del design, il **Vkhutemas**, partecipando alla prima mostra d'arte russa tenuta a Berlino nel 1922 e dirigendo anche la rivista multilingue berlinese *Veshch-Objet-Gegenstand*. Tra il 1922 e il 1925 insegnò in Svizzera e Germania, e instaurò importanti relazioni tra i costruttivisti russi, i membri di **De Stijl** e il **Bauhaus**. Dopo aver realizzato il suo progetto architettonico più radicale, il complesso di uffici *Wolkenbügel* (1924–1925), in collaborazione con **Mart Stam**, tornò a insegnare ai Vkhutemas e progettò la sezione di arte astratta dello Staatliches Museum di Hannover nel 1927. Le sue poltrone per la "Pressa Ausstellung" di Colonia (1928) e la "Hygiene Ausstellung" di Dresda (1930) rispecchiano l'influenza del Bauhaus, di De Stijl e del Dadaismo. Lissitzky progettò anche il Padiglione Sovietico per la Fiera Mondiale di New York del 1939. Nel corso della sua carriera Lissitzky si cimentò in vari campi – fotografia, tipografia, design editoriale, grafica e design d'interni – e produsse numerose opere di natura propagandistica. Il suo maggiore contributo, tuttavia, furono i legami forgiati tra il **Costruttivismo** russo e l'**avant-garde** dell'Europa occidentale.

▼ Copertina per il libro *Das entfesselte Theater* di Alexander Tairoff, Potsdam, 1923

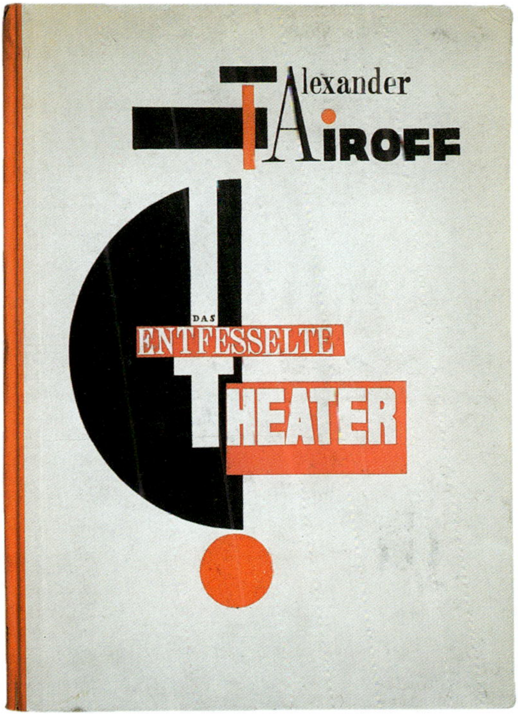

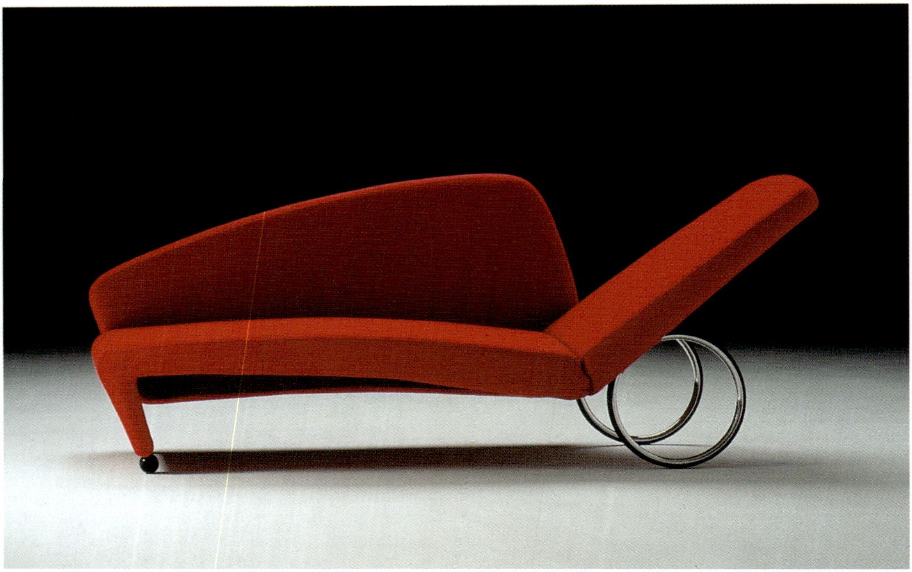

Josep Lluscà

1948 Barcellona

Josep Lluscà studiò disegno industriale alla Escuela de Diseño Eina di Barcellona e all'École des Arts et Métiers di Montreal. Negli anni '70 sperimentò varie aree del design prima di concentrarsi sulla creazione di mobili e lampade. Molti dei suoi primi design, ispirati alla scultura contemporanea, all'architettura di **Antonio Gaudí** e all'**Organic Design** degli anni '50, sono stati prodotti da Norma Europa. Tra il 1985 e il 1987 Lluscà fu vice presidente della ADI-FAD (Associazione designer industriali spagnoli) e contribuì alla fondazione dell'ADP (Associazione dei designer professionisti). La sua elegante sedia *Andrea* in compensato e alluminio fuso, lanciata da Andreu World nel 1986, costituisce un esempio dei mobili di ottima fattura e pregevole design prodotti in Spagna negli anni '80. Nel 1989 la sua linea di sedie *Lola* viene fabbricata da Oken, e la lampada *Ketupa* (1989), disegnata in collaborazione con l'argentiere Joaquín Berao, venne messa in commercio da Metalarte. Lluscà è membro del Consiglio di design del governo della Catalogna e ha ricevuto molti riconoscimenti, tra cui il Premio nazionale per il design nel 1990. I suoi mobili, come la chaise-longue *Faventia* (1992) e la sedia *BNC* (1988) per Oken, sono molto ammirati a livello internazionale per il loro forte senso di identità nazionale.

▲ Chaise-longue *Faventia* per Oken, 1992

La vetreria di Klostermühle fu fondata nel 1836 da Johann Baptist Eisner von Eisenstein. Fu denominata Glasfabrik Johann Loetz Witwe dal suo terzo proprietario il cui nipote, Max Ritter von Spaun, assunse la gestione dell'azienda nel 1879, con Eduard Prochaska nella carica di direttore della produzione. Von Spaun ampliò la fabbrica e iniziò a produrre articoli di vario genere, usando spesso tecniche nuove e rifiniture metalliche lucide brevettate dalla ditta. Nel 1888 la Loetz lanciò le linee *Onyx* e *Octopus* e ricevette un diploma alla "Mostra di arte e artigianato nazionale tedesco" a Monaco. Nel 1889 si aggiudicò il primo premio all'"Exposition Universelle et Internationale de Paris" e un anno dopo lanciò i famosi vetri iridescenti *Karneol*. Nel 1890 la vetreria contava circa duecento dipendenti e distributori a Vienna, Berlino, Amburgo e Parigi. Lo stand della Loetz alla "World's Columbian Exposition" del 1893 a Chicago vinse il primo premio presentando diverse linee nuove tra cui *Columbia*, *Pavonia*, *Persica*, *Alpenrot*, *Alpengrün* e *Kamelienrot*. Nel 1899 Von Spaun lanciò gli articoli *Papillon* e *Phenomenon* e in seguito creò altre linee, vincendo un Grand Prix all'"Exposition Universelle et Internationale de Paris" del 1900. L'azienda si avvalse della collaborazione di **Koloman Moser** e dei suoi assistenti, oltre che dei designer dei **Wiener Werkstätte Josef Hoffmann**, **Dagobert Peche**, **Otto Prutscher**, Hans Bolek (1890–1978), Leopold Bauer (1872–1938) e Carl Witzmann (1883–1952). Tra il 1903 e il 1914 la designer polacca Marie Kirschner creò oltre duecento vasi per la Loetz. Nel 1909 la direzione della vetreria fu assunta dal figlio di von Spaun, con Adolf Beckert come direttore artistico, ma appena due anni dopo l'azienda andò in liquidazione. Rimessa in sesto, la ditta continuò l'attività finché non fu chiusa definitivamente poco dopo la seconda guerra mondiale.

Loetz

1836–1947
Klostermühle, Boemia

▾ Vetro di vetro iridescente, 1900 ca.

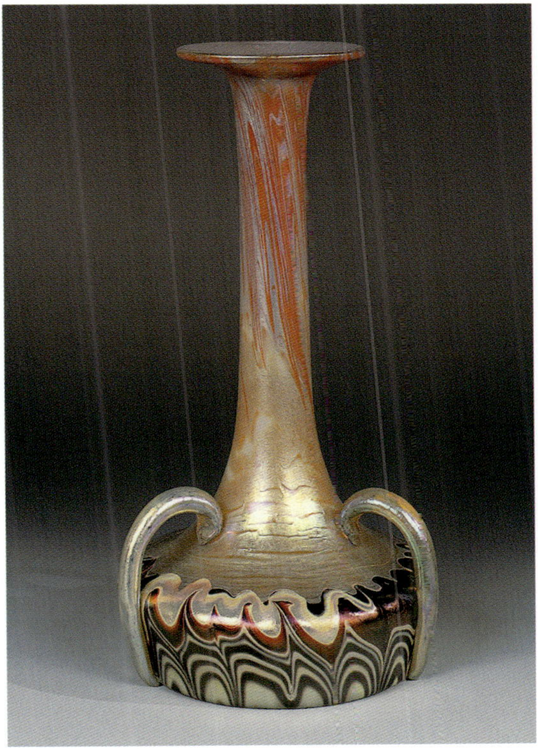

Raymond Loewy

1893 *Parigi*
1986 *Monaco*

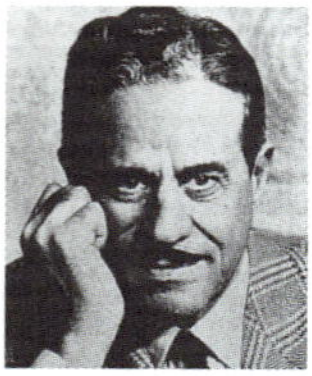

▾ Copertina della rivista *Time*, 31 ottobre 1949

All'età di quindici anni Raymond Loewy progettò, costruì e fece volare un modellino di aeroplano che vinse la famosa coppa James Gordon. In seguito studiò all'Université de Paris e quindi all'École de Laneau, dove si laureò in ingegneria nel 1918. Durante la prima guerra mondiale prestò servizio nell'esercito francese come sottotenente e dopo il congedo, nel 1919, partì per l'America. Al suo arrivo a New York, Loewy indossava ancora l'uniforme dell'esercito francese e aveva in tasca appena cinquanta dollari. Inizialmente trovò lavoro come vetrinista da Macy's, Saks Fifth Avenue e Bonwit Teller, quindi lavorò come illustratore di moda per cinque anni per *Vogue*, *Harper's Bazaar* e *Vanity Fair*. Nel 1929 aprì uno studio di disegno industriale a New York e progettò il telaio del ciclostile di Sigmund Gestetner, usando l'argilla per modellare una forma elegante, una tecnica cui ricorrerà successivamente per il design di autoveicoli. La sua *Hupmobile* era già meno simile a una scatola rispetto alle automobili del tempo; il modello perfezionato del 1934, con la forma che si assottigliava gradualmente e i fari, anticipò le forme aerodinamiche che lo avrebbero reso celebre. Nel 1934 disegnò anche

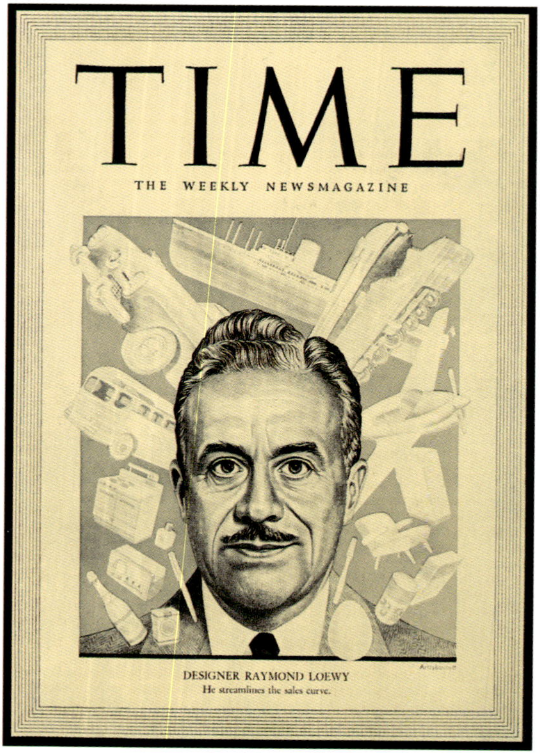

il frigorifero *Coldspot* per Sears Roebuck, il primo elettrodomestico commercializzato per il suo aspetto estetico. Quello stesso anno il **Museum of Modern Art di New York** mise in mostra un modellino del suo ufficio. Dal 1935 ristrutturò diversi grandi magazzini, tra cui Saks Fifth Avenue. In questo periodo progettò anche locomotive aerodinamiche come la *K4S* (1934), la *GG-1* (1934) e la *T-1* (1937); nel 1937 pubblicò un libro intitolato *The New Vision Locomotive*. Dopo aver conferito una nuova linea alle corriere della Greyhound, Loewy disegnò per Studebaker l'innovativa Champion (1947), precorritrice dell'automobile di stile europeo *Avanti* progettata per la stessa azienda. Loewy divenne celebre anche per la sua attività nel campo della **corporate identity**, in particolare per il nuovo pacchetto delle si-

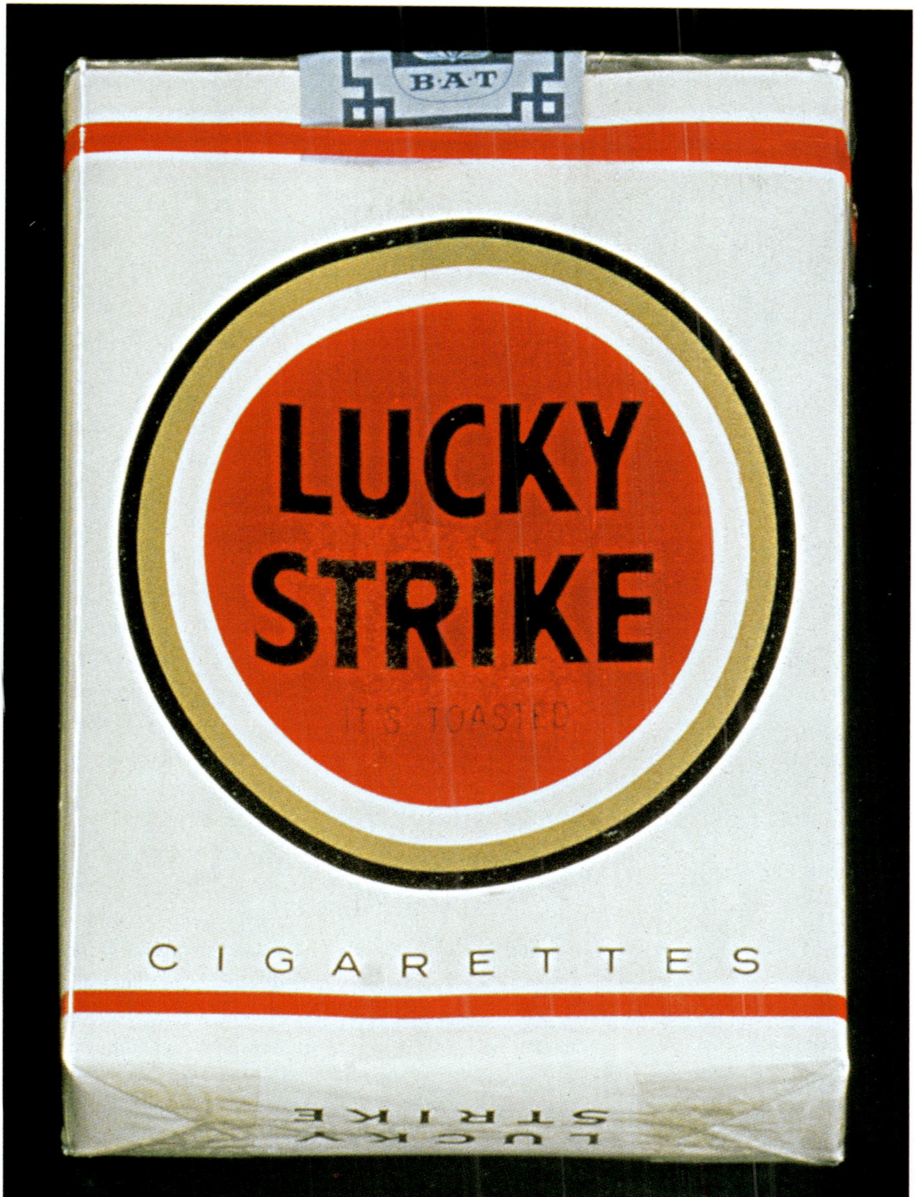

▲ Pacchetto delle sigarette Lucky Strike
ridisegnato per American Tobacco Company, 1942

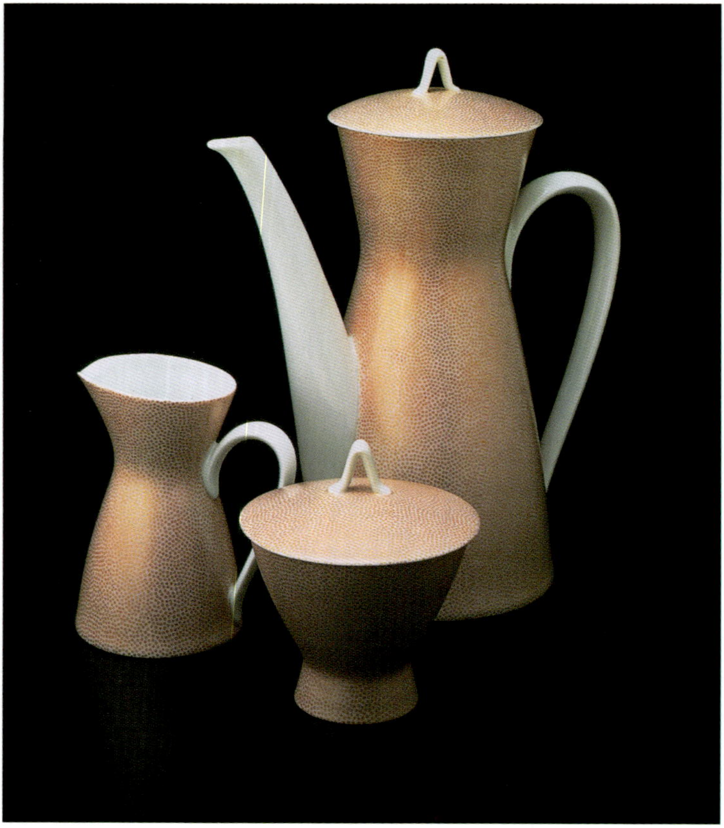

◄ **Raymond Loewy Associates**, servizio da caffè *modello 2000* con decorazione Patina per Rosenthal, 1954

garette *Lucky Strike* (1942). Furono suoi clienti, tra gli altri, Coca-Cola, Pepsodent, National Biscuit Company, British Petroleum, Exxon e Shell. Con altri quattro designer fondò lo studio Raymond Loewy Associates, che nel 1949 fu ampliato per seguire progetti architettonici e ridenominato Raymond Loewy Corporation. Quell'anno Loewy comparve, primo designer nella storia, sulla copertina della rivista *Time*. Negli anni '60 e '70, in qualità di consulente del governo degli Stati Uniti, ridisegnò l'Air Force One per John F. Kennedy e gli interni dello Skylab della NASA (1969–1972). La filosofia MAYA di Loewy (most advanced, yet acceptable – molto avanzato ma accettabile) fu fondamentale per il successo dei suoi prodotti. Pochi consulenti di design sono stati influenti e prolifici quanto Raymond Loewy, senza dubbio il più grande pioniere dello **Streamlining** nel XX secolo.

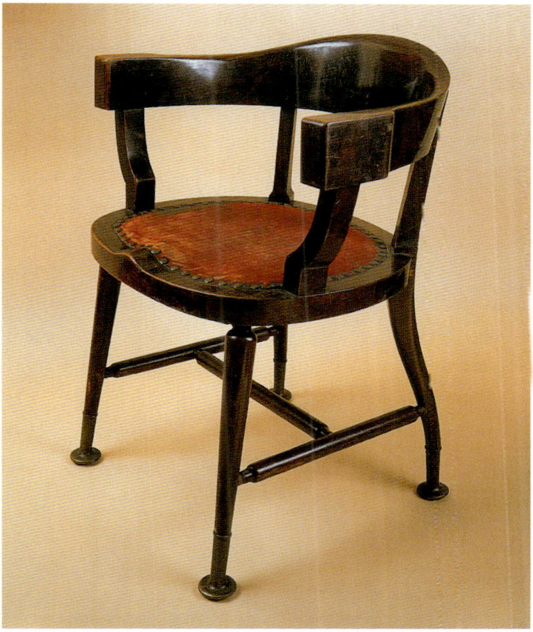

◂ Sedia *Manz* per F. O. Schmidt, 1912

Adolf Loos studiò costruzioni alla Gewerbeschule di Reichenberg e architettura alla Technische Hochschule di Dresda, dove si laureò nel 1893. Per tre anni girò l'America, lavorando come muratore e visitando la "World's Columbian Exhibition" del 1893 a Chicago, dove ebbe il primo contatto con la Scuola di Chicago. Al suo ritorno in Europa Loos si stabilì a Vienna e lavorò nello studio di architettura di Carl Mayreder per due anni. Dal 1897 operò come architetto indipendente, introducendo uno stile più geometrico e razionale di quello associato alla **Secessione** viennese, illustrato al meglio dal suo Café Museum (1899), in seguito soprannominato Café Nihilismus per l'essenzialità degli interni. Scrisse di arte e architettura, stile di vita e cultura in numerosi articoli e nel 1903 fondò il periodico *Das Andere*. Nel saggio *Ornament und Verbrechen* (Ornamento e reato) del 1908, che ebbe grande risonanza, sostenne che l'uso eccessivo della decorazione può condurre al degrado della società. Dal 1912 al 1914 Loos diresse una scuola di architettura e dal 1920 al 1922 prestò la propria consulenza alla città di Vienna nel settore dell'edilizia abitativa. Mettendo in relazione la moralità con forme funzionali prive di decorazione, gli insegnamenti di Loos influirono notevolmente sulle origini del **Modern Movement**.

Adolf Loos

1870 *Brno, Slovacchia*
1933 *Kalksburg, Austria*

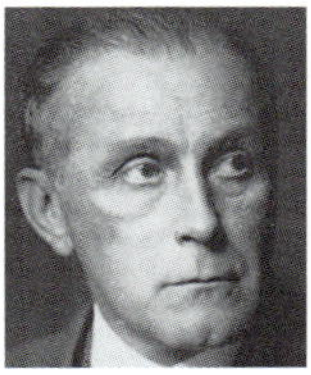

Ross Lovegrove
1958 *Cardiff/Galles*

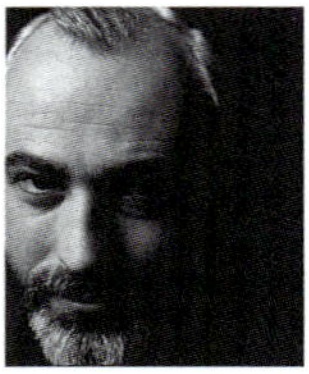

Ross Lovegrove studiò disegno industriale al Manchester Polytechnic laureandosi nel 1980, poi s'iscrisse al **Royal College of Art** di Londra dove conseguì il Master of Arts nel 1983. Lavorò per lo studio di disegno industriale **Frogdesign** ad Altensteig, partecipando alla progettazione di walkman per Sony e computer per Apple. Intorno alla metà degli anni '80 collaborò con numerose aziende. In qualità di designer interno della **Knoll International** a Parigi, disegnò l'Alessandri Office System, che riscosse grande successo, e in quanto membro dell'Atelier de Nîmes (Francia), lavorò come consulente per Louis Vuitton, Cacharel, Dupont e Hermès insieme a **Philippe Starck**, **Jean Nouvel**, Martine Bedin (1957) e Gérard Barrau (1945). Nel 1986 Lovegrove tornò in Gran Bretagna aprendo uno studio con Julian Brown; la società si sciolse nel 1990 quando Lovegrove aprì uno studio di disegno industriale a Londra, lo Studio X. Da allora ha avuto tra i suoi clienti British Airways, Parker Pens, **Kartell**, Ceccotti, Cappellini, Philips, Moroso, Driade, Apple, Connolly Leather, Olympus, Luceplan, Tag Heuer, Fratelli Guzzini e **Herman Miller**. Le sue creazioni, seducenti sul piano visivo e convincenti su

▾ Cucitrice *John II* per Acco, 1997

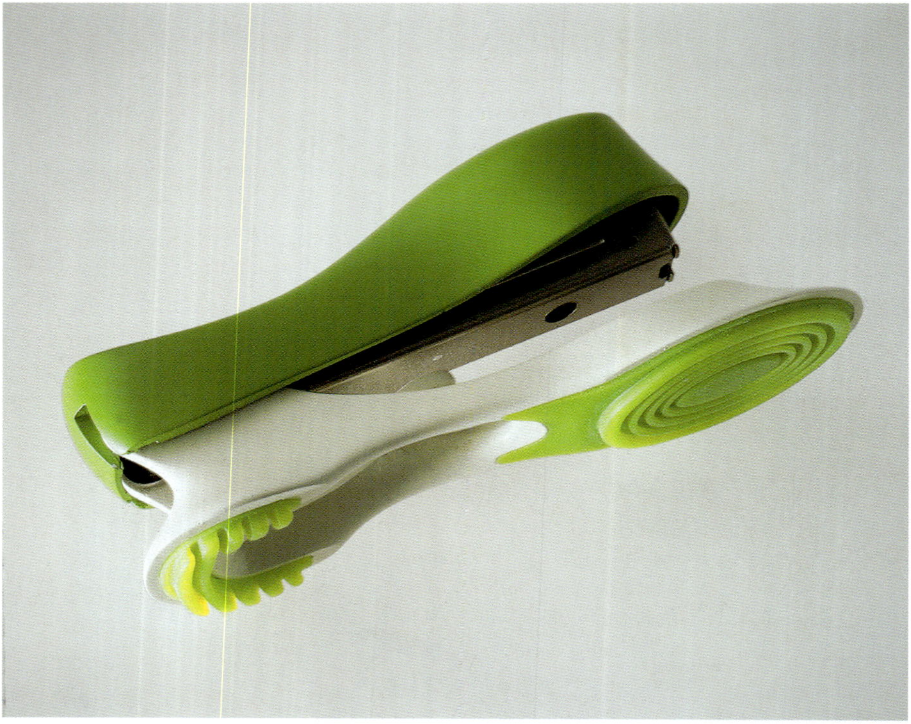

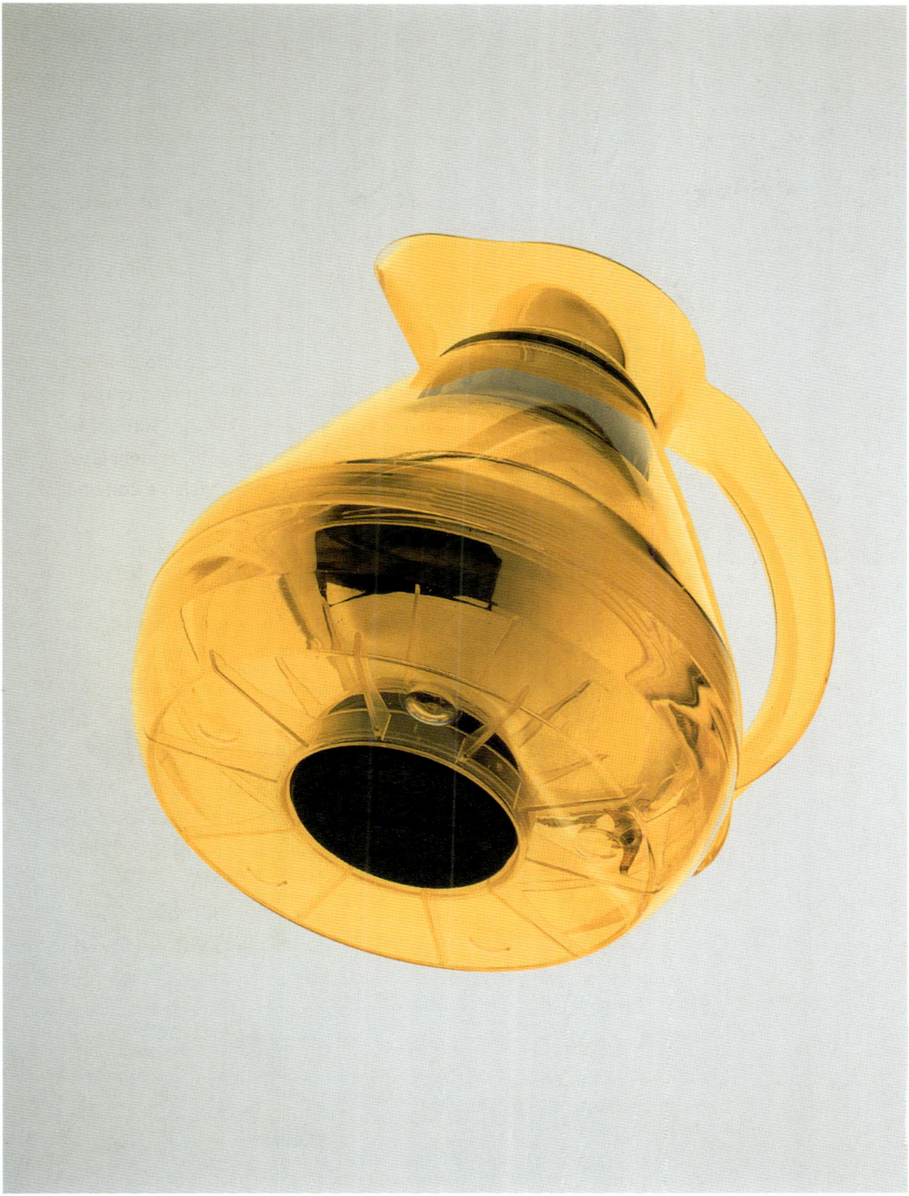

▲ **Ross Lovegrove & Julian Brown**,
thermos *Basic* per Alfi Zitzmann, 1990

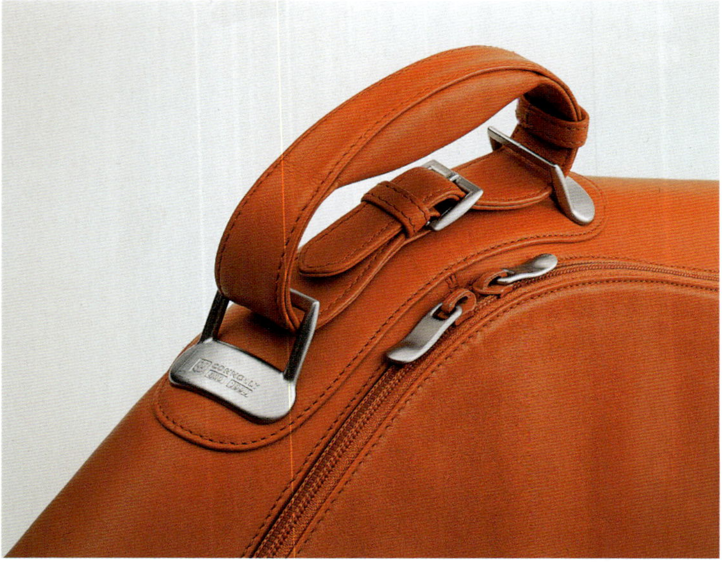

◂ Particolare di valigia per Connolly Leather, 1994

quello tecnologico, come le posate *Organic* (1990) per Pottery Barn, il bricco termico *Basic* (1990) per Alfi Zitzmann (disegnato in collaborazione con Julian Brown), la sedia *Crop* (1996) per Fasem e la macchina fotografica digitale *Eye* (1996) per Olympus, s'ispirano alla natura e sono frutto delle sue profonde conoscenze dell'ergonomia, dei materiali più recenti e delle tecniche di produzione più avanzate. Nel 1993 Lovegrove curò la prima collezione permanente al Design Museum di Londra. Dal 1997 sono state dedicate al designer mostre a Copenaghen, Stoccolma e Tokyo, l'ultima organizzata da Yamagiwa Corporation e Idée. Molte delle creazioni di Lovegrove, come la lampada da giardino a energia solare *Solar Bud* (1996–1997) per Luceplan, rivelano la sua sensibilità nei confronti delle tematiche ambientali alla base del **Green Design.** Ha anche lavorato al progetto *Solar Seed*, analogamente alimentato a energia solare e ispirato alla forma del cactus. I prodotti dematerializzati, avanguardistici e d'impronta olistica di Lovegrove possiedono una nuova sensibilità organica e aprono la strada al design del XXI secolo.

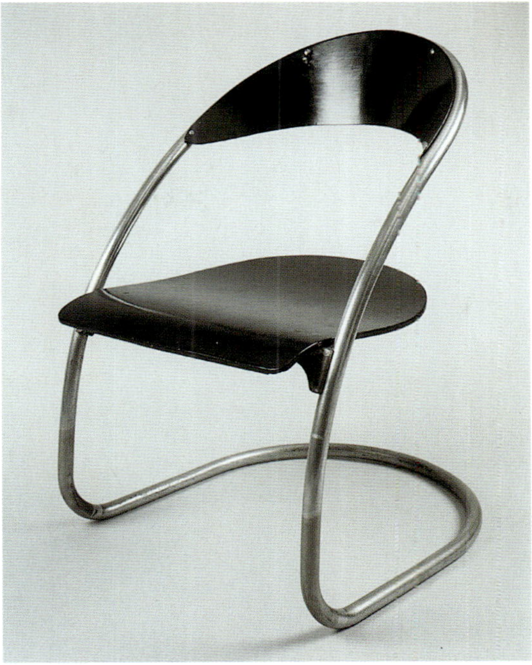

◂ Sedia *modello n. ST14* per Desta, 1931

Hans Luckhardt studiò alla Technische Hochschule di Karlsruhe mentre il fratello Wassili frequentò la Technische Hochschule a Berlino. Sottoscrissero entrambi il Programma architettonico redatto dall'Arbeitsrat für Kunst nel 1919 e aderirono a Novembergruppe e Der Ring; presero anche parte al progetto "Corrispondenza utopistica" di Bruno Taut (1880–1938) producendo lettere e disegni. Dal 1921 lavorarono insieme a Berlino, avvalendosi della collaborazione di Alfons Anker dal 1924. Inizialmente orientati verso un'architettura di stile espressionista, come dimostrano l'Hygienemuseum di Dresda (1921) e il progetto per un palazzo adibito a uffici sulla Friedrichstraße a Berlino (1922), dal 1925 circa i Luckhardt adottarono un approccio più razionale all'architettura e al design di mobili, come dimostrato dalla standardizzazione della sedia *modello ST14* (1931). Si occuparono di numerosi progetti, soprattutto a Berlino, tra cui villette a schiera sulla Schorlemer Allee (1927), uffici per le aziende Hirsch e Telschow (1926–1928) e la riprogettazione della Alexanderplatz (1929). Nel 1951 disegnarono il Padiglione di Berlino per la "Constructa Exhibition" di Hannover; un anno dopo Hans fu nominato professore alla Hochschule für Bildende Künste di Berlino.

Wassili & Hans Luckhardt

Wassili Luckhardt
1889 *Berlino*
1972 *Berlino*

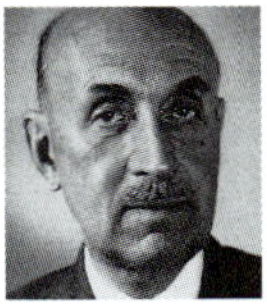

Hans Luckhardt
1890 *Berlino*
1954 *Bad Wiessee, Germania*

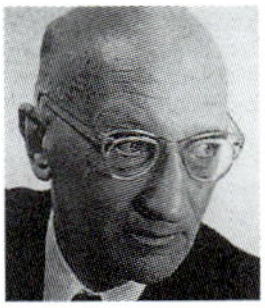

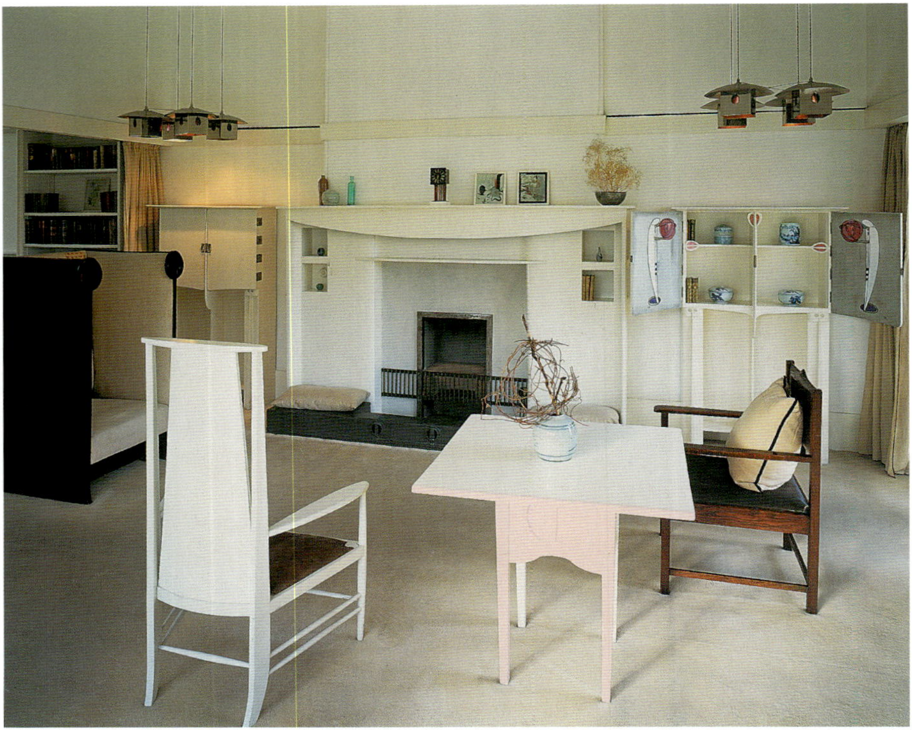

Charles Rennie Mackintosh

1868 *Glasgow*
1928 *Londra*

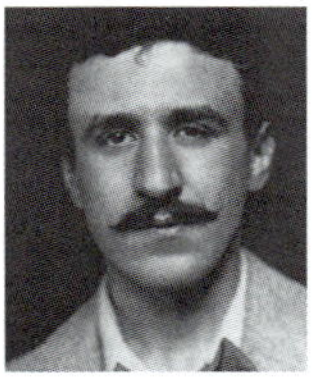

▲ Salotto di casa Mackintosh – 6, Florentine Terrace, Glasgow, 1906 (ricostruzione alla Hunterian Art Gallery, Glasgow)

Charles Rennie Mackintosh svolse un periodo di tirocinio nello studio di architettura di John Hutchinson a Glasgow, frequentando contemporaneamente le lezioni serali di disegno e pittura alla Glasgow School of Art. Nel 1891 vinse una borsa di studio per un viaggio in Italia e sulla via del ritorno visitò Parigi, Bruxelles, Anversa e Londra. Nel 1892 gli fu conferita la Medaglia d'oro nazionale a South Kensington (Londra). Sette anni dopo iniziò a lavorare nel nuovo studio di architettura di Honeyman & Keppie a Glasgow, dove restò fino al 1913. Mackintosh, Herbert MacNair (1868–1955), Frances Macdonald (1873–1921) e Margaret Macdonald (1864–1933) costituirono il gruppo "The Four", in seguito meglio conosciuto come "Spook School"; esposero insieme per la prima volta nel 1894, quindi nel 1896 all'Arts & Crafts Exhibition Society di Londra e all'VIII Mostra secessionista di Vienna nel 1900, riscuotendo grande successo. Quello stesso anno Mackintosh sposò Margaret Macdonald, con la quale collaborò a numerosi progetti decorativi. Gli interni bianchi di Mackintosh esercitarono una profonda influenza sui successivi progetti di **Josef Maria Olbrich** e **Josef Hoffmann**; una delle sedie da lui esposte fu perfino acquistata da **Koloman Moser**. Nel 1901 ricevette un premio speciale al concorso di Alexander Koch "Haus eines Kunstfreundes" (casa per un appassionato d'arte), e l'anno successivo Fritz Wärndorfer (1869–1939), principale finanziatore della **Secessione** viennese e successivamente dei **Wiener Werkstätte**, gli commissionò una sala da concerti (1902–1903), descritta dal critico Ludwig Hevesi come "un luogo di delizie spirituali". A cavallo tra i due secoli Mackintosh progettò diversi edifici pubblici e residenze private a Glasgow e dintorni, tra cui il suo capolavoro: la Glasgow School of Art (1896–1909). Alcuni suoi progetti, come la Hill House (1902–1903), concepiti come **Gesamtkunstwerk**, incorporarono anche mobili e arredi. Ai suoi interni più interessanti appartengono le sale da tè di Glasgow decorate per Catherine Cranston; le sale di Buchanan Street (1896) e Argyle Street (1897) furono invece progettate in collaborazione con **George Walton**. I locali di Argyle Street erano arredati con le famose sedie a schienale alto ellittico di Mackintosh, mentre le sale successivamente realizzate a Ingram Street e Willow Street recano l'impronta del designer in ogni dettaglio, perfino nella posateria. Il suo approccio olistico all'architettura e al design implicava il ricorso al simbolismo e all'equilibrio degli opposti: modernità e tradizione, luce e buio, maschile e femminile. Nel 1914 Mackintosh lasciò Glasgow per trasferirsi a Londra, dove disegnò tessuti dai colori saturi e motivi ritmati, che anticiparono l'**Art Déco**, per Foxton's e Sefton's. Non ricevendo commissioni architettoniche a Londra, nel 1923 si trasferì a Port Vendres, in Francia, dove si dedicò esclusivamente alla pittura di acquerelli. Mackintosh fu il principale designer della **Glasgow School**; sia il suo iniziale stile organico che il successivo stile geometrico hanno esercitato enorme influenza sulla Secessione viennese e i Wiener Werkstätte.

▾ Sedia a schienale alto per la sala da pranzo delle sale da tè di Argyle Street, 1897

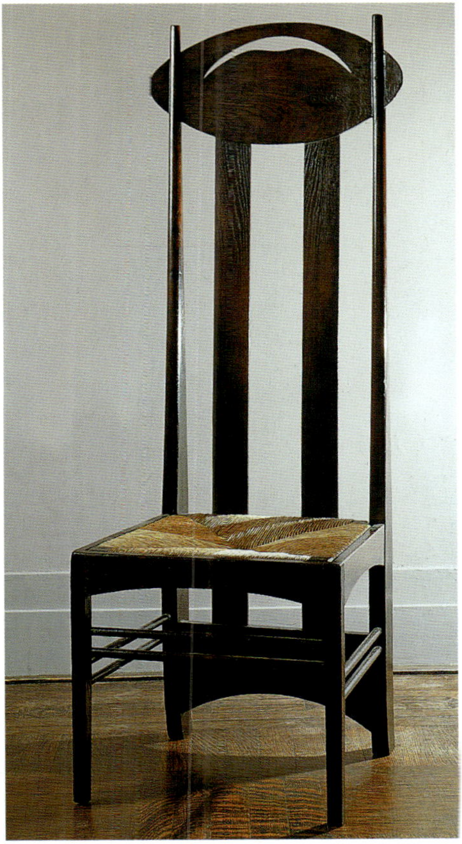

Arthur Heygate Mackmurdo

1851 *Londra*
1942 *Wickham Bishops/Essex*

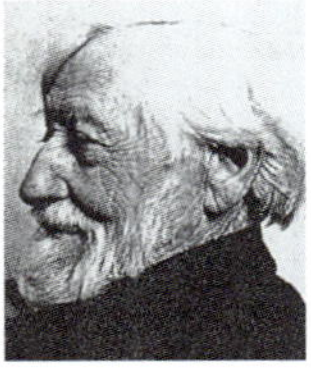

▼ Carta da parati prodotta da Jeffrey & Co. per Century Guild, 1884 ca.

Arthur Heygate Mackmurdo fu praticante presso l'architetto londinese T. Chatfield Clarke (1829–1895) e in seguito lavorò come assistente dell'architetto neogotico James Brooks (1825–1901). Leggendo gli scritti di John Ruskin (1819–1900), Mackmurdo restò così colpito dalle sue idee che si iscrisse alla Scuola di Disegno dove Ruskin insegnava. Nel 1874 lui e Ruskin girarono insieme l'Italia, e al loro ritorno Mackmurdo iniziò a insegnare con il suo mentore al Working Men's College di Londra. Successivamente Mackmurdo aprì uno studio a Londra e due anni dopo conobbe **William Morris**, che suscitò in lui l'interesse per l'artigianato. Da autodidatta apprese l'intaglio su pietra, il ricamo, la lavorazione a sbalzo dell'ottone e l'arte di costruire mobili; nel 1882, insieme a Selwyn Image (1849–1930), Herbert P. Horne (1864–1916), Clement Heaton (1861–1940) e Bernard Creswick, fondò la cooperativa di artisti Century Guild con lo scopo di rendere "tutte le branche dell'arte non più dominio del mercante, bensì dell'artista". Vi aderirono anche i designer **William de Morgan** e George Heywood Sumner (1853–1940). A partire dall'aprile del 1884 la Century Guild pubblicò trimestralmente la rivista *The Hobby Horse*, della quale Mackmurdo curò il primo numero. Con l'ampia cerchia di amici come Ford Madox Brown (1821–1893), James Abbott McNeill Whistler (1834–1903) e Frank Brangwyn (1867–1956), Mackmurdo gettò un ponte tra la generazione riformista di Ruskin e Morris e la più giovane generazione degli esteti. Nel 1883 pubblicò *Wren's City Churches*, il cui frontespizio mostrava evidente l'influenza giapponese. Dopo aver collaborato con **Walter Crane** alla fondazione della National Association for the Advancement of Art nel 1888, Mackmurdo si concentrò sulle sue teorie di riforma sociale, esposte nei libri *The Human Hive* (1926) e *A People's Charter* (1933).

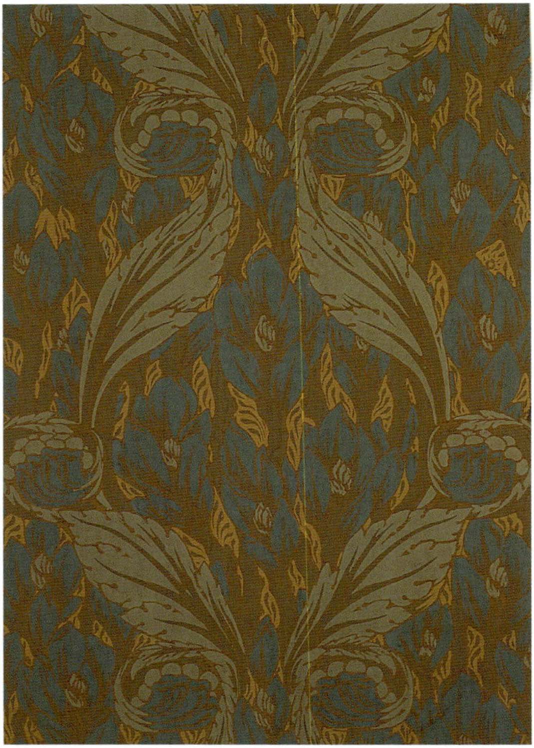

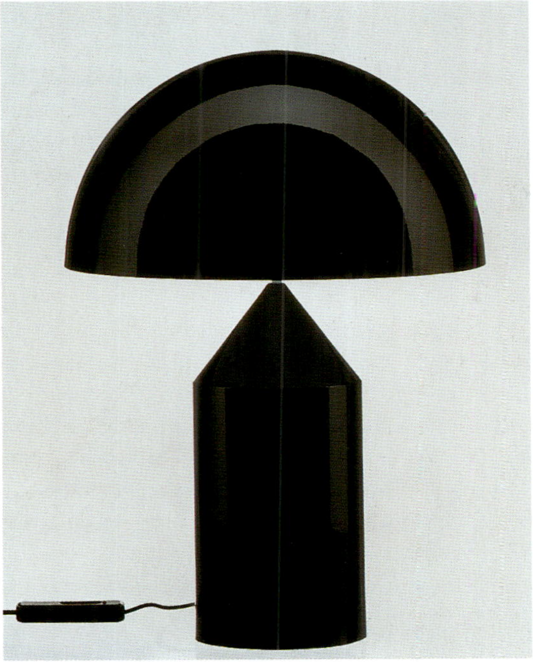

◂ Lampada da tavolo *Atollo* per O-Luce, 1977

Vico Magistretti

1920 *Milano*

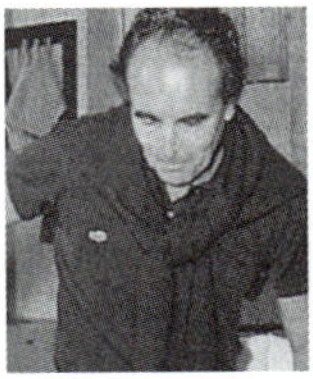

Vico Magistretti studiò allo Champ Universitaire Italien de Lausanne, dove frequentò un corso di architettura e urbanistica tenuto da Ernesto Rogers (1909–1969). Deciso sostenitore del Modernismo, Rogers esercitò una notevole influenza sulla più giovane generazione di designer italiani, Magistretti incluso. Tornato a Milano nel 1945 per laurearsi in architettura, un anno dopo Magistretti progettò una libreria in tubolare metallico e una semplice sedia a sdraio per la mostra della RIMA (Riunione Italiana per le Mostre di Arredamento). I suoi tavoli sovrapponibili e una libreria altamente razionale a forma di scala vennero esposti, insieme a opere di **Marco Zanuso**, **Franco Albini**, Ignazio Gardella (1905) e dei fratelli **Castiglioni**, in una mostra organizzata da Fede Cheti (1905–1978) nel 1949. Negli anni '50 Magistretti si dedicò prevalentemente all'architettura: il suo palazzo per uffici in Corso Europa a Milano ne dimostrò le credenziali di **avant-garde**, mentre il progetto per Villa Arosio, presentato al congresso CIAM (Congrès Internationaux d'Architecture Moderne) del 1959, generò grandi polemiche per il tentativo di Magistretti di umanizzare il Modernismo incorporandovi elementi Neo-Liberty. Un analogo approccio temperato si osservò nella sede del Carimate Golf Club (1959); per questo progetto Magistretti rielaborò, in

▸ Lampada da tavolo *Telegono* per Artemide, 1968

chiave moderna, una sedia tradizionale con piano in giunchi, ponendosi in antitesi con l'estetica industriale dell'**International Style**. Nel 1962 Cesare Cassina, che aveva conosciuto Magistretti nel 1960, iniziò a fabbricare in serie la sedia *Carimate*. Negli anni '60 Magistretti creò mobili in plastica; il suo primo successo furono i tavoli *Demetrio* del 1966, che combinavano innovazione tecnica e purezza di forme. Molti dei suoi progetti successivi, come la lampada da tavolo *Eclisse* (1965), la lampada *Chimera* (1966), il tavolo *Stadio*, la sedia a blocco unico *Selene* (1969) e le poltrone *Gaudi* e *Vicario* (1970), esaltano i nobili attributi della plastica nella raffinata costruzione e nelle forme ingegnose. Ai più noti design di Magistretti appartengono il divano *Maralunga* con poggiatesta regolabile (1973), la libreria *Nuvola Rossa* (1977), la lampada di metallo laccata *Atollo* (1977), la sedia e il divano *Sindbar* con tappezzeria simile a una coperta (1981), la sedia e il divano regolabili *Veranda* (1983) e la sedia multiuso in polipropilene e tubo d'alluminio *Silver* (1989). Designer industriale tra i più famosi del XX secolo, Magistretti ha ricevuto numerosi premi tra cui una medaglia d'oro e un Grand Prix a varie edizioni della Triennale di Milano, due **Compassi d'Oro** e una medaglia d'oro SIAD (Society of Industrial Artists and Designers). Ha insegnato alla Domus Academy di Milano e nel 1983 è stato nominato membro onorario del **Royal College of Art di Londra** dove è visiting professor. Nel corso della sua carriera, indipendentemente dall'impiego di materiali tradizionali o moderni, Magistretti ha armoniosamente conciliato ingegnosità tecnica ed eleganza scultorea creando oggetti fuori dal tempo e di grande coerenza. Così come design e styling sono per lui complementari, allo stesso modo ritiene che utilità e bellezza siano entrambe essenziali per ottenere un prodotto di qualità. Nella sua carriera Magistretti ha sempre cercato con coerenza soluzioni di design contrarie alla cultura dell'usa e getta.

▾ Sedie *Selene* per Artemide, 1969

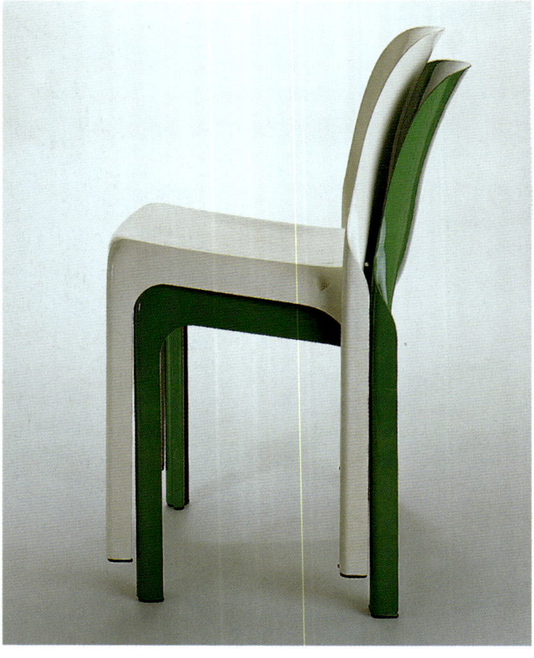

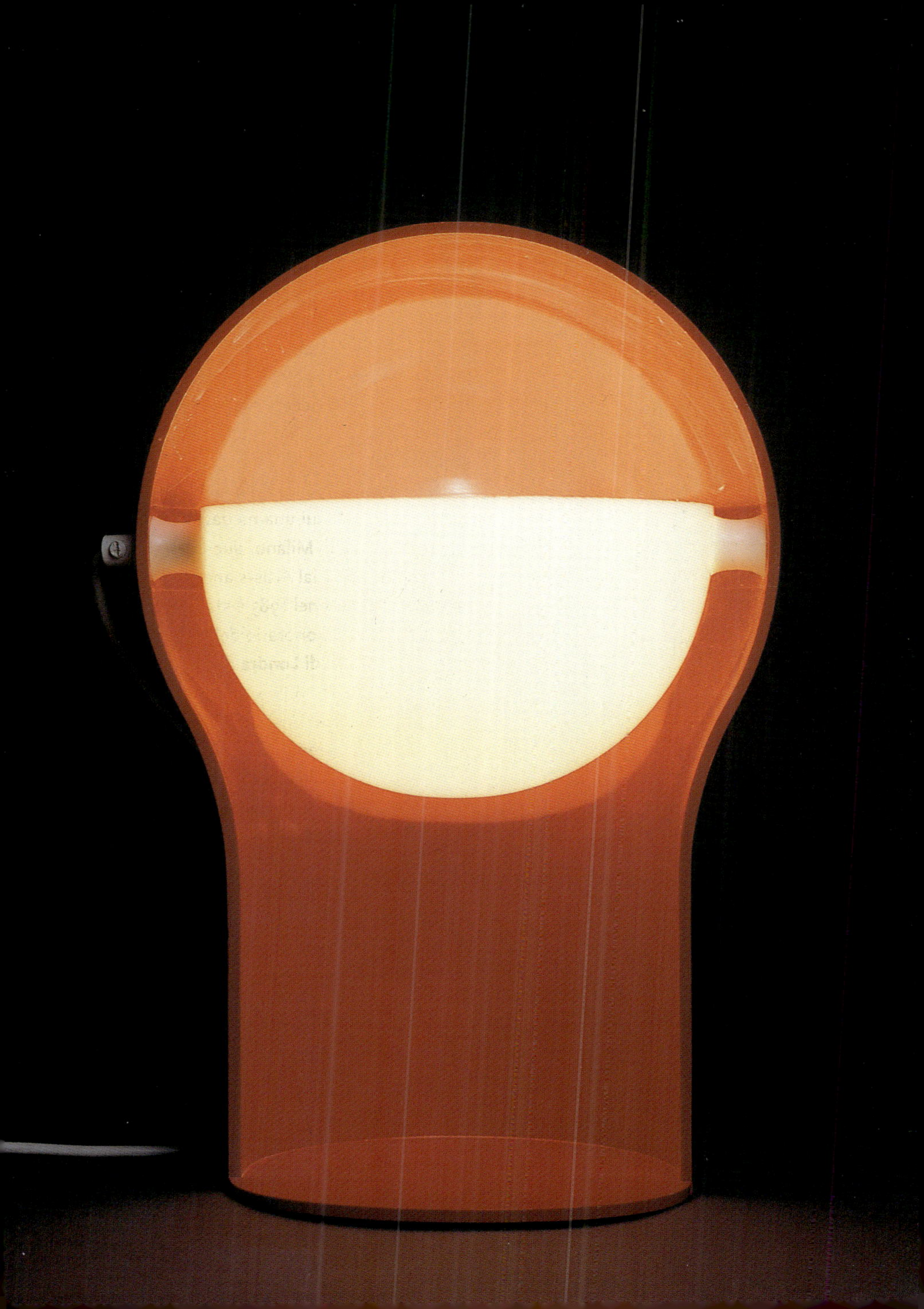

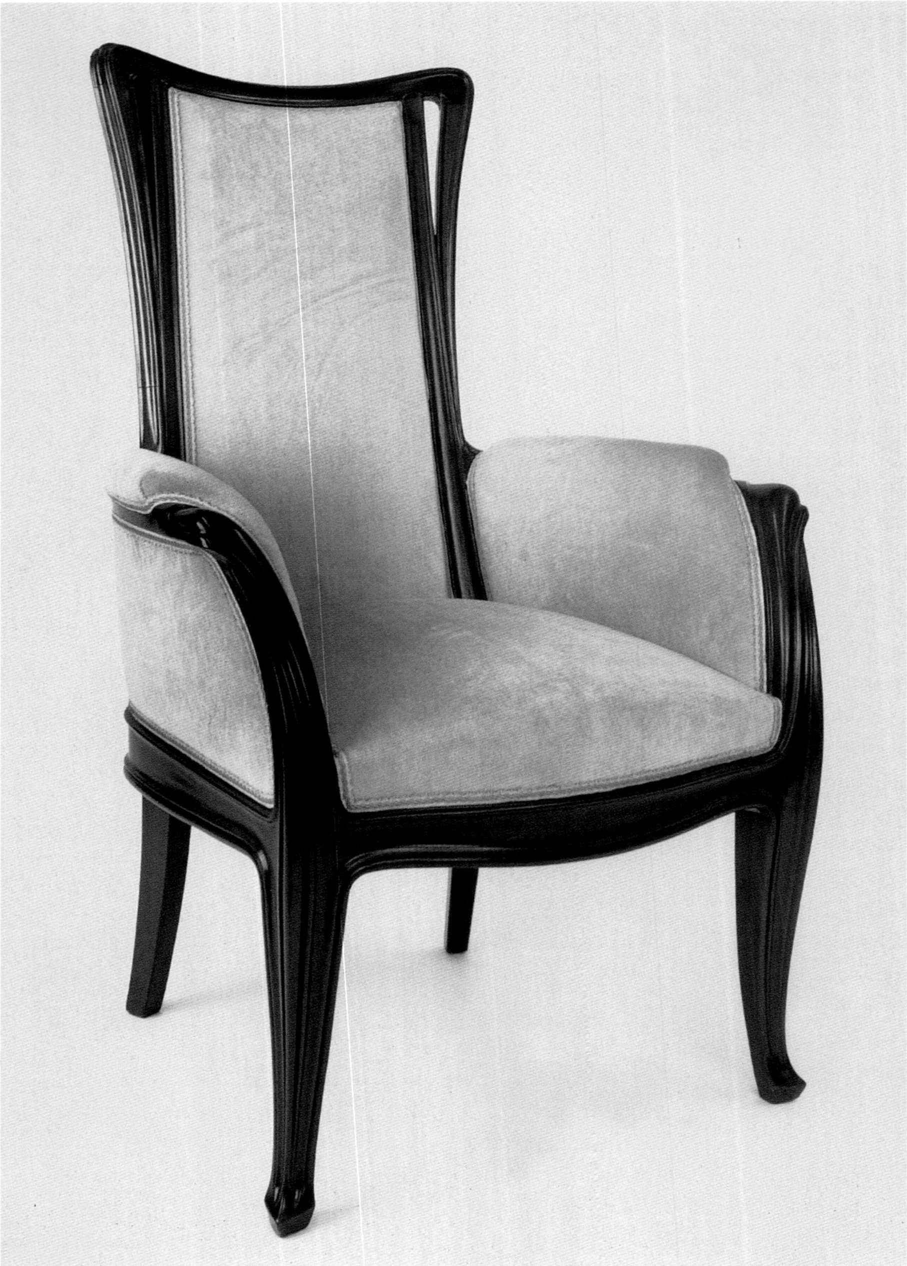

Louis Majorelle studiò pittura a Nancy e in seguito all'École des Beaux Arts di Parigi dal 1877 al 1879. Nel 1879, alla morte del padre Auguste, rilevò la gestione dell'azienda di ceramiche e mobili di famiglia a Nancy, fondata nel 1860. Inizialmente produsse mobili in stile rococò, ma dal 1890 circa fu sempre più influenzato dal naturalismo dell'opera di **Émile Gallé** e iniziò a produrre design in stile **Art Nouveau**: la stanza presentata all'"Exposition Universelle et Internationale de Paris" del 1900, ad esempio, aveva per tema la ninfea. Sul piano strutturale i suoi mobili, pur impiegando una decorazione a intarsio simile, erano più originali rispetto a quelli di Gallé. Dal 1900 Majorelle elaborò anche piedistalli in metallo e montature per gli articoli in vetro e i paralumi di Auguste Daum, mentre la **Daum Frères** produceva a sua volta elementi in vetro per le creazioni di Majorelle. Nel 1901 fu nominato vicepresidente della nuova **École de Nancy** ed espose i suoi elaborati mobili e le lampade in bronzo dorato alla mostra organizzata dalla scuola a Parigi due anni dopo. Nel 1916 lo stabilimento Majorelle a Nancy fu gravemente danneggiato da un incendio e Louis Majorelle fuggì a Parigi, ma, finita la guerra, tornò a Nancy e riaprì la fabbrica. Negli anni '20 la sua opera divenne più formale e meno decorata, influenzata dal nuovo stile **Art Déco**. Con la collaborazione del direttore dello stabilimento, Alfred Lévy, Majorelle progettò una stanza per il Padiglione di Nancy all'"Exposition Internationale des Arts Décoratifs et Industriels Modernes" del 1925, della cui giuria fu membro. Dopo la morte di Majorelle nel 1926, i laboratori dell'Atelier Majorelle a Nancy restarono sotto la direzione di Lévy, al quale intorno al 1935 si affiancò Paul Beucher. L'azienda aveva sale d'esposizione a Nancy, Parigi e Lione e produceva non solo oggetti di design costosi e sofisticati, ma anche articoli economici e semplici.

Louis Majorelle

1859 *Toul, Francia*
1926 *Nancy, Francia*

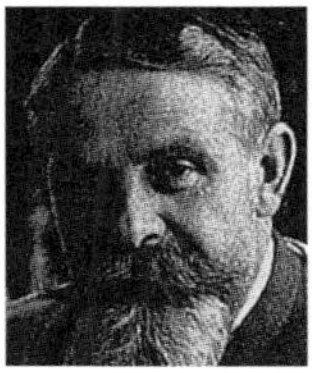

◂ Poltrona, 1900 ca.

▾ Particolare di ringhiera per l'Hôtel Bergeret a Nancy, 1904

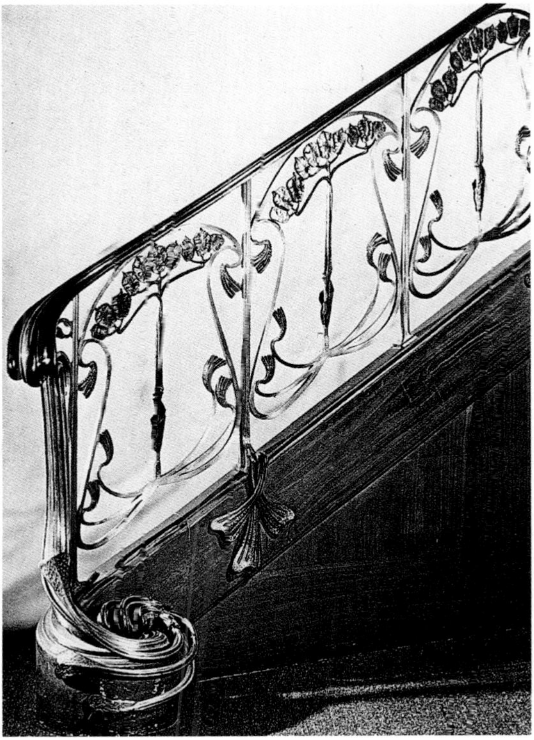

John Makepeace

1939 Solihull/West Midlands

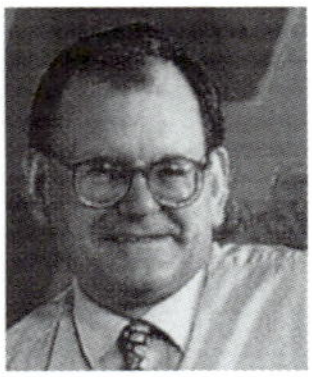

Fin da bambino John Makepeace si appassionò alla lavorazione del legno visitando spesso il laboratorio di ebanisteria di Hugh Burkett, un seguace della tradizione Arts & Crafts. Nel 1957 iniziò un periodo di apprendistato presso l'ebanista Keith Cooper e in seguito aprì un laboratorio suo. Nel 1962 curò una mostra alla Herbert Art Gallery di Coventry, esponendo le opere di una decina di designer-artigiani tra cui Ann Sutton, che sposò due anni dopo. Aprì un laboratorio più spazioso a Farnsborough Barn e nel 1972 partì per l'America e discusse con **Wendell Castle** la possibilità di fondare una scuola di artigianato a New York. Al ritorno Makepeace cercò un edificio adatto per creare un istituto simile in Gran Bretagna; nel 1976 acquistò Parnham House a Beaminster, nel Dorset. Qui stabilì il proprio studio/laboratorio e una scuola per la lavorazione artigianale del legno, il Parnham College. Attraverso la superlativa lavorazione e le insolite costruzioni dei suoi mobili, Makepeace promosse le virtù dell'artigianato, affermandosi come il principale esponente del **Craft Revival** in Gran Bretagna. Nel 1987 fondò la scuola di Hooke Park per studiare ed elaborare l'impiego di risorse ecosostenibili. L'architetto organico tedesco Otto Frei e il tecnico delle costruzioni Edmund Happold, insieme a Richard Burton dello studio di design ABK, fecero da supervisori alla progettazione degli edifici per il centro studi, costruiti con gli alberi tagliati per sfoltire i boschi circostanti. I fusti di piccolo diametro, abbattuti per consentire alle piante selezionate di raggiungere la maturità, sono normalmente utilizzati come legna da ardere o ridotti in pasta di legno nonostante il loro enorme potenziale in architettura e nel design di mobili: grazie all'intuizione di Makepeace, oggi questa risorsa naturale trascurata è riconosciuta come una valida fonte di materie prime per i mobili del futuro.

▼ Sedia *Rhythm* per John Makepeace Furniture Studio, 1992

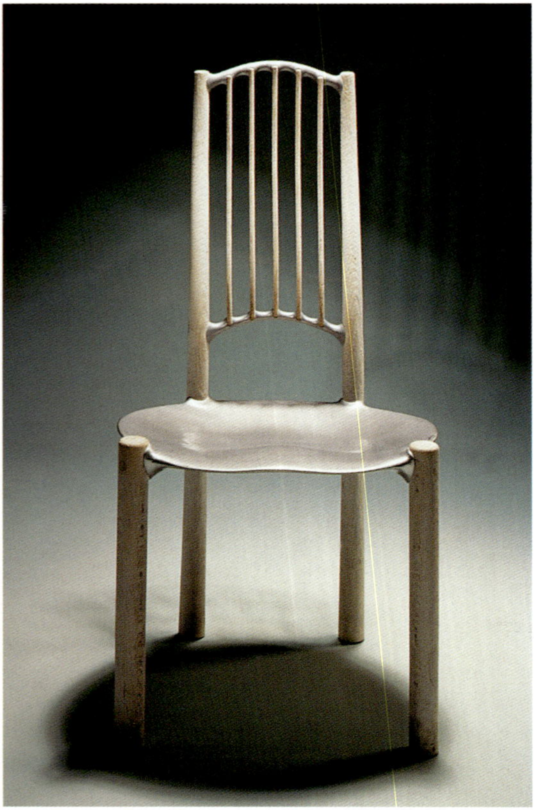

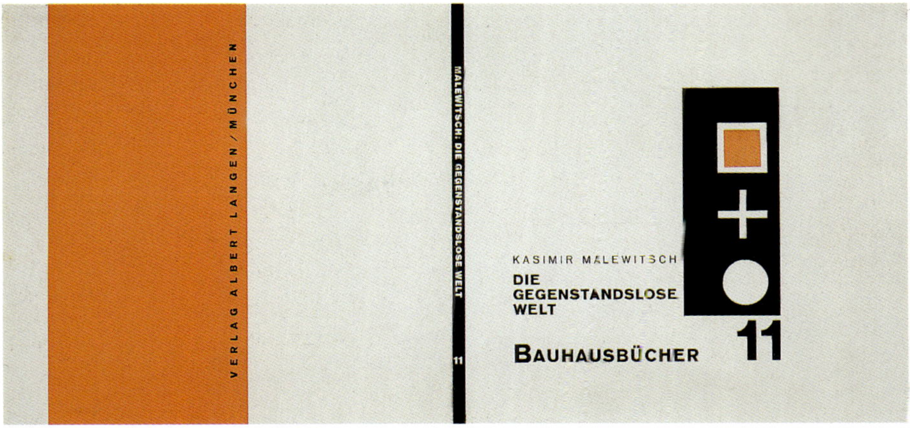

Kasimir Malevich studiò alla Scuola di disegno di Kiev e all'Istituto di pittura, scultura e architettura di Mosca. Inizialmente influenzato da Neo-Primitivismo, Cubismo e **Futurismo**, nel 1913 partecipò alla conferenza futurista tenuta a Uusikirkko (Finlandia) e tra il 1913 e il 1915 sviluppò la sua forma iperortodossa di Cubismo, il Suprematismo. Il suo manifesto *Dal Cubismo e Futurismo al Suprematismo: il nuovo realismo pittorico*, pubblicato nel 1915, enunciava "la supremazia dell'emozione pura" ottenuta collocando elementi geometrici su campo bianco o "vuoto" ed eliminando la rappresentazione oggettiva. Nel 1918 Malevich diventò membro dell'Izo NKP (il dipartimento di belle arti di Narkompros) e scrisse l'articolo *Nuovi sistemi nell'arte*. Quello stesso anno succedette a Marc Chagall (1887–1985) quale direttore della scuola d'arte di Vitebsk e nel 1919 fondò il gruppo Posnovis, successivamente denominato Unovis (Utverditeli novogo iskussetvo = sostenitori della nuova arte). Il gruppo, che annoverava tra i suoi membri **Nikolai Suetin**, **El Lissitzky** e Ilia Chashnik, fu attivo fino al 1923. Negli anni '20 Malevich progettò opere architettoniche e grafiche, abbigliamento, tessuti e ceramiche. Nel 1922 si trasferì a Pietrogrado con alcuni suoi studenti, fondando una sede distaccata dell'Inkhuk (Istituto di cultura artistica). Nel 1927 visitò il **Bauhaus** a Dessau, che in seguito pubblicò il suo libro *Il mondo non oggettivo*. Sebbene sia ricordato più come autore del quadro astratto per eccellenza – un quadrato bianco su fondo bianco (1918 ca.) –, la sua attività di promozione della purificazione estetica influì notevolmente sull'adozione della pura astrazione geometrica da parte del Bauhaus e di conseguenza sullo sviluppo del **Modern Movement**.

Kasimir Malevich

1878 *Kiev*
1955 *Leningrado*

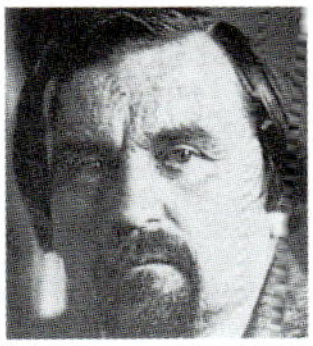

▲ **László Moholy-Nagy**, copertina per il libro di Kasimir Malevich *Die Gegenstandslose Welt* – Bauhausbücher 11, 1927

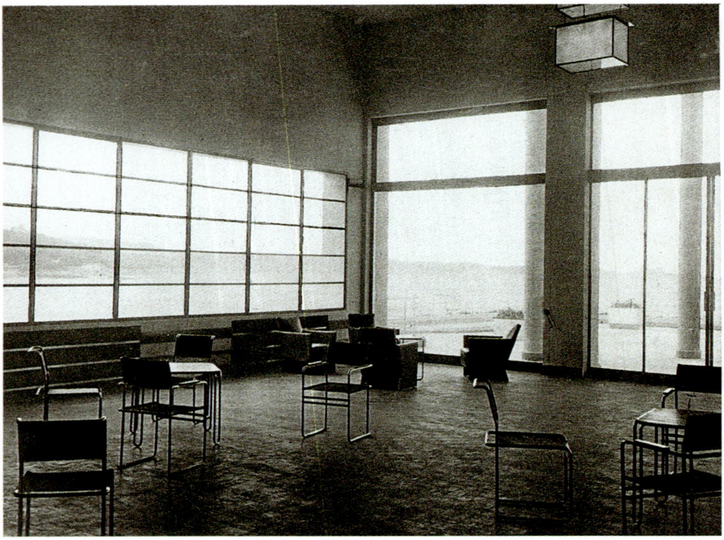

◂ Interno di un circolo a Saint Jean de Luz, 1930 (mobili di Marcel Breuer)

Robert Mallet-Stevens

1886 *Parigi*
1945 *Parigi*

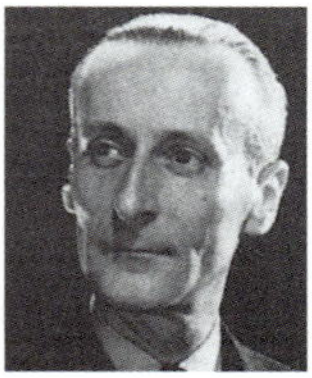

Figlio di uno storico dell'arte, Robert Mallet-Stevens studiò all'École Spéciale d'Architecture di Parigi dal 1903 al 1906. Fu notevolmente influenzato dal Cubismo e dalle opere lineari di **Charles Rennie Mackintosh** e **Josef Hoffmann**, che avevano progettato il Palais Stoclet a Bruxelles per suo zio. Tra il 1911 e il 1912 scrisse una serie di articoli apparsi sulle riviste *Le Home*, *Tekhné*, *L'Art Ménager* e *Lux*. Dal 1912 espose la sua opera ai Salons d'Automne, e nel 1913 riscosse grande successo con il progetto del colorato "Salon de Musique": questa sala, dalle linee geometriche e dai mobili razionali, introdusse il Modernismo nel design d'interni francese, fino ad allora dominato dal tradizionale stile *décorateur*. Le sue opere, funzionali e prive di decorazione, come lo showroom dell'Alfa Romeo a Parigi (1925) e la villa del visconte de Noailles a Hyères (1923–1924), esercitarono grande influenza sul design dell'**avant-garde** francese negli anni '20 e '30. Nel 1922 Mallet-Stevens pubblicò una selezione di opere architettoniche intitolata *Une Cité Moderne*, con prefazione di Frantz Jourdain (1847–1935). Dal 1923 collaborò alla rivista *L'Architecture Moderne*, insieme a **Theo van Doesburg** e **Ludwig Mies van der Rohe**. Disegnò numerosi set per film d'avanguardia, oggetti in metallo per **Desny** e interessanti edifici con mobili incorporati realizzati prevalentemente in tubolare metallico. Nel 1930, con **Charlotte Perriand**, **Jean Puiforcat**, **Pierre Chareau** e **Eileen Gray**, Mallet-Stevens fondò la UAM (Union des Artistes Modernes), di cui fu il primo presidente.

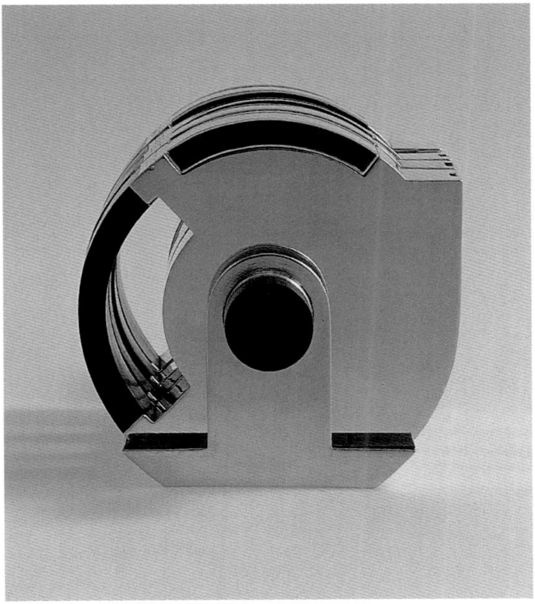

◄▼ Servizio da tè e caffè per Desny, 1930 ca.

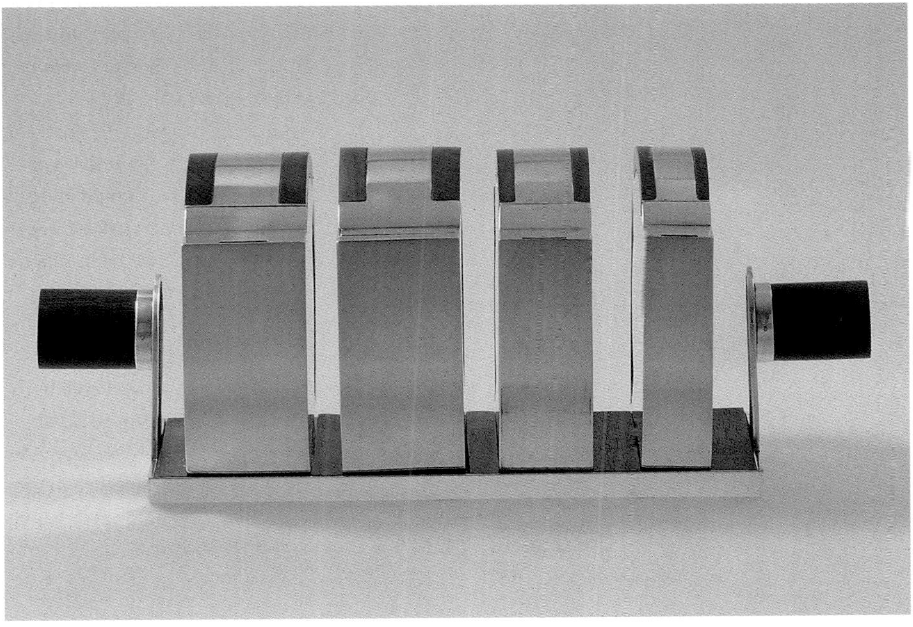

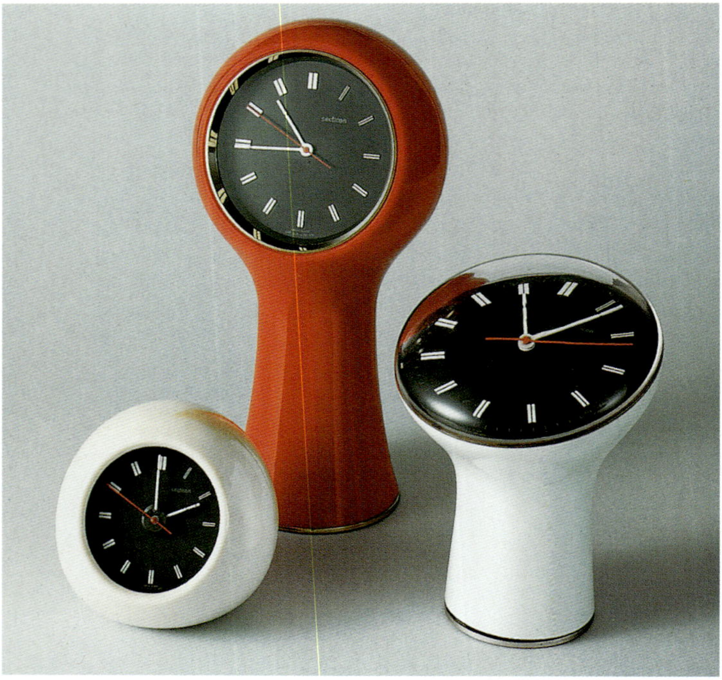

◂ Orologi *Section* per Le Porte-Échappement Universel, 1960

Angelo Mangiarotti
1921 *Milano*

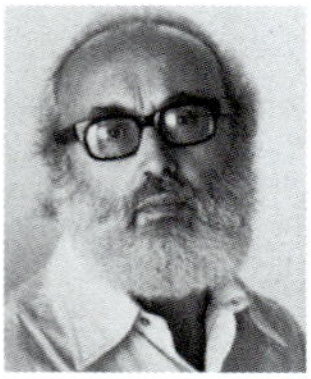

Angelo Mangiarotti studiò al Politecnico di Milano fino al 1948. In seguito aprì uno studio di design nell'Ohio e diventò visiting professor all'Institute of Design di Chicago. Nel 1955 tornò in Italia e lavorò come consulente insieme a Bruno Morassutti (1920) fino al 1960, producendo scaffali a unità sovrapponibili, tavoli, un distributore automatico di gomme da masticare (1958) e il noto orologio *Section* (1960). Nel 1960 Mangiarotti diventò membro dell'ADI (Associazione per il Disegno Industriale) e da allora in poi lavorò indipendentemente come architetto, industrial designer e urbanista, sperimentando le costruzioni prefabbricate e il cemento armato dell'**International Style**. I suoi design, funzionali e al tempo stesso scultorei, come la sedia *IN* (1969) a blocco unico autosfoderabile in poliuretano per Zanotta e i vasi di vetro e le ciotole in marmo (1969 e anni '70) per **Knoll**, presentano raffinate rifiniture e un trattamento magistrale dei materiali. Mangiarotti ha anche collaborato con il designer giapponese Matomi Kawakami (1940) e ha insegnato in vari istituti, tra cui la University of Hawaii nel 1970 e la facoltà di architettura delle Università di Palermo e Firenze dal 1982 al 1984.

Scultore autodidatta, dal 1908 al 1912 Gerhard Marcks lavorò nello studio dello scultore Richard Scheibe a Berlino. Nel 1914 creò alcuni rilievi per l'ingresso della fabbrica progettata da **Walter Gropius** in occasione della "Deutsche Werkbund-Ausstellung" di Colonia e nel 1918 diventò membro dell'associazione di artisti radicali Novembergruppe, fondata a Berlino quello stesso anno. Dopo il servizio militare, Marcks insegnò alla Kunstgewerbeschule (scuola di arti applicate) di Berlino per un anno; successivamente entrò nell'Arbeitsrat für Kunst (consiglio di lavoro per l'arte) a Berlino e cominciò a insegnare al **Bauhaus** di Weimar. Nel 1920 Gropius lo nominò "Formmeister" (direttore artistico) del laboratorio di ceramiche del Bauhaus appena aperto a Dornburg, a circa trenta chilometri da Weimar. Marcks mantenne il suo posto di insegnante fino al 1924; le sue ceramiche del periodo erano relativamente ornamentali. Nel 1925 divenne direttore del laboratorio di scultura della Kunstgewerbeschule Halle/Burg Giebichenstein e nel 1928 fu nominato direttore della scuola, incarico che ricoprì fino al 1933. La sua opera acquisì una dimensione sempre più razionale per adattarsi alle esigenze della produzione industriale, come nel caso della caffettiera *Sintrax* per Jenaer Glaswerke Schott & Gen., concepita per la produzione in serie. Nel 1933 fu licenziato dal posto a Halle dai nazisti e in seguito si trasferì a Niehagen; dal 1937 cercò di lavorare come artista freelance a Berlino, ma venne escluso dalle mostre. La persecuzione di Marcks culminò nel 1943 con la distruzione del suo studio nella Berlin-Nikolassee. Dopo la seconda guerra mondiale insegnò scultura alla Landeskunstschule di Amburgo per quattro anni, quindi nel 1950 si trasferì a Colonia dove lavorò come artista indipendente. Nel 1971 a Brema nacque la Fondazione Gerhard Marcks, e nel 1987 Brema, Colonia e Berlino ospitarono una retrospettiva della sua opera.

Gerhard Marcks

1889 *Berlino*
1981 *Burgbrohl, Germania*

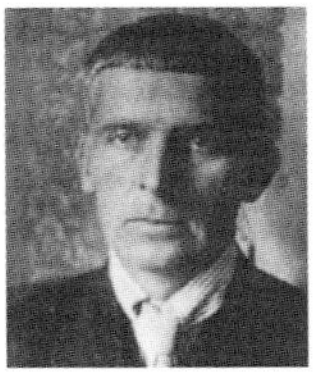

▼ Caffettiera *Sintrax* per Jenaer Glaswerke Schott & Gen., 1925 ca.

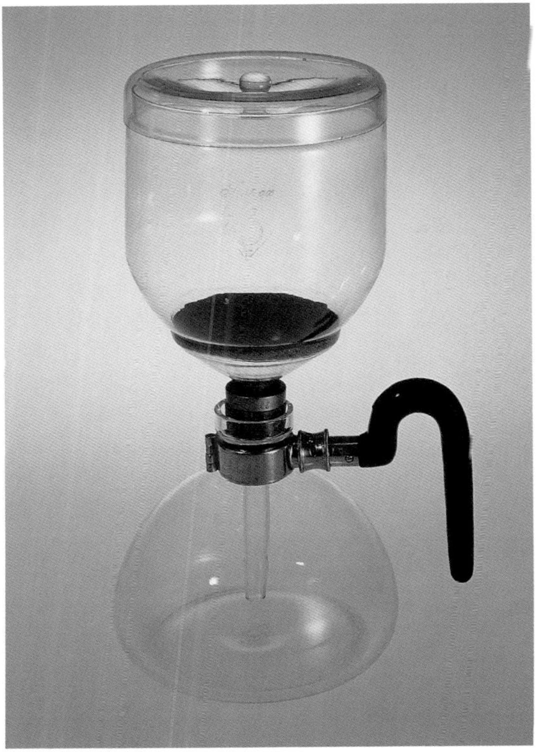

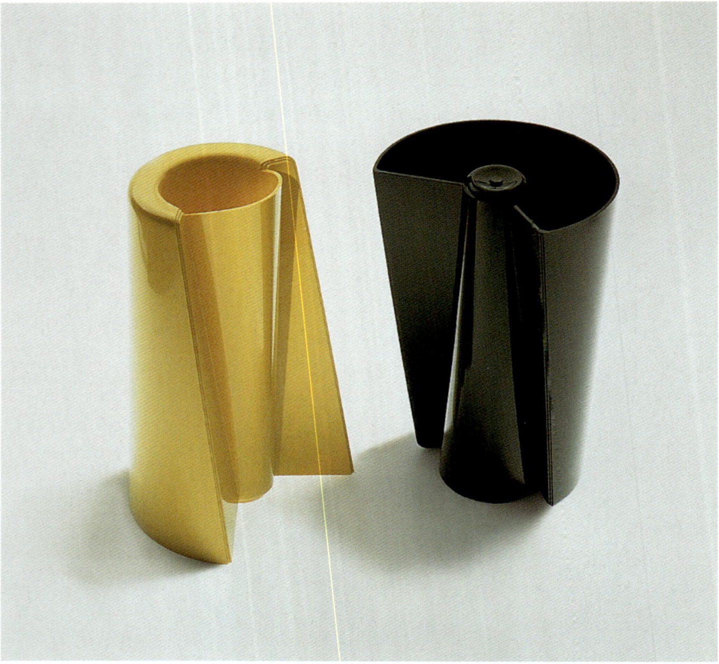

◂ Vasi *Pago-Pago* per Danese, 1969

Enzo Mari

1932 *Novara*

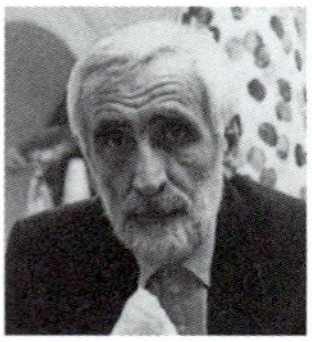

Enzo Mari studiò all'Accademia di Belle Arti di Brera a Milano dal 1952 al 1956. Nel 1957 iniziò a lavorare per Danese; uno dei suoi primi design per l'azienda fu un giocattolo educativo, un puzzle per bambini costituito da una serie di animali in legno sovrapponibili (1957). Nel 1959 iniziò a sperimentare con le plastiche; le sue ricerche si concretizzarono in una serie di prodotti di alta qualità, fabbricati da Danese, tra cui un portaombrelli cilindrico in PVC (1962) e il vaso *Pago-Pago* (1969) in ABS. Sempre Danese ha prodotto la sua scultorea ciotola in marmo *Faros* (1964), i sistemi modulari per strutture espositive (1965) e i vasi in plastica *Tortiglione* (1969). Nel 1963 Mari entrò nel movimento radicale Nuove Tendenze e cominciò a insegnare alla Scuola Umanitaria a Milano; pubblicò le sue teorie radicali in *Funzione della ricerca estetica*. Nel 1974 espose la sua "Proposta per un'autoprogettazione", una serie di mobili in "tecnica povera". Enzo Mari ha collaborato anche con Elio Mari e ha lavorato per ICF, Zanotta, Castelli, Artemide e **Olivetti**. Eminente teorico del design, è stato presidente dell'ADI (Associazione per il Disegno Industriale) dal 1976 al 1979 e ha insegnato a Milano, Roma, Parma e Carrara.

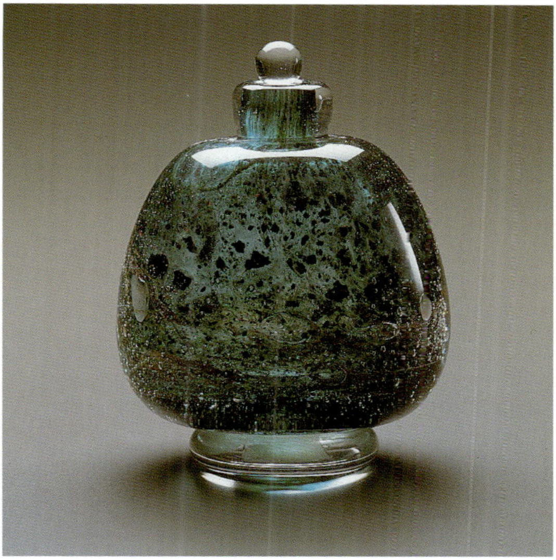

▸ Bottiglia con tappo, 1929

Maurice Marinot

1882 *Troyes, Francia*
1960 *Troyes*

Maurice Marinot studiò dal 1889 all'École des Beaux-Arts di Parigi dove ebbe come insegnante Fernand-Anne Piestre, con il quale si scontrò a causa del suo approccio non ortodosso all'arte. Nel 1905 Marinot espose i suoi dipinti al Salon d'Automne, insieme a membri del gruppo fauve tra i quali Henri Matisse (1869–1954) e André Derain (1880–1954). Tornato nella città natale di Troyes, continuò tuttavia a esporre la sua opera annualmente al Salon d'Automne e al Salon des Indépendants fino al 1913. Nel 1911 Marinot visitò la vetreria di Eugène e Gabriel Viard a Bar-sur-Seine e rimase talmente affascinato dal processo di fabbricazione del vetro che dichiarò di sentire "un violento desiderio di provare questo nuovo gioco". Successivamente creò oggetti in vetro con decorazioni smaltate fauviste e nel 1913 tenne la sua prima grande mostra. Quando Marinot si rese conto che lo smalto mascherava l'intrinseca bellezza delle sue creazioni, bandì la decorazione di superficie preferendo ricorrere a tecniche insolite come l'interposizione di strati di ossidi di metallo tra fogli di vetro trasparente. Sperimentò anche l'impiego del "malfin", vetro colato in maniera imperfetta per indurre la formazione di bolle. I suoi robusti vasi in vetro, talvolta incisi, furono esposti a New York e all'"Exposition Internationale des Arts Décoratifs" di Parigi del 1925. Dopo la chiusura della vetreria Viard nel 1937, Marinot tornò a dedicarsi alla pittura. Purtroppo molti dei suoi vasi andarono distrutti nei bombardamenti del 1944.

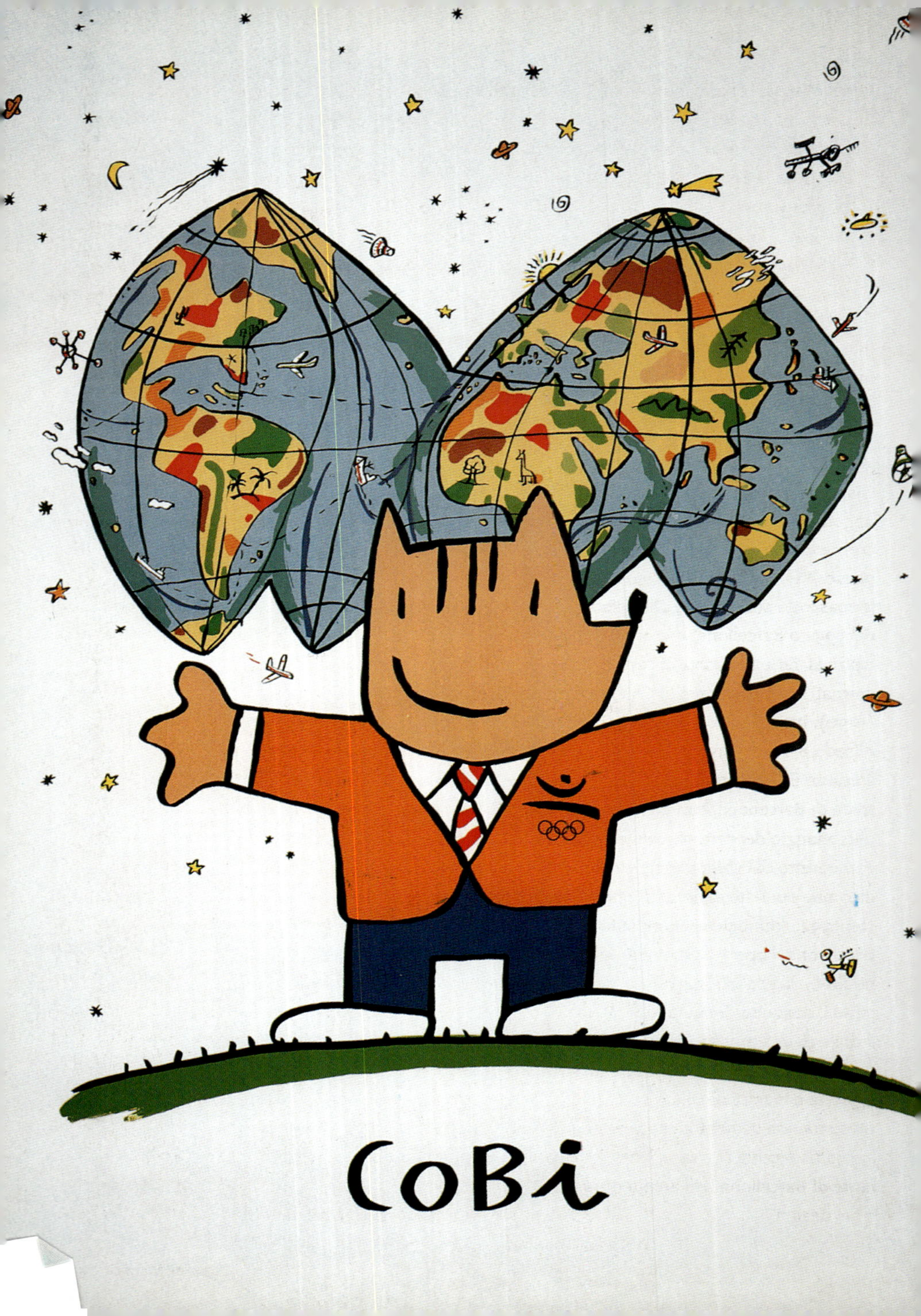
CoBi

Javier Mariscal

1950 *Valencia, Spagna*

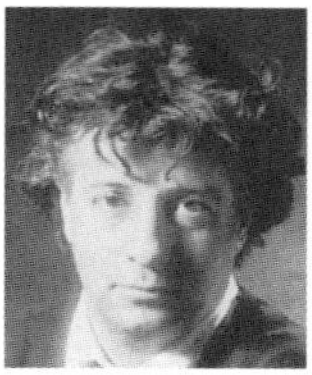

Javier Mariscal studiò filosofia all'Università di Valencia e grafica alla Scuola Elisava di Barcellona fino al 1971. Tre anni dopo, con un gruppo di amici, intraprese la pubblicazione del primo giornale umoristico underground spagnolo, *El Rollo Enmascarado*. Nella sua prima mostra, tenuta a Barcellona nel 1977, presentò disegni, pitture su vetro, sculture e video. Nel 1979 Mariscal creò il logo "BAR-CEL-ONA" e nel 1980, con l'assistenza tecnica di Pepe Cortés (1945), produsse il suo primo mobile, lo sgabello da bar *Duplex*. L'anno successivo alcuni prototipi dei suoi stravaganti mobili post-moderni vennero esposti a una mostra intitolata "Muebles Amorales" a Barcellona. Invitato da **Ettore Sottsass** a partecipare alla mostra "**Memphis**, an International Style" nel 1981 a Milano, Mariscal espose con Memphis diversi suoi design – tra cui il carrello da tè inclinato all'indietro *Hilton* (1981) – ispirati al principio "la forma segue il divertimento". Creò anche ceramiche per Viçon di Barcellona (1985) e Axis di Parigi (1986), e tessuti per Seibu in Giappone (1986–1987). L'umorismo, i colori audaci e l'esuberanza di questi oggetti riflettevano la vitalità e l'ottimismo della Spagna post-franchista e la crescente prosperità economica del paese. Nel 1988 Mariscal creò *Cobi*, la mascotte scelta per le Olimpiadi del 1992 a Barcellona, che in seguito ispirò la serie televisiva di cartoni animati "La compagnia di Cobi" (1990). Insieme al compatriota Alfredo Arribas (1954), progettò il ristorante El Gambrinus sul lungomare di Barcellona, con un enorme personaggio dei cartoni, simile a un gamberetto dal ghigno malefico, che incombe sul tetto a forma di onda. Nel 1992, l'anno delle Olimpiadi di Barcellona, l'opera di Mariscal, già celebre a livello internazionale, costituì il soggetto di due pubblicazioni e di una mostra itinerante giapponese. Sebbene Mariscal rifiuti la storia e la tradizione, la sua opera presenta una distinta identità catalana e rispecchia la natura esuberante di Barcellona nell'architettura e nel design.

◂ Poster ufficiale per la XXV edizione dei giochi olimpici a Barcellona, 1992 (la mascotte Cobi)

▾ Sedia *Garriri*, 1988

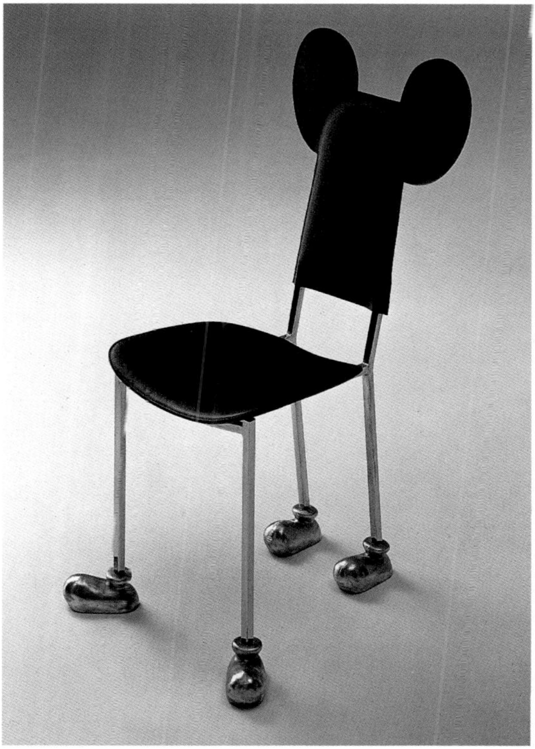

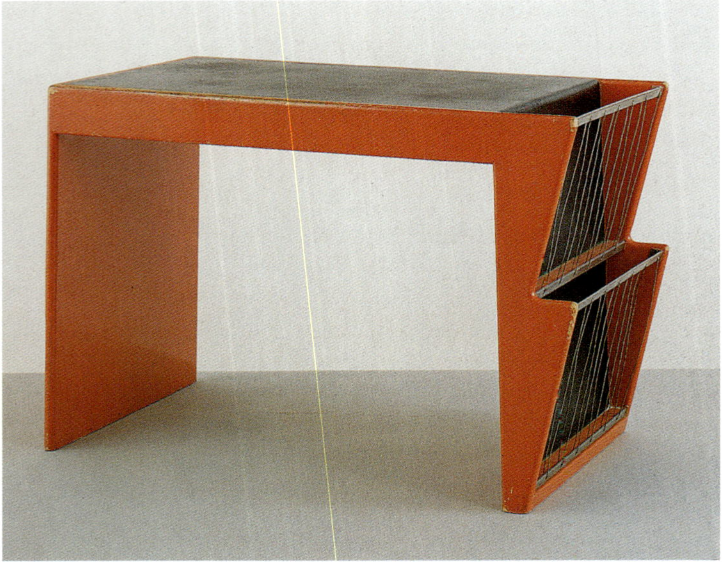

◂ Scrivania per Nordiska, 1930

▸ Tessuto *Pythagoras* per Nordiska, 1952

Sven Markelius

1889 *Stoccolma*
1972 *Stoccolma*

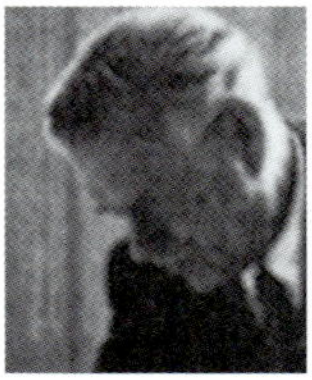

Sven Markelius studiò alla Kungliga Tekniska Högskolan (Istituto reale di tecnologia) di Stoccolma e alla Kungliga Akademien för de fria Konstrena (Accademia reale d'arte), conseguendo la laurea nel 1915. In seguito fu praticante presso lo studio di architettura di Ragnar Östberg, dove collaborò alla progettazione della facciata del municipio di Stoccolma. Inizialmente la sua architettura si ispirò al Romanticismo e in seguito al Neoclassicismo, ma dopo aver conosciuto le opere di **Le Corbusier** e le idee del **Bauhaus**, Markelius iniziò ad abbracciare il Modernismo. Per la mostra di Stoccolma del 1930 progettò interi edifici e un interno arredato con la sua scrivania fabbricata da Nordiska Kompaniet. Nel 1932 progettò la sala da concerto di Hälsingborg corredata di sedie impilabili, moderne e funzionali. Progettò anche il padiglione svedese per la Fiera mondiale di New York del 1939 che lo pose sotto i riflettori internazionali. Dopo la seconda guerra mondiale Markelius fu eletto nella commissione edilizia delle Nazioni Unite e fu membro delle commissioni di arte ed edilizia dell'UNESCO. Dal 1944 al 1954 diresse l'ufficio di urbanistica di Stoccolma ed elaborò un progetto per espandere la città che prevedeva comunità suburbane definite "sezioni della città". Negli anni '50, insieme ad Astrid Sampe (1909), Markelius creò una serie di tessuti stampati per Nordiska, commercializzati da **Knoll**.

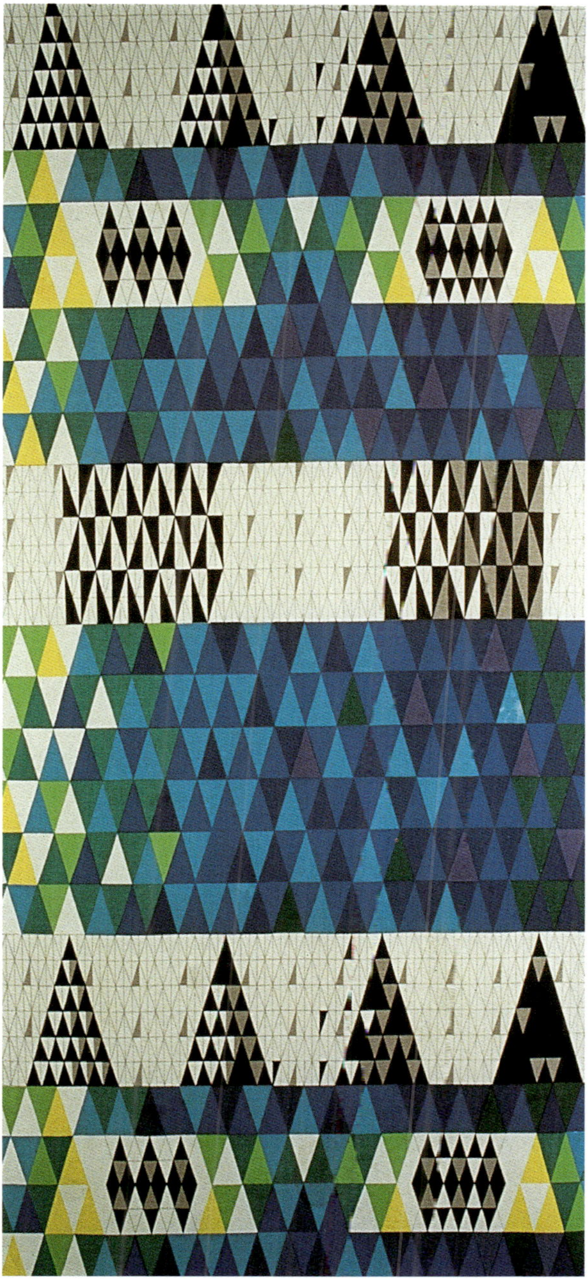

▸ Vaso *Modello n. 5358* per Aureliano Toso, 1954

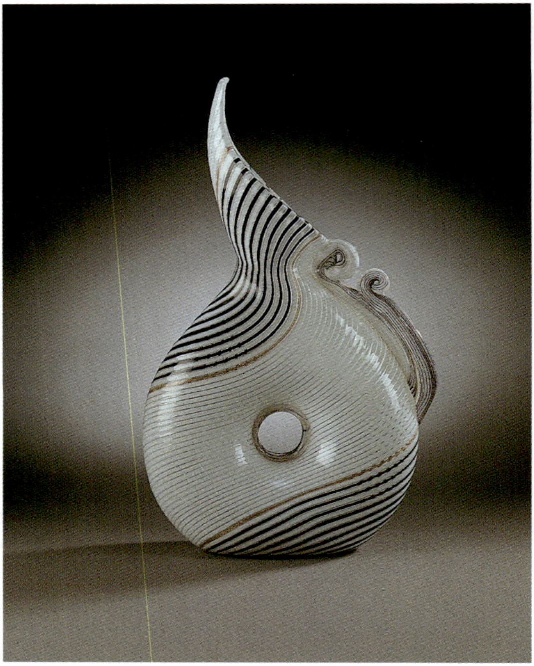

Dino Martens

1894 *Venezia*
1970 *Venezia*

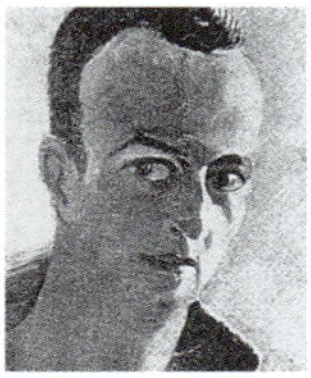

Dino Martens studiò pittura all'Accademia di Belle Arti di Venezia. Dal 1925 al 1935 lavorò come pittore a Murano, dove produsse oggetti per diverse vetrerie tra cui SALIR, Salviati & C. e la Cooperativa Mosaicisti Veneziani. Espose i suoi dipinti alle Biennali di Venezia dal 1924 al 1930, e dal 1932 presentò le sue creazioni in vetro. Nel 1939 diventò direttore artistico della Aureliano Toso e in seguito creò la nota linea *Oriente*, comprendente un vivace patchwork di pezzi multicolori. Per Aureliano Toso Martens disegnò anche la linea *Zanfirico*, basata su forme asimmetriche e tondini ritorti di vetro colorato innestati su corpi di vetro chiaro. Entrambe le linee furono ampiamente copiate negli anni '50 e influenzarono notevolmente i vetri americani posteriori. Le sue creazioni, esposte alla IX edizione della Triennale di Milano nel 1951, furono successivamente incluse nelle mostre organizzate al Kunstgewerbemuseum di Zurigo nel 1954 e al Corning Museum of Glass di New York nel 1959, oltre che a Verona nel 1960 e a Venezia nel 1981 e 1982. I bellissimi ed espressivi vasi di Martens sono ricercati oggetti da collezione e rappresentano un eccelso esempio dell'approccio sperimentale adottato dalle vetrerie di Murano negli anni '50.

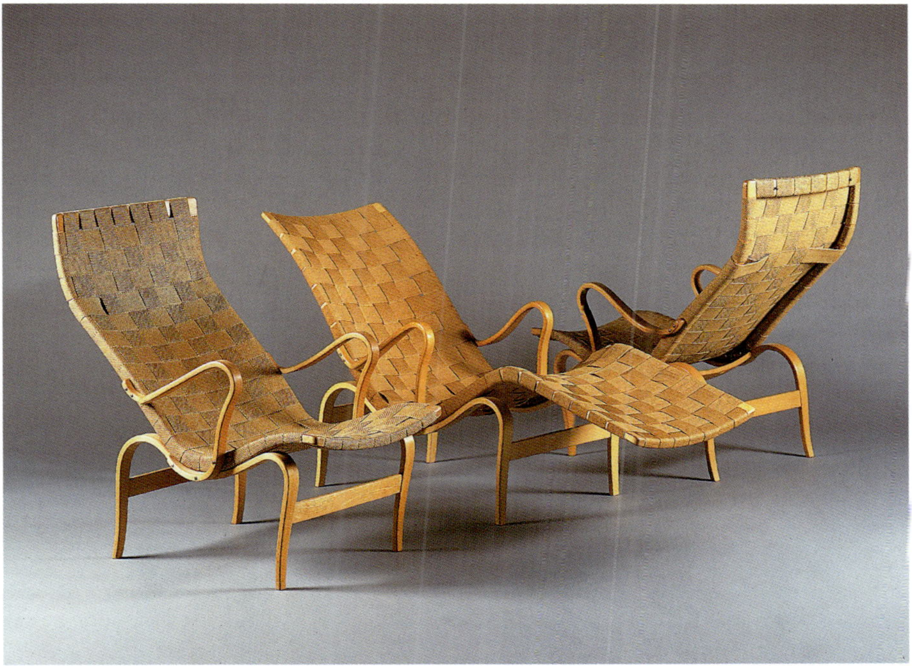

La formazione professionale di Bruno Mathsson iniziò nel laboratorio di ebanisteria del padre Karl; dal 1933 disegnò mobili prevalentemente per l'azienda di famiglia. La sedia *Eva* (1934), un chiaro esempio di design organico, e la chaise-longue *Pernilla* (1934 ca.), con la loro struttura curva in laminato ligneo e gli elementi in canapa e faggio massiccio, erano meno funzionali ma più ergonomiche delle analoghe creazioni di **Alvar Aalto**, la chaise-longue *modello n. 43* (1936) e la sedia *modello n. 406* (1936–1939). Nel 1936 il Röhsska Art Museum di Göteborg dedicò a Mathsson una mostra e l'anno successivo il designer partecipò all'"Exposition Internationale des Arts et Techniques dans la vie moderne" a Parigi. Dal 1945 al 1957 Mathsson si concentrò essenzialmente sull'architettura, progettando diverse strutture semplici in vetro, legno e calcestruzzo da adibire a residenze estive e aule scolastiche. In seguito assunse la direzione della Karl Mathsson e dal 1958 disegnò mobili in collaborazione con il matematico Piet Hein (1905); tra le loro creazioni, il tavolo *Superellipse* (1964), successivamente fabbricato da Fritz Hansen. Nel 1955 ricevette la medaglia Gregor Paulsson a Stoccolma e i suoi mobili furono esposti a Stoccolma, Oslo, Dresda e New York rispettivamente nel 1963, 1976, 1976 e 1982.

Bruno Mathsson

1907 *Värnamo, Svezia*
1988 *Värnamo*

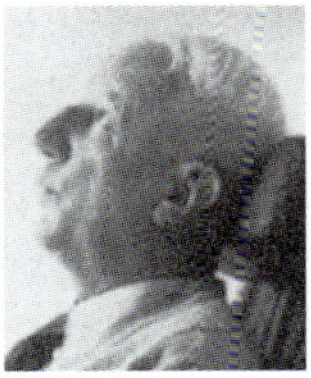

▲ Poltrone e chaise-longue *Pernilla* per Karl Mathsson, 1934 ca.

Herbert Matter

1907 *Engelberg, Svizzera*
1984 *Southampton, New York*

Herbert Matter studiò pittura all'École des Beaux-Arts di Ginevra dal 1925 al 1927, completando la sua istruzione all'Académie de l'Art Moderne di Parigi. Tra il 1929 e il 1932 progettò caratteri tipografici e lavorò come fotografo per la fonderia di caratteri parigina Deberny & Peignot; collaborò anche con **A. M. Cassandre** alla creazione di manifesti e con **Le Corbusier** a mostre ed edifici. Come **Jan Tschichold**, Matter sfruttò la sua conoscenza della fotografia e delle tecniche di stampa industriali per introdurre un metodo di sovrastampa, che non solo conferiva maggiore profondità visiva ai suoi poster, ma creava anche un dinamismo tra immagine fotografica e testo. Grazie all'abbinamento di immagini potenti e di una veste tipografica audace, i poster di Matter, ad esempio quelli ideati per l'Ente turistico svizzero, apparivano estremamente moderni e diretti. Matter emigrò a New York nel 1936, dove lavorò come fotografo per le riviste *Vogue* e *Harper's Bazaar*. Durante la seconda guerra mondiale il governo degli Stati Uniti gli commissionò poster propagandistici, tra cui "America Calling" (1941) con la foto di un'aquila americana in volo. Dal 1943 al 1946 Matter lavorò come grafico nello studio di Eames a Venice, in California. Creò manifesti pubblicitari colorati e spiritosi per **Knoll**, ed elaborò anche il caratteristico marchio "K" dell'azienda. Notevole il contributo dato, in qualità di direttore artistico, alla pubblicità della Knoll (1959) per la sedia *Tulip* di Eero Saarinen: le immagini collocate su pagine in sequenza – una raffigurante la sedia avvolta in carta da pacchi, l'altra scartata – trasmettevano il messaggio con una potenza tale da rendere superfluo il testo. La grafica di Matter, che abbinava la chiarezza visiva della **Swiss School** alla cultura popolare americana, ha influenzato in modo determinante la grafica d'**avant-garde** americana del dopoguerra.

▾ Poster per l'Ente turistico svizzero, 1935

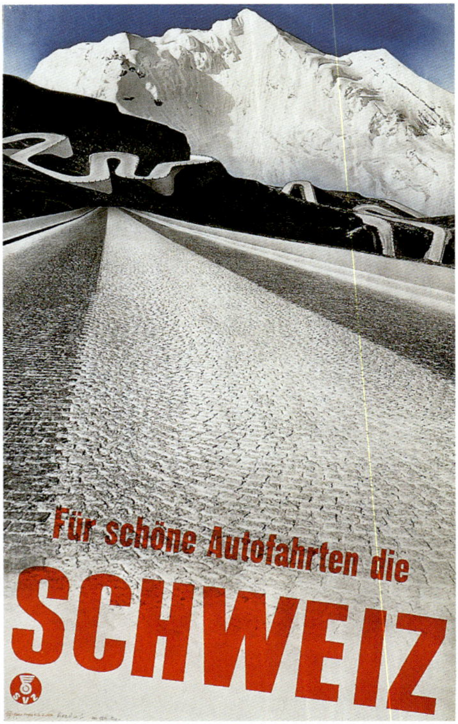

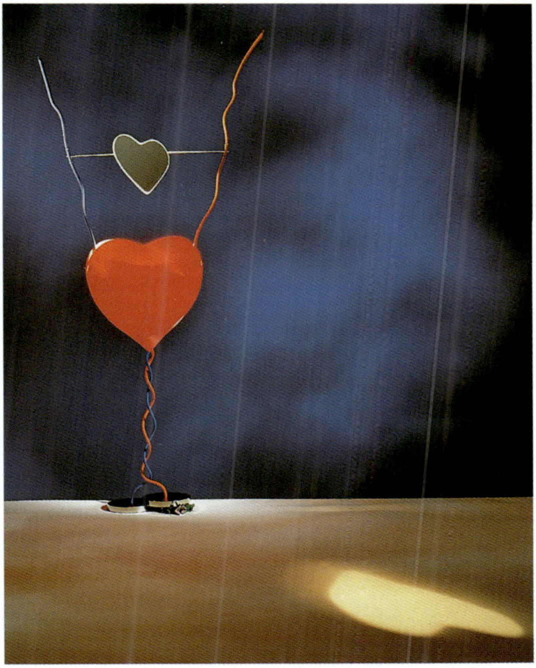

◂ **Ingo Maurer & Team**, lampada *One from the Heart* per Ingo Maurer GmbH, 1989

Ingo Maurer

1932 Isola di Reichenau, Germania

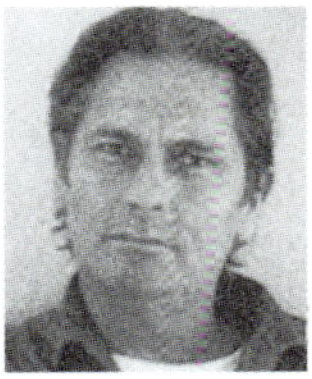

Ingo Maurer studiò prima tipografia a Costanza, nella Germania meridionale, e successivamente grafica, dal 1954 al 1958, in Germania e in Svizzera. Nel 1960 emigrò negli Stati Uniti, dove lavorò come designer per IBM e Kayser Aluminium. Tre anni dopo tornò in Europa e intraprese l'attività di grafico. Nel 1966 aprì un'azienda di design di lampade a Monaco, la Design M, che diventò celebre grazie ai suoi prodotti insoliti e spesso spiritosi. Alcune delle lampade di Maurer, come la *Light Structure* (1969–1970) con i suoi cinque tubi fluorescenti e la lampada a stelo *Ilios* (1983) con struttura oscillante e lampadina alogena sospesa, sono caratterizzate da una moderna estetica dematerializzata. Maurer ha anche disegnato articoli in stile pop e post-moderno, come la lampada *Bulb-Bulb* (1980) a forma di lampadina gigante, la lampada *Bibibibi* a forma di uccello (1982) e la lampada a doppio cuore *One from the Heart* (1989). Ha progettato inoltre sistemi di illuminazione a sospensione quali *Baka-Rù* (1986) e *Yayaho* (1984) e alla fine degli anni '80 ha inventato luci in miniatura provviste di prolunghe metalliche che consentono di spostarle senza pericolo lungo fili non isolati. Nel 1985 l'opera di Maurer è stata inclusa nella mostra "Lumières" tenuta al Centre Georges Pompidou a Parigi.

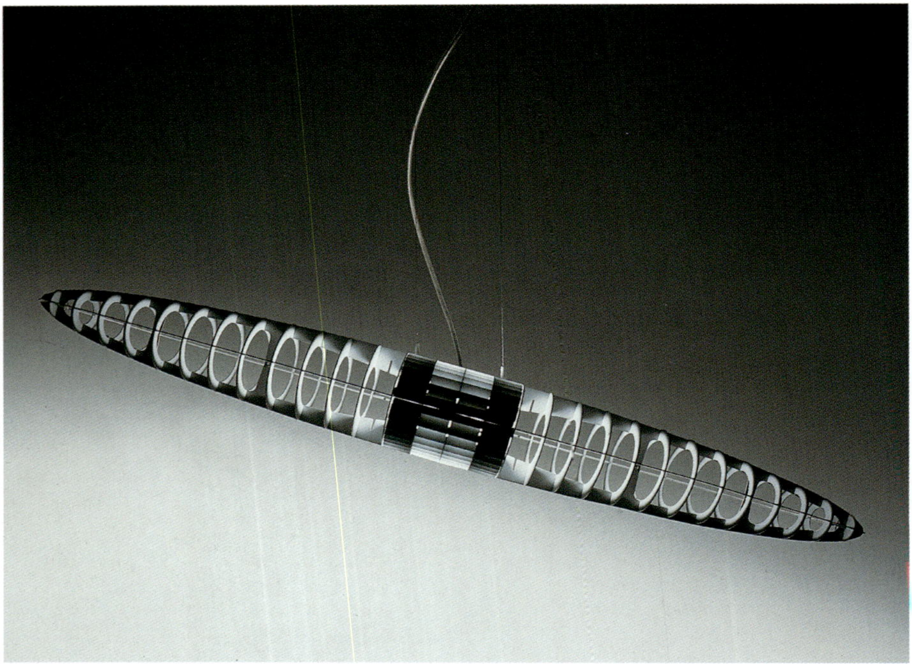

Alberto Meda

1945 *Lenno Tremezzina, Italia*

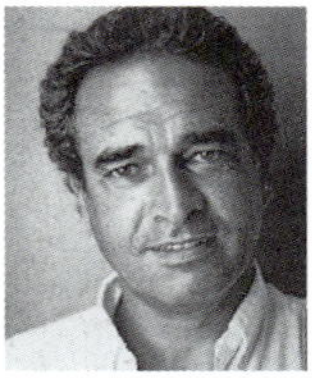

Alberto Meda si laureò al Politecnico di Milano nel 1969. In seguito lavorò per Magneti Marelli e nel 1973 diventò direttore tecnico e responsabile della progettazione presso **Kartell**, un'azienda produttrice di plastiche fortemente orientata al design. Intraprese la libera professione nel 1979, lavorando come designer e ingegnere e prestando la propria consulenza come ingegnere del design per Alfa Romeo e Italtel Telematica. Nel 1983 Meda iniziò a insegnare tecnologia industriale alla Domus Academy. Quattro anni dopo progettò la sedia *Light Light* impiegando materiali innovativi: la trama a nido d'ape in nomex e la matrice in fibra di carbonio conferivano all'oggetto notevole resistenza e leggerezza. Altrettanto innovative le creazioni per Luceplan, tra cui la lampada *Titania* (1989) con filtri in policarbonato. La linea in alluminio fuso disegnata per Alias negli anni '90, comprendente la sedia *Armframe* e la poltrona *Longframe* (1996), dimostrava l'abilità dell'ingegnere nel saper conferire solidità alla struttura mantenendo la coerenza sul piano visivo. Alberto Meda ha avuto tra i suoi clienti Gaggia, Lucifero, Cinelli, Ansaldo, Montedison, Carlo Erba, Fontana Arte e Mandarina Duck. Ha ricevuto numerosi riconoscimenti internazionali, tra cui un **Compasso d'Oro** e un Design Plus.

▲ **Alberto Meda & Paolo Rizzato**, Lampada *Titania* per Luceplan, 1989

► *Tea & Coffee Piazza* per Alessi, 1979–1983

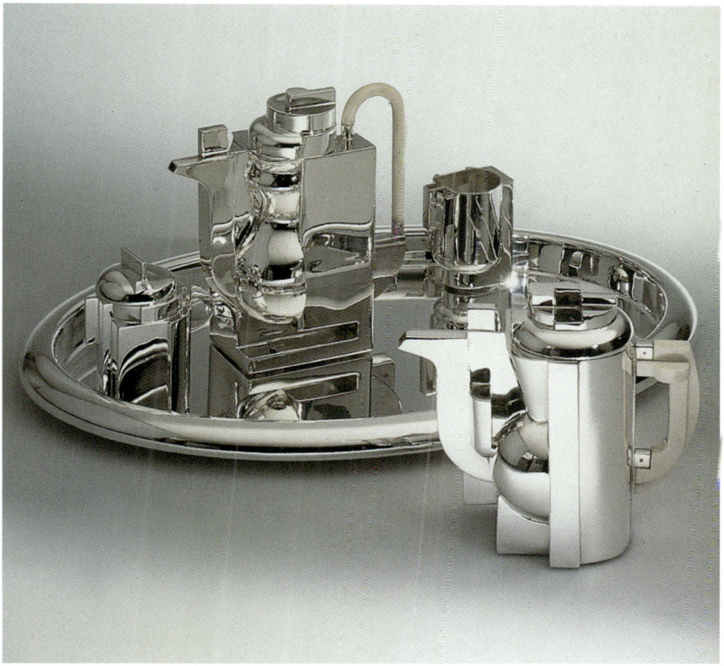

Richard Meier

1934 *Newark, New Jersey*

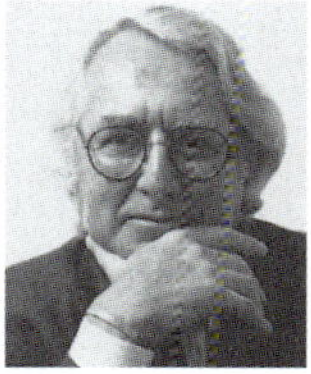

Richard Meier studiò architettura alla Cornell University di Ithaca laureandosi nel 1957. In seguito lavorò per gli studi newyorkesi di Davis, Brody & Wisniewski nel 1959 e Skidmore, Owings & Merrill nel 1960; prestò poi la propria attività nello studio di **Marcel Breuer** per due anni, prima di fondare la Richard Meier & Partners nel 1963. Nel 1965 progettò un appartamento studio per l'artista Frank Stella (1935), la cui convinzione che "la luce è vita" influenzerà il suo approccio purista all'architettura. Nel 1969 Meier partecipò alla mostra del "New York Five" al **Museum of Modern Art di New York** e negli anni successivi continuò a sostenere il gruppo nella promozione dell'**International Style**. Le piante geometriche dei suoi edifici si basano spesso sul cerchio e il quadrato. Analogamente alle opere architettoniche di **Le Corbusier**, le sue costruzioni sono generalmente intonacate di bianco; tuttavia i particolari – pannelli smaltati e ringhiere – ricordano i transatlantici degli anni '20. Gli edifici volumetrici di Meier possiedono uno stile istantaneamente riconoscibile – bianco, luce, spazio – che prende a prestito riferimenti del passato pur restando parte del presente. Nel 1975 Meier diventò visiting professor di architettura alla Yale University. Negli anni '80 progettò edifici e oggetti "Neo-Moderne" come *Tea & Coffee Piazza* per **Alessi** (1979–1983).

▸ Posate *Pride* per Walker & Hall, 1951 (riproposte da David Mellor)

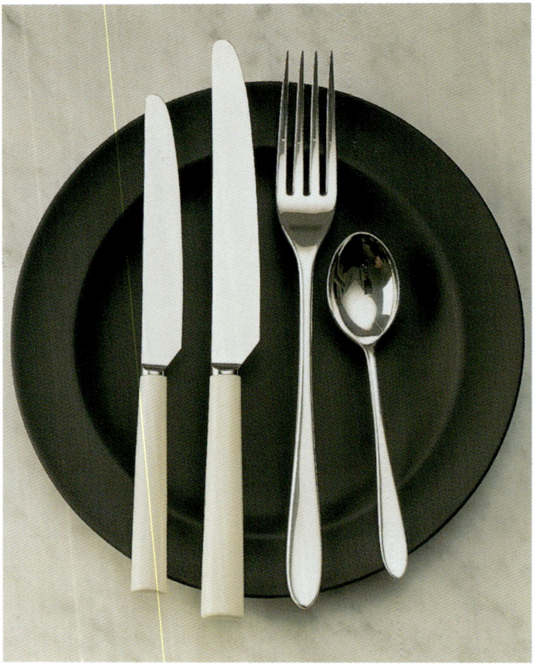

David Mellor

1930 *Sheffield/Yorkshire*

David Mellor studiò allo Sheffield College of Art, al **Royal College of Art di Londra** e infine alla British School a Roma, laureandosi nel 1954. Già i design realizzati da studente riscossero grande successo: nel 1950 gli venne assegnato un premio nazionale per un servizio da caffè in argento. Nel 1954, l'anno in cui le sue eleganti posate *Pride* (1951) vennero messe in produzione da Walker & Hall a Sheffield, Mellor aprì uno studio/laboratorio nella stessa città, che vanta una lunga tradizione nella posateria. Le eleganti linee *Embassy* (1963) e *Thrift* (1965) disegnate successivamente trovarono largo impiego nelle ambasciate britanniche e nelle istituzioni governative. Mellor è stato anche consulente per le Ferrovie britanniche, le poste e il ministero dell'ambiente. Nel 1969 iniziò a fabbricare direttamente le proprie creazioni e aprì un negozio a Sloane Square (Londra) per rivenderle. All'inizio degli anni '70 aprì una sede a Broom Hall, Sheffield; nel 1990 trasferì sia lo studio che lo stabilimento in un antico edificio di Haversage, ristrutturato da Michael Hopkins (1935), vincitore in seguito di un BBC Design Award. Nel 1983 Mellor venne nominato presidente del Crafts Council (Consiglio per l'artigianato). Attualmente è membro attivo del Design Council of Great Britain.

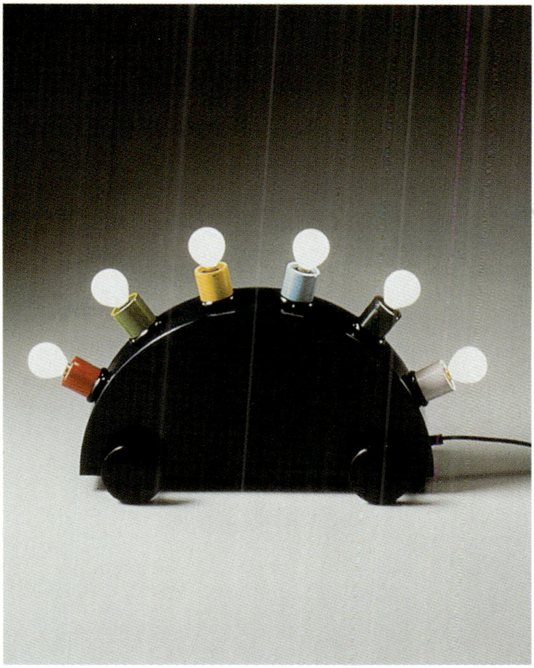

◂ **Martine Bedine**, Lampada *Super* per Memphis, 1981

Memphis

Fondato 1981 in *Italia*

Memphis fu fondato a Milano nel 1981 allo scopo di rinvigorire il movimento del **Radical Design**. Alla fine degli anni '70 designer dell'**avant-garde** italiana quali **Ettore Sottsass**, **Andrea Branzi** e **Alessandro Mendini**, e altri membri dello **Studio Alchimia** sperimentarono approcci alternativi, intellettuali e artistici, al design. Quando la promozione da parte di Mendini del "redesign" e del "banal design" divenne fondamentale per la produzione di Studio Alchimia, Sottsass, che considerava tali approcci eccessivamente limitanti dal punto di vista creativo, lasciò il gruppo. L'11 dicembre 1980 Sottsass organizzò a casa sua una riunione di designer, cui presero parte, tra gli altri, Barbara Radice (1943), **Michele De Lucchi**, **Marco Zanini**, Aldo Cibic (1955), **Matteo Thun** e Martine Bedin (1957), per discutere la necessità di rapportarsi in maniera più creativa al design. Insieme decisero di formare una cooperativa, che quella stessa sera battezzarono Memphis dalla canzone di Bob Dylan "Stuck Inside of Mobile with the Memphis Blues Again", che era stata suonata più volte nel corso della serata. Il nome evocava anche l'antica capitale egizia della cultura nonché la città natale di Elvis Presley in Tennessee, quindi possedeva anche un'ideale polisemia. Il gruppo, di cui facevano parte anche **Nathalie du Pasquier** e **George Sowden**, si riunì nuova-

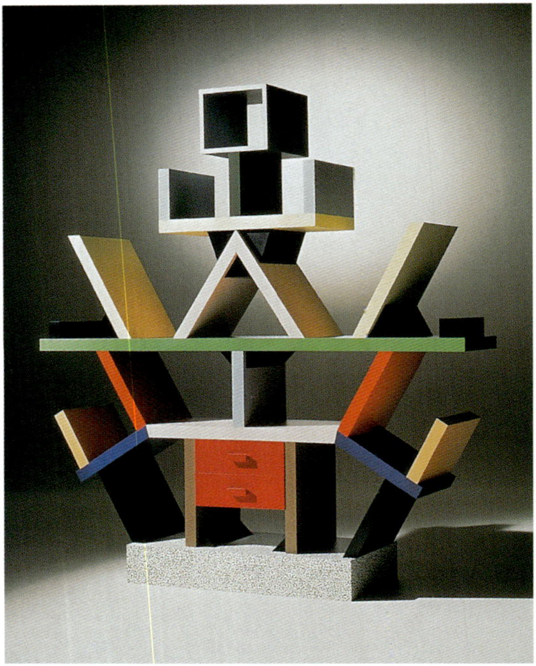

▸ **Ettore Sottsass**, Libreria *Carlton* per Memphis, 1981

mente nel febbraio del 1981; a quell'epoca i suoi membri avevano già realizzato più di cento progetti di oggetti audaci e molto colorati, traendo ispirazione da temi futuristici o stili decorativi del passato come l'**Art Déco** e il **Kitsch** degli anni '50 e imitando intenzionalmente la pretenziosità del **Good Design**. I designer si gettarono a capofitto nel progetto: trovarono fabbricanti di mobili e ceramiche disposti a produrre le loro creazioni; convinsero Abet a realizzare nuovi laminati stampati con motivi straordinariamente vitali ispirati alla Pop Art, alla Op Art e alle immagini elettroniche; progettarono e produssero materiale promozionale e così via. In seguito la mente di Artemide, Ernesto Gismondi, divenne presidente di Memphis e il 18 settembre 1981 il gruppo presentò le sue opere per la prima volta nella sala esposizioni Arc '74 a Milano. I mobili, le lampade, gli orologi e le ceramiche esposte da Memphis erano stati progettati da un gruppo internazionale di architetti e designer tra cui **Hans Hollein**, **Shiro Kuramata**, **Peter Shire**, **Javier Mariscal**, **Masanori Umeda** e **Michael Graves**. I prodotti del gruppo destarono immediatamente scalpore, anche per via del programma dichiaratamente **Anti-Design**; lo stesso anno, per promuovere le creazioni, fu pubblicato il libro *Memphis, The New International Style*. Artemide, che produsse i

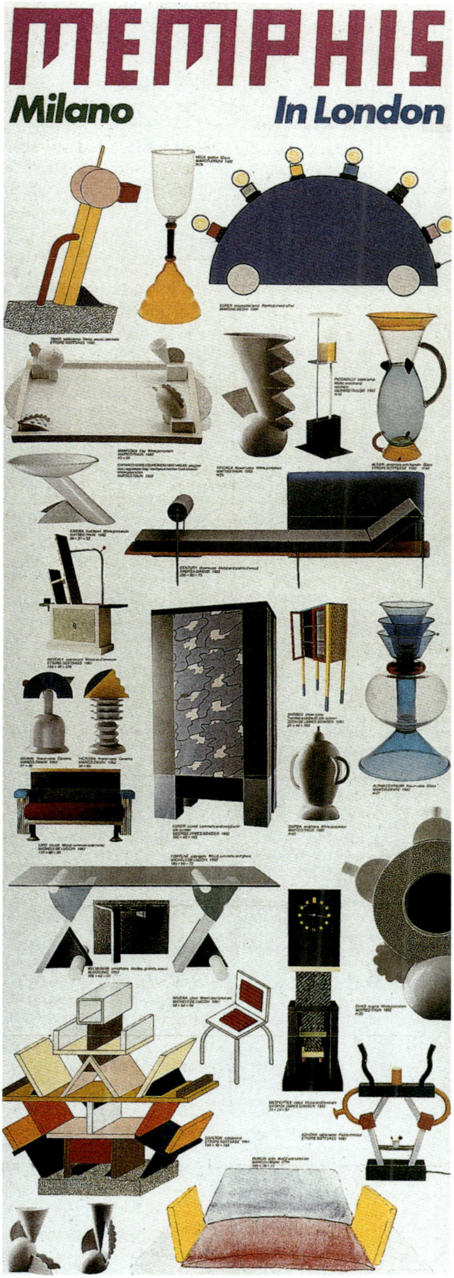

◄ Manifesto della mostra "Memphis Milano in London" tenuta a The Boilerhouse, Victoria & Albert Museum, 1982

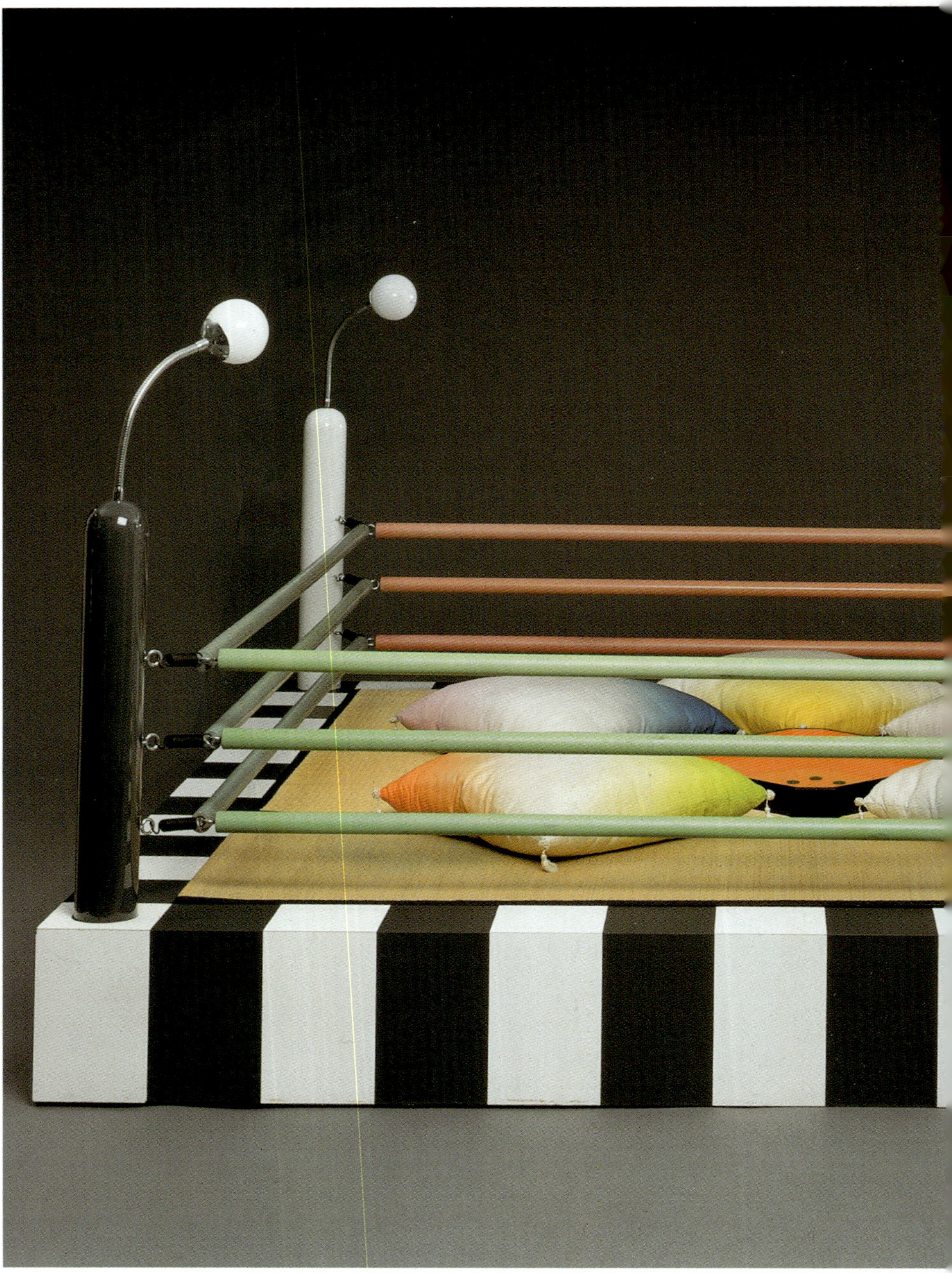

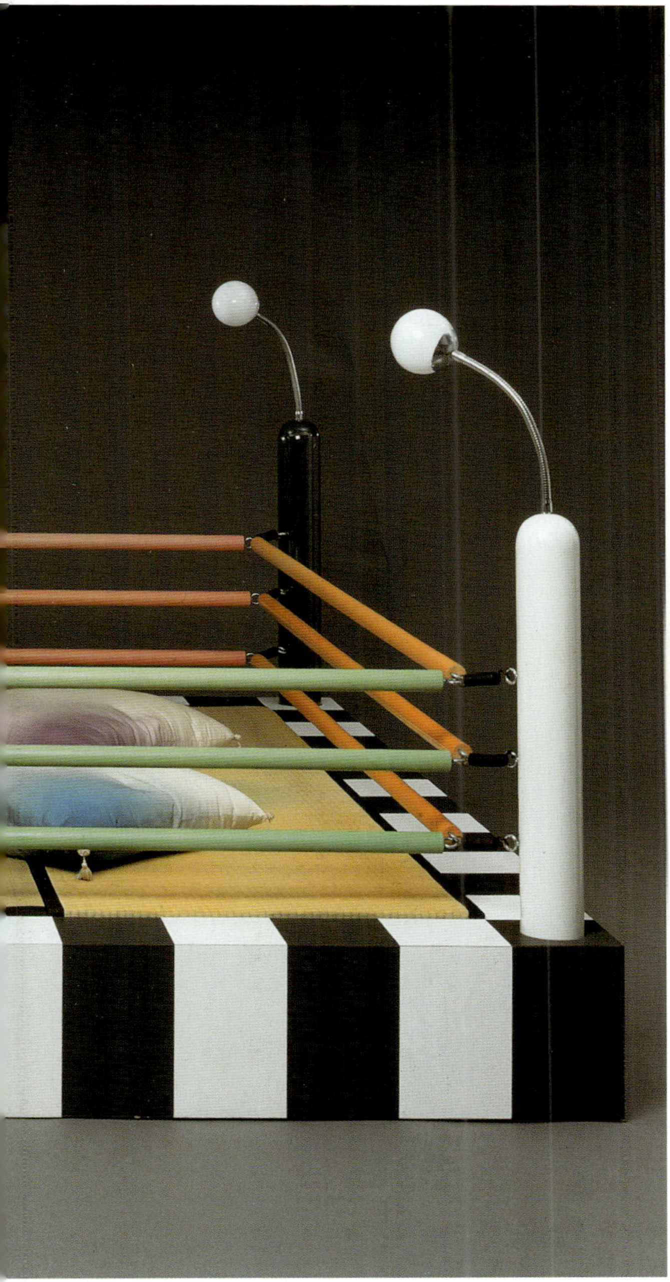

◂ **Masanori Umeda**,
Angolo di
conversazione-ring
Tawaraya per
Memphis 1981

▸ **Ettore Sottsass**, Vaso *Mizar* per Memphis, 1982

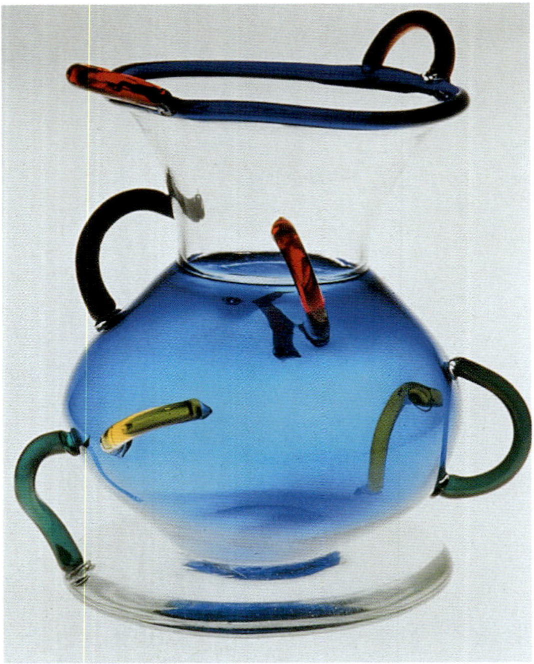

design di Memphis nel 1982, riservò al gruppo uno spazio espositivo nello showroom dell'azienda a Milano in Corso Europa. Dal 1981 al 1988 Barbara Radice fu direttore artistico di Memphis e organizzò mostre a Londra, Chicago, Düsseldorf, Edimburgo, Ginevra, Hannover, Gerusalemme, Los Angeles, Montreal, New York, Parigi, Stoccolma e Tokyo. Molti dei monumentali design di Memphis impiegavano colorati laminati plastici, un materiale privilegiato per la sua "neutralità culturale". La vivacità, l'eccentricità e la decorazione delle creazioni di Memphis derivavano dalla conoscenza del Modernismo e dal suo totale rifiuto; i temi ibridi e le citazioni oblique di stili passati produssero un nuovo linguaggio post-moderno del design. Il gruppo riconobbe sempre che Memphis era una "tendenza", legata al carattere effimero della moda, e nel 1988, quando la sua popolarità cominciò a svanire, Sottsass lo sciolse. Sebbene sia stato un fenomeno di breve durata, con la sua giovanile vitalità e il suo senso dell'umorismo Memphis ha svolto un ruolo fondamentale nel rendere internazionale il **Post-Modernismo**.

► Sedia *Wassily* ridisegnata per Studio Alchimia, 1978

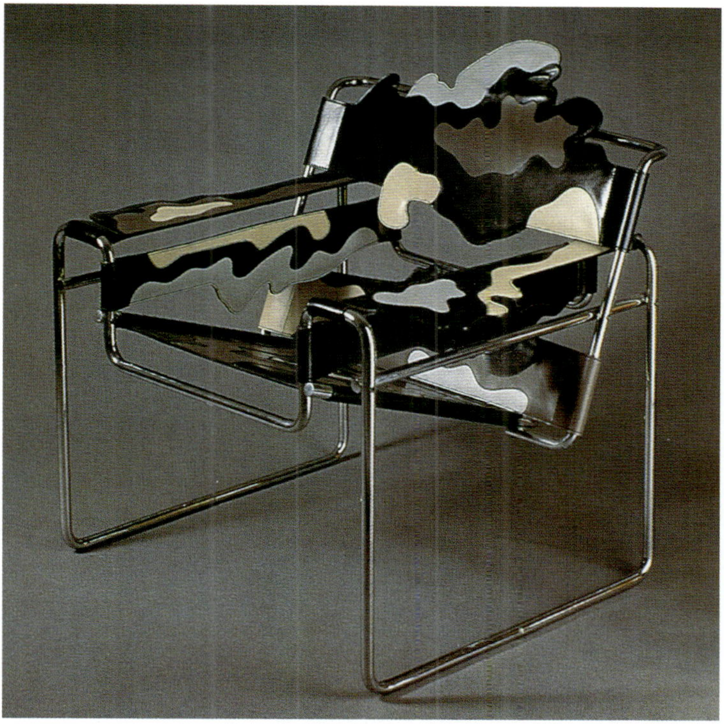

Alessandro Mendini

1931 *Milano*

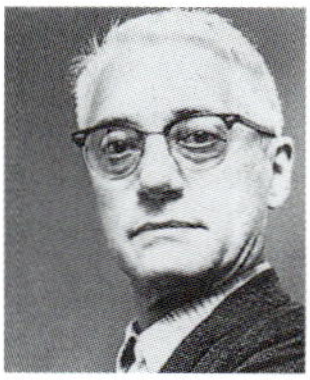

Alessandro Mendini studiò architettura al Politecnico di Milano laureandosi nel 1959. Socio dello studio di disegno industriale Nizzoli Associati fino al 1970, lavorò a un progetto di alloggi sperimentali per l'Italsider di Taranto. Dal 1970 al 1976 fu redattore capo di *Casabella*, dopodiché fondò la rivista *Modo* che diresse fino al 1981. Nel 1973 partecipò alla fondazione di **Global Tools**, una scuola di contro-architettura e design, e alla fine degli anni '70 collaborò intensamente col gruppo di **Studio Alchimia**, diventandone il principale esponente. Nel 1978 Mendini produsse i suoi primi oggetti di "redesign": la sedia *Universale* di **Joe Colombo** con finiture in falso marmo, la sedia *Wassily* di **Marcel Breuer** con aggiunta di motivi e la sedia *Superleggera* di **Gio Ponti** con aggiunta di insegne. La finalità del "redesign" era di comunicare in maniera divertente l'idea che il design veramente innovativo non era più possibile rispetto a quanto era già stato fatto in precedenza. Il redesign ha anche cercato di eliminare la pretenziosità del modernismo, dimostrando che il significato e il valore di un oggetto di design si possono comunicare solo attraverso la decorazione applicata. Come teorico del design,

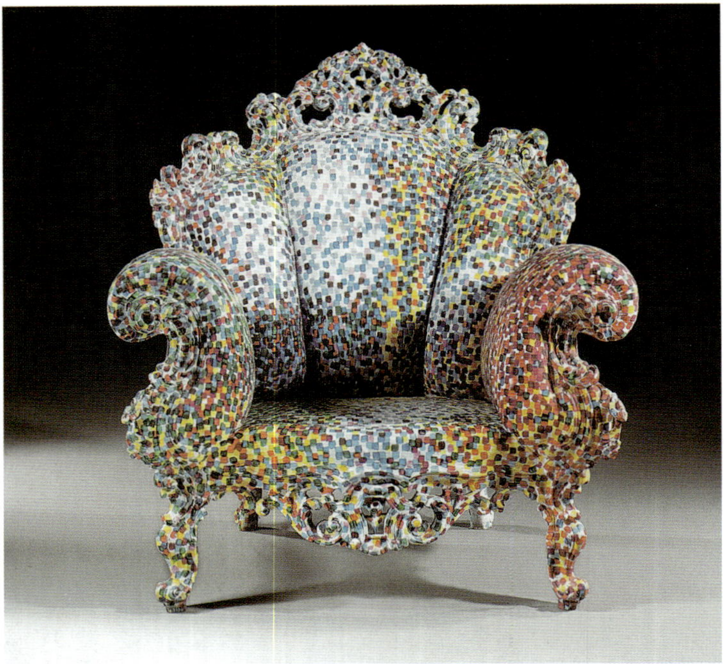

◂ Poltrona *Proust* per Studio Alchimia, 1978

▸ **Alessandro Mendini & Bruno Gregori**, buffet *Cantaride* per Zabro-Zanotta, 1984

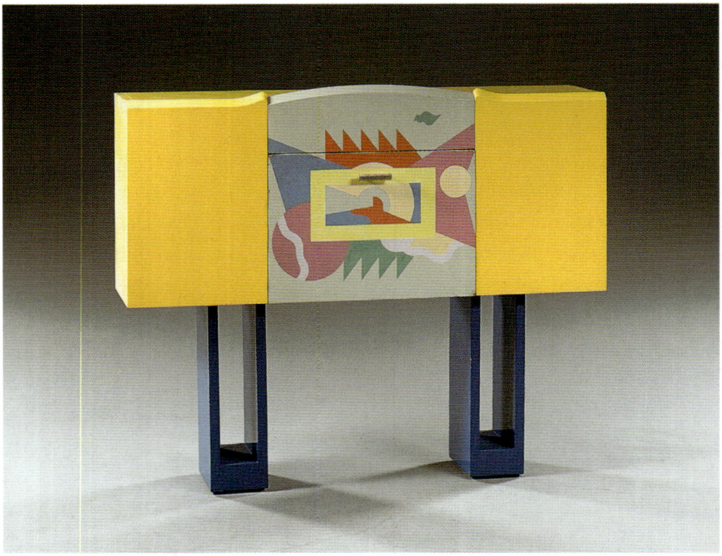

Mendini ha anche promosso l'idea di "banal design", basata sul vuoto culturale e intellettuale percepito nel design di serie della società industrializzata. La banalità degli oggetti esistenti venne da Mendini esaltata tramite colori vivaci e decorazioni bizzarre, come nella famosa poltrona *Proust* (1978). Con lo stesso proposito Mendini organizzò la mostra "L'oggetto banale" alla Biennale di Venezia del 1980. Le attività **Anti-Design** di Mendini annunciarono la fine del "proibizionismo" modernista e la rinascita di un linguaggio simbolico nel design. Il suo divano *Kandissi* (1978), presentato nel 1980 nella collezione di Studio Alchimia ironicamente denominata *BauHaus I*, dileggiava le distinzioni tra belle arti e design attraverso i découpage in legno vivacemente colorati ispirati alle opere di Wassily Kandinsky. Tra il 1980 e il 1985 Mendini fu redattore capo della rivista di design *Domus* e dal 1983 insegnò design alla Hochschule für angewandte Kunst di Vienna. Nel 1981 venne invitato dal fabbricante di mobili Cassina a partecipare al progetto Bracciodiferro; in questa occasione disegnò la serie *Mobile Infinito*, realizzata in découpage decorativi magnetici che consentono all'utente di interagire creativamente con l'opera. Direttore del design e delle comunicazioni per **Alessi**, nel 1983 Mendini partecipò al progetto *Tea & Coffee Piazza* dell'azienda. Alessi commissionò a Mendini, **Achille Castiglioni** e **Aldo Rossi** la *Casa della Felicità* (1983–1988), dopodiché Mendini progettò il Groninger Museum a Groningen nei Paesi Bassi (1988–1993). Mendini ha ricevuto diversi premi, tra cui un **Compasso d'Oro** nel 1979; designer prolifico e teorico influente, ha contribuito in misura determinante al dibattito sull'Anti-Design e alla diffusione del **Post-Modernismo**.

▼ Vasi *Manici* prodotti da Zabro-Zanotta per Studio Alchimia, 1984

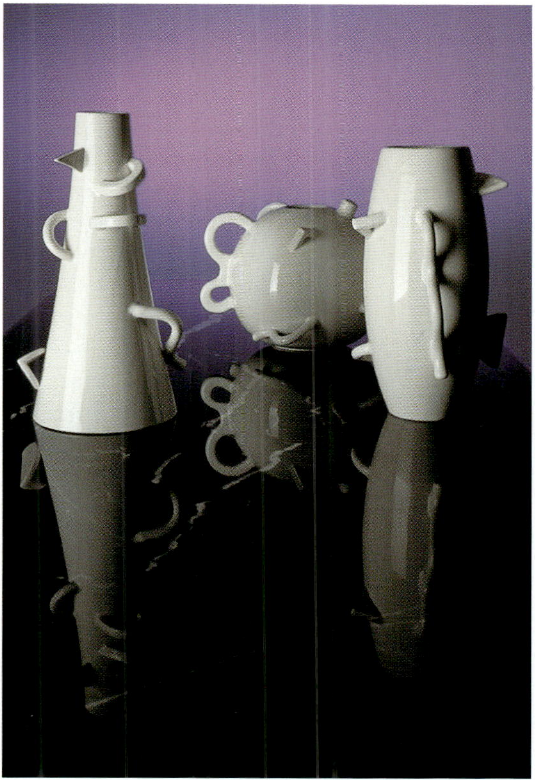

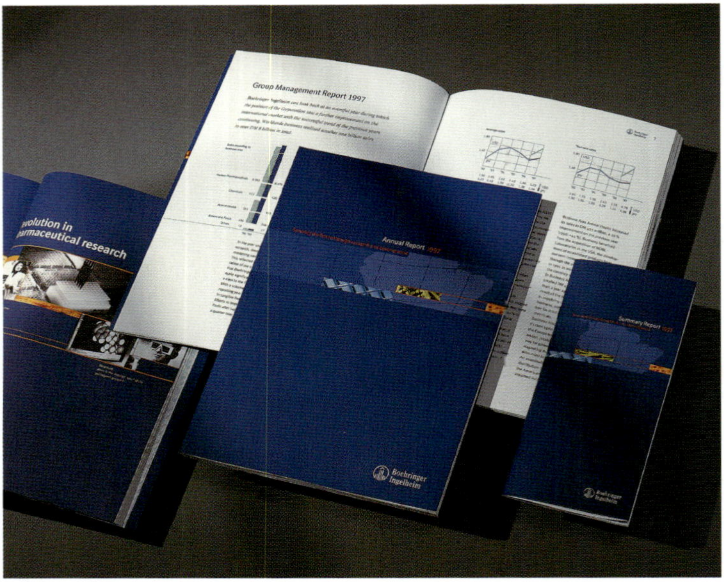

◄ Programma per l'immagine coordinata della Boehringer Ingelheim, 1997

MetaDesign

Fondato nel 1979 a *Berlino*

Lo studio MetaDesign fu fondato a Berlino da Erik Spiekermann nel 1979. Spiekermann studiò storia dell'arte alla Freie Universität di Berlino; negli anni '70 lavorò a Londra come tipografo e insegnò al London College of Printing. In seguito prestò la propria consulenza presso Henrion Design Associates e Wolff Olins, studi di consulenza e design specializzati in **corporate identity**. Tornato in Germania con un bagaglio di esperienza nel settore della tipografia e del design aziendale, Spiekermann fondò lo studio MetaDesign. Una delle prime commissioni giunse dalla Deutsche Bundespost, che incaricò lo studio di riprogettare gli opuscoli delle poste. Lo studio instaurò forti legami con la fonderia di caratteri Berthold e divenne membro dell'EDEN (European Designers' Network), costituito nel 1991. MetaDesign si è conquistato una reputazione di livello mondiale grazie alle innovative opere tipografiche e ai programmi di corporate identity per le aziende; attualmente conta centosettanta dipendenti nello studio di Berlino e filiali a Londra e San Francisco. Spiekermann ha delineato il suo approccio alla tipografia nella pubblicazione del 1987 *Ursache & Wirkung: Ein Typografischer Roman* (Causa ed effetto: il romanzo di un tipografo). In Germania MetaDesign viene generalmente considerato uno studio grafico di primo piano. La fiducia di Spiekermann nei sistemi integrati di comunicazione aziendale è espressa dal motto dello studio "Non si può *non* comunicare".

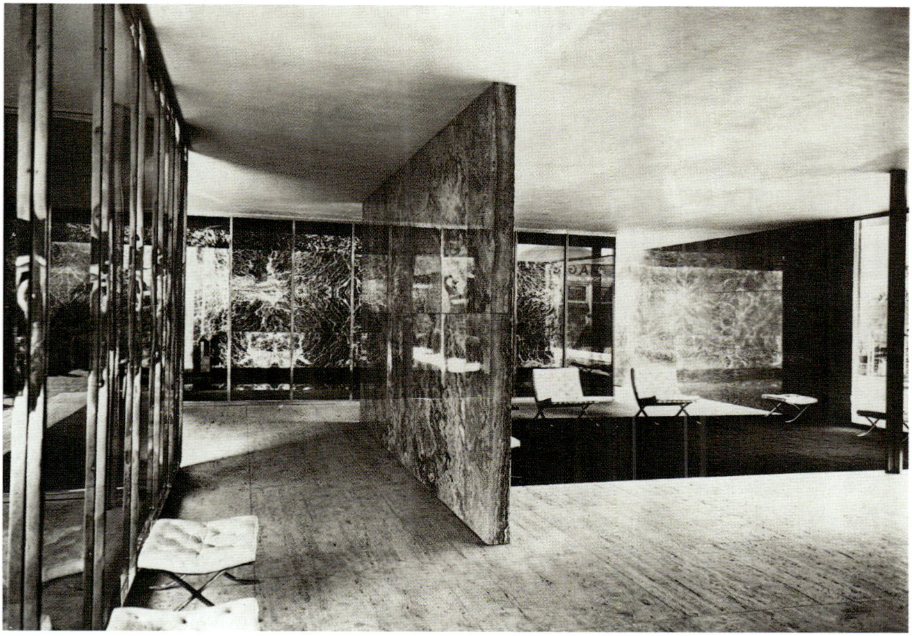

Formatosi nel campo dell'edilizia, Ludwig Mies, questo il suo nome originale, dal 1900 al 1904 lavorò come progettista di decorazioni a stucco per uno studio di architettura ad Aquisgrana. Si trasferì a Berlino nel 1905 e lavorò per **Bruno Paul** fino al 1907, l'anno in cui progettò il suo primo edificio. Nel 1908 Mies entrò nello studio di design di **Peter Behrens**, dove fu assistente in progetti per l'**AEG** e l'ambasciata tedesca a San Pietroburgo e collaborò con **Walter Gropius**, Hannes Meyer (1889–1954) e **Le Corbusier**, subendo anche lui, come Behrens, l'influenza dell'architettura neoclassica di Karl Friedrich Schinkel (1781–1841). Mies lasciò lo studio di Behrens nel 1911 e l'anno successivo aprì un ufficio a Berlino. Nel 1913 aggiunse il nome da ragazza della madre, van der Rohe, al cognome e tra il 1914 e il 1918 prestò servizio militare. Nel 1922 fu attivamente coinvolto nel rivoluzionario Novembergruppe, del quale organizzò le mostre durante i successivi tre anni. Le sue proposte architettoniche per uffici, case e grattacieli erano tutte idealmente tese alla promozione del programma modernista. Nel 1926 diventò vice presidente del **Deutscher Werkbund** e nel 1927 organizzò la mostra del Werkbund "Die Wohnung" (L'abitazione) tenuta al Weissenhofsiedlung di Stoccarda. Nel 1927, ispirato dal disegno di **Mart Stam** di un'originalissima sedia ottenuta saldando insieme tubi del gas

Ludwig Mies van der Rohe

1886 *Aquisgrana, Germania*
1969 *Chicago*

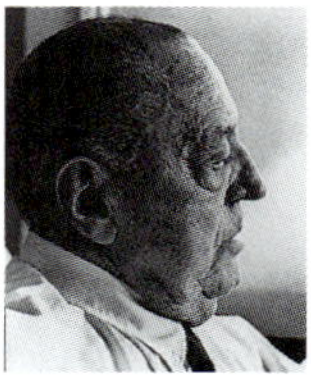

▲ Interno del Padiglione Tedesco alla "Exposición Internacional de Barcelona", 1929

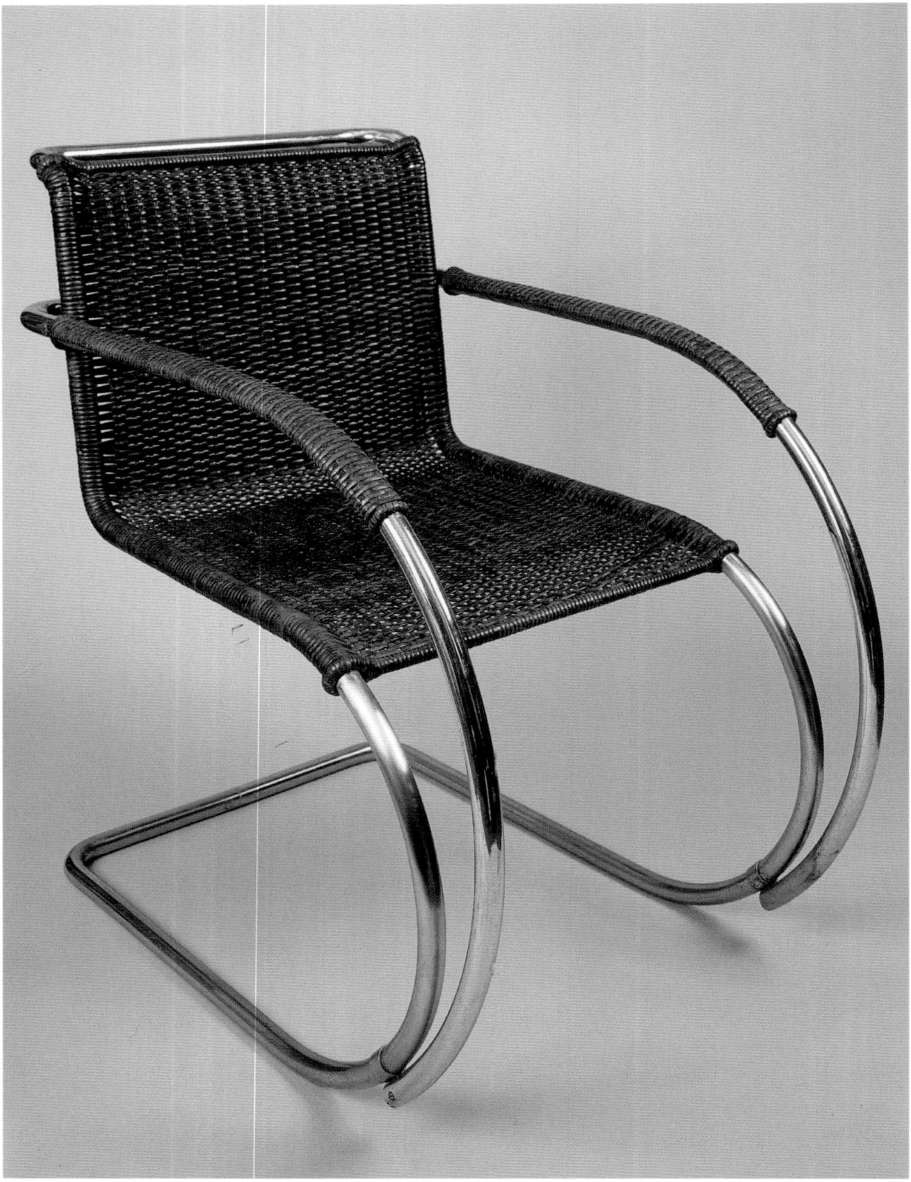

▲ Poltrona *modello n. MR20*
per Berliner Metallgewerbe
Josef Müller, 1927

(1926), Mies ne progettò a sua volta alcune versioni: la sedia *MR10* e la poltrona *MR20*, costruite in tubolare metallico resiliente ed esposte per la prima volta alla mostra di Weissenhof. Il Padiglione tedesco all'"Exposición Internacional de Barcelona" del 1929 fu arredato con numerosi suoi design, tra cui la famosa sedia *Barcelona* usata come "trono" da re Alfonso XIII durante la cerimonia di inaugurazione. Gli interni di questo padiglione con divisori in marmo, tipica espressione di **International Style**, prendevano decisamente le distanze dall'utilitarismo normalmente associato al **Modern Movement**. Tra il 1928 e il 1930 Mies progettò Casa Tugendhat a Brno (Slovacchia), per la quale creò anche l'arredamento. I suoi design architettonici degli anni '20, come i grattacieli in vetro e acciaio, erano in gran parte progetti di tipo sperimentale; i mobili da lui disegnati, invece, furono prodotti dalla Berliner Metallgewerbe Josef Müller (1927–1931) e dalla Bamberger Metallwerkstätten (dal 1931). Nel 1931 Mies espose i suoi design alla Mostra dell'edilizia tedesca e firmò un contratto con Thonet-Mundus in cui concedeva alla società i diritti esclusivi di marketing per quindici modelli delle sue sedie, alcune delle quali firmate in collaborazione con **Lilly Reich**. Nel 1930 Mies divenne l'ultimo direttore del **Bauhaus**, dove insegnò architettura. Fu responsabile del trasferimento della scuola da Dessau a Berlino e infine ne supervisionò la chiusura nel 1933. Dal 1933 lavorò come architetto freelance a Berlino e nel 1937 emigrò negli Stati Uniti. In seguito aprì un grande studio di architettura a Chicago e fu direttore della facoltà di architettura dell'Armour Institute (successivamente divenuto Illinois Institute of Technology) a Chicago. Tra i suoi studenti di Chicago ci fu Florence Schust, che avrebbe sposato Hans **Knoll**; nel 1947 la Knoll Associates ripropose i mobili di Mies van der Rohe. Mies ottenne la cittadinanza americana nel 1944 e fino alla sua morte nel 1969 lavorò a progetti architettonici tra cui Casa Farnsworth a Plano nell'Illinois (1946–1950), il

▼ Pubblicità della sedia *Modello n. MR10*, 1928 ca.

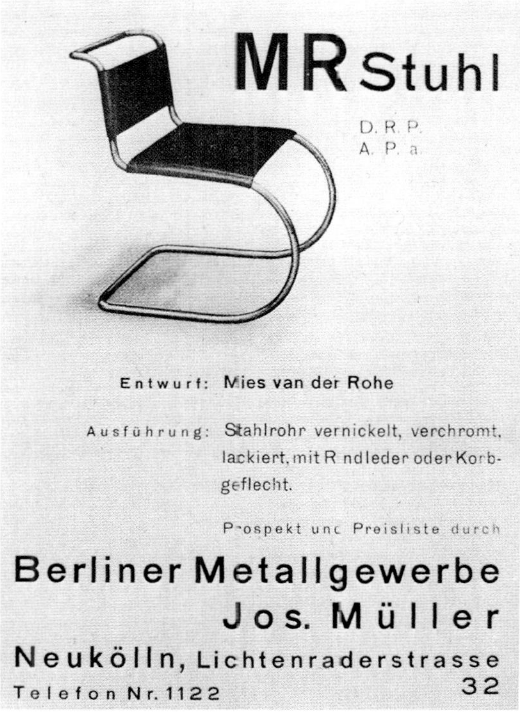

Teatro dell'opera di Mannheim (1953) e il suo capolavoro, il famoso Seagram Building a New York (1954–1958), progettato in collaborazione con **Philip Johnson**. Johnson scrisse anche il catalogo per la retrospettiva "Ludwig Mies van der Rohe" tenuta al **Museum of Modern Art di New York** nel 1948. Mies van der Rohe è stato un esponente di spicco del Modern Movement e uno degli architetti e designer più influenti del XX secolo.

▸ Sedia *modello n. MR50* Brno per Berliner Metallgewerbe Josef Müller, 1929–1930

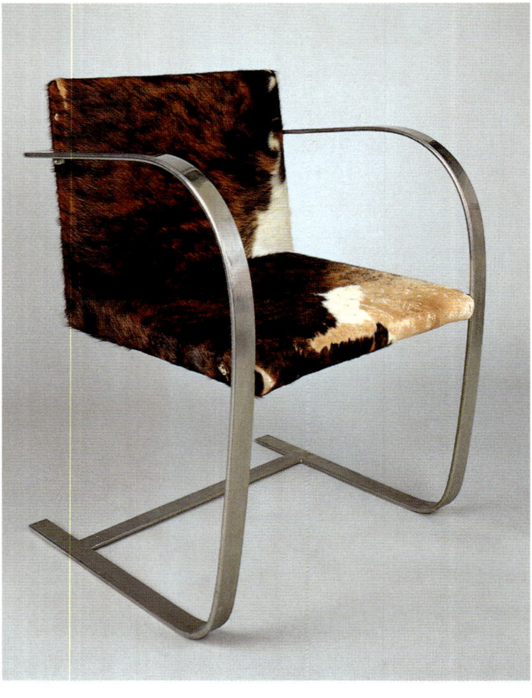

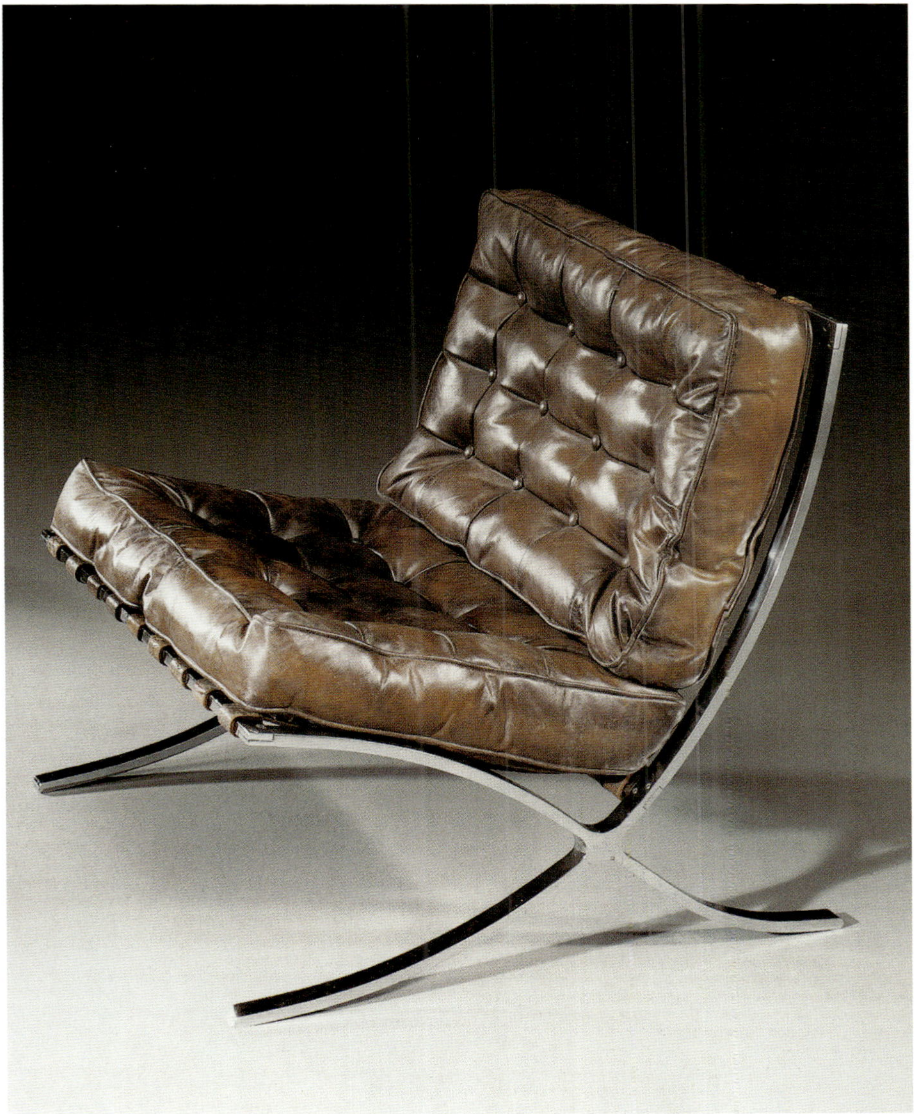

▲ Poltrona *modello n. MR90 Barcelona* per Berliner Metallgewerbe Josef Müller, 1929

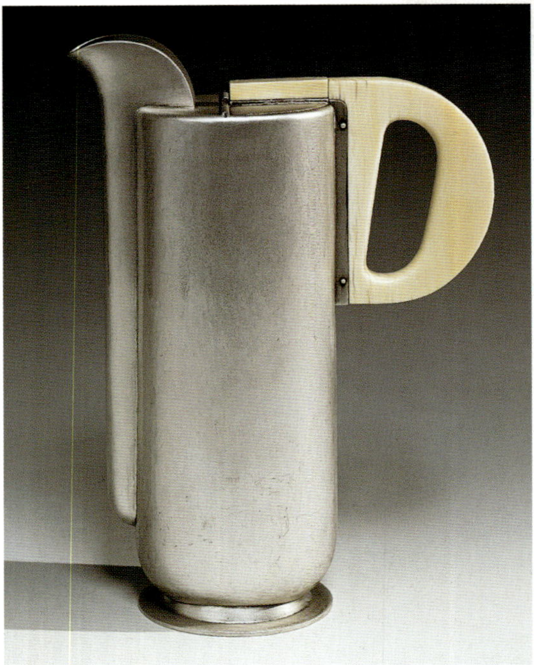

◄ **Christian Dell,**
Caffettiera,
1929/1930 ca.

► **Christian Dell,**
Lampada da tavolo
Rondella per
Rondella, 1927–1928

Modern Movement

Il Modern Movement nel design fu ispirato da un'ideologia progressista e socialmente motivata, le cui origini si possono ricondurre alla metà del XIX secolo e alla crociata morale di riformatori come **A. W. N. Pugin**, John Ruskin (1819–1900) e **William Morris**. Questi pionieri riconobbero che lo stile alto vittoriano del tempo era il prodotto di una società corrotta dall'ingordigia, dalla decadenza e dall'oppressione e iniziarono a battersi per riformare la società attraverso un nuovo approccio al design. Pur avendo abbandonato la produzione industriale per l'artigianato, Morris fu uno dei primi a tradurre la teoria in pratica, producendo oggetti per uso quotidiano di concezione olistica, ben disegnati e di ottima fattura. Le sue idee riformatrici – il prevalere dell'utilità, della semplicità e dell'appropriatezza sul lusso; la responsabilità morale di designer e industriali nella produzione di oggetti di qualità e l'affermazione che il design potesse e dovesse essere usato come uno strumento democratico per il mutamento sociale – influirono in maniera decisiva sullo sviluppo del Modern Movement. Le sue idee stimolarono la fondazione, in Gran Bretagna, Germania e America, di gilde e laboratori artigianali più recettivi verso la produzione industriale. Diventò sempre più evidente che la macchina era solo un mezzo e non un fine e che si sarebbe dovuto abbracciare pienamente il processo industriale se si voleva che la

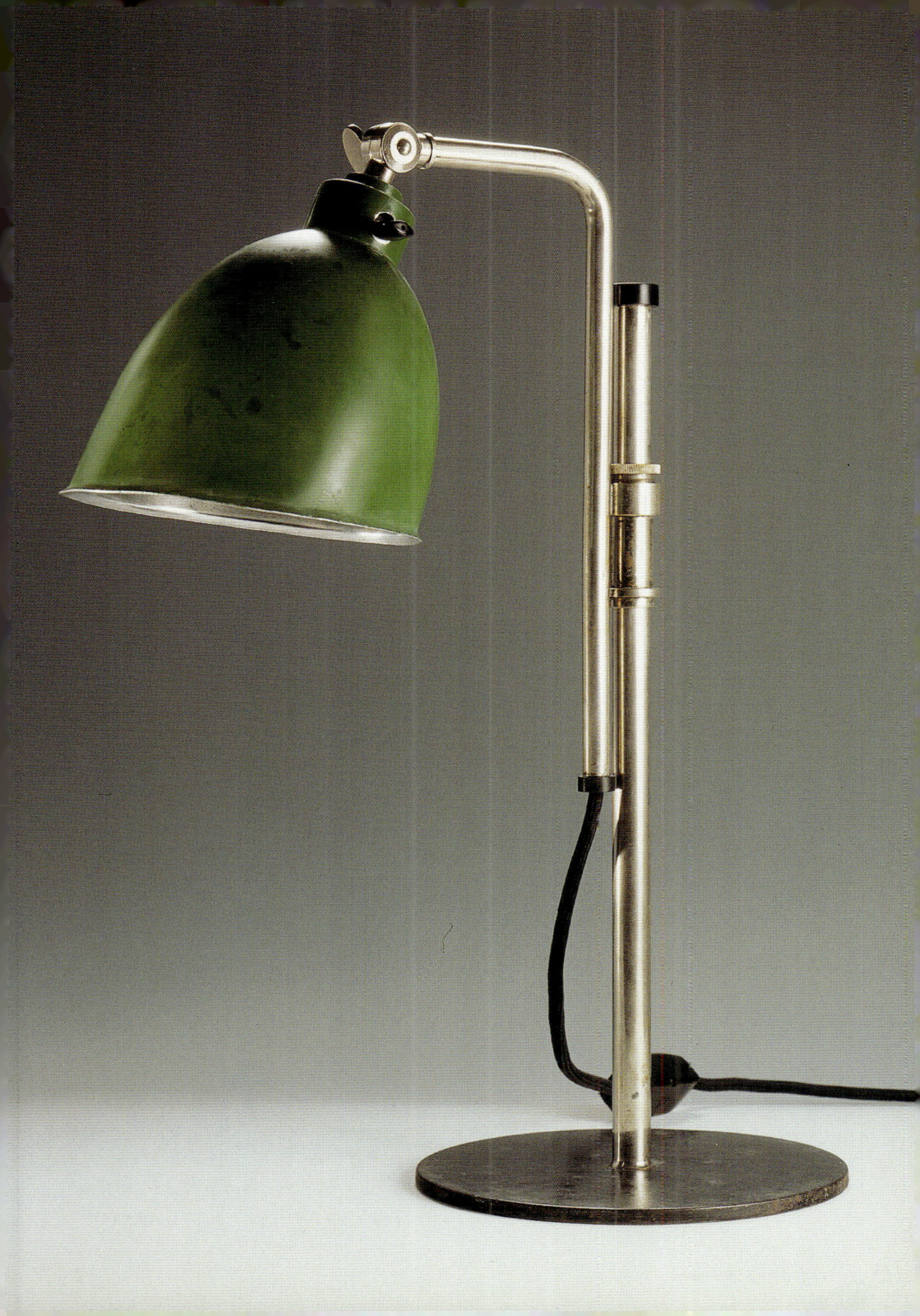

riforma assumesse vaste proporzioni. La costituzione del **Deutscher Werkbund** nel 1907 segnò il punto d'incontro dell'ideologia riformatrice con la produzione industriale. I membri del Deutscher Werkbund svilupparono un approccio nuovo e altamente razionale al design, che eliminava la decorazione privilegiando il **Funzionalismo**. Eliminando ogni superflua decorazione di superficie, si semplificavano gli elementi ottenendo un più alto livello di **standardizzazione**, il che a sua volta produceva maggiore efficienza in termini di produzione e materiali. Il

▼ **Marcel Breuer**, Sedia *modello n. B33* per Thonet, 1927–1928

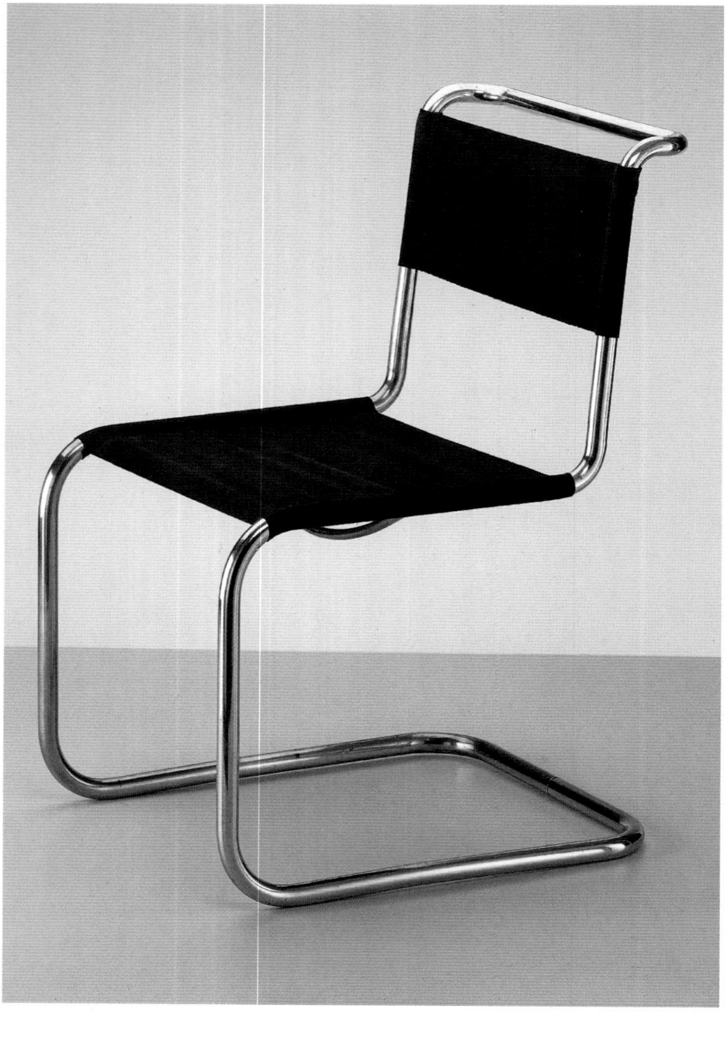

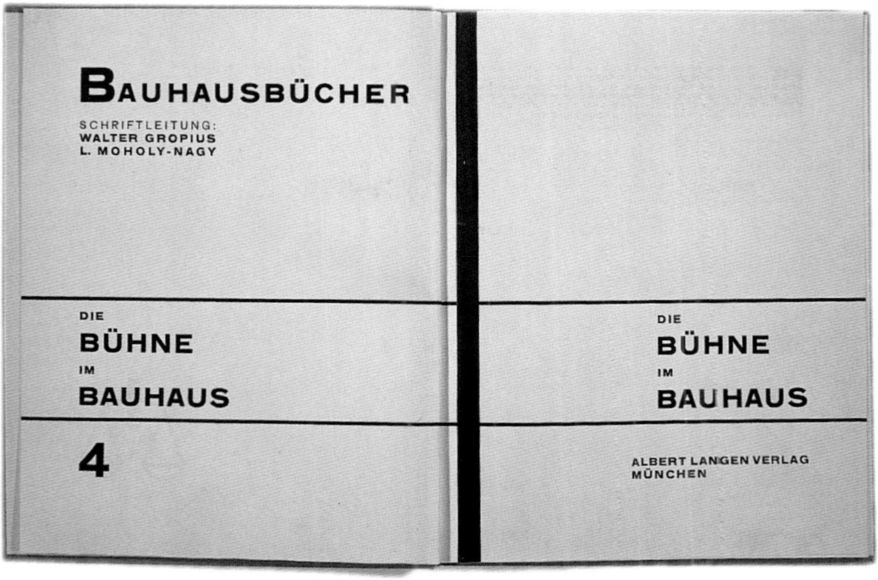

▲ **László Moholy-Nagy**, frontespizi per "Die Bühne im Bauhaus" – Bauhausbuch 4, di Walter Gropius e László Moholy-Nagy, 1925

conseguente "risparmio" andava a beneficio sia dell'utente che del produttore poiché in tal modo si poteva riversare più valore nella qualità della costruzione e dei materiali. La purificazione estetica derivata dal moderno approccio al design fornì un linguaggio universale che si voleva impermeabile alle mode. La famosa pubblicazione di **Adolf Loos**, *Ornament und Verbrechen* (Ornamento e reato) del 1908, collegava l'eccesso di decorazione al degrado della società, mentre una pubblicazione del Werkbund del 1924, intitolata *Form ohne Ornament* (Forma senza ornamento) illustrava i vantaggi degli oggetti dal design semplice e razionale concepiti per la produzione industriale. Quest'epurazione della decorazione fu promossa anche da **De Stijl**; **Costruttivismo** e **Futurismo** dal canto loro non fecero che celebrare la macchina e il concetto di "arte della produzione". Dopo le devastazioni della prima guerra mondiale, designer come **Walter Gropius** riconobbero l'imperativo morale del Modernismo. Gropius diventò il primo direttore del **Bauhaus**, fondato nel 1919 per conferire unità alle arti e tradurre in pratica gli ideali riformatori dei pionieri del modernismo. Il Bauhaus, che costituì l'istituzione più importante del XX secolo per il design, ebbe un enorme influsso sullo sviluppo del Modern Movement attraverso la promozione del funzionalismo, di metodi di produzione industriali e di materiali nuovi come il tubolare metallico. L'efficienza funzionale di interni, mobili, oggetti in metallo, ceramiche e grafica di ispirazione Bauhaus produssero un linguaggio tanto coerente da divenire sino-

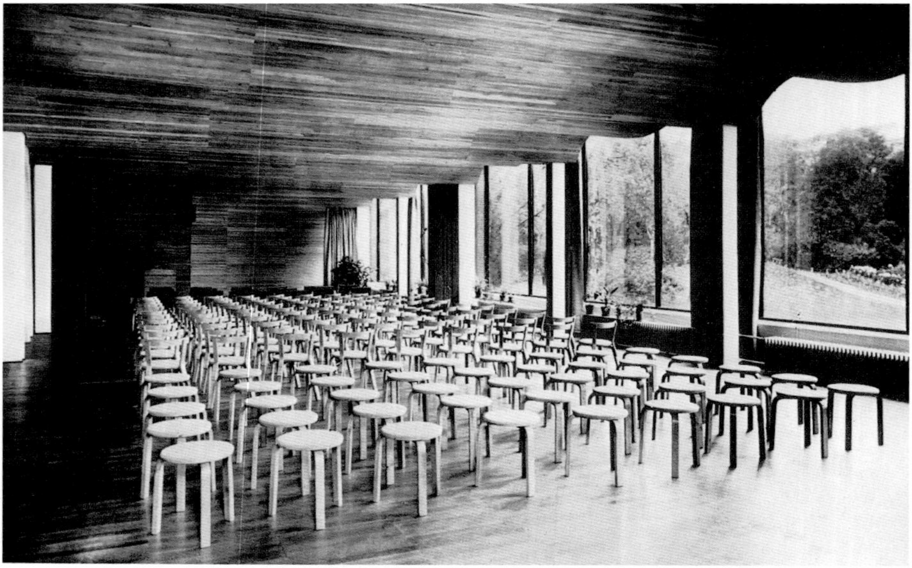

▲ **Alvar Aalto**, Sala conferenze alla biblioteca municipale di Viipuri, 1930–1935

► **Alvar Aalto**, Sedia a schienale alto per Huonekalu-ja Rakennustyötehdas, primi anni '30

nimo di Modernismo. Il nuovo approccio razionale al design veniva descritto con il termine tedesco Sachlichkeit (oggettività). Tuttavia, nel 1927, anno in cui si tenne la "Werkbund-Ausstellung" a Stoccarda, aveva già fatto la sua comparsa l'**International Style**, un'ulteriore forma di Modernismo chiaramente identificabile per il suo minimalismo, l'industrialismo e il linearismo. **Le Corbusier** svolse un ruolo fondamentale nella promozione di questa estetica riduttivista centrata sul concetto di macchina, anche se i suoi progetti erano sensibilmente meno funzionali di quelli prodotti dal Bauhaus. Negli anni '30, quando l'International Style si lasciò trascinare dalle mode, alcuni pensarono che gli obiettivi sociali del Modernismo fossero ormai stati snaturati. Gli esponenti dell'International Style, infatti, spinsero l'astrazione geometrica agli estremi, impiegando materiali industriali e un severo vocabolario formale a soli scopi stilistici. Il Modernismo sembò aver perso le sue implicazioni morali finché non fu adottato dai designer scandinavi, primo fra tutti **Alvar Aalto**, che introdusse una forza umanizzante nel Modernismo attraverso l'**Organic Design**. L'opera di Aalto riscosse particolare successo in Gran Bretagna e in America ispirando una nuova generazione di designer del Modern Movement, tra cui **Charles e Ray Eames**, e perpetuando un approccio olistico e organico al design che abbracciava materiali e tecnologie all'avanguardia. Sebbene le conquiste e la rilevanza del Modernismo siano stati oggetto di controversie per decenni, la sua fondamentale premessa morale democratica è inconfutabile.

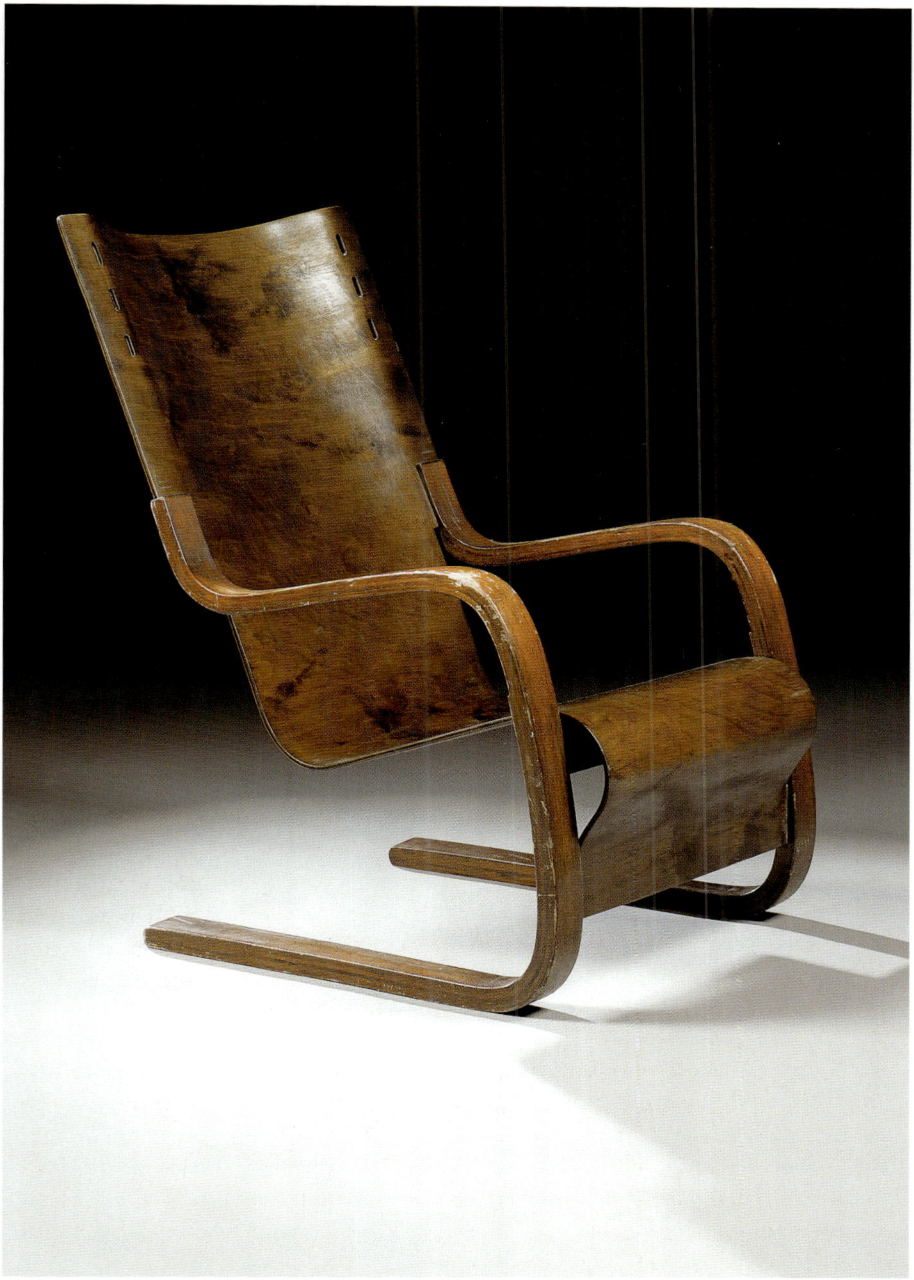

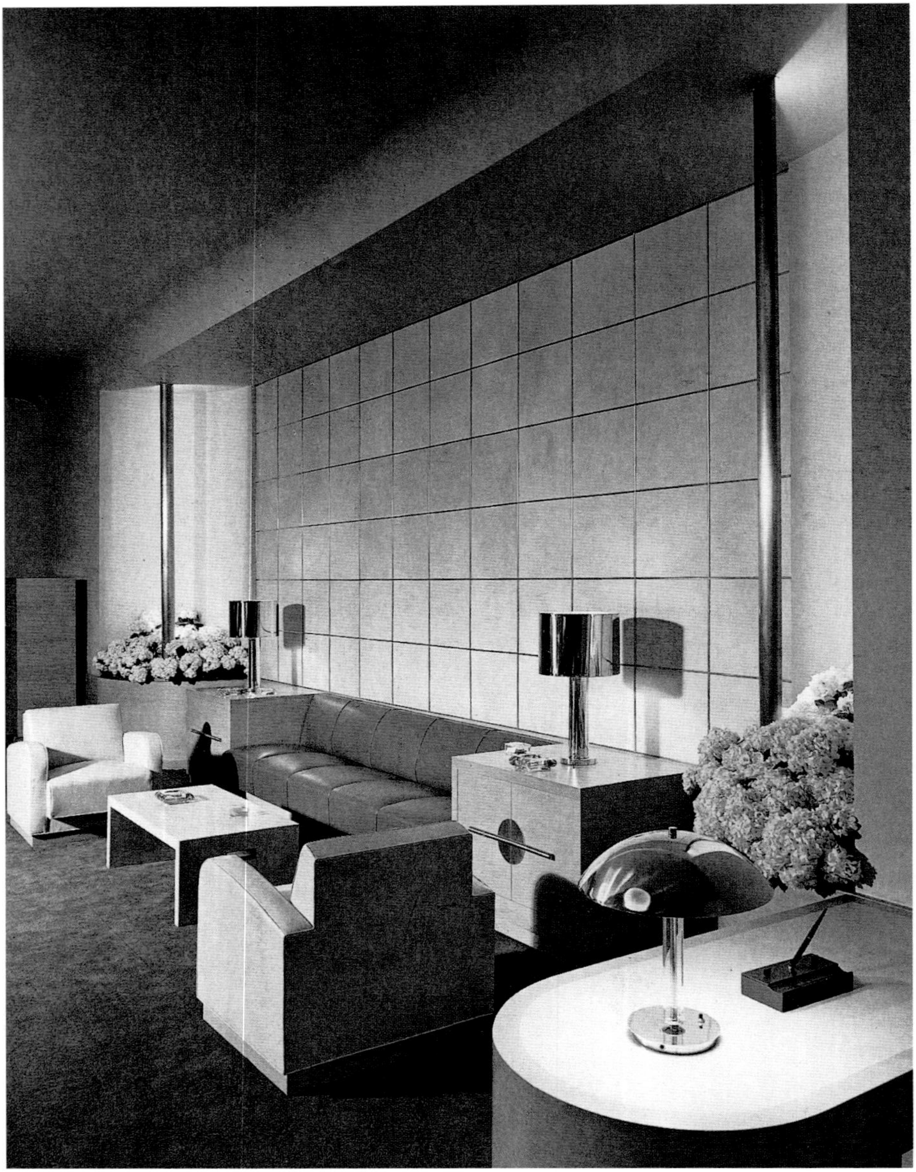

▲ **Walter Dorwin Teague**, Interno del Padiglione Forc alla Fiera mondiale di New York, 1939

Moderne

Il termine francese Moderne si riferisce a una forma di **Art Déco** influenzata sul piano stilistico dal **Modern Movement**. Diffusosi in Europa negli anni '20 e '30, fu negli Stati Uniti che lo stile Moderne godette di una reale fioritura. In questo periodo esponenti americani dello stile quali **Walter Dorwin Teague** e **Raymond Loewy** ricorsero allo **Streamlining** e a scintillanti rifiniture in alluminio e cromo, conferendo ai loro prodotti un aspetto d'avanguardia che li rese oltremodo attraenti. Il lussuoso stile Moderne era spesso caratterizzato da pesanti forme geometriche mutuate dai **Wiener Werkstätte**; ne sono esempi i sontuosi interni e mobili progettati da **Donald Deskey** per aziende e ricchi privati. Gli interni e i mobili di Deskey per Radio City Music Hall (1932–1933) rispecchiavano anche l'associazione dello stile Moderne con il glamour dell'industria cinematografica: più di ogni altra cosa furono infatti gli stravaganti set in vetro e cromo dei film hollywoodiani a rendere internazionale lo stile Moderne. L'opulenza e l'implicito ottimismo dello stile offrirono un illusorio sollievo dalle devastazioni della grande Depressione e vennero a simboleggiare il sogno americano. L'enorme successo del Moderne negli Stati Uniti è responsabile di molte delle differenze tuttora esistenti tra lo styling americano di oggetti e automobili e quello europeo. Molti degli aspetti decorativi dello stile sono stati ripresi dal **Post-Modernismo** e dal design retro di fine Novecento.

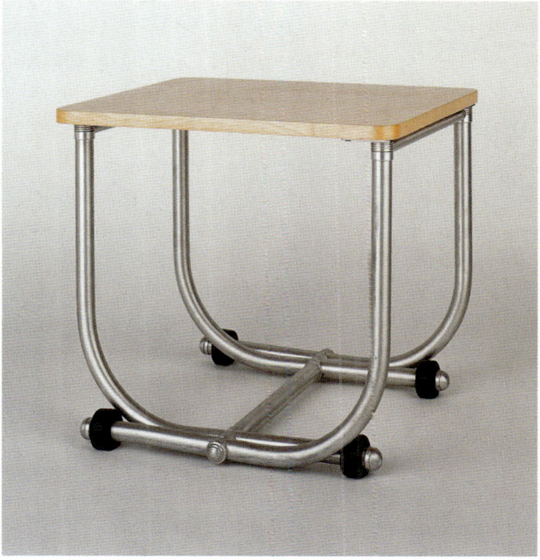

▸ **Warren McArthur (attribuito a)**, Tavolo, primi anni '30

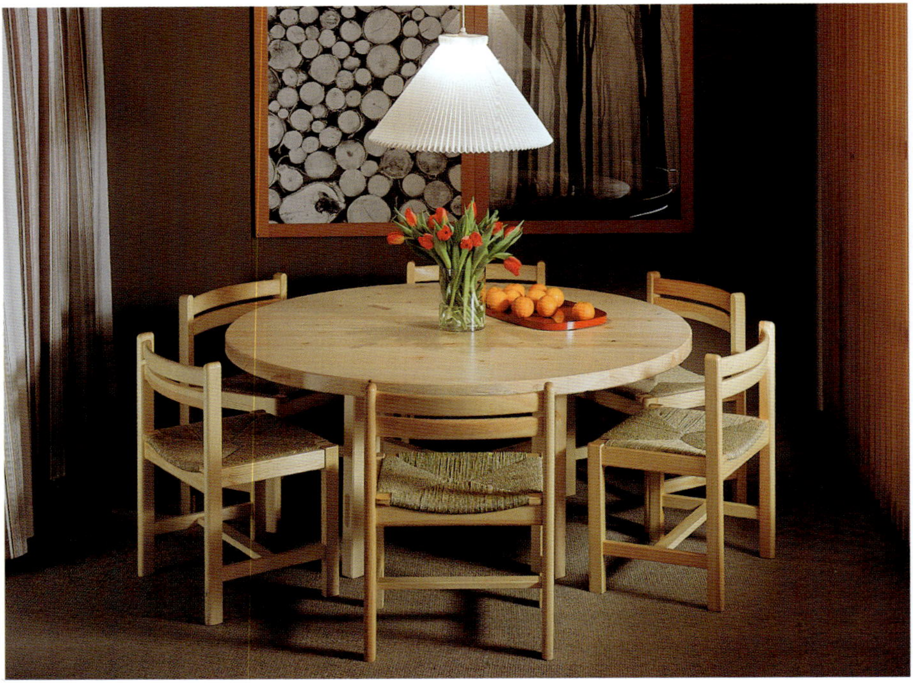

Børge Mogensen

1914 *Aalborg, Danimarca*
1972 *Copenhagen*

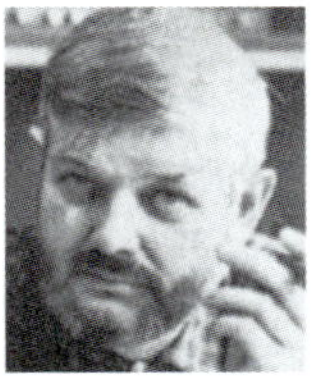

▲ Sedie *Asserbo* per Karl Andersson & Söner, 1964

Børge Mogensen studiò alla Kunsthandvaerkerskolan di Copenhagen dal 1936 al 1938, e dal 1938 al 1941 seguì i corsi di **Kaare Klint** alla facoltà di arredamento della Kongelige Danske Kunstakademi di Copenhagen, lavorandovi come assistente di Klint per due anni dopo la guerra. Dal 1939 espose annualmente le sue opere alla gilda dei mobilieri di Copenhagen e dal 1942 al 1950 diresse la sezione di furniture design dell'Associazione delle cooperative danesi. Successivamente aprì uno studio dove progettò mobili per Søborg Møbelfabrik, Frederica Stolefabrik e Karl Andersson & Söner. L'approccio all'arredamento di Mogensen, analogamente a quello del suo mentore, implicava la rielaborazione di tipologie tradizionali, come dimostrano il divano *n. 1789* (1945) e le sedie *Spagnola* (1959) e *Asserbo* (1964). Mogensen seguì l'esempio di Klint anche nella ricerca ergonomica, che portò alla realizzazione del sistema di arredamento *Øresund*, progettato in collaborazione con Grethe Meyer. Dal 1953, insieme a Lis Ahlmann (1894–1979), Mogensen progettò diversi tessuti per arredi per C. Olesen. I mobili di linea squisita e ottima fattura di Mogensen rappresentano un compendio del design danese: impiego di materiali naturali, costruzioni di alta qualità, reinterpretazione di forme storiche di successo.

László Moholy-Nagy studiò legge a Budapest. Prestato il servizio militare, si unì al gruppo di artisti rivoluzionari Ma (Domani), nella cui rivista presentò le sue opere. Inizialmente la sua attività artistica si limitò alla pittura ma nel 1920, quando si stabilì a Berlino dopo un breve soggiorno a Vienna, iniziò a sperimentare con la fotografia. La sua opera, esposta alla galleria Der Sturm, mostrava l'influenza di Dadaismo e **Costruttivismo**; nel 1922 Moholy-Nagy partecipò al Congresso dadaista-costruttivista a Weimar. **Walter Gropius**, direttore del **Bauhaus**, lo invitò a diventare membro del personale docente della scuola; nel 1923 Moholy-Nagy e **Josef Albers** furono nominati co-direttori del "Vorkurs", il corso propedeutico. Pur mantenendo la struttura base del corso delineata da **Johannes Itten**, essi si discostarono dal suo orientamento mistico, promuovendo un approccio industriale al design; a questo scopo Moholy-Nagy tenne un corso su "materiali e spazio". Succedette a Paul Klee (1879–1940) come "maestro della forma" nel laboratorio di metalli, dove ebbe tra i suoi studenti **Marianne Brandt** e **Wilhelm Wagenfeld**. Moholy-Nagy si interessò anche di cinema, tipografia e fotografia. Curò la serie *Bauhausbücher* e scrisse varie opere, tra le quali *The New Vision: From Material to Architecture* (1928). Nel 1928 lasciò il Bauhaus e si stabilì a Berlino, dove gestì uno studio grafico e progettò mostre e set teatrali. Nel 1934 si trasferì ad Amsterdam, e dal 1935 al 1937 risiedette a Londra, dove disegnò poster per London Transport ed elaborò effetti speciali per il regista Alexander Korda. Emigrò in America nel 1937, dove diresse il New Bauhaus di Chicago, che ebbe vita breve; dopo la sua chiusura nel 1938 Moholy-Nagy fondò la **School of Design di Chicago** continuando a insegnare in America i principi funzionalisti del Bauhaus.

László Moholy-Nagy

1895 *Bácsborsod, Ungheria*
1946 *Chicago*

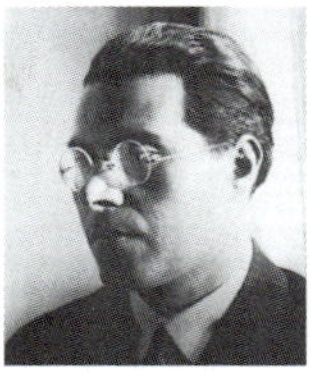

▼ **Herbert Bayer**, manifesto di "Experiment in Totality: Moholy-Nagy", 1950

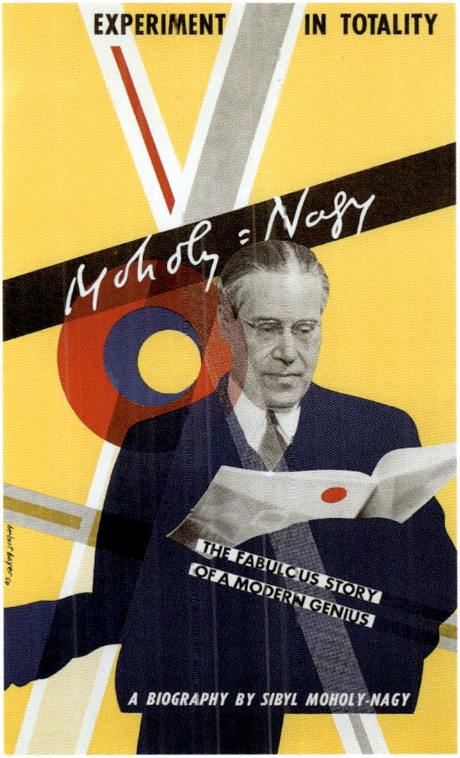

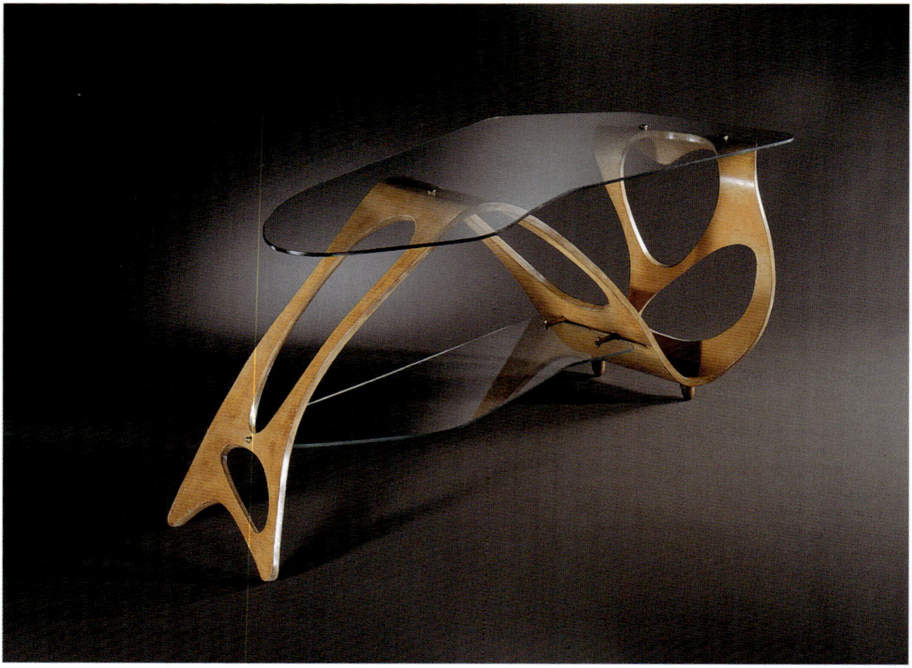

Carlo Mollino

1905 *Torino*
1973 *Torino*

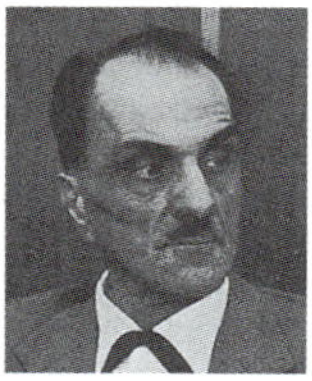

Figlio di Eugenio Mollino, illustre architetto e ingegnere torinese, Carlo Mollino studiò ingegneria e storia dell'arte e poi si iscrisse alla Facoltà di architettura dell'Università di Torino, dove si laureò nel 1931. In seguito lavorò nello studio del padre e nel 1933 vinse il primo premio nel concorso per la sede della Federazione Agricoltori a Cuneo. Quell'anno progettò gli interni della sua abitazione, Casa Miller, dove allestì uno studio fotografico per i suoi nudi erotici femminili. Nel 1937 progettò la Società Ippica di Torino, purtroppo demolita nel 1960, ritenuta il suo capolavoro architettonico. Per i suoi interni Mollino disegnò anche i mobili, molto spesso biomorfi. Il suo approccio altamente espressivo al design, ispirato al **Futurismo** e al **Surrealismo**, fu definito "Barocco torinese" e interpretato come l'antitesi del **Razionalismo** affermatosi a Milano. Tra il 1952 e il 1968 Mollino tenne anche un corso di storia dell'architettura alla Facoltà di architettura di Torino. Fu un designer stimato di auto da corsa: la sua *Osca 1100* vinse la 24 ore di Le Man nel 1954. Le esuberanti forme tipiche del **Biomorfismo** introdotto da Mollino ebbero una potente influenza sullo styling dell'Italia postbellica.

▲ Tavolo *Arabesque* per Apelli & Varesio, 1950

► Combinazione radio e fonografo, 1949

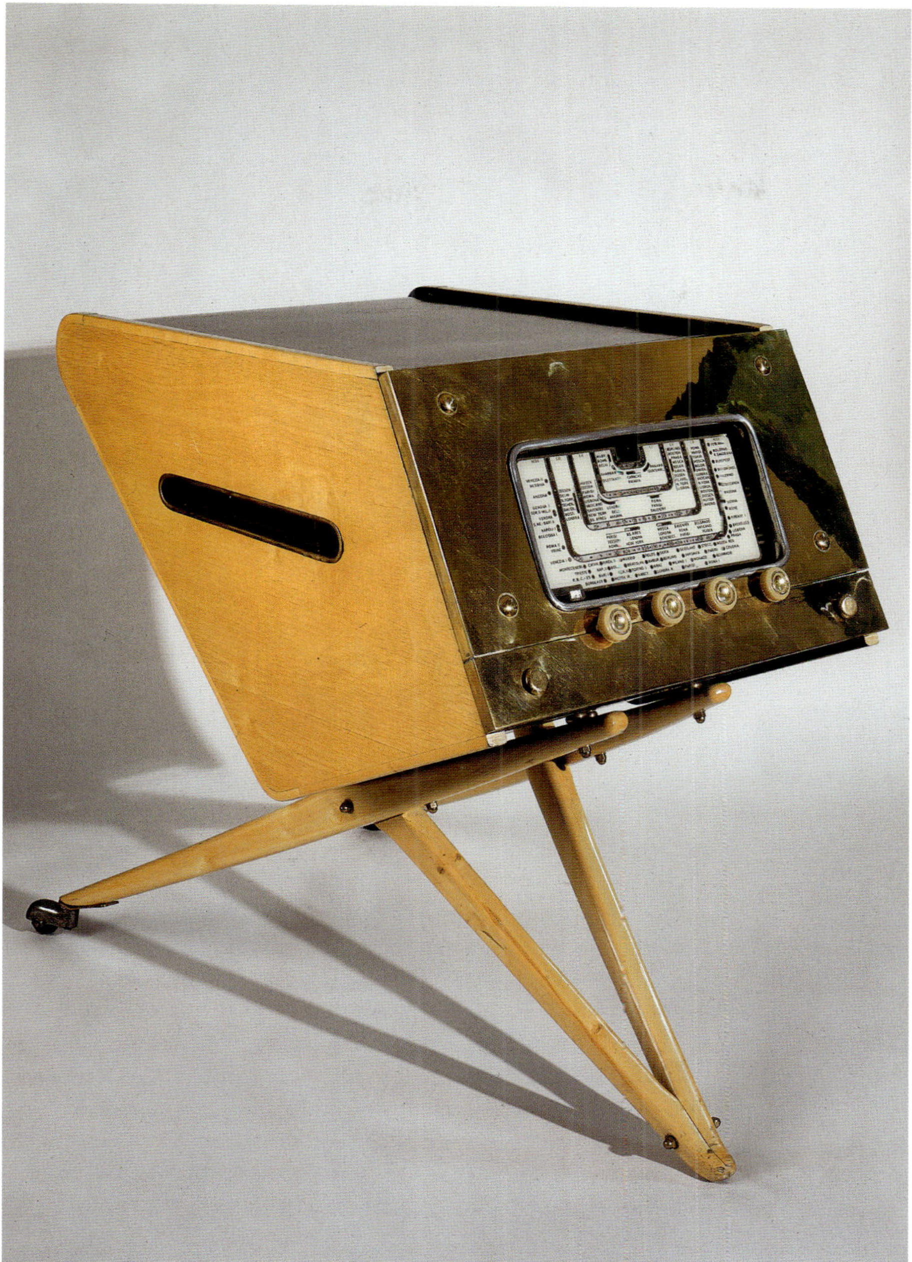

ABCDEFGHIJKLMN
OPQRSTUVWXYZ
abcdefghijklmnopqrst
uvwxyz 1234567890
&.,:;‘’“”-!?()—

Monotype Corporation

1897–1992
Salfords/Surrey

Nel 1885 l’inventore americano Tolbert Lanston brevettò un’innovativa macchina da tipocomposizione; due anni dopo fondò la Lanston Monotype Corporation per commercializzare la sua invenzione, ma non riuscì a ottenere i finanziamenti necessari in America, così nel 1897 aprì una filiale in Gran Bretagna e nel 1902 una fabbrica a Salfords nel Surrey. La Monotype si differenziava notevolmente dalla rivale Linotype in quanto produceva caratteri singoli invece di intere linee. Sebbene la tipocomposizione con la Monotype fosse più lenta che con la Linotype, il processo monotype si adattava meglio a testi più complessi, soprattutto quando questi non erano articolati in un unico blocco. Nel 1912 la Lanston Monotype Corporation lanciò il carattere *Imprint*, il primo elaborato per la composizione meccanica; la sua chiarezza tipografica consentì alla società di eguagliare la qualità delle tradizionali fonderie di caratteri. Nel 1922 Stanley Morison (1889–1967) fu nominato consulente tipografico e riprogettò i caratteri *Garamond* (1922), *Baskerville* (1923) e *Fournier* (1924) dando l’incarico a **Eric Gill** di disegnarne di nuovi, tra cui il *Gill Sans* (1928). Nel 1931 l’azienda prese il nome di Monotype Corporation Limited e *il Times* di Londra le commissionò la creazione di un nuovo carattere: realizzato dalla Monotype nel 1932, il *Times New Roman* è diventato uno dei caratteri più utilizzati del XX secolo.

▲ **Stanley Morison**, carattere *Times New Roman*, 1931

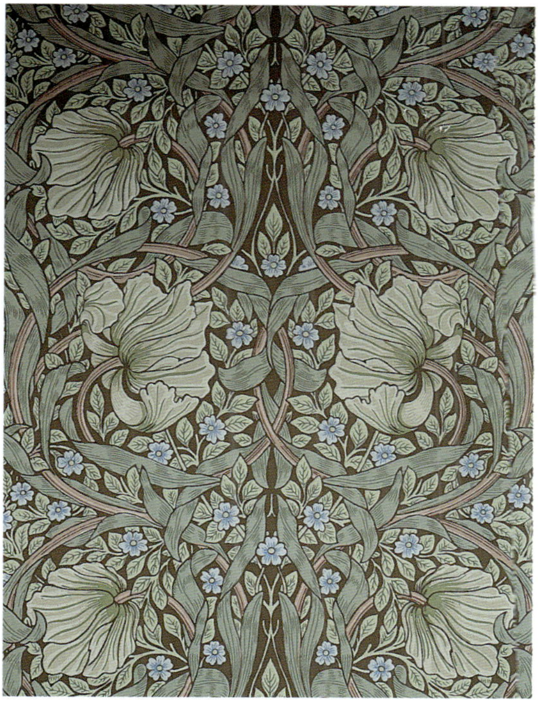

◂ Carta da parati *Pimpernel* prodotta da Jeffrey & Co. per Morris & Co., 1876

William Morris

1834 *Walthamstow*
1896 *Londra*

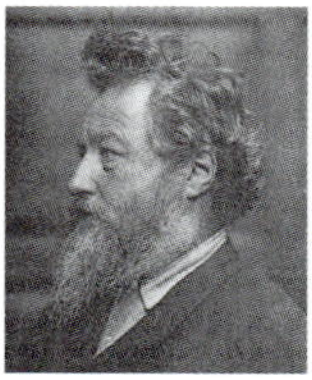

William Morris studiò teologia all'Exeter College di Oxford e in seguito frequentò per un breve periodo i corsi di architettura tenuti da George Edmund Street (1824–1881). Fu influenzato dalle idee riformiste sulla società e l'arte di John Ruskin (1819–1900) e dalla romantica fuga dalla realtà dei Preraffaelliti. Su insistenza di Dante Gabriel Rossetti (1828–1881), si cimentò nella pittura, che presto abbandonò per le arti decorative. Il suo primo progetto di arredamento su larga scala fu la propria casa, la Red House a Bexleyheath, progettata nel 1859 da Philip Webb (1831–1915). Morris e i suoi amici l'arredarono con ricami, murales, vetri colorati e mobili dipinti, tutto in stile preraffaellita, un esperimento di collaborazione che nel 1861 sfociò nella costituzione della Morris, Marshall, Faulkner & Co., attraverso la quale Morris cercò di tradurre in pratica le sue teorie riformiste. Negli anni '60 Morris diede vita ad uno stile ispirato a valori di semplicità, utilità e bellezza. Oltre a progettare interni completi, l'azienda vendeva anche una vasta gamma di articoli tra cui mobili, oggetti in vetro colorato, carte da parati, articoli in metallo, ceramiche, piastrelle, ricami, tappeti e tessuti. Morris desiderava portare il buon design alle masse ma al tempo stesso rifiutava la

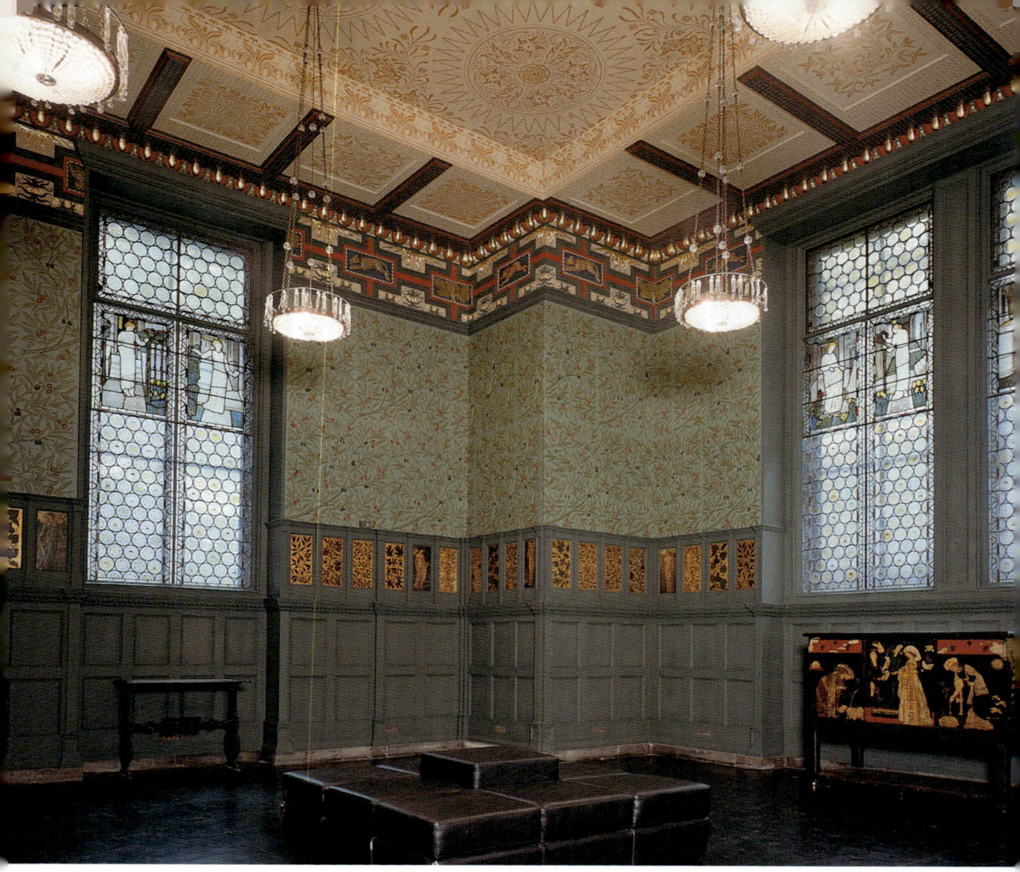

▲ **Morris, Marshall, Faulkner & Co.,**
Sala da pranzo verde
al South Kensington Museum (oggi Victoria & Albert Museum),
1866–1867

meccanizzazione in quanto riteneva che la divisione del lavoro alienasse l'operaio dal suo lavoro e in ultima analisi dalla società. Paradossalmente, questo rifiuto della produzione industrializzata faceva crescere il costo delle creazioni di Morris, che quindi erano esclusivamente alla portata dei ricchi. Tuttavia, attraverso le sue attività alla Morris & Co., riportò in auge molti tipi di artigianato e introdusse pratiche di produzione etiche. Oltre a essere il principale sostenitore dell'**Arts & Crafts Movement**, un designer prolifico e un design manager di successo, Morris fu un apprezzato poeta e autore, dai cui scritti traspare una forte tensione utopica. Socialista di primo piano, contribuì a gettare le fondamenta del British Labour Movement, il movimento dei lavoratori britannici. Le idee riformiste di Morris – il lusso subordinato a utilità, semplicità e appropriatezza; la moralità insita nella produzione di oggetti di qualità, e l'impiego del design come mezzo democratico per conseguire il mutamento sociale – influirono in maniera decisiva sulle origini del **Modern Movement**.

Jasper Morrison

1959 *Londra*

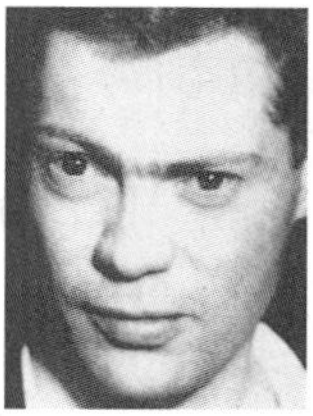

Jasper Morrison studiò a Londra, alla Kingston School of Art and Design e al **Royal College of Art**, dove si laureò nel 1985; nel 1984 aveva vinto una borsa di studio per l'Accademia delle arti di Berlino. All'inizio degli anni '80 Morrison divenne famoso grazie ai suoi mobili sperimentali, come il tavolo *Flowerpot* (1983) e la sedia *Wing-Nut* (1984). Nel 1986 aprì uno studio a Londra, Office for Design, ed espose le sue opere nel negozio della Shiseido a Tokyo, alla Galerie Néotù di Parigi e alla mostra "British Design" di Vienna. L'anno successivo progettò lo stand dell'agenzia di stampa Reuter alla mostra "Dokumenta 8" a Kassel, e nel 1988 partecipò alla "Design Werkstadt" con un allestimento intitolato "Some New Items for the House I" (Nuovi articoli per la casa) alla galleria DAAD di Berlino. Alla celebre sedia *Thinking Man's* (1987) da interno ed esterno, progettata per Cappellini, fece seguito la sedia *Ply* (1989) creata per **Vitra**, che anticipò l'approccio dematerializzato al design tipico della sua opera successiva. Nel 1992, insieme a James Irvine (1958), Morrison organizzò il *Progetto Oggetto* per Cappellini, una collezione di articoli per la casa creata da un gruppo di giovani designer tra cui **Stefano Giovannoni**, Konstantin Grcic (1965) e Axel Kufus (1958). Lo stesso anno Morrison pubblicò un libro intitolato *A World Without Words* e ricevette il premio Bundespreis für Produktdesign per una serie di maniglie realizzate per FSB. Nel 1993 progettò un allestimento per l'Österreichisches Museum für angewandte Kunst di Vienna e due anni dopo gli venne dedicata una mostra all'Arc en Rêve Centre d'architecture di Bordeaux. Ad oggi, la sua commissione più importante è il progetto del nuovo Tram di Hannover per Expo 2000, premiato con l'IF Transportation Design Prize e l'Ecology Award. L'opera esteticamente pura e altamente funzionale di Morrison esemplifica la "nuova semplicità" nel design.

▾ Divano *Three* per Cappellini, 1992

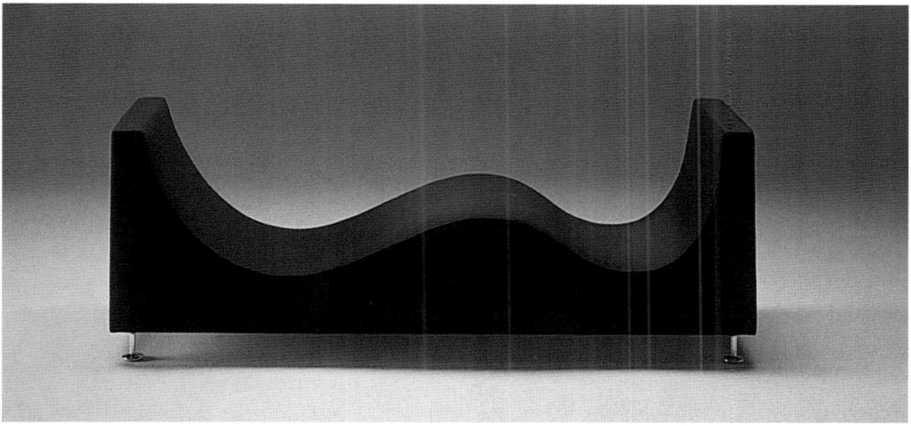

Koloman Moser

1868 *Vienna*
1918 *Vienna*

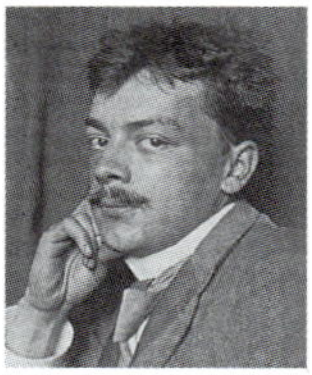

Koloman Moser studiò design e pittura all'Akademie der Bildenden Künste di Vienna dal 1885 al 1892, e nel 1886 seguì un corso tenuto dal professore Franz Rumpler (1848–1922) all'Allgemeine Malerschule di Vienna. Mentre era ancora studente, Moser creò opere grafiche per le riviste *Wiener Mode* e *Meggendorfers Humoristische Blätter*. Dal 1893 al 1895 studiò grafica alla Kunstgewerbeschule di Vienna e fu insegnante di disegno dei figli dell'arciduca Karl Ludwig. Collaborò con diversi artisti progressisti, tra cui Gustav Klimt (1862–1918), e nel 1894 fondò il Siebener Club (Club dei sette) con **Josef Hoffmann** e **Josef Maria Olbrich**. Dal 1895 Moser lavorò come grafico indipendente, partecipando con altri artisti e l'editore Martin Gerlach alla pubblicazione di una serie di volumi in folio intitolata *Allegorien, Neue Folge* (1895). Fu tra i fondatori della **Secessione** viennese e nel 1898 divenne direttore della rivista del gruppo, *Ver Sacrum*, per la quale produsse numerose illustrazioni. Iniziò a insegnare pittura alla Kunstgewerbeschule di Vienna nel 1899, ottenendo il professorato nel 1900. Quello stesso anno Moser espose i suoi mobili e altri innovativi design, tra cui una serie di bicchieri da liquore successivamente distribuiti da Bakalowits & Söhne, all'VIII Mostra secessionista di Vienna e all'"Exposition Universelle et Internationale" di Parigi. Nel 1901 fondò insieme ad altri il gruppo Wiener Kunst im Haus, e due anni dopo, insieme a Josef Hoffmann e Fritz Wärndorfer (1869–1939), i **Wiener Werkstätte**. In qualità di direttore artistico di questa azienda all'avanguardia, Moser produsse mobili, pezzi d'argenteria, oggetti in metallo, tessuti, gioielli e grafica; disegnò anche costumi e set per il Cabaret Fledermaus, un teatro fondato da Hoffmann e concepito come **Gesamtkunstwerk**. Dal 1901 circa Moser sostituì ai motivi naturalistici e astratti di stile secessionista fantasie geometriche, tra cui le sue caratteristiche griglie a quadrati in bianco e nero ispirate all'arte egizia e assira. La severa geometria di queste creazioni anticipò il formali-

▼ Caraffa da sherry con montatura metallica placcata in argento per E. Bakalowits & Söhne, 1901

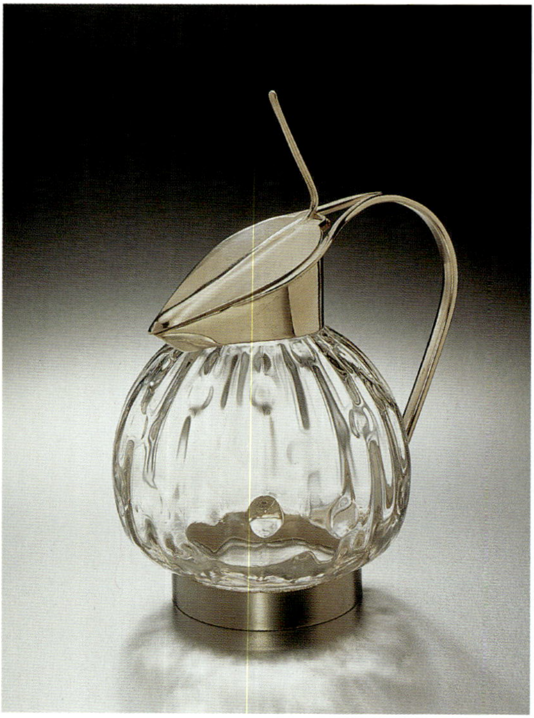

▸ **School of Koloman Moser**, Vaso in vetro e metallo placcato d'argento per E. Bakalowits & Söhne, 1902

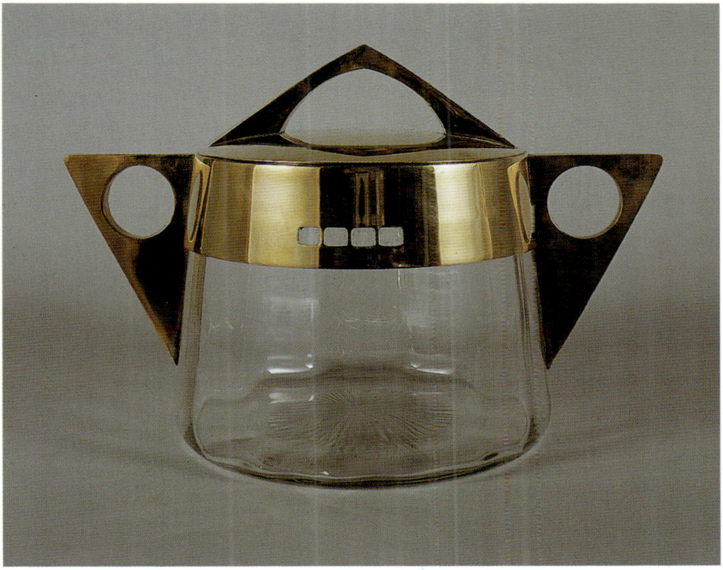

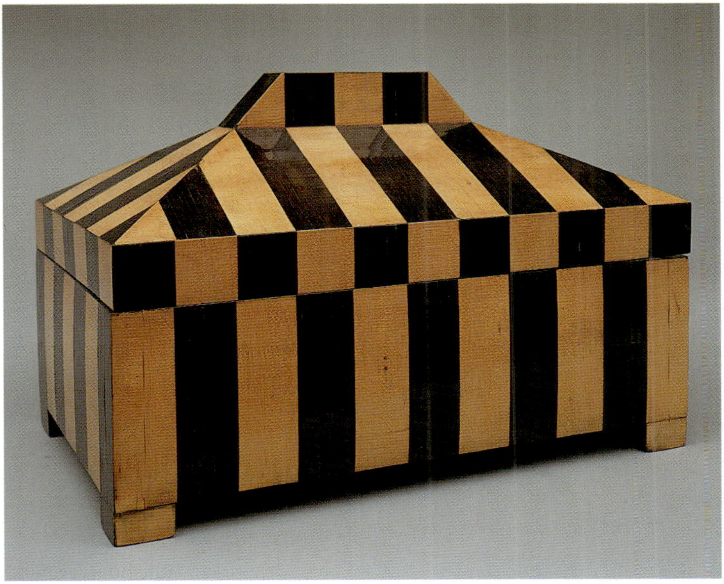

◂ Scatola in legno per Wiener Werkstätte, 1905 ca.

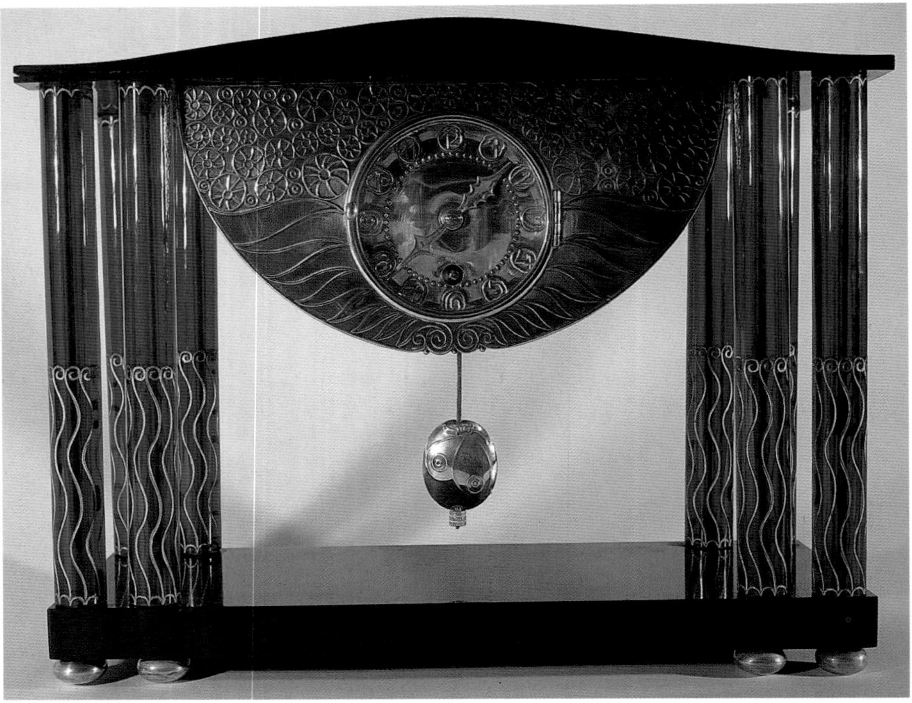

▲ Orologio per Wiener Werkstätte, 1906 ca.

smo geometrico promosso dal **Bauhaus** negli anni '20. Oltre ai lavori per Wiener Werkstätte, Moser disegnò anche vetri per Loetz, tessuti per Johann Backhausen & Söhne e mobili per **J. & J. Kohn**. Inoltre lavorò come designer di libri per diverse case editrici, tra cui H. Bruckmann, e tra il 1904 e il 1906 progettò le vetrate istoriate della chiesa Am Steinhof di **Otto Wagner**. Nel 1908, in seguito a un litigio con Fritz Wärndorfer, Moser lasciò i Wiener Werkstätte. Si concentrò sulla pittura, ma continuò a realizzare set per il teatro dell'opera. I suoi dipinti furono esposti a Düsseldorf, Dresda, Budapest, Roma e Berlino tra il 1909 e il 1916. Moser è stato un designer prolifico e dal talento versatile, la cui opera ha realizzato la transizione stilistica dalla maniera naturalistica a quella geometrica, che segnò il passaggio dal XIX al XX secolo.

Serge Mouille

1922 *Parigi*
1988 *Monthiers, Francia*

Nel 1937 Serge Mouille lavorò nel laboratorio di scultura e argenteria di Gilbert Lacroix, poi s'iscrisse all'École des Arts Appliqués di Parigi per perfezionarsi nella lavorazione dell'argento. Completò gli studi nel 194[illegible] e quattro anni dopo aprì un ufficio, insegnando contemporaneamente nella sua vecchia scuola. Disegnò il suo primo prototipo di lampada nel 1953 per l'architetto e decoratore Jacques Adnet (1900–1984), allora direttore della Compagnie des Arts Français di Süe e Mare. La lampada poggiava su uno stelo a tre gambe dal quale partivano bracci a tre luci; i paralumi metallici *tétine* (tetta), tipici di Mouille, avevano una forma ideale per riflettere la luce ed erano inclinabili praticamente in qualsiasi posizione. Nel 1953 Mouille partecipò a una mostra al Musée des Arts Décoratifs di Parigi e due anni dopo diventò membro sia della Société des Artistes Décorateurs che della Société Nationale des Beaux-Arts. Mouille collaborò con Louis Sognot (1892–1970) alla creazione di soluzioni di illuminazione e fu uno dei designer d'**avant-garde**, come **Jean Prouvé**, che videro i propri design esposti alla galleria Steph Simon, aperta nel 1956. Le eleganti lampade di Mouille degli anni '50, come *Oeil*, *Cocotte*, *Antony*, *Tuyau*, *Saturne*, *Agrafée* e *Secrétaire*, avevano paralumi metallici smaltati in bianco o nero, regolabili e poggiati su sottili piedistalli di metallo. Nel 1958 Mouille lanciò due nuove lampade all'"Exposition Universelle et Internationale" di Bruxelles, una grande applique a tre bracci e una lampada da soffitto a sei bracci. Le lampade realizzate successivamente, come quelle per l'Université d'Anthony e la Cathédrale de Bizerte, erano più pesanti e presentavano forme più architettoniche. Nel 1961 Mouille fondò la Société de Création de Modèles a sostegno dei giovani designer e nel 1963 ricevette una medaglia d'oro dalla Société d'Encouragement à l'Art et à l'Industrie.

▾ Lampada a stelo, 1953

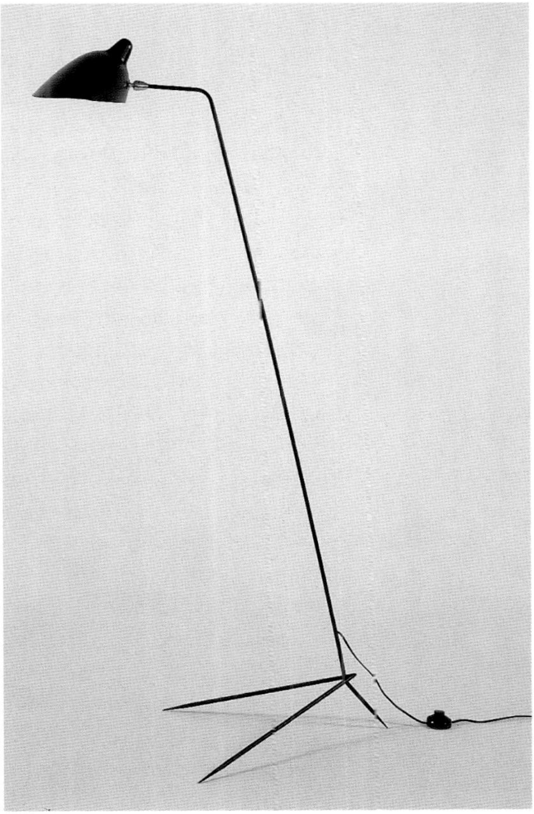

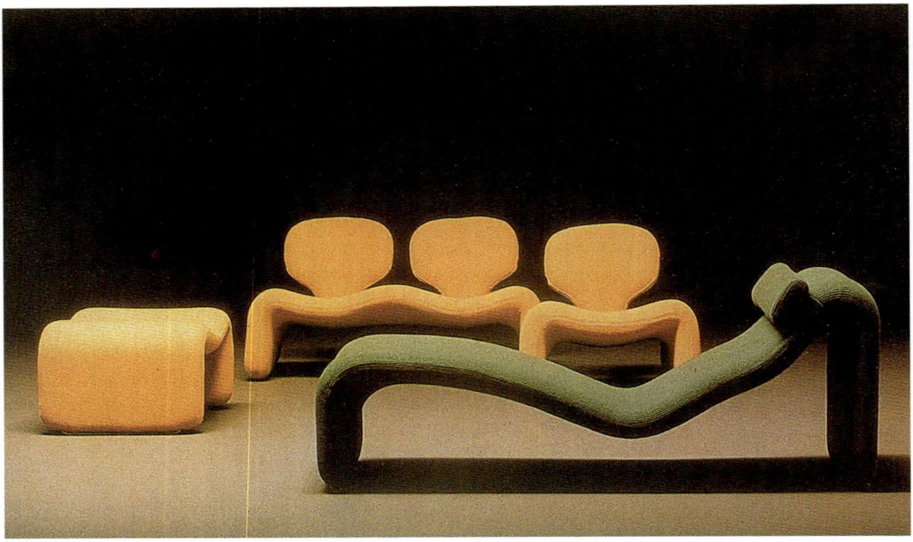

Olivier Mourgue

1939 *Parigi*

Olivier Mourgue iniziò a studiare design d'interni nel 1954 all'École Boulle di Parigi; dal 1958 al 1961 proseguì gli studi all'École Nationale Supérieure des Arts Décoratifs di Parigi e poi in Svezia e Finlandia. Lavorò come designer d'interni per l'Agence d'Architecture Intérieure Gautier-Delaye a Parigi progettando mobili per Airborne (1963–1966), e poi aprì uno studio a Parigi creando articoli d'arredamento per Mobilier National (dal 1966) e Prisunic (1969), e interni d'auto per Renault (1977). La sua linea di sedie *Djinn*, squisitamente scultorea e antropomorfa (1965), uno dei primi esempi di mobili con imbottitura di schiuma uretanica su struttura in tubolare d'acciaio, aveva un aspetto talmente futuristico da essere usata nell'epico film di Stanley Kubrick *2001: Odissea nello spazio* (1968). Mourgue progettò gli interni dei padiglioni francesi per l'Expo '67 di Montreal e l'Expo '70 di Osaka; ricevette un premio dall'ADI (Associazione per il Disegno Industriale) e un premio Eurodomus nel 1968. Al pari di **Verner Panton** e **Joe Colombo**, approfondì i concetti di ambiente da vivere, spazio e mobilità. Nel 1970 progettò per sé uno studio mobile su ruote e una linea di sanitari in plastica dalle superfici morbide; espose inoltre un sistema sperimentale di divisori modulari in un allestimento alla mostra "Visiona 3" organizzata dalla Bayer in Germania nel 1971. Nel 1976 aprì uno studio a Kéralio, in Bretagna, e divenne docente all'Institut de Géo-Architecture dell'École des Beaux-Arts di Brest. Anche il fratello minore di Mourgue, Pascal (1943), è un noto designer di mobili.

▲ Poltrone *Djinn* per Airborne International, 1965

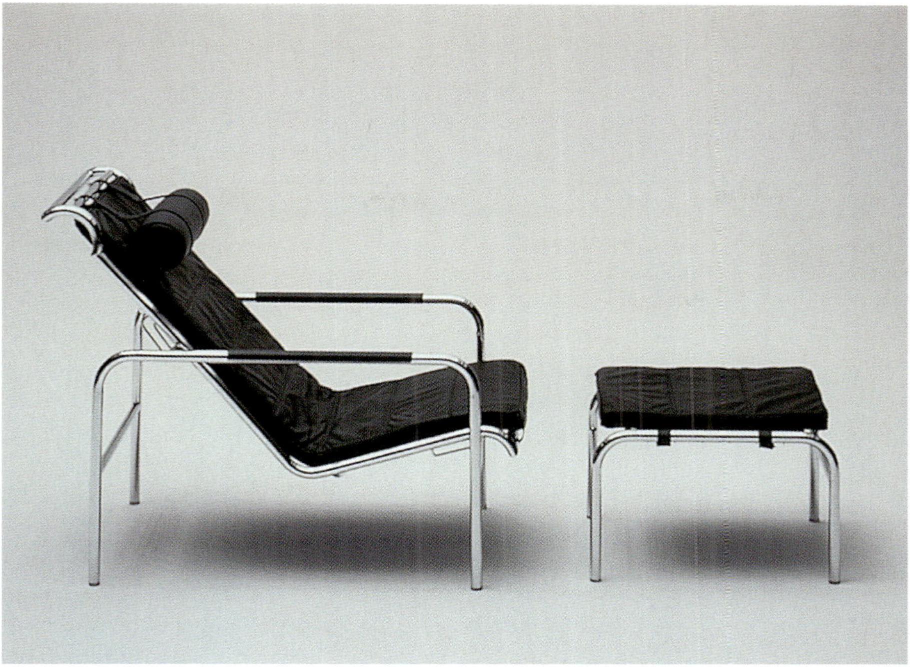

Gabriele Mucchi

1899 Torino

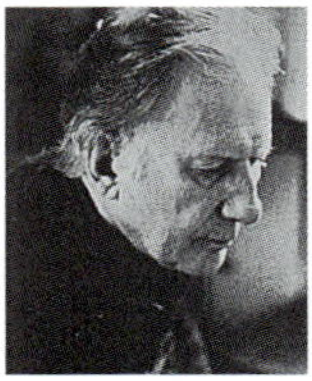

Gabriele Mucchi, figlio del pittore Anton Maria Mucchi, studiò a Torino, Roma, Catania e Correggio e in seguito s'iscrisse alla facoltà di ingegneria di Bologna, dove si laureò nel 1923. Mucchi si definiva uno "scopritore di forme per oggetti di uso quotidiano": il termine "industrial designer" non era ancora stato coniato. La sua opera fu presentata alla mostra "Il XX secolo italiano" tenuta nel 1926 a Milano e dal 1931 al 1933 espose privatamente alla Galleria Bonaparte. Nel 1934 si trasferì a Milano, in una casa che sarebbe diventata un punto di riferimento per artisti e antifascisti successivamente organizzatisi nel gruppo Corrente. Sebbene fosse un membro attivo di questo gruppo antifascista, paradossalmente Mucchi faceva anche parte del movimento razionalista di architettura e design che per un certo periodo fu appoggiato dai fascisti. Dal 1934 al 1945 Mucchi creò varie sedie per il produttore milanese Emilio Pino Crespi, tra cui la sedia *Genni* (1935 ca.) in pelle e tubolare metallico cromato, riproposta da Zanotta nel 1982. I suoi disegni furono esposti a Milano nel 1949 e a Praga, Berlino e Dresda nel 1955. Nel 1984 la Humboldt-Universität di Lipsia gli conferì la laurea ad honorem. I mobili di Mucchi rappresentano un compendio del razionalismo italiano, i cui esponenti si consideravano paladini dell'era moderna.

▲ Poltrona *Genni* e sgabello per Crespi, Emilio Pino, 1935 ca. (riproposti da Zanotta)

Alphonse Mucha

1860 *Ivancice, Moravia*
1939 *Praga*

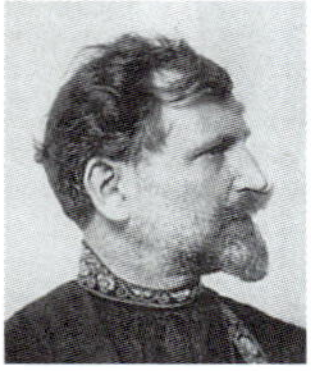

► Poster pubblicitario delle cartine per sigarette Job, 1896

▼ Zodiaco per la rivista *La Plume*, 1896–1897

Alphonse Mucha fu assunto nel 1879 come pittore teatrale a Vienna, dove fu influenzato dall'opera dell'artista Hans Makart (1840–1884). Nel 1883 lavorò al progetto decorativo del castello di Emmahof, nei pressi di Grussbach, di proprietà del conte Khuen-Belassi. Realizzò anche un paravento a tre pannelli per il conte, che in seguito finanziò i suoi studi di belle arti a Monaco, dal 1884 al 1887, e a Parigi. Poco dopo il suo arrivo nella capitale francese, Mucha iniziò a lavorare come designer, illustratore e grafico. Nel 1889 creò i suoi primi francobolli e nel 1892 produsse la sua prima locandina. Sarah Bernhardt, dopo aver visto il celebre manifesto che la ritraeva nei panni di Gismonda, lo incaricò di realizzare le locandine delle sue rappresentazioni per sei anni. Per lei Mucha disegnò anche monili realizzati dal gioielliere Georges Fouquet (1862–1957). Creò poi diversi interni con i caratteristici motivi a volute, tra cui quello del negozio di Fouquet in Rue Royale a Parigi, per il quale disegnò ogni particolare, dalle maniglie delle porte ai mobili, dai vetri colorati alle lampade. Nel 1897 a Parigi si tenne una mostra dedicata a Mucha e la rivista *La Plume* dedicò alla sua opera un numero speciale. Tenuta anche a Praga, Monaco, Bruxelles, Londra e New York, la mostra contribuì a dare risonanza internazionale al suo nome. Mucha fu premiato per il padiglione della Bosnia-Herzegovina all'"Exposition Universelle et Internationale" di Parigi del 1900. Pubblicò due libri dedicati alla propria opera nel 1902 e nel 1905. Nel 1903 viaggiò in America, dove disegnò gioielli in collaborazione con **Louis C. Tiffany**. I poster pubblicitari per Waverley Cycles (1898), le cartine per sigarette Job (1896) e lo champagne Moët & Chandon (1899) contribuirono alla sua popolarità; nel 1907 fu lanciato un sapone che portava il suo nome sulla confezione. Le sue illustrazioni per libri, i disegni per tessuti, le locandine, il materiale pubblicitario, le cartoline e le serie di stampe litografiche decorative come *Les Saisons* (1896), *Les Fleurs* (1897) e *Les Arts* (1898) rappresentano la quintessenza dell'**Art Nouveau**.

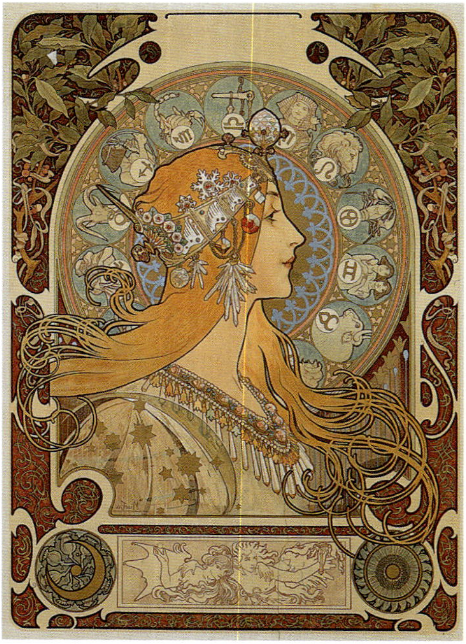

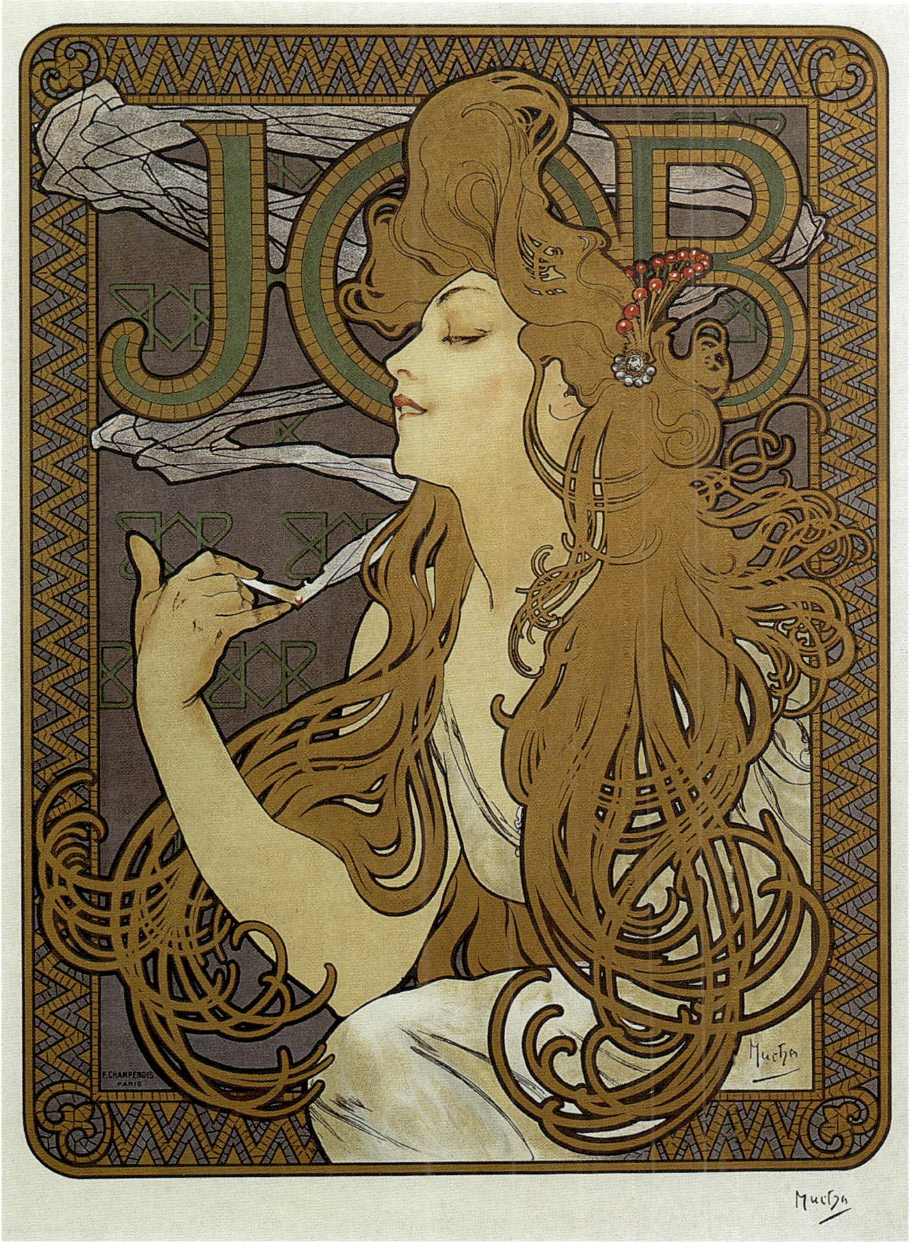
JOB
F. CHAMPENOIS
PARIS
Mucha

▸ Sedia *modello n. 5000 Singer*, 1945 (riproposta da Zanotta)

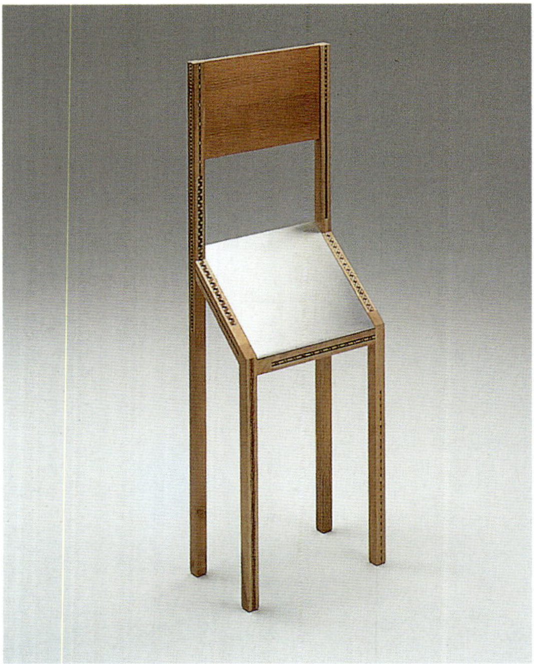

Bruno Munari

1907 *Milano*
1998 *Milano*

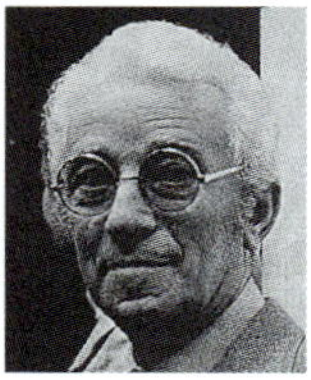

Bruno Munari studiò all'Istituto tecnico di Napoli e dal 1927 fu pittore e scultore a Milano e Roma. Influenzato dal Futurismo, espose le sue opere alle mostre "Secondo Futurismo" (1927), "Trentatré Futuristi" (1929) e alla Biennale di Venezia (1929). Nel 1932 cominciò a interessarsi di fotografia, e l'anno successivo intraprese l'attività di grafico producendo le strutture cinetiche *Macchine Inutili*. Iniziò a illustrare libri nel 1945, realizzando numerosi libri per ragazzi dal 1949 in poi. Nel 1948 fondò insieme ad altri il Movimento Arte Concreta e due anni dopo iniziò a sperimentare l'interazione del colore usando immagini positive e negative. Dopo il 1945 progettò anche oggetti e mobili, tra cui una scimmia giocattolo per Pigomma (1954) per la quale ricevette il **Compasso d'Oro**. Prestò la propria consulenza a IBM, **Olivetti**, Cinzano, Danese, La Rinascente, Pirelli e Mondadori. All'inizio degli anni '70 tenne corsi di basic design e comunicazione visiva avanzata alla Harvard University ed ebbe una cattedra al Politecnico di Milano. La sedia *Singer* (1945) di Munari rispecchia la sua visione unitaria di belle arti e design.

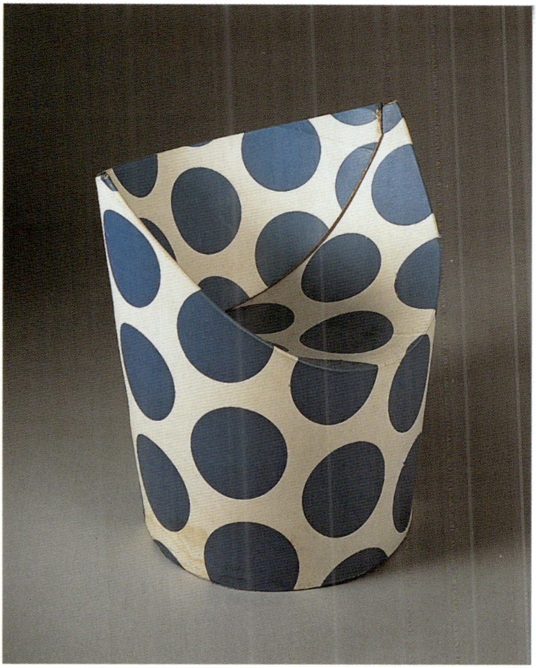

◂ Sedia per bambini in cartone *Spotty* per International Paper, 1963

Peter Murdoch

1940 *Birmingham*

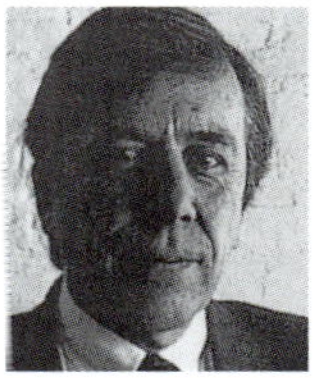

Peter Murdoch studiò al **Royal College of Art** di Londra dove si laureò nel 1963. Ancora al college disegnò *Spotty* (1963), una sedia a pois in cartone per bambini che divenne rapidamente un'icona dell'epoca pop. I bassi costi di produzione e lo spirito "usa e getta" racchiuso in questo emblema del **Pop Design** costituirono una risposta ideale alla domanda del mercato di consumo di massa degli anni '60. La sedia venne prodotta in America da International Paper e venduta in forma di pacco piatto, da montare come un origami. Si trattava di un articolo sorprendentemente elastico grazie alla laminazione in cinque strati di tre diversi tipi di carta. Nel 1967 Murdoch disegnò la sedia, il tavolo e lo sgabello *Those Things*, di analoga costruzione, prodotti dalla sua società, la Perspective Designs. Questi mobili per bambini, stampati con un motivi alfabetici in bianco e nero ispirati alla Op art, vennero premiati con un Council of Industrial Design Award. Nel 1968 Murdoch aprì uno studio a Londra, che si affermò grazie all'attività grafica, alla progettazione di insegne e alla cura della **corporate identity** di numerose aziende. Lo stesso anno, in collaborazione con Lance Wyman, disegnò la grafica per le Olimpiadi di Città del Messico. Murdoch ha lavorato anche come consulente per il mobilificio britannico Hille International.

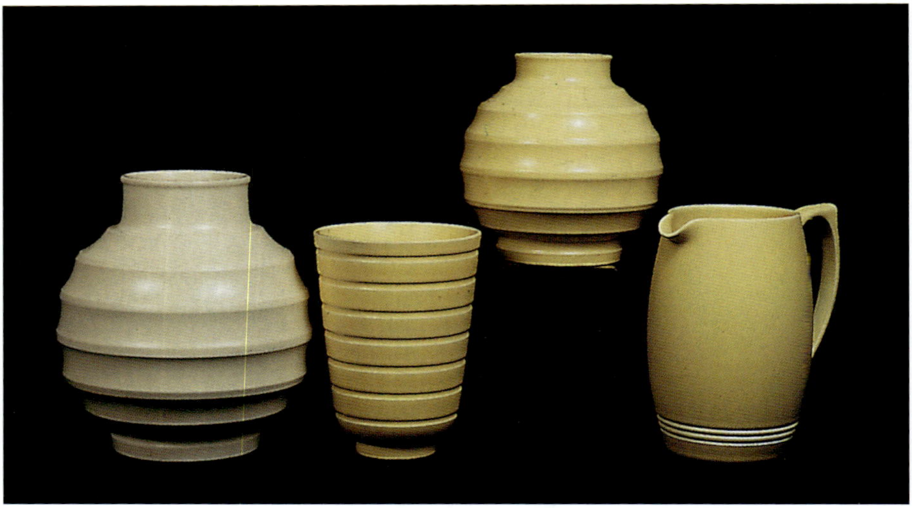

Keith Murray

1892 *Auckland, Nuova Zelanda*
1981

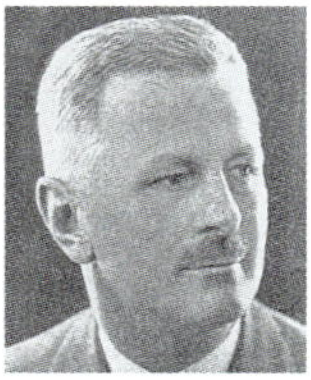

▲ Vasi e bricco in ceramica per Josiah Wedgwood & Sons, 1934 ca.

Dopo aver combattuto nella prima guerra mondiale, Keith Murray studiò all'Architectural Association di Londra. Nel 1925 visitò l'"Exposition Internationale des Arts Décoratifs et Industriels Modernes" a Parigi, dove vide creazioni in vetro di designer scandinavi e di altre **avant-garde** dell'Europa continentale che surclassavano qualsiasi oggetto prodotto all'epoca dagli industriali britannici. Al suo ritorno in Gran Bretagna, Murray lavorò per la vetreria Whitefriars Glassworks di James Powell, per la quale creò semplici vasi con una lieve decorazione incisa che "non distruggeva la trasparenza del vetro". Dopo l'importante mostra "Exhibition of Swedish Industrial Arts" tenuta a Londra nel 1931, Murray fu assunto part-time, su consiglio di **Gordon Russell**, dai produttori di ceramiche e vetri Stevens & Williams, alla ricerca di un designer che si esprimesse nello stile moderno per la loro vetreria di Brierley Hill. Nel 1932 l'azienda espose le sue creazioni nella propria showroom. Nel 1933 Murray iniziò a disegnare ardite ceramiche geometriche per Josiah Wedgewood & Sons e continuò a creare pezzi d'argenteria per Mappin & Webb. Nel 1936 aprì uno studio di architettura con C. S. White, e realizzò progetti per il nuovo stabilimento Wedgewood a Barlaston (1938–1940). Nel 1945, insieme al compatriota neozelandese Basil Ward (1902–1976), fondò lo studio associato di architettura Murray, Ward & Partners. Le ceramiche create da Murray per Wedgewood, con le loro forme volumetriche semplici e al tempo stesso monumentali, sono classici esempi del Modernismo britannico anni '30.

Museum of Modern Art

Fondato nel 1929 a *New York*

Il Museum of Modern Art di New York fu aperto ufficialmente qualche giorno dopo il crollo di Wall Street nel 1929. Il suo intento era di proporre una versione "asettica" del Modernismo che fosse ideologicamente lontana dalla politica di sinistra del **Modern Movement** europeo. Alfred Hamilton Barr (1902–1981), primo direttore del museo, dal 1929 al 1943 introdusse in America il design, l'architettura e l'arte delle **avant-garde** europee attraverso importanti mostre quali "The **International Style**: Architecture Since 1922" (1932) e "Machine Art" (1932), entrambe curate da **Philip Johnson**. Barr riuscì a guadagnare alla causa post-modernista patrocinatori ricchi e in vista, il cui contributo finanziario contribuì a renderla popolare agli occhi del grande pubblico. Nel 1940, quando il dipartimento responsabile dell'organizzazione delle mostre fu scisso dalla gestione del museo, **Eliot Fette Noyes**, primo direttore del nuovo dipartimento di design, si occupò del concorso e della mostra intitolati "**Organic Design** in Home Furnishings", due eventi basilari che presentarono l'innovativa opera di **Charles Eames** e **Eero Saarinen**. Successivamente Edgar Kaufmann Jr. (1917–1989) divenne design director e allestì mostre di **Good Design,** tenute annualmente dal 1950 al 1955. Attraverso queste mostre e le pubblicazioni del museo, Kaufmann tentò di cambiare l'atteggiamento dei produttori e dei consumatori nei confronti dei prodotti, soprattutto in termini di qualità. Il museo ospitò i cicli di conferenze di **Robert Venturi** negli anni '60, e nel 1972 tenne la famosa mostra "Italy: The New Domestic Landscape" (Italia: il nuovo paesaggio domestico), che si risolse in una celebrazione del **Radical Design**. Nel corso degli anni '80 e '90 il museo ha organizzato importanti restrospettive e mostre fondamentali come "Mutant Materials in Contemporary Design" (1995). Il Museum of Modern Art occupa un edificio progettato nel 1939 da Philip Goodwin ed Edward Durell Stone, successivamente ampliato da Philip Johnson. L'ala occidentale e la torre completate nel 1984 hanno raddoppiato lo spazio a disposizione del museo.

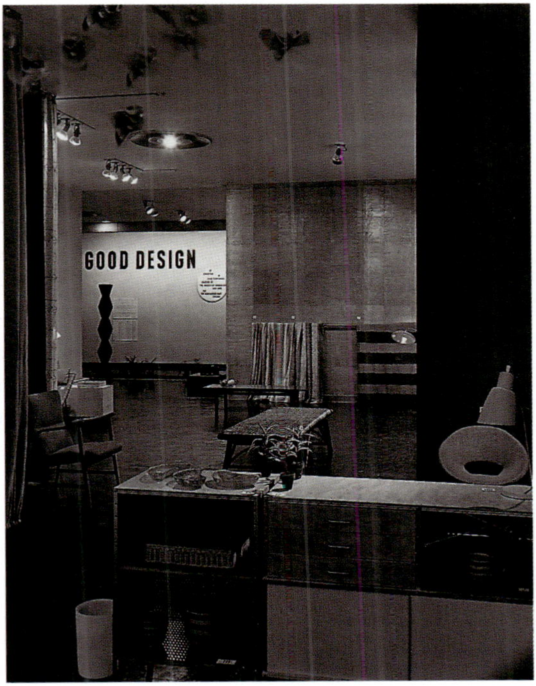

▼ Installazioni alla mostra "Good Design" organizzata dal Museum of Modern Art, novembre 1950 – gennaio 1951

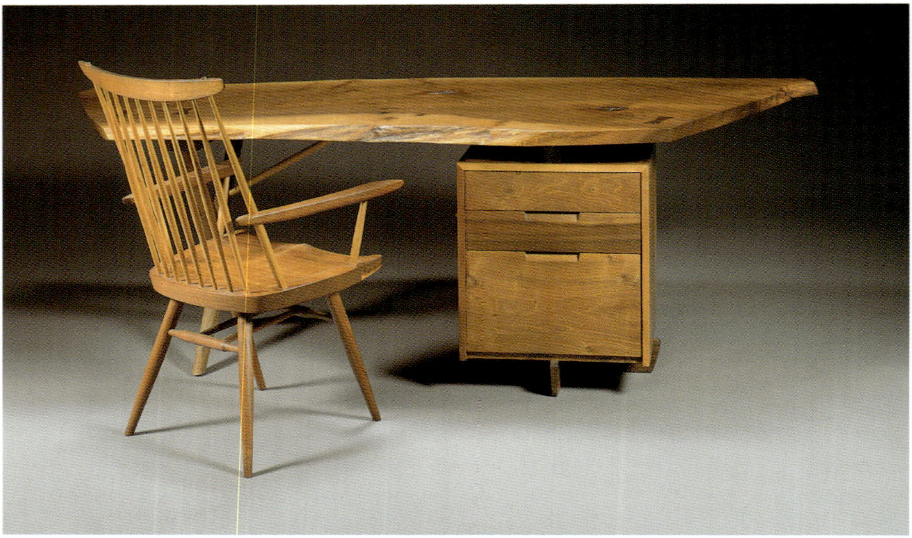

George Nakashima

1905 Spokane, Washington
1990 New Hope, Pennsylvania

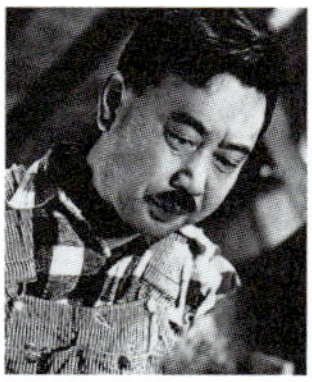

▲ Scrivania in noce e sedia *New*, 1971

George Nakashima studiò all'École Américaine des Beaux-Arts di Fontainebleau nel 1928, alla Facoltà di architettura della University of Washington (Seattle) nel 1929 e al Massachusetts Institute of Technology nel 1930. Nakashima esordì lavorando per la Long Island State Park Commission e per l'amministrazione dello stato di New York. Poi, dal 1933 al 1936, viaggiò in Europa e visitò anche l'India e la Cina sulla via per il Giappone. Qui lavorò nello studio di architettura di Tokyo di Antonin Raymond (1890–1976) per due anni e per un breve periodo fu anche alle dipendenze di Kunio Maekawa (1905). Subito dopo il suo ritorno a Seattle nel 1940 aprì un laboratorio di mobili insieme a un prete, padre Tibesar. Internato nell'Idaho dal 1942 al 1943 a causa delle sue origini giapponesi, imparò a lavorare il legno come i suoi antenati in Oriente da un falegname americano di origini giapponesi. Dopo che Raymond ebbe ottenuto il suo rilascio, Nakashima aprì una piccola impresa di mobili nell'azienda agricola dell'architetto a New Hope, Pennsylvania. I suoi mobili di squisita fattura erano realizzati in gran parte su commissione, tuttavia Nakashima creò anche linee di arredamento per **Knoll** (1946) e Widdicomb-Mueller (1957). Nel 1952 ricevette la Craftsmanship Medal (medaglia all'artigianato) dall'American Institute of Architects e nel 1962 una National Gold Medal. Oltre ai mobili che combinavano forme occidentali con l'artigianato orientale, Nakashima progettò anche gli interni di diversi edifici importanti tra cui il Monastero di Cristo nel Deserto ad Abiquiu, New Mexico (1970), e la residenza di Nelson Rockefeller a Tarrytown, New York (1973–1974).

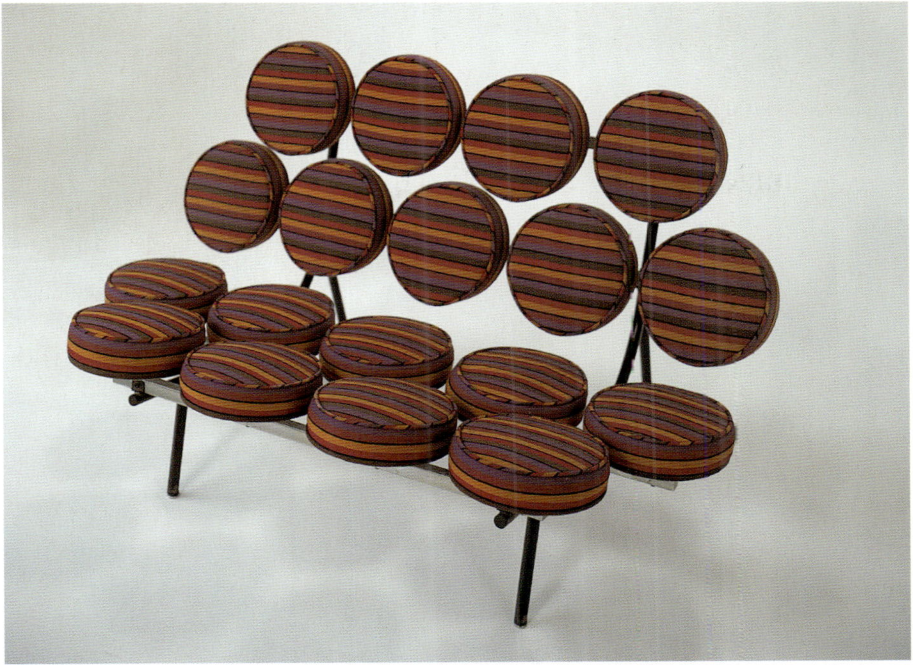

George Nelson studiò architettura alla Yale University fino al 1931, poi frequentò la Catholic University di Washington per un anno e dal 1932 al 1934, avendo vinto un Rome Prize, seguì i corsi dell'American Academy a Roma. Nel 1935 divenne condirettore delle riviste *Architectural Forum* e *Fortune* e in seguito scrisse profili di importanti architetti per la rivista *Pencil Points*, impegnata nella promozione della causa modernista. Tra il 1936 e il 1941 Nelson e William Hamby gestirono uno studio associato di architettura a New York, dopodiché Nelson entrò alla Facoltà di architettura della Yale University e sviluppò numerosi progetti innovativi, architettonici e urbanistici, come il centro commerciale-isola pedonale "Grass on Main Street" del 1942. Con il suo *Storagewall* del 1944 introdusse anche il concetto di contenitori assemblabili in modo modulare. Dal 1941 al 1944 insegnò alla facoltà di architettura della Columbia University (New York) e nel 1946 divenne consulente alla Parsons School of Design di New York. Quello stesso anno Nelson succedette a **Gilbert Rohde** nella carica di design director alla **Herman Miller**, un posto che ricoprì fino al 1972. In quegli anni Nelson invitò altri designer di talento, tra cui **Charles Eames**, **Alexander Girard** e **Isamu Noguchi**, a progettare arredamenti moderni per la ditta. Nelson creò

George Nelson

1907 *Hartford, Connecticut*
1986 *New York*

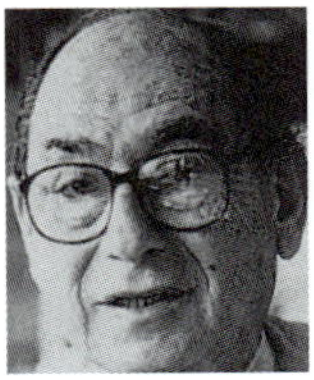

▲ Divano *Marshmallow* per Herman Miller, 1956 (tappezzato con tessuto Jacob's Coat creato da Alexander Girard)

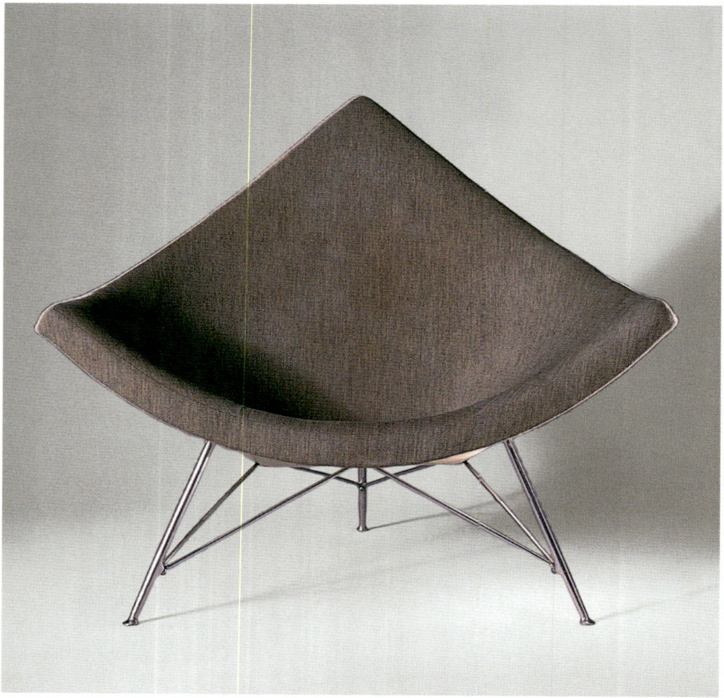

◂ Sedia *Coconut* per Herman Miller, 1955

anche mobili, tra cui un sistema di elementi modulari poggiati su panche (1945), una scrivania (1946), un tavolino con vassoio in compensato sagomato (1949), i contenitori modulari *Comprehensive* (1957), il divano *Marshmallow* (1956), il gruppo di sedie, tavoli e scrivanie *Swaged-Leg* (1958), la sedia e il tavolo *Catenary* (1962), il divano *Sling* (1963) e, più importante di tutti, il sistema *Action Office I* (1964–1965). Nel 1947 fondò lo studio George Nelson & Co. a New York, che assunse il nome George Nelson & Associates nel 1953 quando nella società entrò Gordon Chadwick. Nel campo del disegno industriale, Nelson creò la linea di piatti in melammina Prolon per la Pro-Phy-Lac-Tic Brush Co. (1952–1955), vari orologi da parete e da tavolo per la Howard Miller Clock Company (fine anni '40, inizio anni '50), le lampade *Bubble* in plastica (1947–1952) e il sistema di aste in alluminio estruso *Omni* per Dunlap. Nelson s'interessò anche al concetto di architettura del prodotto e nel 1957 disegnò la casa con tetto a cupola Experiment House in plastica modulare. Scrittore prolifico e critico del design, suggerì il concetto futuristico di "città nascosta", con edifici costruiti sottoterra in modo da creare un "ambiente più umano". Le idee lungimiranti di Nelson

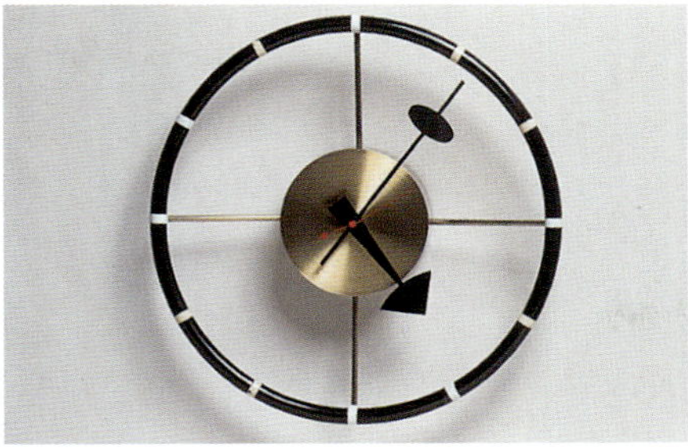

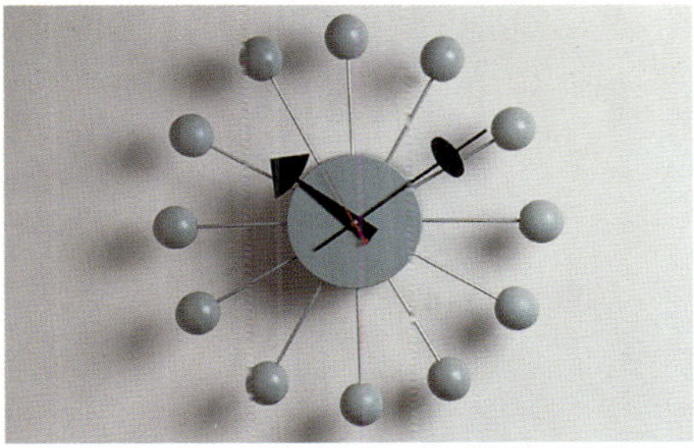

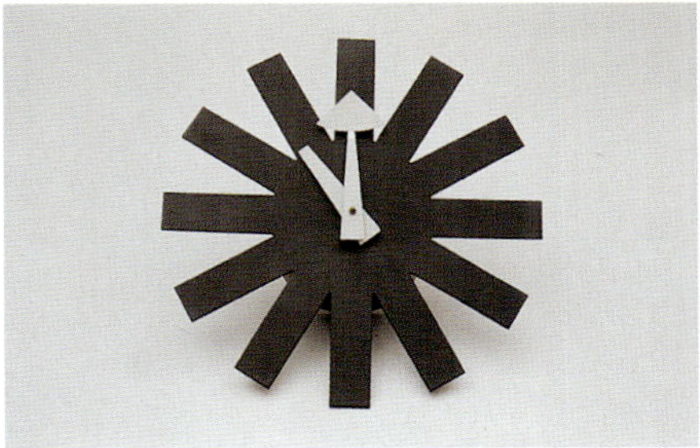

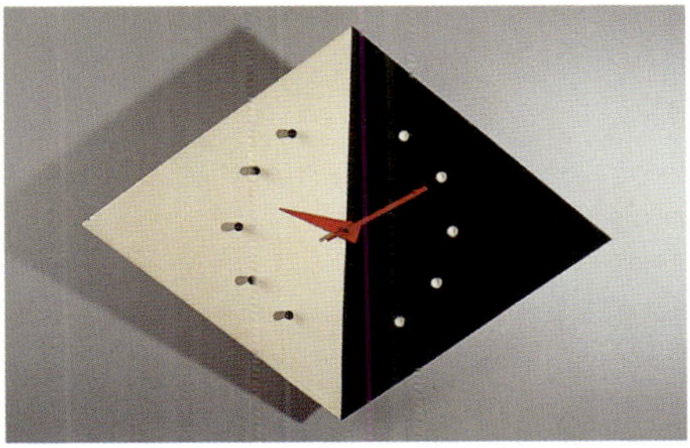

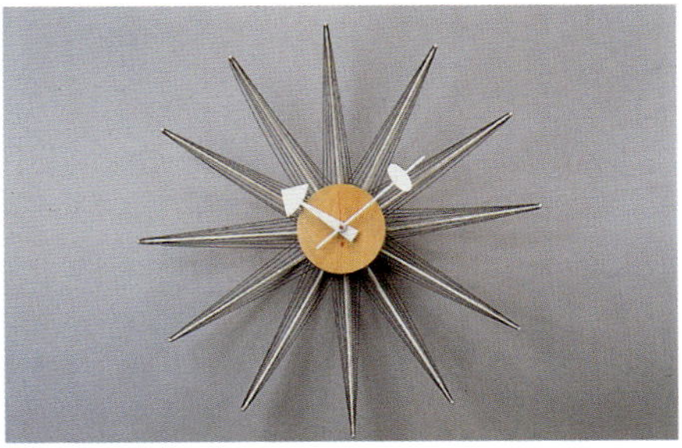

▲ Orologio da parete *modello n. 4756* per Howard Miller Clock Company, 1947

▲ Orologio da parete *modello n. 2213A Asterisk* per Howard Miller Clock Company, 1950

▲ Orologio da parete *modello n. 2214S Spider Web* per Howard Miller Clock Company, 1954

▲ Orologio da parete *modello n. 4755 Ball* per Howard Miller Clock Company, 1947

▲ Orologio da parete *modello n. 2201K Kite* per Howard Miller Clock Company, 1953

▸ Sedia *MAA* del gruppo *Swaged-Leg* per Herman Miller, 1958

ebbero grande influenza: nel 1978, ad esempio, predisse che i progressi nella tecnologia informatica avrebbero prodotto maggiore "miniaturizzazione, obsolescenza, dematerializzazione". Fu amico intimo di **Buckminster Fuller** e come lui promosse la nozione tuttora decisamente rilevante di "fare molto di più con molto meno", intendendo che lo scopo ultimo della tecnologia dovrebbe essere fare "tutto con niente". Nelson non è stato solo un designer innovativo e di grande talento, ma anche un ambientalista in anticipo sui tempi e un grande comunicatore di idee e di insegnamenti.

▾ Panchina *Platform* per Herman Miller, 1946

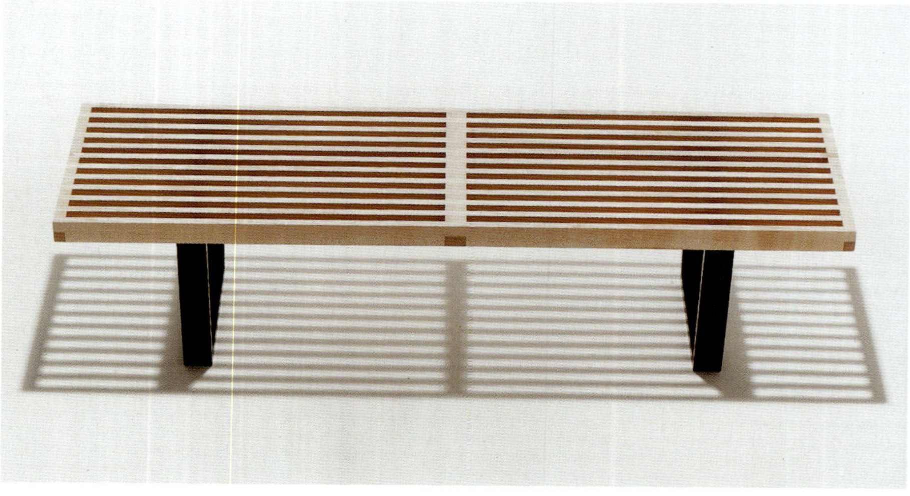

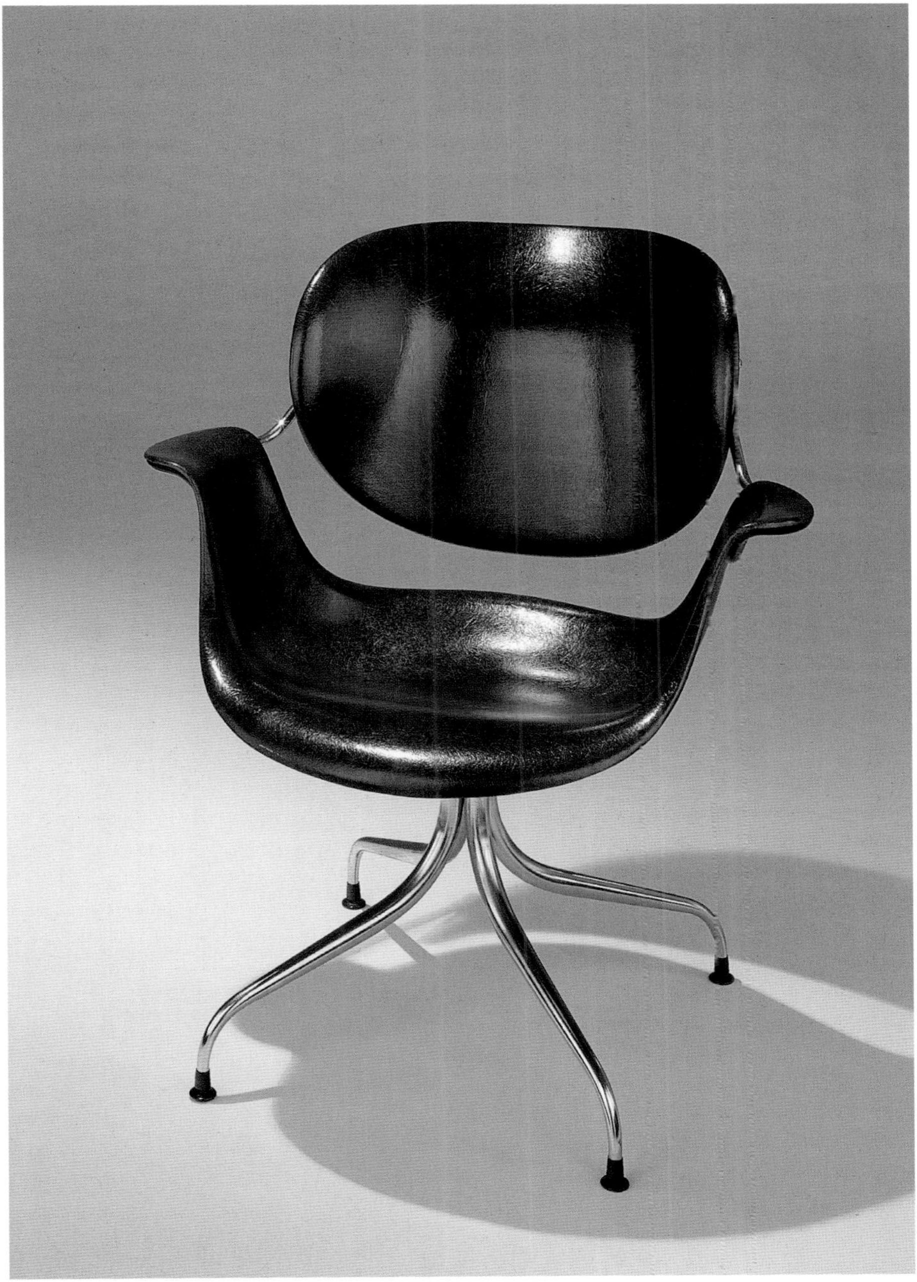

Richard Neutra

1892 *Vienna*
1970 *Wuppertal, Germania*

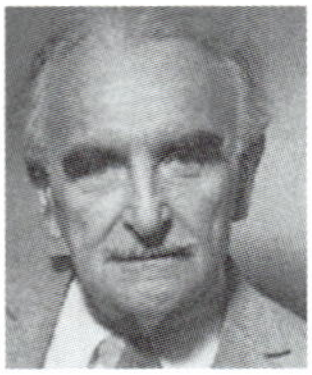

Richard Neutra studiò alla Technische Hochschule di Vienna dal 1911 al 1917 e dopo la prima guerra mondiale lavorò come architetto paesaggista a Zurigo. Nel 1921 iniziò a lavorare per l'Ufficio per l'edilizia di Luckenwalde, dove conobbe Erich Mendelsohn (1887–1953); in seguito si trasferì a Berlino per lavorare come assistente nello studio di Mendelsohn. Emigrò in America nel 1923, lavorando prima per William Holabird & Martin Roche a Chicago, poi per **Frank Lloyd Wright** a Spring Green (Wisconsin) e infine per l'architetto Rudolf Schindler (1887–1953) a Los Angeles, che lo coinvolse in vari progetti tra cui il Palazzo delle Nazioni a Ginevra (1927). Nel 1926 Neutra aprì uno studio di architettura e progettò il Jardinette Apartment House, in cemento armato, a Los Angeles (1926–1927) e Casa Lovell (1927–1929), il cui scheletro d'acciaio si poteva erigere in quaranta ore. Progettò anche le case prefabbricate "One plus Two" e un progetto urbanistico per una città del futuro denominato "Rush City Reformed". Tra il 1928 e il 1929 Neutra fondò a Los Angeles l'Academy of Modern Art, dove insegnò architettura. Nel corso degli anni '30 sperimentò nuovi materiali e tecniche di costruzione per i suoi edifici, tra cui la sua casa, la Van der Leeuw Research House (1931–1933), e dopo la seconda guerra mondiale progettò numerose residenze private e condomini nell'**International Style**. Usando vetro e coperture a sbalzo in quantità, Neutra riuscì a raccordare spazio interno ed esterno, mentre i mobili, spesso incassati o costruiti in tubolare metallico cromato, potenziavano il senso di unità del progetto. Dal 1949 al 1959 collaborò con Robert Alexander a commissioni pubbliche come la Cappella Miramar a La Jolla (1957). Gli eleganti progetti di Neutra, influenzati dal carattere informale dello stile di vita californiano, esprimono una forma più rilassata di Modernismo.

▼ Sedia senza braccioli, 1947 (riproposta da Prospettive)

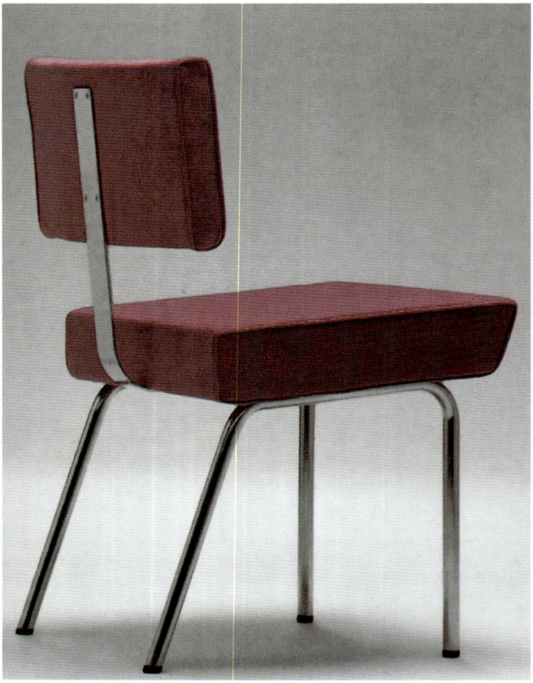

▸ Sedie *Bucky* create per Cartier Contemporary Art Foundation, 1995

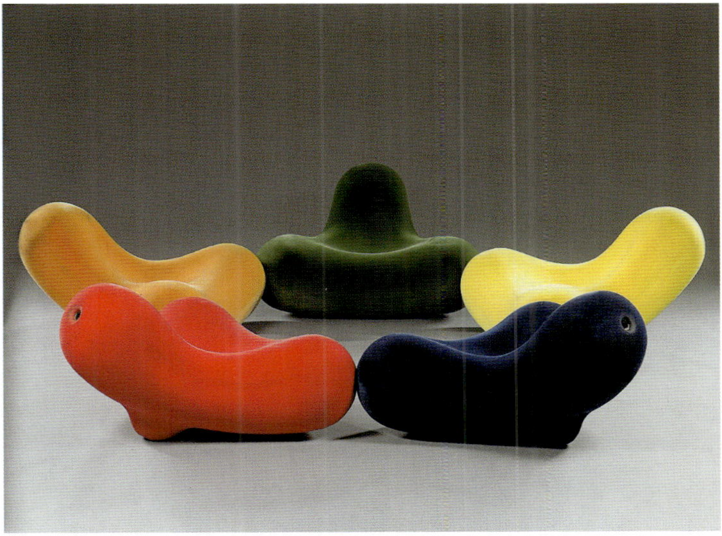

Marc Newson

1962 Sydney, Australia

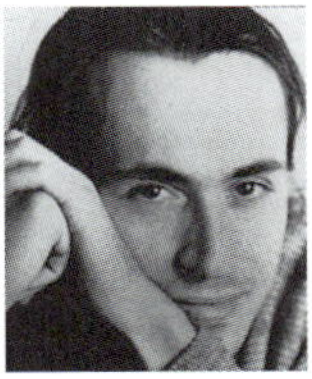

Marc Newson studiò design del gioiello e scultura al Sydney College of Art, dove si laureò nel 1984. Due anni dopo fondò lo studio di design POD, specializzandosi in arredamento e orologi ed esponendo i suoi mobili per la prima volta alla Roslyn Oxley Gallery di Sydney. Nel 1987 lavorò in Giappone creando sedie e lampade per l'azienda di Tentuo Kurosaki, Idée, che intraprese la produzione su scala limitata della sua famosa chaise-longue *Lockheed Lounge* in lana di vetro e alluminio rivettato (1985–1986). Un anno dopo una mostra dedicata a Newson presentò a Tokyo i suoi scultorei design; i suoi mobili vennero esposti anche alla galleria Il Milione a Milano, nel 1989, e alla galleria VIA di Parigi nel 1991. All'inizio degli anni '90 a Newson, già noto a livello internazionale, vennero commissionati mobili da negozi di Francoforte e Berlino. Eletto designer dell'anno al Salone del mobile di Parigi, nel 1995 partecipò alla mostra "13 nach Memphis" al Museum für Kunsthandwerk di Francoforte. Nello stesso anno la Cartier Contemporary Art Foundation di Parigi gli commissionò un allestimento interattivo, che includeva le sedie *Bucky* dalla struttura amorfa e colori vivaci; realizzò anche la Swatch Watch Tower per le olimpiadi di Atlanta del 1996 e lavorò come designer di interni a Londra e a Tokyo. L'opera allegra e piena di carattere di Newson è fortemente influenzata dal **Biomorfismo** e dalle forme affusolate tipiche del design americano degli anni '50.

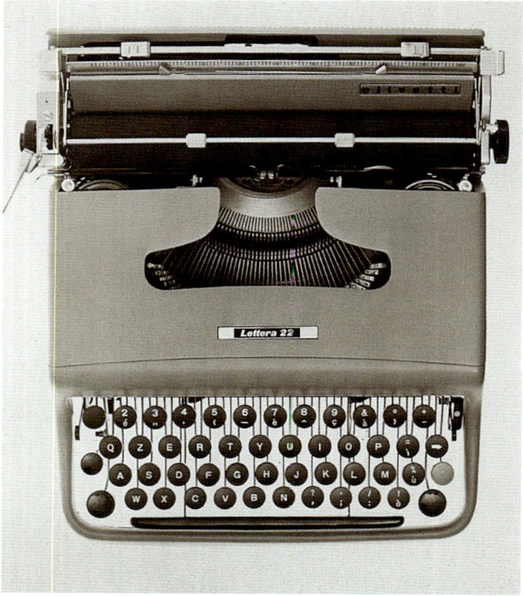

◂ Macchina da scrivere *Lettera 22* per Olivetti, 1950

Marcello Nizzoli

1887 *Boretto*
1969 *Camogli*

Marcello Nizzoli studiò arte, architettura e grafica alla Scuola di Belle Arti di Parma dal 1910 al 1913 e in seguito lavorò come pittore, esponendo nel 1914 con il gruppo futurista Nuove Tendenze a Milano. Nizzoli disegnò anche tessuti e poster, soprattutto per Campari e OM. Nel 1918 aprì uno studio di design a Milano e negli anni '20 aderì al Razionalismo. Dal 1934 al 1936 Nizzoli lavorò in società con l'architetto Edoardo Persico (1900–1936), con il quale progettò due negozi della Parker Pen (1934) e il Salone delle medaglie d'oro per la "Fiera dell'aeronautica" del 1934 a Milano. Tra il 1931 e il 1936 Nizzoli si dedicò anche a una serie di progetti in collaborazione con **Giuseppe Terragni**. Contemporaneamente collaborò con l'**Olivetti** come grafico freelance e intorno al 1938 diventò il principale consulente della società. Le sue macchine da scrivere *Lexicon 80* e *Lettera 22* (1948 e 1950) sono notevoli per le forme scultoree mentre i suoi progetti per gli uffici e gli alloggi dei dipendenti testimoniano la tendenza dell'Olivetti a un design totale. Nizzoli produsse anche scultorei design per altri industriali: macchine da cucire e un frullatore per Necchi, mobili per Arflex, accendini per Ronson e pompe di benzina per Agip.

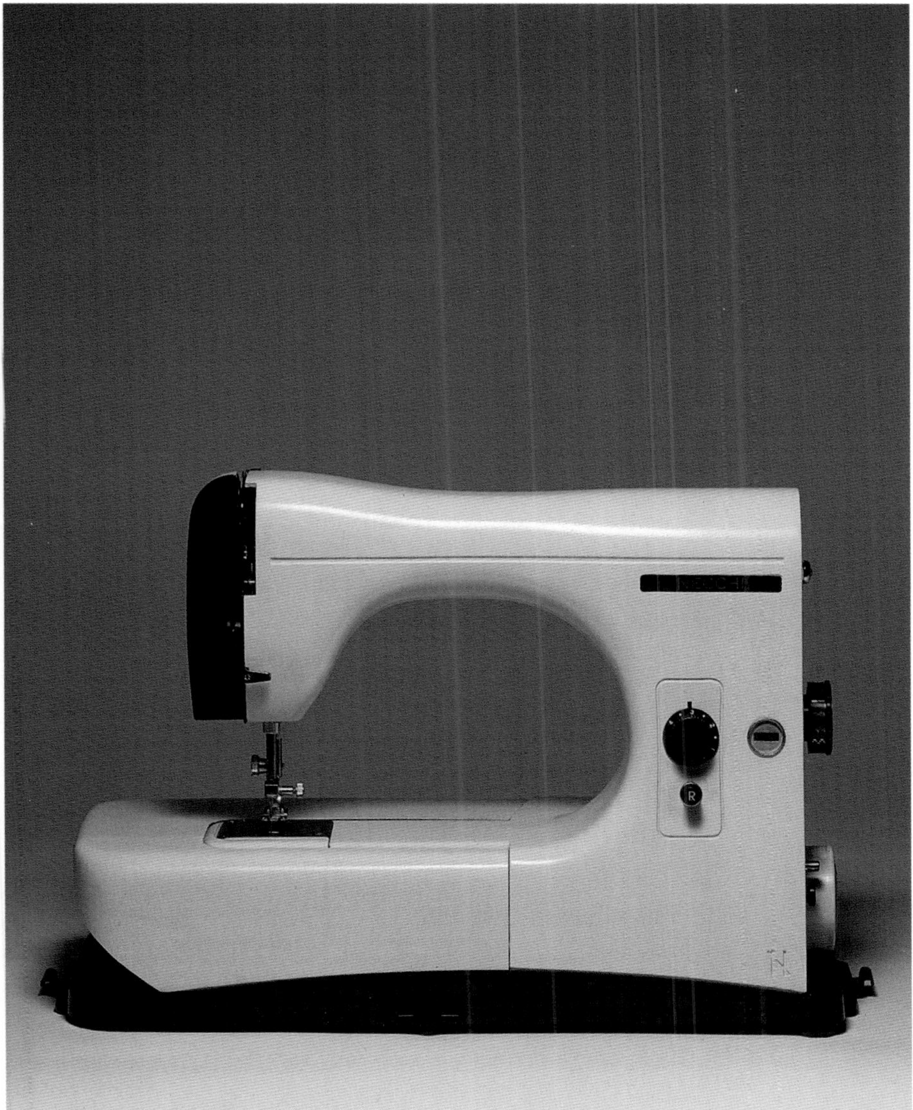

▲ Macchina da cucire *Mirella* per Necchi, 1957

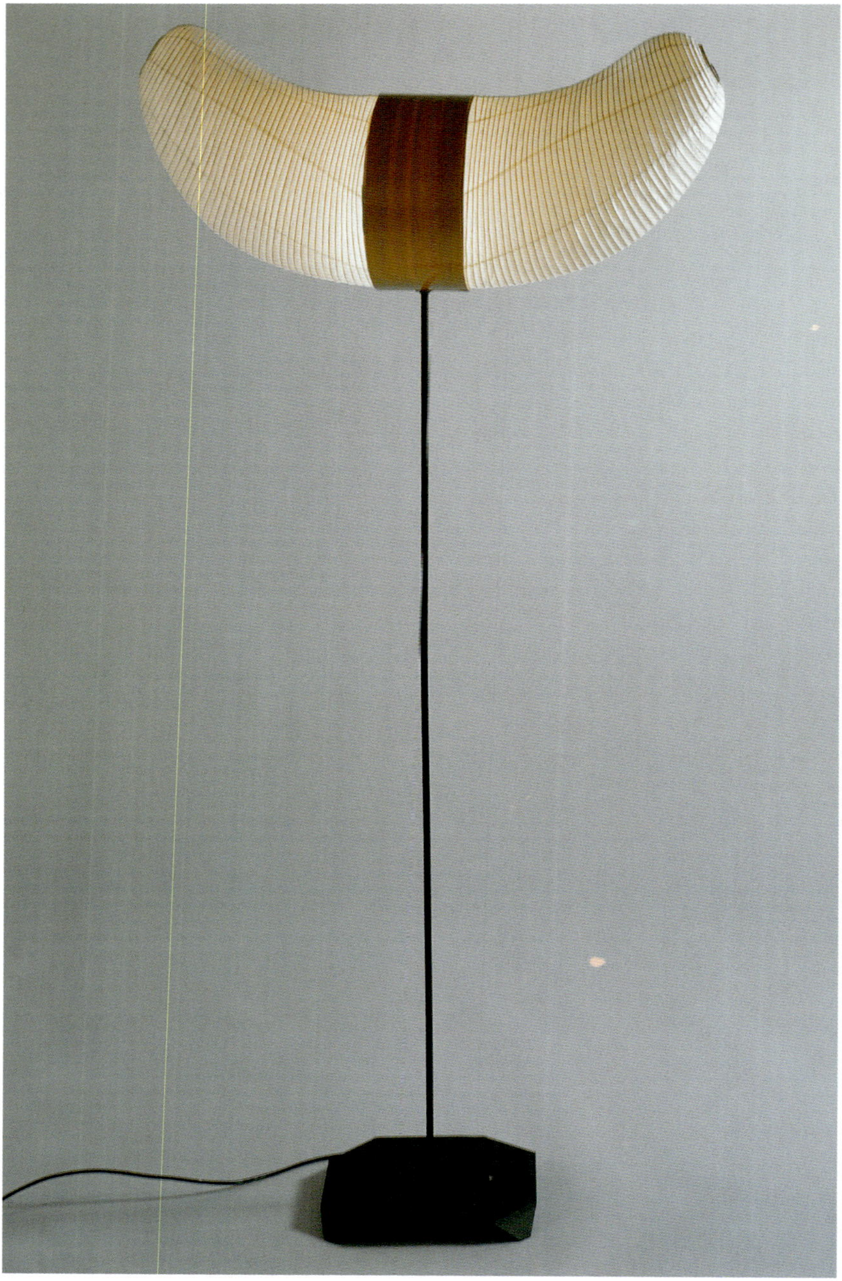

Isamu Noguchi

1904 *Los Angeles*
1988 *New York*

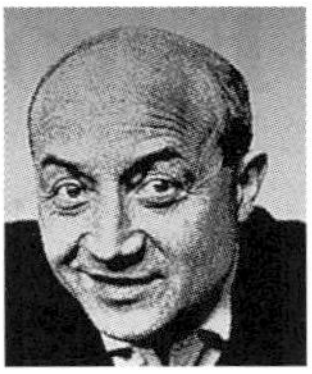

Isamu Noguchi, figlio di un poeta giapponese e di una scrittrice americana, nel 1917 iniziò ad apprendere l'arte dell'ebanisteria in Giappone. Nel 1923 si iscrisse ai corsi propedeutici di medicina alla Columbia University di New York, ma desiderando diventare scultore, frequentò le lezioni serali alla Leonardo da Vinci School di New York. Alla fine abbandonò completamente gli studi di medicina e diventò assistente del direttore della scuola d'arte. Nel 1927 Noguchi vinse una borsa di studio Guggenheim che gli consentì di andare a Parigi, dove lavorò per due anni come assistente dello scultore Constantin Brancusi (1876–1957). Intorno al 1930 Noguchi trascorse alcuni mesi a Pechino e visitò anche il Giappone dove scoprì i giardini Zen. Al suo ritorno a New York nel 1932 si concentrò sulla scultura. Disegnò la *Radio-Nurse* in bachelite per Zenith Radio Co. (1937), la cui forma ricorda la maschera dei guerrieri giapponesi, e due anni dopo progettò uno scultoreo tavolo per il presidente del **Museum of Modern Art di New York**, A. Congers Goodyear. Creò inoltre vetri per Steuben e mobili per **Herman Miller** e **Knoll**, tra cui il tavolo da caffè *IN50* (1944), il divano *IN70* (1946) e i tavoli, sgabelli e sgabello a dondolo *IN22* (1954). All'inizio degli anni '40 ideò le sculture di luce *Lunar* di carta e dal 1952 disegnò un gran numero di lampade *Akari* che riportarono in auge l'antica arte giapponese di ricavare la carta dalla corteccia del gelso. Scultore tra i più eminenti del XX secolo, Noguchi ha tentato di trasfondere alcune caratteristiche della sua scultura nella vita quotidiana attraverso design organici visivamente seducenti, prodotti industrialmente.

◂ Lampada *Horn Akari* per Ozeki & Co., 1960

▾ *Radio-Nurse* per Zenith Radio Corporation, 1937

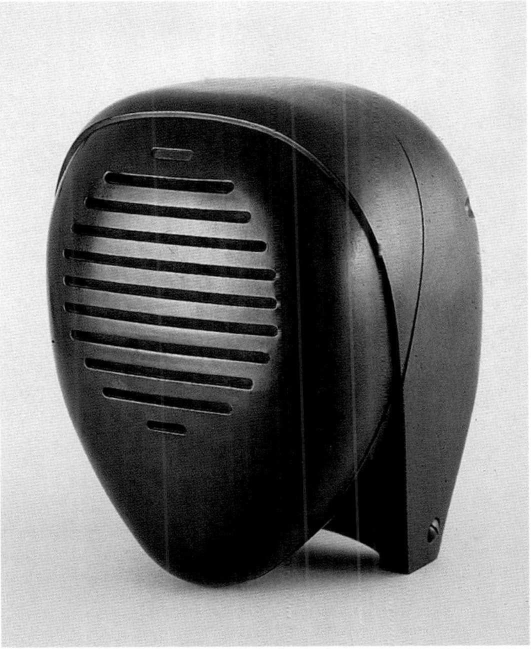

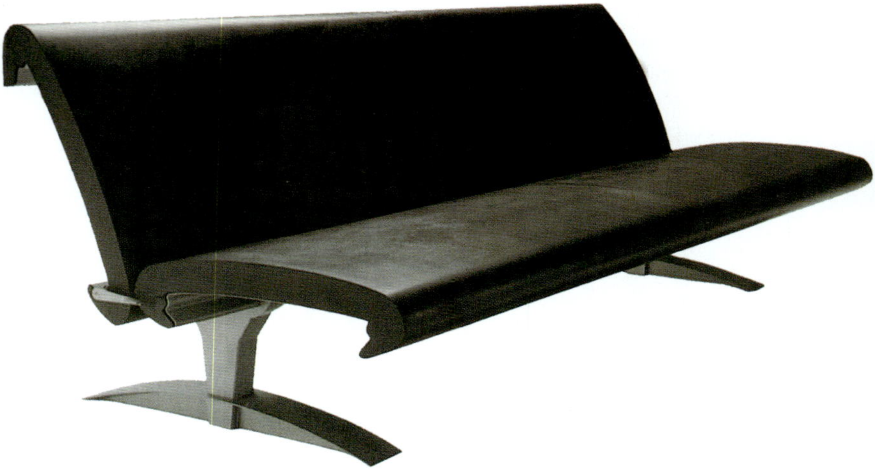

Jean Nouvel

1945 *Fumel, Francia*

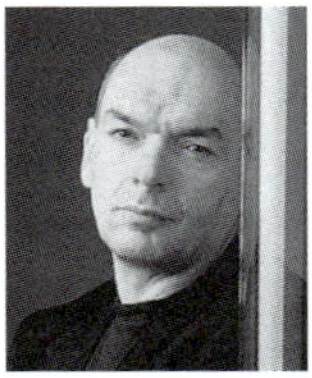

Jean Nouvel studiò all'École Nationale Supérieure di Parigi dal 1966 al 1971 associandosi a François Seigneur nel 1970; in seguito si dedicò a diverse commissioni architettoniche tra cui la ristrutturazione del teatro Gaieté Lyrique (1977) a Parigi, la ristrutturazione e l'ampliamento del Centre Médico-Chirurgical a Bezons (1978) e del college Anne Frank (1979). Il progetto da lui presentato al concorso per il nuovo Ministère des Finances nel 1982 ricevette un encomio, mentre i progetti ideati per i concorsi indetti nel 1983 e 1984 per il Parc de la Villette e il Centre d'Art Contemporain et la Médiathèque si aggiudicarono entrambi il secondo premio. Nel 1985 fondò Jean Nouvel & Associates e in seguito lavorò con lo scenografo Jacques Le Marquet a diversi progetti teatrali, tra cui il Théâtre de Jean-Marie Serreau, la Cartoucherie de Vincennes, il Teatro dell'Opera a Lione e parte del Théâtre de Belfort. Nouvel riscosse grande successo anche con l'Institut du Monde Arabe a Parigi, il Centre Culturel a Combs-la-Ville e il progetto residenziale Nemausus 1 a Nîmes; nel 1987 ricevette l'Équerre d'Argent e il Grand Prix d'Architecture. Alla fine degli anni '80 produsse una serie di eleganti mobili, che ricordavano quelli di Louis Cuny degli anni '20 ma possedevano la stessa estetica funzionalista dei suoi edifici. Nel 1987 VIA gli assegnò "Carte Blanche" per la creazione di una serie di mobili in alluminio di cui fecero parte il cofanetto *BAO*, il tavolo *IAC* e un sistema di mensole estendibili. Nouvel ha disegnato anche mobili per **Knoll** e Ligne Roset, e lampade per Luceplan.

▲ Canapé per Ligne Roset, 1988

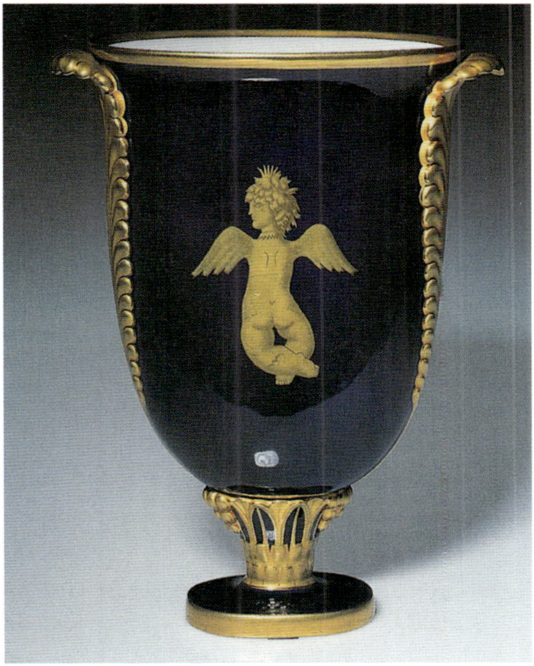

◄ **Gio Ponti**, vaso per Richard-Ginori, 1925 ca.

Novecento

Italia

Il movimento italiano Novecento fu fondato nel 1926 con l'intento di contrastare il "falso antico" e il "brutto moderno" nell'architettura e nel design. I suoi membri originari furono **Gio Ponti** ed Emilio Lancia, cui in seguito si unirono Giovanni Muzio (1893–1982) e Tommaso Buzzi. Il movimento, ispirato all'**Art Déco** francese e ai **Wiener Werkstätte**, si opponeva al **Razionalismo** promosso da designer come **Franco Albini**. In qualità di derivato italiano classicheggiante dell'Art Déco fece poche incursioni nel disegno industriale, a parte un paio di eccezioni degne di nota come la caffettiera *Moka Express* di Alfonso e Renato Bialetti del 1930. Le ceramiche di ispirazione neoclassica create da Gio Ponti per Richard Ginori dimostrano che l'influenza del movimento si fece sentire maggiormente nelle arti decorative e in architettura. I rappresentanti del movimento Novecento e del Razionalismo cercarono entrambi di ottenere l'egemonia stilistica nell'Italia degli anni '30. In un primo momento i fascisti abbracciarono il Razionalismo, ma alla fine adottarono lo stile neoclassico di Novecento, che guardava alle glorie del passato imperiale romano, considerandolo più adatto alle grandiose dichiarazioni del partito fascista. Anche la grafica italiana fu influenzata dal movimento Novecento negli anni '30.

▸ Macchina da scrivere elettrica, con testina a pallina da golf, *Selectric 1* per IBM, 1961

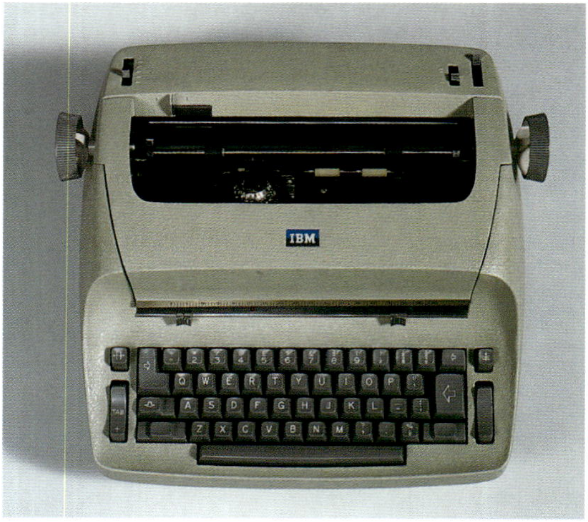

Eliot Fette Noyes

1910 *Boston*
1977 *New Canaan, Connecticut*

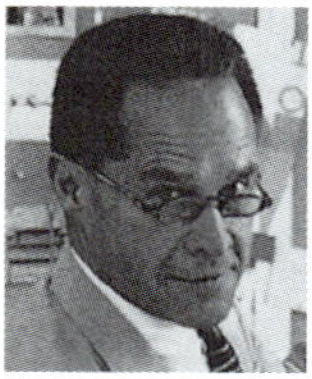

Eliot Fette Noyes studiò architettura alla Harvard University dal 1928 al 1932 e alla Harvard Graduate School of Design fino al 1938. Inizialmente lavorò a Boston nello studio Coolidge, Shepley, Bulfinch & Abbot e nel 1939 si associò allo studio di architettura di **Walter Gropius** e **Marcel Breuer** a Cambridge (Massachusetts). Gropius in seguito propose Noyes per il nuovo posto di direttore del disegno industriale al **Museum of Modern Art di New York**, un incarico che Noyes ricoprì dal 1940 al 1942 e per un anno dopo la guerra. In questa veste curò il famoso concorso e la mostra "**Organic Design** in Home Furnishings" del 1940. Per un anno lavorò come design director nello studio di disegno industriale di **Norman Bel Geddes**, che prestava la propria consulenza all'IBM, e nel 1947 fondò uno studio a New Canaan (Connecticut). Dal 1956 al 1977, in qualità di design director dell'IBM, creò diversi prodotti rivoluzionari, in particolare la macchina da scrivere *Selectric 1* (1961), con un'innovativa testina dei caratteri a forma di "pallina da golf" e carrello statico. Noyes si oppose vigorosamente alla scuola di styling di Harley Earl (1893–1969), rifiutando di riformulare ogni anno la linea dei prodotti IBM per pure ragioni di marketing. Creò invece una forte **corporate identity** per l'azienda grazie alla coerenza dei design da lui stessi creati, alla scelta di grafici rinomati come **Paul Rand** e di architetti di talento come Breuer. Noyes prestò consulenza a molte altre società tra cui Westinghouse, Mobil, Xerox e Pan Am. Fu uno dei più influenti sostenitori del **Good Design**, contribuendo a riformulare l'immagine di grandi compagnie e stabilendo nuovi standard per il design americano.

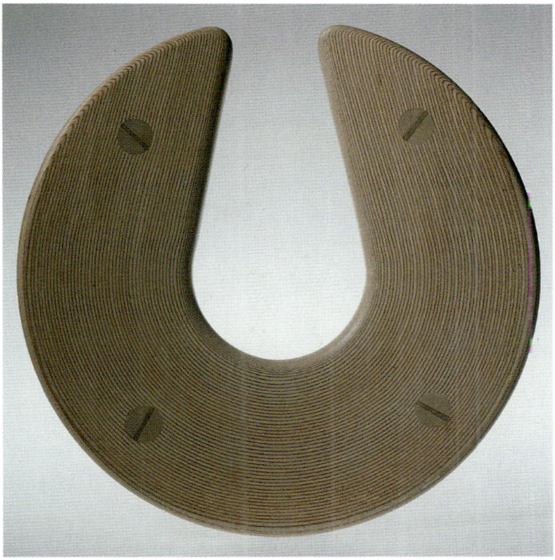

◂ Sgabello *Sauna* creato per il Palace Hotel di Helsinki, 1952

Antii Nurmesniemi

1927 Hämeenlinna, Finlandia

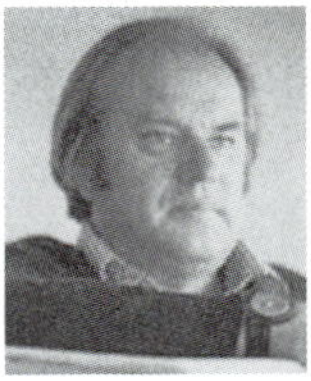

Antii Nurmesniemi lavorò inizialmente in un laboratorio di metalli e in una fabbrica di aerei. Ispirato dai moderni design esposti alla mostra itinerante "America Builds", organizzata dal **Museum of Modern Art di New York** nel 1945 a Helsinki, nel 1947 s'iscrisse alla Scuola centrale di arti applicate di Helsinki, la cui "linea nordica" si concentrava su aspetti sociali e tecnici. Lavorando come assistente dello scenografo Kyllikki Halme nel 1948, scoprì una passione per il cinema che lo accompagnò per tutta la vita. Dopo la laurea conseguita nel 1950, Nurmesniemi visitò Stoccolma e Copenaghen, dove conobbe i designer di mobili **Finn Juhl** e **Hans J. Wegner**. Al ritorno in Finlandia lavorò per lo studio di Viljo Revell e Keijo Petäjä, impegnati a introdurre un nuovo approccio razionalista nell'architettura finlandese. Dal 1951 al 1956 Nurmesniemi disegnò interni e mobili, tra cui lo sgabello a ferro di cavallo *Sauna* per il Palace Hotel (1951). Nel 1954 lavorò per sei mesi nello studio di architettura di Giovanni Romano a Milano, dove entrò in contatto con le creazioni funzionali, ma al tempo stesso ricche di stile, di designer quali **Franco Albini**, **Marco Zanuso** e Roberto Sambonet (1924). Nel 1953 sposò la designer di tessuti Vuokko Eskolin (1930) e nel 1956 aprì uno studio di design a Helsinki. Tre anni dopo gli venne conferito il premio Lunning per le sue raffinate creazioni che conciliavano le moderne forme europee con l'artigianato scandinavo. Come il compatriota **Alvar Aalto**, Nurmesniemi ha promosso un approccio umanista al Modernismo che si palesa nella bellezza pratica dei suoi prodotti.

Hermann Obrist

1862 *Kilchberg (Zurigo)*
1927 *Monaco*

Hermann Obrist si trasferì dalla nativa Svizzera in Germania nel 1876 e in seguito studiò scienze naturali all'Università di Heidelberg. Dal 1888 frequentò la Kunstgewerbeschule a Karlsruhe, poi disegnò ceramiche per la fabbrica di Bürgel di proprietà del granduca von Sachsen-Weimar-Eisenach. Studiò scultura a Parigi e nel 1892 aprì a Firenze un laboratorio di ricamo insieme a Berthe Ruchet. L'azienda si trasferì a Monaco nel 1894, e l'anno seguente i ricami di Obrist apparvero sulla rivista *Pan*. I suoi motivi vigorosi e bizzarri spinsero altri designer **Jugendstil**, primo fra tutti **August Endell**, ad adottare motivi naturalistici astratti. Queste forme derivavano dalle sue ricerche scientifiche sulla morfologia delle piante, la struttura della cellula, la formazione delle radici e soprattutto i processi di crescita a spirale. Nel 1897 Obrist espose i suoi tessuti alla "VII Mostra d'arte internazionale" tenuta al Glaspalast di Monaco e fondò insieme ad altri i **Vereinigte Werkstätten für Kunst im Handwerk** a Monaco. Oltre ad arazzi e ceramiche, Obrist disegnò mobili, oggetti in ferro e diversi monumenti e fontane. Progettò la propria casa, arredata da **Bernhard Pankok**, e nel 1902, insieme a Wilhelm von Debschitz, aprì una scuola di design a Monaco. Obrist produsse anche scultoree decorazioni per il teatro di **Henry van de Velde** alla "Deutsche Werkbund-Ausstellung" del 1914 a Colonia. Sostenitore della riforma del design, nel 1915 fu scelto per dirigere la Kunstgewerbeschule di Weimar. I disegni sinuosi e contorti di Obrist non derivavano solo dallo studio delle scienze naturali, ma rappresentavano anche il risultato di "visioni" che sgorgavano spontanee dal suo tumulto interiore.

▼ Particolare dell'arazzo *Großer Blütentraum*, 1895

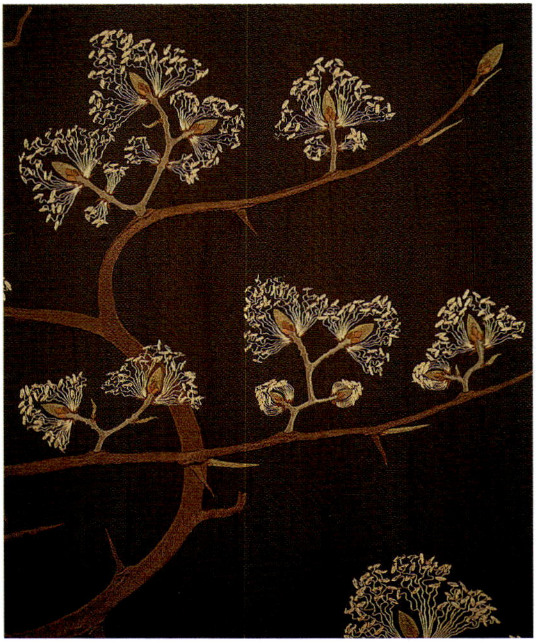

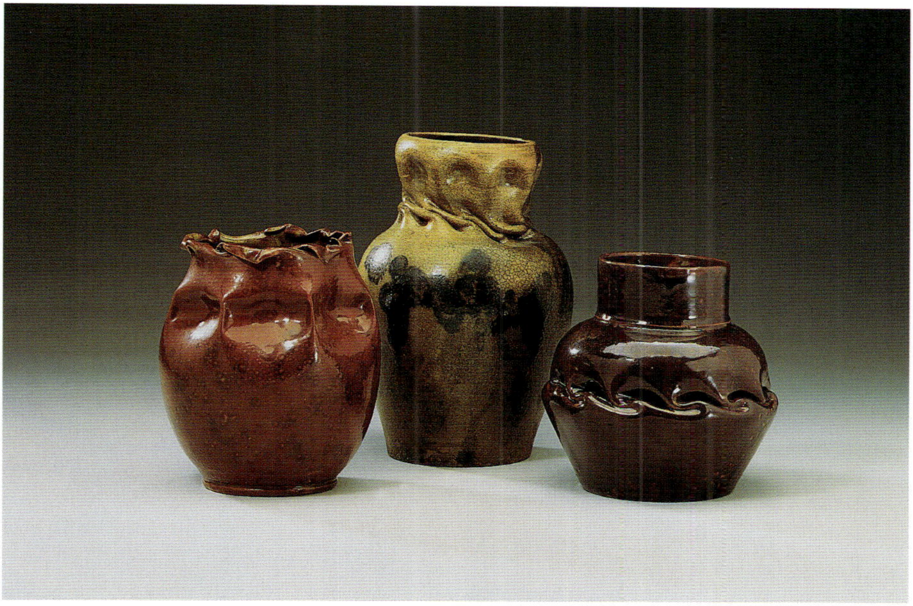

George Edgar Ohr

1857 Biloxi, Mississippi
1918 Biloxi, Mississippi

George Edgar Ohr fu apprendista presso il ceramista Joseph Fortune Meyer a New Orleans dal 1879 al 1881, dopodiché aprì un laboratorio di ceramica nella sua casa di Biloxi (Mississippi), dedicandosi alla produzione artigianale di pezzi eseguiti con un tornio da vasaio fatto a mano. Impiegava l'argilla locale dei fiumi Tchouticabouffe e Pascagoula, nella cui preparazione era coadiuvato dal figlio Leo. Ohr plasmava le sottilissime pareti dei suoi vasi in forme naturalistiche distorte, decorandole con vetrinature varie che conferivano ai pezzi un aspetto screziato. Soprannominato il "vasaio pazzo di Biloxi", Ohr era un personaggio decisamente stravagante che sapeva vendere i suoi articoli esaltandone il carattere unico con la definizione "non ce ne sono due uguali". Nel 1884 presentò oltre seicento pezzi alla "World's Industrial and Cotton Centennial Exhibition" di New Orleans e nel 1900 espose anche all'"Arts & Crafts Exhibition" di Buffalo. Nel 1904 ricevette un premio per l'originalità delle sue creazioni alla "Louisiana Purchase Exposition" di St Louis. Nonostante ciò, intorno al 1909 decise di chiudere il laboratorio. Conservò più di seimila oggetti con l'intenzione di venderli a una collezione nazionale, ma i pezzi rimasero in possesso della famiglia fino all'inizio degli anni '70. Lo stile di Ohr rimase unico in America; in Gran Bretagna oggetti simili vennero invece creati da **Christopher Dresser**.

▲ Vasi in ceramica, 1900 ca.

Josef Maria Olbrich

1867 *Troppau, Slesia*
1908 *Düsseldorf*

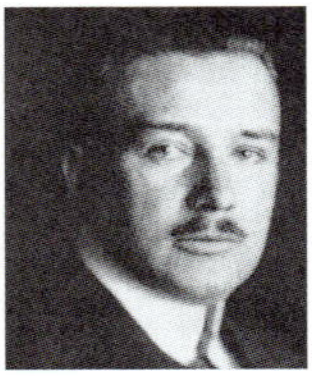

▸ Candeliere in peltro per Eduard Hueck, 1902 ca.

▾ Bicchiere per E. Bakalowits & Söhne, 1901 ca.

Josef Maria Olbrich seguì i corsi di architettura di Camillo Sitte (1843–1903) e Julius Deininger alla Staatsgewerbeschule di Vienna dal 1882 al 1886, poi lavorò per quattro anni come architetto e ingegnere per l'impresa edile August Bartel a Troppau. Riprese gli studi di architettura nel 1890 con Carl von Hasenauer all'Akademie der Bildenden Künste di Vienna; laureatosi nel 1893, ricevette un premio Rome, ma prima di partire per l'Italia e la Tunisia lavorò brevemente come assistente di **Otto Wagner**. Nel 1894 tornò a Vienna e riprese il suo posto nello studio di Wagner, dove collaborò alla progettazione della ferrovia di Vienna e strinse amicizia con **Josef Hoffmann**. Nel 1897 Olbrich fondò insieme ad altri la **Secessione** viennese e un anno dopo eseguì delle illustrazioni per la rivista del gruppo *Ver Sacrum*. Progettò l'allestimento della prima mostra secessionista e il celebre Palazzo della Secessione (1897–1898) a Karlsplatz, Vienna. Questa semplice sala geometrica, sormontata da un globo in ferro dorato decorato con foglie d'alloro stilizzate, fu ornata di motivi floreali ispirati all'**Arts & Crafts Movement** britannico. Nel 1898 Olbrich realizzò interni in stile **Art Nouveau** per la Villa Friedmann e l'anno successivo creò colorati interni, mobili inclusi, per la Villa Stift e l'appartamento di David Beil. Nell'agosto del 1899 si trasferì alla **Darmstädter Künstlerkolonie**, fondata un mese prima dal granduca Ernst Ludwig di Hesse-Darmstadt sulla Mathildenhöhe di Darmstadt, per promuovere l'arte e l'artigianato della regione. Dal 1899 al 1907 Olbrich fu direttore artistico e responsabile dei lavori di costruzione della colonia; progettò sette edifici per il complesso, tra cui la sua casa, casa Glückert, la torre panoramica, una sala per esposizioni adiacente, l'abitazione del pastore e alloggi semi-distaccati per gli operai. Progettò anche una libreria per la Sala Assiana della colonia all'"Esposizione Internazionale d'Arte Decorativa Moderna" di Torino del 1902, oltre che oggetti in

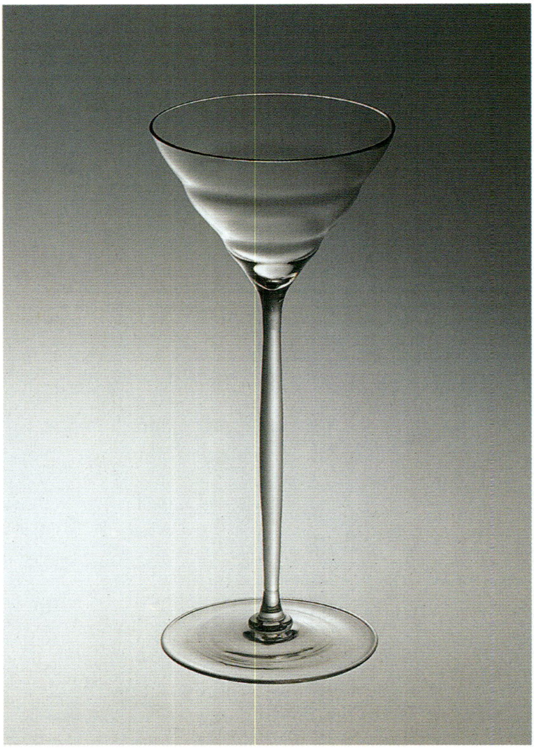

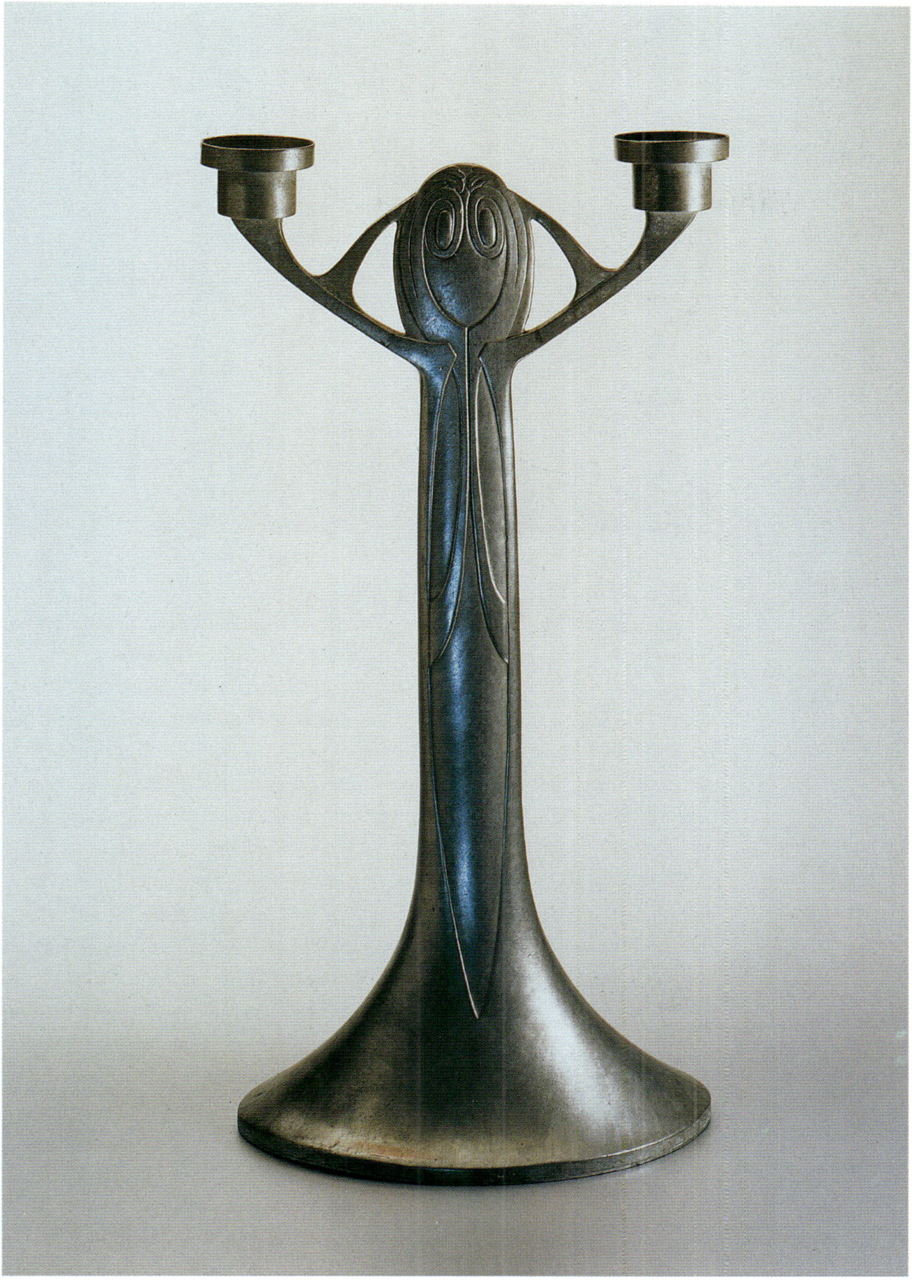

▸ Particolare di stipo intarsiato, 1903 ca.

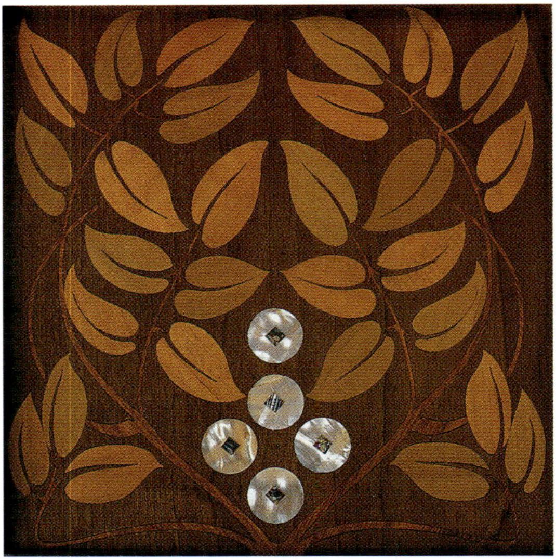

argento per Bruckmann und Söhne e in peltro per Eduard Hueck, gioielli per Theodor Fahrner e diverse lampade. Lo stile da lui adottato in architettura e design fu notevolmente influenzato dall'opera di **Charles Rennie Mackintosh**, in particolare i motivi floreali astratti e le forme rettilinee. Nel 1907 Olbrich contribuì alla fondazione del **Deutscher Werkbund** e nel 1908 si trasferì a Düsseldorf, pur continuando a seguire lo studio di Darmstadt. Il suo ultimo progetto di rilievo furono i grandi magazzini Tietz (1908) a Düsseldorf per i quali adottò una monumentalità neoclassica. Come il collega secessionista Josef Hoffmann, Olbrich introdusse nel continente la "New Art" della **Glasgow School** e del movimento britannico Arts & Crafts; inoltre, attraverso le sue opere belle e funzionali, aprì la strada all'affermazione dei **Wiener Werkstätte**, del Deutscher Werkbund e in ultima analisi del **Modern Movement**.

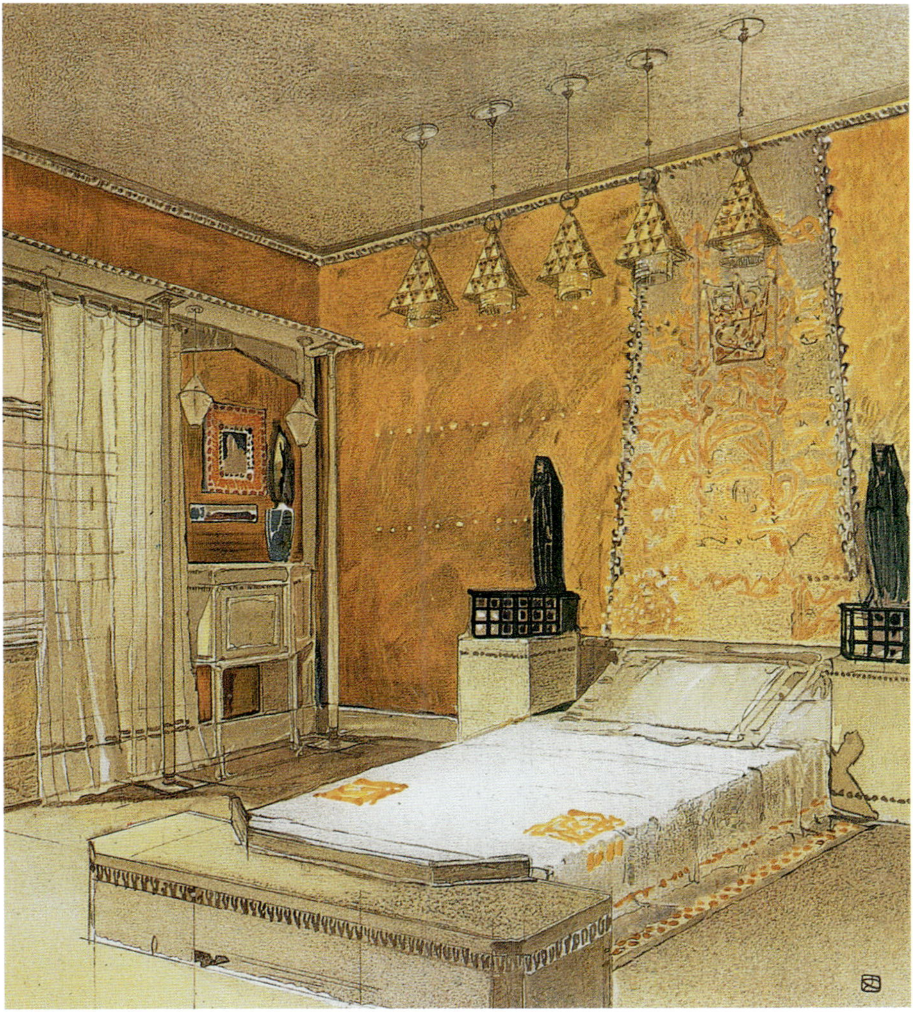

▲ Disegno della camera da letto di casa Olbrich nella colonia di artisti a Darmstadt, 1901

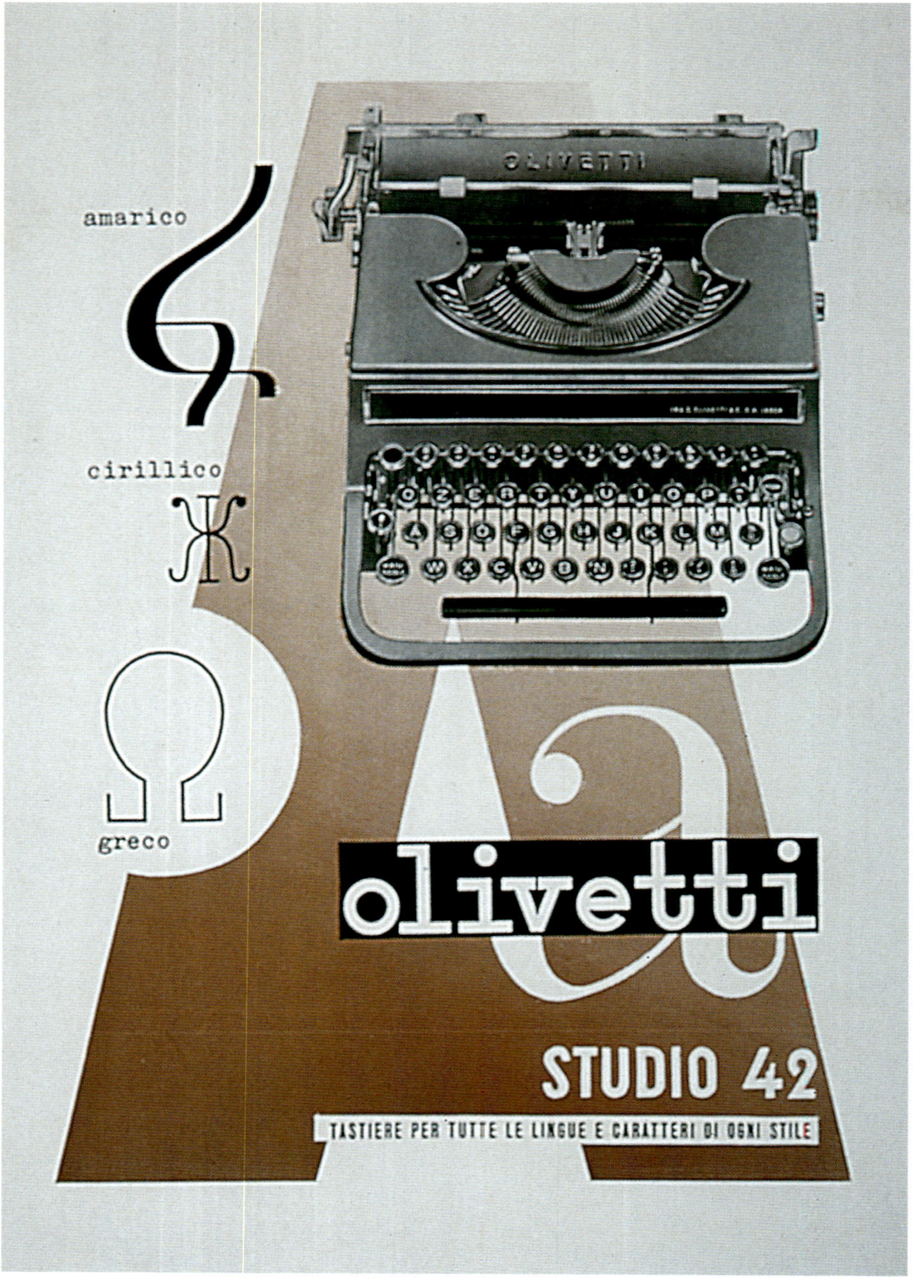
amarico
cirillico
greco
olivetti
STUDIO 42
TASTIERE PER TUTTE LE LINGUE E CARATTERI DI OGNI STILE

Camillo Olivetti (1868–1943) fondò la prima fabbrica italiana di macchine da scrivere a Ivrea nel 1908, dopo essere tornato da un viaggio negli Stati Uniti. Tre anni dopo la Ing. C. Olivetti & C. lanciò la sua prima macchina da scrivere, la *M1*, definita da un critico contemporaneo "robusta ed elegante" ed elogiata per il carrello veloce e i movimenti armoniosi dei tasti. La società crebbe rapidamente tra gli anni '20 e gli anni '40; furono aperte filiali dentro e fuori i confini europei e il figlio di Camillo Olivetti, Adriano, nominato amministratore delegato nel 1933, si occupò di rafforzare l'immagine dell'azienda sviluppando una forte immagine aziendale (**corporate identity**) attraverso product design, architettura, partecipazione a mostre, pubblicità e grafica. In qualità di "coordinatore delle risorse umane", Adriano Olivetti commissionò a famosi designer la creazione di prodotti all'avanguardia, come la scultorea macchina da scrivere *Lettera 22* progettata da **Marcello Nizzoli** nel 1950, e ad altri ancora, tra i quali **Xanti Schawinsky** e Giovanni Pintori (1912), l'ideazione di poster e pubblicità di sicuro impatto visivo. Nel 1959 Olivetti introdusse il primo computer in Italia, ma una serie di difficoltà finanziarie costrinse la società a vendere la divisione di elettronica dopo la morte di Adriano (1960). Tuttavia l'Olivetti portò avanti la ricerca sui sistemi

Olivetti

Fondata nel 1908 a *Ivrea*

◂ **Xanti Schawinsky**, Poster pubblicitario della macchina da scrivere *Studio 42* (disegnata da Xanti Schawinsky, Luigi Figini & Gino Pollini) per Olivetti, 1935

▾ **Ettore Sottsass & Perry King**, macchina da scrivere portatile *Valentine* per Olivetti, 1969

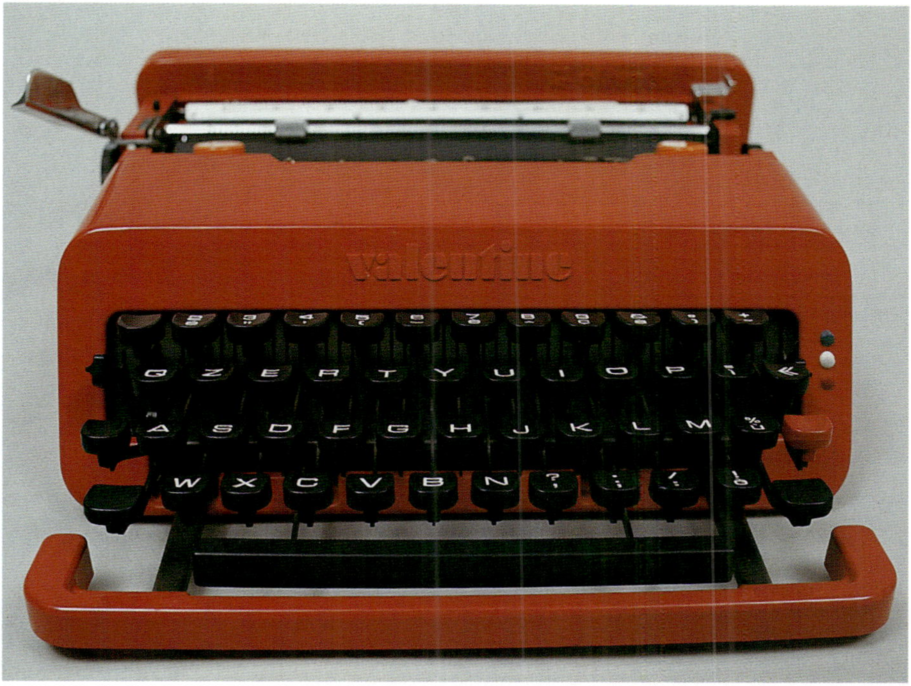

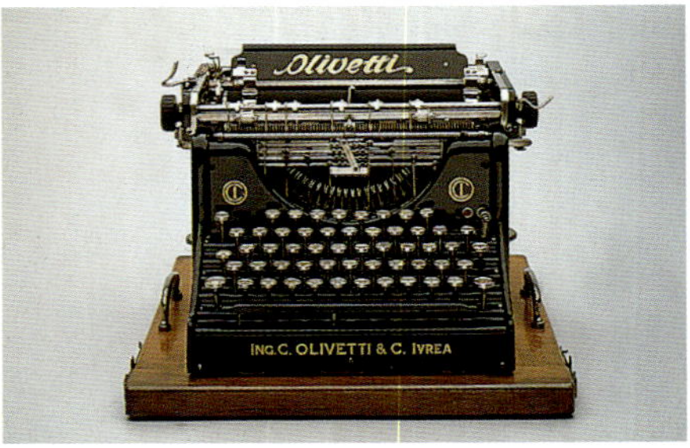

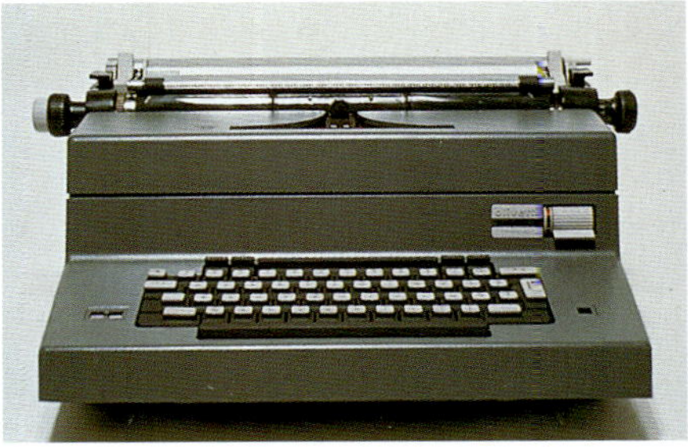

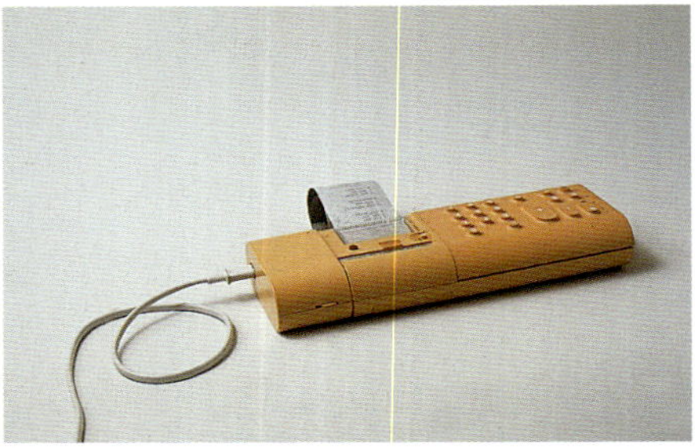

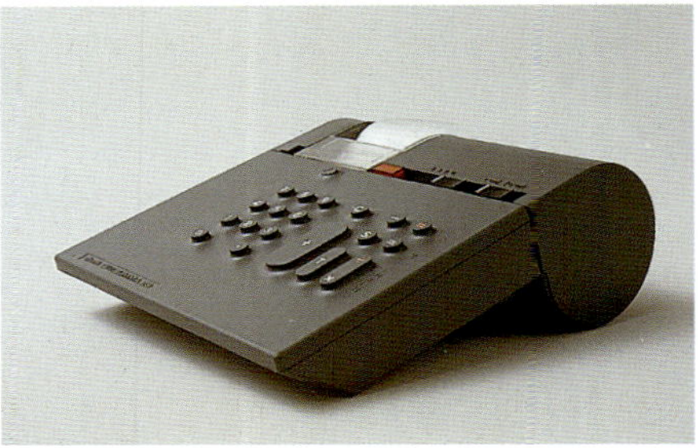

▲▲ **Camillo Olivetti**, Macchina da scrivere *M1* per Olivetti, 1910

►▲▲ **Ettore Sottsass & Hans von Klier**, macchina da scrivere *Editor* per Olivetti, 1964–1969

▲ **Mario Bellini**, calcolatrice *Divisumma 18* per Olivetti, 1973

►▲ **Mario Bellini**, calcolatrice *Divisumma 28* per Olivetti, 1973

di comunicazione elettronica e nel 1965 lanciò il computer fisso programmabile *P101*, un innovativo precursore del personal computer. A cavallo tra gli anni '60 e gli anni '70 la società lanciò altri prodotti di alto livello, come la macchina da scrivere *Editor* di **Ettore Sottsass** e Hans von Klier (1964–1969) e la calcolatrice *Divisumma 18* progettata da **Mario Bellini** (1973). Nel 1969 l'Olivetti lanciò sul mercato anche la macchina da scrivere portatile rosso vivo *Valentine* disegnata da Ettore Sottsass e **Perry A. King**, trasformando l'umile macchina da scrivere in un indispensabile accessorio di moda. Negli anni '70, a dispetto di nuovi problemi economici, l'Olivetti mise a punto una serie di importanti prodotti, tra cui la prima macchina da scrivere elettronica della società (1978) e il suo primo personal computer (1982). Negli anni '80 l'azienda allargò il suo raggio d'azione al campo della tecnologia informatica, potenziando le sue attività in questo campo nell'intero arco degli anni '90. Oggi il Gruppo Olivetti si compone di dodici società distinte operanti nel campo dell'informatica e delle telecomunicazioni.

► Poster del computer laptop *Philos* (disegnato da Ettore Sottsass) per Olivetti, 1993

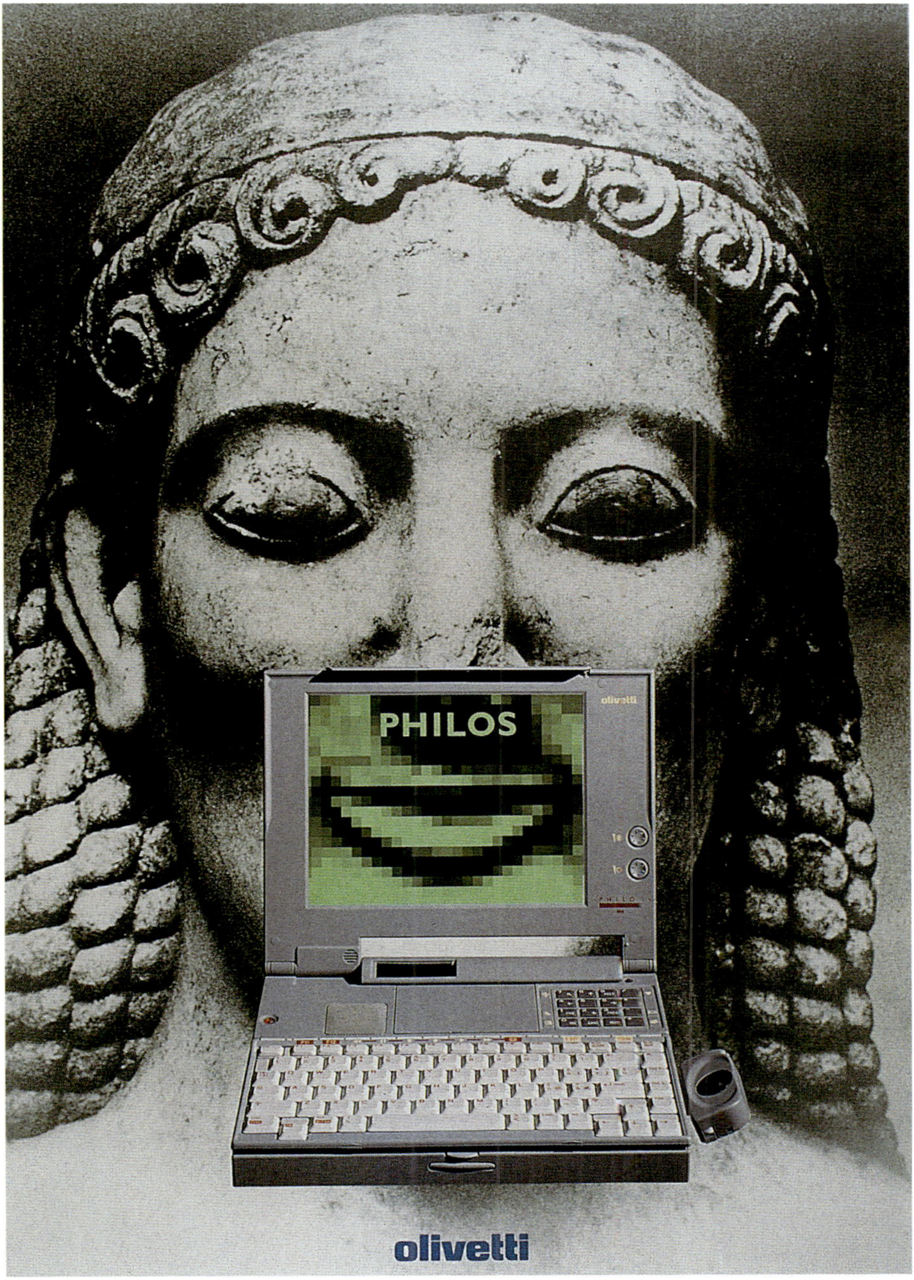
PHILOS
olivetti

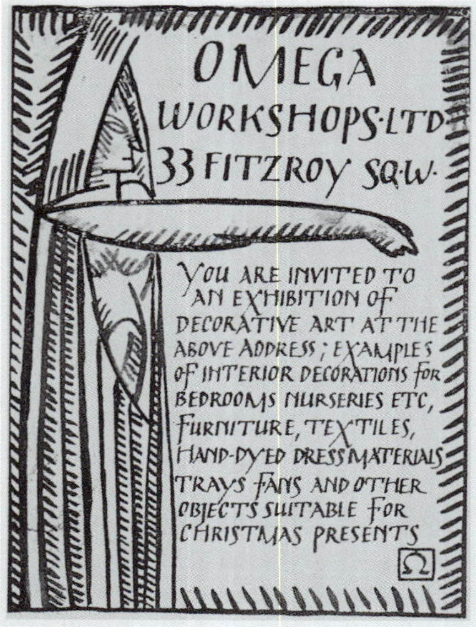

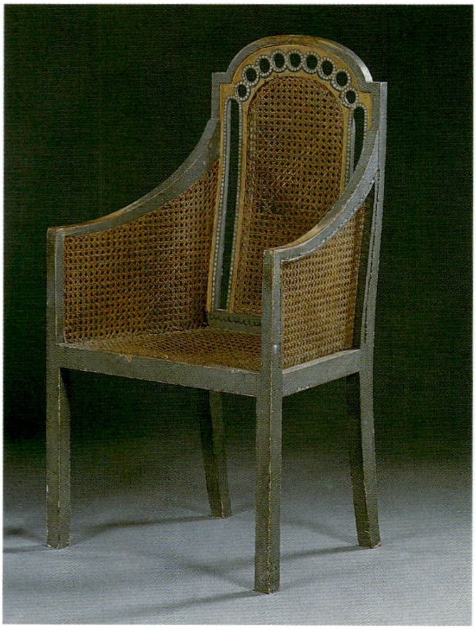

Omega Workshops

1913–1921
Londra

Gli Omega Workshops furono fondati nel 1913 nel cuore di Bloomsbury (Londra) e diretti dall'artista Roger Fry (1866–1934). Fry si era occupato di pittura al Metropolitan Museum of Art di New York e nel 1910 aveva anche organizzato un'importante mostra di opere impressioniste alle Grafton Galleries di Londra. Il progetto dei laboratori nacque dal tentativo di Fry di ridare vitalità all'arte della pittura murale, fornendo contemporaneamente lavoro ai suoi amici del Bloomsbury Group. Nel 1912 Vanessa Bell (1879–1961), Duncan Grant (1885–1978) e Fry dipinsero degli affreschi nella casa di quest'ultimo a Guilford e nel 1913 esposero mobili da loro decorati all'Alpine Club Gallery di Londra. Tra i membri dei laboratori Omega c'erano i pittori vorticisti Percy Wyndham Lewis (1882–1957), David Bomberg (1890–1957) e Paul Nash (1889–1946) e il designer **Edward McKnight Kauffer**. Nel 1914 i laboratori progettarono l'interno del Cadena Café a Westbourne Grove e produssero un progetto decorativo completo per la casa di Henry Harris a Bedford Square. I laboratori si dedicarono intensamente anche al design di ceramiche, tessuti, vetrate, grafica e mobili decorati, alcuni dei quali dipinti con motivi floreali o figurativi in stile vorticista, oppure con motivi geometrici astratti. I laboratori cessarono l'attività nel 1921. Anche se la qualità tecnica della loro opera era piuttosto amatoriale, lo stile Omega, che si ispirò anche a Fauvismo e Cubismo, risultò molto innovativo per l'Inghilterra dell'epoca.

▲ Invito per mostra per Omega Workshops

►▲ **Roger Fry (attribuita a),** Sedia per Omega Workshops, 1913 ca.

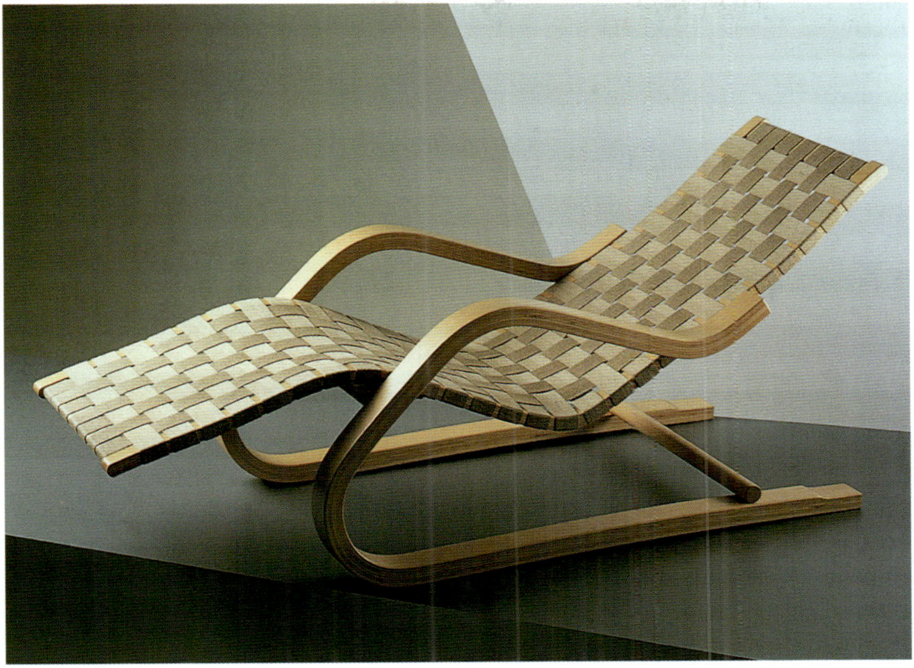

Organic Design

L'Organic Design è un approccio olistico e umanistico al design sperimentato per la prima volta in architettura alla fine del XIX secolo da **Charles Rennie Mackintosh** e **Frank Lloyd Wright**. Il loro metodo di lavoro prevedeva lo sviluppo di soluzioni totalmente integrate (**Gesamtkunstwerk**) per la realizzazione di progetti architettonici il cui effetto complessivo fosse maggiore della somma delle parti. In questo modo speravano che l'opera nella sua totalità potesse trasmettere almeno in parte lo stesso fascino della natura. Questo tipo di approccio considerava fondamentale il modo in cui elementi singoli come oggetti e mobili si rapportano a livello visivo e funzionale con il contesto degli interni in cui sono collocati e con l'edificio nel suo insieme; altrettanto importante era ritenuta la maniera in cui gli interni si relazionano, sul piano visivo e funzionale, con l'intero edificio, e come l'edificio stesso si rapportava con l'ambiente circostante attraverso l'armonia delle proporzioni, l'impiego dei materiali e il colore. L'impiego di forme organiche era comunque raro, anche se l'interazione e lo spirito della natura erano il principio ispiratore dell'architettura organica. Fu solo a cavallo tra gli anni '20 e '30 che **Alvar Aalto**, uno dei principali sostenitori dell'Organic Design, introdusse un vocabolario umanizzante e moderno della forma. Le curve

▲ **Alvar Aalto**, Chaise-longue *modello n. 43* per Artek, 1936

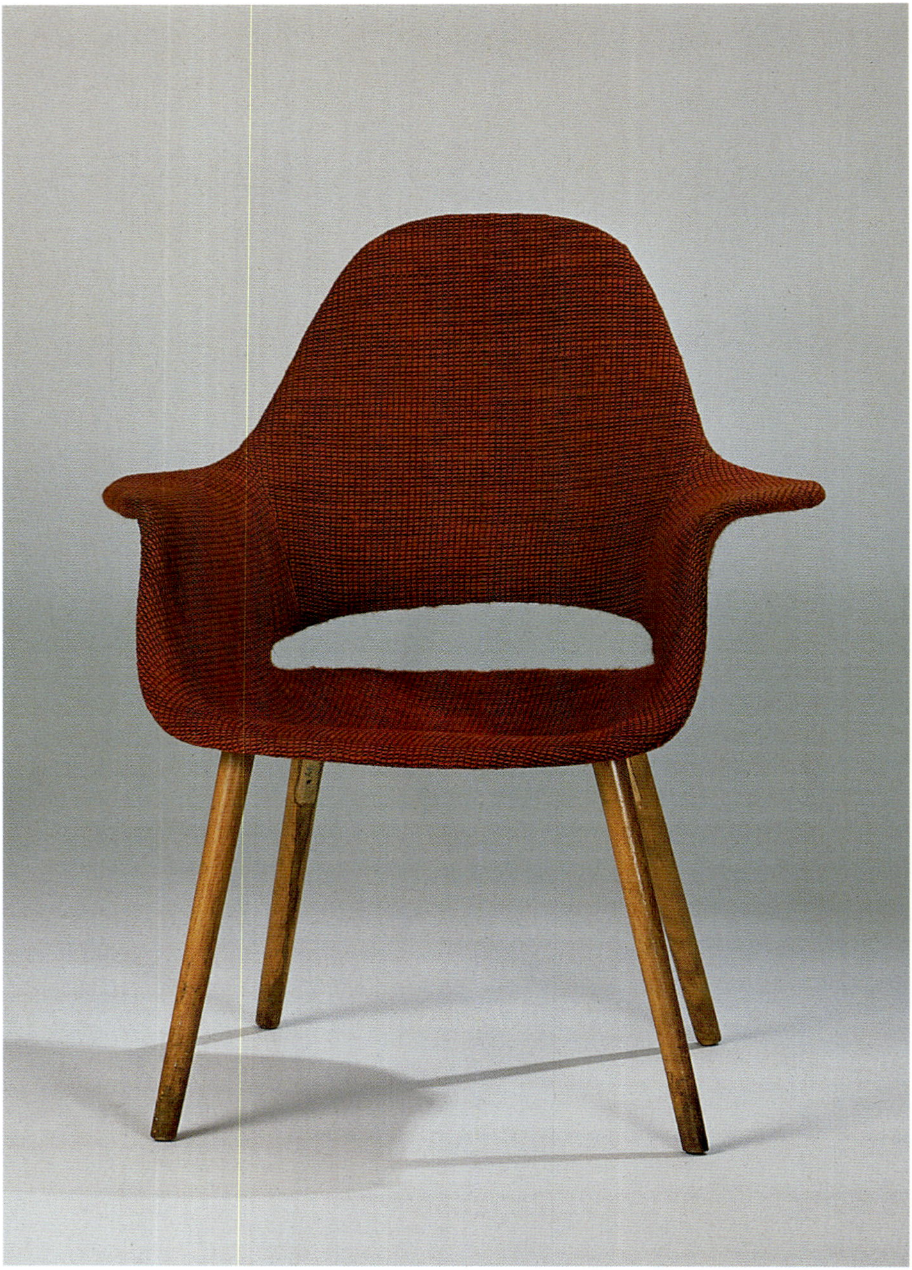

◄ **Charles Eames & Eero Saarinen**, Prototipo di poltrona disegnato per il concorso "Organic Design in Home Furnishings" al Museum of Modern Art, 1940 (prodotto da Haskelite Corporation & Heywood-Wakefield Company)

► **Charles & Ray Eames**, *La Chaise* disegnata per il concorso del Museum of Modern Art "International Competition for Low-Cost Furniture Design", 1948 (riproposta da Vitra)

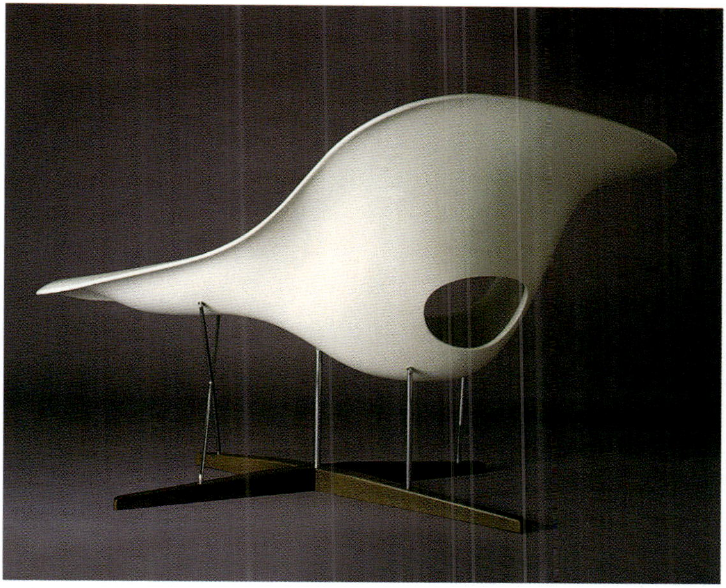

fluide e armoniose delle sue rivoluzionarie sedie in compensato sagomato e laminato di legno si contrapposero allo spigoloso formalismo geometrico dell'**International Style**. Come la precedente architettura organica, i progetti di Aalto erano sì concepiti secondo criteri olistici, ma il suo interesse principale non era tanto rivolto alla trascendenza spirituale quanto al rapporto emotivo, intellettuale e funzionale dei mobili con il singolo utente. Egli definì il legno "materiale profondamente umano, ispiratore di forme" rifiutando prima gli alienanti materiali industriali, tra cui il tubolare metallico, poi i materiali preferiti dall'**avant-garde** europea. I suoi mobili e le sue idee ebbero un tale successo e una tale diffusione, soprattutto negli Stati Uniti, che Aalto cambiò praticamente da solo il corso del design, indirizzandolo verso il Modernismo organico. Nel 1940 **Eliot Fette Noyes** organizzò l'importante concorso "Organic Design in Home Furnishings", tenuto al **Museum of Modern Art di New York**, per promuovere questo approccio nuovo e più attento al design. Nel catalogo Noyes definì il design organico "l'organizzazione armonica delle parti in un tutto integrato, in base alla struttura, al materiale e allo scopo. Una tale definizione non lascia spazio a ornamenti superflui: la bellezza si esprime in misura altrettanto grande nell'ideale scelta dei materiali, nella raffinatezza visiva e nell'eleganza razionale degli oggetti destinati all'uso" [catalogo di *Organic Design in Home Furnishings*, Museum of Modern Art, New York, 1941]. I design premiati nella categoria "Seating for a Living Room", proposti congiuntamente da **Eero Saarinen** e **Charles Eames**, figurano tra le creazioni più importanti del XX secolo nel settore dell'arredamento. Quei design apparvero rivoluzionari non solo per l'avanzata tecnologia impiegata nella costruzione delle sedie in legno compensato sagomato in un singolo compound, ma anche per il concetto di supporto e contatto continuo espresso attraverso forme organiche rispondenti a criteri ergonomici. Essi esercitarono un'immensa influenza, introducendo un orientamento totalmente nuovo nel campo dell'arredamento e incoraggiando altri tentativi di conseguire un'ideale unità del design sul piano funzionale, materiale e strutturale. Nacquero così creazioni eccelse come le sedie in compensato sagomato di **Charles e Ray Eames** (1945–1946), l'amorfa *La Chaise* (1948), la serie di sedie *Plastic Shell* (1948–1950), la sedia *Womb* e il *Pedestal Group* di sedie e tavoli (1955–1956) di Eero Saarinen. Negli anni '50 l'applicazione pratica dell'Organic Design ebbe un influsso significativo anche sull'architettura di Saarinen e in particolare sul suo capolavoro, il Terminal spiccatamente organico della TWA (1956–1962) all'aeroporto Kennedy, uno degli edifici più straordinari del XX secolo. Nel dopoguerra il successo dell'Organic Design influenzò stilisticamente la comparsa del **Biomorfismo** nel design tradizionale, continuando al contempo a ispirare designer attivi negli anni '60 e '70 quali Maurice Calka

▾ **Maurice Calka**, Scrivania *Boomerang* per Leleu-Deshays, 1970

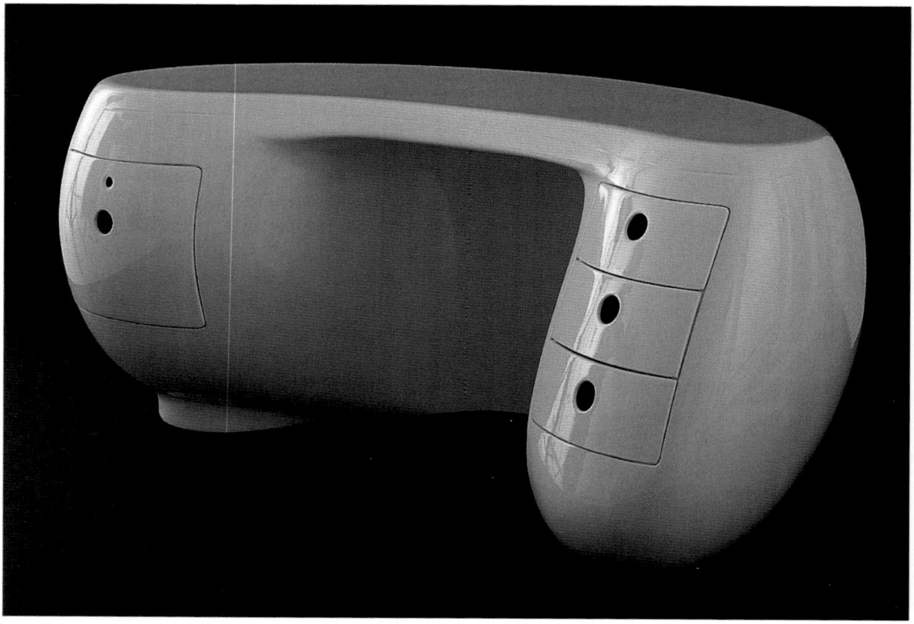

► **Ross Lovegrove**, *Lovegrove Landscape Collection* per Frighetto, 1998

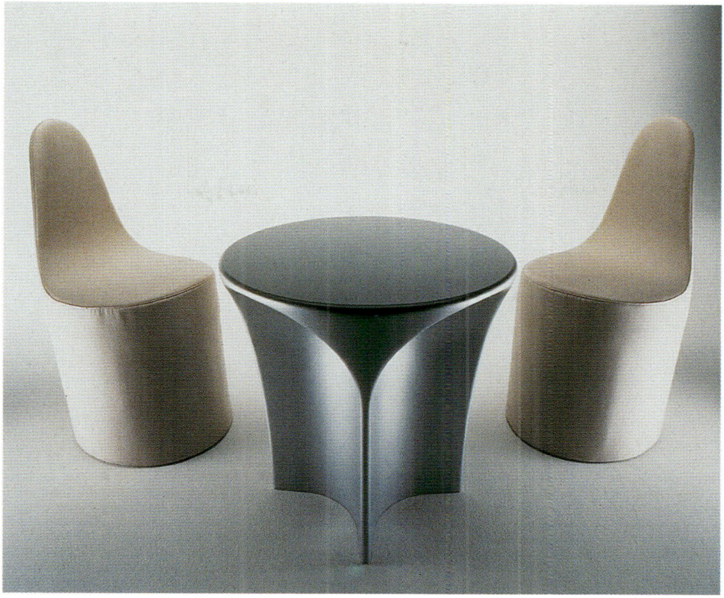

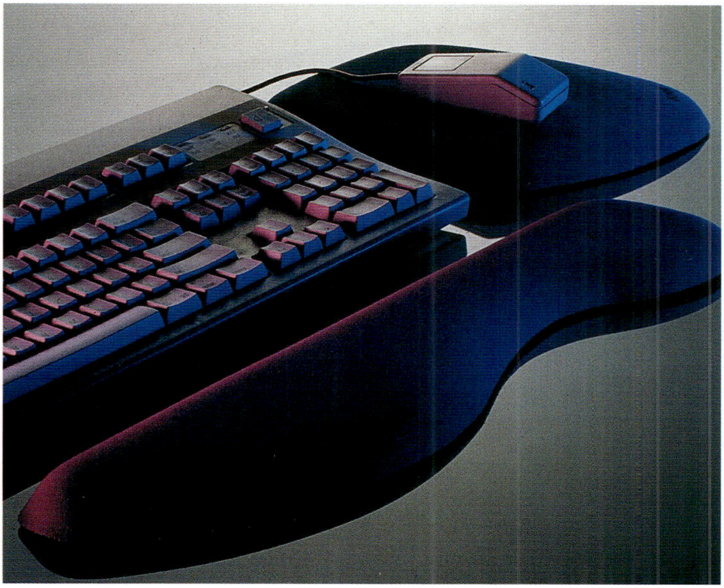

◄ **Ross Lovegrove**, Accessori per *computer Surf Collection* per Knoll International, 1992

▸ **Ross Lovegrove**, Lampada a sospensione *Pod* per Luceplan, 1996–1997

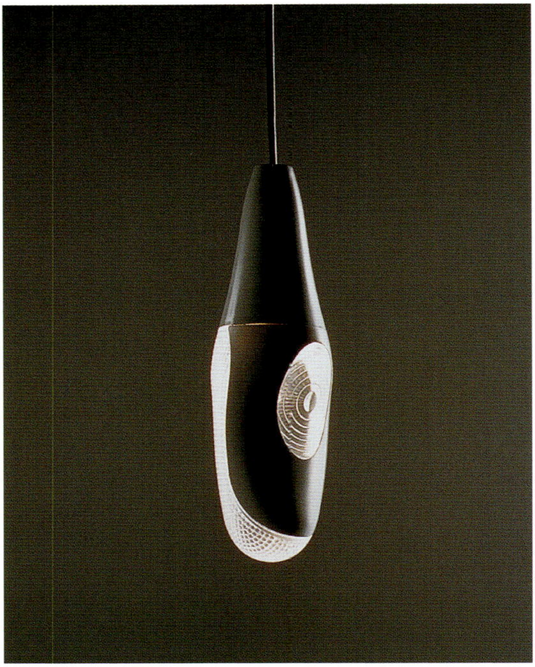

(1921), **Pierre Paulin** e **Olivier Mourgue**, che crearono forme altamente scultoree in quello stile. All'inizio degli anni '90, alimentato da migliori dati ergonomico-antropometrici e dai progressi compiuti dal design e dalla produzione grazie all'impiego di tecniche computerizzate, l'Organic Design riemerse più forte che mai. Come Eames e Saarinen prima di loro, i designer industriali più avanzati del nostro tempo, tra i quali **Ross Lovegrove**, cercano di creare oggetti di design organico dematerializzati attraverso l'innovativa applicazione di tecniche industriali e materiali all'avanguardia. Benché l'Organic Design sia spesso associato ai materiali naturali, ironicamente sono le plastiche – i materiali sintetici più recenti – che più si prestano a esprimere l'essenza astratta della natura e a ottimizzare i rapporti funzionali, consentendo di ottenere le forme organiche più adatte alla morfologia umana. L'Organic Design raggiunge la massima efficacia, tuttavia, quando il suo vocabolario formale, sensuale ed emotivamente affascinante, si rapporta con noi a livello subliminale, facendo leva direttamente sul nostro senso primordiale della bellezza naturale.

▸ Progetti di sedie per Metz & Co., 1934

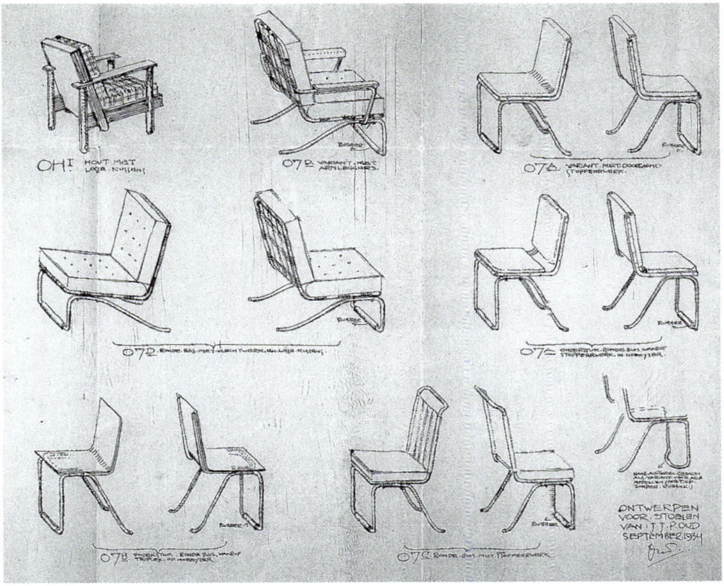

Jacobus Johannes Pieter Oud

1890 *Purmerend, Paesi Bassi*
1963 *Wassenaar/L'Aia, Paesi Bassi*

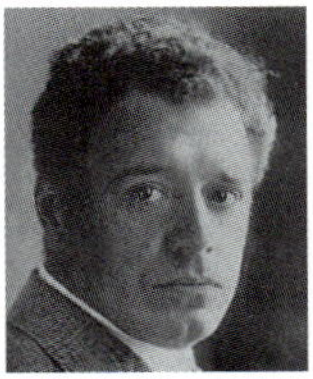

J. J. P. Oud studiò alla Scuola di arti applicate Quellinus di Amsterdam dal 1904 al 1907 e in seguito lavorò come assistente nello studio di architettura di P. J. H. Cuipers (1827–1921) e Jan Stuit ad Amsterdam. Nel 1911 lavorò nello studio di Monaco di Theodor Fischer e successivamente fu architetto freelance a Purmerend dal 1912 al 1913 e a Leiden dal 1913 al 1916. In questo periodo i suoi edifici furono influenzati dall'opera di **Hendrik Petrus Berlage**. L'incontro con **Theo van Doesburg** nel 1916 sfociò direttamente nella collaborazione al progetto della Casa De Geus e nella fondazione, insieme a Jan Wils (1891–1972), del club artistico De Sphinx. Un anno dopo Oud fu tra i fondatori di **De Stijl**; in seguito si sarebbe rivelato uno dei pochi membri del gruppo a saldare insieme teoria e pratica. Grazie ai suoi contatti con Berlage, Oud fu nominato capo architetto della città di Rotterdam (1918–1933). Nel 1920 fondò il gruppo Opbouw (Ricostruzione) e rifiutò di firmare i manifesti del gruppo De Stijl, che lasciò l'anno successivo. Nel 1921 visitò Weimar e conobbe **Walter Gropius** e **László Moholy-Nagy**; in seguito il **Bauhaus** pubblicò in due volumi (1926 e 1929) un suo libro intitolato *Dutch Architecture* (Architettura olandese). Nel corso degli anni '30 progettò una serie di sedie in tubolare metallico per i grandi magazzini Metz & Co. Oud è stato il più importante esponente olandese dell'**International Style** sia nell'architettura che nel design.

Giuseppe Pagano

1896 Parenzo
1945 Mauthausen, Austria

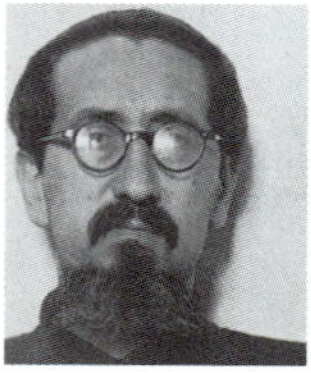

Nato come Giuseppe Pogatschnig, Pagano adottò il cognome italiano quando si arruolò nell'esercito italiano nel 1915. Dopo il servizio militare si iscrisse al partito fascista (1920) e studiò architettura al Politecnico di Milano fino al 1924. Lavorò a stretto contatto con Gino Levi-Montalcini (1902–1974) e insieme progettarono gli Uffici Gualino (1928–1930) e una serie di edifici razionalisti per l'"Esposizione di Torino" del 1928. Con altri giovani architetti che avevano partecipato alla mostra di Torino, tra i quali Levi-Montalcini, Edoardo Persico (1900–1936), Alberto Sartoris e Lavinia Perona, Pagano fondò il Gruppo Sei, ispirato al precedente Gruppo Sette costituito nel 1926 da giovani architetti razionalisti tra cui **Giuseppe Terragni**. Il ricorso al tubolare metallico nei mobili di Pagano costituisce una caratteristica del **Razionalismo** italiano, lo stile di design prediletto dai fascisti all'inizio degli anni '30. Dal 1931 Pagano prestò la propria consulenza presso la rivista *Architettura e Arti Decorative* e tra il 1930 e il 1943 lavorò nella redazione di *Casabella*, di cui fu redattore capo dal 1933. Pagano progettò anche l'Istituto di Fisica a Roma (1932) e l'Università Bocconi a Milano (1938–1941), per la quale creò mobili razionali con struttura in laminato di legno. Razionalista di spicco, Pagano fu un influente teorico del design e pubblicò numerosi articoli, tra cui uno apparso su *La tecnica fascista* (1939) che elogiava l'adozione del Modernismo da parte del regime fascista. Nel 1942 Pagano abbandonò il partito fascista e si unì alla Resistenza. Un anno dopo fu arrestato e internato a Mauthausen, dove morì nel 1945.

▼ **Giuseppe Pagano & Gino Levi-Montalcini**, Tavolino da telefono *Chichibio*, 1932 (riproposto da Zanotta)

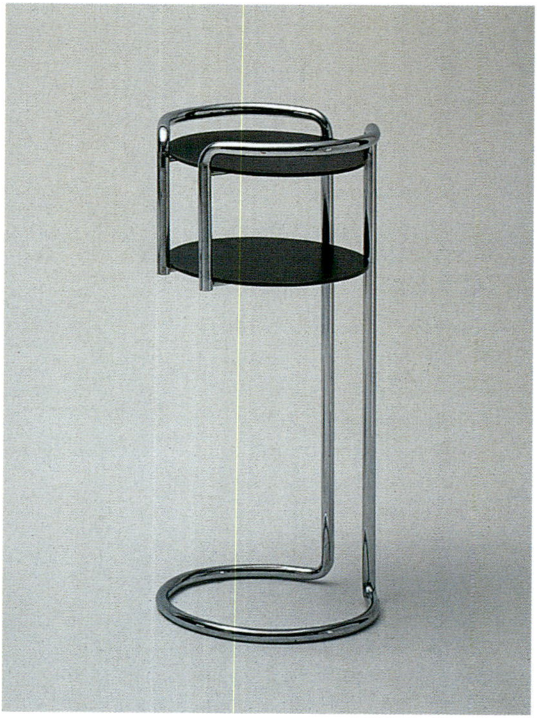

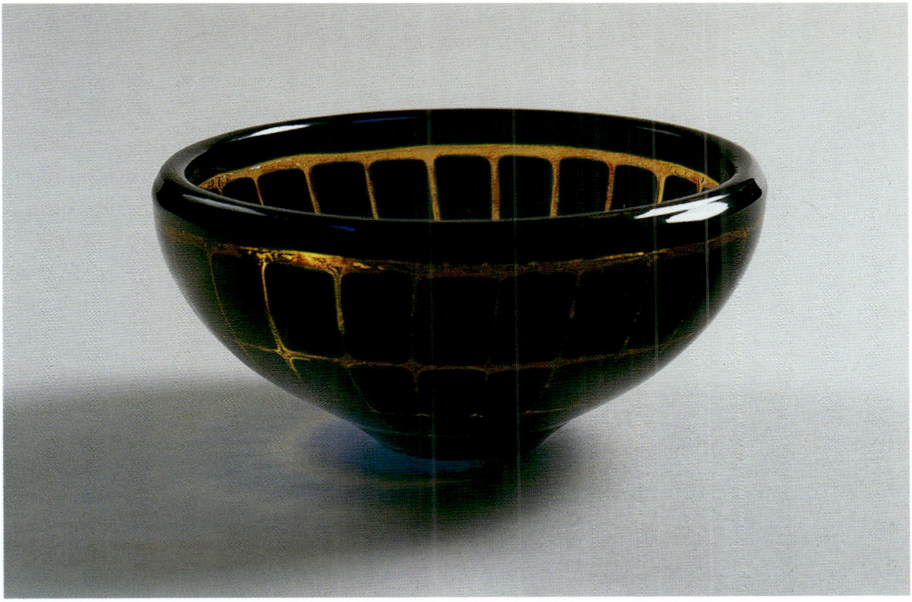

Sven Palmqvist studiò dal 1928 nella scuola di incisione su vetro della vetreria Orrefors, poi proseguì gli studi presso la Konstfackskolan e la Tekniska Skolan di Stoccolma dal 1931 al 1933 e la Kungliga Konsthögskolan di Stoccolma dal 1934 al 1936. In questi anni seguì anche i corsi di Paul Cornet e Aristide Maillol (1861–1944) all'Académie Ranson di Parigi e approfondì le sue conoscenze in Germania, Cecoslovacchia, Italia e America. Nel 1936 Palmqvist fece ritorno alla vetreria Orrefors dove mise a punto la tecnica *Kraka*, consistente nell'inserimento di un motivo a griglia in vetro bianco o colorato tra strati di vetro trasparente. Più tardi, nel 1954, inventò un metodo per centrifugare il vetro fuso in uno stampo, eliminando così la fase della colatura a mano; questa tecnica innovativa gli valse una medaglia d'oro e un Grand Prix alla Triennale di Milano del 1957. Tra la fine degli anni '40 e l'inizio degli anni '50 creò i vetri *Ravenna*, segmenti geometrici di vetro colorato circondati da canali d'aria spruzzati di sabbia che producevano un effetto simile al mosaico; con duecento blocchi di vetro *Ravenna* Palmqvist costruì una parete di vetro autoportante, intitolata "Luce e buio", per l'Union Internationale des Télécommunications di Ginevra. Palmqvist lavorò alla Orrefors fino al 1972, creando squisiti "vetri artistici industriali", dopodiché collaborò con la vetreria come designer freelance.

Sven Palmqvist

1906 *Lenhovda, Svezia*
1984 *Orrefors, Svezia*

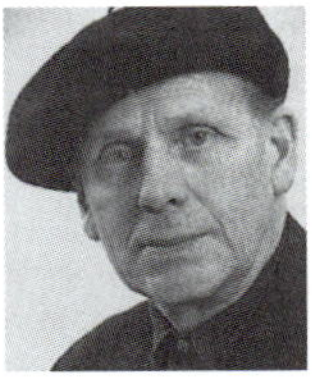

▲ Ciotola Ravenna per Orrefors Glasbruk, 1954 ca.

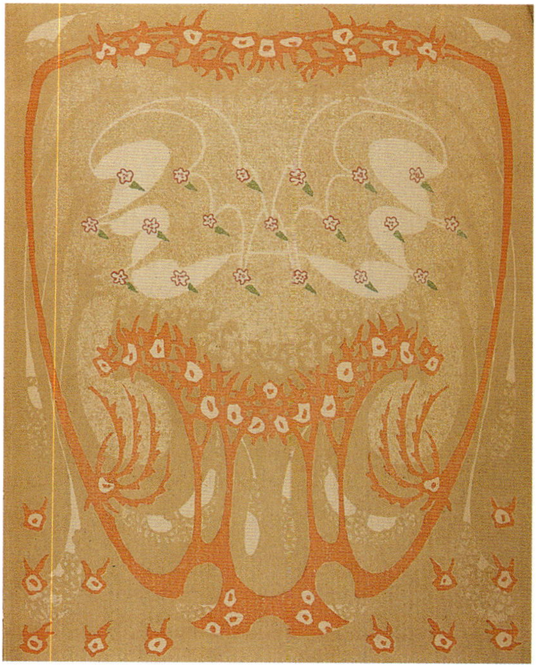

◄ Risguardo del catalogo della sezione tedesca dell'"Exposition Universelle et Internationale" a Parigi, 1900

Bernhard Pankok

1872 Münster, Germania
1943 Baierbrunn, Germania

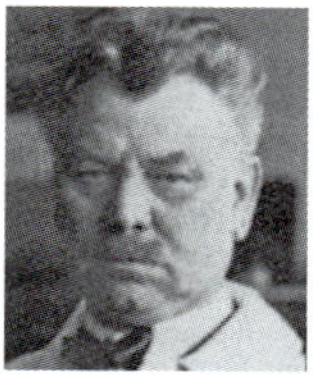

Figlio di un ebanista, Bernhard Pankok fu apprendista presso un decoratore e restauratore a Münster, quindi studiò alla Kunstakademie di Düsseldorf dal 1889 al 1891 e a Berlino dal 1891 al 1892. Nel 1892 aprì uno studio a Monaco e dal 1896 collaborò alle riviste *Jugend* e *Pan*. Un anno dopo partecipò all'Esposizione Glaspalast e fondò i **Vereinigte Werkstätten für Kunst im Handwerk** con **Hermann Obrist**, **Richard Riemerschmid** e **Bruno Paul**. Partecipò anche alla mostra della Secessione di Monaco nel 1899 e disegnò mobili per la casa di Obrist nella capitale bavarese. I suoi disegni **Jugendstil** erano famosi per le decorazioni naturalistiche e le forme bizzarre. Per la mostra dei Werkstätten all'"Exposition Universelle et Internationale" del 1900 a Parigi progettò la Stanza dell'Alcova, un fumoir rivestito di pannelli di legno che Obrist definì una combinazione di volute rococò ed elementi navali vichinghi. Nel 1900 lo storico dell'arte Konrad Lange gli commissionò il progetto di una casa a Tubinga; l'edificio con il tetto a due spioventi creato da Pankok era concepito nella tradizione della Foresta Nera, ma la semplicità degli interni era sorprendentemente moderna. L'interno più famoso di Pankok, tuttavia, è la sala da concerti esposta alla "St. Louis World Exhibition" del 1904 e successivamente al Landesgewerbeanstalt di

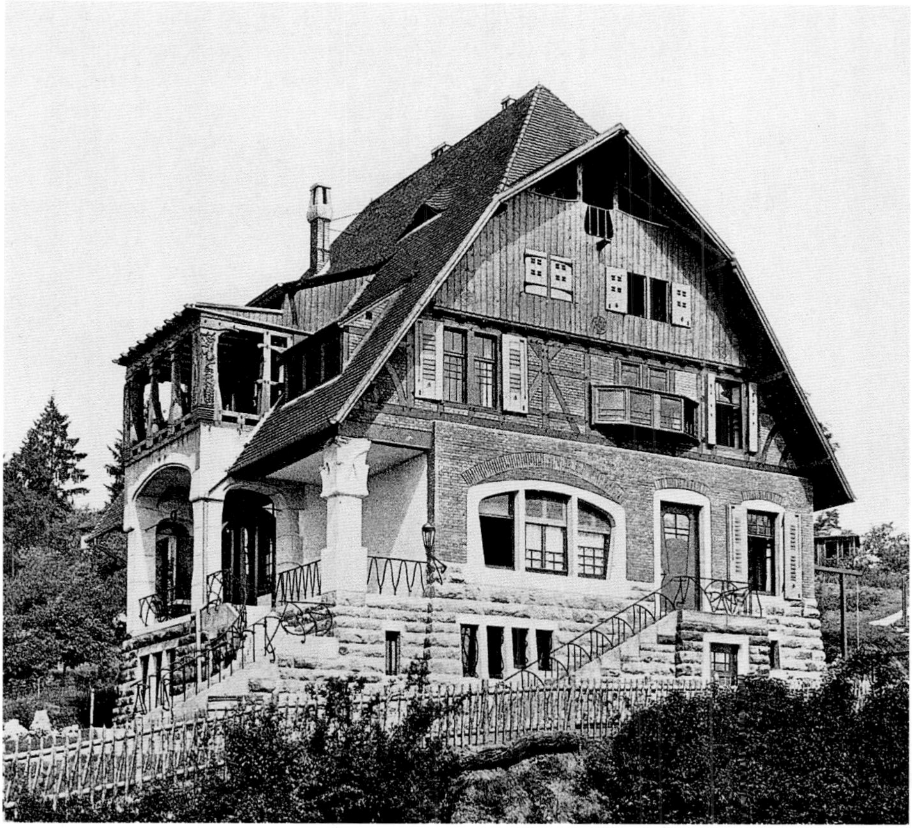

Stoccarda. Più stravagante degli interni di Casa Lange, questa sala appariva notevolmente lussuosa grazie alla ricchezza di particolari e alle tenui linee curve, perfetta espressione del Jugendstil di Monaco. Nel 1908 Pankok diventò membro del **Deutscher Werkbund** e nel 1913 fu nominato direttore della Königliche Lehr- und Versuchswerkstätte di Stoccarda, che egli fuse con la Kunstgewerbeschule nello stesso anno. Noto soprattutto per i suoi mobili e interni ispirati a forme naturali, Pankok fu molto stimato anche come ritrattista e designer di costumi e set.

▲ Casa Lange a Tubinga, 1901–1902

Verner Panton

1926 *Gamtofte, Danimarca*
1998 *Copenhagen*

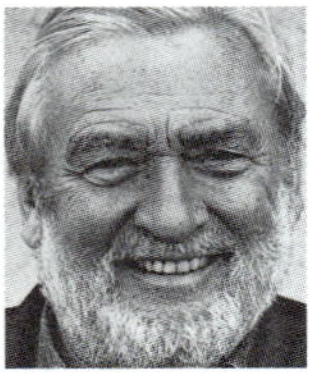

Verner Panton studiò alla Odense Tekniske Skole, poi frequentò i corsi di architettura alla Kongelige Danske Kunstakademi di Copenhagen dove si laureò nel 1951. Tra il 1950 e il 1952 lavorò in società con **Arne Jacobsen** collaborando a numerosi progetti di mobili sperimentali tra cui la nota sedia *Formica* di Jacobsen (1951–1952). Nel 1955 Panton aprì uno studio di design e architettura e si fece conoscere grazie alle sue innovative proposte architettoniche, tra cui una casa smontabile (1955), la Casa di Cartone (1957) e la Casa di Plastica (1960); riscossero notevole successo anche i suoi numerosi progetti di sedie, lampade, tessuti e tappeti, e le installazioni delle mostre. Nel 1958 il barone Schilden Holsten commissionò a Panton la ricostruzione e l'ampliamento della locanda Komigen immersa in un bosco sull'isola danese di Funen. Per questo albergo Panton progettò un interno completamente rosso e la famosa sedia *Cono* (1958). Questa strana sedia e la sedia *Cuore* (1959) di poco posteriore furono fabbricate dalla nuova azienda di Percy von Halling-Koch, la Plus-Linje. Nel 1959 una mostra di Panton alla fiera campionaria Købestaevnet mise letteralmente il mondo sotto sopra: il soffitto era coperto da un tappeto e tutti i mobili e le lampade erano capovolti. Produsse poi un'installazione altrettanto anticonvenzionale, con il soffitto coperto da una lamina argentata, per la Fiera del mobile di Colonia del

▼ Sedie *Panton* per Herman Miller, 1959–1960 (riproposte da Vitra)

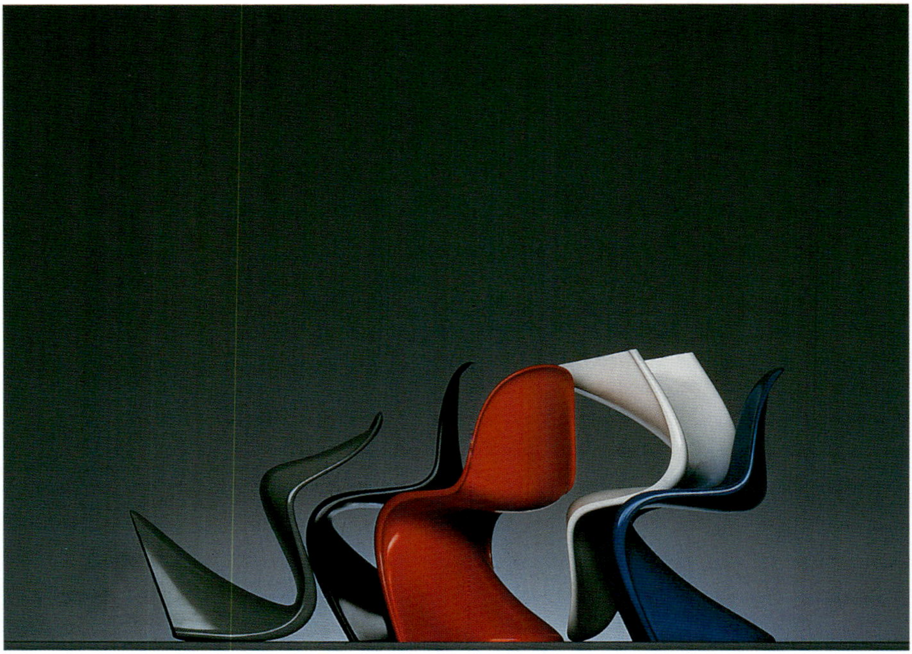

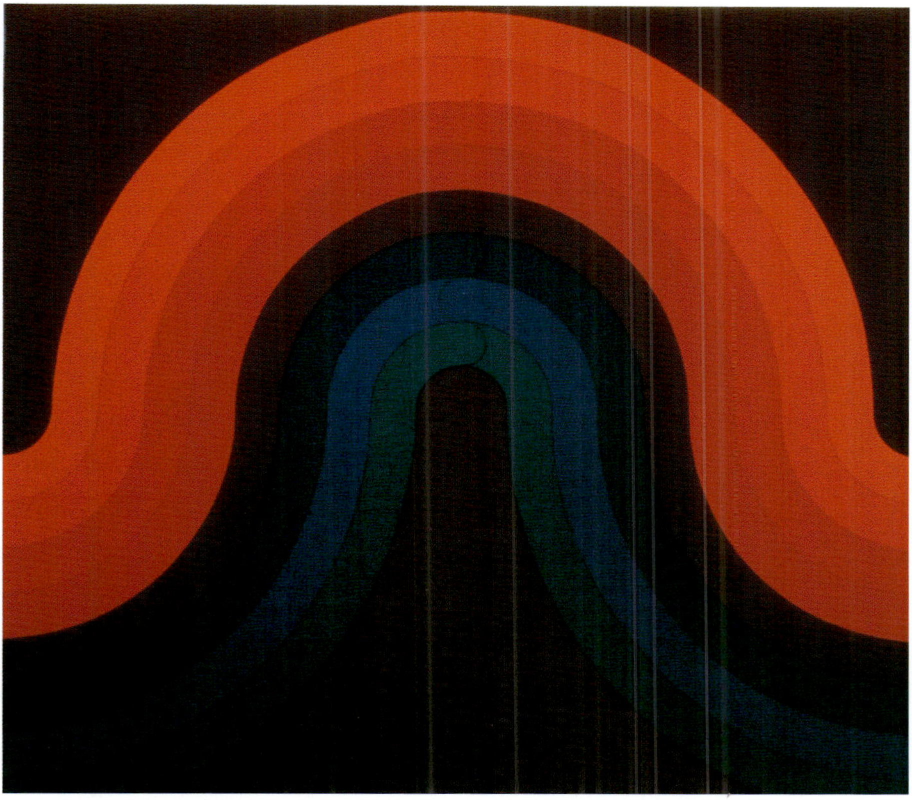

1960; lo stesso anno creò, riprogettando il Ristorante Astoria a Torondheim, un interno scioccante non solo per le insolite forme adottate ma anche per la vivacità dei colori. Nel 1955 Panton progettò la sedia *S* in legno compensato, a sbalzo e in pezzo unico, ideata in collaborazione con Thonet, e per diversi anni tentò di realizzare il progetto in plastica. Alla fine raggiunse lo scopo con la rivoluzionaria sedia *Panton* (1959–1960) e nel 1962 offrì i diritti di produzione alla **Herman Miller**. Nel 1962 Panton lasciò la Danimarca, si stabilì brevemente a Parigi e aprì poi uno studio di design a Cannes. In seguito si trasferì a Basilea, dove coadiuvò Willy Fehlbaum (il licenziatario della Herman Miller a Basilea e fondatore di **Vitra**) nella messa a punto, durata cinque anni, di un metodo di produzione per la sedia *Panton*, che alla fine divenne la prima sedia in blocco unico stampata a iniezione in vari colori. Aprì poi uno studio di design a Basilea dove coltivò una vasta clientela che comprendeva A. Sommer, Kaufeld, Haiges, Schöner Wohnen, Nordlys,

▲ Tessuto *Mira-Spectrum* per Mira-X, 1969 ca.

Kill, Wega Radio, Thonet, **Knoll International**, Lüber e Bayer. Panton progettò anche installazioni psichedeliche di "paesaggi spaziali" per la Bayer alle mostre di Colonia "Visiona O" del 1968 e "Visiona II" del 1970 che combinavano fantastiche forme scultoree al colore puro e saturo. Dal 1969 al 1985 produsse tessuti dalle fantasie geometriche per Mira-X usando un arco di colori brillanti accostati a mo' di arcobaleno. Tra la fine degli anni '60 e l'inizio degli anni '70 progettò una linea di sedie per Fritz Hansen, un sistema di contenitori e lampade a stelo e da tavolo con struttura in metallo cromato per Lüber. Ispirati alla Op Art, questi design prendevano le mosse dalle sedie da lui realizzate in tondino metallico nel 1959 e 1960. Nel 1973 progettò il seating system *1-2-3* per Fritz Hansen, costituito da venti diversi modelli, e due anni dopo realizzò un gioco di blocchi colorati denominato *Pantonaef*, per Naef in Svizzera. Negli anni '70 Louis Poulsen produsse diverse lampade disegnate da Panton, tra cui le lampade sferiche *VP-Globe* e *Panto* (1975), mentre nel decennio successivo creò la serie *Art Chairs-Chair Art* (1981) costituita da sedici sedie in legno compensato in pezzo unico dalle insolite fogge amorfe; intraprese poi la sperimentazione con forme geometriche pure – cubi, sfere, coni – per un'altra linea di sedie (1985). A differenza di molti altri designer danesi, Panton scelse un approccio al design rivoluzionario più che evolutivo. Nel corso della sua carriera produsse

▼ Sedia *Cubo*, sedia *Cono* e sedia *Cuore* per Plus-Linje, 1960, 1958 & 1959

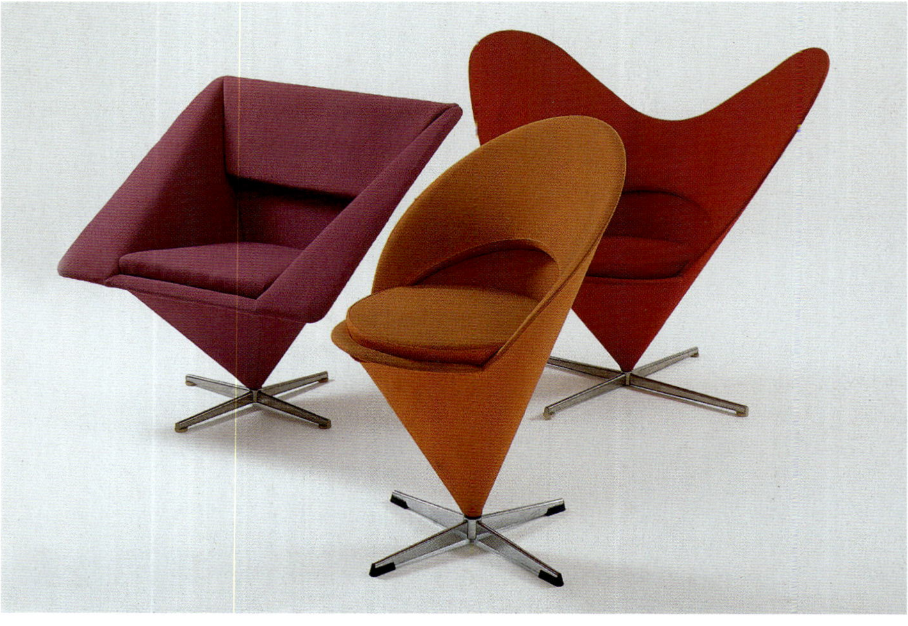

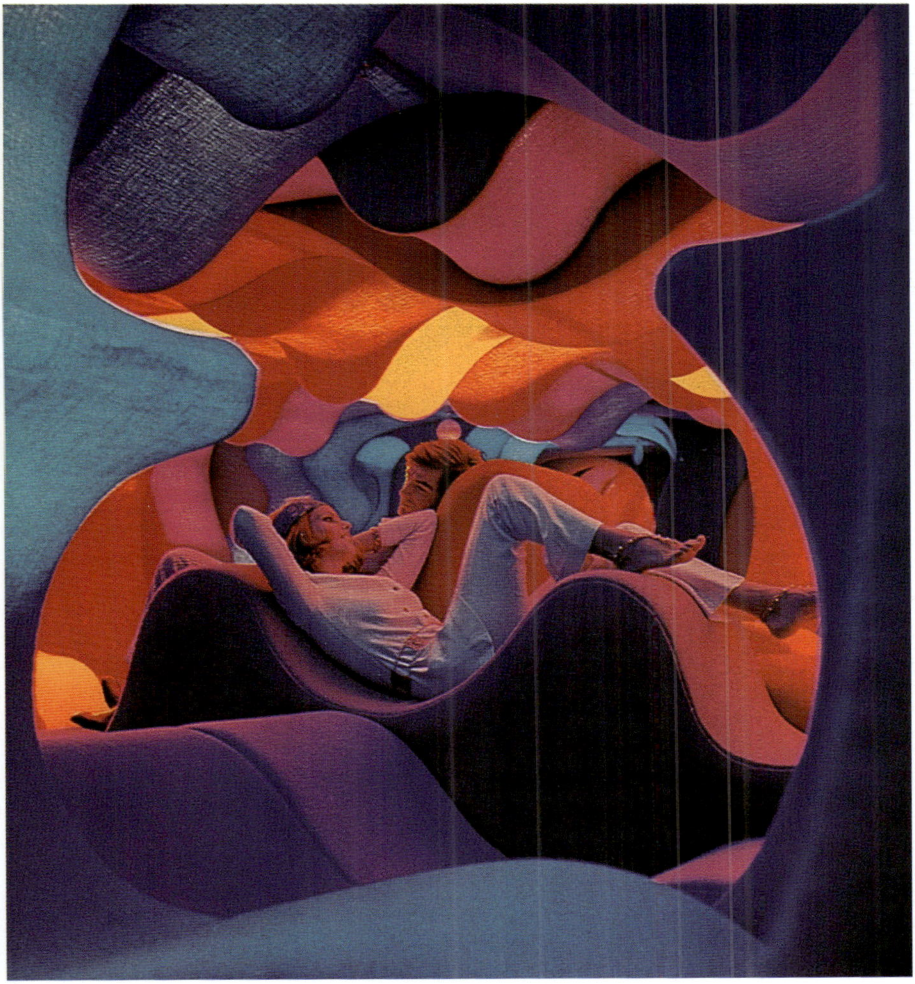

design altamente innovativi, arditi e giocosi che spesso fecero uso della più moderna tecnologia, rispecchiando la sua ottimistica fede nel futuro.

▲ Installazione per l'esposizione "Visiona II" a Colonia, 1970

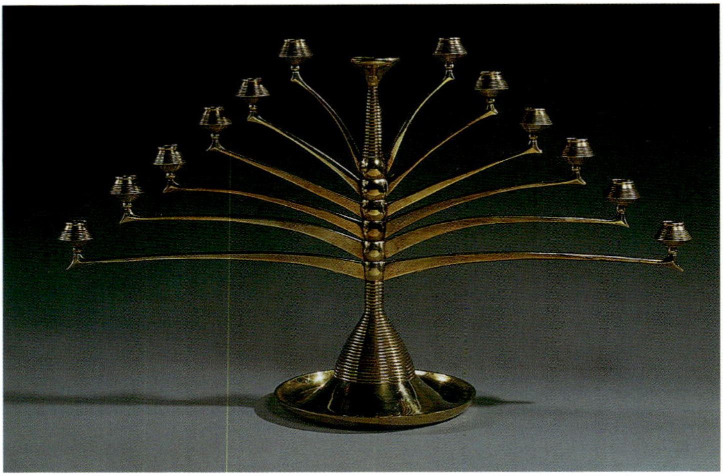

◂ Candelabro in ottone di Seifert & Co. per Vereinigte Werkstätten für Kunst im Handwerk, 1901

Bruno Paul

1874 *Seifhennersdorf/ Lausitz, Germania*
1968 *Berlino*

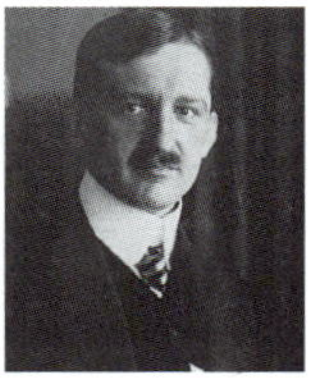

Bruno Paul studiò alla Kunstgewerbeschule di Dresda dal 1886; nel 1892 si trasferì a Monaco, dove frequentò i corsi di Paul Höcker e Wilhelm von Diez all'Akademie der Bildenden Künste. Nel 1897 Paul fondò i **Vereinigte Werkstätten für Kunst im Handwerk** insieme a **Hermann Obrist**, **Richard Riemerschmid** e **Bernhard Pankok**. I suoi mobili mostrano evidente l'influenza di **Henry van de Velde**, mentre le sue creazioni in metallo sono caratterizzate da semplici forme geometriche. Collaborò anche alle riviste *Simplicissimus* e *Jugend*, per le quali disegnò quasi cinquecento vignette umoristiche. Il suo progetto per la stanza di un cacciatore, un interno molto rustico in stile bavarese che rispecchiava il suo interesse per il vernacolarismo, vinse un Grand Prix all'"Exposition Universelle et Internationale de Paris" del 1900. Disegnò anche una sala da pranzo per l'"Esposizione Internazionale d'Arte Decorativa Moderna" di Torino, l'ufficio del presidente del parlamento a Bayreuth (1904) e una sala d'attesa per la stazione centrale di Norimberga (1905). Dal 1905 circa al 1907 **Ludwig Mies van der Rohe** lavorò nel suo studio di architettura. Tra il 1907 e il 1933 Paul diresse la Kunstgewerbeschule di Berlino e nel 1907 contribuì a fondare il **Deutscher Werkbund**. Progettò poi il ristorante, la birreria e altri edifici pubblici per la "Werkbund-Ausstellung" del 1914 a Colonia. Nel 1932 fu consulente di architettura per il maragià di Mysore in India e dal 1933 lavorò come architetto independente a Berlino, Hanau, Francoforte e Düsseldorf. I progetti **Jugendstil** di Paul, meno decorati rispetto a quelli di Pankok e Obrist, anticipano la linearità del design del **Modern Movement**.

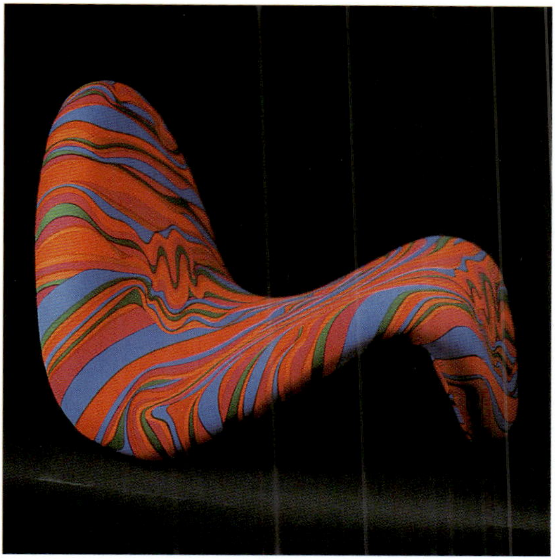

◄ *Modello n. 577* chaise-longue *Tongue* per Artifort, 1967

Pierre Paulin

1927 *Parigi*

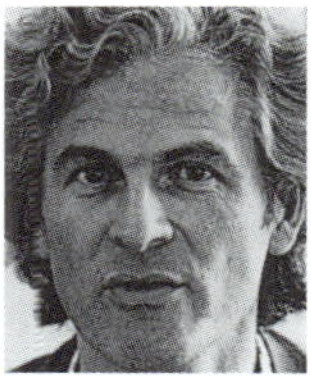

Pierre Paulin studiò intaglio della pietra e modellatura della creta all'École Camondo di Parigi. Dal 1954 disegnò mobili per Thonet e quattro anni dopo iniziò a lavorare per il mobiliere olandese Artifort, che produsse la maggior parte dei suoi progetti tra cui la prima sedia in plastica, la *157* (1953). Tra il 1958 e il 1959 Paulin lavorò in Olanda, Germania, Giappone e USA, e intorno alla metà degli anni '60 aprì uno studio di disegno industriale a Parigi. Sviluppò una linea di sedie con imbottitura in schiuma e piano in poliestere per Mobilier Nationale e un divano modulare prolungabile all'infinito a mo' di serpente. Nel 1968 Paulin venne incaricato di progettare sedili per i visitatori del Louvre; l'anno seguente ricevette un premio dall'ADI (Associazione per il Disegno Industriale) per la sedia *582 Nastro* (1965). Questa e la *577 Lingua* (1967), con le loro forme scultoree e l'imbottitura in schiuma straordinariamente comoda, rispecchiavano lo stile di vita sempre più casual degli anni '60. Nel 1970 Paulin disegnò sedie per l'Expo '70 a Osaka e ricevette l'incarico di riprogettare gli appartamenti privati del presidente francese all'Eliseo. Nel 1975 fondò la ADSA + Partners, di cui nel 1984 entrarono a far parte **Roger Tallon** e Michel Schreiber. Negli anni '80 Paulin creò mobili per l'ufficio presidenziale al palazzo dell'Eliseo (1983) e una linea di mobili artigianali per Mobilier Nationale. Oltre ai mobili innovativi, Paulin ha progettato anche interni d'auto per Simca, imballaggi per Christian Dior, insegne per il Musée d'Orsay e telefoni per L. M. Ericsson.

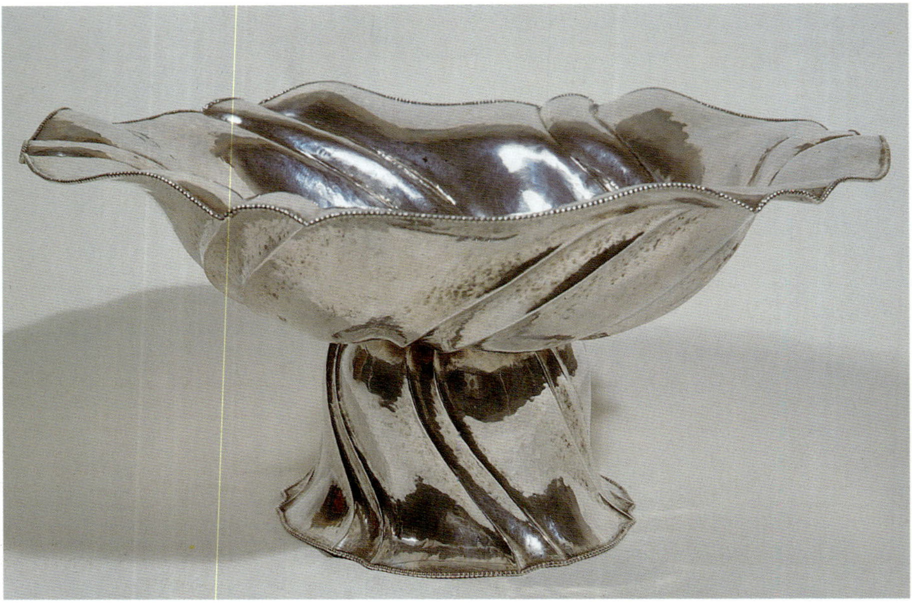

Dagobert Peche

1887 St. Michael im Lungau, Austria
1923 Mödling, Austria

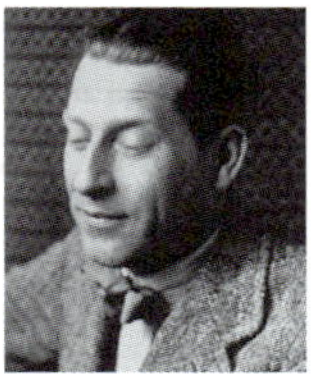

Dagobert Peche studiò ingegneria alla Technische Hochschule di Vienna e architettura all'Akademie der Bildenden Künste dal 1908 al 1911. Terminati gli studi, cominciò a realizzare tappeti e ceramiche per la produzione in serie ispirati alle decorazioni rococò e barocche. Peche partecipò alla "Deutsche Werkbund-Ausstellung" di Colonia del 1914 e nel 1915 diventò membro dei **Wiener Werkstätte**; due anni dopo fu nominato co-direttore della cooperativa, della quale divenne uno dei membri più attivi e prolifici. Tra il 1917 e il 1919 Peche risiedette a Zurigo, dove aprì e diresse un negozio per Wiener Werkstätte. Adottò forme sempre più classiche pur conservando una ricca decorazione, generalmente consistente in motivi floreali e zoomorfi, subendo poi l'influsso di altre tendenze artistiche del periodo. Fra i principali rappresentanti dei Wiener Werkstätte, Peche creò circa tremila design di mobili, ceramiche, grafica commerciale, rilegature di libri, tessuti, giocattoli, abbigliamento, allestimenti scenici e perfino uova di Pasqua dipinte e decorazioni natalizie. Nonostante il suo ampio impiego della decorazione, in forte contrasto con lo stile geometrico di **Josef Hoffmann** e **Koloman Moser**, Peche esercitò fino alla morte (1923) una forte influenza sui design prodotti dai Wiener Werkstätte.

▲ Vaso in argento per Wiener Werkstätte, 1915 ca.

► Portagioie in argento per Wiener Werkstätte, 1920

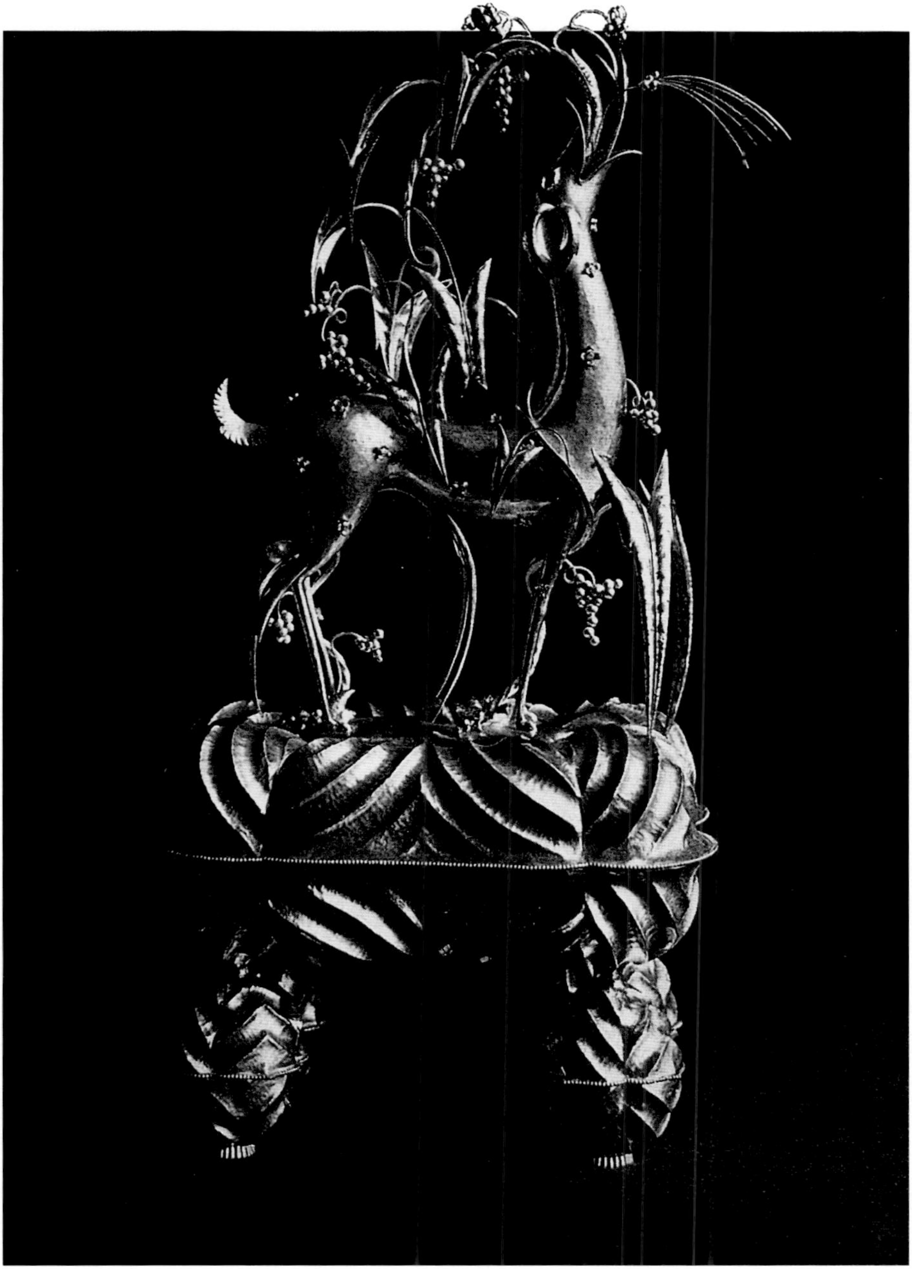

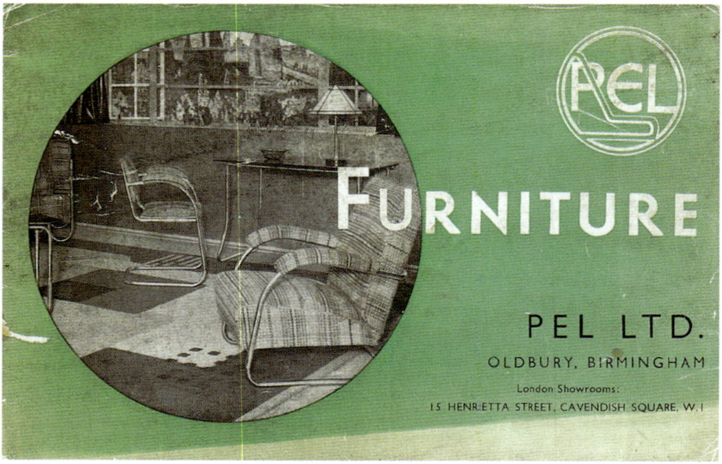

◂ Copertina del catalogo PEL, anni '30

PEL

Fondato nel 1931 a *Oldbury/Birmigham*

Durante la prima guerra mondiale, quando in Gran Bretagna la domanda di tubolare metallico aumentò in maniera consistente, diversi produttori, tra cui Accles e Pollock, decisero di unirsi per fondare una società, la Tube Investments. Nel 1927 questa diede origine a una nuova entità, la Tube Products, intesa a sfruttare il potenziale produttivo del processo di saldatura ad arco di nuova invenzione. L'azienda fornì tubolare metallico a molti mobilieri e fabbricò essa stessa mobili su piccola scala. Nel 1931 fu fondata la Practical Equipment Limited con l'intento di aumentare la vendita di tubolare. Stimolata dal successo dei mobili standardizzati in tubolare realizzati da aziende tedesche come Thonet, la Practical Equipment Limited (o PEL, come fu ribattezzata nel 1932) commissionò a designer quali **Wells Coates** e **Serge Chermayeff** la creazione di una linea di arredamento altamente razionale comprendente sedie, tavoli e letti. Tra i prodotti PEL di maggior successo vi fu una sedia sovrapponibile progettata da Chermayeff nel 1932, adatta all'esterno e dal minimo ingombro: cento sedie stavano in neanche due metri quadrati. Come Thonet, la PEL reclamizzò i mobili di sua produzione come articoli di alta qualità adatti a uno stile di vita moderno. Tra i suoi clienti figurarono molti noti designer modernisti quali **Edward McKnight Kauffer**, Marion Dorn (1899–1964) e Betty Joel (1896). La PEL produsse anche mobili di Thonet su licenza, tra cui alcune creazioni di **Marcel Breuer**, e durante la seconda guerra mondiale fabbricò barelle in tubolare metallico. Nel corso degli anni '30 gli economici e funzionali mobili della PEL contribuirono a diffondere il modernismo in Gran Bretagna.

Jorge Pensi studiò architettura a Buenos Aires. Nel 1977 fondò insieme ad Alberto Liévore (1948), Oriol Pibernat e Norberto Chaves lo studio di consulenza Grupo Berenguer. In quello stesso anno, ottenuta la cittadinanza spagnola, aprì un altro ufficio di design con Liévore a Barcellona. Nel 1984 lo studio progettò stand per fiere per conto di Perobell e del gruppo SIDI. Negli anni '80 Pensi collaborò alla rivista spagnola *On Diseño* e si specializzò nel design di lampade e mobili. La sua elegante sedia in allumnio fuso *Toledo* (1986–1988) vinse numerosi premi tra cui il primo Award Selection conferito dal SIDI (1988), due premi Delta d'argento ricevuti dall'Associazione del Disegno Industriale e un premio Design-Auswahl 90 del Design Centre di Stoccarda. Creazioni di grande fluidità ed eleganza, come la sedia *Orfilia* (1989) per Thonet e la lampada pendente *Olympia* (1988) per B. Lux, sono diventati simboli del design spagnolo degli anni '80. Nel 1994 Pensi ha progettato l'esposizione "Salón Internacional de Diseño para el Habitát". Fra i più eminenti designer spagnoli, Pensi ha lavorato come consulente in Italia, Finlandia, Germania, Singapore, Sud America e Stati Uniti d'America.

Jorge Pensi

1949 *Buenos Aires*

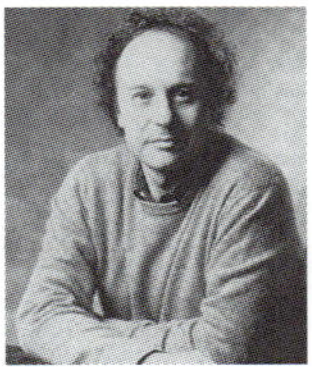

▾ Lampada da soffitto *Olympia* per B. Lux, 1988

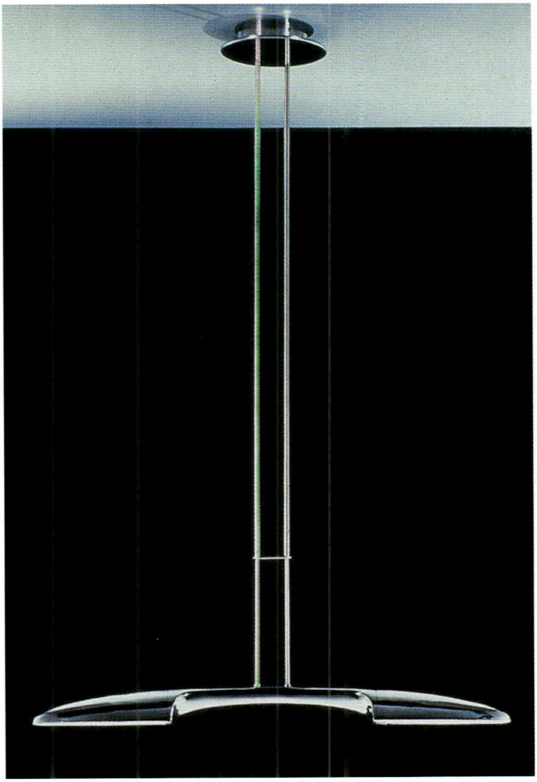

Pentagram

Fondato nel 1972 a *Londra*

Fondato come studio di consulenza nel 1972, Pentagram si differenziò dagli altri studi internazionali per la sua struttura "federale": il numero dei designer associati, singoli e gruppi, giunse infatti fino a cinquanta. Si trattava dell'evoluzione di un precedente studio grafico fondato nel 1962 da Alan Fletcher (1931), Colin Forbes (1928) e Robert Gill (1931), ai quali nel 1965 si aggiunse l'architetto Theo Crosby, con la conseguente costituzione della Crosby, Fletcher, Forbes. Il designer industriale **Kenneth Grange** e il grafico Mervyn Kurlansky (1936) si associarono allo studio nel 1972, quando fu ribattezzato Pentagram. Infine, negli anni '70 e nei primi anni '80, si aggiunsero John McConnell, David Hillman, Peter Harrison e David Pelham. Pentagram s'impose all'attenzione per la progettazione attenta e mirata di **corporate identity** per British Petroleum, Reuters, Faber & Faber, Watneys, Victoria & Albert Museum, Tate Gallery, The Guardian, Prestel e altri. Lo studio ha progettato anche caratteri tipografici per clienti importanti quali Xerox, IBM e Nissan. Lo stile di Pentagram si è perpetuato anche nel product design, soprattutto a opera di Grange che ha progettato il Treno ad alta velocità 125 per la British Rail nel 1976 e realizzato design di elettrodomestici da cucina per Kenwood, accendini per Ronson, penne per Parker Pens e

▼ **Daniel Weil**, Interno della Swatch Timeship a New York, metà anni '90

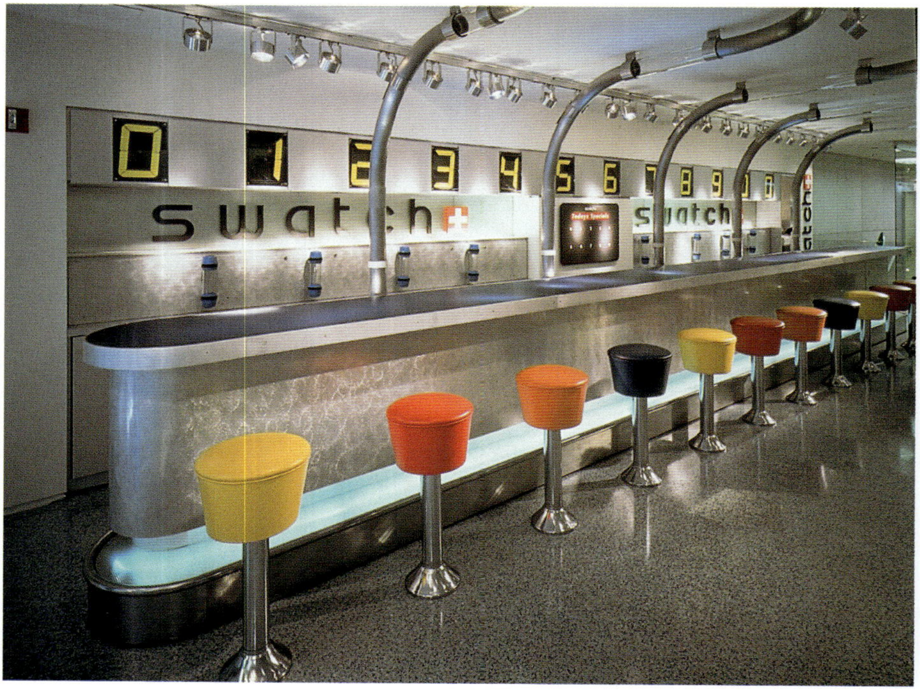

rasoi per Wilkinson Sword. Sotto la direzione di Crosby, lo studio Pentagram progettò anche numerose strutture espositive, tra cui il Padiglione dell'industria britannica all'Expo '67 di Montreal, *The Environment Game* (1973) e *British Genius* (1977) a Londra. Tutte le attività del gruppo fanno perno sulla convinzione che il design dovrebbe permeare ogni settore della vita, un'idea promossa attraverso la pubblicazione di diversi libri, tra cui *Pentagram: The Work of Five Designers* (1972) and *Living by Design* (1977). Lo studio ha pubblicato anche una serie di opuscoli, i *Pentagram Papers*, che evidenziano "curiosi, divertenti, stimolanti, provocanti e occasionalmente controversi punti di vista". Tuttavia sono probabilmente i design di oggetti di più largo utilizzo che meglio rivelano la promozione del "design come stile di vita" fatta propria da Pentagram. Attraverso il successo della grafica, occasionalmente percorsa da una vena di ironia, e dei prodotti di consumo, caratterizzati da una funzionalità immediata temperata da uno styling sofisticato, Pentagram è diventato uno studio leader a livello internazionale. Nel 1978 fu fondato uno studio a New York e nel 1986 sorse un'altra filiale a San Francisco. Ancora oggi Pentagram è un'organizzazione di grande prestigio, gestita da designer piuttosto che da amministratori e contabili, il che costituisce una garanzia della costante ricerca di creatività e innovazione.

◄▲▲ **David Hillman**, Corporate identity coordinata per la Tate Gallery, 1989–1990

▲▲ **John McConnell**, Corporate identity coordinata per Faber & Faber, 1981

◄▲ **David Hillman**, Progetto per il giornale *The Guardian*, 1988

▲ **Alan Fletcher**, Corporate identity coordinata per il Victoria & Albert Museum, 1988

Charlotte Perriand

1903 *Parigi*
1999 *Parigi*

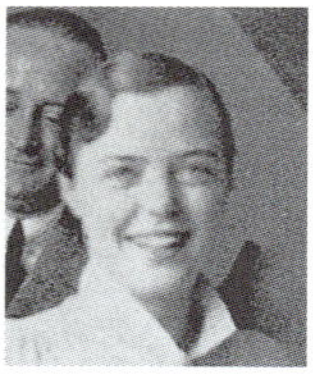

Charlotte Perriand seguì i corsi di Henri Rapin e Maurice Dufrène (1876–1955) all'École de l'Union Centrale des Arts Décoratifs di Parigi dal 1920 al 1925. Espose per la prima volta le sue opere alla Société des Artistes Décorateurs e nel 1927 progettò un bar-terrazza per il Salon d'Automne, arredato con i suoi primi mobili in acciaio cromato e alluminio anodizzato. La mostra attirò l'attenzione di **Le Corbusier** e di seguito collaborò con lui e il cugino, **Pierre Jeanneret**, per dieci anni. A Perriand va attribuita la maggior parte dei mobili usciti dallo studio di Le Corbusier in quel periodo, inclusi i primi design in acciaio tubolare per i complessi di arredamento conosciuti come "Équipement de l'habitation" (1928–1929), esposti per la prima volta al Salon d'Automne nel 1929 con grande successo di critica. Questa rivoluzionaria collezione di mobili, provvisti di un'avanguardistica estetica funzionalista, rispecchiava le teorie di Perriand sull'interazione tra benessere morale e fisico. Nel 1929 Perriand, Le Corbusier e Jeanneret si dimisero dalla

▾ Disegno di interno, sala da pranzo, 1929 ca.

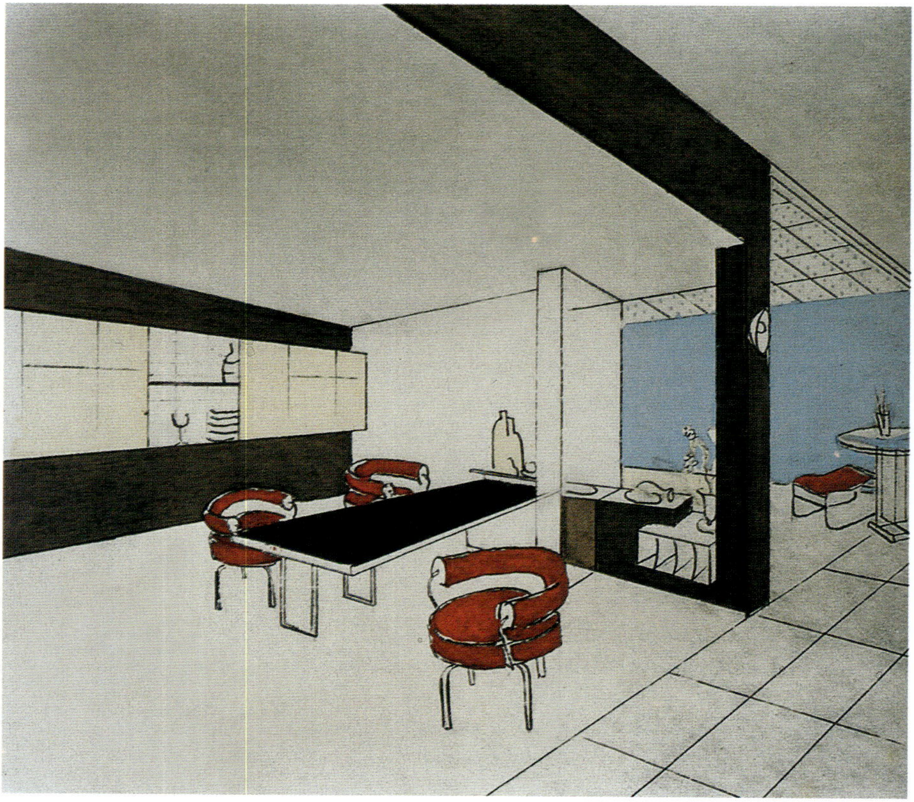

Société des Artistes Décorateurs quando la giuria non concesse loro uno spazio espositivo sufficiente e fondarono la rivale UAM (Union des Artistes Modernes). L'anno successivo Perriand strinse una duratura amicizia con il pittore Fernand Léger (1881–1955) e nel 1931 iniziò a esporre alle mostre UAM con il proprio nome. Nel 1937 lei e Jeanneret presentarono un rifugio di montagna in alluminio all'"Exposition Internationale des Arts et Techniques dans la Vie Moderne" di Parigi e nel 1940 aprirono un altro studio di architettura insieme a **Jean Prouvé** e Georges Blanchon, dedicandosi alla progettazione di edifici prefabbricati in alluminio. Dal 1940 al 1942 Perriand fu consulente di arte e artigianato per il ministero del commercio giapponese. Al suo ritorno in Francia, dopo tre anni trascorsi in Indocina, riprese a progettare edifici, interni e mobili, sia per conto proprio che in collaborazione con Jeanneret e Blanchon. Tra le creazioni più interessanti di questo periodo figurano mobili per chalet di villeggiatura a Méribel-les-Allues (1946–1949), un prototipo di cucina per l'Unité d'Habitation di Le Corbusier a Marsiglia (1950), mobili per la galleria Steph Simon a Parigi (1955–74), l'ufficio londinese di Air France (1957) e sale conferenze per le Nazioni Unite a Ginevra (1959–1970). Negli anni '80 Perriand fu per breve tempo a capo della giuria del "Concorso internazionale per nuovi mobili da ufficio" sponsorizzato dal ministero della cultura francese e lavorò come consulente del mobilificio Cassina, che ripropose i mobili da lei progettati insieme a Jeanneret e Le Corbusier. All'opera di Charlotte Perriand sono state dedicate varie grandi mostre retrospettive, soprattutto in Giappone (1955), a Parigi (1965 e 1985) e Londra (1998). Perriand è nota principalmente per gli eleganti mobili in acciaio tubolare in **International Style** creati negli anni '20 e '30. Ha prodotto anche numerosi oggetti di gusto artigianale, come la minuscola sedia *Synthese des Arts* (1955), notevole sintesi di elementi culturali occidentali e orientali.

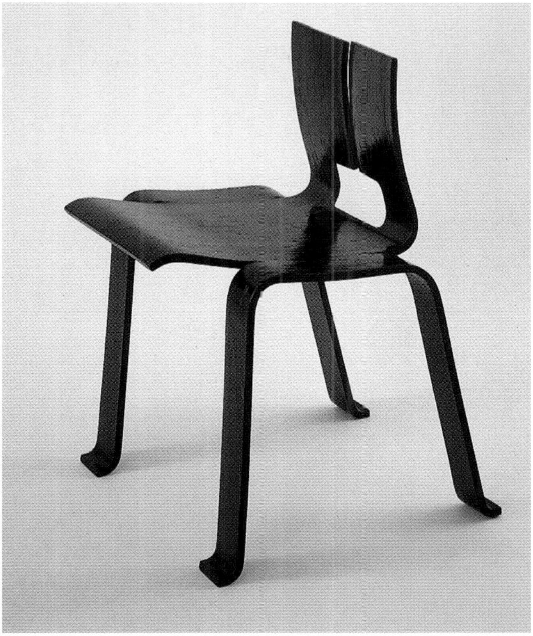

▼ Sedia *Synthèse des Arts* probabilmente per Takashimaya, 1955

Gaetano Pesce

1939 *La Spezia*

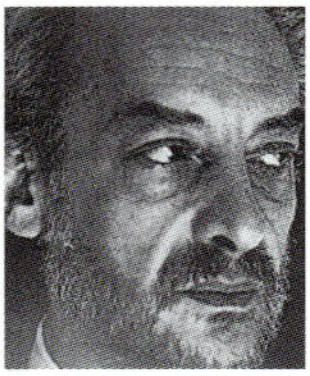

Gaetano Pesce studiò architettura e disegno industriale all'Università di Venezia dove si laureò nel 1965. Tra il 1959 e il 1967 lavorò come artista e regista cinematografico indipendente a Padova, sperimentando forme d'arte cinetiche e seriali e fondando con altri il Gruppo N, formato da artisti impegnati ad approfondire il concetto di arte programmata. Lavorò anche come designer a Padova dal 1962 al 1967 e a Venezia dal 1968, creando mobili e interni per C&B Italia, Cassina, Bernini, Venini, Bracciodiferro e altri. I mobili progettati in questo periodo erano altamente innovativi sia nei materiali che nei metodi di produzione: la *Up Series* in schiuma poliuretanica (1969), ad esempio, era compressa e imballata sotto vuoto in buste di PVC che una volta aperte consentivano alle colorate sedie di prendere letteralmente vita. Nel 1972 Pesce partecipò alla mostra "Italy: The New Domestic Landscape" tenuta al **Museum of Modern Art di New York**; per questo importante evento, teso a celebrare il **Radical Design**, realizzò un curioso allestimento che includeva una serie di "documenti archeologici" concernenti un immaginario insediamento da era delle "Grandi Contaminazioni". Nel 1973 Pesce formulò la teoria secondo la quale architettura e design dovrebbero essere

▾ Sedia *Up 3* per C&B Italia, 1969

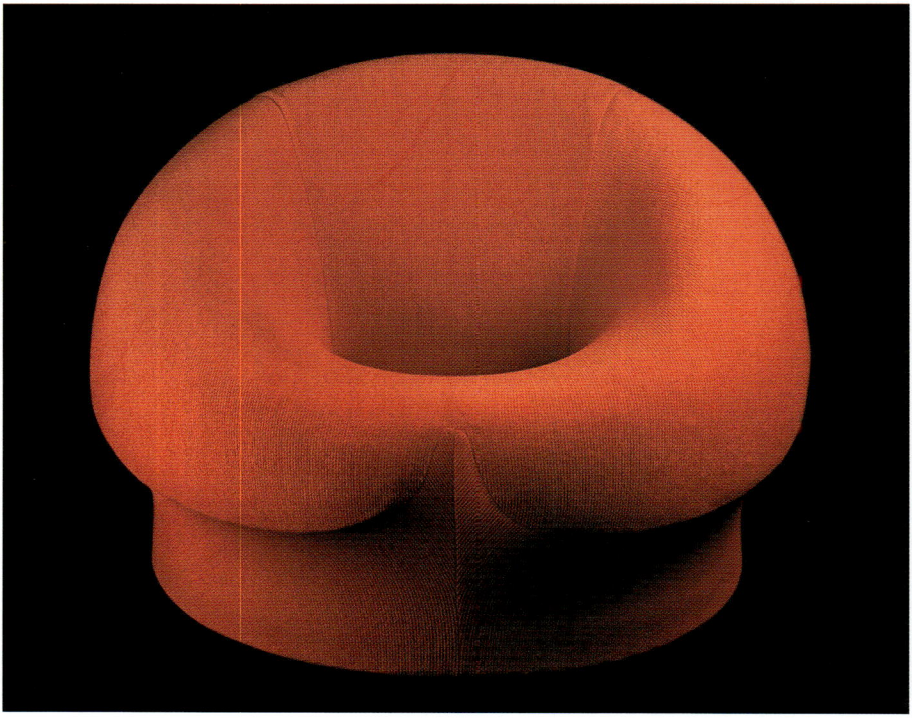

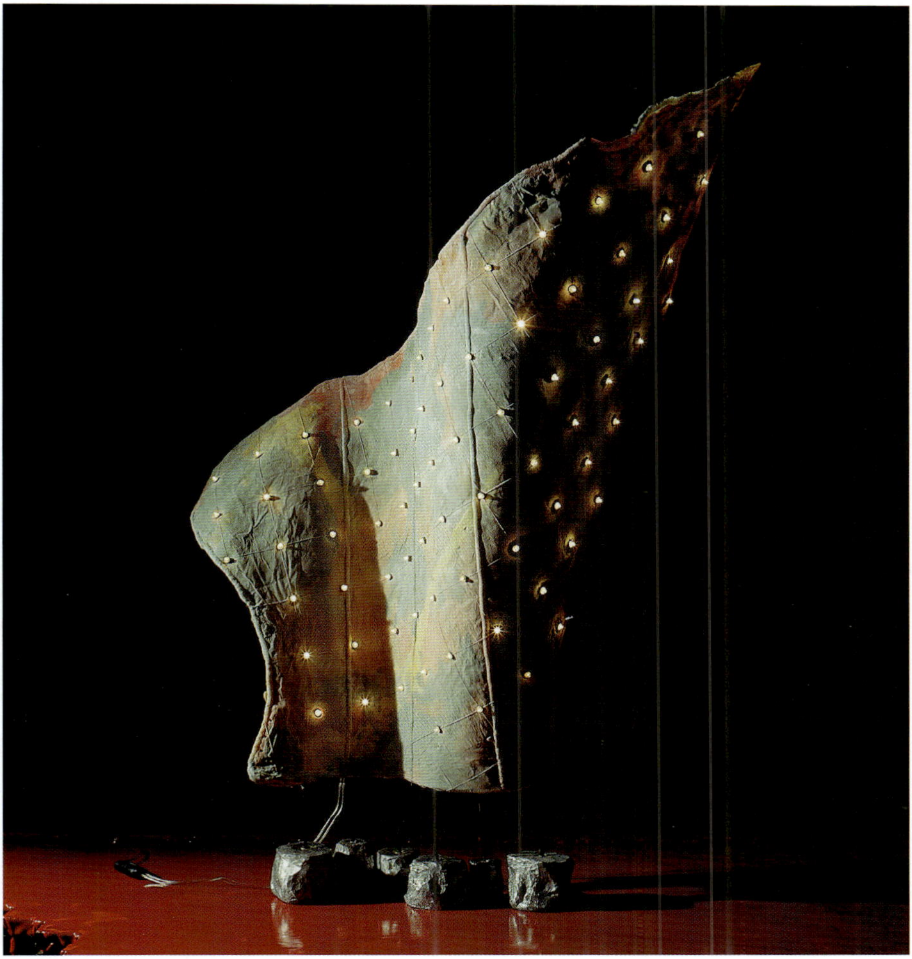

▲ Lampada *Airport*, 1986

una "rappresentazione della realtà" e un "documento dei tempi"; la sua ricerca della libertà di espressione lo condusse a esplorare il concetto di "performance design" in molti dei suoi progetti. In *Golgotha Suite* (1972–1973), con il tavolo a forma di bara e le sedie concepite come sudari, Pesce sperimentò per la prima volta l'idea di "serie diversificata". Ricorse nuovamente a questa nozione nella serie di sedie e divano *Sit Down* (1975) per Cassina: ogni esemplare, per quanto simile, differiva lievemente dall'altro per la variabilità dei materiali impiegati nel processo di produzione. Analogamente, la lampada *Airport* (1986) era costruita con uretano colorato

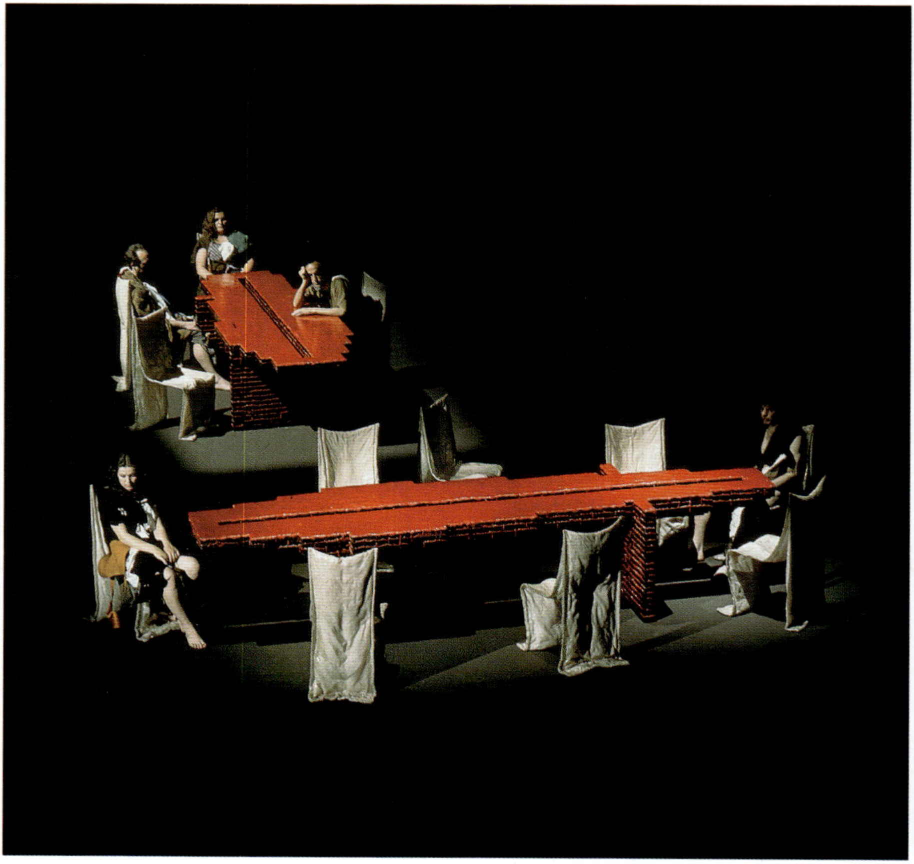

▲ *Golgotha Suite*, 1972–1973

a caso e poteva assumere innumerevoli posizioni. Attualmente Pesce risiede a Londra e continua a esplorare il potenziale espressivo di nuovi materiali e tecniche produttive, infondendo spesso una vena di umorismo nelle sue creazioni, come la sedia pieghevole *Umbrella* (1992–1995) per Zerodisegno e la sedia in resina epossidica traslucida *543 Broadway* (1993) per Bernini, che dondola e rotola su piedi provvisti di molle. È docente all'Institut d'Architecture et d'Etudes Urbaines di Strasburgo e da molti anni insegna alla facoltà di arte e architettura della Cooper Union a New York. La sua opera anticonformista e altamente innovativa si contrappone ai principi di standardizzazione e uniformità propugnati dal **Modern Movement**; Pesce concepisce infatti l'architettura e il design come attività multidisciplinari che dovrebbero lasciare all'artista illimitata libertà di espressione.

Giancarlo Piretti

1940 *Bologna*

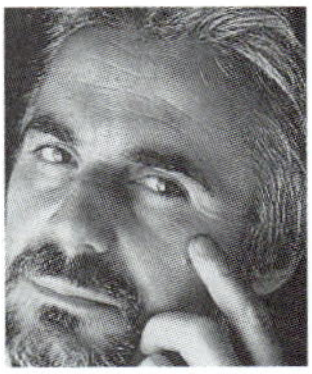

Giancarlo Piretti studiò all'Istituto statale d'arte di Bologna diplomandosi nel 1960. Completati gli studi, venne assunto come designer interno da Anonima Castelli. Inizialmente creò mobili per la casa e su ordinazione; successivamente venne nominato direttore della ricerca e del design, un incarico che rivestì fino al 1972. In questo periodo Piretti progettò la sedia pieghevole in alluminio e perspex *Plia* (1969), il suo primo design in plastica per cui ricevette vari premi importanti tra cui un premio Smau (1971), una medaglia d'oro al "Bio 4" di Lubiana (1971) e il premio tedesco "Gute Form" (1973). Disegnò anche la poltrona *Plona* (1970), di costruzione simile, e il tavolo *Platone* (1971). Tra il 1963 e il 1970 insegnò all'Istituto Statale d'Arte di Bologna e dalla fine degli anni '70 collaborò con **Emilio Ambasz** al design di sedie di concezione ergonomica, tra cui i sistemi *Vertebra* (1977) e *Dorsal* (1981), che miglioravano sensibilmente il comfort offerto dalle sedie per ufficio. I due progetti, che si aggiudicarono rispettivamente un **Compasso d'Oro** e un Industrial Design Excellence Award, vennero prodotti negli Stati Uniti da Open Ark e in Europa da Castelli su licenza. Piretti e Ambasz disegnarono anche le linee di lampade *Logotec* (1980) e *Osiris* (1984) per Erco. Nel 1984 Piretti iniziò a lavorare per Castilia e, quattro anni dopo, Krueger lanciò la collezione *Piretti* costituita da cinquanta modelli diversi di sedie. Gli innovativi design di Piretti sono concepiti per la produzione in serie e quindi caratterizzati da forme ricercate ma al tempo stesso funzionali.

▼ Sedia pieghevole *Plia* per Castelli, 1969

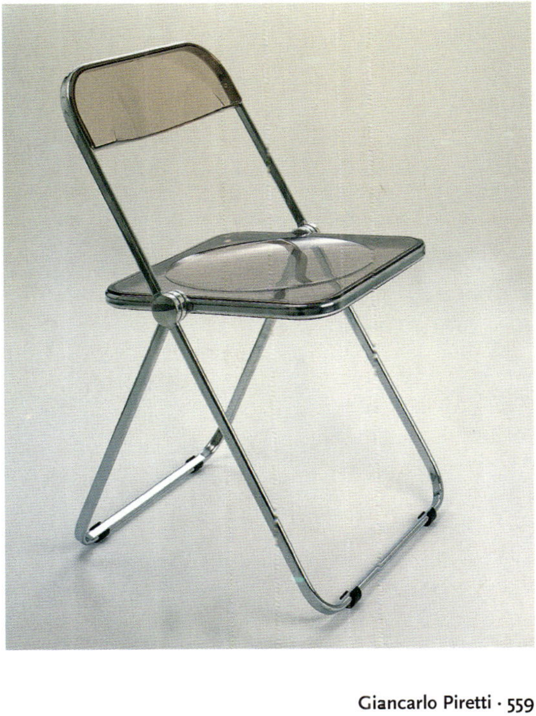

Flavio Poli

1900 *Chioggia*
1984 *Venezia*

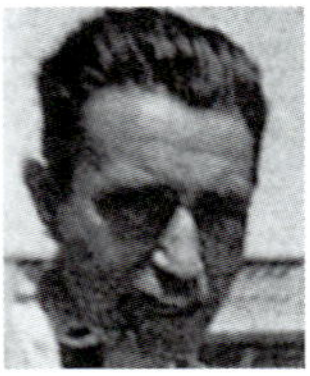

Sebbene avesse studiato ceramica, Flavio Poli diventò celebre per i suoi vetri. Nel 1929 iniziò a collaborare con la vetreria I. V. A. M. di Libero Vitali, realizzando articoli sia in vetro massiccio che soffiato, mentre dal 1934 lavorò per la vetreria Seguso-Barovier-Ferro, dove progettò il famoso pannello di vetro opalescente *Zodiaco*. L'azienda di Murano cambiò il suo nome in Seguso Vetri d'Arte nel 1937 e continuò a produrre i vetri di Poli, tra cui i lampadari in *vetro traliccio* e gli oggetti ornamentali futuristici in *vetro astrale*. Negli anni '50 Poli realizzò una serie di vasi in vetro soffiato "incamiciato" con cui vinse il **Compasso d'Oro** nel 1954. Pesanti e monumentali, questi oggetti erano caratterizzati da forme semplici prive di decorazione e dall'impiego di colori contrastanti. Nel 1963 Poli abbandonò il posto di direttore artistico alle vetrerie Seguso e l'anno seguente intraprese una collaborazione artistica con la Società Veneziana di Conterie e Cristallerie. Nel 1966 lasciò l'azienda per motivi di salute. Tra il 1950 e il 1960 Poli vinse quattro Grand Prix alla Triennale di Milano per i suoi splendidi oggetti in vetro che combinavano l'artigianato tradizionale con forme contemporanee visivamente seducenti.

▼ Vaso *Valva siderale* per Seguso Vetri d'Arte, 1954 ca.

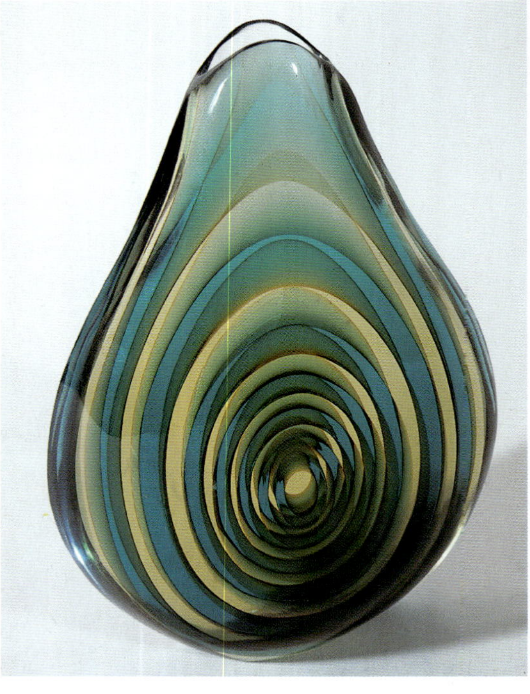

► Vaso in vetro incamiciato, *Modello n. 11902* per Seguso Vetri d'Arte, 1955

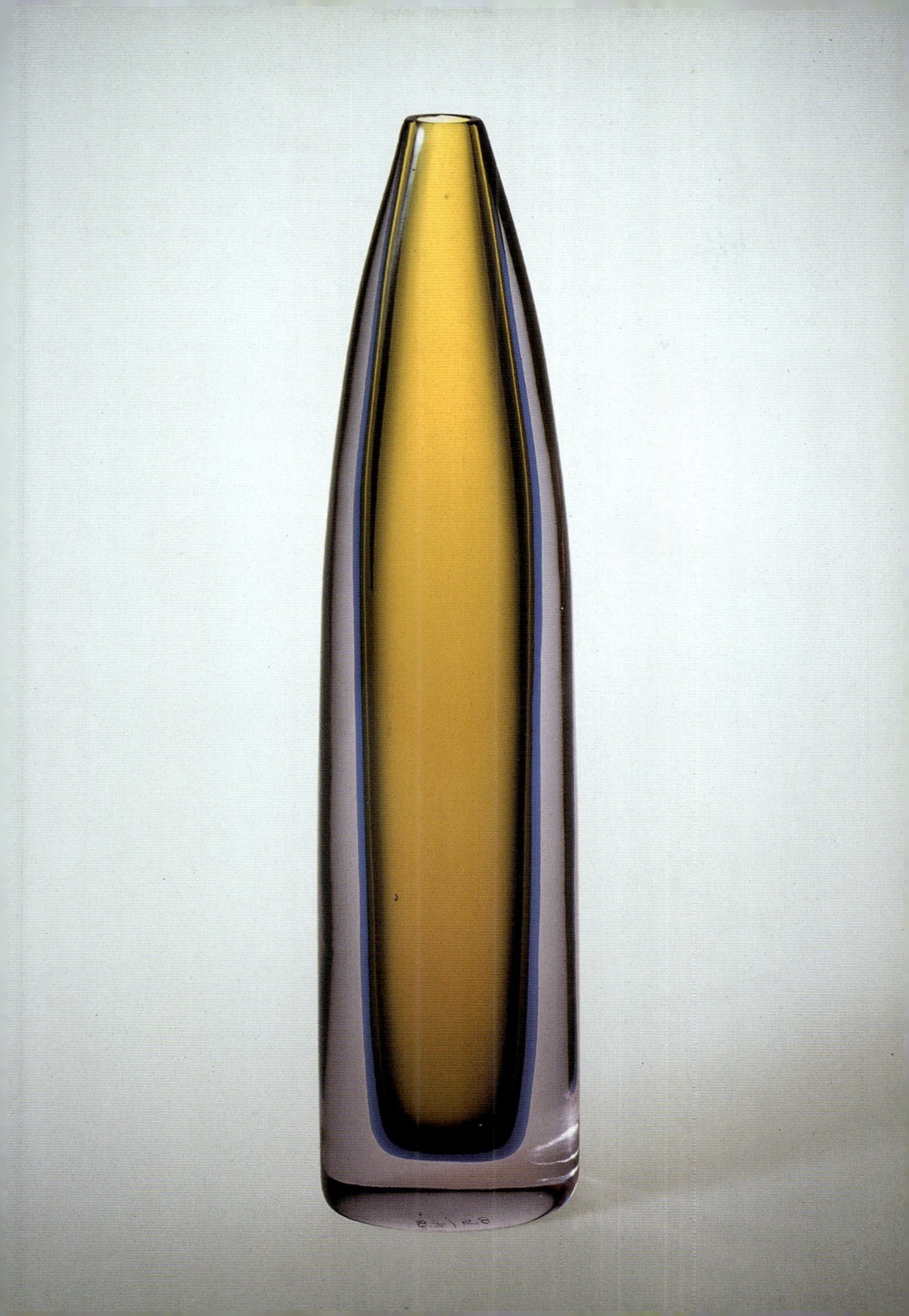

Gio Ponti

1891 *Milano*
1979 *Milano*

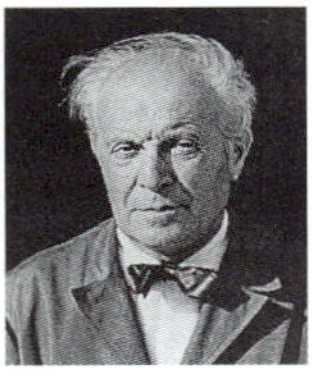

Giovanni (Gio) Ponti si laureò in architettura al Politecnico di Milano nel 1921. In seguito lavorò nello studio di architettura di Emilio Lancia e Mino Fiocchi e dal 1923 al 1930 fu direttore artistico delle fabbriche di ceramica Richard Ginori di Milano e Firenze. I suoi design per le porcellane Richard Ginori, molte delle quali decorate con motivi neoclassici in stile **Novecento**, vinsero un Gran Prix all'"Exposition Internationale des Arts Décoratifs et Industriels Modernes" di Parigi del 1925. Intorno a questo periodo Ponti disegnò anche mobili di costo contenuto per i grandi magazzini La Rinascente, accanto ad altri più lussuosi. Dal 1925 al 1979 fu direttore della Biennale di Monza, dove espose le proprie opere insieme a quelle di altri designer progressisti. Nel 1925 Ponti progettò il suo primo edificio (la propria casa) in stile neoclassico in Via Randaccio a Milano e un anno dopo aprì uno studio associato di architettura con Emilio Lancia a Milano, rimasto in attività fino al 1933. Nel 1928, su suggerimento del giornalista Ugo Ojetti, Ponti lanciò la prestigiosa rivista di design *Domus*, pubblicata da Gianni

▼ Sedia *Superleggera modello n.699* per Cassina, 1957

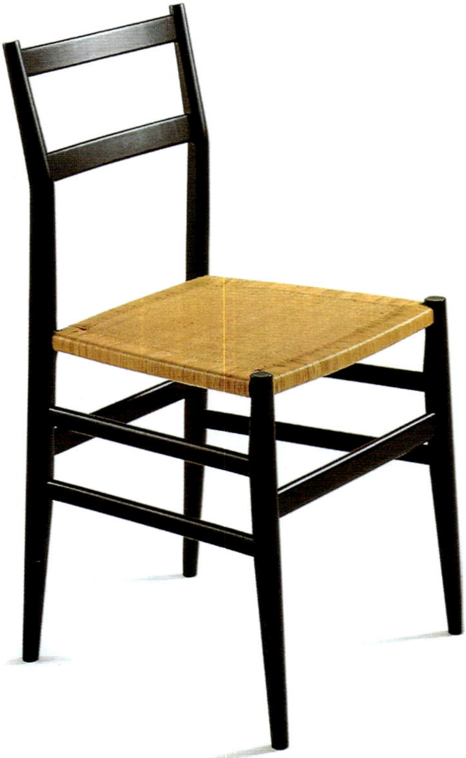

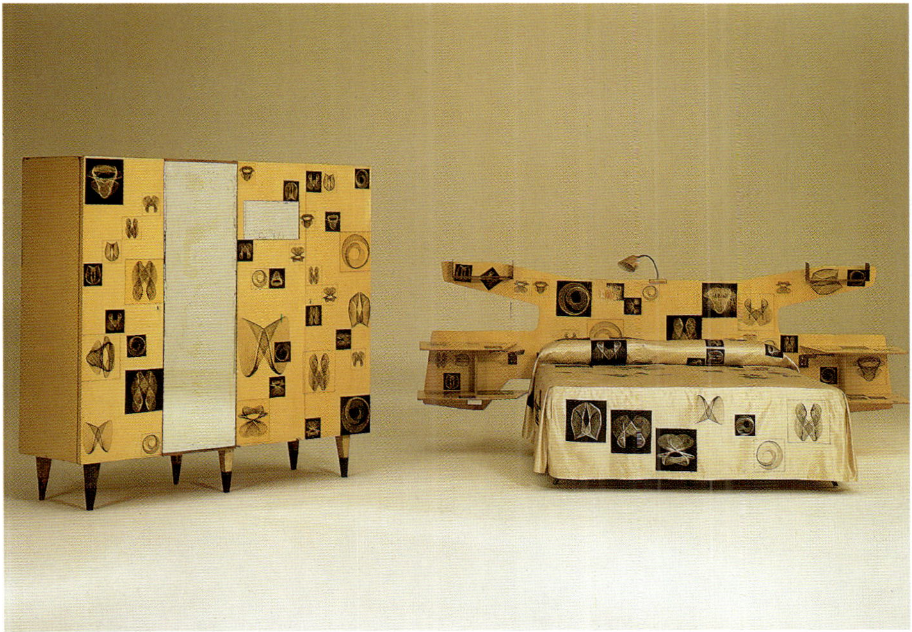

Mazzocchi; *Domus* fu creata essenzialmente per promuovere il movimento **Novecento**, che cercava di opporsi sia al "falso antico" che al "brutto moderno" nell'architettura e nel design. Ponti lavorò in società con gli ingegneri Antonio Fornaroli ed Eugenio Soncini a Milano dal 1933 al 1945, periodo in cui lavorò a numerosi progetti architettonici per edifici pubblici e privati, tra cui la Facoltà di matematica dell'Università di Roma (1934) e, a Milano, il primo palazzo Montecatini (1936) e i condomini "Domuses" (1931–1936). Nel 1936 l'Istituto di Cultura Italiana commissionò a Ponti la riprogettazione degli interni di Palazzo Fürstenberg a Vienna, che lui realizzò in stile neosecessionista. Dal 1930 disegnò lampade e mobili per Fontana Company e nel 1933 fu nominato co-direttore artistico, con **Pietro Chiesa**, della filiale Fontana Arte. Negli anni '40 Ponti collaborò intensamente alla rivista *Stile* (1941–1947), disegnò set e costumi per La Scala (1947), creò bottiglie, bicchieri e lampadari in vetro multicolore per Venini (1946–1950) e progettò la sua famosa caffettiera per Pavoni (1948). Alla fine degli anni '40 e negli anni '50 collaborò con **Piero Fornasetti** a diversi progetti di mobili e interni, tra cui quelli per il casinò di Sanremo (1950). Oltre a diverse prestigiose commissioni architettoniche, come il secondo palazzo Montecatini (1951) e il grattacielo Pirelli a Milano (1956), Ponti disegnò anche posateria

▲ **Gio Ponti & Piero Fornasetti**, stanza da letto disegnata per la IX Triennale di Milano, 1951

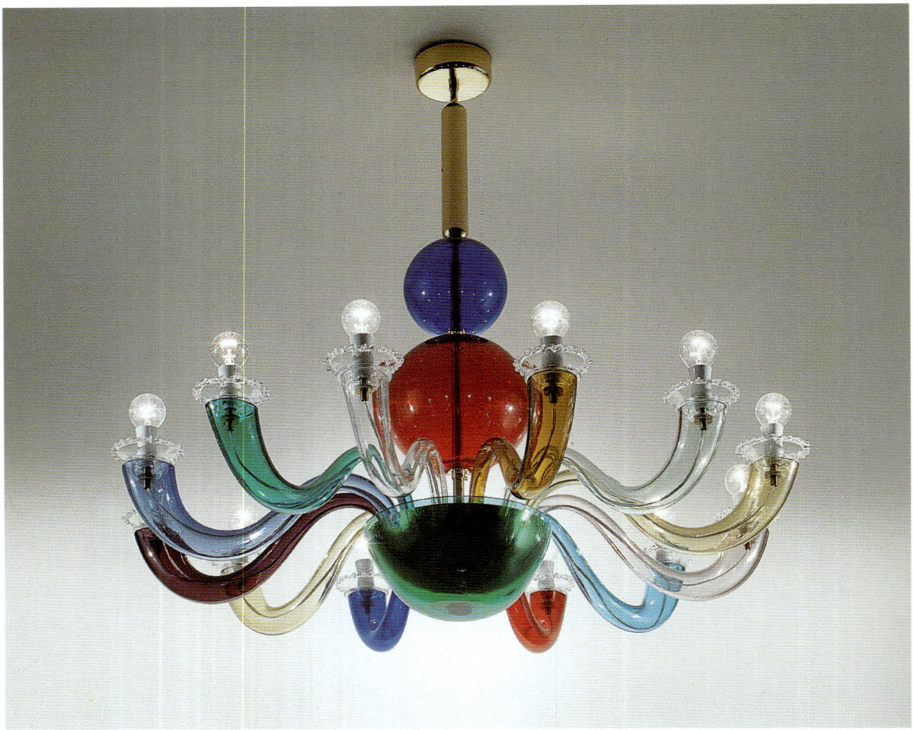

per Krupp Italiana (1951) e Christofle (1955), sanitari per Ideal Standard (1953) e la leggendaria sedia *Superleggera* (1957) per Cassina, tutti caratterizzati dal classicismo atemporale tipico della sua opera. Negli anni '60 e '70 le opere architettoniche di Ponti, tra cui il Denver Art Museum (1971), e le sue opere di design acquistarono crescente espressività e iniziarono a incorporare forme geometriche decise. Dal 1936 al 1961, parallelamente alla sua produttiva carriera di designer e architetto, Ponti insegnò al Politecnico di Milano e contribuì sostanzialmente al revival postbellico del design italiano scrivendo regolarmente su *Domus* e *Casabella*.

▲ Lampadario in vetro di Murano per Venini, 1946

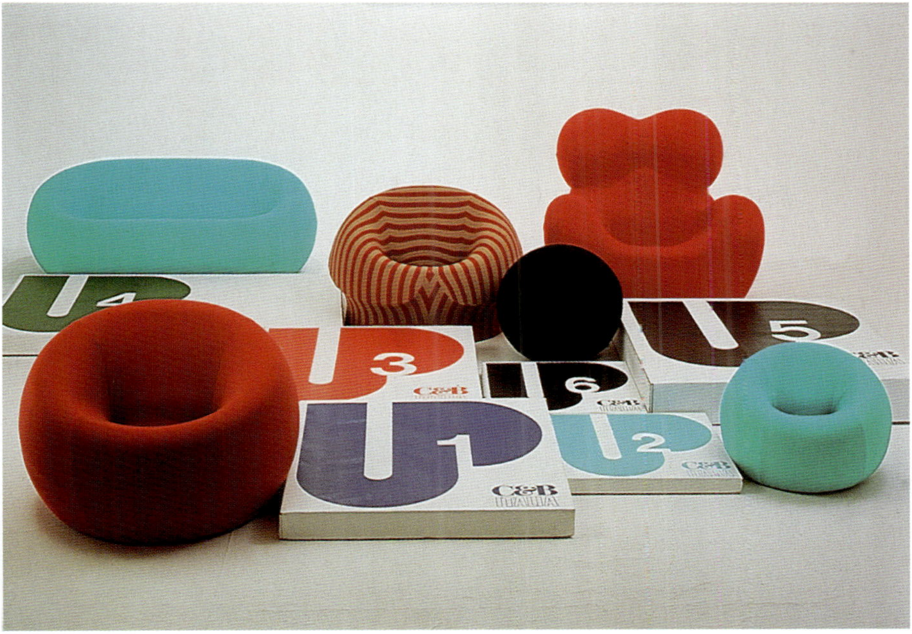

Pop Design

Il termine Pop fu coniato negli anni '50 e si riferiva all'emergente cultura popolare di quel periodo. Nel 1952 a Londra fu fondato l'**Independent Group**, i cui membri, tra cui l'artista Richard Hamilton (1922), lo scultore Eduardo Paolozzi (1924), il critico del design Reyner Banham (1920–1988) e gli architetti **Peter e Alison Smithson**, furono tra i primi a esplorare e celebrare lo sviluppo della cultura consumistica popolare in America. Negli anni '60 anche artisti americani quali Andy Warhol (1928–1987), Roy Lichtenstein (1923–1998) e Claes Oldenburg (1929) cominciarono a trarre ispirazione da aspetti di "arte bassa" della vita contemporanea come la pubblicità, il packaging, i fumetti e la televisione. La ricerca di un approccio più giovanile, meno serio di quello offerto dal **Good Design** degli anni '50, portò i designer a privilegiare il design di oggetti di uso quotidiano. Il prevalere dello styling nei prodotti degli anni '50 e l'obsolescenza pianificata teorizzata come modo per aumentare la produttività, fornirono un terreno fertile per l'ethos "usalo oggi, buttalo domani" che caratterizzò la produzione industriale negli anni '60. La sedia *Spotty* (1963) per bambini di cartone a pois di **Peter Murdoch** e la sedia *Blow* in PVC di **De Pas, D'Urbino e Lomazzi** (1967), completamente usa e getta, compendiarono la vasta cultura dell'effimero. Questo vale anche per la profusione di oggetti dalla vita breve come gli abiti

▲ **Gaetano Pesce**, *Up Series* per C&B Italia, 1969

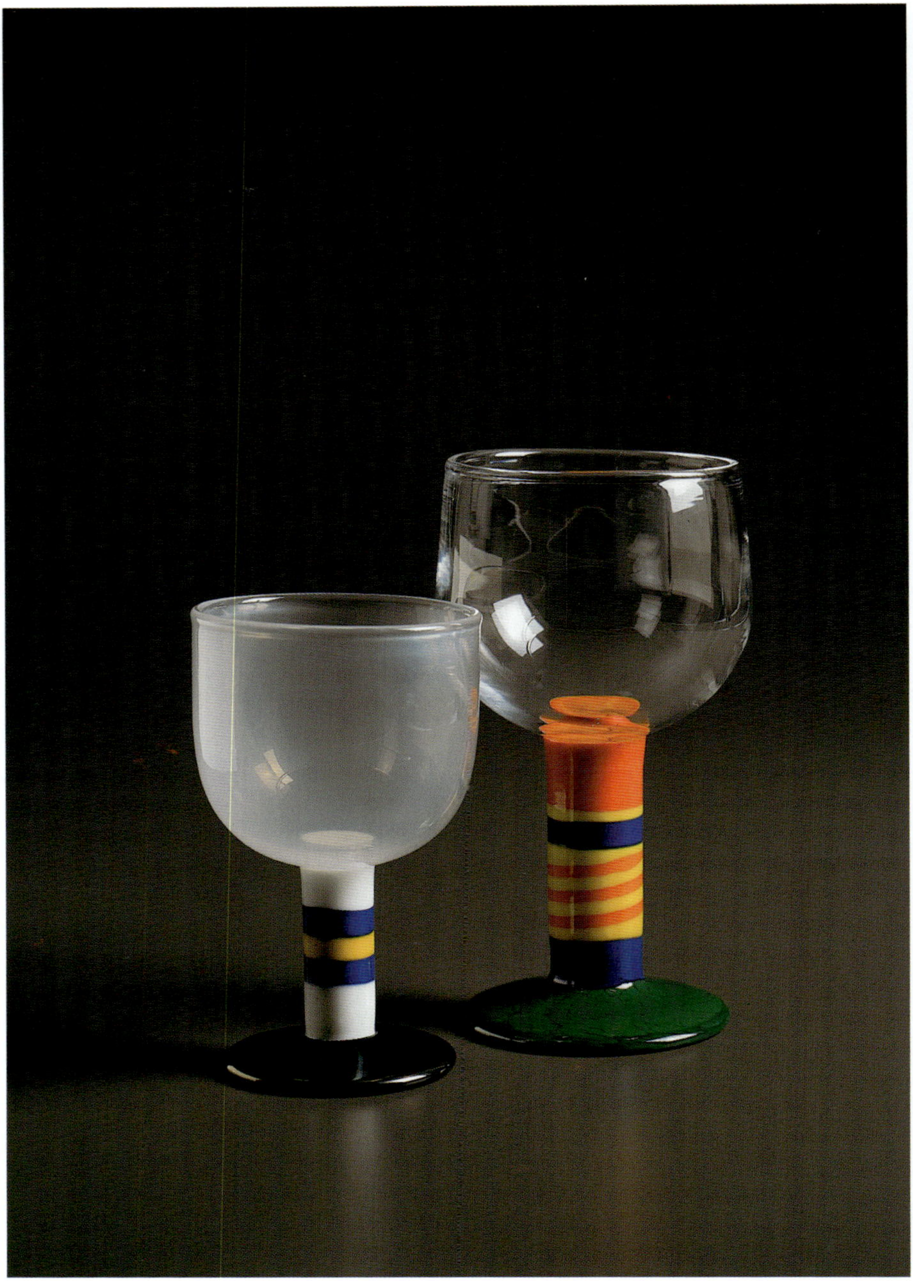

di carta, celebrati per la loro novità da numerosi supplementi di colore e riviste patinate, che a loro volta dipesero in misura crescente dalla presentazione di questi articoli. Le plastiche divennero i materiali d'elezione di molti designer che si esprimevano nello stile pop; negli anni '60 si diffusero molti nuovi tipi di plastica e di lavorazioni, come l'iniezione, relativamente economici. I colori luminosi e le forme ardite associati al Pop Design spazzarono via le ultime vestigia dell'austerity postbellica rispecchiando l'ottimismo diffuso degli anni '60, basato su una prosperità economica senza precedenti e sulla liberazione sessuale. Visto che il Pop Design si rivolgeva al mercato giovanile, i prodotti dovevano essere di basso costo e quindi erano spesso di scarsa qualità. Il carattere consumistico di questi prodotti, tuttavia, divenne parte della loro attrattiva in quanto essi rappresentavano l'antitesi dei classici moderni "senza tempo" promossi negli anni '50. Il Pop Design, con le sue implicazioni **Anti-Design**, si contrappose al sobrio motto del **Modern Movement** "il meno è più" conducendo direttamente al **Radical Design** degli anni '70. Esso trasse ispirazione da una vasta gamma di fonti – **Art Nouveau**, **Art Déco**, **Futurismo**, **Surrealismo**, Op Art, Psychedelia, misticismo orientale, **Kitsch**, era spaziale – e fu stimolato dalla crescita dei mass-media globali. La crisi petrolifera all'inizio degli anni '70, tuttavia, rese necessario un approccio più razionale al design; il Pop Design fu rimpiazzato dal **Craft Revival** da una parte e dall'**High-Tech** dall'altra. Mettendo in discussione i principi del Good Design e quindi del Modernismo, l'influenza del Pop Design ebbe fra le sue conseguenze quella di spianare almeno in parte la strada al **Post-Modernismo**.

◂ **Gunnar Cyrén**, Calici *Pop* per Orrefors Glasbruk, 1965–1966

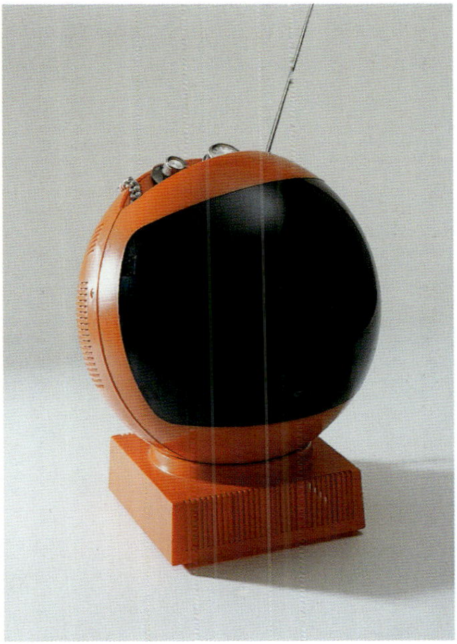

▾ Televisore *Nivico 3240 GM* per JVC, (stabilimento di Yokohama della Victor Co. of Japan), 1970

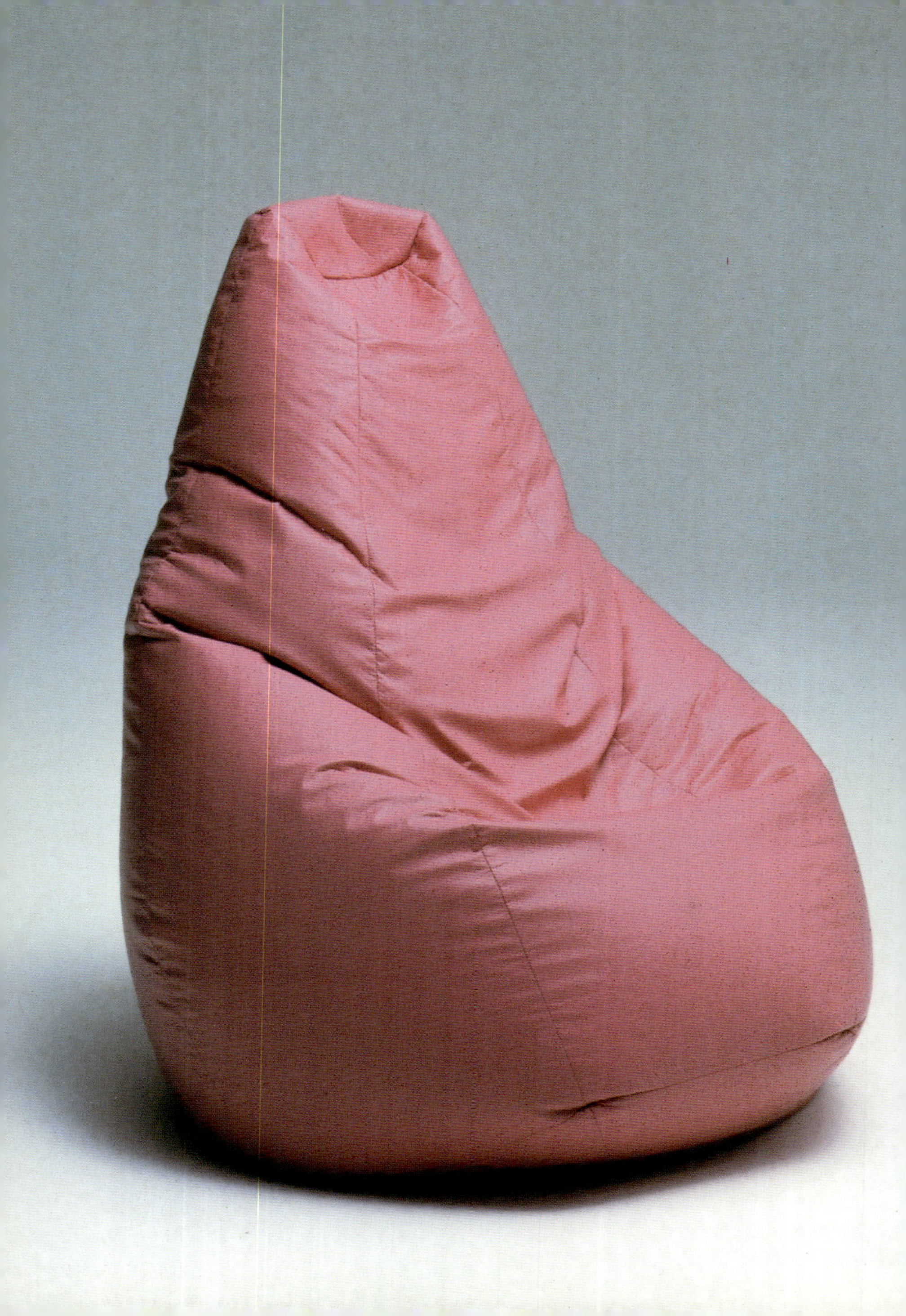

◂ **Piero Gatti, Cesare Paolini & Franco Teodoro**, *Sacco* per Zanotta, 1968

▸ **Olive Sullivan**, interno, 1965 ca.

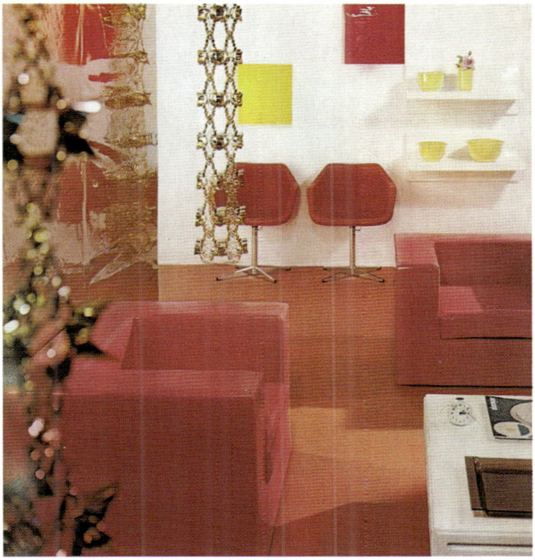

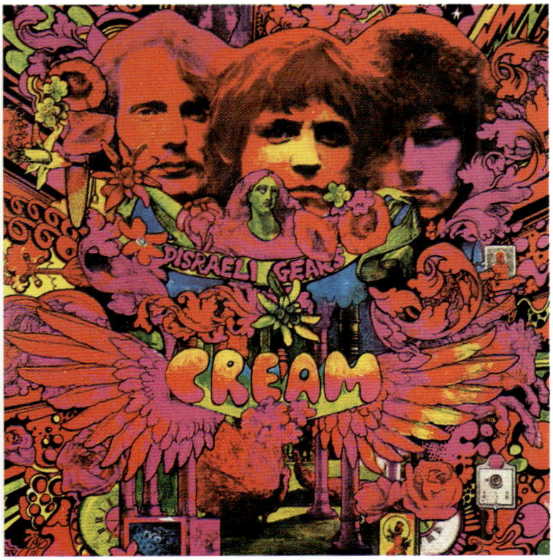

◂ **Martin Sharp**, Copertina dell'album "Disraeli Gears" dei Cream per Polygram Int., 1967 (con una fotografia opera di Bob Whitaker)

Ferdinand Alexander Porsche
1935 *Stoccarda*

Ferdinand Alexander "Butzi" Porsche è figlio del famoso designer di automobili Ferdinand "Ferry" Porsche (1909) e nipote del professor Ferdinand Porsche (1875–1951) che fondò la Porsche nel 1949. Dopo aver svolto un periodo di tirocinio come ingegnere alla Bosch di Stoccarda, nel 1957 Ferdinand Alexander Porsche s'iscrisse alla **Hochschule für Gestaltung di Ulm**. L'anno seguente iniziò a lavorare con Erwin Komeda (1904–1966) nell'ufficio di design della Porsche AG, di cui fu a capo dal 1961 al 1972, periodo nel quale mise a punto diverse auto tra cui le *Carrera 904* (1963) e *911* (1964). Nel 1972 fondò il Porsche Design Studio e dalla metà degli anni '70 si concentrò sul design di prodotti "lifestyle" nel quale mise a frutto l'esperienza maturata nel design automobilistico. Tra le sue creazioni di alta ingegneria e dalle linee slanciate in cui funzione, tecnologia e styling sono conciliati in un equilibrio perfetto che compendia l'essenza del design tedesco, figurano la macchina fotografica *Contax* per Yashica (1974), la motocicletta *Cobra* per Steyr-Puch (1976), occhiali da sole per Carrera (1977), un telefono per NEC (1981), il televisore *Monolith* per Grundig (1989), la sedia *Artropus* per Poltrona Frau (1983), le lampade *Jazz* per Italiana Luce (1989) e gli orologi da polso per IWC (1976 e 1993).

▼ Lampade *Jazz* per Italiana Luce, 1989

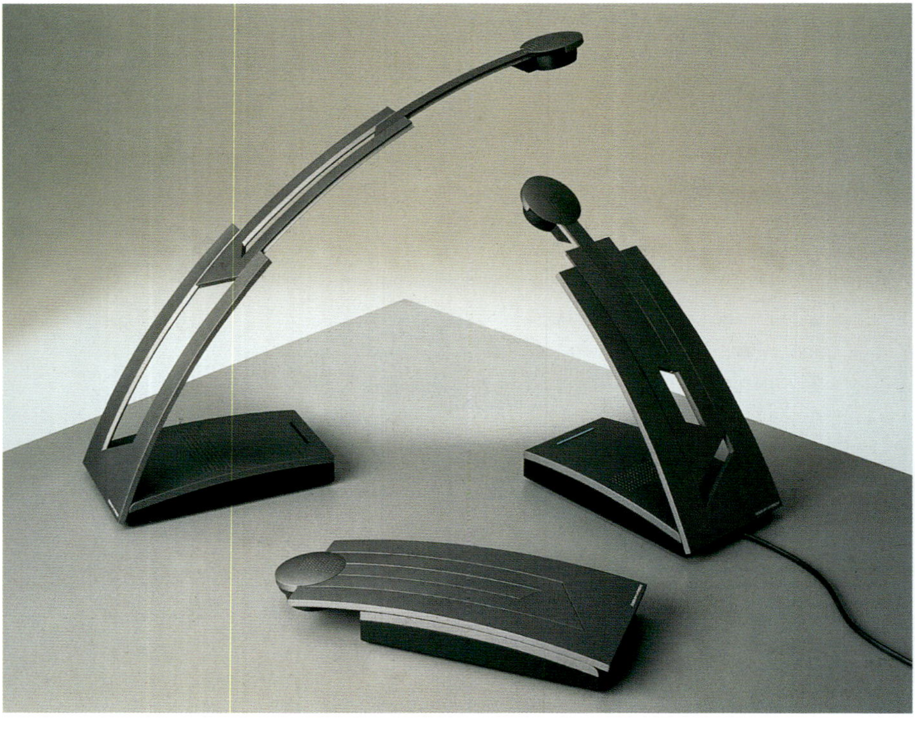

▸ **Ron Arad**, *Concrete Stereo* per One-Off, 1984

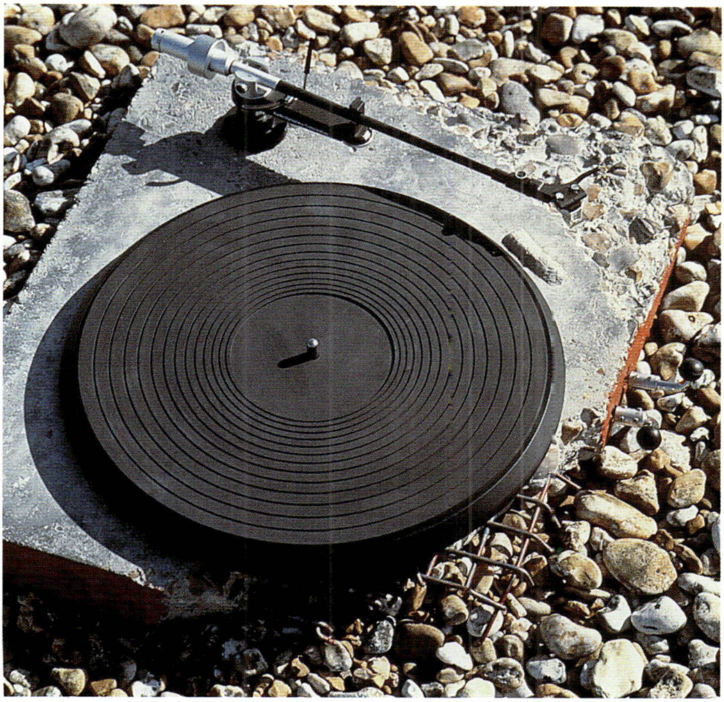

Post-Industrialism

Il termine Post-Industrialismo si riferisce essenzialmente a un approccio post-moderno al design che prevede la produzione di oggetti con procedimenti diversi da quelli industriali tradizionali. Dal 1910 agli anni '60 design e produzione furono dominati dai metodi di fabbricazione in serie del fordismo; verso la fine degli anni '70 e negli anni '80, quando le econom e occidentali cominciarono a basarsi meno sull'industria manifatturiera e a orientarsi maggiormente al terziario, molti designer iniziarono a creare oggetti in edizione limitata oppure addirittura pezzi unici. Ciò rispecchiava certamente il carattere post-industriale dell'epoca, ma consentiva anche di esplorare più liberamente la propria creatività, svincolata dalle restrizioni del processo industriale. Designer come **Ron Arad** e **Tom Dixon** crearono manufatti "semi-grezzi" volutamente lontani dalla precisione dei prodotti industriali standardizzati. Il *Concrete Stereo* (stereo in calcestruzzo) di Arad (1984), ad esempio, si contrapponeva alle "belle forme" degli impianti audio prodotti da società come Bang & Olufsen, usando un linguaggio post-moderno pieno di ironia. Il Post-Industrialismo ha introdotto la nozione di "opera d'arte utilizzabile", aprendo un nuovo settore, sperimentale e poetico, nella pratica del design.

Post-Modernism
(Post-Modernismo)

Le origini del Post-Modernismo si possono far risalire agli anni '60 e alla comparsa del Pop e dell'**Anti-Design**. In quel decennio lo status quo fu messo in discussione in ogni settore, compreso il design moderno. Questo fenomeno si palesò in maniera particolarmente evidente nell'opera *The Death and Life of Great American Cities* (1961) di Jane Jacobs, che denunciò la disgregazione della coesione sociale provocata nelle grandi città dagli utopistici progetti urbanistici ed edilizi del **Modern Movement**, e in *Complexity and Contradiction in Architecture* (1966) di **Robert Venturi**, in cui l'autore sostenne che l'architettura moderna era fondamentalmente priva di significato poiché mancava della complessità e dell'ironia che impreziosiscono gli edifici antichi. Nel 1972 Venturi, Denise Scott Brown (1932) e Steven Izenour pubblicarono *Learning from Las Vegas*, un'opera di importanza fondamentale che lodava l'onestà culturale del commercialismo espresso nelle insegne e negli edifici di questa città nel deserto. Lo stesso anno la traduzione in inglese di *Mythologies* (1957) di Roland Barthes portò all'ampia diffusione delle teorie sulla **semiotica**, lo studio dei segni e dei simboli come mezzi della comunicazione culturale. Secondo questa interpretazione, osservatori e utenti si rapporterebbero meglio in termini psicologici agli edifici e agli oggetti se questi fossero intrisi di simbolismo. I primi rappresentanti del Post-Modernismo sostennero che l'adozione da parte del Modern Movement dell'astrazione geometrica, che negava la decorazione e quindi il simbolismo, privava l'architettura e il design di umanità rendendoli alienanti. Dalla metà degli anni '70 architetti americani come **Michael Graves** iniziarono a introdurre nei loro disegni motivi ornamentali che facevano riferimento a stili decorativi del passato e avevano spesso un contenuto ironico. I designer che collaborarono con **Studio Alchimia**, come **Alessandro Mendini** e **Ettore Sottsass**, iniziarono a produrre opere che commentavano ironicamente il Modernismo attraverso la modalità di decorazione usata. In

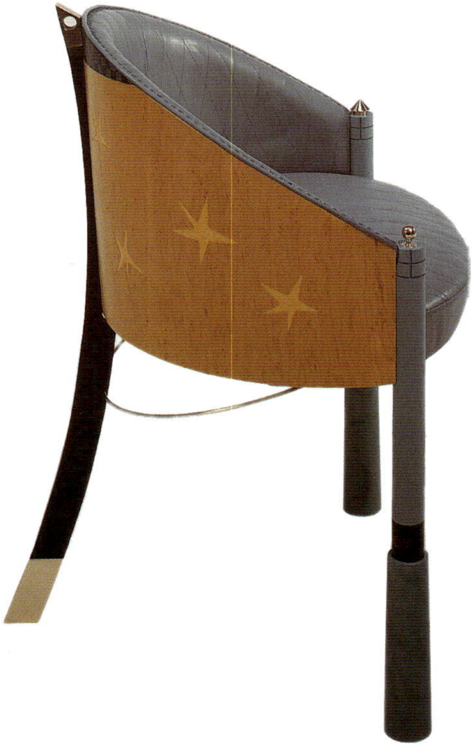

▼ **Norbert Berghof, Michael Landes & Wolfgang Rang**, Sedia *Frankfurter FIII* per Draenert, 1985–1986

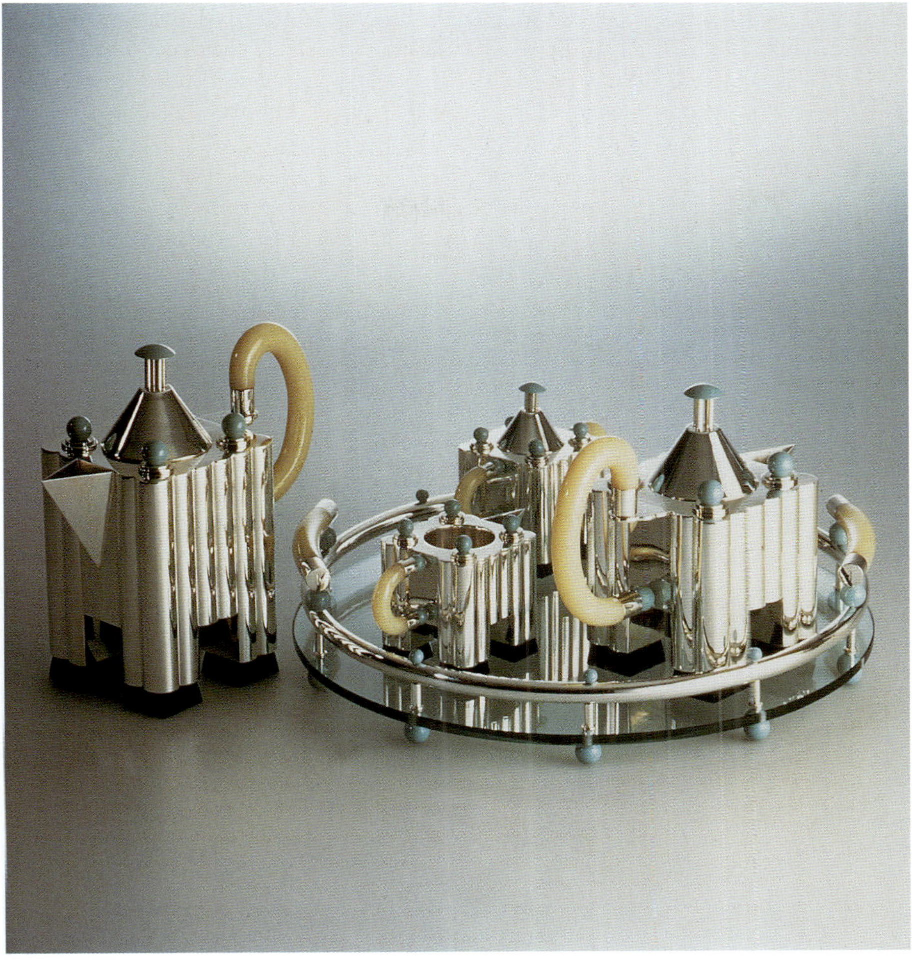

seguito **Memphis** produsse design "Neo-Pop" monumentali molto colorati che fecero grande scalpore a livello internazionale, quando furono esposti per la prima volta nel 1981. La produzione di Memphis fu influenzata da una gamma eclettica di fonti e dileggiava intenzionalmente il concetto di "buon gusto" attraverso l'uso di laminati plastici dalle decorazioni ardite e dalle forme bizzarre. Memphis contribuì in maniera sostanziale a diffondere l'Anti-Design e così facendo contribuì significativamente all'accettazione del Post-Modernismo come stile internazionale nel corso degli anni '80. I design post-moderni accolsero il pluralismo della società globalizzata contemporanea adottando un linguaggio

▲ **Michael Graves,**
Tea & Coffee Piazza
per Alessi, 1983

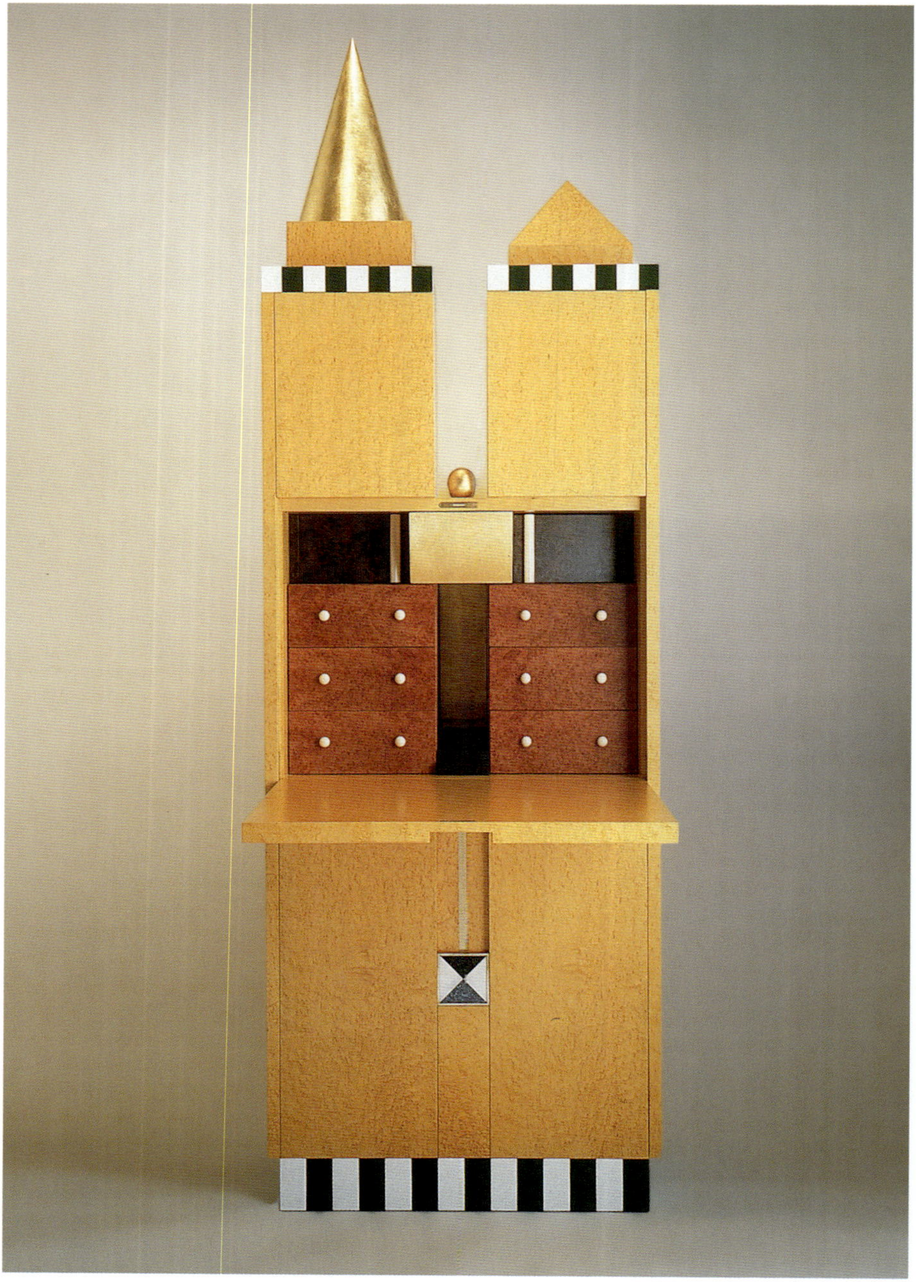

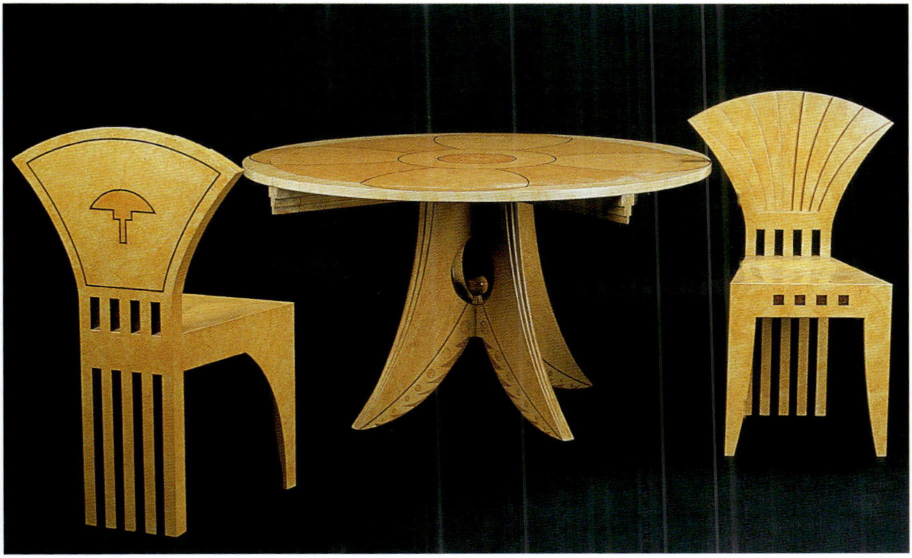

▲ **Charles Jencks**, Tavolo e sedie *Sun* dalla serie *Symbolic Furniture*, 1984

simbolico comune che trascendeva i confini nazionali. Le forme e i motivi di questi "oggetti simbolici" non si ispiravano semplicemente a stili decorativi passati come il classicismo, l'**Art Déco**, il **Costruttivismo** e **De Stijl**, ma talvolta facevano anche riferimento al **Surrealismo**, al **Kitsch** e alle immagini computerizzate. Ai designer post-moderni già citati bisogna aggiungere **Mario Botta**, **Andrea Branzi**, **Michele De Lucchi**, **Nathalie du Pasquier**, **Hans Hollein**, **Arata Isozaki**, **Shiro Kuramata**, **Richard Meier**, **Aldo Rossi**, **Peter Shire**, **George Sowden**, **Matteo Thun** e **Masanori Umeda**. Le loro ardite creazioni – ceramiche, tessuti, gioielli, orologi, argenteria, mobili e lampade – furono prodotte in edizione limitata da aziende quali **Alessi**, Artemide, Alias, Cassina, Formica, Cleto Munari, Poltronova, Sunar, Swid Powell e Draenert Studio. Come ha osservato Hans Hollein, il rifiuto opposto dal Post-Modernismo alla lavorazione industriale implicava che i prodotti realizzati in questo stile erano invariabilmente "d'èlite" e in quanto tali rappresentavano il trionfo del capitalismo sull'ideologia sociale su cui si fondava il Modern Movement. La natura eclettica del postmodernismo riflette non solo il prevalere dell'individualismo ma anche la natura sempre più frammentata della società degli anni '80. Il boom economico di questo decennio, alimentato dalla concessione di crediti, diede impulso all'anti-razionalismo dello stile post-moderno. Alla fine degli anni '80 il Post-Modernismo si era ulteriormente differenziato sul piano stilistico giungendo a includere Matt Black, **Decostruttivismo** e **Post-Industrialismo**. La recessione

◄ **Norbert Berghof, Michael Landes & Wolfgang Rang**, Scrivania *Frankfurter FI* per Draenert, 1985–1986

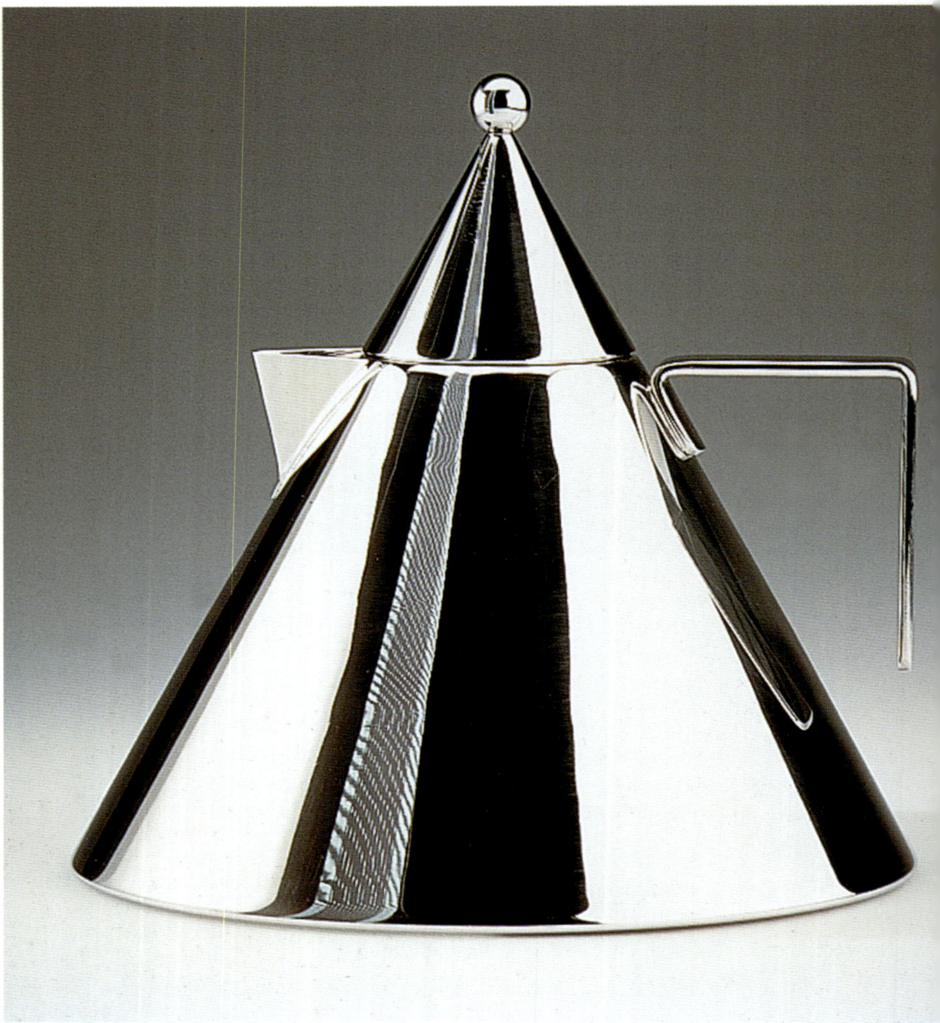

▲ **Aldo Rossi**, Bollitore *Il Conico* per Alessi, 1988

globale dell'inizio degli anni '90, tuttavia, motivò i designer a cercare approcci al design meno espressivi e più razionali e l'attrattiva del Post-Modernismo cominciò ad affievolirsi. Sebbene le ardite affermazioni dell'Anti-Design degli anni '80 siano state soppiantate dalla muta purezza del minimalismo degli anni '90, l'influenza del Post-Modernismo continua a operare nel fatto che, mettendo in discussione il Modern Movement, esso ha portato a un'importante e crescente riaffermazione delle caratteristiche essenziali del design.

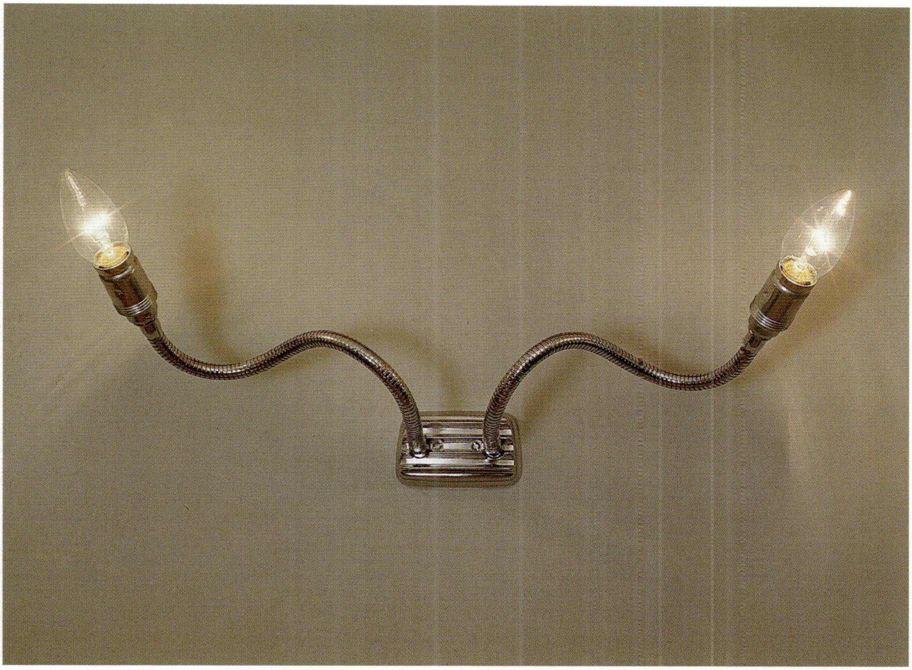

▲ **Stiletto (Frank Schreiner)**, Lampada *Suzuki* per Stiletto Studios, 1988

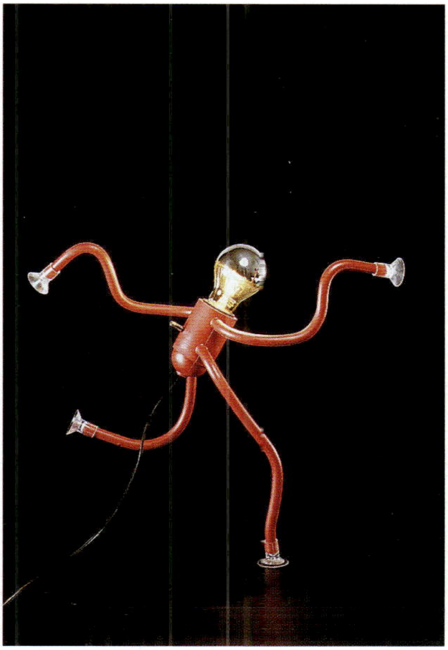

► **Marco Ferreri & Carlo Bellini**, Lampada *Eddy* per Luxo Italiana, 1986

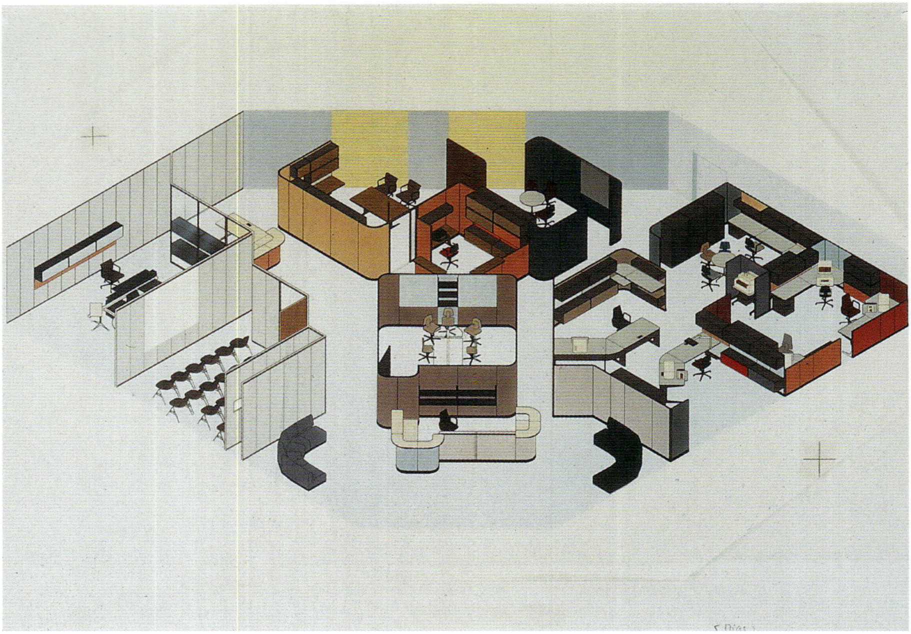

Robert Propst

1921 *Marino, California*

Robert Propst frequentò la University of Denver fino al 1943 e dal 1946 al 1948 diresse la facoltà d'arte del Tarleton College di Dublin in Texas. Proseguì gli studi alla University of Colorado dove si laureò nel 1950. In quello stesso anno fondò la Propst Company realizzando una vasta gamma di progetti: da attrezzature per strutture ricreative e istituzionali a interni di chiese e sculture architettoniche; da arredi per ospedali a una macchina per il taglio degli alberi. Negli ann '50 si dedicò alla ricerca nel campo del design per conto della **Herman Miller**, finché alla fine negli anni '60 la sua azienda fu assorbita dalla nuova filiale della fabbrica di mobili di Ann Arbor nel Michigan. Nel 1964 Propst fu assistente di **George Nelson** nello sviluppo tecnico del sistema *Action Office I*, per cui realizzò anche lo sgabello da disegno *Perch* da dare in omaggio agli acquirenti. Nel 1968 Propst diventò presidente e direttore della ricerca della Herman Miller Research; quello stesso anno progettò *Action Office II*, un sistema più flessibile ed efficiente. Questo rivoluzionario sistema di moduli e pareti divisorie di facile configurazione consentiva di creare uno spazio di lavoro rispondente alle esigenze del singolo o del gruppo. Ridefinì letteralmente il paesaggio dell'ufficio e il massiccio successo di vendite collocò la Herman Miller al secondo posto nel mondo tra i produttori di mobili.

▲ *Action Office II* per Herman Miller, 1968

Figlio del pittore Victor Prouvé (1858–1943), fondatore dell'**École de Nancy** (1901), Jean Prouvé fu dal 1916 al 1919 apprendista presso Émile Robert, che si dedicava alla lavorazione artistica dei metalli, e poi continuò a specializzarsi nella lavorazione dei metalli con Szabo a Parigi. Dopo il servizio militare, iniziò l'attività di *ferronier d'art* e nel 1923 aprì un laboratorio sulla Rue du Général Custine a Nancy. All'inizio gli furono commissionate porte, inferriate e ringhiere, ma nel 1924 progettava già mobili in lamierino, fabbricati con la nuova tecnica della saldatura elettronica. La forte estetica industriale dei suoi mobili attrasse l'attenzione di architetti d'**avant-garde** quali **Pierre Jeanneret**, **Le Corbusier** e **Robert Mallet-Stevens**, che gli commissionarono vari lavori. Nel 1924, per realizzare la struttura delle sedie da lui progettate, Prouvé sviluppò la tecnica del *tube aplati*, che consisteva nell'appiattire i tubi di metallo nei punti di maggiore sollecitazione in modo da ottenere un più alto grado di stabilità. Per i suoi design funzionali e spesso regolabili che impiegavano tecniche di produzione avanzate gli fu conferito un Diplôme d'Honneur all'"Exposition Internationale des Arts Décoratifs" del 1925 a Parigi. Nel 1929 fondò insieme ad altri la UAM (Union des Artistes Modernes); alla prima mostra dell'Union nel 1930 espose molti suoi progetti, tra cui tre sedie regolabili. L'anno successivo fondò una società a responsabilità limitata, la Société des Ateliers Jean Prouvé, insieme al cognato, l'ingegnere A. Schotte, aprendo un laboratorio più grande sulla Rue des Jardiniers a Nancy e investendo nei più moderni macchinari di stampaggio e piegatura. Gran parte dei mobili qui prodotti, come le scrivanie in metallo per la Compagnie Parisienne d'Électricité del 1935 e la vasta gamma di mobili scolastici degli anni '30 e '40, era destinata all'uso nei locali pubblici. In seguito alla liberazione della Francia nel 1944, Prouvé fu eletto sindaco di Nancy e nel 1947 fondò Les Ateliers Jean Prouvé, una grande fabbrica su un'area di 20.000 metri quadrati a

Jean Prouvé

1901 *Parigi*
1984 *Nancy, Francia*

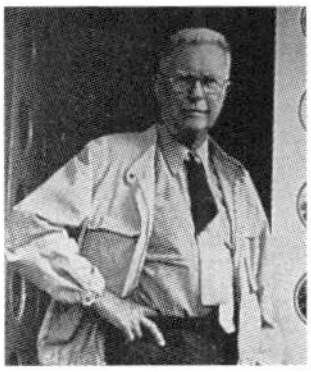

▼ Pannello in alluminio impiegato come divisorio per Les Ateliers Jean Prouvé, 1948

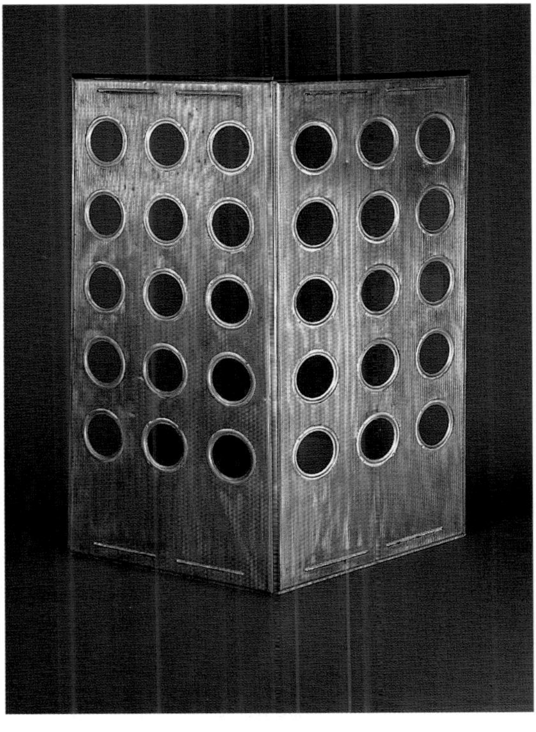

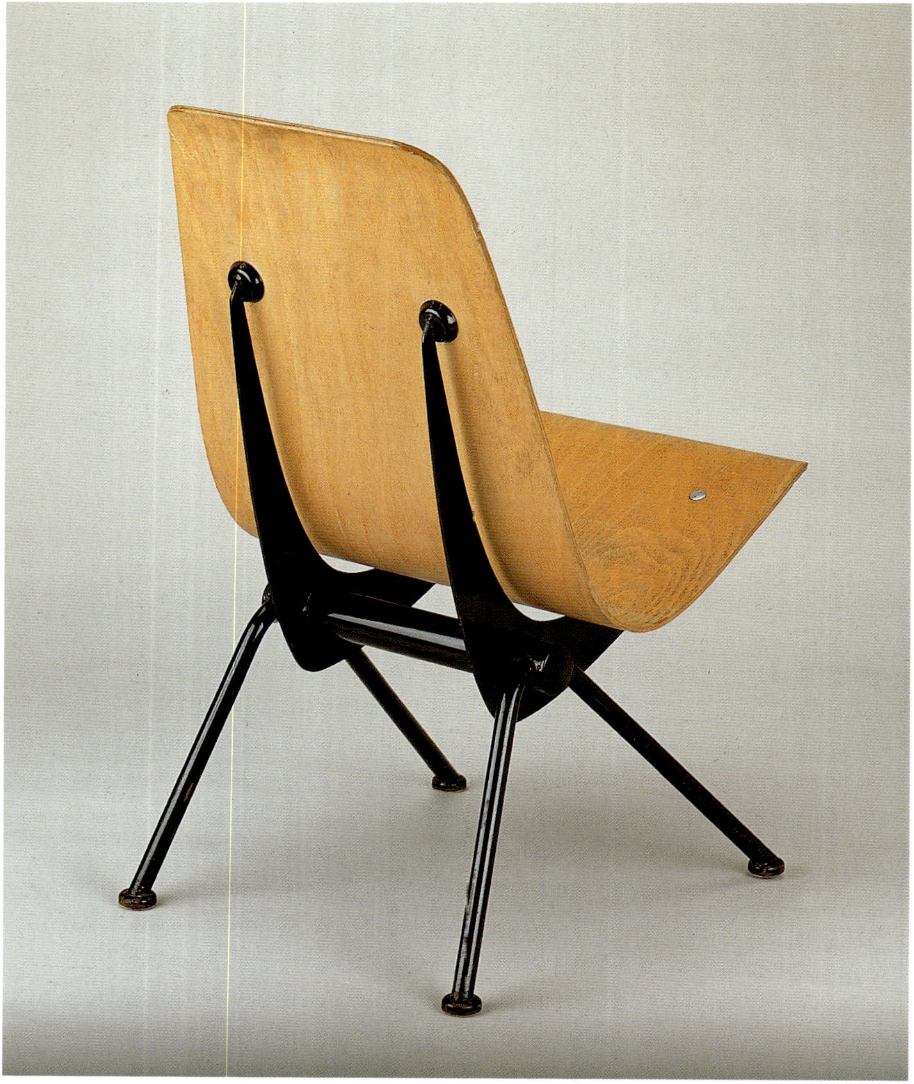

▲ Sedia *Antony* per
Les Ateliers Jean
Prouvé, 1950

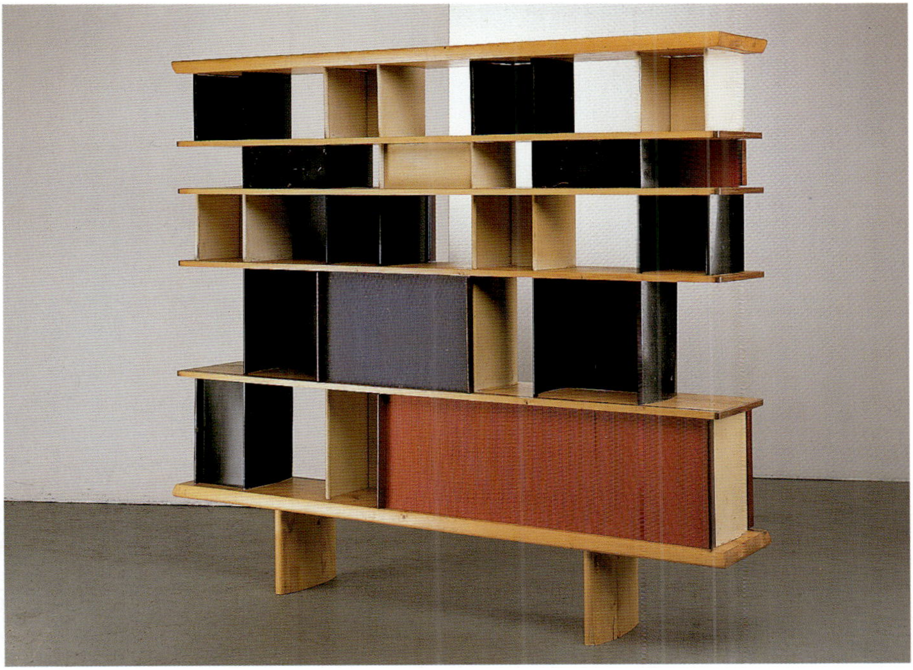

▲ **Jean Prouvé & Charlotte Perriand**, Mensole/divisorio disegnate per la Maison du Mexique a Parigi, 1953 (progetto di colori elaborato da Sonia Delaunay)

Maxéville. Gestita più come uno stabilimento di ingegneria che come un laboratorio, l'impresa attrasse molti giovani architetti e nel 1950 impiegava circa duecentocinquanta operai. Quello stesso anno Prouvé fu nominato Chevalier della Légion d'Honneur e nel 1952 ricevette un Grand Prix dal Cercle d'Etudes Architecturales (CEA) per la progettazione di facciate e pareti divisorie per la Fédération du Bâtiment. Nel 1953 la società produttrice di alluminio Pechiney, che in precedenza era stata un'azionista di secondo piano degli Ateliers Jean Prouvé, acquistò la maggioranza delle azioni dell'azienda e intraprese un programma di ristrutturazione. Prouvé si dimise allora da direttore della fabbrica e nel 1954 aprì uno studio di design a Parigi. Tra il 1955 e il 1956 fondò Les Constructions Jean Prouvé insieme a Michel Bataille; quando nel 1957 l'azienda fu rilevata dalla Compagnie Industrielle de Matériel de Transport (CIMT), Prouvé continuò a lavorarvi fino al 1966. Sia la scelta dei materiali che i metodi di produzione di Prouvé derivavano dal settore aeronautico e molti dei suoi design, caratterizzati da saldature grezze, erano più vicini all'"Art Brut" che alla raffinata estetica dell'**International Style**.

Otto Prutscher

1880 *Vienna*
1949 *Vienna*

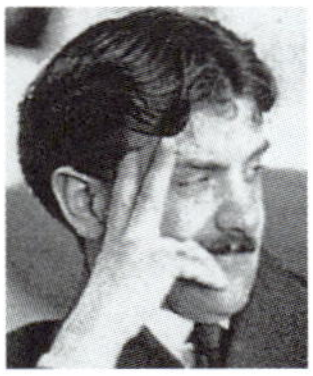

Otto Prutscher studiò a Vienna alla Fachschule für Holzindustrie, dove apprese la lavorazione del legno, e dal 1897 al 1901 seguì i corsi di **Josef Hoffmann** alla Kunstgewerbeschule. Successivamente lavorò come architetto indipendente a Vienna per due anni, progettando diversi interni ed esponendo i suoi design all'"Exposition Universelle et Internationale" del 1900 a Parigi e all'"Esposizione Internazionale d'Arte Decorativa Moderna" del 1902 a Torino. Prutscher insegnò anche alla Graphische Lehr- und Versuchsanstalt di Vienna dal 1903 al 1909 e fu professore di disegno a mano libera alla Kunstgewerbeschule. Dal 1907 realizzò numerosi progetti per conto dei **Wiener Werkstätte** per vetri, tessuti, mobili, rilegature di libri, articoli in metallo, argenteria e gioielli. Sottopose i suoi progetti ai Deutsche Werkstätten e a molte aziende, tra cui E. Bakalowits, **Loetz**, Ludwig, J. J. Hermann, Chwala, Lobmeyr e **Thonet**, continuando al contempo a lavorare come architetto e a disegnare interni per negozi. Venne poi coinvolto nel programma edilizio della città di Vienna e nel 1919 nominato ispettore degli istituti professionali. Nel 1939 i nazionalsocialisti lo sollevarono dall'incarico di insegnante alla Kunstgewerbeschule, ma dopo la guerra fu reintegrato come responsabile del disegno a mano libera. I design di Prutscher furono influenzati sul piano stilistico dall'opera di Hoffmann ed erano analogamente caratterizzati da forme geometriche semplici e dal motivo ricorrente del quadrato.

▾ Orologio in argento per Nikolaus Stadler, 1906 ca.

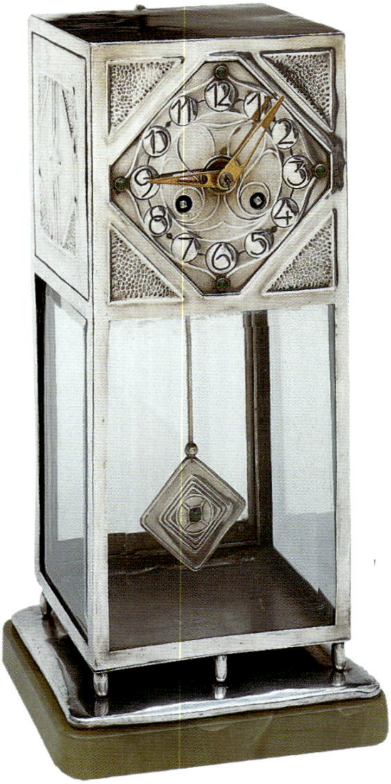

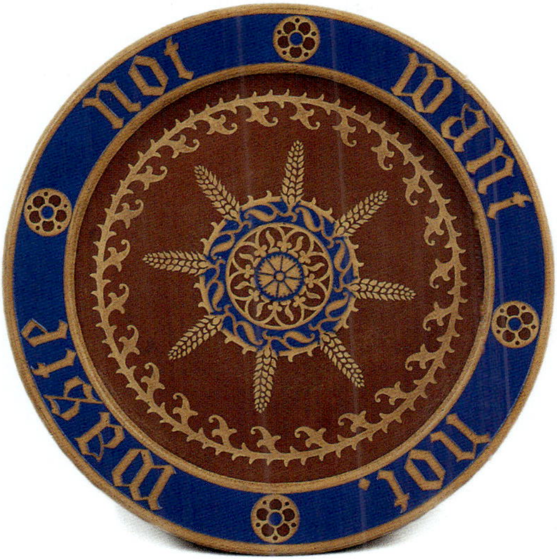

◂ Piatto *Waste Not, Want Not* per Mintons, 1849

A. W. N. Pugin

1812 *Londra*
1852 *Ramsgate*

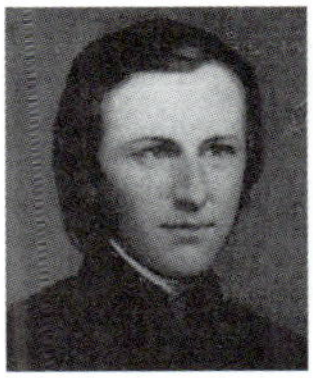

Figlio di Augustus Charles Pugin (1769 ca.–1832), designer associato al Gothic Revival, Augustus Welby Northmore Pugin studiò alla Christ's Hospital School di Londra e accompagnò gli allievi della scuola di disegno architettonico del padre in diverse gite. Nel 1827 realizzò mobili gotici per il castello di Windsor e lavorò per gli orefici di corte Rundell & Bridge. Nel 1829 conobbe l'architetto scozzese James Gillespie Graham (1776–1855), con il quale collaborò ad alcune commissioni. Nel 1829 aprì un mobilificio, ma nel 1831 l'azienda fallì e Pugin si dedicò da autodidatta all'architettura del Gothic Revival. Nel 1835 si convertì alla religione cattolica, pubblicò il suo primo libro, *Gothic Furniture*, e stese il progetto di Charles Barry (1795–1860), vincitore al concorso per le nuove Camere del Parlamento di Londra. Nella sua controversa opera *Contrasts*, pubblicata nel 1836, egli esaltò l'architettura medievale in contrapposizione a quella del XIX secolo. A cavallo tra gli anni '30 e '40 Pugin progettò molte chiese cattoliche romane per le quali realizzò interni e accessori intarsiati con decorazioni in stile gotico. Nel 1841 pubblicò *The True Principles of Pointed or Christian Architecture* in cui sosteneva che il Gotico era l'unico vero stile cristiano, mentre considerava pagano il Classicismo. Tra i primi sostenitori della fedeltà ai materiali, di principi costruttivi intrisi di religiosità e della coerenza di architettura e design, Pugin esercitò una vasta e profonda influenza come riformatore del design.

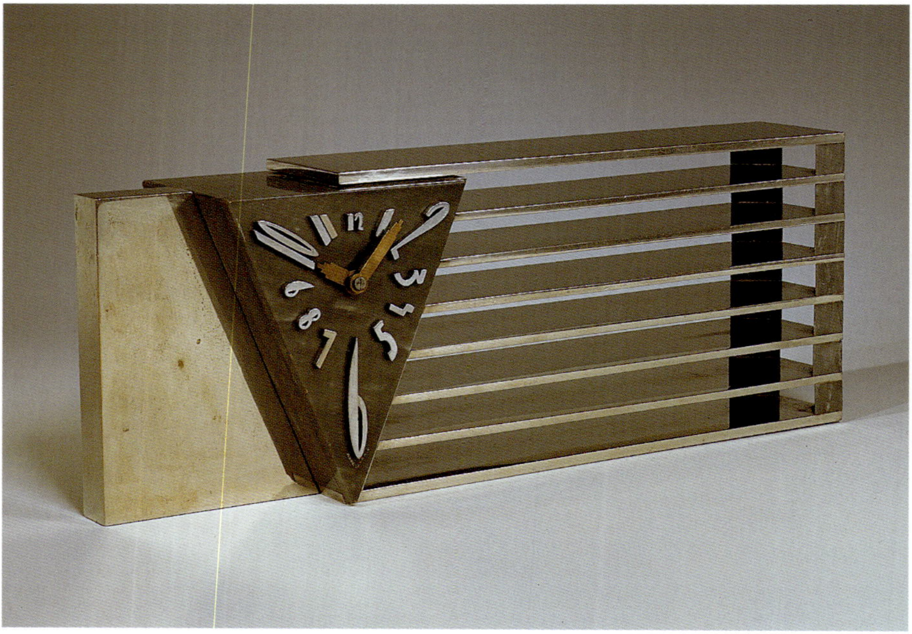

Jean-Émile Puiforcat

1897 *Parigi*
1945 *Parigi*

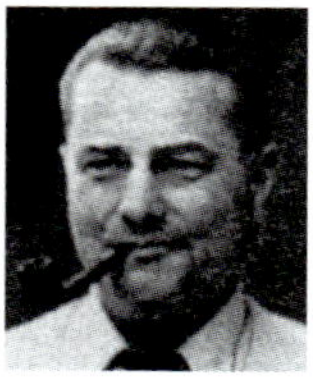

▲ Orologio in marmo e bronzo placcato d'argento realizzato da Hour-Lavigne per Puiforcat Orfèvre, 1930 ca.

Jean-Émile Puiforcat lavorò inizialmente per la ditta di argenteria fondata dal nonno nel 1820. Dopo la prima guerra mondiale, mentre svolgeva il tirocinio presso il padre, coltivò la passione per la scultura frequentando i corsi dello scultore Louis-Aimé Lejeune, che lo incoraggiò a eliminare le decorazioni superflue. Puiforcat dedicò particolare attenzione agli aspetti funzionali delle sue creazioni in argento e, influenzato dalla geometria pitagorica, per conseguire forme più razionali impiegò semplici forme geometriche quali sfere, coni e cilindri. Le sue creazioni **Art Déco**, tuttavia, possiedono una lussuosità che scaturisce dal suo magistrale trattamento dei materiali. Le sue opere furono esposte al "Salon des Artistes Décorateurs" nel 1921 e all'"Exposition Internationale des Arts Décoratifs et Industriels Modernes" nel 1925. Intorno al 1926 fondò con altri il Groupe des Cinq e nel 1930 entrò nella UAM (Union des Artistes Modernes). Alla fine degli anni '20 suo cognato, Luis Estevez, progettò per lui una moderna residenza nei pressi di Saint-Jean-de-Luz, dove, influenzato dalle ricerche del matematico Matila Ghyka sulla teoria della "sezione aurea", continuò a creare design in argento. Sebbene abbia lavorato in stile Art Déco, Puiforcat è stato uno dei primi argentieri ad abbandonare la decorazione superficiale in favore di forme volumetriche pure.

► Servizio da tè e da caffè in argento e vetro per Puiforcat Orfèvre, 1925

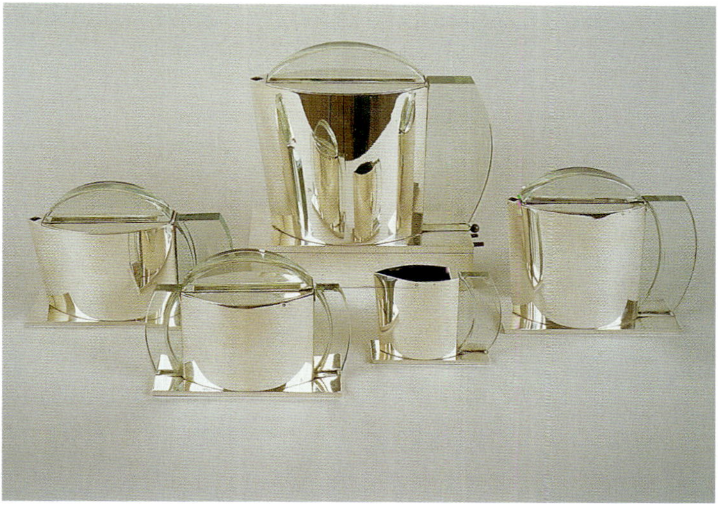

▼ Servizio da tè e da caffè in argento e doratura per Puiforcat Orfèvre, 1933 ca.

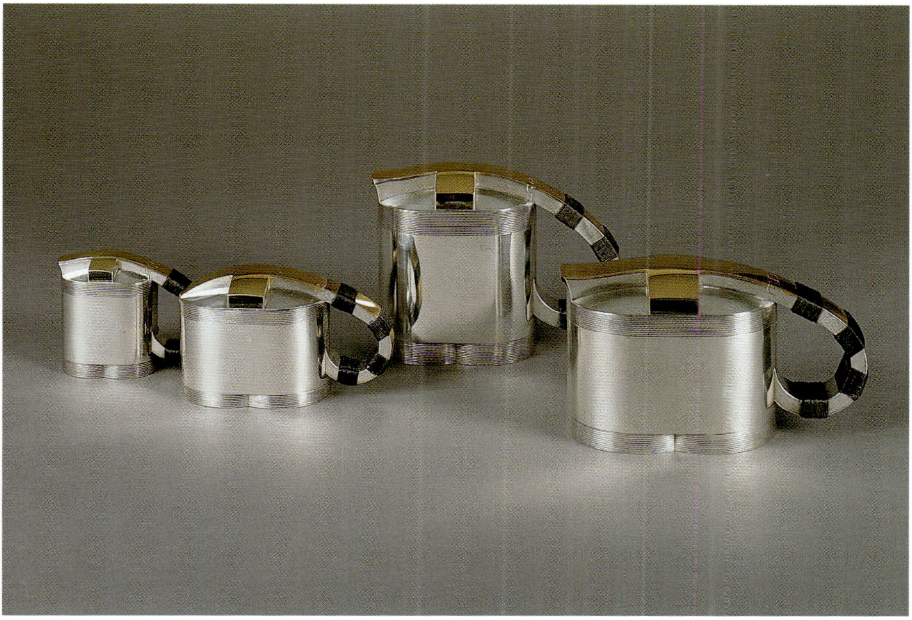

Quasar (Nguyen Manhkhan'n)

1934 *Hanoi, Vietnam*

Il designer vietnamita Nguyen Manhkhan'n (detto Quasar) studiò ingegneria all'École Nationale des Ponts et Chaussées dal 1955 al 1958; successivamente lavorò al progetto del viadotto di Estrées per due anni e al progetto per la diga di Manicouagan nel Québec dal 1960 al 1963. Nel 1964 progettò il prototipo di una piccola auto da città, essenzialmente un cuboide acrilico su ruote, e tre anni dopo furono fabbricati alcuni esemplari della sua auto *Quasar Unipower*. Insieme ad altri designer francesi, tra cui Ronald-Cecil Sportes (1943) e Bernard Quentin (1923), iniziò a esplorare il potenziale delle strutture gonfiabili, promosse dall'esposizione "Les Structures Gonflables" organizzata all'ARC nel 1967, disegnando una serie di mobili gonfiabili nel 1966 e una piccola casa circolare gonfiabile nel 1968. Alla fine degli anni '60 Quasar sponsorizzò **Philippe Starck** nella progettazione di altre strutture gonfiabili. Nel 1969 Nguyen Manhkhan'n fondò l'azienda Quasar-France per produrre sedie in gommapiuma e altri suoi design gonfiabili come le sedie *Apollo*, *Satellite* e *Venus* e i divani *Relax* e *Chesterfield*. Estremamente versatile, Quasar disegnò una linea di abbigliamento maschile per Bidermann nel 1970 e più recentemente ha lavorato al progetto di un'imbarcazione, l'*Hydrair KX1*. Gli oggetti gonfiabili progettati da Quasar furono definiti "più che mobili, un modo di vivere"; in quanto tali rispecchiavano il sorgere della contro-cultura a Parigi alla fine degli anni '60.

▾ Quasar, la moglie Emanuelle e i figli Othello e Atlantique in un ambiente gonfiabile, 1968

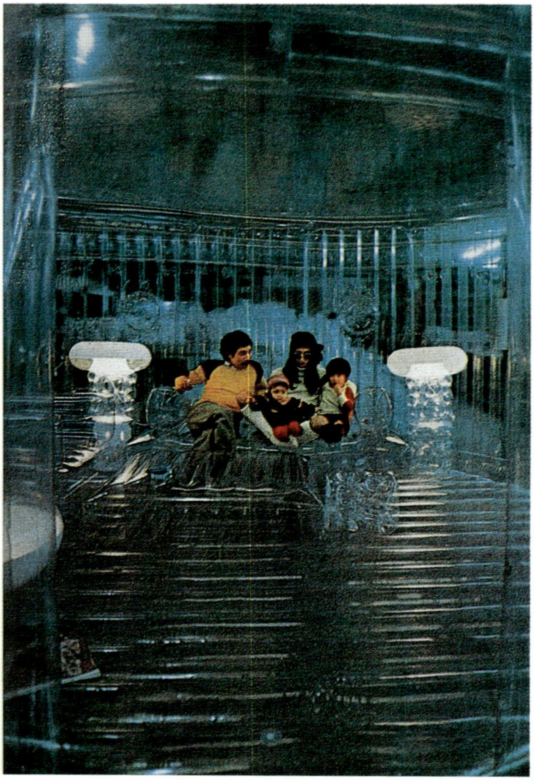

Jens Quistgaard

1919 *Copenhagen*

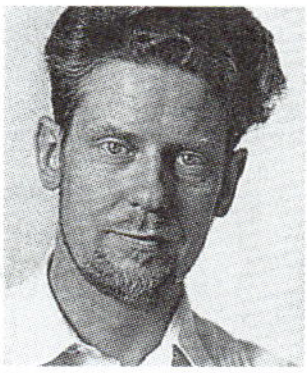

Figlio dello scultore Harald Quistgaard, professore alla Kongelige Danske Kunstakademi (Reale accademia delle arti) di Copenhagen, Jens H. Quistgaard studiò scultura, carpenteria, ceramica e disegno prima di intraprendere un tirocinio presso l'oreficeria **Georg Jensen**. Dopo la seconda guerra mondiale Quistgaard lavorò come designer indipendente e produsse una serie di oggetti tra cui una teiera in gres con manico in ottone e bambù (1949). Nel 1954 Quinstgaard ricevette il premio Lunning e fondò un'azienda, la Dansk International Designs, insieme all'imprenditore americano Ted Nierenberg. Quistgaard gestì la ditta con Nierenberg fino al 1984, trent'anni durante i quali ideò la maggior parte degli oggetti fabbricati dalla ditta. I prodotti di Quistgaard sono caratterizzati da sottili linee organiche e da un superbo trattamento dei materiali. Le sue creazioni, come il set di pentole *Kobenstyle* in acciaio smaltato (1954) o le posate in acciaio e tek *Fjord* (1954), consentono ai materiali impiegati di rivelare le loro qualità intrinseche. La forma scultorea del secchiello per ghiaccio in tek (1960) gli fu ispirata dallo studio degli scafi lignei delle navi vichinghe, mentre il manico a ponte ricorda gli antichi vasi di ceramica giapponesi. Dopo il 1984 Quistgaard ha continuato a gestire uno studio a Copenaghen, progettando contemporaneamente edifici, mobili e gioielli per aziende europee e americane. I suoi oggetti di ottimo design e squisita fattura sono tipiche espressioni dello stile moderno danese.

▼ Secchiello da ghiaccio in tek per Dansk International Designs, 1960

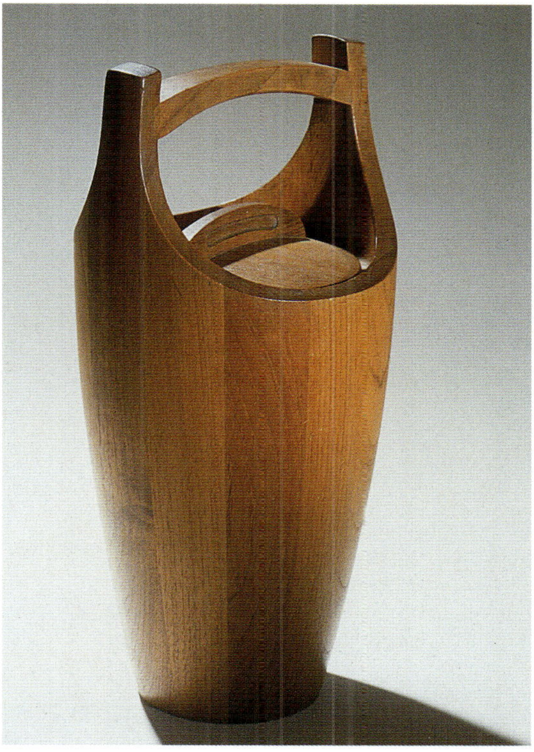

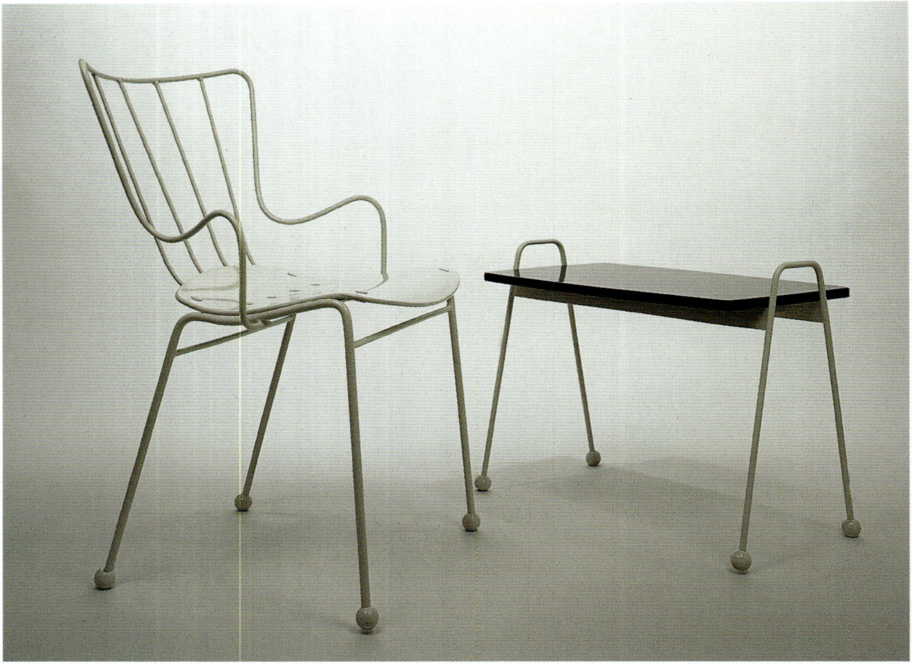

Ernest Race

1913 *Newcastle-upon-Tyne*
1964 *Londra*

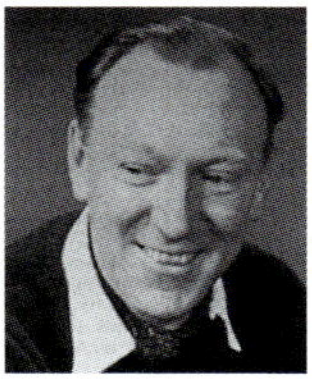

▲ Tavolo e sedia *Antelope* per Race Furniture, 1950

Ernest Race studiò design di interni alla Bartlett School of Architecture di Londra dal 1932 al 1935 e in seguito lavorò come disegnatore per l'azienda produttrice di lampade Troughton & Young. Nel 1937 andò a trovare la zia missionaria in India che gestiva un centro di tessitura a Madras; al suo ritorno in Gran Bretagna aprì un negozio a Londra dove vendette i tessuti realizzati dalla zia in base ai suoi disegni. Nel 1945, insieme all'ingegnere J. W. Noel Jordan, fondò la Ernest Race Ltd. per produrre in serie, a costi contenuti, mobili moderni impiegando i materiali previsti dall'**Utility** Scheme. Dal 1945 al 1964 la Ernest Race Ltd. produsse oltre 250.000 sedie *BA* (1945) utilizzando 850 tonnellate di alluminio proveniente da residuati bellici rifusi. Questi design altamente razionali furono esposti per la prima volta alla mostra "Britain Can Make It" del 1946 e ricevettero una medaglia d'oro alla IX Triennale di Milano nel 1951. Sempre adeguandosi alle restrizioni imposte dall'Utility Scheme, Race progettò la sedia, la panca e il tavolo *Antelope* (1950) e la sedia *Springbok* (1951 ca.) usati sulle terrazze all'aperto del Royal Festival Hall durante il "Festival of Britain" del 1951. Questi mobili dalle gambe lunghe e sottili terminanti con piedi a pallina riecheggiavano il contemporaneo interesse per la chimica molecolare e la fisica nucleare.

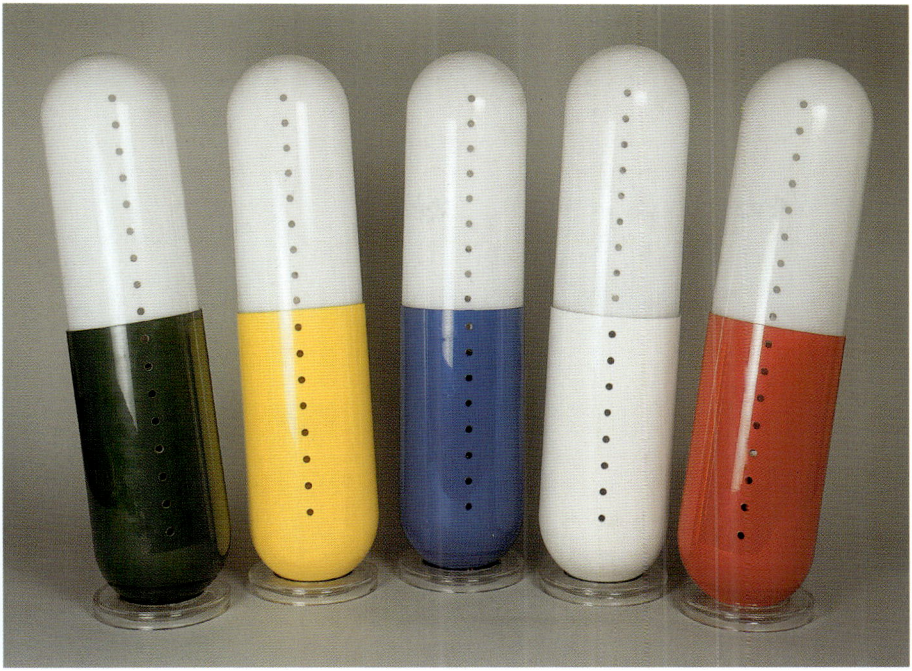

▲ **Cesare Casati & Emanuele Ponzio,** Lampade *Pillola* per Ponteur, 1968

Radical Design

Il Radical Design fece la sua comparsa in Italia alla fine degli anni '60 come reazione al **Good Design**. Pur essendo simile all'**Anti-Design**, il Radical Design era più teorico, politicizzato e sperimentale e cercava di alterare la percezione generale del Modernismo attraverso proposte e proiezioni utopistiche. I più importanti esponenti del Radical Design furono i gruppi **Superstudio**, **Archizoom**, UFO (fondato nel 1967 a Firenze), **Gruppo Strum**, Gruppo 9999 (fondato nel 1967 a Firenze), Cavart (fondato nel 1973 a Padova) e Libidarch (fondato nel 1971 a Torino). Questi gruppi attaccarono il concetto di "buon gusto" organizzando installazioni e happening sovversivi che contestavano la validità del Razionalismo, della tecnologia avanzata e soprattutto del consumismo. Progetti architettonici radicali come *Il Monumento Continuo* di Superstudio del 1969 e la *Wind City* di Archizoom del 1969 sperimentavano l'idea di "architettura come strumento politico", mentre oggetti di Radical Design come il *Doric Temple* di UFO (1972) e *Superonda* di Archizoom (1966) facilitavano una potenziale interazione con l'utente. Design come questi, a un tempo poetici e irrazionali, compendiarono la contro-cultura della fine degli anni '60 e cercarono di distruggere l'egemonia del linguaggio visivo detenuta dal Modernismo. Nel 1973 membri dei vari gruppi di Radical Design si riunirono negli uffici della rivista *Casabella* diretta da **Alessandro Mendini**. L'incontro portò nel 1974 alla costituzione di **Global Tools**, ma un anno dopo questa scuola di architettura e design radicale fu sciolta e la polemica del Radical Design perse in breve il proprio impeto. Mettendo in discussione principi radicati da tempo riguardanti le finalità del design, radical designer come **Andrea Branzi**, **Riccardo Dalisi** e Lapo Binazzi (1943–) gettarono le basi teoriche da cui tra la fine degli anni '70 e l'inizio degli anni '80 trasse origine il **Post-Modernismo**.

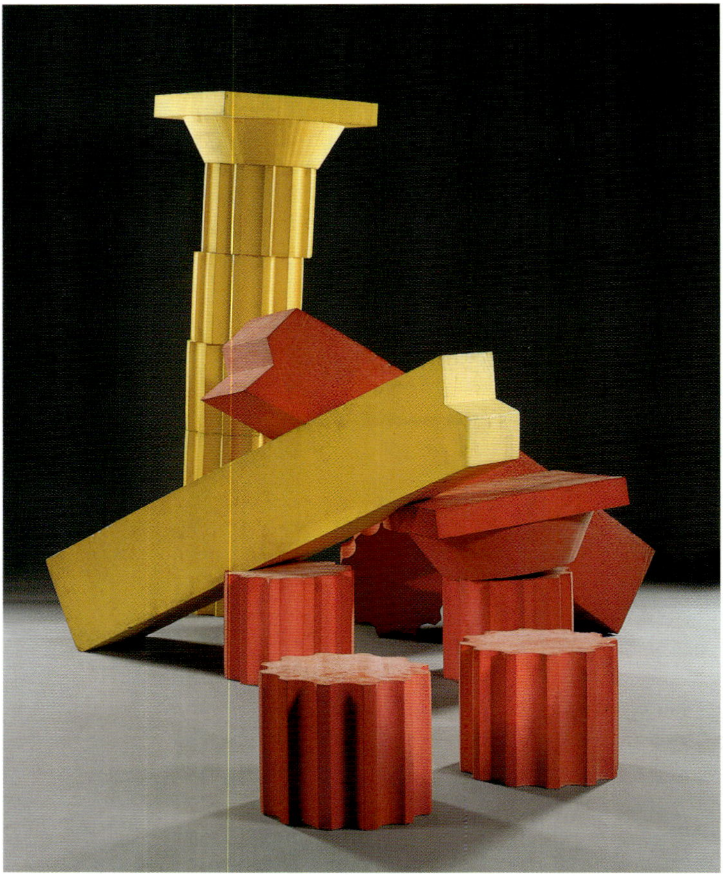

◂ **UFO Group (Lapo Binazzi),** Prototipo di *Tempio dorico*, 1971

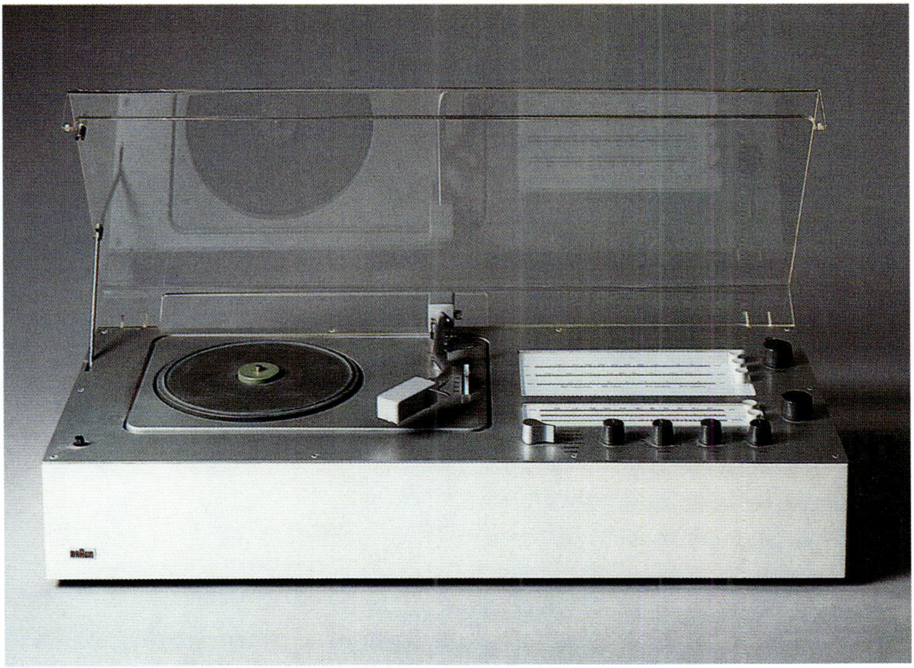

Dieter Rams

1932 Wiesbaden, Germania

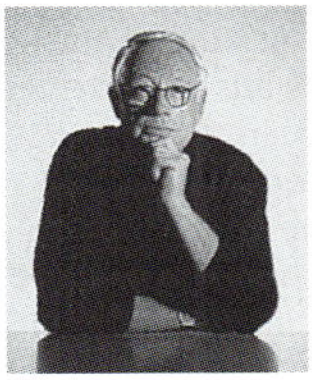

Dieter Rams familiarizzò fin da piccolo con le tecniche di costruzione nel laboratorio di falegnameria del nonno. Studiò architettura e design d'interni alla Werkkunstschule di Wiesbaden dal 1947 al 1948, fece tre anni di tirocinio come carpentiere a Kelkheim per acquisire esperienza pratica, quindi riprese gli studi alla Werkkunstschule, dove si laureò nel 1953. Tra il 1953 e il 1955 lavorò nello studio di architettura di Otto Apel a Francoforte, affiliato allo studio americano Skidmore, Owings & Merrill. Nel 1955 Rams entrò nello staff della **Braun** come architetto e designer d'interni e l'anno successivo iniziò a lavorare come product designer per l'azienda, progettando la sua creazione più interessante insieme a **Hans Gugelot**: l'impianto hi-fi *Phonosuper SK4* del 1956. Rams disegnò anche altri apparecchi audio per Braun, tra cui la radio portatile *Transistor 1* (1956) e la combinazione fonografo e radio tascabile (1959); in essi si esprimeva l'approccio ordinato e pratico al design promosso dal **Bauhaus** e dalla **Hochschule für Gestaltung di Ulm**. Nel 1961 Rams fu nominato capo dell'ufficio design della compagnia e negli anni '60 progettò gli elettrodomestici *KM 2*, il frullatore a mano *M140*, il rasoio elettrico *Sixtant* e un accendino da tavolo cilindrico. In questi moderni design sono esemplificati l'estetica essenziale del **Funzionalismo** e

▲ Giradischi *Audio 1* per Braun, 1962

▸ **Dieter Rams & Dietrich Lubs**, Calcolatrice *Control ET22* per Braun, 1977

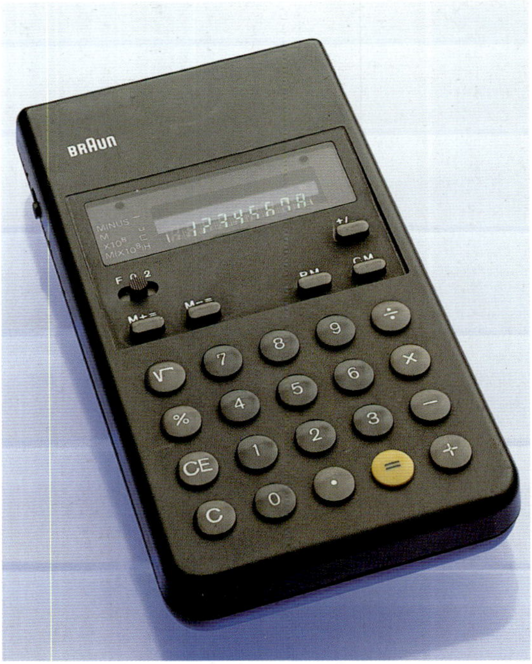

gli attributi del **Good Design**. Negli anni '60 Rams progettò anche il sistema di scaffalatura *606* e le sedie modulari *620* e *601/601* per il produttore di mobili Vitsoe, caratterizzati dalla stessa purezza razionale dei prodotti creati per la Braun. Nel 1968 Rams divenne direttore del design alla Braun; lo stesso anno fu eletto Honorary Designer for Industry dalla Royal Society of Arts di Londra. Alla fine degli anni '60 il concetto di "estetica del prodotto" fu sottoposto a ripetuti attacchi perché considerato da molti mero strumento di marketing. Rams rimase comunque immune da tali critiche e continuò a promuovere una moderna estetica industriale dematerializzata attraverso prodotti ben progettati ed eseguiti con tecnologie d'avanguardia. Rams ritiene che la principale responsabilità del designer sia di portare ordine nella vita contemporanea ed è tra i product designer più influenti e autorevoli della seconda metà del XX secolo.

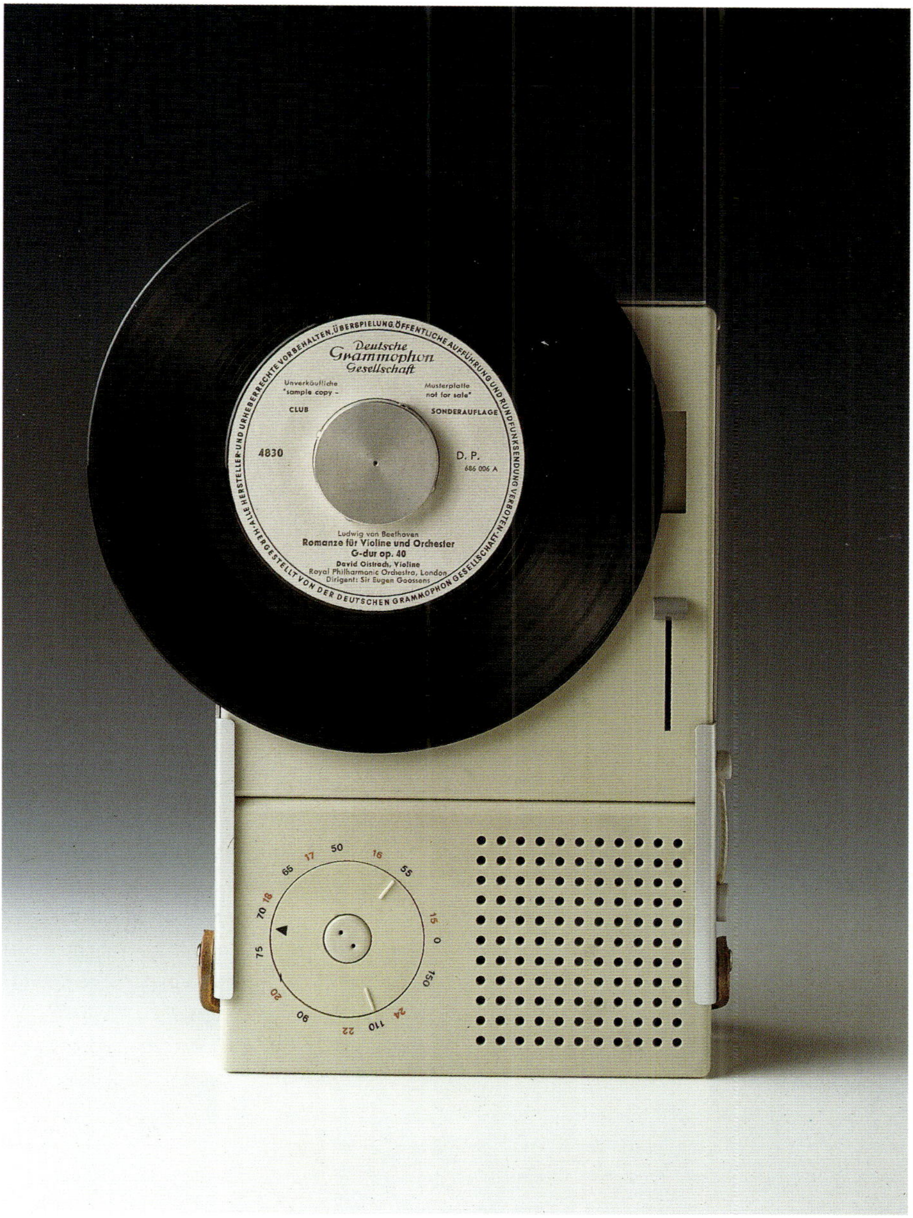

▲ Combinazione radio/giradischi
TP2 per Braun, 1958–1960

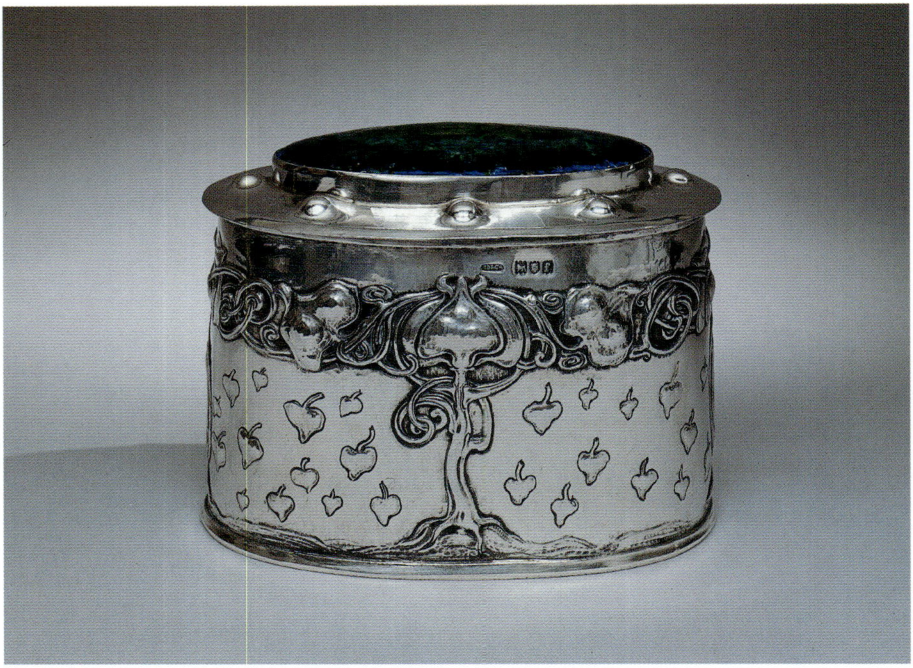

Omar Ramsden

1873 *Sheffield*
1939 *Londra*

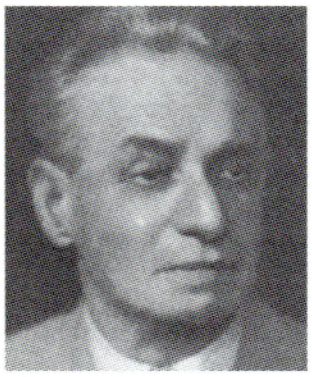

Omar Ramsden fu apprendista presso un argentiere di Sheffield e frequentò lezioni serali alla Sheffield School of Art, dove conobbe Alwyn Charles Ellison Carr (1872–1940). Nel 1898, dopo un viaggio in Europa, Ramsden e Carr aprirono un laboratorio di argenteria a Londra e a distanza di un anno completarono la loro prima commissione, una mazza da cerimoniale per la città di Sheffield. Il laboratorio, che comprendeva alcuni assistenti, produceva articoli in argento di stile Arts & Crafts e altri in metallo vile. Durante la prima guerra mondiale Ramsden gestì l'azienda (Carr si era arruolato nell'esercito) producendo molti monumenti ai caduti. Nel 1919 la società si sciolse, ma Ramsden e i suoi numerosi assistenti continuarono a produrre quantitativi consistenti di argenteria in stili come il Tudor, il Regina Anna e il Giorgiano; alcuni pezzi furono prodotti in serie con tecniche di imbutitura al tornio. Per dare l'impressione che questi oggetti fossero realizzati a mano singolarmente, su molti venne impressa la scritta "Omar Ramsden me fecit". I design di Ramsden erano più commerciali di quelli normalmente associati all'**Arts & Crafts Movement**; sotto molti aspetti i motivi a ricci e volute da lui spesso impiegati erano più tipici dell'**Art Nouveau** continentale.

▲ **Omar Ramsden & Alwyn Carr**, Scatola in argento e smalto per Ramsden-Carr Workshop, 1902

Paul Rand

1914 New York
1996 Norwalk, Connecticut

Paul Rand studiò arte a New York, al Pratt Institute, alla Parson's School of Design e all'Art Students League, dove seguì i corsi del pittore tedesco espressionista George Grosz (1893–1959), laureandosi nel 1934. Le opere grafiche di Rand, notevolmente influenzate dalle idee contenute nel libro di **László Moholy-Nagy** *The New Vision* (1932), furono tra le prime in America a utilizzare l'approccio **avant-garde** europeo alla grafica moderna. Rifiutando la tradizionale illustrazione figurativa e il layout simmetrico, preferì combinare testo e immagini in maniera dinamica producendo opere potenti, espressive e spesso dense di humour. Tra il 1936 e il 1941 Rand fu direttore artistico delle riviste *Esquire* e *Apparel Arts*; dal 1938 al 1945 disegnò copertine per la rivista bimestrale *Direction*, le cui particolarità risiedevano nel fatto di incorporare fotomontaggi e citazioni storiche. Dal 1941 al 1954 fu direttore creativo dell'agenzia pubblicitaria newyorkese William H. Weintraub, dove collaborò con il copywriter Bill Bernbach; insieme i due stabilirono nuovi standard per la pubblicità integrando in maniera armonica testo e design. In *Thoughts on Design*, pubblicato nel 1946, Rand espresse diffusamente le sue idee a proposito della forza comunicativa dei simboli. Dal 1956 si concentrò principalmente sul design di marchi e **corporate identity**, prestando la propria consulenza a molte grandi società tra cui United Parcel Services, American Broadcasting Company, Westinghouse Electric Corporation, Cummins Engine Company e IBM. Il programma di comunicazione aziendale ideato da Rand per l'IBM esercitò grande influenza grazie all'impiego di simboli "in codice" e di testi ridotti al minimo. Dal 1956 Rand fu professore di grafica alla Yale University (New Haven); nel 1972 fu inserito tra le personalità della Hall of Fame dell'Art Directors Club di New York.

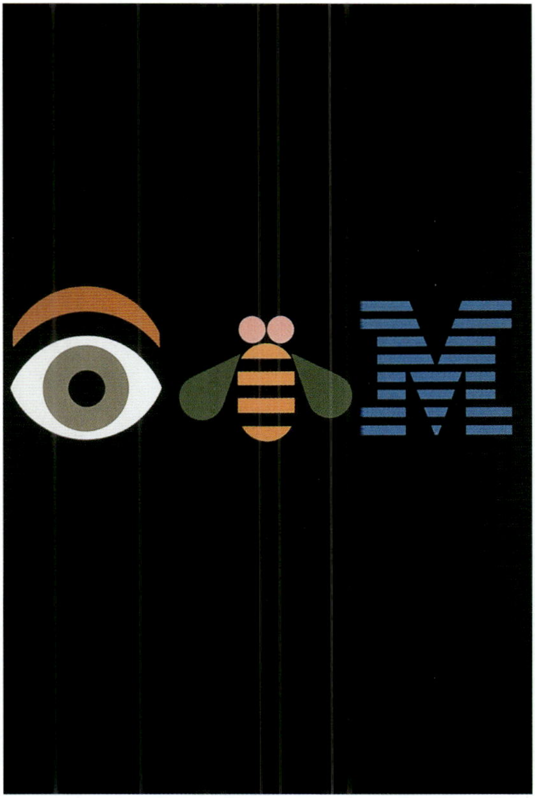

▼ Poster per IBM, 1981

▸ *Sitzgeiststuhl (Lo spirito della sedia)*, 1927

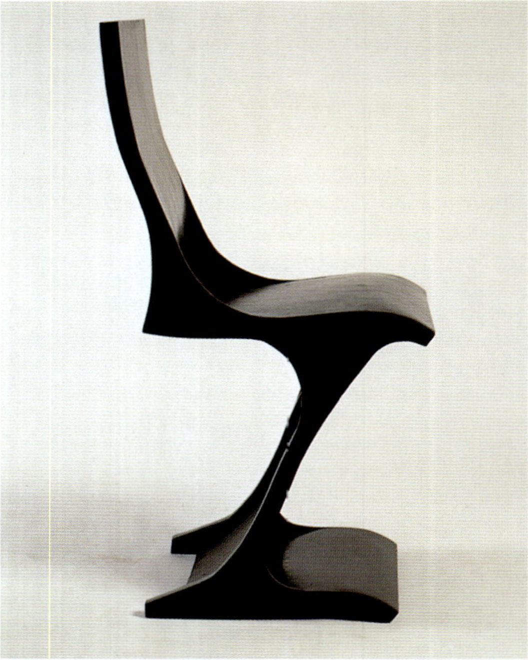

Heinz & Bodo Rasch

Heinz Rasch
1902 *Berlino*

Bodo Rasch
1903 *Berlino*

Heinz Rasch studiò alla Kunstgewerbeschule di Bromberg nel 1916 e alle Technischen Hochschulen di Hannover e Stoccarda dal 1920 al 1923. Nel 1922, con il fratello minore Bodo, aprì a Stoccarda una fabbrica di mobili per la casa. Heinz, architetto, e Bodo, ebanista, lavorarono insieme producendo una serie di design in compensato sagomato tecnicamente all'avanguardia, come la prima sedia a sbalzo (1924), che pesava poco più di due chili, e una sedia pieghevole (1924) per L. C. Arnold. Nel 1925 Heinz entrò nella redazione della rivista *Baugilde* dove conobbe **Ludwig Mies van der Rohe** e **Mart Stam**. I fratelli Rasch in seguito esposero tavoli, mobili contenitori e sedie nelle "case da esposizione" progettate da **Peter Behrens** e Mies van der Rohe per la mostra "Die Wohnung" (l'abitazione), organizzata dal **Deutscher Werkbund** a Stoccarda nel 1927. Tra questi design figurava la sedia *Sitzgeiststuhl* (Lo spirito della sedia), titolo tratto da una poesia di Christian Morgenstern. Un anno dopo Heinz Rasch curò la pubblicazione del libro *Der Stuhl* (La sedia) e nel corso degli anni '80 contribuì alla creazione dello Stuhlmuseum (Museo delle sedie) di Burg Beverungen.

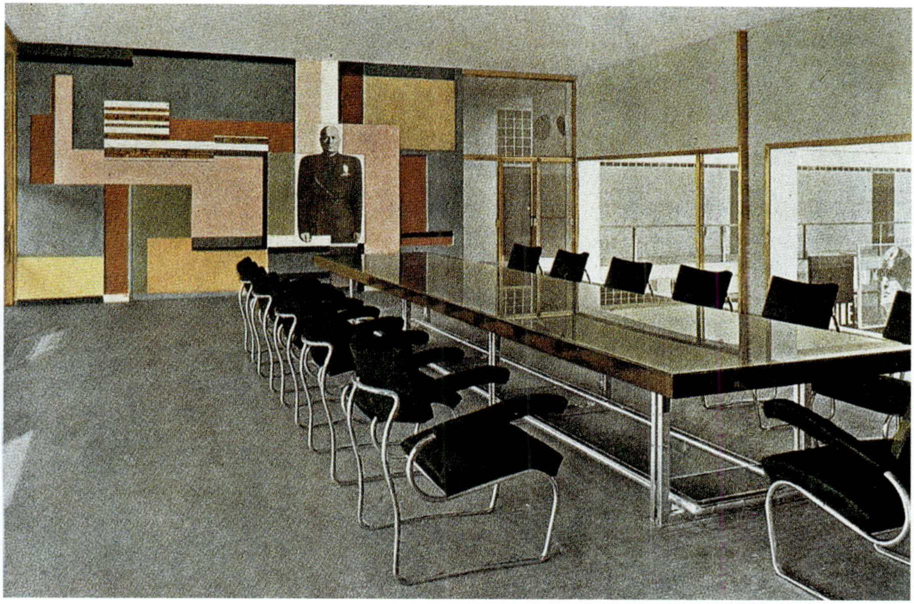

Il termine Razionalismo si riferisce in generale a un approccio logico all'architettura e al design, ma denota anche una forma di Modernismo introdotta da architetti e designer in Italia alla fine degli anni '20 e negli anni '30. Ispirandosi agli aspetti sociali ed estetici di precedenti opere moderne di architetti quali **Walter Gropius** e **Le Corbusier**, nel 1926 il Gruppo Sette pubblicò un manifesto in quattro parti sulla rivista *Rassegna*; ciò costituì la data di nascita effettiva del movimento razionalista italiano. I membri del gruppo, tra i quali **Giuseppe Terragni**, Gino Pollini (1903), Luigi Figini (1903), Adalberto Libera (1903–1963), Carlo Enrico Rava, Sebastiano Larco e Guido Frette, si opposero fermamente al **Futurismo** cercando di riconciliare il **Funzionalismo** dell'**avant-garde** europea con la tradizione classica italiana. Le prime espressioni di rilievo del Razionalismo italiano in architettura furono il Bar Craja a Milano (1930) di Luciano Baldessari (1896–1982), Luigi Figini e Gino Pollini, e la Casa del Fascio di Giuseppe Terragni a Como (1933). I razionalisti esaltarono il progresso moderno attraverso un severo linguaggio di forme geometriche e l'impiego di materiali all'avanguardia come il tubolare metallico cromato. In un primo tempo il Razionalismo fu bene accolto dal Fascismo che si considerava portatore di un nuovo ordine mondiale, ma poi gli venne preferito lo stile conservatore **Novecento**. Dopo la seconda guerra mondiale lo stile razionalista venne ripreso da designer come **Franco Albini**.

Rationalism

(Razionalismo)

Italia

▲ Sala conferenze nella Casa del Fascio (poi Casa del Popolo) a Como, 1933

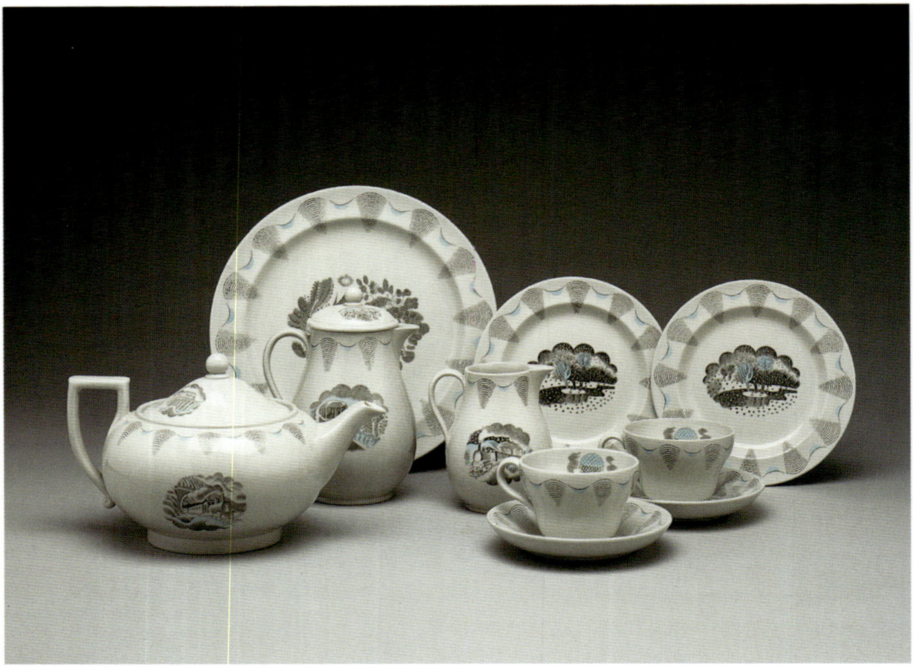

Eric Ravilious

1903 *Acton/Londra*
1942 *Islanda*

Eric W. Ravilious studiò alla Eastbourne School of Art dal 1919 al 1922 e al **Royal College of Art** di Londra dal 1922 al 1925. Acquistò notorietà grazie alle sue xilografie per illustrazioni di libri, come quelle per *The Elm Angel* di Walter de la Mare (1930), *La dodicesima notte* di William Shakespeare (1932) e *The Natural History of Selborne* di Gilbert White (1937). Realizzò anche ornamenti tipografici per Curwen, pubblicazioni per London Transport, pubblicità per Austin Reed e decorazioni per la BBC. Tra il 1928 e il 1929 collaborò con Edward Bawden (1903) al design di decorazioni murali per il Morley College e durante i successivi nove anni insegnò al Royal College of Art. Intorno al 1935 fu presentato a Thomas Wedgwood da Lady Sempill della Dunbar Hay, un'azienda produttrice di mobili per cui aveva realizzato design in precedenza. In seguito disegnò numerose decorazioni per Wedgwood, stampate con la tecnica del transfer d'immagine su oggetti di ceramica standard e colorate a smalto. Nel 1935 creò vetri per Stuart Crystal e decorazioni murarie per il padiglione britannico all'"Exposition Universelle et Internationale" di Parigi del 1937. Nel 1940 divenne artista ufficiale di guerra e nel 1942 scomparve mentre era in missione al largo delle coste islandesi.

▲ Servizio da tè *Travel* per Josiah Wedgwood & Sons, 1937

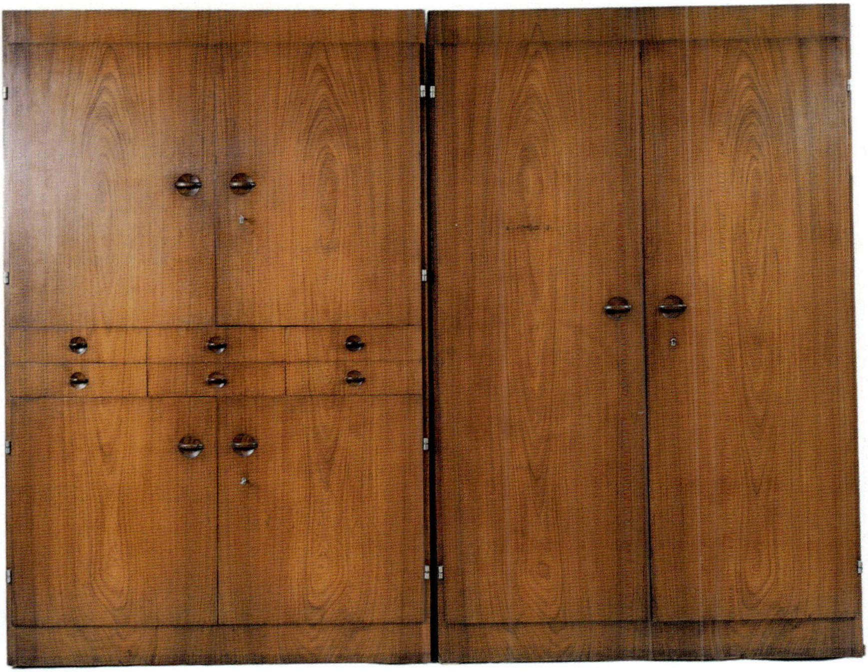

Lilly Reich lavorò sotto la guida di **Josef Hoffmann** ai **Wiener Werkstätte** dal 1908. Nel 1911 tornò a Berlino, dove si associò con il teorico del design Hermann Muthesius (1861–1927) e collaborò con Else Oppler-Legband. Nel 1912 aderì al **Deutscher Werkbund** e fu la prima donna eletta nel consiglio d'amministrazione. Dal 1924 al 1926 produsse design per l'Atelier für Ausstellungsgestaltung und Mode di Francoforte, dopodiché iniziò la sua lunga collaborazione professionale con **Ludwig Mies van der Rohe**, al quale fece da assistente nell'organizzazione della mostra "Die Wohnung" del 1927 a Stoccarda. Insieme progettarono molti mobili, soprattutto in tubolare metallico, che spesso furono attribuiti al solo Mies. Insieme diressero anche la mostra "Deutsche Bauausstellung" (1931) e disegnarono stand per le esposizioni di Berlino del 1927, del 1931 e del 1943. Dal 1932 al 1933 Reich diresse il laboratorio di design d'interni del **Bauhaus** di Berlino; nel 1939 raggiunse per breve tempo Mies a Chicago. Dal 1945 al 1946 Reich insegnò alla Hochschule für Bildende Künste di Berlino.

Lilly Reich

1885 *Berlino*
1947 *Berlino*

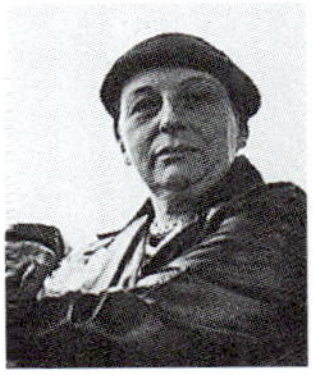

▲ **Lilly Reich & Ludwig Mies van der Rohe**, Guardaroba e armadio, 1930 ca.

► Ciotola di ceramica con decorazione a sgraffito, 1965 ca.

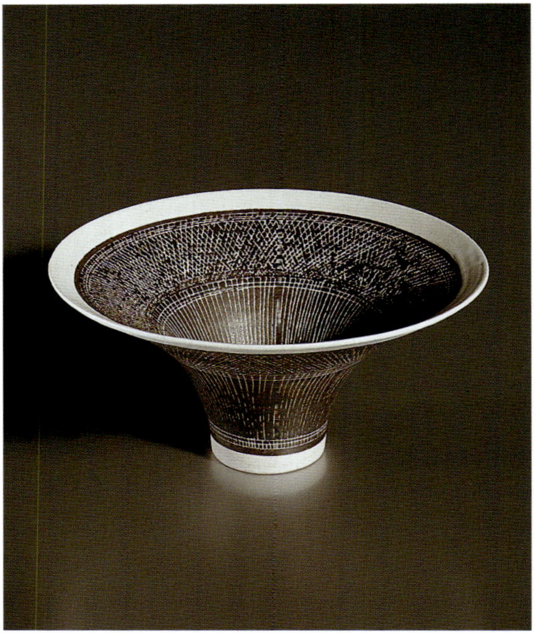

Lucie Rie

1902 *Vienna*
1995 *Londra*

Allieva di Michael Powolny (1871–1954) alla Kunstgewerbeschule di Vienna dal 1922 al 1926, dopo la laurea Lucie Rie aprì uno studio di ceramica a Vienna che gestì per dodici anni. Nel 1938 emigrò in Gran Bretagna e un anno dopo aprì un altro laboratorio a Albion Mews (Londra), producendo bottoni di ceramica fatti a mano. Costretta a sospendere l'attività durante la guerra, la riprese intorno alla metà degli anni '40. Nel 1946 l'*émigré* tedesco **Hans Coper** visitò il laboratorio di Albion Mews e iniziò a collaborare con Rie. Pur accomunati dalla stessa predilezione per la ceramica, i vasi di Coper si distinguono per le forme scultoree mentre quelli di Rie sono meno espressivi ma decisamente belli nella loro precisione ed estrema delicatezza. Tra il 1955 e il 1960 Rie diventò celebre per i suoi servizi da tè e caffè, la cui produzione assunse un'importanza fondamentale per molti ceramisti dell'epoca. Le forme e gli smalti impiegati da Rie s'ispiravano spesso alle antiche ceramiche giapponesi e cinesi. Ricorreva spesso a una tecnica di invetriatura grezza in cui l'argilla interagisce con gli ossidi durante una sola cottura; ciò le consentiva di produrre ceramiche dalle superfici interessanti e insolite. Verso la fine degli anni '40 iniziò a decorare a *sgraffito* le sue creazioni. Dagli anni '60 al 1971 Rie insegnò insieme a Coper alla Camberwell School of Arts & Crafts di Londra.

Richard Riemerschmid

1868 *Munique*
1957 *Munique*

Richard Riemerschmid studiò belle arti all'Akademie der Bildenden Künste di Monaco dal 1888 al 1890, dopodiché intraprese l'attività di pittore a Monaco; nel 1895 progettò la propria casa disegnandone anche l'arredamento. Nel 1896 realizzò un poster per la Mostra bavarese di Norimberga e nel 1897 espose un arazzo, un buffet e vetri colorati alla mostra del Glaspalast a Monaco. Quello stesso anno fondò, insieme a **Hermann Obrist**, **Bernhard Pankok** e **Bruno Paul**, i **Vereinigte Werkstätten für Kunst im Handwerk** (Laboratori associati per l'artigianato artistico) a Monaco per la produzione di oggetti di design innovativo e di ottima fattura.

Dal 1898 Riemerschmid progettò mobili per i laboratori, tra cui la sedia in rovere per sala da concerti esposta per la prima volta alla mostra di Dresda del 1899; in seguito creò mobili per Hermann Obrist, collaborando con lui alla progettazione di una stanza per un collezionista d'arte, presentata all'"Exposition Universelle et Internationale" del 1900 a Parigi. Tra il 1900 e il 1901 lavorò agli interni del nuovo teatro di Monaco e dal 1903 al 1905 diresse il Kunstgewerblicher Meisterkurs al Bayerisches Gewerbemuseum di Norimberga.

Nel 1902 iniziò a produrre design per i **Dresdener Werkstätten für Handwerkskunst** e dal 1905 adottò metodi di **standardizzazione** per la produzione in serie di mobili ideati per gli stessi laboratori. Definiti

◄▼ Boccale con coperchio in ceramica e peltro per Villeroy & Boch Mettlach, 1901 ca.

▼ Brocca in ceramica per Reinhold Merkelbach, 1909 ca.

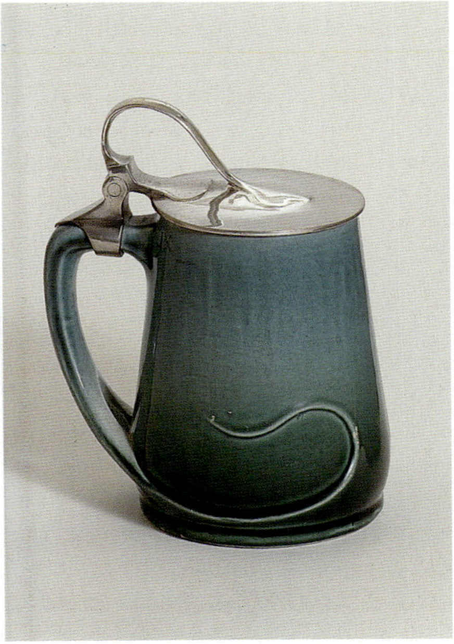

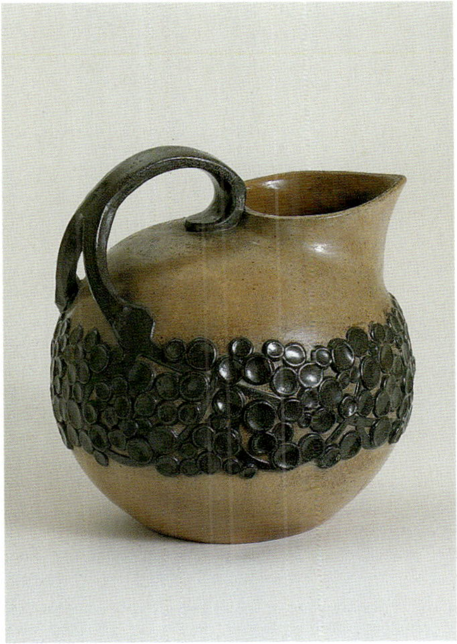

▸ Orologio da terra in rovere e ottone per Dresdener Werkstätten für Handwerkskunst, 1903

▸▸ Sedia per sala da musica per le Vereinigte Werkstätten für Kunst im Handwerk, Monaco, 1898–1899

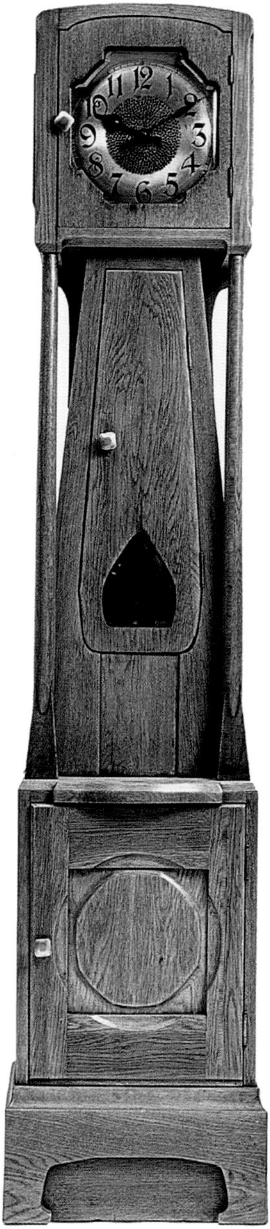

Maschinenmöbel, questi mobili rivoluzionari erano il risultato di ricerche condotte in precedenza con il cognato, l'ebanista Karl Schmidt (1873–1948), volte a elaborare processi che consentissero la produzione di mobili a costi contenuti. Nel 1907 Riemerschmid fondò insieme ad altri il **Deutscher Werkbund**, di cui divenne uno dei membri più attivi. Sue opere furono esposte alla "Deutsche Werkbundausstellung" di Colonia nel 1914. Tra il 1907 e il 1913 si dedicò anche alla progettazione della prima città giardino tedesca a Hellerau, dove costruì numerosi studi per artisti. Dal 1913 al 1924 Riemerschmid diresse la Kunstgewerbeschule di Monaco, che organizzò una grande mostra dei suoi progetti architettonici nel 1913; dal 1918 al 1919 fu membro del Künstlerrat (Consiglio degli artisti) della città di Monaco. Fu presidente del Deutscher Werkbund dal 1921 al 1926 e direttore delle Kölner Werkschulen, l'istituto di arti applicate di Colonia, dal 1926 al 1931.

Al suo ritorno a Monaco nel 1931 si dedicò alla pittura e all'architettura, adottando uno stile neoclassico. I design di Riemerschmid concepiti per la produzione industriale, dalle forme razionali e al tempo stesso eleganti, hanno esercitato un influsso enorme. Il suo approccio al design rappresenta la conciliazione della tensione arti-

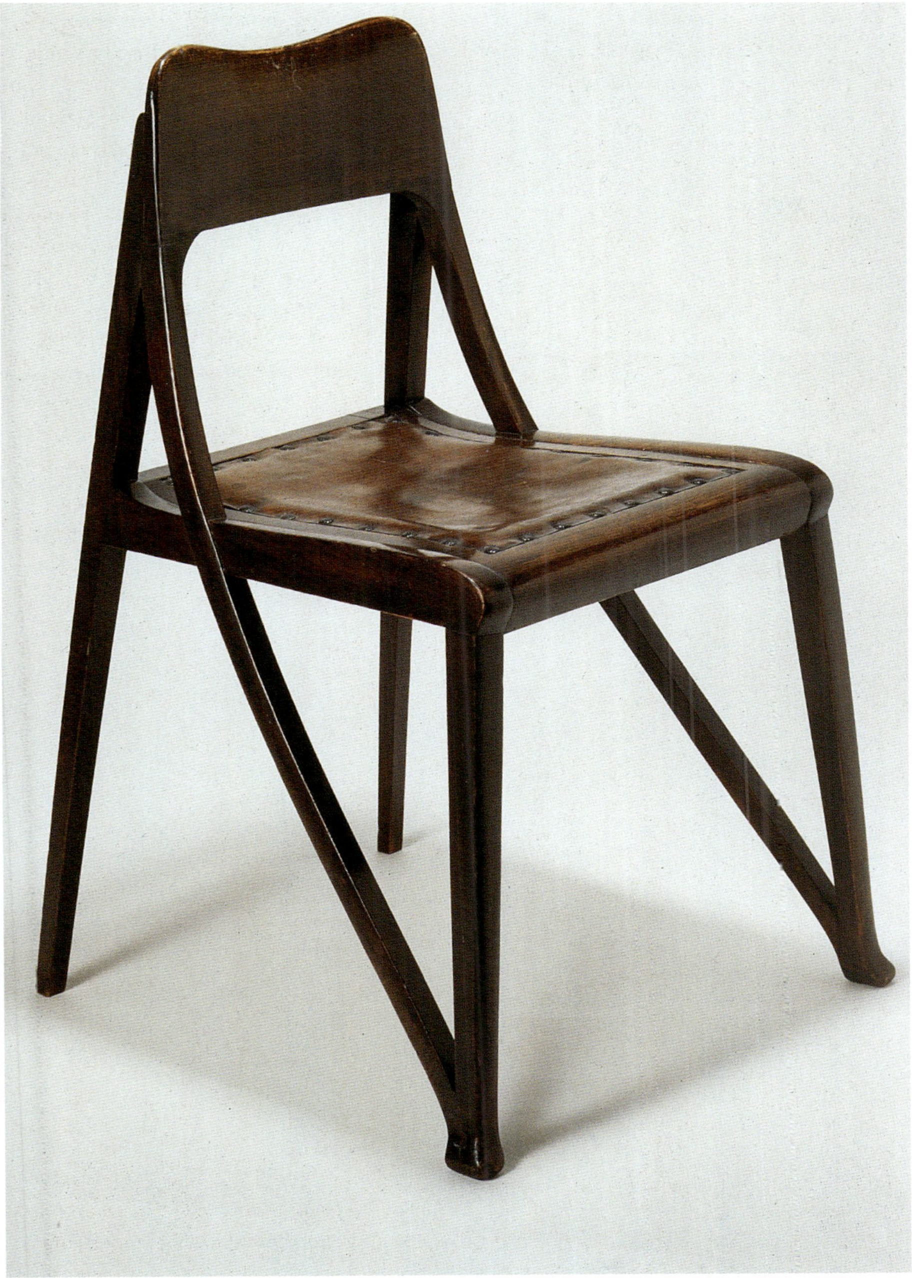

stica propria dell'**Arts & Crafts Movement** con la standardizzazione industriale del **Modern Movement**, allo scopo di realizzare prodotti di alta qualità a prezzi contenuti.

▼ Guardaroba per Dresdener Werkstätten für Handwerkskunst, 1905

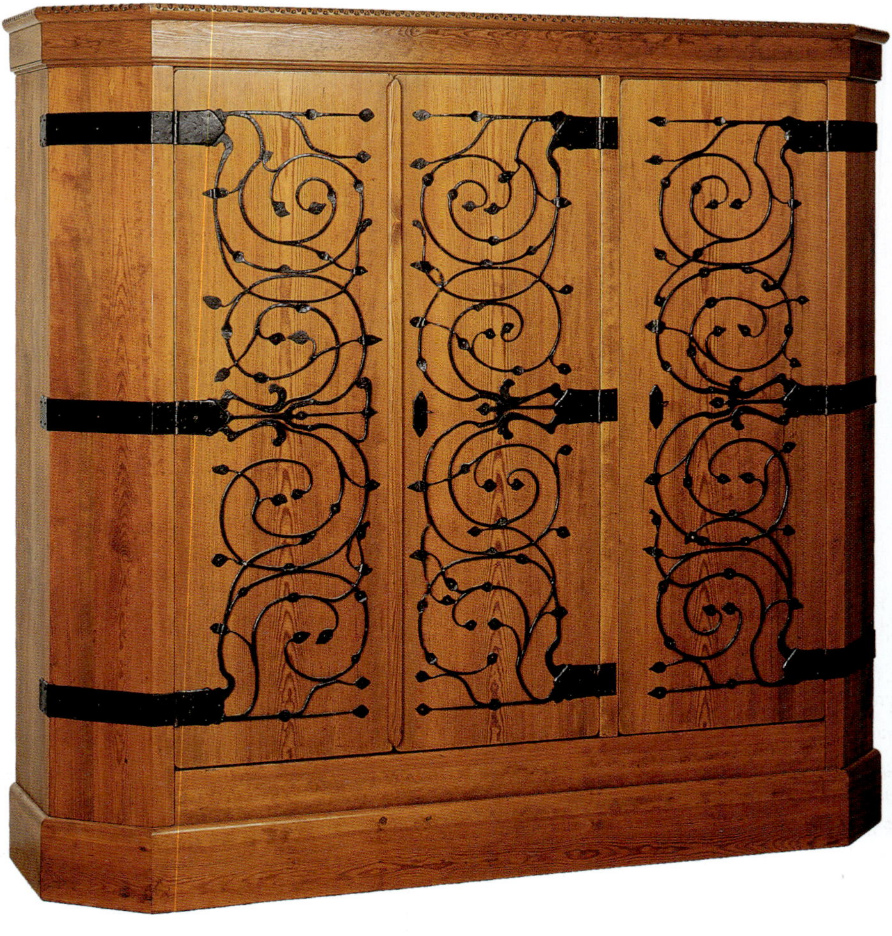

▸ Sedia *Rosso/Blu*, 1918–1923

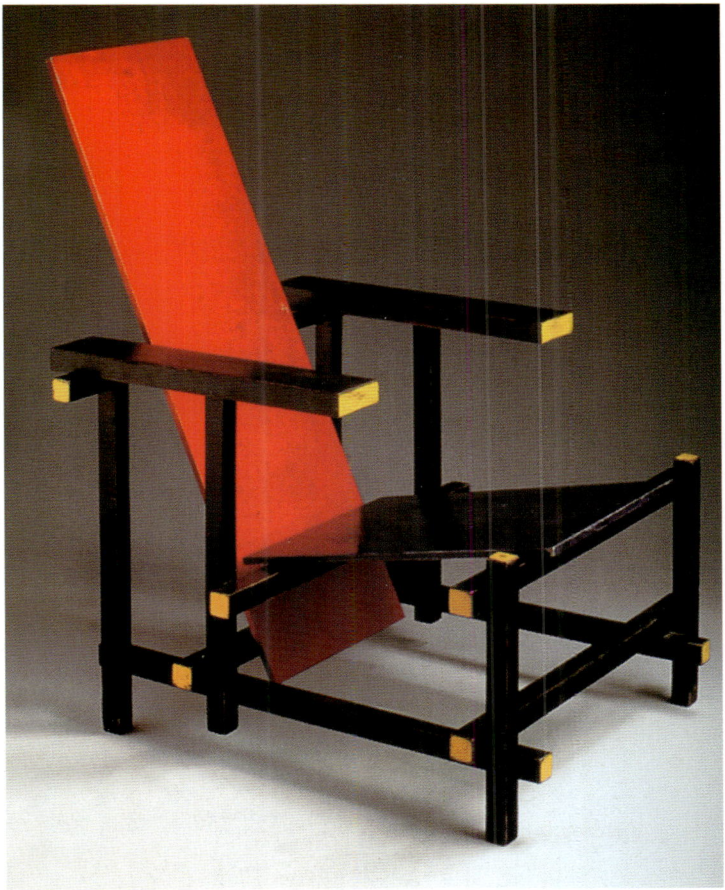

Gerrit Thomas Rietveld

1888 Utrecht, Paesi Bassi
1964 Utrecht

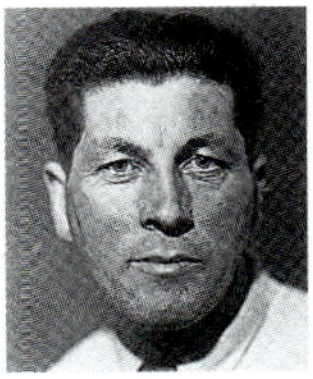

Figlio di un falegname, Gerrit Rietveld lavorò nel laboratorio paterno dall'età di dodici anni fino ai quindici. Tra il 1904 e il 1913 fu progettista nei laboratori di oreficeria C. J. A. Begeer e nel 1906 frequentò le lezioni serali di disegno architettonico di P. J. C. Klaarhamer nel corso delle quali conobbe Bart van der Leck (1876–1958). Dal 1911 al 1912 Rietveld fu membro attivo del gruppo Kunstliefde; nel 1918 aprì un laboratorio di mobiliere a Utrecht. Poco dopo aver disegnato il prototipo non verniciato della sua famosa sedia *Rosso/Blu* (1918) conobbe **Theo van Doesburg** e **Jacobus Johannes Pieter Oud**, impegnati nello studio di forme geometriche simili. Nel 1919 Rietveld aderì a **De Stijl**, di cui fu uno dei primi membri, e progettò un buffet secondo i criteri neoplastici promossi dal movimento. Nel 1923 produsse la

▸ *Beugelstoel* per Metz & Co., 1927

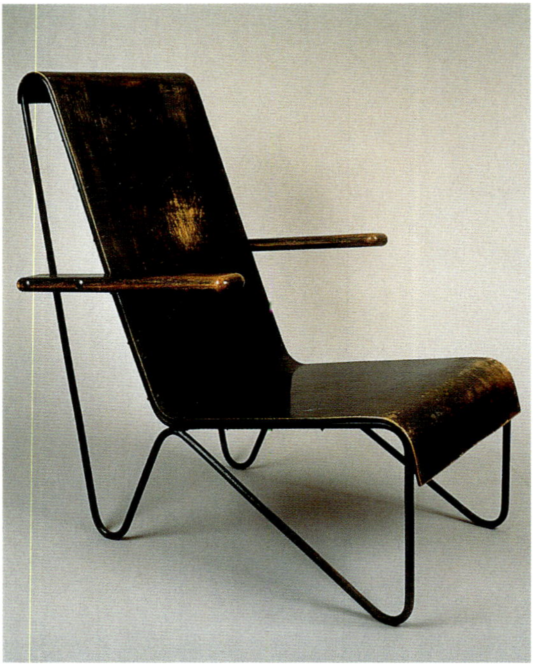

▸ Sedia *Zig-Zag* per Metz & Co., 1932–1934

sua prima versione dipinta della sedia *Rosso/Blu*, che fu presentata per la prima volta sulla rivista *De Stijl* e inclusa in una mostra del **Bauhaus** di Weimar quello stesso anno. Nel 1921, due anni dopo aver aperto uno studio di architettura a Utrecht, Rietveld cominciò a collaborare con Truus Schröder-Schräder, per la quale progettò casa Schräder (1924–1925). Qui Rietveld tenne uno studio fino al 1932 e poi vi abitò dal 1958. Insieme progettarono le case a schiera di Erasmuslaan (1934) e il Cinema Vreeburg a Utrecht (1936). Rietveld collaborò anche con il designer De Stijl **Vilmos Huszár** a un progetto per la Juryfreie Kunstschau di Berlino del 1923. In quello stesso anno opere di Rietveld furono esposte insieme ad altri design De Stijl alla Galerie l'Effort Moderne di Léonce Rosenberg a Parigi. Nel 1928 aderì al Congrès International d'Architecture Moderne (CIAM); da quel momento la sua opera acquistò una dimensione internazionale, espressa in numerosi progetti architettonici sia in Olanda che all'estero. Dal 1944 circa fu anche docente in varie università e progettò il padiglione dei Paesi Bassi per la Biennale di Venezia del 1954. Tuttavia furono i suoi mobili piuttosto che le opere di architettura a esercitare grande influenza. Il linguaggio delle forme geometriche della sedia *Rosso/Blu*, ad esempio, ispirò gli innovativi mobili in

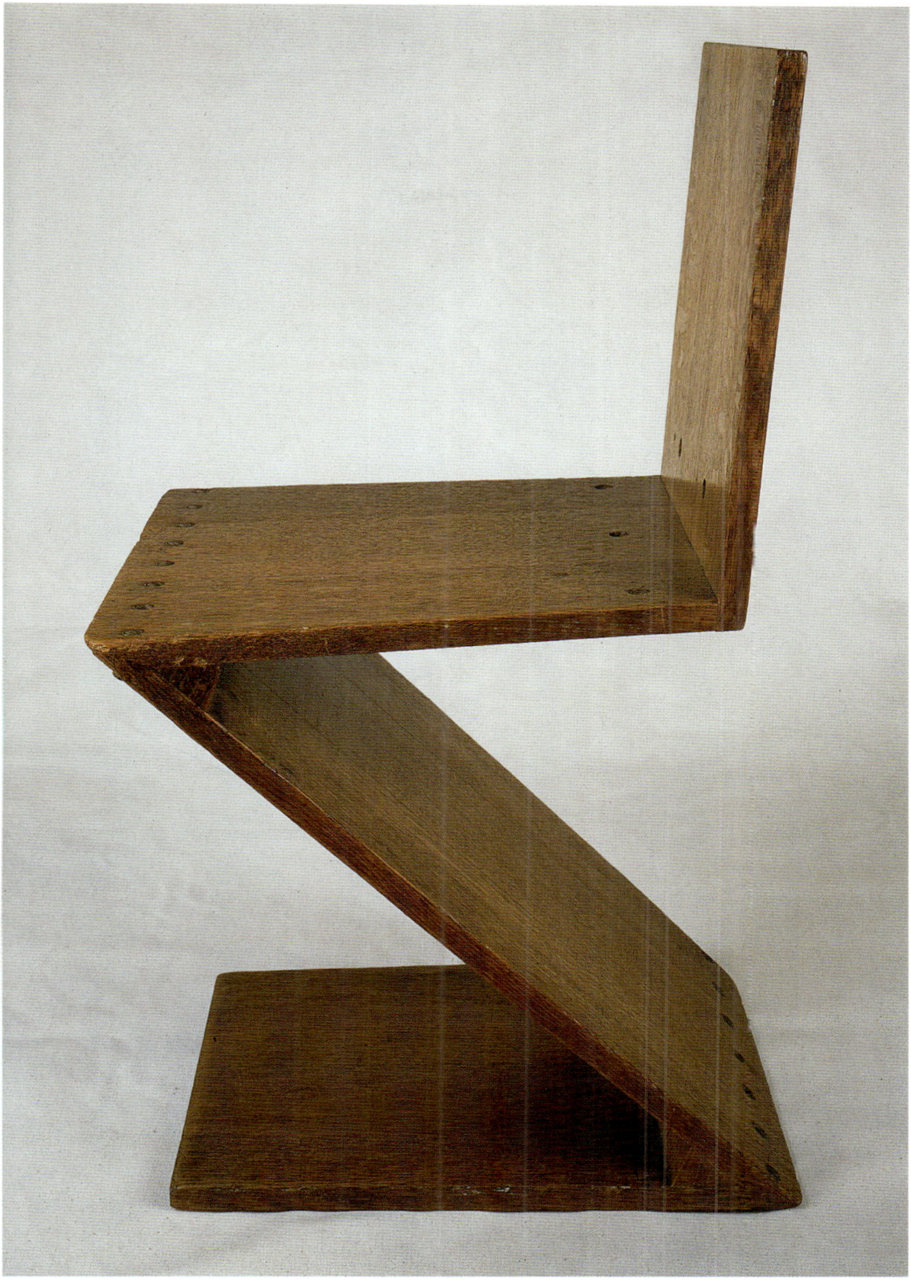

► Sedia *Crate* per Metz & Co., 1934

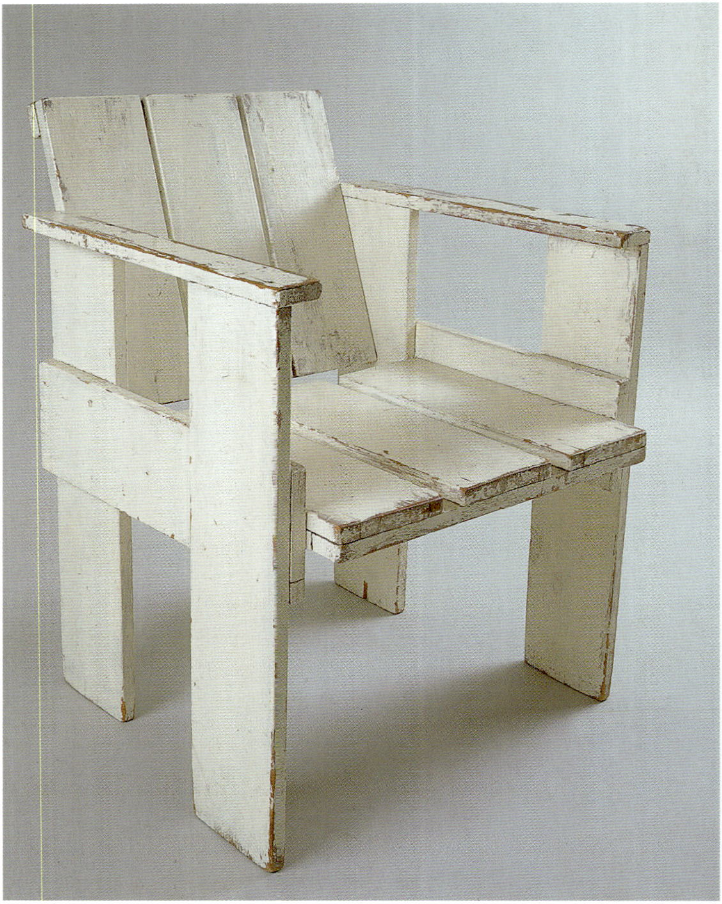

tubolare metallico di **Marcel Breuer** progettati al Bauhaus alla fine degli anni '20, i quali a loro volta influenzarono Rietveld per un breve periodo nella scelta dei materiali, come dimostra la sua *Beugelstoel* (1927). Le sedie *Zig-Zag* (1932–1934) e *Crate* (1934) rivelano il ritorno a tecniche costruttive elementari e sono interpretabili anche come una risposta alla crisi economica degli anni '30. Nel corso degli anni '40 e '50 l'opera di Rietveld fu molto apprezzata a livello internazionale. Nel 1958 realizzò una poltrona interamente imbottita per il palazzo dell'UNESCO a Parigi. Rietveld é stato uno dei più innovativi designer d'interni e di mobili del XX secolo e uno dei principali pionieri del **Modern Movement**.

Jens Risom frequentò l'università di Copenaghen e dal 1935 al 1938 seguì i corsi di arredamento e design d'interni tenuti da **Kaare Klint** alla Kunstandvaerkerskolan. Dal 1937 al 1939 lavorò anche nello studio di architettura di Ernst Kuhn a Copenaghen, dove disegnò mobili e interni. Successivamente emigrò negli Stati Uniti e dal 1939 al 1941 fu direttore del design alla Dan Cooper di New York, per la quale disegnò una linea di tessuti. Nel 1941 Risom creò la prima sedia prodotta da **Knoll**, seguita da diverse varianti anch'esse parzialmente realizzate con tessuti residuati dell'esercito, definite da Risom "essenziali, molto semplici, economiche, facili da costruire". Per Hans Knoll (1914–1955), oltre alle sedie, Risom progettò tavoli, vetrine, cassettoni e librerie e insieme collaborarono al design di diversi interni, due dei quali furono esposti alla Fiera mondiale di New York nel 1939. Tra il 1941 e il 1943 Risom lavorò come designer freelance soprattutto per **Georg Jensen**. Dal 1946 al 1973 gestì un'impresa propria a New York, la Jens Risom Design, acquistata da Dictaphone nel 1970. Nei sei anni che seguirono fu membro del consiglio di amministrazione della Rhode Island School of Design e dal 1973 diresse un nuovo studio di consulenza, la Design Control, a New Canaan nel Connecticut. I mobili semplici ma ben costruiti di Risom riflettono il moderato approccio scandinavo al Modernismo.

Jens Risom

1916 *Copenhagen*

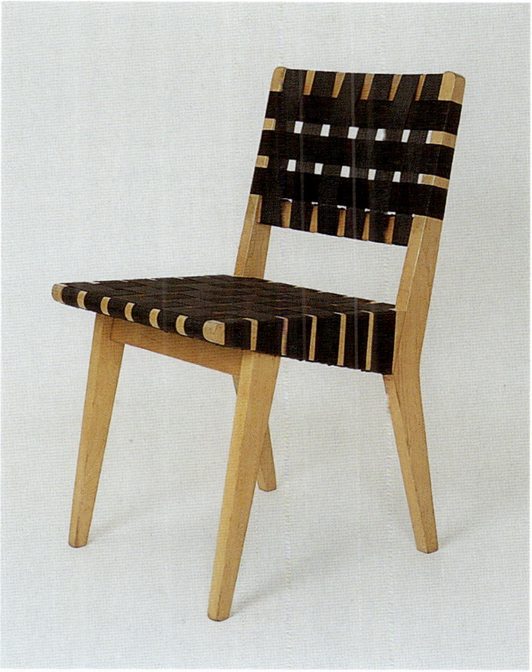

▸ Sedia *modello n. 666 WSP* per Hans G. Knoll Furniture Company (poi Knoll Associates), 1942 (ridisegnata nel 1946)

Alexander Rodchenko

1891 *San Pietroburgo*
1956 *Mosca*

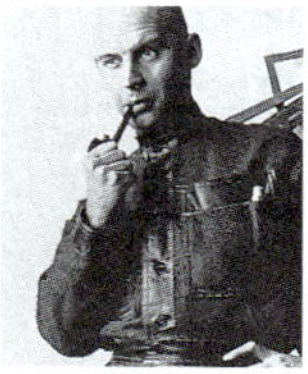

Alexander Rodchenko fu allievo di Nikolai Feshin e Georgii Medvedev alla Scuola d'arte di Kazan dal 1911 al 1914 e studiò grafica alla Scuola di arti applicate Stroganov di Mosca. Ispirato dal **Futurismo**, Rodchenko eseguì dipinti astratti e cubisti; dopo aver conosciuto **Kasimir Malevich** nel 1915 e **Vladimir Tatlin** l'anno successivo, diventò uno dei protagonisti principali del **Costruttivismo**. Convertitosi alle idee di Malevich sul Suprematismo, nel 1917 Rodchenko eseguì una serie di opere intitolate "Movimento di piani colorati proiettati l'uno sull'altro", e progettò le luci del Cafè Pittoresk a Mosca intersecando elementi di analoga dinamicità. Dal 1918 fu co-direttore della Facoltà di arti applicate di Narkompros (Commissariato popolare per l'edilizia) insieme a Olga Rozanova; insegnò inoltre alla Scuola Proletcult di Mosca dal 1918 al 1926. Nel 1920, insieme alla moglie **Varvara Stepanova** e ad Alexei Gan, Rodchenko pubblicò il *Programma del gruppo dei costruttivisti*; contemporaneamente aderì all'Ihkhuk e intraprese l'insegnamento ai **Vkhutemas** (Laboratori superiori statali tecnici e artistici) sovvenzionati dal governo sovietico. Durante gli anni '20 lavorò principalmente come grafico per i giornali *LEF* e *Novyi LEF*, producendo numerosi poster, in cui fece largo uso di fotomontaggi e sfruttò al massimo il potenziale espressivo della parte tipografica.

▾ Poster per Inga (Teatro della Rivoluzione), 1929

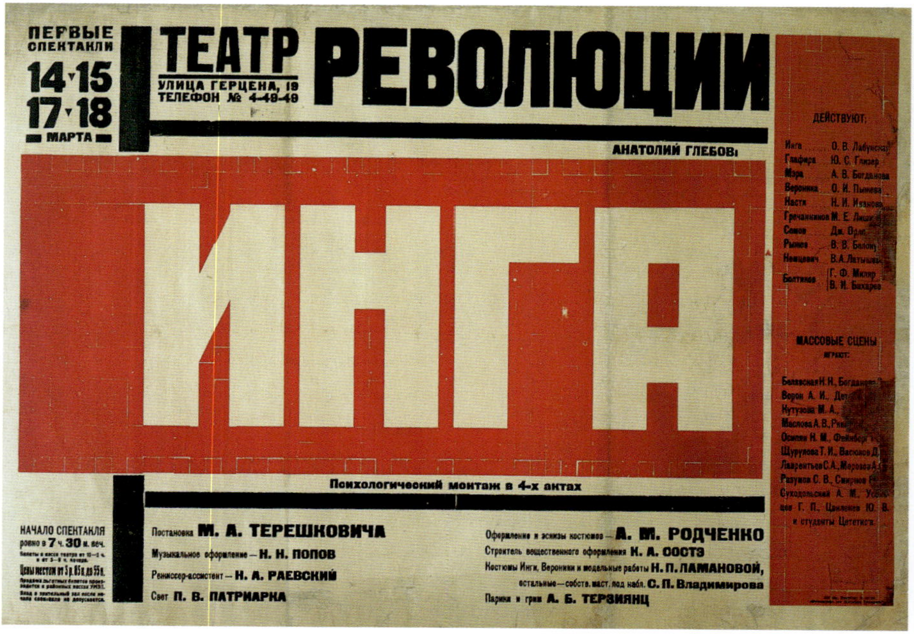

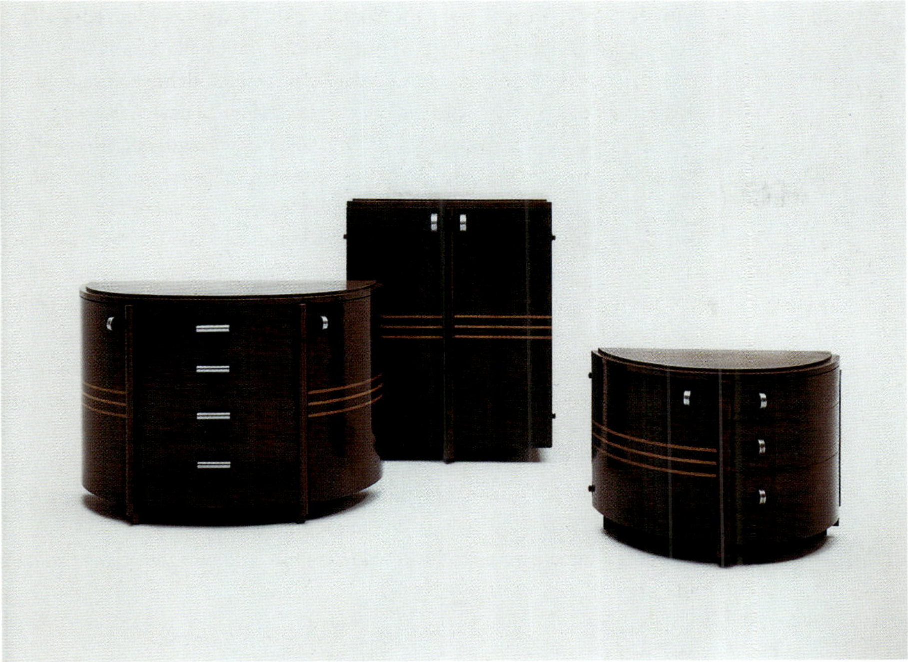

Gilbert Rohde lavorò come reporter e vignettista politico per il Bronx News fino al 1927, quando iniziò a progettare mobili. Quello stesso anno fece un viaggio a Parigi, dove restò colpito dall'opera dell'**avant-garde** francese. Nel 1929 aprì uno studio a New York e progettò mobili per Heywood-Wakefield, Thonet e altri. Nel 1930 Rohde suggerì a D. J. De Pree, proprietario della **Hermann Miller**, di produrre una linea di arredamento moderno. In seguito Rohde produsse per la compagnia design dalle forme semplici ma ben costruite, che includevano contenitori, un divano modulare e il *Living-Dining Group*, tutti all'insegna di uno stile di vita moderno. Sempre per la Herman Miller progettò l'*Executive Office Group*, comprendente 15 componenti assemblabili in 400 modi diversi. Rohde espose il suo "Design for Living House" alla mostra "Century of Progess" del 1933 a Chicago e disegnò interni per la mostra "Machine Art" del 1934 tenuta al **Museum of Modern Art di New York**. Tra il 1939 e il 1943 diresse il dipartimento di disegno industriale della Facoltà di architettura della New York University. L'approccio di Rohde al design moderno cambiò l'orientamento filosofico della Herman Miller e influenzò l'intero settore dell'arredamento in America.

Gilbert Rohde

1894 *New York*
1944 *New York*

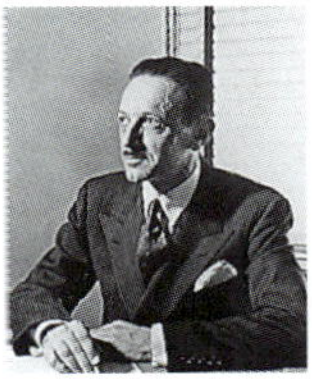

▲ Mobili componibili per Herman Miller, 1933; esposti per la prima volta nella casa di Gilbert Rohde "Design for Living" all'"International Exposition – A Century of Progress" tenuta a Chicago, 1933

▸ Fioriera in rame e rovere, 1903

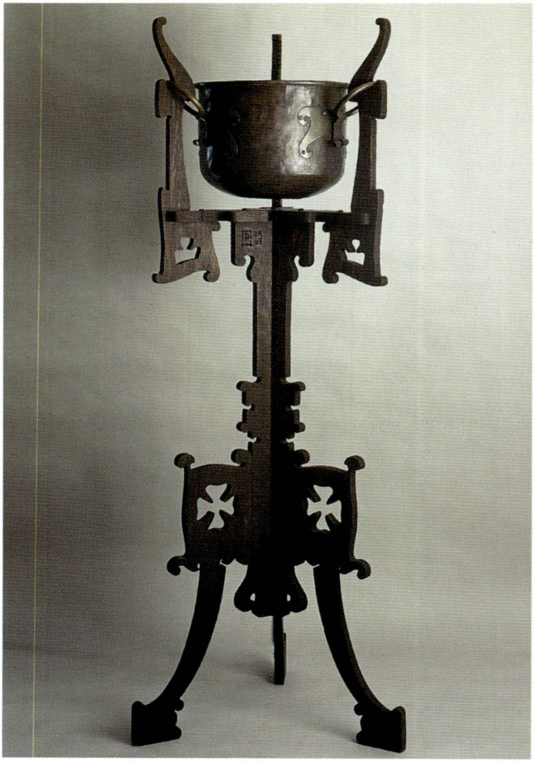

Charles Rohlfs

1853 *New York*
1936 *Buffalo, New York*

Intorno al 1890 Charles Rohlfs aprì un piccolo laboratorio per la produzione di mobili in stile Arts & Crafts. I suoi primi pezzi in rovere intagliato e traforato gli furono commissionati principalmente da amici di Buffalo, ma presto ebbe clienti anche a New York, Filadelfia, Londra, Parigi e Brema, e le sue opere furono messe in vendita ai grandi magazzini Marshall Field di Chicago. Ispirati agli stili norvegese, moresco, medievale e **Art Nouveau**, i design di Rohlfs si distinguevano dai mobili tradizionali dell'Arts & Crafts americano per le insolite proporzioni e la decorazione a intaglio; delle lavorazioni più intricate, tuttavia, si occupava George Thiele. Intorno al 1898 Rohlfs trasferì il suo laboratorio in locali più ampi a Buffalo e nel 1902 espose le sue opere all'"Esposizione internazionale d'arte decorativa moderna" a Torino. In seguito diventò membro della Royal Society of Arts di Londra e Buckingham Palace gli commissionò un set di sedie. Rohlfs insegnò nella comunità artigianale **Roycrofters** di East Aurora e diventò una delle figure più importanti dell'**Arts & Crafts** Movement americano.

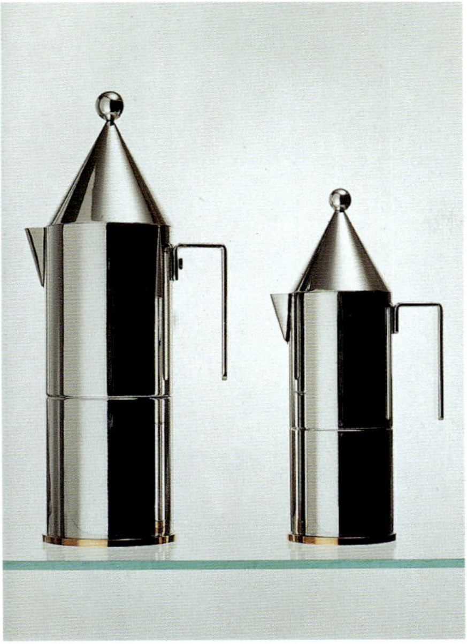

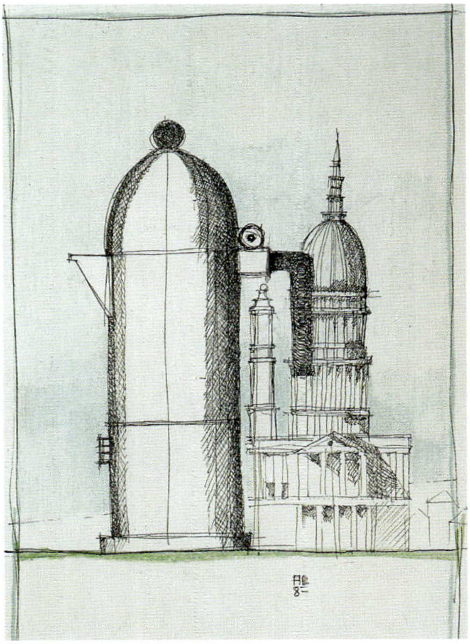

Aldo Rossi studiò architettura al Politecnico di Milano dove si laureò nel 1959. Fu assistente negli studi di Ignazio Gardella e **Marco Zanuso** e lavorò per le riviste *Il Contemporaneo* e *Casabella-Continuità*, di cui fu direttore dal 1961 al 1964. Negli anni '60 l'attività di Rossi incluse progetti per la ristrutturazione di Via Sarini a Milano e per un centro commerciale a Torino, che rivelano un approccio razionalista all'architettura. Nel 1963 fu assistente di Lodovico Quaroni alla Scuola di Urbanistica di Arezzo e di Carlo Aymonino all'Università di Venezia. Insieme a Luca Meda, nel 1964, Rossi progettò la XIII triennale di Milano e due anni dopo pubblicò *L'architettura della città*. Nel 1969 diventò docente al Politecnico di Milano e due anni dopo collaborò con Gianni Braghieri al progetto vincitore per il cimitero di San Cataldo a Modena (1971). Poi insegnò alla Eidgenössische Technische Hochschule di Zurigo per tre anni. Nel 1980, in qualità di architetto post-moderno di rilievo, Rossi fu chiamato a partecipare al progetto *Tea & Coffe Piazza* dell'**Alessi**. Successivamente continuò a dedicarsi al design, creando altri prodotti tra cui le note caffettiere *La Conica* (1984) e *La Cupola* (1989) per Alessi, oltre che tappeti per ARP Studio e mobili per Molteni, Up & Up e Unifor.

Aldo Rossi

1931 *Milano*
1997 *Milano*

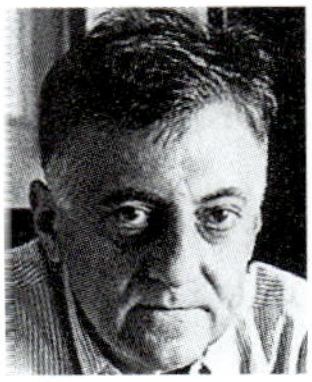

◄▲ Caffettiere *La Conica* per Alessi, 1984

▲ Progetto della caffettiera *La Cupola* per Alessi, 1989

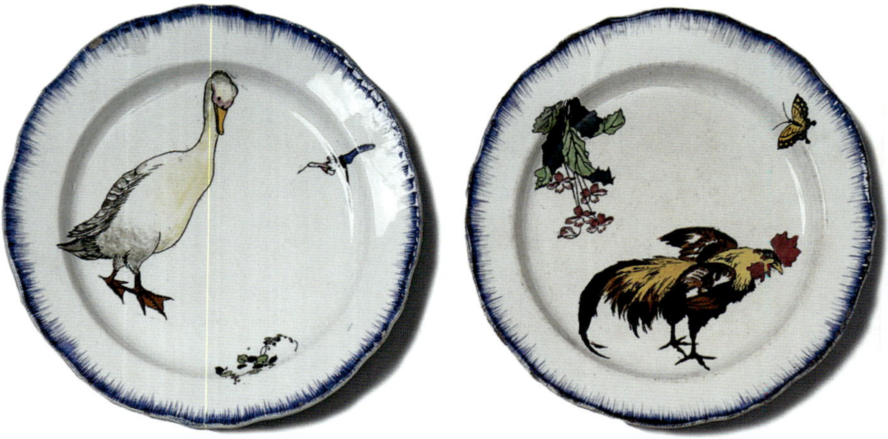

François-Eugène Rousseau

1827 *Parigi*
1891 *Parigi*

François-Eugène Rousseau ereditò un laboratorio di porcellane e ceramiche sulla Rue Coquillère a Parigi. Nel 1866 creò un servizio di piatti in ceramica su disegni di Félix Bracquemond (1833–1914), che a sua volta si era ispirato a xilografie giapponesi come quelle di Hokusai. Rousseau lavorò prima con Louis Salon e poi nel 1869 si mise in società con Ernest-Baptiste Léveillé. Nel loro negozio denominato Rousseau-Léveillé vendevano oggetti in vetro ispirati a forme e motivi decorativi dell'arte del Medio ed Estremo Oriente e altre opere simili eseguite da designer del vetro come Philippe-Joseph Brocard (in attività dal 1867 al 1890). Rousseau diventò celebre grazie alla reintroduzione del vetro stratificato e del vetro screpolato: la prima è una tecnica cinese del XVIII secolo in base alla quale il vetro opaco viene inciso per rivelare un substrato di vetro semitrasparente; la seconda è una tecnica veneziana del XVI secolo secondo la quale tra una cottura e l'altra si immerge il vetro in acqua fredda. Rousseau è stato uno dei principali esponenti dell'**Aesthetic Movement** nell'Europa continentale; le sue creazioni, decorate tra gli altri da Eugène Michel e Alphonse-Georges Reyen, risvegliarono l'interesse per gli oggetti decorativi in vetro influenzando sensibilmente il successivo stile **Art Nouveau**.

▲ Piatti Faenza, 1866 – decorazione basata su disegni di Félix Bracquemond

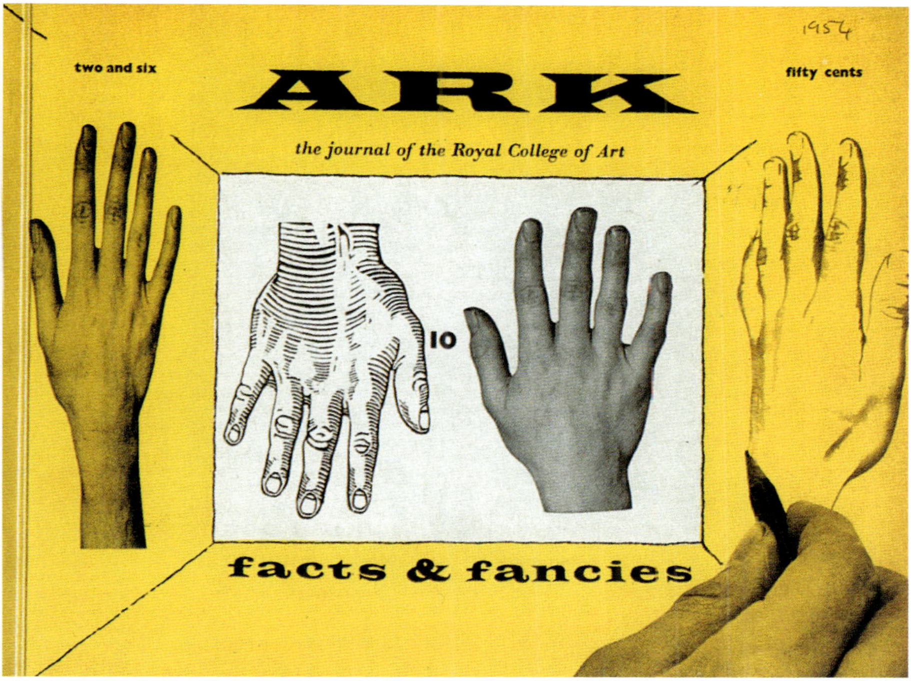

Fondato nel 1837 come Government School of Design, inizialmente il college si dedicò all'insegnamento della "grammatica della decorazione", scoraggiando il disegno dal vero. La struttura didattica ideata da Sir Henry Cole (1808–1882) s'incentrava essenzialmente sulla preparazione di decoratori per l'industria manifatturiera. Nel 1852 fu istituito un dipartimento di arte pratica, ma solo nell'ultimo decennio del secolo si dedicò particolare attenzione all'istruzione pratica. Nel 1896 il Royal College of Art adottò il nome attuale e introdusse un nuovo programma di insegnamento che prevedeva lezioni di storia, filosofia e disegno architettonico per tutti gli studenti del primo anno. Dopo questo corso preliminare, gli studenti sceglievano una di quattro aree di studio specializzate: pittura decorativa, scultura, architettura o design. Le riforme riguardanti il design germinate al Royal College negli anni 1890 successivamente approdarono al **Bauhaus** esercitando un'influenza diretta sull'evoluzione del **Modern Movement**. Fino agli anni '50, tuttavia, i programmi furono improntati più alla pratica artigianale che all'insegnamento del design. Nel 1959 furono aperti il dipartimento di ricerca sul design e la scuola di disegno industriale che conferirono una rinnovata professionalità al college, da allora all'avanguardia nel design.

Royal College of Art

Fondato nel 1837 a *Londra*

▲ **Len Deighton**, Copertina per la rivista *Ark*, numero 10, primavera 1954

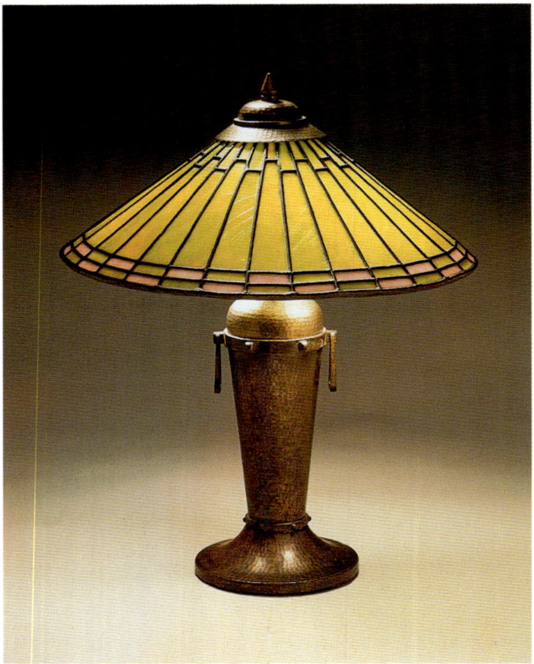

▸ Lampada da tavolo in vetro piombato e rame per Roycrofters Workshop, 1910 ca.

Roycrofters Workshop

1895–1938
East Aurora, New York

Elbert G. Hubbard (1856–1915) diventò una delle figure principali dell'**Arts & Crafts Movement** americano nonostante non fosse un designer, bensì un viaggiatore di commercio autodidatta che lavorava per la fabbrica di sapone che gestiva insieme al cognato. A un certo punto vendette la sua quota dell'azienda e intorno al 1893 si trasferì a East Aurora, vicino a Buffalo. Nel 1894 andò in Gran Bretagna dove conobbe John Ruskin (1819–1900) e **William Morris**; fu così colpito dalla Kelmscott Press di Morris che nel 1895 fondò una tipografia. La Roycroft Press era palesemente commerciale e lui fu definito dalla moglie di **Charles Ashbee**, Janet, un "anarkico con la K". Poco dopo "Fra Hubbard" aprì un laboratorio di legatoria e pelletteria a East Aurora da cui nacque la comunità artigianale Roycroft. Nel 1896 fu fondato un laboratorio per la produzione di mobili in Stile delle Missioni e souvenir per i turisti che si fermavano alla Roycroft Inn. Nel 1906 la comunità dava lavoro a oltre quattrocento persone; nel 1909 fu aperto anche uno studio per la lavorazione dei metalli. Nel 1915, in seguito al naufragio del Lusitania nel quale Hubbard e sua moglie persero la vita, il figlio Bert assunse la direzione della comunità fino alla sua chiusura nel 1938.

Jacques-Émile Ruhlmann

1879 *Parigi*
1933 *Parigi*

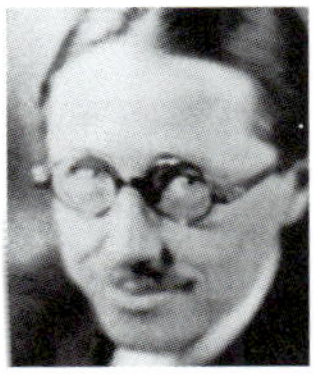

Dal 1907 Jacques-Émile Ruhlmann fu a capo della ditta di arredamento della famiglia, che ebbe tra i suoi clienti l'architetto Charles Plumet e il couturier Jacques Doucet. Nel 1911 quest'ultimo lo incoraggiò a esporre pubblicamente le sue opere e due anni dopo i lussuosi ed eleganti mobili di Ruhlmann fecero la loro comparsa al Salon d'Automne. Nel 1919 Ruhlmann fondò, insieme a Pierre Laurent, gli Établissements Ruhlmann et Laurent, per i quali realizzò tappeti, tessuti, lampade e mobili realizzati con legnami esotici, come amboina ed ebano macassar, e intarsiati in avorio o tartaruga. Queste creazioni apparvero su molte pubblicazioni, tra cui la rivista *Art et Décoration* che nel 1920 dedicò loro un articolo. Gli interni dell'Hôtel du Collectionneur di Ruhlmann, che includevano anche design di **Jean-Émile**

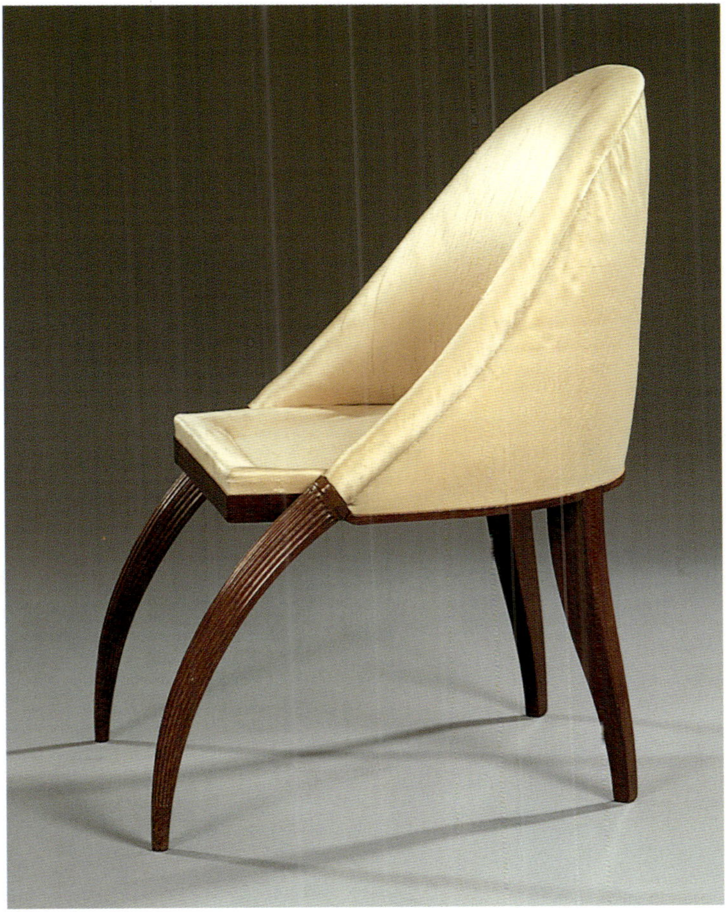

► Sedia *Défenses* per gli Établissements Ruhlmann et Laurent, 1920 ca.

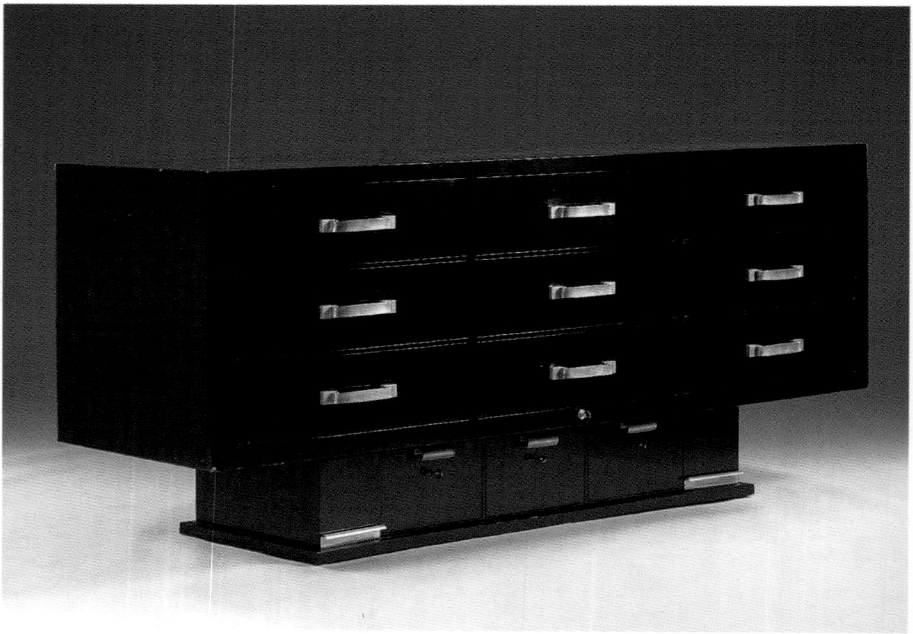

▲ Buffet tiroirs-laque per Établissements Ruhlmann et Laurent, 1930

Puiforcat, **Pierre-émile Legrain**, Edgar-William Brandt (1880–1960) e Jean Dunand (1877–1942), destarono sensazione all'"Exposition Internationale des Arts Décoratifs et Industriels Modernes" di Parigi del 1925. Nel corso degli anni '20 i mobili di Ruhlmann diventarono più monumentali; nel 1929 espose la sua elegante *Camera da letto studio per un principe ereditario* al "Salon des Artistes Décorateurs". Negli anni '30 iniziò a includere nei suoi mobili argento e metallo cromato, adottando contemporaneamente forme sempre più moderniste. Ruhlmann ricevette molte commissioni, tra cui la decorazione delle sale da tè del transatlantico *Île de France*, vari interni per il palazzo dell'Eliseo a Parigi e mobili per il palazzo del maragià di Indore. Nella sua carriera Ruhlmann realizzò mobili e interni la cui lussuosità derivava non tanto dall'impiego della decorazione, bensì dalla sua squisita maniera nel trattare i materiali. Le sue opere di alta qualità, nella tradizione dei *décorateurs* francesi, incarnano la sontuosità e l'eleganza dell'**Art Déco** francese.

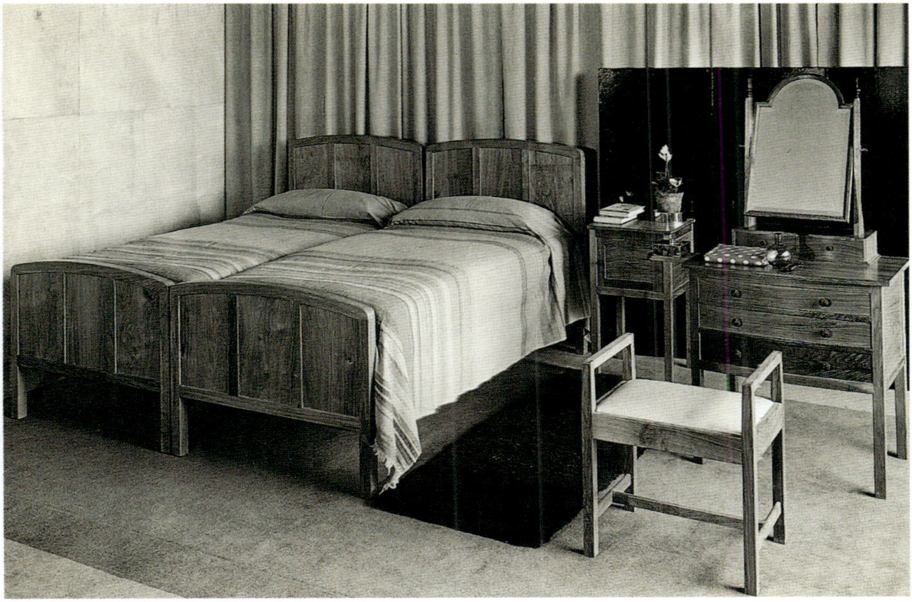

Gordon Russell trascorse l'infanzia nell'hotel del padre, il Lygon Arms, a Broadway, nei Cotswolds. L'**Arts & Crafts Movement** aveva forti legami con la regione dei Cotswolds e nel 1911 Russell iniziò a progettare oggetti e mobili per l'albergo in questo stile. Portato piu per il disegno che per la pratica artigianale, produceva disegni dettagliati per consentire ad altri di realizzare le sue opere. Questa distinzione netta tra disegno e produzione gli permise di passare naturalmente dall'artigianato alla produzione industriale.
Durante la prima guerra mondiale Russell partecipò a molte battaglie importanti, esperienze che influirono notevolmente sulla sua successiva visione politica e sociale. Nel corso degli anni '20 continuò a disegnare mobili Arts & Crafts, vincendo nel 1925 la medaglia d'oro all'"Exposition Internationale des Arts Décoratifs et Industriels Modernes" di Parigi. Negli anni '30, tuttavia, la sua opera fece da avanguardia al Modernismo inglese aprendo, nel 1935, una nuova fabbrica di mobili a Park Royal (Londra), che verso la fine degli anni '30 contava 800 operai. Nel 1941 diventò membro della commissione di design dell'**Utility** Furniture Committee e dal 1947 al 1959 diresse il Council of Industrial Design. Nel 1956 aprì un centro espositivo permanente a Haymarket, Londra. La convinzione di Russell di poter offrire un servizio alla società attraverso il design, derivante dalle origini Arts & Crafts, diventò uno dei principi fondamentali del moderno design inglese negli anni '40 e '50.

Gordon Russell

1892 *Cricklewood/ Londra*
1980 *Kingcombe/ Chipping Campden*

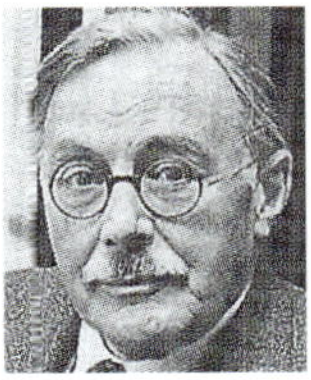

▲ Camera da letto per Russell & Sons, primi anni '20

Eero Saarinen

1910 *Kirkkonummi, Finlandia*
1961 *Ann Arbor, Michigan*

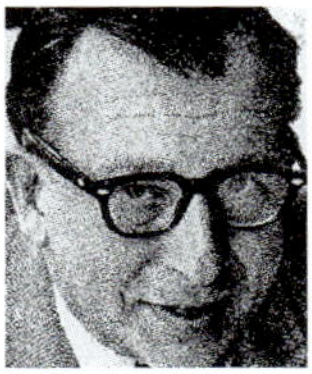

Eero Saarinen era figlio del celebre architetto finlandese **Eliel Saarinen**, primo presidente della **Cranbrook Academy of Art** di Bloomfield Hills nel Michigan. Nato in Finlandia, Eero emigrò con la famiglia negli Stati Uniti nel 1923. Inizialmente studiò scultura all'Académie de la Grande Chaumière a Parigi dal 1929 al 1930 e in seguito s'iscrisse alla Facoltà di architettura della Yale University (New Haven), dove si laureò nel 1934. Da Yale ricevette poi una borsa di studio che gli consentì di trascorrere un anno in Europa. Al ritorno prese a insegnare alla Cranbrook Academy e nel 1937 iniziò una collaborazione con **Charles Eames**, suo collega a Cranbrook, che culminò nella creazione di una serie di mobili decisamente avanzati, premiati al concorso "Organic Design in Home Furnishing" del 1940 tenutosi al **Museum of Modern Art di New York**. Tra i progetti presentati c'erano un sistema modulare molto razionale di mobili contenitori e un rivoluzionario gruppo di sedie con il piano in legno compensato, sagomato in un compound in pezzo unico che presentava una nuova concezione di contatto e sostegno continuo. Queste sedie sono state tra i design più importanti del XX secolo e hanno inaugurato un corso totalmente nuovo nel design del mobile. In seguito Saarinen progettò con grande successo mobili per **Knoll**, tra cui la sedia *n. 70 Womb* (1947–1948), la *Saarinen Collection* di sedie per ufficio (1951)

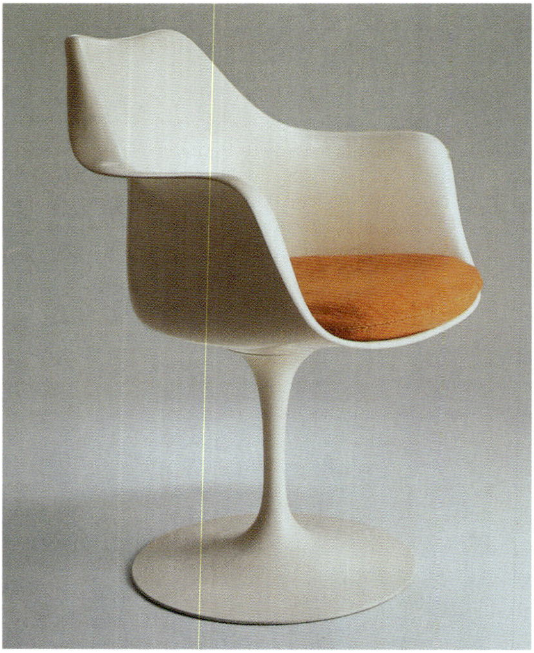

◂ Sedia *modello n. 150 Tulip* (Pedestal Group) per Knoll Associates, 1955–1956

► Terminal della Trans World Airline all'aeroporto John F. Kennedy, New York, 1956–1962

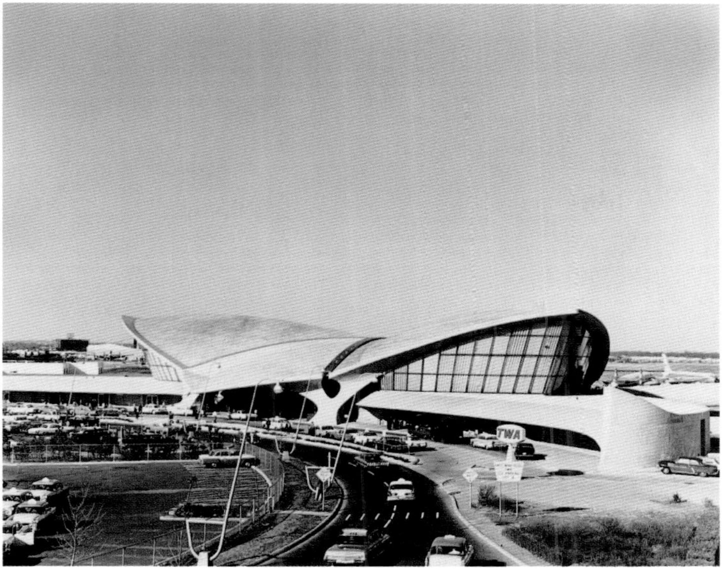

▼ Interno del terminal della Trans World Airline all'aeroporto John F. Kennedy, New York, 1956–1962

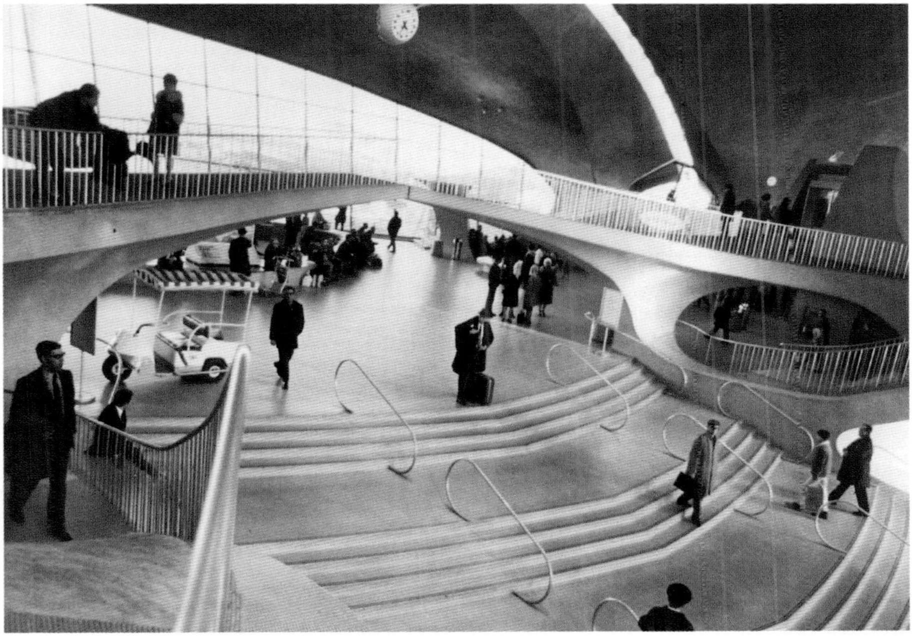

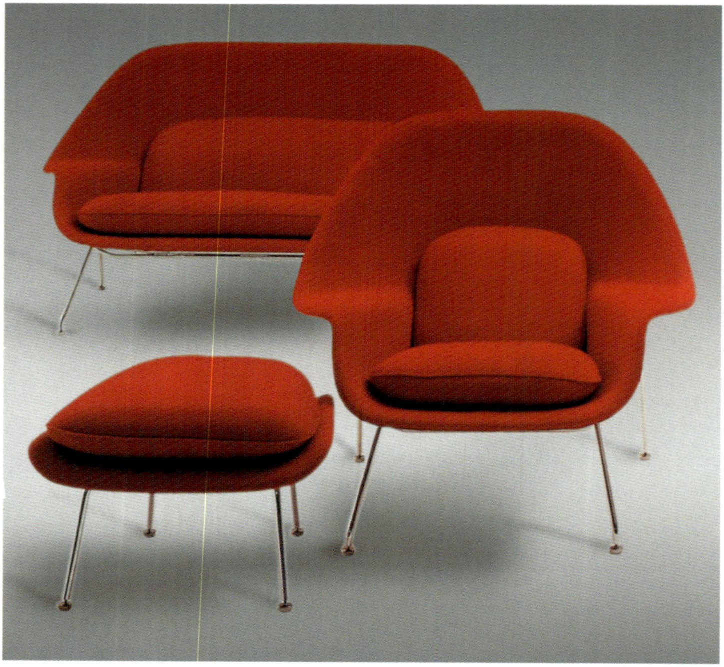

◂ La *Womb* Collection per Knoll Associates, 1947–1948

e il *Pedestal Group* di sedie e tavoli (1955–1956). Con il *Pedestal Group* l'obiettivo dichiarato di Saarinen era di ripulire "l'ammasso di gambe" presente negli ambienti domestici. Tuttavia la sua ricerca di una totale unità organica funzionale, strutturale e materiale del design restò irrealizzata a causa dei limiti imposti dalla tecnologia dei materiali. Saarinen lavorò anche nello studio del padre a Ann Arbor e si mise in società con J. Robert Swanson nel 1941. Nel 1950, dopo la morte di Eliel Saarinen, aprì lo studio Eero Saarinen & Associates a Birmingham nel Michigan. L'opera di Saarinen architetto, analogamente a quella di designer, è caratterizzata dall'uso di forme organiche scultoree ed espressive. Ai progetti più interessanti appartengono il Jefferson National Expansion Memorial di St Louis (1947), la pista di hockey su ghiaccio David S. Ingalls della Yale University (1953–1959), lo straordinario terminal della TWA all'aeroporto Kennedy di New York (1956–1962), considerato il suo capolavoro, e il Dulles International Airport di Washington D. C. (1958–1963). Come Charles Eames, Eero Saarinen promosse una forma di Modernismo a misura d'uomo che lo rese uno dei più importanti pionieri dell'**Organic Design**.

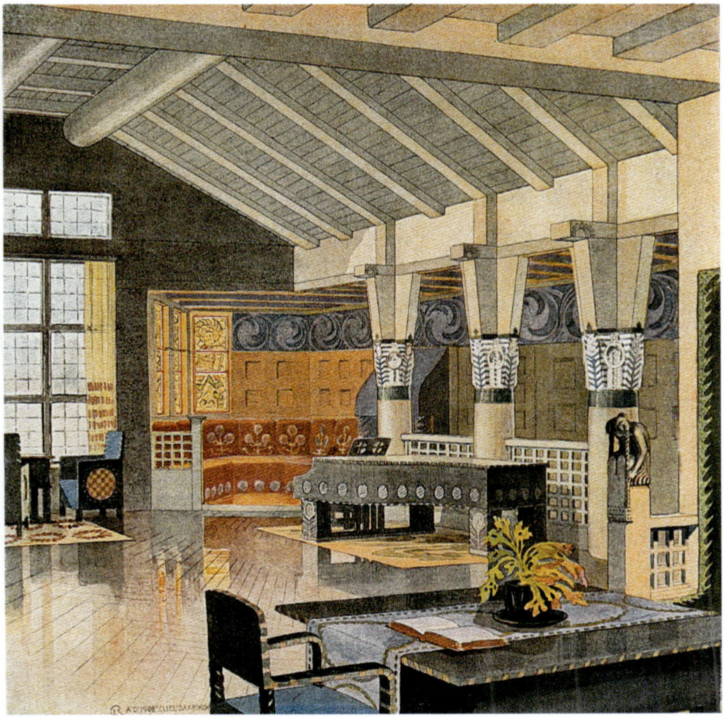

◂ **Eliel Saarinen, Herman Gesellius & Armas Lindgren**, progetto per una casa di campagna a Kirkkonummi, 1902

Eliel Saarinen

1873 Rantasalmi, Finlandia
1950 Bloomfield Hills, Michigan

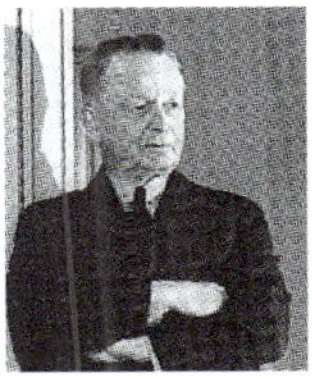

Gottlieb Eliel Saarinen studiò belle arti all'università di Helsinki e architettura al Politecnico di Helsinki, conseguendo la laurea nel 1897. Il suo stile architettonico fu influenzato dalla **Scuola di Glasgow** e dalla **Secessione** viennese, come rivela l'ardita concentrazione di elementi nel progetto per la stazione di Helsinki (1904). Esponente di primo piano del movimento romantico finlandese, nel 1912 entrò nel **Deutscher Werkbund**. Dopo aver vinto il secondo premio nel concorso del 1922 per il grattacielo dello Chicago Tribune, emigrò con la moglie Loja negli Stati Uniti. Inizialmente risiedette a Evanston, Illinois, poi si stabilì a Ann Arbor dove diventò visiting professor di architettura all'università del Michigan. Nel 1923 Saarinen conobbe il ricco magnate della stampa e filantropo George C. Booth, che gli chiese di occuparsi della fondazione della Cranbrook Educational Community. Due anni dopo Saarinen si trasferì a Bloomfield Hills e nel 1932 fu fondata ufficialmente la **Cranbrook Academy of Art**, con Saarinen come primo presidente. Sotto la sua direzione l'accademia diventò il più importante istituto di design d'America, da cui uscirono molti dei più dotati designer del paese.

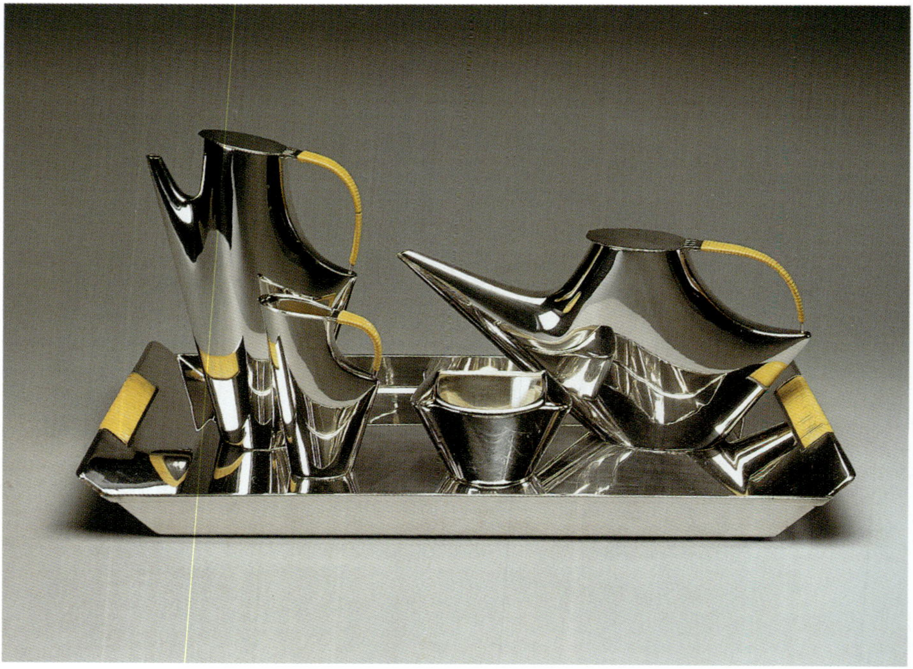

Lino Sabattini

1925 *Correggio (Reggio Emilia)*

La carriera di Lino Sabattini iniziò in un negozio di articoli in ottone dove conobbe il ceramista Rolando Hettner, dalle cui opere restò affascinato. Iniziò a leggere avidamente l'autorevole rivista *Domus*, affacciandosi così nel mondo del design. Fra le sue prime creazioni vi fu una teiera prodotta dall'industriale tedesco W. Wolf. Nel 1955 aprì uno studio per la lavorazione dei metalli a Milano e conobbe l'architetto e designer **Gio Ponti**, direttore di *Domus*. Nel 1956 Ponti presentò le creazioni in metallo di Sabattini sulla rivista e organizzò una mostra delle sue opere a Parigi. Tra il 1956 e il 1963 Sabattini lavorò anche come design director presso Christofle Orfèvrerie a Parigi, dove produsse numerosi articoli in metallo caratterizzati da eleganti forme astratte, fra cui il servizio da tè e da caffè *Como* (1957). Contemporaneamente creò oggetti in metallo, vetri e ceramiche per Rosenthal, Nava e Zani & Zani. Nel 1964 aprì a Bregnano uno studio e un piccolo laboratorio, l'Argenteria Sabattini, dove produsse i suoi pezzi in edizione limitata.

▲ Servizio da tè e da caffè *Como* per Christofle Orfèvrerie, 1957

Tra le creazioni sue più interessanti sono da ricordare la salsiera *Estro* (1977), la linea di posate in acciaio inossidabile *Instrumenta* (1978), i servizi da portata in argento *Pale* (1973), le posate in titanio *Insect Legs* (1986) e il

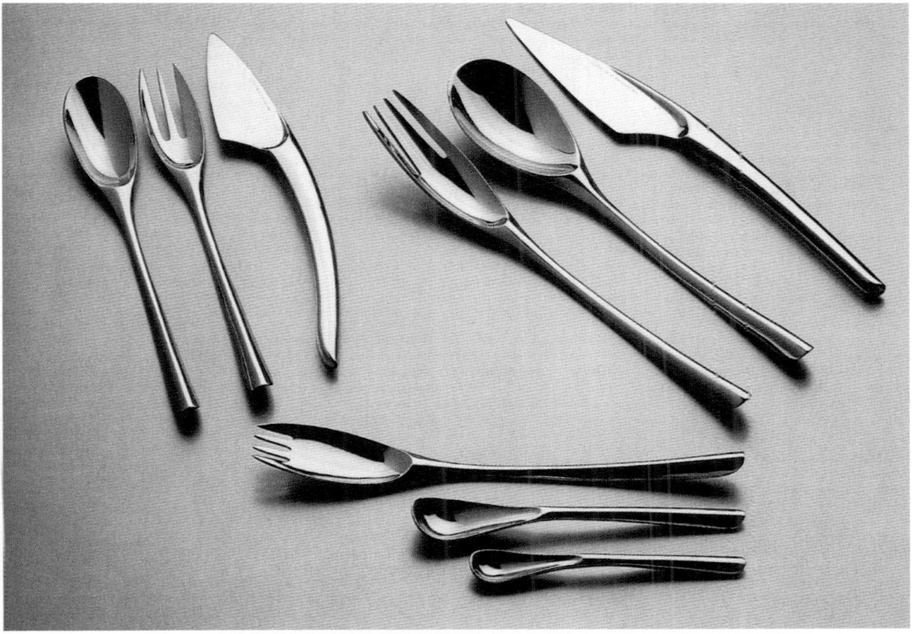

vaso placcato argento *Connato*. Membro dell'ADI (Associazione per il Disegno Industriale), Sabattini espose regolarmente le sue creazioni alla Triennale di Milano; vinse numerosi premi, tra cui una medaglia d'oro alla "Mostra Internazionale dell'Arredamento" di Monza del 1971 e un **Compasso d'Oro** nel 1979 per il secchiello da ghiaccio placcato argento *Eskimo* (1978). Gli innovativi design di Sabattini, che vedono sapientemente fusi artigianato tradizionale e forma moderna, sono di qualità superlativa.

▲ Posate in acciaio inossidabile *Instrumenta* per Sabattini Argenteria, 1978

Richard Sapper

1932 *Monaco*

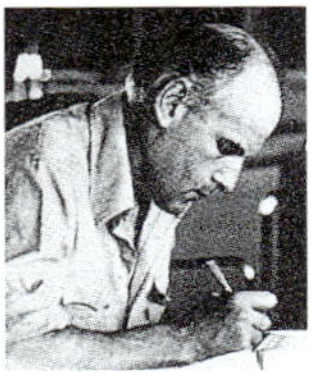

Richard Sapper studiò ingegneria meccanica ed economia all'Università di Monaco dal 1952 al 1954. Dal 1956 al 1957 lavorò nella sezione styling della Mercedes Benz a Stoccarda, poi si trasferì in Italia presso lo studio milanese di Alberto Rosselli (1921–1976) e **Gio Ponti**, dove rimase fino al 1959. Quell'anno disegnò per Lorenz l'orologio da tavolo *Static*, che gli valse il **Compasso d'Oro**, ed entrò nello staff interno di design dei grandi magazzini La Rinascente, dove restò per due anni lavorando contemporaneamente anche per **Marco Zanuso**.

Nel 1970 Sapper aprì uno studio di design a Stoccarda, prestando la propria consulenza a Fiat, Pirelli e altri. Continuò a collaborare con Zanuso fino al 1975; insieme realizzarono numerose creazioni destinate a diventare pietre miliari nel design: la sedia *Lambda* per Gavina (1963), la sedia per bambini impilabile in polietilene iniettato *n. 4999/5* per **Kartell** (1961–1964), il televisore *Doney 14* (1962), la radio *TS 502* (1965), i televisori portatili *Algol* e *Black Box* per Brionvega (1965 e 1969) e il telefono *Grillo* per Siemens (1965).

Nel 1972 Sapper realizzò il design della lampada *Tizio* per Artemide che, grazie allo stile decisamente **High-Tech,** divenne un oggetto di culto negli anni '80. Lo stesso anno, insieme a **Gae Aulenti**, fondò il Gruppo di studio sui sistemi di trasporto urbano; le loro ricerche culminarono in una mostra tenuta alla XVIII edizione della Triennale di Milano nel 1979. Nel 1980 Sapper

▸ *Bollitore* per Alessi, 1983

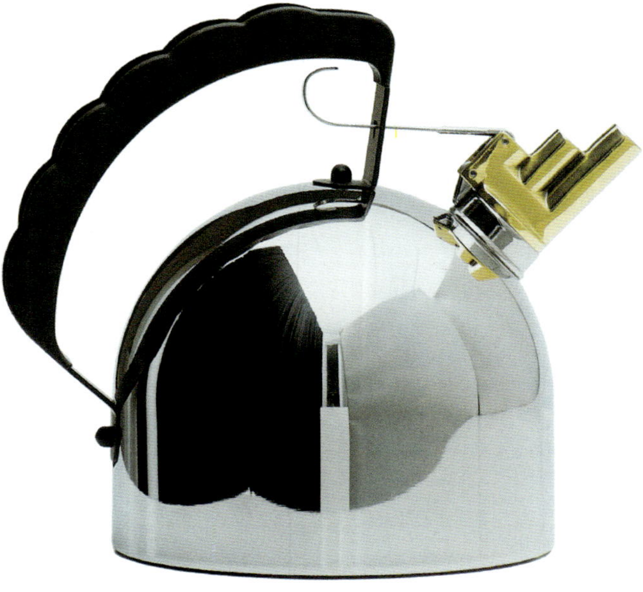

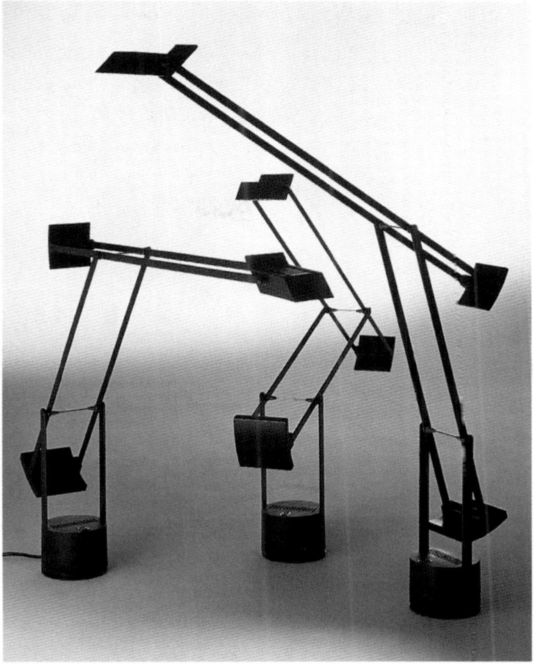

◂ Lampade *Tizio* per Artemide, 1972

diventò consulente dell'IBM. Nel corso degli anni '80 combinò High-Tech e **Post-Modernismo**, creando originali design per **Alessi** quali la *Cafetière* (1979), il *Bollitore* (1983) e l'orologio *Uri Uri* (1988). Sapper ha realizzato anche mobili per **Knoll**, Unifor, Molteni e Castelli e dal 1981 è membro dell'ADI (Associazione per il Disegno Industriale).

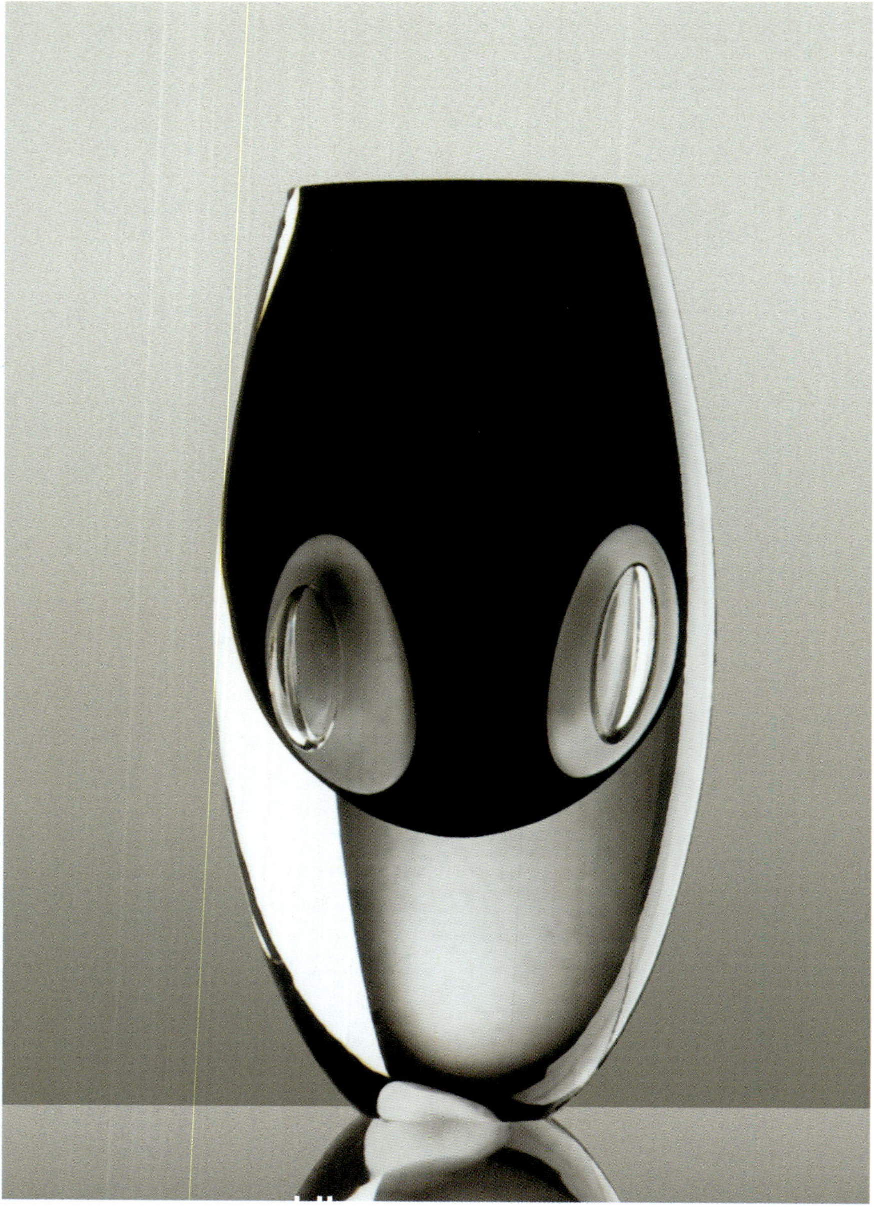

Timo Sarpaneva

1926 *Helsinki*

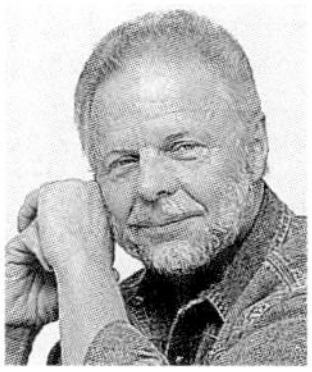

Timo Sarpaneva studiò alla facoltà di grafica della Taideteollinen Korkeakoulu (Scuola centrale di arti applicate) di Helsinki dal 1941 al 1948 e due anni dopo diventò product designer e responsabile della sezione mostre per la vetreria Karhula-Iittala. Una delle prime innovazioni tecniche da lui introdotte alla Iittala fu un metodo di soffiatura a vapore che impiegò per realizzare i suoi primi vasi scultorei, tra cui *Kajakki* (1953), *Maailmankaunein* (1954) e *Linnunsilmä* (1953), e i piatti in vetro sottile delicatamente colorato denominati *Aquarelles*. Intorno alla metà degli anni '50 Sarpaneva lanciò la linea *I-Glass*, che cercava di colmare il divario tra il costoso vetro artistico e gli articoli in vetro di uso quotidiano; la linea, di produzione industriale, si componeva di diciassette articoli, disponibili in diversi colori tra cui lilla-grigio, grigio-azzurro, grigio fumo e grigio-verde, che si potevano combinare per ottenere effetti diversi. Elaborò anche altre tecniche per le linee *Ambiente* (1964), *Arcipelago* (1978) e *Claritas* (1984). Molte delle creazioni di Sarpaneva, come i vasi *Claritas* (1984) per Iittala e la pentola in ghisa con manico di legno per Rosenlew (1960), impiegano forme chiuse "tondo-quadrate" ispirate ai ciottoli levigati del culto tantrico indiano; altri oggetti, come le grandi sculture in vetro *Lasiaika*, presentano forme più aperte ed espressive. Dalla metà degli anni '50 Sarpaneva insegnò all'Università di arti applicate di Helsinki. Ricevette un Gran Prix alle edizioni del 1951 e del 1957 della Triennale di Milano; nel 1963 venne nominato Honorary Royal Designer for Industry a Londra e nel 1967 il **Royal College of Art di Londra** gli conferì la laurea ad honorem. Oltre agli squisiti vetri, Sarpaneva ha creato ceramiche, oggetti in metallo, tessuti, libri e set teatrali.

◄ Vaso *Claritas* per Iittala, 1984

▾ Vaso *Orkidea* per Iittala, 1953

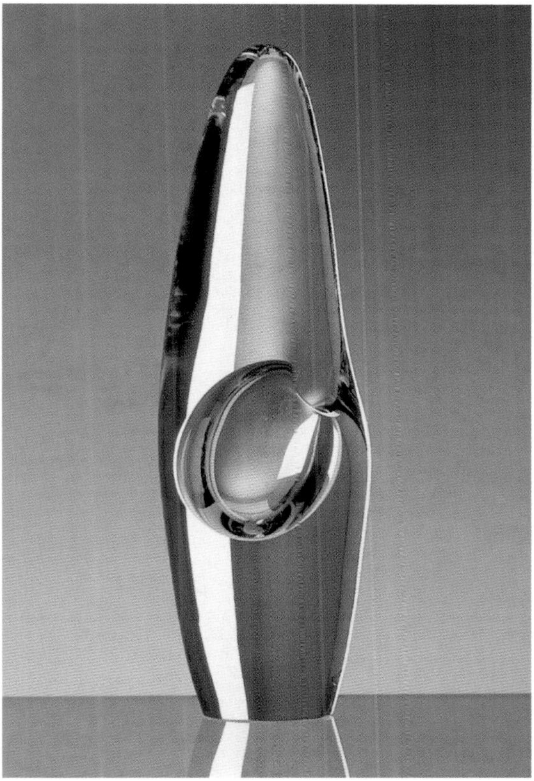

Raymond Savignac

1907 *Parigi*

Dal 1922 Raymond Savignac lavorò come ricalcatore e bozzettista per la Compagnie des Transports Parisiens. Assunto nel 1924 dall'agenzia pubblicitaria Lortac come creativo, lavorò come assistente di **A. M. Cassandre**. Negli anni '30 iniziò a dipingere poster alla maniera di Cassandre; tuttavia le sue creazioni erano meno pittoriche, eseguite in uno stile più vicino alla vignetta. Contrario all'uso moderno di giustapporre elementi grafici diversi, Savignac coniò un suo motto: "un'unica immagine per un'unica idea". I suoi poster catturano l'attenzione dell'osservatore grazie al contenuto spiritoso, spesso ispirato alle comiche di Charlie Chaplin e Buster Keaton, e agli elementi surreali che lui definì "scandali visivi". La forza delle sue immagini rende pressoché superfluo il testo per illustrare l'articolo pubblicizzato. Il poster per *Monsavon* del 1949 lo collocò tra i principali *affichistes* francesi. Successivamente disegnò poster per Bic, Perrier, Verigoud, Frigéco, Maggi e Citroën, oltre che per imprese pubbliche francesi quali Air France, SNCF e RATP. Nel 1964 Savignac vinse il premio Martini con il poster pubblicitario dell'aspirina *Vite Aspro* e nel 1969 disegnò set e costumi per "L'Avaro" rappresentato alla Comédie-Française. Ha pubblicato due libri dedicati alla propria opera: un'autobiografia nel 1975 e *Savignac de A à Z* nel 1987. Lo stile grafico di Savignac, tipicamente francese, si distingue per l'umorismo diretto delle sue immagini surreali, universalmente decifrabile.

▼ Poster per il sapone Monsavon, 1948

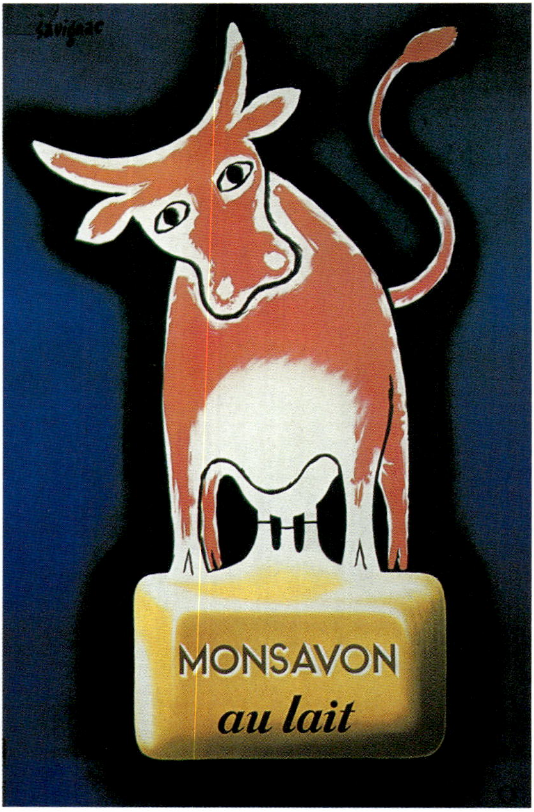

► Poster per Air France, 1956

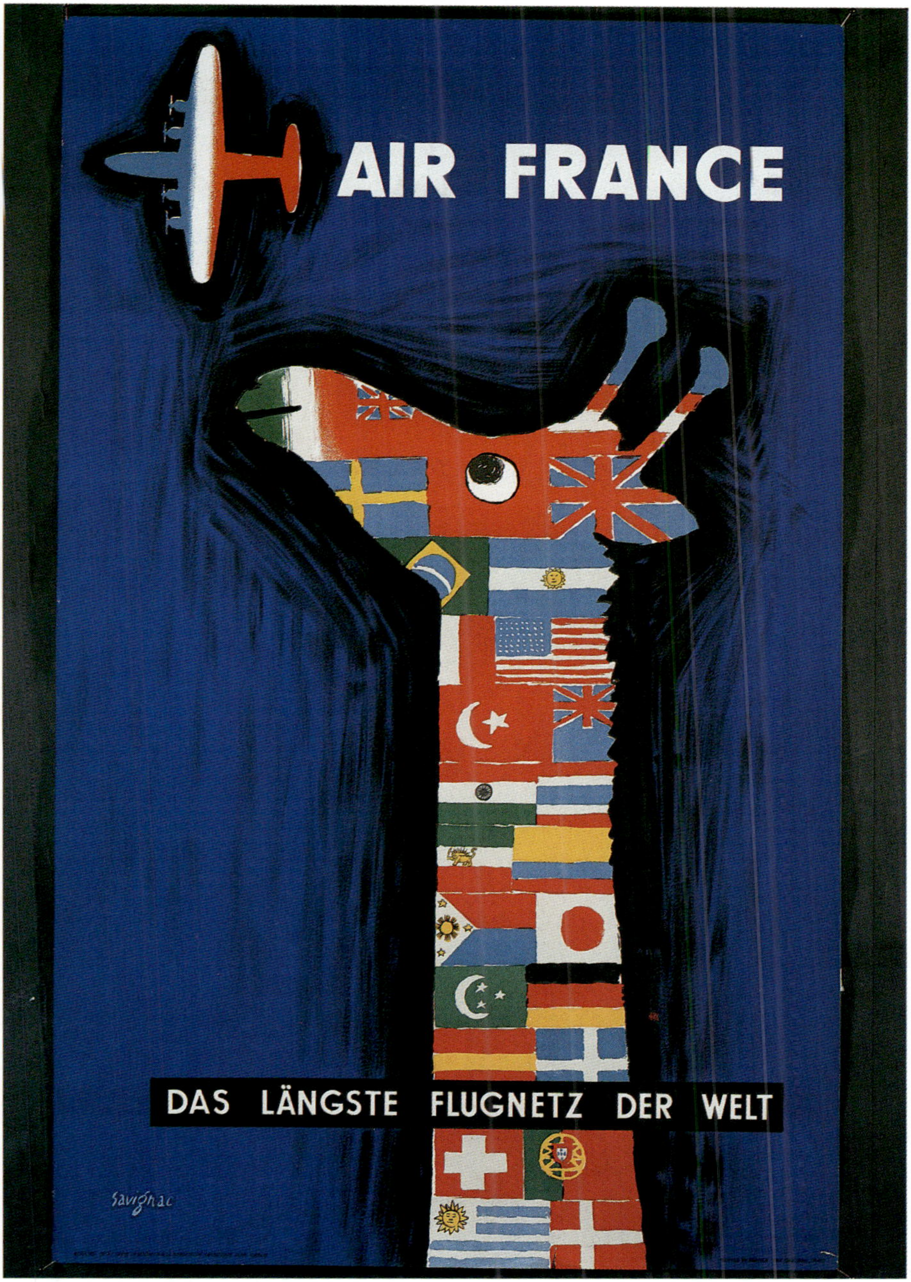
AIR FRANCE
DAS LÄNGSTE FLUGNETZ DER WELT
Savignac

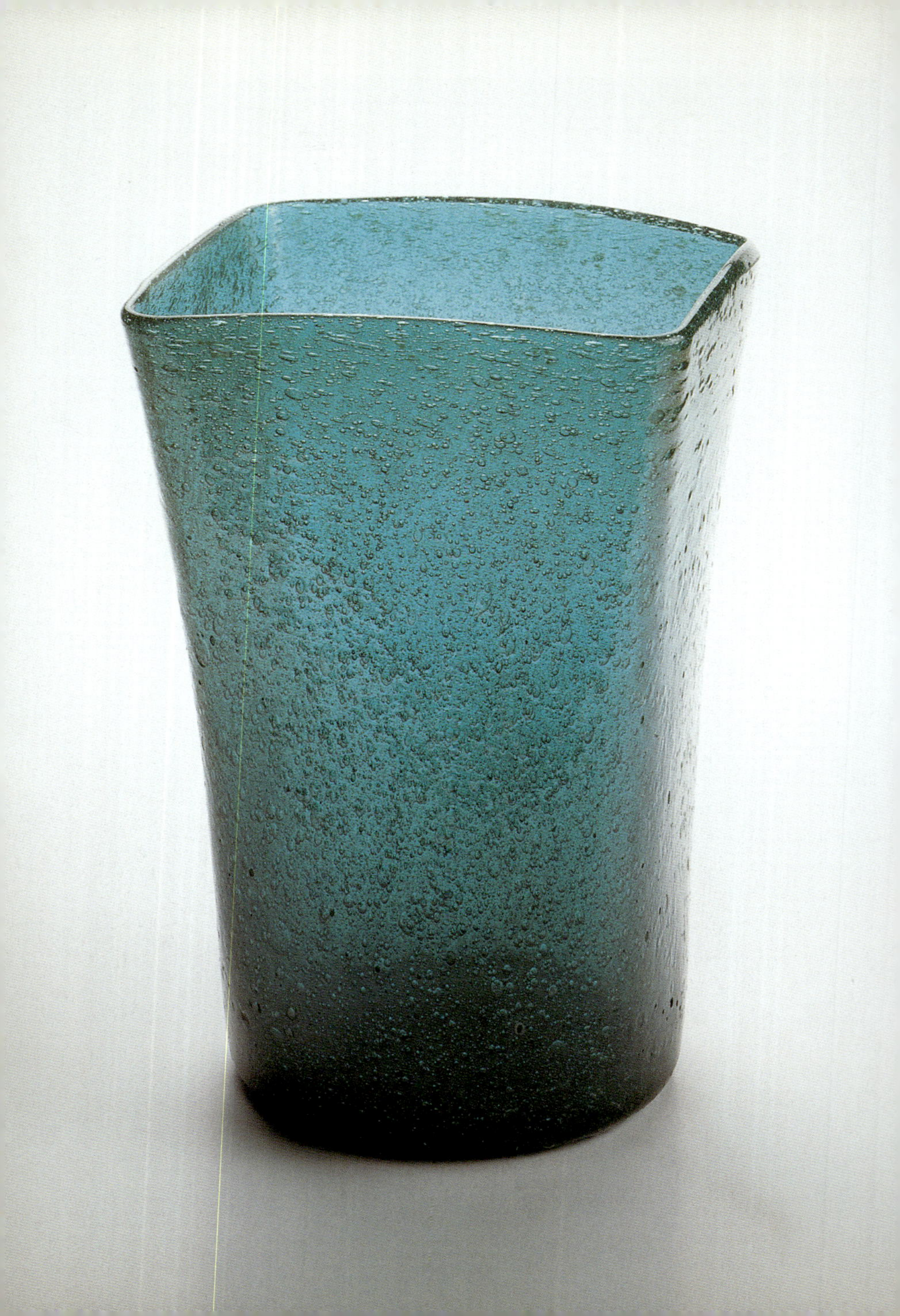

◂ Vaso *modello n. 3901* per Venini & C., 1938

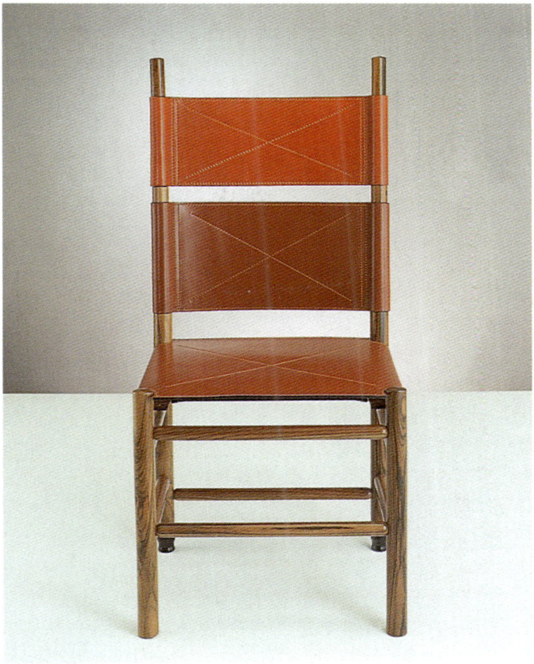

◂ Sedia *modello n. 783* per Bernini, 1977

Carlo Scarpa

1906 *Venezia*
1978 *Sendai, Giappone*

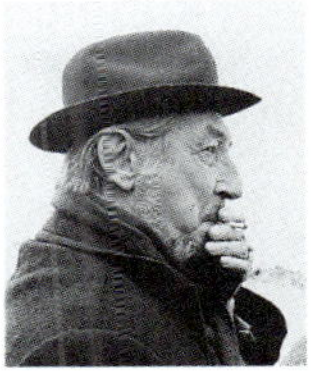

Carlo Scarpa studiò architettura all'Accademia di Belle Arti di Venezia; si laureò nel 1926 e un anno dopo aprì uno studio a Venezia. La sua opera architettonica fu influenzata dall'architettura veneziana (una commistione di stile gotico e bizantino), dalla **Secessione** viennese, da **De Stijl** e da **Frank Lloyd Wright**. Scarpa si dedicò soprattutto al restauro e alla ristrutturazione di edifici antichi, curando anche la progettazione di numerose mostre e interni, tra cui quelli di casa Ferruccio Asta a Venezia (1931). Magistrali le sue ristrutturazioni di musei, in cui ha saputo combinare elementi antichi e caratteri moderni, dosando sapientemente la luce naturale nel delineare gli spazi interni, come si può osservare all'Accademia di Venezia (1952), alla Galleria Nazionale della Sicilia presso Palazzo Abatellis a Palermo (1953–1954) e al museo Castelvecchio di Verona (1956–1964). In collaborazione con G. D'Agaro e C. Maschietto, Scarpa progettò la showroom della **Olivetti** a Venezia (1957–1958), conciliando analogamente antico e nuovo. Progettò anche mobili per Gavina e fu consulente di design per le vetrerie di Murano M. V .M. Cappellin & C. dal 1926 al 1930 e per Venini & C. dal 1932 al 1947.

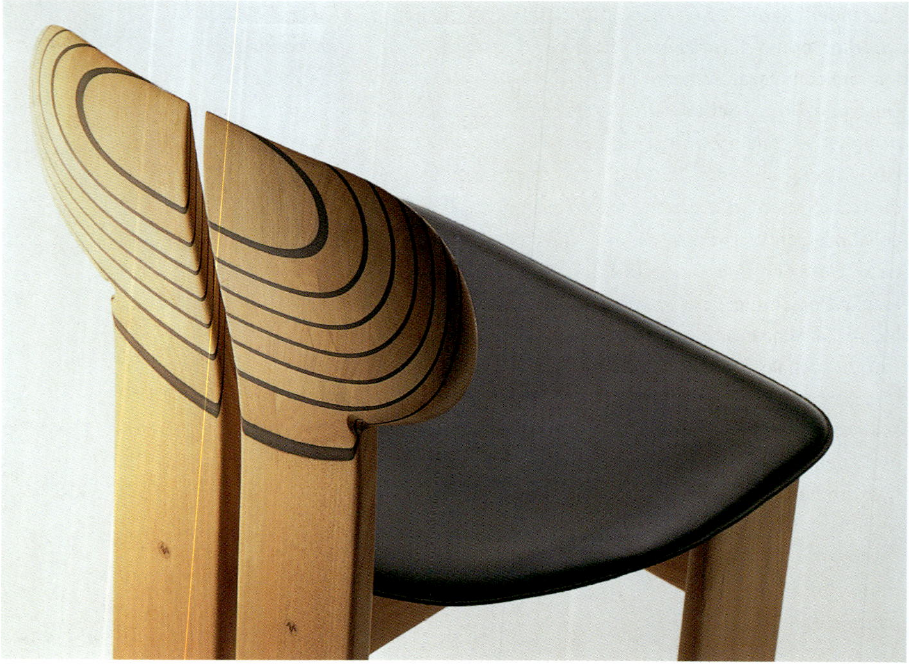

Tobia & Afra Scarpa

Tobia Scarpa
1935 *Venezia*

Afra Scarpa
1937 *Montebelluna (Treviso)*

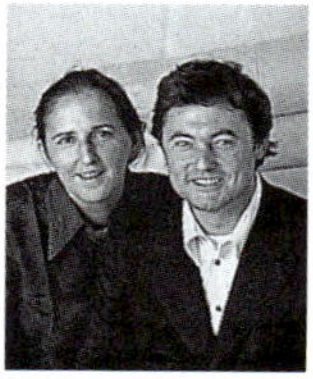

Tobia Scarpa, figlio dell'architetto **Carlo Scarpa**, e Afra Bianchin studiarono entrambi all'Istituto universitario di architettura di Venezia. Dopo il matrimonio, dal 1957 al 1961 Tobia lavorò come designer per la vetreria di Murano Venini & C. collaborando periodicamente con Afra. Nel 1960 gli Scarpa iniziarono a progettare mobili per Gavina, tra cui la poltrona e il divano *Bastiano* (1961) e il letto *Vanessa* (1962). I loro mobili, come la sedia *925* (1965), sono il prodotto di una profonda conoscenza dei materiali e della tradizione artigiana italiana, ereditata da Carlo Scarpa. Nel 1960 Tobia e Afra aprirono uno studio nella città natale di quest'ultima, Montebelluna, creando mobili per B&B Italia, **Knoll**, Stildomus, Company of the Philippines, Maxalto e Molteni & C., lampade per Flos e posateria per San Lorenzo. Nel 1962 elaborarono un programma di **corporate identity** per Benetton e nel 1964 progettarono uno stabilimento per l'azienda. In seguito realizzarono gli interni della showroom Cassina a Meda (1966 ca.), la fabbrica di B&B Italia a Novedrate (1967) e Villa Benetton vicino a Treviso (1966), tutti caratterizzati da una nota di sobrietà e da un uso molto dettagliato degli spazi. Negli anni '80 gli Scarpa si dedicarono al restauro di alcune piazze venete ed emiliane.

▲ Sedia *Africa* per B&B Italia, 1975

Xanti Schawinsky

1904 *Basilea*
1979 *Locarno, Svizzera*

Alexander "Xanti" Schawinsky studiò pittura e architettura a Zurigo, Colonia e Berlino prima di iscriversi al **Bauhaus** di Weimar, dove lavorò nella sezione teatrale con Oskar Schlemmer (1888–1943). Quando la scuola fu trasferita a Dessau nel 1925, Schawinsky la seguì. L'anno seguente fu ingaggiato come designer teatrale a Zwickau, dopodiché si trasferì a Magdeburgo dove svolse l'attività di grafico dal 1929 al 1931. Nel 1933 Schawinsky si stabilì a Milano, dove creò opere grafiche con fotomontaggi per **Olivetti** e Motta. Nel 1936 collaborò con Luigi Figini e Gino Pollini alla progettazione della macchina da scrivere portatile *Studio 42* di Olivetti. Nello stesso anno, su invito di **Josef Albers**, emigrò in America, dove insegnò al Black Mountain College nel North Carolina e progettò gli interni per il padiglione della Pennsylvania alla Fiera mondiale di New York del 1939. Dal 1950 Schawinsky si dedicò alla pittura aprendo uno studio sul lago Maggiore; da allora fino al 1979, anno della sua morte, si divise tra l'Italia e New York. Gli audaci fotomontaggi pubblicitari di Schawinsky, data l'eloquenza delle immagini, sono raramente accompagnati da testi.

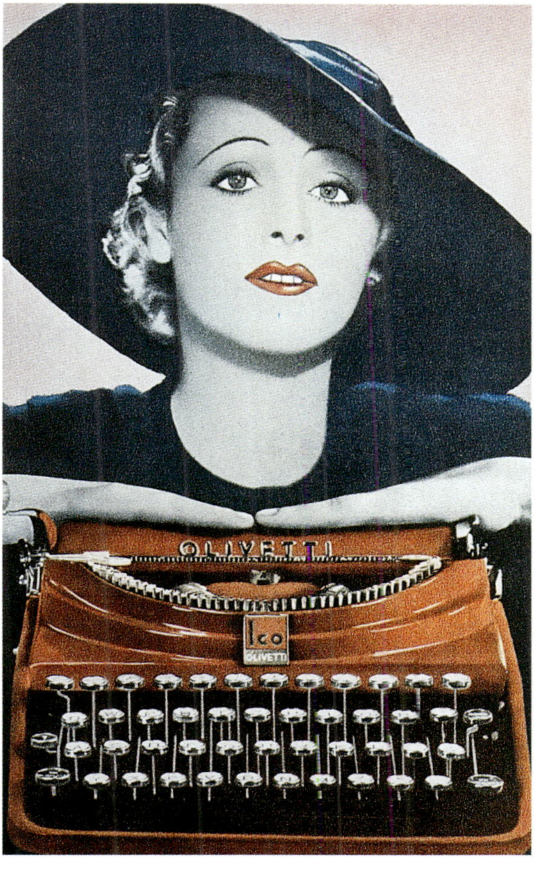

▸ Poster pubblicitario della macchina da scrivere *MP1* per Olivetti, 1935

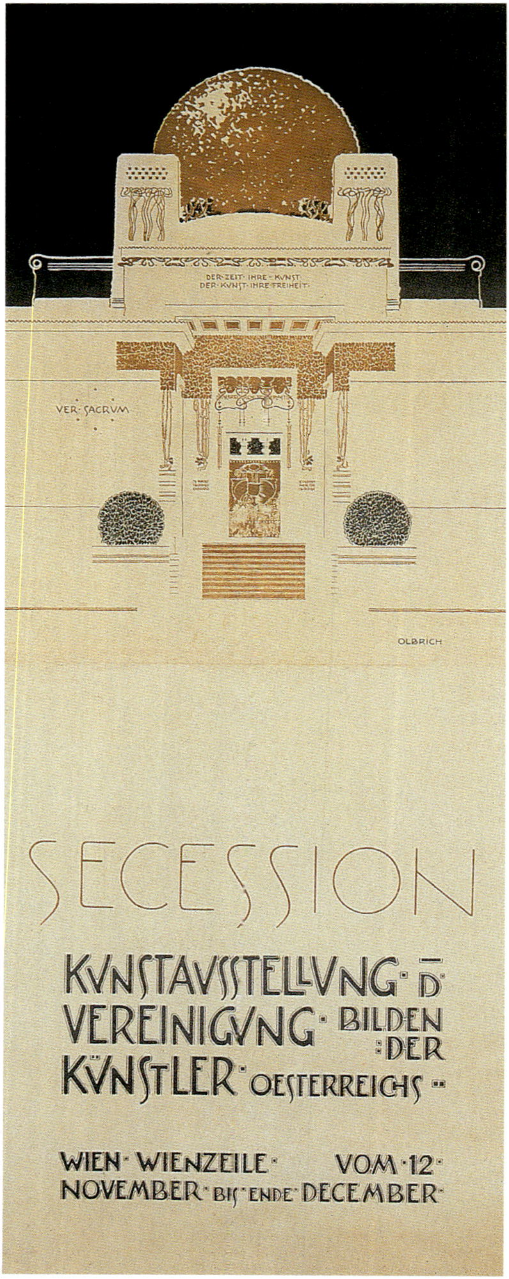

► **Josef Maria Olbrich**, Poster per la II mostra secessionista a Vienna, 1889, raffigurante il palazzo della Secessione viennese di Olbrich

▸ **Max Klinger**, Scultura di Ludwig van Beethoven nel palazzo della Secessione viennese alla XIV mostra secessionista, 1902

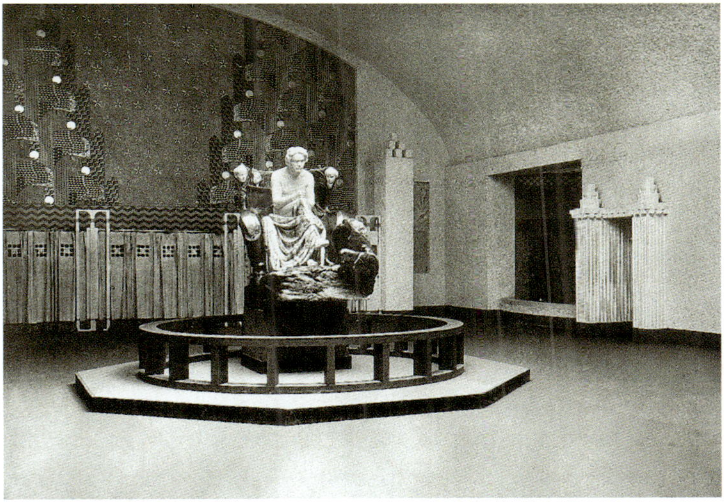

Secession

Vienna

Nel 1897 gli artisti Gustav Klimt (1862–1918), Carl Moll (1861–1945) e Josef Engelhart (1864–1941), insieme agli architetti **Josef Maria Olbrich**, **Koloman Moser** e **Josef Hoffmann**, fondarono la Vereinigung bildender Künstler Österreichs-Sezession, un'associazione che si poneva in antitesi alla seriosa tradizione accademica del Künstlerhaus. Nel 1897 Olbrich progettò il celebre Palazzo della Secessione, con la grande cupola dorata a foglie d'alloro, un motivo imperiale che ben si adattava a Vienna. I pannelli in vetro colorato e gli interni furono invece opera di Moser. Completato nel 1898, l'edificio, affacciato sulla Karlsplatz, fu concepito come centro espositivo permanente a disposizione del gruppo. Sopra l'ingresso un'iscrizione del critico d'arte Ludwig Hevesi recita: "Der Zeit ihre Kunst, der Kunst ihre Freiheit" (*A ogni epoca la sua arte, all'arte la sua libertà*), un motto che racchiudeva lo spirito *fin-de-siècle* di Vienna, allora quarta tra le più grandi città europee. La prima mostra della Secessione, a differenza delle successive, fu tenuta nella Sala d'Orticoltura di Vienna, in quanto l'edificio di Olbrich non era stato completato in tempo. Per promuovere ulteriormente la propria causa, dal 1898 la Wiener Sezession pubblicò la rivista *Ver Sacrum*. Le opere della Secessione, essenzialmente in stile **Art Nouveau** agli esordi, acquistarono un carattere via via più rettilineo dopo l'VIII mostra (1900), dedicata esclusivamente alle arti decorative e considerata un punto di svolta. La mostra comprendeva allestimenti di **Charles Rennie Mackintosh**, **Charles Robert Ashbee** e **Henry van de Velde**. Il Sanatorio di Purkersdorf (1904–1906), progettato da Josef Hoffmann con un inesorabile andamento geometrico echeggiato dalla pol-

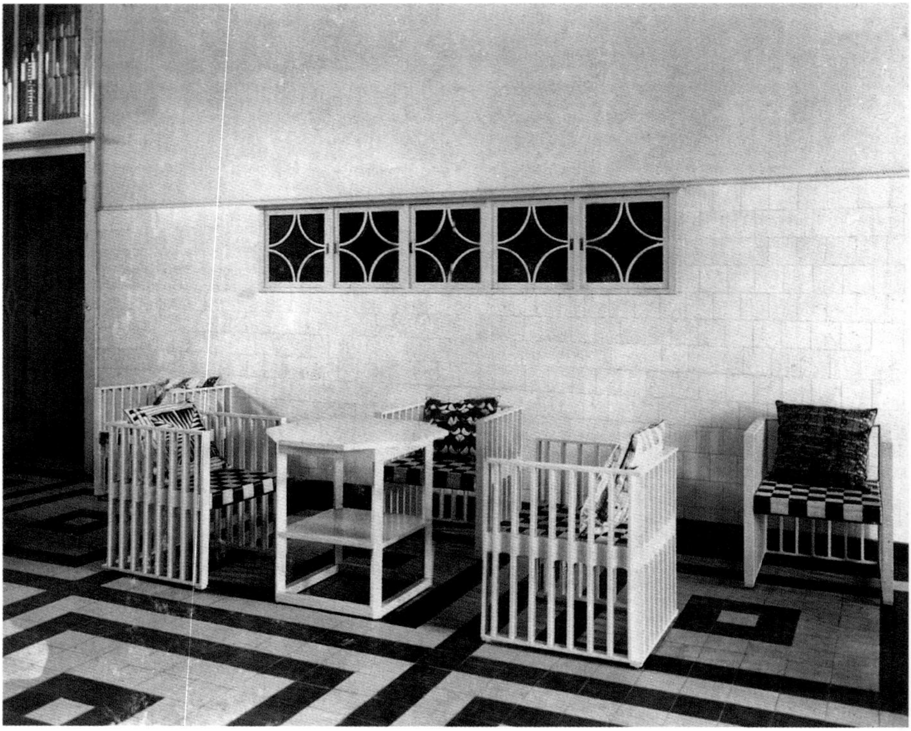

▲ **Josef Hoffmann**, Salone principale del Sanatorio di Purkersdorf, 1904

trona cubica bianconera di Koloman Moser (anch'essa parte del progetto), costituì un perfetto esempio dello stile secessionista post-Novecento, anticipando l'astrazione geometrica del **Modern Movement**. Nel 1903, ispirandosi alla **Guild of Handicraft** di Charles Ashbee, Hoffmann e Moser fondarono, insieme al banchiere Fritz Wärndorfer (1869–1939), i **Wiener Werkstätte** per produrre e vendere le creazioni in "Arte Nuova". Tuttavia, all'interno della Secessione vennero a crearsi tensioni crescenti e quando nel 1905 Carl Moll fu attaccato, Klimt e i suoi seguaci, detti gli "stilisti", lasciarono il gruppo insieme a Hoffmann. Nonostante ciò, la Secessione continuò a operare con Franz Messner nella carica di presidente dal 1919 al 1920. Sebbene sia stata spesso associata all'Art Nouveau, lo stile viennese fu influenzato dal Classicismo in misura maggiore rispetto ad altri gruppi riformatori europei. La sua promozione di uno stile basato su forme geometriche influì profondamente sull'evoluzione del design moderno.

► **Koloman Moser**, Poltrona progettata per il Sanatorio di Purkersdorf, 1902

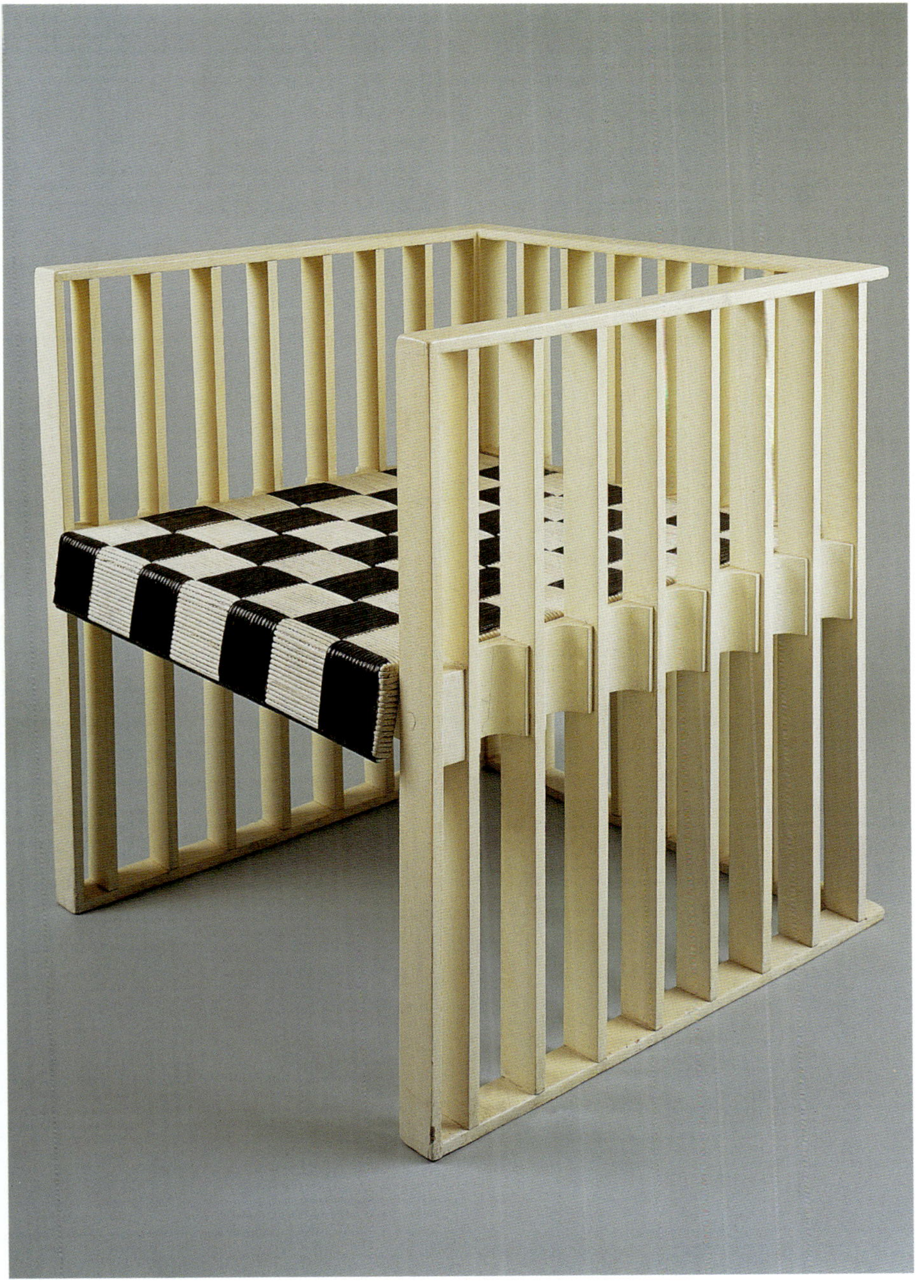

Semiotics
(Semiotica)

Introdotta per la prima volta nel dibattito filosofico dal politico e filosofo inglese John Locke (1632–1704), la semiotica studia il significato di segni e simboli e, sebbene sia più strettamente legata alla linguistica, è applicabile anche al linguaggio visivo. Nel corso della storia del design, edifici, interni e oggetti sono stati decorati con simboli per comunicare significati e valori o per impartire loro un determinato carattere. Molti designer dell'**Arts & Crafts Movement**, tra i quali **Charles F. A. Voysey** e **Charles Rennie Mackintosh**, crearono oggetti concepiti per nutrire la mente e al tempo stesso per essere funzionali, cercando di infondere in essi un significato spirituale inserendo motivi quali cuori trafitti, cerchi e quadrati simboleggianti l'amore, il corpo e lo spirito. Lo psicologo e psichiatra svizzero Carl Jung (1875–1961) indagò a fondo i simboli, in particolare quelli alchemici, che riteneva codici dell'inconscio. Allo studio della semiotica (o semiologia) si dedicarono anche il filosofo inglese di origine austriaca Ludwig Wittgenstein (1889–1951), che negli anni '20 formulò la "teoria delle immagini" secondo la quale i segni sono rappresentazioni della realtà, il linguista svizzero Ferdinand de Saussure (1857–1913), che vedeva nel linguaggio dei segni un fenomeno sociale, e infine il filosofo americano Charles Sanders Peirce (1839–1914), il quale definì la semiotica una "dottrina logica e formale dei segni". Lo scopo di queste ricerche analitiche sulla natura della semiotica non era tanto svelare il significato dei segni, quanto evidenziare i pregiudizi di genere, classe e razza insiti in essi.
Nel 1938 il filosofo comportamentista Charles Morris divise la semiotica in tre branche di studio: pragmatica (il modo in cui i segni sono usati), semantica (il significato dei segni) e sintassi (la disposizione dei segni).
Successivamente la semiotica è stata vista come strumento per analizzare il mondo delle arti visive. Umberto Eco nel *Trattato di semiotica generale* (1976) e in *Semiotica e filosofia del linguaggio* (1984) è stato il primo ad applicare questa scienza all'architettura. Successivamente Roland Barthes (1915–1980) ha contribuito in misura determinante al dibattito con una serie di opere letterarie, tra cui il famoso *Mythologies* (1957) che, tradotto in inglese nel 1972, ha esercitato grande influenza sull'evoluzione dell'**Anti-Design**.
Negli anni '70 si diffuse la convinzione che l'estetica del **Modern Movement**, basata sulla pura astrazione geometrica, fosse in ultima analisi alienante in quanto l'assenza di decorazione, e quindi di segni e simboli, negava un mezzo fondamentale di comunicazione culturale. I post-modernisti, tra cui **Charles Jencks**, premettero per un ritorno al simbolismo in architettura e design e durante gli anni '80 la semiotica guadagnò notevolmente terreno proprio grazie al **Post-Modernismo**. Oggi molti designer considerano la comu-

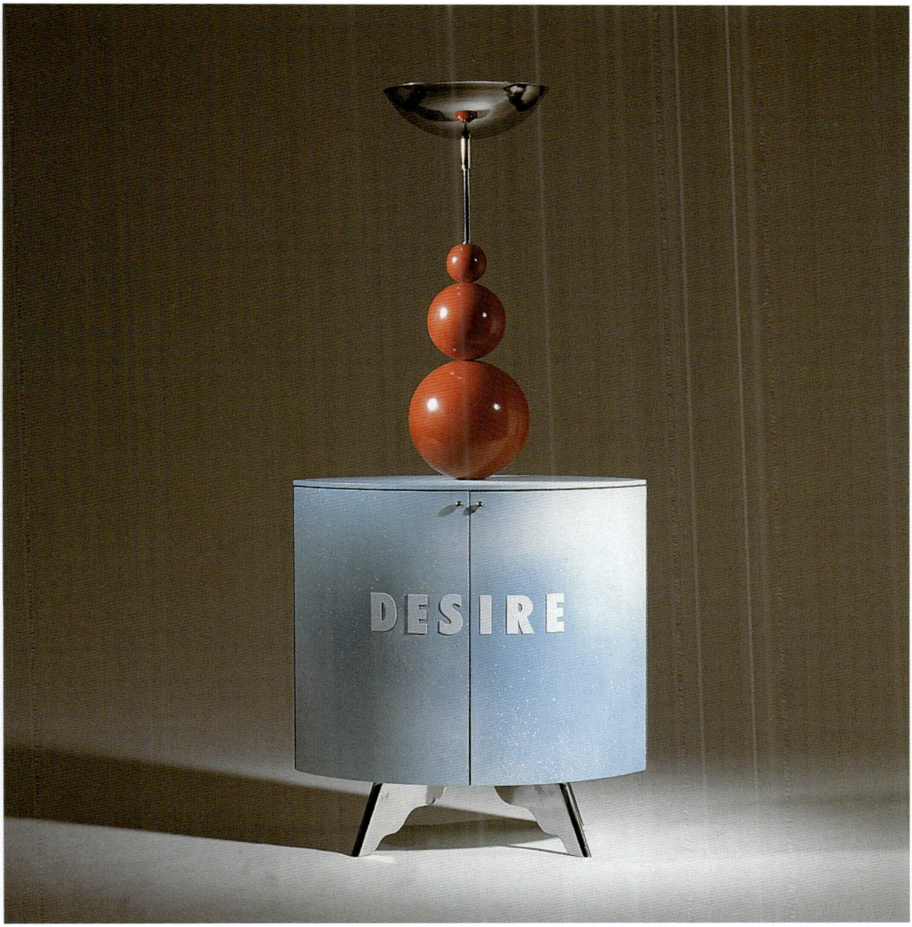

nicazione visiva un importante aspetto della pratica del design e cercano di infondere nelle loro opere quei tratti simbolici sottolineati dalla teoria semiotica.

▲ **Dan Friedman**, Armadietto *Desire* per Néotu, 1990

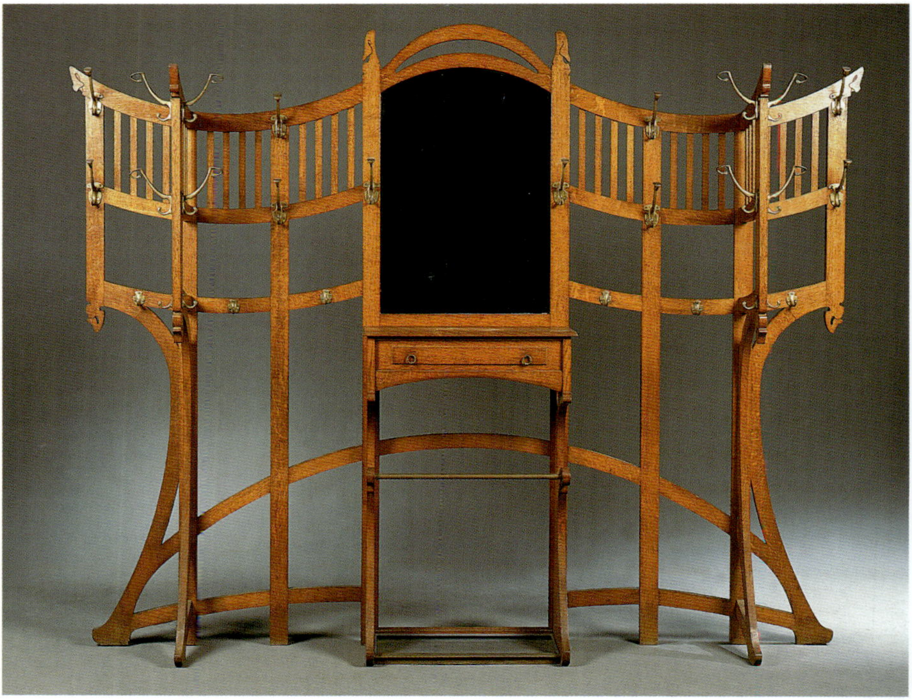

Gustave Serrurier-Bovy

1858 *Liegi, Belgio*
1910 *Anversa*

Figlio di un ebanista, Gustave Serrurier-Bovy studiò architettura all'Académie des Beaux-Arts di Liegi. Intorno al 1883 fu architetto a Liegi e la sua produzione fu influenzata dall'**Arts & Crafts Movement** e dall'architetto francese Eugène-Emmanuel Viollet-le-Duc (1814–1879). Nel 1884 fece un viaggio in Gran Bretagna e al ritorno a Liegi aprì un grande negozio in cui cominciò a vendere mobili, tessuti e carta da parati forniti da **Liberty & Co.**, e articoli persiani, giapponesi e indiani. Intorno al 1890 Serrurier-Bovy produsse il suo primo catalogo comprendente mobili in stile Arts & Crafts. Nel 1896 aprì un negozio a Bruxelles e nello stesso anno espose le sue creazioni all'Arts & Crafts Exhibition Society di Londra. Nel 1899 aprì una grande fabbrica a Liegi e, insieme all'architetto René Dulong, aprì un altro negozio a Parigi che chiamò L'Art dans l'Habitation. Nel 1904 aprì un altro punto vendita a L'Aia e nel 1906 a Nizza. Abbandonato lo stile Arts & Crafts, nel 1902 Serrurier-Bovy adottò lo stile **Art Nouveau**; le ultime creazioni, datate intorno al 1910, sono interessanti per le forme sempre più rettilinee.

▲ Attaccapanni in rovere, 1898 ca.

► Orologio in mogano, ottone e vetro colorato, 1905 ca.

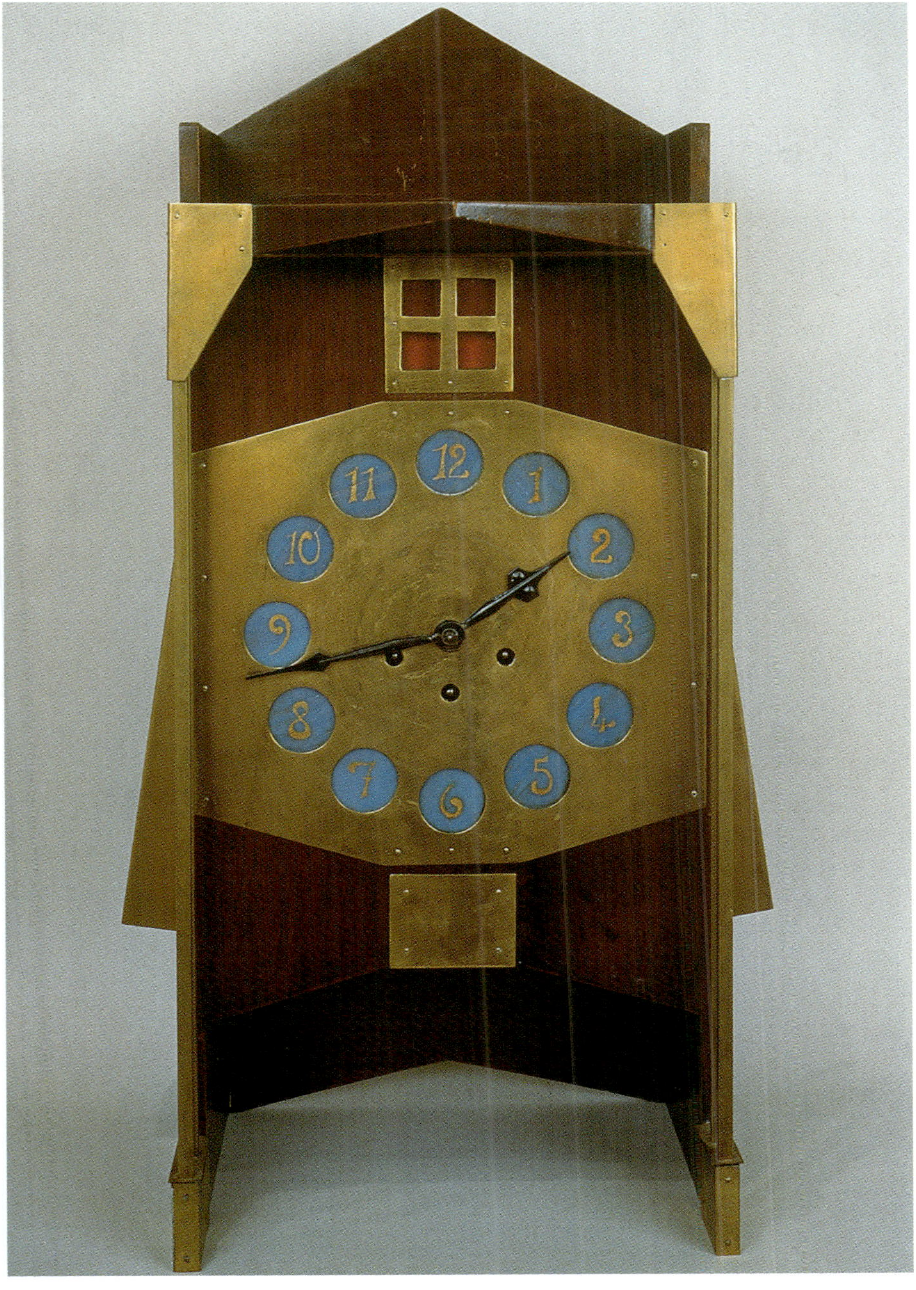

12
1
2
3
4
5
6
7
8
9
10
11

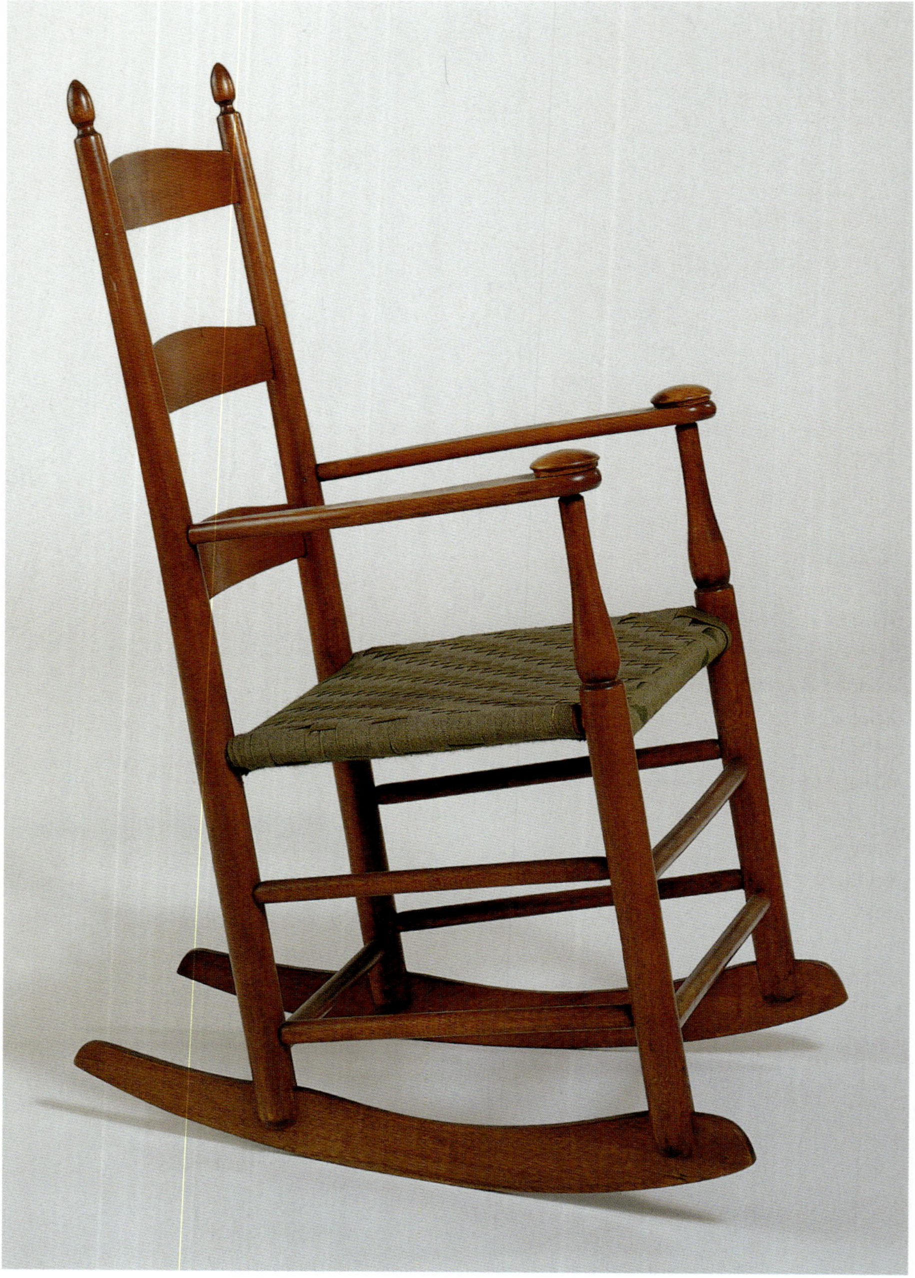

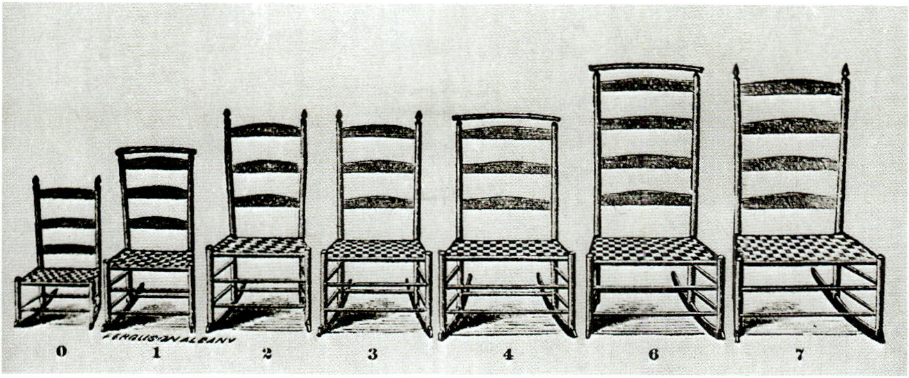

Shaker

USA

Fondata nell'Inghilterra settentrionale nel 1747, la United Society of Believers in Christ's Second Appearance (Società unita dei credenti nella seconda apparizione di Cristo) era una setta il cui culto prevedeva la danza in comune, da cui il soprannome "Shaking Quakers" o "Shakers". Nel 1774, per sottrarsi alle persecuzioni di cui era fatta oggetto, "Madre" Ann Lee (1736–1884), capo spirituale della setta, emigrò in America e fu in seguito raggiunta da altri membri della setta provenienti dal New England e dallo stato di New York. La prima comunità shaker fu fondata nel 1785 a New Lebanon (Mount Lebanon dal 1861) nello stato di New York. Nei decenni successivi sorsero diciotto comunità in otto stati diversi. La religione predicava la separazione dal "Mondo" e sosteneva la proprietà comune e il celibato. Le comunità shaker aspiravano alla completa autosufficienza; il lavoro manuale costituiva un elemento importante nella vita spirituale di fratelli e sorelle. Il motto "Le mani all'opera, i cuori a Dio" guidava le attività quotidiane dei credenti, che includevano la produzione di oggetti di uso quotidiano pratici e al tempo stesso di ottima fattura. In essi si rifletteva la convinzione che la moralità fosse propria di una vita "semplice e schietta". Nel XIX secolo il reddito loro derivante dall'agricoltura diminuì e le comunità furono costrette a produrre mobili e altri articoli per la vendita. Nel 1871 gli Shaker fondarono uno stabilimento per la fabbricazione di sedie a Mount Lebanon; i mobili, prodotti in serie e di qualità inferiore rispetto alla produzione precedente, erano commercializzati tramite catalogo. Tra il 1860 e il 1880 i mobili shaker erano molto apprezzati per la fattura semplice e accurata, ma i membri della setta continuarono ugualmente a diminuire finché, a cavallo tra XIX e XX secolo, molte comunità furono costrette a chiudere. Nel 1947, quando l'ultima comunità chiuse i battenti, i mobili shaker erano ormai diventati oggetti da collezione, con grande disappunto dei pochi membri rimasti.

▲ Pagina dal catalogo Shaker, raffigurante varianti di sedie, 1874

◄ Sedia a dondolo in acero trattato per la fabbrica Shaker a New Lebanon, 1880 ca.

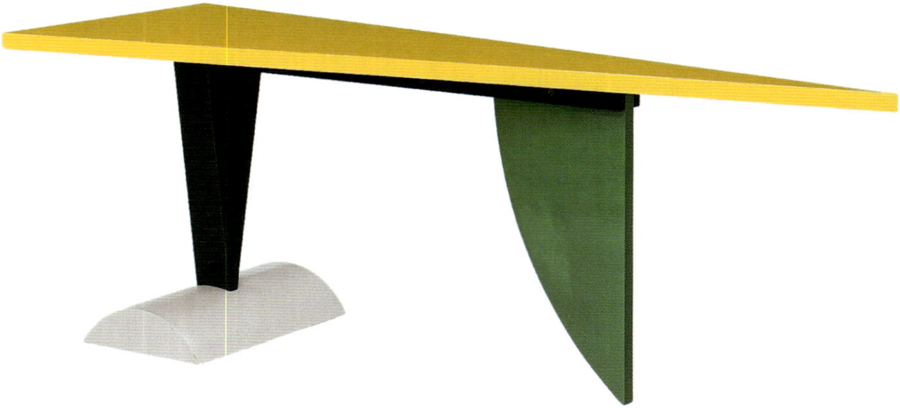

Peter Shire

1947 *Los Angeles*

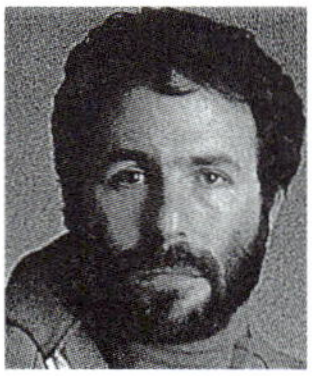

Formatosi come ceramista allo Chouinard Institute of Art di Los Angeles, nel 1972 Peter Shire aprì uno studio e nel 1975 espose le sue opere in una galleria di Hollywood nella prima mostra interamente a lui dedicata. Le sue ceramiche, scultoree e vivacemente colorate, e i suoi mobili costituiscono esempi dell'estetica "funk" affermatasi in California alla fine degli anni '60. Il funk era un movimento **Anti-Design** che privilegiava l'impiego di colori "caldi" e forme bizzarre non funzionali. Le creazioni di Shire destarono l'interesse di **Ettore Sottsass** che lo invitò a diventare membro di **Memphis**. I mobili creati da Shire per Memphis, come la sedia *Bel Air* (1982) e il tavolo *Brazil* (1981), dai caratteristici elementi scultorei asimmetrici e dai colori vivaci, sono una via di mezzo tra belle arti e design, mentre le ceramiche, ad esempio le stravaganti teiere tutt'altro che pratiche, suscitarono l'ammirazione di Sottsass per la creativa costruzione a "lastre". Gli sgargianti colori "baciati dal sole" e le forme espressive dei design di Shire racchiudono l'essenza del **Post-Modernismo** californiano.

▲ Tavolo *Brazil* per Memphis, 1981

Gustav Siegel

1880 Vienna
1970 Vienna

Gustav Siegel svolse un tirocinio di tre anni come ebanista a Vienna, poi, dal 1897 al 1901 studiò alla Kunstgewerbeschule di Vienna, dove fu ammesso alle lezioni di architettura di **Josef Hoffmann**. Nel 1899 il presidente di **J. & J. Kohn**, Felix Kohn, gli affidò la direzione dell'ufficio di design della società, nonostante avesse appena diciannove anni. L'anno successivo Siegel progettò per l'azienda una camera da letto messa in mostra all'"Exposition Universelle et Internationale" di Parigi. L'interno, con decorazioni alle pareti e mobili in legno piegato, era scandito dal ritmo pacato e organico tipico dell'**Art Nouveau** viennese. I progetti di Siegel per J. & J. Kohn successivi al 1900 sono difficili da identificare in quanto sia **Otto Wagner** che Hoffmann produssero oggetti di stile simile per l'azienda. Tuttavia è lecito presumere che sia da attribuire a Siegel la maggior parte dei mobili in legno piegato prodotti da J. & J. Kohn tra il 1900 e il 1914. È possibile che diverse delle note creazioni dell'azienda, come la suite *modello n. 728* (1905–1906), tradizionalmente attribuite a Hoffmann, in realtà siano di Siegel. Tra i progetti attribuitigli con certezza figurano la suite di mobili *n. 415*, presentata in *The Studio* nel 1908, e una fioriera esposta alla Winterausstellung tenutasi all'Österreichisches Museum für Kunst und Industrie di Vienna nel 1901–1902. Siegel produsse anche diversi poster e varie opere grafiche per l'azienda, oltre a pubblicità apparse nei cataloghi delle mostre della **Secessione** viennese del 1904 e 1908. Come capo della sezione design della J. & J. Kohn, Siegel ebbe un ruolo centrale nella creazione di mobili in legno piegato e nella promozione dello stile secessionista.

▼ Allestimento di stanza progettato per lo stand di Jacob & Josef Kohn all'"Exposition Universelle et Internationale de Paris", 1900

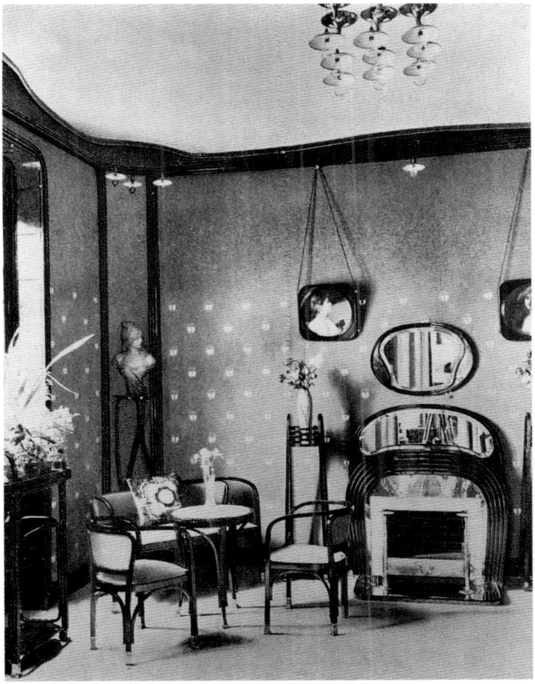

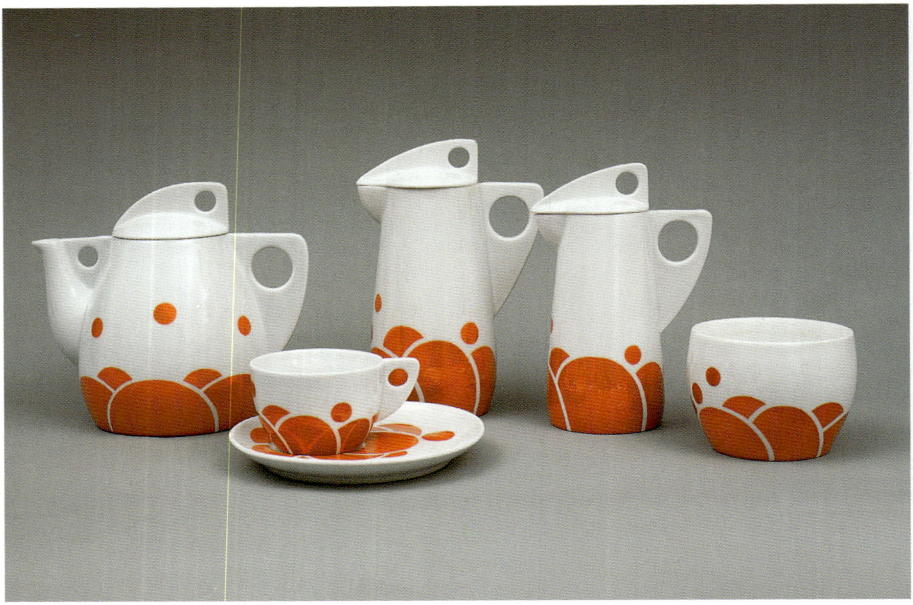

Jutta Sika

1877 *Linz, Austria*
1964 *Vienna*

Jutta Sika studiò a Vienna alla Graphische Lehr- und Versuchsanstalt dal 1895 al 1897, quindi seguì i corsi di **Koloman Moser** alla Kunstgewerbeschule dal 1897 al 1902. Membro dell'Österreichischer Werkbund, della Wiener Kunst im Hause e della Vereinigung bildender Künstlerinnen Österreichs, espose le sue opere in molte mostre, tra cui l'"Exposition Universelle et Internationale" di Parigi del 1900, la "Louisiana Purchase Exhibition" di St. Louis del 1904 e l'"Exposition Internationale des Arts Décoratifs et Industriels Modernes" di Parigi del 1925. Oltre a disegnare ceramiche e cartoline per i **Wiener Werkstätte**, Sika creò vetri per E. Bakalowits, decorazioni natalizie per Hofkonditorei Demel, abbigliamento per Flöge, oggetti in metallo per Argentor e infine porcellane per la Wiener Porzellan-Manufaktur Josef Böck, alcune delle quali furono decorate con motivi floreali creati da Antoinette Krasnik. Il suo servizio da tè e da caffè (1901–1902) per Böck, molto innovativo sia nella forma che nella decorazione, apparve su numerose pubblicazioni. Dal 1911 al 1933 la Sika insegnò anche alla Gewerbliche Fortbildungschule di Vienna.

▲ Servizio da tè e da caffè per Wiener Porzellan-Manufaktur Josef Böck, 1901–1902 ca.

Silver Studio

Fondato nel 1880 a *Londra*

Arthur Silver (1853–1896) studiò alla Reading School of Art e nel 1873 diventò assistente del designer di mobili Henry W. Batley, esponente dell'**Aesthetic Movement**. Nel 1880 aprì il Silver Studio nella zona occidentale di Londra che, oltre a creare carte da parati e tessuti, forniva un servizio completo di design d'interni. Le carte da parati del Silver Studio create negli anni 1880 e 1890 erano molto simili nello stile a quelle di Morris & Co., con la differenza che erano stampate a macchina invece che a mano e di conseguenza meno costose. Arthur Silver creò anche carte da parati in stile Neo-Adam e anglo-giapponese. Poco dopo il 1890 si associarono allo studio i designer Harry Napper e John Illingworth Kay, e successivamente vi collaborarono anche **Archibald Knox** e **Charles F. A. Voysey**. I progetti concepiti dal 1895 ai primi anni del 1900, prevalentemente in stile **Art Nouveau**, apparvero spesso su riviste illustrate all'estero, in particolare su *Der Moderne Stil*. Nel 1901 Harry e Rex, figli di Arthur Silver, assunsero la direzione dello studio a Brook Green, Londra. Negli anni '30 produssero colorati design modernisti, cessando infine l'attività nel 1963.

▼ **Arthur Silver (attribuita a)**, carta da parati *Poppy* per Silver Studio, 1895 ca.

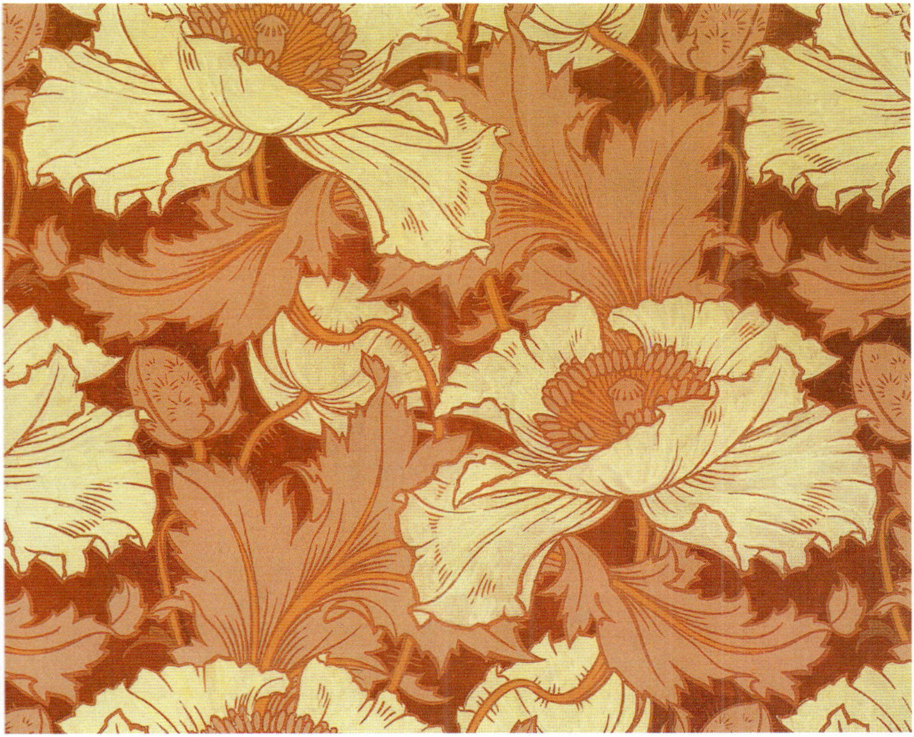

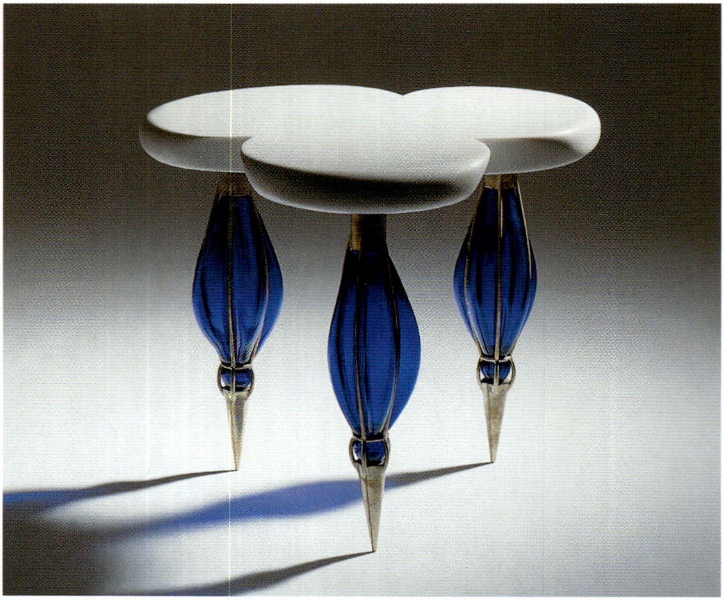

◂ Tavolo *PCSS* per Néotu, 1991

Bořek Šípek

1949 *Praga*

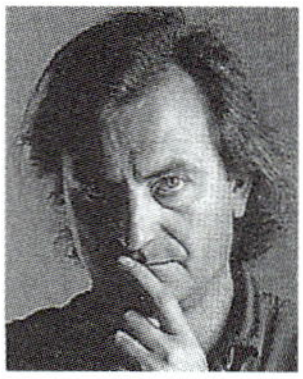

Bořek Šípek studiò design del mobile alla scuola di arti applicate di Praga, laureandosi nel 1968. In seguito studiò architettura alla Hochschule für Bildende Künste di Amburgo e filosofia all'Università di Stoccarda, quindi approfondì le sue conoscenze nel campo dell'architettura alla Technische Hogeschool di Delft. Tra il 1977 e il 1979 lavorò come assistente tecnico all'Istituto di disegno industriale dell'Università di Hannover e nei successivi quattro anni insegnò teoria del design all'Università di Essen. In seguito si trasferì nei Paesi Bassi e nel 1984 fondò una società di design, Alterego, ad Amsterdam, insieme a David Palterer (1949). Negli anni '80 diventò celebre per i suoi mobili, ad esempio la sedia *Bambi* (1988) dalle forme bizzarre e dalle insolite combinazioni di materiali, e per gli oggetti in vetro soffiato prodotti a Murano per Sawaya & Moroni e a Novy Bor, nella natale Repubblica Ceca. Da allora ha disegnato mobili per Néotu, Driade, Sawaya & Moroni e **Vitra**, vetri per Quartett e ceramiche per Sèvres. Šípek si esprime nello stile post-moderno e rifiuta l'approccio industriale razionalista al design, convinto che questo, nella sua ricerca della perizia tecnologica, "ignori la funzione e sia incurante dell'individualità della persona". Secondo Šípek, il design dovrebbe essere un'espressione o un'interpretazione della cultura che l'ha creato e dovrebbe riguardare più l'arte che la tecnologia.

▸ Poltrona *modello n. NF3400 Trundling Turk* per Tecta, progettata nel 1954 e ridisegnata nel 1994

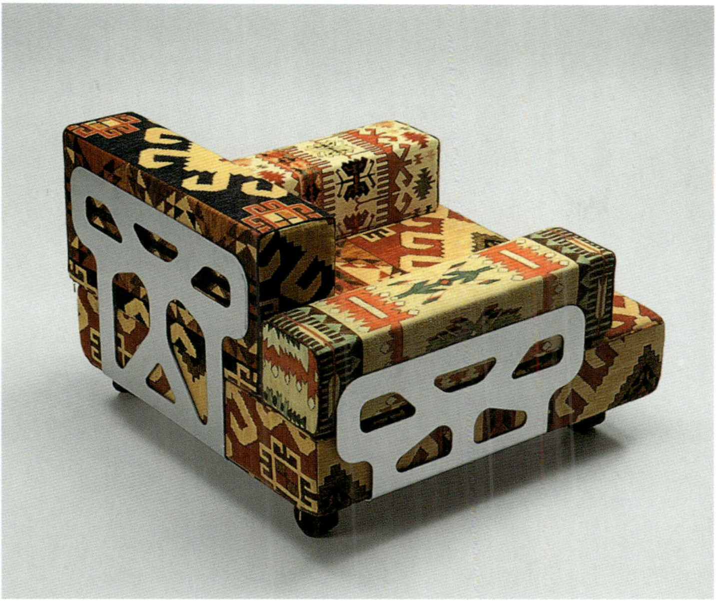

Peter e Alison Smithson studiarono entrambi architettura alla University of Durham a Newcastle-upon-Tyne dal 1944 al 1949. Nel 1950 si trasferirono a Londra e un anno dopo diventarono membri del Team X, un gruppo avanguardista composto da dieci giovani architetti del CIAM (Congrès International d'Architecture Moderne). Negli anni '50 gli Smithson acquistarono una fama di livello internazionale grazie ai loro progetti residenziali e urbanistici, tra cui lo studio per "Hauptstadt in Berlin" (1957–1958), il progetto edilizio municipale di Golden Lane (Londra) e il progetto Cluster Cities. Quest'ultimo incontrò particolare favore in quanto promuoveva l'idea di comunità aperte collegate da una rete stradale. I loro progetti architettonici degli anni '50 e '60, tra cui la Cattedrale di Coventry (1951) e l'Ambasciata britannica a Brasilia (1964), influenzarono l'emergere del Brutalismo. Membri attivi dell'**Independent Group**, costituito nel 1952 per studiare l'affermarsi della cultura popolare americana, esposero insieme ad altri rappresentanti del gruppo alla mostra del 1954 "This is Tomorrow", tenuta alla Whitechapel Art Gallery di Londra. Nel 1954 progettarono la poltrona *Trundling Turk* e nel 1955 la sedia minimalista *Pogo*, in acrilico e tubolare metallico. L'anno seguente crearono la sedia in plastica *Egg* per la loro "House of Tomorrow". Gli Smithson sono autori di diverse pubblicazioni dedicate al design e alla teoria dell'architettura.

Peter & Alison Smithson

Peter Smithson
1923 *Stocton-on-Tees/Cleveland*

Alison Smithson
1928 *Sheffield*
1993 *Londra*

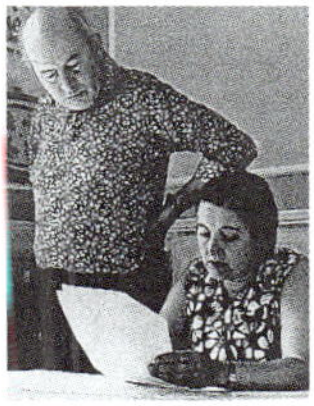

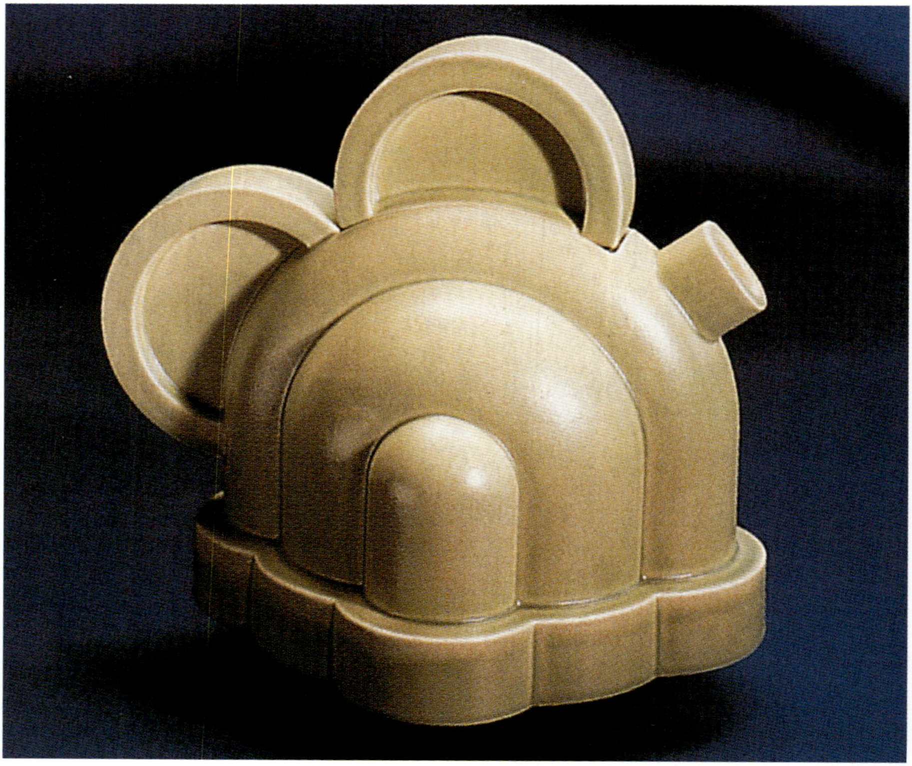

Ettore Sottsass

1917 *Innsbruck, Austria*

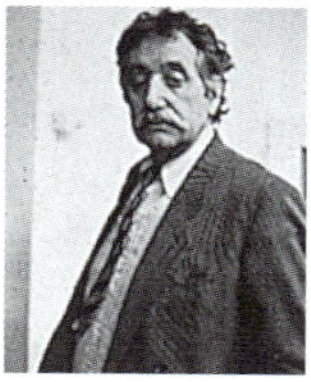

▲ Teiera in ceramica *Basilico*, 1969

Ettore Sottsass studiò architettura al Politecnico di Torino dal 1935 al 1939; ancora studente, scrisse articoli sull'arte e il design di interni insieme al designer torinese Luigi Spazzanpan. Dal 1942 al 1945 prestò servizio militare nell'esercito italiano; dopo la guerra lavorò per il gruppo di architetti di **Giuseppe Pagano** e poi aprì uno studio a Milano, The Studio, nel 1947. Nel 1956 partì per l'America e lavorò brevemente nello studio di design di **George Nelson**, collaborando alla realizzazione di un progetto di "prodotto architettonico" denominato*The Experimental House*. Al suo ritorno in Italia, nel 1957, venne nominato direttore artistico di Poltronova e coinvolto nel design e nella produzione di mobili e lampade moderni, tra cui il tavolo e le sedie in lana di vetro *Mobili Grigi* (1970). Nel 1958 iniziò a lavorare come consulente per **Olivetti**, per la quale progettò diversi prodotti celebri tra cui la calcolatrice *Logos 27* (1963), le macchine da scrivere *Tekne 3* (1964), *Praxis 48* (1964) e *Valentine* (con Perry **King**, 1969), il sistema per ufficio *Synthesis* (1973) e la macchina da scrivere elettrica *Lexicon 90* (1975). Tuttavia, il progetto più interessante realizzato per Olivetti fu il computer *Elea 9003* (1959), per il quale ricevette il **Compasso d'Oro** nel 1959. Dal 1956 creò anche ceramiche per il commerciante newyorkese William Hunter. Nel 1961 partì per l'India: al ritorno disegnò ceramiche ispirate al trascendentalismo e a forme orientali, tra cui le linee *Ceramiche delle Tenebre* (1963), *Offerta a Shiva* (1964), *Yantra* (1968), *Tantra* (1969) e il gigantesco *Indian Memories* simile a un totem (1972). Nel 1967 *Domus* pubblicò una serie di fotografie di Sottsass con il titolo *Memorie di panna montata*, un documento visivo sulla "Swinging London". Dopo un lungo tour di conferenze nelle università britanniche, nel 1968 Sottsass ricevette la laurea ad honorem dal **Royal College of Art di Londra**. Per la mostra "Italy: The New Domestic Landscape" tenuta nel 1972 al **Museum of Modern Art di New York**, creò "House Environment", un prototipo di "contenitori" grigi in lana di vetro, composto da cucina-forno, lavello-lavastoviglie, doccia, water closet, mensole-armadietti, poltrona-letto e moduli per guardaroba. Esponente di primo piano del movimento **Radical Design**, nel 1973 Sottsass contribuì alla fondazione di **Global Tools** e nel 1976 venne invitato dal Cooper Hewitt Museum of Design di New York a esporre le sue fotografie di edifici ubicati in località desertiche o montane che illustravano le sue idee sull'architettura e il design. Quello stesso anno l'International Design Centre di Berlino organizzò una grande mostra retrospettiva della sua opera, successivamente esposta a

▼ *Mobili Grigi* per Poltronova, 1970

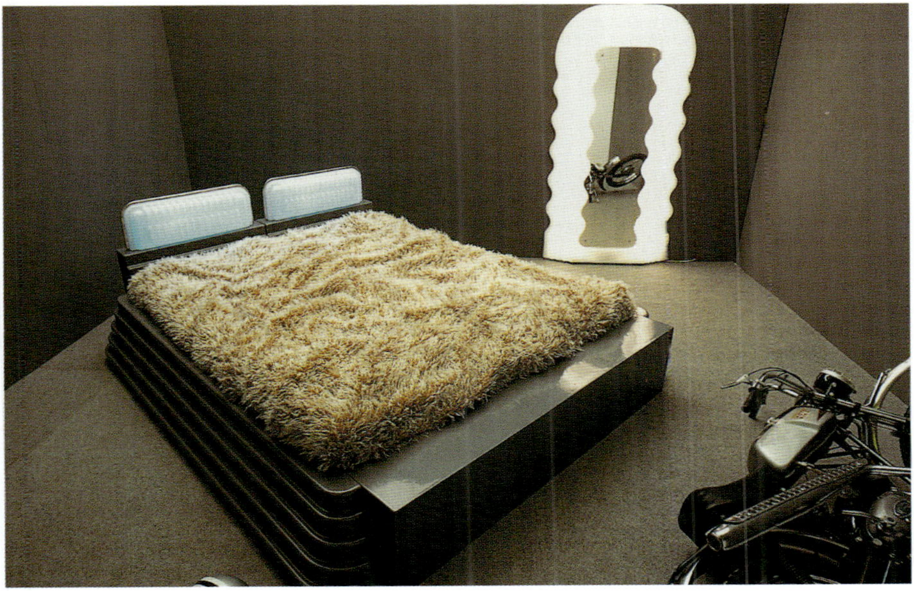

▸ Credenza *Casablanca* per Memphis, 1981

Venezia, Parigi, Barcellona, Gerusalemme e Sydney. Nel 1978 la città di Berlino gli chiese di presentare dei progetti per la ricostruzione del Museo di Arte Moderna e nel 1979 partecipò alla collezione *BauHaus I* di **Studio Alchimia**, per la quale creò mobili con parti in laminato plastico. Nel 1981, nel tentativo di dare nuovo impulso al design radicale, Sottsass fondò il gruppo **Memphis** con Renzo Brugola, Mario e Brunella Godani, Ernesto Gismondi (1931) e Fausto Celati. Sostenitore di lunga data dell'**Anti-Design** e propagandista di talento, Sottsass assunse la guida di Memphis, costituito prevalentemente da designer giovani, laureati di recente. La prima mostra di Memphis, tenuta nello spazio espositivo Arc '74 a Milano nel 1981, comprendeva vari design monumentali e molto colorati di Sottsass, tra cui le creazioni di contenitori-mensole *Casablanca* (1981) e *Carlton* (1981). Nel 1981, insieme ad Aldo Cibic (1955), **Matteo Thun** e **Marco Zanini**, membri di Memphis, fondò a Milano l'ufficio di consulenza Sottsass Associati. Negli anni '80 l'ufficio lavorò al design di interni dei negozi Fiorucci, in stretta collaborazione con **Michele De Lucchi** che aveva già collaborato alla progettazione della prima mostra di Memphis. Sottsass Associati ricevette anche numerose commissioni architettoniche, tra cui la Maison Wolf a Ridgeway in Colorado (1987–1988), Casa Esprit a Wels in Austria (1987–1988), il Bar Zibibbo a Fukuoka, Giappone (1988) e Casa Cei a Firenze (1989–1992). Sottsass continuò a disegnare mobili, oggetti in metallo e in vetro per Memphis fino al 1985; nel 1988 sciolse il gruppo. Nel corso degli anni '80 Sottsass creò oggetti per molte aziende: gioielli per Cleto Munari, articoli in metallo per **Alessi**, mobili, vetri e ceramiche per Design Gallery Milano e servizi di piatti per Swid Powell. Definito dalla partner Barbara Radice (1943), critico del design, un "nomade culturale", Sottsass ha mantenuto un

▾ Sedia per ufficio *Synthesis 45* per Olivetti, 1973

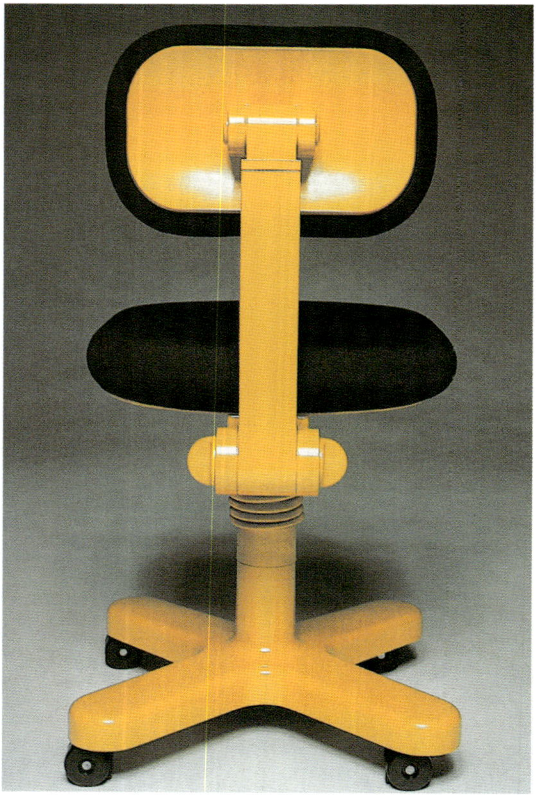

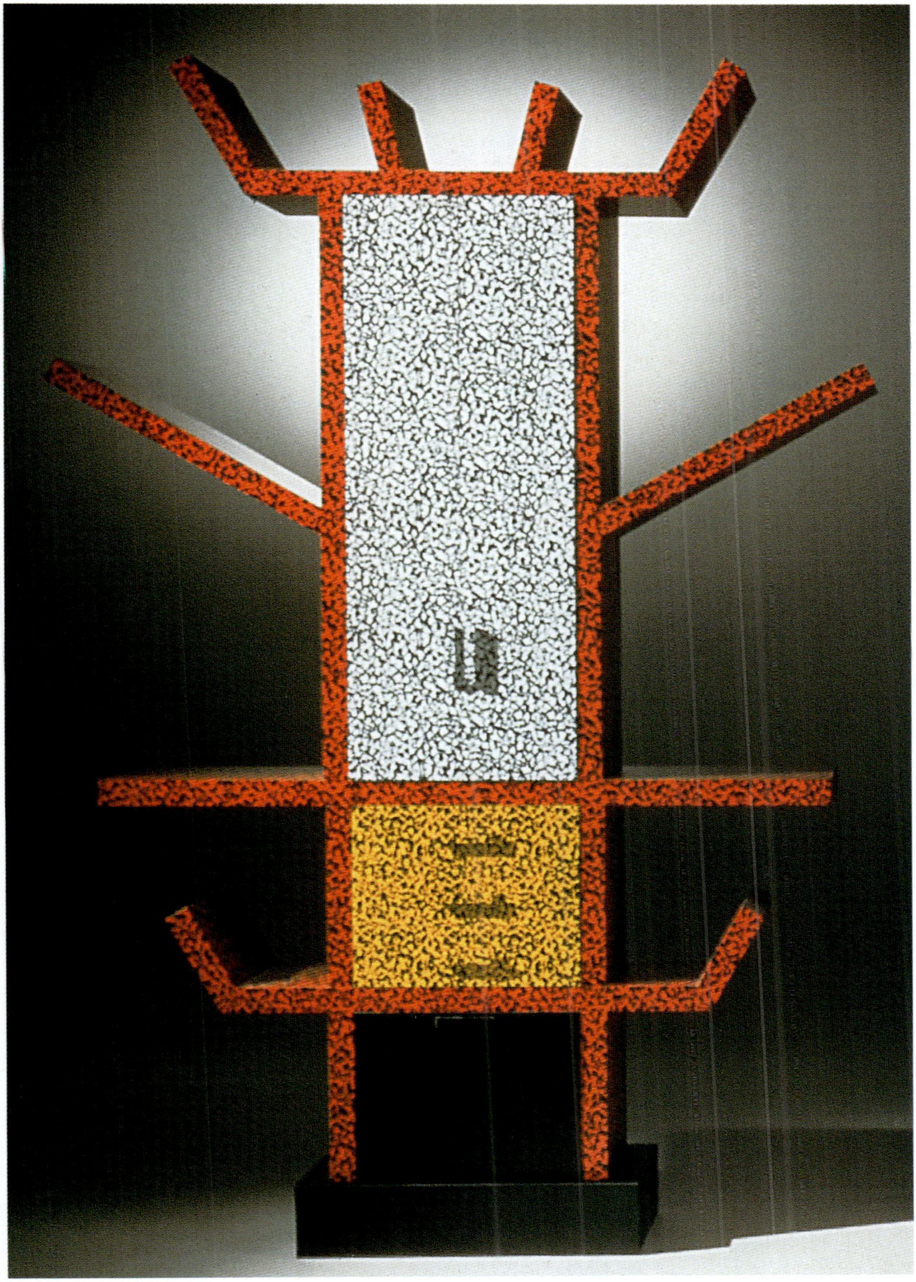

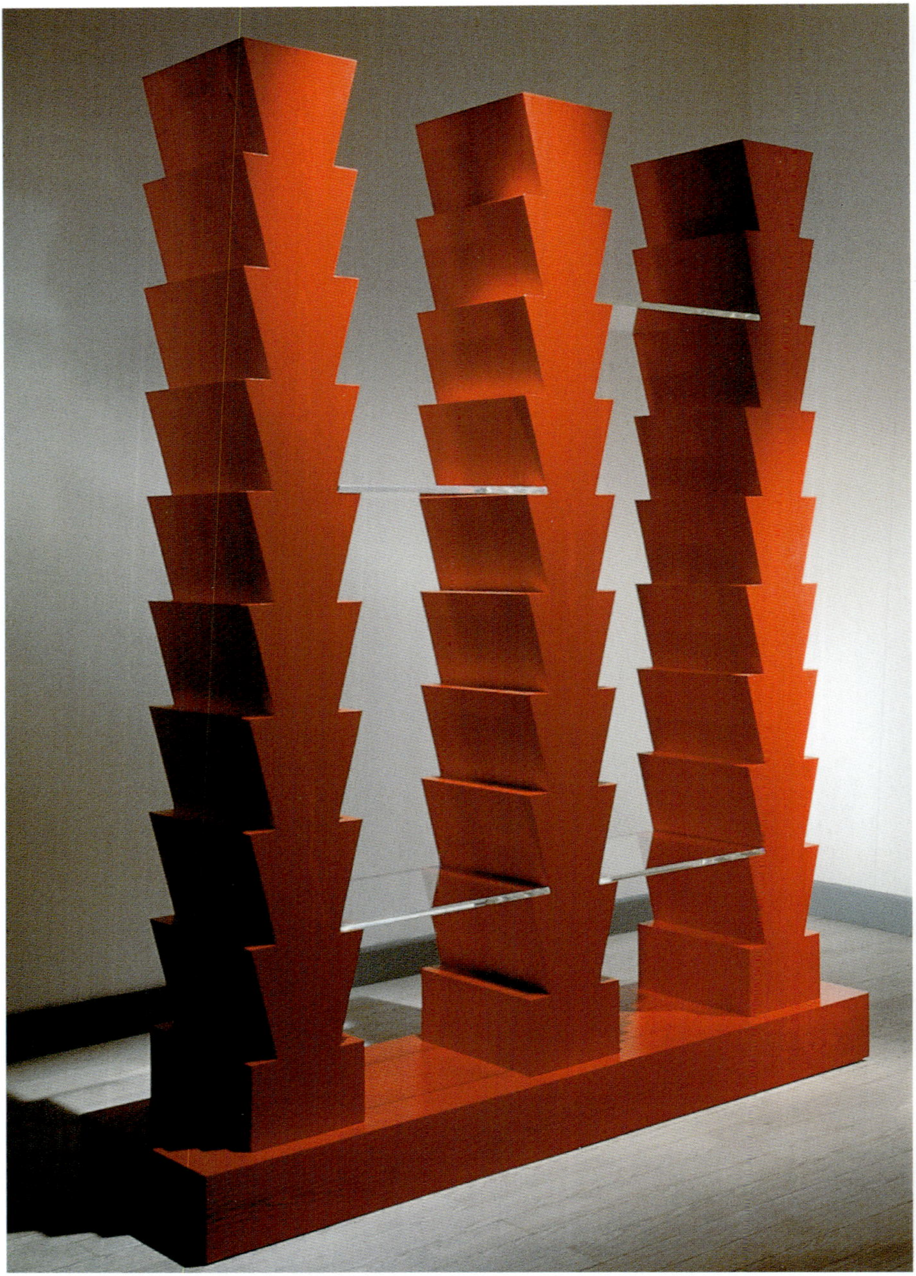

◂ Mensole in vetro e legno laccato *Adesso Però* dalla *Rovine Collection* per Design Gallery Milano, 1992

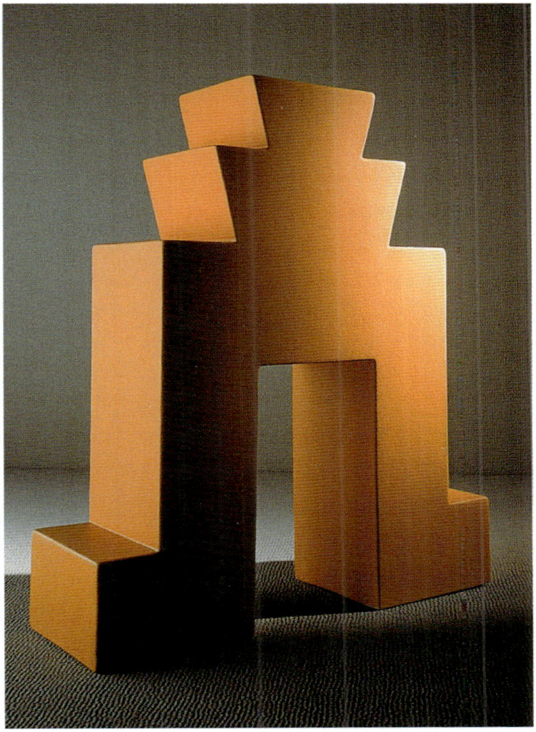

◂ Vaso in ceramica *Senza Spiegazioni* dalla *Rovine Collection* per Design Gallery Milano, 1992

approccio quasi "antropologico" al design durante tutta la sua carriera, assumendo come riferimenti la cultura popolare e molte altre, traendo ispirazione anche dalle sue personali esperienze. Sottsass è stato una figura di spicco del Radical Design degli anni '70 e il maggiore esponente del **Post-Modernismo** nel design negli anni '80. Rispecchiando il carattere avvincente del suo creatore, l'opera di Sottsass spazia dal poetico al vivacemente colorato; si pone continui interrogativi e di sicuro non può essere tacciata di torpidezza o scialbore. Nel 1994 il Centre George Pompidou ha organizzato una grande retrospettiva dell'opera di Sottsass dedicata alla sua gloriosa e controversa carriera durata quarant'anni.

George Sowden

1942 *Leeds/West Yorkshire*

George James Sowden studiò architettura al Gloucester College of Art, conseguendo la laurea nel 1968. Nel 1970 si trasferì a Milano e iniziò a lavorare come consulente per lo Studio **Olivetti**, progettando calcolatrici e computer in collaborazione con **Ettore Sottsass**, direttore dell'ufficio pubblicità interno all'azienda. Nel 1980 Sowden aprì uno studio a Milano con la moglie **Nathalie du Pasquier** e nel 1981 fu tra i fondatori di **Memphis**. Contribuì notevolmente all'attività del gruppo, passando dai primi oggetti realizzati con laminati dai motivi bizzarri come la vetrina *D'Antibes* (1981), la credenza *Luxor* (1982), l'orologio *Metropole* (1982), la sedia *Mamounia* (1985) e il tavolo *Pierre* (1981), e dai tessuti vivacemente colorati (spesso creati da Nathalie du Pasquier) a più sobrie creazioni in legno ispirate al **Craft Revival**, tra cui le sedie *Liverpool* (1986) e *Gloucester* (1986). Per Memphis disegnò anche tessuti, tra cui *Quadro* (1983) e *Triangolo* (1983). Dopo lo scioglimento del gruppo nel 1988, lavorò sia per proprio conto che in collaborazione con Nathalie du Pasquier, disegnando carta da parati per Rasch, ceramiche per Swid Powell e oggetti in metallo per **Alessi**. Dello Studio Sowden Design Associates sono stati clienti anche Olivetti, Italtel e Shizuoka of Japan. Nel 1990 l'opera di Sowden venne presentata in una mostra itinerante organizzata dai Musées des Arts Décoratifs di Bordeaux, Marsiglia e Lione. Nel 1997 Alessi lanciò *Dauphine*, la calcolatrice colorata ideata da Sowden per la cucina, le cui forme organiche segnarono una direzione totalmente nuova nella sua opera. Sowden ha vinto un premio Smau e un **Compasso d'Oro**.

▾ Vetrina *D'Antibes* per Memphis, 1981

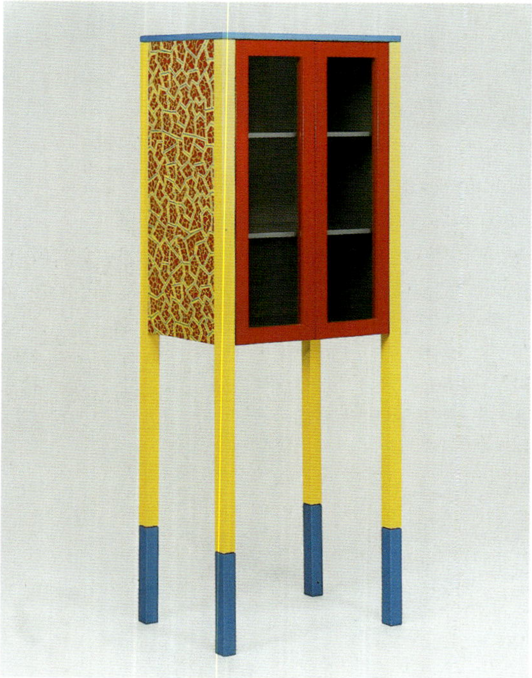

▸ Sedia a libera oscillazione in tubi del gas, 1926 (ricostruita da Tecta)

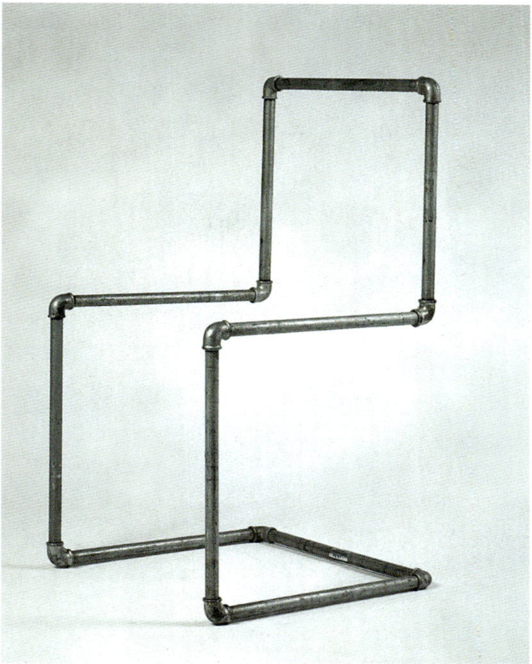

Martinus Adrianus Stam studiò disegno ad Amsterdam dal 1917 al 1919 e lavorò come progettista per uno studio di architettura di Rotterdam fino al 1922. Trasferitosi a Berlino, conobbe architetti d'**avant-garde** quali Hans Poelzig (1869–1936), Bruno Taut (1880–1938) e **El Lissitzky**. Nel 1925 tornò ad Amsterdam, visitando Parigi sulla via del ritorno. Un anno dopo realizzò un prototipo della sua rivoluzionaria sedia costruita con tubi del gas saldati. A un convegno di architetti del 1926 tenutosi a Stoccarda per discutere l'organizzazione della mostra di Weissenhof programmata per l'anno successivo, Stam espose i disegni del prototipo che poi ispirarono le sedie *MR10* e *MR20* (1927) di **Ludwig Mies van der Rohe** e altre simili di **Marcel Breuer** e **Heinz** e **Bodo Rasch**. Nel 1927, insieme ai compatrioti **Gerrit Rietveld** e **Hendrik Petrus Berlage**, Stam fondò il Congrès International d'Architecture Moderne (CIAM). Dal 1931 al 1932 fu urbanista in Russia e, in accordo con la sua ideologia socialista, continuò a disegnare mobili funzionalisti. La sedia a libera oscillazione inventata da Stam e perfezionata da Mies e Breuer, ha rivoluzionato la struttura della sedia e rappresenta una delle più importanti innovazioni nel design del XX secolo.

Mart Stam

1899 *Purmerend, Paesi Bassi*
1986 *Goldbach, Svizzera*

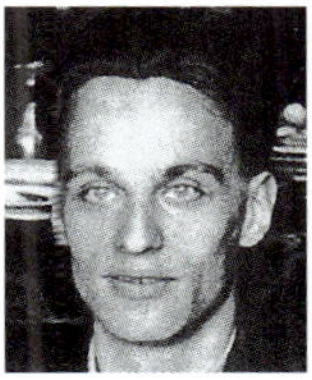

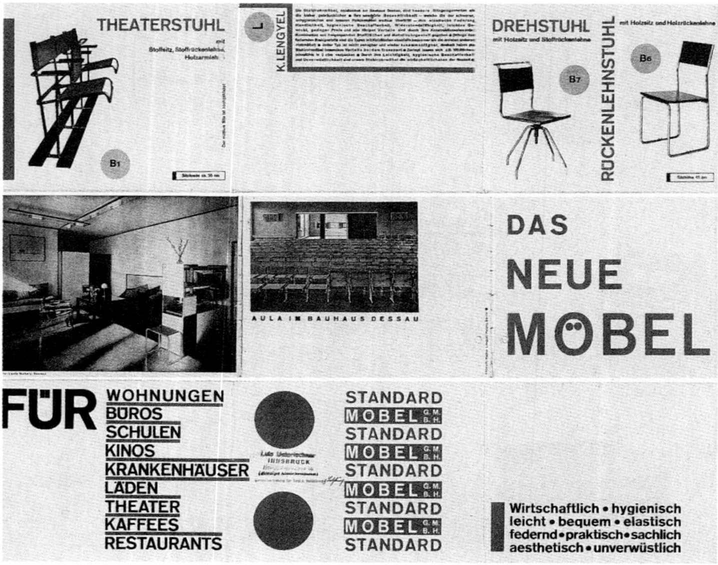

◄▼ Pagine dal catalogo "Das Neue Möbel" della Standard Möbel GmbH raffiguranti mobili standardizzati di Marcel Breuer, 1928

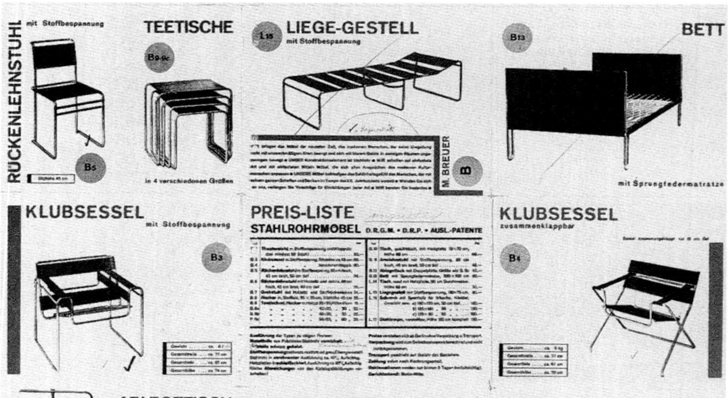

▸ Copertina del catalogo Thonet-Mundus raffigurante mobili standardizzati di Marcel Breuer, 1931

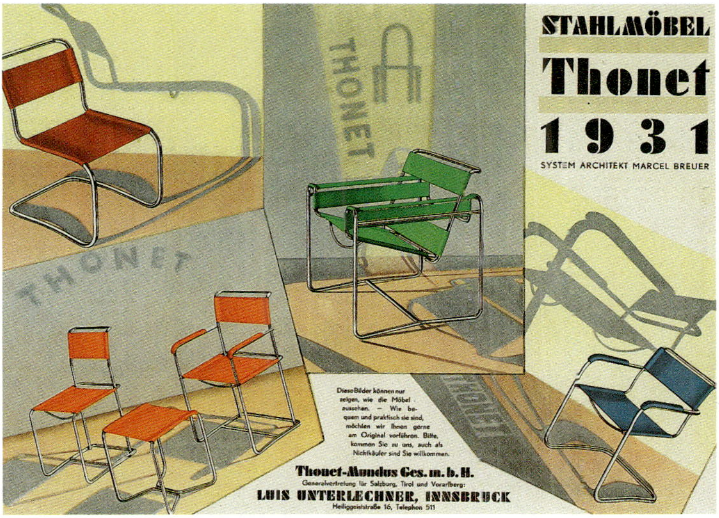

Standardization

La standardizzazione rappresenta un aspetto cruciale della produzione in serie in quanto consente di assemblare, con un aggiustamento minimo o nullo, componenti standard che sono anche intercambiabili tra prodotti diversi. I vantaggi della standardizzazione sono evidenti: aumenta l'efficienza e la produttività; inoltre consente ai fabbricanti di "clonare" i prodotti, ottenendo un più elevato controllo della qualità. Alcuni membri del **Deutscher Werkbund**, come Hermann Muthesius (1861–1927), si schierarono a favore della standardizzazione considerandola un potente strumento per la democratizzazione del design. Una delle prime aziende ad applicare un sistema coerente di standardizzazione fu l'**AEG**: la sua linea di montaggio integrata, progettata da **Peter Behrens**, rispecchiava una profonda comprensione delle moderne tecniche di produzione. In seguito il **Bauhaus** di Dessau sottolineò l'importanza della standardizzazione e membri come **Marcel Breuer**, **Gerhard Marcks** e **Wilhelm Wagenfeld** crearono design standardizzati concepiti per la produzione industriale su larga scala. Analogamente, in Francia **Le Corbusier** progettò un'unità abitativa standardizzata (1925) e una linea di mobili organizzati in un sistema (1928) costituito da unità modulari componibili standardizzate. Nel dopoguerra gli industrial designer abbracciarono incondizionatamente la standardizzazione, che non solo forniva mezzi di produzione ideali, ma consentiva di realizzare prodotti che offrivano un buon rapporto qualità-prezzo. Il gruppo di sedie in plastica di **Charles** e **Ray Eames** (1948–1950) e la serie *Polyprop* di **Robin Day** (1962–1963), ad esempio, impiegarono entrambi piani standardizzati combinabili con diverse basi, rendendo così possibili opzioni diverse.

► Sedia *Costes* per Driade, 1984

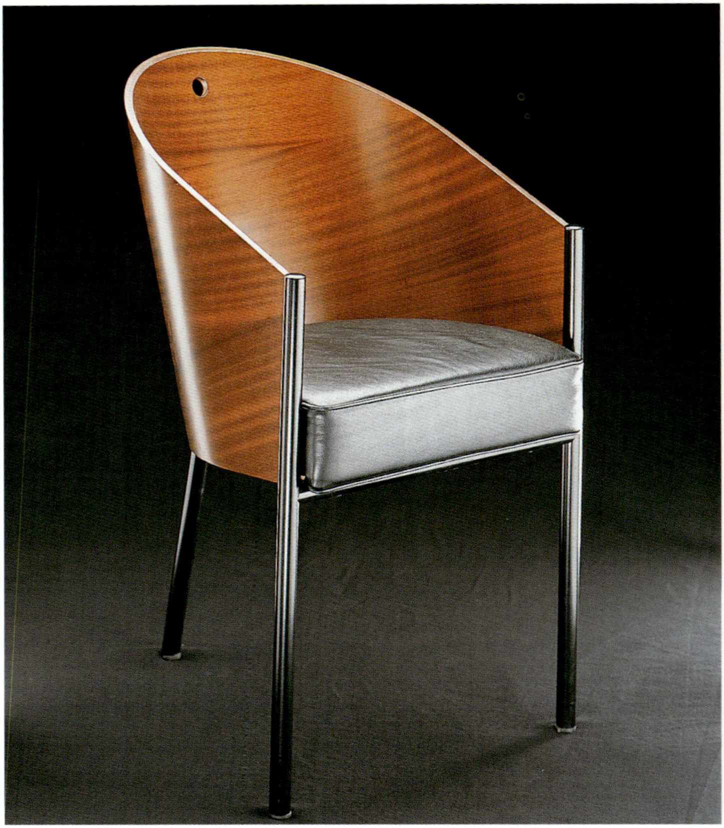

Philippe Starck

1949 *Parigi*

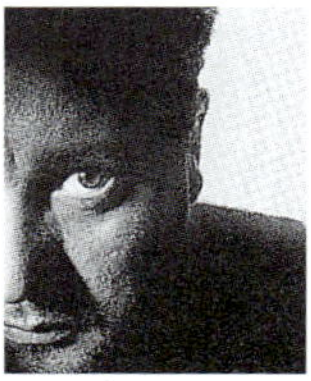

Figlio di un ingegnere aeronautico, Philippe Starck studiò all'École Nissin de Camondo. Nel 1965 vinse il concorso La Vilette dedicato all'arredamento e nel 1968 L. Venturi prima e **Quasar** poi gli commissionarono mobili gonfiabili; lo stesso anno aprì uno stabilimento per produrre direttamente questo genere di mobili. Nel 1969 venne nominato art director dello studio Pierre Cardin, per il quale creò sessantacinque mobili. Negli anni '70 lavorò come designer indipendente, progettando interni per locali notturni tra cui La Main Bleue a Montreuil (1976) e Les Bains Douches a Parigi (1978). Dopo un viaggio intorno al mondo, nel 1980 Starck ritornò a Parigi e aprì una propria impresa di produzione e distribuzione, la Starck Products, per commercializzare creazioni precedenti quali la sedia *Francesa Spanish* (1970), *Easy Light* (1977) e il divano *Dr. Von Vogelsang* (1978). Nel 1982 venne nominato supervisore della ristrutturazione degli appartamenti privati del presidente

► *Le paravent de l'autre* per Driade, 1992

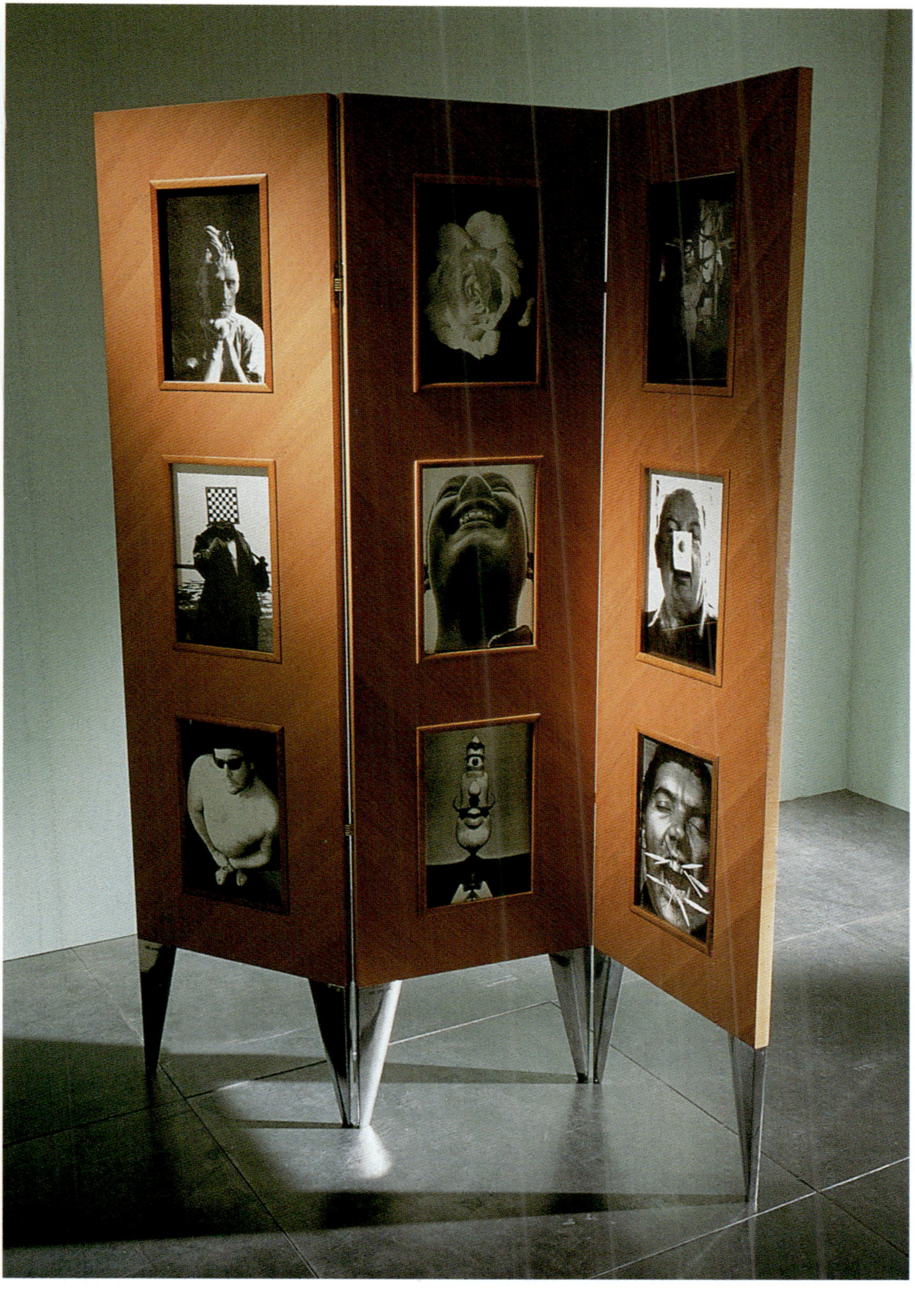

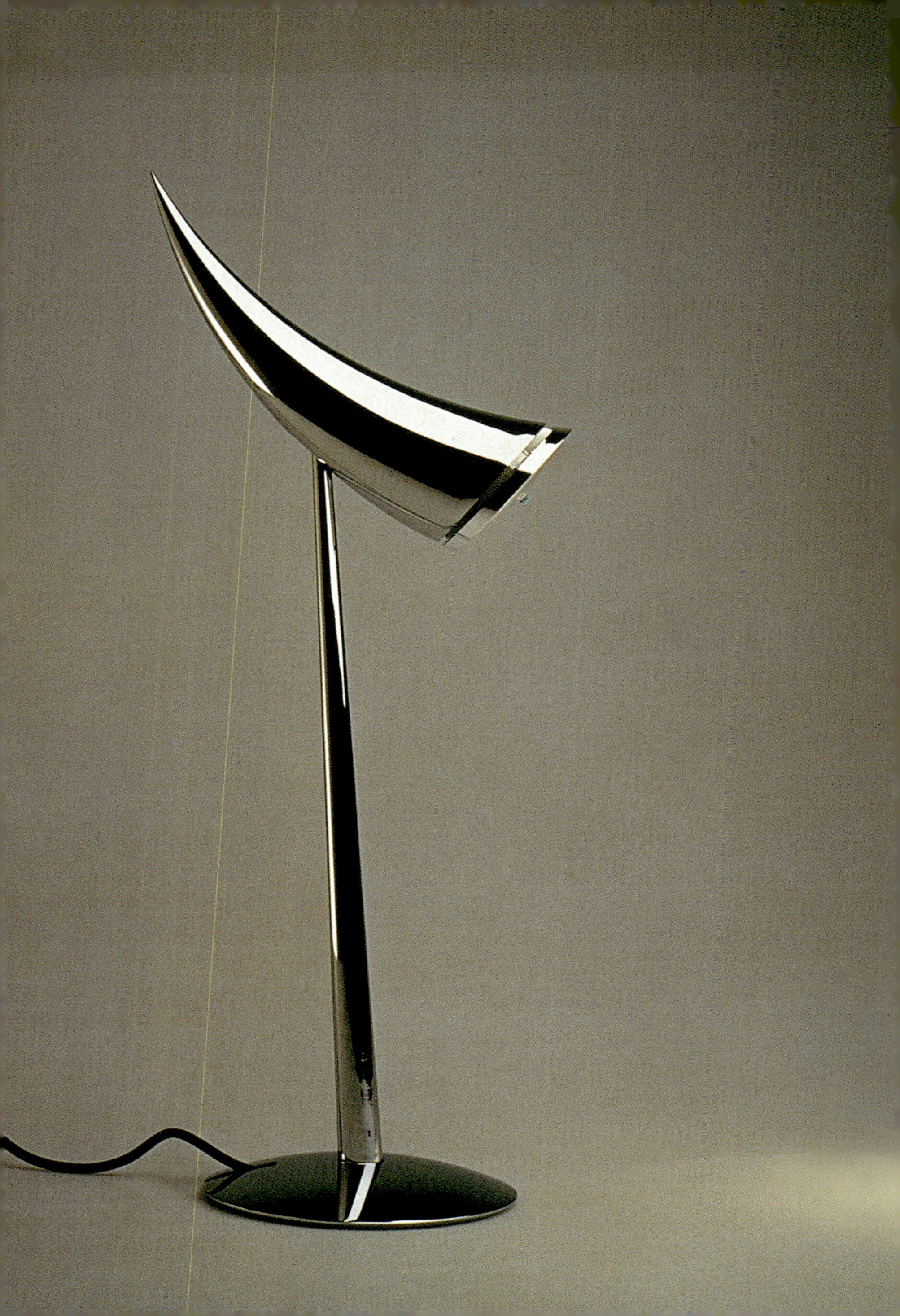

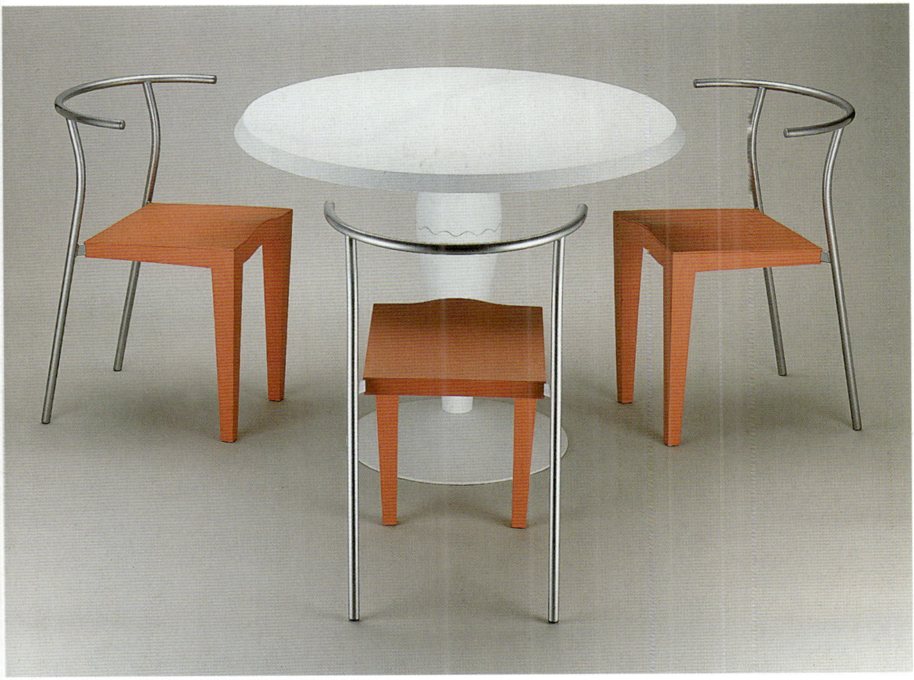

al palazzo dell'Eliseo, alla quale presero parte altri quattro designer, e nel 1984 disegnò gli interni del Café Costes a Parigi: entrambi i progetti contribuirono a renderlo famoso a livello internazionale. Negli anni '80, considerato la "superstar del design", Starck lavorò a una miriade di progetti Progettò eleganti e sontuosi interni per hotel, in particolare il Royalton Hotel (1988) e il Paramount Hotel (1990) a New York, entrambi esempi della grande tradizione decorativa francese, e disegnò interni per numerosi locali notturni, negozi (Kansäi, Yamamoto, Bocage, Creeks e Hugo Boss) e ristoranti in cui incluse mobili, lampade, maniglie, vasi e altri oggetti di sua creazione. Ma furono soprattutto i mobili a renderlo celebre: dalla sedia *Café Costes* a tre gambe (1984) alla *Dr. Glob* in plastica iniettata (1990), fino all'elegante poltrona con schienale avvolgente *Lord Yo* (1994) e alla sedia pieghevole *Miss Trip* (1996), ideate per **Vitra**, Disform, Driade, Baleri, XO e Idée. Analogamente ai mobili, anche alle lampade e a numerosi altri design Starck é solito associare nomi pieni di carattere e forme attraenti e sensuali. Dal punto di vista commerciale, hanno incontrato particolare successo la lampada da tavolo *Ara* per Flos (1988) e, tra gli articoli per Alessi, lo spremilimone *Juicy Salif* (1990–1991), il colino *Max le Chinois* (1990–1991) e il bolli-

▲ Sedie e tavolo *Dr. Glob* per Kartell, 1990

◄ Lampada *Ara* per Flos, 1988

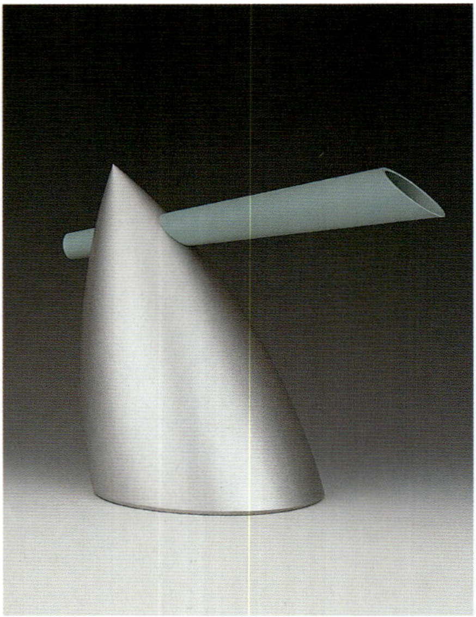

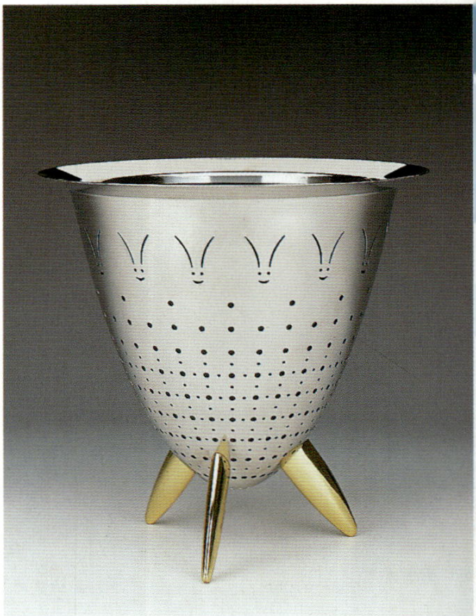

▲ Bollitore *Hot Bertaa* per Alessi, 1990–1991

►▲ Colino *Max le Chinois* per Alessi, 1990–1991

► Spremilimone *Juicy Salif* per Alessi, 1990–1991

tore *Hot Bertaa* (1990–1991). Sulla scena internazionale Starck ha lavorato anche come architetto, progettando edifici pubblici quali lo scultoreo palazzo Nani Nani (1989) e la sala Asahi Beer (1990) a Tokyo, il palazzo Le Baron Vert a Osaka (1992) e infine il Groningen Museum (1993). Ha anche progettato residenze private, tra cui Casa Le Moult a Parigi (1985–1987), Casa Formentera alle Baleari (1995), Casa Placido Arango Jr. a Madrid (1996) e infine Casa Starck (1994) in legno. I progetti e altri dati sulla costruzione di quest'ultima sono stati pubblicati da 3 Suisses. Negli anni '90 Starck ha studiato articoli di elettronica per Thomson, Saba e Telefunken, cercando di conferire alla tecnologia dimensioni umane: il televisore *Jim Nature* (1994) per Saba, ad esempio, invece della plastica adotta un innovativo telaio di truciolato. Ha inoltre progettato la *Moto 6,5* (1995) e un prototipo di scooter per Aprilia. Oggi riconosce che molti design prodotti negli anni '80 e all'inizio degli anni '90, comprese alcune sue creazioni, sono espressione di un narcisistico "over-design" fondato sul concetto di novità e quindi soggetto ai capricci della moda; ora promuove la longevità del prodotto, che ritiene la finalità principale del design odierno, una finalità che si può conseguire integrando moralità, onestà e obiettività nel processo di design. Ha anche sostenuto che il ruolo del designer consiste nel creare maggiore "felicità" con meno.

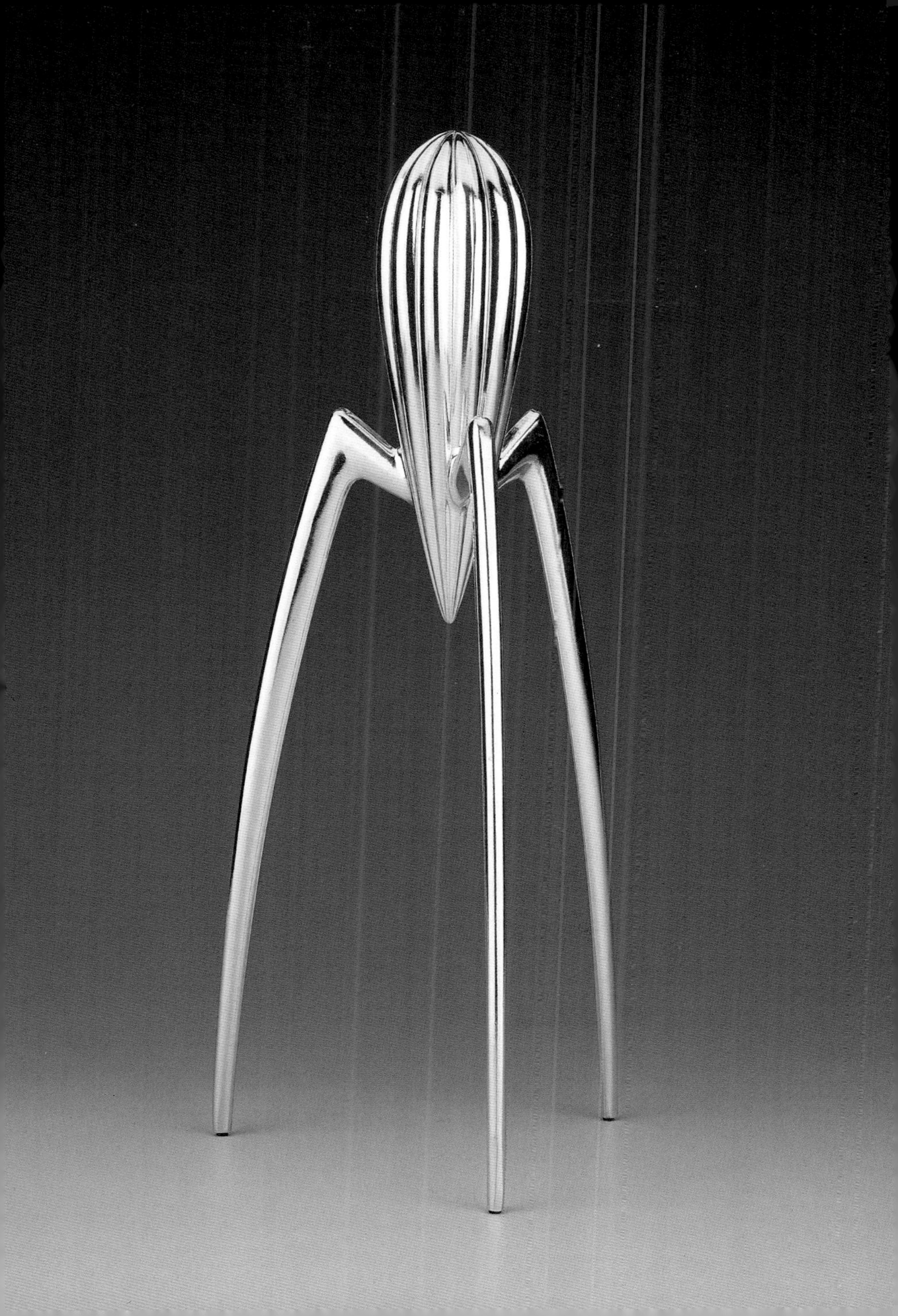

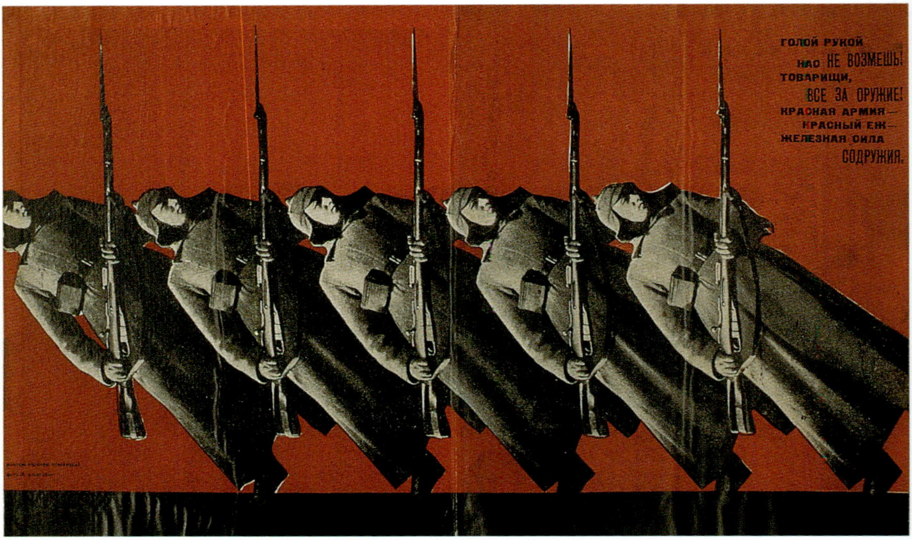

Varvara Stepanova

1894 *Kowno, Lituania*
1958 *Mosca*

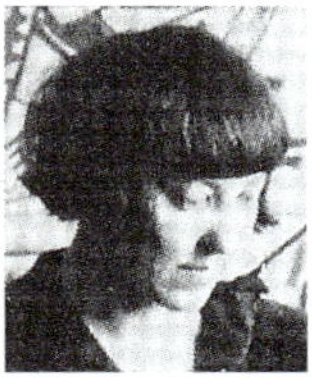

Varvara Stepanova frequentò la Scuola d'arte di Kazan dal 1910 al 1911, poi, trasferitasi a Mosca nel 1912, proseguì gli studi alla Scuola d'arte Stroganov dal 1913 al 1914. Nel 1918 si iscrisse all'Izo NKP (la facoltà di belle arti di Narkompros). A Mosca Stepanova fu membro attivo dell'**avant-garde** lavorando come pittrice e illustratrice di libri. Nel 1922 creò i costumi per l'opera teatrale "La morte di Tarelkin", esprimendo il suo approccio funzionale all'abbigliamento. Come il marito **Alexander Rodchenko**, Stepanova fu esponente di primo piano del **Costruttivismo**. Dal 1923 al 1924 disegnò tessuti per la Pervaya Gosudarstvennaya Sittenabivnaya Fabrika (la prima fabbrica di tessuti a gestione statale) nei pressi di Mosca; delle sue centocinquanta audaci creazioni geometriche solo venticinque furono messe effettivamente in produzione. Dal 1924 al 1925 Stepanova fu docente di design del tessuto presso i **Vkhutemas** (Laboratori tecnici e artistici superiori statali) e tra il 1923 e il 1928 collaborò alle riviste *LEF* e *Novyi LEF*. Dopo il 1925 Stepanova si concentrò sulla grafica, lavorando con Rodchenko al design di poster, libri, riviste e caratteri tipografici. Insieme sperimentarono varie tecniche di fotomontaggio creando immagini propagandistiche d'effetto. Negli anni '30 Stepanova collaborò alla rivista *Unione Sovietica in costruzione*, continuando a creare dinamici fotomontaggi, veicolo di potenti messaggi politici.

▲ Risguardo per il libro di Vladimir Majakovskij "Groznij smech", 1932

Nel 1869 Gustav Stickley cominciò ad apprendere il mestiere di scalpellino dal padre, ma sei anni dopo si trasferì in Pennsylvania per lavorare nella fabbrica di sedie di bambù dello zio. Nel 1884, insieme ai fratelli Albert (1862–1928) e Charles (1865 ca.–1928), aprì la Stickley Brothers Company a Binghampton, New York; nel 1888 entrarono in società altri due fratelli più giovani. L'impresa produceva essenzialmente mobili su modello, ma presto Gustav iniziò a interessarsi alle idee riformatrici di John Ruskin (1819–1900) e **William Morris**; nel 1898, infatti, fece un viaggio in Europa dove conobbe **Charles F. A. Voysey** e le opere di altri designer appartenenti all'**Arts & Crafts Movement** britannico. Al suo ritorno fondò la Gustav Stickley Company a Syracuse, nei pressi di Eastwood (New York), che si ampliò fino a diventare la United Crafts nel 1901. L'azienda, ispirata all'ideale di Morris di comunità artigianale autosufficiente, inizialmente doveva essere gestita come una gilda a distribuzione dei profitti, mentre il legname proveniva dalla segheria di proprietà sugli Adirondacks. Con la crescita dell'azienda però gli artigiani non ricevettero più le azioni della società che alla fine fu ristrutturata e rinominata Craftsman Workshops. La ditta diventò famosa per i mobili in rovere semplici e solidi, costruiti nello Stile delle Missioni. Nel 1901 Stickley lanciò la rivista *The Craftsman* per promuovere, insieme a questo tipo di lavora-

Gustav Stickley

1857 Osceola, Wisconsin
1942 Syracuse, New York

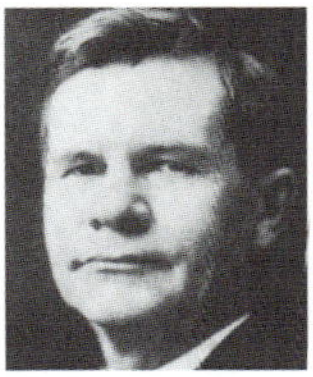

▼ Credenza in rovere per Craftsman Workshops, 1902–1903 ca.

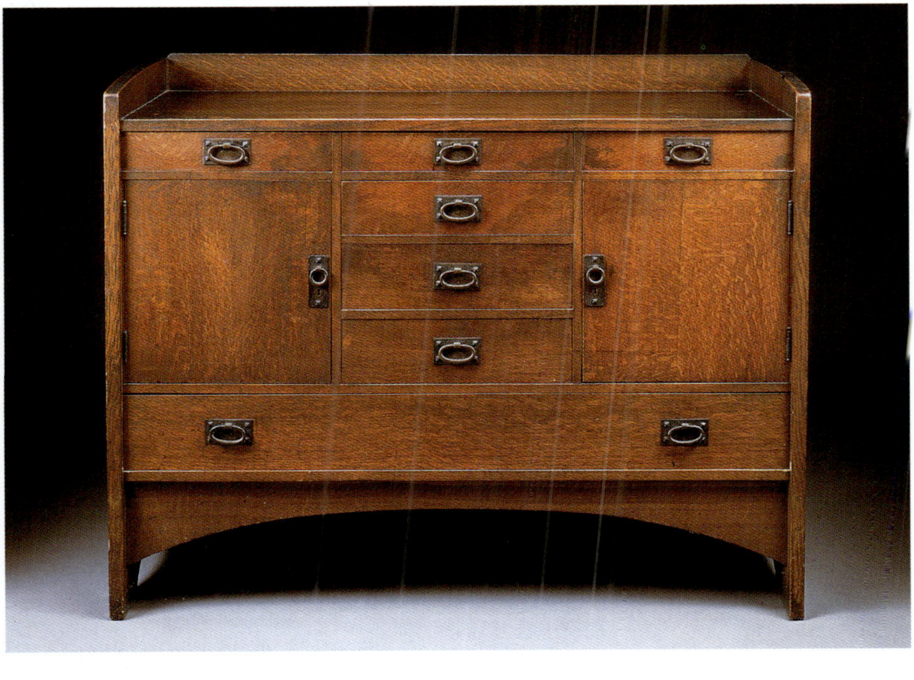

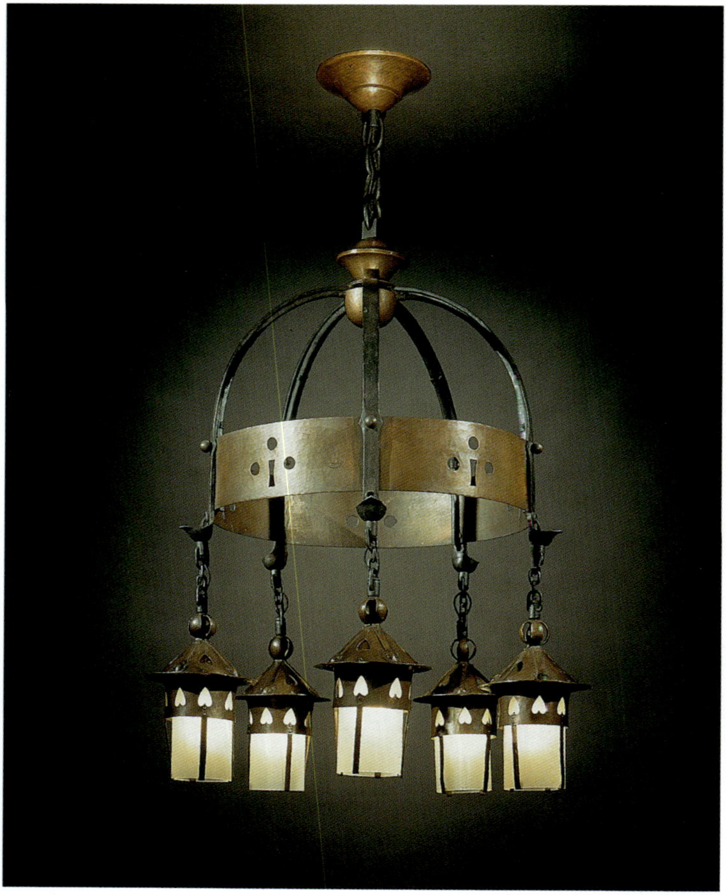

◂ Lampadario in ferro battuto e rame martellato per Craftsman Workshops, 1905 ca.

zione, gli ideali socialisti e artistici del movimento Arts & Crafts. Nel 1902 fu aperto un laboratorio dei metalli che, oltre alle rifiniture per i mobili, produceva lampadari, vasi, targhe e fioriere. Nel 1903 Harvey Ellis (1852–1904) mise la sua creatività al servizio dei laboratori, realizzando design spesso decorati da intarsi in metallo, più raffinati di quelli di Stickley. I prodotti dei laboratori erano venduti per posta tramite catalogo. Nel 1913 fu aperto una showroom di dodici piani a New York, ma l'espansione, eccessivamente ambiziosa, condusse nel 1915 l'azienda alla bancarotta. La ditta fu poi assorbita dalla L. J. G. Stickley.

Adelgunde "Gunta" Stölzl studiò alla Kunstgewerbeschule di Monaco dal 1913 al 1917. Tra il 1917 e il 1918 lavorò in un ospedale da campo e dopo la prima guerra mondiale riprese gli studi allo Staatliches **Bauhaus** di Weimar. Inizialmente seguì le lezioni di Paul Klee (1879–1940) e i corsi propedeutici di **Johannes Itten**, poi frequentò anche il laboratorio tessile, dove creò i tessuti per il piano e lo schienale di una sedia disegnata da **Marcel Breuer** (1921) e per arredare Casa Sommerfeld, progettata da **Walter Gropius** (1921–1922). Intorno al 1923 sostenne l'esame di qualifica e nel 1924 seguì i corsi di tintura e metodi di produzione alla Fachschule für Textil-Industrie di Krefeld. Nel 1924 Stölzl aprì il laboratorio tessile Ontos a Herrliberg, vicino a Zurigo, che gestì per nove mesi. Nel 1925 tornò al Bauhaus come insegnante nel laboratorio tessile e nel 1927 ne assunse la direzione. In questa sua nuova veste Stölzl stabilì contatti con ditte esterne per la produzione e la vendita dei tessuti Bauhaus. Lasciò il Bauhaus nel 1931 per fondare a Zurigo, con gli ex studenti Gertrud Preiswerk e Heinrich Otto Hürlimann, lo studio e laboratorio tessile S-P-H-Stoffe che produsse tappeti e tessuti per tappezzeria per Wohnbedarf e altre aziende. Dal 1937 gestì da sola il laboratorio e nel 1939 espose alla Mostra nazionale svizzera. Negli anni '50 si dedicò alla produzione di gobelin e chiuse lo studio nel 1967. Gunta Stölzl è stata il più importante designer di tessuti del Bauhaus; a lei si deve anche la fondamentale transizione dalla produzione artigianale a quella industriale.

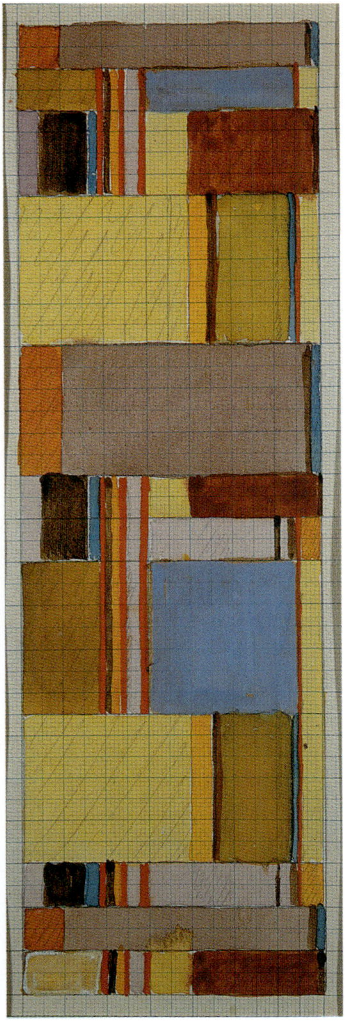

Gunta Stölzl

1897 *Monaco*
1983 *Küßnacht, Svizzera*

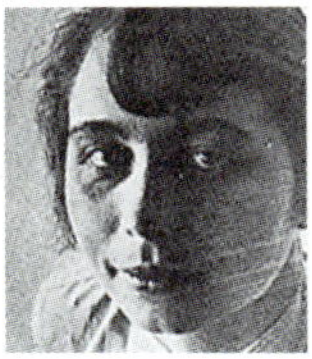

◂ Disegno ad acquerello per tessuto, 1925–1926 ca.

Marianne Straub

1909 *Amriswil, Svizzera*

Marianne Straub imparò a tessere da bambina e dal 1928 al 1931 seguì i corsi tenuti da Heinrich Otto Hürlimann (ex allievo di **Gunta Stölzl**) alla Kunstgewerbeschule di Zurigo. Più interessata ai metodi industriali che a quelli artigianali, Straub si trasferì in Inghilterra e studiò al Bradford Technical College, dove dal 1932 al 1933 apprese le tecniche di manifattura su telaio meccanico. Lavorò brevemente anche nel laboratorio Gospels di Ethel Mairet (1872–1952) a Ditchling, rinomato per i tessuti fatti a mano e l'impiego di tinte naturali. Dal 1934 al 1937 Straub fu consulente presso il Rural Industries Board che tutelava gli interessi dei lanifici gallesi. Straub riuscì a infondere nuovo slancio all'industria tessile in declino della regione grazie alle sue conoscenze tecniche e a moderne creazioni come i tessuti da tappezzeria per **Gordon Russell**. Nel 1937 venne nominata capo designer dello stabilimento tessile Helios a Bolton, una filiale della Barlow & Jones. Per questa società disegnò una moderna linea di tessuti stampati e nonostante le restrizioni dell'epoca bellica fece un uso innovativo di diversi filati. Nel 1947 diventò amministratore delegato di Helios, rilevata dalla Warner & Sons nel 1950. Quale rappresentante della Warner venne invitata a partecipare al Festival Pattern Group, organizzato in occasione del Festival of Britain da Mark Hartland Thomas, direttore del Council of Industrial Design. Le fantasie biomorfe del tessuto per tende in rayon e lana *Surrey* (1951), creato espressamente per la mostra, si ispiravano alle strie colorate presenti in alcuni cristalli, rispecchiando l'interesse dell'epoca per la cristallografia e la chimica molecolare. Straub creò tessuti anche per Heals e Tamesa Fabrics e insegnò al **Royal College of Art** e alla Central School of Arts & Crafts di Londra.

▼ Tessuto per tende *Surrey* per Warner & Sons, 1951

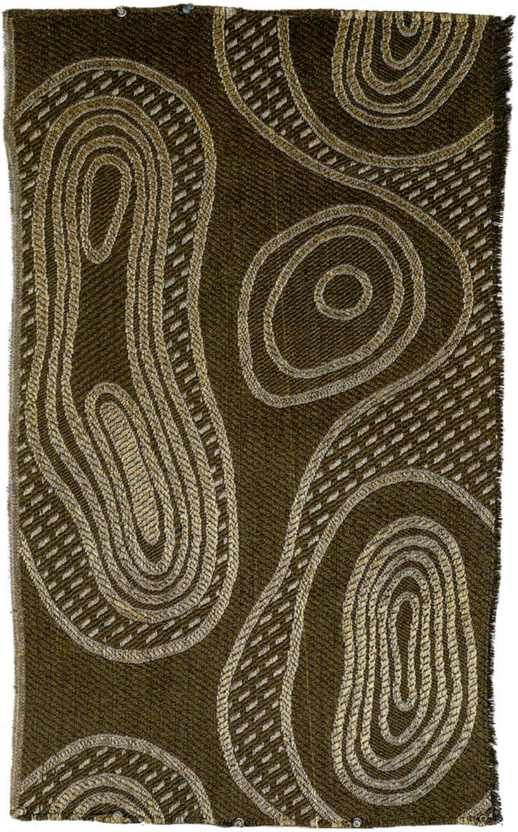

▸ Lampada streamlined in bachelite *Jumo* per Jumo Brevete, Parigi, 1945

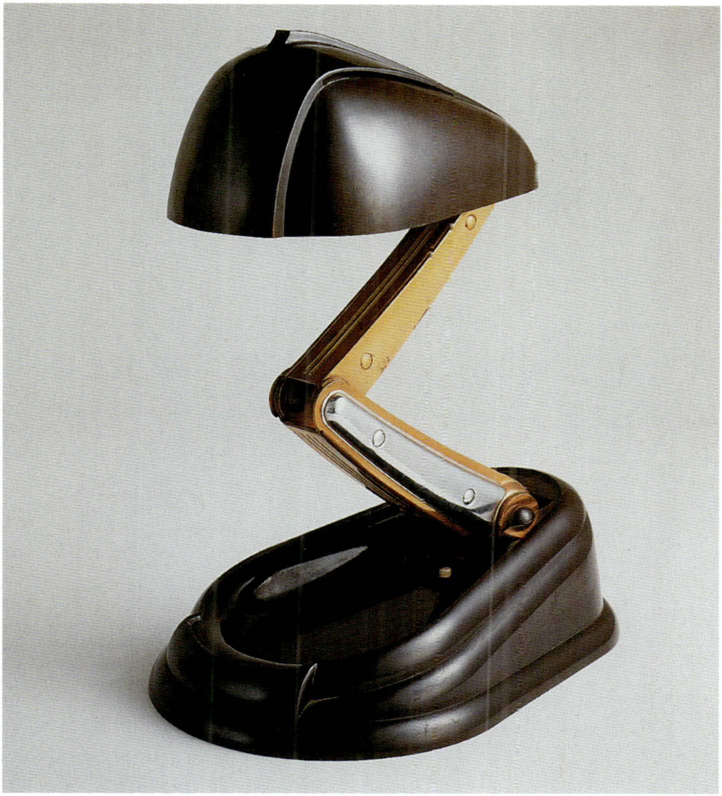

Streamlining

Lo Streamlining, cioè l'applicazione di forme arrotondate, ben levigate e spesso a goccia, venne impiegato per la prima volta all'inizio del XX secolo nelle tecnologie applicate ai trasporti – navi, aerei e automobili – per migliorare il rendimento aero e idrodinamico alle alte velocità. Negli anni '30, tuttavia, tali forme non furono più impiegate per motivi funzionali bensì per rendere i prodotti più allettanti agli occhi del consumatore. In America il crollo di Wall Street del 1929 e la conseguente Depressione, insieme all'entrata in vigore del National Recovery Act del 1932 che fissava un tetto ai prezzi, costrinsero i produttori a operare in un mercato ferocemente competitivo così, piuttosto che investire nella creazione di prodotti nuovi, molti industriali incaricarono i designer di dare un nuovo volto a prodotti già esistenti per farli sembrare nuovi. Lo Streamlining è servito a molti industriali per differenziare i loro prodotti da quelli della concorrenza, mentre i programmi annuali di restyling hanno contribuito ad abbreviare il ciclo di vita dei prodotti e di conseguenza ad aumentare le vendite.

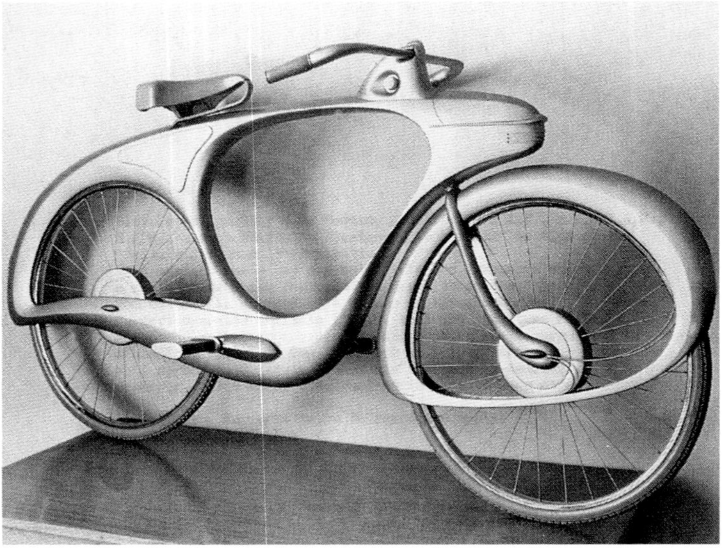

◂ **Ben Bowden**, "Bicycle of the Future" (a batteria) in mostra nella sezione "Design for the Future" all'esposizione "Britain Can Make It", 1946

È interessante notare che molti designer americani diventati famosi grazie allo Streamlining, come **Raymond Loewy**, **Norman Bel Geddes**, **Henry Dreyfuss** e **Walter Dorwin Teague**, avevano lavorato in precedenza come illustratori di moda, architetti scenografi e disegnatori pubblicitari. Usando modelli in creta, questi designer plasmarono forme fluide dall'aspetto moderno per i più svariati beni di consumo, da frigoriferi e aspirapolvere a radio, macchine fotografiche e telefoni. Molti degli involucri esterni di questi prodotti erano fatti di bachelite, una plastica termoindurente che si adattava egregiamente ad assumere le forme caratteristiche dello Streamlining. Il frigorifero *Coldspot* di Loewy per Sears del 1934 è stato il primo elettrodomestico commercializzato per il suo aspetto piuttosto che per le caratteristiche tecniche. Lo Streamlining raggiunse la massima diffusione negli anni '40 rendendo celebri i designer che lo avevano adottato. Loewy è stato il primo designer ad apparire sulla copertina della rivista *Time* nel 1949; la sua foto era accompagnata dall'eloquente frase "He streamlines the sales curve" (Ottimizza la curva delle vendite). "Aggiungendo valore" ai prodotti e dando impulso alle vendite, lo Streamlining ha aiutato l'industria manifatturiera americana a riacquistare vigore e redditività.

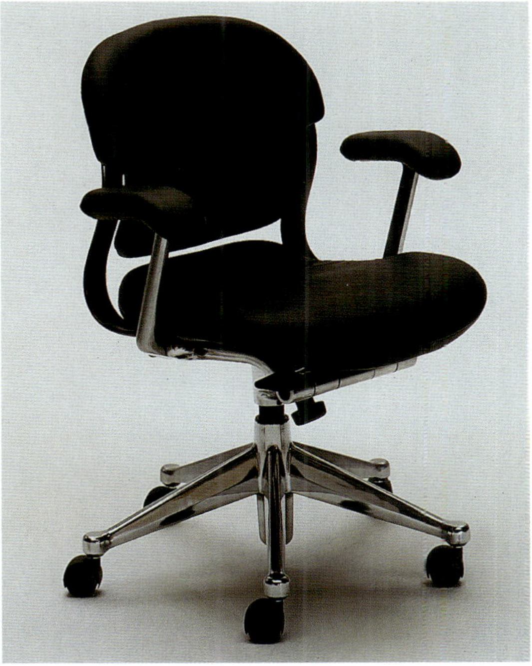

◂ **Bill Stumpf & Don Chadwick**, Sedia per ufficio *Equa* per Herman Miller, 1984

Bill Stumpf

1936 *St. Louis, Missouri*

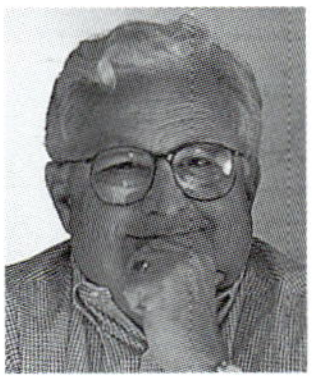

Bill Stumpf studiò disegno industriale all'Università dell'Illinois e design ambientale all'Università del Winsconsin, laureandosi nel 1968. Successivamente la **Herman Miller** gli commissionò una sedia da ufficio economica e comoda da vendersi insieme alle workstation *Action Office II* di **Robert Propst**. Stumpf creò *Ergon* (1970), una delle prime sedie da ufficio disegnata, come suggerisce il nome, secondo criteri ergonomici. Tra il 1970 e il 1973 Stumpf fu vicepresidente della sezione ricerca della Herman Miller e nel 1973 aprì un proprio studio di consulenza a Winona, Minnesota. Nel 1977 fondò una società con **Don Chadwick** e insieme progettarono la generazione successiva di sedie da ufficio per Herman Miller, la linea *Equa* (1984). Lo stesso anno Stumpf progettò anche il sistema per ufficio a pianta aperta *Ethospace*; nel 1992 lui e Chadwick concepirono la rivoluzionaria sedia *Aeron* che, sostituendo all'imbottitura il tessuto a rete traspirante Pellicle, riduce il ciclo di produzione a un solo minuto. Innovatore di talento come i suoi predecessori alla Herman Miller **George Nelson** e Robert Propst, Stumpf ha dato una svolta non solo alla gamma di prodotti dell'azienda ma anche all'ambiente dell'ufficio in generale.

▸ Piatto (sbozzo prerivoluzionario) decorato con un motivo suprematista per la Fabbrica statale di porcellane di Pietrogrado, 1923

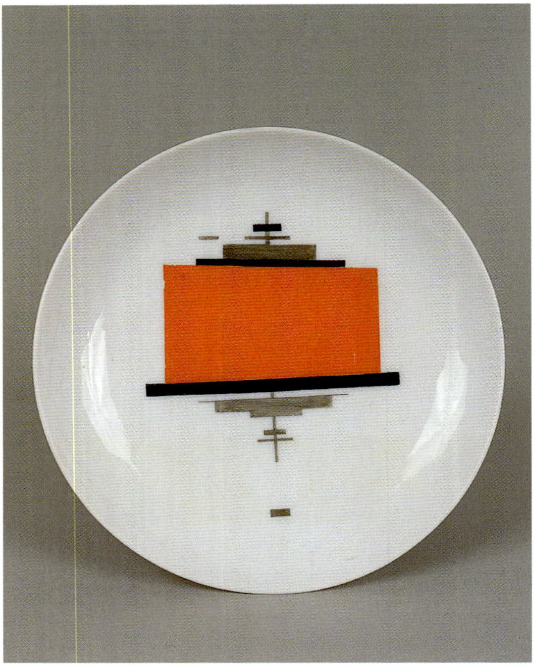

Nikolai Suetin

1897 *Kaluzhshaya Gubenia, Russia*
1954 *Leningrado*

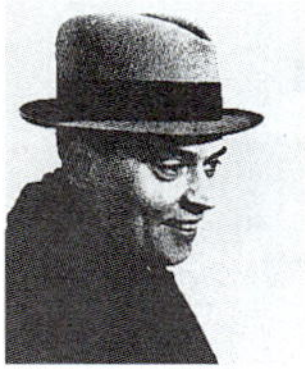

Nikolai Mikhailovich Suetin fu allievo di **Kasimir Malevich** alla scuola d'arte di Vitebsk dal 1918 al 1922. Nel 1920 contribuì a fondare il gruppo artistico Posnovis (successivamente Unovis) di Malevich; nel 1922 si trasferì a Pietrogrado con numerosi altri designer tra cui Malevich e Ilya Chashnik (1902–1929). Un anno dopo iniziò a lavorare come designer per la Fabbrica statale di porcellane di Pietrogrado. In questo periodo Suetin e Malevich progettarono insieme costruzioni suprematiste denominate "arkhitektony" e "planity". Tra il 1923 e il 1926 Suetin diresse anche la sezione di ideologia generale all'Inkhuk (Istituto statale di cultura artistica) di Pietrogrado. Nel 1925 partecipò all'"Exposition Internationale des Arts Décoratifs et Industriels Modernes" e dal 1927 al 1930 lavorò nei laboratori sperimentali dell'Istituto di storia dell'arte a Leningrado, dove produsse numerosi progetti architettonici e di mobili. Tra il 1932 e il 1954 Suetin fu direttore artistico della Fabbrica di porcellana di Lomonosov, per la quale creò ceramiche suprematiste e successivamente design in stile popolare. Esponente di punta dell'**avant-garde** russa, Suetin progettò anche i padiglioni sovietici per l'"Exposition Internationale des Arts et Techniques dans la Vie Moderne" tenuta nel 1937 a Parigi e per la Fiera mondiale di New York del 1939.

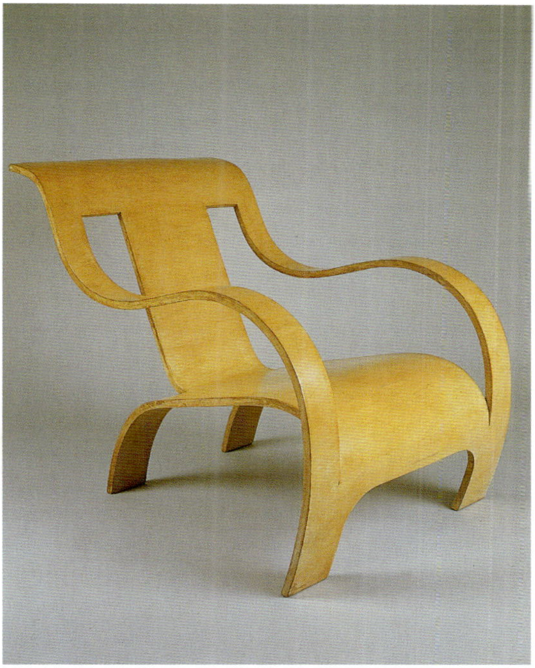

◂ Poltrona in compensato piegato per Makers of Simple Furniture, 1933–1934

Gerald Summers

1899 *Alessandria d'Egitto*
1967 *Barnet/Londra*

Gerald Summers studiò falegnameria come parte del curriculum di studi dell'Eltham College; dopo aver lasciato la scuola nel 1915, svolse un anno di apprendistato presso lo studio di ingegneria Ruston, Proctor & Co. nel Lincolnshire. Nel 1916 si arruolò nell'esercito e mentre era in Francia iniziò a riflettere su "come trattare il legno e farci delle cose". Dopo il 1918 Summers diventò manager alla Field and Air Division della Wireless Telegraph Co. Ltd. di Marconi, dove conobbe la futura moglie e collega Marjorie Amy Butcher. Il desiderio di quest'ultima di riarredare il suo alloggio portò Summers a disegnare un tavolo da toletta e un guardaroba; questo progetto alimentò l'idea di aprire una fabbrica di mobili e intorno al 1932 la coppia fondò Makers of Simple Furniture, in Fitzroy Street (Londra). L'azienda produceva mobili moderni in legno piegato, alla cui realizzazione contribuì notevolmente il proprietario di Isokon, Jack Pritchard, che condivise la sua esperienza tecnica con i Summers. Nel 1933 Summers iniziò a sperimentare l'impiego dei fogli di compensato usati sugli aerei, sottili e flessibili, che gli consentirono di realizzare costruzioni altamente innovative e più organiche, tra cui la *Poltrona* in pezzo unico (1933–1934). L'azienda fu costretta a chiudere nel 1940 a causa delle restrizioni di guerra sulle materie prime.

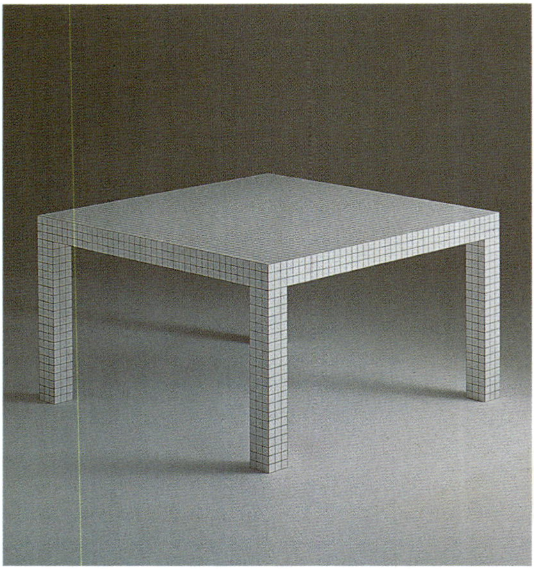

► Tavolo *Quaderna* per Zanotta, 1971 – evoluzione del precedente progetto "Istogrammi d'architettura" del gruppo del 1969 che impiegava laminati plastici con motivo quadrettato di Abet

Superstudio

Fondato nel 1966 a *Firenze*

Superstudio fu fondato nel dicembre 1966 a Firenze da Adolfo Natalini (1941) e Cristiano Toraldo di Francia (1941), inizialmente per condurre ricerche teoriche sull'urbanistica e la progettazione di sistemi. L'anno della sua costituzione coincise con la più grave inondazione del fiume Arno a memoria d'uomo, due eventi che in un certo senso diventarono simbolo della fine della cultura tradizionale. Superstudio, infatti, mise in discussione la validità del **Razionalismo** nel design e cercò di sostituire alla città come sistema di gerarchie sociali un "nuovo stato libero ed egalitario". I suoi provocatori progetti di "super strutture", come il "Il momento continuo" (1969), rimandavano a un mondo ideale senza prodotti di consumo in cui l'architettura sarebbe stata non funzionale, autodistruttiva, oppure simbolica. Il gruppo partecipò alle due mostre di "Superarchitettura" tenute a Pisa e Modena, rispettivamente nel 1966 e nel 1967, e nel 1970 collaborò con il Gruppo 9999 all'apertura della Scuola separata per l'architettura concettuale espansa (o Scuola senza spazio). All'inizio degli anni '70 si unirono al gruppo Alessandro Magris (1935), Roberto Magris, Piero Frassinelli e Alessandro Poli. Nel 1972 Superstudio partecipò alla mostra "Italy: The New Domestic Landscape" tenuta al **Museum of Modern Art di New York**, nella sezione "Counterdesign as Postulation". L'opera di Superstudio, che usò spesso motivi a griglia simboleggianti l'infinito, ha svolto un ruolo fondamentale nell'evoluzione del **Radical Design**.

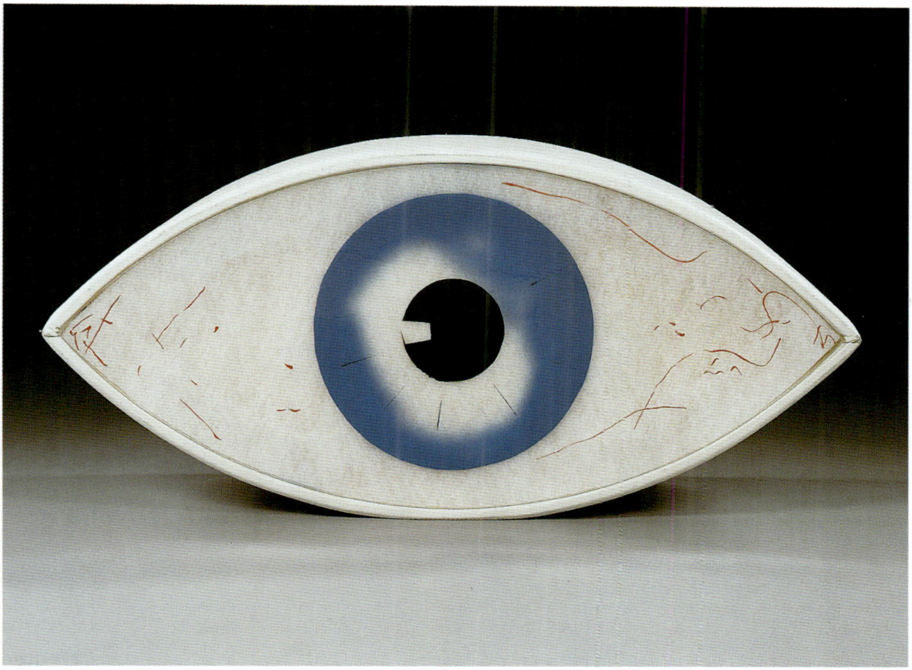

Il Surrealismo si ispirava direttamente alle ricerche sul subconscio e all'analisi dei sogni condotte da Sigmund Freud (1856–1939). Come movimento artistico, il Surrealismo si può considerare un'evoluzione del Simbolismo e del Dadaismo cui si sostituì. Si ritiene che sia stato il poeta Guillaume Apollinaire (1880–1918) a coniare per la prima volta il termine nel 1917, mentre il poeta André Breton (1896–1966) scrisse il *Manifeste du Surréalisme* nel 1924. In questa pubblicazione egli definì il Surrealismo un "puro automatismo psichico attraverso il quale si intende esprimere... il vero processo del pensiero. È il dettato del pensiero, libero da ogni controllo da parte della ragione e da qualsiasi preoccupazione morale o estetica". Negli anni '20 esponenti del Surrealismo come Salvador Dalí (1904–1989) e Man Ray (1890–1976) crearono composizioni che combinavano oggettività e soggettività, ragione e nonsenso, conscio e subconscio. Negli anni '30 il movimento surrealista si fece sempre più politicizzato e molti dei suoi membri furono attivamente coinvolti nel partito comunista. La sua posizione antirazionale neutralizzava nozioni preconcette sull'arte e il design, sfumando ogni distinzione: ad esempio, il divano *Mae West* di Salvador Dalí del 1936 circa può anche essere considerato un'opera d'arte funzionale.

Surrealism
(Surrealismo)

▲ **Man Ray**, sedia *Le Témoin (Il testimone)* per Gavina, 1971

Swiss School

Svizzera

Il termine Swiss School si riferisce a uno stile tipografico sviluppato a Zurigo e Basilea prima e durante la seconda guerra mondiale. La Svizzera, infatti, restò politicamente neutrale durante la guerra e i designer svizzeri ebbero la possibilità di sviluppare le teorie tipografiche precedentemente proposte dal **Bauhaus**. Ernst Keller (1891–1968), che insegnò alla Kunstgewerbeschule di Zurigo dal 1918, si era precedentemente guadagnato una reputazione a livello nazionale grazie a eccellenti opere tipografiche e alla grafica innovativa. Il suo allievo Theo Ballmer (1902–1965), che aveva studiato al Bauhaus, conciliò l'approccio razionale con i principi spaziali di **De Stijl** creando sistemi a griglia per i layout. Le opere grafiche della Swiss School degli anni '20 erano caratterizzate dall'impiego del fotomontaggio e di nuovi caratteri tipografici come il sans-serif. Negli anni '30 **Max Bill**, anche lui allievo del Bauhaus, introdusse nella Swiss School una forma di layout asimmetrico influenzato dal **Costruttivismo**. Talvolta definita "International Graphic Style", negli anni '30 e '40 la Swiss School fu caratterizzata dall'uso del carattere sans-serif, da "spazi bianchi" e da una "fotografia oggettiva" (immagini realistiche): ne risultava un'estetica riduttivista precisa, diretta e imparziale. Le opere grafiche della Swiss School furono esposte alla "Swiss National Exhibition" del 1939; negli anni '50 la sua influenza si diffuse a livello internazionale grazie alla rivista *New Graphic Design* lanciata nel 1959. Il successo dei caratteri della Swiss School, tra cui *Univers* (1954) elaborato da **Adrian Frutiger** e *Helvetica* rielaborato nel 1957 da Max Mieddinger (1910–1980), contribuirono sensibilmente alla reputazione internazionale della scuola. Negli anni '60 Karl Gerstner (1930) e Wolfgang Weingart (1941) iniziarono a sperimentare composizioni più espressive pur mantenendo l'approccio moderno della Swiss School.

▼ **Karl Gerstner**, Poster *auch du bist liberal (Anche tu sei liberale)*, 1959

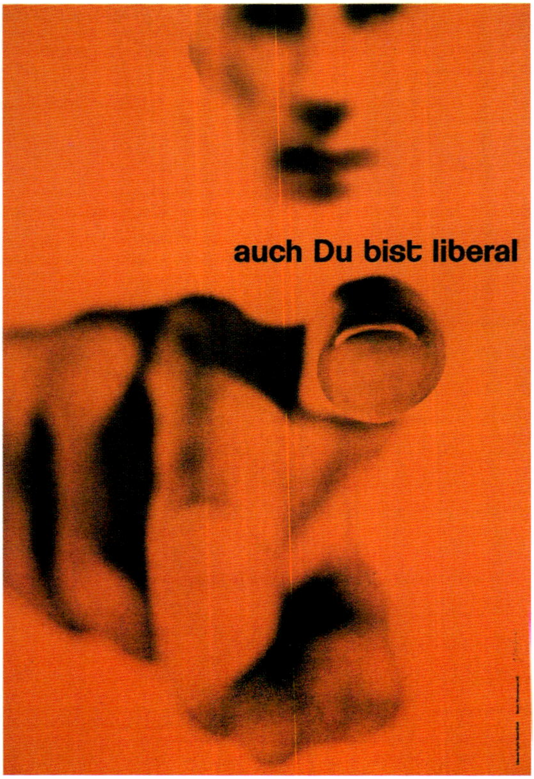

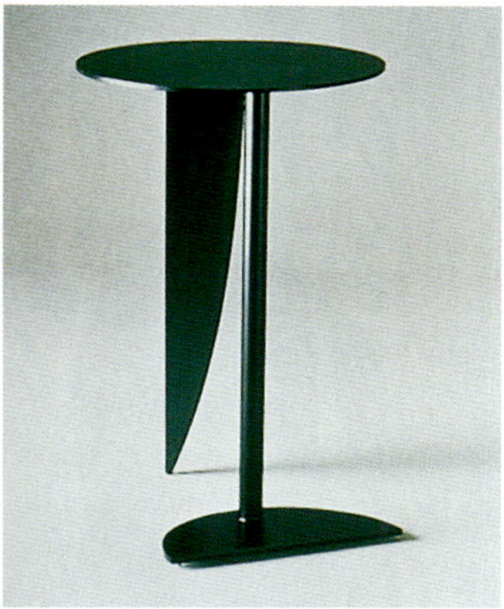

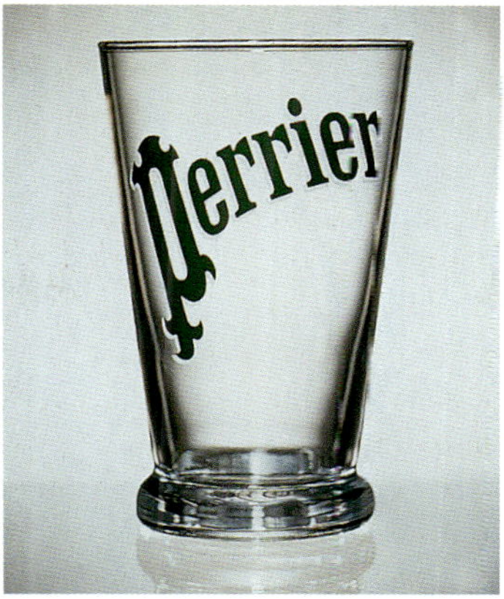

◂◂ Tavolo con piedistallo *Pi* per Néotu, 1984

◂ Bicchiere *Perrier* per Perrier, 1996

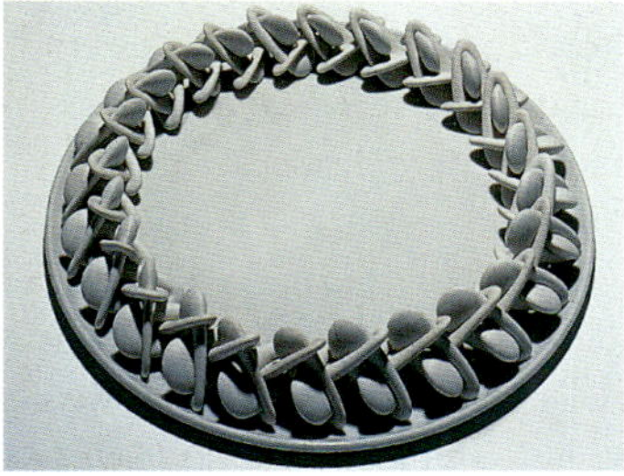

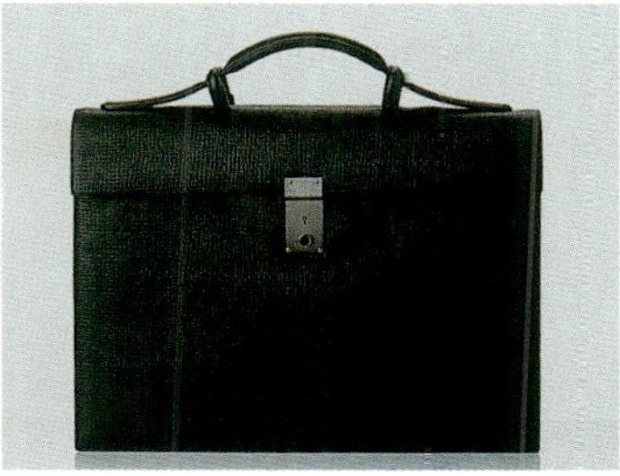

◂◂ Centrotavola in biscuit dalla *Collection Satragno* per CRAFT (Centre de Recherche sur les Arts du Feu et de la Terre) di Limoges, 1994

◂ Cartella *Message* per Maroquinerie Delvaux, 1992

Martin Székély

1956 *Parigi*

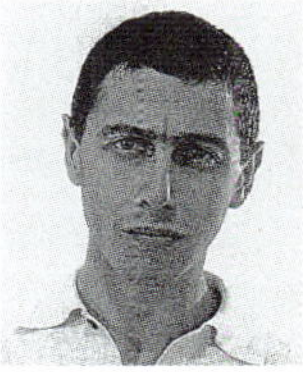

Martin Székély studiò all'École Estienne e successivamente all'École Boulle a Parigi. Nel 1979 venticinque mobili da lui realizzati per Souvagnat vennero esposti al Salon du Meuble di Parigi. Nel 1983 progettò la sedia a sdraio *Pi* per VIA e due anni dopo Néotu lanciò la collezione *Pi*. Queste prime creazioni sono molto espressive e compendiano l'elegante stile Matt Black. A la fine degli anni '80 i mobili di Székély, come la sedia *Marie-France* per Néotu (1989), diventarono più scultorei e colorati. Progettò anche diversi interni per il Musée de Picardie ad Amiens (1986–1992), la Boutique Régina Rubens a Parigi (1992) e il Commissariat de Police a La Courneuve (1992), tutti caratterizzati da ardite forme elementari. Sono sue creazioni anche il podio per le Olimpiadi invernali di Albertville del 1992 e le panche per la Cathédral d'Evry di **Mario Botta** del 1994. Negli anni '90 ha elaborato anche interessanti progetti di design industriale come la linea di strutture stradali ideata per JC Decaux, costituita da lampioni, cabina telefonica, uffici informazioni, panchine, pilastrini spartitraffico e segnali stradali.

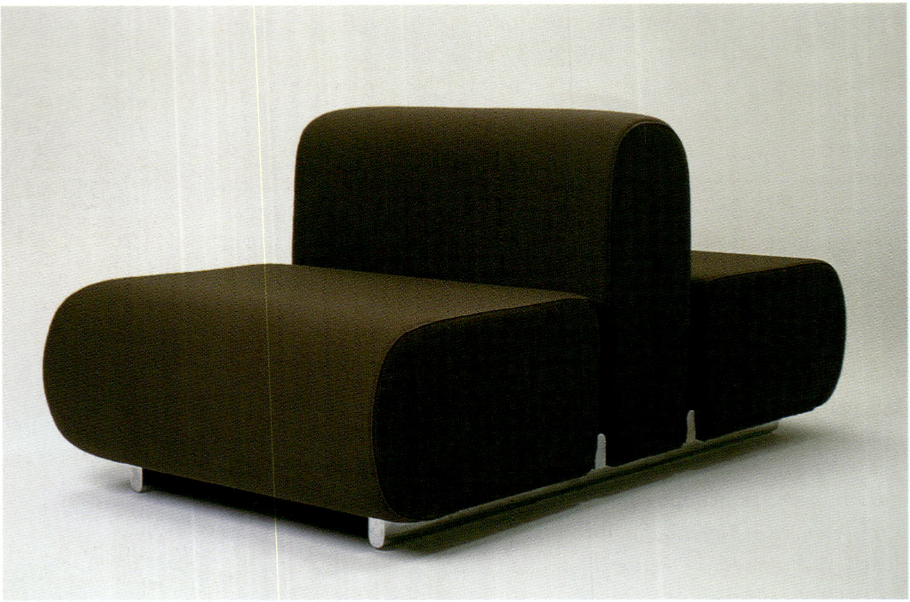

Kazuhide Takahama

1930 *Mijasaki, Giappone*

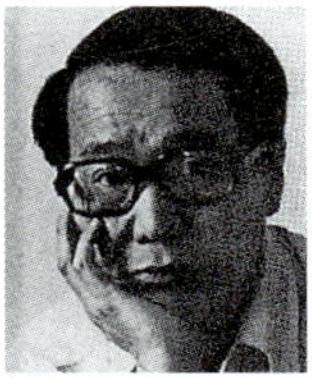

▲ Poltrone *Suzanne* per Gavina e Knoll International, 1965

Kazuhide Takahama studiò architettura all'Università Industriale di Tokyo, dove si laureò nel 1953. Adottò l'approccio funzionalista del **Modern Movement** ma mantenne una sensibilità tipicamente giapponese nei confronti dei materiali e dell'estetica. Alla X edizione della Triennale di Milano nel 1954 conobbe il produttore di mobili Dino Gavina che in seguito invitò Takahama a lavorare per lui in Italia. La prima creazione di Takahama per Gavina è il divano-letto *Naeko* dalle severe forme geometriche (1957). Anche la successiva unità modulare *Dadà* (1965) è altamente razionale, costituita da cubi impilabili in legno o plastica iniettata. Nel 1965 Takahama creò le scultoree linee di sedie *Suzanne*, *Raymond* e *Marcel*, così denominate in omaggio a Marcel Duchamp (1887–1968) e dei suoi fratelli, costruite con blocchi di schiuma poliuretanica. Tre anni dopo disegnò il sistema *ESA* (1968) di blocchi esagonali in schiuma poliuretanica che si possono montare per farne letti, divani o sedie. Studiò anche mobili composti da semplici elementi geometrici di compensato con tradizionali finiture laccate come la sedia *Kazuhide* (1968), il tavolo con piano ribaltabile *Antella* (1978) e la credenza *Bramante* (1973). Produsse diverse lampade innovative per Gavina, tra cui la linea *Saori* (1973), un omaggio all'artista Lucio Fontana (1899–1968). I design di Takahama, di elevata purezza, si sono affermati a livello internazionale grazie alla sapiente miscela di cultura orientale e occidentale.

Roger Tallon studiò elettrotecnica a Parigi dal 1947 al 1949 e successivamente lavorò come designer presso lo Studio Avas dal 1951 al 1953. Nel 1953 conobbe il designer industriale e teorico Jacques Viénot (1893–1959); in seguito diventò socio dello studio di consulenza Technès del quale diventò direttore della ricerca nel 1960. In questo periodo Tallon creò numerosi prodotti innovativi, tra cui macchine fotografiche per SEM (1957 e 1961), una macchina da scrivere per Japy (1960), un televisore portatile per Téléavia (1963), la linea di arredamento *Module 400* (1964) e una scala a chiocciola modulare di alluminio lucido per Lacloche (1966), bicchieri per Daum (1970) e l'orologio *Chronograph X* per LIP (1973). Lavorò anche come consulente progettando i frigoriferi *Frigidaire* per General Motors dal 1957 al 1964. Nel 1963 iniziò a insegnare all'ENSAD (École Nationale Supérieure des Arts Décoratifs) e nel 1973 aprì lo studio di consulenza multidisciplinare Design Programmes SA. Alla fine degli anni '60 e negli anni '70 Tallon si guadagnò una reputazione di portata internazionale grazie a progetti nel settore dei trasporti come la metropolitana di Mexico City (1969) e la locomotiva *Corail* (1977) per SNCF. Nel 1983 fondò la società di design ASDA+Partners con **Pierre Paulin** e Michel Schreiber (1950) e continò a progettare treni tra cui il treno ad alta velocità *TGV-Atlantique* (1988) per SNCF e la navetta *Trans-Euro-Star* per Euro-Tunnel (1987). Nel 1973 venne eletto Honorary Royal Designer for Industry a Londra e nel 1985 ricevette il Gran Prix nazionale francese per il disegno industriale. Tallon è uno dei più eminenti designer industriali di Francia; i suoi progetti di alta ingegneria sono innovativi sia dal punto di vista dei materiali che della struttura.

Roger Tallon

1929 *Parigi*

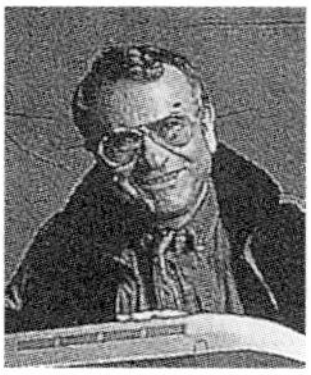

▾ Sedie *Module 400* per Éditions Lacloche, 1964

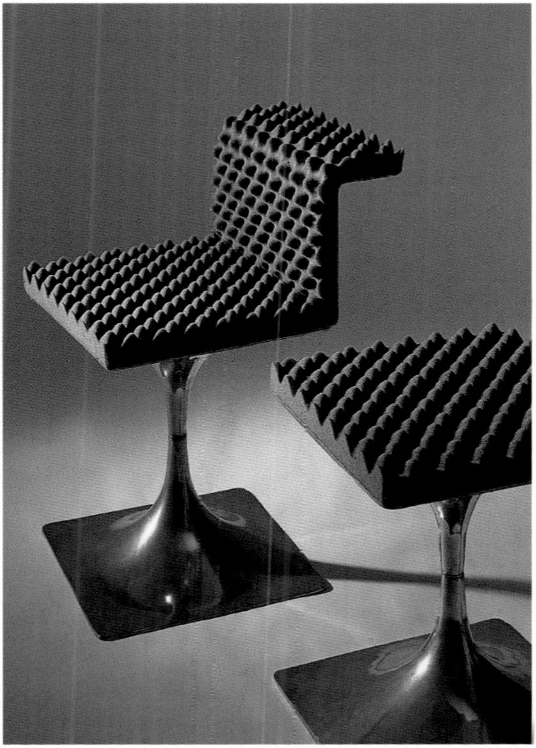

Vladimir Tatlin

1885 *Mosca*
1953 *Novodevitchi, Russia*

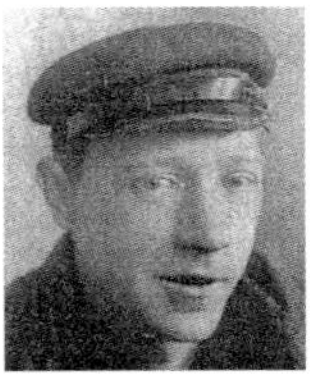

Vladimir Tatlin studiò all'Istituto di pittura, scultura e architettura di Mosca e alla Scuola d'arte di Penza. Iniziò lavorando come pittore e nel 1911 entrò in società con **Kasimir Malevich**. Nel 1913 conobbe Pablo Picasso (1881–1973); ispirato dai suoi collage, iniziò a creare costruzioni a rilievo usando lamiere di metallo, vetro, fili elettrici e *objets trouvés*. Nel primo decennio del XX secolo Tatlin fu molto vicino ai futuristi russi, un gruppo letterario che considerava la rivoluzione politica e quella artistica interdipendenti. Esponente di spicco dell'**avant-garde** russa, collaborò con **Alexander Rodchenko** e G. Yakulow (1884–1928) al design di mobili costruttivisti per il Café Pittoresk (1917). In seguito alla rivoluzione del 1917 fu incaricato di applicare il Programma leninista per la propaganda monumentale. A questo scopo creò il *Monumento alla Terza Internazionale* (1919–1920), un modello del quale fu esposto a Mosca e Pietrogrado. Questa struttura a spirale irrealizzata e probabilmente irrealizzabile doveva essere costruita con travi di ferro e sale ruotanti sospese. Il monumento si ispirava a strutture come la torre Eiffel e attraverso le sue dinamiche tecniche di costruzione simboleggiava il desiderio rivoluzionario di un nuovo ordine mondiale. Il suo senso della tensione e del dinamismo divenne l'emblema del **Costruttivismo** russo. Nel 1918 Tatlin fu nominato responsabile dell'Izo NKP (la facoltà di belle arti di Narkompros) a Mosca e dal 1919 al 1920 diresse anche la sezione di pittura degli Svomas (in seguito noti come **Vkhutemas**). Nel 1921 aprì uno studio a Pietrogrado concentrandosi su "volume, materiale e costruzione"; progettò una sedia in tubolare metallico (1927–1928) e l'aliante *Letatlin* (1932). Nel 1921 aprì una sezione di "arte della produzione" al Museo di cultura artistica di Pietrogrado e dal 1927 insegnò disegno industriale ai Vkhutemas. La sua attrazione verso la "cultura dei materiali" informò sia la sua attività di insegnante che le sue opere.

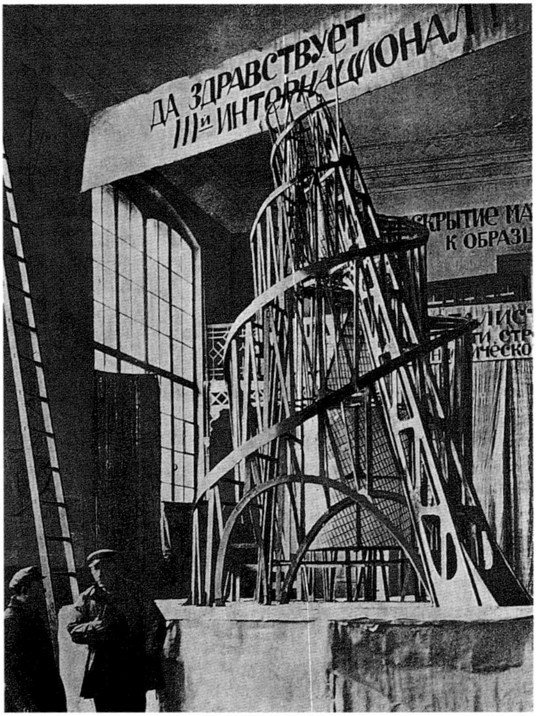

▼ Modello del *Monumento alla Terza Internazionale*, 1919–1920

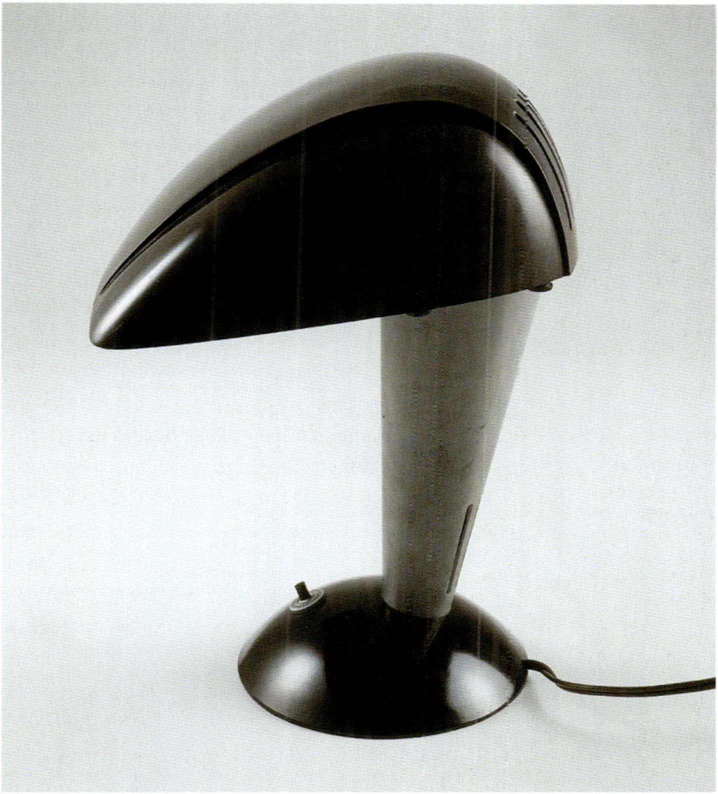

▸ Lampada da tavolo *modello n. 114 Executive* per Polaroid Corporation, 1939

Walter Dorwin Teague

1883 Decatur, Indiana
1960 Flemington, New Jersey

Walter Dorwin Teague frequentò le lezioni serali dell'Art Students League di New York dal 1903 al 1907; in seguito lavorò come illustratore per un catalogo di vendita per corrispondenza e per la Hampton Advertising Agency di New York. Nel 1912 aprì uno studio e lavorò come grafico e tipografo freelance. Nel 1926 visitò Parigi dove fu influenzato dall'opera di **Le Corbusier**. Al suo ritorno a New York aprì uno studio di consulenza di disegno industriale, uno dei primi nel suo genere, cominciando con il progettare macchine fotografiche per Eastman Kodak, tra cui la *Bantam Special* (1936), più semplice da usare e compatta rispetto ai modelli precedenti. Nel 1930, insieme al figlio, Teague disegnò la carrozzeria della *Marmon Model 16*, la cui forma aerodinamica offriva meno resistenza all'aria di altre automobili contemporanee. Progettò anche altri prodotti aerodinamici: oggetti in vetro per Corning Glass Works e la filiale Steuben, pentole per Pyrex, penne e accendini per Scripto, lampade per Polaroid, ciclostili per A. B. Dick, radio per

Sparton e il pianoforte *Centennial* per Steinway. Oltre a prodotti di consumo, Teague progettò anche una carrozzeria in plastica per camion per conto della UPS, supermercati per Colonial Stores, interni per il Boeing 707, padiglioni degli Stati Uniti per diverse fiere campionarie internazionali, interni di showroom per Ford, stazioni di servizio per Texaco e numerose creazioni esposte alla Fiera mondiale di New York del 1939, tra cui il suo gigantesco registratore di cassa per la National Cash Register Company. Pubblicò anche *Design This Day – The Technique of Order in the Machine Age* (1940), un'opera fondamentale che celebrava il potenziale delle macchine e il "nuovo, entusiasmante stile" della Machine Age. I progetti funzionali e innovativi di Teague nascevano dal suo interesse per le proporzioni e la simmetria e dalla sua adozione dei metodi di produzione meccanizzati.

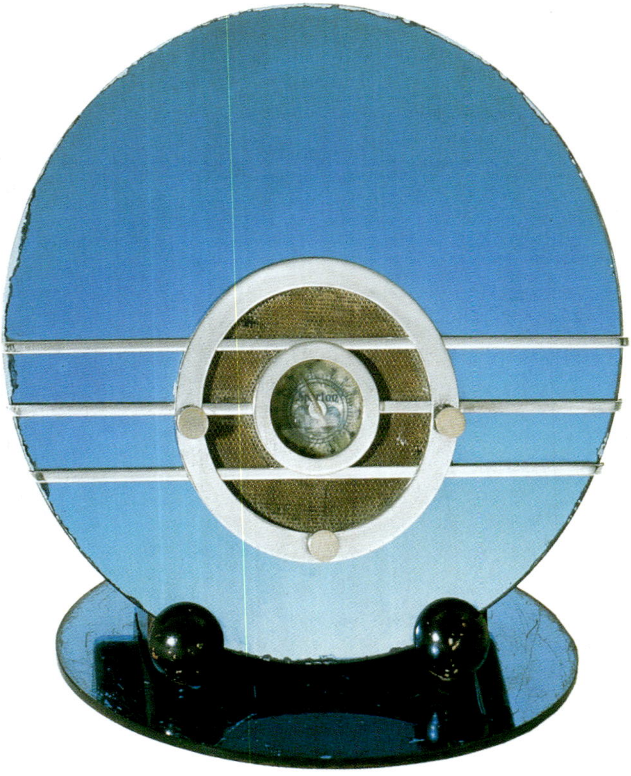

◂ Radio *Bluebird* per Sparton Corporation, 1934–1936

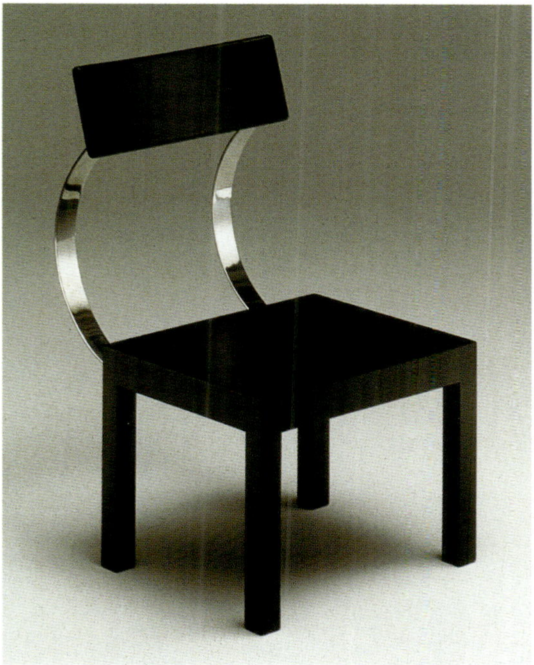

◂ Sedia *Follia*, 1934–1936 (poi prodotta da Zanotta)

Giuseppe Terragni

1904 *Meda (Milano)*
1943 *Como*

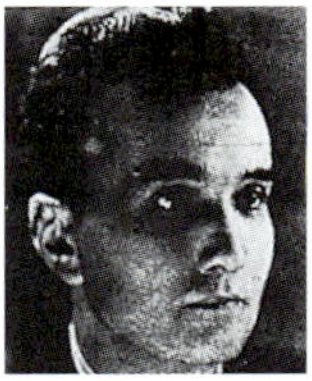

Giuseppe Terragni frequentò l'Istituto tecnico di Como e successivamente studiò architettura al Politecnico di Milano dove si laureò nel 1926. Quello stesso anno fondò con altri il Gruppo Sette, un'associazione milanese di giovani architetti razionalisti. Nel 1927 aprì un ufficio con il fratello Attilio a Como e in seguito progettò il controverso complesso condominiale a cinque piani Novocomum a Como (1927–1928). Fra i più eminenti razionalisti italiani, partecipò alla prima mostra di Architettura Nazionale tenuta a Roma nel 1928. Progettò la Casa del Fascio (1932–1936), quartier generale del partito fascista a Como, un edificio a forma di cubo per il quale creò anche mobili come la sedia in pelle e tubolare d'acciaio cromato *Sant'Elia* (1936) e la sedia *Follia* (1934–1936). Progettò inoltre l'Asilo Sant'Elia a Como (1936), la Casa Bianca a Seveso (1936–1937), la Casa del Fascio di Lissone (1938–1939) e Casa Giuliani Frigerio a Como (1939–1940). Allo scoppio della seconda guerra mondiale fu richiamato nell'esercito e inviato sul fronte russo, da cui tornò nel 1943 afflitto da un pesante esaurimento nervoso, morendo poco dopo. I raffinati progetti di Terragni sono esempi emblematici dello stile avanguardistico e altamente formalizzato del **Razionalismo** italiano.

▸ Pagina dal catalogo della Gebrüder Thonet, 1904

▸ Sedia *modello n. 14* per Gebrüder Thonet, 1859 ca.

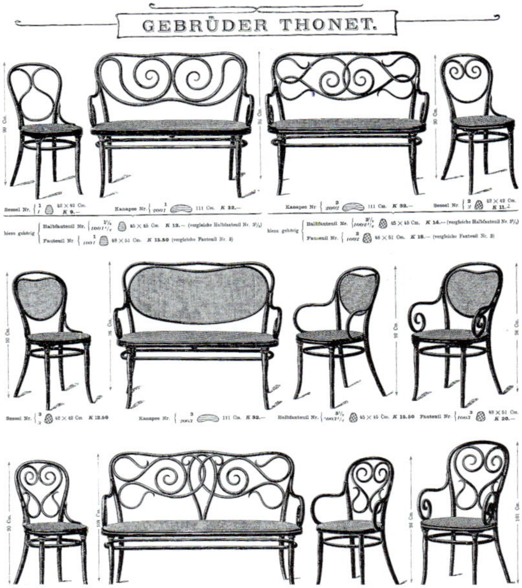

Michael Thonet

1796 *Boppard, Germania*
1871 *Vienna*

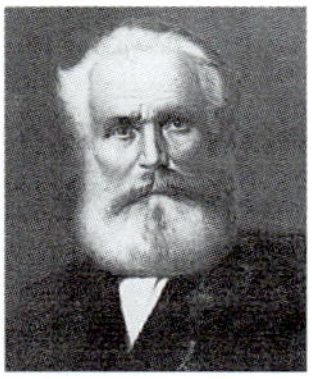

Michael Thonet aprì un negozio di mobili nella città natale di Boppard am Rhein nel 1819 e dal 1830 circa cominciò a condurre esperimenti con il legno laminato, producendo diverse sedie innovative in stile Biedermeier che presentò alle mostre di Coblenza nel 1841 e Magonza nel 1842. Il successo fu tale che il cancelliere austriaco, il conte Metternich, lo invitò a Vienna. La corte austriaca concesse a Thonet il brevetto per la nuova tecnica di piegatura dei laminati lignei e il designer iniziò a lavorare con l'ebanista viennese Carl Leistler sulle sedie per il Palais Liechtenstein. Con l'appoggio del principe del Liechtenstein e dell'architetto inglese P. H. Desvignes (1804–1883), nel 1849 Thonet e i suoi figli Franz, Michael, August e Joseph, aprirono un negozio di mobili a Gumpendorf, un sobborgo di Vienna. Nei due anni successivi la famiglia Thonet si concentrò sullo sviluppo di tecniche per la produzione di mobili in serie, tra cui la piegatura tramite vapore del legno massiccio. I Thonet esposero i loro nuovi mobili alla Great Exhibition di Londra del 1851, vincendo la medaglia di bronzo. Nel 1853 la Gebrüder Thonet, così si chiamava ora l'azienda, occupava già locali più ampi e produceva in serie sedie le cui forme, benché influenzate dal contemporaneo gusto neorococò per le linee curve, si distinguevano per la riduzione degli elementi e l'elimi-

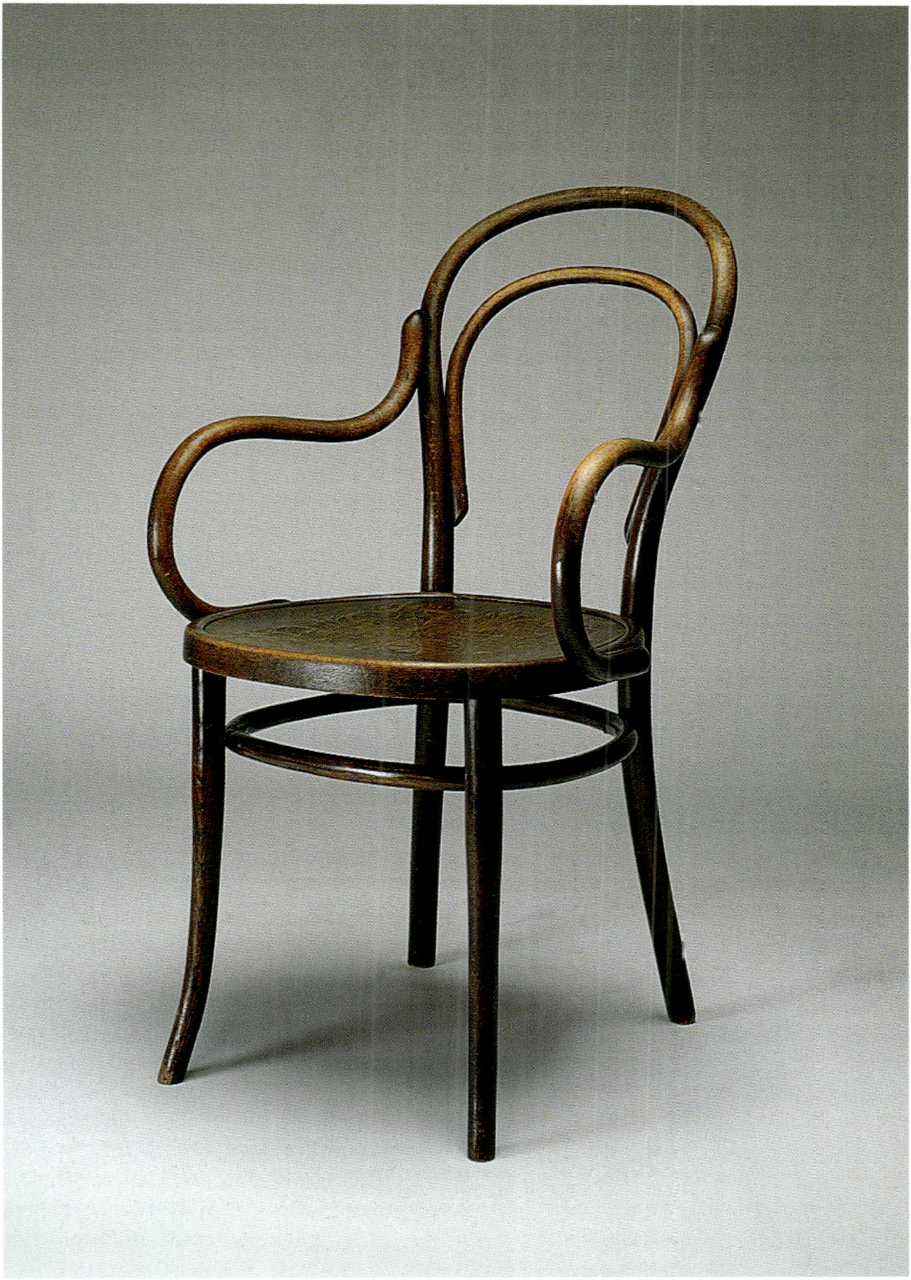

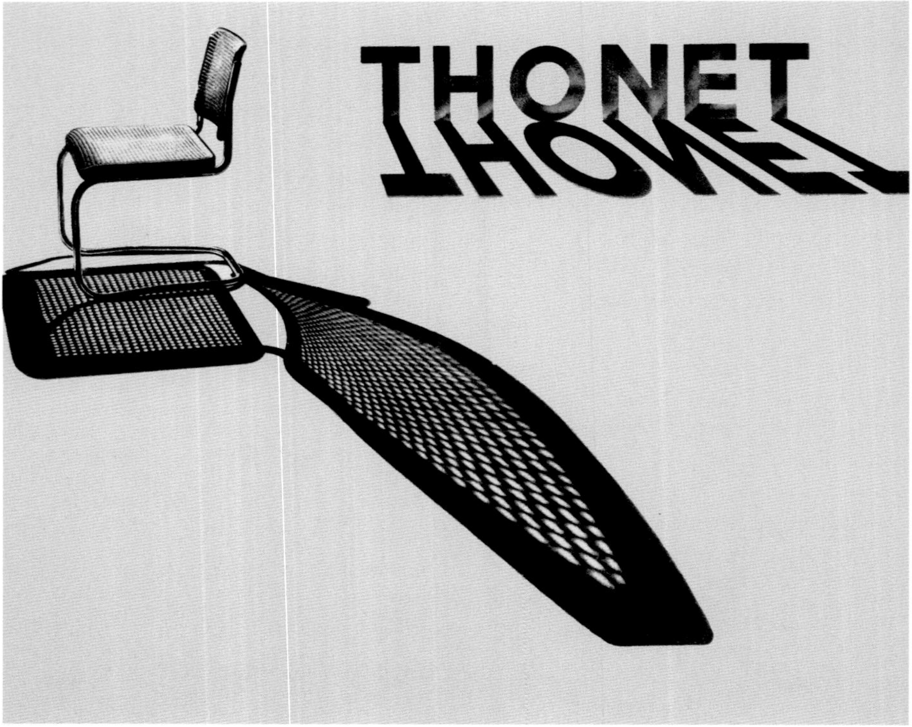

▲ Pubblicità della Gebrüder Thonet raffigurante la sedia *modello B32* di Marcel Breuer, 1933

nazione di ornamenti superflui. I Thonet aprirono la prima fabbrica nel 1857 a Koritschan, ampliando notevolmente l'attività nel corso degli anni. Il grande successo dell'azienda derivava dall'adozione di metodi di produzione meccanizzata che consentivano di vendere i prodotti a prezzi molto competitivi. Nel 1860, ad esempio, il modello più noto della ditta, la sedia *n. 14*, onnipresente nei caffé del tempo, costava meno di una bottiglia di vino; nel 1891 la Thonet ne aveva già venduto 7.300.000. All'inizio del '900 diversi architetti viennesi di fama, tra i quali **Josef Hoffmann**, cominciarono a progettare mobili in stile secessionista per Gebrüder Thonet. Nel 1929 fu aperta una filiale francese, la Thonet Frérès, che produsse mobili innovativi in tubolare metallico progettati, tra gli altri, da **Marcel Breuer**, **Ludwig Mies van der Rohe** e **Le Corbusier**. La produzione fu successivamente trasferita a Frankenberg. La Thonet è ancora in attività e produce rielaborazioni delle prime sedie e altre dal design più recente.

Matteo Thun

1952 *Bolzano*

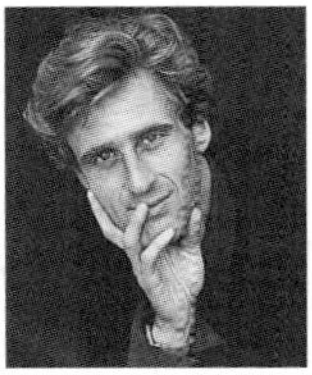

Matteo Thun si laureò in architettura all'Università di Firenze nel 1975, dopodiché seguì i corsi di scultura all'Accademia di Oskar Kokoschka a Salisburgo e studiò alla University of California di Los Angeles. Su consiglio di **Marco Zanini**, venne invitato a entrare nello studio di design Sottsass Associati di **Ettore Sottsass** e in seguito fu tra i membri fondatori di **Memphis**. Creò varie ceramiche per la prima collezione del gruppo, tra cui il servizio da tè *Nefertiti* e il vaso a stelo *Tuja* dalle ardite forme geometriche con decorazioni in rosso e grigio. Nel 1982 disegnò una vasta linea di articoli in porcellana bianca per Memphis, più raffinati rispetto alle prime ceramiche e di forme bizzarre come nuvole e altro. Parzialmente decorati con un motivo stampato screziato, questi oggetti includono il vassoio in porcellana *Manitoba*, il vaso *Titicaca*, la fruttiera *Kariba*, l'anfora *Garda*, la teiera *Chad*, la tazza *Onega* e il vaso *Ladoga*. Anche quattro teiere di Thun del 1982 presentano insolite forme ondulate, geometriche e zigzaganti, contrarie a tutti i principi del **Good Design** funzionale. Nel 1983 Thun creò i vasi *Volga* e *Danubio* in bianco puro e tre lampadari. Nel 1982 iniziò a insegnare alla Kunstgewerbeschule di Vienna, dove i suoi studenti collaborarono con lui alla realizzazione del progetto "In the Spirit of the USA", una serie limitata di ceramiche per Villeroy & Boch. Thun lasciò la Sottsass Associati nel 1984 e un anno dopo pubblicò un manifesto intitolato *The Baroque Bauhaus*, in cui incoraggiava i designer a integrare stili decorativi antichi nelle loro opere. Disegnò anche il cassettone in metallo *Settimana* (1985) e la serie di lampade *Stillight* (metà anni '80) per Bieffeplast, il vaso *Via Col Vento* per Lobmeyr (1986) e tappeti per la collezione *Dialog* di Vorwerk (1988).

▼ Vasi *Danubio* e *Volga* prodotti da Porcellane d'Arte San Marco per Memphis, 1983

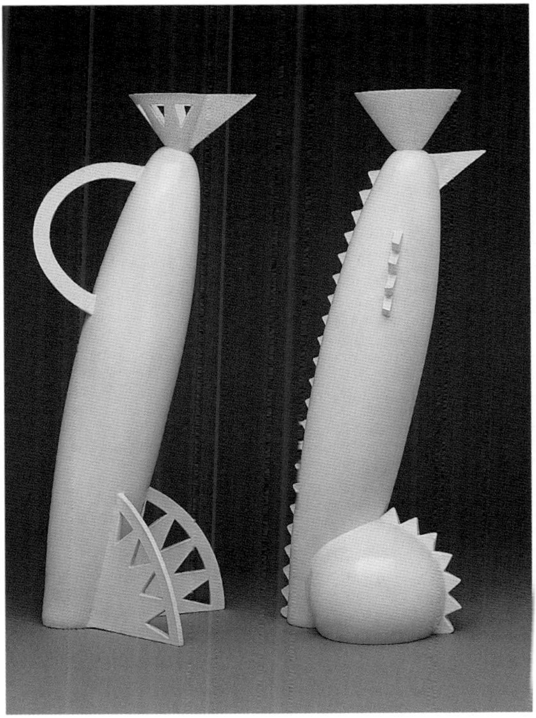

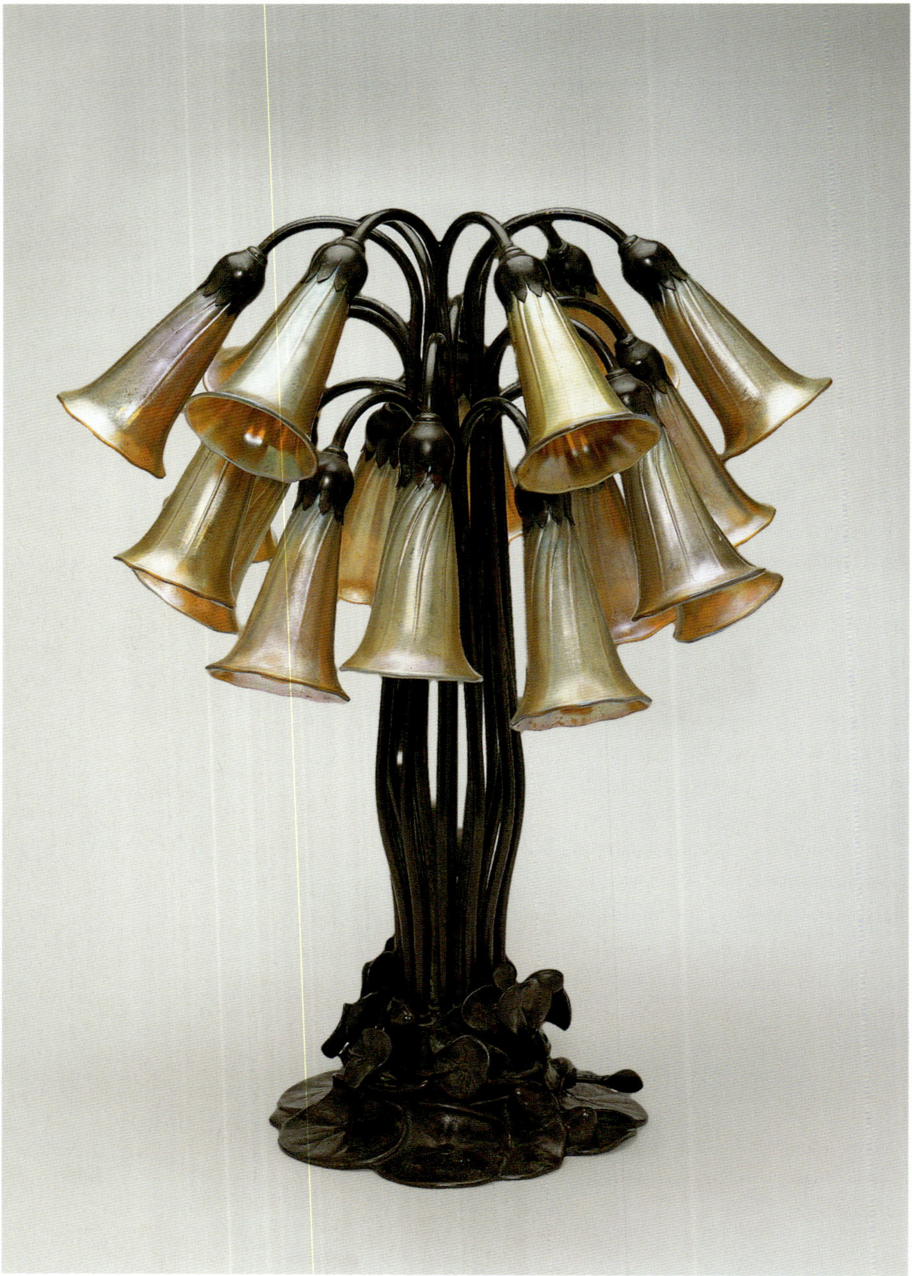

Louis Comfort Tiffany

1848 New York
1933 New York

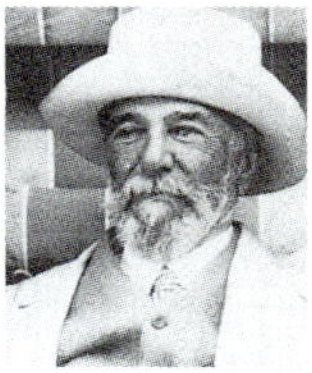

◄ Lampada *Pond Lily* per Tiffany Studios, 1900 ca.

▼ Vaso *Jack-in-the-Pulpit* per Tiffany Studios, 1907

Louis Comfort Tiffany era figlio di Charles Lewis Tiffany (1812–1902) che nel 1853 fondò la celebre azienda di argenteria e oreficeria Tiffany & Co. a New York. Louis Comfort studiò pittura con George Inness (1825–1894), e nel 1867 espose le sue opere alla National Academy of Design di New York. Nel 1873 iniziò a condurre esperimenti con il vetro e nel 1879, insieme a Candace Wheeler, Lockwood de Forest e Samuel Colman, aprì la Louis C. Tiffany & Associated Artists, un'impresa di decorazioni che ricevette numerose commissioni tra cui gli interni della casa di Mark Twain (1880–1881) e diverse stanze della Casa Bianca (1882–1883) per l'allora presidente Chester A. Arthur. Nel 1883 la ditta fu sciolta e sostituita da una nuova impresa, la Tiffany Glass Company, che diventò Tiffany Glass & Decorating nel 1892 quando Tiffany aprì una fornace per il vetro a Corona nel Long Island. Un anno dopo l'azienda intraprese la produzione dei vetri iridescenti *Favrile* e Tiffany espose la sua cappella "bizantina", un abbacinante insieme di finestre piombate, mosaici di vetro, lampade elettriche di vetro pressato e lampadari di vetro, alla "World's Columbian Exposition" di Chicago. I vasi *Favrile*, concepiti come "vetri artistici", erano completamente diversi da altri articoli in vetro prodotti altrove in America all'epoca. **Siegfried Bing** espose gli oggetti in vetro e i pannelli con decorazioni in piombo di Tiffany nella sua galleria Maison L'Art Nouveau a Parigi dal 1895 al 1899. Tiffany presentò le sue creazioni anche all'"Exposition Universelle" del 1900 a Parigi; nello stesso anno cambiò il nome della ditta in Tiffany Studios. Alla morte del padre nel 1902 diventò design director della Tiffany & Co. per la quale disegnava gioielli. La Tiffany Studios continuò a produrre i suoi squisiti design **Art Nouveau** fino alla chiusura delle fornaci di Corona nel 1924.

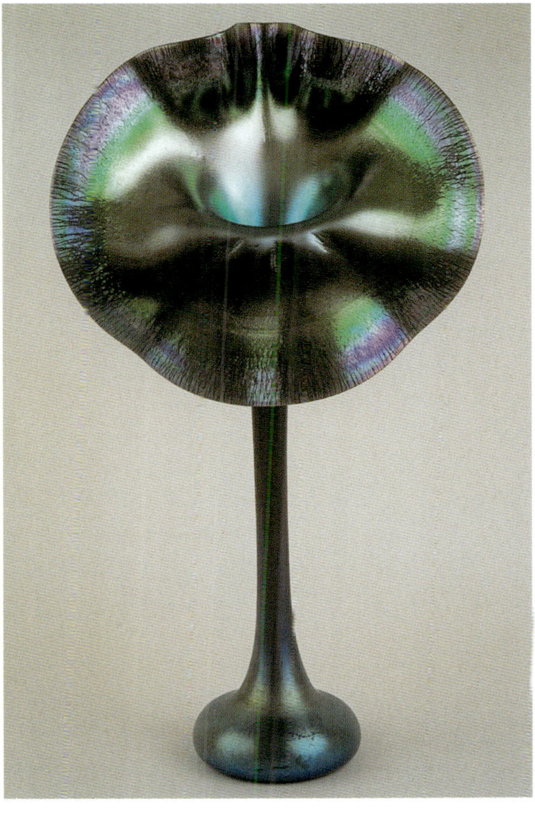

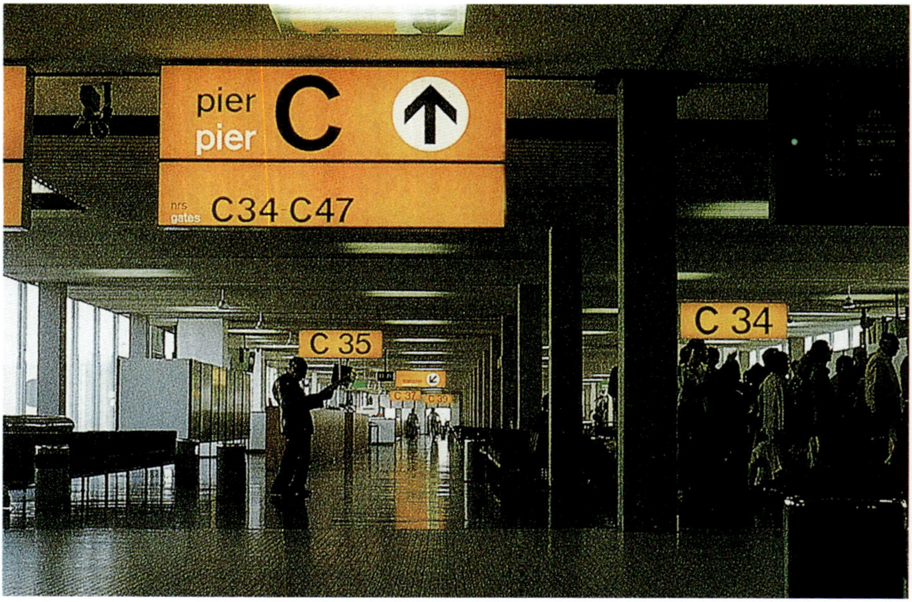

Total Design

Fondato nel 1963 in *Olanda*

Lo studio Total Design fu fondato ad Amsterdam nel 1963 dal tipografo Wim Crouwel (1928) e da quattro suoi colleghi, tra i quali il designer di mobili Friso Kramer (1922) e il grafico Benno Wissing (1923); l'aggettivo "total" si riferiva alla natura multidisciplinare delle attività svolte. Lo studio esordì creando una nuova **corporate identity** per la compagnia petrolifera PAM (1964): questo significò non solo progettare logotipi ma anche rimodernare il volto di pompe di benzina e stazioni di servizio. Nel 1965 alla Total Design fu chiesto di presentare alcune proposte per un nuovo "sistema viario" all'aeroporto Schiphol di Amsterdam; fu Wissing a dirigere il progetto (1967), uno dei primi programmi di segnaletica completi. La chiarezza visiva di questo sistema, con il lettering in sans-serif e i simboli in grassetto, influenzò notevolmente la successiva segnaletica del trasporto pubblico in tutto il mondo. La Total Design si sviluppò in una grande organizzazione suddivisa in gruppi creativi. L'ufficio di consulenza elaborò un sistema di layout standardizzato a griglia e un carattere per i cataloghi del museo Stedelijk. Successivamente creò una forte corporate identity per il servizio postale olandese PTT (1978–1979). La tipografia e la grafica semplificate e audaci del Total Design, influenzate dal minimalimo della **Swiss School**, reintrodussero la rettilinearità nella grafica olandese.

▲ Programma di insegne per l'aeroporto Schiphol di Amsterdam, 1967

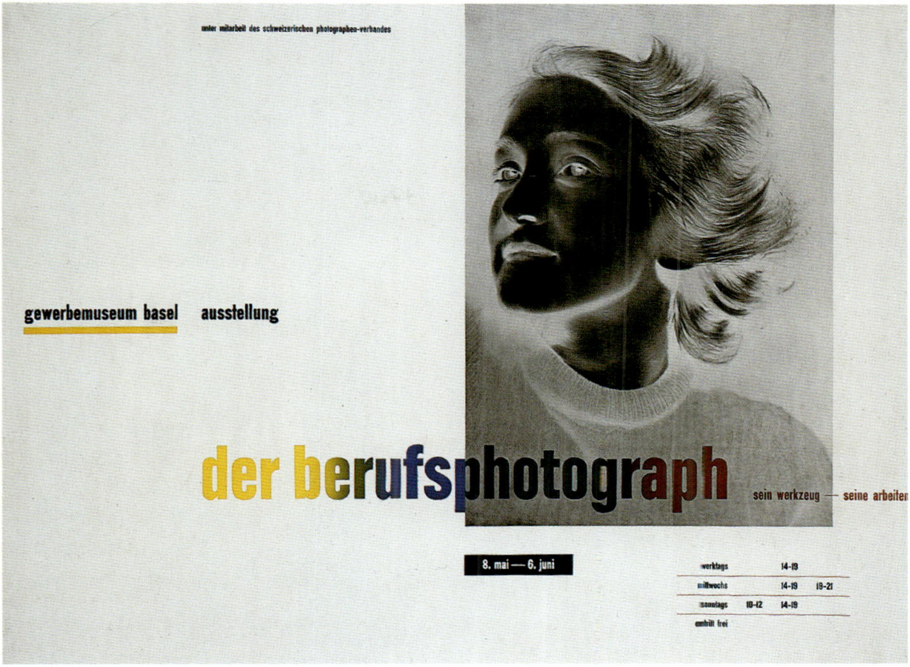

Figlio di un pittore d'insegne, Jan Tschichold studiò grafica all'Akademie für Graphische Künste und Buchgewerbe a Lipsia dal 1919 al 1921. Nel 1923 visitò la mostra **Bauhaus** a Weimar e fu notevolmente influenzato dalla grafica di **László Moholy-Nagy** e dalla promozione da parte della scuola di una "nuova tipografia". Successivamente fu tra i principali esponenti di questo nuovo approccio alla tipografia, caratterizzato dall'impiego del nuovo carattere geometrico sans-serif e da layout asimmetrici semplificati. Nel manifesto intitolato *elementare typographie*, pubblicato nel 1925, enunciava i suoi dieci principi "elementari" che sottolineavano l'aspetto comunicativo, sociale e funzionale della tipografia; proponeva anche il ricorso alla fotografia per produrre immagini grafiche di grande effetto, come fece nelle locandine per i cinema Phoebus-Palast. Dal 1926 insegnò alla Hochschule di Monaco e nel 1928 pubblicò *Die neue Typographie*, considerato una pietra miliare. Nel 1933, per sfuggire alla persecuzione nazista, emigrò in Svizzera dove si dedicò all'approfondimento delle forme tipografiche classiche. Dal 1946 al 1949 lavorò per Penguin Books in Inghilterra, elaborando layout standardizzati. Esponente tra i più influenti della tipografia moderna, Tschichold diede un contributo importante anche alla **Swiss School**.

Jan Tschichold

1902 *Lipsia, Germania*
1974 *Locarno, Svizzera*

▲ Poster per la mostra "der berufsphotograph, sein werkzeug – seine arbeiten" (Il fotografo professionista, i suoi strumenti – le sue opere) tenuta a Basilea, 1938

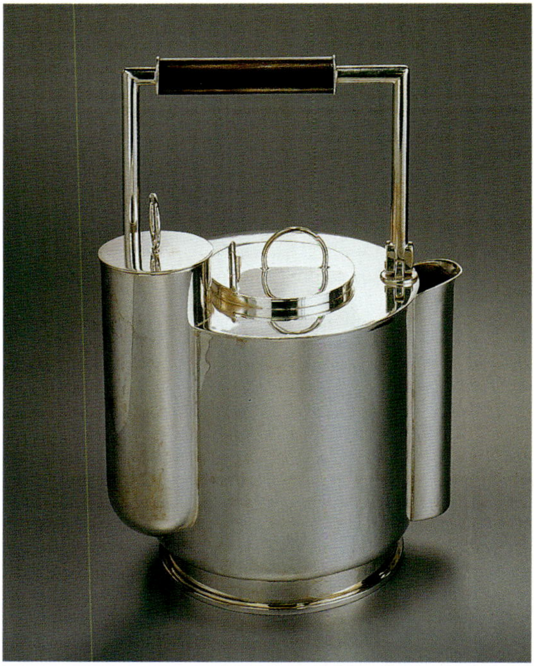

► Teiera in ottone nichelato per Metallwerkstatt Wolfgang Tümpel, 1927

Wolfgang Tümpel

1903 Bielefeld, Germania
1978 Herdecke, Germania

Wolfgang Tümpel svolse un periodo di apprendistato come orafo e argentiere nel laboratorio di August Schlüter e dal 1921 al 1922 frequentò la Kunstgewerbeschule di Bielefeld. Nei tre anni successivi studiò al **Bauhaus** di Weimar, seguendo il corso propedeutico e svolgendo il tirocinio da argentiere, quindi s'iscrisse al corso di lavorazione dei metalli tenuto da Karl Müller (1888–1972) e sostenne l'esame da operaio qualificato alla Kunstgewerbeschule Burg Giebichenstein di Halle nel 1926. Nel 1927 diventò membro della Gesellschaft für Goldschmiedekunst e aprì il Laboratorio per piatti, gioielli e lampade a Halle dove creò oggetti standardizzati per la produzione industriale, tra cui le lampade cilindriche per Goldschmidt und Schwabe e il bollitore in ottone placcato nickel (1927) basati su forme volumetriche. Nel 1929 si trasferì a Colonia, dove progettò oggetti in metallo per WMF e articoli in argento per Bruckmann & Söhne. Diresse anche un proprio laboratorio a Bielefeld dal 1934 al 1950; dal 1951 al 1968 insegnò alla Landeskunstschule di Amburgo e nel 1968 aprì un laboratorio ad Amburgo-Ahrensburg. Le creazioni eleganti e funzionali di Tümpel combinano il vocabolario formale geometrico del Bauhaus con i principi di **standardizzazione** di Halle.

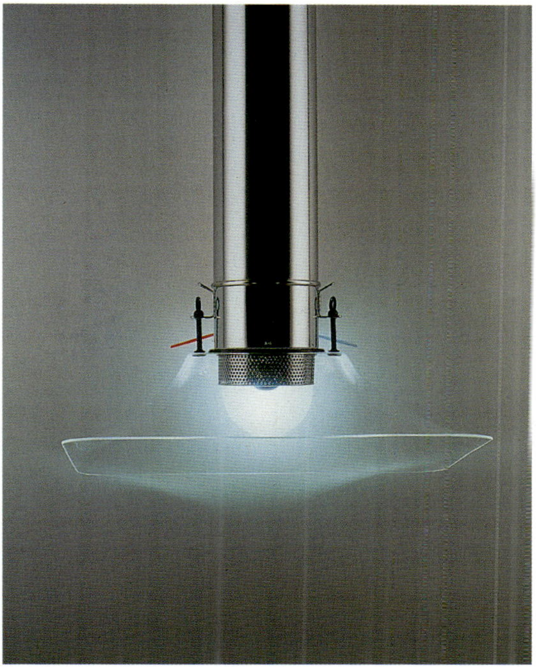

◂ **Oscar Tusquets Blanca & Lluís Clotet**, Aspiratore *Campana Diáfana* per B. D. Ediciones de Diseño, 1979

Oscar Tusquets Blanca

1941 *Barcellona*

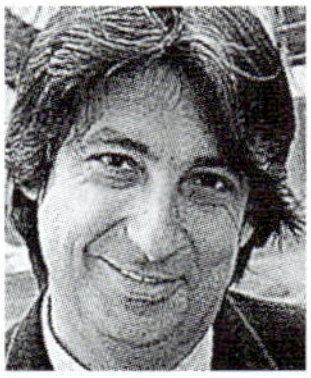

Oscar Tusquets Blanca studiò pittura, architettura e design alla Escuela de Artes y Oficios de la Llotja a Barcellona dal 1954 al 1960 e successivamente seguì i corsi di Oriol Bohigas (1925) e Frederico Correa alla Escuela Técnica Superior de Arquitectura di Barcellona dal 1958 al 1965, lavorando contemporaneamente nello studio di architettura di Correa e Alfonso Milá. Nel 1964, insieme agli architetti Pep Bonet (1941), Cristain Cirici (1941) e Lluís Clotet (1941) che avevano studiato con lui, fondò lo Studio PER, che diventò celebre per il suo peculiare approccio all'architettura e la meticolosa cura per i particolari di edifici, interni e mobili. Nel 1972 il gruppo aprì una propria azienda manifatturiera, la B. D. Ediciones de Diseño, che produsse molti dei prodotti e mobili ideati da Tusquets. Nello stesso anno Tusquets pubblicò un'edizione spagnola di *Learning from Las Vegas* di **Robert Venturi**, e insieme a Clotet disegnò l'edificio Belvedere Regás, uno dei primi esempi di **Post-Modernismo** in architettura. Negli anni '80 partecipò al progetto di **Alessi** *Tea & Coffee Piazza* (1983) e produsse numerosi design di mobili, tra cui la sedia *Gaulino* (1987) che evocava la scarna silhouette del Don Chisciotte di Cervantes. Conferenziere molto attivo, Tusquets è uno dei più apprezzati designer spagnoli.

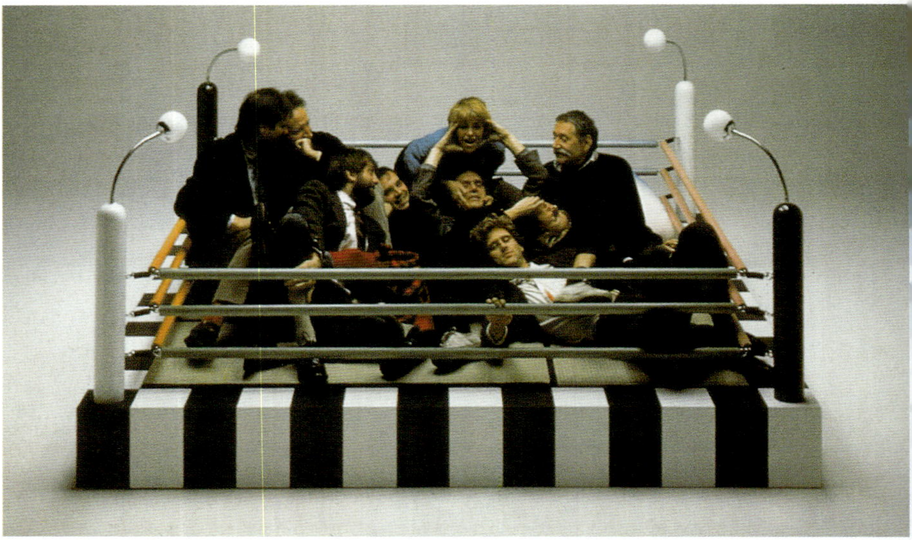

Masanori Umeda

1941 *Kanagawa, Giappone*

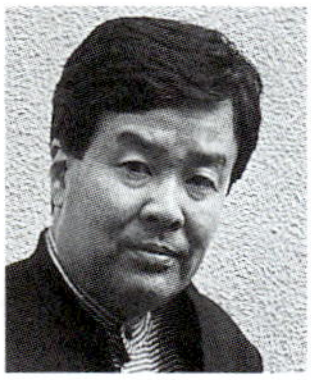

▲ Ring *Tawaraya* per Memphis, 1981 (da sinistra a destra: Aldo Cibic, Andrea Branzi, Michele De Lucchi, Marco Zanini, Nathalie du Pasquier, George Sowden, Martine Bedin, Matteo Thun ed Ettore Sottsass)

► Poltrona *Getsuen* per Edra, 1990

Masanori Umeda studiò alla Scuola di design di Kuwasawa e conseguì la laurea nel 1962. Tra il 1967 e il 1969 lavorò nello studio di design di **Achille** e **Pier Giacomo Castiglioni** a Milano e dal 1970 al 1979 fu consulente della **Olivetti**, dove strinse un profondo legame con **Ettore Sottsass**. In seguito venne invitato da Sottsass a partecipare alla prima collezione di **Memphis** del 1981 per la quale disegnò il celebre ring *Tawaraya* (1981), simbolo della natura contestatrice del **Post-Modernismo**. Per Memphis Umeda disegnò altri mobili, intesi come commenti ironici alla società giapponese contemporanea, come la libreria *Ginza* (1982), a forma di robot, e ceramiche tra cui il vaso *Orinoco* (1983) e la fruttiera *Parana* (1983). Nel 1986 aprì lo studio U-Meta Design a Tokyo. Da allora ha realizzato una vasta gamma di mobili, tra cui il tavolino da parete *Anturio* (1990) e le poltrone *Getsuen* (1990), *Rosa* (1991) e *Orchidea* (1991) prodotte da Edra, che si possono interpretare come ironici commenti alla tensione tra la cultura tradizionale e quella contemporanea in Giappone. Umeda ritiene che con la corsa sfrenata al commercio il Giappone abbia distrutto la sua naturale bellezza e attraverso le sue forme floreali spera di riscoprire le radici della cultura giapponese. Alle creazioni più interessanti di Umeda appartengono i prodotti ergonomici per bagno, maschili e femminili, ideati per Xspace (1989) e diversi interni post-moderni, tra cui il negozio di kimono Yamato a Yokohama (1986) e la Tomato Bank a Kurashiki City (1989).

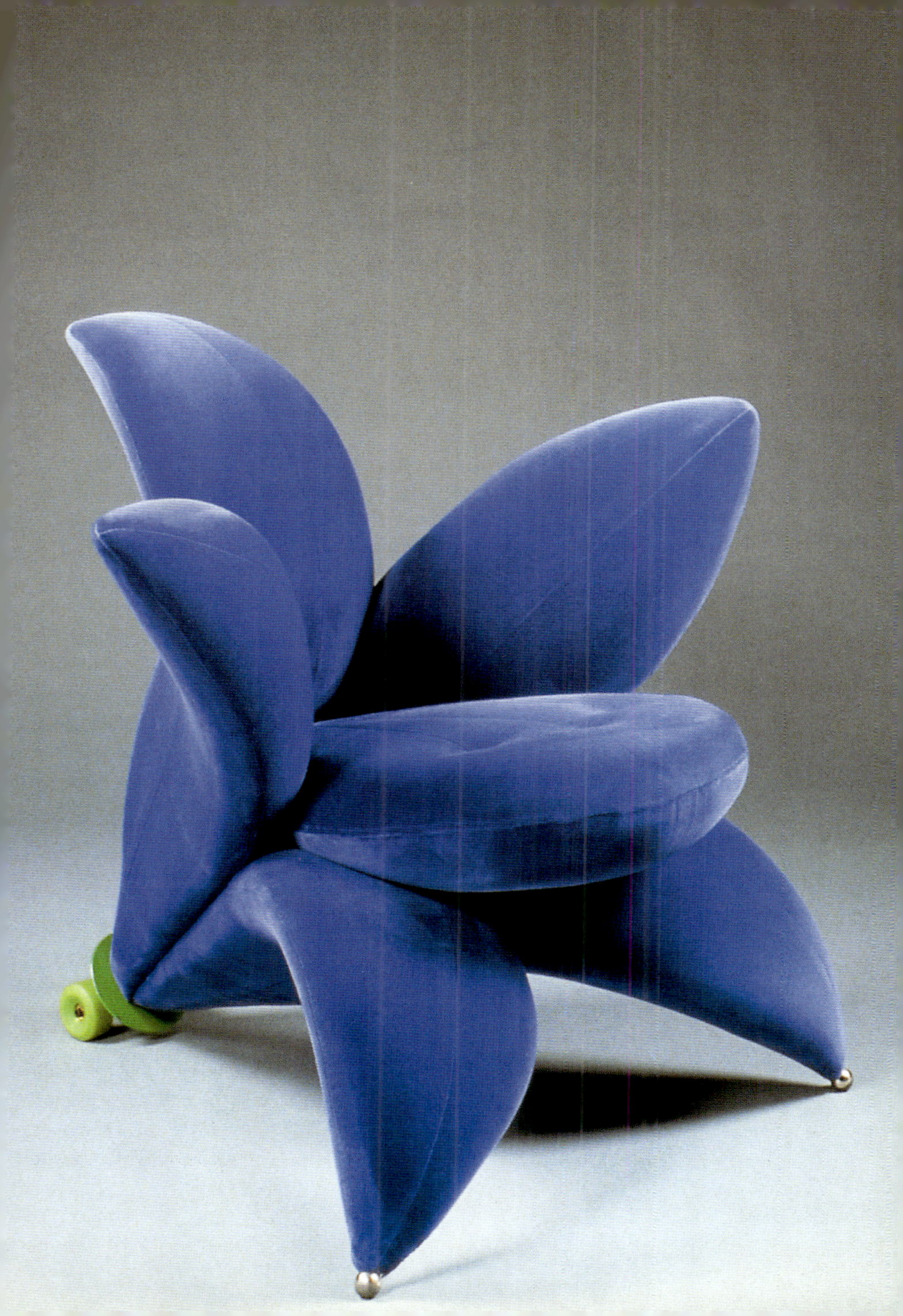

Josef Urban

1872 *Vienna*
1933 *New York*

Josef Urban seguì i corsi di Karl von Hasenauer all'Akademie der Bildenden Künste di Vienna dal 1890 al 1893 e successivamente frequentò il Polytechnicum di Vienna. Per l'esposizione invernale del 1897 all'Österreichisches Museum für Kunst und Industrie progettò, insieme al cognato Heinrich Lefler (1863–1919), un interno con motivi in stile secessionista. Nel 1900 partecipò alla costituzione del gruppo viennese Hagenbund, un'associazione di artigiani di cui fu presidente dal 1906 al 1908; nel 1902 Urban e Lefler collaborarono alle modifiche e alla decorazione della Zedlitzhalle, gli ex uffici di un mercato eletti a sede dell'Hagenbund. Due anni dopo espose le sue opere di tipo artigianale nel padiglione austriaco alla "Louisiana Purchase Exhibition" di St. Louis. Nel 1911 Urban emigrò negli Stati Uniti e, aperto uno studio, si specializzò nel design di set teatrali e cinematografici. Nel 1927 progettò un teatro per il produttore di spettacoli di varietà Florenz Ziegfeld e creò sontuosi set per le sue celebri "Follies". Urban fu anche il primo direttore artistico a progettare set cinematografici in stile **Moderne**; ne disegnò oltre venticinque, anticipando l'**Art Déco**, per le produzioni Cosmopolitan di William Randolf Hearst. Tra il 1918 e il 1933 Urban fu anche capo scenografo alla Metropolitan Opera e lavorò a ben cinquantacinque produzioni. Nel 1921 visitò Vienna ed entrò in contatto con i designer dei **Wiener Werkstätte**, ridotti all'impotenza dalla recessione economica postbellica in Europa. Quello stesso anno Urban fondò la Wiener Werkstätte of America Inc. per la quale disegnò un sontuoso showroom sulla Fifth Avenue; l'impresa però si rivelò un fallimento dal punto di vista finanziario e lui se ne ritirò intorno al 1924. In seguito progettò il primo edificio americano in **International Style**, la New School for Social Research (1929–1930) di New York.

▾ Poltrona Walnut, 1901 ca.

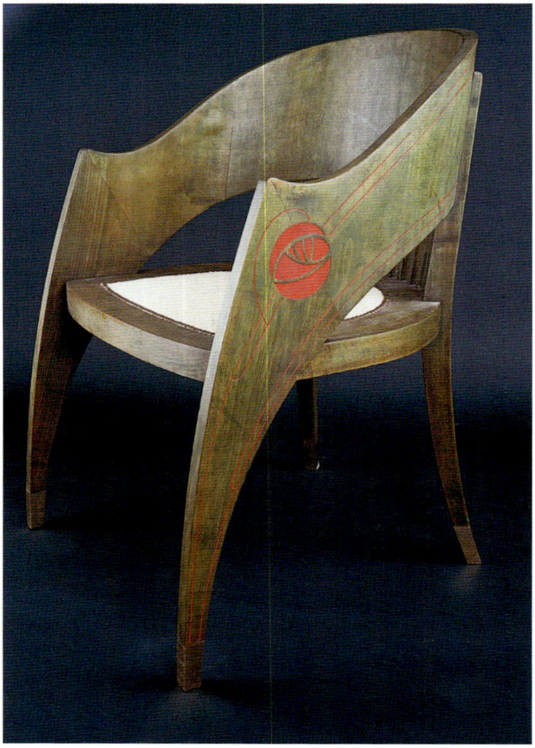

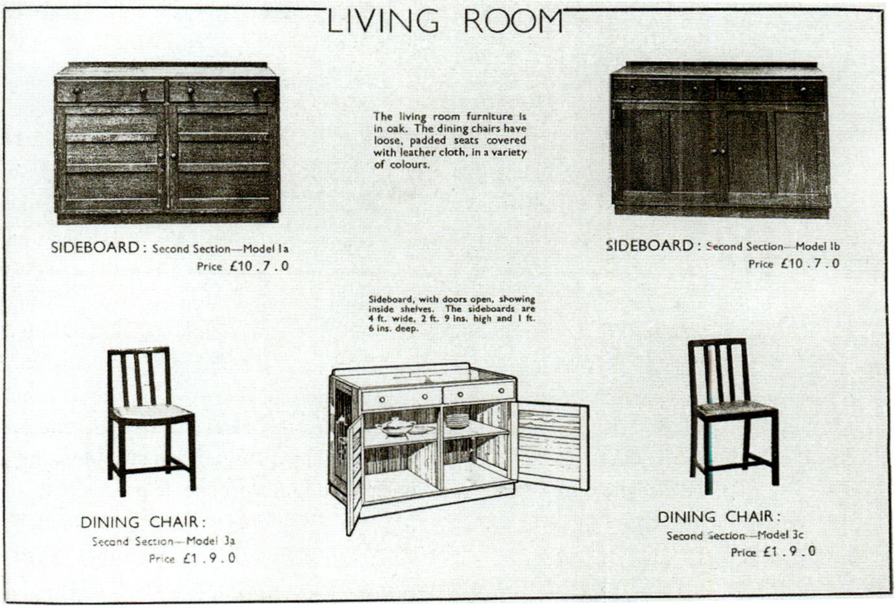
LIVING ROOM

The living room furniture is in oak. The dining chairs have loose, padded seats covered with leather cloth, in a variety of colours.

SIDEBOARD: Second Section—Model 1a
Price £10 . 7 . 0

SIDEBOARD: Second Section—Model 1b
Price £10 . 7 . 0

Sideboard, with doors open, showing inside shelves. The sideboards are 4 ft. wide, 2 ft. 9 ins. high and 1 ft. 6 ins. deep.

DINING CHAIR:
Second Section—Model 3a
Price £1 . 9 . 0

DINING CHAIR:
Second Section—Model 3c
Price £1 . 9 . 0

Utility furniture

1943–1952
Gran Bretagna

Dal 1941 al 1951 in Gran Bretagna fu in vigore l'Utility Scheme che regolamentava la produzione in diversi settori, dai mobili all'abbigliamento. L'impegno bellico rese infatti necessario deviare le materie prime dall'uso civile a quello militare e il ministero del commercio impose agli industriali norme severe. Il concetto di "utilità" scaturiva dalla necessità del razionamento dei materiali ed era al tempo stesso l'ideologia trasmessa dalla politica sociale del governo. Nel febbraio del 1941 fu lanciato il programma "Standard Emergency Furniture" per fornire mobili alle famiglie colpite dai bombardamenti; quattro mesi dopo agli industriali fu proibito di produrre mobili diversi dai venti modelli "standard" indicati dal governo. L'anno successivo fu creato l'Utility Furniture Advisory Committee, composto da designer, tra cui **Gordon Russell**, incaricati di supervisionare la realizzazione della prima linea Utility progettata da H. J. Cutler ed Edwin Clinch. Ispirandosi ai valori di appropriatezza e onestà nel design promossi all'epoca dall'**Arts & Crafts Movement**, i mobili Utility erano caratterizzati da tecniche di costruzioni semplici e superfici disadorne dalle linee moderne ed essenziali. Nel 1948 furono abolite alcune restrizioni sui materiali, ma fino al 1951 sui mobili non conformi all'Utility Scheme continuarono a gravare tasse elevate.

▲ Pagina dal catalogo dei mobili Utility, 1943

▸ Tavolo di mogano per Société Henry van de Velde, Ixelles, 1898 ca.

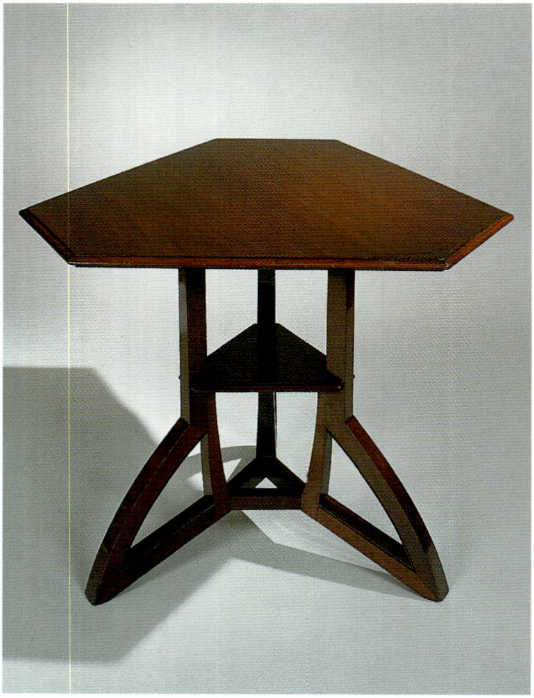

Henry van de Velde

1863 *Anversa*
1957 *Zurigo*

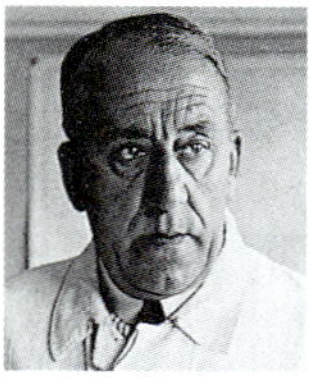

Henry van de Velde studiò pittura all'Académie des Beaux-Arts di Anversa dal 1881 al 1884 e seguì per un anno i corsi di Carolus Duran a Parigi. Nel 1886 entrò nell'Als ik Kan e contribuì a fondare L'Art Indépendent, due associazioni di artisti con sede ad Anversa; due anni dopo entrò nel gruppo progressista post-impressionista Les Vingt. In questo periodo entrò in contatto con Georges Seurat (1859–1891) e Paul Signac (1863–1935) e la sua opera fu fortemente influenzata dai dipinti di Vincent van Gogh (1853–1890). Nel 1892, ispirato dalle idee riformatrici di John Ruskin (1819–1900) e **William Morris**, van de Velde abbandonò la pittura per il design; quello stesso anno espose un ricamo al salone Le Vingt e disegnò varie decorazioni per libri e riviste. Nel 1894 pubblicò *Déblaiements d'art*, in cui invitava all'unificazione delle arti, e iniziò a insegnare "Arts d'Industrie et d'Ornamentation" all'Università di Bruxelles, anche se in seguito si dichiarò contrario al disegno industriale. Il suo primo progetto architettonico fu Casa Bloemenwerf, che costruì per sé a Uccle, vicino a Bruxelles, nel 1895. Julius Meier-Graefe (1867–1935), che fondò la rivista *Dekorative Kunst* nel 1897, e **Siegfried Bing** visitarono la casa e in seguito van de Velde disegnò quattro stanze per la

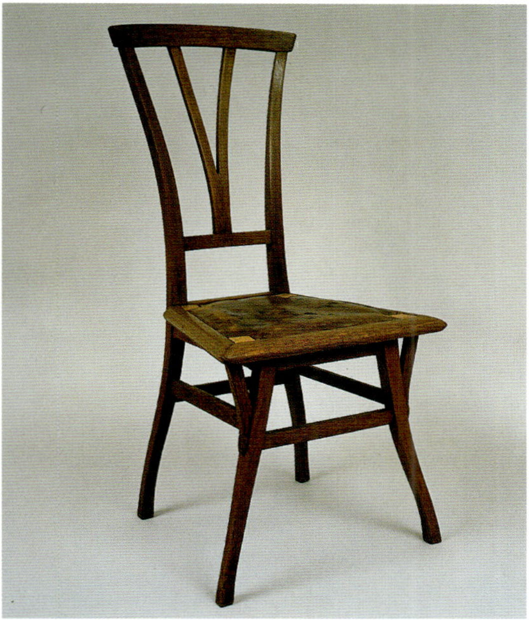

◄ Sedia *Bloemenwerf* per Société Henry van de Velde, Ixelles, 1894–1895

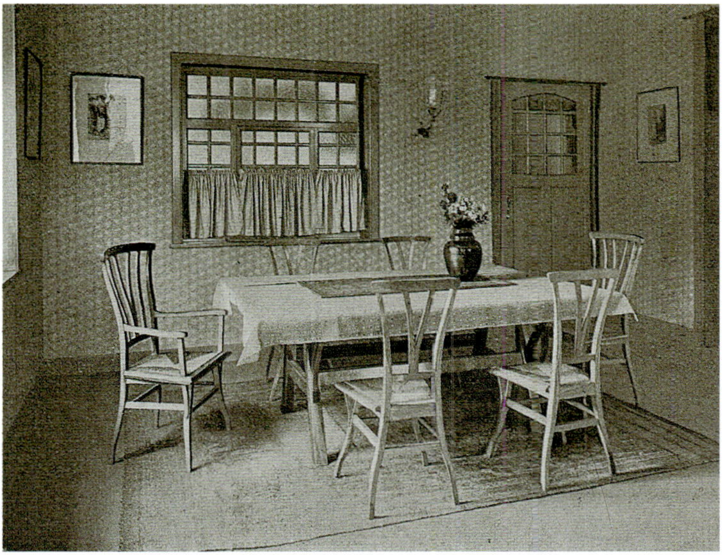

► Sala da pranzo di casa Bloemenwerf a Uccle (Bruxelles), 1895 ca.

galleria di Bing, la Maison L'Art Nouveau, a Parigi. Nel 1896 presentò una stanza al Salon de la Libre Esthétique. L'anno successivo, a Ixelles, vicino a Bruxelles, fondò il laboratorio Société de Henry van de Velde per produrre i mobili da lui presentati all'"Internationale Kunstausstellung" di Dresda nel 1897. Nel 1899 realizzò l'interno e la facciata del negozio parigino di Meier-Graefe, La Maison Moderne. Le creazioni di Van de Velde erano più "anglicizzate" rispetto a quelle del compatriota **Victor Horta**, la cui opera nel continentale stile **Art Nouveau** si adattava meglio al gusto belga. Alla fine van de Velde si trasferì a Berlino, dove i suoi progetti meno decorativi e più funzionali, realizzati dalla Hohenzollern Kunstgewerbehaus di Wilhelm Hirschwald, incontrarono notevole apprezzamento. A Berlino disegnò interni per Havana Tobacco Company (1900) e per il salone di François Haby (1901), il barbiere dell'imperatore, entrambi notevoli per l'equilibrio tra forma espressiva ed esigenze funzionali. Nel 1902 van de Velde si trasferì a Weimar, dove prestò consulenza artistica al granduca Wilhelm Ernst, ridisegnò l'ingresso e la sala di lettura della biblioteca Nietzsche (1903) e progettò la Kunstgewerbeschule di Weimar (1906). Principale esponente dello **Jugendstil** a Weimar, van der Velde fu nominato direttore della nuova scuola di arti applicate aperta nel 1908. Collaborò anche con diversi artigiani e botteghe locali, in particolare con l'ebanisteria Scheidemantel e il gioielliere

▼ Vaso di ceramica con smalto al sale per Steingutfabrik & Kunsttöpferei Reinhold Hanke, 1902

▼▶ Forchetta per lumache, coltello per caviale e forchetta per ostriche in argento e tartaruga prodotti da Koch & Bergfeld per Theodor Müller, 1902

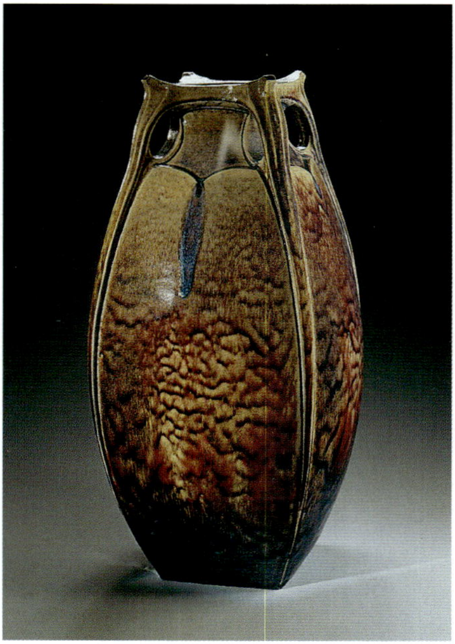

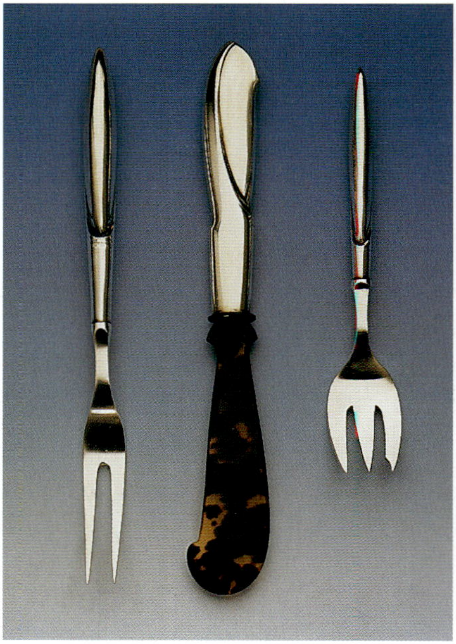

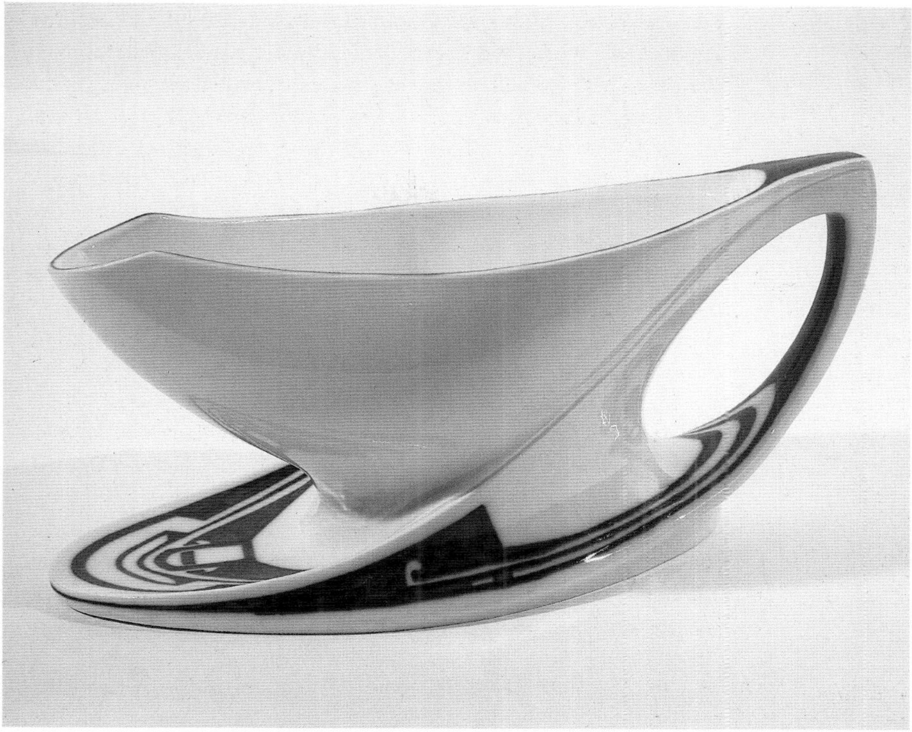

Theodor Müller, che produsse le sue fluide creazioni in argento. Nel 1903 van de Velde disegnò un elegante e al contempo funzionale servizio di piatti per la Staatliche Porzellanmanufaktur Meißen, con forme e motivi organici astratti. Fu tra i fondatori del **Deutscher Werkbund**, ma non accettò l'adesione di Hermann Muthesius (1861–1927) alla **standardizzazione** industriale e lasciò il Werkbund nel 1914. L'anno successivo fu costretto a rinunciare al posto di insegnante a Weimar e nel 1917 emigrò in Svizzera, dove lavorò come architetto indipendente. Tra il 1926 e il 1936 fondò e diresse l'Institut Supérieur d'Architecture (ISAD) a Bruxelles. Nel 1947 tornò in Svizzera dove pubblicò le sue memorie nel 1956. Van de Velde è stato uno dei primi e più influenti propagandisti del modernismo; con i suoi design in stile Jugendstil ha anticipato il **Funzionalismo** e l'astrazione, due caratteristiche chiave del design moderno.

▲ Salsiera di porcellana per la Staatliche Porzellanmanufaktur Meißen, 1903 ca.

Theo van Doesburg

1883 Utrecht
1931 Davos, Svizzera

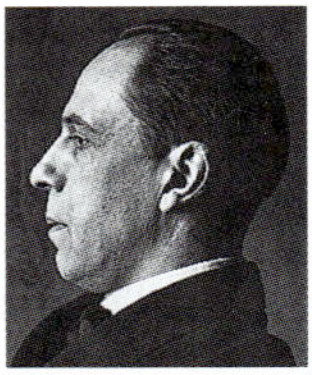

Nato Emil Marie Küpper, van Doesburg assunse in seguito il nome del padre adottivo, Theodorus Doesburg. Studiò alla Scuola d'arte drammatica di Cateau Esser ad Amsterdam, ma nel 1912 iniziò a insegnare pittura e a pubblicare riviste d'arte. Dal 1914 al 1916 fu chiamato a difendere il suo paese; in quel periodo conobbe il filosofo Evert Rinsema e il poeta Anthony Kok e stabilì contatti con **Vilmos Huszár**, Bart Anthony van der Leck (1876–1958), Piet Mondrian (1872–1944) e **Jacobus Johannes Pieter Oud**. Nel 1916 fondò insieme ad altri il gruppo artistico De Sphinx, collaborando alla progettazione della casa del Burgomaster de Broek a Waterland. L'anno successivo, trasferitosi a Leiden, fondò insieme a Huszár, van der Leck, Kok, Oud e Jan Wils (1891–1972), l'influente rivista *De Stijl* di cui fu direttore. La rivista fu determinante per lo sviluppo di **De Stijl**, un movimento che coinvolse architetti, designer e artisti. Dal 1917 al 1921 van Doesburg lavorò anche a diversi progetti architettonici con Oud, Wils, **Gerrit Rietveld** e Cees Rinks de Boer (1881–1966), disegnando murali e vetrate caratterizzati da decise forme geometriche e colori primari. Dal 1920 fece frequenti viaggi in Belgio, Italia, Francia e Germania per promuovere gli ideali del movimento; nel 1921 strinse legami con il **Bauhaus**. Un anno dopo tentò senza successo di entrare come insegnante al Bauhaus di Weimar ma tenne comunque un corso su De Stijl nell'atelier di Karl-Peter Röhl a Weimar. Nel 1923, trasferitosi a Parigi, espose le sue opere, insieme ad altri membri di De Stijl, alla Galerie l'Effort Moderne di Léonce Rosenberg. Contrario al crescente internazionalismo propugnato da van Doesburg, Mondrian lasciò De Stijl nel 1925 e van Doesburg pubblicò il proprio manifesto sull'"Elementarismo", una concezione che aveva sviluppato nel 1924. Cinque anni dopo fondò la rivista *L'Art Concret* e nel 1931 costituì con altri il gruppo Abstraction-Création a Parigi. Van Doesburg è stato il principale portavoce del movimento De Stijl; alla sua morte, come tributo postumo alla sua opera, venne pubblicato l'ultimo numero della rivista.

▾ **Theo van Doesburg & Kurt Schwitters**, Poster litografico "Kleine Dada Soirée", 1923

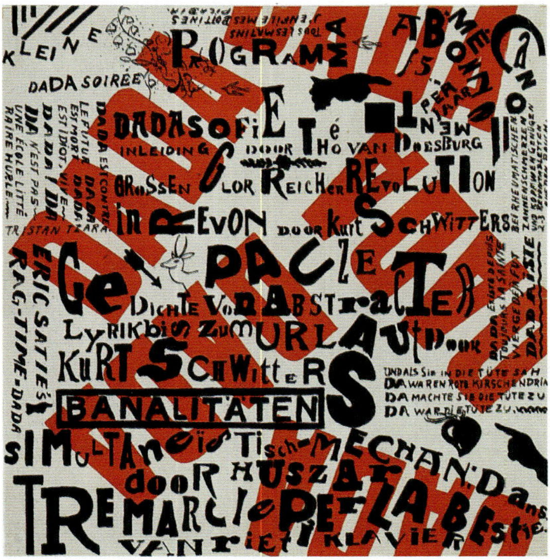

Harold van Doren

1895 *Chicago*
1957 *Filadelfia*

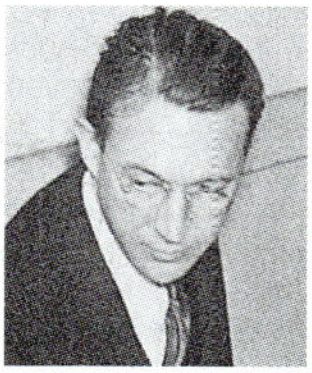

Harold van Doren studiò lingue e successivamente si trasferì a Parigi dove lavorò al Louvre. Tradusse le biografie di Ambrose Vollard *Paul Cézanne* (1923) e *Jean Renoir* (1934), e recitò un ruolo nel film di Renoir *La Fille d'eau*. Tornato negli Stati Uniti, lavorò come assistente del direttore del Minneapolis Institute of Arts, ma si dimise quando gli fu offerta l'opportunità di lavorare nel campo del disegno industriale, allora agli inizi. Una delle sue prime commissioni giunse da Hugh Bennett, presidente dell'azienda produttrice di bilance Toledo Scale Company. Van Doren realizzò un articolo leggero in plaskon, uno dei primi prodotti in plastica realizzati su vasta scala. Van Doren continuò a progettare numerosi oggetti streamlined per Maytag, Goodyear, Ergy, Philco, Swartzbaugh e DeVilbiss, e insieme a J. G. Rideout creò la famosa radio verde in plastica a forma di grattacielo per Air-King Products (1930–1931) e uno scooter per bambini brevettato (1936). Pioniere del disegno industriale e dello **Streamlining**, nel 1940 van Doren pubblicò *Industrial Design: A Practical Guide to Product Design and Development*.

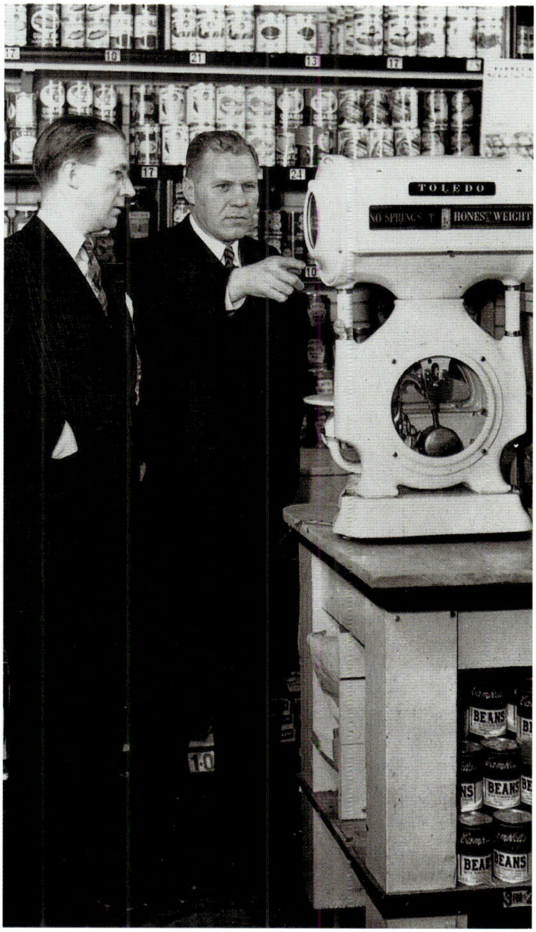

▸ Harold van Doren (a sinistra) e Hubert Bennett (a destra) con le bilance ridisegnate da van Doren per la Toledo Scale Company, anni '30

► Lampada in rame martellato con paralume in mica per Copper Shop, 1915 ca.

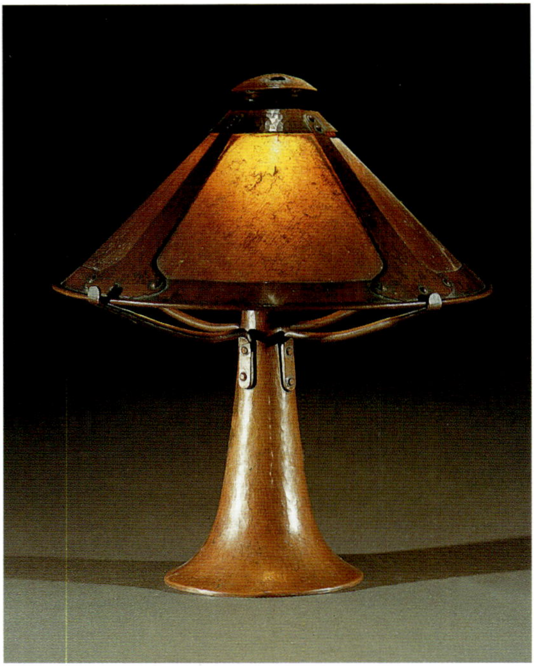

Dirk Van Erp

1859 *Leeuwarden, Paesi Bassi*
1933 *San Francisco*

Dirk Van Erp emigrò dall'Olanda in America nel 1886; quattro anni dopo iniziò a lavorare ai cantieri navali della marina statunitense a Mare Island, vicino a San Francisco, ricavando vasi da bombe di ottone esplose, messi in vendita con successo nel 1906 dal negozio Vickery Atkins & Torrey a San Francisco. Nel 1908 Van Erp aprì il Copper Shop a Oakland, dedicandosi alla produzione di oggetti "artistici" in metallo, tra cui le famose lampade in rame con paralumi in mica; in quel periodo si avvalse dell'assistenza di Harry Dixon (1890–1967) e della figlia Agatha. Nel 1910 l'attività fu trasferita a San Francisco e Van Erp entrò per breve tempo in società con Miss D'Arcy Gaw, che disegnò alcune delle prime lampade in mica della ditta. Nel 1915 il fiorente laboratorio produceva non solo lampade e vasi ma anche ciotole, accessori per fumatori e fioriere, talvolta decorate con piastrelle **Grueby**. Le superfici martellate di questi oggetti e i chiodi a vista rispondevano alla filosofia della "costruzione rivelata" propria dell'**Arts & Crafts Movement**. Nel 1916 Van Erp tornò ai cantieri navali per rendersi utile durante la guerra e la gestione del laboratorio fu assunta dal figlio William. Van Erp si ritirò dall'attività nel 1929, ma continuò a creare saltuariamente oggetti in metallo fino alla morte nel 1933.

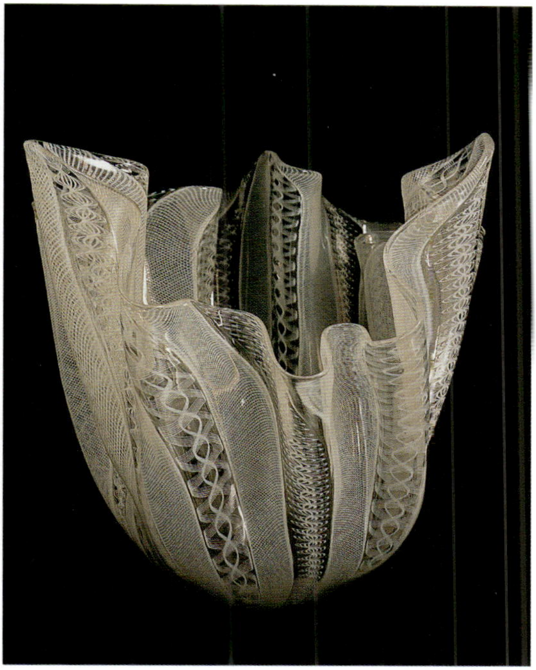

◂ **Fulvio Bianconi & Paolo Venini**, Vaso *Fazzoletto* per Venini, 1949 ca.

Paolo Venini

1895 *Milano*
1959 *Venezia*

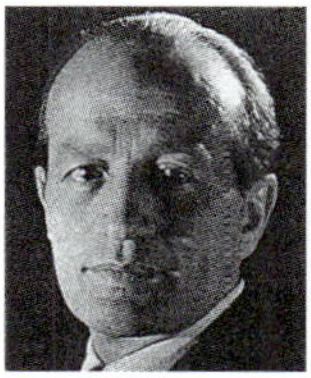

Paolo Venini studiò giurisprudenza a Milano, dove conobbe Giacomo Cappellin (1887–1968), proprietario di un negozio di articoli in vetro. Nel 1921, insieme ad Andrea Rioda (1878–1921), ex direttore della Compagnia di Venezia e Murano, e Vittorio Zecchin (1878–1947), che aveva disegnato oggetti per la vetreria Artisti Barovier, aprì una vetreria a Venezia denominata Vetri Soffiati Muranesi Cappellin, Venini & C. Vittorio Zecchin ne fu direttore tecnico e artistico fino al 1925, quando Paolo Venini aprì una fabbrica a Murano insieme allo scultore Napoleone Martinuzzi (1892–1977) e all'ingegnere Francesco Zecchin (1894–1986). Inizialmente produssero oggetti in vetro basati su anteriori disegni neoclassici di Vittorio Zecchin e su nuovi disegni di Martinuzzi, tra cui "animate" sculture in vetro e oggetti di stile arcaico. Poi dal 1927 al 1928 Venini, pensando alla produzione di vasi più scultorei, lanciò tre innovazioni: la *pasta vitrea opaca*, il *vetro incamiciato* e il *vetro pulegoso*. Insieme a **Gio Ponti**, **Pietro Chiesa** e Tommaso Buzzi (1900–1981) fondò il gruppo Il Labirinto per favorire la collaborazione tra industriali e promuovere le arti decorative. Nel 1932 Buzzi diventò direttore artistico di Venini e introdusse la tecnica del *vetro laguna*, in cui l'impiego della foglia d'oro consentiva di ottenere superfici marezzate. Negli anni '30 Paolo

Venini e **Carlo Scarpa** collaborarono alla riproduzione del vetro *murrino* di epoca romana. Negli anni '50 la vetreria Venini produsse le colorate creazioni di **Fulvio Bianconi** e **Massimo Vignelli** e nel decennio successivo i design di **Tobia Scarpa** e **Tapio Wirkkala**.

▼ Bottiglie *Incalmo* con tappo per Venini, 1950

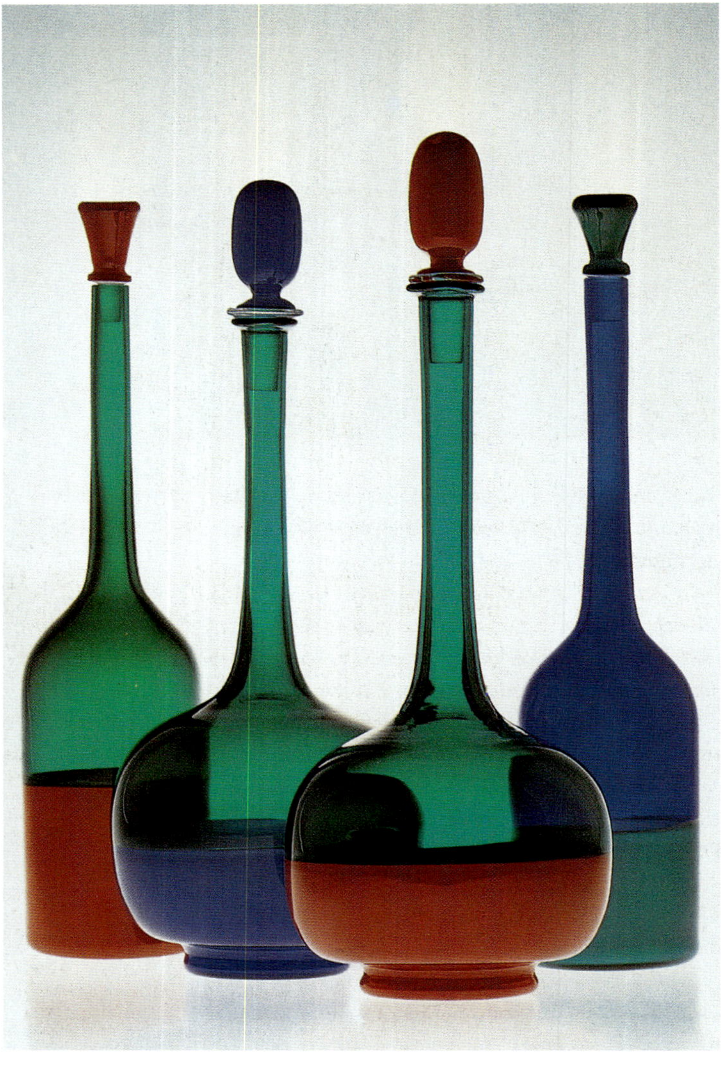

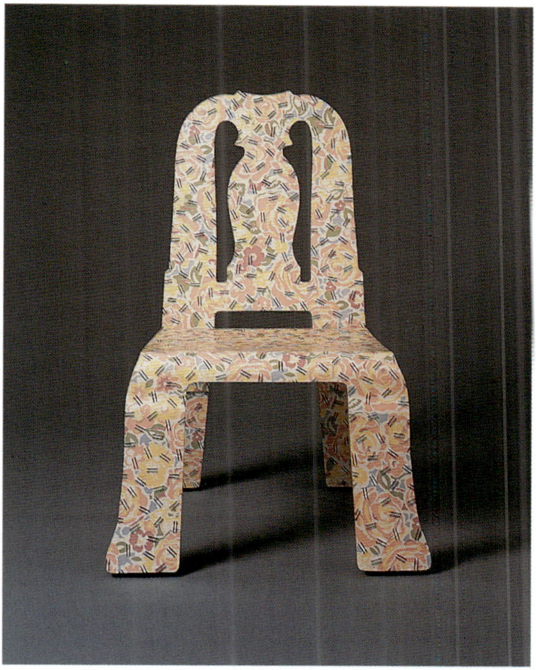

◄ **Robert Venturi & Denise Scott-Brown**, Sedia *Queen Anne* dalla *Venturi Collection* per Knoll International, 1984

Robert Venturi

1925 *Filadelfia*

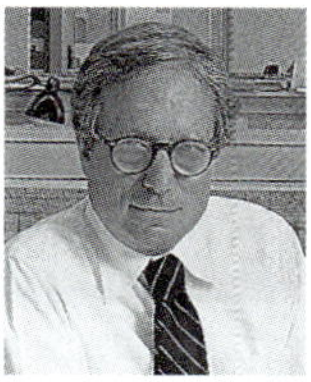

Robert Venturi studiò architettura alla Princeton University dal 1943 al 1950 e in seguito lavorò negli studi di **Eero Saarinen** e Louis Kahn (1901–1974). Vinse poi una borsa di studio di due anni all'American Academy a Roma. Tornato in America, dal 1957 al 1965 insegnò architettura alla University of Pennsylvania. Nel 1966 raccolse una serie di conferenze da lui tenute al **Museum of Modern Art** di New York in un libro che avrà enorme influenza, *Complexity and Contradiction in Modern Architecture* (1966), nel quale attaccò la povertà culturale e la banalità sul piano visivo degli edifici moderni, anticipando il **Post-Modernismo**. Alla pubblicazione fece seguito un'altra opera fondamentale, *Learning from Las Vegas* (1972), scritta insieme a Denise Scott-Brown (1932) e Steven Izenour e influenzata dagli scritti di Ro and Barthes sulla **semiotica**. Nel libro auspicava una forma più simbolica di architettura nella quale la gente comune potesse più facilmente identificarsi. Venturi tradusse in pratica le sue teorie progettando molti edifici "ibridi", con citazioni visive da stili del passato e dalla cultura popolare contemporanea. I suoi design, tra cui la *Venturi Collection* per **Knoll** (1984) e *Tea & Coffee Piazza* per **Alessi** (1983), presentano un simbolismo accentuato e uno stile decisamente post-moderno.

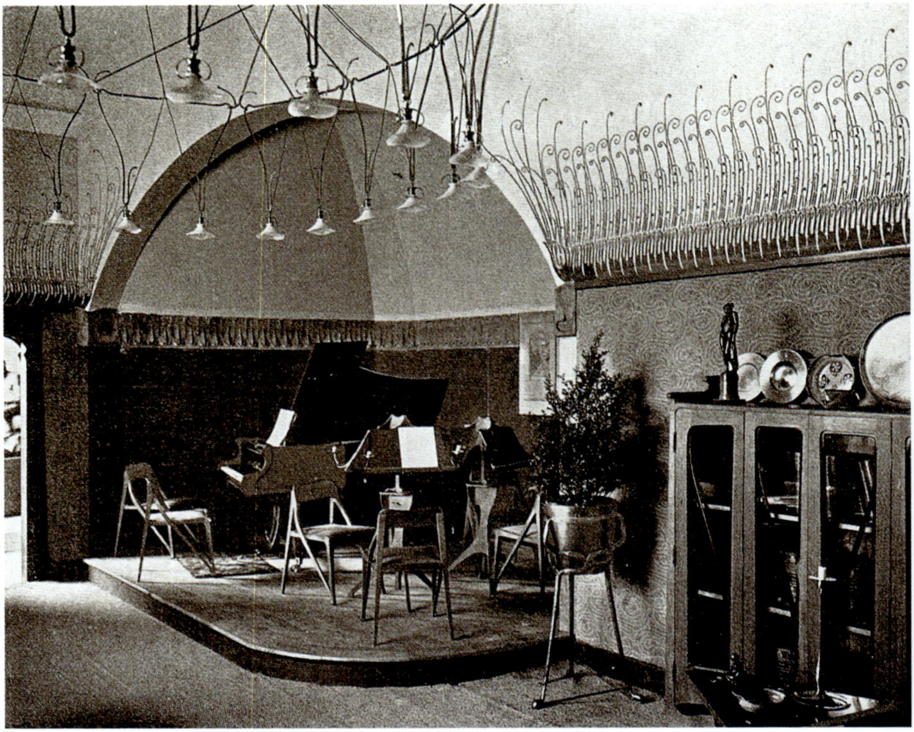

Vereinigte Werkstätten für Kunst im Handwerk

Fondati nel 1897
Monaco

▲ **Richard Riemerschmid**, Sala da concerti, esposta alla "Deutsche Kunstausstellung", Dresda, 1899

I Vereinigte Werkstätten für Kunst im Handwerk (Laboratori uniti per l'arte nell'artigianato) furono fondati sull'onda del successo riscosso dalla sezione di arti decorative all'esposizione del "Glaspalast" di Monaco nel 1897. I partecipanti, tra cui **Berhard Pankok**, **Hermann Obrist** e **Bruno Paul**, decisero di creare un gruppo dedito alle arti applicate che producesse e vendesse i propri design. Ispirati alle gilde dell'**Arts & Crafts Movement** britannico, i Vereinigte Werkstätten für Kunst im Handwerk furono la prima di molte aziende aperte in Germania allo scopo di produrre design "artistici" di alta qualità. **Richard Riemerschmid** e **Peter Behrens** furono entrambi membri dei laboratori, per i quali realizzarono pratici oggetti di uso quotidiano. Tuttavia, il fatto che i laboratori fossero votati alla lavorazione artigianale implicava che le loro creazioni in stile **Jugendstil** fossero relativamente costose da produrre. I Werkstätten presentarono le loro opere per la prima volta nel 1898 al "Glaspalast" di Monaco; in seguito furono presenti all'"Exposition Universelle" del 1900 a Parigi, alla "Louisiana Purchase Exposition" del 1904 a St. Louis e all'"Exposition Universelle et Internationale" del 1910 a Bruxelles.

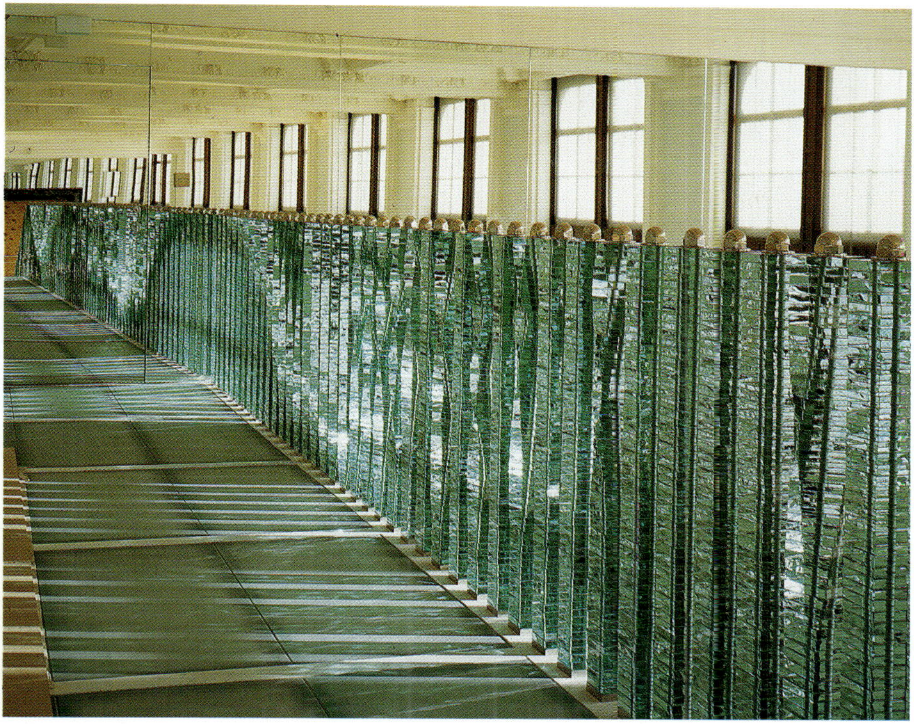

Il Victoria & Albert Museum è stato il primo museo dedicato alle arti applicate. Le sue origini si possono ricondurre a una relazione stilata da un Parliamentary Select Committee nel 1836, in cui si chiedeva l'istituzione di una collezione di manufatti a scopo didattico; l'anno successivo sorse la Government School of Design, dotata di una sua collezione. La "Great Exhibition" del 1851 fece da catalizzatore alla fondazione di un Museum of Manufactures (1852) a Marlborough House, dove inizialmente furono esposti la collezione della scuola e articoli acquistati alla Great Exhibition. Il designer riformista Henry Cole (1808–1882), primo direttore del museo, ne curò il trasferimento a South Kensington nel 1857, ma il merito di aver costituito la vasta collezione attualmente esistente va al primo sovrintendente, John Charles Robinson (1824–1913). La struttura fu ribattezzata Victoria & Albert Museum nel 1899 quando la regina Vittoria posò la prima pietra dell'attuale edificio, progettato da Aston Webb (1849–1930). Il V&A ospita ancora oggi la più grande collezione didattica al mondo di oggetti di design.

Victoria & Albert Museum

Fondato nel 1899 a
Londra

▲ La Galleria del Vetro al Victoria & Albert Museum con la balaustrata in vetro di Danny Lane, aperta nell'aprile del 1994

▸ Lampada *Fungo* per Venini, 1955 ca.

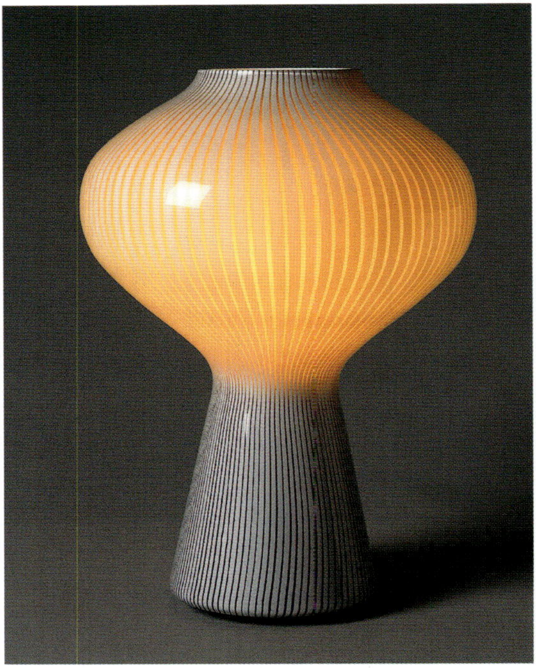

Massimo Vignelli

1931 *Milano*

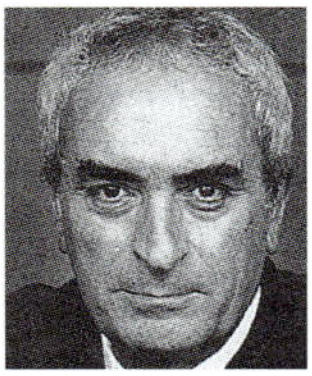

Massimo Vignelli studiò architettura al Politecnico di Milano dal 1950 al 1953 e poi all'Università di Venezia. Dal 1953 creò oggetti in vetro per **Venini** e dal 1958 al 1960 insegnò all'**Institute of Design** di Chicago, mentre la moglie Lella Vignelli (1934) lavorò per gli architetti Skidmore, Owings e Merrill. Nel 1960 la coppia tornò in Italia e aprì uno studio a Milano, il Lella and Massimo Vignelli Office for Design and Architecture. Quattro anni dopo Massimo Vignelli inizia a lavorare per la Container Corporation of America di Chicago, di cui disegnò il nuovo logo. Nel 1965, insieme a Bob Noorda (1927) e Jay Doblin (1920), fondò lo studio milanese di consulenza Unimark International. Quell'anno i Vignelli si stabilirono definitivamente in America e nel 1966 la Unimark aprì uno studio a New York specializzato in **corporate identity**. Nel 1971 la coppia costituì la Vignelli Associates e in seguito elaborò programmi di corporate identity per **Knoll**, American Airlines, Bloomingdales, Xerox, Lancia, Cinzano e Ford, realizzando anche mobili per Poltronova, Sunar, Rosenthal e Morphos, vetri per Venini, Steuben e Sasaki, e showroom per Artemide e Hauserman. L'opera dei Vignelli è caratterizzata dall'impiego di linee pulite e colori puri.

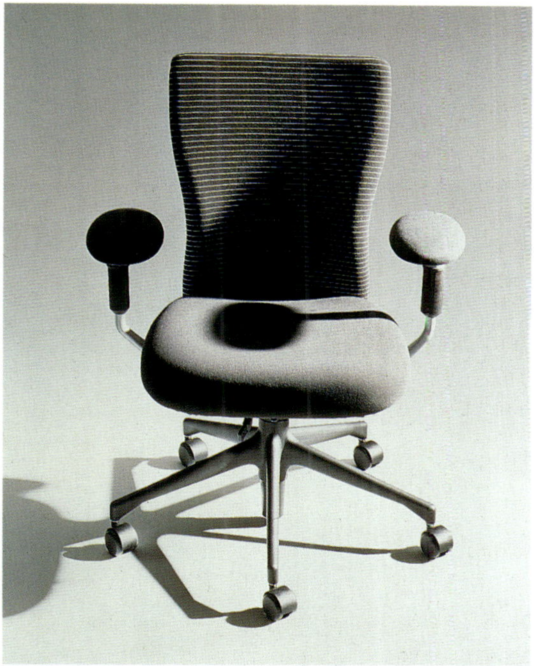

◂ **Antonio Citterio & Glen Oliver Löw,** *T-chair* per Vitra, 1990

Vitra

Fondata nel 1950 a *Basilea*

Vitra fu fondata a Weil am Rhein nel 1950 da Willy Fehlbaum, che in seguito ottenne dalla **Herman Miller** la licenza di produzione per l'Europa. Nel 1957 l'azienda lanciò una linea d'arredamento progettata da **Charles e Ray Eames** e **George Nelson** e in seguito intraprese la produzione della sedia *Panton* (1959–1960) di **Verner Panton**, immessa sul mercato nel 1967. Rolf Fehlbaum succedette al padre alla presidenza dell'azienda nel 1977 e nel 1981 commissionò a Nicholas Grimshaw (1939) il progetto di una nuova fabbrica, dopo che un incendio aveva distrutto lo stabilimento precedente. Ulteriori edifici del complesso Vitra furono disegnati da architetti rinomati quali **Frank O. Gehry**, Tadao Ando (1941), Zaha M. Hadid (1950) e Alvaro Siza (1933). Per completare l'arredamento per ufficio progettato da **Mario Bellini** e **Antonio Citterio**, nel 1987 fu presentata la *Vitra Edition*, una serie limitata di sedie sperimentali ideate da **Ettore Sottsass**, **Gaetano Pesce**, **Shiro Kuramata** e **Ron Arad**. Quell'anno Rolf Fehlbaum, che possedeva già una collezione di sedie "classiche" di epoca postbellica, ne acquistò molte altre realizzate tra il 1880 e il 1945, creando la base della collezione attualmente custodita al Vitra Design Museum, progettato da Frank O. Gehry e inaugurato nel 1989.

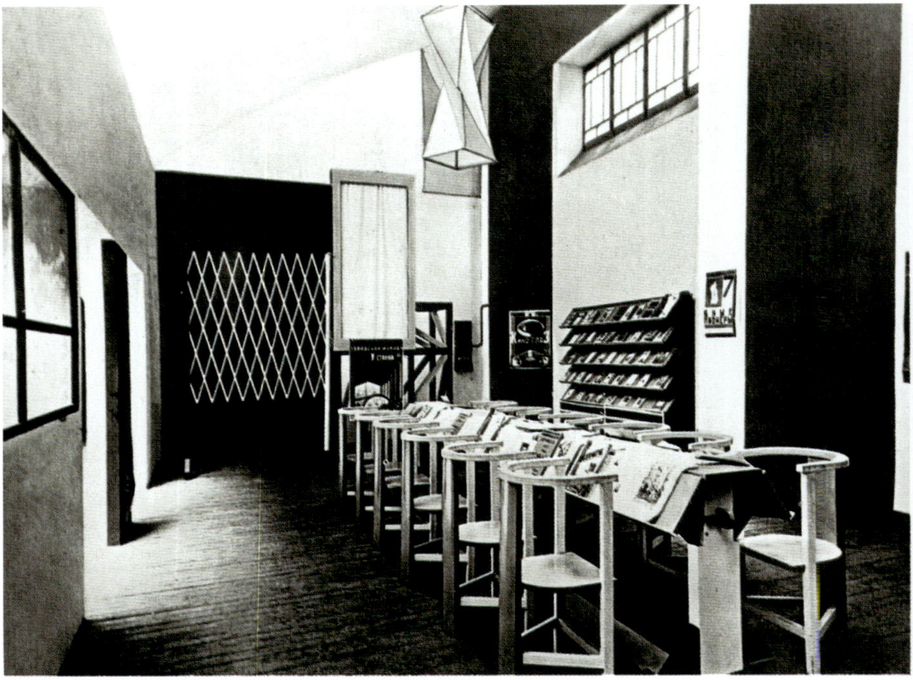

Vkhutemas

Fondati nel 1920 a *Mosca*

I Vkhutemas (Laboratori artistici e tecnici superiori statali) furono l'evoluzione degli Svomas (Liberi studi artistici statali) fondati nel 1918. Questo innovativo laboratorio-scuola sovietico contò tra i suoi docenti numerosi costruttivisti di rilievo, tra cui **Alexander Rodchenko**, **Varvara Stepanova**, **Vladimir Tatlin**, Naum Gabo (1890–1977), Antoine Pevsner (1886–1962), Liubov Popova (1889–1924) e Alexander Vesnin (1883–1959). L'istituto promosse il concetto di "arte della produzione" creando contatti con l'industria, sviluppando tecniche didattiche innovative e mantenendo stretti rapporti con il Buahaus tramite **El Lissitzky**, **Kasimir Malevich** e Wassily Kandinsky (1866–1944). Come altri istituti d'arte sovietici, come l'Inkhuk (Istituto di cultura artistica) e l'Izo (Dipartimento di belle arti di Narkompros), i Vkhutemas svolsero un ruolo fondamentale nella formazione artistica nell'Unione Sovietica. Inizialmente appoggiata dal regime bolscevico, l'**avant-garde** russa venne poi perseguitata dal Comitato centrale sovietico. Nel 1932 tutte le organizzazioni di architettura e design, compreso il Vhutein (Istituto artistico e tecnico superiore statale) che aveva sostituito i Vkhutemas nel 1927, furono abolite a favore di associazioni controllate dal partito.

▲ **Alexander Rodchenko**, Arredamento per la sala di lettura del circolo operaio per il padiglione russo all'"Exposition des Arts Décoratifs" del 1925 a Parigi

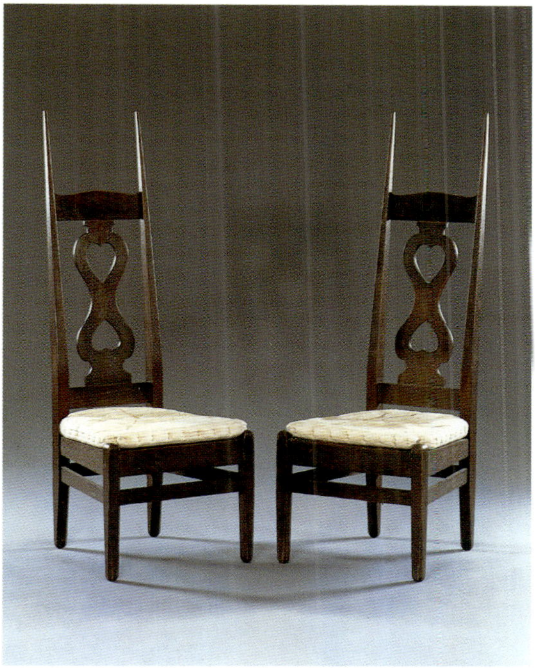

◂ Sedie in rovere, probabilmente realizzate da C.H.B. Quennell, 1898

Charles F. A. Voysey

1857 Hessle/Yorkshire
1941 Winchester

Charles F. A. Voysey era figlio di un pastore anglicano non ortodosso, fondatore della Chiesa teistica. Come il padre, Voysey aveva forti opinioni morali che avrebbero permeato la sua opera. Pur influenzato da **A. W. N. Pugin**, Voysey rifiutò lo storicismo privilegiando invece il vernacolarismo. Dal 1874 al 1882 fu tirocinante presso vari architetti progressisti neogotici, tra i quali John Pollard Seddon (1827–1906), Henry Saxon Snell (1830–1904) e George Devey (1820–1886). Nel 1882 aprì uno studio e iniziò a produrre opere nella tradizione Arts & Crafts inaugurata da **William Morris** e **A. H. Mackmurdo**. Dal 1888 circa al 1914 progettò numerose residenze che costituirono l'antitesi della "grandiosità": case basse, informali, concepite come **Gesamtkunstwerk**, a due spioventi, perfettamente armonizzate con la campagna circostante. Gli interni in stile cottage, luminosi e comodi, erano decorati con semplici mobili in rovere e sobri tessuti. I design informali e molto originali di Voysey appartengono alla seconda fase dell'**Arts & Crafts Movement** e stilisticamente fanno da ponte tra XIX e XX secolo. La sua opera è squisitamente inglese; adottando motivi e forme vernacolari, Voysey ha dato vita a uno stile nazionale semplice che ha esercitato grande influenza, soprattutto sull'architettura suburbana edoardiana.

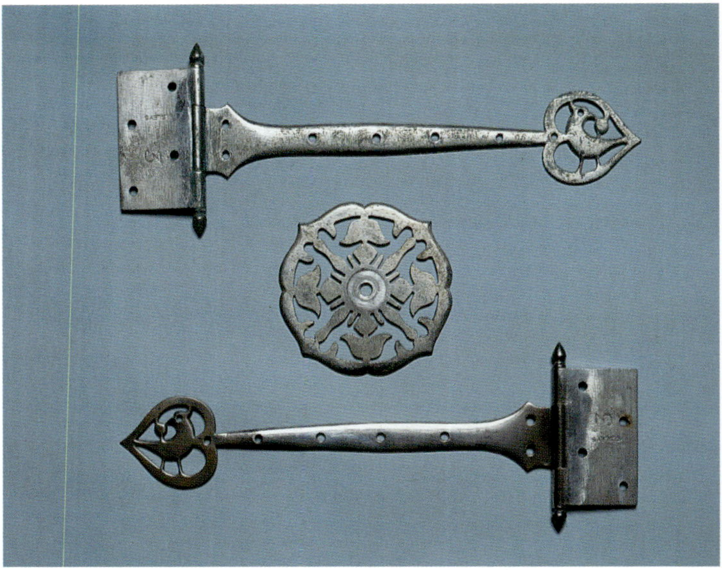

► Accessori per porte, probabilmente realizzati da William Bainbridge Reynolds, 1895

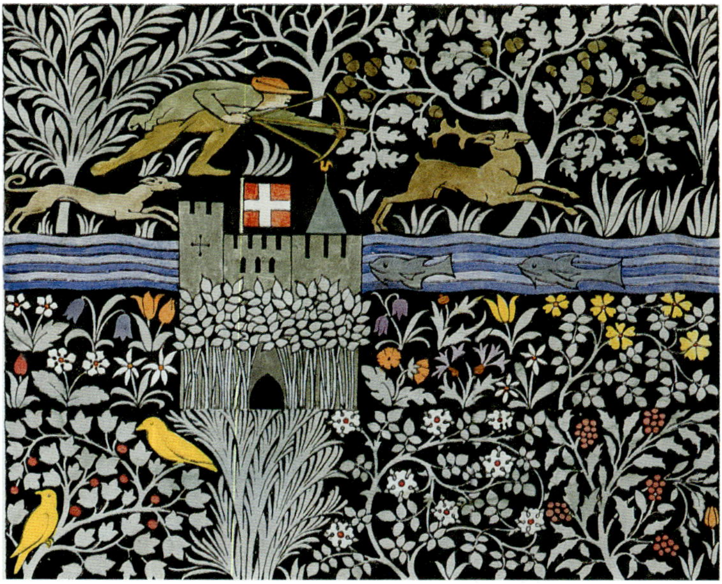

◄ Disegno *The Huntsman* per tessuto realizzato a macchina, 1919 ca.

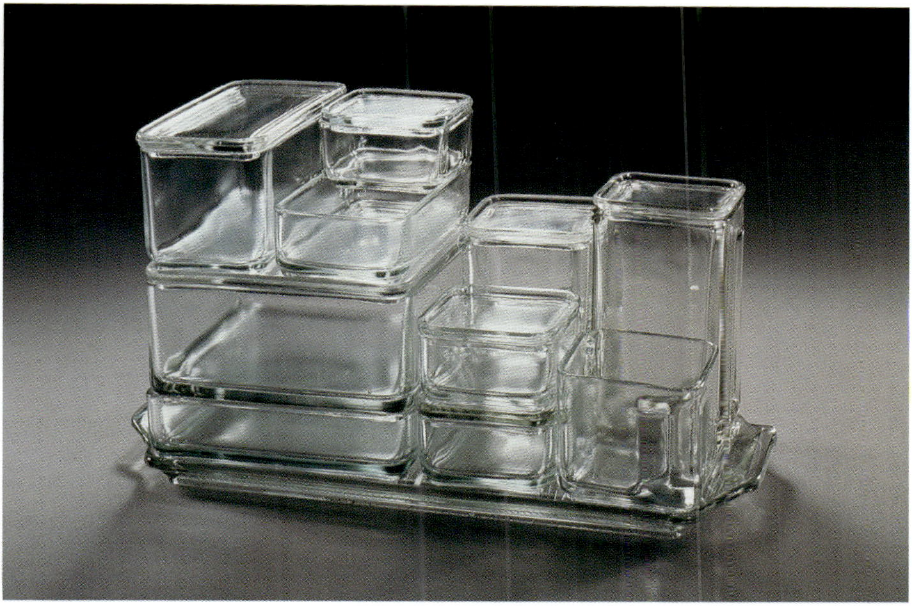

Wilhelm Wagenfeld fu apprendista presso gli argentieri Koch & Bergfeld e dal 1914 al 1919 studiò alla Kunstgewerbeschule di Brema. Frequentò poi la Zeichenakademie (Accademia di disegno) di Hanau per tre anni, completando la sua formazione al **Bauhaus** di Weimar, dove seguì i corsi propedeutici e svolse un tirocinio nella sezione metalli con **László Moholy-Nagy**. Al Bauhaus Wagenfeld progettò la famosa lampada da tavolo *MT8* (1923–1924), prodotta in serie dal laboratorio. Superato l'esame di qualifica, diventò assistente di Richard Winkelmayer nel laboratorio dei metalli della Bauhochschule di Weimar, di cui assunse la direzione nel 1928. I funzionali oggetti qui realizzati, come il barattolo per tè *M15* (1929 ca.), presentavano forme geometriche meno severe rispetto agli articoli creati in precedenza al Bauhaus. In questo periodo progettò anche maniglie per S. A. Loevy di Berlino, e numerosi articoli per la casa per Walther & Wagner di Schleiz. Come designer freelance Wagenfeld lavorò per le vetrerie Jenaer Glaswerke Schott & Gen., per le quali creò la linea di articoli per la casa cui appartengono la caffettiera *Sintrax* (1931) e il famoso servizio da tè in vetro (1930). Alla fine degli anni '30 i design di Wagenfeld acquistarono un carattere sempre più industriale, come dimostrano i vasetti impilabili *Kubus* prodotti in serie dalle Vereinigte Lausitzer Glaswerke, per le quali aveva anche elaborato un marchio e del materiale promozionale. Negli anni '30 Wagenfeld disegnò

Wilhelm Wagenfeld

1900 *Brema, Germania*
1990 *Stoccarda, Germania*

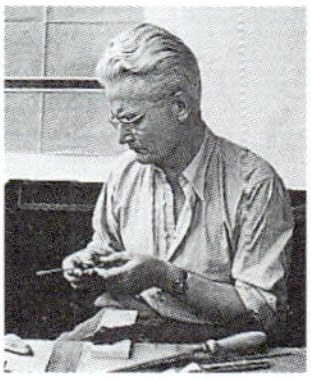

▲ Vasetti di vetro *Kubus* per le Vereinigte Lausitzer Glaswerke, 1938

► Lampada da tavolo *MT9/ME1* per Bauhaus Dessau, 1923–1924

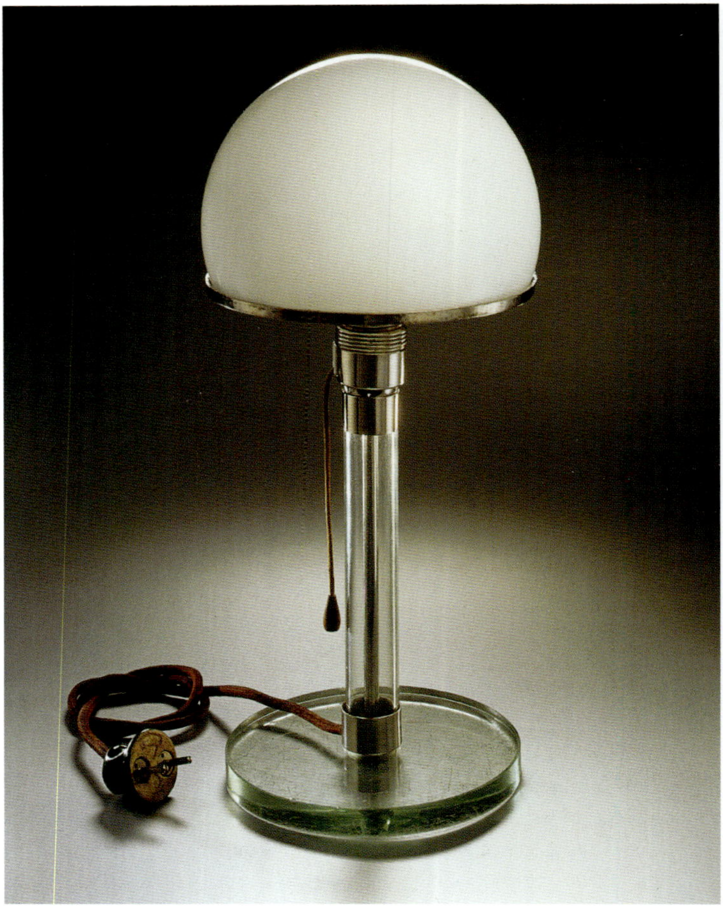

ceramiche per le fabbriche di porcellana Fürstenberg e Rosenthal e delineò il suo approccio funzionalista al design in articoli per riviste come *Die Form*. Dal 1931 al 1935 insegnò a Berlino alla Staatliche Kunsthochschule Grunewaldstraße e alla Hochschule für Bildende Künste dal 1947 al 1949. Nel 1954 aprì il laboratorio Wagenfeld a Stoccarda progettando oggetti destinati alla produzione industriale, tra cui un vassoio in melammina per la compagnia aerea Lufthansa (1955). Designer Bauhaus tra i più celebri, Wagenfeld sottolineò gli obblighi morali, sociali e politici del designer realizzando oggetti funzionali e alla portata di tutti.

▸ Scrivania e sgabello disegnati per la Österreichische Postsparkasse (Cassa di risparmio postale austriaca), 1906, Vienna – prodotti da Gebrüder Thonet

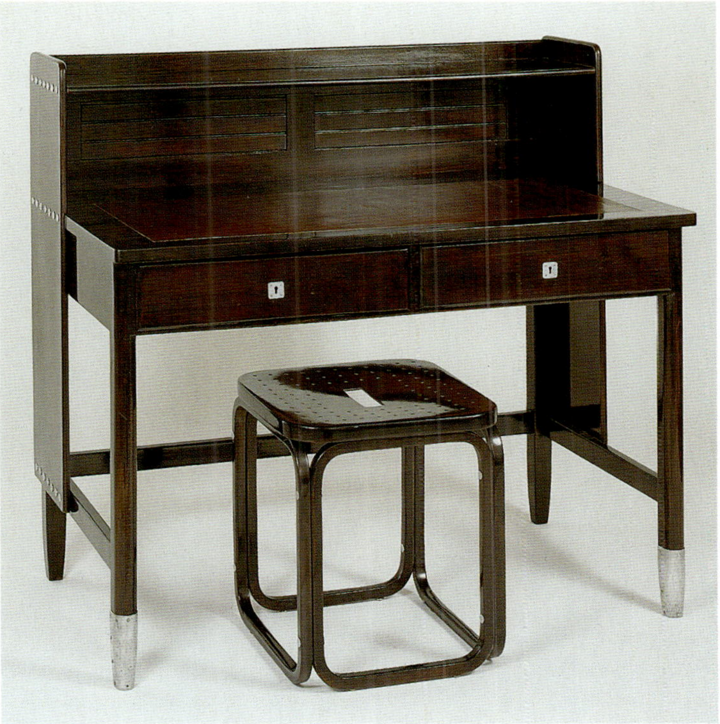

Otto Wagner

1841 *Vienna-Penzing*
1918 *Vienna*

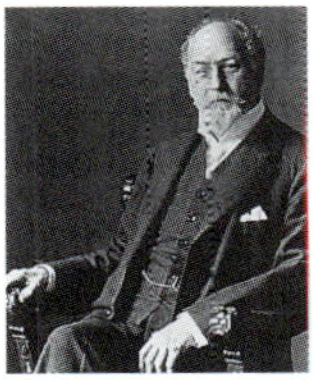

Otto Wagner studiò alla Technische Hochschule di Vienna e alla Bauakademie di Berlino, e successivamente frequentò i corsi di Eduard van der Nüll e August Siccard von Siccardsburg all'Akademie der Bildenden Künste a Vienna. Nel 1862 entrò a far parte dello studio dell'architetto viennese Ludwig von Förster che avrebbe poi rilevato e gestito a proprio nome. Le sue prime opere di architettura, prevalentemente edifici adibiti ad appartamenti e uffici, erano d'impianto tradizionale e furono influenzate dallo stile classicheggiante di Karl Friedrich Schinkel (1781–1841). Gli fu commissionato un progetto urbanistico per Vienna (1892–1893) e la ristrutturazione del sistema ferroviario della città (1893), compresi viadotti, ponti e oltre trenta stazioni. Dal 1894 al 1916 Wagner fu docente di architettura all'Akademie der Bildenden Künste di Vienna ed ebbe tra i suoi studenti **Adolf Loos**, **Josef Hoffmann** e **Josef Maria Olbrich**. Nel 1894 pubblicò un libro intitolato *Moderne Architektur* che segnò un punto di svolta nella sua carriera di architetto, oltre che la riduzione graduale dell'elemento decorativo. Nel 1899 diventò membro della **Secessione** viennese e, senza abbando-

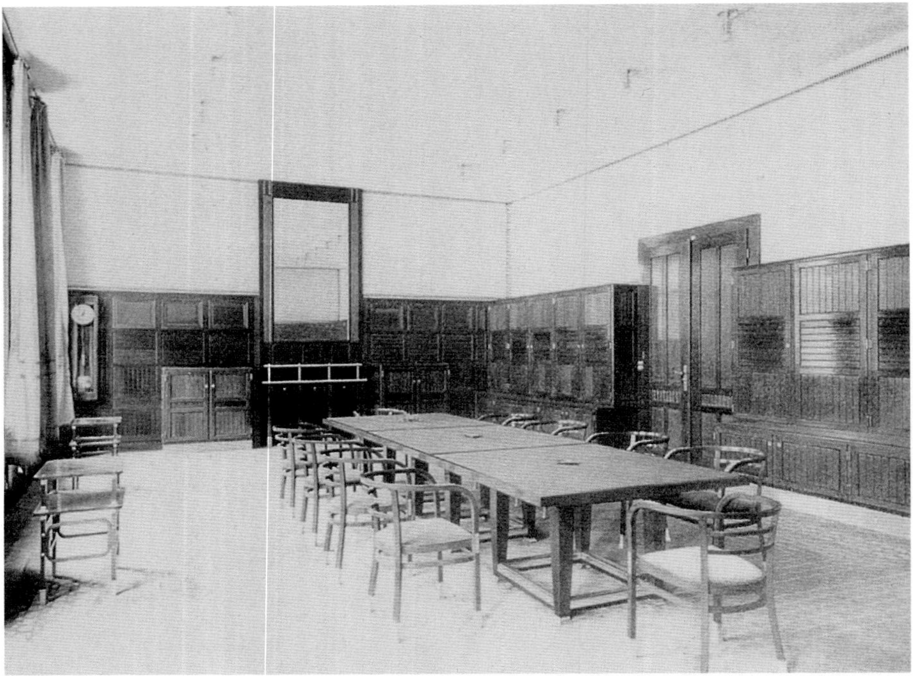

▲ Sala del consiglio alla Österreichische Postsparkasse, Vienna, 1905–1906

nare definitivamente il classicismo, iniziò a lavorare in stile **Art Nouveau**. Nel 1900 il suo studio occupava settanta persone, tra le quali Olbrich, Hoffmann, Leopold Bauer (1872–1938), Max Fabiani (1865–1962) e Jože Plečnik (1872–1957), e si occupava di design oltre che di progetti architettonici. Il capolavoro di Wagner, la Österreichische Postsparkasse (Cassa di risparmio postale austriaca) di Vienna (1904–1906), fu concepito come **Gesamtkunstwerk** e arredato con accessori in alluminio appositamente disegnati e mobili in legno piegato che rivelavano una precoce tendenza funzionalista. Varianti dei mobili della Postsparkasse furono in seguito prodotte da Gebrüder **Thonet** e **J. & J. Kohn**. Wagner disegnò anche pezzi d'argenteria per J. C. Klinkosch, presentati nella sezione austriaca dell'"Esposizione Internazionale d'Arte Decorativa Moderna" di Torino nel 1902. Dal 1904 al 1907 collaborò al periodico *Hohe Warte* e in seguito entrò nel **Deutscher Werkbund**. Wagner è stato uno dei più innovativi architetti viennesi attivi a cavallo tra XIX e XX secolo; sostenitore del "Nutzstil" (stile funzionale), attraverso la sua attività di insegnante all'Akademie der Bildenden Künste di Vienna influenzò un'intera generazione di architetti e designer.

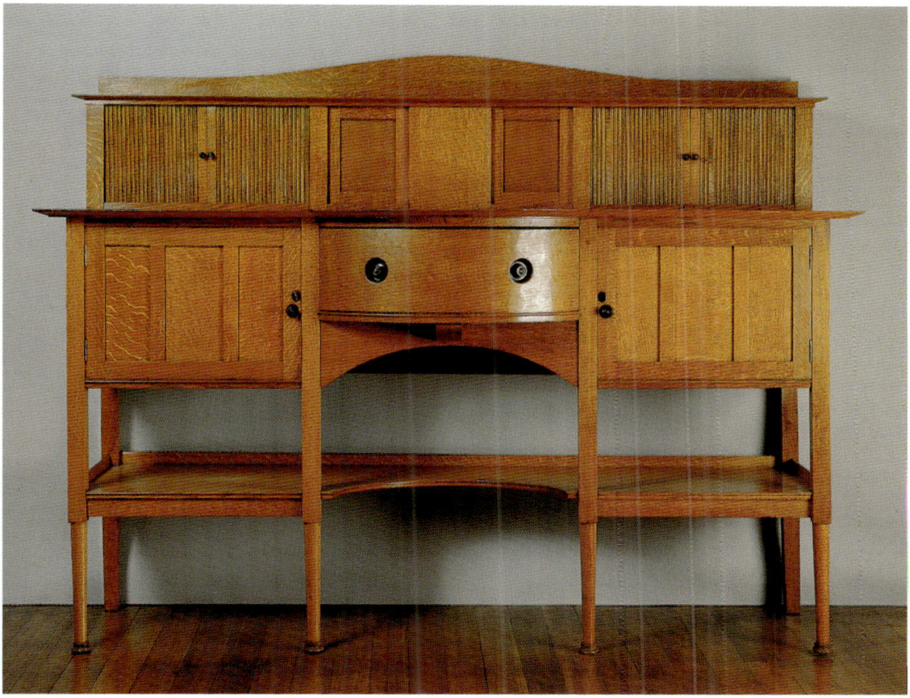

Figlio di un ingegnere e pittore dilettante, George Walton frequentò le lezioni serali alla Glasgow School of Art e nel 1888 fondò un'impresa di decorazioni, ottenendo commissioni grazie ai contatti del fratello maggiore E. A. Walton (1860–1922), membro dei Glasgow Boys, un gruppo di pittori post-impressionisti. Nel 1890 George Walton espose con l'Arts & Crafts Society e, insieme a **Charles Rennie Mackintosh**, decorò le sale da tè di Buchanan Street (1896) e Argyle Street (1897) di Catherine Cranston. Nel 1896 la sua affermata ditta diventò una società a responsabilità limitata. L'anno successivo Walton si trasferì a Londra, dove gli furono commissionati mobili e facciate di negozi per gli showroom della Kodak a Londra, Glasgow, Dublino, Milano, Bruxelles, Vienna e Mosca. Nel 1898 aprì un altro studio a Scarborough e tre anni dopo ricevette la prima di varie commissioni architettoniche per residenze private. Dal 1916 al 1921 progettò diversi pub per la Central Liquor Traffic Board e negli anni '20 creò tessuti per Morton Sundour. Benché Walton sia stato uno dei designer di maggiore successo della **Glasgow School**, la sua opera presenta maggiore affinità con l'**Arts & Crafts Movement** inglese.

George Walton

1867 *Glasgow*
1933

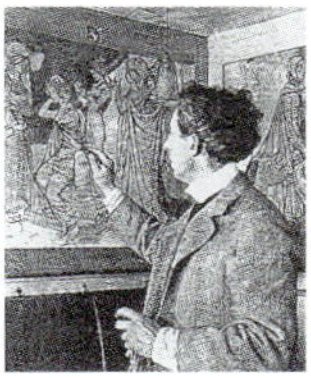

▲ Buffett *Brussels* per George Walton & Company, 1900 ca.

Kem Weber

1889 Berlino
1963 Santa Barbara, California

Karl Emanuel Martin, o "Kem", Weber studiò prima con Eduard Schultz, un rinomato ebanista di Potsdam, quindi seguì i corsi di **Bruno Paul** alla Kunstgewerbeschule di Berlino e collaborò con il suo docente alla progettazione e costruzione del padiglione tedesco all'"Exposition Universelle" del 1910 a Bruxelles. Conseguita la laurea nel 1912, lavorò nello studio di Paul al design della sezione tedesca della "Panama-Pacific International Exhibition" tenutasi a San Francisco nel 1915. Fu inviato in America per supervisionare la costruzione dell'esposizione, ma l'opera fu sospesa per il deteriorarsi del clima politico. L'imminente scoppio della guerra impedì a Weber di tornare a casa; restò così bloccato in California. Dopo la prima guerra mondiale si trasferì a Santa Barbara e aprì uno studio, specializzandosi nella progettazione di interni coloniali spagnoli. In quel periodo Weber progettò anche diversi edifici ispirati all'architettura maya, egizia, minoica, nonché al Cubismo. Nel 1921 si stabilì a Los Angeles e iniziò a progettare packaging,

▾ Poltrona *Airline* per Airline Chair Co., 1934–1935 ca.

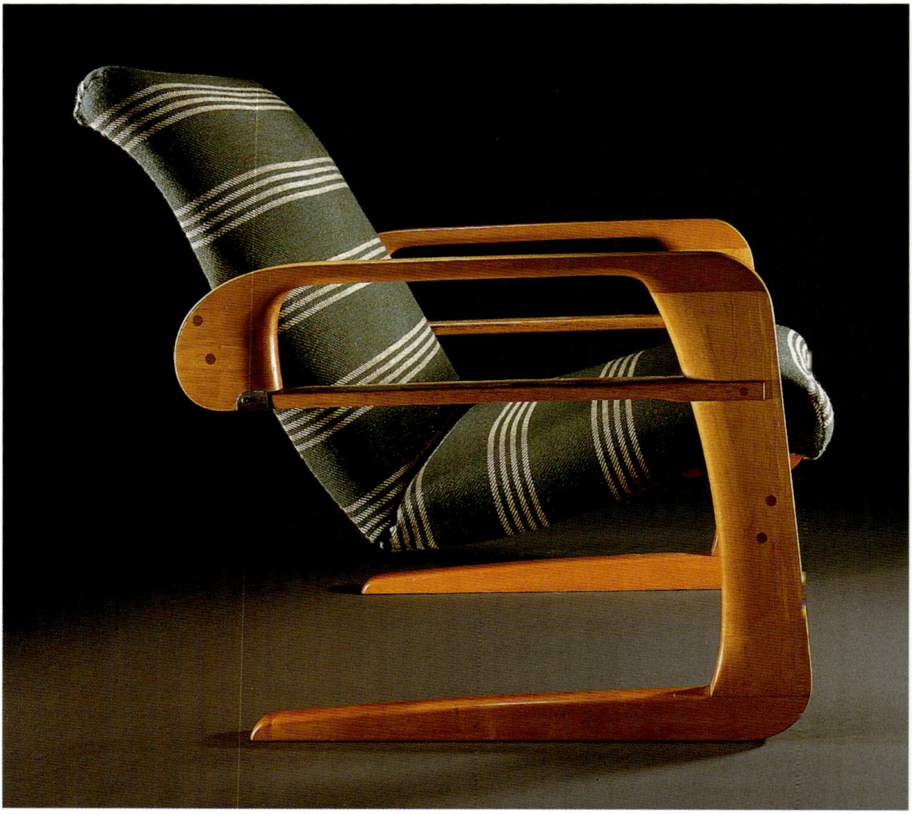

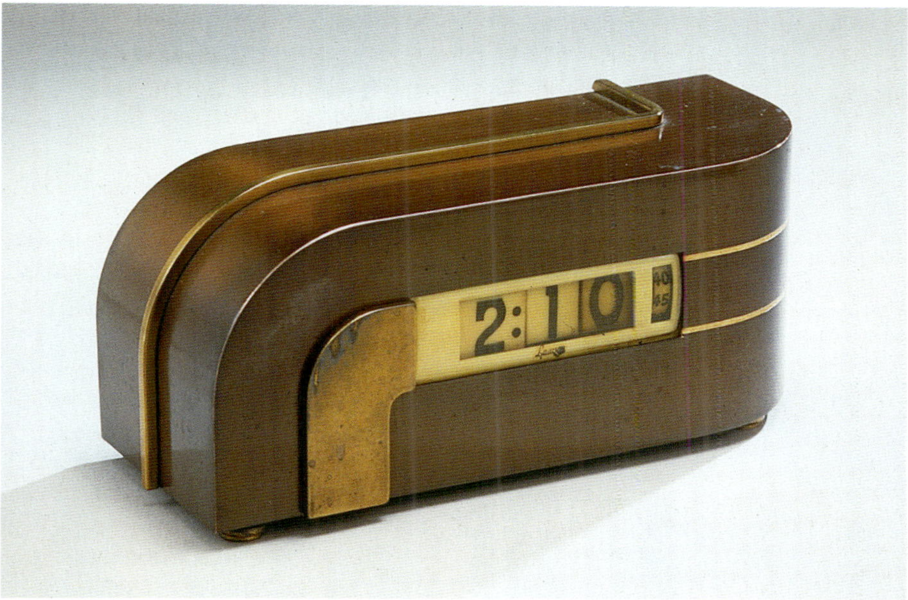

▲ Orologio digitale *modello n. 305-P40 The Zephyr* per Lawson Time Inc., 1934

interni e mobili modernisti per il grande negozio di arredamento e decorazione Barker Brothers. Nel 1924 diventò cittadino americano e fu nominato direttore artistico della Barker Brothers, un posto che mantenne fino al 1927, quando aprì uno studio di disegno industriale a Hollywood. Le sue creazioni in stile **Moderne** furono esposte nel 1928 alla seconda "International Exposition of Art in Industry" tenuta da Macy's a New York, che lo collocò tra i designer più innovativi presenti sulla scena americana dell'epoca. Negli anni '30 Weber realizzò progetti per diversi produttori di mobili di Grand Rapids tra cui Widdicomb, Baker, Berkey & Gay e Mueller, creando anche articoli in argento per Friedman Silver di New York, e orologi per Lawson Time di Alhambra. Spesso impiegò le linee dello **Streamlining**, come dimostra la sedia *Airline* (1934–1935) disegnata per i Walt Disney Studios. Durante la seconda guerra mondiale Weber progettò un sistema abitativo prefabbricato per la Douglas Fir Plywood Association di Tacoma e dopo il 1945 si concentrò su commissioni architettoniche basate sull'utilizzo di materiali tradizionali e naturali. Sebbene seguissero lo stile moderno, questi progetti erano distanti dai suoi primi edifici in **International Style**. L'opera di Weber rappresenta l'approccio meno austero al modernismo della West Coast.

Hans J. Wegner

1914 Tønder, Danimarca

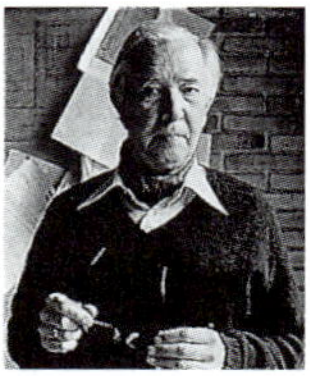

▼ Sedia *modello n. JH 250 Valet* per Johannes Hansen, 1953 (poi prodotta da PP Møbler)

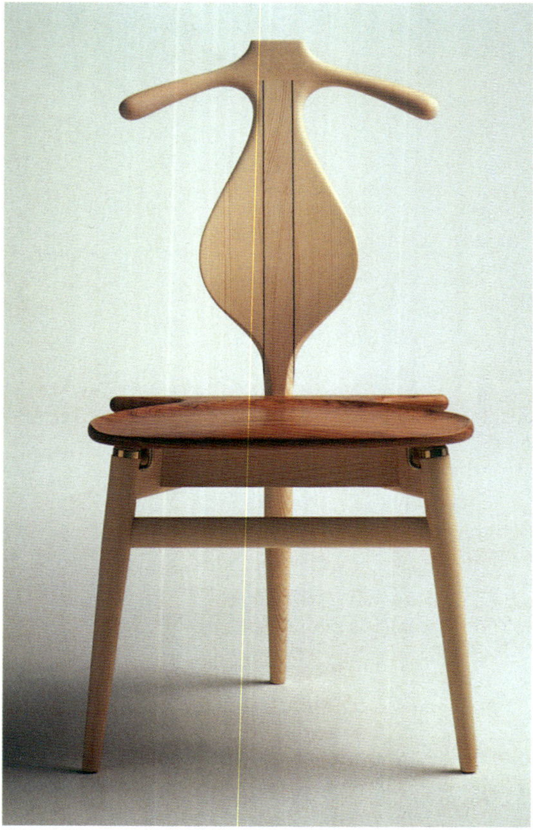

Hans J. Wegner, figlio di un ciabattino, crebbe con un profondo amore per l'artigianato. Imparò a lavorare il legno nel laboratorio di H. F. Stahlberg e, terminato il servizio militare, studiò a Copenhagen al Teknologisk Institut dal 1936 al 1938. Seguì poi i corsi di design del mobile tenuti da Orla Mølegaard Nielsen (1907) alle Kunsthandvaerkerskolen. Nel 1938 Wegner lavorò nella città di Arhus per gli architetti Erik Møller e Flemming Lassen e nel 1940 iniziò a lavorare con Møller e **Arne Jacobsen** al progetto del Municipio di Arhus, realizzando mobili semplici ma di squisita fattura. Dal 1943 al 1946 aprì uno studio ad Arhus; tra il 1946 e il 1948 fu socio dell'architetto Palle Suenson a Copenaghen, aprendo poi uno studio nella capitale. Dal 1940 Wegner lavorò anche per il mobiliere e presidente della Gilda degli ebanisti Johannes Hansen, disegnando numerose sedie per la sua azienda, tra cui la sedia *Rotonda* (1949), nota anche come *La Sedia* o *Sedia Classica*. Negli anni '50 fu tra i principali esponenti del design scandinavo e fu celebrato a livello internazionale per le sue sedie di eccezionale equilibrio e splendida fattura, costruite prevalentemente in legno massiccio e fabbricate da Johannes Hansen, Fritz Hansen, Andreas Tuck, Getama. A. P. Stolen, Carl Hansen & Søn e PP Møbler. Il suo originale approccio scandinavo al design, come dimostrano le sedie *Cinese* (1943), *Pavone* (1947), *Y* (1950) e *Valet* (1953), si oppose al formalismo geometrico del **Modern Movement**. Designer e artigiano di talento, Wegner semplificò forma e costruzione creando bellissime rielaborazioni di mobili tradizionali.

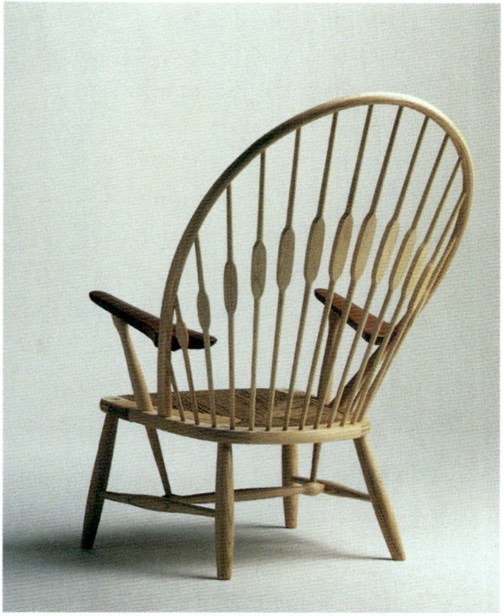

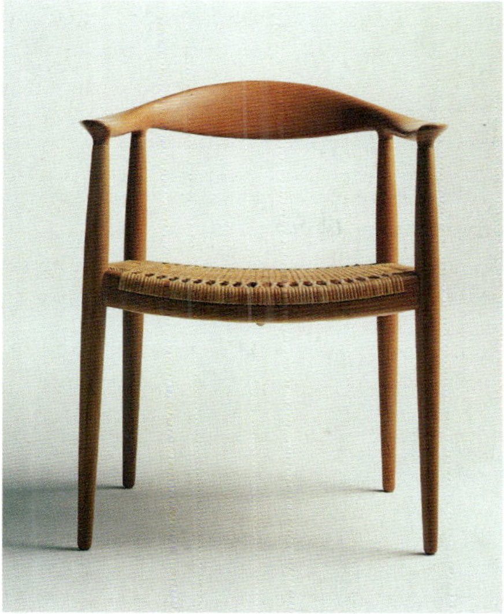

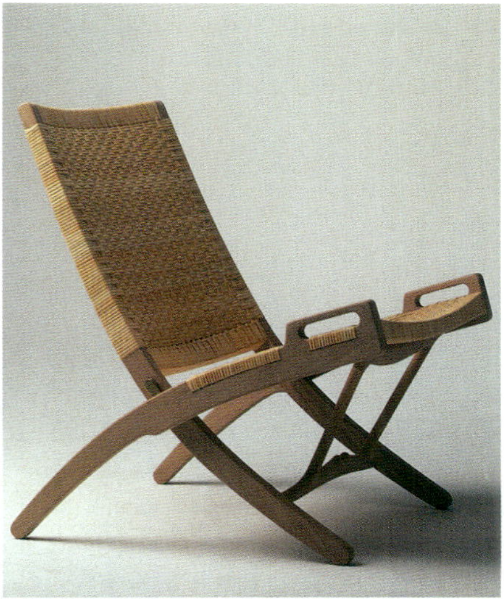

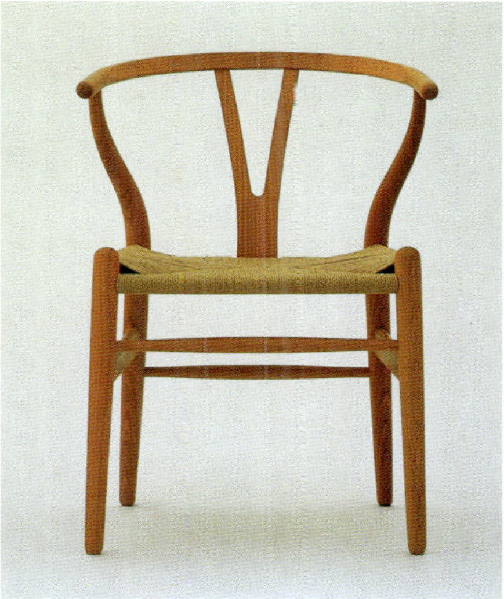

▲▲ Sedia *modello n. JH 50 Pavone* per Johannes Hansen, 1947 (poi prodotta da PP Møbler)

▲ Sedia pieghevole *modello n. JH 512* per Johannes Hansen, 1949 (poi prodotta da PP Møbler)

▲▲ Sedia *modello n. JH 501 Rotonda* per Johannes Hansen, 1949 (nota anche come *La Sedia* o *Sedia Classica* – poi prodotta da PP Møbler)

▲ Sedia *Y modello n. 24* per Carl Hansen, 1950

◂ Mobile da ufficio *modello n. B290* per Gebrüder Thonet, 1928–1929

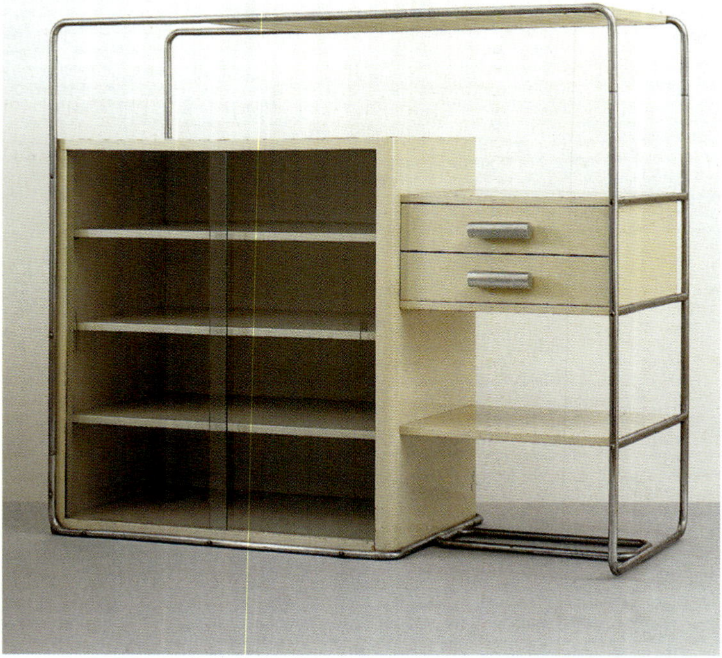

Bruno Weil

Date sconosciute
Austria

Dopo gli studi di architettura Bruno Weil diresse la Thonet Frères a Parigi dal 1928 al 1933, firmando le sue creazioni con lo pseudonimo Béwé derivato dalla pronuncia tedesca delle sue iniziali. In tubolare metallico realizzò il mobile da ufficio *B290* (1928–1929), la sedia impilabile *B256* (1932), i tavoli *B143/144* (1932), la dormeuse *B267* (1935) e l'innovativa scrivania modulare *B287* (1935). Sotto la sua direzione la Thonet Frères produsse mobili di designer tedeschi quali **Ludwig Mies van der Rohe** e **Marcel Breuer**, ma anche design creati da architetti francesi all'avanguardia tra cui André Lurçat (1894–1970), **Le Corbusier**, **Pierre Jeanneret** e **Charlotte Perriand**. Nel 1939 Weil emigrò negli Stati Uniti dove disegnò la linea *Bentply* (1943) ispirata a prototipi anteriori di sedie in compensato di **Charles Eames** ed **Eero Saarinen**.

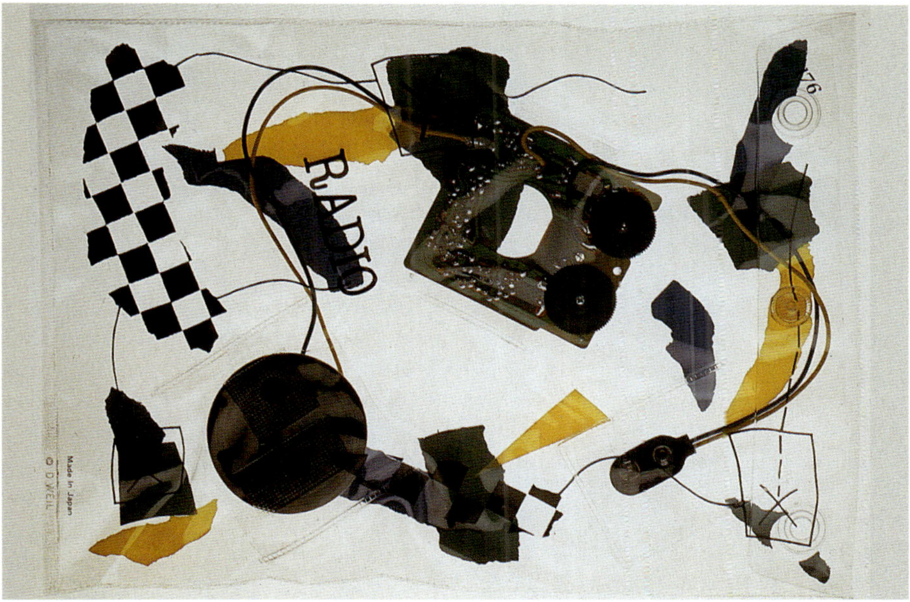

Daniel Weil si laureò in architettura all'Università di Buenos Aires nel 1977, quindi studiò disegno industriale al **Royal College of Art di Londra** dal 1978 al 1981. Successivamente progettò radio, luci e orologi digitali racchiusi in involucri di plastica stampati in serigrafia, con l'intento di sviluppare un "nuovo immaginario per l'elettronica per sfuggire all'immaginario meccanico della scatola". Questi design decostruttivisti, tra cui la *Bag Radio* (1981–1983) con componenti elettronici e fili visibili, furono prodotti tra il 1982 e il 1990 dall'azienda di sua proprietà Parenthesis Limited. Dal 1985 al 1991 Weil lavorò in società con Gerard Taylor (1955), realizzando prodotti, mobili e interni per **Alessi**, **Knoll**, Esprit e altri. Nel 1992 diventò socio dello studio di consulenza multidisciplinare **Pentagram**, lavorando per molte società tra cui EMI Records, Swatch, Granada Hospitality e il Crafts Council of Great Britain. Weil è stato anche "Unit Master" all'Architectural Association di Londra dal 1983 al 1986 e dal 1991 professore e direttore del corso di disegno industriale e automobilistico al Royal College of Art.

Daniel Weil

1953 *Buenos Aires*

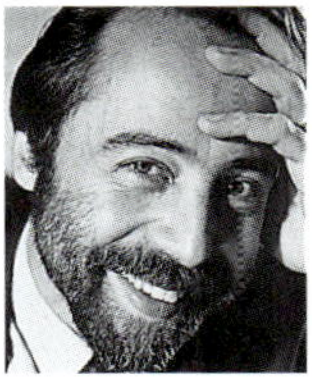

▲ *Bag Radio* per Parenthesis, 1981–1983

Wiener Werkstätte

1903–1932
Vienna

► **Josef Hoffmann**, Vaso in vetro tagliato prodotto da Ludwig Moser & Söhne per Wiener Werkstätte, 1920 ca.

▼ **Dagobert Peche**, Poster per la sezione moda di Wiener Werkstätte, 1920

I Wiener Werkstätte furono fondati ufficialmente a Vienna nel giugno del 1903 dai designer secessionisti **Josef Hoffmann** e **Koloman Moser** e dal ricco banchiere Fritz Wärndorfer (1869–1939). La cooperativa prese a modello organizzazioni britanniche come la **Guild of Handicraft** di **Charles Ashbee**, con la quale condivideva il perseguimento di risultati artistici attraverso l'artigianato. Nell'ottobre del 1903 erano già operanti vari laboratori (ebanisteria, rilegatura libri, lavorazione di oro, argento, metalli e cuoio), uno studio di architettura (in precedenza di Hoffmann) e uno di design. I Wiener Werkstätte si distinsero per l'igiene e la luminosità dei locali e per il trattamento esemplare degli operai: ad esempio, chi lavorava nel laboratorio di ebanisteria riceveva permessi retribuiti di una o due settimane, una pratica decisamente insolita per l'epoca. Gli articoli prodotti dai Werkstätte portavano non solo il monogramma dei designer ma anche quelli degli artigiani che li avevano

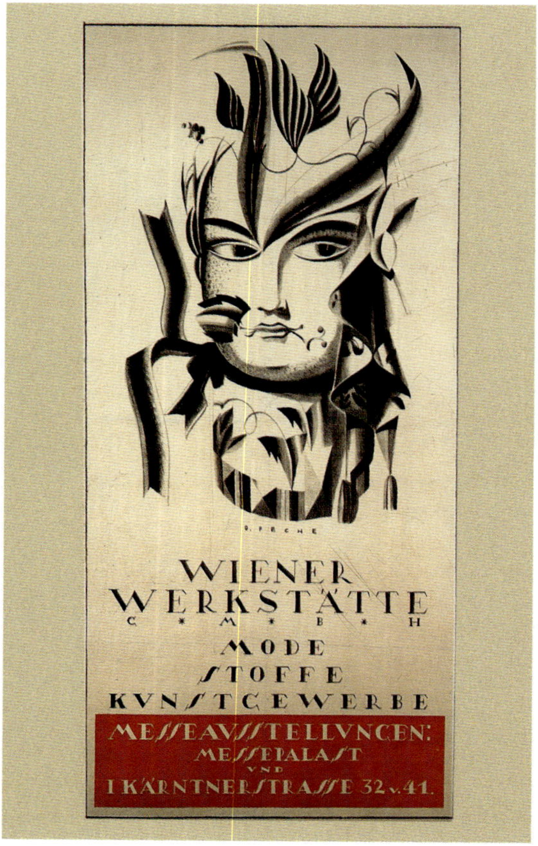

realizzati, a dimostrazione dell'impegno profuso nel promuovere l'uguaglianza tra artista e artigiano. I suoi membri, soprattutto Hoffmann, rifiutarono di compromettere la qualità del prodotto per renderlo più economico continuando a usare i materiali migliori disponibili. Questo approccio, pur garantendo la qualità eccelsa dei prodotti, ostacolò il successo finanziario della cooperativa; di conseguenza anche l'influsso democratico sulla società fu meno ampio del previsto. In ogni caso, nel 1905 i Wiener Werkstätte avevano soppiantato la **Secessione** quale principale organizzazione di artisti e artigiani a Vienna, e impiegavano oltre cento persone. Le loro opere venivano pubblicate su riviste come *Deutsche Kunst und Dekoration* e *The Studio*, raggiungendo un pubblico ancora più vasto attraverso l'organizzazione di mostre (Berlino 1904, Vienna & Brünn 1905, Hagen 1906) e la partecipazione a varie

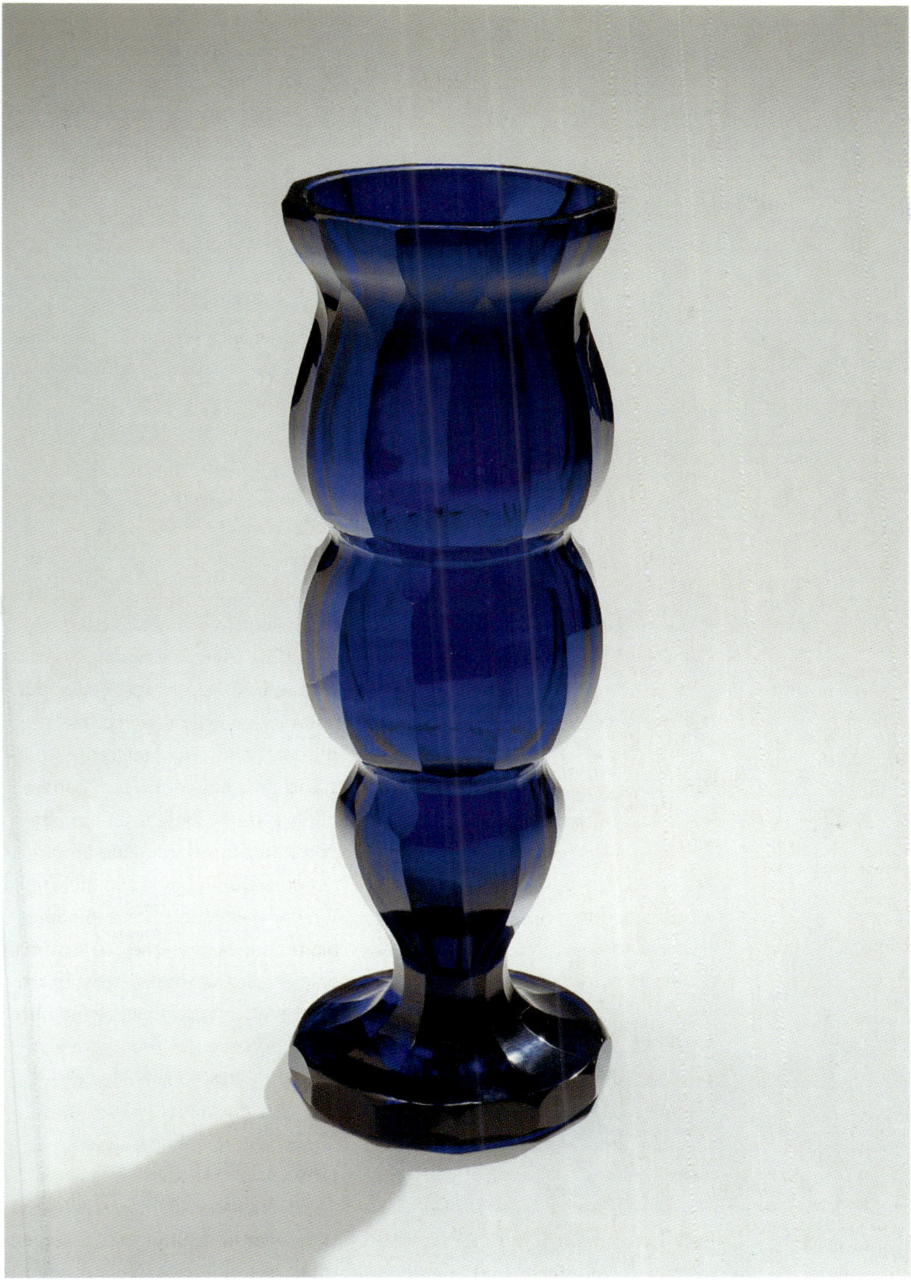

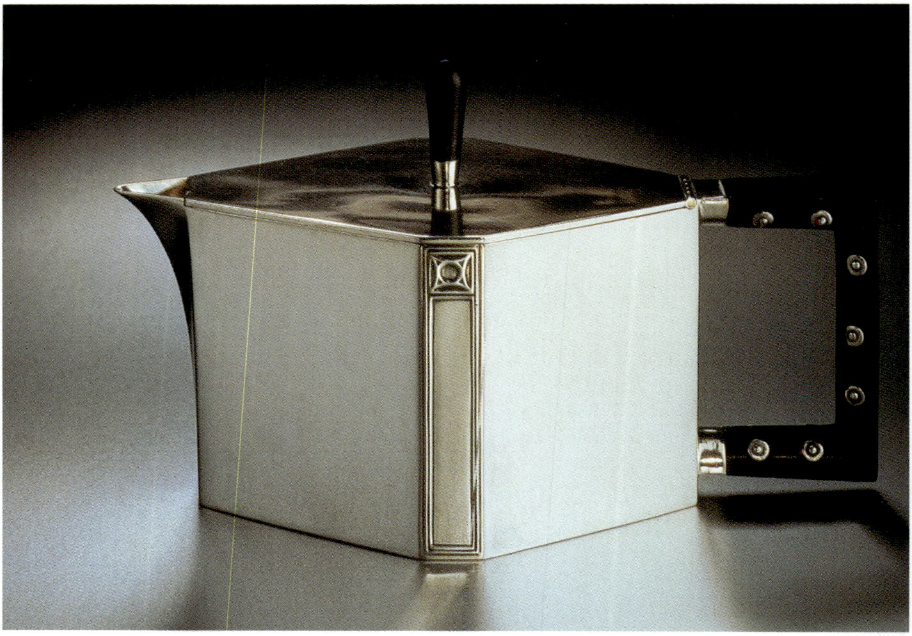

▲ **Josef Hoffmann**, Teiera in argento per Wiener Werkstätte, 1903–1904

esposizioni internazionali come la "Werkbund-Ausstellung" del 1914 a Colonia e l'"Exposition Internationale des Arts Décoratifs" del 1925 a Parigi. Tra il 1903 e il 1932 i Werkstätte produssero mobili, oggetti in vetro, articoli in metallo, tessuti, gioielli, abbigliamento, carte da parati, ceramiche e grafica creati da oltre duecento designer (molti dei quali avevano studiato alla Kunstgewerbeschule di Vienna), tra cui **Otto Prutscher**, **Jutta Sika**, Michael Powolny (1871–1954), Carl Otto Czeschka (1878–1960), Berthold Löffler (1874–1960) ed Emmanuel Josef Margold (1889–1962). I Werkstätte realizzarono anche tre rilevanti progetti in stile **Gesamtkunstwerk**: un teatro (il Cabaret Fledermaus) nel 1907, il Sanatorio di Purkersdorf progettato da Josef Hoffmann (1904–1906) e il Palais Stoclet (1905–1911) a Bruxelles. Il rettilinearismo severo, le costruzioni elaborate e i materiali di lusso di quest'ultimo rimandavano all'iniziale stile secessionista dei Werkstätte. Quando Fritz Wärndorfer emigrò in America nel 1914, i Werkstätte, amministrati dal nuovo sponsor Otto Primavesi, iniziarono a fabbricare prodotti meno esclusivi, più curvilinei e stilisticamente eclettici, rispondenti ai canoni dell'opera di **Dagobert Peche**. Nonostante l'apertura di due filiali nel 1921 e nel 1929 rispettivamente a New York e Berlino, nel 1932 i Wiener Werkstätte vennero posti in liquidazione.

► **Josef Hoffmann**, Vaso in argento con interno in vetro per Wiener Werkstätte, 1906

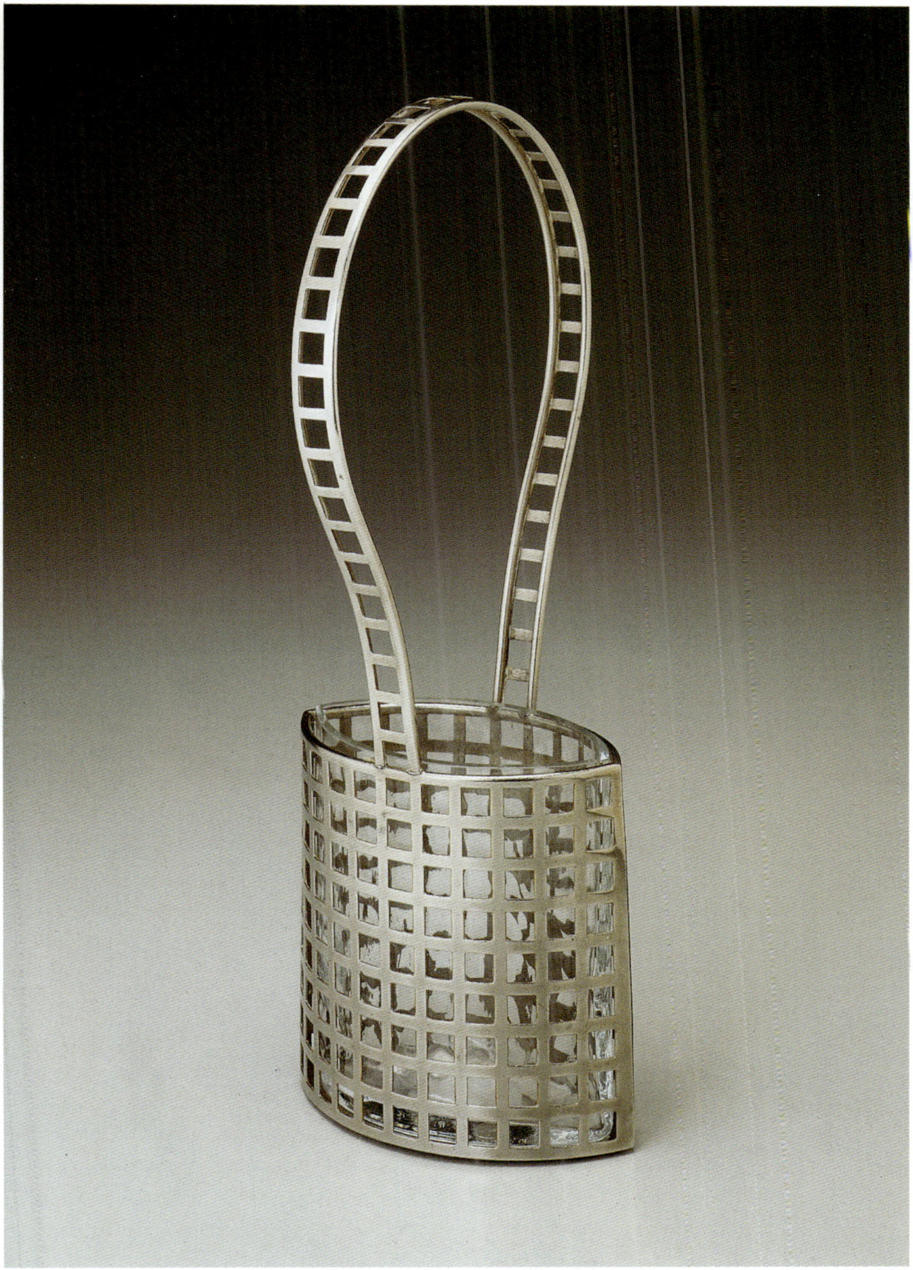

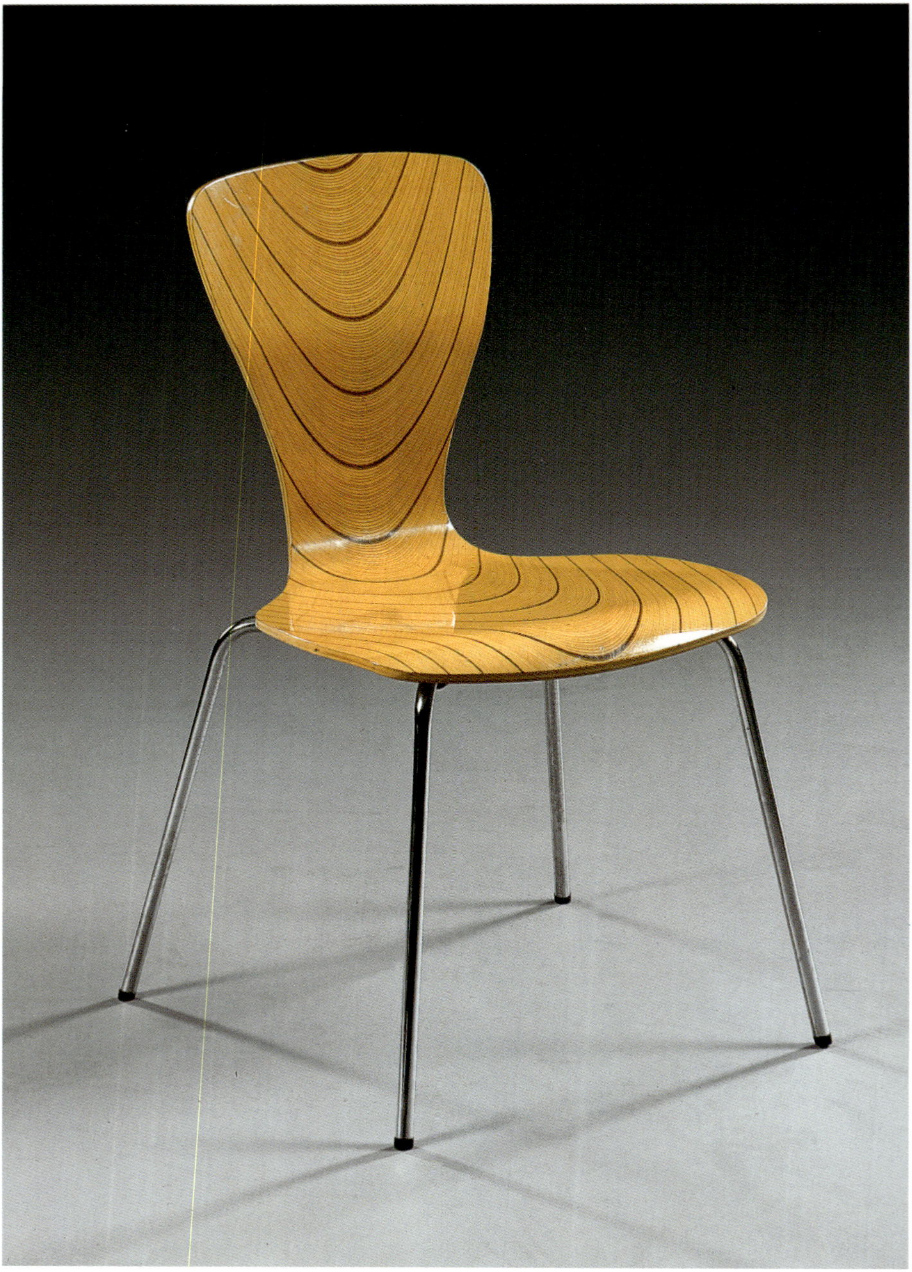

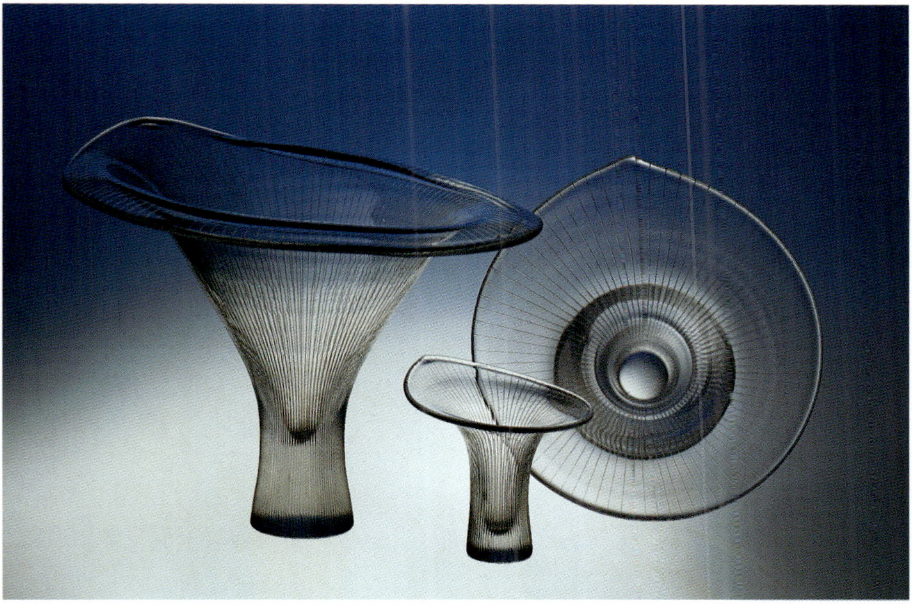

Tapio Wirkkala studiò scultura al Taideteollinen Korkeakoulu (Scuola centrale di disegno industriale) di Helsinki dal 1933 al 1936, lavorando poi come scultore e grafico. Nel 1947 condivise il primo premio con **Kaj Frank** in un concorso per la creazione di oggetti in vetro organizzato da Iittala, collaborando poi con la vetreria come freelance. I suoi vasi di vetro soffiato *Kantarelli* (1946), ispirati alle forme dei funghi gallinacci, catturano l'intima essenza della natura e, per le espressive forme organiche combinate con l'artigianato tradizionale, costituiscono tipici esempi di modernismo scandinavo. Questi vasi, prodotti tra il 1947 e il 1960, contribuirono a renderlo famoso a livello internazionale. Wirkkala fu anche ampiamente celebrato per le ciotole e i mobili a forma di foglia in legno laminato, dotati di un'intrinseca bellezza naturale. Realizzava personalmente in vari colori i laminati di compensato che poi tagliava e incideva per ottenere un interessante effetto venato. I suoi design furono esposti alle edizioni del 1951 e del 1954 della Triennale di Milano dove si aggiudicarono sei Grand Prix. Dal 1951 al 1954 Wirkkala fu direttore artistico della Taideteollinen Korkeakoulu di Helsinki e dal 1955 al 1956 lavorò nello studio newyorkese di **Raymond Loewy**. Disegnò anche vetri per Venini, ceramiche per Rosenthal, coltelli per Hackman e lampade per Airam. Wirkkala riuscì a conciliare magistralmente artigianato e tecniche industriali, creando oggetti per la casa belli e al tempo stesso funzionali.

Tapio Wirkkala

1915 *Hanko, Finlandia*
1985 *Esbo, Finlandia*

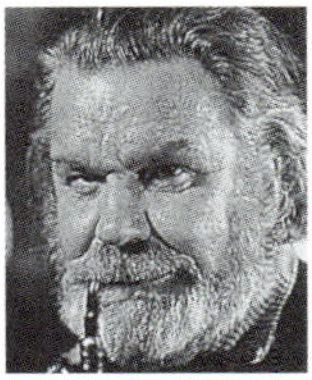

▲ Vasi *Kantarelli* per Iittala, 1946

◄ Sedia in laminato di legno per Asko, 1955 ca.

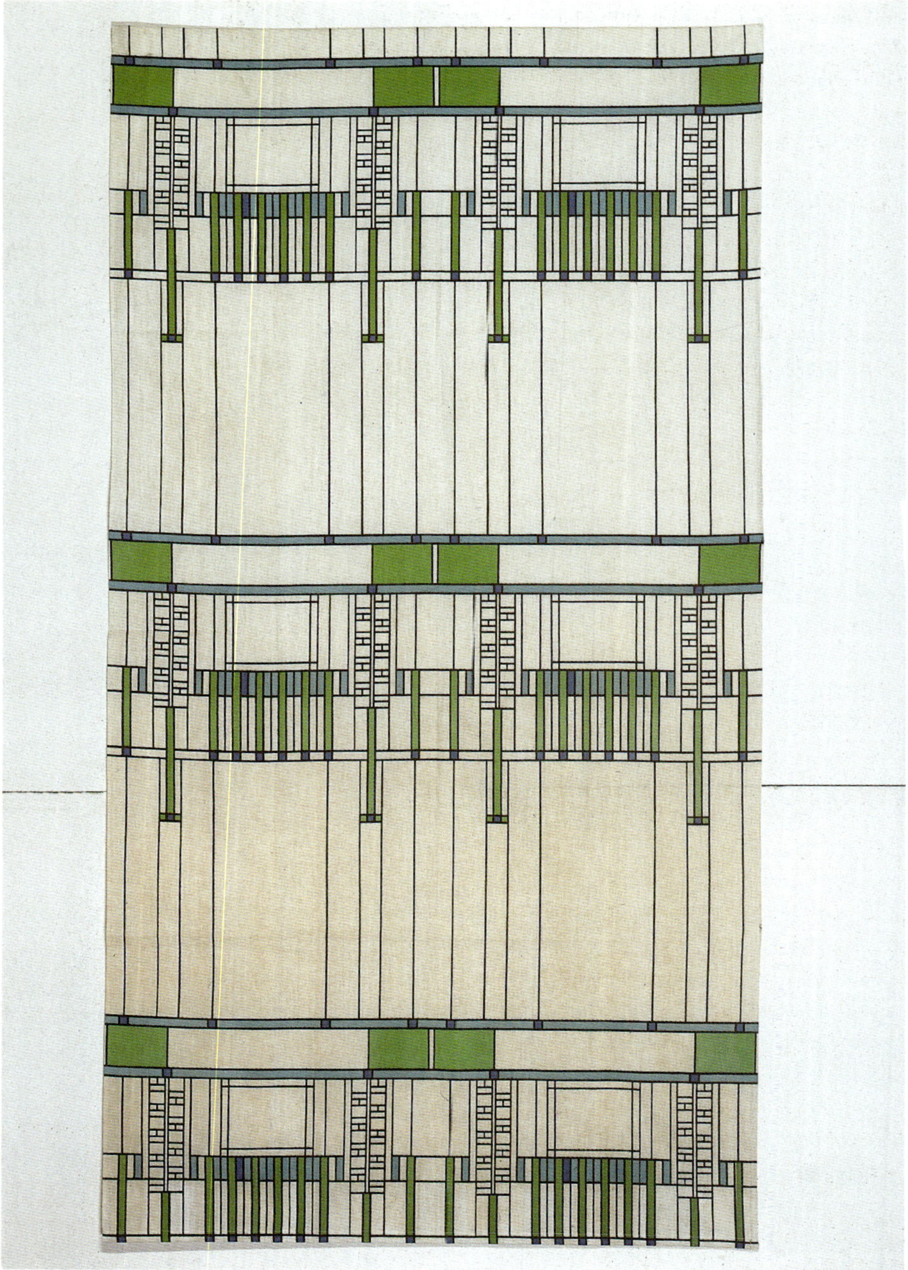

Frank Lloyd Wright studiò ingegneria alla University of Wisconsin dal 1885 al 1887, poi si trasferì a Chicago lavorando per breve tempo nello studio di architettura di Joseph L. Silsbee e poi in quello di Adler & Sullivan. Nel 1889 costruì la sua casa a Oak Park nell'Illinois, e l'anno successivo fu incaricato di supervisionare tutte le commissioni per progetti residenziali ricevute da Adler & Sullivan. Nel 1892, per un contrasto sorto a causa di lavori da lui svolti all'insaputa dello studio, lo lasciò e nel 1893 ne aprì uno suo a Chicago, concentrandosi prevalentemente sulla progettazione di case private nella zona di Oak Park e in altri sobborghi della città. Dal 1900 al 1911 Wright progettò circa cinquanta residenze denominate *Prairie Houses*; si trattava di strutture costruite prevalentemente con materiali naturali quali pietra, mattoni e legno, progettate per esaltare la naturale bellezza della circostante prateria del Mid-West. Poco alte e con tetti dolcemente digradanti, si sviluppavano soprattutto in senso orizzontale. I loro innovativi interni a pianta aperta, sempre in armonia con la natura, erano realizzati con pareti e colori naturali dai toni tenui che amplificavano al massimo la luminosità. Molte di queste residenze, come altri edifici

Frank Lloyd Wright

1867 *Richland Center, Wisconsin*
1959 *Phoenix, Arizona*

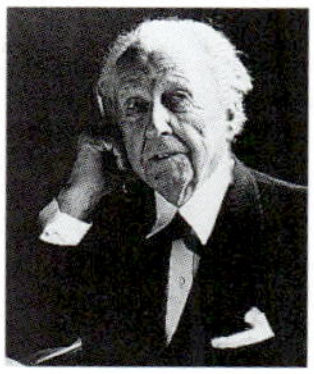

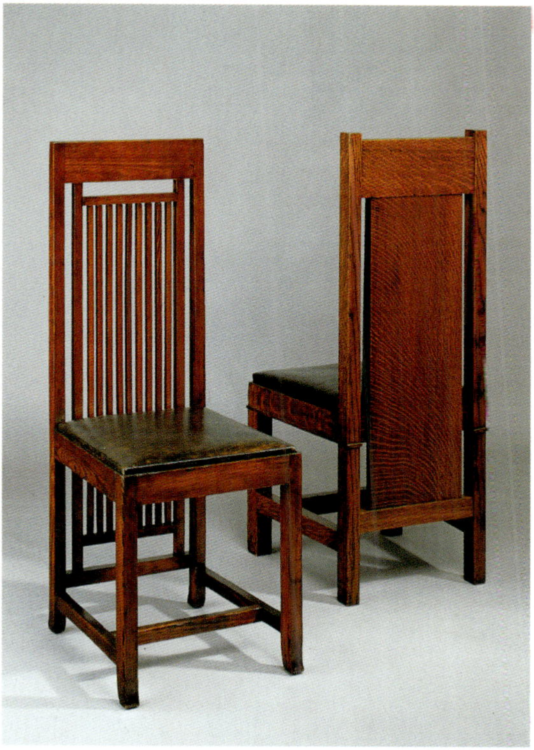

◂ Tessuto per F. Schumacher & Co., 1955

◂ Sedie progettate per casa Isabel Roberts e casa Francis W. Little, 1908 e 1902

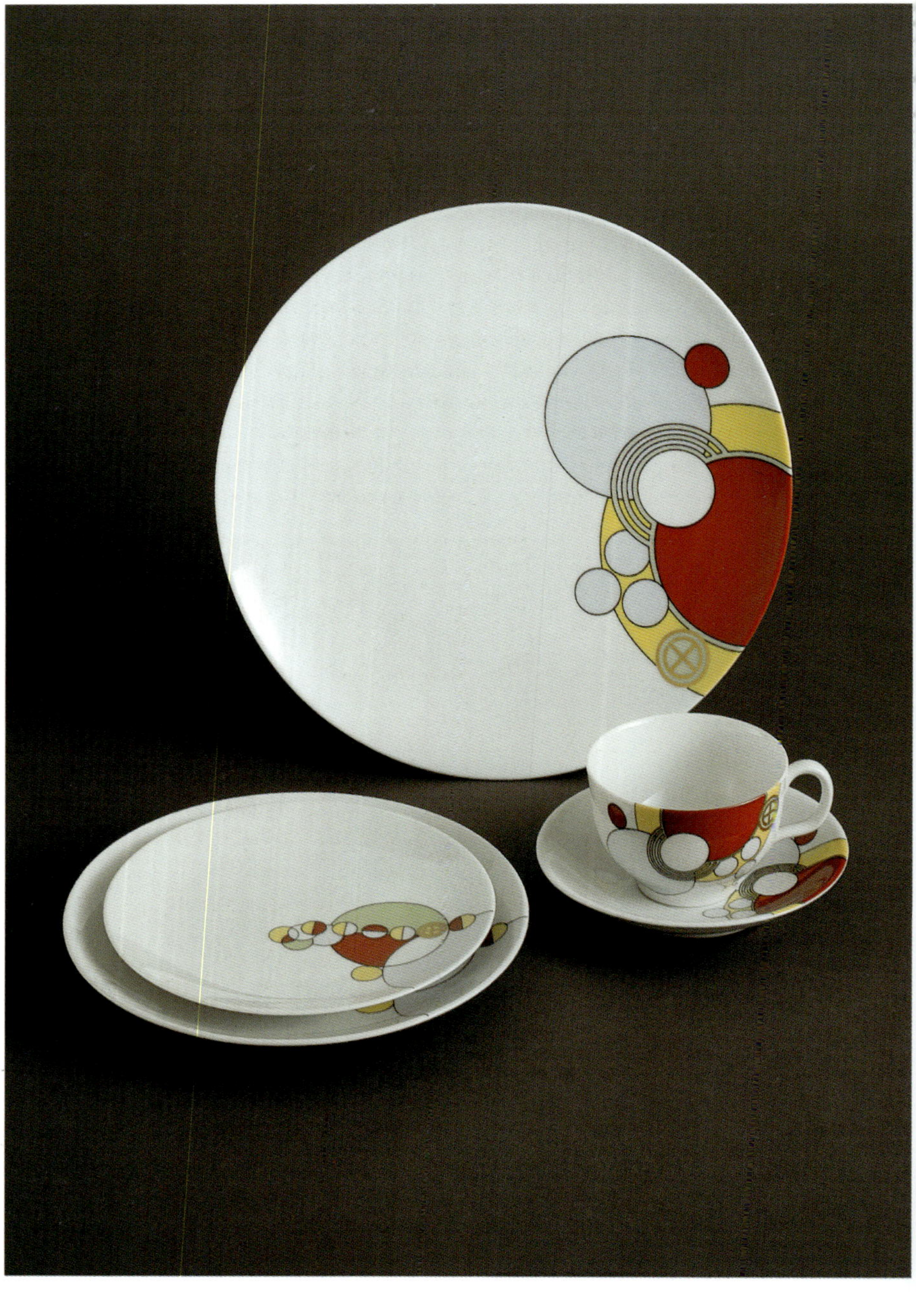

posteriori di Wright, furono concepite come **Gesamtkunstwerk** e quindi includevano mobili e accessori, in parte incassati, progettati appositamente. Wright voleva che questi progetti unitari trasmettessero "naturalezza" e trascendenza spirituale. Come le Prairie Houses, anche gli edifici pubblici e i palazzi adibiti a uffici progettati successivamente, come il Larkin Company Administration Building a Buffalo (1903–1905), erano progetti integrati studiati in maniera innovativa per creare un ambiente il più possibile piacevole. La rivoluzionaria disposizione del Larkin Building, ad esempio, non era solo efficiente sul piano funzionale ma, grazie ai portici aperti sul luminoso cortile centrale, consentiva ai dipendenti di lavorare in un unico ambiente piuttosto che in uffici separati, promuovendo un'atmosfera "familiare". I mobili per ufficio rettilinei in acciaio furono ideati espressamente per il progetto, in modo da armonizzarsi con la realtà circostante sia sul piano funzionale che su quello visivo. Analogamente al Larkin Building, l'Unity Temple a Oak Park (1904–1907) presentava all'esterno masse geometriche che mascheravano la grande spaziosità e luminosità degli interni. L'innovativa costruzione a sbalzo dell'edificio e le pareti-schermo non portanti realizzate in mattoni, legno, calcestruzzo o vetro, segnarono un punto di svolta nella carriera di Wright verso quella che lui definì la "distruzione della scatola". L'opera di Wright si distanziò in misura crescente dalle origini **Arts & Crafts** quando cominciò a esplorare il potenziale decorativo e strutturale dei blocchi di calcestruzzo "industriali" che impiegò con notevole efficacia nell'Imperial Hotel a Tokyo (1915–1922) e in quattro case a Los Angeles (primi anni '20). Durante la Depressione degli anni '30, quando le commissioni scarseggiavano, Wright fondò una comunità educativa, la Taliesin Fellowship, e nel 1932 pubblicò un'autobiografia. La sua carriera in declino ricevette nuovo impulso grazie a due importanti commissioni, la sede della Johnson Wax (1936–1939) e la casa sulla cascata, residenza di Edgar J.

◂ Servizio di piatti e da caffè per l'Imperial Hotel a Tokyo, prodotto da Noritake of Japan, 1922 ca.

▾ Sedia *Peacock* progettata per l'Imperial Hotel a Tokyo, 1921–1922 ca.

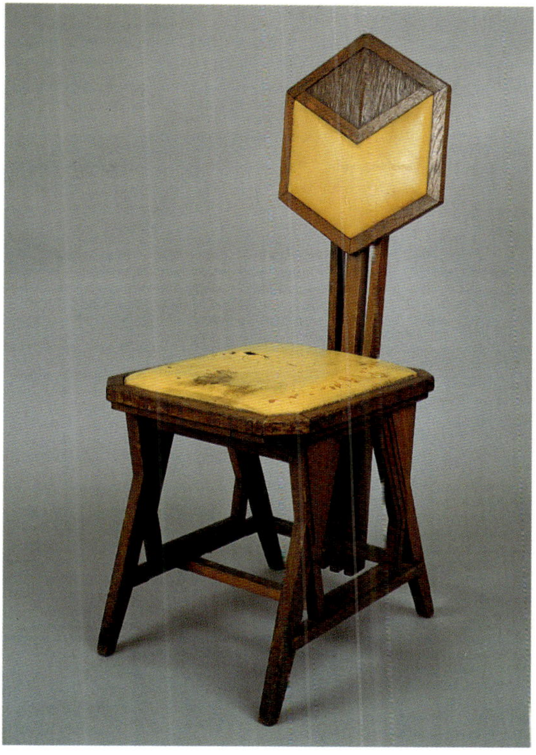

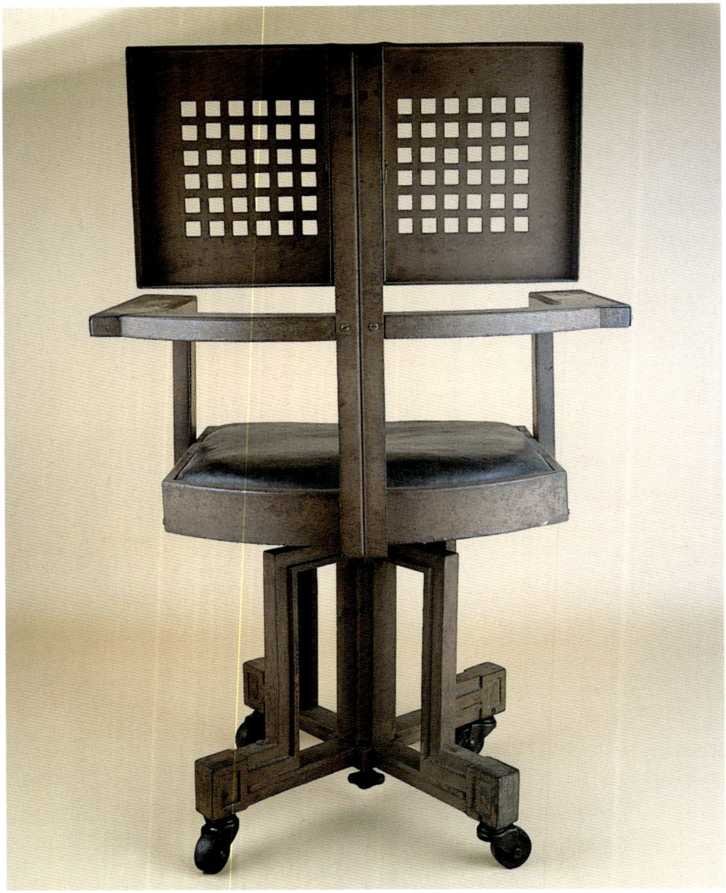

◄ Sedia girevole per gli uffici della Larkin Company, 1904 ca.

► Interno degli uffici della S. C. Johnson & Son, 1936–1939

Kaufmann (1935–1939). Questi progetti, come il successivo Guggenheim Museum (1943–1946 e 1955–1959), con le loro costruzioni a sbalzo in cemento armato inaugurarono uno stile architettonico completamente nuovo e libero. Tutti i progetti di Wright, che impiegassero materiali naturali o artificiali, forme curve o rettilinee, esprimevano il suo rispetto per la natura e la centralità da lui attribuita ai valori umani o, come diceva lui, all'"umanità". Wright sosteneva che la "bellezza non è altro che la luce splendente dell'uomo (anima)"; il suo innovativo **Organic Design** tentò di rappresentare e catturare l'essenza spirituale dell'uomo e della natura. Wright non fu uno storicista né un modernista, ma prima di tutto e soprattutto un umanista. La straordinaria ampiezza e portata della sua opera continua ad affascinare e influenzare il mondo del design.

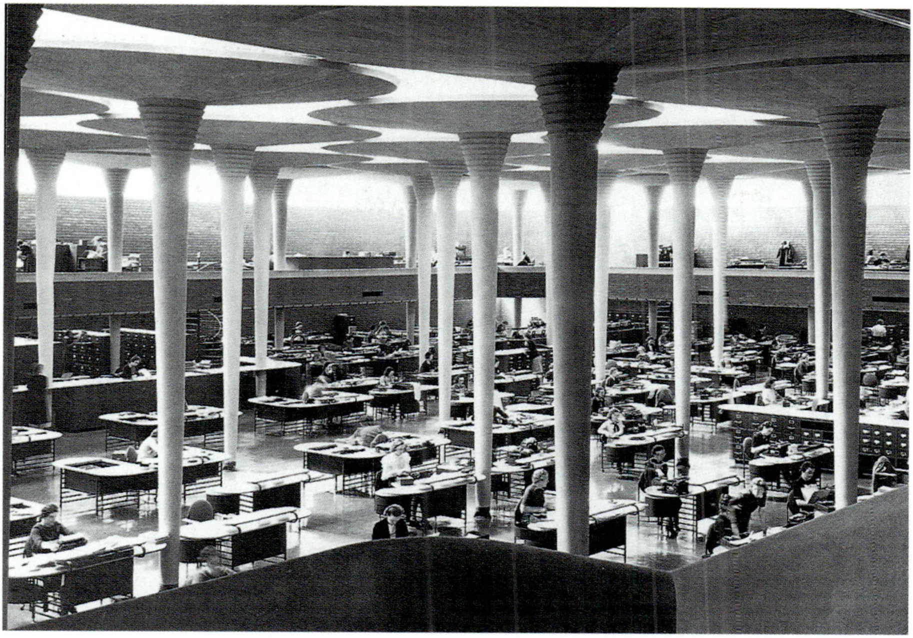

▼ Workstation progettata per gli uffici della S. C. Johnson & Son, 1937 ca. (prodotta da Metal Office Furniture Company)

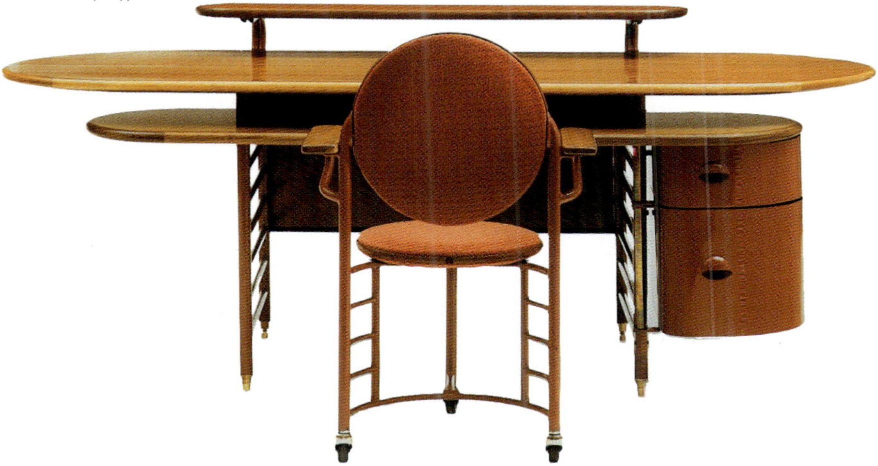

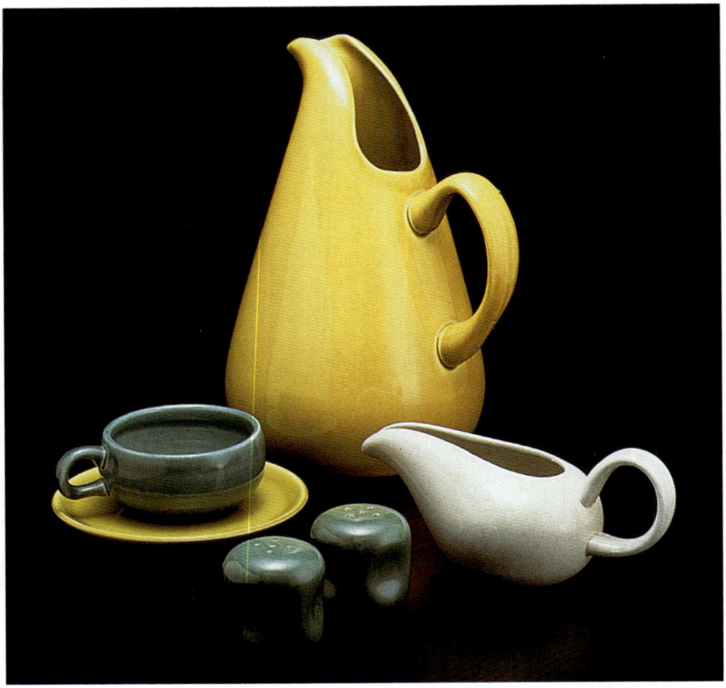

◂ Servizio da tavola *American Modern* per Steubenville Pottery, 1937 ca.

Russel Wright

1904 *Lebanon, Ohio*
1976 *New York*

Russel Wright studiò pittura alla Cincinnati Art Academy e scultura alla Art Students' League di New York. Nel 1924 **Norman Bel Geddes** e il drammaturgo Thornton Wilder gli offrirono un posto di lavoro come disegnatore di set teatrali; cominciò così a produrre scultoree maschere caricaturali che gli fruttarono sia notorietà che reddito. Progettò anche numerosi accessori da bar in alluminio imbutito che ebbero altrettanto successo e lanciarono efficacemente la sua carriera di designer industriale. Nel 1930 aprì un laboratorio a New York e iniziò a produrre oggetti in metallo, tra cui shaker per cocktail, servizi da tè e brocche. I prodotti in stile **Moderne** di Wright, che combinavano **funzionalismo**, styling **Art Déco** e un idioma vernacolare in Stile delle Missioni, furono esposti alla mostra "Machine Age" organizzata dal **Museum of Modern Art** nel 1934. Design come i mobili in legno d'acero chiaro *Modern Living* per Conant-Ball (1935) divennero estremamente popolari, anche perché meno costosi dei moderni prodotti importati dall'Europa e più vicini al gusto americano. Il suo approccio "American Way", casual eppure moderno, è esemplificato dal suo noto servizio di piatti *American Modern* (1937). Wright è stato il primo designer di oggetti per la casa ad avere il proprio nome citato nei testi pubblicitari delle aziende produttrici.

▸ Sgabello *Butterfly* per Tendo Mokko, 1954

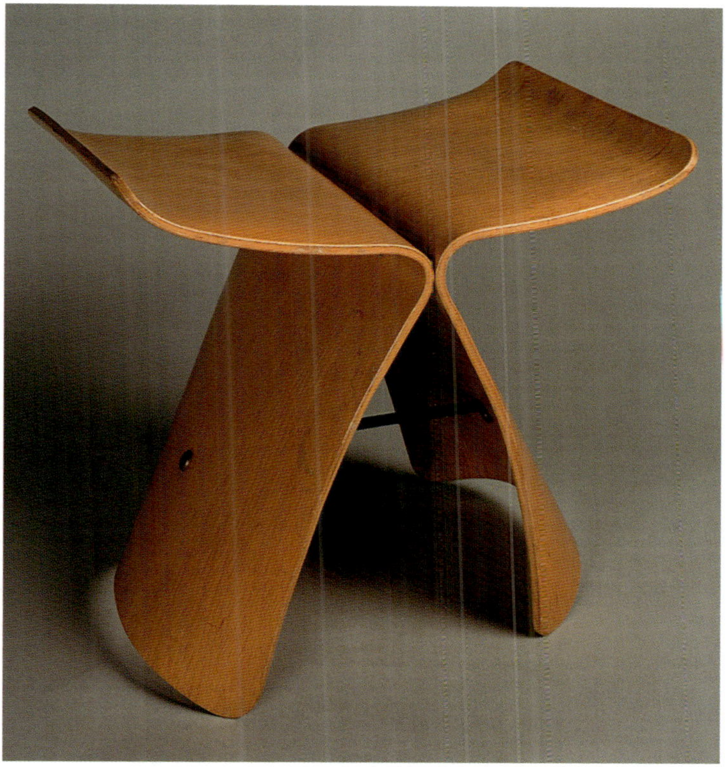

Sori Yanagi

1915 *Tokyo*

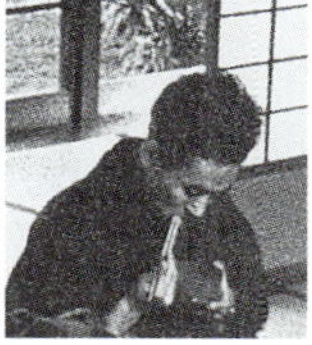

Sori Yanagi studiò pittura e architettura alla Scuola di belle arti di Tokyo dove si laureò nel 1940. Dal 1940 al 1942 lavorò come assistente nello studio di design di **Charlotte Perriand** a Tokyo in qualità di consulente in materia di arte e artigianato per il ministero del commercio giapponese. Nel 1951 Yanagi vinse il primo premio al primo "Concorso giapponese per il disegno industriale" e un anno dopo fondò l'Istituto di disegno industriale Yanagi. I suoi design, come lo sgabello *Butterfly* in compensato piegato (1954) prodotto da Tendo Mokko, combinano con eleganza e armonia la cultura orientale e quella occidentale, artigianato tradizionale e tecnologia industriale. L'approccio quasi spirituale di Yanagi al design è decisamente orientale: ritiene infatti che "concetti base e belle forme non scaturiscano semplicemente dal tavolo da disegno". Nel 1977 Yanagi diventò direttore del Museo di artigianato folkloristico giapponese a Tokyo e nel 1982 partecipò al a mostra "Vasi contemporanei: come versare" tenutasi al Museo nazionale d'arte moderna di Tokyo.

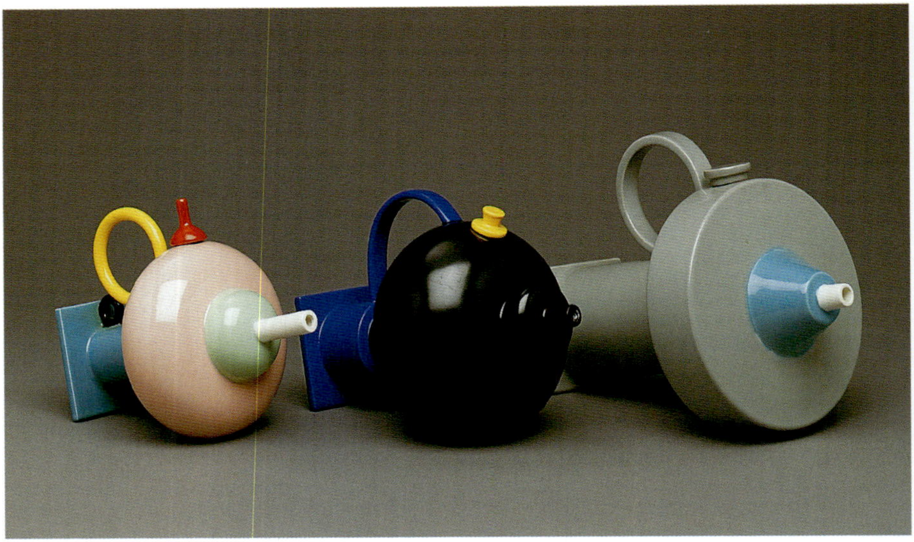

Marco Zanini

1954 *Trento*

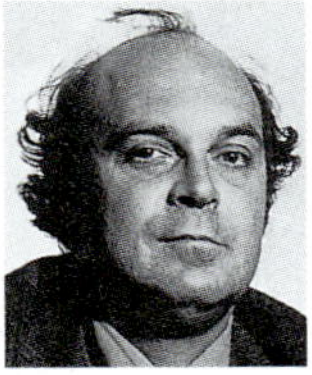

Allievo di Adolfo Natalini (1941), Marco Zanini studiò architettura all'università di Firenze. Nel 1975, in un laboratorio organizzato da **Global Tools** nel capoluogo toscano, conobbe **Ettore Sottsass**. Tra il 1975 e il 1977 lavorò per l'Argonaut Company a Los Angeles e come designer freelance a San Francisco. Dopo aver conseguito la laurea nel 1978, Zanini diventò assistente nello studio milanese di Sottsass e due anni dopo entrò a far parte del nuovo studio Sottsass Associati. Quello stesso anno contribuì alla fondazione di **Memphis**, per cui in seguito disegnerà mobili come il divano *Dublin* (1981) e la libreria *Union* (1983). Per Memphis Zanini creò anche oggetti in vetro, tra cui la ciotola con coperchio *Rigel* (1982) e i bicchieri *Arturo* e *Vega* (1982), oltre che colorate ceramiche dalle forme bizzarre quali le teiere *Colorado* e *Mississippi* (1983) e i vasi *Victoria*, *Baykal* e *Tanganyka* (1983). Insieme a Sottsass progettò l'allestimento di una stanza esposta all'"Italian Design Exhibition" di Tokyo del 1984, interessante per le ardite forme geometriche e l'impiego di colorati laminati stampati. Ha inoltre collaborato al design di articoli elettronici per Enorme.

▲ Teiere *Colorado, Sepik & Mississippi* prodotte da Ceramiche Flavia per Memphis, 1983

▸ Sedia *Antropus* per Arflex, 1949

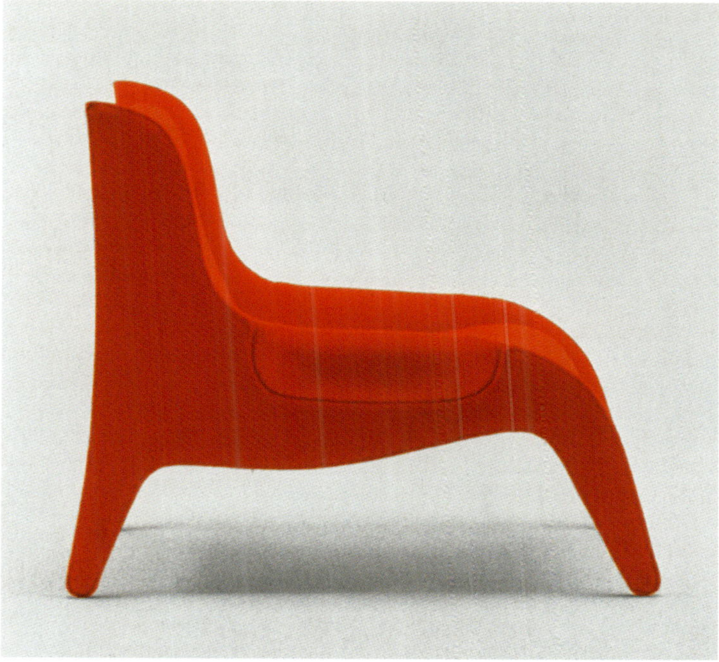

Marco Zanuso Sr.

1916 *Milano*

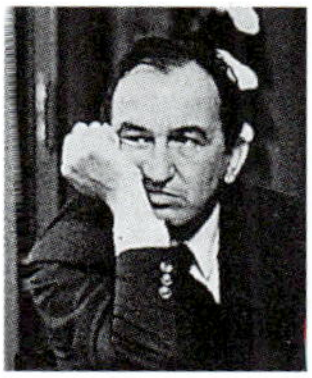

Marco Zanuso Sr. si laurò in architettura al Politecnico di Milano nel 1939. Nel 1945 aprì uno studio a Milano, dedicandosi al design di mobili e oggetti, oltre che alla progettazione architettonica e urbanistica. Tra i più eminenti designer italiani del dopoguerra, dal 1946 al 1947 Zanuso diresse la rivista *Domus* insieme a Ernesto Rogers (1909–1969) e dal 1947 al 1949 fu direttore di *Casabella*. Nel 1948 la Pirelli lo incaricò di studiare il potenziale impiego della schiuma di lattice nelle imbottiture; successivamente creò *Antropus* (1949), la prima poltrona prodotta da Arflex, una società manifatturiera fondata da Pirelli. A questa faranno seguito altri mobili imbottiti con schiuma di lattice, come la poltrona *Lady* (1951) e il divano *Triennale* (1951), esposti per la prima volta alla IX Triennale di Milano dove Zanuso vinse un Grand Prix e due medaglie d'oro. Nel 1956 ricevette anche un **Compasso d'Oro** per la macchina da cucire *modello 1100/2* ideata per Borletti, nella cui forma razionale eppure scultorea si concentra la filosofia della sua opera. Progettò inoltre gli stabilimenti della **Olivetti** a San Paolo del Brasile (1955) e a Buenos Aires (1955–1957), e la fabbrica Necchi a Pavia (1961–1962), che rivelano il suo interesse per l'"architettura come prodotto" e le strutture prefabbricate. Dal 1958 al 1977 Zanuso collaborò con **Richard Sapper** alla pro-

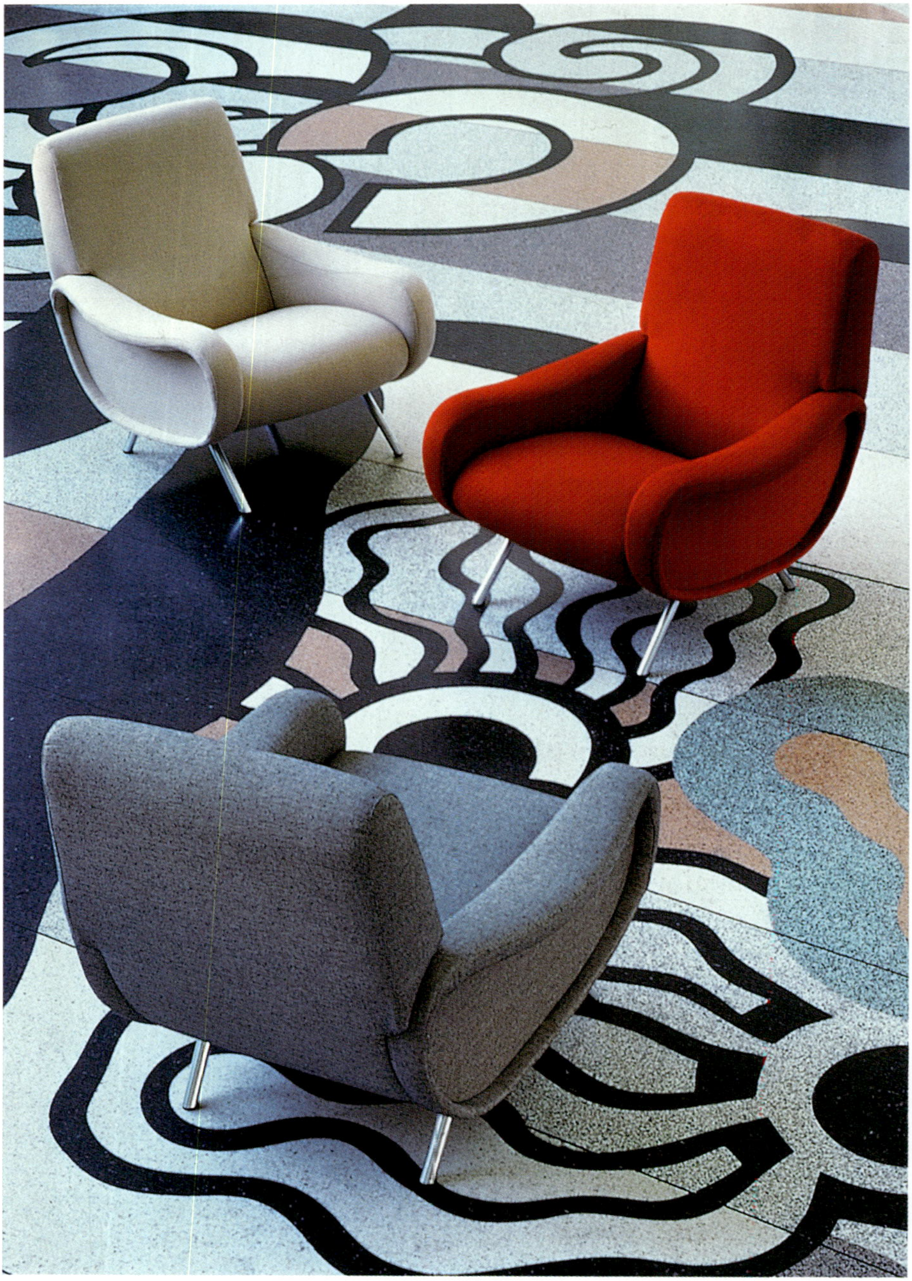

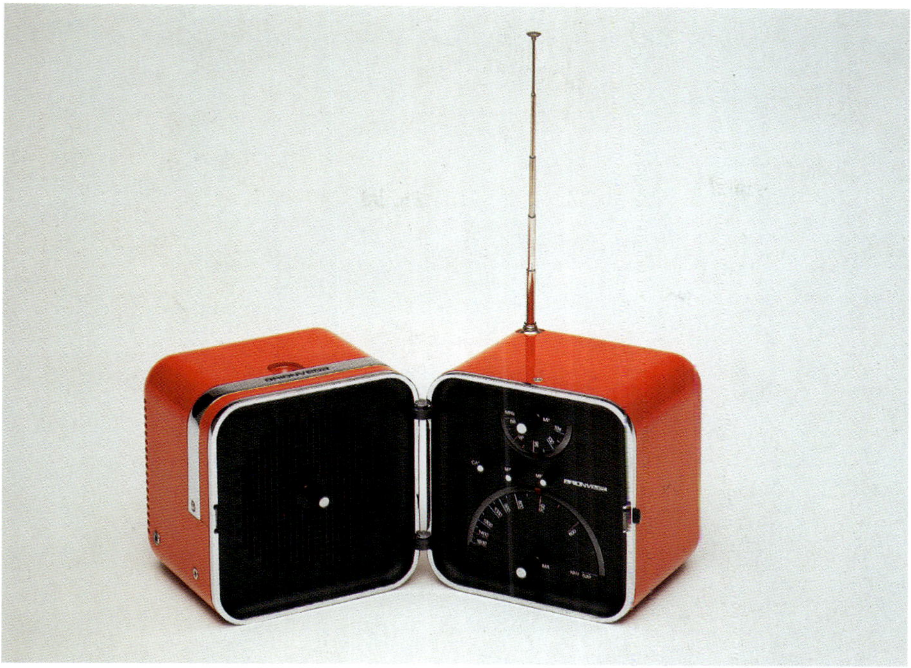

gettazione di numerosi mobili e prodotti destinati a tracciare un nuovo corso nel design: la sedia *Lambda* per Gavina (1959–1964), smaltata, leggera e in acciaio stampato; la sedia per bambini impilabile *n. 4999/5* per **Kartell** (1961–1964), la prima prodotta in polietilene iniettato; i televisori *Doney 14* (1964) e *Black 201* (1969) per Brionvega, importanti per i componenti elettrici miniaturizzati; l'innovativo telefono *Grillo* per Siemens (1966) e infine le bilance da cucina *2000* per Terraillon (1970). Nel 1956 Zanuso diventò membro dei CIAM (Congrès Internationaux d'Architecture Moderne) e dell'INU (Istituto Nazionale Urbanista). Quello stesso anno fondò insieme ad altri l'Associazione di Disegno Industriale (ADI), della quale sarà presidente dal 1966 al 1969. Tra il 1956 e il 1960 fu consigliere comunale a Milano; nel 1961 diventò membro della commissione urbanistica della città. Nel corso della sua carriera Zanuso ha sperimentato nuovi materiali e tecnologie realizzando prodotti dalle linee eleganti e al tempo stesso funzionali, che, concepiti per la produzione industriale, spesso hanno ridefinito il potenziale formale di modelli preesistenti.

▲ **Marco Zanuso & Richard Sapper**, Radio *TS502* per Brionvega, 1964

◄ Poltrone *Lady* per Arflex, 1951

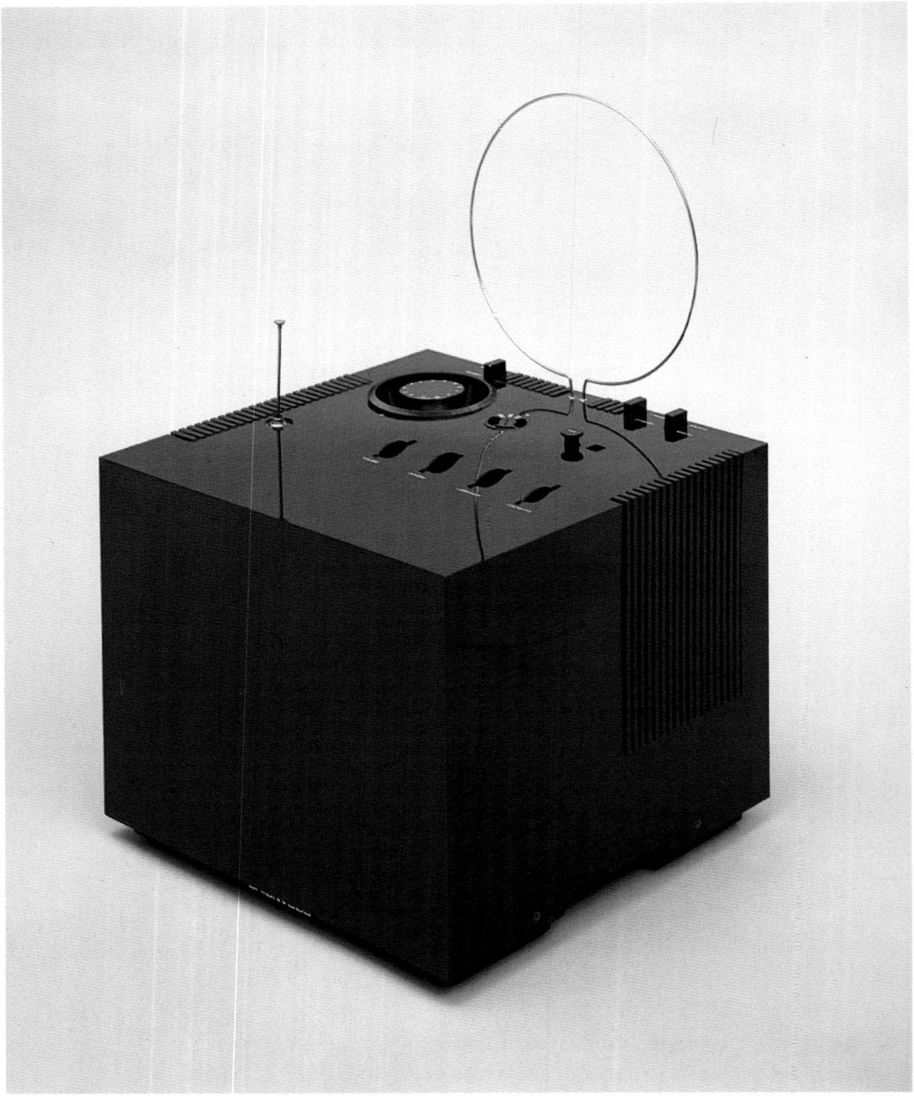

▲ **Marco Zanuso & Richard Sapper**, Televisore *Black 201* per Brionvega, 1969

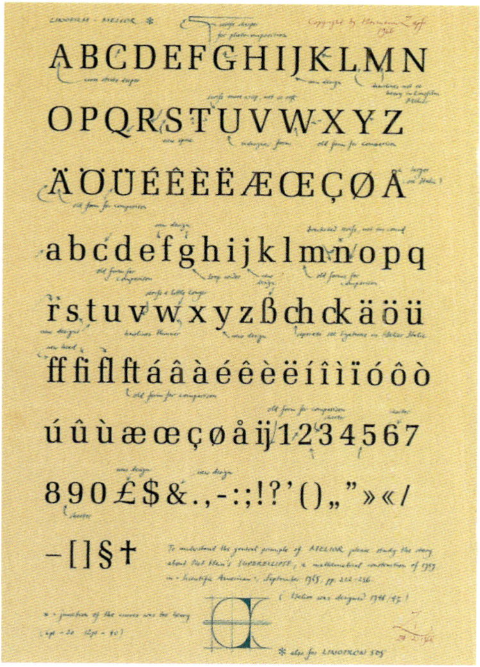

◂ Bozza corretta del carattere *Melior* (1949), 1966

Hermann Zapf

1918 *Norimberga*

Nel 1938 Hermann Zapf iniziò a lavorare alla fonderia di Paul Koch a Francoforte e nel 1941 la fonderia Stempel pubblicò un'edizione limitata del suo libro sull'alfabeto calligrafico *Feder und Stichel* (penna e sgorbia). Assolto il servizio militare, Zapf lavorò per Stempel, rivestendo la carica di direttore artistico dal 1947 al 1956. I caratteri più conosciuti da lui ideati per Stempel furono il *Palatino* (1950), basato su un antecedente rinascimentale, e il grazioso *Optima* (1952–1955), da lui definito un "roman senza serif", ispirato alle iscrizioni romane. In questo periodo scrisse *Das Blumen ABC* (1948) e il *Manuale Typographicum* (1954). Dal 1957 al 1974 fu consulente presso la Mergenthaler Linotype Company di New York e dal 1966 al 1973 alla Hallmark International di Kansas City. Negli anni '60 Zapf scrisse altri due manuali di tipografia; dal 1972 al 1981 insegnò tipografia alla Technische Hochschule di Darmstadt. Dal 1977 al 1987 fu docente di programmi tipografici per computer al Rochester Institute of Technology di New York, dove introdusse caratteri digitali, tra cui il corsivo *Zapf Chancery* (1979), e adattò molti caratteri esistenti per l'uso al computer. Tipografo tra i più influenti del XX secolo, a Zapf va il merito di aver reintrodotto la bellezza della calligrafia nel design.

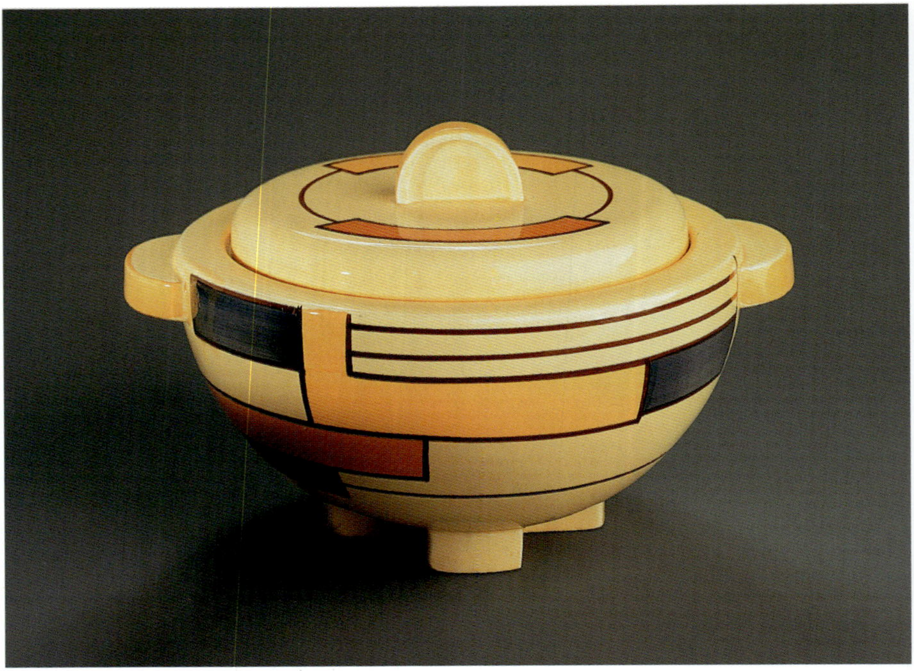

Eva Zeisel

1906 *Budapest*

Eva Zeisel studiò pittura all'Accademia reale d'arte di Budapest dal 1923 al 1924, poi svolse un periodo di tirocinio in un laboratorio di ceramica e successivamente collaborò con la fabbrica di ceramiche Kispest di Budapest, creando prototipi per la produzione industriale. Dal 1927 lavorò per la Hansa Kunstkeramik di Amburgo e tra il 1928 e il 1930 progetta articoli in stile costruttivista per la Majolika-Fabrik Schramberg, caratterizzati da semplici forme geometriche e da decorazioni policrome dipinte a mano. Dal 1930 al 1932 Zeisel visse a Berlino e creò ceramiche per Christian Carstens. Successivamente si stabilì in Unione Sovietica disegnò oggetti per le fabbriche di porcellana a gestione statale di Lomonosov e Dulevo. Nel 1935 venne nominata direttore artistico dell'industria della porcellana della Repubblica russa, ma un anno dopo fu incarcerata per motivi politici. Rilasciata nel 1937, Zeisel tornò a Budapest e l'anno seguente fuggì negli Stati Uniti attraverso la Svizzera e l'Inghilterra per sottrarsi all'occupazione nazista. In America Zeisel continuò a disegnare servizi da tavola moderni e pratici, tra cui la linea *Museum White* (1942–1945) sviluppata in collaborazione con il **Museum of Modern Art di New York**. Ha insegnato al Pratt Institute di New York e alla Rhode Island School of Design di Providence.

▲ Zuppiera in ceramica per Majolika-Fabrik Schramberg, 1930 ca.

Ignaz Zsolnay fondò la fabbrica di ceramiche Zsolnay a Pécs, in Ungheria, nel 1862; tre anni dopo Vilmos Zsolnay (1828–1900) ne assunse la direzione. Negli anni '70 l'azienda crebbe rapidamente, diventando il principale produttore di ceramiche dell'impero austro-ungarico: nel 1883 la Zsolnay impiegava quattrocentocinquanta operai, nel 1900 mille. L'iniziale produzione, decorata con motivi tradizionali, venne sostituita negli anni '70 da ceramiche invetriate dai riflessi vitreo-metallici ispirati alle ceramiche rinascimentali e ai pezzi policromi in stile Iznik conosciuti come Ivoir-Fayence. La fabbrica incaricò della progettazione designer e artisti rinomati, come il pittore József Rippl-Rónai (1861–1930), esponente dell'**Arts & Crafts Movement** in Ungheria, che creò numerosi pezzi dipinti in stile **Art Nouveau**. Anche Lajos Makk (1876–1916) disegnò ceramiche invetriate di grande originalità per l'azienda. Oltre a oggetti per uso domestico, la Zsolnay produsse ceramiche per l'architettura e l'industria, tra cui accessori elettrici in porcellana e piastrelle che divennero la caratteristica peculiare degli edifici secessionisti ungheresi progettati da architetti come Ödon Lechner. Il figlio di Vilmos Zsolnay, Mikløs (1857–1925), successe al padre nella direzione dell'azienda. Dopo la prima guerra mondiale iniziò però il declino della Zsolnay che, sebbene sia tuttora in attività, è ricordata soprattutto per le innovative creazioni artistiche prodotte a cavallo tra XIX e XX secolo.

Zsolnay

Fondata nel 1862
Pécs, Ungheria

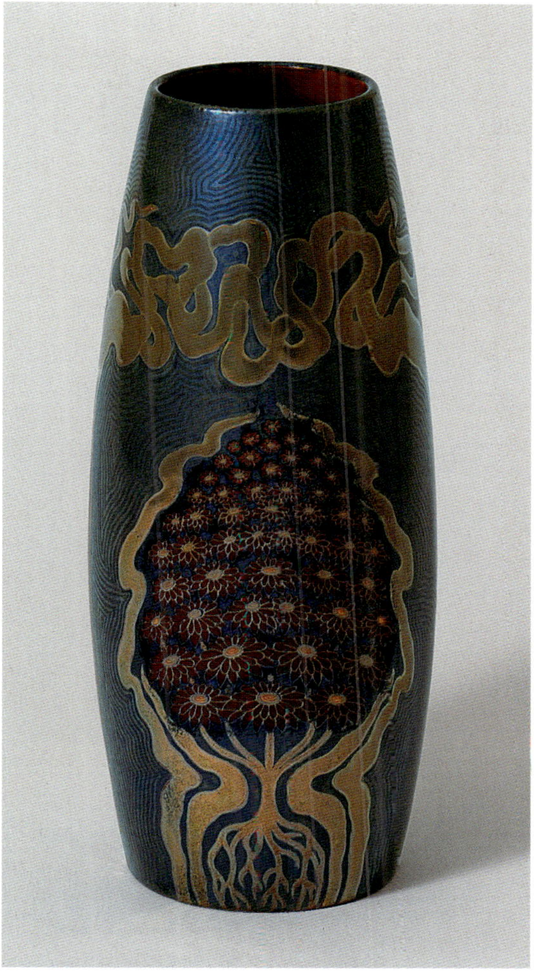

▼ **Vilmos Zsolnay & Lajos Makk**, Vaso in ceramica lucida per Zsolnay, 1900 ca.

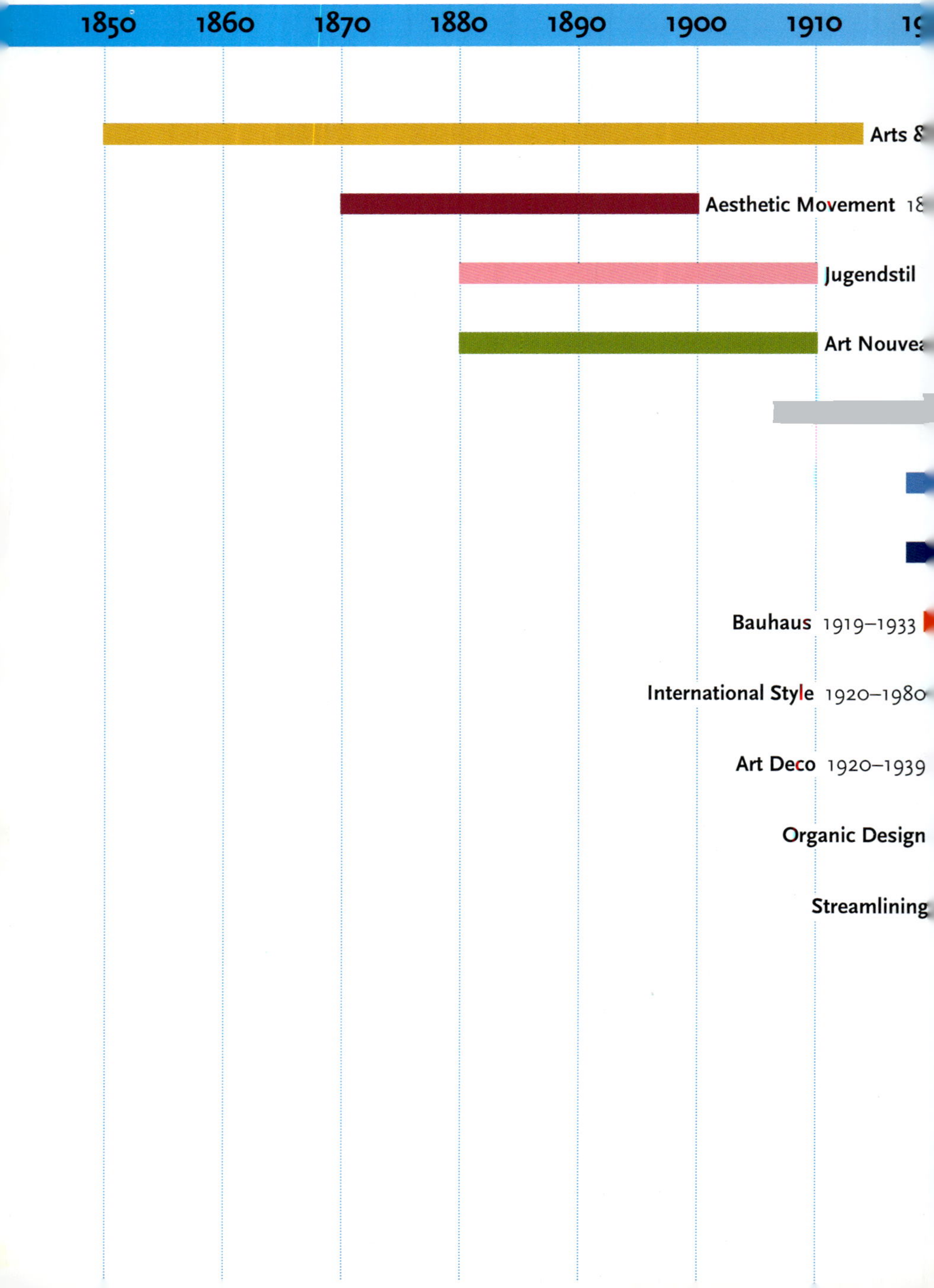
1850
1860
1870
1880
1890
1900
1910
Arts &
Aesthetic Movement 18
Jugendstil
Art Nouvea
Bauhaus 1919–1933
International Style 1920–1980
Art Deco 1920–1939
Organic Design
Streamlining

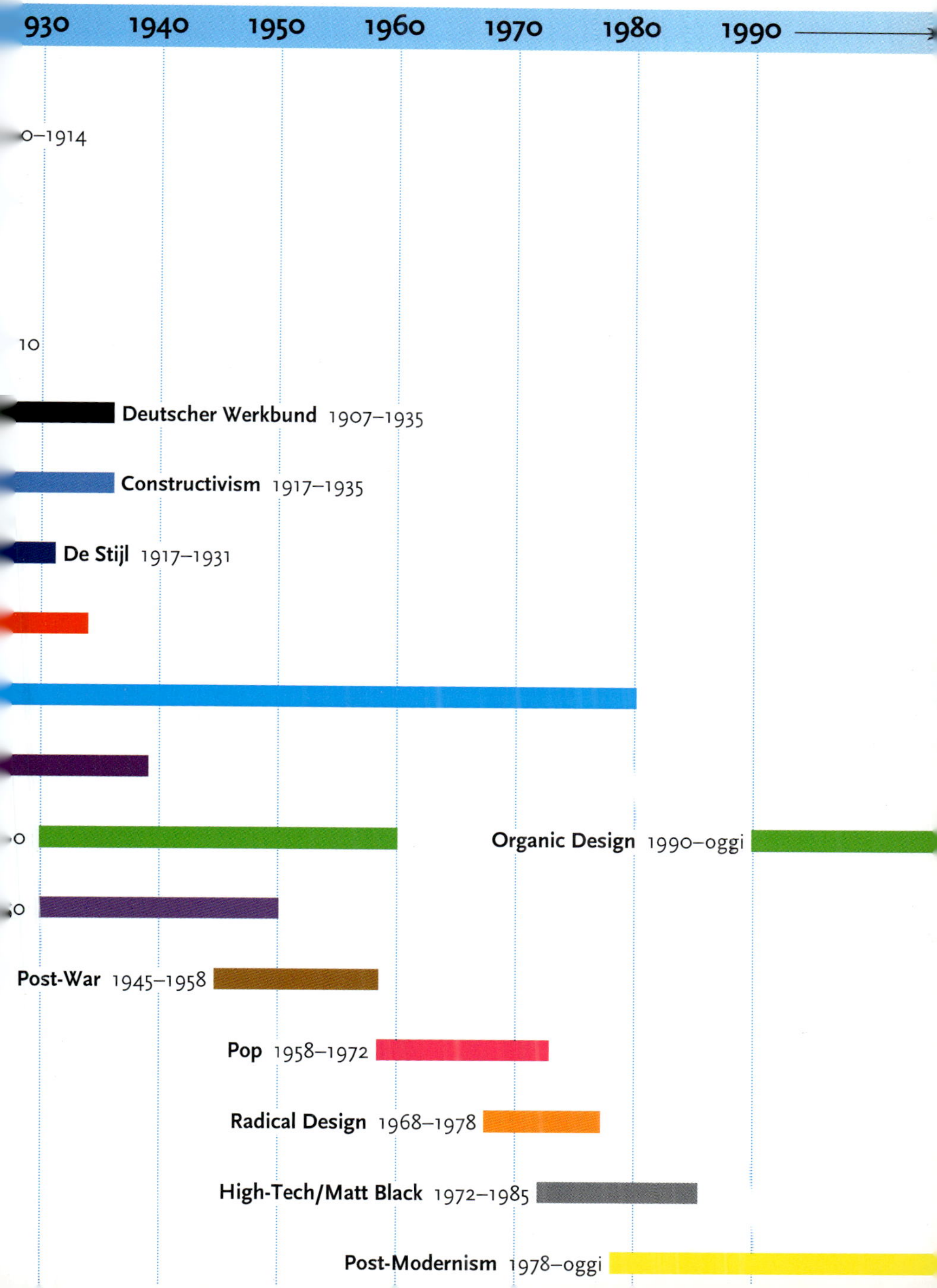
930
1940
1950
1960
1970
1980
1990
0–1914
10
Deutscher Werkbund 1907–1935
Constructivism 1917–1935
De Stijl 1917–1931
0
Organic Design 1990–oggi
0
Post-War 1945–1958
Pop 1958–1972
Radical Design 1968–1978
High-Tech/Matt Black 1972–1985
Post-Modernism 1978–oggi

1903 Wiener Werkstätte (fondazione)

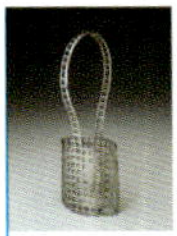

1908 Olivetti (fondazione)

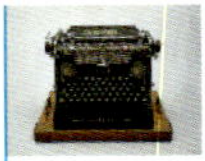

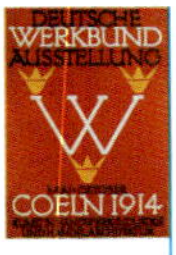

1914 Esposizione Deutsche Werkbund a Colonia

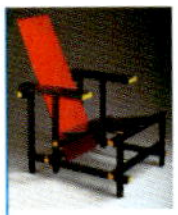

1918–23 Gerrit Rietveld *Sedia Red/Blue*

1924 Wilhelm Wagenfeld *MT9/M1 lampada da tavolo per Bauhaus*

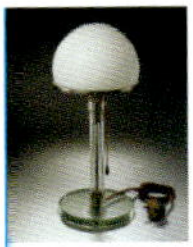

1924 Marianne Brandt *Posacenere per il laboratorio metalli Bauhaus*

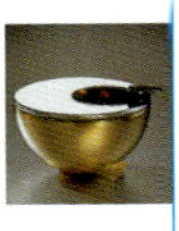

1929 Ludwig Mies van der Rohe *Sedia Barcelona*

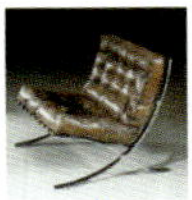

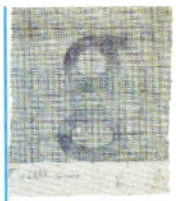

1931 Eric Gill *Studio sui caratteri tipografici*

1936 Alvar Aalto *Vaso Savoy*

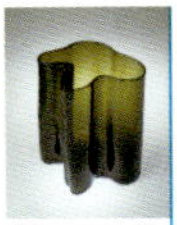

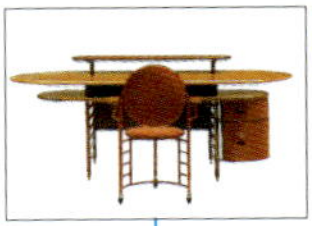

1937 Frank Lloyd Wri *Workstation*

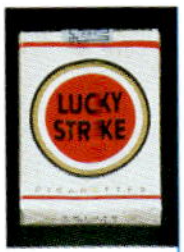

1942 Raymond Loewy *Design della confezione per sigarette Lucky Strike*

1945 Charles & Ray Eames *Sedia LCW*

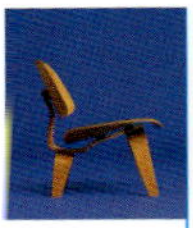

1900 **1910** **1920** **1930** **1940**

1904 **Georg Jensen** *Laboratorio di argenteria*

1907 **Peter Behrens designs** *AEG corporate identity*

1907 **Deutscher Werkbund**

1909 **Manifesto Futurista**

1913 **Monotype produce** *Imprint*, **il primo carattere per composizione meccanica**

1915 **Kasimir Malevich lancia il** *Suprematismo* **a Pietrogrado**

1917 **De Stijl** *Il Costruttivismo* **emerge in Russia**

1919 **Fondazione del Bauhaus**

1920 **Vkhutemas**

1925 **Exposition des** *Arts Décoratifs et Industriels*, **Parigi**

1925 **Marcel Breuer** *Sedia Wassily*

1927 *Weißenhofsiedlung*, **Stuttgart**

1929 **Museum of Modern Art, New York**

1931 **PEL**

1937 *Exposition Universelle*, **Parigi**

1940 **Ch. Eames e E. Saarinen vincono il concorso** *Organic Design in Home Furnishings*, **MOMA**

1941 **Utility**

1943 **IKEA**

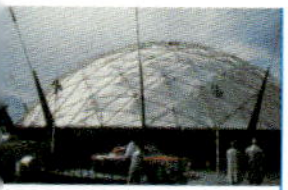

1958 Richard Buckminster Fuller
Cupola Geodetica
a Seattle

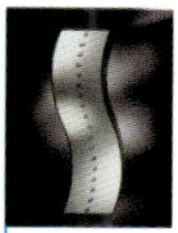

1970 Shiro Kuramata
Cassettiera
Furniture in
Irregular Forms

1995–1999
Ross Lovegrove &
Stephen Peart
Office system

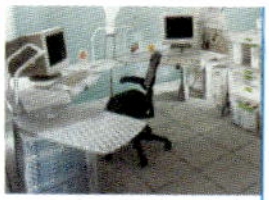

1951 Arne Jacobsen
Sedie Ant

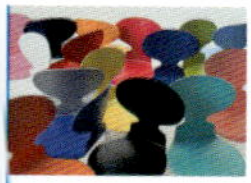

1954 Max Bill
Ulmer Hocker

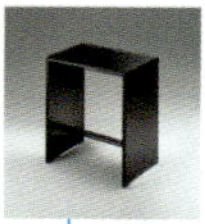

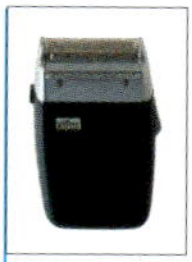

1962 Hans Gugelot
& Gerd A. Müller
Rasoio elettrico
Sixtant SM31

1969 Joe Colombo
Blocco Central living

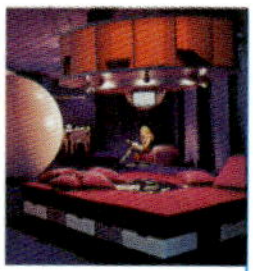

1972 Otl Aicher
Pittogrammi
per le Olimpiadi
di Monaco

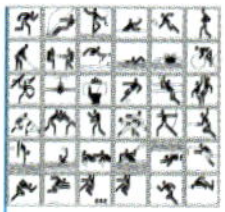

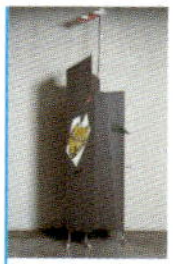

1976 Studio
Alchimia
(fondazione)

1981 Memphis
(fondazione)

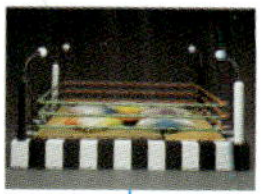

1985 Michael
Graves *Bollitore*

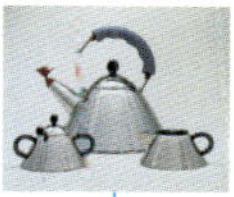

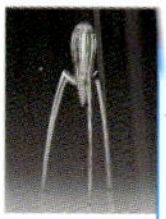

1990
Philippe Starck
Spremilimone
Juicy Salif

1996
Tom Dixon
Luci Jack

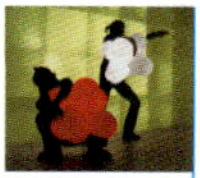

1995 Stefano
Giovannoni
Contenitori
Mary Biscuit

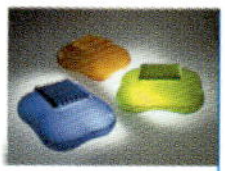

1950 1960 1970 1980 1990

1951 Rat für Formgebung, Darmstadt

1951 Festival of Britain

1953 Hochschule für Gestaltung, Ulm

1954 Adrian Frutiger disegna il carattere tipografico *Universe*

1955/56 Eero Saarinen *Sedia Tulip*

1963 Total Design, Amsterdam

1966 Archizoom Associati, Firenze

1968 Verner Panton *Sedia Panton*

1972 *Italy: New Domestic Landscape Exhibition*, New York

1972 Pentagram, Londra

1974 Global Tools, Milano

1979 Gruppen Ergonomi Design, Svezia

1980 California New Wave, USA

1983 Swatch, Svizzera

1989 Design Museum, Londra

1989 Vitra Design Museum, Weil am Rhein

1992 Expo '92 Siviglia

Appendice

Bibliografia

Ringraziamenti

Illustrazioni

Bibliografia

Abercrombie, S., *George Nelson, The Design of Modern Design*, MIT Press, Cambridge, Massachusetts 1995

Anscombe, I., *Arts & Crafts Style*, Phaidon Press, Oxford 1991

Anscombe, I. & Gere, C., *Arts & Crafts in Britain & America*, Academy Editions, Londra 1978

Arwas, V., *Glass, Art Nouveau to Art Déco*, Academy Editions, Londra 1987

Bangert, A., *Italian Furniture Design*, Bangert Verlag, Monaco 1988

Banham, R., *Theory and Design in the First Machine Age*, Architectural Press, Londra/New York 1960

Bayley, S., *The Conran Directory of Design*, Conran Octopus, Londra 1985

Bernsen, J., *Hans J. Wegner*, Dansk Design Centre, Copenhagen 1994

Blackwell, L., *20th Century Type*, Laurence King, Londra 1992

Börnsen-Holtmann, N., *Italian Design*, Benedikt Taschen Verlag, Colonia 1994

Branzi, A., *Il Design Italiano*, 1964–1990, Electa, Milano 1996

Branzi, A., *The Hot House: Italian New Wave Design*, Thames & Hudson, Londra 1984

Brino, G., *Carlo Mollino, Architecture as Autobiography*, Thames & Hudson, Londra 1987

Bröhan, T. & Berg, T., *Avantgarde Design 1880–1930*, Benedikt Taschen Verlag, Colonia 1994

Bruchhäuser, A., *Der Kragstuhl*, Stuhlmuseum Burg Beverungen, Berlino 1986

Brunhammer, Y., *André Arbus, Architecte-Décorateur des Années 40*, Éditions Norma, Parigi 1996

Brunhammer, Y., *Les Styles des Années 30 à 50*, Baschet & Cie, Parigi 1987

Byars, M. (a cura di), *The Design Encyclopedia*, Laurence King, Londra 1994

Carruthers, A. & Greensted, M., *Good Citizens Furniture: The Arts and Crafts Collection at Cheltenham*, Lund Humphries, Londra 1994

Collins, M. & Papadakis, A., *Post-Modern Design*, Academy Editions, Londra 1989

Conway, H., *Ernest Race*, Design Council, Londra 1982

Cumming, E. & Kaplan, W., *The Arts & Crafts Movement*, Thames & Hudson, Londra 1991

De Bonneville, F., *Jean Puiforcat*, Éditions du Regard, Parigi 1986

Dietz, M. & Mönninger, M., *Japanese Design*, Benedikt Taschen Verlag, Colonia 1994

Dietz, M. & Mönninger, M., *Lights. Leuchten. Lampes*, Benedikt Taschen Verlag, Colonia 1993

Droste, M. & Bauhaus Archiv, i, Benedikt Taschen Verlag, Colonia 1990

Droste, M., Ludewig, M. & Bauhaus Archiv, *Marcel Breuer*, Benedikt Taschen Verlag, Colonia 1992

Du Pree, H., *Business as Unusual, The People and Principles at Herman Miller*, Herman Miller Inc., Zeeland 1986

Duncan, A., *Louis Majorelle, Master of Art Nouveau Design*, Thames & Hudson, Londra 1991

Eidelberg, M. (a cura di), *Design 1935–1960: What Modern Was*, Le Musée des Arts Décoratifs de Montreal/Harry N. Abrams, New York 1991

Eidelberg, M. (a cura di), *Designed for Delight, Alternative Aspects of Twentieth-Century Decorative Arts*, Le Musée des Arts Décoratifs de Montreal/Flammarion, Parigi/New York 1997

Fahr-Becker, G., *Wiener Werkstätte 1903–1932*, Benedikt Taschen Verlag, Colonia 1994
Favata, I., *Joe Colombo*, Thames & Hudson, Londra 1988
Fehrman, C. & K., *Postwar Interior Design: 1945–1960*, Van Nostrand Reinhold, New York 1987
Ferrari, F., *Carlo Mollino Cronaca*, Stamperia Artistica Nazionale Editrice, Torino 1985
Fiell, C. & P., *Charles Rennie Mackintosh*, Benedikt Taschen Verlag, Colonia 1995
Fiell, C. & P., *Modern Chairs*, Benedikt Taschen Verlag, Colonia 1993
Fiell, C. & P., *Modern Furniture Classics since 1945*, Thames & Hudson, Londra 1991
Fiell, C. & P., *1000 Chairs*, Benedikt Taschen Verlag, Colonia 1997
Fiell, C. & P., *William Morris*, Benedikt Taschen Verlag, Colonia 1999
Fleming, J., Honour, H. & Pevsner, N., *The Penguin Dictionary of Architecture*, Penguin Books, Londra 1966
Forty, A., *Objects of Desire, Design and Society 1750–1980*, Thames & Hudson, Londra 1986
Friedman, M., *De Stijl, 1917–1931: Visions of Utopia*, Phaidon, Oxford 1982

Garner, P., *Eileen Gray, Designer and Architect*, Benedikt Taschen Verlag, Colonia 1993
Garner, P., *Sixties Design*, Benedikt Taschen Verlag, Colonia 1996
Geddes, N.B., *Horizons*, Little Brown, Boston 1932
Gere, C. & Whiteway, M., *Nineteenth-Century Design: From Pugin to Mackintosh*, Weidenfeld & Nicolson, Londra 1993
Giedion, S., *Mechanization Takes Command: A Contribution to Anonymous History*, Oxford University Press, New York 1948
Gössel, P. & Leuthäuser, G., *Architecture in the Twentieth Century*, Benedikt Taschen Verlag, Colonia 1991
Greenhalgh, P. (a cura di), *Modernism in Design*, Reaktion Books, Londra 1990
Greenhalgh, P. (a cura di), *Quotations and Sources, On Design and the Decorative Arts*, Manchester University Press, Manchester 1993

Hall, G. & Snowman, M.R., *Avant Premiere, Contemporary French Furniture*, VIA/ Editions Eprouve, Parigi/Londra 1988
Heskett, J., *Industrial Design*, Thames & Hudson, Londra 1980
Hiesinger, K. & Marcus, G., *Design Since 1945*, Thames & Hudson, Londra 1983
Hiesinger, K. & Marcus, G., *Landmarks of Twentieth-Century Design*, Abbeville Press, New York 1993
Hollis, Richard, *Graphic Design – A Concise History*, Thames & Hudson, Londra 1994
Hufnagl, F. (a cura di), *Einblicke – Ausblicke: Für ein Museum von morgen*, Die Neue Sammlung, Staatliches Museum für angewandte Kunst, Arnoldsche, Stoccarda 1996

Jervis, S., *The Penguin Dictionary of Design and Designers*, Penguin Books, Londra 1984
Jodidio, P., *Richard Meier*, Benedikt Taschen Verlag, Colonia 1995
Jodidio, P., *Sir Norman Foster*, Benedikt Taschen Verlag, Colonia 1997

Katz, S., *Plastics, Designs and Materials*, Studio Vista, Londra 1978
Kras, R., *Gerrit Rietveld Centenary Exhibition*, Barry Friedman Ltd., New York 1988

Larrabee, E. & Vignelli, M., *Knoll Design*, Harry N. Abrams, New York 1981
Le Corbusier, *L'Art Décoratif d'Aujourd'hui*, G. Crès, Parigi 1925

Le Corbusier, Towards a New Architecture, Praeger, New York 1959
Loos, A., *Ins Leere Gesprochen 1897–1900*, Brenner-Verlag, Innsbruck 1931
Loos, A., *Trotzdem 1900–1930*, Brenner-Verlag, Innsbruck 1931
Los, S., *Carlo Scarpa*, Benedikt Taschen Verlag, Colonia 1994

Margolin, V. (a cura di), *Design Discourse, History, Theory, Criticism*, University of Chicago Press, Chicago 1989
Margolin, V. & Buchanan, R. (a cura di), *Discovering Design, Explorations in Design Studies*, University of Chicago Press, Chicago 1995
Margolin, V. & Buchanan, R. (a cura di), *The Idea of Design*, MIT Press, Cambridge Mass. 1995
Mastropietro, M., *Un'industria per il design; La ricerca, i designers, l'immagine B&B Italia*, a cura di M. Mastropietro e R. Gorla, Edizioni Lybra Immagine snc., Milano 1999
Mauriès, P., *Fornasetti, Designer of Dreams*, Thames & Hudson, Londra 1991
McDermott, C., *Design Museum Book of 20th Century Design*, Carlton Books, Londra 1997
McDermott, C., *Essential Design*, Bloomsbury, Londra 1992
Morgan, A.L. (a cura di), *Contemporary Designers*, St. James Press, Londra 1985
Mumford, L., *Technics and Civilization*, Harcourt Brace, New York 1934
Myerson, J., *Gordon Russell, Designer of Furniture*, Design Council/Gordon Russell Ltd., Londra 1992
Myerson, J., *Makepeace, A Spirit of Adventure in Craft & Design*, Conran Octopus Ltd., Londra 1995

Nelson, G., *George Nelson on Design*, The Architectural Press, Londra 1979
Neuhart, J. & M. & Eames, R., *Eames Design: The Work of the Office of Charles & Ray Eames*, Harry N. Abrams, New York 1989

Ostergard, D., *Bent Wood and Metal Furniture: 1850–1946*, The American Federation of Arts, New York 1987

Pevsner, N., *Pioneers of the Modern Movement*, Faber & Faber, Londra 1936
Pevsner, N., *The Sources of Modern Architecture and Design*, Thames & Hudson, Londra 1968
Pfeiffer, B.B., *Frank Lloyd Wright*, Benedikt Taschen Verlag, Colonia 1991
Ponti, L.L., *Gio Ponti, The Complete Works*, Thames & Hudson, Londra 1990

Radice, B., *Memphis – Research, Experiences, Results, Failures and Successes of New Design*, Thames & Hudson, Londra 1985
Rieman, T., *Shaker, The Art of Craftsmanship*, Art Services International, Alexandria, Virginia 1995

Schaefer, H., *The Roots of Modern Design*, Studio Vista, Londra 1970
Schweiger, W., *Wiener Werkstätte, Design in Vienna 1903–1932*, Thames & Hudson, Londra 1984
Sembach, K.-J., *Art Nouveau*, Benedikt Taschen Verlag, Colonia 1991
Sembach, K.-J., Leuthäuser, G. & Gössel, P., *Twentieth Century Furniture Design*, Benedikt Taschen Verlag, Colonia 1991

Sottsass Associati, Rizzoli, New York 1988
Sparke, P., *Italian Design, 1870 to Present*, Thames & Hudson, Londra 1988
Sparke, P. (a cura di), *The Plastics Age, From Modernity to Post-Modernity*, Victoria & Albert Museum, Londra 1990
Starck, Benedikt Taschen Verlag, Colonia 1996

Taylor, B.B., *Pierre Chareau*, Benedikt Taschen Verlag, Colonia 1998
Triggs, T. (a cura di), *Communicating Design, Essay in Visual Communication*, B.T. Batsford Ltd., Londra 1995

Van Geest, J., *Jean Prouvé*, Benedikt Taschen Verlag, Colonia 1991
Vanlaethem, F., *Gaetano Pesce*, Thames & Hudson, Londra 1989
Vegesack, A. von, *Deutsche Stahlrohr-Möbel: 650 Modelle aus Katalogen*, Bangert Verlag, Monaco 1986
Vercelloni, V., *L'avventura del design: Gavina*, Jaca Book, Milano 1987

Walker, J., *Design History and the History of Design*, Pluto Press, Londra 1989
Warncke, C.-P., *De Stijl 1917–1931*, Benedikt Taschen Verlag, Colonia 1994
Whiteley, N., *Design for Society*, Reaktion Books, Londra 1993
Whiteley, N., *Pop Design; Modernism to Mod*, Design Council, Londra 1987
Wichmann, S., *Jugendstil Art Nouveau, Floral and Functional Forms*, Little, Brown & Co., Boston 1984
Woodham, J., *Twentieth-Century Design*, Oxford University Press, Oxford 1997

Zerbst, R., *Antoni Gaudi*, Benedikt Taschen Verlag, Colonia 1993

Cataloghi delle mostre:

Arts Council of Great Britain, *Thirties, British Art & Design before the War*, Arts Council of Great Britain, Londra 1979

Centre Georges Pompidou, *Design Français 1960–1990 Trois Décennes*, A.P.C.I. / Centre Georges Pompidou, Parigi 1988
Centre Georges Pompidou, *Ettore Sottsass*, Centre Georges Pompidou, Parigi 1994
Centrokappa, *Il Design Italiano Degli Anni '50*, Ricerche Design Editrice, Milano 1985

The Detroit Institute of Arts & The Metropolitan Museum of Art, *Design in America, The Cranbrook Vision*, Harry N. Abrams, New York 1983

Fischer Fine Art, *Pioneers of Modern Furniture*, Lund Humphries, Londra 1991

Library of Congress and Vitra Design Museum, *The Work of Charles and Ray Eames: A Legacy of Invention*, Harry N. Abrams, New York 1997

Museum of Modern Art, *Italy: The New Domestic Landscape*, Museum of Modern Art, New York 1972
Museum of Modern Art, *The Modern Poster*, Museum of Modern Art, New York 1988

Museum of Modern Art, *Mutant Materials in Contemporary Design*, Museum of Modern Art, New York 1995

Singer Museum, *Jan Eisenloeffel 1876–1957*, Waanders Drukkers, Zwolle 1996

Tada Architectural Studio, *Finn Juhl Memorial Exhibition*, Tada Architectural Studio, Osaka 1990

Victoria & Albert Museum, *Art & Design in Europe and America 1800–1900*, The Herbert Press, Londra 1987

Victoria & Albert Museum, *British Art & Design 1900–1960*, Victoria & Albert Museum, 1983

Vitra Design Museum, *100 Masterpieces from the Vitra Design Collection*, Vitra Design Museum, Weil am Rhein 1996

The Whitechapel Art Gallery, *Modern Chairs 1918–1970*, Lund Humphries, Londra 1970

Desideriamo ringraziare quanti alla Taschen hanno contribuito alla realizzazione di questo progetto con il loro impegno e lavoro d'équipe, in particolare gli uffici editing, produzione e design. Siamo inoltre grati ai numerosi industriali, distributori e studi di consulenza design, oltre che ai tanti istituti pubblici e case d'aste che ci hanno prestato la loro assistenza. Un ringraziamento speciale a Barry Friedman, per averci accordato l'accesso al suo archivio fotografico e per la pazienza dimostrata. Infine vorremmo ringraziare le nostre famiglie per l'aiuto e l'incoraggiamento, e le nostre figlie Emelia e Clementine per il buonumore e la comprensione.

Un ringraziamento particolare a:

Bauhaus-Archiv, Berlino
Thomas Berg, Bonn
Christina e Bruno Bischofsberger, Zurigo
Torsten Bröhan GmbH, Düsseldorf – Torsten Bröhan
Bonhams, Londra – Alex Payne
Bridgeman Art Library, Londra
Christies Images, Londra – Camilla Young
Fine Art Society, Londra
Fischer Fine Art, Vienna
Barry Friedman Ltd., New York
Haslam & Whiteway, Londra – Michael Whiteway
Hunterian Art Gallery, Glasgow
International Design Press Agency, Barcellona
Knoll International, New York – Carl Magnusson
Herman Miller, Zeeland – Bob Viol
Mithra Neuman, Exeter
Musée des Arts Décoratifs, Montreal
Museum of Modern Art, New York
Die Neue Sammlung, Monaco – Dr. Josef Strasser
The Daniel Ostroff Agency, Los Angeles – Daniel Ostroff
Sotheby's, Londra – Philippe Garner
Studio X, Londra – Ross e Miska Lovegrove
Stuhlmuseum Burg Beverungen, Beverungen
John Toomey Gallery, Oak Park – John Toomey
Victoria & Albert Museum, Londra
Vitra Design Museum, Weil am Rhein

Illustrazioni

Siamo immensamente grati ai singoli e agli istituti che hanno autorizzato la riproduzione delle immagini. Purtroppo in alcuni casi non ci è stato possibile rintracciare i titolari originali del copyright delle fotografie tratte da pubblicazioni anteriori. Desideriamo ringraziare inoltre i numerosi designer, produttori e istituti che ci hanno gentilmente fornito i ritratti. L'editore ha cercato di rispettare i diritti dei terzi e se qualcuno di tali diritti è stato trascurato in singoli casi, si riparerà adeguatamente all'errore dove possibile. La maggior parte delle immagini storiche è stata tratta dagli archivi sul design di Thomas Berg Kunsthandel, Bonn; Fiell International Ltd., Londra e Benedikt Taschen Verlag, Colonia.

Adelta, Dinslaken: 19
Airbourne International, Montreuil-sous-Bois: 496
Studio Alchimia, Milano: 32, 33, 40, 194
Alessi, Crusinallo: 36, 153, 168, 283, 295 (foto: William Taylor), 360, 448, 459, 573, 576, 613 (sinistra), 613 (destra), 626, 666, 667 (sinistra), 667 (destra)
Alias, Grumello del Monte: 124
AMX Studio, Londra: 274
Karl Andersson & Söhner, Huskvarna: 484
Arflex, Milano: 30, 96 (sinistra), 96 (destra), 121, 745, 746
Artek, Helsinki: 16 (in alto), 16 (in basso), 17, 531
Artemide, Milano: 627
Artery, New York: 743
B&B Italia, Novedrate: 565, 634
Fred Baier, UK: 183
Bang & Olufsen, Londra: 365
Ch. Bastin & J. Evrard, Brussels: 57
Bauhaus Archiv, Berlino: 353 (foto: Atelier Schneider), 443
Bayer, Leverkusen: 170–171, 545
Bernini, Milano: 633
Galerie Bischofsberger, Zurigo: 563
Bonhams, Londra: 42, 43, 179, 373, 415, 543, 547, 556, 557, 575
Braun, Frankfurt: 131, 132, 133
BRF, Siena: 349
Bridgeman Art Library, Londra: 146
Neville Brody, Londra: 140, 141
Torsten Bröhan, Düsseldorf: 15, 22, 23, 26, 29, 92, 99, 101, 102, 107, 122, 126, 176, 177, 206, 213, 257, 264, 346, 447, 492, 523, 605, 696, 704 (sinistra), 704 (destra), 719, 720, 732, 737
Buckminster Fuller Archives, USA: 262
Cappellini, Milano: 399, 491
Casabella, Milano: 288
Cassina, Milano: 104, 205, 347, 382, 411, 412, 562
Cathers & Dembrosky, New York: 67, 241, 612, 708
Chermayeff & Geismar, New York: 159, 181
Christies Images, Londra: 47, 50 (in basso), 60, 69, 81, 189, 190, 256, 270, 275, 306, 323, 416, 455, 468 (in alto), 475, 502, 521, 616, 642, 669, 670, 700, 740

Luigi Colani, Colonia: 166
The Corning Museum of Glass, Corning: 54
Riccardo Dalisi, Italia: 289
Michele De Lucchi, Milano: 195 (tutte le immagini)
Fortunato Depero Museum, Rovereto: 266, 267
Design Council/DHRC, University of Sussex: 120, 292
Design Gallery Milano, Milano: 656, 657
Di Palma – Arteluce, Bovezzo: 379, 380
Draenert Studio, Francoforte: 572, 574
Driade, Milano: 662, 663
Ecart, Parigi: 254
Erco, Londra: 27
Ergonomi Design Gruppen, Stoccolma: 244
L.M. Ericsson, Stoccolma: 245
Eurolounge, Londra: 217
Fiell International, Londra: (foto: Paul Chave): 154, 192, 228, 355, 384, 398, 401, 410, 438, 559, 588, 620, 682,(foto: Peter Hodsoll): 110, 225, 337, 501, 506, 509, (foto: James Barlow): 172, 689, (Mithra Neuman Collection): 226, 233, 505, (Archivio): 272, 463
Fifty/50, New York: 366
Fine Arts Society, Londra: 71
Fischer Fine Art, Vienna: 14, 452, 728
Flos, Bovezzo: 148, 149, 664
Fontana Arte, Corsica: 75, 160
Frederica Stolefabrik, Frederica: 216
Barry Friedman, New York: 13, 50 (in alto), 51, 52, 53, 56, 70, 84, 85, 90, 91 95, 118, 119, 127, 136, 142, 156, 157, 201, 202, 203 (in alto), 203 (in basso), 206, 208, 209, 221, 237, 240, 269, 271, 313, 314, 315, 335, 345 (in alto), 371, 391, 394, 409 (in alto), 418, 419, 429, 433, 435, 440, 472, 474, 476, 487, 493 (in basso), 494, 546, 548, 560, 584, 585 (in alto), 599, 602, 604, 606, 607, 608, 639, 643, 648, 671, 676, 677, 703 (in alto), 705, 719, 739
Frogdesign, Altensteig: 258, 259
Fusital, Italia: 302
Studio Gavina, Bologna: 79
April Greiman, Los Angeles: 77, 143, 303
Gufram, Balangero: 38, 39, 307
Habitat, Londra: 175
Carl Hansen, Odense: 727 (in basso a destra)
Fritz Hansen, Allerød: 4–5, 354
Zaha Hadid, Londra: 204
Haslam & Whiteway, Londra: 25, 62, 63, 65, 78, 197, 220, 234, 281, 312, 317, 489, 524, 583, 614, 718 (in alto), 718 (in basso), 723, (The Birkenhead Collection): 24, 64, 196
H.D., USA: 425, 594
Michael Hopkins & Partners, Londra: 330 (foto: Tim Street-Porter)
Hunterian Art Gallery – University of Glasgow, Glasgow: 434 (foto: Antony Oliver)
IDPA, Barcelona: 424, 697
Iittala, Helsinki: 253, 628, 629, 735
Italiana Luce, Milano: 570

Georg Jensen, Copenhagen: 357, 361, 362, 363 (sinistra), 363 (destra), 364
Kartell, Milano: 147, 167, 375, 376, 665
Lillian Kiesler, New York: 378
Klikki, Helsinki: 519 (foto: Ilmari Kostianinen)
Knoll International, New York: 31, 215, 350, 387, 388, 622
Michael Koetzle, Monaco: 247
Kunstgewerbemuseum, Berlino: 174 (foto: Saturia Linke)
Kreo, Boulogne: 681 (quattro immagini)
Krueger, Greenbay: 37
Kunsthalle, Tubinga: 342 (Sammlung G.F. Zundel)
Landor Associates, New York: 181
Ligne Roset, Parigi: 516
Pearson Lloyd, Londra: 389 (in alto), 389 (in basso)
Raymond Loewy Associates, Londra: 181, 426
London Transport Museum, Londra: 98
Luceplan, Milano: 458
B. Lux, Berrut Bizkaia: 551
Luxo Italiana, Presezzo: 358, 577 (in basso)
John Makepeace, Beaminster: 182, 442
Institut Mathildenhöhe, Darmstadt: 187
Ingo Mauer, Monaco: 457
David Mellor, Londra: 460
Memphis, Milano: 461, 462, 466, 652, 655, 698
Alessandro Mendini, Milano: 467
MetaDesign, Berlino: 470
Metz & Co. Archive, Amsterdam: 537
Herman Miller, Zeeland, Michigan: 155, 227, 229, 230, 232, 324, 325, 326 (in basso), 327, 328, 508, 578, 611, 675
P.P. Møbler, Allerød: 726 (foto: Schakenburg & Brahl), 727 (in alto a sinistra – foto: Schakenburg & Brahl), 727 (in alto a destra – foto: Schakenburg & Brahl), 727 (in basso a sinistra – foto: Schakenburg & Brahl)
Museé des Arts Décoratifs de Montreal, Montreal: The Liliane and David M. Stewart Collection: 12, 222, 397, 486 (foto: Schecter Lee), 34, 44, 46, 112, 152, 249, 374, 402, 422, 449, 539 (foto: Giles Rivest), 351, 428, 485, 507, 742 (foto: Richard P. Goodbody); dono di Susan A. Chalom: 566 (foto: Giles Rivest); donazione anonima: 73, 420, 585 in basso (foto: Giles Rivest); dono del Dr. Luc Martin: 111 (foto: Richard P. Goodbody); dono di Artemide S.p.A.: 125 (foto: Giles Rivest); dono di Paul Leblanc: 129 (foto: Giles Rivest), 377 (foto: Richard P. Goodbody); dono di Geoffrey N. Bradfield: 223, 609 (foto: Giles Rivest), 587 (foto: Richard P. Goodbody), 724 (foto: Schecter Lee); dono di Geoffrey N. Bradfield/©Eames Office: 231 (foto: Richard P. Goodbody); dono della Société des Décorateurs Ensembliers du Québec: 224 (foto: Giles Rivest); dono di Herman Miller Inc.: 283 (foto: Richard P. Goodbody); dono dei coniugi Roger Labbé: 334 (foto: Giles Rivest); dono di Jack Lenor Larsen: 406 (foto: Giles Rivest); dono di Louise Armstrong in memoria di Harris Armstrong: 453 (foto: Giles Rivest); dono del Dr. Arthur Cooperberg: 507 (foto: Richard P. Goodbody); dono di Fifty/50 Gallery, New York: 507 (foto: Giles Rivest), dono di Warner & Sons Limited: 672 (foto: Richard P. Goodbody); dono di Maurice Forget: 699 (foto: Giles Rivest); dono di Knoll Internatio-

nal: 711 (foto: Giles Rivest); dono di Massimo Vignelli: 714 (foto: Giles Rivest); dono di David A. Hanks in memoria di David M. Stewart: 725 (foto: Richard P. Goodbody)

The Museum of Modern Art, New York: 108 (dono della Lauder Foundation/ Leonard & Evelyn Lauder Fund. Fotografia ©1998 The Museum of Modern Art, New York), 109 (Fotografia © 1998 The Museum of Modern Art, New York), 115 (Philip Johnson Fund. Fotografia © 1998 The Museum of Modern Art, New York), 503 (Fotografia di Leo Trachtenberg. Courtesy The Museum of Modern Art, New York), 610 (Dono di Jay Leyda. Fotografia ©1998 The Museum of Modern Art, New York), 680 (Fotografia ©1998 The Museum of Modern Art, New York), 695 (Dono del designer. Fotografia © 1998 The Museum of Modern Art, New York), 706 (Dono di Philip Johnson, Jan Tschichold Collection. Fotografia © 1998 The Museum of Modern Art, New York), 748 (Dono del produttore. Fotografia © 1998 The Museum of Modern Art, New York)

Necchi, Pavia: 286

Néotu, Parigi: 273, 641, 650

Die Neue Sammlung – Staatliches Museum für angewandte Kunst, Monaco: 18, 28, 61, 82, 93, 103, 113, 130 (foto: S. Gnamm), 145, 165, 219, 246, 284, 285, 287, 290, 308, 319, 333, 396, 414, 423, 427, 439, 445 (in alto), 445 (in basso), 446, 456, 479 495, 513, 514, 515, 520, 522, 534 (foto: A. Bröhan), 544 (foto: A. Bröhan), 555, 561, 567 (foto: A. Bröhan), 592 (Foto: Hummel), 593, 595, 603, 631, 632, 644, 668, 673, 683 (foto: A. Bröhan), 685 (foto: A. Bröhan), 686, 693, 709 (foto: Hansmann), 721 (foto: A. Bröhan), 738, 747 (foto: Koller)

O-Luce, Milano: 169, 173, 437

Olivetti, Milano: 512, 526, 527, 528 (quattro immagini), 529, 635, 654

OMK, Londra: 381

One-Off, Londra: 571

Robert Opie Collection, Londra & Gloucester: 106, 236

Stuart Parr Gallery, New York: 483

Pentagram Design, Londra: 293, 294, 552, 553 (quattro immagini), 729

Gaetano Pesce, New York: 558

Poltronova, Montale: 338, 653

Polygram International, Londra: 569 (in basso)

Louis Poulsen, Copenhagen: 320, 321

Swid Powell, USA: 296

Private Collection, Londra: 97, 191, 498, 499, 630

Prospettive, Pisa: 510

Quasar, Parigi: 586

Rud. Rasmussen Snedkerier, Copenhagen: 385 (foto: Ole Woldbye), 392

Leah Roland, New York: 248, 731, 733

Bill Rothschild, New York: 207

Royal College of Art, Londra: 615

Gordon Russell, Londra: 619

Sabattini Argenteria, Bregnano: 625

SCP, Londra: 163, 331

Science & Society Picture Library/Science Museum, Londra: 517

Silver Studio Collection – Middlesex Polytechnic, Middlesex: 649

Sotheby's, Londra: 35, 66, 80, 162, 164, 297, 298, 299, 304, 311, 316, 352, 386, 390, 403,